國家清史編纂委員會・文獻叢刊

張之洞全集

三

奏議

◎主編／趙德馨◎副主編／吴劍杰　馮天瑜

◎本册點校／周秀鸞

武漢出版社

第三册編輯説明

本册收録光緒十八年七月至光緒二十六年十二月，即張之洞出任湖廣總督（含署理兩江總督）期間的奏章共九百四十一件。包括底本《張文襄公全集》（北平文華齋一九二八年刊本）第三十二至五十二卷及第七十一卷中的二百二十六件，另增補七百一十五件。增補各件，主要録自《光緒朝硃批奏摺》（中國第一歷史檔案館編，中華書局一九九五年版）、《宫中檔光緒朝奏摺》（臺北故宫文獻編輯委員會編，臺北故宫博物院發行，一九七四年版），《南皮張宫保政書》（東吴仰止廬主輯，一九〇一年上海圖書集成印書局印）和《京報》、《申報》等。凡增補各件，均在目録中相應標題的上方標示圓圈，并隨文分别注明出處。

本册由周秀鸞負責點校整理。增補的文獻主要由周秀鸞、趙德馨、班耀波搜集，參加搜集文獻的還有周軍、尤小文、黎浩、王秀蘭、李慶珠、吴光全、蕭建忠、王聖奇、羅美香、趙華麗。

第三册目録

奏議　光緒十八年七月至光緒二十六年十二月

光緒十八年

光緒十九年

光緒二十年

光緒二十一年

光緒二十二年

光緒二十三年

光緒二十四年

光緒二十五年

光緒二十六年

光緒十八年

宜昌關第一百二十七結收支各款數目開單具陳摺[一] 光緒十八年七月初一日

竊照前准户部咨，鈔奏内開，各海關洋税收支數目辦理未能畫一，應令遵照定章，按結開列清單奏報一次，仍扣足四結開單奏銷一次，概不得以收支數目串入原摺，以致混雜不清。仍一面造具四柱清册暨支銷經費銀兩清册，分送户部暨總理各國事務衙門，以憑核銷等因。光緒十年二月二十五日具奏。本日奉旨：依議。欽此。又准户部咨，江漢關第九十五結期滿清單，僅有收支款目，以致各結總數未能聯貫。嗣後應令將舊管、新收、開除、實在，分爲四柱，逐款開列，以昭明晰各等因。先後轉行遵照辦理。兹據湖北荆宜施道監督宜昌關税務方恭釗詳稱，宜昌關徵收各項税銀，前經截至光緒十八年三月初四日第一百二十六結止，詳請奏咨在案。兹自光緒十八年三月初五日起至六月初七日止第一百二十七結期滿，所徵税銀除照章開支外，連留存尾數銀及上兩結徵存税銀並本結新收，實存銀五萬九千一百九十五兩八分八釐。前經詳請咨明，奉准部覆歸入一年報銷案内，解存藩庫，委員解京。又遵照新章，本結徵收洋藥税釐銀，除支傾鎔折耗外，實存銀二百四十四兩五錢三分，存俟隨同正餉搭解。再，本結洋商雇用華船，現由常關徵料，毋庸造册報銷等情，詳請奏咨前來。臣覆核無異，除將清單清册咨送總理各國事務衙門暨户部户科查照外，謹會同南洋通商大臣兩江總督臣劉坤一、湖北巡撫臣譚繼洵恭摺具陳，並繕具四柱清單，恭呈御覽，伏祈皇上聖鑒。

該衙門知道。單併發。

爲總兵代奏謝恩並懇陛見摺[二] 光緒十八年七月初一日

竊據湖北宜昌鎮總兵羅縉紳呈稱，光緒十八年六月初四日接奉照會，准兵部咨開，光緒十八年四月十六日奉上諭：羅縉紳現已服闋，仍著補授宜昌鎮總兵。欽此。恭録照行到鎮，跪聆之下，當即恭設香案，望闕叩頭恭謝天恩。伏念總兵猥以樗庸，久膺閫寄。補賡華黍，幸申將母之私。洎詠蓼莪，仍攝當官之任。凡此恩施之逾格，實非夢想所敢期。兹届服除，復邀異數。沐新恩之立沛，循舊職以爲真。高厚難酬，捐糜莫報。駘材勉策，冀收輕車熟路之功。鼇戴維虔，彌深就日瞻雲之想。惟有籲懇天恩俯准陛見，庶幾仰承聖訓，一切得有遵循。所有感激下忱，叩謝天恩，並籲懇陛見緣由，相應呈請代奏前來。理合恭摺據情代奏，叩謝天恩，伏祈皇上聖鑒訓示。

毋庸來見。

[一] 録自中國第一歷史檔案館編《光緒朝硃批奏摺》第七二輯，第七四二至七四三頁，中華書局一九九五年版。

[二] 録自中國第一歷史檔案館編《光緒朝硃批奏摺》第七二輯，第七七三至七七四頁，中華書局一九九五年版。

漢陽船廠光緒十六十七年修造戰船用過工料銀兩循例具奏摺〔一〕 光緒十八年七月初一日

竊查定例，各省工程動用銀兩數在五百兩以上者，應奏明後造册具題核銷等因。茲據湖北鹽法武昌道瞿廷韶詳，據漢陽船廠委員候選知縣彭覺先呈稱，該廠新造舢板長龍及修整各營船隻，光緒十六年分用過工料銀一萬三千四百一十三兩零。十七年分用過工料銀一萬六千九百四十一兩零。核與同治十二年題定及歷年造報價值，均不相上下，應請准予核銷，合將動用銀錢細數及船身丈尺、新造修整各船數目、年分，分晰開造清册，呈請轉詳核辦等情。由該道覆查，並無浮冒，請先行循例具奏前來。

臣查此項工程銀數在五百兩以上，例應先行奏明，除將賫到各册逐細核明，另行恭疏題報，並將清册送部外，謹會同湖北巡撫臣譚繼洵、湖南巡撫臣張煦、長江水師提督臣李成謀，恭摺具陳，伏祈皇上聖鑒。

該部知道。

江漢關籌解淮軍月餉片 光緒十八年七月初一日

再，前准户部咨，議覆直隸督臣李鴻章奏，淮軍月餉支絀，請將江漢關應解額款於四六成洋税項下通融匀撥案內，議令江漢關應解淮餉，如六成洋税無款，即在四成洋税及五成二釐招商局税内按數提解等因。奉旨：依議。欽此。咨行欽遵辦理。查江漢關奉撥直隸督臣李鴻章淮軍月餉，四成洋税銀二萬兩、六成洋税銀三萬兩，均解至光緒十八年四月分止，隨時附片奏報在案。茲應解光緒十八年五月分四六成淮餉，即在第一百二十七結所徵四成洋税項下動支庫平銀二萬兩，因六成洋税無款可撥，並在是結四成洋税項下通融匀撥庫平銀三萬兩，作爲直隸督臣李鴻章及提督劉盛休所部淮軍月餉。委解湖北淮軍收支轉運局交收轉解。所有欠解六月分四六成淮餉銀兩，容俟徵收有項，再行撥解。據湖北漢黄德道監督江漢關税務孔慶輔詳請奏咨前來。臣覆核無異，除分咨外，謹會同湖北巡撫臣譚繼洵附片具陳，伏祈聖鑒。

户部知道。

籌解固本兵餉片 光緒十八年七月初一日

再，前准户部咨，原定各省應解固本兵餉，湖廣省按月應解銀五千兩，改令徑解部庫交納。又准户部咨，酌定分年帶解固本練餉欠款，擬定有閏之年解十五箇月，計銀七萬五千兩。無閏之年解十四箇月，計銀七萬兩。即自光緒十一年正月起，按年照數解清各等因。所有湖北省應解十五年八月以前固本兵餉銀兩，業經按年照數先後解部，附片奏報在案。茲據湖北布政使王之春詳稱，會同鹽法道，於鹽課項下籌撥銀二萬兩，作爲光緒十五年九、十、十一、十二四箇月固本兵餉。飭委試用通判王作霖、補用知縣曾紀雋管解赴京交納等情，詳請奏咨前來。臣覆核無異，除給咨管解並飭司陸續補解外，理合會同湖北巡撫臣譚繼洵附片具陳，伏祈聖鑒。

户部知道。

〔一〕以下五件録自中國第一歷史檔案館編《光緒朝硃批奏摺》第五九輯，第三七九至三八三頁，中華書局一九九五年版。

籌解協桂軍餉片 光緒十八年七月初一日

再，前准户部咨，議覆護理廣西巡撫李秉衡奏邊防各營請撥的餉案内，令湖北省自光緒十三年起，按月協解廣西邊軍餉銀一萬兩。業於光緒十三年分籌解銀二萬兩，嗣因湖北庫款支絀，力難續籌，咨准户部核覆，議令將調直武毅二營裁撤騰出餉糈約銀七萬餘兩，籌解廣西軍餉。並經北洋大臣李鴻章奏准，自光緒十四年起武毅二營由直籌餉。旋於十四年分匯撥劃解，計共解銀十萬三千八百六十六兩零。十五年分劃撥匯解，計共解銀七萬一千一百五十三兩零。十六年分匯撥劃解，計共解銀九萬一千七百一十一兩零。十七年分匯撥劃解，計共解銀八萬兩，本年已解過銀二萬兩，均經附片奏報在案。茲據湖北布政使王之春會同善後局司道詳稱，現復籌撥銀二萬兩，查照廣西來文，較準法馬，發交百川通商號匯赴廣西交收等情，詳請奏咨前來。臣覆核無異，除分咨外，謹會同湖北巡撫臣譚繼洵附片具陳，伏祈聖鑒。

户部知道。

籌解協滇月餉片 光緒十八年七月初一日

再，前准户部咨，議令四川省協滇月餉，自光緒十五年起，每月協解銀一萬三千兩。下賸銀七千兩，改撥湖北按月協解。光緒十五年二月二十一日具奏。奉旨：依議。欽此。咨行欽遵辦理。查前項奉部改撥協滇月餉，業於光緒十五、十六、十七等年分，籌解銀十八萬兩，本年已解過銀二萬兩，均經附片奏明在案。茲據湖北布政使王之春會同善後局司道詳稱，現復籌撥長沙平銀二萬兩，發交雲南催餉委員知縣吴本義，轉發百川通商號領匯赴滇等情，詳請奏咨前來。臣覆核無異，除分咨外，謹會同湖北巡撫臣譚繼洵附片具陳，伏祈聖鑒。

户部知道。

謝交部從優議叙摺 光緒十八年（閏六月）［七月初二］日

［竊臣承准總理海軍事務衙門咨］，光緒十八年閏（八）［六］月初五日奉上諭：總理海軍事務衙門奏，各省解清海軍鉅款，請將籌辦諸臣量予獎叙，開單呈覽一摺。李鴻章於海軍鉅款悉心籌畫，獨任其難。張之洞等亦［均］能力顧大局，殊堪嘉尚。大學士直隸［總］督（臣）李鴻章、前兩廣總督現任湖廣總督張之洞，均著交部從優議叙。等因。欽此。聞命之下，感悚難名。伏念海防重要之秋，軍府新開之日，規模廣遠，經費宏多。臣昔官五嶺以南，勉從諸臣之後。備宋庫封樁之用，銜石有心。助漢船横海之勳，涓流無補。乃蒙褒嘉寵賁，甄叙優加。惟大局深繫乎宸廑，故微勞亦邀乎渥奬。絲綸仰誦，冰谷如臨。臣惟有顧念時艱，益修職守。纖蘿息浪，願無忘長駕遠馭之圖。種柳成陰，敢自懈（卧薪嘗膽）［嘗膽卧薪］之志。［所有微臣感激下忱，理合繕摺具奏，叩謝天恩，伏祈皇上聖鑒。

［知道了。］［一］

［一］以上脱、舛七處及具奏日期，據中華書局一九九五年版《光緒朝硃批奏摺》第六五輯第一九九至二〇〇頁補充、校正。

密陳總兵暫緩陛見片〔一〕 光緒十八年七月十八日

再，查宜昌地方，川楚要衝，兼爲通商口岸，華洋交錯，民教雜居。自四川重慶開設新關以來，商賈多挂洋旂。去年教堂滋事，枝節横生，交涉事體尤爲繁難喫重。現在教案未結，民心未静，彈壓巡防，查拏會匪，事事均關緊要。該總兵羅縉紳久鎮宜昌，情形熟悉，軍民信服，正資得力，似難遽令遠離。兹該總兵籲請陛見，可否懇恩暫緩北上。俟該處諸務稍鬆，再行陳請之處，恭候聖裁。謹附片密陳，伏祈聖鑒。

知道了。

宜昌關籌解另款加復俸餉片〔二〕 光緒十八年七月　日

再，前准户部咨，宜昌關前解光緒十二年分原派京員津貼改爲另款加復俸餉銀四千兩，作爲彌補十年欠款。其十年、十一年所欠二萬兩，即由宜昌關此款按年解部抵補各等因。當經行令遵照辦理。所有宜昌關應解光緒十三、十四、十五、十六等年分前項銀兩，均經委員搭解赴京交納，分别奏咨在案。兹據湖北布政使王之春詳稱，宜昌關應解光緒十七年七月分頭批另款加復俸餉銀二千兩，現准宜昌關監督湖北荆宜施道方恭釗移解到司，由該司飭委管解京餉委員試用通判金講廉、試用知縣丁炳廷帶解赴京交納等情，詳請奏咨前來。臣覆核無異，除咨部外，謹會同湖北巡撫臣譚繼洵附片具陳，伏祈聖鑒。

户部知道。

湘鄂合勦臨湘會匪擒獲首要摺 光緒十八年八月初三日

竊查湖南臨湘縣會匪汪（殿）〔澱〕臣，向來開立山堂，糾黨放飄，久蓄逆謀。於上年九月在巴陵縣界之大雲山，糾黨嘯聚，焚劫居民，抗拒官軍。當經兵勇追捕逃匿，復在臨湘縣屬之小湄飛鳴山，聚衆劫掠。又經振字防營暨岳州水陸營汛兵勇擊散，拏獲匪黨多名，惟匪首汪澱臣在逃未獲。前經臣等將勦捕情形奏明在案。本年閏六月，臣之洞據湖北通城、蒲圻等縣禀報，匪首汪澱臣復在臨湘縣屬之漁角亭聚衆，竪旗起事，近接通城縣境，據險設卡，張貼僞示，僞稱順天王，總統乾坤離坎四卦天寶山，勒逼遠近各鄉居民進貢。通城、蒲圻一帶民情洶懼等情。當經臣之洞飭派鴻字營勇兩哨，分投馳往通城、蒲圻，扼剳截拏。並經臣等各據禀報，（分）〔飛〕飭岳州府縣防緑各營，趕緊併力撲滅。嗣據岳州府知府鍾英、岳州鎮總兵張捷書、振字營統領記名提督余虎恩、臨湘縣劉鳳綸、巴陵縣陳濬書等，先後禀稱：該匪首汪澱臣上年在逃未獲。此次復夥同僞軍師吴子餘、僧思陶即夏思道、及著名頭目熊名野即熊名治、熊采漢、楊金榜即楊金圃等，復在臨湘之藥姑山漁角亭，糾衆竪旗，僞稱王號，分派夥黨四出逼勒鄉民獻納財物、米糧，稱爲進貢，違者燒搶。連日誘脅聚黨千餘人，勢甚猖獗。經振字營將領弁勇會同岳州城守營、長江水師、

〔一〕録自中國第一歷史檔案館編《光緒朝硃批奏摺》第四二輯，第七九〇頁，中華書局一九九五年版。

〔二〕録自中國第一歷史檔案館編《光緒朝硃批奏摺》第八七輯，第二八六頁，中華書局一九九五年版。

岳州鎮標弁兵，於閏六月二十日夜，馳抵藥姑山麓，出其不意，分道進攻，擊斃匪衆數十名，生擒悍黨十九名。賊衆不辨我軍多少，紛紛逃竄。因天色昏黑，山徑紛歧，汪潊臣及僞軍師等均已逃逸，當將賊寨一律平燬。逸匪有竄至湖北通城縣境内者，亦被勇團截殺。訊據（該）［獲］匪王有才供，係僞順天王汪潊臣之西路頭目。袁昌益供，係會中三爺。李興貴、王金玉、李定均供，係催貢將軍。俱拒敵官軍，受有槍矛各傷。並供稱汪潊臣蓄謀先取通城，次下蒲圻，情形極爲凶狡等情。臣之洞當以汪潊臣僞稱王號，頻年謀爲不軌，此拏彼竄，三次起事，聲勢日盛，匪黨日多。此次巢穴雖經官軍擊破，然三次倡亂之首逆及各著名頭目均未就獲，必致數月之後，又復嘯聚滋事，尚復成何事體。當經嚴飭該地方文武，不准草率了事，仍蹈養癰積習。務須澈底搜捕，以匪首必獲爲斷。惟岳鄂毗連，地段遼闊，道路（分）［紛］歧，該處防營兵力不敷分布，必須兩省合力圍捕，始足以剗除巨患。當［即］派委湖北候補道李謙，督帶武防營勇兩哨，乘輪駛往，會同督飭拏辦。一面飛飭湖北通城、蒲圻等縣防營，合力截擊。維時提督余虎恩已赴醴陵縣防所巡查邊防，臣煦飛飭該提督星夜折回岳州，會同澈辦，務將各匪首拏獲，以净根株。玆疊據道員李謙、提督余虎恩等會禀稱，該道馳抵臨湘縣桃林地方，會同該提督暨該縣劉鳳綸，懸立重賞，多方購綫，分派弁勇，督飭團練，四出搜捕。偵知汪潊臣已將預備資糧，率其死黨竄入江西。設法斷截其四竄之路，旋將僞軍師吴子餘、僧思陶即夏思道、僞元帥張蘭田、僞副元帥余正喜、僞哨官何添直、龔（運）［連］城、李伯鳳等，陸續拏獲，訊據各犯供稱，聽從汪潊臣入會，汪潊臣自稱僞順天王，各人俱封僞職。内李伯鳳一名，向在軍營，善製各種軍火。商議先破通城，次下蒲圻，仍轉岳州。各犯四出糾人，各備器械，拒敵官軍等情。旋於七月十四日，經振字營幫辦補用總兵沈玉貴，會督各路兵勇團練等，於臨湘白鶴峒地方，將該匪首汪潊臣圍捕擒獲。提犯質訊，據供係臨湘縣人，曾在甘肅各營當勇，久經入會，於光緒十五年七月自行開立天寶山玉華堂、青龍水仁義香，分路糾人起事。曾被前臨湘縣拏獲，狡供不認，釋放。十七年七月，四處糾人已多，在大雲山定議起事。九月内，自稱順天王。私刻銅木僞印，製造各項旗幟、軍器、火藥，徧貼僞示，聲稱天兵開世。在會諸人都封僞官職，迭在巴陵、臨湘地方各鄉焚掠，經兵勇擊散。本年閏六月，復在漁角亭竪旗起事，四山搭立營棚，分段把卡，圖謀不軌，屢次拒敵官兵等情不諱。並據岳州城守千總蔣聲耀拏獲熊名野，續又分派弁勇拏獲熊采漢，均係起事之大頭目。歷供與汪潊臣夥同謀逆，糾黨起事不諱。又據巴陵縣陳濬書拏獲萬先右一犯，亦係歷從汪潊臣搶刦滋事之悍黨。以上汪潊臣等首要各犯，均經覆訊確供。禀由臣等先後批飭，就地正法梟示。並飭將上年拏獲監禁之汪潊臣悍黨謝盛愛、鄧（太）［汰］和、陳炳義、李（元）［沅］青、湯正渭、許明喻、李維青等七名，一併正法，以昭炯戒。惟僞元帥張蘭田供尚狡展，飭即研訊確供，再行懲辦。其餘未獲之悍黨尚有楊金榜，係湖北漢陽縣人，道士王曉村，係江南人，均已遠颺。已分别通飭移咨嚴拏，務獲懲辦。現在地方人心已形安謐，仍飭該道李謙會同岳州府巴陵、臨湘兩縣搜捕餘黨，寬免誘脅，繳飄自首者概行免罪。整頓保甲團練，將地方善後事宜切實籌辦，以期永杜亂階。

臣等查匪首汪潊臣，以游勇開堂放飄，僞稱王號，糾黨千餘人，僞封官職，蓄謀攻取州縣，三次倡亂，狂悖已極。所收夥黨，皆積年軍營散勇，驍捷善鬭，凶悍異常。臨湘之藥姑山，界跨湖南、北、江西三省，廣闊二百餘里，山林深邃，此挐彼竄，向爲藏奸之藪。若稍一鬆緩，該匪竄入深山，逃至他省界内，則留此禍根，乘間輒發，終成不了巨患。岳州爲湖南第一門户，與湖北水陸處處毗連，此處設有擾動，則湖北防不勝防，實關大局利害。該道李謙，聯絡文武紳團，深（知）［悉］該匪蹤跡窟穴，赴機迅速，籌畫精詳，操縱得法，督緝認真。未及一月，將積年未獲之首逆擒獲，其著名頭目大率俱已就獲。該提督余虎恩，勇往有爲，督隊剿捕，立將巨匪迅速撲滅。臨湘縣知縣劉鳳綸，平日官聲甚好，此次查挐各匪在鄉奔馳兩月之久，不辭勞瘁，緝捕勤能。岳州在城文武，及長江水師、岳州鎮各派兵役團勇，協同圍捕，俾渠魁悍黨，次第成擒，弭患銷萌，均屬異常出力。自應遵照上年六月初六日欽奉諭旨，照異常勞績，擇尤隨案奏請優獎。湖北候補道李謙，擬請送部引見，並賞加二品頂戴，儘先簡放。提督前陝安鎮總兵余虎恩，擬請旨交軍機處存記，遇有提督總兵缺［出］，開列在前，請旨儘先簡放。臨湘縣知縣劉鳳綸，擬請以直隸州知州在任候補，並加四品銜。補用總兵沈玉貴，請以總兵記名簡放。岳州府知府鍾英，請以道員升用。補用參將李聚發，請以副將儘先補用。補用遊擊楊遠管，請以參將儘先補用。補用都司李運隆，請以遊擊儘先補用。湖南撫標左營候補都司姚紹期，請以遊擊仍留原省儘先補用。儘先守備岳州城守營千總蔣聲耀，請以都司儘先補用，並加遊擊銜。儘先守備劉國（梁）［樑］請以都司留湖廣督標儘先補用。補用守備借補岳州營右哨把總趙孟達，請以都司儘先補用。補用守備石雲峰，請以都司儘先補用。補用千總借補岳州營外委蔣慶、留陝補用千總廖鎮江，均請以守備仍留原標儘先補用。分省補用知縣閔家鎮，請以知州仍分省歸候補班前先補用。湖北試用縣丞李兆庚、劉肇墀，均請以知縣仍留原省補用。候選縣丞李宗藩，請以知縣歸部，不論雙單月儘先選用。湖北儘先補用典史史悠森，請仍以典史歸候補班前先補用。湖北試用典史周樹棠，請俟補缺後以縣丞補用。團紳候選州同馮大成，請以通判不論雙單月儘先選用。長江水師岳州鎮總兵張捷書、補用副將岳州鎮標中營遊擊周啓茂、調補湖北撫標中（營）［軍］參將岳州城守營參將秦三元、巴陵縣知縣陳濬書，均請交部從優議敘。合無仰懇天恩俯准照擬給獎，出自逾格鴻慈，謹合詞恭摺具奏，伏祈聖鑒。

（硃批）李謙等均著照所請獎勵。餘依議。該部知道。（欽此）［一］

請准以文漢章調補副將摺［二］ 光緒十八年八月初三日

竊准兵部咨，湖北漢陽協副將樊國泰丁憂開缺，遺缺係陸路題調之缺，應令照例於湖北省現任人員揀員升調等因。臣查斯缺駐劄漢陽府城，所轄漢口鎮僅隔襄河一水，商賈輻輳，華洋雜處，極爲衝繁喫重，非精明幹練熟悉地方情形之員，難期勝任。茲查

［一］以上衍、脱、舛十二處，其中汪殿臣徑改汪瀫臣不計，據中華書局一九九五年版《光緒朝硃批奏摺》第一一八輯第四八一至四八五頁刪、補、校正。

［二］以下五件録自中國第一歷史檔案館編《光緒朝硃批奏摺》第四二輯，第八一七至八二三頁，中華書局一九九五年版。

有花翎提督銜記名總兵湖北竹山協副將文漢章，年六十五歲，湖南鳳凰直隸廳人，由行伍出師湖南、湖北、江南等省，攻克城隘，迭著戰功，歷保以花翎提督銜記名總兵補授湖南岳州城守營叅將，調補湖南撫標中軍叅將，旋因迴避本省，調補湖北德安營叅將。光緒十一年經前署督臣裕禄奏請升補湖北竹山協副將，給咨送部引見，奉旨准其升補，領劄回鄂。於光緒十二年三月十五日到任，十七年經臣奏委署理湖北鄖陽鎮總兵篆務，辦理裕如。該員老成幹練，任事盡心，以之調補斯缺，洵堪勝任。合無仰懇天恩俯准以文漢章調補湖北漢陽協副將員缺，實與地方營伍均有裨益。如蒙俞允，該員係對品調補，邀免送部引見，並祈敕部發給劄付，以昭信守。所遺竹山協副將，係陸路題補之缺，湖北省現有應補人員，容臣另行揀員請補。除飭取該員履歷咨部外，謹會同湖北巡撫臣譚繼洵、湖北提督臣程文炳恭摺具陳，伏祈皇上聖鑒，敕部核覆施行。

兵部議奏。

請准以劉盛國借補副將摺 光緒十八年八月初三日

竊准兵部咨，湖南寶慶協副將詹定邦革職，遺缺係陸路部推之缺，應用儘先人員。行令照章揀員請補等因。查斯缺駐紮寶慶府城，地處湘省上游，控馭巡防均關緊要，非精明幹練熟悉情形之員，難期勝任。臣查定章，綠營各缺有必須借補者，准其借補，借補即在儘先班次之內。嗣於光緒十三年十二月准兵部咨，奏請展各省借補限期章程內開，借補限期展緩五年，凡提、鎮以下人員，准其通融借補。五年之後，再行停止各等語。茲查有花翎提督銜奏留湖廣差遣記名總兵劉盛國，現年五十四歲，湖南益陽縣人，由武童投效軍營，轉戰湖北、安徽、江西等省，統帶霆軍，迭克堅城，屢解重圍，身受重傷，歷保花翎以副將儘先補用加總兵銜。嗣於湖北天門縣永灉河等處追賊五晝夜，徧體鱗傷，經直隸督臣李鴻章奏明，月給養傷銀三十兩，並免騎射。又奏保記名總兵加提督銜，均經奉旨允准，並賞給畢倫巴圖魯名號。嗣因凱撤回鄂，經前督臣李瀚章奏留湖廣差遣委用。同治十三年七月二十六日奉硃批：著照所請。兵部知道。欽此。歷經委署湖北提標左營遊擊德安營叅將，湖南靖州協副將篆務，均能措置裕如。該員老練勤能，戰功卓著，以之借補斯缺，洵堪勝任，核與借補限制亦屬相符，飭查前在本省及他省均無叅革朦保情弊。合無仰懇天恩俯念員缺緊要，准以奏留湖廣差遣記名總兵劉盛國借補湖南寶慶協副將員缺，實與地方營伍有裨。如蒙俞允，俟部覆到日，給咨送部引見，以符定制。查該員籍隸湖南，應俟補准後容臣再於湖北副將實缺中揀員對調。除飭取該員履歷咨部外，謹會同湖南巡撫臣張煦、湖南提督臣婁雲慶恭摺具奏，伏祈皇上聖鑒，敕部核覆施行。

兵部議奏。

請准以長立升補苗疆副將摺 光緒十八年八月初三日

竊准兵部咨，湖南永順協副將紀文鑑病故，遺缺係陸路題調之缺，應令迅揀合例人員升調等因，移咨到臣。查例載，各省題調之缺，先儘現任人員題請調補，如無合例堪調者，准於現任應升人員內揀選保題升用等語。臣於湖南省現任各營副將內詳加遴選，除沅州、靖州、永綏各協副將俱係題調要缺，衡州協副將馬朝龍係湖南善化縣人，例應迴避本省，業經臣揀與湖北黄州協副將續福題請對調，寶慶協副將員缺尚未准補有人，均應毋庸揀調外，其餘長沙、常德、乾州各協副將，或缺居緊要，或人地未宜，實無堪調之員，自應在於現任參將應升人員內揀選升補。查有湖南撫標中軍參將長立，現年五十四歲，鑲黄旗漢軍松山佐領下人，由拜唐阿補放整儀尉，轉升雲麾使食餉俸二十二年。光緒七年十一月十四日奉旨：湖南臨武營參將員缺，著長立補授。欽此。八年五月二十四日到任，旋經揀調湖南撫標中軍參將員缺，奉旨允准在案。十四年八月二十八日到撫標中軍參將調任。該員年健才明，營務整飭，以之升補斯缺，洵堪勝任。查該員在各參將任內歷俸已滿二年以上，核與升補之例亦屬相符。合無仰懇天恩俯准以湖南撫標中軍參將長立升補永順協副將，實於邊防營伍有裨。如蒙俞允，俟部覆到日，給咨送部引見，以符定制。除飭取該員履歷咨部外，謹會同湖南巡撫臣張煦、湖南提督臣婁雲慶恭摺具奏，伏祈皇上聖鑒，敕部核覆施行。

兵部議奏。

請准以饒應祥補授都司片光緒十八年八月初三日

再，准兵部咨，湖北提標後營都司于相臣病故，遺缺應用儘先人員，行令照章揀員請補等因。查斯缺駐劄棗陽縣城，界連豫省，向爲匪徒出没之區，緝捕操防均關緊要，非精明幹練熟悉情形之員，難期勝任。臣即在湖北儘先都司班內逐加遴選，查有遊擊銜藍翎儘先都司饒應祥，年四十三歲，湖北恩施縣人，由武童投效軍營，疊次打仗出力，歷保藍翎守備儘先補用。光緒二年，剿辦關內逆回一律肅清，經前陝甘督臣左宗棠彙案保奏，以都司儘先補用加遊擊銜，奉旨允准在案。嗣經遣撤回籍，收入提標中營差遣。現在署理提標後營都司，辦理裕如。該員年力强壯，營務詳明，以之請補斯缺，洵堪勝任。且距籍在五百里以外，與例相符。飭查本省及他省均無參革朦保情弊。查部行章程請補儘先班次，聲叙人地不宜至多不得過二十員，茲按部册確查，其儘先名次在饒應祥之前者，除李大亨現已病故，王秀山現丁父憂，吴丈錦現在直隸武毅軍差遣，高洪陞、張士華、胡秉忠、覃得勝、李儀鳳五員，距籍五百里以内，均毋庸核計外，其李茂壇、方順易、成龍、黄三貴、王詩學、王勝祥、李家勳、孫長遠、段大海、胡光熊、丁竟成、程先科、左鍾清十三員，均與此缺人地不宜，未便遷就擬補，致滋貽誤。饒應祥雖儘先名次稍後，而在營歷練有年，情形熟習，人地實在相需，合無仰懇天恩俯念員缺緊要，准以儘先都司饒應祥補授湖北提標後營都司，實與地方營伍有裨。如蒙俞允，俟部覆到日，給咨送部引見，以符定制。除飭取該員履歷咨部外，謹會同湖北巡撫臣譚繼洵、湖北提督臣程文炳附片具陳，伏祈聖鑒，敕部核覆施行。

兵部議奏。

請准以歐陽榮章借補都司片光緒十八年八月初三日

再，准兵部咨，湖廣督標中營都司喬殿魁病故，遺缺係陸路部推之缺，應用儘先人員，行令照章揀員請補等因。查斯缺駐劄省垣，經管錢糧，操練巡防，均關緊要。非精明練達之員，難期勝任。臣查部定章程，借補即在儘先班次之内等語。嗣於光緒十三年十二月内准兵部咨，奏請展各省借補限期章程内開，借補限期展緩五年，凡提、鎮以下人員，准其通融借補。五年之後，再行奏明停止各等語。茲查有花翎儘先即補遊擊歐陽榮章，年五十二歲，河南商城縣人，由武童投效軍營，出師安徽、湖北、山東等省打仗出力，歷保以都司儘先推補。嗣於克復烏魯木齊各城出力案内，奏保免補都司，以遊擊儘先補用，奉旨允准在案。光緒十一年經前署督臣裕禄奏留湖廣收標效用。是年十二月二十一日奉旨：著照所請。兵部知道。欽此。十二年正月初四日到標，現在委充督標操防營幫辦事務，訓練兵丁，整飭營伍，均稱裕如。該員精詳幹練，軍律嚴明，以之借補斯缺，洵堪勝任，與借補限制亦屬相符，飭查前在本省及他省均無叅革朦保情弊。合無仰懇天恩俯念員缺緊要，准以歐陽榮章借補湖廣督標中營都司員缺，實與營伍有裨。如蒙俞允，俟部覆到日，給咨送部引見，以符定制。除飭取該員履歷咨部外，謹會同湖北巡撫臣譚繼洵、湖北提督臣程文炳附片具陳，伏祈聖鑒，敕部核覆施行。

兵部議奏。

江漢關籌解出使各國經費片〔一〕 光緒十八年八月初三日

再，據湖北漢黄德道監督江漢關税務孔慶輔詳稱，前奉總理衙門劄開，會奏籌備出使各國經費，擬於各關所收六成洋税作爲十成分算，每結酌提一成，另款存儲，聽候隨時指撥，以作出使經費之用。均自第六十五結爲始，一體遵照辦理。續奉行知令將每結提存之款，撥寄江海關彙收，以資分撥。又奉總理衙門劄開，出使經費不敷撥用，擬於所收六成洋税，仍作十成分算。即在此十成内，於原提一成之外，再提半成。並令於商局留關備撥六成税内，亦按十成計算，酌提一成半。均自第七十一結爲始，按結解至江海關備用各等因。查江漢關第一百二十六結提存前項經費銀兩，業經委解江海關驗收，詳請奏咨在案。茲查第一百二十七結所徵洋商進出口正税六成銀兩，除開支税務司並關用經費及傾鎔折耗外，實存銀二十七萬三千一百六十五兩一錢七分一釐，按十成計算，應提一成五釐出使經費銀四萬零九百七十四兩七錢七分六釐。又收招商局輪船進出口正税四成八釐銀兩，除開支傾鎔折耗外，實存銀二萬七千七百十八兩一錢七分一釐，按十成計算，應提一成五釐出使經費銀四千一百五十七兩七錢二分六釐。遵照户部核覆，每萬兩扣給解費銀二百兩，即在所提出使經費内扣給委員解費銀九百零二兩六錢五分，計實解銀四萬四千二百二十九兩八錢五分二釐。已將前項銀兩飭委候補同知狄雲章解赴江海關驗收等情，詳請奏咨前來。臣覆核無異，除分咨外，謹會同南洋大臣兩江總督臣劉坤一、湖北巡撫臣譚繼洵附片具陳，伏祈聖鑒。

該衙門知道。

〔一〕以下二件録自中國第一歷史檔案館編《光緒朝硃批奏摺》第八七輯，第二八九至二九〇頁，中華書局一九九五年版。

委解本年第六批鹽釐京餉銀兩片 光緒十八年八月初四日

再，前准户部咨，豫撥光緒十八年京餉案内，提撥湖北鹽釐銀十五萬兩。又准户部咨，續撥本年京餉案内撥湖北鹽釐銀五萬兩，行令分批起解等因。業經籌撥本年第一批至五批京餉鹽釐銀共十五萬兩，委解赴京交納附片奏報在案。茲據湖北布政使王之春、鹽法武昌道瞿廷韶續撥本年第六批京餉鹽釐銀三萬兩，飭委試用知縣羅葆熙、試用通判林晏春會同管解赴京交納等情，詳請奏咨前來。臣覆核無異，除分咨外，謹會同湖北巡撫臣譚繼洵附片具陳，伏祈聖鑒。

户部知道。

委解貴州協餉銀兩片〔一〕 光緒十八年八月初四日

再，貴州協餉，湖北省欠解銀十五萬八千兩。自光緒十三年起至十七年止，陸續解過銀九萬二千兩，均經附片奏報在案。茲據湖北善後局司道詳稱，現復籌撥長沙平銀一萬兩，發交百川通商號領匯赴黔，以應要需等情，詳請奏咨前來。臣覆核無異，除分咨外，謹會同湖北巡撫臣譚繼洵附片具陳，伏祈聖鑒。

户部知道。

請准以黄高志借補苗疆參將摺〔二〕 光緒十八年八月初四日

竊准兵部咨，湖南保靖營參將王金鼎升補副將，所遺參將員缺係陸路題補第一輪第五缺，應用儘先人員，行令照章揀員請補等因。查斯缺駐劄保靖縣舊司治，地處苗疆，毘連黔境，控馭巡防均關緊要，非精明諳練之員，難期勝任。臣查定章，緑營各缺有必須借補者，准其奏請借補。嗣於光緒十三年十二月内准兵部咨，奏請展各省借補限期章程内開，借補限期展緩五年，凡提、鎮以下人員，准其通融借補。五年之後，再行奏明停止，各等語。茲查有花翎留南儘先補用副將黄高志，年五十五歲，湖南善化縣人，由武童投效軍營，出師安徽、江西、江南等省，迭次打仗出力，歷保副將，留於湖南儘先補用。同治八年四月十九日奉旨允准在案。嗣經收入長沙協營差委，同治十二年十月十七日到標，歷經委署永州鎮標右營遊擊、常德靖州各協副將。該員安詳沈静，爲守兼優，於邊防土苗民情最爲熟悉。現署寶慶協副將篆務，辦理營務事宜，諸臻周妥。以之借補保靖營參將，洵堪勝任，核與借補限制亦屬相符，飭查前在本省及他省均無參革朦保情弊。合無仰懇天恩俯念苗疆員缺緊要，准以儘先補用副將黄高志借補湖南保靖營參將員缺，實與邊防營伍均有裨益。如蒙俞允，俟部覆到日，給咨送部引見，以符定制。除飭取該員履歷咨部外，謹會同湖南巡撫臣張煦、湖南提督臣婁雲慶恭摺具奏，伏祈皇上聖鑒，敕部核覆施行。

兵部議奏。

〔一〕録自《京報》第四二三二號。

〔二〕以下三件録自中國第一歷史檔案館編《光緒朝硃批奏摺》第四二輯，第八二八至八三二頁，中華書局一九九五年版。

請准以江開泰補授苗疆遊擊摺 光緒十八年八月初四日

竊照湖南鎮筸鎮標右營遊擊楊達章病故，遺缺前經臣請以儘先副將董文華借補。旋准兵部咨，董文華已保記名總兵，未經奏留該省差委。該員儘先副將原班已斷，今請借補該省遊擊，核與所保官階不符，應毋庸議。其湖南鎮筸鎮標右營遊擊員缺，應令另揀儘先合例人員請補，以符定制等因。查斯缺，駐劄鳳凰廳得勝營汛，地處苗疆，毘連黔境，控馭巡防均關緊要，非營務老練熟悉地方之員，難期勝任。臣當即在湖南儘先遊擊班内詳加遴選。查有藍翎儘先補用遊擊江開泰，年五十二歲，湖南長沙縣人，由行伍出師湖南、江西等省，打仗出力，歷保儘先都司。於克復嘉定縣，並北新涇、四江口解圍案内，經前江蘇巡撫臣李鴻章保奏，同治二年二月初十日奉上諭：都司江開泰，著以遊擊儘先補用。欽此。嗣因請假回湘，收入撫標左營差遣，光緒元年六月二十一日到標。該員質性樸誠，熟習營務，以之請補鎮筸鎮標右營遊擊，洵堪勝任。且係距籍在五百里以外，與例亦屬相符，飭查本省及他省均無參革朦保情弊。查部行章程，請補儘先班次如係聲叙人地不宜，至多不得過二十員。茲按部册儘先遊擊在江開泰之前者，尚有盧榮陞、蘇文揚二員，均於苗疆情形不熟，未便遷就擬補，致滋貽誤。今江開泰雖儘先名次稍後，而在營歷練有年，熟悉苗疆情形，人地實在相需。合無仰懇天恩俯念苗疆員缺緊要，准以儘先遊擊江開泰補授湖南鎮筸鎮標右營遊擊，實與邊防營伍均有裨益。如蒙俞允，俟部覆到日，給咨送部引見，以符定制。除飭取該員履歷咨部外，謹會同湖南巡撫臣張煦、湖南提督臣婁雲慶恭摺具奏，伏祈皇上聖鑒，敕部核覆施行。

兵部議奏。

請准以蕭光友借補遊擊摺 光緒十八年八月初四日

竊准兵部咨，湖北宜昌鎮標前營遊擊松山病故，遺缺係部推之缺，應用儘先人員，行令揀員請補等因。臣查斯缺駐劄宜昌府城，爲川省入楚門户，水陸通衢，巡緝操防均關緊要，非精明幹練熟悉情形之員，難期勝任。查部定章程，借補即在儘先班次之内。嗣於光緒十三年十二月内，准兵部咨，奏請展各省借補限期章程内開，借補限期，擬請展緩五年，凡提、鎮以下人員，准其通融借補。五年之後，再行奏明停止各等語。茲查有花翎總兵銜湖北儘先補用副將蕭光友，年五十五歲，湖北漢陽縣人，由武童投效軍營，轉戰安徽、江蘇、浙江、湖北、江西、廣東等省，打仗出力，歷保以副將留湖北省遇缺儘先補用。嗣於湖北永瀠河等處剿捻獲勝案内保奏，同治六年十一月初一日奉上諭：蕭光友著遇有湖北副將缺出，先行補授，並加總兵銜，賞加希吉爾渾巴圖魯名號。等因。欽此。旋經前任浙江提督臣鮑超咨送到鄂，歸標差遣。該員老練有爲，戰功卓著，以之借補湖北宜昌鎮標前營遊擊員缺，洵堪勝任。核與借補限制，亦屬相符，飭查前在本省及他省均無參革朦保情弊。合無仰懇天恩俯念員缺緊要，准以總兵銜儘先副將蕭光友借補湖北宜昌鎮標前營遊擊，實與地方營務均有裨益。如蒙俞允，俟部覆到日，給咨送部引見，以符定制。除飭取該員履歷咨部外，謹會同湖北巡撫臣譚繼洵、湖北提督臣程文炳恭摺具陳，伏祈皇上聖鑒，敕部核覆施行。

兵部議奏。

宜昌西壩火災撥款撫恤片〔一〕 光緒十八年八月初四日

再，據署宜昌府知府逄潤古、署東湖縣知縣許之璡等電禀，稱七月十四日夜間，宜昌城外西壩地方嚴復盛篾纜店晚炊失慎，遺火延燒，附近皆係草屋、茅棚，多被焚燒。飛火延及河下篷船，附近各船固結不解，同時延燒。被焚之舟隨風飄至鎮川門外，以致延燒河街店鋪。經該府縣營汛等督飭水龍，分頭撲滅。計被焚西壩草屋、茅棚二百三十三家，河街店鋪二十八家，焚船二十七隻，焚斃一人，溺斃八十七人。當撈獲屍身二十四具，查明被灾貧民男婦大小一千一百四十丁口，連日分別撫恤，並分撥紅船、礮船打撈未獲之屍。該府縣等倡率勸導紳商籌捐錢二千六百餘串，先行賑撫被灾各户、口等情前來。臣等查宜昌西壩草屋、船户多係窮黎，一旦罹此奇灾，死亡纍纍，棲食無所，深堪憫惻。已檄飭宜昌川鹽釐金等局就近共撥銀一千二百兩，解交該府縣易錢，確查被灾水陸各貧户及焚溺斃命各家，分別散放撫恤，務使實惠均沾，毋任流離失所。所有宜昌西壩火災撥款撫恤各緣由，謹合詞附片具奏，伏祈聖鑒。

知道了。即著飭屬妥爲撫恤，毋任失所。

請添設救生紅船援案開支經費摺〔二〕 光緒十八年八月初四日

竊查峽江之險甲於天下，上自四川夔巫交界之涪石起，下至湖北東湖之虎牙灘止，計水程四百餘里，險灘五十餘處，行旅船隻往來動輒失事，夏秋尤甚，覆溺之患無日無之，其情狀慘不忍言。光緒二年，前四川督臣丁寶楨在山東巡撫任内，捐集銀四千兩，匯寄到鄂，經前兼署督臣翁同爵札委總兵羅縉紳等，釘造大小救生紅船十五隻，連舊有培元堂等處紅船四隻、擺江二隻，共計船二十一隻。光緒八年，前湖南提督臣鮑超奏奉諭旨：著湖廣總督、湖北巡撫籌撥款項，於著名險灘處所，酌量添設紅船，並飭屬隨時認真救護，以保行旅。等因。欽此。又經前督臣涂宗瀛、前撫臣彭祖賢奏明，添設救生紅船六隻。光緒十二、十四等年前任浙江按察使黄毓恩先後捐設二隻，統計現設紅船二十九隻，分泊各灘，均歸宜昌鎮總兵羅縉紳督率救護。所需舵工、水手工食，修艌經費，除黄毓恩所捐二隻、培元堂舊有二隻有存款備用外，其餘二十五隻均在宜昌川鹽局五成充餉公費項下，就近撥給，歷年以來全活人口甚衆，頗著成效。惟險灘過多，紅船尚少，行旅往來仍多企望。

茲據湖北宜昌鎮總兵羅縉紳禀稱，查峽江著名險灘全在湖北境内，江中亂石縱横，地段甚長，相隔十餘里或五六里必有一險要之灘，有水漲而險者，亦有水枯而險者，情形時有變遷。一遇覆舟求救，近則可以立時往援，遠則時慮鞭長莫及。宜昌爲川楚通衢，川鹽商人均在該處聚集，自設立通商口岸以來，華洋雜處，益形繁盛。近來重慶開設新關，商賈行旅更倍從前。其滇、黔兩省運解銅、鉛、軍械委員亦皆由峽江行駛，尤關緊要。凡此往來之官商，莫不倚紅船爲保護。每至身當危難而卒獲安全者，實賴

〔一〕録自《京報》第四二三〇號。

〔二〕録自中國第一歷史檔案館編《光緒朝硃批奏摺》第一〇二輯，第六一三至六一五頁，中華書局一九九五年版。

紅船救援之力居多。惟官商船隻大者百餘人，小者亦數十人，設遇覆溺，延頸待救，紅船僅可容載數人，多則有擁擠沉淪之患。大約每日仍必有覆溺之船，情形甚慘。若次第接救覆舟，危在呼吸迫不及待，往往難獲生全。體察情形，原設紅船實屬不敷分布。擬請再行添造紅船十五隻，並添造舢板三號，以資彈壓梭巡，督飭認真撈救等情。經臣等批飭湖北藩、臬兩司、鹽法道會同善後川鹽各局妥議詳辦，當據該司道詳覆，以該鎮籌議各節均屬實在情形，應請照擬添設各船，統歸該鎮羅縉紳管理，督率救援，以保行旅所需。造船價值由該司道等核實估計，共需銀一千五百餘兩，當經設法籌捐撥交該鎮羅縉紳，督飭興工趕造。趁此水漲灘險，添設齊全，匀駐險灘，以資拯救，保全實多。且商舶、鹽船連檣而下，每逢夏令盛漲，往往停泊不行。今添設紅船十五號，連原有之船共四十四號，分泊梭巡，又得舢板往來稽查彈壓，商人恃以無恐，常可通行無阻。於抽收鹽貨釐稅等項，均有裨益。已於六月趕造工竣，查驗船身一律堅固。所有六、閏兩月添設紅船舵工、水手工食及舢板哨勇薪糧等費，暫由羅縉紳暨宜昌府縣籌墊，以應急需。統計添設紅船十五號、舢板三號，每年經費共需銀四千四百餘兩，三年大修一次，經費銀約五百餘兩，照案仍請在於宜昌川鹽局五成充餉公費項下開支，均歸善後局造册報銷。所費無多，於正項餉需並無妨礙，而峽江行旅受惠無窮等情會詳請奏前來。

臣等伏查，峽江之險，上廑宸衷，前經欽奉諭旨，於著名險灘處所，飭令酌量添設紅船，隨時認真救護，以保行旅。仁施廣被，感頌同聲。現經臣等體察情形，險灘過多，行旅日盛，原設紅船實屬不敷拯救。督飭該司道等籌捐添設，歲需經費援案開支，於正項餉需並不相妨，而行旅安全，羣欣利涉，洵足以保民命而廣皇仁。合無仰懇天恩俯准照辦，出自鴻慈，謹合詞恭摺具陳，伏祈皇上聖鑒。

著照所請。該部知道。

江漢關籌解第八年第四期應付洋款本利銀兩片[一]

光緒十八年八月初四日

再，前准户部咨，神機營息借洋款一百五十萬鎊，於光緒十年九月十四日初次收到六萬鎊，計合十足廣平銀二十萬零一千九百六十八兩八錢。利銀按一年四期，每期應付一千零五十鎊。其頭期利銀已由神機營墊付，應照此次咨報本利銀兩數目，擬飭江漢關按照議定章程期限，先期二十日照數解交江海關查收，由該關按期作合鎊價兑付怡和洋行等因。光緒十一年二月十五日具奏。本日奉旨：依議。欽此。欽遵咨行前來，當經轉飭遵照辦理。所有江漢關應付第一年二期起至第八年三期止利銀並第六、七兩年第四期應還本銀，委員解交江海關驗收給領，暨將神機營墊付頭期利銀委解赴京交納，分别奏咨在案。茲據湖北漢黄德道監督江漢關税務孔慶輔詳稱，查光緒十八年九月十二日爲第八年第四期應付利銀二千一百二十兩零六錢七分三釐，並應還本銀四萬零三百九十三兩七錢五分七釐，即在第一百二十八結所徵六成洋税項下，共籌撥庫平足色銀四萬二千五百十四兩四錢三分，作爲第八

[一] 録自中國第一歷史檔案館編《光緒朝硃批奏摺》第八二輯，第二六至二七頁，中華書局一九九五年版。

年第四期應付本利銀兩，飭委候補縣丞陳繼泰解赴江海關驗收，届期照章給領等情，詳請奏咨前來。臣覆核無異，除分咨外，謹會同湖北巡撫臣譚繼洵附片具陳，伏祈聖鑒。

該衙門知道。

請准以袁祖禮補授遊擊摺〔一〕光緒十八年八月初六日

竊照湖北撫標右營遊擊赫成額病故，遺缺係陸路部推之缺。臣前請以儘先遊擊汪杏林擬補，准兵部咨，查汪杏林保遊擊原單内係由都司底銜請保，原册内並未叙有都司保案，所請補授遊擊之處，應毋庸議。其湖北撫標右營遊擊員缺，應令另行照章揀員請補等因。查湖北撫標右營遊擊員缺，駐劄省垣，事務殷繁，非精明幹練之員，難期勝任。臣即在於湖北省儘先遊擊班内逐加遴選，查有湖廣督標儘先遊擊袁祖禮，年五十歲，湖北蘄州人，由雲騎尉世職投效陝甘軍營，迭次打仗出力，奏保藍翎儘先都司。嗣於力解鎮番縣城圍出力案内，經甯夏將軍臣穆圖善保奏，免補都司以遊擊儘先補用，並換花翎。同治十二年六月十五日奉旨允准。又於甘肅關内肅清積年隨征出力案内，經甯夏將軍臣穆圖善保奏，仍以遊擊儘先補用，於同治十三年九月十六日奉旨允准。各在案。嗣經遣撤回籍，收入湖廣督標中營效用。旋赴神機營差遣，現經回鄂。該員明白幹練，熟嫺軍火，以之擬補斯缺，洵堪勝任。查部定章程，請補儘先班次，如係聲叙人地不宜至多不得過二十員。兹按部册儘先名次在袁祖禮之前者，尚有李枝宏、穆德明、鄧啓發、丁體元、周義慶、彭山茂、畢啓明、陳德安、胡迪賢、袁家瑶、鄧朝佐等十一員，内丁體元一員前經行查保案聲覆，尚未接准部覆，彭山茂一員尚未收標，李枝宏、穆德明、鄧啓發、周義慶、畢啓明、陳德安、胡迪賢、袁家瑶、鄧朝佐等九員，營務尚待練習，均未便遷就擬補，致滋貽誤。袁祖禮雖名次在後，而在營歷練有年，情形熟悉，飭查該員前在本省及他省均無參革朦保情弊。合無仰懇天恩俯念員缺緊要，准以儘先遊擊袁祖禮補授湖北撫標右營遊擊，實於營伍有裨。如蒙俞允，俟部覆到日，給咨赴部引見。查該員蘄州原籍與撫標右營相距在五百里以内，應俟准補後，再行奏明對調，以符定制。除飭取該員履歷送部外，謹會同湖北巡撫臣譚繼洵、湖北提督臣程文炳恭摺具陳，伏祈皇上聖鑒，敕部核覆施行。

兵部議奏。

請准以李廣信借補苗疆遊擊摺光緒十八年八月初六日

竊准兵部咨，湖南鎮筸鎮標中軍遊擊唐淦升任，遺缺係陸路題補第三輪第二缺，應用儘先人員，迅即照章揀員請補等因。查斯缺駐劄鳳凰廳城，地處苗疆，爲鎮筸各營領袖，控馭巡防均關緊要，非精明幹練熟悉情形之員，難期勝任。臣查定章，緑營各缺有必須借補者，准其借補，借補即在儘先班次之内。嗣於光緒十三年十二月内准兵部咨，奏請展各省借補限期章程内開，借補

〔一〕以下三件録自中國第一歷史檔案館編《光緒朝硃批奏摺》第四二輯，第八三七至八四〇頁，中華書局一九九五年版。

限期展緩五年，凡提、鎮以下人員准其通融借補。五年之後，再行奏明停止各等語。茲查有花翎副將銜湖南儘先補用參將李廣信，年五十九歲，湖南長沙縣人，由武童投效軍營，出師湘、鄂、陝、甘等省，打仗出力，歷保遊擊，留於湖南儘先推補，並加副將銜。光緒五年經前大學士陝甘督臣左宗棠於新疆南、北兩路蕩平案内保奏，光緒六年正月三十日奉上諭：花翎副將銜湖南儘先補用遊擊李廣信，著免補遊擊，以參將儘先補用。欽此。九年收入撫標左營差遣。十四年經前湖南撫臣王文韶以該員前在軍營打仗受傷，附片奏請免其騎射，改習槍礮，奉旨允准各在案。該員老成諳練，明幹有爲，熟悉苗疆情形。以之借補鎮筸鎮標中軍遊擊員缺，洵堪勝任，核與借補限制亦屬相符，飭查前在本省及他省均無參革朦保情弊。合無仰懇天恩俯念苗疆員缺緊要，准以李廣信借補湖南鎮筸鎮標中軍遊擊，實與邊防營伍有裨。如蒙俞允，俟部覆到日，給咨送部引見，以符定制。除飭取該員履歷咨部外，謹會同湖南巡撫臣張煦、湖南提督臣婁雲慶恭摺具奏，伏祈皇上聖鑒，敕部核覆施行。

兵部議奏。

請准以胡百華升補苗疆遊擊摺 光緒十八年八月初六日

竊准兵部咨，湖南綏靖鎮標中軍遊擊楊通純升任，遺缺係陸路題補第二輪第九缺，應用應補人員。查該省現無應補班以遊擊用之期滿世職，自應仍以現任應升人員請補，行令照章揀員請補等因。查斯缺駐劄永綏廳屬花園司，地處苗疆，爲一鎮領袖，缺要事繁，非才幹優長熟悉苗情之員，難期勝任。臣當即在湖南省現任都司應升遊擊人員内逐加遴選，查有湖南綏靖鎮標右營都司胡百華，年四十五歲，湖南善化縣人，由武童出師湖北、貴州、雲南等省歷著戰功，遞保都司。光緒九年奏補湖南綏靖鎮標右營都司，十年四月領咨赴京，經欽派王大臣驗放覆奏，准其補授。奉旨：依議。欽此。六月十一日領受劄付，十月初八日到任。該員才猷練達，訓練有方，以之升補斯缺，洵堪勝任。查該員都司歷俸已滿三年，距籍在五百里以外，核與升補例章均屬相符。合無仰懇天恩俯念苗疆員缺緊要，准以胡百華升補湖南綏靖鎮標中軍遊擊員缺，實與邊防營伍均有裨益。如蒙俞允，俟部覆到日，給咨赴部引見，以符定制。除飭取該員履歷咨部外，謹會同湖南巡撫臣張煦、湖南提督臣婁雲慶恭摺具奏，伏祈皇上聖鑒，敕部核覆施行。

兵部議奏。

江漢關第一百二十七結收支各數目開單具奏摺〔一〕 光緒十八年八月初六日

竊照前准户部咨，鈔奏内開，各海關洋税收支數目辦理未能畫一，應令遵照定章，按結開列清單奏報一次，仍扣足四結開單奏銷一次，概不得以收支數目串入原摺，以致混雜不清。仍一面造具四柱清册暨支銷經費銀兩清册，分送户部暨總理各國事務衙

〔一〕録自中國第一歷史檔案館編《光緒朝硃批奏摺》第七二輯，第七六四至七六五頁，中華書局一九九五年版。

門，以憑核銷等因。光緒十年二月二十五日具奏。本日奉旨：依議。欽此。又准咨，第九十五結期滿清單，僅有收支款目，以致各結總數未能聯貫。嗣後應令將舊管、新收、開除、實在，分爲四柱，逐款開列，以昭明晰等因。均經轉行遵照辦理。茲據湖北漢黄德道監督江漢關税務孔慶輔詳稱，江漢關徵收各項税鈔及支解各數目，前經截至光緒十八年三月初四日第一百二十六結止，詳請奏咨在案。茲查自光緒十八年三月初五日起至六月初七日止第一百二十七結期滿，徵收洋商各項税鈔，六成洋税除支解外，計不敷銀九萬四千五百三十兩零五錢一分一釐八毫三絲六忽，應在於下結所收六成洋税項内照數彌補。又四成洋税，除撥解外計存銀四千七百零七兩三錢一分六釐。又另款徵收招商局各項税鈔，除撥解外計存四成八釐各税銀五萬六千五百七十一兩八錢四分四釐。已如數歸併六成洋税内開報。又五成二釐局税除撥解外，計不敷銀十二萬三千七百零一兩六錢一分九釐，應在於下結所收五成二釐局税項内照數彌補。又此結遵照新章徵收洋藥税釐銀，除支解外，計不敷銀一千七百二十三兩零五釐，應在於下結所收税釐銀内分别照數彌補。其所存四成洋税一款，容俟撥解。又英商局商在漢販運土藥出口徵收正税銀二十兩零二錢九分八釐，半税銀五兩七錢七分五釐，已歸入華洋各税項内開報等情，詳請奏咨前來。臣覆核無異，除俟一年期滿按結造具收支經費各册另繕總單分别報銷外，所有第一百二十七結徵收洋商華商各項税鈔及支解各數目，謹會同南洋通商大臣兩江總督臣劉坤一、湖北巡撫臣譚繼洵恭摺具陳，並繕具四柱清單，恭呈御覽，伏祈皇上聖鑒。

該衙門知道。單併發。

籌解本年第四批甘肅新餉片〔一〕 光緒十八年八月初六日

再，承准軍機大臣字寄，光緒十七年八月三十日奉上諭：户部奏籌撥甘肅新餉一摺，甘肅關内外各軍餉銀關繫緊要，現經該部將光緒十八年新餉指撥湖北省銀三十三萬兩。著該督撫等嚴飭司道，按照部撥數目，於本年十二月底止趕解三成，至來年四月底止再解三成，其餘四成統限九月底掃數解清。等因。欽此。業經欽遵，籌解第一批至三批甘肅新餉共銀二十二萬兩，附片奏報在案。茲據湖北布政使王之春會同善後局司道詳稱，在於鹽課釐金項下籌撥本年第四批甘肅新餉銀五萬兩，於七月十八日發交漢鎮天成亨、協同慶商號匯解赴甘肅藩庫兑收等情，詳請奏咨前來。臣覆核無異，除分咨外，謹會同湖北巡撫臣譚繼洵附片具陳，伏祈聖鑒。

户部知道。

江漢關掃解本年京餉及東北邊防經費片〔二〕 光緒十八年八月初六日

再，前准户部咨，豫撥光緒十八年分京餉，奏撥江漢關洋税銀十五萬兩。又光緒十八年分東北邊防經費，奏撥江漢關六成洋税銀十萬兩各等因。均經轉飭遵照辦理。所有江漢關奉撥前項銀

〔一〕録自《京報》第四二二九號。
〔二〕録自中國第一歷史檔案館編《光緒朝硃批奏摺》第八七輯，第二九一頁，中華書局一九九五年版。

兩，業已先後委員管解第一、第二兩批京餉共銀十萬兩，東北邊防經費共銀八萬兩，赴京交納，均經奏咨在案。茲據湖北漢黄德道監督江漢關税務孔慶輔詳稱，在於所徵洋税項下動支庫平足色銀五萬兩，作爲本年第三批京餉，又在於第一百二十七結所徵六成洋税項下動支庫平足色銀二萬兩，作爲本年第三批東北邊防經費銀兩，飭委拔貢試用知縣陳澍霖、在任候補知縣按經歷張嘉畹分別管解赴京交納。並聲明江漢關本年奉撥京餉銀十五萬兩、東北邊防經費銀十萬兩，均已掃數解清等情，詳請奏咨前來。臣覆核無異，除分別給咨管解外，謹會同湖北巡撫臣譚繼洵附片具奏，伏祈聖鑒。

户部知道。

請准以楊定得補授參將摺[一] 光緒十八年八月初七日

竊照湖南提標中軍參將紀文鑑升任，遺缺係題補第一輪第四缺，應用儘先人員揀補。臣前以副將銜奏留湖南儘先補用參將楊定得請補。接准兵部咨，查楊定得係湖南人，請補參將例應迴避本省，儘先名次又屬在後。該督聲稱名次在前各員人地不宜，楊定得洵堪勝任等語，自因該員與是缺人地相宜，但擬補後仍須迴避揀調，核與定章不符。所請補授之處，應毋庸議。等因。咨行到臣，自應遵照另行揀員請補。惟查自軍興以來，楚軍最盛湖南人以戰功勞績洊保至提、鎮以下者，不可勝數。以故湖南候補副將、參將，大率皆係本省籍貫，均經奉旨准留湖南，按班序補，歷經請補、升補副、參實缺在案。臣現於儘先參將中覆加遴選，查楊茂盛、孫長鐸、鄭茂普三員，部咨應歸湖北按班序補，自應扣除不計。其名次在楊定得之前者，除張定泰、陳登科二員均已離營，李廣信、鄧紹級二員業經請補他缺，丁季陞一員籍隸江蘇徐州府銅山縣，現在湖北差遣，向帶馬隊，多年於水鄉情形未能相習外，其楊正洪、嚴得勝、李添永、劉漢臣、王敬徵、張開武、熊宏榮、藍廷青、周正新、唐斌、趙玉田、龔紹基各員，亦均係湖南籍貫，或營務猶須練習，或才具較楊定得爲遜。斯缺爲提標各營領袖，訓練操防均關緊要，實未便遷就擬補，致滋貽誤。楊定得雖名次稍後，而在營歷練有年，才幹明爽，有守有爲，且係奏留湖南儘先補用之員，名次在二十員之内，與例相符。前署長安營遊擊、鎮筸右營遊擊各缺，措置裕如。現署提標中軍參將，辦理營務，深資得力。臣詳加察看，現在儘先參將，除該員外，實無堪以另揀之員。查湖南桂陽營參將楊通純、臨武營參將張壽廷、宜章營參將唐淦，皆籍隸湖南，先後請補、升補均經部核准，奏奉俞允在案。今該員楊定得事同一律，合無仰懇天恩俯念員缺緊要，仍准以楊定得補授湖南提標中軍參將，於營伍實有裨益。如蒙俞允，俟部覆到日，給咨送部引見，以符定制。並俟湖北參將缺出補有他省籍貫人員，再行酌量揀調。除飭取該員履歷咨部外，謹會同湖南巡撫臣張煦、湖南提督臣婁雲慶恭摺奏陳，伏祈皇上聖鑒，敕部核覆施行。

兵部議奏。

[一] 以下四件録自中國第一歷史檔案館編《光緒朝硃批奏摺》第四二輯，第八四一至八四六頁，中華書局一九九五年版。

請准以鄧紹級借補遊擊摺 光緒十八年八月初七日

竊准兵部咨，湖北宜昌鎮標後營遊擊劉步瀛休致，遺缺係陸路部推之缺，應用儘先人員，行令照章揀員請補等因。查斯缺駐劄歸州城，界連川省，山深林密，最易藏奸，緝捕巡防均關緊要，非精明幹練熟悉情形之員，難期勝任。臣查定章，緑營各缺有必須借補者，准其借補，借補即在儘先班次之内。嗣於光緒十三年十二月内准兵部咨，奏請展各省借補限期章程内開，借補限期展限五年，凡提、鎮以下人員，准其通融借補。五年之後，再行奏明停止各等語。茲查有花翎兩湖儘先補用叅將鄧紹級，年五十九歲，湖南瀘溪縣人。由行伍出師廣西、湖南、湖北、江蘇、安徽等省，迭著戰功，歷保以叅將歸兩湖督標儘先補用。同治三年十月初六日奉旨允准在案。嗣因防軍遣撤，經前督臣官文以該員未經指留何省候補，咨准部覆，收入兩湖督標儘先補用。該員旋以孀嬸年老無依，呈請改歸湖南提標，就近委用。續准部覆，以該員鄧紹級係湖南人，所請改歸湖南差遣，應毋庸議，飭令仍回督標差委等因。於同治八年四月初一日到標，歷署宜昌鎮標左、後二營，並衛昌、遠安等營各遊擊篆務，現在署理宜昌鎮標中營遊擊，均屬裕如。該員兵事諳練，勤樸耐勞，以之借補斯缺，洵堪勝任，核與借補限制亦屬相符，飭查前在本省及他省均無叅革朦保情弊。合無仰懇天恩俯念員缺緊要，准以鄧紹級借補湖北宜昌鎮標後營遊擊員缺，實與地方營伍有裨。如蒙俞允，俟部覆到日，給咨送部引見，以符定制。除飭取該員履歷咨部外，謹會同湖北巡撫臣譚繼洵、湖北提督臣程文炳恭摺具奏，伏祈皇上聖鑒，敕部核覆施行。

兵部議奏。

請准以彭長集補授苗疆遊擊摺 光緒十八年八月初七日

竊准兵部咨，湖南武岡營遊擊彭福田病故，遺缺係陸路題補第三輪第一缺，應用儘先人員，行令照章揀員請補等因。查斯缺駐劄武岡州城，地居邊隅，民猺雜處，控馭巡防均關緊要，非精明幹練之員，難期勝任。臣當即在於湖南儘先遊擊班内詳加遴選，查有藍翎儘先補用遊擊彭長集，年五十二歲，湖南湘鄉縣人，寄籍長沙縣，由武童投效吉字營出師江南省，打仗出力，歷保以都司補用，復於克復金陵省城出力案内，經前兩江督臣曾國藩保奏，同治三年八月二十一日奉上諭：彭長集著免補都司，以遊擊儘先補用。欽此。嗣因凱撤回湘，收入長沙協營差委，同治九年四月二十日到營。該員年强材健，樸實不浮，以之請補斯缺，洵堪勝任。且係距籍在五百里以外，與例亦屬相符，飭查本省及他省均無叅革朦保情弊。查部行章程，請補儘先班次，如係聲叙人地不宜，至多不得過二十員。茲按部册儘先遊擊名次在彭長集之前者，除江開泰一員已另摺請補，吉俊德一員尚未到標外，尚有盧榮陞、蘇文揚、譚有勝、張清厚、賓太山五員，均與邊防情形不熟，未便遷就擬補，致滋貽誤。今彭長集雖儘先名次稍後，而在營歷練有年，熟悉苗疆情形，人地實在相需，合無仰懇天恩俯念苗疆員缺緊要，准以彭長集補授湖南武岡營遊擊，實與邊防營伍均有裨益。如蒙俞允，俟部覆到日，給咨送部引見，以符定制。除飭取該員履歷咨部外，謹會同湖南巡撫臣張煦、湖南提督臣婁雲慶恭摺具奏，伏祈皇上聖鑒，敕部核覆施行。

兵部議奏。

查明光緒十七年下半年湖北各州縣應襲世職摺光緒十八年八月初七日

竊照前准部咨，同治元年二月十六日奉上諭，軍興以來，各省官紳士庶，凡臨陣捐軀守義殉難者，一經統兵將帥及該地方督撫奏請旌卹，無不立予褒揚。嗣後著該督撫轉飭各州縣，將應襲職名迅速查取，徑報督撫，毋庸由府司轉詳，予限半年彙案具奏，以免煩擾。欽此。歷經欽遵彙奏在案。茲自光緒十七年七月起至十二月底止，據湖北江夏等州縣先後查詳前來，所有請承襲雲騎尉世職發標學習之高啓瀛、周慶雲、張殿選、陳開曙、汪鵬程、屈文豔，又請接襲雲騎尉世職發標學習之羅鍾漢，又請接襲恩騎尉世職發標學習之余用衡、向義氣，又已襲雲騎尉世職現請發標學習之張傳士、劉光祖，又請承襲雲騎尉世職改作文生應試之胡耀琛、李昌熾，共十三員，均年已及歲。經臣先後驗看，俱屬年力精壯，堪以承襲、接襲並發標學習及改作文生應試。又請承襲騎都尉世職曾憲熊，又請承襲雲騎尉世職路永保、王出榮、李文海，又請接襲雲騎尉世職洪國琠、金代興共六員，均年未及歲，亦經查明與例相符，應請准其承襲、接襲，統俟接准部覆分別辦理。除鈔録清單同宗圖册結及已故世職羅榮桂、余鶴鳴原領敕書，一併咨送吏、户、兵各部辦理外，理合會同湖北巡撫臣譚繼洵、湖北提督臣程文炳恭摺具陳，並繕具各世職姓名、年貫清單，恭呈御覽，伏祈皇上聖鑒。

兵部議奏。單併發。

臚陳黄彭年黄國瑾事實請宣付史館立傳摺光緒十八年八月二十七日

竊照已故湖北藩司黄彭年前在任因病出缺，當經臣之洞、臣繼洵，會同奏報在案。旋據湖北省在籍各紳前漕運總督周恒祺、前刑部員外郎劉希護等聯名具呈，以該故藩司遺愛在民，呈懇奏請宣付史館，列入循吏傳。並以該故藩司之子侍講銜翰林院編修黄國瑾，學有淵源，天性純篤，在京供職，聞父喪遄征奔赴，哀毁泣血，六日而卒，至性過人，呈懇奏請一併立傳。又據湖北補用知府傅屺孫、調署漢陽縣蘄水縣知縣陳夔麟等，聯名具呈。以該故藩司黄彭年孝行可風，該員等均係貴州同鄉，見聞真切，開具事實，呈懇援照已故國子監司業治麟成案，奏請列入孝友傳各等情。臣鴻章據直隸省城蓮池書院肄業生徒翰林院編修胡景桂等、畿輔通志局員紳翰林院庶吉士孟慶榮等、天津縣舉人韓蔭楨等，先後具呈，以該故藩司黄彭年、該故編修黄國瑾父子主講保定暨天津書院，成就人才甚衆，呈懇奏請宣付史館，分別立傳等情。當以該故藩司宦鄂最久，該故編修因父喪毁卒，在鄂省尤共見共聞，咨會臣之洞、臣繼洵由湖北主稿會奏。正在飭行湖北藩司彙同查核事實，詳請具奏間，恭閲邸鈔，該故藩司，業經陝西撫臣鹿傳霖奏懇天恩，宣付史館，飭令咨行江蘇、湖北各省，詳摭該故員生前政績，爲之立傳等因，奉旨允准在案。臣等查該故藩司黄彭年，歷官湖北、陝西、江蘇三省，均有政績可紀。其在湖北、江蘇，清操善政，學道愛人，遺愛流風，尤爲最久且著。其在直隸，父子先後主講書院，經師人師均爲無忝，博考事實，允愜公論。敢就陝西撫臣前奏所未及，爲我皇上陳之。

查該故藩司黄彭年，幼承其父前陝西鳳邠鹽法道黄輔辰家學，砥礪名節，博極羣書，尤究心經世之學。天性篤孝，自入翰林授職未久，即請假歸里，專意養親。咸豐間，屢奉詔特起，皆以親老不克赴，在籍隨其父辦理貴州團練。以苗漢積不相能，親入苗寨，勸諭苗民，翕然信從，積憾盡釋，地方賴以綏靖。丁父母憂，均結廬墓側。同治初元，前四川督臣駱秉章延之幕中，贊畫戎機，劇寇石達開盪平，力辭保薦。又與前陝西巡撫臣劉蓉友善，以道學相切劘。劉蓉延主講關中書院，闡明關學，士氣奮興。嗣經臣鴻章聘修畿輔通志，采輯勤慎，義例精詳。主講蓮池書院，購書三萬三千餘卷，儲之院中。課士有程，度人給以札，使爲日記，月考其得失而高下之，選刊蓮池肄業生日記三十二卷。院中經明行修之士接踵而起，人文炳蔚，一時稱盛。光緒八年，蒙恩簡放湖北安襄鄖荆道署湖北督糧道，旋赴本任。襄鄖界連陝、豫，會匪伏莽素多。該故員到任，首以除暴安良爲務，捕獲劇盜，立寘之法，其被誘脅者悉予自新。匪戢民安，邊陲静謐。又購書數萬卷，儲之鹿門書院。公餘之暇，與諸生討論講習，一如在蓮池時。旋升任湖北臬司，獎廉懲貪，抑强扶弱，僚屬敬畏，通省肅然，官場風氣爲之一變。每與督撫、司道集議公事，該故員直言正論，侃侃不撓。適有裁兵節餉之議，兵心摇惑，官民咸有戒心。該故員獨開誠告誡，營伍咸奉約束。矜慎庶獄，平反巨案十餘起。又以鄂省士人，每喜健訟，通飭各屬籍生員之干訟者，牒以聞，士風爲肅。慮管押之濫，則爲設待質所。憫竊盜之多，則爲建遷善局。既於湖北臬司任内設學律館以教牧令，復在江蘇藩司任内設學治館，儲備有益治道諸書，立課程，定期會，廣集僚屬，講習研究，手自批答，孜孜無倦。其護理江蘇巡撫也，懲戒貪墨，敦尚儉樸。蘇省浮靡之習頗爲改觀。水旱連年，籌賑銀至一百數十萬兩，活民無算。賑務告竣，餘錢三十萬緡，專案奏請修吴淞江及白茆河、藴藻濱等處，期免吴中水患。復核減漕價，分别蠲緩，以紓民困。在蘇州省城，創設學古堂，以課諸生，成就人材極多。洎調任湖北藩司，覩鄂省物力之窘乏，蓋藏之空虚，時與臣之洞、臣繼洵，往復籌維，憂形於色。節虚靡，杜請託，甄拔沈滯，勤求治理。在任甫及兩月，未竟厥施，遽以積勞病故。其易簀之前一日，夜半猶手書致糧道，商榷漕事。身後蕭然，無異寒素。洵可謂本末不渝，治行卓著者矣。

該故藩司之子，已故翰林院編修黄國瑾，幼秉祖訓，早讀父書，刻苦自勵，行誼純篤。年十四，遭祖母憂，守禮盡哀如成人。旋因其母病歿，痛不欲生，遂致鼻衄大作，終身不瘥。通籍後，專以讀書考古、講求經濟爲事。植品端嚴，不染世俗浮華奔競之習，同館皆敬而服之。嗣爲長蘆鹽運使如山延主問津三取書院。時其父彭年方主講蓮池書院，以樸學振興學者。該故編修遂推行於天津，仿廣東學海堂章程，增設北學海堂經古課，手訂規條，示諸生以研經考古之法。數年之間，人才輩出。嗣充國史館纂修、本衙門撰文、會典館總纂，時會典館甫經開辦，該故編修與在館諸人審定新章，參酌成案，以會典、分典、例圖三門舊圖較略，商於總裁，奏請開辦畫圖，兼充繪圖總纂官，條上界畫新圖測繪事宜，通行各省照辦。館中事無巨細，必躬必親，綜理精詳。黎明到館，日暮方歸，雖嚴寒酷暑，無少懈。聞其父彭年，在蘇藩任内忽得中風疾，倉皇馳往省視，在途旬餘，目不交睫，齒墮其五。其父病愈，促還京師供職，會典館事務殷繁，值館中招考畫圖暨謄録生，每人須各授一題，該故編修詳爲擬題，自圜象方輿以及禮制、樂律諸大端，分門别類至百餘道之多。殆聞父病歿，馳赴湖北奔喪，哀痛迫切。過天津時，哀毁骨立，臣鴻章實親見之。抵鄂後，憑棺一慟，絶而復蘇，泣血六日，遂以毁卒。士林聞之，無不痛惜。茲據直隸、湖北士紳追溯該故藩司黄彭年政聲教澤，謳思不已。復以其子已故編修黄國瑾孝行肫摯，具呈請奏懇恩宣付史館，分别列入循吏、孝友等傳。該故編修貴州同鄉現官湖北各員等，復臚陳該故編修事實，呈懇附奏立傳，由湖北布政使王之春彙同具詳請奏前來。

臣等覆核參考，洵屬政績、學行卓然可傳，輿論僉同，合無仰懇天恩俯准將已故湖北布政使黄彭年政績事實宣付史館，列入循吏傳。已故翰林院編修黄國瑾學行事實，列入國史館孝友傳，以彰風化而順輿情。

（硃批）著照所請。該衙門知道。（欽此）

修理兵輪匀撥薪糧摺 光緒十八年八月二十七日

竊查上年秋間，因長江一帶教案疊出，會匪乘機煽惑生事，湖北漢口及荆州、宜昌等處，需用兵輪彈壓。當經臣商請總理各國事務衙門，電致南洋大臣，先後派撥測海、飛霆兵輪二艘來鄂。經臣分派漢口、沙市兩處駐泊巡防彈壓。旋准南洋大臣劉坤一咨，南洋裁減兵輪，備購新式碰快各船之用，即以測海兵輪撥歸湖北留用。該船薪糧，自光緒十八年正月分起即由鄂省供支。南洋既省養船之費，湖北亦免購船之資，實爲一舉兩得。等因。奏奉硃批：該衙門知道。欽此。恭録咨行到鄂。嗣以兵輪不敷巡防，經臣復向南洋商借一輪。旋准劉坤一咨，又將金甌兵輪一併撥歸湖北駛用，自本年四月起薪糧亦由鄂省支發各在案。

茲據湖北善後局、鐵政局司道會詳稱，查湖北爲南北水陸衝要，漢口、宜昌均係通商口岸，華洋交錯，民教雜居，彈壓巡防必須兵輪方能得力。外國向有兵輪停泊漢口，近年往來尤多，往往上至宜昌。光緒初年，鄂省曾購有漢廣兵輪一艘以備巡防，平日交招商局承領駛用。嗣因觸礁沈没，經前督撫臣奏咨有案。以後鄂省遂乏兵輪。現經南洋以測海、金甌兵輪二艘撥歸湖北駛用，具見南洋大臣劉坤一不分畛域，力顧大局。惟查省城以下，由漢口以迄武穴，省城以上，過荆州而達宜昌，口岸衝繁，匪徒混迹。加以湖南岳州與荆境毗連，近年屢滋事端，亦須時往巡察鎮撫。統計上下游一千數百里間，必須兵輪三艘方能兼顧。茲查有光緒十五年由粤調鄂之楚材兵輪一艘，前經奏明撥歸鐵政局駛用，船身堅壯，礮位齊全，第鍋鑪機器節年未加修换，用煤過費。前據上海耶松洋廠勘估，修費需銀五萬餘兩，所（需）[費]過鉅，未及修改。現值漢陽煉鐵廠内機器一廠先成，輪船、鍋鑪均能自行修改，飭據委員勘估，照换鍋鑪一切機器添新改舊，限五箇月全船修竣，必能節省煤斤，行駛較前加速，撙節至再，需銀二萬一千餘兩，較之洋廠修費已減少二萬八千餘兩。復經飭善後局逐款覆核，委係無可再減。目前需用甚亟，當飭該局照估修理，工竣造册報部彙銷。現在鐵政局拖鑛輪船二艘已經造就，擬即匀出楚材一輪撥歸善後局駛用，俾巡防較爲周妥。儻鐵政局有鑛務等差撥用，煤油等項應隨時由鐵政局另給，以清界限。查楚材兵輪前在粤月支薪糧銀一千二百三十餘兩，及調歸鄂省，已奏明核減有案。月支銀八百三十餘兩，無可再減。測海薪糧，江南籌防局原定數目銀洋合計每月支銀一千一百一十餘兩。金甌薪糧，江南原定月支銀五百三十七兩有奇。該兩船均係兵輪，需用礮手、水勇，打磨操演，非尋常官差輪船可比。薪糧亦皆核實，不能再減。鄂省餉力極絀，善後局籌撥兵輪三艘經費，常年供支，實力有未逮。復飭該司道等再四籌商，惟有通融辦理，以兩輪之費，勻作三輪之用。即就測海、金甌兩輪薪糧核計每月共支銀一千六百四十餘兩，儘此銀數勻作三船經費，楚材不另開支。平日駐防、巡緝，兵輪三艘不能同時並開，即將礮手、水勇人等，自行通挪勻撥應用。如三輪有必須並開之時，臨時照原定人數薪糧一律募足，事竣即行停止，仍照兩輪開支。大率一年之中，以九箇月開支兩輪薪糧，勻撥應用。以三箇月開支三輪薪糧，隨時核實造報，行住合併牽算，總以三箇月爲度。如此變通辦理，餉力尚可支持。此實因鄂省庫儲匱乏，籌撥不易，而沿江上下游彈壓巡防，兩輪又不敷用，是以爲此權宜騰挪之計，既免購船之資，又以兩輪經費而得三輪之用，於巡緝地方，彈壓口岸均有裨益等情，詳請奏咨立案前來。

臣覆加查核，巡江兵輪爲鄂省目前時勢萬不可少之需。該司道等所陳均係實在情形，籌計節省亦甚周妥，謹會同湖北巡撫臣譚繼洵恭摺具奏，伏祈聖鑒。

（硃批）該衙門議奏。（欽此）〔一〕

遵旨密舉將才摺〔二〕 光緒十八年八月二十七日

竊照光緒十三年四月初八日，欽奉上諭：各省提、鎮大員，均有專閫之責，必須才略素優，方足以資整頓。邇來軍務敉平，尤應安不忘危，物色將才用備任使。著各該省督撫，於軍營著績人員內，無論實缺、候補各就其人之才具，或長於陸路，或熟於水師，出具切實考語，分別保奏。其曾經引見發往各省差委之提、鎮各員，本欲令其練習營務，以備緩急，並著隨時留心察看，如有才識出衆之員，一併奏保，聽候簡擢。等因。欽此。仰見聖主儲備將才，整飭戎行之至意。

臣自調任湖廣以來，於湖南、北兩省水陸實缺、候補各將領中，留心考察，已閱兩年之久。求其戰績素著，才守兼長，器局閎大，堪備緩急之用者，殊不多覯。

茲查有奏調湖北差委記名提督熊鐵生，籍隸湖南，向爲霆軍著名將領，攻勦髮捻，轉戰楚、皖、江、粵數省，克復堅城十餘處。光緒九年經前兵部尚書彭玉麟調赴廣東，辦理海防，扼守前敵虎門外沙角礮臺，建築堅壘十餘座，始教湘軍練習後門洋槍、巨礮，海防鞏固，門户屹然，經臣奏委署理高州鎮總兵，並遵旨保奏將才各在案。調鄂以來，奏明統領鐵字三營，水陸兼操，紀律嚴明，軍威克振。

又頭品頂戴記名提督謝得龍，原籍湖南，寄籍四川，起家行陣，援勦甘肅、川、黔逆匪、悍苗，殲渠掃穴，身受重傷。光緒十三年隨同雲南提督馮子材辦理廣東瓊州撫黎事宜，經臣派委督

〔一〕以上衍、舛三處，據中華書局一九九五年版《光緒朝硃批奏摺》第六五輯第二〇三至二〇五頁刪、改。

〔二〕以下三件録自中國第一歷史檔案館編《光緒朝硃批奏摺》第四二輯，第八六九至八七三頁，中華書局一九九五年版。

辦瓊州招商、伐木、墾田等事，開采招徠，著有成效。旋因病請假回湖南原籍。上年奏明派委管帶襄河水師前營，巡防武漢一帶，適值沿江會匪萌動，該提督上自湘岳下赴江皖等省，督飭弁勇，多設方略，疊獲會匪著名首要。該提督膽壯心細，條理精詳，綏靖地方，勞勣卓著。

又提督銜記名總兵劉樹元，籍隸湖南，係前廣東巡撫蔣益澧部下，屢挫大敵，勇冠三軍。光緒九年經彭玉麟調赴廣東，統帶樹字營，駐防虎門外大角地方，創築礮臺，不辭勞瘁。因防務緊迫，洋礮無多，將粵省舊存土礮一一親身挑選演試，忽有一礮炸裂，以致擊斷髂骨，調理經年始愈。當其受創後，卧病營中，督防籌畫一如平常，其忠壯堅忍，人皆驚歎。嗣因撤防回湘，歷經統帶樹字、毅安、撫標親軍中左等營，駐防衡、寶、永州等處。該員勇敢而能鎮静，樸實而又精細，馭兵辦匪操縱有法，邊圉晏然，軍民悦服。

以上三員均係身經百戰，謀勇兼優，内地海疆歷經效用，水陸皆能勝任，確係緩急可恃之員。

又查有湖廣督標中軍副將蔣澤斌，籍隸湖南，由行伍出師四川、貴州等省，屢復堅城，驍果善戰。嗣由湖南宜章營叅將洊升湖廣督標中軍副將，在任六年，廉潔穩練，才略過人，長於練兵馭衆。緑營練軍向來不免習氣，該副將極力整飭，紀律極嚴，而弁兵無不翕服。於兩省地方情形、營伍人才長短，類皆周悉。上年會匪教堂滋事，武漢一帶民教惶擾，省城火藥庫有匪徒潛謀放火之事，鄉試二場時附近教堂民居失火，訛言四起。該副將董率各營明緝暗防，地方安謐，洵爲弭患無形。又提督銜記名總兵湖南衡州協副將、現請調補湖北黄州協副將馬朝龍，籍隸湖南，由行伍從征湖南北、貴州等省，剿匪著績，資望素深，歷官湖南、北兩省，清廉儉樸，老練耐勞，辦事認真，迭經奏署宜昌、鄖陽、永州各鎮總兵，措置裕如，整頓營伍最能不避嫌怨，實爲人之所難。以上二員實爲兩省實缺副將中器局閎遠不可多得之才。

方今軍務敉平，宿將漸多凋謝，如熊鐵生等五員，年力正强，才識出衆，均堪勝專閫之寄。自應欽遵諭旨，出具切實考語，分別保奏，上備采擇任使。理合恭摺密陳，伏祈皇上聖鑒。

熊鐵生等均著交軍機處存記。

奏留提鎮差委片 光緒十八年八月二十七日

再，竊查各省記名提督、總兵，無標可歸。除奉旨發往外，向由各省督撫臣奏留省分差委，遇有缺出，或照章借補，或酌量委署，歷經奏明辦理在案。兹查有記名提督謝得龍，明幹勇往，條理精詳，轉戰川、黔等省，歷著功績。經臣於上年奏明，派委管帶襄河水師前營，巡防漢口，疊次拏獲著名會匪首要，奏奬在案。又查有提督銜記名總兵劉樹元，穩實勇敢，疊著戰功。久在湖南統帶樹字、毅安等營，現統撫標親兵中、左兩營，駐劄永州一帶，巡防緝匪，極爲可靠，歷經湖南撫臣奏明有案。以上二員，均係勤能卓著，差委得力，惟未經奏留省分，合無仰懇天恩俯准將提督謝得龍、總兵劉樹元二員，均留於兩湖分別借補委署，俾臣得收指臂之助。出自鴻施，除飭取該員等履歷咨部外，謹附片具陳，伏祈聖鑒。

著照所請。兵部知道。

奏留武員片 光緒十八年八月二十七日

再，查湖北儘先補用都司、襄陽城守營千總劉水金，前於續查剿平西捻案内奏保，免補都司以遊擊留於兩江儘先補用，經前督臣裕禄造送履歷咨部注册過班，並請以遊擊歸於湖廣儘先補用。當准兵部咨覆，劉水金應開除底缺，歸兩江候補。所請歸湖廣補用之處，應毋庸議等因，轉飭遵照在案。茲准湖北提督臣程文炳咨，查劉水金前由都司奏留湖北借補千總，在鄂二十餘年，歷署守備，委帶練軍，於湖北營伍地方均爲熟悉，應請以遊擊改留湖北補用。又准咨副將銜儘先補用遊擊袁忠平，於同治年間隨同攻剿新疆等省逆回出力，洊保今職。該員原保未留省分，應請留於湖北補用各等因。又查有升字中營哨官副將銜儘先補用叅將鄧得勝，於同治年間隨同攻剿蘇、鄂、陜西、新疆等省髮捻各匪，疊著戰功，洊保叅將。歷充武毅、升字等營哨官，巡緝操防均稱得力。又襄河水師前營哨官儘先補用叅將許觀連，於咸豐年間投效水師，攻剿皖、鄂等省髮捻出力，洊保今職，委充哨官，緝捕勤能。該二員均請以叅將留於湖北，各按原班補用。以上四員准提臣咨暨據各該營統帶官先後具禀，請奏前來。相應奏明，仰懇天恩將劉水金、袁忠平、鄧得勝、許觀連均留於湖北，各按原班補用，俾資任使。除飭取該員等履歷咨部外，謹附片具陳，伏祈聖鑒。

兵部議奏。

江漢關籌解本年第三批籌備餉需摺[一] 光緒十八年八月二十七日

竊照前准户部咨，壬辰年籌邊軍餉，奏撥江漢關四成洋税銀十二萬兩、六成洋税銀十六萬兩。旋又准户部咨，各省關應解籌邊軍餉，自光緒十八年起改作籌備餉需等因。業經撥解本年第一、二兩批籌備餉需四成洋税銀八萬兩、六成洋税銀十二萬兩，共銀二十萬兩，附片奏報在案。茲據湖北漢黄德道監督江漢關税務孔慶輔詳稱，在於第一百二十八結所徵四六成洋税項下各動支庫平足色銀二萬兩，共銀四萬兩，作爲本年第三批籌備餉需，飭委湖北大挑試用知縣羅葆熙、試用通判林宴春管解赴京交納等情，詳請奏咨前來。臣覆核無異，除分咨外，謹會同湖北巡撫臣譚繼洵恭摺具陳，伏祈皇上聖鑒。

户部知道。

委解裁減緑營額兵節省餉銀片 光緒十八年八月二十七日

再，湖北省抽裁緑營額兵餉乾米折等項，前准户部行令將每年節省銀兩，自光緒十二年起陸續委員解部交納，歷經遵照辦理。茲據湖北布政使王之春、督糧道惲祖翼詳稱，湖北前議裁減緑營額兵，奏明以光緒十二年春季止，截清餉項，司庫即於夏季起照數扣發。計各營額設馬、步、守兵内共裁兵二千九百二十一名，原奏聲明現在湖北章程督撫標、漢陽協、武昌城守等七營，向支全餉，其餘各營皆暫按八成開支。今應均照額支數目，核計每年共節省餉乾米折等銀五萬三千五百十一兩一錢二分，業將十二年

[一] 以下五件録自中國第一歷史檔案館編《光緒朝硃批奏摺》第五九輯，第四一一至四一五頁，中華書局一九九五年版。

夏季起至本年春季止節存銀兩解部交納在案。所有十八年夏、秋二季分照奏定之數，共應解部庫銀三萬五百二十六兩三錢七分，現於應支各營十成、八成餉乾米折内，共由司庫扣出銀二萬二千二百一十兩三錢七分、糧道庫扣出銀四千一百三十兩七錢，其現按八成支放各營照額支數目扣解，計不敷銀四千一百八十五兩三錢。並於本年所收地丁項下動支按數湊足，以符奏定照額節省本年夏、秋二季分應解之數。所有前項銀三萬五百二十六兩三錢七分，飭委大挑試用知縣羅葆熙、試用通判林宴春管解赴部交納等情，詳請奏咨前來。臣覆核無異，除給咨管解外，謹會同湖北巡撫臣譚繼洵附片具陳，伏祈聖鑒。

户部知道。

江漢關籌解六月分淮軍月餉片 光緒十八年八月二十七日

再，前准户部咨，議覆直隸督臣李鴻章奏淮軍月餉支絀，請將江漢關應解額款於四六成洋税項下通融匀撥案内，議令江漢關應解淮餉，如六成洋税無款，即在四成洋税及五成二釐招商局税内按數提解等因。奉旨：依議。欽此。咨行欽遵辦理。查江漢關奉撥直隸督臣李鴻章淮軍月餉，四成洋税銀二萬兩、六成洋税銀三萬兩，均解至光緒十八年五月分止，隨時附片奏報在案。茲應解光緒十八年六月分四六成淮餉，即在第一百二十八結所徵四成洋税項下動支庫平銀二萬兩，因六成洋税無款可撥，並在是結五成二釐局税項下通融匀撥庫平銀三萬兩，作爲直隸督臣李鴻章及提督劉盛休所部淮軍月餉，委解湖北淮軍收支轉運局交收轉解。所有欠解閏六月分四六成淮餉銀兩，容俟徵收有項，再行撥解。據湖北漢黄德道監督江漢關税務孔慶輔詳請奏咨前來。臣覆核無異，除分咨外，謹會同湖北巡撫臣譚繼洵附片具陳。伏祈聖鑒。

户部知道。

江漢關籌解閏六月分淮軍月餉片 光緒十八年八月二十七日

再，前准户部咨，議覆直隸督臣李鴻章奏淮軍月餉支絀，請將江漢關應解額款於四六成洋税項下通融匀撥案内，議令江漢關應解淮餉，如六成洋税無款，即在四成洋税及五成二釐招商局税内按數提解等因。奉旨：依議。欽此。咨行欽遵辦理。查江漢關奉撥直隸督臣李鴻章淮軍月餉，四成洋税銀二萬兩、六成洋税銀三萬兩，均解至光緒十八年六月分止，隨時附片奏報在案。茲應解光緒十八年閏六月分四六成淮餉即在第一百二十八結所徵四成洋税項下，動支庫平銀二萬兩。因六成洋税無款可撥，並在是結五成二釐局税項下，通融匀撥庫平銀三萬兩，作爲直隸督臣李鴻章及提督劉盛休所部淮軍月餉，委解湖北淮軍收支轉運局交收轉解。所有欠解七月分四六成淮餉銀兩，容俟徵收有項，再行撥解。據湖北漢黄德道監督江漢關税務孔慶輔詳請奏咨前來，臣覆核無異，除分咨外，謹會同湖北巡撫臣譚繼洵附片具陳。伏祈聖鑒。

户部知道。

江漢關籌撥壬辰年滿緑各營兵餉片 光緒十八年八月二十七日

再，前准户部咨，豫撥湖北省壬辰年滿緑各營兵餉案内，撥江漢關洋税銀十五萬兩等因，業經飭據該關道籌解銀五萬兩，詳經臣附片奏報在案。兹據湖北漢黄德道監督江漢關税務孔慶輔詳稱，復在於第一百二十八結所徵六成洋税項下，動支庫平足色銀五萬兩，委員解赴藩司衙門交收，以供支放等情，詳請奏咨前來。臣覆核無異，除分咨總理各國事務衙門暨户部查照外，謹會同湖北巡撫臣譚繼洵附片具陳，伏祈聖鑒。

該衙門知道。

鄂省漕折已解本年冬漕仍請折徵兼籌採運摺〔一〕 光緒十八年八月二十七日

竊准户部咨，奏催江西等省欠解漕折銀兩並新漕能否起運本色一摺，光緒十八年七月十二日奉旨：依議。欽此。鈔録原奏，咨行到鄂，當經轉飭布政使王之春、督糧道惲祖翼妥議詳辦。兹據該司道等會詳請奏前來。臣等伏查，奉催漕折銀兩，因各屬完解此項先於年前發交招商局購買米石，以備來春起運，是以起解京餉稍遲。現查各年分應徵漕折項下，除動撥採運外，光緒十六年已解銀十三萬八百餘兩。十七年已解銀七萬兩。其尾欠之項，現仍嚴催各屬趕緊全完，解部交納，不敢稍事遲延。至鄂省漕糧自改辦折徵以來，民間相安已久，完納亦甚踴躍。若驟令規復本色，則徵米、徵銀利弊懸殊，節經各前任督撫臣暨臣等瀝情陳奏在案。現在體察情形，實未能遽復舊制。所有本年冬漕，仍請照章折徵，惟思京倉需米孔殷，自應併籌兼顧。查湖北省歷届由招商局委員採買米三萬石承運承交，悉臻妥速，辦有成效。雖折徵漕糧一石之銀不敷買運一石之用，第不敷之款係在各屬漕餘内所提兑費等款凑濟，並不動用正項，於解京漕折毫無虧損，而倉儲不無裨益。應請照章辦理，以供支放之需。除咨户部外，謹合詞恭摺具陳，伏祈皇上聖鑒訓示。

著照所請。户部知道。

籌解本年第五批鹽釐京餉片〔二〕 光緒十八年六月至八月　日

再，前准户部咨，豫撥光緒十八年京餉案内，提撥湖北鹽釐銀十五萬兩。又准户部咨，續撥本年京餉案内，撥湖北鹽釐銀五萬兩，行令分批起解等因。業經籌撥本年第一批至四批京餉鹽釐銀共十一萬兩，委解赴京交納，附片奏報在案。兹據湖北布政使王之春、鹽法武昌道瞿廷韶續撥本年第五批京餉鹽釐銀四萬兩，飭委試用知縣陳澍霖、在任候補知縣按經歷張嘉畹會同管解赴京交納等情，詳請奏咨前來。臣覆核無異，除分咨外，謹會同湖北巡撫臣譚繼洵附片具陳，伏祈聖鑒。

户部知道。

〔一〕録自中國第一歷史檔案館編《光緒朝硃批奏摺》第七〇輯，第五一六至五一七頁，中華書局一九九五年版。

〔二〕録自中國第一歷史檔案館編《光緒朝硃批奏摺》第八七輯，第二九九頁，中華書局一九九五年版。

掃解本年鹽釐京餉片[一] 光緒十八年八月二十七日

再，前准户部咨，豫撥光緒十八年京餉案内，提撥湖北鹽釐銀十五萬兩。又准户部咨，續撥本年京餉案内，撥湖北鹽釐銀五萬兩，行令分批起解等因。業經籌撥本年第一批至六批京餉鹽釐銀共十八萬兩，委解赴京交納，附片奏報在案。茲據湖北布政使王之春、鹽法武昌道瞿廷韶續撥本年第七批京餉鹽釐銀二萬兩，飭委補用知縣方朝佐、劉綬青會同管解赴京交納。所有本年奉撥京餉鹽釐銀兩，現已掃數解清等情，詳請奏咨前來。臣覆核無異，除分咨外，謹會同湖北巡撫臣譚繼洵附片具陳，伏祈聖鑒。

户部知道。

籌解本年第三批北洋海軍經費片[二] 光緒十八年八月　日

再，前承准海軍衙門咨，光緒十八年分北洋海軍經費應撥湖北釐金銀三十萬兩，按八成分批徑解北洋兑收等因。查湖北省釐金項下，原撥南北洋海防經費銀三十萬兩。光緒六年三月經北洋大臣奏准按八成分解，每年共應解銀二十四萬兩。所有十二年至十六年應解前項銀兩，先後改解海軍衙門，專解北洋，均經解清。十七年全數截留劃撥煉鐵經費。本年已解過兩批銀十二萬兩，附片奏報在案。茲據湖北善後局司道詳報，籌撥本年第三批庫平銀六萬兩，於八月初二日解交湖北淮軍收支轉運局兑收轉解北洋，以應要需等情，詳請奏咨前來。臣覆核無異，除分咨外，謹會同湖北巡撫臣譚繼洵附片具陳，伏祈聖鑒。

該衙門知道。

總兵因病出缺委員接署請簡放摺[三] 光緒十八年九月十三日

竊據署湖北宜昌鎮標中軍遊擊鄧紹級呈報，宜昌鎮總兵羅縉紳前在軍營打仗身受勞傷，茲因感冒風邪觸發傷疾，於光緒十八年八月二十四日因病出缺。該遊擊謹將總兵關防封固收存，稟請奏報開缺，並委員接署等情前來。臣查宜昌界連川省，控扼峽江，形勢衝要，民俗獷悍，現爲通商口岸，華洋雜處，會匪易於潛蹤，最爲湖北省上游重鎮。彈壓巡防，責任綦重，自應先行委員接署。查有湖廣督標中軍副將蔣澤斌，才略過人，守潔識練，紀律嚴明，軍民翕服，堪以署理。除檄飭遵照外，所遺湖北宜昌鎮總兵員缺緊要，相應請旨迅賜簡放，以重職守。謹會同湖北巡撫臣譚繼洵、湖北提督臣程文炳恭摺具奏，伏祈皇上聖鑒。

另有旨。

[一] 録自中國第一歷史檔案館編《光緒朝硃批奏摺》第八七輯，第二九四頁，中華書局一九九五年版。

[二] 録自中國第一歷史檔案館編《光緒朝硃批奏摺》第六五輯，第二〇六頁，中華書局一九九五年版。

[三] 録自《京報》第四二六三號。

江漢關掃解本年第四批籌備餉需摺〔一〕

光緒十八年九月十三日

竊照前准户部咨，壬辰年籌邊軍餉，奏撥江漢關四成洋税銀十二萬兩、六成洋税銀十六萬兩。旋又准户部咨，各省關應解籌邊軍餉，自光緒十八年起改作籌備餉需等因。業經撥解本年第一批至三批籌備餉需四成洋税銀十萬兩、六成洋税銀十四萬兩，共銀二十四萬兩，恭摺奏報在案。茲據湖北漢黄德道監督江漢關税務孔慶輔詳稱，在於第一百二十八結所徵四六成洋税項下各動支庫平足色銀二萬兩，共銀四萬兩，作爲本年第四批籌備餉需，飭委補用知縣方朝佐、劉綬青管解赴京交納。所有本年奉撥籌備餉需四六成洋税銀兩，均已掃數解清等情，詳請奏咨前來。臣覆核無異，除分咨外，謹會同湖北巡撫臣譚繼洵恭摺具陳，伏祈皇上聖鑒。

户部知道。

江漢關籌解接濟各路軍餉銀兩片〔二〕 光緒十八年九月十三日

再，前准户部咨，會議總理各國事務衙門具奏，統籌全局請由户部通盤籌畫接濟各路軍餉案内，奏請在於江漢關解費經費項下，格外撙節，每年匀撥銀五千兩以供軍餉等因，業經行令遵照辦理。茲據湖北漢黄德道監督江漢關税務孔慶輔詳稱，茲在於光緒十八年分解費經費項下，竭力籌備足色庫平銀五千兩，作爲本年應解籌節關費接濟各路軍餉銀兩。飭委補用知縣方朝佐、劉綬青等管解赴京交納。所有江漢關本年應解前項銀兩，業已解清等情，詳請奏咨前來。臣覆核無異，除給咨管解外，謹會同湖北巡撫臣譚繼洵附片具陳，伏祈聖鑒。

該衙門知道。

協解廣西邊軍餉銀片 光緒十八年九月十三日

再，前准户部咨，議覆廣西巡撫李秉衡奏邊防各營請撥的餉案内，令湖北省自光緒十三年起，按月協解廣西邊軍餉銀一萬兩。業於光緒十三年分籌解銀二萬兩。嗣因湖北庫款支絀，力難續籌，咨准户部核覆，議令將調直武毅二營裁撤騰出餉糈約銀七萬餘兩，籌解廣西軍餉。並經北洋大臣李鴻章奏准，自光緒十四年起武毅二營由直籌餉。旋於十四年分匯撥劃解，計共解銀十萬三千八百六十六兩零。十五年分匯撥劃解，計共解銀七萬一千一百五十三兩零。十六年分匯撥劃解，計共解銀九萬一千七百一十一兩零。十七年分匯撥劃解，計共解銀八萬兩。本年已解過解四萬兩，均經附片奏報在案。茲據湖北布政使王之春會同善後局司道詳稱，現復籌撥銀一萬兩，查照廣西來文，較準法馬，發交百川通商號匯赴廣西交收等情，詳請奏咨前來。臣覆核無異，除分咨外，謹會同湖北巡撫臣譚繼洵附片具陳，伏祈聖鑒。

户部知道。

〔一〕録自中國第一歷史檔案館編《光緒朝硃批奏摺》第八七輯，第三一二至三一三頁，中華書局一九九五年版。

〔二〕以下五件録自中國第一歷史檔案館編《光緒朝硃批奏摺》第五九輯，第四四〇至四四四頁，中華書局一九九五年版。

江漢關掃解本年海軍衙門經費片 光緒十八年九月十三日

再，前准户部咨，奏撥海軍衙門常年經費案内，指撥江漢、宜昌兩關銀六萬兩，均於一百二十六結至一百二十九結洋藥釐金加徵項下，按季匀撥，解交海軍衙門兑收等因。光緒十八年四月初五日具奏。奉旨：依議。欽此。咨行欽遵辦理。兹據湖北漢黄德道監督江漢關税務孔慶輔詳稱，從前每年奉撥海軍衙門經費銀六萬兩，均因宜昌關徵數甚微，無款可撥，專由江漢關徵收洋藥税釐項下如數籌撥分批解清，以供要需，自應查照成案辦理。業經在於一百二十七結徵收洋藥税釐項内，動撥銀三萬兩，委解赴京交納，詳請奏報在案。兹復在第一百二十八、九兩結所徵洋藥税釐項内，各動支庫平足色銀一萬五千兩，共銀三萬兩，飭委補用知縣方朝佐、劉綬青管解赴京交納。所有本年奉撥海軍衙門經費銀兩，現已掃數解清等情，詳請奏咨前來。臣覆核無異，除分咨外，謹會同湖北巡撫臣譚繼洵附片具陳，伏祈聖鑒。

該衙門知道。

請將淮鹽加抽江防經費撥充槍礮廠常年經費片 光緒十八年九月十三日

再，鄂省經總理海軍事務衙門會同户部奏准創設槍礮廠，常年經費需款甚鉅，前經臣遵旨妥籌專款，奏請將湖北土藥税銀二十萬兩、川鹽江防加抽銀十萬兩，撥充槍礮廠常年經費。經户部會同海軍衙門議覆，均准如所請辦理等因。於光緒十七年五月十五日具奏。本日奉旨：依議。欽此。咨行欽遵辦理在案。

查槍礮廠常年經費約需銀七十五六萬兩，款鉅難籌，此次開廠試辦，所有槍礮藥彈，先擬每年各造一半，約需銀四十餘萬兩，必不可少。原奏業經詳切聲明，現計造廠，運機，改换新式小口徑槍機，添購製造礮彈、槍彈、礮架一切零件各種機器，及捲銅料件，缺一不可。購造及運脚、保險等費，約需銀數十萬，陸續匯付，款鉅事繁。兼以製造槍礮，尤以煉鋼鐵爲本，煉鐵廠事關緊要，前經奏准，將此項槍礮廠之款，移緩就急，匀撥鐵廠應用，辦理益形竭蹶。原奏請撥之土藥税銀，上年一届報滿後，抽收甚旺。若各省恪守總署、户部定章，誠如户部議奏所云，確有把握，每年所收之數不患不足。無如川省上年冬臘間，忽於夔州開縣、萬縣、涪州等處增設局卡，加抽川土出口税銀二十兩，以致商販趨避。水路則船隻多挂洋旗，陸路則北繞陝省，南繞湘省苗疆。今年入春以來，宜昌各局收數日絀。每年二十萬兩之數，斷難取盈，以後尤深焦慮。查槍礮廠開廠試辦，原奏聲明，常年經費需銀四十餘萬兩，除奏撥土藥税銀、川鹽加抽二項外，尚不敷銀十餘萬兩，容再隨時籌畫，奏明辦理在案。此項不敷之款，必須早爲添籌，始可勉强措置。現就鄂省情形，通盤籌畫，查有淮鹽加抽江防經費一款，每年約收銀六萬兩内外，前經奏明湊撥北洋海防經費。現查北洋海防經費一款，尚可設法籌解，此項淮鹽加抽錢文，本係外籌之款，與正項釐金、鹽課無涉。現既可騰出此款，擬請即自本年爲始，撥充槍礮廠常年經費。槍礮廠本爲江防、海防而設，於名實亦屬相符。其京協各餉及北洋海防經費，照常籌解，不致貽誤。槍礮廠添此專款，庶可藉資補苴。即以後土藥税銀收數徵有不足，亦可恃以無恐。合無仰懇天恩俯允所請，俾槍礮廠得以早日觀成，實於自强要圖大有裨益。除咨呈海軍衙門及咨户部外，謹會同湖北巡撫臣譚繼洵附片具奏，伏祈聖鑒訓示。

該衙門議奏。

籌解協滇月餉片光緒十八年九月十三日

再，前准户部咨，議令四川省協滇月餉，自光緒十五年起，每月協解銀二萬三千兩，下牘銀七千兩，改撥湖北按月協解。光緒十五年二月二十一日具奏。奉旨：依議。欽此。咨行欽遵辦理。查前項奉部改撥協滇月餉，業於光緒十五、十六、十七等年分，籌解銀十八萬兩，本年已解過銀四萬兩，均經附片奏明在案。茲據湖北布政使王之春會同善後局司道詳稱，現復籌撥長沙平銀二萬兩，發交雲南催餉委員知縣吴本義，轉發百川通商號領匯赴滇等情，詳請奏咨前來。臣覆核無異，除分咨外，謹會同湖北巡撫臣譚繼洵附片具陳，伏祈聖鑒。

户部知道。

本年防護荆江萬城大隄三汛安瀾摺〔一〕

光緒十八年九月十三日

竊查荆州萬城大隄，濱臨荆江，爲全郡及下游田廬保障，最關緊要。本年輪應總督赴隄督防，臣前以應辦要務甚多，未克分身前往，當經奏明飭委荆州府知府舒惠督同文武員弁妥爲防護在案。茲據該府禀稱，本年自夏徂秋，川江及沮、漳諸水盛漲，同時併發。最大之時，高過楊林洲石磯九尺有餘，兼之南風時作，波濤撞擊，官民各隄節節危險，隄身多有衝刷、坍塌、殘缺、浸漏之處。該府督同在工文、武員弁，隨時設法搶築，幸得化險爲平。現已節近霜降，水勢消退，全隄悉臻穩固，普慶安瀾等情前來。除仍飭實力巡防，俟水落歸槽，再將應修各工詳細履勘。乘此冬晴水涸，循例派工興修，以禦來年汛漲外，所有本年防護荆江萬城大隄三汛安瀾緣由，理合會同湖北巡撫臣譚繼洵恭摺具奏，伏祈皇上聖鑒。

知道了。

酌議嚴懲會匪章程摺光緒十八年九月十四日

竊臣等承准軍機大臣字寄，光緒十七年六月初六日奉上諭：各省哥老會匪，最爲地方之害，迭經降旨查拏，並經各該督撫先後獲案奏明懲辦。惟此等匪徒行蹤詭祕，往往與游勇、地痞暗相句結，動輒糾集黨與，乘機煽亂，甚至造謡惑衆，潛謀不軌。近來江蘇、安徽、湖北、江西等省屢有焚毁教堂之事，其拒捕逞兇、搶刦衙署等案更層見迭出。半由會匪從中主謀，游手之徒相率附和，以致愈聚愈多，動成巨案。犯事以後，四散逃逸，真犯十不獲一。若不先事籌辦，絶其根株，則涓涓不息，將成江河，後患何堪設想。著各直省將軍、督撫嚴飭地方文武，隨時留心，實力查緝。如有訪獲會匪首犯，一面嚴行懲辦，一面准將出力員弁，照異常勞績，隨案奏請優奬。但須查有確實證據，不得因希圖保奬，妄拏無辜，致滋擾累。凡地方良民，有誤買匪徒保家僞票呈繳地方官者，免其治罪。其有向充會匪，自行投首密報匪首姓名因而拏獲者，亦一律宥其既往，准予自新。該將軍督撫務即出示曉諭，俾衆咸知。總期嚴懲首要，解散脅從，以除奸宄而安良善。

〔一〕録自中國第一歷史檔案館編《光緒朝硃批奏摺》第九九輯，第二二九頁，中華書局一九九五年版。

愼毋養癰成患，貽害地方，是爲至要。將此通諭知之。欽此。當即恭録咨行，欽遵辦理在案。

臣等自上年春夏以來，因湖南及沿江會匪屢次蠢動滋事，迭經嚴飭地方文武、水陸防營，懸立重賞，購綫密緝。奉旨後，通飭各屬，剴切示諭，嚴密查拏。先後拏獲長江會匪首要高德華、葉坤山等，及襄河會匪李朝奎等。當將拏獲訊明懲辦各情形恭摺具奏，並札飭前署按察使惲祖翼詳繹例意，參考近年成案，妥議懲辦章程，通飭州縣遵辦去後。

嗣據該署司詳稱，鄂省爲南北衝要，游匪素多，往來無定，最易潛匿，會匪幾至無地無之。始則長江上下游一帶，近[年]則襄河上下游一帶，隨處皆有，根株盤結，消息靈通。該匪等開立山堂，散放飄布，分授僞職、僞號，往往與教匪、游勇、地痞暗相勾結，乘機煽亂。各屬所獲會匪各案，起到飄布、印章、板片及所訊名目、口號，詞意悖逆，顯然謀爲不軌。上年沿江一帶，會匪蓄謀滋事，動成巨案，若非先事捕其渠魁，散其夥黨，誠如聖諭所云，養癰貽患，必致有關大局。亟應明定章程，從嚴懲辦，以遏亂萌。擬請嗣後責成州縣，隨時訪查，如有會匪溷跡境内，立即會督營汛，嚴密拏獲，悉心研審。如係會匪爲首開堂放飄者，及領受飄布（輾）[展]轉糾夥散放多人者，或在會中名目較大充當元帥、軍師、坐堂、陪堂、刑堂、禮堂等名目者，與入會之後雖未放飄（輾）[展]轉糾人而有夥同搶刦情事者，及勾結教匪煽惑擾害者，一經審實，即開録詳細供摺，照章稟請覆訊，就地正法。此外，如有雖經入會並非頭目、情罪稍輕之犯，或酌定年限監禁，或在籍鎖帶鐵桿、石墩數年，俟限滿後，（查）[察]看是否安静守法，能否改過自新，分别辦理。其無知鄉民，被誘、被脅，誤受匪徒飄布，希冀保全身家，並非甘心從逆之人，如能悔罪自首呈繳飄布者，一概寬免究治。其有向充會匪，自行投首密報匪首姓名因而拏獲，亦一律宥其既往，准予自新。若投首後，又能作綫引拏首要各犯到案究辦，除免罪之外，仍由該地方官酌量給賞。總期嚴懲首要，解散脅從，以除奸宄而安善良。地方文武員弁能拏獲會匪著名首要審實懲辦，即將尤爲出力員弁，核其情節，照異常勞績隨案請給優獎。如有希圖保獎，妄拏無辜，或姑息徇縱，不拏不辦，以及曲爲開脱，一經查出即行嚴參。如此明定章程，各州縣有所遵循，自必隨時留心實力查緝，不敢輕縱玩忽。該匪黨亦各知所儆懼，地方可期安謐等情，詳經核定，並由按察使陳寶箴詳請具奏前來。

臣等伏查近年會匪日熾，沿江沿海爲尤甚，滋蔓愈廣，蓄謀愈險，若不及早懲遏，將來終恐爲大局之憂。查光緒八年刑部奏定通行章程，各省會匪本有就地正法之條。無如州縣狃於積習，毫無遠慮，往往牽引異姓結拜弟兄舊例，曲爲開脱。以致伏莽日滋，寖成巨患。湖北所議章程，自應奏明通行各屬，俾有遵守。該司所擬首悔免罪及分别輕重辦法，於懲奸弭亂之中，仍不失宥過持平之意。消除巨患，即所以保全善良。文武員弁如能拏獲著名首要，自應酌核案情，欽遵諭旨，隨案奏請優奬。如妄拏無辜，擾累閭閻，以及縱匪貽害，亦即嚴行參處。[以]仰副朝廷除莠安良，綏靖地方之至意。

（硃批）刑部議奏。（欽此）[一]

[一] 以上衍、脱、舛七處，據中華書局一九九五年版《光緒朝硃批奏摺》第一一八輯第五〇八至五一一頁删、補、校正。

拏獲襄陽匪徒訊明懲辦摺 光緒十八年九月十四日

竊查襄陽府屬之襄陽、穀城、光化等縣，本年六月、閏六月間該處瘟疫盛行，死亡相繼。每一村之中，一日疫斃至百餘人之多。民間朝不保暮，謡言紛起，謂係有人置毒井中。無知愚民展轉傳播，始於穀城、光化，及於襄陽以下之宜城。民間多方戒備，遇有外來語音不同，形迹較生之人，或赴井飲水，或身帶暑藥，輒指爲下毒之人。衆怒汹湧，混行攢毆，幾至斃命。執送到官，查驗皆無憑據。城鄉多張匿名揭帖，造作怪妄不經之語。民心惶恐，襄河兩岸上下數百里間，紛紛遷徙避亂，不知所由。或移家入城，或聚團上砦。遂有匪徒各處乘機放火搶刦情事，民間甚爲驚擾。刀、會各匪，大有蠢動之勢。毗連襄郡之隨州，亦於閏六月間，有會匪在小林店、高城總等處數十里間，徧插紅布小旗，造（謡）［言］煽亂之事。臣等接據該道府縣及提督臣程文炳來電，以襄陽緝私馬隊及提標練軍因緝私各路分紮，兵力較單，當即飭派鐵字營勇一營，星夜馳往，駐劄樊城彈壓，以杜匪謀。因光化之老河口水陸衝繁，游匪素衆。穀城地方教堂教民最多。電飭安襄鄖荆道朱其煊會同提標中軍參將蒯德浦分帶馬隊練軍，馳赴光、穀一帶巡邏緝匪，妥爲彈壓，勿令稍滋事端。並委湖北候補道陳汝蕃，前往會同查辦。

旋據襄陽縣知縣梅冠林禀稱，本年入夏以後，該處疫症盛行，民間造謡揭帖。至閏六月二十五日夜，距城四十五里之楊家岡地方，有匪徒燒燬教民學堂内初造未成厨房一間，並教民楊姓、朱姓空屋、草房各數間。又二十七日夜，距楊家岡八里之魏家冲地方，復有匪徒放火燒燬該村民人魏全長門前草堆。經兵役查見，當場拏獲匪犯陳志道一名，在該犯身上搜獲劍一口。又經兵役續獲朱苟、王老三、陳老大三名。又訪獲楊家岡縱火匪犯劉四五、李發子、胡七星三名。訊據朱苟供認，起意放火，故燒草堆，冀圖乘亂搶奪財物，陳志道、陳老大、王老三聽從燒搶。又訊據劉四五供認，因謡傳煽惑，人心驚慌，聽從在逃之陳三元，燒屋行搶。李發子與劉四五並非同夥，因見附近楊家岡火起，糾約在逃之李四九、陳貴有前往燒燬草房，搶掠財物。胡七星係李發子誘脅同行，並未放火得財，各等供。並據襄陽道府等查明禀覆前來。臣等查該犯朱苟，於地方人心惶惑之際，放火行搶，蓄謀擾亂。陳志道聽從燒搶，在火所當場拏獲。劉四五聽從在逃之陳三元，乘機焚刦。李發子糾衆燒搶得贓，均屬不法亂民，應按照土匪章程懲辦。當經批飭將朱苟、陳志道、劉四五、李發子四犯先行正法，傳首滋事地方梟示，以靖人心。其已獲之陳老大、王老三，未獲之陳三元等各犯，飭縣分別審擬嚴緝。此懲辦襄陽放火匪徒之情形也。

又穀城縣境内疫證傳染，死亡尤多，民間亦因井中下毒之謡，羣懷疑懼，一時訛言四起。水陸過往商民動遭毆擊，甚至揚言將拋入河内。閏六月十九日，遂有匪徒在千莖樹地方焚燒教民雷財義房屋，並焚斃其母雷謝氏之事。距該處百餘里有地名沈家埡，地處衆山之中，有大教堂一所，起自乾隆年間。環教堂而居者數百家，皆係教民。因千莖樹被焚後，人心摇惑，民教互相猜防，民人齊團相持，教民亦紛紛遷徙，幾釀巨衅。當經提督臣程文炳分派弁兵，於赴沈家埡之要隘石花街駐防彈壓。並經該道朱其煊、參將蒯德浦等帶隊前往查拏。傳集紳首，詳加開導，民團旋經解散，教堂亦平静無事。現在謡風已息。至教民房屋被燒一節，前據雷財義赴縣呈報，即經前署穀城縣汪齊輝勘明，所燒瓦房三間係雷姓所修，預備該教中人往來歇宿之所。草房二間，係教民雷財義住屋。並驗明雷謝氏被燒屍身等情，填格詳報。又經疊飭嚴拏正犯去後。現據接署縣鍾桐山稟報，前經紳首供指葉興茂等數人，又拏獲之周稱一名，供情尚未確實。其放火正犯姓名已經訪有端倪，現已飭催緝獲到案，嚴行審辦。此穀城地方解散驚擾民團暨防護教堂之情形也。

又，光化之老河口，爲豫、陝水陸通衢，商市稠密，與穀城連界，亦因謡疫流傳，民情惶擾，屢有匪徒張貼匿名揭帖，臚列紳民多人姓名，訂期閏六月二十二、七月二十八等日焚毀教堂。意在挑激民教搆衅，乘機作亂。經該縣梁沛英、統帶襄河水師提督劉鶴齡及委員等曉諭查禁彈壓，幸未激成事端。當經飭令各員弁隨時防範，嚴拏造謡揭帖之人。現已查獲造謡之陳述琳一名，俟訊明確供，即行懲辦。此光化境内查獲造謡惑衆匪徒之情形也。

自八月以來，襄陽各屬疫謡已息，民教皆安。道員陳汝藩回省面禀情形，與各該地方官所禀相符。臣等查此次襄郡因時疫流行，匪徒造謡惑衆，縱火焚燒，意在乘機爲亂。至襄陽、穀城兩縣，被燒者民、教房屋皆有，同時各村無故火起，旋經撲滅者甚多。其被毆者大率皆係外來客民。乃教士輒以教民被民人殺害多名赴縣具禀，又不能指出凶手主名，除雷姓被燒先經該縣驗報外，至今並無屍親一人報官請驗。總之，此乃匪徒煽亂圖劫，並非專與教民爲難，更與洋人教堂無涉。惟有查核案情實據，按照向來懲辦土匪、盜匪例章辦理。惟近年濱江各省，會匪甚衆，教案亦多，皆有關地方利害。襄陽界連陝、豫，又爲鄖陽咽喉，楚之北門，最關重要，且素爲刀、會各匪出没之所。此次匪徒造謡煽亂，狡謀叵測，各縣騷動，若不嚴加防緝，襄、鄖一帶必致土匪蠭起，重煩兵力。現仍督飭地方文武暨水陸各營，務將此次放火案内逸犯暨向來有名各匪，查拏嚴懲，以弭亂源。

（硃批）該衙門知道。（欽此）〔一〕

訊明會匪並保奬出力員弁摺 光緒十八年九月十四日

竊照上年長江一帶，會匪萌動，疊經臣等嚴飭地方文武並揀派員弁，懸賞購綫，沿江上下分路查緝。先後拏獲匪首多名，訊明照章懲辦，業將在事出力各員遵旨擇尤保奬，並聲明襄陽、鍾祥、荆門、隨州等處，所獲各匪首，俟覆加質訊懲辦後，查明出力各員，再行彙案奏奬等因，仰蒙俞允在案。

查湖北自上年拏獲沿江、沿漢各匪目懲辦後，逆謀漸沮，匪勢稍戢。惟著名渠魁，尚多漏網未獲。仍復到處句結，意圖藉端煽動。如長江會匪大頭目龍松年、吴有楚、張慶亭、龍海騰，襄河會匪總頭目陳先知等，皆尚在逃。經臣等詳開各該匪年籍行蹤，咨照沿江各省，通飭湖南、湖北兩省，查拏務獲。前經奏明在案。又，賀良果一匪，向在田家鎮開堂，係李典、高德華一夥單内緊要頭目，亦經咨行通緝在案。臣等嚴飭各員弁，懸立重賞，期在必獲，勿得鬆勁。並咨會湖北提督臣程文炳，一體飭屬嚴拏。自上年冬至本年秋間，先後據統領襄河水師記名提督劉鶴齡督飭襄河水師前營記名提督謝得龍，並督標中軍副將蔣澤斌，分派都司

〔一〕以上衍、舛三處，據中華書局一九九五年版《光緒朝硃批奏摺》第一一九輯第二六一至二六四頁删、校正。

王學魁、守備張彪，帶同弁勇、眼綫，乘駕輪船，先後在湖南湘陰縣，會同該縣，將吴有楚拏獲。復在江西德化縣，會同該縣，將陳先知拏獲。署漢陽府知府沈保祥，督同署漢陽縣知縣陳夔麟、縣丞韓徵儁，在漢口地方將賀良果及同夥匪目唐春亭、張春山〔一〕拏獲。又先經江西撫臣德馨飭九江府文武，將張慶亭、龍海騰拏獲。因無證狡供，嗣經派委沿江巡緝各匪之守備王得勝、守備楊運淇，知縣謝元祖拏獲該匪夥黨質證，由鄂咨會江西解歸湖北提集質證訊辦。並據千總羅心溶、守備周玉林拏獲襄河匪首陳大才。統帶升字營副將常遠藻，會同署漢陽府經歷董治勛，拏獲漢口匪首郭生雲。監利縣城守把總李祖魁，拏獲湖南岳州匪目謝盛愛。署通城汛把總蔡啓發，會同分省補用縣丞蕭焕南，截擊格斃岳州汪澱臣夥黨竄擾縣境之匪首李以才，並拏獲夥匪李際勝、李嘉賓。建始縣知縣姚學康，拏獲該縣匪首張學祖、龍堂選、施先春。署蒲圻縣知縣陳樹楠，會同營汛防營，拏獲岳州匪首熊大丙。前署黄州協副將丁貞創，拏獲武穴匪目張毛山。鍾祥縣知縣徐嘉禾，拏獲金占魁。候補知縣吕賢笙，拏獲吴洪發、廖海山、黄書見、陸平安、廖鼎甲。安陸營豐樂汛把總王連陞，拏獲韓學發、張光禄、韓學成。湖北提標差弁、汛弁，拏獲譚子達、張其合、張炳富、葉萬若。又，據提督劉鶴齡派弁拏獲胡德海、朱萬成。提督謝得龍飭派都司王學魁，會同漢陽協漢鎮領哨千總彭紹美，拏獲李洪才、朱華山。委辦漢口緝匪事務候補道李謙，派委員弁、知縣周耀崑、千總徐堂、把總王恩平等，拏獲長江上下游積匪徐炳奇、柳老幺、陳德元、吴有材、王玉山、吴大貴、王三子、姜焕魁、姜本海、姜本清、周玉亭、夏春山等。又查照江西撫臣德馨來電，拏獲田家鎮匪首王幅堂。

當經批飭臬司，分别發交武昌府讞局，暨各該道府詳加覆訊。據吴有楚供，係湖南湘陰縣人，前因李世貴開寶華山，經陳四海薦入會。中嗣開飛龍福壽等山堂，由新輔大爺推升龍頭。上年七月，龍松年等在三夾做會，該匪到過。匡世明、蔣雲等，該匪均認識。陳先知供，係陝西洵陽縣人，在襄河駕船，經程國貞邀約入會，後又入甘學貞大乾坤山會，推爲大爺。放飄不計其數，公議執掌萬福龍頭山印。起獲該匪僞示，悖逆已極。自稱總統荆襄等處，夥黨皆稱僞官。張慶亭即張金亭供，係江西德化縣人。前在營當勇，後因另案正法之潘登科開雙龍山公義堂，派爲新輔大爺。龍松年等在三夾做會開堂議事，伊因患病，旋即走散。龍海騰即龍海亭，供係湖南臨湘縣人，經吴有楚邀約入會，復與水師營勇陳幅林開五龍山堂，派充首領大爺。光緒十年，在福建與匪首翦煌、匡世明相識。賀良果即賀起恒，供係湖南清泉縣人，前被伍雲開邀入五龍山會後，與陳幅林開天順堂，稱爲副龍頭。在武穴印飄三百餘張，邀人入會。並據唐春亭、張春生供指，該匪自陳幅林故後，已升爲正龍頭。陳大才供，係漢川縣人，先與程國貞開萬福龍頭山，後因萬福山印係陳先知執掌，遂與曹先春重刻萬福龍頭山印，散飄八十餘張。又經陳先知派入小乾坤山會，旋又與石占春等在仙桃鎮開九華山堂。郭生雲即郭耀彩，供係湖南益陽縣人，經龍海騰邀約入會，前在湖南開楚金山稱爲副龍頭，後到武漢散放飄布。又在華容縣開英雄山堂，散飄一百八人。所稱口號，最爲悖逆。謝盛愛即謝穀怡，供係湖南巴陵縣人，聽從逆首汪澱臣邀約入會，派令到各家催貢，名曰催貢將軍。並隨同

〔一〕「張春山」在下頁兩處均記作「張春生」。孰是孰非，存疑。

放火搶劫。據李際勝、李嘉賓供，李以才係汪澱臣部下第四名匪首，最爲凶悍，時常下山催貢各等供。以上吴有楚、陳先知、張慶亭、龍海騰、賀良果、陳大才、郭生雲七匪，均經批飭正法梟示。其謝盛愛一犯，解歸岳州府，質訊明確，亦經臣之洞批飭正法梟示。

其上年已經奏明鍾祥縣知縣徐嘉禾拏獲之匪目張必瑞、李澤湘，隨州城汛把總武定雲拏獲之匪首楊華亭，知縣吕賢笙拏獲之匪首李得勝，千總羅心溶拏獲之匪首鞠老五，經安陸府、德安府、武昌府覆訊。據張必瑞供，係鍾祥縣人，與陳大才、陳先知、李長銀、蕭開勳各頭目認識往來，升爲龍頭大爺，開堂放飄，係萬福龍頭山，並替蕭開勳、陳大才放飄多次。上年紳首賀鳳岐收繳飄布，該匪恨其勸散夥黨，意欲糾衆殺害該紳，旋經營縣緝拏，始將匪黨驚散。擒獲該匪，歷供放飄糾衆，及謀殺紳首等情不諱。李澤湘，供係鍾祥縣人，入會五次，先後堂名不一，得受僞職，放飄糾夥六十餘人。親鈔海底簿，熟習口號。楊華亭供係襄陽縣人，聽從盧光銀糾邀入會，凡入會之人俟福建九龍山豎旗起事，一同接應。該匪接充坐堂大爺，開立西華山公義堂，有英雄豪傑定家邦口號，放飄十餘次。李得勝係江夏縣人，供情前奏業經聲叙。該匪與著名匪首陳先知均爲大乾坤山頭目，常在襄河一帶搶劫行旅。前因留待質證，現已質訊明確。鞠老五即鞠長貴，供係漢陽縣人，與趙萬有等在漢口該匪家開木蘭堂，放飄收徒，掌管飄板。趙萬有是龍頭大爺，該匪係桓侯老三，李得勝、陳先知都與相好。以上張必瑞、李澤湘、楊華亭、李得勝、鞠老五五匪，亦經批飭正法梟示。

此外如王幅堂、唐春亭、張春生、朱華山、金占魁、熊大丙、張毛山，及上年拏獲之長江匪目章金彪、袁老幺、襄陽匪目敦五斤、襄河匪目金配菴九匪，或已供認會中頭目，或兼有擄劫滋事之案，情節甚重。惟其中尚有牽涉他案，須待質訊之處，應俟確訊，再行酌核懲辦。其餘各犯，或供詞狡展，或名次在後，情節較輕，均分别監候質訊，及限年監禁。其各匪指供未獲各要匪，仍飭密拏，務獲究辦。此外，各營縣拏獲之匪尚多，查係被匪誘脅尚未爲非者，概予保釋，准其自新。

查長江上下、大湖南北各省會匪，近年聲勢已盛，禍機已發，自上年奉旨飭拏以來，各省一律嚴緝。昨接安徽撫臣沈秉成咨函，龍松年亦經皖省拏獲，是著名渠魁多已就擒。惟此項匪徒，夥黨太多，各省游勇、奸民效尤接踵，驟難絶其根株。臣等仍當督飭文武，會商鄰省，隨時認真查緝，不容稍懈以弭亂萌。除江西拏獲張慶亭、龍海騰二犯之員，已由江西撫臣保奬外，此案出力員弁，自應欽遵諭旨隨案奏請優奬。臣等仍核其情節，分别異常、尋常勞績，酌請奬勵。所有尤爲出力之記名提督謝得龍，請交部從優議叙。督標中軍副將蔣澤斌請以總兵記名簡放。湖北儘先補用副將常遠藻，請俟補缺後以總兵記名簡放。署漢陽府知府沈保祥，請俟補缺後，以道員儘先補用。候補直隸州知州調署漢陽縣本任蘄水縣知縣陳夔麟，請旨送部引見。鍾祥縣知縣徐嘉禾，請以同知直隸州在任候補。候補知縣吕賢笙、謝元祖、周耀崑，均請俟補知縣後，以同知直隸州在任候補。補用都司王學魁，請免補都司，以遊擊留於湖廣儘先補用。湖廣儘先守備補缺後補用都司張彪，請免補守備，以都司儘先補用，並加遊擊銜。湖北補用守備楊運淇，請免補守備，以都司儘先補用。儘先守備王得勝、補用守備周玉林，均請免補守備，以都司留於湖廣，儘先補用。

漢陽協漢鎮領哨千總彭紹美，請在任以守備儘先補用。湖北儘先千總羅心溶，請免補千總，以守備儘先補用並加都司銜。督標儘先千總徐堂請免補千總，以守備儘先補用。准補鍾祥縣縣丞署漢陽府經歷董治勛，請以知縣在任候補。指省試用縣丞韓徵雋，請免補縣丞，以知縣仍歸原省補用。分省試用縣丞蕭焕南，請免補縣丞，以知縣仍分省補用。儘先外委喻鴻舉、六品軍功陳代山，均請以把總歸湖廣督標，儘先拔補，並賞戴藍翎。候補直隸州知州江西彭澤縣知縣調署德化縣羅廣煦，請俟補直隸州後，以知府在任候補。湖南湘陰縣知縣韓受卿，請在任以直隸州知州候補。據湖北按察使陳寶箴會同布政使王之春查明詳請奏獎前來，合無仰懇天恩俯准照奬，以昭激勸。出自逾格鴻慈，除飭取各員弁履歷咨部查照，其千、把以下各弁查明，咨部請獎外，臣等謹合詞恭摺具奏，伏祈皇上聖鑒。

著照所請。該部知道。

請旨飭下各省將軍督撫一體嚴拏會匪渠魁片 光緒十八年九月十四日

再，江西解到會匪頭目龍海騰，即龍海亭，訊據該匪供稱，光緒十年，法人鬧事之時，伊正在福建寄住保舉武職後因案正法之劉添順家内，與會中大頭目翦煌、匡世明、彭清泉等相識。常見翦煌、彭清泉與洋人往來甚密。洋人商囑翦煌等邀集會黨多人，作爲内應，許由外洋豫備軍火、器械爲之接濟，翦煌等均各允諾。適值和議已成，是以中止。伊因與翦煌同會相識，故此得知。上年伊在漢口，曾與翦煌等會遇。翦煌，係湖南長沙人，三十多歲，長瘦臉，書生模樣，曾在軍營，人稱爲翦師爺。匡世明，即曠世鳴，係湖南三廳人，三十餘歲，面貌清秀。彭清泉，即彭心泉，係四川人，四十多歲，身中，面胖，無鬚各等供。

查該匪翦煌等，久通洋人，蓄謀狡險，其罪在尋常會匪頭目之上。該匪等既有在閩句通洋人之事，匡世明一匪又適係江南訊出梅生案内之人，是該匪等於此次句串洋人、私買軍火之事顯有干涉。核龍海騰所供情節，其中尤以翦煌爲主謀渠魁。惟匡世明一匪聲名較著，久經各省通緝，而翦煌一匪，蹤跡較密，知者較少，易於藏匿漏網。今梅生一犯，已經英領事解回英國，但洋人既不能深究，至此等通洋積惡之匪徒必須擒獲誅鋤，以除後患。除前已由臣之洞密咨兩江、江蘇、安徽、江西、福建、臺灣各省飭屬查拏外，相應請旨飭下各省將軍、督撫臣一體嚴密查拏，務獲懲辦，毋任漏網，以免再逞詭謀，致釀巨患。謹合詞附片密陳，伏祈聖鑒。

即著該督密咨各省將軍、督撫，一體嚴拏，毋任漏網。

請展緩武職借補章程限期摺[一] 光緒十八年九月十四日

竊照前准兵部咨，查明具奏陝甘總督譚鍾麟奏緩陝甘規復舊制，並請展各省借補限期一摺。鈔奏内稱，借補定章，迄今早逾十年之限。因各省提、鎮人員過多，是以暫准通融。惟借補章程亦未可漫無限制，擬請暫緩五年，凡提、鎮以下人員，准其通融

[一] 以下二件録自中國第一歷史檔案館編《光緒朝硃批奏摺》第四二輯，第九〇九至九一〇頁，中華書局一九九五年版。

借補。五年之後，再奏明停止等因。光緒十三年十一月十一日具奏。奉旨：依議。欽此。通行遵照在案。

查借補展限，自光緒十三年十一月奉旨之日起，截至十八年十一月十一日，即已滿限。此數年之中，各省借補者固已不少，而續有勞績保奏者繼踵而來，仍未大見疏通。溯查四十年來，各省各營將弁，以戰陣功績，洊保記名提、鎮，現存者總在千員内外。其保儘先副將、叅將、遊擊者，尤不可勝數。現在他省提、鎮、副、叅、遊各項人員，未知多寡。即就兩湖而論，奏留候補之提督、總兵尚有十三人，奏調及奏咨差委者，共二十餘人。候補副、叅、遊各班，不下一百數十人。其在籍未經奏留亦無差委之員，尚不知凡幾。一經限滿，不准借補，提、鎮係請旨簡放之員，缺少人多，特達遭逢固屬不易，即副、叅、遊各等官，人浮於缺，不止數倍，亦恐無效用之期，似非朝廷鼓勵戎行之意。合無仰懇天恩敕部酌核再行照案展緩數年，俾各省凡提、鎮以下人員得以借補各缺，及時自效，以資策勵而免向隅。理合恭摺具陳，伏祈皇上聖鑒，敕部核議施行。

兵部議奏。

請准將記名提督送部帶領引見片 光緒十八年九月十四日

再，記名提督劉鶴齡，籍隸湖南，起家行陣，同治年間轉戰湖南、川、黔等省，戰功卓著。該提督樸勇老練，謀略精詳，操守廉潔，善於馭衆。上年經臣等奏委統帶襄河水師五營，勇丁一律足額精壯，營哨各官無不策勵奮發，該提督不時親巡沿河各營，日馳一二百里，考察激勵，軍威爲之一振。襄河水師巡防地段，北起老河口，南迄漢口。漢口尤爲衝繁，華洋雜處，奸宄溷跡，時值會匪萌動，該提督分派將弁，購覓眼綫，上自湖南辰、沅，下至鎮江、上海，多設方略，訪緝匪蹤。此次拏獲長江會匪大頭目吴有楚，襄河會匪總頭目陳先知，皆係該提督密派之員訪查確實，會督各路員弁緝獲，巨憝同時就擒，軍民稱快。似此謀勇兼長，剗除巨患，實爲有裨大局，似應優予甄叙，以勵將來。且當此伏莽潛滋，尤恃鎮將得人，方足飭戎行而備緩急。合無仰懇天恩將記名提督劉鶴齡，送部帶領引見，恭候恩旨録用之處，出自逾格鴻慈，臣等謹合詞附片陳請，伏祈聖鑒訓示。

劉鶴齡著交兵部帶領引見。

湖北省光緒十七年冬漕採運米石交兑完竣摺[一] 光緒十八年九月二十八日

竊照湖北省光緒十七年冬漕，前經臣等奏請仍徵折色，並酌提漕折等款銀兩，由招商局委員採買正米三萬石運京。奉旨允准。當經轉飭遵辦在案。兹據湖北督糧道惲祖翼詳，准委辦輪船招商局直隸津海關道盛宣懷等移稱，湖北省光緒十七年漕糧奉飭採買正米三萬石並商船耗米二千四百石、剥船食米三百四十五石、新增剥耗米一百七十二石五斗，共米三萬二千九百一十七石五斗，均經購辦足數，由天津全數起運至通州，經倉場總督同坐糧廳，將正米三萬石如數驗收。於十八年閏六月十五日交兑完竣。其商、

[一] 録自中國第一歷史檔案館編《光緒朝硃批奏摺》第七〇輯，第五二二至五二三頁，中華書局一九九五年版。

剥各船耗食等米，亦俱照章分别支給清楚等情，轉詳請奏前來。除飭將支用米價運費等項數目核實報銷，並咨明户部外，謹合詞恭摺具陳，伏祈皇上聖鑒。

户部知道。

江漢關籌解淮軍月餉片[一] 光緒十八年九月 日

再，前准户部咨，議覆直隸督臣李鴻章奏淮軍月餉支絀，請將江漢關應解額款於四六成洋税項下通融匀撥案内，議令江漢關應解淮餉，如六成洋税無款，即在四成洋税及五成二釐招商局税内按數提解等因。奉旨：依議。欽此。咨行欽遵辦理。查江漢關奉撥直隸督臣李鴻章淮軍月餉，四成洋税銀二萬兩、六成洋税銀三萬兩，均解至光緒十八年七月分止，隨時附片奏報在案。兹應解光緒十八年八月分四六成淮餉，即在第一百二十九結所徵四成洋税項下動支庫平銀二萬兩。因六成洋税無款可撥，並在是結四成洋税項下通融匀撥庫平銀三萬兩，作爲直隸督臣李鴻章及提督劉盛休所部淮軍月餉，委解湖北淮軍收支轉運局交收轉解。所有欠解九月分四六成淮餉銀兩，容俟徵收有項，再行撥解。據湖北漢黄德道監督江漢關税務孔慶輔詳請奏咨前來。臣覆核無異，除分咨外，謹會同湖北巡撫臣譚繼洵附片具陳，伏祈聖鑒。

户部知道。

訊明已革副將詹定邦被控各節按律議擬摺[二] 光緒十八年九月 日

竊照前據署湖南永州鎮總兵馬朝龍呈稱，據邵陽縣職員賀澤民等赴湖南撫臣處呈控，寶慶協副將詹定邦，兵民交怨，劣蹟多端，列款黏呈等情。當委右營遊擊王敬徵前往寶慶確查被控各款，並收紳民刊刻印單，該協弁兵公呈訴詞，回至永州。該署鎮覆加查詢，各情均屬有因，稟請撤任，以息衆怨而儆效尤等情。當經臣將詹定邦撤任，奏明請旨革職。欽奉硃批：詹定邦著即行革職，交張之洞提案嚴訊，按律定擬具奏。餘依議。該部知道。欽此。當即欽遵。札委湖南臬司會同藩司提集人證，確查嚴審擬辦去後。

兹據湖南按察使王廉會同布政使何樞詳稱，委員馳往守提列款訐告之職員賀澤民等，旋據查傳，並無其人，按照所控各款逐細查明，開摺稟覆。並提中軍都司張開武及外委方士清、隊目李壽眉等，撿同卷宗簿册解司，隨提同詹定邦暨一干人證，逐一質訊。如所控新平營守備開革兵丁夏世祥等五名，延不募補一節。調到該營花名底册，夏世祥等均於十五年四月開革，直至十六年四、六、十等月始行募補，核與呈報藩司衙門開收名册月日不符，共截存曠餉並米折銀一百一兩二錢四分四厘。詹定邦於撤任交卸時，始移交後任，並未解司，即屬侵蝕入己。又如所控奉飭將新甯汛兵三十餘名歸汛，並未遵照辦理，以致要地久空一節。飭據現署寶慶協副將黄志高查明，新甯汛兵前經先後奉調兵丁三十五名至郡城，練爲洋槍小隊。至光緒十五年，經本地紳士稟准，批飭發還防守汛地。詹定邦至十七年始陸續發回辦事，實屬遲延。又如所控撫臣閲兵考驗弓箭，有准記名之蘇良能應拔補劉賢禹降

[一] 録自中國第一歷史檔案館編《光緒朝硃批奏摺》第五九輯，第四五七頁，中華書局一九九五年版。

[二] 録自《京報》第四二六四號。

戰之缺，詹定邦另補嚴鏡華一節。卷查劉賢禹降戰留守所遺之缺，係以嚴鏡華挑補，蘇良能係接補羅星耀所遺戰兵之缺。同時拔補戰兵，其中尚無弊竇。又如所控營中以餘款蓋修鋪屋數間，每年收租，以備公事津貼。詹定邦到任，儘數提入私囊。未租之屋，勒令衆兵賠補租錢一節。委員赴營調查，簿據載明每年實收租錢六十餘千文，由隊目收繳備充公用，詹定邦並無入己，亦無勒令衆兵賠租之事。又如所控隨帶家丁冒食虛名錢糧，又令兵丁抬轎充役一節。委員查有周耀榮等九名，隨同詹定邦在行伍有年，技藝熟習，陸續補給糧缺，與衆兵一同操練，並無隨帶家丁冒食之事。惟曾令兵丁周雲貴等抬轎，實屬有違定制。又如所控販賣竹布、衣帽等重價售與兵丁，勒扣餉銀作抵一節。據詹定邦供，每逢巡閱整頓軍裝，循照向章借款發交隊目製備號衣，轉發衆兵，由餉銀扣抵，實用實銷，並無重價勒售情事。質之隊目李壽眉等，供亦相符。又如所控囑新平營守備張長俊代買婢女未遂，即將其撤任，並令外委方士清買騾一匹，揹不給價一節。卷查光緒十五年，張長俊署理新平營守備，經詹定邦以營務廢弛稟請撤任，調至永州察看，旋經臣調署左營守備，由司咨會永州鎮傳詢張長俊，聲稱詹定邦囑買婢女屬實，因新甯地方素禁販賣人口，並未代買。是詹定邦以喜怒爲舉錯，業已信而有徵。又訊據詹定邦供，曾托方士清買騾一匹價錢二十三千文，當付銀十兩。質之方士清稱，因不敷騾價，當即退還未收。又如所控馬兵咼雲卿辭退，改報逃丁，勒扣餉銀不發一節。查咼雲卿應領餉銀，詹定邦如數發給，取有領狀存卷，並無改報逃丁揹勒不發情事。以上各節，或實或虛，均確有卷宗供證可據。復閱馬朝龍飭委游擊王敬徵赴寶慶確查，所收紳民刊刻印單，未書闔郡公貼及抱不平謹譔，實係匿名揭帖。所收弁兵訴詞，即係奉查各款，屢次由司飭縣查拿詭揑賀澤民等姓名訐告之人無獲，應議結以省拖累。查例載，管軍官吏冒支軍糧入己者，以監守自盜論。又例載，監守自盜倉庫錢糧數在一百兩以上，杖一百、流二千五百里，勒限一年追完。如限內全完，流徒以下免罪各等語。此案已革寶慶協副將詹定邦辦事遲延，並任意將守備撤任，用營兵抬轎，囑託屬官代買婢女、騾隻，均罪止滿杖。惟於開革兵丁延不募補，輒將扣存空曠銀一百兩二錢四分四厘侵蝕入己，罪應擬流，自應從重問擬。詹定邦合依管軍官吏冒支軍糧入己者，以監守自盜論。監守自盜倉庫錢糧數在一百兩以上者，杖一百、流二千五百里例，杖一百、流二千五百里。業於交卸時，交出與一年限內全完無異，應照例免罪。交出銀兩，飭令後任副將解交藩庫彈收，歸入曠銀報撥。該營兵丁開除募補各日期，另行據實造册送查。詹定邦所欠方士清騾價，飭令付給。揑名之人飭緝獲日另結等情，具詳前來。

臣查此案應訊人證甚多，均在湖南，重湖遠隔。既據該司等集案嚴審，情節相符，應即擬結。臣覆加查核，已革湖南寶慶協副將詹定邦被控各節，除勒賠租錢、改報逃丁、重價勒售兵丁衣帽扣抵餉銀各節，或事出有因，或查無確據，應即勿庸置議外，如私役營兵抬轎，囑託屬員代買婢女未遂，挾嫌稟請撤任，併令屬員代買騾隻短給價值，調來外汛兵丁並不遵札即時遣還汛地，遲延至兩年之久，已屬違例營私專擅妄爲。至開革兵丁延不募補，空虛營伍，圖將扣存空曠銀兩，侵蝕入己，情節尤重，自應按律問擬。既經將侵扣曠銀繳清，業經革職，應照例免其治罪。揑名訐告之人，仍飭查緝獲日另結。所有訊明已革寶慶協副將詹定邦被控各款，按律擬辦各緣由，除咨部外，謹會同湖南巡撫臣吴大澂、湖南提督臣婁雲慶恭摺具陳，伏乞皇上聖鑒，勅部核覆施行。

刑部議奏。

掃解甘肅新餉片[一] 光緒十八年十月　日

再，承准軍機大臣字寄，光緒十七年八月三十日奉上諭：户部奏籌撥甘肅新餉一摺，甘肅關内外各軍餉銀關繫緊要，現經該部將光緒十八年新餉指撥湖北省銀三十三萬兩。著該督撫等嚴飭司道，按照部撥數目，於本年十二月底止趕解三成，至來年四月底止再解三成，其餘四成統限九月底掃數解清。等因。欽此。業經欽遵籌解第一批至四批甘肅新餉，共銀二十七萬兩，附片奏報在案。茲據湖北布政使王之春會同善後局司道詳稱，本年應解尾批甘肅新餉銀六萬兩，因部限綦嚴，京餉各款甫經解清，所收鹽課釐金不敷周轉，亟應設法騰挪。現在司庫留協鄰省項下動支銀四萬五千兩，鹽課釐金項下籌撥銀一萬五千兩，共銀六萬兩，於九月二十八日交漢鎮天成亨商號匯解赴甘肅藩庫兑收。所有光緒十八年分奉撥甘肅新餉銀三十三萬兩，業已如數解清。至動撥司庫銀兩，應請就款開除，俾免轇轕等情，詳請奏咨前來。除分咨外，謹會同湖北巡撫臣譚繼洵附片具陳，伏祈聖鑒。

户部知道。

江漢關第一百二十八結收支各數目開單具奏摺[二] 光緒十八年十一月十八日

竊照前准户部咨，鈔奏内開，各海關洋税收支數目辦理未能畫一，應令遵照定章，按結開列清單奏報一次，仍扣足四結開單奏銷一次，概不得以收支數目串入原摺，以致混雜不清。仍一面造具四柱清册暨支銷經費銀兩清册，分送户部暨總理各國事務衙門，以憑核銷等因。光緒十年二月二十五日具奏。本日奉旨：依議。欽此。又准咨，第九十五結期滿清單，僅有收支款目，以致各結總數未能聯貫。嗣後應令將舊管、新收、開除、實在，分爲四柱，逐款開列，以昭明晰等因。均經轉行遵照辦理。茲據湖北漢黄德道監督江漢關税務孔慶輔詳稱，江漢關徵收各項税鈔及支解各數目，前經截至光緒十八年六月初七日第一百二十七結止，詳請奏咨在案。茲查自光緒十八年六月初八日起，連閏至八月初十日止，第一百二十八結期滿，徵收洋商各項税鈔，六成洋税除支解外計不敷銀六萬四千四百九十一兩八錢九分四釐八毫三絲六忽，應在於下結所收六成洋税項内照數彌補。又四成洋税除撥解外，計不敷銀一萬二千八百六十五兩八錢五分八釐。又另款徵收招商局各項税鈔，除撥解外計存四成八釐各税銀六萬七千六百二十七兩四錢六分三釐，已如數歸併六成洋税内開報。又五成二釐局税除撥解外，計不敷銀十二萬四千一百四十八兩三錢七分一釐，應在於下結所收五成二釐局税項内照數彌補。又，此結遵照新章徵收洋藥税釐銀，除支解外，計不敷銀五百四十八兩九錢零七釐，應在於下結所收税釐銀内分别照數彌補。又英商在漢販運土藥煙膏出口徵收正税銀七兩二錢，已歸入洋税項内開報等情，詳請奏

[一] 録自中國第一歷史檔案館編《光緒朝硃批奏摺》第五九輯，第四七九至四八〇頁，中華書局一九九五年版。

[二] 以下二件録自中國第一歷史檔案館編《光緒朝硃批奏摺》第七二輯，第八〇四至八〇七頁，中華書局一九九五年版。

咨前來。臣覆核無異，除俟一年期滿，按結造具收支經費各册，另繕總單分别報銷外，所有第一百二十八結徵收洋商華商各項税鈔及支解各數目，謹會同南洋通商大臣兩江總督臣劉坤一、湖北巡撫臣譚繼洵恭摺具陳，並繕具四柱清單，恭呈御覽，伏祈皇上聖鑒。

該衙門知道。單併發。

宜昌關第一百二十八結收支各款數目開單具陳摺

光緒十八年十一月十八日

竊照前准户部咨，鈔奏内開，各海關洋税收支數目辦理未能畫一，應令遵照定章，按結開列清單奏報一次，仍扣足四結開單奏銷一次，概不得以收支數目串入原摺，以致混雜不清。仍一面造具四柱清册暨支銷經費銀兩清册，分送户部暨總理各國事務衙門，以憑核銷等因。光緒十年二月二十五日具奏。本日奉旨：依議。欽此。又，准户部咨，江漢關第九十五結期滿清單，僅有收支款目，以致各結總數未能聯貫。嗣後應令將舊管、新收、開除、實在，分爲四柱，逐款開列，以昭明晰各等因。先後轉行遵照辦理。兹據署湖北荆宜施道監督宜昌關税務曹南英詳稱，宜昌關徵收各項税銀，前經截至光緒十八年六月初七日第一百二十七結止，詳請奏咨在案。兹自光緒十八年六月初八日起至八月初十日止第一百二十八結期滿，徵收各項税銀一萬四千四百三十四兩七錢五分五釐。除應支存票抵税、傾鎔折耗、關用經費、税務司經費等銀一萬八千六百七十兩二錢三分四釐，並賠償英國領事格類金貝給還復號塾修立德房屋，暨解交江漢關賠償法國尾數，及委員解費等銀一萬一千三百三十四兩五錢一分九釐，二共支銀三萬四兩七錢五分三釐，均在徵存税銀項下動支，尚不敷銀一萬五千五百六十九兩九錢九分八釐，已在上三結存銀三萬六千四十四兩七錢三分一釐内如數提出彌補外，計存銀二萬四百七十四兩七錢三分三釐，連前截留備支關用，上届四結尾數銀二萬三千一百五十兩三錢五分七釐，二共存銀四萬三千六百二十五兩九分。前奉行准總理衙門來電，以宜昌關徵存税項，俟教案賠款議定後動撥應用等因。當經稟明，以上三結存銀二萬四百七十四兩七錢三分三釐，現存在關，聽候撥用。現在宜昌關收數支絀，不敷開支，上届截留備支關用銀兩，仍請照案留關動用。又遵照新章，本結徵收洋藥税釐銀，除支傾鎔折耗外，連上結徵存銀並本結新收，二共實存銀三百二十兩八錢七分八釐，存俟搭解。再，本結洋商雇用華船，現由常關徵料，毋庸造册報銷等情，詳請奏咨前來。臣覆核無異，除將清單、清册咨送總理各國事務衙門暨户部户科查照外，謹會同南洋通商大臣兩江總督臣劉坤一、湖北巡撫臣譚繼洵恭摺具奏，並繕具四柱清單，恭呈御覽，伏祈皇上聖鑒。

該衙門知道。單併發。

江漢關掃解壬辰年滿緑各營兵餉片〔一〕

光緒十八年十一月十八日

再，前准户部咨，豫撥湖北省壬辰年滿緑各營兵餉案内，撥

〔一〕以下三件録自中國第一歷史檔案館編《光緒朝硃批奏摺》第五九輯，第四八六至四八八頁，中華書局一九九五年版。

江漢關洋税銀十五萬兩等因。業經飭據該關道先後籌解銀十萬兩，詳經附片奏報在案。茲又據湖北漢黄德道監督江漢關税務孔慶輔詳稱，復在於第一百二十八結所徵六成洋税項下動支庫平足色銀五萬兩，委員解赴藩司衙門交收，以供支放。所有奉撥前項銀兩，業經籌解清楚等情，詳請奏咨前來。臣覆核無異，除分咨總理各國事務衙門暨户部查照外，謹會同湖北巡撫臣譚繼洵附片具陳，伏祈聖鑒。

該衙門知道。

江漢關籌解淮軍月餉片 光緒十八年十一月十八日

再，前淮户部咨，議覆直隸督臣李鴻章奏，淮軍月餉支絀，請將江漢關應解額款於四六成洋税項下通融匀撥案内，議令江漢關應解淮餉，如六成洋税無款，即在四成洋税及五成二釐招商局税内按數提解等因。奉旨：依議。欽此。咨行欽遵辦理。查江漢關奉撥直隸督臣李鴻章淮軍月餉，四成洋税銀二萬兩、六成洋税銀三萬兩，均解至光緒十八年閏六月分止，隨時附片奏報在案。茲應解光緒十八年七月分四六成淮餉，即在第一百二十八結所徵四成洋税項下動支庫平銀二萬兩，因六成洋税無款可撥，並在是結四成洋税項下通融匀撥庫平銀三萬兩，作爲直隸督臣李鴻章及提督劉盛休所部淮軍月餉，委解湖北淮軍收支轉運局交收轉解。所有欠解八月分四六成淮餉銀兩容俟徵收有項，再行撥解。據湖北漢黄德道監督江漢關税務孔慶輔詳請奏咨前來。臣覆核無異，除分咨外，謹會同湖北巡撫臣譚繼洵附片具陳，伏祈聖鑒。

户部知道。

籌解協滇餉銀片 光緒十八年十一月十八日

再，前准户部咨，議覆四川總督劉秉璋奏，滇省新舊協餉無力解足案内，令川省月協滇餉銀二萬三千兩，自光緒十五年九月起，每月減去銀五千兩，改由湖北在於鹽貨等釐及司庫各款内，按月協解銀三千兩，江漢關六成洋税項下，按月協解銀二千兩。如六成洋税無款，應准在四成洋税項下湊解等因。業將光緒十五年九月起至十八年四月止應協前項滇省餉銀照數撥解，附片奏報在案。茲據湖北布政使王之春會同善後局司道暨湖北漢黄德道監督江漢關税務孔慶輔詳稱，現於司庫減平項下動撥長沙平銀七千五百兩，善後局款内動撥長沙平銀七千五百兩，作爲光緒十八年五月起連閏至八月止計五箇月協滇餉銀。江漢關在第一百二十八結所徵四成洋税項下動支庫平足色銀一萬二千兩，作爲光緒十八年五月起連閏至九月止計六箇月協滇餉銀，均發交雲南催餉委員知縣吴本義領匯赴滇等情，詳請奏咨前來。臣覆核無異，除分咨外，謹會同湖北巡撫臣譚繼洵附片具陳，伏祈聖鑒。

户部知道。

江漢關籌解第七年第四期及第八年第一期洋款息銀應補鎊價銀兩片[一] 光緒十八年十一月十八日

再，前准户部咨，神機營息借洋款，奏令各海關按期歸還一

〔一〕以下三件録自中國第一歷史檔案館編《光緒朝硃批奏摺》第八二輯，第五一至五五頁，中華書局一九九五年版。

摺內稱，此次該營續借洋款一百四十四萬鎊，均自光緒十一年八月二十三日爲第一年第一期歸付利銀之始，照每鎊三兩五錢核算，共銀二百二十四萬六千四百鎊，合廣平銀七百八十六萬二千四百兩。擬令津海、東海、江漢三關各分派本息共銀一百五十七萬二千四百八十兩，江海關分派本息共銀三百十四萬四千九百六十兩。仍照光緒十一年二月奏定辦法，令各該關先期二十日解交江海關兑收，届期統由江海關道隨時照外洋鎊價漲落作合鎊價，或盈或絀，即由該關分別應墊應存，再與原派歸還之海關按期結算清楚等因。光緒十二年正月二十八日具奏。奉旨：依議。欽此。欽遵咨行前來，當經轉飭遵照辦理。所有江漢關應還第一年二期起至第八年第二期止應付本利銀兩，並至第七年第三期止應補鎊價銀兩，均經先後委員解交江海關驗收給領，分別奏報在案。茲據湖北漢黄德道監督江漢關税務孔慶輔詳稱，接准江海關兩次鈔送詳稿，內稱光緒十八年五月初七日第七年第四期應付息銀英金二萬一千鎊，合庫平銀九萬八千六百二十八兩一錢四分七釐八毫，按五股分派，江漢關派一股息銀一萬九千七百二十五兩六錢二分九釐五毫六絲，較部撥銀一萬四千七百兩實增庫平銀五千二十五兩六錢二分九釐五毫六絲。又光緒十八年七月十一日第八年第一期應付息銀一萬五千七百五十鎊，合庫平銀七萬五千三百八十五兩八錢八分五毫，按五股分派，江漢關應派一股息銀一萬五千七十七兩一錢七分六釐一毫，較部撥銀一萬一千二十五兩實增庫平銀四千五十二兩一錢七分六釐一毫。均由道墊付，咨請解滬歸款等因。茲在第一百二十九結所徵六成洋税項下動支庫平足色銀九千零七十七兩八錢零五釐六毫六絲作爲第七年第四期及第八年第一期息銀應補鎊價銀兩，飭委候補知縣胡廷松解赴江海關驗收，分別給領歸款等情，詳請奏咨前來。臣覆核無異，除分咨外，謹會同湖北巡撫臣譚繼洵附片具奏，伏祈聖鑒。

該衙門知道。

江漢關籌解第八年第二期應付洋款利銀片 光緒十八年十一月十八日

再，前准户部咨，神機營息借洋款，奏令各海關按期歸還一摺內稱，此次該營續收洋款一百四十四萬鎊，均自光緒十一年八月二十三日爲第一年第一期歸付利銀之始。照每鎊三兩五錢核算，共銀二百二十四萬六千四百鎊，合廣平銀七百八十六萬二千四百兩。擬令津海、東海、江漢三關各分派本息共銀一百五十七萬二千四百八十兩，江海關分派本息共銀三百十四萬四千九百六十兩。仍照光緒十一年二月奏定辦法，令各該關先期二十日解交江海關兑收，届期統由江海關道隨時照外洋鎊價漲落，作合鎊價，或盈或絀，即由該關分別應墊應存，再與原派歸還之海關按期結算清楚等因。光緒十二年正月二十八日具奏。奉旨：依議。欽此。欽遵咨行前來，當經轉飭遵照辦理。所有江漢關應還第一年二期起至第八年第一期止應付本利銀兩，並至第七年第三期止應補鎊價銀兩，均經先後委員解交江海關驗收給領，分別奏報在案。茲據湖北漢黄德道監督江漢關税務孔慶輔詳稱，光緒十八年十月十三日爲第八年第二期，即在第一百二十八結所徵六成洋税項下動支庫平足色銀一萬一千零二十五兩，作爲第八年第二期應付利銀，已飭委准補江夏縣縣丞張南瑾解赴江海關驗收給領歸款等情，詳請奏咨前來。臣覆核無異，除分咨外，謹會同湖北巡撫臣譚繼洵附片具陳，伏祈聖鑒。

該衙門知道。

江漢關籌解第八年第四期洋款本利應補鎊價銀兩片 光緒十八年十一月十八日

再，前准户部咨，神機營息借洋款一百五十萬磅，於光緒十年九月十四日初次收到六萬磅，計合十足廣平銀二十萬零一千九百六十八兩八錢。利銀按一年四期，每期應付一千零五十磅。其頭期利銀已由神機營墊付，應照此次咨報本利銀兩數目，擬飭江漢關按照議定章程期限，先期二十日照數解交江海關查收，由該關按期作合磅價兑付怡和洋行等因。光緒十一年二月十五日具奏，本日奉旨：依議。欽此。欽遵咨行前來，當經轉飭遵照辦理。所有江漢關應付第一年二期起至第八年四期止本利銀兩，並至第七年四期止應補磅價銀兩，委員解交江海關驗收給領，暨將神機營墊付頭期利銀委解赴京交納，分别奏咨在案。茲據湖北漢黄德道監督江漢關税務孔慶輔詳稱，准江海關咨稱，據怡和行送到收單，內載光緒十八年九月十二日應付第八年第四期利銀六百三十磅，合規銀三千三百四兩九錢二分，核計除付利息庫合規銀二千三百二十四兩二錢六分外，計不敷規銀九百八十兩六錢六分。又應還本銀計英金一萬二千磅，合規銀六萬二千九百五十兩八錢二分，核計除付洋本庫合規銀四萬四千二百七十一兩五錢六分外，計不敷規銀一萬八千六百七十九兩二錢六分。請一併找付。所有是期共短本利規銀一萬九千六百五十九兩九錢二分應行找給，由江海關先行墊付清款，請照數補解等因前來。當在江漢關第一百二十九結所徵六成洋税項下籌撥庫平銀一萬七千九百三十七兩八錢八分三釐，申合規銀一萬九千六百五十九兩九錢二分，作爲第八年第四期本利應補磅價銀兩，飭委候補知縣胡廷松解赴江海關驗收歸款等情，詳請奏咨前來。臣覆核無異，除分咨外，謹會同湖北巡撫臣譚繼洵附片具陳，伏祈聖鑒。

該衙門知道。

籌解關東鐵路經費片〔一〕 光緒十八年十一月十八日

再，光緒十六年准户部咨，奏撥鐵路經費案内，令湖北省按年攤籌銀五萬兩。當經行據司道籌議，擬在藩司、善後局無論何款按年各籌挪銀二萬兩，江漢關籌挪銀一萬兩，共湊銀五萬兩。至如何騰挪之處，實未能指定專款，惟有臨時酌量緩急辦理等情，詳經臣咨呈海軍衙門，並咨報户部。旋承准海軍衙門咨，鄂省籌辦煤鐵事宜，令將自行籌出，咨明留用銀五萬兩撥鄂應用。十七年四月間，又准户部咨，湖北每年籌撥鐵路經費銀五萬兩，除十六年指撥之款全數截留外，應自光緒十七年起遵照諭旨，移作關東鐵路專款。並准北洋大臣李鴻章暨承准海軍衙門咨，徑解天津兑收，各等因。所有光緒十七年分應解關東鐵路經費銀五萬兩，業經如數籌撥匯解，附片奏報在案。茲據湖北布政使王之春、漢黄德道監督江漢關税務孔慶輔、善後局司道會詳稱，湖北省應解

〔一〕以下二件録自中國第一歷史檔案館編《光緒朝硃批奏摺》第八七輯，第三四九至三五一頁，中華書局一九九五年版。

本年關東鐵路經費銀五萬兩，自應分批籌解。茲先在藩庫地丁項下動撥銀二萬兩、江漢關六成洋税項下動撥銀一萬兩，共庫平銀三萬兩，於十月十一日發交百川通商號匯至天津北洋大臣行營銀錢所兑收，以應要需。下餘應解銀二萬兩，俟籌定款項再行匯解等情，具詳請奏前來。臣覆核無異，除分咨外，謹會同湖北巡撫臣譚繼洵附片具陳，伏祈聖鑒。

該衙門知道。

江漢關籌解出使各國經費片 光緒十八年十一月十八日

再，據湖北漢黄德道監督江漢關税務孔慶輔詳稱，前奉總理衙門劄開，會奏籌備出使各國經費，擬於各關所收六成洋税作爲十成分算，每結酌提一成，另款存儲，聽候隨時指撥，以作出使經費之用。均自第六十五結爲始，一體遵照辦理。續奉行知令將每結提存之款，撥寄江海關彙收，以資分撥。又奉總理衙門劄開，出使經費不敷撥用，擬於所收六成洋税仍作十成分算，即在此十成内，於原提一成之外，再提半成。並令於商局留關備撥六成税内，亦按十成計算，酌提一成半。均自第七十一結爲始，按結解至江海關備用各等因。查江漢關第一百二十七結提存前項經費銀兩，業經委解江海關驗收，詳請奏咨在案。茲查第一百二十八結所徵洋商進出口正税六成銀兩，除開支税務司並關用經費及傾鎔折耗外，實存銀十三萬四千四百四十一兩五錢二分二釐。按十成計算，應提一成五釐出使經費銀二萬零一百六十六兩二錢二分八釐。又收招商局輪船出口正税四成八釐銀兩，除開支傾鎔折耗外，實存銀四萬六千二百一十九兩五錢四分，按十成計算，應提一成五釐出使經費銀六千九百三十二兩九錢三分一釐。遵照户部核覆，每萬兩扣給解費銀二百兩。即在所提出使經費内，扣給委員解費銀五百四十一兩九錢八分三釐，計實解銀二萬六千五百五十七兩一錢七分六釐。已將前項銀兩，飭委候補同知沈賦詩解赴江海關驗收等情，詳請奏咨前來。臣覆核無異，除分咨外，謹會同南洋大臣兩江總督臣劉坤一、湖北巡撫臣譚繼洵附片具陳，伏祈聖鑒。

該衙門知道。

湖北光緒元年至十年修理隄閘支用款項造册報銷摺[一] 光緒十八年十一月十八日

竊准工部咨，奏催湖北省修築隄閘等工，行令依限造報一片。光緒十七年八月十八日具奏。奉旨：依議。欽此。鈔録原奏咨行到鄂。當經轉飭遵照詳辦去後。茲據湖北布政使王之春詳據各屬先後覆稱，遵查光緒元年至十年興修隄閘等工，多係以工代賑，借資民力，兼有調撥營勇幫同力作。揆之各工原辦之初，值救災急切之際，諸凡用項，但求撙節核實，未能限以繩尺。且各處情形不一，土性有堅鬆，水勢有緩急，取土采石有遠近之不同。或需打樁，或用夯硪，或挽月隄，或作磯頭、剅閘，作法各從民便，亦實難歸於一律。況鄂省自遭兵燹以來，舊日程式案卷全經燬失，而前項工程事越多年，官非一任，吏非一人，若仍責令循照舊式

[一] 録自中國第一歷史檔案館編《光緒朝硃批奏摺》第九九輯，第二五一至二五二頁，中華書局一九九五年版。

造册，實屬無從辦理。現奉催令造報，惟有據實造具實支實銷清册報銷，邀請免造細册等情。該司查，此項工程本應循照舊式造册報銷，惟念事已多年，官吏數任，各屬所稱礙難逐一查造細册，自係實在情形。溯查直隸東明黄河，光緒元年起至九年用款，係屬開單奏銷。九年以後，遵例造册，經部核准有案。可否援照直省成案，將鄂省光緒元年起至十年止各屬修築隄河各工用過銀兩，分晰造具實支實銷簡明清册奏銷，以清積牘。理合造册並鈔録歷次奏案，出具印結，詳請具奏，並請將實支實銷清册摺稿印結，一併咨部查照銷案。再，此等工程，或因往返駁查，或因前後交代，不免多需時日，以致造報積延。應議職名邀免開送等情前來。臣等覆核無異，除將齎到清册印結並鈔録歷次奏案，咨送户、工二部查照外，謹合詞恭摺具陳，伏祈皇上聖鑒，敕部核覆施行。

該部議奏。

查閲湖北武漢營伍情形摺[一]

光緒十八年十一月十八日

竊臣欽奉上諭：本年輪應查閲湖北營伍之期，即派張之洞逐一查閲，認真簡校。等因。欽此。當因省城籌辦要件甚多，擬將武漢七營於本年秋冬間先行調齊校閲，其省外各營請展至明年再行舉辦，奏蒙俞允在案。

茲於本年十月二十六、七、八等日，將湖北督撫兩標、武昌城守、漢陽協等七營官兵，及分駐武漢之武防鴻字、鐵字、升字等勇營，暨挑練礮隊營調齊，會同湖北巡撫臣譚繼洵親赴校場，逐加閲看。各營合操舊演陣式及洋槍陣，步伐整齊，施放連環槍礮甚爲純熟，刀矛雜技均有可觀。各官弁、兵丁弓力尚屬合式，中箭枝數均在七八成以上。各弁兵操練馬步槍一律改用洋槍，槍礮中靶均在七成以上。查驗器械、馬匹，俱屬堅利、膘壯。兵丁名糧尚無老弱充數及雇倩頂替等弊。各營將備均令操演後膛洋槍，弓馬亦均嫻熟。除將才藝出衆之弁兵，酌予記名拔補獎賞，槍箭中靶少準之兵丁分别記過斥革外，查有通城汛把總方盛潮，性情乖謬，不守營規，且干預地方民事，應即斥革。撫標左營外委胡金魁，差操懶惰，應以額外降補。仍飭各該將領，隨時認真訓練，講求外洋新式軍火，務成勁旅，以收實用。其省外各標協營統俟明年出省校閲後，再行隨時具奏。所有查閲湖北武漢七營營伍情形，理合恭摺具陳，伏祈皇上聖鑒。

知道了。

委員接署道篆片[二]

光緒十八年十一月十八日

再，據湖北漢陽縣知縣陳夔麟呈報，漢黄德道監督江漢關税務孔慶輔於光緒十八年十一月初七日在任因病身故等情前來。所遺漢黄德道及江漢關監督篆務亟應委員接署，以專責成。查有湖北候補道恭釗，老成幹練，辦事認真，堪以署理。除檄飭遵照外，查漢黄德道係煩疲難要缺，例應由外調補。鄂省現有合例應調人員，容臣等揀員另請補授，謹合詞附片具陳，伏祈聖鑒。

吏部知道。

[一] 録自《京報》第四三四六號。

[二] 録自中國第一歷史檔案館編《光緒朝硃批奏摺》第五二輯，第五一〇頁，中華書局一九九五年版。

籌解本年加復俸餉銀兩摺[一] 光緒十八年十一月二十日

竊照前准户部咨，京官放給全數俸銀，所有津貼應即停止，惟俸餉規復舊制爲數甚鉅，當此庫款支絀之際，籌畫不易，行令各省關將應解前項津貼銀兩，仍照原撥之數，按年全數解交户部，以備搭放俸餉等因。查湖北應解光緒十七年分加復俸餉銀一萬六千兩，業經解清在案。茲據湖北布政使王之春會同善後局司道籌撥光緒十八年分加復俸餉銀一萬六千兩，飭委試用通判林源、補用知縣馬驥管解赴京交納等情，詳請奏咨前來。除咨部外，謹會同湖北巡撫臣譚繼洵恭摺具陳，伏祈皇上聖鑒。

户部知道。

籌解光緒十六年正月至三月固本兵餉片[二] 光緒十八年十一月二十日

再，前准户部咨，原定各省應解固本兵餉，湖廣省按月應解銀五千兩，改令徑解部庫交納。又准户部咨，酌定分年帶解固本練餉欠款，擬定有閏之年解十五箇月，計銀七萬五千兩，無閏之年解十四箇月，計銀七萬兩。即自光緒十一年正月起，按年照數解清各等因。所有湖北省應解十五年十二月以前固本兵餉銀兩，業經按年照數先後解部，附片奏報在案。茲據湖北布政使王之春詳稱，會同鹽法道於鹽課項下籌撥銀二萬兩，作爲光緒十六年正、二、閏二、三，四箇月固本兵餉，飭委補用知縣劉綬青、方朝佐管解赴京交納等情，詳請奏咨前來。臣覆核無異，除給咨管解並飭司陸續補解外，理合會同湖北巡撫臣譚繼洵附片具陳，伏祈聖鑒。

户部知道。

籌解光緒十六年四月至六月固本兵餉片 光緒十八年十一月二十日

再，前准户部咨，原定各省應解固本兵餉，湖廣省按月應解銀五千兩，改令徑解部庫交納。又准户部咨，酌定分年帶解固本練餉欠款，擬定有閏之年解十五箇月，計銀七萬五千兩，無閏之年解十四箇月，計銀七萬兩。即自光緒十一年正月起，按年照數解清各等因。所有湖北省應解十六年三月以前固本兵餉銀兩，業經按年照數先後解部，附片奏報在案。茲據湖北布政使王之春詳稱，會同鹽法道在於鹽課項下籌撥銀一萬五千兩，作爲光緒十六年四、五、六，三箇月固本兵餉，飭委補用通判林源、補用知縣馬驥管解赴京交納。計本年應解銀七萬五千兩，已經解清等情，詳請奏咨前來。臣覆核無異，除給咨管解外，理合會同湖北巡撫臣譚繼洵附片具陳，伏祈聖鑒。

户部知道。

〔一〕録自中國第一歷史檔案館編《光緒朝硃批奏摺》第八七輯，第三五一至三五二頁，中華書局一九九五年版。

〔二〕以下四件録自中國第一歷史檔案館編《光緒朝硃批奏摺》第五九輯，第四八九至四九〇頁，中華書局一九九五年版。

委解本年扣出節省勇餉銀兩片光緒十八年十一月二十日

再，湖北省抽裁水陸營哨勇夫，每年節省薪公口糧銀七萬三千七百四十餘兩。前經咨明户部，自光緒十二年三月起按月扣出，分起解部。業將光緒十二年三月起至十七年十二月止節省薪糧銀兩，分起委解截留，及本年已解過銀四萬兩，附片奏報在案。兹據湖北布政使王之春會同善後局司道詳稱，扣出光緒十八年連閏二批節省抽裁水陸營哨勇夫薪糧銀三萬九千八百九十一兩三錢七分，飭委試用通判林源、補用知縣馬驥管解赴京交納。所有本年連閏扣出節省勇餉銀兩，現已如數解清等情，詳請奏咨前來。臣覆核無異，除分咨外，謹會同湖北巡撫臣譚繼洵附片具陳。伏祈聖鑒。

户部知道。

籌解協滇月餉片光緒十八年十一月二十日

再，前准户部咨，議令四川省協滇月餉，自光緒十五年起，每月協解銀二萬三千兩。下賸銀七千兩，改撥湖北按月協解。光緒十五年二月二十一日具奏。奉旨：依議。欽此。咨行欽遵辦理。查前項奉部改撥協滇月餉，業於光緒十五、十六、十七等年分籌解銀十八萬兩，本年已解過銀六萬兩，均經附片奏明在案。兹據湖北布政使王之春會同善後局司道詳稱，現復籌撥長沙平銀一萬兩，發交雲南催餉委員知縣吴本義，轉發百川通商號領匯赴滇等情，詳請奏咨前來。臣覆核無異，除分咨外，謹會同湖北巡撫臣譚繼洵附片具陳。伏祈聖鑒。

户部知道。

光緒十八年夏季分宜昌川鹽總局抽收正加課錢文數目摺[一]光緒十八年十一月二十日

竊照湖北宜昌設立川鹽總局，抽課濟餉，所有光緒十八年春季分抽收鹽課錢文數目，業經恭摺具奏在案。兹據湖北鹽法武昌道瞿廷韶查明光緒十八年夏季分抽收鹽課錢文數目，開報前來。臣覆加察核，宜昌川鹽局光緒十八年四月分抽收正課錢五萬七千二百六十九串五百七十四文五毫，内提備解京餉錢一萬四千二百串文，加課錢二萬四千八百九十九串八百一十五文。五月分抽收正課錢五萬一千四百四串四百二文，内提備解京餉錢一萬串文，加課錢二萬二千三百四十九串七百四十文，内提備解京餉錢四千五百串文。六月分抽收正課錢六萬八千三百一十四串六百二十三文，内提備解京餉錢二萬七百串文，加課錢二萬九千七百二串一十文。閏六月分抽收正課錢八萬三千九百九十三串六百六十五文五毫，内提備解京餉錢二萬八千七百串文，加課錢三萬六千五百一十八串九百八十五文。除加課錢文照章截半，分解淮鹽督銷局，公費留半歸外銷五成公費項下入收另報外，其正課全項内共提備解京餉錢七萬三千六百串文，加課一半解鄂，内共提備解京餉錢四千五百串文，下餘錢文同節省五成公費，均仍照向章，或現錢或易銀，分别由局撥充荊州滿營兵餉、水師月餉，餘則儘數由道移解善後局接濟軍餉。除解支細數造册咨部外，所有光緒十八年

〔一〕録自中國第一歷史檔案館編《光緒朝硃批奏摺》第七五輯，第六一六頁，中華書局一九九五年版。

夏季分宜昌川鹽局抽收正加課錢文數目，理合恭摺具陳，伏祈皇上聖鑒。

户部知道。

懇賜江神廟等處匾額摺〔一〕 光緒十八年十一月二十日

竊查湖北荆州府城濱臨大江，爲川江及沮、漳諸水總匯之區。來源湍急，水勢浩瀚，民田廬舍全賴萬城大隄爲之保障。乾隆五十四年於郡城外玉路口隄上敕建江神廟，又於道光二十三年奏准續建沮、漳二神祠。每遇伏秋汛漲險工迭出之時，官民祈禱，素著靈應。歷年均因水勢漲發，隄身危險，迭荷神靈默佑，獲保無虞。節經前督撫臣奏請頒賜匾額在案。茲據荆州府知府舒惠稟稱，本年夏間，上游蛟水斗發，川江暨沮、漳各水迭次盛漲，建瓴直下，汹涌異常。加以下游湘水、漢水同時並發，阻遏消路。以致荆江之水停滯難消，高過楊林石磯九尺有餘，風浪衝擊，勢極悍猛，隄身岌岌可危。經該府督率在工員弁竭力搶護，每值危險之際，親詣江神廟暨沮、漳二神祠，率同紳民虔誠祈禱，均得風平浪静，沿江二百餘里長隄，一律穩固，江流順軌得慶安瀾。稟請奏懇頒賜匾額，以昭靈貺等情，由湖北布政使王之春核明，轉詳請奏前來。臣等查荆州萬城大隄爲闔郡及下游各州縣田廬保障，最關緊要。本年上游蛟水斗發，川江、沮、漳各水同時盛漲，萬城大隄危險疊出，經該郡官民虔申祈禱，各工化險爲平，江流順軌得慶安瀾，洵屬靈應昭著。相應援案仰懇天恩俯准將荆州府江神廟暨沮、漳二神祠，各頒賜匾額一方，由臣等祇領，轉發該府敬謹摹製懸挂，以答神庥。謹合詞恭摺具奏，伏祈皇上聖鑒。

江神廟等處匾額，著遵照前旨，按季彙題。

查明湖北被水受旱各屬來春毋庸接濟摺〔二〕 光緒十八年十二月初一日

竊臣等承准軍機大臣字寄，光緒十八年十月初三日奉上諭：本年順天、直隸等省被水、被火、被旱、被風、被雹，均經該督撫等查勘撫卹，小民諒可不至失所。惟念來春青黄不接之時，民力未免拮据，著傳諭該督撫等體察情形，如有應行接濟之處，務於封印前奏到，候旨施恩。等因。欽此。仰見聖主軫念災區，加惠窮黎之至意。當即恭録行司分飭確查去後。

茲據各州縣稟覆，由布政使王之春、督糧道惲祖翼會詳請奏前來。臣等覆加查核，湖北地方本年入夏後，江漢水勢盛漲，低田被淹，迨交秋令，雨澤愆期，高阜之區間受乾旱。前據各屬稟報，即飭該管道府確勘。惟公安縣因蛟水陡發，被淹成災，東湖縣西壩地方被火，延燒房屋、船隻，焚溺人口，均經臣等籌撥銀兩，飭令印委各員，核實散放，妥爲安撫，先後附片奏報在案。體察情形，均可無虞失所。其餘各屬勘報，俱不成災。第收成歉薄，民情拮据，應完銀米，力難輸將。業經臣等彙同公安縣分別輕重情形具摺籲懇恩施，蠲緩新舊銀米，足紓民力。現查被火之

〔一〕 録自中國第一歷史檔案館編《光緒朝硃批奏摺》第二八輯，第四一二至四一三頁，中華書局一九九五年版。

〔二〕 録自中國第一歷史檔案館編《光緒朝硃批奏摺》第九二輯，第九一九至九二〇頁，中華書局一九九五年版。

區，已漸次復業，被水、受旱各處居民，或藉捕魚營生，或已補種雜糧，俱尚餬口有資。二麥亦漸滋長，來春均可毋庸接濟。所有查明覆奏緣由，謹合詞恭摺，由驛具奏，伏祈皇上聖鑒。

知道了。

勘明各州縣被淹受旱情形請緩徵漕糧摺[一] 光緒十八年十二月初一日

竊准户部咨，緩徵漕糧於地丁摺外另摺候旨遵辦。又准户部頒發釐剔錢糧積弊章程，内載災區初報，即令聲明免緩銀糧數目，以除積弊等因。遵辦在案。湖北本年入夏以來，江漢水勢盛漲，低田被淹。迨交秋令，雨澤愆期，高阜之區間受乾旱。飭據各該管道府確勘已、未成災輕重情形，現經臣等另摺奏請蠲緩錢糧、南米等項。惟公安、武昌、咸甯、嘉魚、漢陽、黄陂、孝感、沔陽、黄岡、蘄水、黄梅、廣濟、潛江、天門、應城、江陵、石首、監利、松滋、荆門等二十州縣，尚有應徵本年及節年漕糧，若責令照常輸納，民力實有未逮。據湖北布政使王之春、督糧道惲祖翼轉據該管道府結報會詳請緩前來。合無仰懇天恩俯准將成災八分之公安縣毛一等十三里，成災五分之東二等十九里内之六十一甲，應徵光緒十八年漕糧正耗米一千三百三石二斗六升八合六勺，緩至十九年秋後。成灾八分者，分限三年帶徵。成灾五分者，分限二年帶徵。原緩節年漕糧，並請遞年展緩分限帶徵。

又勘不成灾被淹較重之武昌縣神一等十九里，咸甯縣一都等九都内之艾家墩等四十處，嘉魚縣宣化等四里内之十九甲，漢陽縣白釜池等十三區，黄陂縣牛湖等四十九社，孝感縣務本西下等二十社内各社甲，沔陽州青泛等一百一十官垸，黄岡縣下璙等十八區、道觀河等十四區，蘄水縣袁家墩等十三區、東港磧等三區，黄梅縣白湖黄連等六鎮内之胡家圩等三十八村莊、考田謝灘二鎮内之白馬寺等三村莊，廣濟縣泰東下鄉内之童司牌第三十五村莊、靈西鄉内之栗木橋等二十村莊，潛江縣牛埠等十七垸、河汊等十八垸、馬昌等七垸，天門縣諸通等四十七垸内之一百一十甲半、杜橋下等五十一垸内之一百二十四甲、蒲湖等十六垸内之三十甲、上古下等四垸内之六甲、漳潑等三十三垸内之五十甲，應城縣葉嘴等五團區，江陵縣築支等六十六垸、長樂等一百六垸，石首縣民旺等十六垸及一都等十四坊垸内三十六甲，監利縣梁子等八十一垸，松滋縣下八上八二都並下五等十都，荆門州青一等十五圖内之三汊河等六十九區，又受旱較重之蘄水縣長家沖等二十五區，監利縣趙港等二十二垸，共應徵光緒十八年漕糧正耗米一萬九千三百八十六石三斗六升六合二勺，一併緩至十九年秋後限一年帶徵。原緩節年漕糧展至二十年秋後遞年帶徵。

又被淹較輕之蒲圻縣坪下等二十二團内任家磧等一百二十四處，原緩光緒十六年漕糧，請緩至十九年秋後帶徵。又，沔陽州尚有民欠未完光緒十七年漕糧正耗米六百九石三斗五升九合七勺，黄岡縣尚有民欠未完光緒十七年漕糧正耗米九百八十一石二斗一升六合八勺，蘄水縣尚有民欠未完光緒十六年漕糧正耗米五百二十一石五斗三升六合一勺，均因被水、受旱，無力完納，請一併緩至光緒十九年秋後，限一年帶徵，以廣皇仁而紓民力。

[一] 録自中國第一歷史檔案館編《光緒朝硃批奏摺》第七〇輯，第五三三至五三五頁，中華書局一九九五年版。

所有勘明公安等州縣被淹、受旱已未成灾情形請緩漕糧緣由，遵照新章開具各屬請緩漕米細數清單，謹合詞恭摺，由驛具奏，伏乞皇上聖鑒訓示。

另有旨。

勘明各州縣被淹受旱情形請分别蠲緩新舊錢糧南米摺〔一〕光緒十八年十二月初一日

竊照湖北省應徵錢漕，遇有灾傷，久經定章責成該管道府親勘稟辦。嗣准户部頒發釐剔錢糧積弊章程，内載灾區初報，即令聲明免緩銀糧數目，以除積弊等因。遵辦在案。湖北本年入夏以來，江漢水勢盛漲，低田被淹。迨交秋令，雨澤愆期，高阜之區間受乾旱。據各州縣先後稟報，均經臣等批飭該管道府親詣確勘。惟公安縣，因蛟水陡發，被淹成灾，當經臣等籌撥銀兩，委員會同地方官核實散賑，妥爲安撫，附片奏報在案。其餘各屬，均勘不成灾。兹據各該管道府覆勘加結稟由湖北布政使王之春、督糧道惲祖翼會核，酌擬分别蠲緩新舊錢糧南米等項，具詳前來。臣等覆加查核，實勘得公安縣毛一等十三里並枝六一所濱臨江河，地勢低窪，本年六月下旬大雨如注，蛟水陡發，隄垸漫潰，田廬悉被淹没，成灾八分。又東二等十九里内之六十一甲，亦因水漲隄潰，田地漬淹，迄未涸退，成灾五分。

又勘不成灾之武昌縣神一等十九里，咸甯縣一都等九都内之艾家墩等四十處，嘉魚縣宣化等四里内之十九甲並九洲内之越塘等處、九屯内之斗塘等處，漢陽縣菱角湖等八區、白釜池等十三區，漢川縣太實等三十垸畈，黄陂縣牛湖等四十九社，孝感縣務本西下等二十社内各社甲，沔陽州青泛等一百一十官垸，黄岡縣下遼等十八區、道觀河等十四區、羅霍洲等十七區，蘄水縣袁家墩等十三區、東港礄等三區、西壅洲一區，黄梅縣白湖黄連等六鎮内之胡家圩等三十八村莊、考田謝灘二鎮内之白馬寺等三村莊，廣濟縣泰東下鄉内之童司牌等三十五村莊、靈西鄉内之栗木橋等二十村莊，鍾祥縣湖鄉内之劉公菴等十三村莊、河鄉内之楊林等十一村莊，京山縣各流等十二團、高集等三十七團，潛江縣牛埠等十七垸、河汊等十八垸、馬昌等七垸，天門縣諸通等四十七垸内之一百一十甲半、杜橋下等五十一垸内之一百二十四甲、蒲湖等十六垸内之三十甲、上古下等四垸内之六甲、淖潑等三十三垸内之五十甲，應城縣蕖嘴等五團區，江陵縣築支等六十六垸、長樂等一百六垸，石首縣民旺等十六垸並一都等十四坊垸内三十六甲，監利縣梁子等八十一垸，松滋縣下八上八二都並下五等十都及一所等八所，枝江縣洌浮等十一洲垸並羊角壩洲二洲，荆門州青一等十五圖内之三汊河等六十九區，地本低窪，濱臨江漢，本年入夏後，汛水迭漲，田禾概被漫淹，收成失望，情形均屬較重。又勘得蘄水縣長家沖等二十五區，監利縣趙港等二十二垸，地處高阜，夏秋之交雨澤愆期，禾苗枯槁，受旱情形亦屬較重。

又勘得江夏縣河街等四里、金沙等十三屯、茂和等四十里、青山等九屯、頂團等二十六洲，武昌縣神四等八里，嘉魚縣净居等四里内之二十甲，漢陽縣平坊等三十區，黄陂縣甲實山等九社，孝感縣法台等十四社内各社甲，黄梅縣濯港等九鎮内之張家圩等

〔一〕録自中國第一歷史檔案館編《光緒朝硃批奏摺》第六六輯，第七三六至七四一頁，中華書局一九九五年版。

二十村莊，雖地勢稍高，而汛水盛漲，田禾被淹，涸復較遲，僅能補種菜蔬，情形均屬次重。

又勘得江夏縣三城等十九里、桃林等五十屯、長生等二十一洲，咸甯縣一都等六都內之下好礄等二十處，嘉魚縣宣化等十二里內之七十八甲及九洲九屯內歉收各處，蒲圻縣坪下等二十二團內之任家橋等一百二十四處，漢陽縣袁家河等二十六區，漢川縣十八里等七廠畈、索子等五廠畈、蓮子上等五十三垸畈，孝感縣首善等十二社、興讓等五十七社、大安等三十九社，沔陽州石家等三垸，黃岡縣上𡏟等四十三區，蘄水縣廣福寺等二十五區、黃西畈等二十一區、嚴家坳等九區，黃梅縣孔壠等二十一鎮及濯港等鎮未淹之區，廣濟縣泰東等六鄉內之新塘圍等二百五十七村莊，鍾祥縣湖鄉內之龍山觀等九十二村莊，河鄉內之歐家廟等四十三村莊，山鄉內之郢東驛等三十四村莊並麻家湖等三村莊，京山縣太陽等四團、永漋等十二團、馬頭等三團，潛江縣太平等二十七垸、彭仲等十九垸、紅外等四垸，江陵縣新登等七十二垸、王家桃坡等五垸，公安縣大一等五里內之七甲，監利縣永固等一百二十二垸，枝江縣太平等五洲垸，荆門州平四等二十九圖內之團林鋪等四十六區，或被淹涸復較早，尚可補種雜糧，或受旱爲時不久，禾稼未至全傷。惟收成究屬歉薄，情形較輕。又江夏縣崇通等屯，漢陽縣崇信坊各房屋，自遭兵燹後居民迄未復業，仍多荒蕪。

以上各州縣內有屯坐各衛軍田情形亦屬相同。臣等伏查地方遇有水旱災傷，例應勘明分數，分別賑撫，蠲緩錢漕。其勘不成災者，亦應緩徵遞展。本年湖北被淹受旱各屬，惟公安縣被水成災，業經撥款撫卹，小民不致失所，其應徵錢漕自應照例分別蠲緩。至勘不成災各屬，應徵銀米若責令照常完納，民力實有未逮，亦應按例辦理。除擬緩漕糧另摺請旨外，合無仰懇天恩俯准將成災八分之公安縣毛一等十三里並枝六一所、成災五分之東二等十九里內之六十一甲，應徵光緒十八年新賦錢糧、南糧正耗銀米，照例成災八分者，蠲免四分。成災五分者，蠲免一分。共應蠲免新賦錢糧正耗銀二千六百九十兩八分四釐、南糧正耗米六百二十三石四斗七升五合三勺，其蠲賸銀兩同例不併免，隨漕等項正耗共銀七千六十七兩五錢四分五釐、南糧正耗米一千六百一十九石五斗六升九合七勺，一併緩至光緒十九年秋後。成災八分者，分限三年帶徵。成災五分者，分限二年帶徵。原緩節年銀米等項，並請遞年展緩，分限帶徵。勘不成災被淹較重之武昌縣神一等十九里，咸甯縣一都等九都內之艾家墩等四十處，嘉魚縣宣化等四里內之十九甲並九洲內之越塘等處及九屯內之斗塘等處，漢陽縣菱角湖等八區、白釜池等十三區，漢川縣太實等三十垸畈，黃陂縣牛湖等四十九社，孝感縣務本西下等二十社內各社甲，沔陽州青泛等一百一十官垸，黃岡縣下𡏟等十八區、道觀河等十四區、羅霍洲等十七區，蘄水縣袁家墩等十三區、東港礄等三區並西壅洲一區，黃梅縣白湖黃連等六鎮內之胡家圩等三十八村莊、考田謝灘二鎮內之白馬寺等三村社，廣濟縣泰東下鄉內之童司牌等三十五村莊、靈西鄉內之粟木橋等二十村莊，鍾祥縣湖鄉內之劉公菴等十三村莊、河鄉內之楊林等十一村莊，京山縣各流等十二團、高集等三十七團，潛江縣牛埠等十七垸、河汊等十八垸、馬昌等七垸，天門縣諸通等四十七垸內之一百一十甲半、杜橋下等五十一垸內之一百二十四甲、蒲湖等十六垸內之三十甲、上古下等四垸內之六甲、淖潑等三十三垸內之五十甲，應城縣葉嘴等五團區，江陵縣築支等六十六垸、長樂等一百六垸，石首縣民旺等十六垸並一都等十四坊垸内三十六甲，監利縣梁子等八十一垸，松滋縣下八上八二都並下五等十都及一所等八所，枝江縣淛浮等十一洲垸並羊角壩洲二洲，荆門州青一等十五圖内之三汊河等六十九區，又受旱較重之蘄水縣長家沖等二十五區，監利縣趙港等二十二垸，共應徵光緒十八年新賦錢糧、屯餉、閑丁、隄費、租餉、蘆課等項正耗銀一十五萬六千六百七十兩四錢八分九釐、南糧正耗米一萬九千四百四十七石五斗六升六勺，一併緩至光緒十九年秋後，限一年帶徵。其原緩節年各項銀米，展至光緒二十年秋後遞年帶徵。又被淹次重之江夏縣河街等四里、金沙等十三屯、茂和等四十里、青山等九屯、頂團等二十六洲，武昌縣神四等八里，嘉魚縣净居等四里内之二十甲，漢陽縣平坊等三十區，黄陂縣甲寶山等九社，孝感縣法台等十四社内各社甲，黄梅縣濯港等九鎮内之張家圩等二十村莊，各應徵光緒十八年南米照常徵收外，其應徵光緒十八年新賦錢糧、蘆課、籽粒等項正耗銀一萬九千五百九十六兩七錢四分八釐，請緩至光緒十九年秋後，限一年帶徵。其原緩節年各項銀米，一併展至光緒二十年秋後遞年帶徵。又被淹受旱較輕之江夏縣三城等十九里、桃林等五十屯、長生等二十一洲，咸甯縣一都等六都内之下好礄等二十處，嘉魚縣宣化等十二里内之七十八甲及九洲九屯内歉收各處，蒲圻縣坪下等二十二團内之任家橋等一百二十四處，漢陽縣袁家河等二十六區，漢川縣十八里等七廠畈、索子等五廠畈、蓮子上等五十三垸畈，孝感縣首善等十二社、興讓等五十七社、大安等三十九社，沔陽州石家等三垸，黄岡縣上墩等四十三區，蘄水縣廣福寺等二十五區、黄西畈等二十一區、嚴家坳等九區，黄梅縣孔壠等二十一鎮及濯港等鎮未淹之區，廣濟縣泰東等六鄉内之新塘圍等二百五十七村莊，鍾祥縣湖鄉内之龍山觀等九十二村莊、河鄉内之歐家廟等四十三村莊、山鄉内之郢東驛等三十四村莊並麻家湖等三村莊，京山縣太陽等四團、永潍等十二團、馬頭等三團，潛江縣太平等二十七垸、彭仲等十九垸、紅外等四垸，江陵縣新登等七十二垸、王家桃坡等五垸，公安縣大一等五里内之七甲，監利縣永固等一百二十二垸，枝江縣太平等五洲垸，荆門州平四等二十九圖内之團林鋪等四十六區，各應徵光緒十八年新賦錢糧、蘆課、屯餉、閑丁、隄費、南米等項，照常徵收。其各原緩節年銀米、蘆課、屯餉、閑丁、隄費等項，一併緩至光緒十九年秋後遞展一年帶徵。又江夏縣崇通等屯應徵光緒十八年楚課錢糧正耗銀三百九十七兩八錢二分五釐，緩至光緒十九年秋後限一年帶徵。其原緩節年銀兩遞展一年帶徵。又漢陽縣崇信坊應徵光緒十八年門攤銀兩，請徵七分，其應緩三分正耗銀六十八兩二錢六分一釐，緩至光緒十九年秋後限一年帶徵。原緩節年銀兩遞展一年帶徵。又沔陽州尚有光緒十七年奏銷案内，民欠未完地丁正耗銀四百九十七兩九錢三釐，又黄岡縣尚有光緒十七年奏銷案内民欠未完地丁等款正耗銀三千七百四十二兩四錢三分三釐、南糧正耗米九百七石五斗六合四勺，又蘄水縣尚有光緒十六年奏銷案内民欠未完地丁正耗銀五百三十兩八錢六分三釐，均因偶遭水旱，無力完納，請一併緩至光緒十九年秋後限一年帶徵。至武昌等衛，軍田被淹受旱各請蠲緩垸區，均與屯坐各州縣民田相同。共應徵光緒十八年屯餉軍三安家、閑丁、幫津等款正耗銀三萬三千三百九十五兩四錢八分四釐，内蠲免銀二百九十九兩七錢五分，其蠲賸銀兩同例不併免之軍安等款正耗共銀三萬三千九十五兩七錢三分四釐，請緩至光緒十九年秋後分限帶徵。其原緩節年銀兩，並請遞展一年帶徵，以廣皇仁而紓民力。除飭令公安等縣衛趕造頃畝册結另行題報外，所有勘明各州縣衛被淹成災分數暨勘不成災輕重情形，分別蠲緩新舊銀米緣由，遵章開具各屬蠲緩銀米細數清單，謹合詞恭摺由驛具陳，伏乞皇上聖鑒訓示。

再，此案因恐情形不確，往返駁查以致未能依限辦理，合併陳明。

另有旨。

派員專辦沿邊緝捕事宜摺 光緒十八年十二月初七日

竊查湖北省北路沿邊各屬，如襄陽、光化、隨州、棗陽、應山等州縣，與河南鄧州、新野、唐縣、桐柏、信陽連界，素爲刀痞、會匪出没之區，號稱難治。本年六月閏六月間，襄陽、穀城、光化一帶因時疫流行，匪徒乘機嘯聚，造謡煽惑，牽涉教堂，放火燒搶。沿襄河上下數百里間，居民大爲驚擾，紛紛遷徙入城、上砦，幾釀變端。隨州各村亦有匪徒徧插小紅旗之事。當經臣等派撥勇營，馳往彈壓查拏獲犯懲辦，均經奏明在案。嗣後，又經續獲要匪數名，現正分別審辦。惟匪黨多已逃逸，出没楚豫邊界，劫掠爲患。查楚豫沿邊一帶，近年以來哥老會匪頗多。又向有燈花教匪即白蓮教之類，行蹤詭祕，飄忽靡定，與刀匪、會匪互相句煽，根株糾結，蔓延日廣。往往越境行刦，此拏彼竄，恃衆窩藏，動輒拒捕。本年入冬以來，襄陽盜案頗多，隨州復有查獲豫匪多人，執持洋槍刀械，入境圖刦之事。伏莽潛滋，實爲邊境隱憂，若不及早設法籌辦，難保不養成當日捻匪之患。且襄陽屬教堂頗多，該匪藉端生事，於交涉事體必致動生枝節。是以九月内，湖北提臣程文炳、安襄鄖荆道朱其煊與河南南陽鎮、南汝光道，約期會哨，會商聯絡查緝之法。臣等督同臬司陳寶箴詳加籌議，各州縣限於職守，究有畛域之分，必須遴派幹員專司督捕，假以事權，輔以兵力，多方偵緝，尋蹤購捕，始足以清邊境而弭亂階。查有本任興國州知州宋熙曾，老成幹練，强毅有爲，長於詰奸懲暴，熟悉沿邊情形，堪以派委總辦北路襄陽、光化、隨州、棗陽、應山五屬緝匪事務，擇要於樊城、隨州兩處輪流駐劄，仍不時往來巡查邊境，相機遏截，與豫省文武互相聯絡協助。令其選募緝勇六十名，以資驅策。邊地平衍，追截匪徒，馬隊最爲得力。並派新經移駐樊城之鳳字馬隊中營營官副將劉恩榮，督率所部，幫同該員辦理沿邊五屬緝捕事宜。兼飭駐劄襄陽一帶緝私之鳳字馬隊前後二營，一體巡邏追捕，不得株守一隅。其沿邊地方營汛及操防練軍，均准由宋熙曾隨時知照協緝，以期應手。如在何處拏獲匪徒，即會同該處地方官訊取確供，照章禀請委員覆訊，就地懲辦。並咨會河南撫臣飭知豫省沿邊各屬地方文武，兩省如有移緝追捕之事，不分畛域，一體協力圍拏。如能多獲著名會匪盜魁，再當奏請優奬，以示鼓勵。

（硃批）知道了。（欽此）

三省會哨事竣邊界静謐摺[一] 光緒十八年十二月初七日

竊照湖北鄖陽、宜昌、施南等府，界連四川、陝西兩省，山深林密，最易藏奸。向係責成鄖陽、宜昌二鎮，於每年農隙時，

[一] 録自中國第一歷史檔案館編《光緒朝硃批奏摺》第五四輯，第五一四至五一五頁，中華書局一九九五年版。

酌帶兵丁，各赴邊界地方，與四川、陝西各鎮協總兵、副將會同巡哨，年底專摺奏報。歷經遵辦在案。今屆光緒十八年會哨之際，經臣照案咨會四川、陝西兩省督撫，並分飭湖北鄖陽、宜昌二鎮總兵，各赴邊界地方，認真會哨去後。茲據湖北鄖陽鎮總兵何長清呈報，於本年十月十六日行抵陝楚交界之蓮花寺，與陝西陝安鎮總兵姚文廣見面會哨。又據署湖北宜昌鎮總兵湖廣督標中軍副將蔣澤斌呈報，於本年十月二十五日行抵川楚交界之火峰界嶺，與四川川北鎮總兵何乘鰲見面會哨。並據該鎮等聲稱，所過地方及沿邊一帶，均極静謐，並無游匪混跡等情前來。臣查湖北鄖陽、宜昌、施南等府邊界，層巒疊嶂，道路紛歧，匪徒出没靡常，禁暴詰奸不容稍懈。且時值冬防，巡緝尤當嚴密。除仍飭各該鎮暨地方文武員弁隨時督率兵役，認真巡防外，所有本年三省會哨事竣邊界静謐情形，謹會同湖北提督臣程文炳循例恭摺具奏，仰慰宸廑，伏祈皇上聖鑒。

知道了。

湖北省經制原額增添裁汰缺額兵丁馬匹戰船數目仍改題爲奏摺[一] 光緒十八年

十二月初七日

竊查前准部咨，各省經制原額調撥、裁汰安塘駐防缺額，實在兵丁、馬匹數目，應每年造册送部查核彙題，並酌定簡明册式，頒發照造等因。湖北自兵燹後，各營馬匹年額倒斃，例由朋銀買補者，因餉乾積欠未發，尚未添補足額。其額設戰船，亦均被燬無存，歷經具奏將前項數目暫請改題爲奏在案。茲據湖北布政使王之春詳稱，湖北督標、撫標、提標，鄖陽鎮、宜昌鎮，漢陽、黄州、竹山、施南各協，武昌、荆州、襄陽、鄖陽各城守，興國、德安、均光、荆門、遠安、衛昌、蘄州、安陸、宜都、荆州隄防，二十三標、鎮、協、營，自道光二十二年酌辦崇陽善後事宜，及咸豐八年酌議裁馬改步之後，舊設經制原額調撥裁汰，安塘駐防缺額兵丁二萬五百五名，營馬二千二百二十三匹，船九十七隻，内咸豐九年抽撤陸營兵丁備撥長江水師，暨同治八、九年先後裁撤漢陽、荆州水師，武昌城守，黄州協道士洑等營兵二千一百五十七名，馬二百一十八匹。又於光緒十一年奉文裁兵節餉案内裁兵二千九百二十一名，馬二百八十一匹。現在實存營兵一萬五千四百二十七名，内馬戰兵一千四百八十七名、步兵四千二百九十八名、守兵九千六百四十二名，又馬步額外外委二百四十九員，共計一萬五千六百七十六員名。騎操馬一千七百二十四匹、内經制外委馬一百三十四匹、額外外委馬一百七匹、兵丁馬一千四百八十七匹。據各該營遵照部頒册式，分晰造具光緒十八年清册，由司彙造總册，聲明年額倒斃馬匹，仍因餉乾積欠未發，尚未添補足額，以及被燬戰船應俟庫款充裕分别籌補齊全，方可循例題報，請仍照案改題爲奏等情前來。臣覆核無異，除將各册送部外，理合會同湖北巡撫臣譚繼洵、湖北提督臣程文炳恭摺具奏，伏祈皇上聖鑒。

該部知道。

[一] 以下二件録自中國第一歷史檔案館編《光緒朝硃批奏摺》第三四輯，第三五一至三五三頁，中華書局一九九五年版。

防營更換管帶銜名移劄地方片 光緒十八年十二月初七日

再，前准兵部咨，光緒十五年十月二十八日奉上諭：各省防營如有更換管帶員弁，或移劄他處，著隨時奏聞。等因。欽此。歷經欽遵辦理在案。茲據統帶升字中、左兩營儘先補用副將常遠藻呈報，該軍左營管帶記名總兵魏大全在營病故，所遺左營，駐劄漢鎮，巡緝彈壓最關緊要，經臣飭委補用遊擊朱鎮鳴接帶。又管帶鳳字馬隊前營叅將丁季陞，委署荆門營遊擊，所遺馬隊前營分駐襄樊光化一帶，堵緝北私，當經臣飭委湖北撫標左營儘先補用叅將陳金元接帶。又管帶鳳字中營副將劉恩榮，駐劄應山、孝感一帶緝私，現因襄樊邊界匪蹤未净，兵力單薄，飭令督率所部移駐樊城，所遺緝私地段飭派督標操防營幫辦遊擊歐陽榮章管帶練軍二百名，並令提督宋德鴻派撥鴻字左營勇丁一百名，前往填劄。合前派鴻字營副將洪貞祥勇丁兩哨，共成步隊五百名，以符向來緝私鼎字副營一營人數。又宜昌水師健捷副營，前因宜昌鎮總兵羅縉紳係由該營管帶簡放宜昌鎮，是以仍委該鎮兼帶。今該鎮病故，水陸不易兼顧，所遺水師自應另行遴員管帶，以專責成。查有前漢陽協副將樊國泰，水師宿將，前曾管帶此營駐防宜昌有年，熟悉峽江情形，堪以委充管帶。又管帶荆州水師義順營記名提督王得勝，調省差委。所遺水師，查有記名總兵朱逵陸堪以飭委接帶。至水師營名紛歧，殊覺淆雜不便考核，現將水師健捷副營，改名爲荆江水師前營，水師義順營改名爲荆江水師後營，以符名實而昭汛守。又蒲圻羊樓峒等處爲茶莊商賈輻輳要地，歷經派撥鴻字營勇駐劄彈壓。現届冬防，因該營向有應派省城外巡防事務，將該營兩哨勇丁調回省城。所遺羊樓峒地段，即飭管帶撫標操防營叅將璞玉派弁管帶練軍一百名前往填劄。又本年秋間湖南臨湘會匪滋事，調派鴻字營勇前往通城邊界扼劄，現調回省操練。所遺通城地段，飭署武昌城守營叅將劉清望派弁帶領練軍五十名前往填劄。以上所派出防練軍，均定爲每半年換防一次，届期由各該營照數另派前往，更替回省操練。既以均其勞逸，兼可漸化緑營疲惰積習。所有防營更換管帶銜名移劄地方緣由，謹會同湖北巡撫臣譚繼洵附片具奏，伏祈聖鑒。

兵部知道。

提督巡閱上江片[一] 光緒十八年十二月初七日

再，長江水師定章，提督以半年駐下江，半年駐上江，周歷巡閱，歷經奏報在案。本年十月二十五日，長江提臣黄翼升行抵湖北，巡閱水師營伍，考察官兵勤惰，與臣面商一切。即於十一月初一日由湖北上駛察閱湖南岳州鎮標各營，逐一簡校，事畢仍沿江東下，依次校閱。所有提督巡閱上江緣由，謹會同長江水師提督臣黄翼升附片具陳，伏祈聖鑒。

知道了。

[一] 録自中國第一歷史檔案館編《光緒朝硃批奏摺》第五二輯，第六七八頁，中華書局一九九五年版。

掃解本年加放俸餉銀兩摺[一] 光緒十八年十二月初七日

竊照前准户部咨，湖北省應解西征洋款改爲加放俸餉一款，仍令遵照奏案，自光緒十五年起每年應解銀二十萬兩，按年解部，以濟俸餉要需等因。光緒十四年十一月二十四日具奏。奉旨：依議。欽此。咨行欽遵辦理。查光緒十五年分應解前項加放俸餉，業經改解雲南銅本銀十二萬兩，解部交納銀八萬兩。十六年分，如數截留煉鐵經費。十七年分，又奉截留續撥煉鐵經費銀十萬兩，解部交納銀十萬兩，均經奏報在案。兹據湖北布政使王之春會同善後局司道詳稱，籌撥本年應解加放俸餉銀二十萬兩，飭委補用知縣劉肇墀、周穀生管解赴京交納。所有本年應解加放俸餉銀兩，現已掃解清款等情，詳請奏咨前來。臣覆核無異，除給咨管解外，謹會同湖北巡撫臣譚繼洵恭摺具陳，伏祈皇上聖鑒。

户部知道。

湖北第十二案善後收支款目造册報銷摺 光緒十八年十二月初九日

竊據委辦湖北善後局報銷事務，湖北布政使王之春、鹽法武昌道瞿廷韶、署漢黄德道候補道恭釗、候補道陳汝蕃詳稱，案照前奉諭旨：同治三年六月以前，各處辦理軍務未經報銷之案，准將收支款目總數，分年分起開具簡明清單，奏明存案，免其造册報銷。其自本年七月起，一應軍需凡有例可循者，務當遵例支發，力求撙節。其例所不及，有應酌量變通者，亦須先行奏咨備案。事竣之日，一體造册報銷。並令將應如何分年分起核實開報之處，先行妥議章程具奏。等因。欽此。業將咸豐八年六月起至同治三年六月底止，收支款目總數，分作三起，開具清單。續將同治三年七月起至光緒五年閏三月底歸併善後之日止，收支各款，分作十一案。並將光緒五年四月起至十五年十二月底止，作爲善後第一案至第十一案。造具細册，分别開報，均經先後具詳請奏，奉部覆准在案。兹復督飭局員，詳細句稽，所有十六年正月起至十二月底止，作爲善後第十二案報銷善後局舊管存銀，新收藩庫鹽道撥解庫款，淮鹽鄂釐，宜昌、應竹各鹽課，關税、釐金等項銀錢，並湖北督銷淮鹽局撥解鼎字副營薪糧各款，共銀二百二十八萬七千四百五十四兩四錢九分二釐六毫零九忽九微八纖。内撥解京餉協餉共銀一百六十一萬二千一百四十兩零五錢七分零八毫九絲六忽六微，應支各營官弁兵勇薪費、口糧、馬乾並問津輪船月需薪工、洋煤等款共銀四十六萬四千四百零九兩一錢零七釐六毫九絲四忽八微，又支給各營礮船修費銀三千一百九十二兩，更换篷索銀一千九百六十二兩，峽江救生紅船舵工、水手月餉等項銀五千八百六十一兩二錢四分六釐二毫零八忽，小修經費銀二百零九兩五錢二分三釐八毫零九忽，甘肅新餉支給匯費銀五千六百兩，購辦外洋軍火價值銀三萬三千一百一十七兩九錢一分五釐九毫零四忽三微，委員盤費銀二十三兩五錢五分六釐，運送水脚銀一千零七十兩零五錢一分一釐四毫八絲，添製礮船、藥鉛、軍火、鍋帳、器械等件用過工料銀三萬零五百七十兩零四錢八分二釐四毫九絲三忽四微，水路運送留防各營軍火支給委員盤費銀五十六兩

[一] 以下二件録自中國第一歷史檔案館編《光緒朝硃批奏摺》第八七輯，第三六三至三六六頁，中華書局一九九五年版。

三錢一分六釐，船户水脚等銀七十一兩六錢零五釐三毫九絲九忽四微。以上各款，通共支銀二百一十五萬八千二百八十四兩八錢三分五釐八毫八絲五忽五微，除撥解京餉共銀一十四萬八千四百一十九兩九錢六分零二毫六絲二忽六微，撥解甘肅等省協餉共銀一百四十六萬三千七百二十兩零六錢一分零六毫三絲四忽，業經詳請分咨，受協各省自行入收造報外，實請銷銀五十四萬六千一百四十四兩二錢六分四釐九毫八絲八忽九微。查前項支用銀兩俱係實用實銷，並無浮冒，應請准銷。此案報銷共收銀二百二十八萬七千四百五十四兩四錢九分二釐六毫零九忽九微八纖，共支銀二百一十五萬八千二百八十四兩八錢三分五釐八毫八絲五忽五微，尚存銀一十二萬九千一百六十九兩六錢五分六釐七毫二絲四忽四微八纖，應歸入下次第十三案入收彙報。除兵勇花名清册另行詳咨外，繕賫收支總散各册並繪具水路轉運圖説，詳請奏銷前來。臣等覆加查核，俱係實用實銷，並無冒濫。除將各册並圖説分送部科查照外，謹合詞恭摺具奏，伏祈皇上聖鑒，敕部核銷施行。

該部議奏。

請准以惲祖翼調補道員摺[一]

光緒十八年十二月初九日

竊照湖北漢黄德道孔慶輔，於光緒十八年十一月初七日病故，當經臣等附片奏報，並聲明所遺員缺，係繁疲難三項要缺，例應由外調補，容俟揀員另請補授在案。查漢黄德道一缺，兼管江漢關監督及各國通商事務，駐劄漢口，責重事繁，非通達治體熟悉情形之員，難期勝任。臣等在於現任實缺道員中逐加遴選。查有湖北督糧道惲祖翼，年五十五歲，江蘇陽湖縣人，由監生中式，同治三年甲子科補行戊午科江南鄉試舉人，充實録館謄録。書成議叙，奉旨以知縣分省題補。九年在安徽籌餉出力，奉旨賞加同知銜。是年報捐郎中候選，十一年加捐知府，指分湖北試用，辦理江蘇海運出力，奉旨，俟得缺後以道員補用。光緒元年報捐離任，以道員留於湖北補用。到省一年期滿，奏請以繁缺道員補用，歷經委辦軍需、善後、牙釐各局事務，先後經吏部奏准，加十五級，紀録五次。復經辦理江蘇海運出力，奉旨賞加三品銜。辦理西征轉運出力，奉旨賞加二品頂戴。七年九月委署湖北鹽法武昌道篆務。十年四月丁父憂，十二年八月服闋起復回省，十三年七月復委署湖北鹽法武昌道篆務，辦理蘇皖賑捐出力，奉旨賞戴花翎。十五年十二月奏補湖北督糧道缺，十六年二月十二日到任。籌解西餉出力，奉旨賞給二品封典。十二月委署湖北按察使篆務，十七年六月在京銅局捐免試俸歷俸，經户部核准給照。十月交卸臬篆，仍回糧道本任。十八年二月由臣之洞電奏，奉旨派赴湖南省城查辦交涉事件，會同湖南臬司查明案情，詳復奏結。該員器識閎遠，明決有爲。仕鄂多年，情形最熟。委辦中外交涉事務，緩急輕重深協機宜，以之調補斯缺，洵堪勝任。該員歷俸未滿，業於十七年六月遵例捐免試俸歷俸，經户部核准，係屬報捐在先，出缺在後，與例亦屬相符。合無仰懇天恩俯念員缺緊要，准以湖北督糧道惲祖翼調補漢黄德道員缺兼管江漢關監督，實於吏治榷税均有裨益。該員係現任道員請調道缺，銜缺相當，毋庸送部引

[一] 録自中國第一歷史檔案館編《光緒朝硃批奏摺》第八輯，第五四五至五四六頁，中華書局一九九五年版。

見。如蒙俞允，所遺湖北督糧道缺，查照定章，不在兩留一咨之列，應請歸部銓選。所有揀員調補道員要缺緣由，臣等謹合詞恭摺具陳，伏祈皇上聖鑒。

吏部議奏。

在籍藩司捐産贍族請敕部給奬摺〔一〕

光緒十八年十二月初九日

竊據湖北布政使王之春詳，據黄州府知府高蔚光轉據黄岡縣知縣楊壽昌詳，據在籍二品銜前任山東布政使王毓藻呈稱，竊毓藻世居黄岡縣中和鄉，故祖父正二品封職貢生志釙，生前隱居適志，樂善好施，生子四人，胞叔楚城、家溶、登瀛，與故父正二品封職賓城，孝友雍穆，素慕宋賢范仲淹捐田贍族之遺風，艱苦刻勵，力不從心，僅存銀八百餘兩，爲創置公産之漸。毓藻倖獲通籍，由禮部郎中外用道員，洊歷藩司，積十有二載廉俸，所入得以仰承先志，捐民田四百五十餘畝，每歲收租穀一千餘石。現復購定基址，建造義莊，擇人經理。通計置田立莊等項連前存銀八百餘兩，共用銀一萬二千一百五十餘兩。所收租息，除完納丁漕外，凡族中貧苦孤寡人等，養育、喪葬及子弟讀書各費，著明條款，隨時佽助，以敦本而恤宗，期永久而勿替等情，造具義莊規條、田畝分數清册，取具族鄰甘結，由該府縣詳司請□前來。

臣等查，前任山東布政使王毓藻，克承先志，捐田贍族，創建義莊共銀一萬二千餘兩，實屬敦睦可風，例得仰邀旌賞。惟係二品大員，與尋常士民不同，可否仰懇天恩俯准援照浙江前任湖北布政使王大經捐産贍族成案，敕部核議給奬，以昭激勸之處，出自鴻慈。除册結送部外，謹會同湖北學政臣孔祥霖合詞恭摺具陳，伏乞皇上聖鑒訓示。

禮部議奏。

籌解光緒十九年第一批甘肅新餉摺〔二〕

光緒十八年十二月初九日

竊照承准軍機大臣字寄，光緒十八年八月初六日奉上諭：户部奏籌撥甘肅新餉一摺。甘肅關内外各軍餉銀關繫緊要，現經該部將光緒十九年新餉指撥湖北省銀三十三萬兩。著該督撫等嚴飭司道按照部撥數目，於本年十二月底止趕解三成，至來年四月底止再解三成，其餘四成統限九月底止掃數解清。等因。欽此。當經恭録轉飭欽遵辦理。兹據湖北布政使王之春會同善後局司道詳稱，在於鹽釐貨釐項下籌措銀十萬兩，作爲豫撥光緒十九年第一批甘肅新餉，於本年十二月初七日發交漢口天成亨商號匯解赴甘肅藩庫交收等情，詳請具奏前來。臣覆核無異，除分咨查照外，謹會同湖北巡撫臣譚繼洵恭摺具陳，伏祈皇上聖鑒。

户部知道。

〔一〕 録自中國第一歷史檔案館編《光緒朝硃批奏摺》第二八輯，第四二〇至四二一頁，中華書局一九九五年版。

〔二〕 以下四件録自中國第一歷史檔案館編《光緒朝硃批奏摺》第五九輯，第四九九至五〇二頁，中華書局一九九五年版。

湖北各營損失軍械尚未補足仍請展緩題報摺光緒十八年十二月初九日

竊照湖北各標鎮協營軍火、器械、戰船、馬匹等項，例應每年十月委員盤查，造具册結，於封印前具題。惟自軍興以來，武漢等府前次屢被賊擾，各營軍械燬失居多。即未被擾之處，先後征調出師，遺失損壞，所存無幾。已責成各營於補領積欠俸餉內，督飭該兵丁自行陸續賠補。曾經奏明俟各營補足原額，再行循例具題在案。茲查各營軍械燬失動缺者甚多，尚未能補足，祇以鄂省近年協濟外省軍餉需用浩繁，庫款極形支絀，而緑營積欠俸餉又准部咨停給，以致原失軍械難以補製齊全。現屆光緒十八年盤查具題之期，經臣委員逐一查驗，現存軍械尚屬堅利合用。其未經補製各件，應俟庫款充裕，補發欠餉，添製齊全，再行循例造册具題，以昭核實。據湖北布政使王之春詳請具奏前來。臣覆核無異，除咨部外，謹會同湖北巡撫臣譚繼洵、湖北提督臣程文炳恭摺具陳，伏祈皇上聖鑒。

兵部知道。

協解廣西邊軍餉銀片光緒十八年十二月初九日

再，前准户部咨，議覆廣西巡撫李秉衡奏邊防各營請撥的餉案内，令湖北省自光緒十三年起，按月協解廣西邊軍餉銀一萬兩。業於光緒十三年分籌解銀二萬兩。嗣因湖北庫款支絀，力難續籌，咨准户部核復，議令將調直武毅二營裁撤騰出餉糈約銀七萬餘兩，籌解廣西軍餉。並經北洋大臣李鴻章奏准，自光緒十四年起，武毅二營由直籌餉。旋於十四年分匯撥劃解，計共解銀十萬三千八百六十六兩零。十五年分匯撥劃解，計共解銀七萬一千一百五十三兩零。十六年分匯撥劃解銀八萬一千七百一十一兩零，又籌解廣東墊付鎮南關礮費劃抵協餉銀一萬兩，計共解銀九萬一千七百一十一兩零。十七年分匯解銀七萬兩，又解鎮南關礮費劃抵協餉銀一萬兩，計共解銀八萬兩。本年已解過銀五萬兩，均經附片奏報在案。茲據湖北布政使王之春會同善後局司道詳稱，現復籌撥銀二萬兩，查照廣西來文，較準法馬，發交百川通商號匯赴廣西交收等情，詳請奏咨前來。臣覆核無異，除分咨外，謹會同湖北巡撫臣譚繼洵附片具陳，伏祈聖鑒。

户部知道。

籌解協滇月餉片光緒十八年十二月初九日

再，前准户部咨，議令四川省協滇月餉，自光緒十五年起，每月協解銀二萬三千兩，下賸銀七千兩，改撥湖北按月協解。光緒十五年二月二十一日具奏。奉旨：依議。欽此。咨行欽遵辦理。查前項改撥協滇月餉，業於光緒十五、十六、十七等年分，籌解銀十八萬兩，本年已解過銀七萬兩，均經附片奏明在案。茲據湖北布政使王之春會同善後局司道詳稱，現復籌撥長沙平銀一萬四千兩，發交雲南催餉委員知縣吴本義，轉發百川通商號領匯赴滇等情，詳請奏咨前來。臣覆核無異，除分咨外，謹會同湖北巡撫臣譚繼洵附片具陳，伏祈聖鑒。

户部知道。

掃解本年北洋海軍經費片〔一〕　光緒十八年十二月初九日

再，前承准海軍衙門咨，光緒十八年分北洋海軍經費應撥湖北釐金銀三十萬兩，按八成分批徑解北洋兑收等因。查湖北省釐金項下，原撥南北洋海防經費銀三十萬兩。光緒六年三月經北洋大臣奏准按八成分解，每年共應解銀二十四萬兩。本年已解過銀十八萬兩，附片奏報在案。茲據湖北善後局司道詳報，籌撥庫平銀六萬兩，於十二月初八日解交湖北淮軍收支轉運局兑收，轉解北洋，以應要需。所有本年奉撥北洋海軍經費銀二十四萬兩，業已照數解清等情，詳請奏咨前來。臣覆核無異，除分咨外，謹會同湖北巡撫臣譚繼洵附片具陳，伏祈聖鑒。

該衙門知道。

請獎勵催科勤奮之員摺〔二〕　光緒十八年十二月初九日

竊照錢漕乃維正之供，催科爲有司專責。鄂省頻年奉提京餉及撥協各省餉項，全賴地丁等款徵解踴躍，藉資挹注。是州縣催徵之勤惰，實關餉需之贏縮。其有先期完解之員，歷經奏准奬叙在案。茲據湖北布政使王之春、督糧道惲祖翼詳稱，查黄安縣額徵光緒十七年司庫地丁等款錢糧，除坐支外，實應解銀一萬六千八百三十一兩九錢四分五釐。又應解道庫漕南正耗米折等款，共銀四千二百九十三兩二錢二分一釐，均於年内掃數全完，請奏奬前來。臣等查該縣額徵各款錢糧銀兩合計在二萬兩以上，均於年内掃數全完，洵屬催科勤奮，自應專案請奬。仰懇天恩俯准將現任黄安縣知縣陶大夏，照例給予紀録三次，以示鼓勵而資觀感。謹合詞恭摺具陳，伏乞皇上聖鑒。

吏部知道。

密陳兩湖文武各員考語摺〔三〕　光緒十八年十二月二十七日

竊查定例，兩司道府賢否，及提鎮各員能否勝任，俱應於年底密奏一次，歷經辦理在案。臣渥蒙恩命，奉職湖廣，於兩省司道各府暨提鎮各員，其才守器識，人品官聲，隨時留心察看。或考其所論之事是否可見施行，察其所薦之人是否堪供任用。考核一秉至公，不敢稍涉含混偏倚。凡道府之治行可稱，及鎮將之有礙軍政者，均已隨時分別舉劾。茲屆年底應行陳奏之期，除湖北漢黄德道孔慶輔病故出缺，荆宜施道周懋琦到任未及三月，湖北宜昌鎮總兵傅廷臣、湖南永州鎮總兵賈起勝、湖南沅州府知府松增均未到任，俱毋庸列入清單外，其餘在任文武各官，謹就臣見聞所及，分別出具切實考語，密繕清單，恭呈御覽。臣仍當隨時認真考核，如有初終異轍，名實不符者，自當據實奏陳，以仰副聖主澄叙官方整飭武備之至意。所有密陳兩湖文武各員切實考語

〔一〕録自中國第一歷史檔案館編《光緒朝硃批奏摺》第六五輯，第二一一頁，中華書局一九九五年版。

〔二〕録自中國第一歷史檔案館編《光緒朝硃批奏摺》第六六輯，第七四四至七四五頁，中華書局一九九五年版。

〔三〕録自中國第一歷史檔案館編《光緒朝硃批奏摺》第八輯，第六一九頁，中華書局一九九五年版。

緣由，理合恭摺具陳，伏祈皇上聖鑒。

知道了。單二件、片一件留中。

湖北省徵收土藥稅項第二届一年期滿截數開報摺〔一〕 光緒十八年十二月二十七日

竊照光緒十六年四月，欽奉諭旨整頓土藥稅項，當經臣等籌定新章，飭委鎮道大員在於宜昌府設立總局，並南、北兩路及襄鄖一帶，擇要添設分卡，招募勇丁分途堵緝稽徵，辦有成效。已將試辦一年期滿徵收支解各款，分別截數奏報在案。茲據總辦湖北土藥稅務試用道趙濱彦申報，自光緒十七年八月初一日起至十八年閏六月底止，計十二箇月第二届一年期滿，共徵收土藥正耗稅庫平銀三十一萬六百五十八兩五錢七分五釐三毫。除開支一成半局用銀四萬六千五百九十八兩七錢八分六釐三毫，又除統帶公費及勇丁口糧等銀二萬四千七百九十一兩四分，又除撥解槍礮局經費銀二十萬兩外，實存司庫銀三萬九千二百六十八兩七錢四分九釐。惟查上年七月内曾准户部咨，南北海等處工程欠發銀兩，請由海軍經費項下分次借撥。即由解部之土藥稅釐内提還，由各省徑行批解海軍衙門兑收。嗣准户部電開，應將十六年分所存司庫土藥銀四萬六千六百五兩八錢一分四釐七毫，應劃解户部一半，其餘一半徑解海軍衙門等因。並准户部咨同前由。當經飭司分別劃解在案。

茲查此次土藥稅銀，係光緒十七年八月起至十八年閏六月止所存之項。既無十六年之款，自應遵照前准部咨全數解交海軍衙門兑收。查本届收數與上届相仿，大半皆係上年秋冬間所收。自上年冬臘間，川省於涪州、萬縣等處增設局卡，加收川土出口稅銀二十兩，以致商販趨避。水路則多挂洋旂，陸路則北繞陝省，南繞湘省苗疆。今年入春以來，收數日減。下届斷不能收至此數，合併聲明等情，由湖北布政使王之春具詳請奏前來。臣等覆核無異，謹合詞恭摺具陳，伏祈皇上聖鑒。

該衙門知道。

江漢關籌解淮軍月餉摺〔二〕 光緒十八年十二月二十七日

竊前准户部咨，議覆直隸督臣李鴻章奏淮軍月餉支絀，請將江漢關應解額款於四六成洋稅項下通融匀撥案内，議令江漢關應解淮餉，如六成洋稅無款，即在四成洋稅及五成二釐招商局稅内按數提解等因。奉旨：依議。欽此。咨行欽遵辦理。查江漢關奉撥直隸總督臣李鴻章淮軍月餉，四成洋稅銀二萬兩、六成洋稅銀三萬兩，均解至光緒十八年八月分止，隨時附片奏報在案。茲應解光緒十八年九月分四六成淮餉，即在第一百二十九結所徵四成洋稅項下動支庫平銀二萬兩，並在是結所徵六成洋稅項下動支庫平銀三萬兩，作爲直隸督臣李鴻章及提督劉盛休所部淮軍月餉，委解湖北淮軍收支轉運局交收轉解。所有欠解四六成淮餉銀兩，容俟徵收有項，再行補解。據署湖北漢黄德道監督江漢關稅務恭

〔一〕録自中國第一歷史檔案館編《光緒朝硃批奏摺》第七七輯，第五四八至五四九頁，中華書局一九九五年版。

〔二〕以下三件録自中國第一歷史檔案館編《光緒朝硃批奏摺》第五九輯，第五二九至五三一頁，中華書局一九九五年版。

剳詳請奏咨前來。臣覆核無異，除分咨外，謹會同湖北巡撫臣譚繼洵恭摺具陳，伏祈皇上聖鑒。

户部知道。

籌解貴州協餉片 光緒十八年十二月二十七日

再，貴州協餉，湖北省欠解銀十五萬八千兩。自光緒十三年起至十七年止，陸續解過銀九萬二千兩，本年又解銀一萬兩，均經附片奏報在案。茲據湖北善後局司道詳稱，現復勉力籌撥長沙平銀一萬兩，發交百川通商號領匯赴黔，以應要需等情，詳請奏咨前來。臣覆核無異，除分咨外，謹會同湖北巡撫臣譚繼洵附片具陳，伏祈聖鑒。

户部知道。

籌解協滇餉銀片 光緒十八年十二月二十七日

再，前准户部咨，議覆四川總督劉秉璋奏滇省新舊協餉無力解足案内，令川省月協滇餉銀二萬三千兩，自光緒十五年九月起，每月減去銀五千兩，改由湖北在於鹽貨等釐及司庫各款内，按月協解銀三千兩，江漢關六成洋税項下按月協解銀二千兩。如六成洋税無款，應准在四成洋税項下湊解等因。查前項應協滇省餉銀，司局業經解至光緒十八年八月分止，江漢關解至九月分止，附片奏報在案。茲據湖北布政使王之春會同善後局司道暨署湖北漢黄德道監督江漢關税務恭釗詳稱，現於司庫減平項下動撥長沙平銀六千兩，善後局款内動撥長沙平銀六千兩，作爲光緒十八年九月起至十二月止，計四箇月協滇餉銀。江漢關在第一百二十九結所徵六成洋税項内動支庫平足色銀六千兩，作爲光緒十八年十月起至十二月止，計三箇月協滇餉銀。均發交雲南催餉委員知縣吴本義領匯赴滇等情，詳請奏咨前來。臣覆核無異，除分咨外，謹會同湖北巡撫臣譚繼洵附片具陳，伏祈聖鑒。

户部知道。

江漢關籌解出使經費銀兩片〔一〕 光緒十八年十二月二十七日

再，據署湖北漢黄德道監督江漢關税務恭釗詳稱，查江漢關第一百二十八結提存出使經費銀兩，業經委解江海關驗收，詳請奏咨在案。茲查第一百二十九結所徵洋商進出口正税六成銀兩，除開支税務司並關用經費及傾鎔折耗外，實存銀五萬五千九百八十六兩六錢三分四釐。按十成計算，應提一成五釐出使經費銀八千三百九十七兩九錢九分五釐。又收招商局輪船出口正税四成八釐銀兩，除開支傾鎔折耗外，實存銀三萬七千五百十七兩二錢零四釐。按十成計算，應提一成五釐出使經費銀五千六百二十七兩五錢八分一釐。遵照户部核覆，每萬兩扣給解費銀二百兩，即在所提出使經費内扣給委員解費銀二百八十兩零五錢一分一釐，計實解銀一萬三千七百四十五兩零六分五釐，飭委補用知縣鄭夢庚解赴江海關驗收等情，詳請奏咨前來。臣覆核無異，除分咨外，謹會同南洋通商大臣兩江總督臣劉坤一、湖北巡撫臣譚繼洵附片

〔一〕録自中國第一歷史檔案館編《光緒朝硃批奏摺》第七二輯，第八一六至八一七頁，中華書局一九九五年版。

具陳，伏祈聖鑒。

該衙門知道。

掃解本年關東鐵路經費銀兩片[一] 光緒十八年十二月二十七日

再，光緒十六年准户部咨，奏撥鐵路經費案内，令湖北省按年攤籌銀五萬兩。當經行據司道籌議，擬在藩司、善後局無論何款，按年各籌挪銀二萬兩，江漢關籌挪銀一萬兩，共湊銀五萬兩。至如何騰挪之處，實未能指定專款，惟有臨時酌量緩急辦理等情，詳經臣咨呈海軍衙門並咨報户部。旋承准海軍衙門咨，鄂省籌辦煤鐵事宜，令將自行籌出，咨明留用銀五萬兩，撥鄂應用。十七年四月間，又准户部咨，湖北每年籌撥鐵路經費銀五萬兩，除十六年指撥之款全數截留外，應自光緒十七年起遵照諭旨，移作關東鐵路專款。並准北洋大臣李鴻章暨承准海軍衙門咨，徑解天津兑收各等因。所有光緒十七年分應解關東鐵路經費銀五萬兩，業經籌撥匯解。本年已在藩庫地丁項下撥銀二萬兩、江漢關六成洋税項下撥銀一萬兩，共解銀三萬兩，附片奏報在案。兹據湖北布政使王之春、善後局司道會詳稱，本年善後局應行籌解關東鐵路經費銀兩，因餉項異常支絀，無款可以湊撥。現經設法挪墊，湊成庫平銀二萬兩，於本年十二月十一日交百川通商號匯赴天津交收。所有光緒十八年分，湖北應解關東鐵路經費銀兩，現已解清等情，詳請奏咨前來。臣覆核無異，除分咨外，謹會同湖北巡撫臣譚繼洵附片具陳，伏祈聖鑒。

該衙門知道。

江漢關撥借嘉峪關經費片 光緒十八年十二月二十七日

再，前准户部咨，會議陝甘總督譚鍾麟奏，嘉峪關經費仍照前議數目，准其開支。由江漢關洋税項下，自光緒十一年爲始，每年撥借銀一萬二千兩，按結造册報銷。俟一年後，該關收數如果暢旺，即由該關税銀内動支。其撥借江漢關税銀，亦即由該關歸還，各清各款。又准户部咨，議覆陝甘總督譚鍾麟奏，嘉峪關税務難期暢旺，所需經費，實力裁減，從光緒十三年正月起，每年實借撥江漢關銀九千兩，以資急用各等因。所有江漢關撥借嘉峪關光緒十一、十二兩年分每年前項經費銀一萬二千兩，又十三、十四、十五、十六、十七等年，每年改撥銀九千兩，均已發交各該商號承兑運甘應用，附片奏報在案。嗣據甘肅安肅道嘉峪關監督易孔昭詳，光緒十八年分，撥借經費銀九千兩，自應仍照成案辦法，出具印領，由協同慶商號承運來甘，以濟要需。當經轉飭遵照去後。兹據署湖北漢黄德道監督江漢關税務恭釗詳稱，據協同慶商號呈送嘉峪關印領，即在第一百二十九結所徵六成洋税項下，動支庫平庫色銀九千兩，於光緒十八年十二月初十日發交該商號具領兑甘應用等情，詳請奏咨前來。臣覆核無異，除分咨外，謹會同湖北巡撫臣譚繼洵附片具陳，伏祈聖鑒。

該衙門知道。

[一] 以下二件録自中國第一歷史檔案館編《光緒朝硃批奏摺》第八七輯，第三七四至三七六頁，中華書局一九九五年版。

辦結宜昌教案摺光緒十（七）［八］年十二月二十七日

竊［照］光緒十七年七月二十九日據署宜昌府知府（逢閏）［逢潤］古、署東湖縣知縣許之璡電稟，本日早間，宜昌府城外地方有因尋幼孩焚毀天主教堂之事。當經臣電飭該府縣等確查啓釁詳細情形，迅將爲首滋事之人拏獲稟辦。並派委荆宜施道方恭釗、候補知府裕庚馳往宜昌會督府縣切實查辦去後。

嗣據該道府縣印委各員會稟稱，查明教堂洋房被焚情形，疊經會督營汛分途查拏，先後拏獲滋事各犯朱發金、趙宗雅、汪望、王德娃子、李宗義、楊長生、何燮臣、余五豹子、高正洪、黄順榮、易白、熊宏發等十二名，督同逐一研訊。此案實因法國聖母堂誤收民人游姓被拐幼孩啓釁，懷疑蓄憤，烏合打鬧，失火延燒。其時游姓（聞）［問］知失孩係在教堂，赴堂詢問。當經教士令其識認領回。並經該府縣向堂中查出收養幼孩及婦媪六十五名，内瞽目者三名眼珠仍在，瞽一目者一名，皆係原來因病成瞽，均係其父母自願送養，實無一挖去目睛、（戕）［傷］殘形體之事。據朱發金供認，光緒十七年七月二十九日，路過聖母堂，見衆人吵嚷，（聞）［問］係游姓失去幼孩在聖母堂尋出。因平日誤信訛傳洋人有殘害幼孩之説，又因見有瞽目小孩數人，懷疑逞憤，不服彈壓，同衆打鬧聖公會新造房屋，並先至聖母堂同衆上樓亂打，一時人多擁擠，不知因何起火，想係翻倒洋油引然所致。又至天主堂堂屋廚房打鬧，致竈内火起，延燒聖母天主各堂。趙宗雅供，打毁聖公會聖母堂器物，並搶取銀兩。汪望供，打毁聖公會聖母堂、郭洋人花園窗户、器物。王德娃子供，打（毁）［壞］聖母堂器物、洋醫生屋内藥瓶。李宗義、楊長生供，打（毁）［壞］天主堂及洋花園物件。何燮臣供，打壞聖母堂器物，並向知縣出言頂撞。余五豹子、高正洪、黄順榮各供，打壞聖母堂及洋房器具、樹木。易白、熊宏發各供，碰壞聖母堂門窗。並據各犯供，平素均不相識，實係一時烏合，各自打鬧，並無爲首之人豫謀糾約情事。教堂被焚，實因打鬧失火延燒，並非有心放火各等供。反覆研鞫，堅執不移，案無遁飾，應即擬結。

查例載，凶惡棍徒屢次生事行凶，無故擾害良人者，發極邊足四千里安置。凡係一時、一事實在情凶勢惡者，亦照例擬發。又，律載，白晝搶奪人財物者，杖一百、徒三年。若因失火而［乘時］搶奪人財物者，罪亦如之。又故意毁人器物者，計所毁之物即爲贓，准竊盜論，免刺，罪止杖一百、流三千里。又，竊盜贓一百兩，杖一百、流二千里。一百二十兩，杖一百、流三千里。又，名例載，斷罪無正條，援引他律比附。又，違制者，杖一百。又，不應爲而爲，事理重者，杖八十各等語。此案朱發金因游姓失孩尋覓，誤信訛傳，懷疑逞憤，不服彈壓。同衆打鬧聖公會聖母堂，以致人多擁擠，翻倒洋油引然起火。並打鬧天主堂，以致竈内火起延燒聖母天主各堂。（審）［究］明並無豫謀圖財情事，亦非挾仇有心放火。惟該犯逞凶肆鬧，經地方官彈壓，猶敢不服，實屬生事擾害，未便稍涉輕縱。應照凶惡棍徒生事行凶，無故擾害良人，發極邊足四千里安置例，擬發極邊充軍。趙宗雅，打毁教堂器物並搶取銀四十六兩有奇，除搶奪計贓擬徒輕罪不議外，計毁壞器物估贓已在一百二十兩以上，應照故意毁人器物計，所毁之物即爲贓，准竊盜論，竊盜贓一百二十兩，杖一百、流三千里律，擬杖一百、流三千里，免刺。汪望，打毁教堂洋房三處器物，計贓已及百兩，亦應照毀人器物准竊盜論，竊盜贓一百兩，杖一百、流二千里律，擬杖一百、流二千里，免刺。各解配折責安置。王德娃子、李宗義、楊長生、何燮臣、余五豹子、高正洪、黄順榮七犯，各隨衆打鬧，不服約束，致壞洋房什物，計贓無幾，應照違制律，均擬杖一百。王德娃子、李宗義、楊長生各係打鬧二處，何燮臣不服彈壓，情節較重，應從重［各加］枷號一箇月。易白、熊宏發二犯僅碰壞窗户玻璃，情節較輕，應照不應重律，［均］擬杖八十，分别折責滿日發落，無干省釋等情，由湖北按察使陳寶箴覆核議擬，具詳前來。

臣覆加（察）［查］核，［所擬］均屬允協，應即照詳分别辦理。至法、英、美各國教堂洋房被焚，所失器具、什物，或係領事，或紳商，或醫士，均屬無辜受累，自應量予撫恤，以昭朝廷厚待遠人之意。惟各國領事原開數目較多，當經飭委員與之詳加（辨）［辯］論，切實核減。並經總理衙門與英、美公使（辨）［辯］論核定。查三國中惟法國教堂房屋最大，器具燬失甚多，議給洋例銀十萬兩。英國損失家數較多，議給洋例銀六萬六千八百六十一兩又洋九百十元。美國只教堂一處，議給洋例銀八千兩，以示體恤。共折合庫平銀十六萬四千（五）［九］百九十六兩三錢九分二釐，内由司庫撥銀三萬八千零四十四兩零四釐，由宜昌關税撥銀十二萬六千九百五十二兩三錢八分八釐，飭據江漢、宜昌兩關道暨委員候補知府裕庚，與各該國領事往返妥商定議，均無異言。當令將撫恤銀兩先後送交各領事轉給完案。［除將撫恤細數、給領日期，咨呈總理各國事務衙門暨咨明户部查核，並將審擬各犯供招咨送刑部外，所有湖北宜昌地方教堂被焚一案辦結緣由，理合會同湖北巡撫臣譚繼洵恭摺具奏，伏祈皇上聖鑒。］

（硃批）該衙門知道。（欽此）〔一〕

江漢關籌解搭放俸餉加放俸餉銀兩片〔二〕 光緒十八年十二月　日

再，前准户部咨，具奏議停京員津貼案内，令各省關仍照原撥津貼之數，按年全數解部，以備搭放俸餉之用。又具奏各關應解抵閩京餉改爲加放俸餉銀兩，江漢關仍於四成洋税項下每結提銀四千兩各等因。均經轉飭遵照辦理。所有江漢關光緒十七年應解搭放俸餉銀一萬兩，並第一百二十六、七兩結應解抵閩京餉改爲加放俸餉銀八千兩，委解赴京交納，均經奏咨在案。茲據湖北漢黄德道監督江漢關税務孔慶輔詳稱，在於解費經費内籌備庫平足色銀一萬兩，作爲本年應解搭放俸餉銀兩，又在第一百二十八、九兩結所徵四成洋税項下提撥庫平足色銀共八千兩，作爲本年加放俸餉銀兩，飭委試用知縣羅葆熙、試用通判林宴春管解赴京交納。所有江漢關本年應解搭放俸餉銀一萬兩業已解清等情，詳請奏咨前來。臣覆核無異，除分别給咨管解外，謹會同湖北巡撫臣譚繼洵附片具奏，伏祈聖鑒。

户部知道。

〔一〕以上衍、脱、舛十九處及具奏日期，據中華書局一九九五年版《光緒朝硃批奏摺》第一二〇輯第一九四至一九七頁删、補、校正。

〔二〕録自中國第一歷史檔案館編《光緒朝硃批奏摺》第八七輯，第三八八頁，中華書局一九九五年版。

江漢關籌解第九年頭期應付洋款利銀及第八年二三期利銀應補鎊價銀兩片〔二〕

光緒十八年十二月　日

再，前准户部咨，神機營息借洋款一百五十萬鎊，於光緒十年九月十四日初次收到六萬鎊，計合十足廣平銀二十萬零一千九百六十八兩八錢。利銀按一年四期，每期應付一千零五十鎊。其頭期利銀已由神機營墊付，應照此次咨報本利銀兩數目，擬飭江漢關按照議定章程期限，先期二十日照數解交江海關查收，由該關按期作合鎊價兑付怡和洋行等因。光緒十一年二月十五日具奏，本日奉旨：依議。欽此。欽遵咨行前來。當經轉飭遵照辦理。所有江漢關應付第一年二期起至第八年第四期止本利銀兩並至第八年第一期止及第八年第四期應補鎊價銀兩，委員解交江海關驗收給領，暨將神機營墊付頭期利銀委解赴京交納，分别奏咨在案。兹據署湖北漢黄德道監督江漢關税務恭釗詳稱，准江海關咨稱，據怡和洋行送到帳單，内載光緒十八年四月初六日應付第八年第二期利銀六百三十鎊。查四月初六、七、八等日爲西人賽馬之期，銀行無市。即照四月初九日規銀買鎊市價每兩作三先令十本士二五算，合規銀三千二百六十九兩一錢八分，除收計短規銀九百四十四兩九錢二分。又光緒十八年閏六月初九日應付第八年第三期利銀六百三十鎊，照是日市價每兩作三先令十本士二五算，合規銀三千二百六十九兩一錢八分。除收計短規銀九百四十四兩九錢二分。請一併找付前來。當查上海外國各銀行光緒十八年四月初六無市，改照初九日及閏六月初九日由電匯寄英鎊市價，前經按期逐家探詢，核與怡和所開各數相符。所短規銀一千八百八十九兩八錢四分，由道墊付清款，咨請照數補解等因亦在案。兹查光緒十八年十二月十五日爲第九年頭期，即在第一百二十九結所徵六成洋税項下籌撥庫平足色銀一千四百十三兩七錢八分二釐，作爲第九年頭期應付利銀，又在是結六成洋税内籌撥庫平足色銀一千七百二十四兩三錢零六釐，申合規銀一千八百八十九兩八錢四分，作爲第八年第二、三兩期利銀應補鎊價銀兩，飭委試用府經歷胡嗣昌解赴江海關驗收，分别給領歸款等情，詳請奏咨前來。臣覆核無異，除分咨外，謹會同湖北巡撫臣譚繼洵附片具陳，伏祈聖鑒。

該衙門知道。

江漢關籌解第九年頭期洋款利銀應補鎊價銀兩片〔三〕

光緒十八年十二月　日

再，前准户部咨，神機營息借洋款一百五十萬鎊，於光緒十年九月十四日初次收到六萬鎊，計合十足廣平銀二十萬零一千九百六十八兩八錢。利銀按一年四期，每期應付一千零五十鎊，其

〔二〕録自中國第一歷史檔案館編《光緒朝硃批奏摺》第八二輯，第六九至七〇頁，中華書局一九九五年版。

〔三〕録自中國第一歷史檔案館編《光緒朝硃批奏摺》第八二輯，第七〇至七一頁，中華書局一九九五年版。此件具奏日期疑誤。惲祖翼在光緒十九年正月二十日始奉旨調任此職（見本册七七至七八頁《補署道員片》），又此件中提到在江漢關第一百三十結所徵項下籌款，第一百三十結是光緒十八年十一月十四日起至光緒十九年二月十四日止。故此件具奏日期似應在光緒十九年二月。

頭期利銀已由神機營墊付，應照此次咨報本利銀兩數目，擬飭江漢關按照議定章程期限，先期二十日照數解交江海關查收，由該關按期作合鎊價兑付怡和洋行等因。光緒十一年二月十五日具奏。本日奉旨：依議。欽此。欽遵咨行前來。當經轉飭遵照辦理。所有江漢關應付第一年二期起至第九年頭期止本利銀兩，並至第八年四期止應補鎊價銀兩，委員解交江海關驗收給領，暨將神機營墊付頭期利銀委解赴京交納，分別奏咨在案。兹據湖北漢黄德道監督江漢關税務惲祖翼詳稱，准江海關咨稱，據怡和行送到帳單内載光緒十八年十二月十五日應付第九年第一期利銀四百二十鎊，合規銀二千二百三十三兩七錢九分，除收計短規銀六百八十四兩二錢九分。請即付清前來。當查上海各銀行光緒十八年十二月十五日由電匯寄英鎊市價，逐家探詢，核與怡和所開相符。所短規銀六百八十四兩二錢九分應行找給，當由江海關先行墊付清款，請照數補解等因。當在江漢關第一百三十結所徵六成洋税項下籌撥庫平銀六百二十四兩三錢五分二釐，中合規銀六百八十四兩二錢九分，作爲第九年頭期利銀應補鎊價銀兩，飭委試用府經歷胡嗣昌解赴江海關驗收歸款等情，詳請奏咨前來。臣覆核無異，除分咨外，謹會同湖北巡撫臣譚繼洵附片具陳，伏祈聖鑒。

該衙門知道。

光緒十九年

謝賜福字摺 光緒十九年正月初八日

光緒十九年正月初四日摺弁回鄂，齎到御賜福字一方。當即恭設香案，望闕叩頭謝恩祇領。欽惟我皇上，道開元會，德育羣生。握金境以闡乾苞，奉璇闈而凝泰祉。六花瑞雪，瓊霙占得歲之符。一朵紅雲，寶翰沛（頒）［班］春之典。合朝宗之，江漢同泳恩波。統底貢之，荆衡高臨福曜。欽承巍焕，感切軒鼛。臣冰履銘衷，火維效職。矢傾葵而陽向，北斗京華。荷戩穀於天施，東風律琯。壇山石古，叶吉日以迎年。堯母門高，瞻祥雲而獻壽。

［知道了。］［一］

江漢關第一百二十九結徵收税鈔及支解各數目摺［二］ 光緒十九年正月十七日

竊照前准户部咨，鈔奏内開，各海關洋税收支數目辦理未能畫一，應令遵照定章，按結開列清單奏報一次，仍扣足四結開單奏銷一次，概不得以收支數目串入原摺，以致混雜不清。仍一面

［一］以上脱、外兩處據中華書局一九九五年版《光緒朝硃批奏摺》第八輯第七〇〇至七〇一頁補、校正。

［二］以下二件録自中國第一歷史檔案館編《光緒朝硃批奏摺》第七二輯，第八二一至八二三頁，中華書局一九九五年版。

造具四柱清册暨支銷經費銀兩清册，分送户部暨總理各國事務衙門，以憑核銷等因。光緒十年二月二十五日具奏。本日奉旨：依議。欽此。又准咨，第九十五結期滿清單，僅有收支款目，以致各結總數未能聯貫。嗣後應令將舊管、新收、開除、實在，分爲四柱，逐款開列，以昭明晰等因。均經轉行遵照辦理。兹據署湖北漢黄德道監督江漢關税務恭釗詳稱，江漢關徵收各項税鈔及支解各數目，前經截至光緒十八年八月初十日第一百二十八結止，詳請奏咨在案。兹查自光緒十八年八月十一日起至十一月十三日止第一百二十九結期滿，徵收洋商各項税鈔。六成洋税除支解外，計存銀三千零九十兩零九錢零四釐五毫零四忽。又四成洋税除撥解外，計不敷銀一萬一千七百五十二兩三錢六分五釐。又另款徵收招商局各項税鈔，除撥解外，計存四成八釐各税銀七萬一千四百零六兩七錢五分一釐，已如數歸併六成洋税内開報。又五成二釐局税除撥解外，計不敷銀六萬九千八百四十兩零九錢九分，應在於下結所收五成二釐局税項内照數彌補。又，此結遵照新章徵收洋藥税釐銀，除支解外，計存銀一千九百七十四兩一錢八分一釐。又，英商在漢販運土藥出口徵收正税銀十三兩六錢，復進口税銀二十七兩二錢，已歸入洋税項内開報等情，詳請奏咨前來。臣覆核無異，除俟一年期滿按結造具收支經費各册，另繕總單，分别報銷外，所有第一百二十九結徵收洋商華商各項税鈔，及支解各數目，謹會同南洋通商大臣兩江總督臣劉坤一、湖北巡撫臣譚繼洵恭摺具陳，並繕具四柱清單，恭呈御覽，伏祈皇上聖鑒。

該衙門知道。單併發。

宜昌關第一百二十五結至一百二十八結收支各數目開單具陳摺 光緒十九年正月十七日

竊照前准户部咨，鈔奏内開，各海關洋税奏銷辦理未能畫一，應令遵照定章，按結開列清單奏報一次，仍扣足四結開單奏銷一次，概不得以收支數目串入原摺，以致混雜不清。仍一面造具四柱清册暨支銷經費銀兩清册，分送户部暨總理各國事務衙門以憑核銷。奉旨：依議。欽此。又准咨，江漢關第九十五結期滿清單，僅有收支款目，以致各結總數未能聯貫。嗣後應令將舊管、新收、開除、實在，分爲四柱，逐款開列，以昭明晰等因。均經先後轉行遵照辦理。所有宜昌關自光緒十六年八月十八日第一百二十一結起至十七年八月二十八日第一百二十四結止，一年四結期滿徵收各項税銀及支銷經費各數目，業經奏報在案。兹據湖北荆宜施道監督宜昌關税務周懋琦詳稱，自光緒十七年八月二十九日第一百二十五結起至十八年八月初十日第一百二十八結止，一年四結期滿，所有徵收各項税銀及支銷經費並另款徵收洋藥税釐銀兩各數目，造具清册，並開具清單，詳請奏咨前來。臣覆核無異，除將徵收税項並支銷經費各册及四柱清單咨送總理各國事務衙門、户部户科查照外，謹會同南洋通商大臣兩江總督臣劉坤一、湖北巡撫臣譚繼洵恭摺具奏，並繕具清單，恭呈御覽，伏祈皇上聖鑒。

該衙門知道。單併發。

湖北布局所出布紗免完本地銷售税釐及内地沿途税釐片〔一〕 光緒十九年正月十七日

再，湖北創設織布官局，購辦織布、紡紗各機器以興商務而塞漏卮。前由兩廣督臣李瀚章奏准，將臣在粵所購機器移設鄂省，户部咨行到鄂。復經臣於光緒十六年閏二月，將籌款建廠各事宜，奏奉俞允在案。

查湖北素産棉花，爲土産大宗，近來洋布盛行，本省花紗之銷路日隘。此局既設，以後本省種棉之利當可日漸蕃滋，於小民生計不無裨益。目下廠屋業已落成，各項機器亦經配設完備，次第開機紡織。亟須豫籌銷路，以便發商領運。查上海創設機器織布局，於光緒八年三月間經北洋大臣李鴻章奏明在上海本地零星銷售，應照中西通例，免完税釐。如由上海徑運内地及分運通商他口轉入内地，應照洋布花色，均在上海新關完一正税，概免内地沿途税釐，以示體恤等因。奉旨允准，由李鴻章咨行各省欽遵辦理在案。湖北省布局事同一律，自應援照辦理。所出洋布、棉紗在武昌、漢口本地零星銷售者，應予照章免完税釐。如由武漢徑運内地及分運通商他口轉入内地者，應照洋布、洋紗花色均在江漢關完一正税，概免内地沿途税釐，以暢土貨而便民用。謹援案附片具陳，伏祈聖鑒。

户部知道。

荆州沙市商民籌捐募勇設防摺〔二〕 光緒十九年正月十七日

竊荆州沙市地方，上接宜昌、南通、岳州，爲湖北省上游重鎮，水陸交衝，五方雜處，會匪最易潛蹤。該處向無營勇駐劄，防備空虚。光緒十七年，岳州拏獲正法之會匪首僞大元帥李典，沙市拏獲正法之會匪首副龍頭葉坤山，武昌縣拏獲正法之會匪首高德華，皆陰謀糾集黨與，約期在沙市會齊，同時豎旗起事，地方大爲震驚。十八年閏六月間，岳州匪首僞順天王汪溉臣，又在臨湘縣屬之藥姑山漁角亭，糾黨豎旗起事。荆岳脣齒相依，時虞匪黨竄擾。經臣等檄飭荆宜施道督同荆州府、江陵縣，傳集紳商，公同籌議，均以會匪充斥，乘虚思逞，亂徵疊見，募勇設防保衛地方，實不容緩。議定暫行招募勇丁二百五十名，編列五哨，立爲一底營，取名沙防營。所需餉項，由該處商民就地籌捐，按月支放，並不動支庫款。成營後，派委記名總兵樊本德管帶操練，仍歸荆宜施道節制調遣，分劄沙市各要隘，稽查奸宄，搜捕伏莽，以壯聲威而資巡緝。惟商力頗形竭蹶，捐資募勇勢難持久。擬自十八年七月開辦之日起至本年年底止，由該道府縣體察地方情形，或撤或留。如必須留防，其餉項如何籌措，届時再行稟明，酌核辦理。所有沙市商民就地籌款捐募營勇緣由，謹合詞恭摺具陳，伏祈皇上聖鑒。

該部知道。

〔一〕録自中國第一歷史檔案館編《光緒朝硃批奏摺》第一〇一輯，第七〇四頁，中華書局一九九五年版。

〔二〕録自《京報》第四三六六號。

長江水師各員出缺揀員升補請定奪摺〔一〕 并清單 光緒十九年正月十七日

竊查長江水師員弁出缺，向係開單會奏請補。茲查有近日所出各缺，經前提督臣李成謀暨臣翼升先後遴選歷練營伍熟諳水師之章文彬、蕭全友、趙孟達、毛翰廷四員，均係由已經借補官階遞請升轉，相應照章聲明可否准其升補，恭候欽定，理合彙繕清單，恭呈御覽。如蒙俞允，俟接准部覆，即將蕭全友給咨送部引見。其章文彬一員升補遊擊，引見未滿三年，邀免送部引見。並趙孟達、毛翰廷二員懇敕部一併頒給劄付，以昭信守。除飭取該員弁等履歷咨部外，謹會同兩江督臣劉坤一恭摺具陳，伏祈皇上聖鑒。

兵部議奏。單併發。

謹將長江水師湖廣所轄各員弁，因事出缺，揀員分别升補，繕具清單。恭呈御覽。

計開：沅江營叅將魯洪達調補遺缺，查有副將銜巴河營遊擊章文彬，才具明敏，防練精詳，堪以升補。田鎮營前哨守備梁貴友病故遺缺，查有都司銜儘先守備巴河營左哨二隊千總蕭全友，熟悉水師，操防勤慎，堪以升補。荆州營中哨二隊千總黄慶平病故遺缺，查有儘先守備岳州營右哨三隊把總趙孟達，練達營務，堪以升補。巴河營右哨二隊把總王錦州病故遺缺，查有儘先守備該營左哨七隊外委毛翰廷，練達勤能，堪以升補。以上四員，章文彬前由荆州營右哨都司升補遊擊，今請升補叅將。蕭全友前由儘先守備借補千總，今請升補守備。趙孟達前由儘先守備借補把總，今請升補千總。毛翰廷前由儘先守備借補外委。今請升補把總。該員等均由已經借補官階遞請升轉，可否准其升補，恭候欽定。

覽。

湖北省光緒十七年採運漕米用過米價運費及動撥漕折等款銀兩摺〔二〕 光緒十九年正月十八日

竊照湖北省光緒十七年冬漕，經臣等奏請仍徵折色，並酌提漕折等款銀兩，由招商局委員採買正米三萬石運京。奉旨允准。當經轉飭遵辦去後。隨據輪船招商局委員、直隸津海關道盛宣懷等，將採買湖北光緒十七年冬漕正耗米，並剥船食米共三萬二千九百一十七石五斗，由輪船運赴天津，轉運通州，經倉場總督同坐糧廳如數驗收交兑完竣。復經臣等恭摺奏報在案。茲據湖北布政使王之春、督糧道惲祖翼會詳稱，此次招商局承辦鄂省漕糧正耗米三萬二千九百一十七石五斗，連水脚剥價兑費等項，共支庫平銀七萬一千九百八十四兩二錢四分一釐零。按每米一石合銀二兩一錢八分零，由委員盛宣懷等開摺，移經該司道等核與部准銷數相符，應請查照支銷。又海運漕糧每百石改解一半飯米折色銀一兩二錢九分三釐零，共銀三百八十八兩一錢二分五釐。以上

〔一〕録自中國第一歷史檔案館編《光緒朝硃批奏摺》第四三輯，第一八六頁，中華書局一九九五年版。清單録自《京報》第四三六六號。

〔二〕録自中國第一歷史檔案館編《光緒朝硃批奏摺》第七〇輯，第五五四至五五五頁，中華書局一九九五年版。

共支銀七萬二千三百七十二兩三錢六分六釐零。内係動支光緒十七年漕糧正米折銀三萬九千兩、耗米折銀三千九百兩，又動支節年漕糧水脚銀四千五百兩、節年隨淺蓆板銀一萬五千兩、節年兑費銀九千九百七十二兩三錢六分六釐零，曾於光緒十八年春撥隨報漕糧正耗米價册内報支銀四萬二千九百兩，漕糧水脚册内報支銀四千五百兩，隨淺錢糧册内報支銀一萬五千兩，折漕兑費册内報支銀九千三百七十四兩八錢四分四釐。其餘二百九兩三錢九分七釐零，同一半飯米折色銀三百八十八兩一錢二分五釐，俟入於光緒十九年春撥隨報折漕兑費册内開報等情，造册詳請奏咨前來。臣等覆核無異，除將清册咨送户部核銷外，所有湖北省光緒十七年採運漕米用過米價運費及動撥漕折等款銀兩緣由，謹合詞恭摺具陳，伏祈皇上聖鑒。

户部知道。

江漢關籌解第八年第三期應付洋款利銀片[一] 光緒十九年正月　日

再，前准户部咨，神機營息借洋款，奏令各海關按期歸還一摺内稱，此次該營續收洋款一百四十四萬鎊，均自光緒十一年八月二十三日爲第一年第一期歸付利銀之始，照每鎊三兩五錢核算，共銀二百二十四萬六千四百鎊，合廣平銀七百八十六萬二千四百兩。擬令津海、東海、江漢三關各分派本息共銀一百五十七萬二千四百八十兩，江海關分派本息共銀三百十四萬四千九百六十兩。仍照光緒十一年二月奏定辦法，令各該關先期二十日解交江海關兑收，届期統由江海關道隨時照外洋鎊價漲落，作合鎊價，或盈或絀，即由該關分別應墊應存，再與原派歸還之海關按期結算清楚等因。光緒十二年正月二十八日具奏。奉旨：依議。欽此。欽遵咨行前來，當經轉飭遵照辦理。所有江漢關應還第一年二期起至第八年二期止應付本利銀兩，並至第八年第一期止應補鎊價銀兩，均經先後委員解交江海關驗收給領，分別奏報在案。兹據署湖北漢黄德道監督江漢關税務恭釗詳稱，光緒十九年正月十三日爲第八年第三期，即在第一百二十九結所徵六成洋税項下動支庫平足色銀一萬一千零二十五兩，作爲第八年第三期應付利銀。已飭委准補竹谿縣典史沈國瑛、候補從九吴觀孫解赴江海關驗收給領歸款等情，詳請奏咨前來。臣覆核無異，除分咨外，謹會同湖北巡撫臣譚繼洵附片具陳，伏祈聖鑒。

該衙門知道。

江漢關籌解第八年二三期洋款息銀應補鎊價銀兩片 光緒十九年正月　日

再，前准户部咨，神機營息借洋款，奏令各海關按期歸還一摺内稱，此次該營續收洋款一百四十四萬鎊，均自光緒十一年八月二十三日爲第一年第一期歸付利銀之始，照每鎊三兩五錢核算，共銀二百二十四萬六千四百鎊，合廣平銀七百八十六萬二千四百兩。擬令津海、東海、江漢三關各分派本息共銀一百五十七萬二千四百八十兩，江海關分派本息共銀三百十四萬四千九百六十兩。

[一] 以下二件録自中國第一歷史檔案館編《光緒朝硃批奏摺》第八二輯，第七九至八一頁，中華書局一九九五年版。

仍照光緒十一年二月奏定辦法，令各該關先期二十日解交江海關兑收。屆期統由江海關道隨時照外洋鎊價漲落，作合鎊價，或盈或絀，即由該關分別應墊應存，再與原派歸還之海關按期結算清楚等因。光緒十二年正月二十八日具奏。奉旨：依議。欽此。欽遵咨行前來，當經轉飭遵照辦理。所有江漢關應還第一年二期起至第八年四期止應付本利銀兩，並至第七年第一期止應補鎊價銀兩，均經先後委員解交江海關驗收給領歸款，分別奏報在案。茲據湖北漢黄德道監督江漢關税務惲祖翼詳稱，接准江海關兩次鈔送詳稿，内稱光緒十八年十月十三日第八年第二期利銀一萬五千七百五十鎊，合庫平銀七萬四千九百七十六兩一錢八分，按五股分派，江漢關派一股，息銀一萬四千九百九十五兩二錢三分六釐，較部撥銀一萬一千二十五兩實增庫平銀三千九百七十兩二錢三分六釐。又光緒十九年正月十三日第八年第三期利銀一萬五千七百五十鎊，合庫平銀七萬六千二百十八兩八錢八分六釐八毫六絲，按五股分派，江漢關派一股，息銀一萬五千二百四十三兩七錢七分七釐三毫七絲二忽，較部撥銀一萬一千二十五兩實增庫平銀四千二百十八兩七錢七分七釐三毫七絲二忽。均由道墊付咨請解滬歸款等因。茲在第一百三十結所徵六成洋税項下動支庫平足色銀八千一百八十九兩零一分三釐三毫七絲二忽，作爲第八年第二、三兩期息銀應補鎊價銀兩，飭委准補竹谿縣典史沈國瑛解赴江海關驗收，分別歸款等情，詳請奏咨前來。臣覆核無異，除分咨外，謹會同湖北巡撫臣譚繼洵附片具奏，伏祈聖鑒。

該衙門知道。

請准以常遠藻補授副將摺[一] 光緒十九年二月初二日

竊准兵部咨，湖北竹山協副將文漢章調補，遺缺係陸路題補第二輪第一缺，應用儘先人員，應令照章請補等因。臣查斯缺駐劄竹山縣城，地處楚邊，界連關陝，巡緝彈壓均關緊要，非精明幹練熟悉邊防之員，難期勝任。臣在於儘先副將班内詳加遴選，查有花翎總兵銜湖北儘先補用副將壯勇巴圖魯常遠藻，年五十八歲，湖南長沙縣人，由武童投效軍營，轉戰湘、鄂、江、皖等省，歷保花翎副將銜儘先叅將。嗣於防剿捻逆疊次猛戰，並克復雲夢、應城、天門等縣案内，經前督臣李瀚章保奏，免補叅將以副將留於湖北儘先補用。同治六年十月初三日奉旨允准，收入湖廣督標差遣。又於甘肅南路官軍克復渭源、狄道城池，擊退金積保竄逆，剿辦岷州潰卒案内，經前陝甘督臣左宗棠保奏，同治十年十一月初十日奉上諭：賞給壯勇巴圖魯名號，並賞加總兵銜。等因。欽此。復於官軍克復巴燕戎城，及剿滅河州竄賊，戡定各境地方肅清案内，經前陝甘督臣左宗棠保奏，以副將留於湖廣儘先補用。同治十三年八月初三日奉旨允准，旋經前陝甘督臣左宗棠咨送到鄂，回標差遣。曾經委署鄖陽城守營、鄖陽鎮左營各遊擊，武昌城守營叅將，漢陽協副將各印務，辦理均能裕如。現在管帶升字營勇駐劄漢鎮，彈壓巡防，深資得力。該員才長心細，軍律嚴明，於該處地方情形極爲熟悉。以之擬補斯缺，洵堪勝任。飭查本省及他省均無叅革朦保情弊。查儘先一班名次在常遠藻之前者，尚

[一] 以下八件録自《京報》第四三七二至四三七四號。

有姜河清、蕭忠訓二員。内姜河清一員，於光緒十六年經前閩浙督臣卞寶第奏調閩省差遣，早經離營。蕭忠訓一員籍隸本省，例應迴避，未便遷就擬補。常遠藻雖儘先名次稍後，而在營歷練有年，才具出衆，人地實在相需，其在前之員亦不合擬補。合無仰懇天恩俯念員缺緊要，准以儘先副將常遠藻補授湖北竹山協副將，實於營伍地方均有裨益。如蒙俞允，俟部覆到日，給咨送部引見，以符定制。除飭取該員履歷咨部外，謹會同湖北巡撫臣譚繼洵、湖北提督臣程文炳恭摺具陳，伏祈皇上聖鑒，敕部核覆施行。

兵部議奏。

請准以楊正洪補授參將摺 光緒十九年二月初二日

竊照湖南提標中軍參將紀文鑑升任，遺缺前經臣奏覆，仍以儘先參將楊定得請補。茲准兵部咨，該員例應迴避本省，儘先名次又屬在後，核與定章仍屬不符。應毋庸議。其湖南提標中軍參將員缺，應令將儘先名次在前之員請補。如應行迴避，俟准補後，再行揀調等因。咨行到臣。遵即查核儘先名次在前之員，查有花翎儘先參將楊正洪，年五十三歲，湖南鳳凰廳人，由行伍出師粵、鄂、皖、黔等省，攻剿出力，迭次保獎。嗣於金陵克復案内保奏，請免補遊擊以參將仍留湖南，遇缺儘先補用。同治三年十月初六日奉旨允准在案。嗣因奉撤回營，收入鎮筸鎮標左營差遣，歷經委署鎮筸中左二營守備、前營都司，均無貽誤。該員戰功卓著，資格最深。飭查前在本省及他省均無參革朦保情弊，且名次在前，以之擬補斯缺，與例相符。惟該員籍隸本省，例應迴避，俟准補後再行揀調。合無仰懇天恩俯准以楊正洪補授湖南提標中軍參將員缺，以實營伍。如蒙俞允，俟部覆到日，給咨送部引見，以符定制。除飭取該員履歷咨部外，謹會同湖南巡撫臣吴大澂、湖南提督臣婁雲慶恭摺具陳，伏祈皇上聖鑒，敕部核覆施行。

兵部議奏。

請准以彭長集補授苗疆遊擊摺 光緒十九年二月初二日

竊照湖南武岡營遊擊彭福田病故，遺缺前經臣請以儘先遊擊彭長集擬補，並照章將儘先名次在前之盧榮陞等與此缺不宜緣由，分別聲明在案。茲准兵部咨，查官册内，尚有名次在前之黄友德、滕春明二員，摺内未經聲叙，遽請以彭長集補授，礙難議准。應令查覆到日，再行核辦等因。移咨到臣。查儘先遊擊黄友德，前於光緒十一年十一月内，據調署湖南撫標中軍參將升補沅州協副將崧煜呈稱，光緒九年嚴查假冒案内，未入聯保各結。經前撫臣潘鼎新批示，永不給予差委。旋於十一年十月内，經前署撫臣龐際雲批飭革退隨營。又儘先遊擊滕春明，曾據前鎮筸鎮總兵唐瑞廷以該員久病不愈，難供差使，呈經前督臣裕禄於光緒十二年十一月二十七日咨准兵部議覆，准其革退隨營各在案。是該二員，早經革退隨營，原册内業已開除。核計彭長集係在二十名之内，與應補定章相符。其儘先名次在彭長集之前者，前摺業經按名聲叙。臣覆加考察，斯缺地居邊隅，民(猺)[瑶]雜處，控馭巡防均關緊要。非精明幹練之員，難期勝任。該員彭長集由武童出師江南省，剿賊出力，遞保今職。同治九年四月内收入長沙協營差遣。該員年强才健，樸實不浮，且在營歷練有年，與苗疆情形最爲熟悉。合無仰懇天恩俯念苗疆邊缺緊要，准以彭長集補授湖南武岡營遊擊，實於邊防營伍均有裨益。如蒙俞允，俟部覆到日，給咨送部引見，以符定制。除飭取該員履歷咨部外，謹會同湖南巡撫臣吴大澂、湖南提督臣婁雲慶恭摺具陳，伏祈皇上聖鑒，敕部核覆施行。

兵部議奏。

請准以柳新盛借補都司片光緒十九年二月初二日

再，准兵部咨，湖南乾州協中軍都司言樹勳病故，遺缺係題補第三輪第四缺，應用儘先人員，迅即照章揀員請補等因。查斯缺駐劄乾州廳城，係屬苗疆，撫綏訓練均關緊要，非諳練營伍熟悉苗情之員，難期勝任。臣查部定章程，借補即在儘先班次之内，光緒十九年正月十八日接准兵部咨，武職借補，准其續展五年，限滿之後再行奏明停止。惟大銜借補小缺，均不得借至二級，以後照此次章程辦理等語。兹查有花翎湖南儘先補用遊擊柳新盛，年五十六歲，湖南長沙縣人，由行伍出師貴州等省，攻剿出力，歷保以都司留南補用。嗣於湘軍援黔苗疆肅清，並剿滅丹古亂苗及盪平四脚牛逆巢，前後三案，在事出力，奏保以遊擊留於湖南，無論題推缺出儘先補用。光緒三年七月十八日奉旨允准在案。同治六年經前湖南撫臣劉崐飭發撫標右營差遣，七年三月初一日到標。該員久歷戎行，深沈勇敢，以之借補斯缺，洵堪勝任，與借補限制，亦屬相符。飭查前在本省及他省均無叅革朦保情弊。合無仰懇天恩俯念苗疆員缺緊要，准以柳新盛借補湖南乾州協中軍都司，實與邊防營伍均有裨益。如蒙俞允，俟部覆到日，給咨送部引見，以符定制。除飭取該員履歷咨部外，謹會同湖南巡撫臣吴大澂、湖南提督臣婁雲慶附片具陳，伏祈聖鑒，敕部核覆施行。

兵部議奏。

請准以鄧得祥補授守備片光緒十九年二月初二日

再，准兵部咨，湖南綏靖鎮標中營中軍守備彭昌達病故，遺缺係陸路題補第六輪第六缺，應用揀發班内人員，行令照章揀員請補等因。查斯缺駐紮永綏廳三角巖汛，係屬苗疆，撫綏緝捕均關緊要，非精明練達熟悉情形之員，難期勝任。臣當即在湖南省保舉補用陞用守備班内詳加遴選。查有綏靖鎮標中營藍翎補用守備鄧得祥，年四十五歲，湖南永綏廳人，由武童出師四川、貴州、陝西等省，攻勦出力，疊經保奬。嗣於關隴肅清案内，經前陝甘總督臣左宗棠保奏。光緒二年二月初四日奉上諭：著以守備補用。欽此。旋因陝省防勦出力案内保奏，請俟補缺後，以都司儘先補用。光緒四年十月二十四日奉旨：依議。欽此。該員辦事樸誠，營務諳練，熟悉苗疆情形。以之擬補斯缺，洵堪勝任。伏查湖南省保舉補用陞用守備，應歸揀發班補用各員内，已經到標名次在鄧得祥之前者，尚有田興國、汪炳麟、王步高、李家源、吴金華等五員，才具均較鄧得祥爲遜，均於此缺不甚相宜，未便遷就擬補，致滋貽誤。鄧得祥雖保舉名次稍後，而在營歷練有年，情形亦熟，洵屬人地相需。飭查前在本省及他省均無叅革朦保情弊。合無仰懇天恩俯念苗疆要缺，准以鄧得祥補授湖南綏靖鎮標中營中軍守備，實與營伍有裨。如蒙俞允，俟部覆到日，給咨送部引見，以符定制。除飭取履歷咨部外，謹會同湖南巡撫臣吴大澂、湖南提督臣婁雲慶附片具陳，伏祈聖鑒，敕部核覆施行。

兵部議奏。

請准以李攀桂借補守備片光緒十九年二月初二日

再，准兵部咨，湖南鎮筸鎮標中營後軍守備劉名貴病故，遺缺係陸路題補第七輪第一缺，應用儘先人員，應令照章揀員請補等因。查斯缺駐劄巖門汛，地處苗疆，撫輯巡防均關緊要，非營務諳練熟悉地方之員，難期勝任。臣查部定章程，借補即在儘先班次之内。光緒十九年正月十八日准兵部咨，武職借補准其續展五年，限滿之後，再行奏明停止。惟大銜借補小缺，均不得借至二級，以後照此次章程辦理等語。茲查有花翎儘先補用都司李攀桂，年五十二歲，湖南湘陰縣人，由武童投效軍營於湖南、貴州、江西、廣東等省防勦出力，歷次保奬，嗣於攻克排羊等處及丹江、凱里各城案内出力，保以都司，留於湖南儘先補用。同治十二年十月二十五日奉旨允准在案。凱撤回籍，收入長沙協差遣。該員明白曉事，奮勉有爲，以之借補斯缺，洵堪勝任，與借補限制相符。飭查該員前在本省及他省均無參革朦保情弊。合無仰懇天恩俯念苗疆員缺緊要，准以儘先都司李攀桂借補湖南鎮筸鎮標中營後軍守備，實於營伍有裨。如蒙俞允，俟部覆到日，給咨送部引見，以符定制。除飭取該員履歷咨部外，謹會同湖南巡撫臣吴大澂、湖南提督臣婁雲慶附片具陳，伏祈聖鑒，敕部核覆施行。

兵部議奏。

請准以楊通文補授守備片光緒十九年二月初二日

再，准兵部咨，掣補湖南乾州協右營守備李芝錫病故，遺缺係陸路題補第六輪第九缺，應用應補人員，行令照章揀員請補等因，咨行到臣。遵即在於湖南省期滿雲騎尉世職班内，逐加遴選。除期滿未經赴部引見暨籍隸本廳各員，俱不合例外，查有湖南乾州協營期滿雲騎尉世職楊通文，年六十一歲，湖南鳳凰廳人，承襲雲騎尉世職，經部核准，咸豐七年七月經前撫臣檄發鎮筸鎮標，旋改發乾州協標學習期滿。同治四年十月初五日經兵部帶領引見。奉旨：著回省照例用。欽此。五年二月回營候補。曾經委署乾州協左營、鎮筸鎮中營後軍各守備事務，辦理營伍，均能裕如。該員年力强健，老練不浮，以之擬補斯缺，洵堪勝任。其在前雖有沈申祺一員，惟年近七旬，精力漸遜。合無仰懇天恩俯准以楊通文補授湖南乾州協右營守備員缺，實於營伍有裨。如蒙俞允，俟部覆到日，給咨送部引見，以符定制。除飭取該員履歷咨部外，謹會同湖南巡撫臣吴大澂、湖南提督臣婁雲慶附片具陳，伏祈聖鑒，敕部核覆施行。

兵部議奏。

宜昌關第一百二十九結期滿收支各款税銀數目摺光緒十九年二月初二日

竊照前准户部咨，鈔奏内開，各海關洋税收支數目辦理未能畫一，應令遵照定章，按結開列清單奏報一次，仍扣足四結開單奏銷一次，概不得以收支數目串入原摺，以致混雜不清。仍一面造具四柱清册暨支銷經費銀兩清册，分送户部暨總理各國事務衙門，以憑核銷等因。光緒十年二月二十五日具奏。本日奉旨：依議。欽此。又准户部咨，江漢關第九十五結期滿清單，僅有收支款目，以致各結總數未能聯貫。嗣後應令將舊管、新收、開除、實在，分爲四柱，逐款開列，以昭明晰各等因。先後轉行遵照辦理。茲據湖北荆宜施道監督宜昌關税務周懋琦詳稱，宜昌關徵收各項税銀，前經截至光緒十八年八月初十日第一百二十八結止，詳請奏咨在案。茲自光緒十八年八月十一日起至十一月十三日止第一百二十九結期滿，徵收各項税銀三萬六千二百三十一兩四錢三分四釐，除應支存票抵税、傾鎔折耗、關用經費、税務司經費等銀一萬五千三百九十三兩一錢四釐，並教堂撫恤款及委員解費等銀二萬七千八百七十三兩一錢八分三釐，二共支銀四萬三千二百六十六兩二錢八分七釐，均在徵存税銀項下動支。尚不敷銀七千三十四兩八錢五分三釐，已在上届四結存銀二萬四百七十四兩七錢三分三釐内如數提出彌補外，計存銀一萬三千四百三十九兩八錢八分，連留存一百二十一結起至一百二十四結止四結尾數銀二萬三千一百五十兩三錢五分七釐，二共存銀三萬六千五百九十兩二錢三分七釐，俟歸入本届四結一年報銷案内，分別截留解存藩庫，委員解京。再，本結並無洋藥進口，亦未徵收洋商自備華式之船鈔，毋庸造册報銷等情，詳請奏咨前來。臣覆核無異，除將清單清册咨送總理各國事務衙門暨户部户科查照外，謹會同南洋通商大臣兩江總督臣劉坤一、湖北巡撫臣譚繼洵恭摺具陳，並繕具四柱清單恭呈御覽，伏祈皇上聖鑒。

該衙門知道。單併發。

請准以原請之員補授守備片〔一〕 光緒十九年二月二十一日

再，湖北施南協標右營守備德亮病故，遺缺前經臣請以儘先守備李國明擬補，並照章將儘先名次在前之劉春發等均與此缺不宜各緣由，分別聲明在案。茲准兵部咨，名次在前之易發家，係湖北人，改歸湖南撫標候補，未據該省奏明改發。此外湖南省尚有在前之陳玉春、劉豐玉二員，摺内並未聲叙，礙難議准。應令查明聲覆到日，再行核辦等因。移咨到臣。查儘先守備劉豐玉一員，於光緒十年十月内據署湖廣督標中軍副將汪迎順，以該員傳考不到，不守營規，詳經前署督臣卞寶第咨部革退隨營。陳玉春一員，已於光緒十三年十二月二十六日因病身故，業經前督臣裕禄恭疏題報各在案。至改發湖南撫標差遣之儘先守備易發家，現准湖南撫臣吳大澂咨，據湘陰縣知縣韓受卿呈報，易發家已於光緒十八年九月十一日病故。是劉豐玉、陳玉春、易發家三員於湖北官册内均應除名。臣覆加查核，斯缺地處萬山，匪徒最易匿跡，非精明幹練之員，難期勝任。該員李國明，雖儘先名次在後，而明白幹練，熟悉情形。其名次在前各員均與此缺人地不宜，前奏業經照章按名聲叙。合無仰懇天恩俯念員缺緊要，准以李國明補授施南協右營守備，實於營伍有裨。如蒙俞允，俟部覆到日，給咨送部引見，以符定制。理合會同湖北巡撫臣譚繼洵、湖北提督臣程文炳附片具陳，伏祈聖鑒，敕部核覆施行。

兵部議奏。

補署道員片〔二〕 光緒十九年二月二十五日

再，湖北漢黄德道監督江漢關員缺，前請以湖北督糧道惲祖

〔一〕録自《京報》第四四六二號。
〔二〕録自《京報》第四三九三號。

翼調補，經吏部核准覆奏。光緒十九年正月二十日奉旨：依議。欽此。咨行到鄂。應即飭赴調任，以重職守。所遺湖北督糧道篆務，查有儘先補用道凌卿雲，明練樸誠，辦事勤謹，堪以署理。除檄飭遵照外，謹合詞附片具陳，伏祈聖鑒。

吏部知道。

豫籌鐵廠成本摺光緒十九年二月二十五日

竊臣奉旨籌辦煉鐵事宜，所有歷年欽遵籌辦情形均經奏陳，暨電達總理海軍事務衙門各在案。三年以來，臣督飭各局廠委員、外洋工師分投趕辦。自光緒十七年八月奏明開工，刻下生鐵大鑪二座暨熱風大爐六座、煅礦大爐（兩）［四］座，統爲煉生鐵廠，已於二月内完工。其煉貝色麻鋼廠、造鋼軌廠、造鐵貨廠，均定於四月内完工。煉西門士鋼廠、煉熟鐵廠，均定於五月内完工。總計六大廠，五月内一律完竣。其機器廠、鑄鐵廠、打鐵廠三所已於上年秋冬間完工。其大冶縣運礦鐵路五十餘里暨大冶石灰窯、鐵山鋪、漢陽鐵廠水陸各馬頭，亦於上年秋冬間先後完工。此項工程極爲繁重，事理極爲精微，臣於開工原奏内曾經聲明，據洋匠稱，此工若在外洋，三年乃成。臣極力趕辦，本擬兩年造成，因外洋機器物料運到補齊，諸多遲滯，無從趕辦。計開工至竣工共兩年零十箇月，尚在三年以内。至煤爲煉鐵第一要務，原議本擬以湖南之煤煉湖北之鐵，惟運費較貴，終非經久之計。且煉鐵之煤必須精選，灰須極輕，（黄）［磺］須極少。土窿所采，精粗相雜，不能一律，所出又多少無定，恐難供用不缺。幸於江夏、大冶兩縣訪得煉鐵煤苗兩處，分用西法開采。計七月内，江夏馬鞍山一處大井可以先成。鐵廠造成以後，擬一面督催兩處煤井工程，一面采運興國州錳鐵，一面先與洋匠籌商演試各種機器，較準火候，教練匠徒之法，並先用湘煤試煉。俟本省出煤漸多，可供廠用，即行接續製煉。其從前所需經費，前經奏准，除部撥之款及借撥本省之款外，其餘即在槍礮廠經費内勻撥應用，係指造廠經費而言。至開煉經費，亟須另行豫籌。此乃出貨成本，與造廠經費兩不相涉。前年開工，原奏曾將常年經費只須第一年先行籌墊若干，聲明在案。譬諸農田，既有買田開墾之費，又須有常年牛種人工之本，始能收穫。譬諸鹽務，既有築場作竈之費，又須有常年煎煉運售之本，始能行銷。只須籌此一次，以後即可周轉，並非年年需款。鄂廠鐵質甚佳，係用西法製煉，除鋼軌外其餘鋼鐵各料並可向各省行銷。惟此時度支極絀，臣所深知，斷不敢請撥部款，上煩宸慮。然此乃中國自强要政，臣既奉旨飭辦，亦斷不敢因經費困（細）［絀］致沮成功。反覆籌思，謹就湖北物力之所能辦到者，籌一節省騰挪之法。

查兩爐並開，成本約須百萬，又須籌還鄂省借墊之款。現擬先開一爐，從容擴充，以節經費。然亦必須五六十萬。緣煉生鐵之法，一爐能煉（鐵）［礦］若干，需煤若干，均須裝滿配足，晝夜不可間斷。既不能少煉以省料，亦不能停煉以省工。其工作極精細亦極危險，稍有舛誤，則鐵汁壅塞，爐座受傷或致轟炸。故開辦之初，必須多用洋匠。而一切運（鐵）［礦］之輪剥各船，鐵山運道，煤井各事，雖止一爐，所費亦不能甚少。迨至日久工熟，成貨日精，出煤日旺，洋匠日少，則成本日輕。查湖北煉鐵廠原議專爲製造鐵路鋼軌而設，本爲力杜外耗起見。光緒十六年二月海軍衙門、户部原奏内曾經聲明，設廠煉鐵乃開辦鐵路、鑄造槍礮第一要義。又云，煉鐵爲造軌之基等語。海署疊次來電大意相同。十六年正月文電云，正題宜先鑄軌，鑄械次之等語，尤爲深切著明。是現在關東修路，湖北造軌，本是相因而起。十六年三月内籌辦設廠之初，即經商明直隸督臣李鴻章。接其電覆云，將來鄂鋼煉成，自可撥用等語。是以特購製造鋼軌、魚片、鉤釘各機器，分建各廠。中國既能造軌，斷無再購洋軌之理。查關東議定每年修路二百里，曾向李鴻章詢明，每年約需軌價十九萬餘兩，其橋梁各種鐵料尚不在内。鄂廠造軌乃係官物，必須先發官本，不比商賈圖利可以墊辦。以常理論之，似應由北洋每年將此二十萬先行支付，以爲工本。惟北洋造路工費浩繁，未便全行預支。竊擬將湖北、湖南兩省每年應解北洋鐵路經費各五萬兩，兩省共十萬兩，截留劃撥充用，作爲預支軌價，此乃鄂廠應得銷軌價值，並非無故分用。並擬再由湖北糧道無礙京餉之雜款内，借撥十萬兩，作爲代北洋籌墊軌本之用。兩項共計二十萬兩，造軌之外，兼製各種鋼料、鐵料，以供各省行銷。其劃扣北洋經費之十萬兩，俟軌成運津後，核計實用若干，尚短價值若干，由津補足。在北洋不過預支半價，後付半價，似亦酌中平允。先後一轉移間，爲日無多，以後每年即照此辦理。即使日後北洋需用鋼鐵較多，價至數十萬，亦只先劃留此數。北洋所購外洋鋼軌，每噸價銀三十兩，鄂軌初經開造，工費較多，然亦只願比照洋軌價值，無須加多。各料是否合用，儘可聽北洋依法試驗。或謂中國鋼軌不能經受壓力。不知大冶鐵礦歷寄外洋考驗，皆謂極佳。且造軌所用，尚非極精之鋼。鄂省製煉皆依西法，與洋廠所造無異，確無不受壓力之慮。其糧庫借款，俟兩年後鐵務日暢，自光緒二十二年起由鐵廠分爲十年歸還。此外不敷之數，仍由槍礮經費項下勻撥應用。緣鐵廠爲槍礮廠之根，必先煉有精鋼方能製造，以彼助此，尤爲允協。且此時槍礮廠尚未造成，安配機器亦需時日，計精鋼煉出之日始届開機製械之時，臣自當設法兼顧，並無窒礙偏廢之處。如再有不敷，臣所設織布局現已告成，陸續加工開織，機勢似甚順利，明年當有贏餘，亦可酌量撥補鐵廠之費。以後體察情形，如鐵務日漸暢旺，再當全開兩爐。總之，以湖北所設鐵廠、槍礮廠、織布局自相挹注，此三廠聯爲一氣，通盤籌畫，隨時斟酌，互相協助，必能三事並舉，各覩成功，以後斷不致再請部款。此項開煉成本概係由外省自籌，較之南北洋製造各局歲需支撥庫款七八十萬，福建船政亦歲撥數十萬者，辦法迥不相同。甘苦難易，判若霄壤。合無仰懇天恩俯如所請。鐵務幸甚，微臣幸甚。惟是此舉之關繫大局及創造之種種艱難，有不敢不詳陳於聖主之前者。

竊惟采鐵、煉鋼一事，實爲今日要務。海外各國無不注意此事。而地球東半面，凡屬亞洲界内，中國之外，自日本以及南洋各國各島暨五印度，皆無鐵廠。或以鐵礦不佳，煤不合用，或以天時太熱，不能舉辦。中國創成此舉，便可收回利權。各省局廠、商民所需，即已甚廣。且聞日本確已籌備巨款廣造鐵路，原擬購之西洋，若中國能製鋼軌，彼未必舍近圖遠。是此後鋼鐵煉成，不患行銷不旺。不特此也，各省製造軍械、輪船等局所需機器及(鐵鋼)[鋼鐵]各料，歷年皆係購之外洋。上海雖亦設煉鋼小爐，仍是買外洋生鐵以煉精鋼，並非華產。若再不自煉内地鋼鐵，此等關繫海防邊防之利器，事事仰給於人，遠慮深思尤爲非計。溯查光緒十六年正月海軍衙門來電，總以無一仰給於人爲斷一語，堅定懇切，洵爲不刊之論。若僅云杜塞漏卮，猶其淺焉者矣。此事係中國創舉，原非習見習聞之事。或慮年年需款沿以爲常，或謂即煉成鋼鐵亦無大用，此乃未悉中外情形之言，廟謨深遠，自能鑒燭無遺。至此項工程之艱鉅實爲罕有。機器之笨重，名目之繁多，隨地異宜，隨時增補，洋匠亦不能預計。而起卸之艱難，築基之勞費，爐座之高大，布置聯貫各機之精密，鑿礦、修路、開煤、煉鋼之紛歧，尤非他項機器局可比。而最難者，爲圖、甎兩端。各廠總圖、分圖極爲精密，多至數百紙，皆寄自洋廠。到鄂廠，又須分畫各段細圖。大爐、焦炭爐各甎皆係洋製，方、圓、斜、正式樣數十種。每一大爐需甎數十萬塊，皆編有號數，依次修砌，一塊不能錯亂。其爐皆內甎外鐵，洋廠製造此甎又甚遲緩，數萬里換船轉運，破損尤多，動須補購，即不能不停工以待。三年以來與出使大臣函電交馳，派員加費，百計催促，近始（太）［大］略寄全。每一批機器物料運到，多至數萬件或十餘萬件，必須數十日方能點清。每一種機器必須四五箇月，方能安配完好。至於其餘一切物料，若廠屋之鐵梁、鐵柱，廠基、爐座、路工之水泥、火泥等類，無非來自外洋。其最近者，中等火甎則取之開平，極大石料則取之湖南，配補殘缺［機］器零件則取之上海、香港，無一省便之事。臣日日督催，不遺餘力。此時漢陽鐵廠及大冶鐵路，漢口及上海領事、洋人來觀者絡繹不絕，皆謂此爲應辦急務。並據洋人皆云，比外洋迅速已多。至於籌款既如此艱難，臣身任其事，若經費不繼，即是自困之道，故臣極力綜核，務求節省。每定一機器，開一工程，必與洋匠多方考究，令其務從撙節辦法。大冶鐵路五十餘里，鏟山、填湖、買地、綏民，亦極費手。至開煤一事，尤極艱辛，訪尋兩年有餘，試開窿口數十處，始得此兩處堪以煉鐵之煤。須用西法鑿堅石數十丈以下乃得佳煤。既開直井，又開橫窿，又須開通氣之井及開煤之巷，出煤乃多。又須購製鑽地、壓氣、抽水、起重、洗煤、挂綫、運煤各機，又須造煉焦炭爐數十座。然將來所費，斷不致如直隸開平煤礦之多。臣力小任重，時切悚惶，加以督工籌款，事事艱難，夙夜焦急，不可名狀。惟以此事爲自强大計所關，既奉諭旨飭辦，不敢不身任其難，惟有竭其愚誠，殫其駑力，專就湖北鐵、布、槍礮三廠通籌互濟，相機趕辦，期於必成，以仰副聖主開物成務，力圖自强之至意。斷不敢因工鉅款絀，中途停廢，以致創舉無效，貽譏外國。惟大爐開煉之始，先須將配合煤礦分數逐漸考校精詳，一一合式，且必須開火一月，大爐方能燒熱。開爐以後，即須晝夜鎔煉，不能停火，停則與爐有礙，且多耗費。故一切事宜，必須早爲籌定。惟有籲懇聖恩，敕下海軍衙門、户部，早日定議行知，俾得趕早布置，將各項工程、物料、洋匠、華工及早核（記）［計］，俾免延緩虚糜。臣無任惶悚屏營之至。

（硃批）該衙門速議具奏。（欽此）〔一〕

宜昌川鹽局抽收正加課錢文數目摺〔二〕

光緒十九年二月二十五日

竊照湖北宜昌設立川鹽總局抽課濟餉，所有光緒十八年夏季分抽收鹽課錢文數目，業經恭摺具奏在案。茲據湖北鹽法武昌道瞿廷韶將光緒十八年秋季分抽收鹽課錢文數目開報前來。臣覆加

〔一〕以上衍、脱、舛十一處，據中華書局一九九五年版《光緒朝硃批奏摺》第一〇二輯第一四八至一五三頁删、補、校正。

〔二〕録自《京報》第四三九三號。

查核，宜昌川鹽局光緒十八年七月分抽收正課錢六萬八千四百六十一串二百二文，內提備解京餉錢二萬一千九百串文，加課錢二萬九千七百六十五串七百四十文。八月分抽收正課錢九萬九千四百九十五串一百三十六文五毫，內提備解京餉錢三萬七千五百串文，加課錢四萬三千二百五十八串七百五十五文。九月分抽收正課錢九萬七千七百七十五串一百八十五文，內提備解京餉錢三萬八千九百串文，加課錢四萬二千五百一十串九百五十文。除加課錢文照章截半，分解淮鹽督銷局，公費留半歸外銷五成公費項下入收另報外，其正課全項內共提備解京餉錢九萬八千三百串文，下餘錢文同解鄂一半加課及節省五成公費，均仍照向章，或現錢或易銀，分別由局撥充荆州滿營兵餉、水師月餉，餘則儘數由道移解善後局接濟軍餉。除解支細數造册咨部外，所有光緒十八年秋季分宜昌川鹽局抽收正加課錢文數目，理合恭摺具奏，伏祈皇上聖鑒。

户部知道。

籌解淮軍餉銀片[一] 光緒十九年二月二十五日

再，前准户部咨，議覆直隸督臣李鴻章奏淮軍月餉支絀，請將江漢關應解額款於四六成洋稅項下通融勻撥案內，議令江漢關應解淮餉，如六成洋稅無款，即在四成洋稅及五成二釐招商局稅內按數提解等因。奉旨：依議。欽此。咨行欽遵辦理。查江漢關奉撥應解直隸督臣李鴻章淮軍月餉四成洋稅銀二萬兩、六成洋稅銀三萬兩，均解至光緒十八年九月分止。隨時奏報在案。茲應解光緒十八年十月分四六成淮餉，即在第一百三十結所徵四成洋稅項下動支庫平銀二萬兩，因六成洋稅無款可撥，並在是結五成二釐局稅項下動支庫平銀三萬兩，作爲直隸督臣李鴻章及提督劉盛休所部淮軍月餉，委解湖北淮軍收支轉運局交收轉解。所有欠解四六成淮餉銀兩，容俟徵收有項，再行補解。據署湖北漢黄德道監督江漢關稅務恭釗詳請奏咨前來。臣覆核無異，除分咨外，謹會同湖北巡撫臣譚繼洵附片具陳，伏祈聖鑒。

户部知道。

拏獲會匪渠魁解赴江南質訊摺[二] 光緒十九年二月二十五日

竊照會匪著名大頭目匡世明，係江南盤獲洋人梅生私運軍火案內各匪供出之要犯。前經湖北訊據江西解到會匪龍海騰供出，光緒十年，該犯與蕭煌、彭清泉等在福建句通匪人，潛搆逆謀，情罪重大，與尋常會匪頭目不同。久經各省咨電通緝未獲。上年十月，經臣之洞奏明，欽奉硃批：即著該督密咨各省將軍督撫一體嚴拏，勿任漏網。欽此。當經欽遵咨行，一體嚴密查拏。並經臣大澂嚴飭湖南文武防營，懸賞購綫，密拏務獲各在案。

旋據署湖廣督標中軍副將提督謝得龍禀，據委拏該匪之縣丞劉嗣英禀稱，自上年夏秋間密往揚州、鎮江等處購覓眼綫，跴訪數月，得悉該匪已回湖南常德，親往捕拏。適該匪已回鎮筸，跟蹤訪確，知該匪潛歸麻陽縣之大坪頭故居，謀即措資携家遠遁。

[一] 録自《京報》第四四〇二號。

[二] 録自中國第一歷史檔案館編《光緒朝硃批奏摺》第一一八輯，第五五二至五五四頁，中華書局一九九五年版。

因該匪向在貴州多年，定計由黔入滇逃至越南。劉嗣英一面由原籍辰州雇募綫勇，於湘黔交界地方扼要追截，一面遣人飛報等情，稟請密派副將周世勳往拏。當經臣之洞密札周世勳帶同眼綫，星夜馳往，會同地方官，相機拏辦。並密札辰永沅靖道翁曾桂，協力圍拏。經該道密派道標右營守備劉元發、麻陽縣知縣呂懋恒等，督率兵役，隨同周世勳前往大坪頭圍拏，僅獲該犯之弟匡盛斌，詢知匡世明逃匿附近山峒。該道當即會商鎮筸鎮總兵周瑞龍，飛飭營汛將弁，並分派雲騎尉田應科、屯額外劉榮科，選派弁兵勇丁，會同周世勳等四路兜拏。旋據麻陽縣汛千總滕國柱，率帶守兵張正綱等探悉該犯藏匿巖溪山，設法誘至麻陽舒家村巖塘沖地方，砍傷左脚。該鎮道所派各弁暨周世勳亦即踵至，登時就擒。臣等即飭該鎮道等加派弁兵，隨同副將周世勳將該犯匡世明併其弟匡盛斌一同押解來鄂，飭發審訊。並電致兩江督臣劉坤一，將江省各案匪供凡有關涉匡世明者，鈔録過鄂，以憑研究。連日熬審，僅據該犯供認，在福建當勇，與蒯煌等認識，及開立盛龍山明華堂充當正龍頭等情。其於句通梅生私買軍火各重情，狡不承認。旋准劉坤一來電，以分禁江甯、鎮江、上海等處各犯，均可與匡世明對質。囑將該犯解甯質訊。查匡世明在鄂恃無質證，一味狡展。該犯情罪以購械謀逆爲最重，江南獲犯徐春庭、徐春山等所供，匡世明轉託梅生購運軍火各情，情節頗詳，自應解赴江南環質研訊，究出確情，以成信讞。現經臣之洞飭司委員將匡世明解赴江甯收審，並令該委員隨同審訊。至該匪實係籍隸麻陽，因鎮筸與麻陽接界，相距止數十里，故從前各匪供指該匪爲三廳人。又據該匪自供真名係匡盛明，與所開盛龍山明華堂適相符合。近年各匪供指該匪，或稱匡世明，或稱匡生明，自係因聲音相近，傳述之誤。茲併將該犯之弟匡盛斌一併解赴江甯備質。

臣等查匡世明蓄謀深險，蹤跡剽忽、詭祕，一日不獲，難保不再逞狡謀，釀成巨患，當其已經被獲解鄂之時，該匪沿路分散名片，即有多人出錢資助，該鎮道始令改由水路礮船押解。其爲羣匪渠魁，夥黨廣布，聲氣靈通，已可概見。茲經署湖廣督標中軍副將謝得龍購綫訪確，委員馳捕，辰永沅靖道翁曾桂等分布弁兵，懸立重賞，兩省合力搜緝，始得將渠魁迅速成擒。在事文武員弁，不無微勞足録。應俟兩江督臣審訊明確，定案咨覆後，再由臣等酌核案情，擇其尤爲出力者奏請獎勵，以昭激勸。所有拏獲會匪渠魁，解赴江南質訊緣由，臣等謹合詞恭摺奏陳，伏祈皇上聖鑒。

該衙門知道。

道員裕庚辦理教案得力懇送部引見摺[一] 光緒十九年二月二十五日

竊查湖北省前年武穴、宜昌等處教案疊出，揭帖訛傳，一唱百和，一時沿江上下人心惶惑，幾釀衅端，辦理實爲棘手。臣等欽奉電傳諭旨，接總理各國事務衙門疊次來電，當經先後派委湖北候補道裕庚會同地方官，將兩案秉公查辦。其時教堂挾憒要求，而焚擾者方自謂理直氣壯，其勢洶洶。該員一面查緝匪徒，開導愚民，一面與洋人剴切辯論，彈壓操縱，極費經營。卒能真犯就

[一] 録自中國第一歷史檔案館編《光緒朝硃批奏摺》第一二〇輯，第一九八頁，中華書局一九九五年版。

獲，民情安帖，按律擬辦，悉臻平允。兩案均已妥爲議結，不致旁生枝節，洵爲有裨大局。所有武穴、宜昌兩案審辦情形，均經臣等奏明在案。查該員裕庚，才識明决，辦事老練，熟悉洋務，深協機宜，歷經委派審辦地方要案，查勘江湖水道及各要差，均能精詳允當，洵爲近日監司中不可多得之員。合無仰懇天恩可否將該員送部引見，聽候録用之處，出自逾格鴻施，臣等謹合詞恭摺具陳，伏祈皇上聖鑒。

裕庚著交吏部帶領引見。

請准以唐步雲補授知縣摺〔一〕光緒十九年二月二十九日

竊照黃陂縣知縣包鵬飛病故，當經題報開缺，聲明所遺要缺，容另揀員請補在案。查截缺章程內載，病故之缺有本日可計者，即以本日作爲開缺日期。又例載，知縣應調缺出，令於現任人員內揀選調補。如實無合例堪調之員，准以奉旨命往及曾任實缺候補並進士即用人員，酌量補用等語。今黃陂縣知縣包鵬飛，係於光緒十八年九月初八日病故，應歸九月分截缺，係衝繁難要缺，例應由外揀員調補。該縣界連豫省，地闊賦繁，撫字催科均關緊要，非精明練達才識出衆之員，難期勝任。臣等在於通省實缺知縣內逐加遴選，非現居要地，即人地不宜，實無合例堪以調補之員。惟查有即用知縣唐步雲，年四十三歲，江西弋陽縣人，由廩生應光緒元年乙亥恩科本省鄉試中式舉人，六年庚辰科進士，引見奉旨以知縣即用，籤分湖北。七年二月初九日到省，委署巴東縣事。十四年十月聞訃丁父憂回籍，服滿起復。十八年四月二十四日回省，接到部文准其起復。查該員唐步雲，才具穩練，勤慎趨公，且係進士出身，以之請補黃陂縣知縣要缺，洵堪勝任。惟調缺請補與例稍有未符，但人地實在相需，例得專摺奏請。合無仰懇天恩俯念黃陂縣知縣員缺緊要，准以即用知縣唐步雲補授，實於地方吏治均有裨益。該員係即用知縣，請補知縣，銜缺相當，勿庸送部引見。據布政使王之春、按察使陳寶箴會詳前來，謹合詞恭摺具陳，伏祈皇上聖鑒，敕部核覆施行。

吏部議奏。

實缺知縣熊爾卓呈請開缺改就教職摺光緒十九年二月二十九日

竊據湖北布政使王之春、按察使陳寶箴會詳稱，據同知銜興山縣知縣熊爾卓禀稱，現年五十四歲，係江西高安縣人，由增生中式同治甲子補行咸豐辛酉科本省鄉試舉人，光緒六年庚辰科會試中式貢士，殿試三甲朝考二等，引見奉旨，以知縣即用，籤分湖北，是年八月十三日到省。七年在閩省加捐同知陞銜，九年管解京餉，議叙本班儘先補用。十二年准補興山縣知縣，是年八月初八日到任。十八年七月初六日卸事，現在情願改就教職，歸部銓選等情，由司會詳請奏前來。臣等查定例，進士、舉人出身之知縣，有到任後呈請改就教職者，毋庸定以年限，惟察其任內並無貽誤規避情事，而學問年力尚堪訓課者，准其奏請改教等語。該員熊爾卓，係進士出身，由即用知縣補授興山縣知縣。到任以

〔一〕以下二件録自《京報》第四三九七號。

來，尚無貽誤。茲情願改就教職，察其文理尚優，堪膺司鐸，任內並無經手未完之件，亦無規避情事，核與准改教職之例相符，相應據情籲懇聖恩准將興山縣知縣熊爾卓開缺，以教職歸部按班銓選。謹合詞恭摺具奏，伏祈皇上聖鑒，敕部核覆施行。

再，所遺興山縣知縣員缺，湖北省現有應補人員請扣留，俟接准部覆，再行擬員請補，合併陳明。

吏部議奏。

湖北本年鄉試請依限題派考官摺〔一〕 光緒十九年二月二十九日

竊准禮部咨，光緒十九年正月初一日奉上諭：明歲恭逢慈禧端佑康頤昭豫莊誠壽恭欽獻皇太后六旬萬壽，仰維懿德，普被寰區，慶洽敷天，歡臚率土。允宜殊恩特沛，加惠藝林，著於本年舉行癸巳恩科鄉試，二十年舉行甲午恩科會試，俾茲多士忭舞觀光，用副朕錫類延釐，壽世作人至意。該部即遵諭行。欽此。欽遵到部。查定例，如恭遇恩科，各省不及全行科考，郡縣准以歲作科，起送入闈。如歲試未遇，准將上次科考定案姓名，起送鄉試，應一併遵照辦理等因。當經行司查辦去後。茲據湖北布政使王之春查明詳請具奏前來。臣等查湖北省光緒十九年癸巳恩科鄉試，應請依限題派考官，按期舉行，以宏作育而廣登進。其荆州駐防繙譯鄉試，併請照案另場辦理。除咨明禮、兵二部並飭將科場應辦事宜次第趕辦外，謹會同湖北學政臣孔祥霖恭摺具奏，伏祈皇上聖鑒訓示。

該部知道。

興辦湖北蠶桑事宜摺〔二〕 光緒十九年三月二十七日

竊惟足民之政，農桑並重。湖北向稱澤國，農民終歲勤動，田疇所入爲利甚微。一遇偏災，立形匱乏。欲爲代謀生業，廣闢利源，酌地土之宜，籌經久之策，計惟有興辦蠶桑，庶以阜物豐財，補農功所不逮。況中國出洋之貨，以絲茶爲大宗。比來西人究心蠶事，未嘗不欲逐漸擴充，自收其利。爲今之計，尤必各省興辦蠶桑，俾出絲多而運銷廣，不能奪我利權。考之禹貢，荆州厥篚纁組。近時江陵、天門、穀城各有緞絹，黄州、沔陽、當陽、南漳等處亦各有絲。特以樹藝飼養之法不逮浙人，多自諉於絲劣利薄。臣等體察情形，非極力振興，無以廣風氣而濬利源。始以十六年會檄司道籌款，設局辦理。屢經派員前赴浙江購運桑苗，分發各州縣栽植，並採購桑子交江夏、漢陽二縣闢地播種成苗，飭令各州縣來省請領。由臣等輯刊蠶桑簡編，詳列栽桑、養蠶、摘繭、繅絲諸成法，一併散給，轉發士民，如法領植。不許取民一錢，輿情均甚樂趨。自十六年起共發過各屬桑苗已及一千萬株，據報成活分數有十之六七者，有十之八九者，亦有全數成活者。現計初發桑苗已閱三年，應飭各州縣及時教民蠶織。茲據司局會同議詳，復委員赴浙江採買接本桑株，暨應用器具，並招募匠師來鄂以浙法訓授本省子弟，爲各屬倡導。其甫經創辦之偏僻地方，如絲繭遽難銷售，暫令州縣墊價收買，解省織綢。俾蠶户見利勇爲，其墊發價值仍由省局撥還。至絲繭暢銷之處，即毋庸由州縣

〔一〕録自《京報》第四四〇四號。

〔二〕録自中國第一歷史檔案館編《光緒朝硃批奏摺》第九八輯，第九二五至九二六頁，中華書局一九九五年版。

收買。如此因勢利導，免致覲望遲疑，以期推行益廣。臣繼洵曩者備員隴右，數往還豳岐間，竊怪風詩所詠物産，獨棗實猶蕃，而蠶桑之利無聞焉。豈果今古異宜，殆亦因循坐廢。因於甘肅司道任内，督民芟罌粟而樹桑，現在秦州等屬桑株成林。以彼寒瘠地方，尚不無薄效，湖北本沃暖宜桑之地，但得州縣官實心實力，隨時倡導，不至作輟相仍，未有爲其事而無其功者。擬飭司道會議勸課勤惰獎罰章程，務求可以持久，以仰副朝廷利用厚生之至意。所有興辦湖北蠶桑事宜情形，是否有當，謹合詞恭摺具陳，伏乞皇上聖鑒訓示。

户部知道。

江漢關籌解第七年第一期洋款利銀墊補鎊價銀兩片(一) 光緒十九年三月　日

再，前准户部咨，神機營息借洋款奏令各海關按期歸還一摺内稱，此次該營續收洋款一百四十四萬鎊，均自光緒十一年八月二十三日爲第一年第一期歸付利銀之始。照每鎊三兩五錢核算，共銀二百二十四萬六千四百鎊，合廣平銀七百八十六萬二千四百兩。擬令津海、東海、江漢三關各分派本息共銀一百五十七萬二千四百八十兩。江海關分派本息共銀三百十四萬四千九百六十兩。仍照光緒十一年二月奏定辦法，令各該關先期二十日解交江海關兑收，届期統由江海關道隨時照外洋鎊價漲落，作合鎊價，或盈或絀，即由該關分別應墊應存，再與原派歸還之海關按期結算清楚等因。光緒十二年正月二十八日具奏。奉旨：依議。欽此。欽遵咨行前來，當經轉飭遵照辦理。所有江漢關應還第一年第二期起至第八年第四期止應付本利銀兩，委員解交江海關驗收給領，其每期應補鎊價銀兩，均於接准復文之日隨時籌解歸款，分別奏咨在案。兹據湖北漢黄德道監督江漢關税務惲祖翼詳稱，光緒十九年三月十三日准江海關咨，稱光緒十七年七月二十八日歸還怡和第七年第一期神機營借款利息案内，應派江漢關庫平銀一萬七千四百三十五兩二錢一分一釐六毫七絲八忽，除先准解到銀一萬四千七百兩兑收轉給外，核計買鎊不敷庫平銀二千七百三十五兩二錢一分一釐六毫七絲八忽。當由滬關墊付清款，分別詳咨，並經鈔詳同收單咨請將應找銀兩解滬歸墊在案。兹查前項墊款銀兩，迄未解還，相應備文咨催解滬，以清墊款等因。准此卷查江漢關撥解第七年第一期利銀，旋准江海關咨復，照數兑收，並無應補鎊價銀兩數目，亦未接准鈔詳收單。兹准前因，即在第一百三十結所徵六成洋税項下動支庫平足色銀二千七百三十五兩二錢一分一釐六毫七絲八忽，作爲應還第七年第一期利銀墊補鎊價銀兩，飭委候補知縣陳承澤解赴江海關驗收歸款等情，詳請奏咨前來。臣覆核無異，除分咨外，謹會同湖北巡撫臣譚繼洵附片具陳，伏祈聖鑒。

該衙門知道。

江漢關籌解第九年第二期洋款利銀應補鎊價銀兩片 光緒十九年三月　日

再，前准户部咨，神機營息借洋款一百五十萬鎊，於光緒十年九月十四日初次收到六萬鎊，計合十足廣平銀二十萬零一千九

(一) 以下二件録自中國第一歷史檔案館編《光緒朝硃批奏摺》第八二輯，第九六至九八頁，中華書局一九九五年版。

百六十八兩八錢。利銀按一年四期，每期應付一千零五十鎊。其頭期利銀已由神機營墊付，應照此次咨報本利銀兩數目，擬飭江漢關按照議定章程期限，先期二十日照數解交江海關查收，由該關按期作合鎊價兑付怡和洋行等因。光緒十一年二月十五日具奏。本日奉旨：依議。欽此。欽遵咨行前來，當經轉飭遵照辦理。所有江漢關應付第一年二期起至第九年二期止本利銀兩，並至第九年頭期止應補鎊價銀兩，委員解交江海關驗收給領，暨將神機營墊付頭期利銀委解赴京交納，分别奏咨在案。茲據湖北漢黄德道監督江漢關税務惲祖翼詳稱，准江海關咨稱，據怡和行送到帳單内載，光緒十九年三月十六日應付第九年第二期利銀四百二十鎊，作三先令十本士算，合規銀二千一百九十一兩三錢，除收計短規銀六百四十一兩八錢，請即付清前來。當查上海各銀行光緒十九年三月十六日由電匯寄英鎊市價，逐家探詢，核與怡和所開相符。所短規銀六百四十一兩八錢，應行找給。當由道先行墊付清款，咨請照數補解等因。即在江漢關第一百三十一結所徵六成洋税項下，籌撥庫平銀五百八十五兩五錢八分四釐，申合規銀六百四十一兩八錢作爲第九年第二期利銀應補鎊價銀兩，飭委試用典史沈國榮解赴江海關驗收歸款等情，詳請奏咨前來。臣覆核無異，除分咨外，謹會同湖北巡撫臣譚繼洵附片具陳，伏祈聖鑒。

該衙門知道。

覆陳查緝會匪情形摺 光緒十九年四月二十（六）［八］日

竊臣等前承准軍機大臣字寄，光緒十八年十一月初六日奉上諭：翰林院代奏編修陳鼎請嚴防各省會匪一摺，各省會匪疊經降旨查拏而根株未盡，深虞蔓延，亟應銷患未萌，妥籌辦理，除原奏請酌派各州縣銀兩備賑一節，殊非政體，著毋庸議外，所稱使州縣官徧搜伏莽，總兵官巡閲境地，起用各軍舊部熟習地形之人，延攬天下將才各條，著悉心詳籌奏明辦理。原摺均著鈔給閲看。等因。欽此。當經恭録札行藩、臬兩司欽遵查照原奏所陳各節，詳悉籌議去後。

茲據湖北按察使陳寶箴會同布政使王之春詳稱，竊惟近來各省會匪散布之廣，幾於無地蔑有。湖北界連川、陝、湘、皖諸省，水陸交衝，匪徒溷跡往來，尤難究詰。光緒十七年，長江上下疊有鬨鬧教堂之案，兼盤獲私運軍火一事，會匪乘機思逞。欽奉諭旨通飭嚴拏，當經臣等督飭司道暨各將領設法懸賞購捕，訪查首要姓名，携帶眼綫分往本省及下江、湖南等處，多方跴緝，拏獲糾黨謀逆之著名渠魁高德華，究出私購軍火一案以李洪爲首。又疊獲濮雲亭、葉坤山、陳華魁、吴有楚、陳先知、汪（殿）［澱］臣等各巨憝並此外首要、次要各匪，分别懲辦不下數十百名。

近又經臣之洞派員在湖南地方疊獲首匪匡世明、曾鳴（臬）［皋］，均係兩江督臣咨會查拏私購軍火案内之要犯。所有著名渠魁現已拏辦略盡，均經隨時奏報。并將出力員弁擇尤保奬在案。近來疊經出示曉諭，從前被匪脅惑愚民均多畏法自新，繳燬（票）［飄］布。又經奏明添募營勇分紮要地，彈壓巡防，民氣尚覺静謐。惟徒黨已多，糾結已久，一時猝難净絶。誠如諭旨所謂，根株未盡深虞蔓延者，自當持久不懈，以爲消患未萌之計，惟有慎選州縣，責成各道府州考核修明政刑，聯絡公正紳耆，以爲耳目，編查保甲，以知良莠。申諱匿之禁，嚴養癰之罰，有能緝獲開堂放（票）［飄］首要會匪者，仍照異常勞績予以獎勵。誘脅者，戒勿妄拏，以安反側。賞罰既明，吏治自飭，此又消患未萌之本務，而非一時一事之比。似不必如原奏所稱，以州縣兼畫輿圖，偏搜伏莽，轉致閭閻驚擾也。

至原奏所稱，延攬天下熟悉地形之士以儲將才一節。查形勢爲行軍要略，現在湖北省本繪有地圖，每年提鎮以下輪流巡閱，與鄰省會哨皆必携帶營汛駐紮各圖，參稽考證，於所轄關津險隘，頗能講求，似與該編修原奏脗合。第形勢特爲將之一端，大將當以智略爲優，偏裨當以樸勇爲尚，非熟悉地形即可盡爲將之能事，若專以輿圖之事責之，則繁密細碎，將才必非所堪。又如起用各軍舊部熟悉地形之人以飭營務一節，現在湘淮宿將除已經物故外，多列提鎮大員，次亦皆官副、參、游等官。湖北緑營鎮將實缺、候補各員及水陸各勇營統將，如熊鐵生、劉鶴齡、宋德鴻、樊國泰、謝得龍、常遠藻、周（德）［得］升諸人，大率皆咸豐、同治間勳績顯著之各統兵大臣。舊日部將，均經臣等酌量才具長短，隨時委用。仍時有投效來鄂以待驅策者。是原奏起用各軍舊部之説現正舉行，無須更議等情，由該司等籌議具詳前來。臣等查該司等所陳，均屬湖北現在查緝會匪實在情形，謹合詞恭摺覆奏，伏祈聖鑒。

（硃批）知道了。（欽此）〔一〕

飭糧道赴任摺〔二〕 光緒十九年四月二十八日

竊照前准部咨，欽奉諭旨：湖北督糧道員缺，著岑春蓂補授。等因。欽此。當因岑春蓂到省需時，所有糧道篆務經臣等會委候補道凌卿雲署理，附片奏明在案。茲該員岑春蓂業已到省，應飭赴任，以重職守。除檄飭遵照外，謹合詞恭摺具奏，伏祈皇上聖鑒。

知道了。

宜昌關第一百三十結期滿收支各款税銀數目摺〔三〕 光緒十九年四月二十八日

竊照前准户部咨，鈔奏内開，各海關洋税收支數目辦理未能畫一，應令遵照定章，按結開列清單奏報一次，仍扣足四結開單奏銷一次，概不得以收支數目串入原摺，以致混雜不清。仍一面造具四柱清册暨支銷經費銀兩清册，分送户部暨總理各國事務衙門，以憑核銷等因。光緒十年二月二十五日具奏。本日奉旨：依議。欽此。又准户部咨，江漢關第九十五結期滿清單，僅有收支款目，以致各結總數未能聯貫。嗣後應令將舊管、新收、開除、實在，分爲四柱，逐款開列，以昭明晰各等因。先後轉行遵照辦理。茲據湖北荆宜施道監督宜昌關税務周懋琦詳稱，宜昌關徵收各項税銀，前經截至光緒十八年十一月十三日第一百二十九結止，詳請奏咨在案。茲自光緒十八年十一月十四日起至十九年二月十四日止第一百三十結期滿，所徵税銀，除照章開支外，連留存尾

〔一〕以上衍、舛七處及具奏日期，據中華書局一九九五年版《光緒朝硃批奏摺》第一一八輯第五六四至五六六頁删、改。

〔二〕録自《京報》第四四六一號。

〔三〕以下二件録自《京報》第四四八六號。

數銀及上結徵存税銀並本結新收，共實存銀五萬九千九百八兩二錢九分一釐。前經詳請咨明奉准部覆歸入一年報銷案内，解存藩庫，委員解京。又遵照新章，本結徵收洋藥税釐銀，除支傾鎔折耗外，連上結共實存銀五百二十七兩三錢七分，存俟隨同正餉搭解。再，本結並未徵收洋商自備華式之船鈔，毋庸造册報銷等情，詳請奏咨前來。臣覆核無異，除將清單、清册咨送總理各國事務衙門暨户部户科查照外，謹會同南洋通商大臣兩江總督臣劉坤一、湖北巡撫臣譚繼洵恭摺具陳，並繕具四柱清單，恭呈御鑒，伏祈皇上聖鑒。

該衙門知道。單併發。

江漢關第一百二十五結至一百二十八結收支款項數目摺光緒十九年四月二十八日

竊照前准户部咨，鈔奏内開，各海關洋税奏銷辦理未能畫一，應令遵照定章，將收支數目按結開單奏報一次，仍扣足四結開單奏銷一次，概不得以收支數目串入原摺，以致混雜不清。仍一面造具四柱清册暨支銷經費銀兩清册，分送户部暨總理各國事務衙門，以憑核銷等因。光緒十年二月二十五日具奏。本日奉旨：依議。欽此。又准咨開，第九十五結期滿清單，僅有收支款目，以致各結總數未能聯貫。嗣後應令將舊管、新收、開除、實在，分爲四柱，逐款開列，以昭明晰等因。均經先後轉行遵照辦理。所有江漢關光緒十六年八月十八日起至十七年八月二十八日止一年關期届滿，分别造具收支數目各册，前經奏咨在案。兹據署湖北漢黄德道監督江漢關税務恭釗詳稱，自光緒十七年八月二十九日第一百二十五結起至十八年八月初十日第一百二十八結止，一年四結期滿，徵收洋商、招商局華商各項税鈔及支解數目，分結造具四柱清册並經費銀兩清册，詳請具奏前來。臣覆核無異，除將各册送部外，謹會同南洋通商大臣兩江總督臣劉坤一、湖北巡撫臣譚繼洵恭摺具陳，並繕具清單，恭呈御覽，伏祈皇上聖鑒。

該衙門知道。單併發。

江漢關籌解淮軍月餉片[一]光緒十九年四月二十八日

再，前准户部咨，議覆直隸督臣李鴻章奏淮軍月餉支絀，請將江漢關應解額款於四六成洋税項下通融匀撥案内，議令江漢關應解淮餉，如六成洋税無款，即在四成洋税及五成二釐招商局税内按數提解等因。奉旨：依議。欽此。咨行欽遵辦理。查江漢關奉撥應解直隸督臣李鴻章淮軍月餉四成洋税銀二萬兩、六成洋税銀三萬兩，均解至光緒十八年十月分止，隨時奏報在案。兹應解光緒十八年十一月分四六成淮餉即在第一百三十結所徵四成洋税項下動支庫平銀二萬兩，因六成洋税無款可撥，並在是結四成洋税項下動支庫平銀三萬兩，作爲直隸督臣李鴻章及提督劉盛休所部淮軍月餉，委解湖北淮軍收支轉運局交收轉解。所有欠解四六成淮餉銀兩，容俟徵收有項，再行補解。據湖北漢黄德道監督江

[一] 以下二件録自中國第一歷史檔案館編《光緒朝硃批奏摺》第五九輯，第六一六至六一七頁，中華書局一九九五年版。

漢關税務惲祖翼詳請奏咨前來，臣覆核無異，除分咨外，謹會同湖北巡撫臣譚繼洵附片具陳，伏祈聖鑒。

户部知道。

籌解協滇餉銀片 光緒十九年四月二十八日

再，前准户部咨，議令四川省協滇月餉，自光緒十五年起，每月協解銀二萬三千兩。下賸銀七千兩，改撥湖北按月協解。光緒十五年二月二十一日具奏。奉旨：依議。欽此。咨行欽遵辦理。查前項改撥協滇月餉，業於光緒十五年至十八年共籌解銀二十六萬四千兩，均經附片奏明在案。茲據湖北布政使王之春會同善後局司道詳稱，現復籌撥長沙平銀二萬兩，發交雲南催餉委員知縣吴本義轉發百川通商號領匯赴滇等情，詳請奏咨前來。臣覆核無異，除分咨外，謹會同湖北巡撫臣譚繼洵附片具陳，伏祈聖鑒。

户部知道。

籌解第一批鹽釐京餉片[一] 光緒十九年四月二十八日

再，前准户部咨，豫撥光緒十九年京餉案内提撥湖北鹽釐銀十五萬兩，行令分批起解等因。當經轉飭遵辦去後。茲據湖北布政使王之春、鹽法武昌道瞿廷韶籌撥本年第一批京餉鹽釐銀二萬兩，飭委儘先補用知縣朱桂馨、遇缺先用知縣孫長焯管解赴京交納等情，詳請奏咨前來。臣覆核無異，除分咨外，謹會同湖北巡撫臣譚繼洵附片具陳，伏祈聖鑒。

户部知道。

江漢關籌解第一批京餉及邊防經費銀兩片 光緒十九年四月二十八日

再，前准户部咨，豫撥光緒十九年分京餉，奏撥江漢關洋税銀十五萬兩。又光緒十九年分東北邊防經費奏撥江漢關六成洋税銀十萬兩各等因，均經轉飭遵照辦理。茲據署湖北漢黄德道監督江漢關税務恭釗詳報，在所徵洋税項下動支足色庫平銀四萬兩，作爲本年第一批京餉。又在第一百三十結所徵六成洋税項下動支庫平足色銀三萬兩，作爲本年第一批東北邊防經費，飭委候補知縣朱桂馨、孫長焯分別管解赴京交納等情，詳請奏咨前來。臣覆核無異，除分咨外，理合會同湖北巡撫臣譚繼洵附片具陳，伏祈聖鑒。

户部知道。

江漢關籌解第九年第二期應付洋款利銀片[二] 光緒十九年四月二十八日

再，前准户部咨，神機營息借洋款一百五十萬鎊，於光緒十年九月十四日初次收到六萬鎊，計合十足廣平銀二十萬零一千九百六十八兩八錢，利銀按一年四期，每期應付一千零五十鎊。其頭期利銀已由神機營墊付，應照此次咨報本利銀兩數目，擬飭江漢關按照議

[一] 以下二件録自中國第一歷史檔案館編《光緒朝硃批奏摺》第八七輯，第四四一頁，中華書局一九九五年版。

[二] 以下四件録自中國第一歷史檔案館編《光緒朝硃批奏摺》第八二輯，第一〇六至一〇七及一一一至一一四頁，中華書局一九九五年版。

定章程期限，先期二十日照數解交江海關查收，由該關按期作合鎊價兑付怡和洋行等因。光緒十一年二月十五日具奏。本日奉旨：依議。欽此。欽遵咨行前來。當經轉飭遵照辦理。所有江漢關應付第一年第二期起至第九年頭期止本利銀兩，並至第八年第四期止應補鎊價銀兩，委員解交江海關驗收給領，暨將神機營墊付頭期利銀委解赴京交納，分别奏咨在案。兹據湖北漢黄德道監督江漢關税務惲祖翼詳稱，查光緒十九年三月十六日爲第九年第二期，即在第一百三十結所徵六成洋税項下籌撥庫平足色銀一千四百十三兩七錢八分二釐，作爲第九年第二期應付利銀。飭委試用按司獄張尚賢解赴江海關驗收給領歸款等情，詳請奏咨前來。臣覆核無異，除分咨外，謹會同湖北巡撫臣譚繼洵附片具陳，伏祈聖鑒。

該衙門知道。

江漢關籌解第八年第四期應付洋款利銀片光緒十九年四月二十八日

再，前准户部咨，神機營息借洋款奏令各海關按期歸還一摺内稱，此次該營續收洋款一百四十四萬鎊，均自光緒十一年八月二十三日爲第一年第一期歸付利銀之始，照每鎊三兩五錢核算，共銀二百二十四萬六千四百鎊，合廣平銀七百八十六萬二千四百兩。擬令津海、東海、江漢三關各分派本息共銀一百五十七萬二千四百八十兩，江海關分派本息共銀三百十四萬四千九百六十兩。仍照光緒十一年二月奏定辦法，令各該關先期二十日解交江海關兑收，届期統由江海關道隨時照外洋鎊價漲落，作合鎊價，或盈或絀，即由該關分别應墊應存，再與原派歸還之海關按期結算清楚等因。光緒十二年正月二十八日具奏。奉旨：依議。欽此。欽遵咨行前來。當經轉飭遵照辦理。所有江漢關應還第一年二期起至第八年三期止應付本利銀兩，並至第八年第一期止應補鎊價銀兩，均經先後委員解交江海關驗收給領，分别奏報在案。兹據湖北漢黄德道監督江漢關税務惲祖翼詳稱，光緒十九年四月十七日爲第八年第四期，除應還本銀並補鎊價銀兩奏文另行改撥外，即在第一百三十結所徵六成洋税項下動支庫平足色銀一萬一千零二十五兩，作爲第八年第四期應付利銀，飭委候補知縣胡廷松解赴江海關驗收給領等情，詳請奏咨前來。臣覆核無異，除分咨外，謹會同湖北巡撫臣譚繼洵附片具陳，伏祈聖鑒。

該衙門知道。

江漢關籌解第八年第四期應還洋款本銀及應補鎊價銀兩片光緒十九年四月　日

再，前准户部咨，神機營息借洋款，奏令各海關按期歸還一摺内稱，此次該營續收洋款一百四十四萬鎊，均自光緒十一年八月二十三日爲第一年第一期歸付利銀之始，照每鎊三兩五錢核算，共銀二百二十四萬六千四百鎊，合廣平銀七百八十六萬二千四百兩。擬令津海、東海、江漢三關各分派本息共銀一百五十七萬二千四百八十兩，江海關分派本息共銀三百十四萬四千九百六十兩。仍照光緒十一年二月奏定辦法，令各該關先期二十日解交江海關兑收，届期統由江海關道隨時照外洋鎊價漲落，作合鎊價，或盈或絀，即由該關分别應墊應存，再與原派歸還之海關按期結算清楚等因。光緒十二年正月二十八日具奏，奉旨：依議。欽此。欽遵咨行前來。當經轉飭遵照辦理。所有江漢關應還第一年二期起至第八年三期止應付本利銀兩，並至第八年第一期止應補鎊價銀兩，均經先後委員解交江海關驗收給領，分別奏報在案。茲據署湖北漢黄德道監督江漢關税務恭釗詳稱，光緒十九年四月十七日爲第八年第四期江漢關應還本銀並補鎊價共二十五萬餘兩，數鉅期迫，無力籌解，擬請援案改撥，業經户部核議奏准，另行指撥案内，撥江漢關提存減付息銀三萬六千九百兩，限二月内解交江海關兑收，臨期歸付等因。查江漢關自光緒十七年起截至十八年七月止共提存減付息銀三萬六千九百七十九兩零三分三釐，遵照部議，即在減存息款内動撥庫平足色銀三萬六千九百兩作爲湊付第八年第四期應還本銀並補鎊價銀兩，已飭委試用縣丞鄭詩鎮解赴江海關驗收給領。其是期利銀，容續照章委解等情，詳請奏咨前來。臣覆核無異，除分咨外，謹會同湖北巡撫臣譚繼洵附片具陳，伏祈聖鑒。

該衙門知道。

江漢關籌解第八年第四期洋款息銀應補鎊價銀兩片光緒十九年四月　日

再，前准户部咨，神機營息借洋款奏令各海關按期歸還一摺内稱，此次該營續收洋款一百四十四萬鎊，均自光緒十一年八月二十三日爲第一年第一期歸付利銀之始，照每鎊三兩五錢核算，共銀二百二十四萬六千四百鎊，合廣平銀七百八十六萬二千四百兩。擬令津海、東海、江漢三關各分派本息共銀一百五十七萬二千四百八十兩，江海關分派本息共銀三百十四萬四千九百六十兩，仍照光緒十一年二月奏定辦法，令各該關先期二十日解交江海關兑收，届期統由江海關道隨時照外洋鎊價漲落，作合鎊價，或盈或絀，即由該關分別應墊應存，再與原派歸還之海關按期結算清楚等因。光緒十二年正月二十八日具奏。奉旨：依議。欽此。欽遵咨行前來。當經轉飭遵照辦理。所有江漢關應還第一年二期起至第九年一期止應付本利銀兩，並至第八年第三期止應補鎊價銀兩，先後委員解交江海關驗收給領歸款，分別奏報在案。茲據湖北漢黄德道監督江漢關税務惲祖翼詳稱，接准江海關鈔送詳稿，内稱光緒十九年四月十七日第八年第四期利銀一萬五千七百五十鎊，合庫平銀七萬七千二百八十六兩三錢九分九毫，按五股分派，江漢關派一股息銀一萬五千四百五十七兩二錢七分四釐一毫八絲，較部撥銀一萬一千二十五兩，尚不敷庫平銀四千四百三十二兩二錢七分四釐一毫八絲，由道墊付，咨請解滬歸款等因。茲在第一百三十二結所徵六成洋税項下動支庫平足色銀四千四百三十二兩二錢七分四釐一毫八絲，作爲第八年第四期息銀應補鎊價銀兩，飭委候補知縣胡廷松解赴江海關驗收歸款等情，詳請奏咨前來。臣覆核無異，除分咨外，謹會同湖北巡撫臣譚繼洵附片具陳，伏祈聖鑒。

該衙門知道。

籌解山西賑款片〔一〕光緒十九年四月　日

再，山西口外七廳，旱灾甚重。疊奉諭旨發帑賑濟，截漕散

〔一〕録自《京報》第四四八五號。

放，天恩浩蕩，薄海同欽。查晋省豐甯等廳，地方素稱荒瘠，加以被灾，自必愈形困苦，自應仰體聖廑，不分畛域，極力籌備，以拯邊氓。現經臣等督飭善後局司道設法知行籌撥銀一萬兩，已於四月二十七日由商號電匯天津，赴大學士直隸督臣李鴻章處交納，就近彙解灾區散放。現仍飭局勸辦晋賑，以冀稍裨灾區萬一。臣等謹合詞附片具奏，伏乞聖鑒。

户部知道。

宜昌川鹽總局抽收正加課錢文數目摺[一] 光緒十九年五月十一日

竊照湖北宜昌設立川鹽總局，抽課濟餉，所有光緒十八年秋季分抽收鹽課錢文數目，業經恭摺具奏在案。兹據湖北鹽法武昌道瞿廷韶將光緒十八年冬季分抽收鹽課錢文數目開報前來。臣覆加查核，宜昌川鹽局光緒十八年十月分抽收正課錢一十萬八千二百四十七串二百二十三文，内提備解京餉錢三萬三千五百串文，加課錢四萬七千六十四串一十文。十一月分抽收正課錢八萬五千四百二十八串四百八十六文、加課錢三萬七千一百四十二串八百二十文，内提備解京餉錢一萬五千六百串文。十二月分抽收正課錢一萬六千六百八十串四百一十六文五毫，内提備解京餉錢一萬九百串文，加課錢七千二百五十二串三百五十五文。除加課錢文照章截半分解淮鹽督銷局公費留半歸外銷五成公費項下入收另報外，其正課全項内共提備解京餉錢四萬四千四百串文，加課一半解鄂，内共提備解京餉錢一萬五千六百串文，下餘錢文同節省五成公費，均仍照向章，或現錢或易銀，分别由局撥充荊州滿營兵餉、水師月餉，餘則儘數由道移解善後局接濟軍餉。除解支細數造册咨部外，所有光緒十八年冬季分宜昌川鹽局抽收正加課錢文數目，理合恭摺具奏，伏祈皇上聖鑒。

户部知道。

江漢關籌解第一批籌備餉需摺 光緒十九年五月十一日

竊照前准户部咨，癸巳年籌備餉需奏撥江漢關四成洋税銀十二萬兩、六成洋税銀十六萬兩等因。當經轉飭遵辦去後。兹據湖北漢黄德道監督江漢關税務惲祖翼詳稱，在於第一百三十結所徵四成洋税項下動支庫平足色銀三萬兩，六成洋税項下動支庫平足色銀四萬兩，共銀七萬兩，作爲本年第一批籌備餉需，飭委試用知縣徐躍鯉、錢錦渠管解赴京交納等情，詳請奏咨前來。臣覆核無異，除分咨外，謹會同湖北巡撫臣譚繼洵恭摺具陳，伏祈皇上聖鑒。

户部知道。

籌解本年第二批甘肅新餉摺[二] 光緒十九年五月十一日

竊照承准軍機大臣字寄，光緒十八年八月初六日奉上諭：户部奏籌撥甘肅新餉一摺，甘肅關内外各軍餉銀關繫緊要，現經該

[一] 以下二件録自《京報》第四四九〇號。
[二] 録自中國第一歷史檔案館編《光緒朝硃批奏摺》第五九輯，第六二六頁，中華書局一九九五年版。

部將光緒十九年新餉指撥湖北省銀三十三萬兩，著該督撫等嚴飭司道按照部撥數目，於本年十二月底止趕解三成，至來年四月底止再解三成，其餘四成統限九月底止掃數解清。等因。欽此。業經欽遵，於上年豫解第一批銀十萬兩，恭摺奏報在案。茲據湖北布政使王之春會同善後局司道詳稱，現復在於鹽釐貨釐項下籌撥銀八萬兩，作爲光緒十九年第二批甘肅新餉，飭委補用知縣黄廷松解赴甘肅藩庫交收等情，詳請具奏前來。臣覆核無異，除分咨查照外，謹會同湖北巡撫臣譚繼洵恭摺具陳，伏祈皇上聖鑒。

户部知道。

奏解北洋海軍經費片[一] 光緒十九年五月十一日

再，前承准海軍衙門咨，光緒十九年分北洋海軍經費，應撥湖北釐金銀三十萬兩，按八成分批徑解北洋兑收等因。查湖北省釐金項下，原撥南北洋海防經費銀三十萬兩，光緒六年三月經北洋大臣奏准，按八成分解，每年共應解銀二十四萬兩。自光緒十二年起至十八年止應解前項銀兩，均經分別解清截留，附片奏報在案。茲據湖北善後局司道詳稱，籌撥光緒十九年第一批庫平銀六萬兩，於四月十二日解交湖北淮軍收支轉運局兑收轉解北洋，以應要需等情，詳請奏咨前來。臣覆核無異，除分咨外，謹會同湖北巡撫臣譚繼洵附片具陳，伏祈聖鑒。

該衙門知道。

奏解固本兵餉片 光緒十九年五月十一日

再，前准户部咨，原定各省應解固本兵餉，湖廣省按月應解銀五千兩，改令徑解部庫交納。又准户部咨，酌定分年帶解固本練餉欠款，擬定有閏之年解十五箇月，計銀七萬五千兩，無閏之年解十四箇月，計銀七萬兩，即自光緒十一年正月起，按年照數解清各等因。所有湖北省應解十六年六月以前固本兵餉銀兩，業經按年照數先後解部，附片奏報在案。茲據湖北布政使王之春詳稱，會同鹽法道在於鹽課項下籌撥銀一萬兩，作爲光緒十六年七、八兩月分固本兵餉，飭委大挑試用知縣徐躍鯉、錢錦渠管解赴京交納等情，詳請奏咨前來。臣覆核無異，除給咨管解外，理合會同湖北巡撫臣譚繼洵附片具陳，伏祈聖鑒。

户部知道。

江漢關籌解淮軍月餉片 光緒十九年五月十一日

再，前准户部咨，議覆直隸督臣李鴻章奏淮軍月餉支絀，請將江漢關應解額款於四六成洋税項下通融匀撥案内，議令江漢關應解淮餉，如六成洋税無款，即在四成洋税及五成二釐招商局税内按數提解等因。奉旨：依議。欽此。咨行欽遵辦理。查江漢關奉撥應解直隸督臣李鴻章淮軍月餉，四成洋税銀二萬兩、六成洋税銀三萬兩，均解至光緒十八年十一月分止，隨時奏報在案。茲應解光緒十八年十二月分四六成淮餉，即在第一百三十一結所徵四成洋税項下動支庫平銀二萬兩。因六成洋税無款可撥，並在是結五成二釐局税項下動支庫平銀三萬兩，作爲直隸督臣李鴻章及提督劉盛休所部淮軍月餉，委解湖北淮軍收支轉運局交收轉解。

[一] 以下四件録自《京報》第四四九〇號。

所有欠解四六成淮餉銀兩，容俟徵收有項，再行補解。據湖北漢黄德道監督江漢關税務惲祖翼詳請奏咨前來。臣覆核無異，除分咨外，謹會同湖北巡撫臣譚繼洵附片具陳，伏祈聖鑒。

户部知道。

籌解第二批鹽釐京餉片 光緒十九年五月十一日

再，前准户部咨，豫撥光緒十九年京餉案内，提撥湖北鹽釐銀十五萬兩，行令分批起解等因。業經籌撥本年第一批京餉鹽釐銀二萬兩，委解赴京交納，附片奏報在案。兹據湖北布政使王之春、鹽法武昌道瞿廷韶籌撥本年第二批京餉鹽釐銀二萬兩，飭委試用知縣徐躍鯉、錢錦渠管解赴京交納等情，詳請奏咨前來。臣覆核無異，除分咨外，謹會同湖北巡撫臣譚繼洵附片具陳，伏祈聖鑒。

户部知道。

請旨將千總張天慶勒令休致片〔一〕 光緒十九年五月十一日

再，據署湖北宜昌鎮總兵蔣澤斌詳，據施南協副將熊朝鑑詳，據該協右營右哨千總張天慶禀稱，前因奉差晋省，請領兵餉，途次染病請假醫治。現在手疾尚未復元，禀懇轉詳開除千總底缺，仍留世職，支食世俸等情，詳請核辦前來。查定例，現任副將以下外委以上各官，如遇查閲營伍之年，不准告病乞休，以杜規避。如有告病乞休者，即勒令休致等語。光緒十八年係查閲營伍之年，經臣奏明將省外各營展至本年再行前往校閲。該千總張天慶於未奉查閲之先，自行告病開缺，實屬違例規避。相應請旨將儘先都司施南協右營右哨千總雲騎尉世職張天慶，勒令休致，以肅戎政。除將所遺世職飭查有無應襲之人，照例辦理外，理合附片具陳，伏祈聖鑒，敕部查照施行。

著照所請。兵部知道。

鐵廠成本不敷另籌借撥摺 光緒十九年五月十四日

竊臣承准總理海軍事務衙門咨開，光緒十九年三月二十九日會同户部具奏，速議鄂省鐵廠豫籌開煉成本一摺。本日奉旨：依議。欽此。黏鈔原奏，咨行到臣。查鈔奏内稱，户部查該督擬由湖北糧道借撥銀十萬兩，應如所請辦理。至李鴻章電稱鐵路經費礙難挪用，請由户部代籌一節。查帑項支絀，户部指撥爲難，爲該督所深悉。所有户部設法代籌之處，礙難辦理等因。竊惟鐵廠先行開煉一爐，前奏歲需經費五六十萬兩，實與洋匠多方考究，撙節估計無可再省。現在鋼鐵各廠將次告成，但開辦煤井建造焦炭爐各項工程，正在喫緊之際。蓋開煤井、煉焦炭，實爲煉鐵之根，必須趕辦。而修理演試各種機器，添雇洋匠，教練藝徒，修守鐵路，填築廠内餘地各事，端緒甚繁，需用甚急，均須迅速督催，布置周妥，始能開煉。即使前奏所請借撥之二十萬兩如數撥到，而其餘尚須專指槍礮廠經費凑足。究竟槍礮廠經費能收若干，能挪用若干，尚未可知，已恐不敷。今鐵路經費十萬兩既不允截留，短此十萬鉅款，實屬無從措手。北洋大臣李鴻章亦深知開煉

〔一〕 録自《京報》第四四九一號。

要需，勢有難緩，故有請户部代籌，以觀厥成而免作輟之議。今此項經費户部既不能代籌，只可仍就湖北本省自行設法騰挪借撥，以免功虧一簣。再四籌維，惟有仍由湖北糧道庫無礙京餉之雜款再借撥五萬兩。又查湖北鹽道庫尚存有長江水師申平銀五萬兩，一并借撥應用，以符原奏之數。仍照原議，統自光緒二十二年起分作十年歸還。此兩項於京協各餉均無妨礙。至户部原奏稱，借撥糧道銀兩，究係何項雜款，將來按期歸還，均須隨時聲明報部等語。查前奏所借，係兑費、水脚、幫津三款。此各款向係留備本省奏撥餉需之用。此次擬借五萬，仍就此三款内撥用。將來歸還時，自應與申平一款一併隨時報部，合併陳明。合無仰懇天恩敕下海軍衙門、户部迅速核覆，俾得開辦試煉一切事宜，以免作輟延誤。

（硃批）該衙門議奏。（欽此）

江漢關第一百三十結期滿徵收税鈔及支解各數目摺[一] 光緒十九年五月十四日

竊照前准户部咨，鈔奏内開，各海關洋税收支數目辦理未能畫一，應令遵照定章，按結開列清單奏報一次，仍扣足四結開單奏銷一次，概不得以收支數目串入原摺，以致混雜不清。仍一面造具四柱清册暨支銷經費銀兩清册，分送户部、總理各國事務衙門以憑核銷等因。光緒十年二月二十五日具奏。本日奉旨：依議。欽此。又准咨，第九十五結期滿清單，僅有收支款目，以致各結總數未能聯貫。嗣後應令將舊管、新收、開除、實在，分爲四柱，逐款開列，以昭明晰等因。均經轉行遵照辦理。茲據湖北漢黄德道監督江漢關税務惲祖翼詳稱，江漢關徵收各項税鈔及支解各數目，前經截至光緒十八年十一月十三日第一百二十九結止，詳請奏咨在案。茲查自光緒十八年十一月十四日起至十九年二月十四日止，第一百三十結期滿，徵收洋商各項税鈔，六成洋税除支解外，計不敷銀三萬四千九百九十一兩七錢六分四釐五毫四絲六忽，應在於下結所收六成洋税項内照數彌補。又，四成洋税除撥解外，計不敷銀八萬二千七百三十四兩零七分，應在於下結所收四成洋税項内照數彌補。又，另款徵收招商局各項税鈔，除撥解外，計存四成八釐各税銀五萬零九百零二兩零五分，已如數歸併六成洋税内開報。又，五成二釐局税除撥解外，計不敷銀六萬二千九百五十四兩零三分一釐，應在於下結所收五成二釐局税項内照數彌補。又，上結報存洋藥税釐銀及本結遵照新章徵收洋藥税釐銀，除支解外，計存銀一萬五千八百七十六兩六錢三分八釐。又，英商局商在漢販運土藥出口徵收正税銀八兩四錢，已歸入華洋税項内開報等情，詳請奏咨前來。臣覆核無異，除俟一年期滿，按結造具收支經費各册另繕總單分別報銷外，所有第一百三十結徵收洋商華商各項税鈔及支解各數目，謹會同南洋通商大臣兩江總督臣劉坤一、湖北巡撫臣譚繼洵恭摺具陳，並繕具四柱清單，恭呈御覽，伏祈皇上聖鑒。

該衙門知道。單併發。

[一] 録自《京報》第四四八五號。

江漢關籌解出使經費銀兩片[一] 光緒十九年五月十四日

再，據湖北漢黄德道監督江漢關税務惲祖翼詳稱，查江漢關第一百二十九結提存出使經費銀兩，業經委解江海關驗收，詳請奏咨在案。兹查第一百三十結所徵洋商進出口正税六成銀兩，除開支税務司並關用經費及傾鎔折耗外，實存銀三千一百零二兩九錢五分三釐。按十成計算，應提一成五釐出使經費銀四百六十五兩四錢四分三釐。又收招商局輪船出口正税四成八釐銀兩，除開支傾鎔折耗外，實存銀二萬一千九百二十兩零九錢零八釐。按十成計算，應提一成五釐出使經費銀三千二百八十八兩一錢三分六釐。遵照户部核覆，每萬兩扣給解費銀二百兩，即在所提出使經費内扣給委員解費銀七十五兩零七分二釐，計實解銀三千六百七十八兩五錢零七釐，飭委候補同知狄雲章解赴江海關驗收等情，詳請奏咨前來。臣覆核無異，除分咨外，謹會同南洋通商大臣兩江總督臣劉坤一、湖北巡撫臣譚繼洵附片具陳，伏祈聖鑒。

該衙門知道。

江漢關籌解第二批京餉及邊防經費片[二] 光緒十九年五月十四日

再，前准户部咨，豫撥光緒十九年分京餉，奏撥江漢關洋税銀十五萬兩，又光緒十九年分東北邊防經費奏撥江漢關六成洋税銀十萬兩各等因。均經轉飭遵照辦理。所有江漢關奉撥前項銀兩，業經委員管解第一批京餉銀四萬兩、東北邊防經費第一批銀三萬兩，赴京交納，均經奏咨在案。兹據湖北漢黄德道監督江漢關税務惲祖翼詳稱，在於所徵洋税項下，動支庫平足色銀四萬兩，作爲本年第二批京餉。又在於第一百三十一結所徵六成洋税項下，動支庫平足色銀二萬兩，作爲本年第二批東北邊防經費銀兩。飭委候補知縣蕭焕南、知縣用施南府經歷王梓分别管解赴京交納等情，詳請奏咨前來。臣覆核無異，除分别給咨管解外，謹會同湖北巡撫臣譚繼洵附片具陳，伏祈聖鑒。

户部知道。

籌解第三批鹽釐京餉片 光緒十九年五月十四日

再，前准户部咨，豫撥光緒十九年京餉案内，提撥湖北鹽釐銀十五萬兩。又准户部咨，續撥本年京餉案内，撥湖北鹽釐銀五萬兩。行令分批起解等因。業經籌撥本年第一、二兩批京餉鹽釐銀共四萬兩，委解赴京交納，附片奏報在案。兹據湖北布政使王之春、鹽法武昌道瞿廷韶籌撥本年第三批京餉鹽釐銀二萬兩，飭委候補知縣蕭焕南、知縣用施南府經歷王梓管解赴京交納等情，詳請奏咨前來。臣覆核無異，除分咨外，謹會同湖北巡撫臣譚繼洵附片具陳，伏祈聖鑒。

户部知道。

籌解第四批鹽釐京餉片 光緒十九年五月十四日

再，前准户部咨，豫撥光緒十九年京餉案内，提撥湖北鹽釐銀

[一] 録自《京報》第四四九〇號。
[二] 以下四件録自《京報》第四四八五號。

十五萬兩。又准户部咨，續撥本年京餉案内，撥湖北鹽釐銀五萬兩。行令分批起解等因。業經籌撥本年第一批至三批京餉鹽釐，共銀六萬兩，委解赴京交納，附片奏報在案。茲據湖北布政使王之春、鹽法武昌道瞿廷韶籌撥本年第四批京餉鹽釐銀二萬兩，飭委候補知縣胡子功、李兆庚管解赴京交納等情，詳請奏咨前來。臣覆核無異，除分咨外，謹會同湖北巡撫臣譚繼洵附片具陳，伏祈聖鑒。

户部知道。

籌解固本兵餉片 光緒十九年五月十四日

再，前准户部咨，原定各省應解固本兵餉，湖廣省按月應解銀五千兩，改令徑解部庫交納。又准户部咨，酌定分年帶解固本練餉欠款，擬定有閏之年解十五箇月，計銀七萬五千兩，無閏之年解十四箇月，計銀七萬兩。即自光緒十一年正月起，按年照數解清各等因。所有湖北省應解十六年八月以前固本兵餉銀兩，業經按年照數先後解部，附片奏報在案。茲據湖北布政使王之春詳稱，會同鹽法道在於鹽課項下籌撥銀一萬兩，作爲光緒十六年九、十兩箇月固本兵餉，飭委候補知縣胡子功、李兆庚管解赴京交納等情，詳請奏咨前來。臣覆核無異，除給咨管解外，理合會同湖北巡撫臣譚繼洵附片具陳，伏祈聖鑒。

户部知道。

江漢關籌解淮軍月餉片〔一〕 光緒十九年五月十四日

再，前准户部咨，議覆直隸督臣李鴻章奏淮軍月餉支絀，請將江漢關應解額款於四六成洋税項下通融匀撥案内，議令江漢關應解淮餉，如六成洋税無款，即在四成洋税及五成二釐招商局税内，按數提解等因。奉旨：依議。欽此。咨行欽遵辦理。查江漢關奉撥應解直隸督臣李鴻章淮軍月餉，四成洋税銀二萬兩、六成洋税銀三萬兩，均解至光緒十八年十二月分止，隨時奏報在案。茲應解光緒十九年正、二兩月分四、六成淮餉，即在第一百三十一結所徵四成洋税項下動支庫平銀四萬兩，因六成洋税無款可撥，並在是結五成二釐局税項下動支庫平銀六萬兩，作爲直隸督臣李鴻章及提督劉盛休所部淮軍月餉，委解湖北淮軍收支轉運局交收轉解。所有欠解四、六成淮餉銀兩，容俟徵收有項，再行補解。據湖北漢黄德道監督江漢關税務惲祖翼詳請奏咨前來，臣覆核無異，除分咨外，謹會同湖北巡撫臣譚繼洵附片具陳，伏祈聖鑒。

户部知道。

湖北第十四起軍需案内應找製造不敷銀兩歸入善後案内造報摺 光緒十九年五月十四日

竊照光緒七年八月間，准户部咨，核覆湖廣總督李瀚章奏湖北十四起軍需收支款目造册報銷一摺，又核覆十四起軍需案内製造軍火器械等項用過工料銀兩一片，計單内開，總計此次軍需案内新收共銀二百三十四萬一千一百四十七兩五錢四分九釐三毫四

〔一〕以下三件録自中國第一歷史檔案館編《光緒朝硃批奏摺》第五九輯，第六二八至六三三頁，中華書局一九九五年版。

絲八忽四微，開除共銀二百三十八萬七千一百二十五兩九錢三分二釐七毫二絲五忽八微，尚不敷銀四萬五千九百七十八兩三錢八分三釐三毫七絲七忽四微。據稱係應找採辦製造各項價值，隨於光緒五年四、五月分餉銀内陸續匀出找訖。其所找銀兩，歸於善後第一案彙册造報等語。查該省軍需用款截至十四起止，既經劃清造報，所有前項不敷銀四萬五千餘兩，自應一併在於各營應支鹽糧項下均匀核欠。俟將來款項充裕，再行籌議，勿庸歸於善後項下匀出找發，以清款目而免轇轕等因。當經轉飭遵辦去後。兹據湖北善後局兼辦報銷事務司道詳稱，遵查前項不敷銀四萬五千九百七十八兩三錢八分三釐三毫七絲七忽四微，均係應找之項。是以於光緒五年四、五月分餉銀内匀出找訖，聲明歸於善後案内造報。嗣奉准部飭，應在各營鹽糧項下均匀核欠。惟十四起軍需案内鹽糧已欠至七萬四千餘兩之多，礙難再行匀欠。且當日設立勇營，凡支銷一切，均係遵照例章開報，實用實銷，並無絲毫浮冒，迄今歷年已久。此項應找價銀，早經給發清楚，無從扣回彌補。而局中公款亦未便久懸，只得縷晰陳明，懇免追繳等情，詳請具奏前來。臣等覆核無異，除咨户、工二部外，謹合詞恭摺具陳，伏祈皇上聖鑒，敕部准銷施行。

該部議奏。

鄂省酌給遣勇游勇船價錢文懇准作正開銷造報摺 光緒十九年五月十四日

竊照光緒十三年二月間，准户部咨，湖廣總督裕禄奏酌給遣勇游勇船價一片。據原奏内稱，上年各省營勇紛紛遣撤，自光緒十一年七月起至十二年六月底止，由閩浙、江南、山東等省陸續派撥輪船，裝載遣勇，及投效未收游勇至漢者，共三萬三千零五十餘名，均須由漢口换坐民船回籍，分别遠近，酌定船價數目。每名近者，給錢三百文。遠者，給錢五百文。陸續發過船價錢一萬零二百四十一千餘文，彙入善後軍需案内報銷等語。查所稱至漢者三萬三千零五十餘名，發過船價錢一萬零二百四十一千餘文，雖係恐人數衆多，逗留滋事，設法速行遣散，或係實在情形，恐此端一開，於餉項大有關係。所有發過船價，令照數籌還，或自籌閒款發給，所請彙入善後軍需案内報銷之處，應勿庸議等因。當經轉飭遵辦去後。

兹據湖北善後局兼辦報銷事務司道詳稱，伏查自海防軍務平定以後，各省營勇紛紛遣撤回籍。漢口地當衝要，各路遣勇紛至沓來，加以本省投效未收游勇，至漢日衆，麕集市廛，不勝擾累。而本地民船，素視裝勇爲畏途。若聽其自行覓載，不但散漫無稽，即船户必聞風逃避。再三斟酌，不得不派員經理，俾得有所約束。是以稟經前督撫臣奏明，飭由漢黄德道、漢陽協副將，分飭府縣，多雇民船，分别路程遠近發給船價，分起解送回籍，以期妥速而免擾累在案。嗣奉准部文，亦謂恐人數衆多，逗留滋事，設法速行遣撤或係實在情形。是此項遣勇、游勇不便聽其逗留，户部亦曾慮及。是以發過船價並未駁令追繳，僅慮及此端一開，皆得藉口開報，於餉項大有關係。但現在軍務久平，各省營勇亦均裁定，嗣後再無此項開銷，即使偶有過境遣勇，亦不至如此之多。儘可聽其自行回籍，不再官爲經理，以重餉項。至此案所發船價，雖無成案可援，實係時勢所在，不得不權宜辦理。現在各勇均已回籍，船價當時已照數發給，鄂省實無閒款可以籌還，若向各船户索追船價，不惟船户已非昔日載勇之人，猶恐無此政體。惟有懇請將光緒十一年分發過遣勇游勇船價錢一萬零二百四十一千五百文，准其作正開銷，彙入善後軍需案内造報，以清積案而免賠累等情，詳請具奏前來。臣等覆核無異，合無仰懇天恩俯准敕部准其作正開銷彙入善後軍需案内造報。除咨户部外，謹合詞恭摺具奏，伏祈皇上聖鑒訓示。

著照所請。户部知道。

請獎勵催科勤奮之員摺[一] 光緒十九年五月二十八日

竊照錢漕乃維正之供，催科爲有司專責。鄂省頻年奉提京餉及撥協各省餉項，全賴地丁等款徵解踴躍，藉資挹注。是州縣催徵之勤惰，實關餉需之贏縮。其有先期完解之員，歷經奏准獎叙在案。茲據湖北布政使王之春、督糧道岑春蓂詳稱，查麻城縣額徵光緒十八年司庫地丁等款錢糧，除坐支外，實應解銀二萬九千四百七十五兩八錢六釐。又應解道庫漕南正耗米折等款共銀七千三百一十二兩八錢五分七釐，均於年内掃數全完，請奏獎前來。臣等查，該縣額徵各款錢糧銀兩合計在三萬兩以上，均於年内掃數全完，洵屬催科勤奮，自應專案請獎。合無仰懇天恩俯准將麻城縣知縣張集慶，照例給予加一級，以示鼓勵而資觀感。謹合詞恭摺具陳，伏乞皇上聖鑒。

著照所請。該部知道。

查報京控未結各案摺[二] 光緒十九年五月　日

竊查前准刑部咨，議覆光禄寺卿延茂奏，稽核京控審限，每年將已未完數目兩次彙開清單具奏，以歸劃一。並摘録案由，註明交審月日及未結各案因何未能審結緣由，於每年兩次覆奏時，詳細聲明等因。奉旨：依議。欽此。咨行遵辦在案。茲據湖北布政使王之春、按察使陳寶箴詳稱，陸續奉到部院衙門奏交咨交京控各案，隨時委提人卷，解省發審。其有距省較遠州縣之案，移交該管道就近提審，或委員前往會同該管府審辦。已將光緒十八年六月以前未結各案，造册詳請奏報在案。茲值半年彙奏之期，查湖北省京控案件，除已審結咨送供招及詳咨註銷各案毋庸開列外，其未結之案因要証遠出，無從質訊，咨明展限者，十八起。現在提到人証審辦之案，九起。核計尚無遲延等情。開呈清册，請奏報前來。臣等覆核無異，除清册分送刑部都察院、步軍統領衙門查照外，謹繕清單恭摺具陳，伏乞皇上聖鑒。

刑部知道。單併發。

遵旨察看道員摺[三] 光緒十九年六月初一日

竊臣等承准軍機大臣字寄，光緒十九年三月三十日奉上諭：湖南糧儲道吕世田，著張之洞、吳大澂悉心察看，如竟不能勝任，即

[一] 録自中國第一歷史檔案館編《光緒朝硃批奏摺》第六六輯，第八四八至八四九頁，中華書局一九九五年版。
[二] 録自《京報》第四四九九號。
[三] 録自中國第一歷史檔案館編《光緒朝硃批奏摺》第九輯，第七二頁，中華書局一九九五年版。

行據實糸奏，毋稍遷就。將此各諭令知之。欽此。遵旨寄信前來。臣等查湖南糧儲道呂世田，老成謹飭，情形亦熟，惟年近七旬，精力漸遜，於任内一切公事，尚無貽誤。前據該道禀請給假回籍修墓，業經臣大澂附片奏請開缺，暨委員接署在案。該道前由長沙府升補糧儲道，屢經吏部催取引見，現既已奏請開缺，應俟其銷假回湘，再由臣大澂察看該道精力是否尚能支持，分别奏咨辦理。謹合詞恭摺覆陳，伏祈皇上聖鑒。

知道了。

訊明會匪渠魁擇尤保獎出力各員摺（一）

光緒十九年六月初一日

竊照會匪著名大頭目匡世明，奉旨咨行各省嚴拏。前經臣等密飭兩省文武合力搜緝拏獲訊供，該犯於句通梅生私買軍火各重情，在鄂恃無質證，狡不承認。當經奏明解赴江南，提犯質訊明確定案咨覆後，再由臣等酌核案情，將在事文武員弁擇尤奏獎等情，欽奉硃批：該衙門知道。欽此。欽遵在案。茲准兩江督臣劉坤一咨，據江南營務處司道會禀稱，督同印委各員提犯匡世明與徐春山、徐春庭質訊確供，業經該督臣分别奏請懲辦，鈔録供摺，咨覆前來。臣等查匡世明以會匪稔惡渠魁，開立山堂，充當正龍頭，往來沿江、沿海各省，迭搆逆謀，與尋常會匪頭目不同。該犯行蹤詭祕，夥黨衆盛，消息靈通，疊經各省咨電查拏，數年未獲。巨匪漏網，亂階未弭，臣等時切隱憂。茲經署湖廣督標中軍副將記名提督謝得龍，派員覓綫，查訪該匪確蹤，徧歷湘、黔、江、皖數省，派弁跟蹤追捕，殫竭心力。辰永沅靖道翁曾桂，選派屯弁，實力搜捕，會商鎮筸鎮總兵周瑞龍，懸立重賞，分布弁兵，四面兜拏，悉中機宜，始得將該匪弋獲，剗除巨憝。在事各員弁等，或購覓眼綫踹訪經年，或跟蹤追捕經歷數省，或深入險阻分途截緝，或探訪確蹤設計誘拏，均屬異常出力。前奏曾經詳晰聲叙，自應欽遵諭旨，照異常勞績，請予優獎，以昭激勸。

頭品頂戴署湖廣督標中軍副將記名提督謝得龍，擬請遇有提督、總兵缺出，開列在前，請旨儘先簡放。前任辰永沅靖道翁曾桂，擬請旨交軍機處存記，遇有應升缺出，開列在前。鎮筸鎮總兵周瑞龍，擬請旨交部從優議叙。指發四川補用縣丞劉嗣英，請免補本班，以知縣仍留原省補用。辰永沅靖道標左營屯守備劉元發，請以都司儘先補用。鎮筸鎮標後營左哨千總滕國柱、雲騎尉世職告降千總田應科，均請以守備儘先補用。留川補用副將周世勛，請賞給二品封典。麻陽縣知縣吕懋恒，請旨交部從優議叙。合無仰懇天恩俯准照獎，以昭激勸。出自逾格鴻慈，除飭取各員弁履歷咨部，並查明弁兵勇丁擇尤咨部請獎外，臣等謹合詞恭摺奏陳，伏祈皇上聖鑒。

著照所請。該部知道。

查明湖北各州縣承襲接襲各世職摺

光緒十九年六月初一日

竊照前准部咨，同治元年二月十六日奉上諭：軍興以來，各

（一）以下二件録自中國第一歷史檔案館編《光緒朝硃批奏摺》第四三輯，第三七九至三八一頁，中華書局一九九五年版。

省官紳士庶，凡臨陣捐軀、守義殉難者，一經統兵將帥及該地方督撫奏請旌卹，無不立予褒揚。嗣後著該督撫轉飭各州縣，將應襲職名迅速查取，徑報督撫，毋庸由府司轉詳，予限半年彙案具奏，以免煩擾。欽此。歷經欽遵彙奏在案。茲自光緒十八年正月起至閏六月底止，據湖北黄陂等州縣先後查詳前來。所有請承襲雲騎尉世職發標學習之易敦禮，又請接襲雲騎尉世職發標學習之襲守模、操耀奎、王明達、朱駿聲，又請接襲恩騎尉世職發標學習之羅澤民、宋紱煌，又已襲雲騎尉世職現請發標學習之秦性善、陳德恩、金光灼，又已襲恩騎尉世職現請發標學習之熊兆甲，又請承襲雲騎尉世職改作文生應試之易敦義，共十二員，均年已及歲。經臣先後驗看，俱屬年力精壯，堪以承襲、接襲並發標學習，及改作文生應試。又請接襲雲騎尉世職吴良灝、林之緒、李蘭芳共三名，均年未及歲，亦經查明與例相符，應請准其接襲。統俟接准部覆，分别辦理。除鈔録清單同宗圖册結及已故世職王有訓因病開缺世職，羅必達各原領敕書一併咨送吏、户、兵各部辦理外，理合會同湖北巡撫臣譚繼洵、湖北提督臣程文炳恭摺具陳，並繕具各世職姓名、年貫清單恭呈御覽，伏祈皇上聖鑒。

兵部議奏。單併發。

江漢關籌解第二批籌備餉需摺〔一〕

光緒十九年六月初一日

竊照前准户部咨，奏撥癸巳年籌備餉需案内，撥江漢關四成洋税銀十二萬兩、六成洋税銀十六萬兩，行令遵照辦理等因。業經撥解本年第一批籌備餉需四成洋税銀三萬兩、六成洋税銀四萬兩，委解赴京交納，奏報在案。茲據湖北漢黄德道監督江漢關税務惲祖翼詳稱，在於第一百三十一結所徵四成洋税項下動支庫平足色銀二萬兩，六成洋税項下動支庫平足色銀四萬兩，共銀六萬兩，作爲本年第二批籌備餉需，飭委候補知縣胡子功、李兆庚管解赴京交納等情，詳請奏咨前來。臣覆核無異，除分咨外，謹會同湖北巡撫臣譚繼洵恭摺具陳，伏祈皇上聖鑒。

户部知道。

籌解協滇餉銀片

光緒十九年六月初一日

再，前准户部咨，議覆四川總督劉秉璋奏，滇省新舊協餉無力解足案内，令川省月協滇餉銀二萬三千兩，自光緒十五年九月起，每月減去銀五千兩，改由湖北在於鹽貨等釐及司庫各款内，按月協解銀三千兩，江漢關六成洋税項下，按月協解銀二千兩。如六成洋税無款，應准在四成洋税項下湊解等因。查前項應協滇省餉銀，業經解至光緒十八年十二月分止，附片奏報在案。茲據湖北布政使王之春會同善後局司道暨漢黄德道監督江漢關税務惲祖翼詳稱，現於司庫減平項下動撥長沙平銀六千兩，善後局款内動撥長沙平銀六千兩，作爲光緒十九年正月起至四月止四箇月協滇餉銀。江漢關六成洋税項下無款可撥，即在第一百三十結所徵四成洋税項内，動支庫平足色銀六千兩，作爲光緒十九年正月起至三月止三箇月協滇餉銀，均發交雲南催餉委員知縣吴本義領匯赴滇等情，詳請奏咨前來。臣覆核無異，除分咨外，謹會同湖北

〔一〕以下三件録自《京報》第四五〇二號。

巡撫臣譚繼洵附片具陳，伏祈聖鑒。

户部知道。

撥解廣西邊軍餉銀片光緒十九年六月初一日

再，前准户部咨，議覆廣西巡撫李秉衡奏邊防各營請撥的餉案内，令湖北省自光緒十三年起，按月協解廣西邊軍餉銀一萬兩。業於光緒十三年分籌解銀二萬兩。嗣因湖北庫款支絀，力難續籌，咨准户部核復，議令將調直武毅二營裁撤騰出餉糈約銀七萬餘兩，籌解廣西軍餉。並經北洋大臣李鴻章奏准，自光緒十四年起，武毅二營由直籌餉。旋於十四年分匯撥劃解，計共解銀十萬三千八百六十六兩零。十五年分匯撥劃解，計共解銀七萬一千一百五十三兩零。十六年分匯撥劃解銀八萬一千七百一十一兩零，又籌解廣東墊付鎮南關礮費劃抵協餉銀一萬兩。計共解銀九萬一千七百一十一兩零。十七年分匯解銀七萬兩，又解鎮南關礮費劃抵協餉銀一萬兩，計共解銀八萬兩。十八年分匯解銀七萬兩。均經附片奏報在案。兹據湖北布政使王之春會同善後局司道詳稱，現復籌撥銀一萬兩，查照廣西來文，較準法馬，發交百川通商號匯赴廣西交收等情，詳請奏咨前來。臣覆核無異，除分咨外，謹會同湖北巡撫臣譚繼洵附片具陳，伏祈聖鑒。

户部知道。

籌撥織布局官本摺光緒十九年六月初四日

竊臣前承准總理衙門咨，議覆詹事志鋭奏整頓商務一摺。原奏内稱，棉布爲用甚廣，大利所歸，亟宜自謀織造以塞漏巵。查上海已設立織布機器局，兩廣總督張之洞亦經奏明設局織布，因時興利，實爲不可緩之舉，必須實力講求，逐漸推廣，方能有濟。如果經費不敷，或撥官本，或招商股，隨時分别奏咨辦理。等因。奉旨：依議。欽此。欽遵在案。

兹查湖北省織布官局業經工竣，布機一千張陸續教練開織。所織布匹甚爲堅潔適用，所紡棉紗堅韌有力，遠勝洋紗，銷路頗暢。官、商、士、民咸曉然於此舉爲有益地方之事。大率一年需用棉花數百萬斤，皆用湖北本省所産之花，間或參用江南通州花。紡織工徒需用二三千人，皆用湖北本地之人。此舉無論於大局何如，要之銷湖北之土貨，養湖北之貧民，則已確有明徵。惟購儲棉花，并隨時添補修改機器各件，以及洋匠、華工需款甚鉅。查該局購機造廠經費，均係臣前在廣東設法籌捐，並未動用庫款。自經兩廣督臣李瀚章奏請將布局移設鄂省後，又添購軋花機器及廠屋、鐵料，暨外洋運脚、保險等費，增款銀三十餘萬兩。除前經奏明由李瀚章撥來息借晋省存款二十萬兩，并由湖北藩司善後局議詳，將向來存當生息善舉公款銀十萬兩，分向當店提還，改發布局應用生息外，其餘皆係向商號暫借，及挪借善後局閒款墊用。現在開辦經費亟須籌措，大率成本愈厚，開機愈多，則行銷愈暢，盈餘愈多。統計一年需費甚鉅，而濬源塞漏可久可大。誠如總署所云，因時興利，實爲不可緩之舉。自應遵旨籌撥官本應用，以阜民生而保利權。查布局開辦經費至少需銀二十萬兩左右，始足以資周轉。鄂省司局正雜各款，各有專支，急切實無從籌此鉅款。惟查有近年積存質當捐一款，係光緒十一年前督臣卞寶第奏明辦理，乃係新籌之款，并經奏明留於本省儲備緩急之需，奉旨允准在案。現在共積存銀八萬兩，以之撥充布局開辦經費，照章生息，允爲妥協。布局購儲棉花，爲目前最急之務，刻不容緩。已據該司道議詳，將此款全數提交布局，悉購棉花以應急需。惟所需之花，尚須廣儲急購，不敷尚多，容臣督飭司局隨時設法籌措。

（硃批）該衙門知道。（欽此）

織布局息借晉款另籌歸款摺[一] 光緒十九年六月初四日

竊臣承准軍機大臣字寄，光緒十九年五月初一日奉上諭：張煦奏山西省向有善後銀二十萬兩，張之洞帶至鄂省應用。現在山西辦賑需款，請飭該督迅即撥還等語。山西北路荒歉，賑撫一切待用孔殷，即著張之洞將前借山西善後銀二十萬兩，迅速籌款撥還，交商限期匯解晉省，以應急需。原片著鈔給閱看。等因。欽此。欽遵。伏查此項晉省善後款銀，臣前在兩廣總督任內，適值辦理海防需餉，因知此款在晉發商生息，商人每多不肯承領，當經與前任山西撫臣奎斌商妥奏明借撥銀二十萬兩，周年九釐生息，由粵按年匯寄，無異存之外府。洎防務底定，臣在粵購辦機器織布一切建廠及常年經費，均籌有的款。嗣臣調任湖廣，經兩廣督臣李瀚章奏請將布局移置鄂省，因需用浩繁，除機器運保及建廠等費仍由粵撥用外，並由李瀚章奏明，以此項晉款二十萬撥歸湖北應用在案。並非臣自行帶至鄂省。臣當以晉款息銀九釐，在粵則籌撥無難，在鄂則力艱應付，復經函致前山西撫臣劉瑞祺商酌，承其慨允，讓減五釐，以四釐周年行息，俾布局得資周轉以擴利源而杜外耗，亦經臣奏明在案。計自光緒十一年三月起截至十九年二月底止，前後共解過利銀十一萬四千兩，未及十年已成鉅款，似於晉省不無小補。此廣東、湖北兩省先後息借晉款之原委也。

查布局自奏准移鄂後，運機、購地、造廠一切經始，均係平地爲山。復添造軋花廠，另購機器及廠屋、鐵料暨運保等費，增款銀三十餘萬兩，皆係萬不可少之需。鄂省物力素絀，設法籌撥、借墊並將晉款陸續湊用，始告成功。而開織成本需用甚鉅，購儲棉花、雇備華洋工匠，俱無所出。復查照總理衙門前奏整頓商務、籌撥官款之議，督同司道籌議，撥借質當捐銀八萬兩應用，已經全數購花。此外儲花趕工不敷甚鉅，尚須設法籌措，業經另摺奏明在案。現在開機織布、紡紗，銷售頗暢，機勢甚順，原擬逐漸擴充，四五年後，即可將晉款陸續提還。晉省若仍欲存放加息，亦可照加，源源匯解不絕。今山西撫臣張煦以晉賑之故，奏請將此項借款限期解還，當此布局甫經告成，開織成本需用甚急，籌撥官款不敷尚鉅，正在籌措十分爲難之際，一時倉卒之間，實無從籌還此項鉅款。惟念山西北路荒歉，仰賴聖恩優渥，多方拯濟。目前賑撫一切待用孔殷，晉省本係臣曩昔服官之地，遥想災黎困苦，閔念同深，斷不能置之膜外，自應力籌協助。前已奏明由湖北善後局先行籌撥銀一萬兩，於四月內由電匯交北洋大臣李鴻章解晉散放，此項係集捐專助晉賑之款，仍隨時督飭司道勸辦山西賑捐，以資接濟。現接准李鴻章咨，囑鄂省順直賑捐局帶辦晉賑，復飭司局於順直賑捐內提銀一萬五千兩，撥充晉賑，解津彙解濟用。茲張煦催還借款，雖布局一時不能撥還，自應竭力另籌歸款

[一] 録自中國第一歷史檔案館編《光緒朝硃批奏摺》第一〇一輯，第七〇七至七〇九頁，中華書局一九九五年版。

辦法，以應急需。再四籌維，思得一通融辦理之法，當經派員向漢口匯豐、德華兩銀行商明息借銀二十萬兩，解晋應用，周年八釐行息，訂期八年，本利悉由湖北布局如數還清。該兩銀行均照議應允，並據稱借款數少，故起息較多。俟奏准後，即行提銀匯解，由布局按期歸還。臣督同局員籌計已熟，八年爲期，准可還清，絶無延誤。此款係由布局認還，與他項息借銀行款項由庫款撥還者迥不相同。緣晋款與此款布局同一息借，並無分別。雖利銀較多，布局尚可從容應付。蓋布局所難者，在開辦一二年之内，而不在三四年以後。爲籌賑迅速計，無逾於此，舍此之外實萬無籌措之法。如此一轉移間，晋省既得應急需，布局亦不致有所妨礙。如蒙俞允，應請敕下總理衙門電知鄂省，臣即與該銀行定議，將此項銀二十萬兩即日電匯天津，交北洋大臣李鴻章轉解晋省應用。所有鄂省布局息借晋款，緊難籌還，另籌辦法以應晋賑急需緣由，是否有當，理合恭摺覆陳，伏祈皇上聖鑒訓示。

户部議奏。

委員起解節省兵餉銀兩片〔一〕 光緒十九年六月初四日

再，湖北省抽裁緑營額兵餉乾米折等項，前准户部行令將每年節省銀兩，自光緒十二年起陸續委員解部交納，歷經遵照辦理。茲據湖北布政使王之春、督糧道岑春蓂詳稱，湖北前議減緑營額兵，奏明以光緒十二年春季止，截清餉項。司庫即於夏季起，照數扣發。計各營額設馬、步、守、兵内共裁兵二千九百二十一名。原奏聲明，現在湖北章程，督撫標、漢陽協、武昌城守等七營，向支全餉。其餘各營，皆暫按八成開支。今應均照額支數目，核計每年共節省餉乾米折等銀五萬三千五百十一兩一錢二分。業將十二年夏季起至十八年秋季止，節存銀兩解部交納在案。所有光緒十八年冬季並十九年春季分，照奏定之數，共應解部庫銀二萬七千三百四十五兩六錢六分。現於應支各營十成、八成餉乾米折内，共由司庫扣出銀二萬一十八兩五錢八分，糧道庫扣出銀三千五百四十兩六錢，其現按八成支放各營照額支數目扣解，計不敷銀三千七百八十六兩四錢八分，並於本年所收地丁項下動支，按數湊足，以符奏定照額節省十八年冬季並十九年春季分應解之數。所有前項銀二萬七千三百四十五兩六錢六分，飭委候補知縣蕭煥南、知縣用施南府經歷王梓管解赴部交納等情，詳請奏咨前來。臣覆核無異，除給咨管解外，謹會同湖北巡撫臣譚繼洵附片具陳，伏祈聖鑒。

户部知道。

江漢關洋税項下籌備餉需片 光緒十九年六月初四日

再，前准户部咨，豫撥湖北省癸巳年滿緑各營兵餉案内，撥江漢關洋税銀十五萬兩等因。當經轉飭遵照辦理。茲據湖北漢黄德道監督江漢關税務惲祖翼詳稱，在於第一百三十一結所徵六成洋税項下，動支庫平足色銀五萬兩，委員解赴藩司衙門交收，以供支放等情，詳請奏咨前來。臣覆核無異，除分咨總理各國事務

〔一〕以下三件録自《京報》第四五〇八號。

衙門暨户部查照外，謹會同湖北巡撫臣譚繼洵附片具陳，伏祈聖鑒。

該衙門知道。

江漢關撥解海軍經費片 光緒十九年六月初四日

再，前准户部咨，奏撥海軍衙門常年經費案内，指撥江漢、宜昌兩關銀六萬兩，均於一百三十結至一百三十三結洋藥釐金加徵項下，按季匀撥，解交海軍衙門兑收。又承准海軍衙門咨，奏各省關每年應解常年經費等銀，自光緒十八年起，每兩隨解飯銀一分，准其作正開銷。至本歲已解之款，應隨飯銀並令照數補解，併交海軍衙門兑收各等因。均經轉飭遵照辦理。兹據湖北漢黄德道監督江漢關税務惲祖翼詳稱，歷年奉撥海軍衙門經費銀六萬兩，均因宜昌關徵數甚微，無款可撥，專由江漢關徵收洋藥税釐項下撥解，以供要需，自應查照成案辦理。現於第一百三十一結所徵洋藥税釐項内動支銀一萬五千兩，隨解飯銀一百五十兩，並補解光緒十八年分飯銀六百兩，共動支庫平足色銀一萬五千七百五十兩。飭委補用知縣胡子功、李兆庚管解赴京交納。其餘應解銀兩，俟徵收有項，再行撥解等情，詳請奏咨前來。臣覆核無異，除分咨外，謹會同湖北巡撫臣譚繼洵附片具陳，伏祈聖鑒。

該衙門知道。

據情代奏謝恩摺[一] 光緒十九年六月初四日

竊據二品銜前山東布政使王毓藻呈稱，本年二月二十五日在黄岡縣原籍，接湖廣總督、湖北巡撫會札，内開光緒十九年二月初一日内閣奉上諭：禮部奏遵議大員捐田贍族，可否賞給匾額請旨遵行一摺，前任山東布政使王毓藻，捐建義莊，養贍宗族，古誼可風。著賞給御書匾額一方，交張之洞等轉給王毓藻祇領，以示嘉奬。欽此。並頒發御書范莊遺軌匾額一方。當即恭設香案，望闕叩頭祇領。伏念毓藻，鄂疆聚族，齊地開藩。供職習勞，還鄉讀禮。稍積累年之餘俸，勉捐義産以鳩宗。迺蒙特奬之殊榮，幸荷恩言於鳳綍。九重揮灑，璇題揚翰墨之華。四字輝煌，楣額焕雲霞之色。家祠增耀，下里騰歡。賞賚逾恒，銜感無極。惟有仰承宸訓，俯篤宗支。謹繼武於范莊，克希蹤乎遺軌。際盛世康樂和親之化，普戴生成。導族人睦婣任恤之忱，藉酬高厚。所有感激榮幸下忱，謹呈請據情代奏，叩謝天恩等情前來。理合據情恭摺代奏，伏祈皇上聖鑒。

知道了。

提督丁憂開缺請迅簡放摺[二] 光緒十九年六月初九日

竊准湖北提督臣程文炳咨稱，本年六月初一日接家信，本生繼母韓氏於本年五月十六日在安徽阜陽縣原籍病故。該提督係由長房承嗣三房，例應丁本生繼母降服憂，相應咨請奏報開缺等情前來。伏查湖北提督駐劄襄陽，爲楚省北門重鎮，統轄全省營務，

[一] 録自中國第一歷史檔案館編《光緒朝硃批奏摺》第二八輯，第四八五至四八六頁，中華書局一九九五年版。

[二] 録自中國第一歷史檔案館編《光緒朝硃批奏摺》第四三輯，第三八七至三八八頁，中華書局一九九五年版。

任重事繁，員缺緊要，應請旨迅賜簡放，以重職守。所有提督印信暨王命旗牌、文卷，已由提臣封交署提標中軍叅將方傑敬謹看守。提署日行公事，已由臣札委署提標中軍叅將方傑，暫行代印、代行。其緊要公事，飭其隨時包封暫送臣署核辦。惟查襄陽界接河南，伏莽素多，現正當查緝匪盗喫緊之際，提督統轄緑營兼統襄陽練軍，關繫甚重。竊恐簡放新任提臣到任需時，亟應奏請派員先行接署，以期有益邊防。查湖北鄖陽鎮總兵何長清，上年八月甫經到任，於通省情形尚未熟悉。宜昌鎮總兵傅廷臣現未到任。惟查有湖南綏靖鎮總兵吴鳳柱，樸誠勇敢，戰功卓著，辦事切實，威望素孚，歷經前督臣三次奏委署理湖北提督，措置裕如。且曾帶馬、步各營駐防襄樊十五年，於襄陽一帶情形極爲熟悉。應否仍派該鎮吴鳳柱署理提篆，抑應另行委員署理之處，恭候聖裁。所有提督丁憂開缺，請旨迅賜簡放各緣由，理合恭摺由驛馳奏，伏祈皇上聖鑒訓示。

另有旨。

拏獲華容會匪首要各犯酌保出力員弁摺[一]

光緒十九年六月十一日

竊照光緒十八年十二月二十六日，臣大澂據署華容縣知縣陳錕禀，訪聞華容縣屬高真團地方，有會匪糾黨約期起事。移營派撥勇丁協團拏獲會匪張世得一名。訊據供認聽從匪首劉先詳等入會，布黨華容安鄉、永定，益陽及湖北石首等縣交界地方，約期十二月二十一日在華容縣起事等情。當飭振字營統領、前陝西陝安鎮總兵余虎恩，派撥弁勇前往協緝。臣之洞迭據岳州府知府鍾英、署華容縣知縣陳錕具報前情，以時屆歲暮，該縣地方遼闊，恐此拏彼竄。飭署督標中軍副將謝得龍迅撥武防營勇二百名，於本年正月初二日乘輪駛往華容。檄委儘先都司蔣聲耀就近馳往接帶，會同地方文武，分道拏辦。

旋據該府縣暨各營先後禀報，華容縣雷應團拏獲舒寶林。都司蔣聲耀在華容縣屬黄土窖，拏獲周迎椿，搜獲飄布、印板。維時匪首劉先詳聞風遠颺。該都司派弁購綫分投跴緝，在湖北潛江縣總口地方，將劉先詳拏獲。復會同振字營哨弁眭小春暨團紳等，緝獲宋瑞林。均經臣等先後批飭岳州府督同華容縣提訊。劉先詳供認爲首，開立山堂，散放飄布，糾黨約期在華容縣起事。張世得、宋瑞林、舒寶林、周迎椿等犯亦均供認，聽從劉先詳入會潛謀不軌等情不諱。批飭照章就地正法，梟首示衆，以昭炯戒。其脅從入會並未爲匪各犯，分别監禁、保釋，繳飄首悔者，准予自新。地方謡風漸息，民心亦各安静。

臣等往復函商，猶恐伏莽未净，蔓延爲患。嚴飭地方文武認真搜緝，以期除盡根株。旋據代理華容縣知縣林壽奎禀，振字營哨弁眭小春，會團訪緝，將匪首王蘭亭及褚必虎、竺繼書拏獲。訊據王蘭亭供認，開堂放飄。因劉先詳被獲正法，起意糾黨倡亂，爲之報復。褚必虎、竺繼書亦認，聽從王蘭亭入會，展轉糾人，並充當左右管事名目等供。經臣等批飭該縣覆審無異。各照章就地斬决梟示。現在脅從一律解散，地方咸就安謐。

臣等查華容界連鄂省，濱臨大湖，港汊紛歧，匪徒最易溷跡。

[一] 録自《京報》第四五一六號。

此次劉先詳等糾黨分布兩省五縣交界地方，潛謀起事，幸而先期破案。都司蔣聲耀赴機迅速，設法購綫拏獲首犯劉先詳，實屬智勇兼優，並會同各員弁、團紳等，不分畛域，協力搜拏首要各犯，得以悉數弋獲，消患無形，洵屬異常出力。自應欽遵光緒十七年六月初六日所奉諭旨，照異常勞績，隨案奏請優獎。藍翎遊擊銜儘先都司蔣聲耀，請免補都司，以遊擊留於兩湖，儘先補用、升用。遊擊留南補用都司畦小春，留黔補用都司顏玉才，均請免補都司，以遊擊仍留各原省儘先補用。候選同知蔡世昌，請俟選缺後，以知府補用。湖北試用縣丞張蔭祚、指發湖北試用縣丞蔣宜孫，均請俟補缺後，以知縣仍留原省補用。相應籲懇天恩照准給獎，以示鼓勵。除武職千總以下咨部給獎並飭取各員弁履歷送部外，所有湖南華容縣會匪約期起事拏獲首要各犯照章懲辦及酌保出力員弁緣由，謹合詞恭摺具陳，伏乞皇上聖鑒訓示。

著照所請。該部知道。

籌解第五批鹽釐京餉片[一] 光緒十九年六月　日

再，前准户部咨，豫撥光緒十九年京餉案内，提撥湖北鹽釐銀十五萬兩。又准户部咨，續撥本年京餉案内，撥湖北鹽釐銀五萬兩。行令分批起解等因。業經籌撥本年第一批至四批京餉鹽釐共銀八萬兩，委解赴京交納，附片奏報在案。茲據湖北布政使王之春、鹽法武昌道瞿廷韶籌撥本年第五批京餉鹽釐銀二萬兩，飭委候補知縣袁鏞、惲元復管解赴京交納等情，詳請奏咨前來。臣覆核無異，除分咨外，謹會同湖北巡撫臣譚繼洵附片具陳，伏祈聖鑒。

户部知道。

勘明藕池等口情形妥籌辦法摺 光緒十九年七月十八日

竊臣等前承准軍機大臣字寄，光緒十八年五月初四日奉上諭：都察院奏湖南京官郎中張聞錦等以水患日迫，請復舊隄，繪具圖說，赴該衙門呈遞一摺。據稱，湖北藕池口等處，湖隄潰決，灌入湖南，常德府屬被害最重。惟有規復舊隄，堵塞潰口，或於藕池口東南，築長隄一道，兼濬深洪，俾引入大江，由江入海，以消上下游水患等語。藕池口潰隄情形，前經張之洞親往查勘，奏陳大概，擬與湖南巡撫會商辦理。現在該處水勢究竟如何，該督撫等曾否妥籌辦法，此次張聞錦等所呈各節是否可行，著張之洞、譚繼洵、張煦會同悉心商酌妥議辦理。總期於湖南、北兩省地方均無防礙，以弭水患而衛民生。原摺呈均著鈔給閱看，原圖一件，並著發交張之洞等閱看後，仍行繳回。將此各諭令知之。欽此。遵即恭録咨行，分委前署湖北荆宜施道曹南英、湖南岳常澧道廷杰，督同兩省委員湖北知府札勒哈哩、唐樹滋，湖南知府徐培元，暨濱湖各縣，馳往藕池口一帶地方，率同原遞公呈之常德府紳舉人梅安等，查照所呈各節，會同詳切履勘。並將調弦、虎渡各口派員分別測量，繪具圖說，會同稟覆。時值水勢尚盛，猶恐測勘未確，復經臣之洞選調廣東精於測繪之委員老穎安、學生潘元普等來鄂，檄委湖北荆宜施道周懋琦、候補道裕庚帶同該員生等，於春汛未到之先，馳往藕池口内外覆勘。將緊要處所，重加測量，繪圖、貼説，分晰稟覆。先後飭據湖南布政使何樞、湖北布政使王之春核議具詳請奏前來。臣等

[一] 録自《京報》第四五〇二號。

查常德府紳士刑部郎中張聞錦等原呈請堵塞藕池潰口，欲障荆江濁流，使無南氾，自係爲水患日深保衛桑梓起見。惟事關湖南、北兩省利害，必須統顧兼籌。且查所呈各節，於現在江流改道之情形及各口能否疏濬之地勢，尚未深考。茲經疊次詳勘熟議，臣等覆加考核，往復籌商，（僅）［謹］將藕池等口實有礙難堵築情形，敬爲我皇上縷晰陳之。

查藕池爲荆江南岸大隄，當日因江心沙洲太多，逼江溜直趨南岸，藕池正當西南頂灣之處，咸豐二年遂致冲成巨口，分引大溜，常德内出之水不免壅遏不暢。然江水過藕池，繞石首，始北歸入正洪，亦甚迂折不便。自光緒十三年王家大路迤北之沙洲被江水自行冲出新口，徑趨張家灣，水勢較順。西南一帶，天心洲日漲，江溜爲沙洲所遏，日趨日北，由王家大路新口東北流歸大江正洪者日多，南入藕池潰口者日少。藕池口門，當日之正值頂灣者，今日已在新口之下。實測今日藕池潰口之水，較之昔年初潰時，已減其半。現在入藕池口門内數里即有淤沙，沙日墊，則水日緩。以後入口之水，自當日見其減。而王家大路改道後，大江縈迴如玦，北岸三面環水，僅以一綫長隄爲捍蔽。上潰，則荆州府城當之。下潰，則監利當之。潛江、沔陽等處，亦必同受其害。自咸豐二年藕池潰口以來，四十餘年南北相安無事。上年，常紳等甫興築復之議，監利縣紳舉人熊登校等亦即具呈瀝陳攔阻。若一旦堵塞，荆民必羣起相争。南省依隄爲命者，北省必將與隄爲仇。即使强欲議堵，此工恐亦難成。至於藕池口門廣三百五十五丈，中洪深三丈，盛漲加高二丈餘，工費過鉅，斷非數十萬金所能辦。縱使辦成，盛漲亦難深恃。此堵塞藕池口之難也。

又如常紳所呈，於藕池口東南隅鮎魚鬚，横築長隄一道，截引荆江南氾之水，使折而東，逕調弦口經流故道一節。查鮎魚鬚在石首、華容交界地方，距藕池口門五十里，并爲公安、安鄉等水東流入湖之路。原圖擬截流横築長隄一道，與兩岸淤洲隄垸相接。不思果築此隄，將使藕池及公安安鄉之水從何入湖。豈不氾濫華容、安鄉一帶，更致多灌常德。何能强令曲折繞歸調弦口出江。至於口門廣一百八十八丈，深二丈二尺，工費難舉，尚可不計。舉人梅安等隨同印委各員履勘，經各員指示詢問，目覩情形，亦自深知其誤。此鮎魚鬚築隄之難也。

原圖又擬塞藕池而濬虎渡、調弦兩口，以洩荆流。查虎渡口在藕池之上游一百七十餘里，本係自古以來分引江水南流之口。惟歷年沙淤已久，口門甚窄，口内五六里即已淺至數尺，冬令幾不通舟楫，實有難疏。即使能疏，而下塞藕池，上濬虎渡，目前亦斷無此物力。且下游藕池既塞去路，壅滯江水，上游之直注虎渡者必多，澧州及所屬安鄉必遭壅遏淹浸。緣安鄉湖身，近來半已淤成沃壤，水無所容，迥非五十年前形勢。利於常德，而害於澧州，亦未得爲善策。至調弦口在藕池口之下游，考之志乘，此口原係分洩江水入湖之口，並非引放湖水入江之口。無論現在疏濬不易，誠使疏之，則内水能出，外水亦能入，盛漲時，江水倒灌仍南歸鮎魚鬚、曹家廠一帶。此塞彼灌，有何分别，何能引江水東流入海。此疏濬虎渡、調弦兩口之難也。

又據舉人梅安等面禀印委各員，以原圖不免錯誤，請改從鮎魚鬚對岸各港口築隄障水，使無西氾等語。查所指各口，自曹家廠至扁擔河，地勢紆迴，自北而東而南，將及百里，港口紛歧，堵之不勝其堵。尤恐衆流東匯，華容獨當其衝，且壅遏常德内水者，尚有陡湖、黄金河，及澧州安鄉之水，皆在其内，並非盡藕池之水。此堵築鮎魚鬚對岸各港口之難也。

惟查常德一府爲辰、沅、酉、溆諸水所匯。府城正臨水濱，每當江湖並漲，宣洩無所，迫近郡城。常紳等所慮，亦係實在情形。臣等職任地方，深知湖南常德水患多年，居民甚以爲苦，豈不欲力籌善策，俾其永無氾濫。無如兼權熟計，既覺妨礙太多，且亦毫無把握。熟察今日常德水患，尤以南洲占地阻水爲一大端。不僅在來水之路多，而在容水之地隘，消水之路阻。蓋內水若暢，外水漸緩，則江湖水勢可以相敵。雖遇盛漲時，互相消息輸注，亦不甚爲害。事關兩省，惟有擇其有益於湖南，而無損於湖北者，妥籌舉辦。

一曰禁新垸。查洞庭一湖，受納川、黔、楚、桂之水，廣袤八百里，以能容爲量。自康熙以來，民殷物阜，生齒日繁。小民就湖灘荒地，築圍墾田。逮及乾隆年間，湖灘淤地無不築圍成田，濱湖隄垸如鱗，已有與水争地之勢。前湖南巡撫陳宏謀、喬光烈等，疊有刨毁私垸，永禁新增之奏。均經奉旨准行。歷年既久，地方官奉行不力，湖中隄垸日增。加以藕池既潰，江水濁流灌入，沙淤壅遏，龍陽、華容、安鄉三縣境內，新長南洲廣袤幾二百里。南洲以外，尚有私垸多處侵佔湖面。現在西湖已涸其半，東湖亦漸淤墊，水無所容，橫溢四出。升任湖南巡撫王文韶疏稱，湖北則荆江大隄受其害，湖南則濱湖州縣被其災。湖中之水既漸變而爲田，湖外之田將胥變而爲水，湖南之大患無有過於此者等語。確有明徵。目前辦法，惟有查明湖中舊有隄垸，限以定數，不准再有增加。其濱湖淤洲及私垸有礙水道者，酌量開挖刨毁。如有違禁私築（水）［隄］垸、私墾官荒者，即令地方官督飭剷除，分别嚴懲，以期讓地與水，使有所歸。已由臣之洞、臣大澂嚴札出示懲禁。

一曰疏（北）［湖］港。熟察形勢，似應於安鄉縣屬之北夾子起，以及冷飯洲、新開官河、沙夾、酉港南嘴、白沙、蕭公廟、舵桿洲等處，節節挑濬。再將布袋口開掘深洪，俾復舊觀，以暢湖南諸水入湖出江門户。惟經費甚鉅，籌款不易，且恐有旋疏旋淤之病。應由湘省體察情形以後，量力從容舉辦。現查新開官河，地處適中，爲水必争之地。擬先飭令該處水師營官，將淤洲阻遏地方，開通巨口，以待汛水引溜刷沙，俾盛漲有所消洩。

一曰培城隄。常德大郡，連年水患，自宜先籌保護之法。該府城臨水一面，因城爲隄。臣大澂因查閱營伍，親至常德巡視，府城上南、下南各門外附郭市廛過密，城垣無法培厚。惟筆架城一段，最當衝要，其地並無民房。又城内正對府學處所，地段亦極緊要。已咨北洋大臣李鴻章購到唐山廠上等塞門德土三百餘噸，運赴常德爲修城之用。其城外石隄，并以此土代灰，重加培修，水至不致沖（缺）［决］。庶城隄堅厚，雖遇盛漲，亦可無虞。

以上三端雖爲補偏救弊之方，而目前人力所能爲者，不過如此。蓋自江流漸復故道以後，藕池受水已漸減少。而常德内水實爲南洲所阻。若僅塞藕池，而不能剷去南洲，則未必大利於湖南，而先有害於湖北。加之費既太鉅，工亦難成，辦理實無把握。至堵築他口，詳加體察，亦多窒礙。惟禁新垸、疏湖港、培城隄數條，雖無近功，較有實際，庶不悖於朝廷兼顧南、北兩省之至意。謹將勘測藕池口一帶水道，繪圖貼説，恭呈御覽。

（硃批）知道了。圖留覽。（欽此）［一］

［一］以上衍、舛六處，據中華書局一九九五年版《光緒朝硃批奏摺》第九九輯第三三一至三三六頁删、校正。

光緒十八年抽收應城竹山鹽課錢文數目摺〔一〕光緒十九年七月十八日

竊照湖北竹山縣抽收川鹽課錢及應城縣井課錢文，前經奏明，每年彙報一次。所有光緒十七年抽收前項鹽課錢文數目，業經恭摺具奏在案。茲據湖北布政使王之春、鹽法武昌道瞿廷韶將光緒十八年分徵收應城、竹山兩縣鹽課錢文數目開報前來。臣覆加查核，光緒十八年應城井鹽課税，春季分計共徵收錢二千六百三十二串五百七十七文，夏季分計共徵收錢四千五百一十九串三百一十九文，秋季分計共徵收錢三千三百四十八串五百文，冬季分計共徵收錢三千一百二十八串文。又，是年竹山縣川鹽陸課計共徵收錢二百六十串文。總共通年徵收應城縣井鹽課税並竹山縣川鹽陸課，兩項錢一萬三千八百八十八串三百九十六文，均經隨時移解善後局湊充軍餉。除收支細數彙案造報外，所有光緒十八年分抽收應城、竹山二縣鹽課錢文數目，理合恭摺具陳，伏祈皇上聖鑒。

户部知道。

江漢關籌解第三批籌備餉需摺 光緒十九年七月十八日

竊照前准户部咨，奏撥癸巳年籌備餉需案内撥江漢關四成洋税銀十二萬兩、六成洋税銀十六萬兩，行令遵照辦理等因。業經撥解本年第一、二兩批籌備餉需四成洋税銀五萬兩、六成洋税銀八萬兩，委解赴京交納，奏報在案。茲據湖北漢黄德道監督江漢關税務惲祖翼詳稱，在於第一百三十一結所徵四成洋税項下動支庫平足色銀三萬兩，六成洋税項下動支庫平足色銀四萬兩，共銀七萬兩，作爲本年第三批籌備餉需。飭委大挑知縣司徒衮、在任候補知縣漢陽縣縣丞黄新鍔管解赴京交納等情，詳請奏咨前來。臣覆核無異，除分咨外，謹會同湖北巡撫臣譚繼洵恭摺具陳，伏祈皇上聖鑒。

户部知道。

籌解第三批甘肅新餉摺 光緒十九年七月十八日

竊照承准軍機大臣字寄，光緒十八年八月初六日奉上諭：户部奏籌撥甘肅新餉一摺，甘肅關内外各軍餉銀關繫緊要，現經該部將光緒十九年新餉指撥湖北省銀三十三萬兩。著該督撫等嚴飭司道，按照部撥數目，於本年十二月底止趕解三成，至來年四月底止再解三成，其餘四成統限九月底止掃數解清。等因。欽此。業經欽遵籌解第一、二兩批共銀十八萬兩，恭摺奏報在案。茲據湖北布政使王之春會同善後局司道詳稱，現復在於鹽釐貨釐項下籌撥銀八萬兩，作爲光緒十九年第三批甘肅新餉，飭委補用通判洗廷瑜解赴甘肅藩庫交收等情，詳請具奏前來。臣覆核無異，除分咨查照外，謹會同湖北巡撫臣譚繼洵恭摺具陳，伏祈皇上聖鑒。

户部知道。

〔一〕以下三件録自《京報》第四五五三號。

江漢關奏解海軍經費片〔一〕 光緒十九年七月十八日

再，前准户部咨，奏撥海軍衙門常年經費案内，指撥江漢、宜昌兩關銀六萬兩，均於一百三十結至一百三十三結洋藥釐金加徵項下，按季匀撥，解交海軍衙門兑收。又承准海軍衙門咨，奏各省關每年應解常年經費等銀，自光緒十八年起，每兩隨解飯銀一分，准其作正開銷。至本歲已解之款，應隨飯銀並令照數補解，併交海軍衙門兑收各等因。均經轉飭遵照辦理。茲據湖北漢黄德道監督江漢關税務惲祖翼詳稱，歷年奉撥海軍衙門經費銀六萬兩，均因宜昌關徵數甚微無款可撥，專由江漢關徵收洋藥税釐項下撥解，以供要需，自應查照成案辦理。業經在於第一百三十一結所徵洋藥税釐項内動支銀一萬五千兩，隨解飯銀一百五十兩，補解上年飯銀六百兩，委解赴京交納，詳奉奏報在案。茲復在第一百三十一結徵收洋藥税釐項内動支銀一萬五千兩，作爲海軍衙門經費，隨解飯銀一百五十兩，飭委候補知縣袁鏞、惲元復管解赴京交納。其餘應解銀兩，容俟徵收有項，再行撥解等情，詳請奏咨前來。臣覆核無異，除分咨外，謹會同湖北巡撫臣譚繼洵附片具陳，伏祈聖鑒。

該衙門知道。

江漢關籌解淮軍三四月分月餉片 光緒十九年七月十八日

再，前准户部咨，議覆直隸督臣李鴻章奏淮軍月餉支絀，請將江漢關應解額款於四六成洋税項下通融匀撥案内，議令江漢關應解淮餉，如六成洋税無款，即在四成洋税及五成二釐招商局税内按數提解等因。奉旨：依議。欽此。咨行欽遵辦理。查江漢關奉撥應解直隸督臣李鴻章淮軍月餉四成洋税銀二萬兩、六成洋税銀三萬兩，均解至光緒十九年二月分止，隨時奏報在案。茲應解光緒十九年三、四兩月分四六成淮餉，即在第一百三十一結所徵四成洋税項下，動支庫平銀四萬兩。因六成洋税無款可撥，並在是結四成洋税項下動支庫平銀六萬兩，作爲直隸督臣李鴻章及提督劉盛休所部淮軍月餉。委解湖北淮軍收支轉運局交收轉解。所有欠解四六成淮餉銀兩，容俟徵收有項，再行補解。據湖北漢黄德道監督江漢關税務惲祖翼詳請奏咨前來。臣覆核無異，除分咨外，謹會同湖北巡撫臣譚繼洵附片具陳，伏祈聖鑒。

户部知道。

江漢關籌解淮軍五月分月餉片 光緒十九年七月十八日

再，前准户部咨，議覆直隸督臣李鴻章奏淮軍月餉支絀，請將江漢關應解額款於四六成洋税項下通融匀撥案内，議令江漢關應解淮餉，如六成洋税無款，即在四成洋税及五成二釐招商局税内按數提解等因。奉旨：依議。欽此。咨行欽遵辦理。查江漢關奉撥應解直隸督臣李鴻章淮軍月餉四成洋税銀二萬兩、六成洋税銀三萬兩，均解至光緒十九年四月分止，隨時奏報在案。茲應解光緒十九年五月分四六成淮餉，即在第一百三十一結所徵四成洋税項下動支庫平銀二萬兩，因六成洋税無款可撥，並在是結五成

〔一〕以下四件録自《京報》第四五五八號。

二釐局税項下動支庫平銀三萬兩，作爲直隸督臣李鴻章及提督劉盛休所部淮軍月餉，委解湖北淮軍收支轉運局交收轉解。所有欠解四六成淮餉銀兩，容俟徵收有項，再行補解。據湖北漢黄德道監督江漢關税務惲祖翼詳請奏咨前來，臣覆核無異，除分咨外，謹會同湖北巡撫臣譚繼洵附片具陳，伏祈聖鑒。

户部知道。

籌解滿緑營兵餉片 光緒十九年七月十八日

再，前准户部咨，豫撥湖北省癸巳年滿緑各營兵餉案内，撥江漢關洋税銀十五萬兩等因。業經飭據該關道籌解銀五萬兩，詳經臣附片奏報在案。茲據湖北漢黄德道監督江漢關税務惲祖翼詳稱，復在於第一百三十一結所徵六成洋税項下，動支庫平足色銀五萬兩，委員解赴藩司衙門交收，以供支放等情，詳請奏咨前來。臣覆核無異，除分咨總理各國事務衙門暨户部查照外，謹會同湖北巡撫臣譚繼洵附片具陳，伏祈聖鑒。

該衙門知道。

江漢關籌解第九年第三期應付洋款利銀片[一] 光緒十九年七月十八日

再，前准户部咨，神機營息借洋款一百五十萬鎊，於光緒十年九月十四日初次收到六萬鎊，計合十足廣平銀二十萬零一千九百六十八兩八錢，利銀按一年四期，每期應付一千零五十鎊。其頭期利銀已由神機營墊付，應照此次咨報本利銀兩數目，擬飭江漢關按照議定章程期限，先期二十日照數解交江海關查收，由該關按期作合鎊價兑付怡和洋行等因。光緒十一年二月十五日具奏。本日奉旨：依議。欽此。欽遵咨行前來，當經轉飭遵照辦理。所有江漢關應付第一年第二期起至第九年二期止本利銀兩，並至第八年第四期止應補鎊價銀兩，委員解交江海關驗收給領，暨將神機營墊付頭期利銀委解赴京交納，分别奏咨在案。茲據湖北漢黄德道監督江漢關税務惲祖翼詳稱，查光緒十九年六月十九日爲第九年第三期，即在第一百三十一結所徵六成洋税項下籌撥庫平足色銀一千四百十三兩七錢八分二釐，作爲第九年第三期應付利銀，飭委准補竹谿縣典史沈國瑛解赴江海關驗收給領歸款等情，詳請奏咨前來。臣覆核無異，除分咨外，謹會同湖北巡撫臣譚繼洵附片具陳，伏祈聖鑒。

該衙門知道。

江漢關籌解第三批京餉及東北邊防經費片[二] 光緒十九年七月十八日

再，前准户部咨，豫撥光緒十九年京餉，奏撥江漢關洋税銀十五萬兩。又光緒十九年分東北邊防經費，奏撥江漢關六成洋税銀十萬兩，各等因。均經轉飭遵照辦理。所有江漢關奉撥前項銀兩，業經委員管解第一、二兩批京餉銀八萬兩，東北邊防經費銀五萬兩，赴京交納，均經奏咨在案。茲據湖北漢黄德道監督江漢

[一] 録自中國第一歷史檔案館編《光緒朝硃批奏摺》第八二輯，第一二二至一二三頁，中華書局一九九五年版。

[二] 以下二件録自中國第一歷史檔案館編《光緒朝硃批奏摺》第八七輯，第四八八頁，中華書局一九九五年版。

關稅務惲祖翼詳稱，在於所徵洋稅項下動支庫平足色銀四萬兩，作爲本年第三批京餉。又在於第一百三十一結所徵六成洋稅項下動支庫平足色銀二萬兩，作爲本年第三批東北邊防經費銀兩，飭委候補知縣袁鏞、惲元復分別管解赴京交納等情，詳請奏咨前來。臣覆核無異，除分别給咨管解外，謹會同湖北巡撫臣譚繼洵附片具陳，伏祈聖鑒。

該衙門知道。

籌撥第六批鹽釐京餉片 光緒十九年七月十八日

再，前准户部咨，豫撥光緒十九年京餉案内，提撥湖北鹽釐銀十五萬兩。又准户部咨，續撥本年京餉案内，撥湖北鹽釐銀五萬兩。行令分批起解等因。業經籌撥本年第一批至五批京餉鹽釐，共銀十萬兩，委解赴京交納，附片奏報在案。茲據湖北布政使王之春、鹽法武昌道瞿廷韶籌撥本年第六批京餉鹽釐銀二萬兩，飭委大挑知縣司徒袞、在任候補知縣漢陽縣縣丞黄新鍔管解赴京交納等情，詳請奏咨前來。臣覆核無異，除分咨外，謹會同湖北巡撫臣譚繼洵附片具陳，伏祈聖鑒。

户部知道。

保奏道員沈保祥片〔一〕 光緒十九年七月十八日

再，爲治首貴得人，用人必求實效，果有廉能素著才識兼優之員，自未便壅於上聞，庶可收羣策羣力之效。查有鹽運使銜湖北儘先補用道沈保祥，有守有爲，任勞任怨。該員前署宜昌府，地界川楚，好訟成風。時值重慶開設洋關，兩省委員駐宜會議西人創輪船入川之説，與地方頗有齟齬。該員設法保護，賴以安全。至於聽斷精明，悉心推鞫，清結積案極多。兩署漢陽府，當民教滋事之時，各處教堂紛紛被毁，漢鎮華洋雜處，奸宄尤易匿迹，訛言日滋，人心惶惑。省中舉行秋闈，士子雲集，一江之隔，該員來往奔馳，昕夕彈壓。撫閭閻之反側，弭交涉之釁端。又以教堂肇衅之由，往往因收育嬰孩而起，漢鎮地廣人稠，教堂收嬰尤衆，深恐不無流弊。當經該員督率官紳，創建官育嬰堂，另立舍宇，廣籌經費。漢陽府兼管關務，該員廉潔自勵，悉心綜核，力除積弊，涓滴歸公，尤爲人之所難。在任兩年，興利除弊，知無不爲，成績卓著，實爲道府中不可多得之員。前經臣會同湖北撫臣譚繼洵於臚舉人才摺内奏保在案。茲特詳舉政績，附片奏陳，合無仰懇天恩俯准將鹽運使銜湖北儘先補用道沈保祥送部引見，恭候録用。出自逾格恩施。臣爲鼓勵人才起見，謹附片保奏，伏祈聖鑒訓示。

沈保祥著交吏部帶領引見。

查明光緒十八年下半年湖北各州縣應襲世職摺〔二〕 光緒十九年七月二十日

竊照前准部咨，同治元年二月十六日奉上諭：軍興以來，各省官紳士庶凡臨陣捐軀、守義殉難者，一經統兵將帥及該地方督

〔一〕録自中國第一歷史檔案館編《光緒朝硃批奏摺》第九輯，第一四二至一四三頁，中華書局一九九五年版。

〔二〕録自中國第一歷史檔案館編《光緒朝硃批奏摺》第四三輯，第四二二至四二三頁，中華書局一九九五年版。

撫奏請旌卹，無不立予褒揚。嗣後著該督撫轉飭各州縣，將應襲職名迅速查取，徑報督撫，毋庸由府司轉詳，予限半年彙案具奏，以免煩擾。欽此。歷經欽遵彙奏在案。兹自光緒十八年七月起至十二月底止，據湖北黄陂等州縣先後查詳前來。所有請承襲雲騎尉世職發標學習之馮振鈞、艾振鵬、黄咸孚，又請接襲雲騎尉世職發標學習之朱禮堂、鄧春彦、余家慶、周國榮、齊正恩，又請接襲恩騎尉世職發標學習之沈長春，又已襲雲騎尉世職現請發標學習之孫安邦，又已襲恩騎尉世職現請發標學習之劉振標，共十一員，均年已及歲，經臣先後驗看，俱屬年力精壯，堪以承襲、接襲並發標學習。又請承襲雲騎尉世職王原馥，又請接襲雲騎尉世職沈長祥、洪瑞鈞，又請接襲恩騎尉世職吴正鈞，共四名，均年未及歲，亦經查明與例相符，應請准其承襲、接襲。統俟接准部覆，分别辦理。除鈔録清單同宗圖册結及已故世職齊光鼎、洪明臺各原領敕書，一併咨送吏、户、兵各部辦理外，理合會同湖北巡撫臣譚繼洵恭摺具陳，並繕具各世職姓名、年貫清單，恭呈御覽。再，湖北提督臣程文炳現已奏報丁憂，是以未經列銜，合併聲明，伏祈皇上聖鑒。

兵部議奏。單併發。

守備照例勒休片[一] 光緒十九年七月二十日

再，前准湖北提督臣程文炳咨，據調署提標左營遊擊胡永發轉，據調署提標左營守備本任提標中營守備李學旺呈稱，因前在軍營身受潮溼，膀髀酸麻，難以騎射。懇請轉詳辭退開缺，回籍調養等情，由提臣查明屬實，咨請核辦前來。查例載，查閱營伍之年，不准告病乞休。如有告病乞休者，即勒令休致等語。上年係查閱營伍之年，曾經臣奏明省外各營展俟本年再往校閱。該守備李學旺於未經查閱之先，呈請辭退開缺，應即照例勒休，以杜規避。相應請旨將湖北提標中營守備李學旺勒令休致，以重營伍。謹會同湖北巡撫臣譚繼洵附片具陳，伏祈聖鑒。再，所遺湖北提標中營守備員缺，係陸路部推之缺，湖北省現有應補人員，容臣另行揀員請補。再，湖北提督臣程文炳現已奏報丁憂，是以未經列銜，合併陳明。

著照所請。兵部知道。

守備更名片 光緒十九年七月二十日

再，准長江水師提督臣黄翼升咨，准岳州鎮總兵張捷書咨，據署沅江營叅將陶樹恩禀，據署右哨都司本任後哨守備王益茂禀稱，竊守備自幼從戎，未及詳詢祖諱。前由京旋南，便道經過原籍安徽盱眙縣，適值族中修譜，查悉守備原名與高祖洪茂同一茂字，自應改避。兹擬更名益謨，理合遵例出具印結，禀祈加結，轉請核辦等情。由該管叅將查明加結呈鎮，遞請轉咨核辦等因前來。臣查光緒十一年三月内，准兵部通行奏定章程，内開遊擊以下實缺人員，如有更名等項，均令取具印甘各結，由該管督撫奏明辦理等語。今王益茂係實缺人員，既據呈明原名與高祖洪茂同一茂字，由該管鎮將查明加結禀請更名益謨，核與定章相符。除將印結咨送兵部查核外，謹會同長江水師提督臣黄翼升附片具陳，

〔一〕以下二件録自《京報》第四五五〇號。

伏祈聖鑒。

兵部知道。

湖北積欠各營餉銀請按五成補發摺[一]

光緒十九年七月二十日

竊據湖北善後局兼辦報銷事務司道詳稱，鄂省歷年積欠各營餉項，自同治三年七月起至光緒五年閏二月止，除節次均按五成補發外，尚有未發健、捷、升字等營積欠鹽糧銀十一萬一千六百三十九兩，積欠忠、義等營鹽糧銀三十萬八千二百九十八兩，業於光緒十四年三月詳經前督臣裕禄附片奏明。旋經户部議覆，該省自光緒十一年奏改餉章，健、捷、升字等營勇歷經減撤，與光緒十年情形不同，即俟餉項稍充補發積欠，亦須嚴飭局員核明現在存營勇數若干，動用何項支給，專案報部，聽候部覆，方准支給。至積欠忠、義等營鹽糧銀三十萬零八千三百九十八兩[二]，查該營業經裁撤，營勇遣費又經照數開支，所有欠餉自應悉數停給等因。咨行遵照辦理。伏查鄂省自辦軍務以後，餉項支絀，各營軍餉不能照數支給，向係斟酌緩急，分别核發掛欠，此各營積欠之所由來也。現留各防營，雖尚整齊，惟勇丁之入營久者，漸形老弱。湖北乃南北衝要之區，漢口爲華洋通商重鎮，即巡鹽、巡卡在在均關緊要。兼以近來教會各匪滋事之案，層見疊出，全賴防營分駐梭巡，以資鎮攝。而各防營老壯不齊，難期得力。惟有將現存之勇，汰弱添强，認真整頓，務使一兵得一兵之用，庶軍威自振，伏莽潛消。前經通飭各營挑選更换去後。旋據各營禀報，健、捷、升字等營尚有積欠鹽糧銀十一萬一千六百三十九兩，須照章補發，方能更换。緣各該營勇，大半籍隸外省，一經撤换，非找給口糧，必致藉索欠餉逗留滋事等語。詳加體查，委係實在情形。且此項欠餉，前奉部議准俟餉項稍充，照章按五成補發，已經徧曉各營。當此更换之際，若不找清欠餉，撤勇難免怨咨。兹查湖北善後報銷餘賸款内，尚有存銀。擬請將積欠健、捷、升字等營欠餉銀十一萬一千六百三十九兩，仍照歷届補發成案，按五成折給清訖。目前雖費此五萬五千餘兩之實銀，而消除十一萬一千餘兩之舊欠，且於防營亦正可藉此整飭等情，詳請奏咨前來。臣等覆核無異，除咨户部外，謹合詞恭摺具陳，伏祈皇上聖鑒，敕部核覆施行。

户部議奏。

宜昌關第一百三十一結收支各款數目摺[三]

光緒十九年七月二十日

竊照前准户部咨，鈔奏内開，各海關洋税收支數目辦理未能畫一，應令遵照定章，按結開列清單奏報一次，仍扣足四結開單奏銷一次，概不得以收支數目串入原摺，以致混雜不清。仍一面造具四柱清册暨支銷經費銀兩清册，分送户部暨總理各國事務衙門，以憑核銷等因。光緒十年二月二十五日具奏。本日奉旨：依議。欽此。又准户部咨，江漢關第九十五結期滿清單，僅有收支

[一] 録自中國第一歷史檔案館編《光緒朝硃批奏摺》第五九輯，第六九五至六九六頁，中華書局一九九五年版。

[二] 較前六行記積欠銀三十萬零八千二百九十八兩，多一百兩。

[三] 録自《京報》第四五六三號。

款目，以致各結總數未能聯貫。嗣後應令將舊管、新收、開除、實在，分爲四柱，逐款開列，以昭明晰各等因。先後轉行遵照辦理。兹據湖北荆宜施道監督宜昌關税務周懋琦詳稱，宜昌關徵收各項税銀，前經截至光緒十九年二月十四日第一百三十結止，詳請奏咨在案。兹自光緒十九年二月十五日起至五月十七日止，第一百三十一結期滿，所徵税銀，除照章開支外，連留存尾數銀，及上結徵存税銀，並本結新收，共實存銀七萬八千七十六兩二錢八分四釐。前經詳請咨明，奉准部覆，歸入一年報銷案内，解存藩庫委員解京。又遵照新章，本結徵收洋藥税釐銀，除支傾鎔折耗外，連上結共實存銀五百二十七兩三錢七分，存俟隨同正餉搭解。再，本結並未徵收洋商自備華式之船鈔，毋庸造册報銷等情，詳請奏咨前來。臣覆核無異，除將清單、清册咨送總理各國事務衙門暨户部户科查照外，謹會同南洋通商大臣兩江總督臣劉坤一、湖北巡撫臣譚繼洵恭摺具陳，並繕具四柱清單，恭呈御覽。伏祈皇上聖鑒。

該衙門知道。單併發。

湖北省光緒十八年分實收淮鹽鄂釐數目摺[一] 光緒十九年七月二十日

竊查同治三年間，經前兩江督臣曾國藩招商領運淮鹽至鄂、湘銷售，並委員會同湖北、湖南兩省鹽道，在於漢口、長沙二處設局督銷。所有運鄂之鹽，到漢岸後，原議每引提鄂釐銀四兩二錢，嗣陸續減去二兩四錢，定爲每引提鄂釐銀一兩八錢。運湘之鹽，俟到湘岸後，每引提鄂釐銀一兩一錢零五釐，嗣減去三錢，定爲每引提鄂釐銀八錢零五釐。漢岸計自同治三年四月開售起，湘岸計自同治三年七月開售起，截至光緒十七年十二月止，實收鄂釐銀兩數目，業經各前督臣及臣先後奏報在案。兹查漢岸自光緒十八年正月起截至十二月止，應提鄂釐銀二十一萬一千三百三十九兩五錢七分五釐，由湖北督銷局陸續批解鹽道轉解善後局充餉。又運湘之鹽，自光緒十八年正月起截至十二月止，應提鄂釐銀十萬一千二百十九兩四錢九分二釐五毫，由湖南督銷局分批撥解，仍由鹽道移明善後局作收。以上兩款，光緒十八年分共計實收鄂釐銀三十一萬二千五百五十九兩六分七釐五毫。據湖北布政使王之春會同鹽法武昌道瞿廷韶具詳請奏前來。臣覆核無異，除分咨外，謹恭摺具陳，伏祈皇上聖鑒。

户部知道。

樊城沙市等局店光緒十八年分收解鹽釐錢文片 光緒十九年七月二十日

再，湖北襄陽、鄖陽、安陸、荆州、宜昌五府，及荆門州暨湖南之澧州，前於同治十年奏定川、淮二鹽分界行銷。光緒九年，經前兩江督臣左宗棠奏准於樊城、沙市、岳口、螺山等處設立局店，試辦分銷。所收淮釐，按照川鹽章程，津貼鄂餉。就中仍照川鹽加課數目，扣回分半解淮錢文。旋據湖北督銷淮鹽局會同湖北鹽道籌議，照川税正課、加課、公費三項數目併計，每斤共應

[一] 以下二件録自中國第一歷史檔案館編《光緒朝硃批奏摺》第七五輯，第六五八至六六〇頁，中華書局一九九五年版。

收釐錢十八文。其中，加課五文，淮鄂各半分解，應以十五文半歸楚，二文半歸淮。歸楚者，徑解鹽道衙門查收，撥解善後局充餉。所有鄂省經收湖北督銷淮鹽局報解樊、沙等局店自光緒九年十月開設起，至十七年十二月止，淮釐錢數，並澧州津市子店停銷淮鹽，截清停收前項錢文日期，業經前任督臣及臣先後奏報在案。兹據湖北鹽法武昌道瞿廷韶詳稱，湖北督銷淮鹽局移解樊城、沙市等局店，光緒十八年分所收釐錢共售鹽九十二批十三引，計四千六百十三引，照川税章程，内應正課錢三萬一千八百二十九串七百文、加課錢一萬三千八百三十九串文、公費錢四千一百五十一串七百文，除加課錢文由局截半，分解金陵防營支應局照收，公費錢文留半歸外銷五成公費項下入收另報外，其正課全項同加課解鄂一半及公費一半充餉錢二千零七十五串八百五十文，均解交善後局充餉等情，具詳請奏前來。臣覆核無異，除咨户部外，理合附片具陳，伏祈聖鑒。

户部知道。

江漢關籌解出使經費銀兩片[一] 光緒十九年七月二十日

再，據湖北漢黄德道監督江漢關税務惲祖翼詳稱，查江漢關第一百三十結提存出使經費銀兩，業經委解江海關驗收，詳請奏咨在案。兹查第一百三十一結所徵洋商進出口正税六成銀兩，除開支税務司並關用經費及傾鎔折耗外，實存銀二十四萬六千二百二十四兩六錢一分六釐。按十成計算，應提一成五釐出使經費銀三萬六千九百三十三兩六錢九分二釐。又收招商局輪船出口正税四成八釐銀兩，除開支傾鎔折耗外，實存銀三萬七千二百七十四兩四錢零三釐。按十成計算，應提一成五釐出使經費銀五千五百九十一兩一錢六分。遵照户部核覆，每萬兩扣給解費銀二百兩，即在所提出使經費内扣給委員解費銀八百五十兩零四錢九分七釐。計實解銀四萬一千六百七十四兩三錢五分五釐，飭委候補知縣胡廷松解赴江海關驗收等情，詳請奏咨前來。臣覆核無異，除分咨外，謹會同南洋通商大臣兩江總督臣劉坤一、湖北巡撫臣譚繼洵附片具陳，伏祈聖鑒。

該衙門知道。

江漢關籌解第四批京餉及東北邊防經費等款片 光緒十九年七月二十日

再，前准户部咨，豫撥光緒十九年分京餉，奏撥江漢關洋税銀十五萬兩。又光緒十九年分東北邊防經費，奏撥江漢關六成洋税銀十萬兩。又具奏各關應解抵閩京餉，改爲加放俸餉銀兩，江漢關仍於四成洋税項下，每結提銀四千兩各等因。均經轉飭遵照辦理。所有江漢關奉撥前項銀兩，業經委員管解第一、二、三批京餉共銀十二萬兩，東北邊防經費第一、二、三批共銀七萬兩，並第一百二十八、九兩結應解抵閩京餉改爲加放俸餉銀八千兩，委解赴京交納，均經奏咨在案。兹據湖北漢黄德道監督江漢關税務惲祖翼詳稱，在於所徵洋税項下，動支庫平足色銀三萬兩，作爲本年第四批京餉。又在於第一百三十一結所徵六成洋税項下，

[一] 以下四件録自《京報》第四五六三至四五六五號。

動支庫平足色銀三萬兩，作爲本年第四批東北邊防經費銀兩。又在第一百三十結所徵四成洋税項下，提撥庫平足色銀四千兩，作爲本年加放俸餉銀兩。飭委候補知縣史恩緜、試用知縣黄州府經歷吴明，分别管解赴京交納。並聲明江漢關本年奉撥京餉銀十五萬兩、東北邊防經費銀十萬兩，均已掃數解清等情，詳請奏咨前來。臣覆核無異，除分别給咨管解外，謹會同湖北巡撫臣譚繼洵附片具奏，伏祈聖鑒。

户部知道。

籌解第七批鹽釐京餉片 光緒十九年七月二十日

再，前准户部咨，豫撥光緒十九年京餉案内，提撥湖北鹽釐銀十五萬兩。又准户部咨，續撥本年京餉案内，撥湖北鹽釐銀五萬兩。行令分批起解等因。業經籌撥本年第一批至六批京餉鹽釐共銀十二萬兩，委解赴京交納，附片奏報在案。兹據湖北布政使王之春、鹽法武昌道瞿廷韶籌撥本年第七批京餉鹽釐銀二萬兩，飭委候補知縣史恩緜、試用知縣黄州府經歷吴明，管解赴京交納等情，詳請奏咨前來。臣覆核無異，除分咨外，謹會同湖北巡撫臣譚繼洵附片具陳，伏祈聖鑒。

户部知道。

籌解第二批北洋海軍經費片 光緒十九年七月　日

再，前承准海軍衙門咨，光緒十九年分，北洋海軍經費應撥湖北釐金銀三十萬兩，按八成分批徑解北洋兑收等因。查湖北省釐金項下，原撥南、北洋海防經費銀三十萬兩。光緒六年三月，經北洋大臣奏准按八成分解，每年共應解銀二十四萬兩。自光緒十二年起至十八年止，應解前項銀兩，均經分别解清截留。本年已解過第一批銀六萬兩，附片奏報在案。兹據湖北善後局司道詳稱，籌撥本年第二批庫平銀六萬兩，於六月二十五日解交湖北淮軍收支轉運局兑收，轉解北洋，以應要需等情，詳請奏咨前來。臣覆核無異，除分咨外，謹會同湖北巡撫臣譚繼洵附片具陳，伏祈聖鑒。

該衙門知道。

江漢關籌解淮軍月餉片〔一〕 光緒十九年七月　日

再，前准户部咨，議覆直隸督臣李鴻章奏淮軍月餉支絀，請將江漢關應解額款於四六成洋税項下通融勻撥案内，議令江漢關應解淮餉，如六成洋税無款，即在四成洋税及五成二釐招商局税内按數提解等因。奉旨：依議。欽此。咨行欽遵辦理。查江漢關奉撥應解直隸督臣李鴻章淮軍月餉，四成洋税銀二萬兩、六成洋税銀三萬兩，均解至光緒十九年五月分止，隨時奏報在案。兹應解光緒十九年六月分四六成淮餉，即在第一百三十二結所徵四成洋税項下動支庫平銀二萬兩，因六成洋税無款可撥，並在是結五成二釐局税項下動支庫平銀三萬兩，作爲直隸督臣李鴻章及提督劉盛休所部淮軍月餉，委解湖北淮軍收支轉運局交收轉解。所有欠解四六成淮餉銀兩，容俟徵收有項，再行補解。據湖北漢黄德道監督江漢關税務惲祖翼詳請奏咨前來。臣覆核無異，除分咨外，

〔一〕録自《京報》第四五九二號。

謹會同湖北巡撫臣譚繼洵附片具陳，伏祈聖鑒。

户部知道。

江漢關籌解第九年第一期應付洋款利銀片[一]光緒十九年七月　日

再，前准户部咨，神機營息借洋款，奏令各海關按期歸還一摺内稱，此次該營續收洋款一百四十四萬鎊，均自光緒十一年八月二十三日爲第一年第一期歸付利銀之始。照每鎊三兩五錢核算，共銀二百二十四萬六千四百鎊，合廣平銀七百八十六萬二千四百兩。擬令津海、東海、江漢三關，各分派本息共銀一百五十七萬二千四百八十兩，江海關分派本息共銀三百十四萬四千九百六十兩。仍照光緒十一年二月奏定辦法，令各該關先期二十日解交江海關兑收，届期統由江海關道隨時照外洋鎊價漲落，作合鎊價，或盈或絀，即由該關分別應墊應存，再與原派歸還之海關按期結算清楚等因。光緒十二年正月二十八日具奏。奉旨：依議。欽此。欽遵咨行前來，當經轉飭遵照辦理。所有江漢關應還第一年二期起至第八年四期止應付本利銀兩，並至第八年第三期止應補鎊價銀兩，均經先後委員解交江海關驗收給領，分別奏報在案。兹據湖北漢黄德道監督江漢關税務惲祖翼詳稱，光緒十九年七月二十一日爲第九年第一期，即在第一百三十一結所徵六成洋税項下動支庫平足色銀七千三百五十兩作爲第九年第一期應付利銀，飭委試用按司獄張尚賢解赴江海關驗收給領等情，詳請奏咨前來。臣覆核無異，除分咨外，謹會同湖北巡撫臣譚繼洵附片具陳，伏祈聖鑒。

該衙門知道。

江漢關籌解第九年第一期洋款息銀應補鎊價銀兩片光緒十九年七月　日

再，前准户部咨，神機營息借洋款，奏令各海關按期歸還一摺内稱，此次該營續收洋款一百四十四萬鎊，均自光緒十一年八月二十三日爲第一年第一期歸付利銀之始。照每鎊三兩五錢核算，共銀二百二十四萬六千四百鎊，合廣平銀七百八十六萬二千四百兩。擬令津海、東海、江漢三關各分派本息共銀一百五十七萬二千四百八十兩，江海關分派本息共銀三百十四萬四千九百六十兩。仍照光緒十一年二月奏定辦法，令各該關先期二十日解交江海關兑收，届期統由江海關道隨時照外洋鎊價漲落，作合鎊價，或盈或絀，即由該關分別應墊應存，再與原派歸還之海關按期結算清楚等因。光緒十二年正月二十八日具奏。奉旨：依議。欽此。欽遵咨行前來。當經轉飭遵照辦理。所有江漢關應還第一年第二期起至第九年第二期止應付本利銀兩，並至第八年第四期止應補鎊價銀兩，先後委員解交江海關驗收給領，分別詳請奏咨在案。兹據湖北漢黄德道監督江漢關税務惲祖翼詳稱，接准江海關鈔送詳稿，内稱光緒十九年七月二十一日第九年第一期應付息銀英金一萬五百鎊，合庫平銀五萬七千四百八十一兩七錢五分一釐八毫二絲。按五股分派，江漢關派一股息銀一萬一千四百九十六兩三錢五分三毫六絲四忽，較部撥銀七千三百五十兩實增庫平銀四千一百四十六兩三錢五分三毫六絲四忽，由道墊付，咨請解還歸墊等

[一] 以下二件録自中國第一歷史檔案館編《光緒朝硃批奏摺》第八二輯，第一二五至一二七頁，中華書局一九九五年版。

因。茲在第一百三十三結所徵六成洋税項下，動支庫平足色銀四千一百四十六兩三錢五分三毫六絲四忽，作爲第九年第一期息銀應補鎊價銀兩，飭委候補按司獄張尚賢解赴江海關驗收歸款等情，詳請奏咨前來。臣覆核無異，除分咨外，謹會同湖北巡撫臣譚繼洵附片具奏，伏祈聖鑒。

該衙門知道。

請鑄銀元摺光緒十九年八月十九日

竊照湖北省據江、皖上游，地當南北要衝，漢口、宜昌兼爲華洋通商口岸，商賈雲集，用錢最廣。向章各州縣徵收丁漕，各局卡抽收釐金、鹽課，皆用制錢完納，每年需用之數甚鉅。自同治以來，滇銅不旺，洋銅價值日昂，鼓鑄久停，青銅制錢，本已日罕、日珍。近來，市面現錢日形短缺，而商民交納官項以及民間日用交易，皆需此物。若聽其以小錢充數，則官項受虧，亦非政體。若挑選過於認真，則商民嗟怨。大率湖北各府州縣城鄉市鎮，不惟制錢短缺，即粗惡薄小之現錢，亦甚不多，惟以一紙空虛錢條，互相搪抵，民間深以爲苦，而無如之何。通省情形相同。近年鄂省商民生計維艱，市面漸形蕭索，此實爲一大端。前督臣裕禄、前撫臣奎斌，以鄂省錢少價昂，曾有請禁輪船裝運制錢出口，以平市價之奏。臣等復以制錢缺少，疊經督飭司道籌議，禁販運，拏私鑄，查銅鋪，懲私毁，並嚴禁回空鹽船裝運制錢出省，及稽查輪船夾板船裝運出口。按照約章核實辦理，力圖整頓。無如來源既少，民生仍未能紓。又以錢少由於鼓鑄無銅，查訪鄂省銅、鉛各鑛，尚有數處。如鶴峰州之九台山，安陸縣之銅古、黄金等山，均有銅鑛。派員分投（去）［試］辦，或以道遠運費過多，或以鑛少難得大脉，辦理均無把握。目覩商艱民困，補救無方，不得不亟籌一變通利濟之法。督同司道再四籌商，僉以廣東奏准開鑄銀元，利用便民，成效昭著。蓋銀元大小輕重，均有定式，取携甚便，尤利行遠，商民便之，不獨閩、廣、江、浙及江西、安徽、湖南等省商民貿易通用（銀洋）［洋銀］，如湖北漢口、沙市一帶，向來亦多行用。至商輪來往，則全用洋銀交易，利權所在，尤當因時制宜。惟有援照廣東成案，開鑄銀元，庶可以補制錢之不足。緣廣東銀元，若由鄂省遠道購致，運費、匯費耗折太多，且不能隨時濟用。擬即在鄂省自行鑄造，購置鑄造大、小銀元之中等機器全副，先行試辦，規模不必甚大。計購辦機器，創造廠屋，共需經費銀四萬餘兩。查光緒十三年，鄂省開鑄制錢，曾經奏明撥借司庫質當捐銀二萬兩，换錢三萬串，借撥鹽釐五成外銷公費等項錢二萬串，共錢五萬串。發商生息，爲彌補銅鉛折耗之用。旋因洋銅價增，奏明暫停鼓鑄，已將此項錢五萬串提還藩庫、鹽道庫存儲，留備鼓鑄要需，約合銀三萬數千兩，擬即動支此項錢文，作爲開鑄銀元購機造廠之用。其不敷之項，由司局設法於外銷之款籌足。銀元大小、式樣、輕重、分兩，及繳納支發各款、各省行用章程，廣東均有户部議准成案可循，通行各省商民稱便已久，一切均擬仿照成案辦理。惟銀元所鑄廣東字樣，改爲湖北。所有湖北省各局卡、釐金、鹽課，均准商民一律用銀元交納。支發官款，一體酌量搭用，俱按照當時洋銀市價核算。沿江、沿海各省口岸，及内地商民，准其與廣東銀元一體行用，一切聽其自然，毫不勉强。至籌解京協各餉，向用紋銀者，仍用紋銀。目前與制錢相輔而行，既可以紓民困，亦可保利權，似爲救時急務。將來中國銅産日旺，鼓鑄漸充，則制錢與銀元仍可相濟爲用，並無窒礙。據湖北藩、臬兩司，鹽法道，會同善後、牙釐兩局司道，籌議援案具詳請奏前來，合無仰懇天恩俯准照案開辦，以便民用，而保利權，地方幸甚。如蒙俞允，臣等當咨取廣東各項章程，體察情形，酌量仿照辦理。

（硃批）户部議奏。（欽此）〔一〕

江漢關第一百三十一結徵收税鈔及支解各數目摺〔二〕光緒十九年八月十九日

竊照前准户部咨，鈔奏内開，各海關洋税收支數目辦理未能畫一，應令遵照定章，按結開列清單奏報一次，仍扣足四結開單奏銷一次，概不得以收支數目串入原摺，以致混雜不清。仍一面造具四柱清册暨支銷經費銀兩清册，分送户部暨總理各國事務衙門，以憑核銷等因。光緒十年二月二十五日具奏。本日奉旨：依議。欽此。又准咨，第九十五結期滿清單，僅有收支款目，以致各結總數未能聯貫。嗣後應令將舊管、新收、開除、實在，分爲四柱，逐款開列，以昭明晰等因。均經轉行遵照辦理。茲據湖北漢黄德道監督江漢關税務惲祖翼詳稱，江漢關徵收各項税鈔及支解各數目，前經截至光緒十九年二月十四日第一百三十結止，詳請奏咨在案。茲查自光緒十九年二月十五日起至五月十七日止，第一百三十一結期滿，徵收洋商各項税鈔，六成洋税除支解外，計不敷銀七萬零二十兩零三錢四分九釐五毫四絲六忽，應在於下結所收六成洋税項内照數彌補。又，四成洋税除撥解外，計不敷銀十一萬八千二百十三兩六錢一分，應在於下結所收四成洋税項内照數彌補。又，另款徵收招商局各項税鈔，除撥解外，計存四成八釐各税銀七萬二千零九兩二錢六分，已如數歸併六成洋税内開報。又，五成二釐局税，除撥解外，計不敷銀十二萬七千六百三十三兩四錢二分九釐，應在於下結所收五成二釐局税項内照數彌補。又，上結報存洋藥税釐銀，及本結遵照新章徵收洋藥税釐銀，除支解外，計存銀三千九百零九兩七錢三分八釐。又，英商局商在漢販運土藥出口徵收正税銀二十八兩六錢，已歸入華洋税項内開報等情，詳請奏咨前來。臣覆核無異，除俟一年期滿按結造具收支經費各册，另繕總單分别報銷外，所有第一百三十一結徵收洋商華商各項税鈔及支解各數目，謹會同南洋通商大臣兩江總督臣劉坤一、湖北巡撫臣譚繼洵恭摺具陳，並繕具四柱清單，恭呈御覽，伏祈皇上聖鑒。

該衙門知道。單併發。

籌解第八批鹽釐京餉片 光緒十九年八月十九日

再，前准户部咨，豫撥光緒十九年京餉案内，提撥湖北鹽釐銀十五萬兩。又准户部咨，續撥本年京餉案内，撥湖北鹽釐銀五萬兩。行令分批起解等因。業經籌撥本年第一批至七批京餉鹽釐共銀十四萬兩，委解赴京交納，附片奏報在案。茲據湖北布政使王之春、鹽法武昌道瞿廷韶籌撥本年第八批京餉鹽釐銀二萬兩，飭委補用知縣羅忠祥、補用知縣江夏縣縣丞張南瑾管解赴京交納

〔一〕以上衍、舛四處，據中華書局一九九五年版《光緒朝硃批奏摺》第九一輯第九〇一至九〇三頁删、校正。

〔二〕以下二件録自《京報》第四五九二號。

等情，詳請奏咨前來。臣覆核無異，除分咨外，謹會同湖北巡撫臣譚繼洵附片具陳，伏祈聖鑒。

户部知道。

保奬采辦海運出力各員摺光緒十九年八月十九日

竊據督辦輪船招商局直隸津海關道盛宣懷詳稱，鄂省光緒十六、十七兩年冬漕，前經奏明查照成案，酌提漕折銀兩，采買正米各三萬石，照章應購剥船耗食及商耗等米，由局遴派熟手員司，分投江、皖各屬選購乾圓、潔浄上等秈米，分批兑裝輪船，航海運津，再雇民船解至通倉交兑，顆粒無虧。所有在事各員，或職司采買，或押運津通，均能勤奮耐勞，不避艱險，實屬著有微勞，自應援照上届成案辦理。茲將光緒十六、十七兩年鄂省在事尤爲出力各員，核明勞績，分别開具清單呈賫核辦等情。當經飭據湖北督糧道岑春蓂會同布政使王之春覆核議詳，請予援案奏奬前來。臣等伏查，光緒十四、十五兩年鄂省采買漕糧在事出力各員，業經臣等援照湖南成案奏請奬叙。奉旨允准在案。茲查光緒十六、十七兩年承辦鄂漕兩届，交兑無誤，所有在事各員，均能勤奮趨公，不避艱險，實屬著有微勞。且皆係本省人員，並無外省人員及本省紳董在内，於部章亦屬相符。應請援案辦理，以昭激勸而示鼓勵。謹將光緒十六、十七兩年鄂省采買海運在事出力各員，照繕清單，恭呈御覽，仰懇天恩俯准照奬。出自逾格鴻慈，除造具各員履歷咨部外，謹會同大學士直隸總督臣李鴻章、兩江總督臣劉坤一恭摺具陳，伏祈皇上聖鑒。

該部議奏。單併發。

揀員升補長江水師員弁摺〔一〕光緒十九年八月二十日

竊查長江水師員弁出缺，向係開單會奏請補。茲查有近日所出各缺，經臣翼升先後遴選歷練營伍，熟諳水師之周啓茂、文良鳳、劉國楨、盧成龍四員，均係由已經借補官階，遞請升轉。相應照章聲明，可否准其升補。恭候欽定，理合彙繕清單，恭呈御覽。如蒙俞允，俟接准部覆，即將周啓茂、文良鳳、劉國楨三員給咨送部引見。其盧成龍一弁，懇敕部一併頒給劄付，以昭信守。除飭取該員弁等履歷咨部外，謹會同兩江督臣劉坤一恭摺具陳，伏祈皇上聖鑒。

兵部議奏。單併發。

出省查閲營伍並察看煤井及運道工程摺光緒十九年八月二十日

竊臣欽奉諭旨，查閲湖北營伍。業將查閲武漢等處七營營伍情形奏明在案。茲擬於本年八月二十二日出省，乘坐輪船，先至黄州府查閲黄州協營伍，兼調閲蘄州、興國、德安三營官弁、兵丁，並先後至江夏之馬鞍山，大冶之王三石等處，查看煤井、煤鑛及大冶鐵山運道、石灰窑馬頭各工程，順道查勘田家鎮江防礮臺。所有微臣出省日期，理合恭摺奏陳，伏祈皇上聖鑒。

知道了。

〔一〕以下四件録自《京報》第四五八二號。

水師提督巡閲鄂境緣由片 光緒十九年八月二十日

再，長江水師定章，提督以半年駐下江，半年駐上江，周歷巡閲察看弁兵勤惰。歷經奏報在案。茲長江提臣黄翼升，於本年五月初二日到鄂，巡閲漢陽、荆州水師，並駛赴湖南察看岳州鎮標營伍。現將上游各營校閲完竣，與臣面商一切。隨於八月十一日沿江東下，依次校閲。所有提督巡閲上江及下赴江皖各緣由，謹會同長江水師提督臣黄翼升附片具陳，伏祈聖鑒。

知道了。

總兵未能赴任委員署理片 光緒十九年八月二十日

再，接准兵部咨，光緒十九年七月十三日奉上諭：江南福山鎮總兵員缺著韓晋昌調補。陳海鵬著調補湖南綏靖鎮總兵。欽此。當經轉行欽遵在案。查該總兵陳海鵬，現在湖南省城，統帶選鋒營水師，素稱得力。茲與湖南撫臣吴大澂函商，該營水師未便遽易生手，一時未能赴任。所有綏靖鎮總兵篆務，應即委員接署，以重職守。查有記名提督本任靖州協副將現署長沙協副將張士芳，識練才長，軍律整肅，堪以署理。除檄飭遵照外，謹會同湖南巡撫臣吴大澂、湖南提督臣婁雲慶附片具陳，伏祈聖鑒。

兵部知道。

覆陳織布局歸還晋款辦法摺〔一〕 光緒十九年八月二十日

竊准户部咨開，議覆湖廣總督奏，湖北織布局息借晋款驟難籌還晋賑緊要另籌歸款辦法一摺，於光緒十九年七月初八日具奏。奉旨：依議。欽此。鈔録原奏咨行前來。鈔奏内稱，查臣部於光緒十年四月間奏明，嗣後非奉有特旨，不得輕議借用洋款，自應恪遵成案，請旨飭下該督，不得借用洋款。至息借晋款究應如何歸還，仍由該督自行籌措奏明辦理等因。竊以湖北布局甫經告成開織，成本不敷尚鉅，正在籌措十分爲難之際，倉卒實無從還此鉅款。特以山西撫臣張煦催還甚急，不得已爲此轉向銀行息借之策，舍此之外，實别無籌措之法。臣前奏已縷晰陳明。今部議既不允借用洋款，臣再四籌維，惟有分年歸款一法。擬自本年三月初一日，已付過息銀之日起，分作八年歸還。前四年，每年還本銀一萬兩。後四年，每年還本銀四萬兩。每年仍照案付給息銀，息隨本減。蓋布局所難者在開辦一二年之内，不在三四年之後。前奏均已陳明。部臣所稱洋債布局能償與否，須驗諸三五年以後，實爲透悉情形之言。至晋賑需款，前准直隸總督臣李鴻章咨令順直賑捐局兼收晋捐，湖北已經籌撥晋賑銀二萬五千兩奏明在案。茲復飭司道極力設法再行籌墊銀一萬兩，作爲晋賑，刻日匯解山西省城濟用。現在已届秋令，晋省賑務似可稍鬆。計先後籌濟晋賑共三萬五千兩，鄂省於畿輔巨灾捐務疲困之餘，並勸晋賑，兼顧統籌協濟不爲不力。至此項息借晋款，臣前由晋赴粤時，晋省善後一款尚存銀在五六十萬以外。臣在晋奏明裁抵攤捐各事需款浩繁，又深知發商生息商人艱於承領。是以在粤與前山西撫臣奎斌商酌有息借此款，以濟海防餉需之舉。意在彼此兩益。假使山西此款常存之鄂省布局，以後布局乃利源日旺之事，息銀儘可酌

〔一〕録自中國第一歷史檔案館編《光緒朝硃批奏摺》第八二輯，第一三〇至一三二頁，中華書局一九九五年版。

量加增，源源匯解，本常存而利不絶。計現在已付過息銀十一萬四千兩，再過十一年，息已逾於本矣。爲晋省久長之計，似亦未爲失策。緣臣在粤之後兩年新籌之款不少，善後局頗有餘存，歸還此款甚不爲難。是以兩廣督臣李瀚章自願撥歸鄂用。臣在粤所以願每年納息，而不肯還本了事者，蓋深感當年晋省濟急之厚意，竊欲爲晋省留此不涸之倉，此即微臣念念不忘舊治之愚忱也。現既經山西撫臣張煦奏歸款，惟有籌此分年歸款辦法，庶爲布局力所能爲而晋款亦可陸續歸結。理合恭摺奏陳，伏祈皇上聖鑒訓示。

户部知道。

籌解廣西協餉片[一] 光緒十九年八月二十日

再，前准户部咨，議覆廣西巡撫李秉衡奏邊防各營請撥的餉案内，令湖北省自光緒十三年起，按月協解廣西邊軍餉銀一萬兩。業於光緒十三年分籌解銀二萬兩。嗣因湖北庫款支絀，力難續籌，咨准户部核復，議令將調直武毅二營裁撤騰出餉糈約銀七萬餘兩，籌解廣西軍餉。並經北洋大臣李鴻章奏准，自光緒十四年起，武毅二營由直籌餉。旋於十四年分匯撥劃解，計共解銀十萬三千八百六十六兩零。十五年分匯撥劃解，計共解銀七萬一千一百五十三兩零。十六年分匯撥劃解銀八萬一千七百一十一兩零，又籌解廣東墊付鎮南關礮費劃抵協餉銀一萬兩，計共解銀九萬一千七百一十一兩零。十七年分匯解銀七萬兩，又解鎮南關礮費劃抵協餉銀一萬兩，計共解銀八萬兩。十八年分匯解銀七萬兩。本年已匯解銀一萬兩。均經附片奏報在案。茲據湖北布政使王之春會同善後局司道詳稱，現復籌撥銀二萬兩，查照廣西來文，較準法馬，發交百川通商號匯赴廣西交收等情，詳請奏咨前來。臣覆核無異，除分咨外，謹會同湖北巡撫臣譚繼洵附片具陳，伏祈聖鑒。

户部知道。

江漢關籌解第四批籌備餉需摺 光緒十九年八月二十日

竊照前准户部咨，奏撥癸巳年籌備餉需案内，撥江漢關四成洋税銀十二萬兩、六成洋税銀十六萬兩，行令遵照辦理等因。業經撥解本年第一批至三批籌備餉需四成洋税銀八萬兩、六成洋税銀十二萬兩，委解赴京交納，奏報在案。茲據湖北漢黄德道監督江漢關税務惲祖翼詳稱，在於第一百三十二結所徵四成洋税項下動支庫平足色銀二萬兩，六成洋税項下動支庫平足色銀三萬兩，共銀五萬兩，作爲本年第四批籌備餉需，飭委補用知縣羅忠祥、補用知縣江夏縣縣丞張南瑾管解赴京交納等情，詳請奏咨前來。臣覆核無異，除分咨外，謹會同湖北巡撫臣譚繼洵恭摺具陳，伏祈皇上聖鑒。

户部知道。

江漢關撥借嘉峪關光緒十九年分經費銀兩片[二] 光緒十九年八月二十日

再，前准户部咨，會議陝甘總督譚鍾麟奏嘉峪關經費仍照前

[一] 以下二件録自《京報》第四五八一號。

[二] 以下二件録自中國第一歷史檔案館編《光緒朝硃批奏摺》第八七輯，第五一一至五一二頁，中華書局一九九五年版。

議數目准其開支。由江漢關洋税項下，自光緒十一年爲始，每年撥借銀一萬二千兩，按結造册報銷。俟一年後，該關收數如果暢旺，即由該關税銀内動支。其撥借江漢關税銀，亦即由該關歸還，各清各款。又准户部咨，議覆陝甘總督譚鍾麟奏嘉峪關税務難期暢旺，所需經費，實力裁減，從光緒十三年正月起每年實借撥江漢關銀九千兩，以資急用各等因。所有江漢關撥借嘉峪關光緒十一、十二兩年分，每年前項經費銀一萬二千兩，又十三、十四、十五、十六、十七、十八等年，每年改撥銀九千兩，均已發交各該商號承兑運甘應用，附片奏報在案。嗣據甘肅安肅道嘉峪關監督何福堃詳，光緒十九年分撥借經費銀九千兩，自應仍照成案辦法，出具印領，由天成亨商號承運來甘，以濟要需。當經轉飭遵照去後。兹據湖北漢黄德道監督江漢關税務惲祖翼詳稱，據天成亨商號呈送嘉峪關印領，即在第一百三十二結所徵六成洋税項下動支庫平庫色銀九千兩，於光緒十九年八月初九日發交該商號具領，兑甘應用等情，詳請奏咨前來。臣覆核無異，除分咨外，謹會同湖北巡撫臣譚繼洵附片具陳，伏祈聖鑒。

户部知道。

籌解本年第一批加放俸餉片光緒十九年八月二十日

再，前准户部咨，湖北省應解西征洋款改爲加放俸餉一款，自光緒十五年起每年應解銀二十萬兩，按年解部等因。光緒十四年十一月二十四日具奏。奉旨：依議。欽此。咨行欽遵辦理。歷經如數籌解劃撥奏報在案。兹據湖北布政使王之春會同善後局司道詳稱，籌撥本年第一批加放俸餉銀三萬兩，飭委候補知縣史恩縣、試用知縣黄州府經歷吴明管解赴京交納。其餘應解銀兩，容再續籌委解等情，詳請奏咨前來。臣覆核無異，除給咨管解外，謹會同湖北巡撫臣譚繼洵附片具陳，伏祈聖鑒。

户部知道。

鄂省武闈鄉試循例舉辦摺〔一〕光緒十九年八月二十五日

竊查武闈鄉試，凡總督、巡撫同省者，例應以撫臣爲主考，督臣爲監臨。歷經遵照辦理在案。兹查湖北省光緒十九年癸巳恩科武闈鄉試，試期伊邇，亟應循例舉辦。所有内外場考試自應由臣譚繼洵主考，臣張之洞監臨。謹將應辦一切事宜豫爲籌備，並查照舊案，揀派提調、監試會同兩司隨同校閲，以期選拔真才，仰副聖主修明武備之至意。據湖北布政使王之春具詳前來，理合將舉行武鄉試監臨、主考循例辦理緣由，會同湖北學政臣孔祥霖恭摺具奏，伏乞皇上聖鑒。

知道了。

湖北鄉試遺失墨卷請將謄録官交部懲警片〔二〕光緒十九年八月二十五日

再，本年舉行癸巳恩科湖北鄉試，三場完竣，均極安静。所

〔一〕録自中國第一歷史檔案館編《光緒朝硃批奏摺》第五二輯，第七〇九頁，中華書局一九九五年版。

〔二〕以下二件録自中國第一歷史檔案館編《光緒朝硃批奏摺》第一〇四輯，第九五一至九五二頁，中華書局一九九五年版。

有試卷，陸續發謄，隨時封送内簾。至八月二十二日謄録完畢。據該所官大挑知縣吴世璜禀稱，檢查原領第三場墨卷内少沛字十四、十五兩號試卷二本，當飭總書曾少香等清查無獲。詰由卷已謄竣，各書手收檢什物，料理出場，人多擁擠，不知如何遺失，並無弊端等情，將該書曾少香等送由提調道委員提訊。堅供實係疏失，別無情弊。查明所失兩卷，係沔陽州學附生張春榮、漢陽縣學附生李浩二名，由該提調道瞿廷韶會同監試道黎嘉蘭具詳前來。除另備試卷，飭傳該生張春榮等入闈默寫，補行謄送，並飭再提書吏曾少香等嚴究，果無別項情弊，分別責革發落外，惟該員吴世璜派司謄録，未能督同各書敬謹將事，以致卷有遺失。雖據自行檢舉，疏忽之咎究屬難辭。相應請旨將謄録官大挑試用知縣吴世璜交部察議，以示懲警。謹附片具陳，伏祈聖鑒。

著照所請。吏部知道。

辦理繙譯鄉試片光緒十九年八月二十五日

再，繙譯鄉試欽命題目，例應恭繳。本年舉行癸巳恩科鄉試，准荆州將軍咨送繙譯鄉試士子來省，臣謹遵舊例，俟民生三場考試完竣後，於八月十七日點名入場，實到旗生六十三名。隨准湖北正考官吴鴻甲、副考官彭述恭交欽命題目。臣謹擇嚴密處所刊刻刷印，十八日發題考試。親督提調官鹽法武昌道瞿廷韶、監試官補用道黎嘉蘭，暨旗漢委員等認真巡查。十九日各士子交卷後，均各出場。除將試卷同題目紙封固委員解交禮部外，所有欽命題目，理合敬謹封送軍機處恭繳。伏乞聖鑒。

知道了。

湖北起解漕折並冬漕仍請折徵兼籌採運摺(一)光緒十九年八月二十五日

竊准户部咨，奏催江西等省欠解漕折銀兩並新漕能否起運本色一摺，光緒十九年七月十六日奉旨：依議。欽此。鈔録原奏，咨行到鄂。當經轉行布政使王之春、督糧道岑春蓂妥議詳辦。茲據該司道等會詳請奏前來。臣等伏查奉催漕折銀兩，因各屬完解京餉稍遲。現查各年分應徵漕折項下，除動撥採運外，光緒十七年已解銀十三萬二千三百餘兩。十八年已解銀六萬三千兩。其尾欠之項，現仍嚴催各屬趕緊全完，解部交納，不敢稍事遲延。至鄂省漕糧自改辦折徵以來，民間相安已久，完納亦甚踴躍。若驟令規復本色，則徵米徵銀利弊懸殊。節經各前任督撫臣暨臣等瀝情陳奏在案。現在體察情形，實未能遽復舊制。所有本年冬漕，仍請照章折徵兼籌採運，以顧京倉餉糈。雖折徵一石之銀，不敷買運一石之用。第不敷之款，向在漕餘内所提兑費等款凑濟，並不動用正項，於解京漕折毫無虧損，而倉儲不無裨益。惟查湖北歷届採買正米三萬石，由海運通，係招商局經理。近年湖南由本省委員承辦，較爲便捷。湖北自可仿照辦理，本年擬即由臣等遴委明幹道員照數採買承運、承交，期臻妥速。其米價、水脚等項，悉仍照舊開支，不准稍有浮冒，以昭核實而符定章。除咨部查照外，謹合詞恭摺具陳，伏祈皇上聖鑒訓示。

著照所請。户部知道。

〔一〕録自《京報》第四五九〇號。

公安縣水災籌款撫卹片〔一〕 光緒十九年八月二十五日

再，據公安縣知縣余彬禀報，六月初旬，川江水勢盛漲。該縣毘連之江陵縣屬楊家潭隄，漫潰成口，江流奔注，建瓴直下，致將公安所屬之大定、恒德、大勝、西大等四垸，先後漫潰。田廬悉被淹没，並有倒塌房屋、淹斃人口情事。並據荆州府知府舒惠具禀，江陵隄潰，實由江水陡發，高過隄頂，人力難施，搶護不及。其被淹地僅一隅，情形較輕，已由該管道府督同江陵縣妥爲安撫。惟公安灾情較重，禀乞撥款撫恤各等情。臣等當即飭司委員前往查勘，接據該委員禀覆，與該府縣所禀情形相符。臣等伏查，公安地本低窪，恒虞水患。今以隄垸漫潰，被淹較廣，小民蕩析離居，秋成失望，情形困苦，深堪憫惻。亟應賑撫，俾免失所。臣等業飭藩司籌撥銀五千兩，飭發該印委各員，體察情形，除將被灾極苦民户查明核實，酌量散放外，並將該縣緊要隄垸，量予幫貼，勸令趕緊修復，以工代賑。仍飭江陵、公安兩縣督率農業人等，趕將潰口設法堵築，疏消積水，期早涸復補種。統俟秋後覆勘輕重情形，分別蠲緩錢漕，再行奏懇恩施。所有公安縣被水成灾籌款撫恤，並以工代賑緣由，謹合詞附片具陳，伏祈聖鑒。

知道了。

江漢關籌解淮軍月餉片〔二〕 光緒十九年八月 日

再，前准户部咨，議覆直隸督臣李鴻章奏淮軍月餉支絀，請將江漢關應解額款於四六成洋税項下通融匀撥案内，議令江漢關應解淮餉，如六成洋税無款，即在四成洋税及五成二釐招商局税内，按數提解等因。奉旨：依議。欽此。咨行欽遵辦理。查江漢關奉撥應解直隸督臣李鴻章淮軍月餉，四成洋税銀二萬兩、六成洋税銀三萬兩，均解至光緒十九年六月分止，隨時奏報在案。兹應解光緒十九年七月分四六成淮餉，即在第一百三十二結所徵四成洋税項下動支庫平銀二萬兩，因六成洋税無款可撥，並在是結所徵五成二釐局税項下動支庫平銀三萬兩，作爲直隸督臣李鴻章及提督劉盛休所部淮軍月餉，委解湖北淮軍收支轉運局交收轉解。所有欠解四六成淮餉銀兩，容俟徵收有項，再行補解。據湖北漢黄德道監督江漢關税務惲祖翼詳請奏咨前來。臣覆核無異，除分咨外，謹會同湖北巡撫臣譚繼洵附片具陳，伏祈聖鑒。

户部知道。

江漢關籌撥滿緑營兵餉片 光緒十九年八月 日

再，前准户部咨，豫撥湖北省癸巳年滿緑各營兵餉案内，撥江漢關洋税銀十五萬兩等因。前經飭據該關道先後籌解銀十萬兩，詳經附片奏報在案。兹據湖北漢黄德道監督江漢關税務惲祖翼詳稱，復在於第一百三十二結所徵六成洋税項下動支庫平足色銀五萬兩，委員解赴藩司衙門交收，以供支放。所有奉撥前項銀兩，業經籌解清楚等情，詳請奏咨前來。臣覆核無異，除分咨總理各國事務衙門暨户部查照外，謹會同湖北巡撫臣譚繼洵附片具陳，

〔一〕録自《京報》第四五八四號。
〔二〕以下二件録自《京報》第四六六一至四六六二號。

伏祈聖鑒。

該衙門知道。

籌解固本兵餉銀兩片[一] 光緒十九年八月　日

再，前准户部咨，原定各省應解固本兵餉，湖廣省按月應解銀五千兩，改令徑解部庫交納。又准户部咨，酌定分年帶解固本練餉欠款，擬定有閏之年解十五個月，計銀七萬五千兩。無閏之年解十四個月，計銀七萬兩。即自光緒十一年正月起，按年照數解清各等因。所有湖北省應解十六年十月以前固本兵餉銀兩，業經按年照數先後解部，附片奏報在案。兹據湖北布政使王之春詳稱，會同鹽法道，在於鹽課項下籌撥銀一萬兩，作爲光緒十六年十一月、十二月固本兵餉，飭委大挑知縣司徒衮、候補知縣本任漢陽縣縣丞黄新鍔，管解赴京交納等情，詳請奏咨前來。臣覆核無異，除給咨管解外，理合會同湖北巡撫臣譚繼洵附片具陳，伏乞聖鑒。

户部知道。

出省查閲營伍暨水師兵輪摺 光緒十九年九月十五日

竊臣前將出省校閲營伍及查看江夏、大冶等處煤井、鐵山運道各工程日期奏報在案。當經於八月二十二日，自省起程，乘坐兵輪，泝江而上，至江夏所屬馬鞍山地方，查看煤井既畢，展輪下駛至黄州府。二十四日調齊黄州、[蘄州]、興國、德安等營弁兵合操，陣式、步伐整齊，槍礮連環應節，將備弁兵箭枝尚屬有準。各將弁近年來經臣飭令一律操演後膛洋槍，均能極力講求，中靶約在六成以上。器械、馬匹亦皆精壯足額。當場分别賞罰，並嚴飭各營將官，認真督率訓練，汰革疲弱，力除積習。校閲事竣，即開行至大冶縣石灰窯馬頭登岸，由鐵路行五十餘里，至鐵山鋪查看運道鐵路工程、鐵山鑛石情形及開鑛、軋鑛各種機器。並至王三石勘視煤井。順道乘輪駛赴田家鎮，閲視南北兩岸江防礮臺。江面頗窄，水流甚急，地方形勢甚爲扼要。惟礮臺布置一切尚須從容講求。隨即乘輪上駛，於二十八日回省。據長江漢陽鎮總兵高光効、岳州鎮總兵張捷書禀請，將該兩鎮水師一體校閲。當經酌調礮船數十號來省，於九月初五日，將漢、岳兩鎮師船，湖北鐵字三營水師，襄河中、前、左三營水師，及兵輪各船，調集距省城三十里青山地方閲看水操。長龍舢板往來洪濤巨浪之中，陣法嚴整，排礮齊一，進退攻擊駕駛均極靈便。楚材、測海、金甌兵輪三艘，於江中設靶演放巨礮，均能命中致遠。當經分别獎賞各水師，飭令分别回防。惟湖北通省緑營，向皆沿用土槍，既覺遲鈍，亦難及遠，不足以備緩急。現經臣飭令一律操演前膛洋槍。其實缺、候補各將弁，并於每營酌挑兵勇，練習後膛洋槍，甫經陸續發給操練。且現在鍊鐵全廠告成，亟須講求開爐試鍊辦法，督催煤井工程正在喫緊之際，亦未便遠離省城。所有安、襄、鄖、荆、宜、施等處營伍，容俟明年省城要務漸有端緒，各營操演洋槍漸臻純熟，臨時體察情形，再行出省簡校，以求訓練實際。

（硃批）知道了。（欽此）[二]

[一] 録自《京報》第四五九二號。
[二] 以上衍、脱三處，據中華書局一九九五年版《光緒朝硃批奏摺》第五二輯第七一一至七一二頁删、補。

本年春季分宜昌川鹽總局抽收正加課錢文數目摺[一] 光緒十九年九月十五日

竊照湖北宜昌設立川鹽總局抽課濟餉，所有光緒十八年冬季分抽收鹽課錢文數目，業經具奏在案。茲據湖北鹽法武昌道瞿廷韶將光緒十九年春季分抽收鹽課錢文數目開報前來。臣覆加查核，宜昌川鹽局光緒十九年正月分抽收正課錢九萬四千一百五十七串七百七十九文五毫，内提備解京餉錢三萬四千三百串文，加課錢四萬九百三十八串一百六十五文。二月分抽收正課錢八萬三千二百四十七串八百三十三文，内提備解京餉錢二萬八千四百串文，加課錢三萬六千一百九十四串七百一十文。三月分抽收正課錢六萬七百二串一百七十五文，内提備解京餉錢一萬六千串文，加課錢二萬六千三百九十二串二百五十文。除加課錢文，照章截半，分解淮鹽督銷局，公費留半歸外銷五成公費項下入收另報外，其正課全項内，共提備解京餉錢七萬八千七百串文。下餘錢文，同解鄂一半加課節省五成公費，均仍照向章，或現錢或易銀，分别由局撥充荆州滿營兵餉、水師月餉。餘則儘數由道移解善後局，接濟軍餉。除解支細數造册咨部外，所有光緒十九年春季分宜昌川鹽局抽收正課加課錢文數目，理合恭摺具奏。伏祈皇上聖鑒。

户部知道。

籌解第四批甘肅新餉摺 光緒十九年九月十五日

竊照承准軍機大臣字寄，光緒十八年八月初六日奉上諭：户部奏籌撥甘肅新餉一摺，甘肅關内外各軍餉銀關繫緊要，現經該部將光緒十九年新餉指撥湖北省銀三十三萬兩。著該督撫等嚴飭司道，按照部撥數目，於本年十二月底止趕解三成，至來年四月底止再解三成，其餘四成統限九月底止掃數解清。等因。欽此。業經欽遵籌解第一批至三批，共銀二十六萬兩，奏報在案。茲據湖北布政使王之春會同善後局司道詳稱，現復在於鹽釐、貨釐項下籌撥銀七萬兩，作爲光緒十九年第四批甘肅新餉，飭委候補知縣姜文治解赴甘肅藩庫交收。所有本年奉撥甘肅新餉銀三十三萬兩業已如數解清等情，詳請具奏前來。臣覆核無異，除分咨查照外，謹會同湖北巡撫臣譚繼洵恭摺具陳，伏祈皇上聖鑒。

户部知道。

委解協滇月餉片[二] 光緒十九年九月十五日

再，前准户部咨，議令四川省協滇月餉，自光緒十五年起，每月協解銀二萬三千兩。下賸銀七千兩，改撥湖北按月協解。光緒十五年二月二十一日具奏。奉旨：依議。欽此。咨行欽遵辦理。查前項改撥協滇月餉，業於光緒十五年至十八年，共籌解銀二十六萬四千兩，本年撥解銀二萬兩，均經附片奏明在案。茲據湖北布政使王之春會同善後局司道詳稱，現復籌撥長沙平銀一萬兩，發交雲南催餉委員知縣吴本義，轉發百川通商號領匯赴滇等情，詳請奏咨前來。臣覆核無異，除分咨外，謹會同湖北巡撫臣譚繼洵附片具陳，伏祈聖鑒。

户部知道。

［一］以下二件録自《京報》第四六一三號。

［二］録自《京報》第四六一〇號。

籌解本年第二批加放俸餉片〔一〕 光緒十九年九月十五日

再，前准户部咨，湖北省應解西征洋款改爲加放俸餉一款，自光緒十五年起，每年應解銀二十萬兩，按年解部等因。光緒十四年十一月二十四日具奏。奉旨：依議。欽此。咨行欽遵辦理。歷經如數籌解劃撥，本年已解過第一批銀三萬兩，附片奏報在案。茲據湖北布政使王之春會同善後局司道詳稱，籌撥本年第二批加放俸餉銀一萬兩，飭委補用知縣羅忠祥，補用知縣江夏縣縣丞張南瑾管解赴京交納。其餘應解銀兩，容再續籌委解等情，詳請奏咨前來。臣覆核無異，除分咨外，謹會同湖北巡撫臣譚繼洵附片具陳，伏祈聖鑒。

户部知道。

籌撥織布局成本片〔二〕 光緒十九年九月十七日

再，湖北織布局開辦以來，銷售甚暢，需籌成本。前經遵照總理各國事務衙門奏案，籌撥官款，奏准撥用當捐銀八萬兩，以充成本，不敷尚鉅。曾經聲明督飭司局隨時籌措在案。值此新棉上市之時，亟須廣儲急購，以供紡織。茲查有善後局從前借撥川滇電綫銀五萬三千兩，前經奏明分年歸結，並無利息。現經催據津海關道盛宣懷歸還銀二萬兩，此款本係在籍記名提督劉維楨所捐，經前署督臣卞寶第奏明提存，爲湊辦鄂省創設機器局之用。其餘銀三萬餘兩，當再催該道盛宣懷迅速分限繳清。擬即儘數提撥添充布局工本，以應本省急需，似爲允協，以後並即照章生息。據湖北善後局司道具詳前來，理合附片具陳，伏祈聖鑒。

該衙門知道。

籌解固本兵餉片〔三〕 光緒十九年九月　日

再，前准户部咨，原定各省應解固本兵餉，湖廣省按月應解銀五千兩，改令徑解部庫交納。又准户部咨，酌定分年帶解固本練餉欠款，擬定有閏之年解十四箇月，計銀七萬兩。〔四〕即自光緒十一年正月起，按年照數解清，各等因。所有湖北省應解十六年十二月以前固本兵餉銀兩，業經按年照數先後解部，附片奏報在案。茲據湖北布政使王之春詳稱，會同鹽法道在於鹽課項下，籌撥銀一萬兩，作爲光緒十七年正、二兩箇月固本兵餉。委補用知縣羅忠祥、補用知縣江夏縣縣丞張南瑾管解赴京交納等情，詳請奏咨前來。臣覆核無異，除給咨管解外，理合會同湖北巡撫臣譚繼洵附片具陳，伏祈聖鑒。

户部知道。

〔一〕録自中國第一歷史檔案館編《光緒朝硃批奏摺》第八七輯，第五二四頁，中華書局一九九五年版。

〔二〕録自中國第一歷史檔案館編《光緒朝硃批奏摺》第一〇一輯，第七〇九至七一〇頁，中華書局一九九五年版。

〔三〕録自《京報》第四六一三號。

〔四〕此處疑漏排。全句似應為：「擬定有閏之年解十五箇月，計銀七萬五千兩，無閏之年解十四箇月，計銀七萬兩」。見本册第二頁下欄。

江漢關籌解第九年第四期應付洋款本利銀兩片〔二〕 光緒十九年九月　日

再，前准户部咨，神機營息借洋款一百五十萬鎊，於光緒十年九月十四日初次收到六萬鎊，計合十足廣平銀二十萬零一千九百六十八兩八錢。利銀按一年四期，每期應付一千零五十鎊。其頭期利銀已由神機營墊付，應照此次咨報本利銀兩數目，擬飭江漢關按照議定章程期限，先期二十日照數解交江海關查收，由該關按期作合鎊價兑付怡和洋行等因。光緒十一年二月十五日具奏，本日奉旨：依議。欽此。欽遵咨行前來，當經轉飭遵照辦理。所有江漢關應付第一年第二期起至第九年三期止應付利銀，並第六、七、八三年第四期應還本銀，委員解交江海關驗收給領，暨將神機營墊付頭期利銀委解赴京交納，分别奏咨在案。茲據湖北漢黄德道監督江漢關税務惲祖翼詳稱，查光緒十九年九月二十四日爲第九年第四期應付利銀一千四百十三兩七錢八分二釐，並應還本銀四萬零三百九十三兩七錢五分七釐，即在第一百三十二結所徵六成洋税項下，共籌撥庫平足色銀四萬一千八百零七兩五錢三分九釐，作爲第九年第四期應付本利銀兩，飭委竹谿縣典史沈國瑛解赴江海關驗收，届期照章給領等情，詳請奏咨前來。臣覆核無異，除分咨外，謹會同湖北巡撫臣譚繼洵附片具陳，伏祈聖鑒。

該衙門知道。

江漢關籌解第九年第三第四期應付洋款補鎊銀兩片〔三〕 光緒十九年九月　日

再，前准户部咨，神機營息借洋款一百五十萬鎊，於光緒十年九月十四日初次收到六萬鎊，計合十足廣平銀二十萬零一千九百六十八兩八錢。利銀按一年四期，每期應付一千零五十鎊。頭期利銀已由神機營墊付。應照此次咨報本利銀兩數目，擬飭江漢關按照議定章程期限，先期二十日照數解交江海關查收。由該關按期作合鎊價，兑付怡和洋行等因。光緒十一年二月十五日具奏。本日奉旨：依議。欽此。欽遵咨行前來，當經轉飭遵照辦理。所有江漢關第一年二期起至第九年四期止，應付本利銀兩，並至第九年二期止補鎊價銀，委員解交江海關驗收給領，暨將神機營墊付頭期利銀委解赴京交納，分别奏咨在案。茲據湖北漢黄德道監督江漢關税務惲祖翼詳稱，准江海關咨稱，據怡和行送到帳單，内載光緒十九年六月二十日應付第九年第三期利銀四百二十鎊，作三先令四本士五算，合規銀二千四百八十八兩八錢九分。除收計短規銀九百三十九兩三錢九分，請即付清前來。當查上海各銀行，光緒十九年六月十九日及二十日同市由電匯寄英鎊市價，逐家探詢，核與怡和所開相符。所短規銀九百三十九兩三錢九分，應行找給，當由道先行墊付清款，咨請照數補解等因。即在江漢關第一百三十三結所徵六成洋税項下，籌撥庫平銀八百五十七兩一錢零八釐，申合規銀九百三十九兩三錢九分，作爲第九年第三期利銀應補鎊價銀兩，飭委試用府經歷胡嗣昌解赴江海關驗收歸

〔二〕 録自中國第一歷史檔案館編《光緒朝硃批奏摺》第八二輯，第一四二頁，中華書局一九九五年版。

〔三〕 録自中國第一歷史檔案館編《光緒朝硃批奏摺》第八二輯，第一四〇至一四一頁，中華書局一九九五年版。此件具奏日期疑誤。片後説明係在張之洞兼署湖北巡撫期間。則應在光緒十九年十一月十五日後，而不是九月。

款。又准江海關咨稱，據怡和行送到帳單内載，光緒十九年九月二十四日應付第九年第四期利銀四百二十鎊，查九月二十三日爲西人賽馬之期，銀行均無市價，即照九月二十四日規銀買鎊市價，每兩作三先令二本士三七五算，合規銀二千六百二十六兩七錢九釐四毫。核計除付利息庫合規銀一千五百四十九兩五錢五釐七絲二忽外，計不敷規銀一千七十七兩二錢四釐三毫二絲八忽。又應還本銀計英金一萬二千鎊，合規銀七萬五千四十八兩八錢四分。核計除付洋本庫合規銀四萬四千二百七十一兩五錢五分七釐六毫七絲二忽外，計不敷規銀三萬七百七十七兩二錢八分二釐三毫二絲八忽。請一併找付前來。當查上海外國各銀行光緒十九年九月二十四日由電匯寄英鎊市價，逐家探詢，核與怡和所開相符。所有是期共短本利規銀三萬一千八百五十四兩四錢八分六釐六毫五絲六忽，應行找給。現由道先行墊付清款，請照數補解等因前來。當在江漢關第一百三十三結所徵六成洋稅項下籌撥庫平銀二萬九千零六十四兩三錢一分三釐，申合規銀三萬一千八百五十四兩四錢八分六釐六毫五絲六忽，作爲第九年第四期本利應補鎊價銀兩，飭委候補知縣胡廷松解赴江海關驗收歸款等情，詳請奏咨前來。臣覆核無異，除分咨外，理合附片具陳，伏祈聖鑒。再，湖北巡撫係臣兼署，毋庸會銜，合併陳明。

該衙門知道。

請准以陳世卿補授繁缺同知摺〔一〕 光緒十九年十月十六日

竊照黄州府武黄同知顧允昌病故，當經具題開缺，聲明所遺要缺，容另揀員請補在案。查截缺章程，病故之缺，有本日可計者，以本日作爲開缺日期。今黄州府武黄同知顧允昌於光緒十九年七月十九日病故，歸七月分截缺，例應由外揀員調補。查例載，州縣以上應調缺出，俱令於現任人員内揀選調補。如無合例堪調之員，始准以候補人員題補。又道府同知試用人員，因軍營出力保奏歸候補班補用者，無論應題、應調、應選之缺，該督撫酌量才具，擇其人地相宜者，悉准補用。又題調要缺道府同知，以候補人員請補時，如有截取記名分發人員，應先儘酌量請補。如果實係人地不宜，始准聲叙以各項候補人員請補。又勞績保舉候補道府同知，甄别以繁簡補用者，遇題調缺出，無論曾任、初任，均准該督撫酌量補用各等語。今黄州府武黄同知，係繁疲難要缺，駐紮武穴鎮，爲華洋通商水陸通衢，稽查彈壓，均關緊要。非明體達用之員弗克勝任。臣等在於通省現任簡缺同知内逐加遴選，實無合例堪調之員，截取記名分發亦無人。惟查有候補班儘先補用同知陳世卿，年四十六歲，江蘇婁縣人，由監生遵例報捐同知，指分四川試用，投效貴州軍營。於克復龍里、貴定各城在事出力保奏，同治八年正月二十二日奉上諭：著俟補缺後，以知府用。欽此。又於克復興義府城出力保奏，十年九月初十日奉上諭：著賞戴花翎。欽此。又於克復麻哈州肅清全境出力保奏，十一年六月二十二日奉上諭：著以同知本班歸候補班前先補用。欽此。光緒元年離營，遵例捐離原省，改指湖北。二年八月初十日，經欽派王大臣驗放，十月初四日到省，試看一年期滿，奏咨留省補用，旋報捐本班儘先補用，接到加捐過班部文坐光緒五年正月二十日

〔一〕録自《京報》第四六四四號。

行文，按照限減半計算，應以是年二月十五日爲新班到省日期。嗣於辦理牙釐出力保奏，七年三月初一日奉上諭：賞加四品頂戴。欽此。九年二月丁父憂回籍，服滿起復回省。十五年二月丁母憂回籍，服滿起復。十七年六月二十七日回省，接到部文，准其起復。十八年因勸辦順直賑捐出力保奏，經部議俟補同知離任，歸知府班後加鹽運使銜。五月二十九日奉旨：依議。欽此。臣等查該員陳世卿，精明穩練，樸實耐勞，且係候補班儘先補用同知，請補黃州府武黃同知要缺，實堪勝任。惟調缺請補與例稍有未符，但人地實在相需，例得專摺奏請。據湖北布政使王之春、按察使陳寶箴會詳請奏前來。合無仰懇天恩俯念員缺緊要，所有黃州府武黃同知要缺，准以候補班儘先補用同知陳世卿補授，實於地方有裨。該員係候補同知請補同知，銜缺相當，毋庸送部引見。惟係保歸候補班後捐納儘先人員，仍應試俸三年。謹合詞恭摺具陳，伏乞皇上聖鑒，敕部核覆施行。

吏部議奏。

煉鐵全廠告成摺光緒十九年十月二十二日

竊臣奉旨籌辦煉鐵事宜，自開辦以來，歷經隨時上陳。並於本年二月内詳晰奏陳在案。自三月以後，機器物料陸續運到，臣督飭各員及洋匠多方激勵，極力趕辦，所有煉生鐵大廠，及機器廠、鑄鐵廠、打鐵廠，業經於三月前完工。其煉貝色麻鋼廠、煉熟鐵廠，此兩大廠均於五月完工。其煉西門士鋼廠、造鋼軌廠、造鐵貨廠，此三大廠因補換破碎短數火甎及未齊機器鐵料運到稍遲，於七、八兩月，先後完工。此外尚有造軌所需之魚片鈎釘廠，其機器本係後訂，於五月内始自外洋續行運到，督催趕辦，亦於九月中旬完工。統計全廠地面，東西三里餘，南北大半里。各廠基自平地起，至鐵柱墩及爐座機器諸石墩止，均須填土高一丈一二尺不等。大小十廠，均須連爲一處，共應填土九萬餘方。已於九月中旬，將開煉之日即須施工處所，一律填齊。至各廠基以外，現仍接續補填。其應加開水溝，加培護隄，廠内聯貫交通鐵路，廠地鋪蓋鐵板各工，隨時酌度情形辦理。統計煉生鐵、煉熟鐵、煉貝色麻鋼、煉西門士鋼、造鋼軌、造鐵貨六大廠，機器、鑄鐵、打鐵、造魚片鈎釘四小廠，以及煙通火巷、運鑛鐵橋、鐵路各工，江邊石馬頭，起鑛機器房，現已全行完竣，機器一律安配妥協。其大冶運道鐵路，前已完工，鐵山開鑛機器及軋鐵鑛、軋灰石機爐四座，溜鑛石馬頭磡岸等工，均已造齊。江夏馬鞍山煤井横窿兩道，均已開通，陸續出煤。大冶王三石煤井二處，石質極堅，暗水太多，工程過鉅。其横窿開通，尚需時日。現在亟須開爐試煉，惟馬鞍山井工雖成，煤巷尚少，工徒未熟，出煤尚未能多。該處所設之煉焦炭爐，甫經開工，火甎均自外洋運來，破缺短數甚多，電催補添，尚未運到。洗煤機器及運煤之掛綫路機器，屢經電催，約須十一月間方能運到。安設造成，亦需時日。自應查照從前奏案，先行購運湘煤，與馬鞍山所開之煤參用，以應急需。現於漢陽鐵廠内，另行添設洗煤機、煉焦炭爐，以期早日興工。至新爐試煉，關繫甚鉅，（合配）〔配合〕鐵鑛、灰石、煤斤，必須精詳慎重。而洗煤、煉焦炭兩事，在中國工匠素未經見。若煤質稍雜，洗煉配合稍不得法，即（至）〔致〕積灰壅塞風眼，鐵汁不能下注，凝堵爐門，全爐損壞。貴州青溪鐵爐覆轍可鑒。必須先用外洋焦炭試煉兩月，察其爐座之風力、火力，鐵鑛之剛柔，徐用内地之煤，較量配用，方爲穩慎萬全。至煤爲全廠之根，必須自開、自煉，方能一律適用，而且多出不竭。目前工費雖多，將來庶可經久，實爲節省經費，輕減成本之要策。現仍一面督催各煤井工程，並因全廠鍋爐，及鐵山鑛機、運道火車、運鑛運煤輪船，長年需用煙煤爲數甚鉅。分飭於大冶縣之保安、李士墩、金盆地、柏灣，長陽縣之滋邱等處，多開土窿，以資各項雜用。惟外洋開煤，乃極重要而極繁鉅之事，本係專門大舉，每開一大井，鑽工、井工、路工等項，動需百萬内外，與煉鐵另爲一事。今湖北兼辦開煤數處，而又別無經費，辦理實爲棘手。惟(爲)[有]竭力統籌，相機騰挪，設法趕辦。目前正在演試機器，修補各項機(器)[爐]零件，俟一切布置周妥，十一月内，即擬燒熱爐座，約須兼旬方能熱透。十二月間，即可試煉生鐵，接續煉鋼、造軌。茲謹將造成漢陽煉鐵全廠，及大冶鐵山鑛機運道，水陸馬頭，暨江夏馬鞍山、大冶王三石各煤井工程，仿照西法，於九月下旬照印成圖，共爲五十六幅，并於圖上貼説，恭呈御鑒。

[該衙門知道。]〔一〕

江漢關掃解第五批籌備餉需摺〔二〕 光緒十九年十月二十二日

竊照前准户部咨，奏撥癸巳年籌備餉需案内，撥江漢關四成洋税銀十二萬兩、六成洋税銀十六萬兩，行令遵照辦理等因。業經撥解本年第一批至四批籌備餉需，四成洋税銀十萬兩、六成洋税銀十五萬兩，委解赴京交納，奏報在案。茲據湖北漢黄德道監督江漢關税務惲祖翼詳稱，在於第一百三十二結所徵四成洋税項下動支庫平足色銀二萬兩，六成洋税項下動支庫平足色銀一萬兩，共銀三萬兩，作爲本年第五批籌備餉需。飭委候補同知薛華城、候補通判張良弼管解赴京交納。所有本年奉撥籌備餉需四六成洋税銀兩現已掃數解清等情，詳請奏咨前來。臣覆核無異，除分咨外，謹會同湖北巡撫臣譚繼洵恭摺具陳，伏祈皇上聖鑒。

户部知道。

籌解第九批鹽釐京餉摺 光緒十九年十月二十二日

竊臣前准户部咨，豫撥光緒十九年京餉案内，提撥湖北鹽釐銀十五萬兩。又准咨，續撥本年京餉案内，撥湖北鹽釐銀五萬兩。行令分批起解等因。業經籌撥本年第一批至八批京餉鹽釐，共銀十六萬兩，委解赴京交納，隨時奏報在案。茲據湖北布政使王之春、鹽法武昌道瞿廷韶會詳稱，現經籌撥本年第九批京餉鹽釐銀二萬兩，飭委候補同知薛華城、候補通判張良弼管解赴京交納等情，詳請奏咨前來。臣覆核無異，除分咨外，謹會同湖北巡撫臣譚繼洵恭摺具陳，伏祈皇上聖鑒。

户部知道。

擬定鐵廠開辦後行銷各省章程片 光緒十九年十月二十(二)[五]日

再，准户部咨，令於鐵廠開辦後，詳定行銷各省章程，并將

〔一〕 以上脱、舛五處，據中華書局一九九五年版《光緒朝硃批奏摺》第一〇二輯第一五七至一五九頁補、改。

〔二〕 以下二件録自中國第一歷史檔案館編《光緒朝硃批奏摺》第八七輯，第五四九至五五〇頁，中華書局一九九五年版。

所出鋼鐵數目，分季造報海軍衙門、户部等語。查中國自開鐵廠，乃奉旨飭辦之件，關係自强要圖，凡我軍國所需，自宜取資官廠。惟賴户部與各衙門及各省合力維持，方足以暢地産而保利權。至所出鐵貨，既係動用官本，均係官物。且開辦之初，工本較鉅，行銷各省及出口運銷外洋，自應一律統免税釐，以輕成本。且臣近接出使日本大臣汪鳳藻來函，日本現亦擬創設鐵廠，擬派員來華觀看湖北鐵廠等語。是外國皆汲汲於煉鐵一事，則中國鐵廠尤宜多方護持振興，以期暢旺。所有北洋鐵路局，及各省製造機器、輪船等局，需用各種鋼鐵物料，或開明尺寸，或繪寄圖樣，漢陽鐵廠均可照式製造，與外洋物料一律適用。至開辦之初，工本猝難豫計，其價值惟有暫照各省所購外洋鋼鐵時價，應於議定需用物料若干，價值若干後，或先付半價，或先付三分之一，或酌付定銀，應由湖北隨時體察情形，與各該省商辦，相應請旨敕下户部、總理海軍衙門、總理各國事務衙門，迅速核定章程，通行各省查照辦理。

至漢陽廠所出鋼鐵數目，一年之内，或有分煉猛鐵之日，或有修理機器爐座之日。且鋼鐵等差、種類甚多，或視何項鐵貨需用較多、較急，即行酌量多少，分別製造。若按季報部，端緒過形繁雜，且不免參差，似須滿一年後，方能統計盈虚。擬請每年奏咨一次，以歸簡明而昭核實。

（硃批）該衙門議奏。（欽此）[一]

設立自强學堂片 光緒十九年十月二十（二）[五]日

再，治術以培植人才爲本，經濟以通達時務爲先。自同治以來，總理各國事務衙門設立同文館，創開風氣，嗣是南、北洋及閩、粤各省，遞設廣方言館、格致書院、武備學堂，人才奮興，成效昭著。湖北地處上游，南北衝要，漢口、宜昌均爲通商口岸，洋務日繁，動關大局，造就人才似不可緩。亟應及時創設學堂，先選兩湖人士，肄業其中，講求時務，融貫中西，研精器數，以期教育成材，上備國家任使。臣前奏明建立兩湖書院，曾有續設方言、商務學堂之議。茲於湖北省城内，鐵政局之旁，購地鳩工，造成學堂一所，名曰自强學堂。分方言、格致、算學、商務四門，每門學生先以二十人爲率，湖北、湖南兩省士人方准與考。方言，學習泰西語言文字，爲馭外之要領。格致，兼通化學、重學、電學、光學等事，爲衆學之入門。算學，乃製造之根源。商務，關富强之大計。每門延教習一人，分齋教授。令其由淺入深，循序漸進，不尚空談，務求實用。所需經費，暫就外籌之款湊撥濟用。俟規模漸擴，成效漸著，再行籌定專款奏明辦理，以爲經久至計。

（硃批）該衙門知道。（欽此）[二]

接設安陸電綫片 光緒十九年十月二十五日

再，前因襄陽地當邊要，伏莽素多，且襄河湍悍，時虞潰決。安陸、襄陽兩府沿河各州、縣隄工，關繫民生利害，必須赴機迅疾，方能有備無患。當於光緒十六年奏明，將荆州、沙市電綫接

[一] 以上衍兩處及具奏日期，據中華書局一九九五年版《光緒朝硃批奏摺》第一〇二輯第一六〇頁删、校正。

[二] 以上衍兩處及具奏日期，據中華書局一九九五年版《光緒朝硃批奏摺》第一〇五輯第三八八至三八九頁删、校正。

造至襄陽，并撥歸商局經理在案。自襄陽通電以後，信息靈捷，於襄郡隄工及襄陽所屬教案會匪諸事，均能應機籌辦，裨益實多。惟安郡、鍾祥隄工相距較遠，綫路雖經過鍾祥境内，第在對河地方無通報之所，倉卒尚難得力。必應於商綫經過較近之處，横添官綫一段，接至安陸府城内，方於籌辦鍾祥隄工各事，可期妥速。綫路相去不過數十里，而中隔襄河，須接水綫。當經派委沙市電報局委員直隸候補同知黄邦俊，隨帶工匠及水陸電綫工料等件，前往勘路興工。旋據稟報，陸綫由荆門州接達，水綫由安陸府城外中渡安設，一律工竣。所有購辦水、旱綫桿物料、工作等項，共支用銀四千七百二十八兩，由善後局如數發給。查所接安陸官綫，係爲防護鍾隄而設，惟由官經理，以後修理、巡護及局中常年經費，所需甚多，若仍撥歸商辦，則與襄樊商綫呼應靈通，而經費可期節省。至所用經費銀四千七百餘兩，當經與商局議定，作爲存款，由商認還。但現在商報無多，一時乏力墊繳。應俟將來報費暢旺，再行飭其分期歸結，以清公款。

（硃批）該衙門知道。（欽此）

籌解第三批北洋海軍經費片[一] 光緒十九年十月二十五日

再，前承准海軍衙門咨，光緒十九年分北洋海軍經費，應撥湖北釐金銀三十萬兩，按八成分批徑解北洋兑收等因。查湖北省釐金項下，原撥南、北洋海防經費銀三十萬兩，光緒六年三月經北洋大臣奏准，按八成分解，每年共應解銀二十四萬兩。自光緒十二年起至十八年止，應解前項銀兩，均經分别解清截留，本年已解過第一、二兩批銀十二萬兩，附片奏報在案。兹據湖北善後局司道詳稱，籌撥本年第三批庫平銀六萬兩，於十月初十日解交湖北淮軍收支轉運局兑收，轉解北洋，以應要需等情，詳請奏咨前來。臣覆核無異，除分咨外，謹會同湖北巡撫臣譚繼洵附片具陳，伏祈聖鑒。

該衙門知道。

湊解北洋海軍經費片[二] 光緒十九年十月二十五日

再，前准户部咨，嗣後軍需動用之款，行令先期奏報等因。歷經遵辦在案。兹查湖北奉撥本年北洋海軍經費銀二十四萬兩，業經解過三批，共銀十八萬兩，尚欠銀六萬兩。惟本年鹽釐、貨釐收數較減，善後局款項支絀異常，奉撥甘肅新餉甫經解清，一時實難周轉。現經臣督同司道通盤籌畫，在於司庫留協鄰省項下動支銀二萬兩，湊解北洋海軍經費，以應要需。所有動撥司庫銀兩應請就款開除，俾免轇轕。據湖北布政使王之春會同善後局司道具詳請奏前來，除咨户部外，謹會同湖北巡撫臣譚繼洵附片具陳，伏祈聖鑒。

户部知道。

[一] 録自《京報》第四六六八號。
[二] 録自《京報》第四六六五號。

江漢關第一百三十二結收解各數目摺[一]

光緒十九年十月二十五日

竊照前准户部咨，鈔奏内開，各海關洋税收支數目辦理未能畫一，應令遵照定章，按結開列清單奏報一次，仍扣足四結開單奏銷一次，概不得以收支數目串入原摺，以致混雜不清。仍一面造具四柱清册暨支銷經費銀兩清册，分送户部暨總理各國事務衙門，以憑核銷等因。光緒十年二月二十五日具奏。本日奉旨：依議。欽此。又准咨，第九十五結期滿清單，僅有收支款目，以致各結總數未能聯貫。嗣後應令將舊管、新收、開除、實在，分爲四柱，逐款開列，以昭明晰等因。均經轉飭遵照辦理。兹據湖北漢黄德道監督江漢關税務惲祖翼詳稱，江漢關徵收各項税鈔及支解各數目，前經截至光緒十九年五月十七日第一百三十一結止，詳請奏咨在案。兹查自光緒十九年五月十八日起至八月二十一日止，第一百三十二結期滿，徵收洋商各項税鈔六成洋税，除支解外計存銀三萬三千九百八十二兩四錢九分九釐二毫七絲四忽。又四成洋税除撥解外，計不敷銀三萬一千八百七十八兩二錢六分八釐，應在於下結所收四成洋税項内照數彌補。又另款徵收招商局各項税鈔，除撥解外計存四成八釐各税銀九萬三千二百六十三兩三錢三分七釐，已如數歸併六成洋税内開報。又五成二釐局税，除撥解外計不敷銀十萬零七千三百三十一兩九錢四分七釐，應在於下結所收五成二釐局税項内照數彌補。又上結報存洋藥税釐銀及本結遵照新章徵收洋藥税釐銀，除支解外計存銀八千一百七十兩零八錢五分八釐。又，英商局商在漢販運土藥出口徵收正税銀三兩六錢，已歸入華洋税項内開報等情，詳請奏咨前來。臣覆核無異，除俟另行按結造具收支經費各册，另繕總單分别報銷外，所有第一百三十二結徵收洋商華商各項税鈔及支解各數目，謹會同南洋通商大臣兩江總督臣劉坤一、湖北巡撫臣譚繼洵恭摺具陳，並繕具四柱清單，恭呈御覽，伏祈皇上聖鑒。

該衙門知道。單併發。

江漢關籌解出使經費片[二]

光緒十九年十月二十五日

再，據湖北漢黄德道監督江漢關税務惲祖翼詳稱，查江漢關第一百三十一結提存出使經費銀兩，業經委解江海關驗收，詳請奏咨在案。兹查第一百三十二結所徵洋商進出口正税六成銀兩，除開支税務司並關用經費及傾鎔折耗外，實存銀二十六萬三千五百八十九兩八錢五分八釐。按十成計算，應提一成五釐出使經費銀三萬九千五百三十八兩四錢七分九釐。又收招商局輪船出口正税四成八釐銀兩，除開支傾鎔折耗外，實存銀六萬三千三百九十二兩八錢九分四釐。按十成計算，應提一成五釐出使經費銀九千五百零八兩九錢三分四釐。遵照户部核覆，每萬兩扣給解費銀二百兩，即在所提出使經費内扣給委員解費銀九百八十兩零九錢四分八釐，計實解銀四萬八千零六十六兩四錢六分五釐，飭委候補同知沈賦詩解赴江海關驗收等情，詳請奏咨前來。臣覆核無異，除分咨外，謹會同南洋通商大臣兩江總督臣劉坤一、湖北巡撫臣

[一] 録自《京報》第四六六一號。

[二] 録自《京報》第四六六七號。

譚繼洵附片具陳，伏祈聖鑒。

該衙門知道。

宜昌關第一百三十二結收支各款税銀數目摺[一] 光緒十九年十月二十五日

竊照前准户部咨，鈔奏内開，各海關洋税收支數目辦理未能畫一，應令遵照定章，按結開列清單奏報一次，仍扣足四結開單奏銷一次，概不得以收支數目串入原摺，以致混雜不清。仍一面造具四柱清册暨支銷經費銀兩清册，分送户部暨總理各國事務衙門以憑核銷等因。光緒十年二月二十五日具奏。本日奉旨：依議。欽此。又准户部咨，江漢關第九十五結期滿清單，僅有收支款目，以致各結總數未能聯貫。嗣後應令將舊管、新收、開除、實在，分爲四柱，逐款開列，以昭明晰各等因。先後轉行遵照辦理。兹據湖北荆宜施道監督宜昌關税務周懋琦詳稱，宜昌關徵收各項税銀，前經截至光緒十九年五月十七日第一百三十一結止，詳請奏咨在案。兹自光緒十九年五月十八日起至八月二十一日止，第一百三十二結期滿，所徵税銀除照章開支外，連留存尾數銀及上結徵存税銀並本結新收，共實存銀八萬九百八十三兩一錢一分九釐。前經詳請咨明奉准部覆，歸入一年報銷案内，解存藩庫委員解京。又遵照新章，本結徵收洋藥税釐銀，除支傾鎔折耗外，連上結共實存銀六百六兩一錢六分三釐。存俟隨同正餉搭解。再，本結並未徵收洋商自備華式之船鈔，毋庸造册報銷等情，詳請奏咨前來。臣覆核無異，除將清單清册咨送總理各國事務衙門暨户部户科查照外，謹會同南洋通商大臣兩江總督臣劉坤一、湖北巡撫臣譚繼洵恭摺具陳，並繕具四柱清單，恭呈御覽，伏祈皇上聖鑒。

該衙門知道。單併發。

宜昌關籌解出使經費片[二] 光緒十九年十月二十五日

再，據湖北荆宜施道監督宜昌關税務周懋琦詳稱，宜昌關第一百二十四結以前，應解出使經費銀兩，業經解交江海關驗收分撥，詳請奏咨在案。兹查自一百二十五結起至一百二十八結止，扣足四結一年期滿，共收各項税銀内，照章應提出使經費銀二千八百六十二兩八錢三分二釐六毫八絲。又自一百二十九結起至一百三十二結止，扣足四結，一年期滿共收各項税銀内，照章應提出使經費銀五千八百七十兩八錢九釐八絲。核計兩年共應提出使經費銀八千七百三十三兩六錢四分一釐七毫六絲。所有委員解費川資，仍照每萬兩支銀二百五十兩扣算，計提給銀二百十三兩一分五釐六毫五絲三忽，實應解出使經費銀八千五百二十兩六錢二分六釐一毫七忽。飭委巡檢吴作華、周叔銘等解赴江海關驗收撥用等情，詳請奏咨前來。臣覆核無異，除分咨外，謹會同湖北巡撫臣譚繼洵附片具陳，伏祈聖鑒。

該衙門知道。

[一] 録自《京報》第四六六一號。

[二] 以下兩件録自《京報》第四六六七至四六六八號。

江漢關協解淮軍月餉片 光緒十九年十月二十五日

再，前淮户部咨，議覆直隸督臣李鴻章奏淮軍月餉支絀，請將江漢關應解額款於四六成洋税項下通融勻撥案内，議令江漢關應解淮餉，如六成洋税無款，即在四成洋税及五成二釐招商局税内按數提解等因。奉旨：依議。欽此。咨行欽遵辦理。查江漢關奉撥應解直隸督臣李鴻章淮軍月餉，四成洋税銀二萬兩、六成洋税銀三萬兩，均解至光緒十九年七月分止，隨時奏報在案。茲應解光緒十九年八、九兩月分四六成淮餉，即在第一百三十二結所徵四成洋税項下動支庫平銀四萬兩，並在是結六成洋税項下動支庫平銀六萬兩，作爲直隸督臣李鴻章及提督劉盛休所部淮軍月餉，委解湖北淮軍收支轉運局交收轉解。據湖北漢黄德道監督江漢關税務惲祖翼詳請奏咨前來。臣覆核無異，除分咨外，謹會同湖北巡撫臣譚繼洵附片具奏，伏祈聖鑒。

户部知道。

籌解第三批加放俸餉摺〔一〕 光緒十九年十月二十五日

竊照前准户部咨，湖北省應解西征洋款改爲加放俸餉一款，自光緒十五年起，每年應解銀二十萬兩，按年解部等因。光緒十四年十一月二十四日具奏。奉旨，依議。欽此。咨行欽遵辦理。歷經如數籌解劃撥，本年已解過第一、二兩批銀四萬兩，奏報在案。茲據湖北布政使王之春會同善後局司道詳稱，籌撥本年第三批加放俸餉銀三萬兩，飭委候補同知薛華城、候補通判張良弼管解赴京交納。其餘應解銀兩，容再續籌委解等情，詳請奏咨前來。臣覆核無異，除分咨外，謹會同湖北巡撫臣譚繼洵恭摺具陳，伏祈皇上聖鑒。

户部知道。

江漢關籌解加放俸餉片 光緒十九年十月二十五日

再，前准户部咨，具奏各關應解抵閩京餉改爲加放俸餉銀兩，江漢關仍於四成洋税項下每結提銀四千兩等因。當經轉飭遵照辦理。所有江漢關第一百三十結應解抵閩京餉改爲加放俸餉銀四千兩，委解赴京交納，業經奏咨在案。茲據湖北漢黄德道監督江漢關税務惲祖翼詳稱，在於第一百三十一結所徵四成洋税項下提撥足色庫平銀四千兩，飭委候補同知薛華城、候補通判張良弼管解赴京交納等情，詳請奏咨前來。臣覆核無異，除給咨管解外，謹會同湖北巡撫臣譚繼洵附片具陳，伏祈聖鑒。

户部知道。

掃解第十批鹽釐京餉摺 光緒十九年十月二十五日

竊臣前准户部咨，豫撥光緒十九年京餉案内，提撥湖北鹽釐銀十五萬兩。又准咨，續撥本年京餉案内，撥湖北鹽釐銀五萬兩。行令分批起解等因。業經籌撥本年第一批至九批京餉鹽釐共銀十八萬兩，委解赴京交納，隨時奏報在案。茲據湖北布政使王之春、鹽法武昌道瞿廷韶會詳稱，現復籌撥本年第十批京餉鹽釐銀二萬

〔一〕以下四件録自中國第一歷史檔案館編《光緒朝硃批奏摺》第八七輯，第五五一至五五四頁，中華書局一九九五年版。

兩，飭委大挑知縣劉震嶽、在任候補知縣本任鍾祥縣縣丞董治勛，管解赴京交納。所有本年奉撥京餉鹽釐銀兩現已掃數解清等情，詳請奏咨前來。臣覆核無異，除分咨外，謹會同湖北巡撫臣譚繼洵恭摺具陳，伏祈皇上聖鑒。

户部知道。

籌解本年關東鐵路經費片光緒十九年十月二十五日

再，光緒十六年准户部咨，奏撥鐵路經費案内，令湖北省按年攤籌銀五萬兩。當經行據司道籌議，擬在藩司、善後局無論何款，按年各籌挪銀二萬兩，江漢關籌挪銀一萬兩，共湊銀五萬兩。至如何騰挪之處，實未能指定專款，惟有臨時酌量緩急辦理等情，詳經臣咨呈海軍衙門並咨報户部。旋承准海軍衙門咨，鄂省籌辦煤鐵事宜，令將自行籌出咨明留用銀五萬兩，撥鄂應用。十七年四月間，又准户部咨，湖北每年籌撥鐵路經費銀五萬兩，除十六年指撥之款全數截留外，應自光緒十七年起，遵照諭旨，移作關東鐵路專款。並准北洋大臣李鴻章暨承准海軍衙門咨，徑解天津兑收各等因。所有光緒十八年分應解關東鐵路經費銀五萬兩，業經如數籌撥匯解，附片奏報在案。茲據湖北布政使王之春、漢黄德道監督江漢關稅務惲祖翼、善後局司道會詳稱，湖北省應解本年關東鐵路經費銀五萬兩，自應分批籌解。茲在藩庫地丁項下動撥銀二萬兩，江漢關六成洋稅項下動撥銀一萬兩，共庫平銀三萬兩，於十月初二日發交百川通商號匯至北洋鐵軌官路總局兑收，以應要需。下餘應解銀二萬兩，俟籌定款項，再行匯解等情，詳請奏咨前來。臣覆核無異，除分咨外，謹會同湖北巡撫臣譚繼洵附片具陳，伏祈聖鑒。

該衙門知道。

江漢關籌解海軍衙門經費片〔二〕光緒十九年十月　日

再，前准户部咨，奏撥海軍衙門常年經費案内，指撥江漢、宜昌兩關銀六萬兩，均於一百三十結至一百三十三結洋藥釐金加徵項下，按季匀撥，解交海軍衙門兑收。又承准海軍衙門咨，奏各省關每年應解常年經費等銀，自光緒十八年起，每兩隨解飯銀一分，准其作正開銷。至本歲已解之款應隨飯銀，並令照數補解，併交海軍衙門兑收各等因。均經轉飭遵照辦理。茲據湖北漢黄德道監督江漢關稅務惲祖翼詳稱，歷年奉撥海軍衙門經費銀六萬兩，均因宜昌關徵數甚微，無款可撥，專由江漢關徵收洋藥稅釐項下撥解，以供要需。自應查照成案辦理。業經在於第一百三十一結所徵洋藥稅釐項内，共動支銀三萬兩，隨解飯銀三百兩，並補解上年飯銀六百兩，委解赴京交納。詳奉奏報在案。茲復在第一百三十二結徵收洋藥稅釐項内，動支銀一萬五千兩，作爲海軍衙門經費，隨解飯銀一百五十兩，飭委候補同知薛華城、候補通判張良弼管解赴京交納。其餘應解銀兩，容再籌撥委解等情，詳請奏咨前來。臣覆核無異，除分咨外，謹會同湖北巡撫臣譚繼洵附片具陳，伏祈聖鑒。

該衙門知道。

〔二〕録自《京報》第四六七三號。

委解甘肅新餉片〔一〕 光緒十九年十月　日

再，據湖北善後局司道呈稱，前經會同布政使王之春飭委候補知縣姜文治管解本年尾批甘肅新餉銀七萬兩，赴甘肅藩庫交納，詳請具奏在案。茲查該員姜文治奉委赴武昌縣查辦育嬰，旋據該署縣劉秉彝禀請留縣會辦，一時未能蒇事。所有前項餉銀，現經改委湖北補用同知楊秀觀管解赴甘肅藩庫交收等情，呈請奏咨前來。除分咨外，謹會同湖北巡撫臣譚繼洵附片具陳，伏祈聖鑒。

户部知道。

江漢關籌解第九年第二期應付洋款利銀片〔二〕 光緒十九年十月　日

再，前准户部咨，神機營息借洋款，奏令各海關按期歸還一摺内稱，此次該營續收洋款一百四十萬鎊，均自光緒十一年八月二十三日爲第一年第一期歸付利銀之始。照每鎊三兩五錢核算，共銀二百二十四萬六千四百鎊，合廣平銀七百八十六萬二千四百兩。擬令津海、東海、江漢三關各分派本息共銀一百五十七萬二千四百八十兩，江海關分派本息共銀三百十四萬四千九百六十兩。仍照光緒十一年二月奏定辦法，令各該關先期二十日解交江海關兑收，届期統由江海關道隨時照外洋鎊價漲落，作合鎊價，或盈或絀，即由該關分别應墊應存，再與原派歸還之海關按期結算清楚等因。光緒十二年正月二十八日具奏。奉旨：依議。欽此。欽遵咨行前來，當經轉飭遵照辦理。所有江漢關第一年第二期起至第九年第一期止應付本利銀兩，並至第八年第四期止應補鎊價銀兩，均經先後委員解交江海關驗收給領，分别奏報在案。茲據湖北漢黄德道監督江漢關税務惲祖翼詳稱，光緒十九年十月二十四日爲第九年第二期，即在第一百三十二結所徵六成洋税項下動支庫平足色銀七千三百五十兩，作爲第九年第二期應付利銀，飭委候補縣丞陳繼泰解赴江海關驗收給領等情，詳請奏咨前來。臣覆核無異，除分咨外，謹會同湖北巡撫臣譚繼洵附片具陳，伏祈聖鑒。

該衙門知道。

援案撥濟甘肅新餉片〔三〕 光緒十九年十月　日

再，據總辦湖北善後局布政使王之春等詳稱，湖北糧道庫存幫津、水脚、兑費等糧，咸豐年間曾經奏准留充軍餉。嗣於光緒九年經户部議奏，儘數徵解，如有緊要餉需，由督撫專案奏明動撥等因。遵照在案。茲查湖北省應撥光緒十九年甘肅新餉缺三十三萬兩，雖已勉籌解清，尚應豫解二十年分頭批餉銀十萬兩。加以京協各餉均須同時籌解，爲數較鉅。綜核鹽課厘金收數實屬不符周轉。甘餉爲關外要需，未便延緩至滋貽悮。擬於糧道庫動撥幫津水脚兑費銀七萬兩，俾資湊解，請專案奏明，俟奉部覆准再行動撥等情，請奏前來。臣等查甘餉係應速解要款，從前曾因不敷湊解，疊經前督撫臣奏明於幫津等款内撥濟。今該司道所請係屬援案辦理，核與部章相符。除咨户部查照外，謹合詞附片具陳，

〔一〕録自《京報》第四六六二號。
〔二〕録自中國第一歷史檔案館編《光緒朝硃批奏摺》第八二輯，第一四五頁，中華書局一九九五年版。
〔三〕録自《京報》第四六四六號。

伏祈聖鑒。

户部知道。

請將備荒經費撥充順直賑款摺〔一〕 光緒十九年十月　日

竊前准户部咨，各省於厘金項下每月酌提銀一千兩，解部存儲，以作備荒之用等因。查此項備荒經費，原爲籌備各省災賑之用，以免另行籌畫。本年順、直水災甚重，疊准兼管順天府尹孫家鼐、順天府尹孫楫電催速籌濟賑賑捐。屢經勸募，集款不易，緩不濟急。京畿重地，待賑孔殷，惟有將本年備荒經費由釐金項下撥銀一萬二千兩，解充順、直賑款，以應急需。據湖北布政使王之春、善後局司道會詳請奏前來。除飭將前項銀兩發交百川通商號電匯順天府尹衙門兑收濟用，並分咨外，臣等謹合詞恭摺具陳，伏祈皇上聖鑒。

該衙門知道。

奏解備放俸餉銀兩片〔二〕 光緒十九年十月　日

再，前准户部咨，京官放給全數俸銀，所有津貼應即停止。惟俸餉規復舊制爲數甚鉅，行令各省關將應解前項津貼銀兩，仍照原撥之數，按年全數解交户部，以備搭放俸餉等因。查湖北應解光緒十八年分備放俸餉銀一萬六千兩，業經解清在案。茲據湖北布政使王之春會同善後局司道，籌撥光緒十九年分備放俸餉銀一萬六千兩，飭委補用知縣羅忠祥、補用知縣江夏縣縣丞張南瑾，管解赴京交納等情，詳請奏咨前來。除咨部外，謹會同湖北巡撫臣譚繼洵附片具陳，伏祈聖鑒。

户部知道。

道員惲祖翼保薦卓異敕部注册片〔三〕 光緒十九年十月　日

再，光緒十八年舉行計典。前任湖北糧儲道惲祖翼，經臣等以器識閎深，體用兼備，整躬率屬，衆望允孚，保薦卓異。現准部覆，查該員任内有正項錢糧未完，本任並非繁缺，歷俸未滿五年，雖經捐免試俸歷俸，惟保薦卓異定例並無准其核計明文，應行議駁等因。具奏。咨行到部。臣等恭查雍正元年恩詔内開：直隸各省官員，内有臨級罰俸者，俱不准卓異。似此賢員因公罣誤，不能得升，以致壅塞。此後如果有居官清廉能幹，因公罣誤者，著該督撫亦行卓異。欽此。欽遵在案。今該員惲祖翼係於光緒十六年經部議准補授湖北糧儲道，是年二月十二日到任，連閏扣至十八年十二月十二日，在本省歷俸已滿三年。業經調補漢黄德道要缺離任。雖前任有督催錢糧未完，實與州縣經徵不同，且早經卸任，未完之項不及一分，例准照離任官罰俸完結。並非不准保薦卓異之人員。若因此罣誤，未免向隅，似無以勵賢能。合無仰懇天恩准將該道惲祖翼卓異之案，敕部核准註册。臣等爲激勵人才起見，如蒙俞允，再由臣等給咨飭令該道赴部，以符定制。謹

〔一〕録自《京報》第四六六二號。

〔二〕録自《京報》第四六六五號。

〔三〕録自《京報》第四六四四號。

合詞附片具陳，伏乞聖鑒。

吏部議奏。

徵收錢漕三年全完之員請從優獎敘摺〔一〕光緒十九年十一月初十日

竊照錢漕乃維正之供，催科爲有司專責。鄂省頻年奉提京餉及撥協各省餉項，全賴地丁等款徵解踴躍，籍資挹注。是州縣催徵之勤惰，實關餉需之贏縮。其有先期完解之員，歷經奏准獎敘在案。兹據湖北布政使王之春、督糧道岑春蓂詳稱，查黄安縣額徵光緒十八年司庫地丁等款錢糧，除坐支外，實解銀一萬六千八百三十一兩九錢四分五釐。又應解道庫漕南正耗米折等款，共銀四千二百九十二兩二錢二分一釐，均於年内全完。又光緒十五、十六、十七等年錢漕各款銀兩，亦於奏銷前掃數完解。均係該縣陶大夏一手經徵，三年全完，例應於照常議叙之外，量加優叙等情，詳請奏獎前來。臣等查，該縣額徵各年各款銀數，均在二萬兩以上，俱於奏銷前掃數全完，洵屬催科勤奮，自應專案請獎。合無仰懇天恩俯准，將現任黄安縣知縣陶大夏照例給予加一級紀録三次，以示鼓勵而資觀感。謹合詞恭摺具奏，伏祈皇上聖鑒。

該部議奏。

籌辦育嬰摺光緒十九年十一月十四日

竊臣等前承准軍機大臣字寄，光緒十七年九月十三日奉上諭：御史恩溥奏各省教案皆緣育嬰而起，請飭廣設育嬰堂一摺。所奏不爲無見。育嬰一事，從前疊奉諭旨通飭辦理。現在教案繁興，半由各國育嬰起釁。若使地方官籌辦盡善，自可隱杜亂萌。惟各省情形不同，全在疆吏因地制宜，委用得人，立法周備，庶日久奉行，不至滋生他弊。著各直省將軍、督撫，悉心體察，妥爲籌畫。總期實惠及民，以恤窮黎而弭隱患。原摺均著鈔給閲看，將此各諭令知之。欽此。遵即恭録咨行，欽遵辦理在案。

伏思湖北地方沿江口岸，華洋雜處，教堂甚多。防範偶有未周，匪徒從中煽惑，易釀事端。是育嬰之舉，在湖北，尤爲當務之急。當經分派員紳，馳赴各屬，會同地方官紳，周歷城鄉，切實勸導，設法籌捐的款，或因或創，竭務擴充，妥定章程，以垂久遠。其收養之法，大率分堂養、助養兩端。如經費充裕，建堂雇乳，多多益善，是曰堂養。或鉅款驟難籌集，即不必遽立新堂、定雇乳媪，但按月給費，責令本生父母撫育，是爲助養。嗣據各府州縣稟報，先由地方官員捐廉以爲之倡。紳、商、士、庶亦多嚮義樂施，或以資産充公，或以集會輸捐，或於田房税契及本縣市鎮商賈認捐經費，共襄善舉。就地方之廣狹繁簡，因地制宜，分設堂所。公舉端正紳士，以董其事。所收租息及歲捐、月捐、筒捐各款，絶不假手胥吏。該地方官，隨時親赴堂所，留心查驗。臣等仍督飭司道，覆加綜核。並委員隨時密查其收養嬰孩名數，並飭按季分别造册稟報，俾資考核。民間捐款較鉅者，臣等發給匾額，以示獎勵。查自陸續開辦迄今兩年，綜計一州一邑，歲籌經費，多者錢數千串以至數百串。收養嬰孩多者數百名以至數十名。各該地方官，均能各就本處情形實心勸辦，不遺餘力。果能

〔一〕録自《京報》第六六八四號。

從此日加擴充，孤幼皆得所養，於厚俗弭患之道，似亦不無裨益。臣等自當隨時督察，力求實際，不令日久弊生，以仰副朝廷恤民防患之至意。

（硃批）該衙門知道，單併發。（欽此）

遊擊親老患病呈請開缺回旗當差摺[一]

光緒十九年十一月十四日

竊據湖北襄陽城守營遊擊武英稟稱，係京城正黄旗漢軍人。原在世管佐領任内當差，於光緒十三年十一月内，蒙兵部奏奉諭旨，補授斯缺，於光緒十四年四月初十日到任。因生母宗氏染患骽疾，當時未能迎養來鄂。現接家信，始知生母病勢漸增。伏思遊擊家無伯叔兄弟，乏人侍奉。再四思維，惟有呈請開去遊擊員缺，仍歸世管佐領任内當差，以便就養等情前來。

臣查例載，旗員外任緑營，有以親老請改近省者，俱令回旗，在原處當差等語。該遊擊武英，既因母老多病，家無次丁，乏人侍奉，呈請開缺回旗當差，應請照例准如所請，以遂烏私。相應仰懇天恩俯准將湖北襄陽城守營遊擊武英開缺回旗，仍歸世管佐領任内當差。出自逾格恩施。如蒙允准，再行給咨起程赴京。至襄陽城守營遊擊員缺，係部推之缺，湖北省現有應補人員，容臣另行揀員請補。除咨兵部暨正黄旗漢軍都統查照外，謹會同湖北巡撫臣譚繼洵恭摺具陳。再，新授湖北提督臣吴鳳柱尚未到任，毋庸會銜，合併陳明，伏祈皇上聖鑒。

著照所請。該衙門知道。

查明光緒十九年上半年湖北各州縣應襲各世職摺[二]

光緒十九年十一月十四日

竊照前准部咨，同治元年二月十六日奉上諭：軍興以來，各省官紳士庶，凡臨陣捐軀、守義殉難者，一經統兵將帥及地方督撫奏請旌卹，無不立予褒揚。嗣後著該督撫轉飭各州縣，將應襲職名迅速查取，徑報督撫，毋庸由府司轉詳，予限半年彙案具奏，以免煩擾。欽此。歷經欽遵彙奏在案。茲自光緒十九年正月起至六月底止，據湖北黄陂等州縣先後查詳前來，所有承襲雲騎尉世職發標學習之段步瀛、任占魁、宋世漢，又請接襲雲騎尉世職發標學習之陳中懷、石大昕，又已襲雲騎尉世職請發標學習之嚴承志，又請兼襲雲騎尉世職之增生、方鑅共七員，均年已及歲。經臣先後驗看，俱屬年力精壯，堪以承襲、接襲、兼襲並發標學習。又請接襲雲騎尉世職謝學浩、王萬年、張承澤共三名，均年未及歲，亦經查明與例相符，應請准其接襲。統俟接准部覆，分别辦理。除鈔録清單同宗圖册結及已故世職陳又新、謝恩培各原領敕書，一併咨送吏、户、兵各部辦理外，理合會同湖北巡撫臣譚繼洵恭摺具陳。並繕具各世職姓名、年貫清單，恭呈御覽。再，新授湖北提督臣吴鳳柱尚未到任，毋庸會銜，合併陳明，伏祈皇上聖鑒。

兵部議奏。單併發。

[一] 録自《京報》第四六九三號。

[二] 録自中國第一歷史檔案館編《光緒朝硃批奏摺》第四三輯，第五四五頁，中華書局一九九五年版。

宜昌關一百二十五結至一百三十二結徵存銀兩解存藩庫摺[一] 光緒十九年十一月十四日

竊照前准户部咨，宜昌關八十六結以前實存銀兩，准其解交藩庫委員解部交納。其自八十七結以後各結所存税銀，務於期内報解，先行詳咨備查。一俟關務暢旺，仍即查照奏案辦理。委員解費川資，並准照江漢關章程實解銀一萬兩，另款開支銀二百五十兩。又准總理衙門咨，宜昌關應提出使經費，應即查照各關定章，統作十成，查照本衙門兩次奏案，提出一成半，按結解交江海關存儲，以備分撥，並詳報本衙門查核各等因。歷經轉飭遵照辦理。所有宜昌關一百二十四結以前徵存銀兩，均已解交藩庫委員解部交納，詳請奏咨在案。兹據湖北荆宜施道監督宜昌關税務周懋琦詳稱，自光緒十七年八月二十九日一百二十五結起至十八年八月初十日第一百二十八結止，一年期滿，共徵收各項税銀十萬六千七百四十六兩六錢一分三釐。除存票抵税、傾鎔折耗、關用經費、税務司經費共支銀七萬四千九百三十七兩三錢六分一釐外，計存銀三萬一千八百九兩二錢五分二釐。内除教案撫恤各款銀一萬一千三百三十四兩五錢一分九釐外，實存銀二萬四百七十四兩七錢三分三釐。奉准撥歸宜昌教案撫恤款之用，已列入一百二十九結分款造報。所有應提一成半出使經費銀兩，實屬無款可提，應請歸入下届四結一年期滿一併提解。又自光緒十八年八月十一日一百二十九結起至十九年八月二十一日第一百三十二結止，一年期滿，共徵收各項税銀十一萬五千一百七十五兩二錢四分五釐，除存票抵税、傾鎔折耗、關用經費、税務司經費共支銀四萬九千九百四十四兩三分三釐外，計存銀六萬五千二百三十一兩二錢一分二釐。内又除找發教案尾數銀七千三百九十八兩四錢五分外，實存銀五萬七千八百三十二兩七錢六分二釐。除開支各款外，仍照四結徵存全數，應提出使經費一成半銀五千八百七十兩八錢九釐八絲，並提補解上届四結出使經費一成半銀二千八百六十二兩八錢三分二釐六毫八絲。以上共提出使經費銀八千七百三十三兩六錢四分一釐七毫六絲外，計實存銀四萬九千九十九兩一錢二分二毫四絲。並將留存一百二十四結尾數銀二萬三千一百五十兩三錢五分七釐内，先提銀一萬兩歸併彙解，其餘一萬三千一百五十兩三錢五分七釐仍請暫留在關，以備額支不敷。統共實計銀五萬九千九十九兩一錢二分二毫四絲，其委員解費，按照定章解銀一萬兩，開支川資銀二百五十兩，應支銀一千四百四十一兩四錢四分一釐九毫五絲七忽。實應解部銀五萬七千六百五十七兩六錢七分八釐二毫八絲三忽。又自一百二十五結起至一百二十八結止，一年期滿，共徵收洋藥税釐銀三百二十四兩七錢七分五釐，除支傾鎔折耗銀三兩八錢九分七釐外，實存銀三百二十兩八錢七分八釐。又自一百二十九結起至一百三十二結止，一年期滿，共徵收洋藥税釐銀二百八十八兩七錢五分，除支傾鎔折耗銀三兩四錢六分五釐外，實存銀二百八十五兩二錢八分五釐。核計兩年共存洋藥税釐銀六百六十兩一錢六分三釐，應提委員解費銀十四兩七錢八分四釐四毫六絲三忽，實應解洋藥税釐銀五百九十一兩三錢七分八釐五毫三絲七忽。又自一百二十五結起至一百二十八結止，收

[一] 録自中國第一歷史檔案館編《光緒朝硃批奏摺》第七五輯，第五三至五五頁，中華書局一九九五年版。

存未解總理各國事務衙門三成罰款銀八十三兩七分，三分之一船牌費銀四十六兩三錢三分，二共銀一百二十九兩四錢。又自一百二十九結起至一百三十二結止，收存未解總理各國事務衙門三成罰款銀四十五兩七錢三分，三分之一船牌費銀一百六十一兩，二共銀二百六兩七錢三分。兩年共存罰款、船牌費銀三百三十六兩一錢三分。查此項銀兩爲數無多，委員川資毋庸提給。所有前項税銀，均經如數傾鎔足色，於光緒十九年十月十四日飭委候補通判張良弼、趙家瑞解交藩庫彈收，遇有領解京餉委員，由司詳請給咨搭解等情，詳請奏咨前來。臣覆核無異。再，麻城教案議給撫恤失物等項共洋例銀三萬二千兩，當經電商總理衙門，擬即在宜昌關税項下動支。旋准電復，稱撥款照辦等因。當即如數於司庫此項内提撥，發交江漢關道付給，應俟核明折合庫平銀數，除去此款，實解部若干，另行奏咨。除分咨外，謹會同湖北巡撫臣譚繼洵恭摺具陳，伏祈皇上聖鑒。

該衙門知道。

協解黔餉片〔一〕 光緒十九年正月至十一月　日

再，貴州協餉，湖北省欠解銀十五萬八千兩，自光緒十三年起至十八年止，陸續解過銀十一萬二千兩，均經附片奏報在案。茲據湖北善後局司道詳稱，現復勉力籌撥長沙平銀一萬兩，發交百川通商號領匯赴黔，以應要需等情，詳請奏咨前來。臣覆核無異，除分咨外，理合會同湖北巡撫臣譚繼洵附片具陳，伏祈聖鑒。

户部知道。

協解滇餉銀兩片 光緒十九年正月至十一月　日

再，前准户部咨，議令四川省協滇月餉，自光緒十五年起，每月協解銀二萬三千兩，下賸銀七千兩，改撥湖北按月協解。光緒十五年二月二十一日具奏。奉旨：依議，欽此。咨行欽遵辦理。查前項改撥協滇月餉，業於光緒十五年至十八年，共籌解銀二十六萬四千兩，本年撥解銀三萬兩，均經附片奏明在案。茲據湖北布政使王之春會同善後局司道詳稱，現復籌撥長沙平銀二萬兩，發交雲南催餉委員知縣吴本義，轉發百川通商號領匯赴滇等情，詳請奏咨前來。臣覆核無異，除分咨外，謹會同湖北巡撫臣譚繼洵附片具陳，伏祈聖鑒。

户部知道。

協解廣西防餉片 光緒十九年正月至十一月　日

再，前准户部咨，議覆廣西巡撫李秉衡奏，邊防各營請撥的餉案内，令湖北省自光緒十三年起，按月協解廣西邊軍餉銀一萬兩，業於光緒十三年分籌解銀二萬兩。嗣因湖北庫款支絀，力難續籌，咨准户部核覆，議令將調直武毅二營裁撤騰出餉糈約銀七萬餘兩，籌解廣西軍餉。並經北洋大臣李鴻章奏准，自光緒十四年起，武毅二營由直籌餉。旋於十四年分匯撥劃解，計共解銀十萬三千八百六十六兩零。十五年分匯撥劃解，計共解銀七萬一千

〔一〕以下四件録自中國第一歷史檔案館編《光緒朝硃批奏摺》第五九輯，第七七〇至七七三頁，中華書局一九九五年版。

一百五十三兩零。十六年分匯撥劃解銀八萬一千七百一十一兩零。又籌解廣東墊付鎮南關礮費劃抵協餉銀一萬兩，計共解銀九萬一千七百一十一兩零。十七年分匯解銀七萬兩，又解鎮南關礮費劃抵協餉銀一萬兩，計共解銀八萬兩。十八年分匯解銀七萬兩。本年已匯解銀三萬兩。均經附片奏報在案。茲據湖北布政使王之春會同善後局司道詳稱，現復籌撥銀二萬兩，查照廣西來文，較準法馬，發交百川通商號匯赴廣西交收等情，詳請具奏前來。臣覆核無異，除分咨外，理合會同湖北巡撫臣譚繼洵附片具陳，伏祈聖鑒。

户部知道。

江漢關撥解淮軍月餉片 光緒十九年正月至十一月日

再，前准户部咨，議覆直隸督臣李鴻章奏淮軍月餉支絀，請將江漢關應解額款於四六成洋稅項下通融勻撥案內，議令江漢關應解淮餉，如六成洋稅無款，即在四成洋稅及五成二釐招商局稅內，按數提解等因。奉旨：依議。欽此。咨行欽遵辦理。查江漢關奉撥應解直隸督臣李鴻章淮軍月餉四成洋稅銀二萬兩、六成洋稅銀三萬兩，均解至光緒十九年九月分止，隨時奏報在案。茲應解光緒十九年十月分四成淮餉，即在第一百三十三結所徵四成洋稅項下動支庫平銀二萬兩。又應解本年十月分六成淮餉，仍在是結六成洋稅項下動支庫平銀三萬兩。作爲直隸督臣李鴻章及提督劉盛休所部淮軍月餉，委解湖北淮軍收支轉運局交收轉解。據湖北漢黃德道監督江漢關稅務惲祖翼詳請奏咨前來。臣覆核無異，除分咨外，謹會同湖北巡撫臣譚繼洵，附片具陳，伏祈聖鑒。

户部知道。

遵旨兼署撫篆謝恩摺[一] 光緒十九年十一月十七日

竊臣承准軍機大臣字寄，光緒十九年十月二十日奉上諭：已有旨令譚繼洵馳往四川查辦事件，湖北巡撫著張之洞兼署，將此各諭令知之。欽此。旋准吏部咨同前由。茲於十一月十五日准撫臣譚繼洵委員齎送湖北巡撫關防並王命旗牌、文卷前來。臣當即恭設香案，望闕叩頭謝恩，祗領任事。

伏念臣幽冀庸儒，識迂才拙。忝兼圻之久領，愧撮壤之無裨。茲復渥荷恩綸，兼權撫篆。職掌益增其繁劇，私衷彌切夫兢惶。臣惟有殫竭葵忱，拊循楚甸，於本任、署任應辦諸事宜，兼綜通籌一體，認真整飭，務期兩無貽誤，以仰答高厚鴻慈於萬一。所有微臣兼署撫篆日期並感激下忱，除恭疏題報外，理合繕摺具奏，恭謝天恩，伏祈皇上聖鑒。

知道了。

三省會哨情形摺[二] 光緒十九年十一月十七日

竊照湖北鄖陽、宜昌、施南等府，界連四川、陝西兩省，山

[一] 録自中國第一歷史檔案館編《光緒朝硃批奏摺》第九輯，第三五〇至三五一頁，中華書局一九九五年版。

[二] 録自《京報》第四七〇〇號。

深林密，最易藏奸。向係責成鄖陽、宜昌二鎮，於每年農隙時，酌帶兵丁，各赴邊界地方，與四川、陝西各鎮協總兵、副將會同巡哨，年底專摺奏報。歷經遵照辦理在案。今届光緒十九年會哨之際，經臣查照成案，咨會四川、陝西督撫，並分飭湖北鄖陽、宜昌二鎮總兵各赴邊界地方，認真會哨去後。

茲據湖北鄖陽鎮總兵何長清呈報，於本年十月十六日行抵陝楚交界之蓮花寺，與陝西陝安鎮總兵姚文廣見面會哨。又據署湖北宜昌鎮總兵湖廣督標中軍副將蔣澤斌呈報，於本年十月二十五日行抵川楚交界之火峰界嶺，與署四川重慶鎮總兵張祖雲見面會哨。並據該鎮等聲稱，所過地方及沿邊一帶，均極静謐，並無游匪溷跡其間等情前來。臣查湖北鄖陽、宜昌、施南等府邊界，層巒疊嶂，道路紛歧，匪徒出没靡常，禁暴詰奸不容稍懈。且時值冬防緊要，巡緝尤當嚴密。除仍飭各鎮暨地方文武員弁隨時督率兵役認真巡防外，所有本年三省會哨事竣邊界静謐情形，謹循例恭摺具奏，仰慰宸廑。再，新授湖北提督臣吴鳳柱尚未到任，毋庸會銜，合併陳明，伏祈皇上聖鑒。

知道了。

籌解第四批加放俸餉摺〔一〕 光緒十九年十一月十七日

竊照前准户部咨，湖北省應解西征洋款改爲加放俸餉一款，自光緒十五年起，每年應解銀二十萬兩，按年解部等因。光緒十四年十一月二十四日具奏。奉旨：依議。欽此。咨行欽遵辦理。歷經如數籌解劃撥，本年已解過第一批至三批共銀七萬兩，奏報在案。茲據湖北布政使王之春會同善後局司道詳稱，籌撥本年第四批加放俸餉銀三萬兩，飭委大挑知縣劉震嶽、在任候補知縣鍾祥縣縣丞董治勛，管解赴京交納。其餘應解銀兩容再續籌委解等情，詳請具奏前來。臣覆核無異，除分咨外，謹恭摺具陳，伏祈皇上聖鑒。再，湖北巡撫係臣兼署，毋庸會銜，合併陳明。

户部知道。

籌解軍餉及俸餉銀兩片 光緒十九年十一月 日

再，前准户部咨，會議總理各國事務衙門具奏，統籌全局，請由户部通盤籌畫接濟各路軍餉案内，奏請在於江漢關解費經費項下，格外撙節，每年匀撥銀五千兩，以供軍餉。又具奏議停京員津貼案内，令各省關仍照原撥津貼之數，按年全數解部，以備搭放俸餉之用。又具奏各關應解抵閩京餉，改爲加放俸餉銀兩。江漢關仍於四成洋税項下，每結提銀四千兩各等因。均經轉飭遵照辦理。所有江漢關光緒十八年應解籌節關費銀五千兩、搭放俸餉銀一萬兩，並第一百三十一結應解抵閩京餉改爲加放俸餉銀四千兩，委解赴京交納，均經奏咨在案。茲據湖北漢黄德道監督江漢關税務惲祖翼詳稱，茲在於光緒十九年分解費經費項下，竭力籌備庫平足色銀五千兩，作爲本年應解籌節關費接濟各路軍餉銀兩。又在解費經費内籌備庫平足色銀一萬兩，作爲本年應解搭放俸餉銀兩。又在第一百三十二、三兩結所徵四成洋税項下，匀撥

〔一〕以下三件録自中國第一歷史檔案館編《光緒朝硃批奏摺》第五九輯，第七八七至七八八及八〇九至八一一頁，中華書局一九九五年版。

庫平足色銀共八千兩，作爲本年加放俸餉銀兩，飭委大挑知縣劉震嶽、在任候補知縣本任鍾祥縣丞董治勛，管解赴京交納。所有江漢關本年應解籌節關費銀五千兩、搭放俸餉銀一萬兩，均已掃數解清等情，詳請奏咨前來。臣覆核無異，除分别給咨管解外，謹附片具陳，伏祈聖鑒。再，湖北巡撫係臣兼署，毋庸會銜，合併陳明。

該衙門知道。

籌解海軍衙門經費片 光緒十九年十一月　日

再，前准户部咨，奏撥海軍衙門常年經費案内，指撥江漢、宜昌兩關銀六萬兩，均於一百三十結至一百三十三結洋藥釐金加徵項下，按季匀撥，解交海軍衙門兑收。又承准海軍衙門咨，奏各省關每年應解常年經費等銀，自光緒十八年起，每兩隨解飯銀一分，准其作正開銷。至本歲已解之款應隨飯銀，併令照數補解，併交海軍衙門兑收各等因。均經轉飭遵照辦理去後。茲據湖北漢黄德道監督江漢關税務惲祖翼詳稱，歷年奉撥海軍衙門經費銀六萬兩，均因宜昌關徵數甚微，無款可撥，專由江漢關徵收洋藥税釐項下撥解，以供要需，自應查照成案辦理。業經在於第一百三十一、二兩結所徵洋藥税釐項内，共動支銀四萬五千兩，隨解飯銀四百五十兩，並補解上年飯銀六百兩，委解赴京交納，詳奉奏報在案。茲復在第一百三十三結徵收洋藥税釐項内動支銀一萬五千兩，作爲海軍衙門經費，隨解飯銀一百五十兩，飭委大挑知縣劉震嶽、在任候補知縣本任鍾祥縣丞董治勛，管解赴京交納。所有本年奏撥海軍衙門經費及隨解飯銀並補解上年飯銀六百兩，均已掃數解清等情，詳請奏咨前來。臣覆核無異，除分咨外，謹附片具陳。再，湖北巡撫係臣兼署，毋庸會銜，合併陳明，伏祈聖鑒。

該衙門知道。

續請報效皇太后壽典經費摺[一] 光緒十九年十一月　日

伏念來歲恭逢慈禧端佑康頤昭豫莊誠壽恭欽獻皇太后六旬萬壽，普天同慶，率土臚歡，中外臣工莫不勉竭微忱，願襄盛典。恭查乾隆年間，歷次恭辦慶典成案，中外諸臣呈請祝嘏，均經奏明請旨遵行。前准户部咨開：總辦萬壽慶典王大臣等會同中外臣工報效工需，酌擬分交數目一摺，奉旨：依議。欽此。又准户部咨開，内務府會奏分段點設景物一摺。聲明如有增添之處，再行奏辦等因。又在京王公及閣部九卿先後奏請恩賞地段，點綴景物經壇，共申頌祝。奉旨：准交内務府辦理。等因。欽此。竊維頌祝之忱，京外一體。臣等或謬領軍符，或叨膺疆寄，鴻施渥被，仰報毫無。欣逢稱慶於璇宫，願效添籌於寰海。竊思禁城内外，地段甚寬，現辦工段若須增添，原擬經費或尚不敷。查乾隆二十六年大學士傅恒等奏明，各段點景交納銀數、職名單開各省督撫，每省交銀三萬兩。是疆臣等各效微忱，呈進銀兩，俱蒙先朝俯准，成憲昭垂。臣等謹率同湖北副都統、提鎮司道等，於王大臣前次奏定報效經費分交數目外，再籌集銀三萬兩，以備添設地段，點

[一] 録自《京報》第四七〇五號。

綴景物之需。籲懇賞收，俾得各抒愚誠，同深忭舞。

再，查傅恒等原奏稱，外省督撫，向俱派員來京，該員等辦料鳩工，均非素所熟習，以致辦理周章而糜費亦不可枚舉等因。現在湖北省各員，於京中應辦事宜，均未穩悉。合無仰懇天恩俯准將此項銀兩仍飭交内務府辦理，無庸臣等派員前往，以昭慎重而歸核實。所有謹遵成案咨請報效經費緣由，臣等謹合詞恭摺具陳，伏乞皇上聖鑒。

准其報效，聽候部撥。該衙門知道。

辦結麻城教案摺 光緒十九年十二月初十日

竊查本年五月間，麻城縣宋埠地方因傳教生衅，毆斃瑞典國教士二命一案。接據府縣禀報，當經派委湖北候補道李謙馳往，督同黄州府、麻城縣查辦彈壓緝拏正凶，將教士屍棺，派人妥送到省。旋據獲犯（高）［李］稿粑等九名訊供禀報，復經派委湖北候補道裕庚，馳赴黄州，督同黄州府高蔚光、麻城縣張集慶，提集犯證，覆訊確供定擬禀辦。緣李稿粑、徐全（福）［幅］、李（福）［幅］伢、劉玉城、李金狗、朱應、吴治太、陳觀受、劉元燦，分隸麻城、黄岡等縣，各在麻城縣屬宋埠地方受雇幫工，及遊混貿易營生。彼此均不認識。該宋埠地方向無教堂，亦無各國洋人傳教。本年二月間，有瑞國教士梅寶善、凌化雲，帶同通事至宋埠對河之郝家舖地方，租賃李漢龍所賃郝姓後重房屋，售書傳教。鄉民未經習見，人心驚疑，謡言四起。旋據該府縣迭次禀由江漢關監督漢黄德道惲祖翼，照會代辦瑞國副領事丁乙尼，諭飭教士回漢，俟民情信從後，始可前往。復經該縣當面勸令早旋，迭准該副領事照復，已諭該教士等回漢，以免滋事。旋因梅寶善一人先回，而凌化雲被教民慫恿，仍留該處。又經江漢關道惲祖翼據禀照會該副領事，諭令速行撤回。又准該副領事復稱，梅寶善已親身往宋埠，撤令教士及教民回來。以爲該教士必可遵照領事諭囑辦理。詎梅寶善又偕教士樂傳道同至宋埠。後凌化雲雖歸，而梅寶善、樂傳道又復久留不去。該處五月十五六等日，向有競渡故事，届期男女聚觀甚衆。即有無知之徒，私貼揭帖等事。該縣恐釀事端，移知把總董開泰往接該教士等暫爲移居縣城。該教士爲衆教民所牽掣，堅不肯動。鵝籠巡檢殷廷瑜又復親往勸其暫避巡檢署内，亦不肯從。並雇有郝姓鏢手數名，恃爲無恐。至十八日，有朱應等數人，路過教士門首，聲稱欲看洋人。甲長郝人和攔阻，争鬧駡詈，衆人愈聚愈多。不知何人擲石，將郝人和額顱打傷，教士令在地躺卧，用藥敷治。一面令鏢手等將朱應、吴治太、陳觀受、劉元燦四人捉入，綑縛交郝人和等解送縣城收管。時後門已爲衆所擁阻，郝人和等係由前門潛出，繞道赴縣。而門外衆人不知，屢向教士索人，不應。當有李稿粑同衆用石撞開後門，齊入屋内遍尋未見。見有郝人和受傷卧地血跡，羣疑爲四人已死。適又見前重房屋不知因何火起，又疑爲打死四人後焚燒滅跡，亂向教士尋毆。兩教士情急爬登屋上，持瓦抵禦，衆亦隨之而上。梅寶善因向李金狗撲跌落地，被李稿粑上前拾取木（桶）［梱］，首先毆打，旋同衆人亂毆。樂傳道在屋，衆人齊上追打，亦被徐全幅首先踢落下地，復同衆（按）［接］住亂毆。均各當時身死。李幅伢、劉玉城，乘機同衆搶拾物件。事後均各逃散。旋經該縣驗明屍（身）［傷］，棺殮，填格具報。經道員裕庚親提，督同府縣覆訊，供認不諱。並由該府縣開具供摺，一同禀報。該道惲祖翼覆核無異，案無遁飾。

查律載：共毆人致死，下手致命（重傷）［傷重］者，絞。又例載，共毆人致死，亂毆不知先後輕重者，無原謀，坐初鬬者爲首。又例載：鬬毆之案，若被死者撲毆，閃避致令自行失跌身死者，照不應重律，擬杖八十。又因失火而乘機搶奪，但經得財，爲從者，杖一百，徒三年，於面上刺搶奪字樣。又律載：不應爲而爲，事理重者，杖八十，各等語。此案，李稿粑、徐全幅，因衆人找尋朱應等四人未見，疑爲已死，共向教士尋毆。李稿粑於教士跌落後，首先向打。徐全幅於教士上房避禦，首先踢傷下地，旋同衆人亂毆身死。當時人多手雜，不知何人致死，自應罪坐初鬬爲首。李稿粑、徐全幅二犯，合依共毆人致死，亂毆不知先後輕重者，以初鬬爲首，共毆人因而致死者絞律，擬絞，監候秋後處決。惟該二犯凶横肇禍，情節甚重。查同治五年，上海縣客民張（桂）［溎］金故殺法國巡捕巴（龍）［隴］身死一案，經南洋大臣以事關中外交涉，必須速結，應由總理衙門會同刑部，另擬專條，奏明辦理等因。旋經會奏，提前即辦，以期速結。奉旨允准在案。是交涉案件，本有速結專條。現奉准總理衙門十月初四日豪電開：此事必應速結。等因。自應比照成案，從重提前辦理。由臬司陳寶箴詳請奏明請旨前來。

查此案，李稿粑既已撞門尋鬧，致兩教士情急登屋，復乘梅寶善自屋上跌落下地之時，輒即首先毆打，旋同衆人亂毆致斃。徐全幅先同衆人尋打，見樂傳道已經逃避上屋，輒又登屋追打，首先自屋上踢落下地，復同衆亂毆致斃。該二犯以不干己事，（首倡）［倡首］逞凶，及至兩教士跌落下地之時，既非彼此互毆，尤非情急抵禦，乃復趕打亂毆，致令徧體鱗傷，登時連斃二命，實屬情凶近故，非尋常亂毆罪坐初鬬者可比。誠如總理衙門來電，其凶横較尋常亂毆坐罪較重。復查李稿粑、徐全幅二犯，向來俱係拳棒教師，人所共知。經道員裕庚查明屬實。是該二犯均係素不安分之徒，此次衆人初只亂鬧，尚未敢公然下手，獨該二犯首先毆踢，以致兩命慘斃，幾釀衅端，其爲禍首罪魁，實屬衆目共覩。臣督同臬司、江漢關道，公同核議，此案並無原謀，且在場鬨鬧之人甚多，斷不能如教士單開所指，任意株累。惟該二犯，既經訊明情節甚重，與尋常亂毆坐罪者已有不同。且事關交涉，尤未敢拘泥尋常例案。似宜從重、提前懲辦，庶可期辟以止辟。自應比照成案，奏明請旨遵行。

抑臣之愚更有請者。查湖北民情不静，處處與教堂洋人相齟齬。自近年揭帖之風大熾，動思生衅。光緒十七年四月，武穴有毆斃英國洋人二名之案。是年七月，宜昌又有焚燬法、美、英各國教堂、洋行之案。光緒十八年六月，穀城有焚斃教民雷財義之母之案。襄陽有焚燬楊家岡教民房屋之案。多方彈壓，防不勝防。本年又有麻城毆斃瑞國教士二名之案。若不嚴懲擬抵，是小國之與大國辦法未能一律，殊於政體有妨。且愚民、游匪，以爲毆斃洋人，可不抵償，必致不遵法令，動輒殺傷，各國洋人紛紛被害，尚復成何事體。儻以後滋事日甚，豈不誅殺更多。今擬請援案從重提前懲辦，庶免愚民踵轍生衅，多蹈法網。惟瑞總領事屢次來文面議，皆欲援照武穴案，將該二犯立即擬斬。當以彼係會匪煽動之時，案情不同，力駁之。特此案固應與武穴案有所區別，然亦未便稍從輕縱。臣係爲熟籌交涉大局，保全將來民命起見。至此案究應如何辦理之處，伏候聖裁。至李幅伢、劉玉城，因失火往看，見衆人圍打教士，據供並未幫毆。惟見衆人搶物，亦隨同搶得零星物件。李幅伢、劉玉城二犯應照失火乘機搶奪人財物，但經得財，爲從者，杖一百，徒三年例。擬杖一百，徒三年，於面上刺搶奪字樣。李金狗因失火往救，兩次被衆擁送上房，致令教士向撲落地。雖據供稱并無毆打情事，究屬不應。朱應、吴治太、陳觀受、劉元燦首先駡詈，致釀衅端，均屬不安本分。李金狗、朱應、吴治太、陳觀受、劉元燦五犯，均照不應重杖八十律，各擬杖八十，仍酌加枷號一箇月，無干省釋。此擬辦各犯之情形也。

其撫恤一節，該兩教士同時慘斃，情殊可憫，惟與武穴燒燬教堂者不同。現議兩教士各給與撫恤洋例銀一萬兩，補給失物書籍等項洋例銀一萬二千兩，共折合庫平銀三萬零五十七兩一錢二分。當經飭江漢關道送交瑞總領事收清。其宋埠再往傳教一節，查宋埠民情憤怒，其勢汹汹，目前必不相安，斷難准其再往。現議二十箇月後，再往傳教。若臨時實有不能去情形，再由江漢關道照會阻止。該總領事均已照覆照辦。此議定撫恤、及從緩再往麻城傳教之情形也。

竊查瑞國總領事柏固，兩次來漢口議辦此事。各國教士意欲藉端生事，勢頗紛紜。臣遵照總理衙門疊次來電指示辦法，務期妥速議結，多方開譬，剴切辯論。其窒礙難行者，皆已直言駁覆，現已議允結案。

（硃批）該衙門議奏。（欽此）〔一〕

湖北各營損失軍械尚未補足請仍行展緩題報摺〔二〕 光緒十九年十二月二十一日

竊照湖北各標鎮協營軍火、器械、戰船、馬匹等項，例應每年十月委員盤查，造具册結，於封印前具題。惟自軍興以來，武漢等府前次屢被賊擾，各營軍械燬失居多。即未被擾之處，先後征調出師，遺失損壞，所存無幾。已責成各營於補領積欠俸餉內，督飭該兵丁自行陸續賠補。曾經奏明，俟各營補足原額，再行循例具題在案。兹查各營軍械燬失動缺者甚多，尚未能補足。祇以鄂省近年協濟外省軍餉需用浩繁，庫款極形支絀，而緑營積欠俸餉又准部咨停給，以致原失軍械難以補製齊全。現届光緒十九年盤查具題之期，經臣委員逐一查驗，現存軍械尚屬堅利合用。其未經補製各件，應俟庫款充裕，補發欠餉，添製齊全，再行循例造册具題，以昭核實。據湖北布政使王之春詳請具奏前來。臣覆核無異，除咨部外，理合恭摺具陳。再，湖北巡撫係臣兼署，又，新授湖北提督臣吴鳳柱尚未到任，均毋庸會銜，合併陳明，伏祈皇上聖鑒。

著照所請。該部知道。

預撥光緒二十年第一批甘肅新餉摺 光緒十九年十二月二十一日

竊照承准軍機大臣字寄，光緒十九年八月十九日奉上諭：户部奏籌撥甘肅新餉一摺，甘肅關内外各軍餉銀關繫緊要，現經該部將光緒二十年新餉指撥湖北省銀三十三萬兩。著該督撫等嚴飭司道

〔一〕以上衍、舛十二處，據中華書局一九九五年版《光緒朝硃批奏摺》第一二〇輯第二〇二至二〇六頁删、改。其中人名福字徑改為幅字。

〔二〕以下五件録自中國第一歷史檔案館編《光緒朝硃批奏摺》第五九輯，第八三一至八三五頁，中華書局一九九五年版。

按照部撥數目，於本年十二月底止趕解三成，至來年四月底止再解三成，其餘四成統限九月底止掃數解清。等因。欽此。當經恭録轉飭欽遵辦理。茲據湖北布政使王之春會同善後局司道詳稱，前項協餉爲關外軍餉要需，未便稍事延緩。惟鹽釐、貨釐兩款實屬不敷周轉，當經據詳奏明援案動撥糧庫幫津、水脚、兑費等項銀七萬兩湊解。奉硃批：户部知道。欽此。旋准本月十六日户部電開：照准。等因。當即在糧道庫動支前項銀七萬兩，復在鹽釐、貨釐項下動支銀三萬兩，共湊集銀十萬兩，作爲預撥光緒二十年第一批甘肅新餉，於本年十二月十九日飭委試用知縣任本垚解赴甘肅藩庫交收等情，詳請具奏前來。臣覆核無異，除分咨查照外，理合恭摺具陳。再，湖北巡撫係臣兼署，毋庸會銜，合併陳明，伏祈皇上聖鑒。

户部知道。

掃解北洋海軍經費片 光緒十九年十二月二十一日

再，前承准海軍衙門咨，光緒十九年分北洋海軍經費，應撥湖北釐金銀三十萬兩，按八成分批徑解北洋兑收等因。查湖北省釐金項下，原撥南北洋海防經費銀三十萬兩，光緒六年三月經北洋大臣奏准，按八成分解，每年共應解銀二十四萬兩。自光緒十二年起至十八年止，應解前項銀兩，均經分別解清截留。本年已解過三批，共銀十八萬兩，附片奏報在案。茲據湖北善後局司道詳稱，籌撥庫平銀六萬兩，於本年十一月三十日解交湖北淮軍轉運局兑收轉解北洋，以應要需。所有本年奉撥北洋海軍經費銀兩現已掃數解清等情，詳請奏咨前來。臣覆核無異，除分咨外，理合附片具陳。再，湖北巡撫係臣兼署，應毋庸會銜，合併陳明，伏祈聖鑒。

該衙門知道。

江漢關籌解淮軍月餉片 光緒十九年十二月二十一日

再，前准户部咨，議覆直隸督臣李鴻章奏淮軍月餉支絀，請將江漢關應解額款於四六成洋税項下通融匀撥案内，議令江漢關應解淮餉，如六成洋税無款，即在四成洋税及五成二釐招商局税内按數提解等因。奉旨：依議。欽此。咨行欽遵辦理。查江漢關奉撥應解直隸督臣李鴻章淮軍月餉，四成洋税銀二萬兩、六成洋税銀三萬兩，均解至光緒十九年十月分止，隨時奏報在案。茲應解光緒十九年十一月分、十二月分四成淮餉，即在第一百三十三結所徵四成洋税項下動支庫平銀共四萬兩。又應解本年十一月分、十二月分六成淮餉，仍在是結六成洋税項下動支庫平銀共六萬兩。作爲直隸督臣李鴻章及提督劉盛休所部淮軍月餉，委解湖北淮軍收支轉運局交收轉解，據湖北漢黄德道監督江漢關税務惲祖翼詳請奏咨前來。臣覆核無異，除分咨外，謹附片具陳。再，湖北巡撫係臣兼署，毋庸會銜，合併陳明，伏祈聖鑒。

户部知道。

籌解協滇餉銀片 光緒十九年十二月二十一日

再，前准户部咨，議覆四川總督劉秉璋奏，滇省新舊協餉無力解足案内，令川省月協滇餉銀二萬三千兩，自光緒十五年九月起，每月減去銀五千兩，改由湖北在於鹽貨等釐及司庫各款内，按月協解銀三千兩，江漢關六成洋税項下，按月協解銀二千兩。如六成洋税無款，應准在四成洋税項下凑解等因。查前項應協滇省餉銀，司局業經解至光緒十九年四月分止，江漢關解至三月分止，附片奏報在案。茲據湖北布政使王之春會同善後局司道暨漢黄德道監督江漢關税務惲祖翼詳稱，現於司庫減平項下動撥長沙平銀一萬二千兩，善後局款内動撥長沙平銀一萬二千兩，作爲光緒十九年五月起至十二月止八箇月協滇餉銀。江漢關在於第一百三十一、二兩結所徵四成洋税項内，各動支庫平銀六千兩，又於第一百三十三結所徵六成洋税項下動支銀六千兩，共銀一萬八千兩，作爲光緒十九年四月起至十二月止九箇月協滇餉銀。均發交雲南催餉委員知縣吴本義領匯赴滇等情，具詳請奏前來。臣覆核無異，除分咨外，理合附片具陳。再，湖北巡撫係臣兼署，毋庸會銜，合併陳明，伏祈聖鑒。

户部知道。

宜昌關第一百二十九結至一百三十二結收支款項各數目摺[一] 光緒十九年十二月二十一日

竊照前准户部咨，鈔奏内開，各海關洋税奏銷辦理未能畫一，應令遵照定章，按結開列清單奏報一次，仍扣足四結開單奏銷一次，概不得以收支數目串入原摺，以致混雜不清。仍一面造具四柱清册暨支銷經費銀兩清册，分送户部暨總理各國事務衙門，以憑核銷。奉旨：依議。欽此。又准咨，江漢關第九十五結期滿清單，僅有收支款目，以致各結總數未能聯貫。嗣後應令將舊管、新收、開除、實在，分爲四柱，逐款開列，以昭明晰等因。均經先後轉行遵照辦理。所有宜昌關自光緒十七年八月二十九日第一百二十五結起至十八年八月初十日第一百二十八結止，一年四結期滿，徵收各項税銀及支銷經費各數目，業經奏報在案。茲據湖北荆宜施道監督宜昌關税務周懋琦詳稱，自光緒十八年八月十一日第一百二十九結起至十九年八月二十一日第一百三十二結止，一年四結期滿，所有徵收各項税銀及支銷經費，並另款徵收洋税釐銀兩各數目，造具清册，並開具清單，詳請奏咨前來。臣覆核無異，除將徵收税項並支銷經費各册及四柱清單，咨送總理各國事務衙門、户部户科查照外，理合會同南洋通商大臣兩江總督臣劉坤一，恭摺具奏，並繕具清單，恭呈御覽。再，湖北巡撫係臣兼署，應毋庸會銜，合併陳明，伏祈皇上聖鑒。

該衙門知道。單併發。

宜昌關搭解京餉銀兩片 光緒十九年十二月二十一日

再，據湖北布政使王之春詳稱，准宜昌關咨，解一百二十五結起至一百三十二結止，共計八結，兩年期滿，應解户部庫平足色銀五萬七千六百五十七兩六錢七分八釐二毫八絲三忽。又洋藥税釐庫平足色銀五百九十一兩三錢七分八釐五毫三絲七忽。又應解總理衙門三成罰款並三分之一船牌費，二共庫平足色銀三百三

[一] 以下二件録自中國第一歷史檔案館編《光緒朝硃批奏摺》第七三輯，第七二至七四頁，中華書局一九九五年版。

十六兩一錢三分。統共銀五萬八千五百八十五兩一錢八分六釐八毫二絲。遇有領解京餉便員，由司詳請管解等因。正擬委員搭解間，適因瑞典國教案議給撫恤失物等項，共洋例銀三萬二千兩，先經電商總理衙門覆准，即在宜昌關稅項下動支。當即如數動撥，折合庫平足色銀三萬五十七兩一錢二分發交江漢關道轉給，另摺奏明在案。下餘庫平足色銀二萬八千五百二十八兩六分六釐八毫二絲，查有候補同知薛華城、候補通判張良弼堪以搭解赴京交納等情，詳請奏咨前來。臣覆核無異，除給咨搭解外，理合附片具陳。再，湖北巡撫係臣兼署，毋庸會銜，合併陳明，伏祈聖鑒。

該衙門知道。

湖北省徵收土藥税第三届一年期滿截數開報摺〔一〕 光緒十九年十二月二十一日

竊照光緒十六年四月，欽奉諭旨，整頓土藥税項。當經臣會同本任撫臣譚繼洵籌定章程，飭委鎮道大員，在於宜昌府設立總局，並於南、北兩路及襄、鄖一帶擇要添設分卡，招募勇丁，分途堵緝，稽察透漏，辦有成效。業將試辦兩年期滿，徵收支解各款均經截數分別奏報在案。茲據總辦湖北土藥税務試用道趙濱彦申報，自光緒十八年七月初一日起至十九年六月底止，第三届一年期滿，共徵收土藥正耗税庫平銀二十三萬九千一百五十三兩六錢五分九釐三毫，開支一成半局用銀三萬五千八百七十三兩四分八釐九毫，又除統帶幫帶公費及勇丁口糧等銀二萬四千七百九十一兩四分。又奏定應解槍礮局經費銀二十萬兩，因本届土藥收税不旺，未能解供足額，除將所收税項開支一成半局用，並弁勇口糧外，實餘銀一十七萬八千四百八十九兩五錢七分四毫，儘數撥解槍礮局兑收，尚不敷銀二萬一千五百一十兩四錢二分九釐六毫，並無餘存銀兩解司等情，由湖北布政使王之春具詳請奏前來。

臣查本届土藥收數不旺，實緣重慶開關，四川加重內地釐税，各商販避重就輕，紛紛購買洋旗，盡走洋關，以致鄂省各局卡收數遂不如前。曾於上年奏報摺內聲明在案。茲查宜昌關向來從無土藥税收之款，自重慶開關後宜昌關上年自春至冬，及本年自春至冬，實收及抵税之數合計均在十萬兩左右。是所收此項税銀，皆即係向裝民船之貨。若以宜昌關所收之數加入計算，鄂省水陸各局卡自去秋以至今夏，此一届所收並不爲少。假如該商販不走洋關，則鄂省土藥税必可收至三十餘萬兩。此盈彼絀，自屬實在情形。除以後仍當督飭徵收各局員實力稽徵，嚴防偷漏，以裕税項外，所有湖北省徵收土藥税第三届一年期滿截數開報緣由，理合恭摺具陳。再，湖北巡撫係臣兼署，毋庸會銜，合併陳明，伏祈皇上聖鑒。

該衙門知道。

籌解加放俸餉銀兩片〔二〕 光緒十九年十二月二十一日

再，前准户部咨，湖北省應解西征洋款改爲加放俸餉一款，

〔一〕録自中國第一歷史檔案館編《光緒朝硃批奏摺》第七七輯，第六一五至六一六頁，中華書局一九九五年版。

〔二〕以下二件録自中國第一歷史檔案館編《光緒朝硃批奏摺》第八七輯，第六〇二至六〇三頁，中華書局一九九五年版。

自光緒十五年起，每年應解銀二十萬兩，按年解部等因。光緒十四年十一月二十四日具奏。奉旨：依議。欽此。咨行欽遵辦理。歷經如數籌解劃撥，本年已解過第一批至四批，共銀十萬兩奏報在案。茲據湖北布政使王之春會同善後局司道詳稱，籌撥本年尾批加放俸餉銀十萬兩，飭委候補知縣周穀生管解赴京交納。所有本年應解西征洋款改爲加放俸餉銀二十萬兩，現已如數解清等情，詳請具奏前來。臣覆核無異，除分咨外，理合附片具陳。再，湖北巡撫係臣兼署，毋庸會銜，合併陳明，伏祈聖鑒。

户部知道。

籌解關東鐵路經費銀兩片 光緒十九年十二月二十一日

再，光緒十六年准户部咨，奏撥鐵路經費案內，令湖北省按年攤籌銀五萬兩。當經行據司道籌議，擬在藩司、善後局，無論何款，按年各籌挪銀二萬兩，江漢關籌挪銀一萬兩，共湊銀五萬兩。至如何騰挪之處，實未能指定專款，惟有臨時酌量緩急辦理等情，詳經臣咨呈海軍衙門並咨報户部在案。十七年四月間，又准户部咨，湖北每年籌撥鐵路經費銀五萬兩，除十六年指撥之款已全數截留外，應自光緒十七年起遵照諭旨，移作關東鐵路專款。並准北洋大臣李鴻章暨海軍衙門咨，徑解天津兑收各等因。所有光緒十七、八兩年分應解關東鐵路經費銀兩，業經照數籌解。本年已在藩庫地丁項下撥銀二萬兩、江漢關六成洋税項下撥銀一萬兩，共解銀三萬兩，附片奏報在案。茲據湖北布政使王之春、善後局司道會詳稱，在於善後局勉籌庫平銀二萬兩，於本年十一月二十五日，發交百川通商號匯至北洋鐵軌官路總局交收。所有光緒十九年分湖北應解關東鐵路經費銀兩，現已如數解清等情，詳請奏咨前來。臣覆核無異，除分咨外，謹附片具陳。再，湖北巡撫係臣兼署，毋庸會銜，合併陳明，伏祈聖鑒。

該衙門知道。

湖北省光緒十九年春夏二季收支牙帖釐金銀錢數目摺[一] 光緒十九年十二月二十二日

恭照同治七年十月，欽奉上諭：釐金報部章程，著照兩淮鹽釐格式，每年分兩次奏報。等因。欽此。欽遵辦理。歷經奏報至光緒十八年十二月底止在案。茲據湖北布政使王之春會同牙釐局司道詳稱，光緒十九年正月起至六月底止，除洋藥税釐銀兩應另案造報外，貨釐舊管項下，實存市平荆沙銀十五萬六千七百三十六兩七分零。新收項下，實收牙釐及藥土坐票捐共市平荆沙銀十八萬二千八百九十三兩五錢五分三釐零。又收牙釐錢八十萬一百三十三串七百五十二文。開除項下，實解湖北鹽道轉發長江水師十九年春、夏二季分共庫平庫色新寶銀八萬七千兩，合市平荆沙銀九萬一千四百三十三兩五錢二分。實解湖北善後總局市平荆沙銀六萬六千一百二十八兩二錢一釐零。又遵奉奏准撥解十九年春夏二季分善後總局委員薪水雜用銀五千一百三兩六錢，巡防保甲員弁薪水經費銀一萬一千三百七兩，發審委員薪水經費銀一千六

[一] 録自中國第一歷史檔案館編《光緒朝硃批奏摺》第七七輯，第六一八至六一九頁，中華書局一九九五年版。

百二十兩，武職操練弓箭月課獎賞銀二千八百二兩，救生紅船水手口糧經費銀二千八百八十兩，又提牙釐各局局用八分經費銀一萬四千六百三十一兩四錢八分四釐零。實解湖北善後總局錢七十三萬六千一百二十三串五十二文，給牙釐各局八分經費錢六萬四千十串七百文，除解支外錢款無存，實在項下存貨釐市平荆沙銀十四萬三千七百二十三兩八錢一分七釐零，歸入十九年下半年造册報銷等情，詳請奏咨前來。臣覆核相符，除將清册分别咨送户部户科查照外，理合恭摺奏陳。再，湖廣總督係臣本任，毋庸會銜，合併陳明，伏祈皇上聖鑒。

户部知道。

查報早稻收成分數摺〔一〕 光緒十九年十二月二十二日

竊照湖北省光緒十九年分各屬早稻登場，據湖北布政使王之春查明收成分數，開摺呈報前來。臣覆加查核，除德安府屬之應山，鄖陽府屬之鄖西、保康、竹山、竹谿，荆門直隸州屬之遠安等縣，向不種植早稻外，核計通省九分有餘者，二縣。八分有餘者，四州縣。八分者，二縣。七分有餘者，十一州縣。七分者，十二州縣。六分有餘者，十一縣。六分者，七州縣。五分有餘者，六州縣。五分者，三州縣。四分有餘者，三縣。四分者，一縣。通省合計收成六分有餘。理合另繕清單，恭摺具奏，伏祈皇上聖鑒。

知道了。

恭報湖北省光緒十九年十一月分雨水糧價地方情形摺〔二〕 光緒十九年十二月二十二日

竊照光緒十九年十月分各屬雨水、糧價、地方情形，業經本任撫臣譚繼洵奏報在案。茲據武昌等十府，暨荆門直隸州所屬各州縣，將光緒十九年十一月分雨水、糧價開具清單呈報，由湖北布政使王之春彙造清摺前來。臣覆加查核，是月分晴雨相間，江漢水勢退落，二麥長發，糧價較上月減多增少，地方民情悉臻安謐，堪以仰慰宸廑。謹繕糧價清單，恭摺具奏，伏祈皇上聖鑒。

知道了。

查明鄉試未經中式年老諸生摺〔三〕 光緒十九年十二月二十二日

竊照鄉試年老諸生三場完竣，未經中式者，例准查明年歲，奏請恩施，歷經遵辦在案。今查光緒十九年湖北癸巳恩科鄉試，有入學在三科以前，年届九十以上者，蒲圻等州縣學附生吴炳元、黄桂馨、楊致福、劉朝瀛、易曰壽、宋椿森、郭時藻等七名。年届九十歲者，崇陽縣學附生甘鑑。年届八十以上者，黄岡等州縣學附生胡錫錕、段藝、錢式浩、蔡有水、孫文炳、郭炎庚、史士

〔一〕録自中國第一歷史檔案館編《光緒朝硃批奏摺》第九三輯，第一五頁，中華書局一九九五年版。

〔二〕録自中國第一歷史檔案館編《光緒朝硃批奏摺》第九五輯，第五八四頁，中華書局一九九五年版。

〔三〕録自中國第一歷史檔案館編《光緒朝硃批奏摺》第一〇四輯，第九七八頁，中華書局一九九五年版。

俊、張霍威、汪士芬、李華燦、鄭龍翔、張天翼、滕滌泉、黄介齡，附貢生許棨等十五名。年届八十歲者，武昌等府縣學附生何希遜、羅有法、程明照、朱璧、秦君相等五名。以上共老生二十八名，俱係三場完竣，揭曉時未經中式。經臣調閲該老生等原卷，均字畫端楷，文理明順。復咨准湖北學政臣孔祥霖查復，各該生等年歲，均屬相符，入學在三科以前。據湖北布政使王之春查明取具各該州縣印結具詳前來。臣伏查該老生吴炳元等，志切鵬程，歲增鶴算。未懈研求於芸案，備嘗艱苦於棘闈。八九旬雲路遲迴，壯心未已。十四藝風檐結搆，暮齒尤難。幸慶榜之宏開，人瑞聿徵耄耋。仰綸音之下賁，賓興同被恩榮。除各該生入學年分、學籍、歲數清册咨部外，謹列名單，會同湖北學政臣孔祥霖恭摺具陳。再，湖廣總督係臣本任，毋庸會銜，合併陳明，伏祈皇上聖鑒，敕部核覆施行。

禮部議奏。單併發。

查明湖北兵馬戰船各數目摺[一] 光緒十九年十二月二十四日

竊查前准部咨，各省經制原額調撥、裁汰安塘駐防缺額，實在兵丁、馬匹數目，應每年造册送部查核彙題，並酌定簡明册式，頒發照造等因。湖北自兵燹後，各營馬匹年額倒斃，例由朋銀買補者，因餉乾積欠未發，尚未添補足額。其額設戰船，亦均被燬無存，歷經具奏將前項數目暫請改題爲奏在案。兹據湖北布政使王之春詳稱，湖北督標、撫標、提標，鄖陽鎮、宜昌鎮，漢陽、黄州、竹山、施南各協，武昌、荆州、襄陽、鄖陽各城守，興國、德安、均光、荆門、遠安、衛昌、蘄州、安陸、宜都、荆州隄防，二十三標、鎮、協、營，自道光二十二年酌辦崇陽善後事宜，及咸豐八年酌議裁馬改步之後，舊設經制原額調撥裁汰，安塘駐防缺額兵丁二萬五百五名，營馬二千二百二十三匹，船九十七隻。內咸豐九年抽撤陸營兵丁備撥長江水師，暨同治八、九年先後裁撤漢陽、荆州水師，武昌城守，黄州協道士洑等營兵二千一百五十七名、馬二百一十八匹。又於光緒十一年奉文裁兵節餉案內裁兵二千九百二十一名、馬二百八十一匹。現在實存營兵一萬五千四百二十七名，內馬戰兵一千四百八十七名、步兵四千二百九十八名、守兵九千六百四十二名，又馬步額外外委二百四十九員，共計一萬五千六百七十六員名。騎操馬一千七百二十四匹，内經制外委馬一百三十匹、額外外委馬一百七匹、兵丁馬一千四百八十七匹。據各該營遵照部頒册式，分晰造具光緒十九年清册，由司彙造總册。聲明年額倒斃馬匹，仍因餉乾積欠未發，尚未添補足額，以及被燬戰船應俟庫款充裕分别籌補齊全，方可循例題報，請仍照案改題爲奏等情前來。臣覆核無異，除將各册送部外，理合恭摺具奏。再，湖北巡撫係臣兼署。又，新授湖北提督臣吴鳳柱尚未到任，均毋庸會銜，合併陳明，伏祈皇上聖鑒。

該部知道。

[一] 録自《京報》第四七二二號。

委解本年夏秋二季分節省餉乾米折等銀兩片〔一〕光緒十九年十二月二十四日

再，湖北省抽裁緑營額兵餉乾米折等項，前准户部行令將每年節省銀兩，自光緒十二年起陸續委員解部交納，歷經遵照辦理。茲據湖北布政使王之春、督糧道岑春蓂詳稱，湖北前議裁減緑營額兵，奏明以光緒十二年春季止，截清餉項，司庫即於夏季起，照數扣發。計各營額設馬、步、守兵内共裁兵二千九百二十一名。原奏聲明，現在湖北章程，督撫標、漢陽協、武昌城守等七營，向支全餉。其餘各營，皆暫按八成開支。今應均照額支數目，核計每年共節省餉乾米折等銀五萬三千五百十一兩一錢二分。業將十二年夏季起至本年春季止節存銀兩，解部交納在案。所有光緒十九年夏、秋二季分照奏定之數，共應解部庫銀二萬六千一百六十五兩四錢六分。現於應支各營十成、八成餉乾米折内，共由司庫扣出銀一萬九千三十七兩四錢六分，糧道庫扣出銀三千五百四十兩六錢。其現按八成支放各營，照額支數目扣解，計不敷銀三千五百八十七兩四錢。並於本年所收地丁項下動支按數凑足，以符奏定照額節省本年夏、秋二季分應解之數。所有前項銀二萬六千一百六十五兩四錢六分，飭委大挑知縣劉震嶽、在任候補知縣本任鍾祥縣縣丞董治勛管解赴部交納等情，詳請具奏前來。臣覆核無異，除給咨管解外，理合附片具陳。再，湖北巡撫係臣兼署，毋庸會銜，合併陳明，伏祈聖鑒。

户部知道。

籌解協滇月餉片光緒十九年十二月二十四日

再，前准户部咨，議令四川省協滇月餉，自光緒十五年起，每月協解銀二萬三千兩。下賸銀七千兩，改撥湖北按月協解。光緒十五年二月二十一日具奏。奉旨：依議。欽此。咨行欽遵辦理。查前項改撥協滇月餉，業於光緒十五年至十八年共籌解銀二十六萬四千兩，本年又撥解銀五萬兩，均經附片奏明在案。茲據湖北布政使王之春會同善後局司道詳稱，現復籌撥長沙平銀三萬四千兩，發交雲南催餉委員知縣吴本義轉發百川通商號領匯赴滇。所有本年應解協滇月餉銀兩，現已照數解清等情，詳請奏咨前來。臣覆核無異，除分咨外，謹附片具陳。再，湖北巡撫係臣兼署，毋庸會銜，合併陳明，伏祈聖鑒。

户部知道。

撥解本年固本兵餉片光緒十九年十二月二十四日

再，前准户部咨，原定各省應解固本兵餉，湖廣省按月應解銀五千兩，改令徑解部庫交納。又准户部咨，酌定分年帶解固本練餉欠款，擬定有閏之年解十五箇月，計銀七萬五千兩。無閏之年解十四箇月，計銀七萬兩。即自光緒十一年正月起，按年照數解清各等因。所有湖北省應解十七年二月以前固本兵餉銀兩，業經按年照數先後解部，附片奏報在案。茲據湖北布政使王之春詳稱，會同鹽法道，在於鹽課項下籌撥銀二萬兩，作爲光緒十七年三、四、五、六四箇月固本兵餉，飭委大挑知縣劉震嶽、在任候補知縣本任鍾祥縣縣丞董治勛，管解赴京交納。又於鹽課項下籌

〔一〕以下三件録自中國第一歷史檔案館編《光緒朝硃批奏摺》第五九輯，第八三五至八三七頁，中華書局一九九五年版。

撥銀一萬兩，作爲十七年七、八兩箇月固本兵餉，飭委補用知縣周轂生管解赴京交納。共計本年應解銀七萬兩，已經解清等情，先後詳請奏咨前來。臣覆核無異，除分别給咨管解外，理合附片具陳。再，湖北巡撫係臣兼署，毋庸會銜，合併陳明，伏祈聖鑒。

户部知道。

宜昌川鹽總局抽收正加課錢文數目摺〔一〕 光緒十九年十二月二十四日

竊照湖北宜昌設立川鹽總局，抽課濟餉。所有光緒十九年春季分抽收鹽課錢文數目，業經具奏在案。兹據湖北鹽法武昌道瞿廷韶，將光緒十九年夏季分抽收鹽課錢文數目開報前來。臣覆加查核，宜昌川鹽局光緒十九年四月分抽收正課錢五萬七千四百二十四串九百三十九文五毫，内提備解京餉錢一萬五千四百串文，加課錢二萬四千九百六十七串三百六十五文。五月分抽收正課錢七萬五千一百八十四串二百二十八文五毫，内提備解京餉錢二萬五千一百串文，加課錢三萬二千六百八十八串七百九十五文。六月分抽收正課錢五萬五千六百二十三串四百零七文，内提備解京餉錢一萬四千四百串文，加課錢二萬四千一百八十四串零九十文。除加課錢文照章截半分解淮鹽督銷局，公費留半歸外銷五成公費項下入收另報外，其正課全項内共提備解京餉錢五萬四千九百串文，下餘錢文同解鄂一半加課節省五成公費，均仍照向章，或現錢或易銀，分别由局撥充荆州滿營兵餉、水師月餉，餘則儘數由道移解善後局接濟軍餉。除解支細數造册咨部外，所有光緒十九年夏季分宜昌川鹽局抽收正課加課錢文數目，理合恭摺具陳，伏祈皇上聖鑒。

户部知道。

江漢關籌解第九年第三期應付洋款利銀及第九年第二期利銀應補鎊價片〔二〕 光緒十九年十二月二十四日

再，前准户部咨，神機營息借洋款奏令各海關按期歸還一摺内稱，此次該營續收洋款一百四十四萬鎊，均自光緒十一年八月二十三日爲第一年第一期歸付利銀之始。照每鎊三兩五錢核算，共銀二百二十四萬六千四百鎊，合廣平銀七百八十六萬二千四百兩。擬令津海、東海、江漢三關，各分派本息，共銀一百五十七萬二千四百八十兩。江海關分派本息共銀三百十四萬四千九百六十兩。仍照光緒十一年二月奏定辦法，令各該關先期二十日解交江海關兑收，届期統由江海關道隨時照外洋鎊價漲落，作合鎊價，或盈或絀，即由該關分别應墊應存，再與原派歸還之海關按期結算清楚等因。光緒十二年正月二十八日具奏。奉旨：依議。欽此。欽遵咨行前來，當經轉飭遵照辦理。所有江漢關應還第一年第二期起至第九年第二期止應付本利銀兩，並至第九年第一期止應補鎊價銀兩，先後委員解交江海關驗收給領，分别奏咨在案。

兹據湖北漢黄德道監督江漢關稅務惲祖翼詳稱，接准江海關

〔一〕録自《京報》第四七二六號。

〔二〕録自中國第一歷史檔案館編《光緒朝硃批奏摺》第八二輯，第一六四至一六五頁，中華書局一九九五年版。

鈔送詳稿，内稱光緒十九年十月二十四日第九年第二期利銀一萬五百鎊，合庫平銀五萬九千七百二十一兩三錢三分六釐六毫七絲，按五股分派，江漢關應派一股息銀一萬一千九百四十四兩二錢六分七釐三毫三絲四忽，較部撥銀七千三百五十兩，實增庫平銀四千五百九十四兩二錢六分七釐三毫三絲四忽，由道墊付，咨請解滬歸款等因。茲查光緒二十年正月二十四日爲第九年第三期，即在第一百三十三結所徵六成洋税項下動支庫平足色銀七千三百五十兩，作爲第九年第三期應付利銀。又支庫平足色銀四千五百九十四兩二錢六分七釐三毫三絲四忽，作爲第九年第二期利銀應補鎊價銀兩。飭委試用通判沈國瑛解赴江海關驗收，分別給領歸款等情，詳請奏咨前來。臣覆核無異，除分咨外，謹附片具陳。再，湖北巡撫係臣兼署，毋庸會銜，合併陳明，伏祈聖鑒。

該衙門知道。

湖北光緒十七年第十三案善後收支款目造册報銷摺[一]

光緒十九年十二月二十四日

竊據委辦湖北善後局報銷事務湖北布政使王之春、鹽法武昌道瞿廷韶、候補道恭釗詳稱，案照前奉諭旨：同治三年六月以前，各處辦理軍務未經報銷之案，准將收支款目總數，分年分起開具簡明清單，奏明存案，免其造册報銷。其自本年七月起，一應軍需凡有例可循者，務當遵例支發，力求撙節。其例所不及有應酌量變通者，亦須先行奏咨備案。事竣之日，一體造册報銷。並令將應如何分年分起核實開報之處，先行妥議章程具奏。等因。欽此。業將咸豐八年六月起至同治三年六月底止，收支款目總數，分作三起，開具清單。續將同治三年七月起至光緒五年閏三月底歸併善後之日止，收支各款，分作十一案。並將光緒五年四月起至十六年十二月底止，作爲善後第一案至第十二案，造具細册，分別開報，均經先後具詳，請奏部覆核准在案。

茲復督飭局員，詳細句稽所有十七年正月起至十二月底止，作爲善後第十三案，報銷善後局舊管存銀，新收藩司鹽道撥解庫款，淮鹽鄂釐，宜昌、應竹各鹽課，關税，釐金等項銀錢，並湖北督銷淮鹽局撥解鼎字副營薪糧各款，共銀二百二十四萬六千八百七十六兩二錢七分三釐八毫五絲二忽四微八纖。内撥解京餉協餉，共銀一百五十八萬三千八百九十六兩二錢八分六釐四毫八絲四忽一微。應支各營官弁兵勇薪費、口糧、馬乾並問津輪船月需、薪工、洋煤等款，共銀四十二萬九千九百七十七兩八錢七分八釐九毫七絲六忽二微。又支給各營礮船修費銀二千零六十兩，更換篷索銀二千四百一十兩，峽江救生紅船舵工水手月餉等銀五千四百一十八兩六錢零一絲，大修經費錢合銀四百一十三兩零一分六釐二毫七絲零三微，甘肅新餉支給匯費銀三千三百兩，購辦外洋軍火價值銀二萬五千九百八十二兩九錢九分八釐一毫七絲一忽七微，委員盤費銀二十三兩五錢五分六釐，運送水脚銀八百六十三兩五錢七分六釐五毫五絲，籌還廣東槍價銀九千三百二十六兩八錢九分一釐六毫七絲九忽五微，添製礮船、藥鉛、軍火、鍋帳、器械等件用過工料銀三萬七千四百二十二兩六錢五分一釐三毫六絲九忽七微，水路運送留防各營軍火支給委員盤費銀五十九兩八

[一] 以下二件録自中國第一歷史檔案館編《光緒朝硃批奏摺》第八七輯，第六一〇至六一三頁，中華書局一九九五年版。

錢、船户水脚等銀八十兩零八錢三分六釐五毫一絲一忽九微。以上各款通共支銀二百一十萬零一千二百三十六兩零九分二釐零二絲四忽。除撥解京餉，共銀二十三萬四千一百六十三兩四錢一分四釐三毫二絲一忽九微。撥解甘肅等省協餉，共銀一百三十四萬九千七百三十二兩八錢七分二釐一毫六絲二忽八微。業經詳請分咨受協各省自行入收造報外，實請銷銀五十一萬七千三百三十九兩八錢零五釐五毫三絲九忽三微。查前項支用銀兩，俱係實用實銷，並無浮冒，應請准銷。此案報銷，共收銀二百二十四萬六千八百七十六兩二錢七分三釐八毫五絲二忽四微八纖，共支銀二百一十萬零一千二百三十六兩零九分二釐零二絲四忽，尚存銀一十四萬五千六百四十兩零一錢八分一釐八毫二絲八忽四微八纖，歸入下次第十四案入收彙報。除兵勇花名清册另行詳咨外，繕齎收支總散各册，並繪具水路轉運圖説，詳請奏銷前來。臣覆加查核，俱係實用實銷，並無浮冒。除將各册並圖説分送部科查照外，理合恭摺具陳。再，湖北巡撫係臣兼署，毋庸會銜，合併陳明，伏祈皇上聖鑒，敕部核銷施行。

該部議奏。

江漢關籌解出使經費片 光緒十九年十二月二十四日

再，據湖北漢黄德道監督江漢關税務惲祖翼詳稱，查江漢關第一百三十二結提存出使經費銀兩，業經委解江海關驗收，詳請奏咨在案。茲查第一百三十三結所徵洋商進出口正税六成銀兩，除開支税務司並關用經費及傾鎔折耗外，實存銀六萬六千二百九十八兩四錢八分八釐。按十成計算，應提一成五釐出使經費銀九千九百四十四兩七錢七分三釐。又收招商局輪船出口正税四成八釐銀兩，除開支傾鎔折耗外，實存銀三萬七千四百一十兩零六錢七分五釐。按十成計算，應提一成五釐出使經費銀五千六百一十一兩六錢零一釐。遵照户部核復，每萬兩扣給解費銀二百兩，即在所提出使經費内扣給委員解費銀三百一十一兩一錢二分七釐。計實解銀一萬五千二百四十五兩二錢四分七釐，飭委候補知縣胡廷松解赴江海關驗收等情，詳請奏咨前來。臣覆核無異，除分咨外，謹會同南洋大臣兩江總督臣劉坤一，附片具陳。再，湖北巡撫係臣兼署，毋庸會銜，合併陳明，伏祈聖鑒。

該衙門知道。

密陳兩湖提鎮司道府各官考語摺〔一〕 光緒十九年十二月二十四日

竊查定例，兩司道府賢否及提鎮各員能否勝任，俱應於年終密奏一次。臣仰承恩命，奉職兩湖，每念吏治、軍政之要，非得人不能共理，隨時考核實政，采訪輿評，詳察參考，一矢虚公，不敢稍存偏倚。現復蒙恩兼署湖北撫篆，於察吏事宜，尤不敢稍涉率忽。茲届年終應行陳奏之期，除湖北提督吴鳳柱、宜昌鎮總兵傅廷臣、湖南糧儲道但湘良均甫經到任，湖南永州鎮總兵賈起勝、綏靖鎮總兵陳海鵬、鹽法長寶道李經羲均尚未到任，湖北鄖

〔一〕録自中國第一歷史檔案館編《光緒朝硃批奏摺》第九輯，第四六六至四六七頁，中華書局一九九五年版。

陽府知府許有麟引見回鄂尚未到任，俱毋庸列入清單外，其餘在任文武各官，謹就臣見聞所及，分別出具切實考語，密繕清單，恭呈御覽。臣仍當隨時悉心考核，如有初終異轍，名實相違者，即當據實指參，以仰副聖主澄叙官方之至意。理合恭摺具陳，伏祈皇上聖鑒。

知道了。單二件、片一件留中。

甄別教職佐雜均未及額摺[一] 光緒十九年十二月二十六日

竊查定例，甄別教職佐雜，各按該省額缺以百之二三爲率。參劾及數者免議。如該省果無應行參劾之員，令該督撫、學政切實聲明等因。

查湖北省教職一百四十缺，每年應甄別去任三四員。佐雜二百零五缺，每年應甄別去任四五員。今光緒十九年分甄別佐雜，未届初次俸滿革職者一員。計教職、佐雜兩項，僅只參劾佐雜一員，其餘均尚循分供職，是以參劾未經及額，據布政使王之春、按察使陳寶箴會詳請奏前來。臣覆查無異，除仍隨時察看，如有衰庸不職之員另行參辦，並將已劾之員，開具清摺咨送軍機處、吏部查核外，理合會同湖北學政臣孔祥霖恭摺具奏。再，湖廣總督係臣本任，應毋庸會銜，合併陳明，伏祈皇上聖鑒。

吏部知道。

查明各州縣額設馬匹並無缺額疲瘦摺[二] 光緒十九年十二月二十六日

竊准兵部咨，同治元年閏八月二十日奉上諭：各直省驛站額設馬匹，接遞公文，均關緊要。並著各該管大臣確切查覈，年終具奏，如查有缺額及疲乏等弊，即著從嚴參辦。等因。欽此。欽遵辦理在案。兹據湖北按察使陳寶箴詳稱，查明江夏等州縣光緒十八年分額設驛站馬匹，均係膘壯足額，在站應差，並無虧缺及疲瘦等弊，各具印結，由該管道府層遞加結，請奏咨前來。臣覆查無異，除印結咨送兵部外，理合恭摺具陳，伏祈皇上聖鑒，敕部查覈施行。

兵部知道。

滇省委員領運十二起二批京銅到鄂摺[三] 光緒十九年十二月二十六日

竊查滇省委員准補羅平州知州董堃，領運十二起二批正餘京銅五十一萬五千斤，已於光緒十九年十月初一日入湖北境，十月二十四日全數運抵漢陽城河，報經飭委漢陽府知府逢潤古、漢陽縣知縣薛福祁會同該運員董堃，於十月二十七日將運到銅斤，逐一盤驗過秤，並無短少。換附輪船眼同過載，於十九年十月二十九日，由漢口開行取具運員無虧鈐結，由該府、縣加結轉詳。其應領水脚，在於藩庫地丁項下動支銀一千八百兩，發給該運員具

[一] 録自中國第一歷史檔案館編《光緒朝硃批奏摺》第九輯，第四六九頁，中華書局一九九五年版。

[二] 録自中國第一歷史檔案館編《光緒朝硃批奏摺》第五五輯，第六五二頁，中華書局一九九五年版。

[三] 録自中國第一歷史檔案館編《光緒朝硃批奏摺》第九一輯，第九〇八至九〇九頁，中華書局一九九五年版。

領。據湖北布政使王之春具詳請奏前來。除將册結咨送户、工二部暨錢法堂查照外，理合恭摺奏陳。再，湖廣總督係臣本任，毋庸會銜，合併陳明，伏祈皇上聖鑒。

該部知道。

協解廣西邊軍餉銀片〔一〕 光緒十九年十一月至十二月　日

再，前准户部咨，議覆廣西巡撫李秉衡奏邊防各營請撥的餉案内，令湖北省自光緒十三年起，按月協解廣西邊軍餉銀一萬兩。業於光緒十三年分籌解銀二萬兩。嗣因湖北庫款支絀，力難續籌，咨准户部核覆，議令將調直武毅二營裁撤騰出餉糈約銀七萬餘兩，籌解廣西軍餉。並經北洋大臣李鴻章奏准，自光緒十四年起，武毅二營由直籌餉。旋於十四年分匯解劃撥，共解銀十萬三千八百六十六兩零。十五年分匯解劃撥，共銀七萬一千一百五十三兩零。十六年分匯解劃撥，共銀八萬一千七百一十一兩零，又籌解廣東墊付鎮南關礮費劃抵協餉銀一萬兩，共解銀九萬一千七百一十一兩零。十七年分匯解銀七萬兩，又解鎮南關礮費劃抵協餉銀一萬兩，共解銀八萬兩。十八年分匯解銀七萬兩。本年已匯解銀五萬兩。均經附片奏報在案。兹據湖北布政使王之春會同善後局司道詳稱，現復籌撥銀二萬兩，查照廣西來文，較準法馬，發交百川通商號匯赴廣西交收等情，詳請附奏前來。臣覆核無異，除分咨外，理合附片具陳。再，湖北巡撫係臣兼署，毋庸會銜，合併陳明，伏祈聖鑒。

户部知道。

江漢關籌解第十年頭期應付洋款利銀片〔二〕 光緒十九年十二月　日

再，前准户部咨，神機營息借洋款一百五十萬鎊，於光緒十年九月十四日初次收到六萬鎊，計合十足廣平銀二十萬零一千九百六十八兩八錢。利銀按一年四期，每期應付一千零五十鎊。其頭期利銀已由神機營墊付，應照此次咨報本利銀兩數目，擬飭江漢關按照議定章程期限，先期二十日照數解交江海關查收，由該關按期作合鎊價兑付怡和洋行等因。光緒十一年二月十五日具奏。本日奉旨：依議。欽此。欽遵咨行前來，當經轉飭遵照辦理。所有江漢關應付第一年第二期起至第九年四期止利銀，委員解交江海關驗收給領，暨將神機營墊付頭期利銀委解赴京交納，分别奏咨在案。兹據湖北漢黄德道監督江漢關税務惲祖翼詳稱，查光緒十九年十二月二十六日爲第十年頭期應付利銀七百零六兩八錢九分一釐，即在第一百三十三結所徵六成洋税項下，籌撥庫平足色銀七百零六兩八錢九分一釐，作爲第十年頭期利銀，飭委候補按司獄張尚賢解赴江海關驗收，届期照章給領等情，具詳請奏前來。臣覆核無異，除分咨外，理合附片具陳。再，湖北巡撫係臣兼署，毋庸會銜，合併陳明，伏祈聖鑒。

該衙門知道。

〔一〕録自中國第一歷史檔案館編《光緒朝硃批奏摺》第五九輯，第八四一至八四二頁，中華書局一九九五年版。

〔二〕録自中國第一歷史檔案館編《光緒朝硃批奏摺》第八二輯，第一六七頁，中華書局一九九五年版。

光緒二十年

謝賜福字摺〔一〕 光緒二十年正月十二日

光緒二十年正月初九日，摺弁自京回鄂，恭齎到御賜福字一方，當即恭設香案，望闕叩頭謝恩祇領。欽惟我皇上握符行健，抱式含和。誠祈而雪兆豐，候應而雲干呂。祥開洛範，翔鸞鳳於珊柯。畫演羲圖，耀龍魚於玉版。虞廷星日，合爲倬漢之天章。蚡冒山林，齊得向陽之春氣。覩萬福攸同之聖藻，見庶民敷錫之天心。臣藿悃懷誠，櫟材愧朽。渥承幬覆，未答涓埃。占晋爻介福之鴻釐，值泰運大來之嘉會。北雲南夢，知九天雨露之深恩。東作西成，卜五穀篝車之上瑞。所有微臣感激榮幸下忱，理合恭摺具奏，叩謝天恩，伏祈皇上聖鑒。

知道了。

謝賜福字摺 光緒二十年正月初十日

光緒二十年正月初九日，摺弁回鄂，賫到御賜福字一方，當即恭設香案，望闕叩頭謝恩祇領。欽惟我皇上治集蕃釐，德符嘉瑞。萬邦受祉，爰歌魯頌之篇。五福開祥，遂衍洛書之秘。欣茲歲首，寵以宸題。況逢文母萬壽之年，豫效堯世三多之祝。金天鸞鳳，翔紫氣於雲霄。玉篆龍魚，燦乾文於綺繡。臣久承恩遇，未答涓埃，荷一字之遥頒，祇庶民之同錫。穰穰有頌，終慚文武之非才。户户皆春，願共江湘而拜賜。

籌撥第一批鹽釐京餉片〔二〕 光緒二十年正月十二日

再，前准户部咨，豫撥光緒二十年京餉案内，提撥湖北鹽釐銀十五萬兩，行令分批起解等因。當經轉飭遵辦去後。茲據湖北布政使王之春、鹽法武昌道瞿廷韶籌撥本年第一批京餉鹽釐銀二萬兩，飭委試用知縣王祜、候補知縣楊齡，管解赴京交納等情，詳請奏咨前來。臣覆核無異，除分咨外，謹附片具陳。再，湖北巡撫係臣兼署，勿庸會銜，合併陳明，伏祈聖鑒。

户部知道。

奏報鐵廠開爐煆煉日期摺 光緒二十年（二月初四日）〔正月十三日〕

竊臣於上年十月内，業將煉鐵廠工告成各情形，詳悉奏報在案。查漢陽鐵廠日用鐵鑛、灰石及煤炭至百萬餘斤之多，參和、配合、裝運、起卸，處處均須周備，方能興工冶鍊，而工程浩大，端緒紛繁，有可分投並舉者，有必層遞而進者。兩月以來，極力趕辦，將廠基以外應行接續填土、聯貫軌道等工，次第辦竣。一面開溝培隄，一面演試機器，大致均尚順適。惟機具繁多，皆極高大笨重之件，接連地段又甚廣遠，初經運動，必有生澁、鬆脱、走火、漏氣之處，西洋各廠均所不免。當即在本廠鑄鐵廠内修改

〔一〕録自中國第一歷史檔案館編《光緒朝硃批奏摺》第九輯，第五四〇頁，中華書局一九九五年版。因底本卷七十一奏議七十一第二十五件與其内容出入太大，特將該件附後以供參閲。

〔二〕録自《京報》第四七六二號。

完好，現已一律完全，運動如意。茲諏吉於本年正月初十日，將煆（鐵）［礦］爐兩座升火燒（然）［熱］之後，先將鐵礦煆煉［一過］，（遞）以備生鐵大爐鎔煉之用。緣大冶鐵礦鐵多而質堅，本屬上品，惟含有硫磺，鐵性略脆。必先入爐煆煉，使磺氣騰散，礦質疏鬆，煉成鋼鐵方能堅韌有力，實爲成鐵之始基。（既）［現］經一面飭大冶鐵山委員洋匠迅速開采。一面派定輪剥各船數號，將鐵山開出鐵礦及灰石轆轤轉運漢陽，常川不息，令其供用不致缺乏。一俟煆有成（效）［數］，（添）［續］募洋匠到齊，即當接煉各種鋼鐵。至所開煤井，目前出煤漸多，仍當隨時督飭趕辦。

（硃批）該衙門知道。（欽此）〔一〕

籌解晉賑及動撥漕折銀數摺〔二〕 光緒二十年正月十五日

竊照湖北省光緒十八年冬漕，經臣會同本任撫臣譚繼洵奏請，仍徵折色並酌提漕折等款銀兩，由輪船招商局委員採買正米三萬石運京。奉旨允准，當經轉飭遵辦。嗣准部咨，光緒十九年三月初九日内閣奉上諭，山西被灾較重，著將湖南、湖北本年應解正耗漕米六萬五千餘石，迅速核實變價，同水脚運費等款，一併核扣，徑解天津交李鴻章發交辦賑各員，確查灾區，妥速散放。等因。欽此。欽遵轉飭，將米價、水脚、運費等款，如數解交天津籌賑局兑收濟賑各在案。茲據湖北布政使王之春、督糧道岑春蓂會詳稱，此次招商局承辦湖北漕糧正耗，共米三萬二千九百一十七石五斗，支用米價、水脚、運費等項共庫平銀七萬一千九百八十四兩二錢四分一釐零，按每米一石合銀二兩一錢八分零，由總辦招商局盛宣懷等開摺，移經該司道核與部准銷數相符，應請查照支銷。又海運漕糧每百石改解一半飯米折色銀一兩二錢九分三釐零，共銀三百八十八兩一錢二分五釐，自應解局轉解，一併濟賑。以上共支銀七萬二千三百七十二兩三錢六分六釐零，内係動支光緒十八年漕糧正米折銀三萬九千兩、耗米折銀三千九百兩，又動支節年漕糧水脚銀四千五百兩，節年隨漕席板銀一萬五千兩，節年兑費銀九千九百七十二兩三錢六分六釐零，於光緒十九年春撥隨報漕糧正耗米價册内報支銀四萬二千九百兩，漕糧水脚册内報支銀四千五百兩，隨漕錢糧册内報支銀一萬五千兩，折漕兑費册内報支銀九千三百七十四兩八錢四分四釐，又光緒十九年秋撥隨報折漕兑費册内報支一半飯米折色銀三百八十八兩一錢二分五釐。其餘銀二百九兩三錢九分七釐零，俟入於光緒二十年春撥隨報折漕兑費册内開報等情，造册詳請奏咨前來。臣覆核無異，除將清册咨送户部核銷外，所有湖北省光緒十八年採運漕米變價同水脚運費等款，一併解濟晉賑及動撥漕折等項銀兩緣由，理合恭摺具陳。再，湖廣總督係臣本任，毋庸會銜，合併陳明。伏祈皇上聖鑒。

户部知道。

〔一〕以上衍、脱、舛九處及具奏日期，據中華書局一九九五年版《光緒朝硃批奏摺》第一〇二輯第一六一頁删、補、校正。

〔二〕録自《京報》第四七三一號。

恭報湖北光緒十九年十二月分雨雪糧價情形摺〔一〕 光緒二十年正月十五日

臣奏報在案。茲據武昌等十府暨荆門直隸州所屬各州縣，將光緒十九年十二月分雨雪、糧價開具清單呈報，由湖北布政使王之春彙造清摺前來。臣覆加查核，是月分晴雨相間，各屬均霑雪澤，二麥藉以滋培，菜蔬暢茂，糧價較上月增多減少，地方民情悉臻安謐，堪以仰慰宸廑。謹繕糧價清單，恭摺具奏，伏祈皇上聖鑒。

竊照光緒十九年十一月分各屬雨水、糧價、地方情形，業經

知道了。

在籍副將重遇鷹揚筵宴摺〔二〕 光緒二十年正月十五日

竊據湖北布政使王之春詳，據署隨州知州陳豪詳，據前任江西金谿縣知縣羅榮緒等呈稱，在籍前任湖南沅州協副將施鴻恩，現年八十二歲，隨州人，由武生中式道光十五年乙未恩科湖北鄉試第二名武舉。經兵部揀選二等，歸本省撫標學習報滿，拔補鄖陽城守營千總。嗣因屢著戰功，洊升湖南沅州協副將。光緒十年在任丁憂，回籍守制，服滿措資未就，故未北上。計自道光十五年乙未至光緒二十一年乙未花甲一周，例准重赴鷹揚筵宴。惟光緒二十一年並非鄉試年分，溯查歷辦成案，如遇本年無科分者，向准提前辦理。如浙江瑞安縣前翰林院侍讀學士孫鏘鳴，亦係道光乙未科中式舉人，經前任浙江撫臣崧駿奏請重赴鹿鳴筵宴，並聲明乙未非鄉試之年，援照成案於甲午科預行赴宴等情。今施鴻恩事同一律，惟三品以上武職，無論現任在籍，其中式科分適遇花甲已周，應重赴鷹揚宴者，例應由督撫專摺具奏，請援案歸於光緒二十年甲午正科重赴鷹揚筵宴，照章奏懇恩施等情，詳請具奏前來。

臣覆查前湖南沅州協副將施鴻恩，從戎楚省，戰績久昭，副閫沅江，鴻施渥荷。逾十年以居里閈，歷四世而覩孫枝。躬際昇平，齒逾耄耋。溯年周甲，曾題虎榜之名。曠典重申，又遇鷹揚之宴。合無仰懇天恩俯准施鴻恩於湖北鄉試甲午正科重赴鷹揚筵宴。應否恩予加銜，出自聖慈，非臣所敢擅擬。除將履歷册結分送禮、兵二部外，理合會同湖北學政臣孔祥霖恭摺具陳。再，湖廣總督係臣本任，毋庸會銜，合併陳明，伏祈皇上聖鑒。

該部議奏。

委趙永清署理知縣片〔三〕 光緒二十年正月　日

再，鄖西縣知縣吴國恩因病請假回省就醫，所遺該縣印務亟應委員往署，以重職守。查有本任嘉魚縣知縣趙永清，樸實謹慎，治理詳明，堪以署理。據布政使王之春、按察使陳寶箴會詳前來。除檄飭遵照外，謹附片具奏。再，湖廣總督係臣本任，應毋庸會銜，合併陳明。伏祈聖鑒。

吏部知道。

〔一〕 録自中國第一歷史檔案館編《光緒朝硃批奏摺》第九五輯，第五七頁，中華書局一九九五年版。

〔二〕 録自《京報》第四七三五號。

〔三〕 録自《京報》第四七一七號。

委署總兵片[一] 光緒二十年二月十二日

再，署理湖南永州鎮總兵衡州協副將馬朝龍，准兵部咨，准其調補湖北黄州協副將，自應飭赴調任。所有永州鎮總兵篆務，應即委員接署，以重職守。查有提督銜奏留兩湖記名總兵劉樹元，謀勇兼長，軍律嚴整，統帶湖南撫標親軍營駐劄永州有年，於永州一帶情形最爲熟悉，堪以署理。除檄飭遵照外，謹會同湖南巡撫臣吴大澂、湖南提督臣婁雲慶附片具陳，伏祈聖鑒。

兵部知道。

宜昌川鹽總局秋季分抽收正加課數目摺 光緒二十年二月十二日

竊照湖北宜昌設立川鹽總局抽課濟餉，所有光緒十九年夏季分抽收鹽課錢文數目，業經具奏在案。茲據湖北鹽法武昌道瞿廷韶，將光緒十九年秋季分抽收鹽課錢文數目開報前來。臣覆加查核，宜昌川鹽局光緒十九年七月分抽收正課錢五萬三千三百四十五串三百八十三文五毫，内提備解京餉錢一萬四千串文，加課錢二萬三千一百九十三串六百四十五文，内提備解京餉錢九百串文。八月分抽收正課錢九萬六千八百三十串文，内提備解京餉錢五萬三千二百串文，加課錢四萬二千一百串文，内提備解京餉錢一萬二千串文。九月分抽收正課錢九萬九千一百八十八串零九十八文，内提備解京餉錢二萬九千七百串文，加課錢四萬三千一百二十五串二百六十文，内提備解京餉錢一萬串文。除加課錢文照章截半分解准鹽督銷局，公費留半歸外銷五成公費項下入收另報外，其正課全項内共提備解京餉錢九萬六千九百串文，加課一半解鄂，内共提備解京餉錢三萬一千串文，下餘錢文同節省五成公費，均仍照向章，或現錢或易銀，分別由局撥充荆州滿營兵餉、水師月餉，餘則儘數由道移解善後局接濟軍餉。除解支細數造册咨部外，所有光緒十九年秋季分宜昌川鹽局抽收正課加課錢文數目，理合恭摺具陳，伏祈皇上聖鑒。

户部知道。

宜昌關第一百三十三結收支數目摺 光緒二十年二月十二日

竊照前准户部咨，鈔奏内開，各海關洋税收支數目辦理未能畫一，應令遵照定章，按結開列清單奏報一次，仍扣足四結開單奏銷一次，概不得以收支數目串入原摺，以致混雜不清。仍一面造具四柱清册暨支銷經費銀兩清册，分送户部暨總理各國事務衙門，以憑核銷等因。光緒十年二月二十五日具奏。本日奉旨：依議。欽此。又准户部咨，江漢關第九十五結期滿清單，僅有收支款目，以致各結總數未能聯貫。嗣後應令將舊管、新收、開除、實在，分爲四柱，逐款開列，以昭明晰等因。先後轉行遵照辦理。茲據湖北荆宜施道監督宜昌關税務周懋琦詳稱，宜昌關徵收各項税銀，前經截至光緒十九年八月二十一日第一百三十二結止，詳請奏咨在案。茲自光緒十九年八月二十二日起至十一月二十四日止第一百三十三結期滿，所徵税銀，除照章開支外，連留存尾數及本結新收共實存銀四萬五千七百六十三兩七錢二分二釐，前

[一] 以下四件録自《京報》第四七六一至四七六三號。

經詳請咨明，奏准部覆，歸入一年報銷案内解存藩庫委員解京。又遵照新章，本結徵收洋藥税釐銀，除支傾鎔折耗外，實存銀六十四兩五錢二分九釐，存俟隨同正餉搭解。再，本結並未徵收洋商自備華式之船鈔，毋庸造册報銷等情，詳請奏咨前來。臣覆核無異，除將清單清册咨送總理各國事務衙門暨户部户科查照外，謹會同南洋大臣兩江總督臣劉坤一恭摺具陳，並繕具四柱清單，恭呈御覽。再，湖北巡撫係臣兼署，應毋庸會銜，合併陳明，伏祈皇上聖鑒。

該衙門知道。單併發。

江漢關撥解淮軍月餉片 光緒二十年二月十二日

再，前准户部咨，議覆直隸督臣李鴻章奏淮軍月餉支絀，請將江漢關應解額款於四六成洋税項下，通融匀撥案内，議令江漢關應解淮餉。如六成洋税無款，即在四成洋税及五成二釐招商局税内按數提解等因。奉旨：依議。欽此。咨行欽遵辦理。查江漢關奉撥應解直隸督臣李鴻章淮軍月餉四成洋税銀二萬兩、六成洋税銀三萬兩，均解至光緒十九年十二月分止，隨時奏報在案。茲應解光緒二十年正月分四成淮餉，即在第一百三十三結所徵四成洋税項下動支庫平銀二萬兩。又應解本年正月分六成淮餉，仍在是結六成洋税項下動支庫平銀三萬兩。作爲直隸督臣李鴻章及提督劉盛休所部淮軍月餉，委解湖北淮軍收支轉運局交收轉解。據湖北漢黄德道監督江漢關税務惲祖翼詳請奏咨前來。臣覆核無異，除分咨外，謹附片具陳。再，湖北巡撫係臣兼署，毋庸會銜，合併陳明，伏祈聖鑒。

户部知道。

籌還晋款摺[一] 光緒二十年二月十二日

竊臣承准軍機大臣字寄，光緒十九年十二月二十五日奉上諭：張煦奏湖北織布局前借山西善後銀二十萬兩，張之洞前奏請自本年三月起分作八年還清等語。山西籌辦善後，待用孔殷，著張之洞將前項借款分作四年歸還，不得再行延緩。原片著鈔給張之洞閲看，將此各諭令知之。欽此。竊查湖北織布局開織之始，成本所需甚巨，應需添置機器零件及雇募洋匠教習之費甚多，晋省巨款，倉猝實難全還。前經户部議覆不允轉借銀行之款歸還晋省，是以臣於上年六月内奏請分爲八年還清。緣臣委員與銀行原議亦係八年還清，前四年還利，後四年歸本，前四年每年止籌一萬六千兩。原以開辦之始，物力多艱，數年之後，籌措較易，并非還銀行則以其速，還晋省則以其遲。今山西撫臣張煦又經奏催，謂山西現有要需，欽奉諭旨分作四年歸還，臣自當欽遵辦理，督飭局員竭力籌措。擬自光緒二十年起，均分爲四年還清，每年十二月底解還五萬兩，仍照案以四釐起息，利隨本減。據總辦織布局江漢關道惲祖翼、候補道蔡錫勇籌議具詳前來。

籌解第一第二批地丁京餉摺[二] 光緒二十年二月十八日

竊照光緒二十年京餉，湖北省奉撥地丁銀四十五萬兩，内除

[一] 録自苑書義等主編《張之洞全集》第二册第九一一頁，河北人民出版社一九九八年版。

[二] 以下二件録自《京報》第四七六一號。

抵留恩賞貧民銀二萬兩外，實應解銀四十三萬兩，應即分批委解。茲據湖北布政使王之春詳稱，在於地丁項下動撥第一批銀四萬兩，查有試用知縣王祐、候補知縣楊齡堪以委解。又於地丁項下動撥第二批銀四萬兩，查有候補通判梁承潤、候補知縣史久齡堪以委解等情，請奏咨前來。除分別繕咨轉給該委員等妥速起解，並飭將應解銀兩續籌委解外，理合恭摺具陳。再，湖廣總督係臣本任，應毋庸會銜，合併陳明，伏祈皇上聖鑒。

户部知道。

委解第一批釐金京餉片光緒二十年二月十八日

再，湖北省釐金項下奉撥光緒二十年京餉銀十二萬兩，應即分批委解。茲據湖北布政使王之春會同善後局司道詳稱，在於釐金項下動撥第一批銀三萬兩，飭委試用知縣王祐、候補知縣楊齡管解赴京交納等情前來。除繕咨轉給該委員等小心管解，並飭將應解銀兩續籌委解外，理合附片具陳。再，湖廣總督係臣本任，應毋庸會銜，合併陳明，伏祈聖鑒。

户部知道。

恭報湖北光緒二十年正月分雨雪糧價情形摺〔一〕光緒二十年二月十八日

竊照光緒十九年十二月分各屬雨雪、糧價、地方情形，業經臣恭摺奏報在案。茲據武昌等十府暨荆門直隸州所屬各州縣，將光緒二十年正月分雨雪、糧價，開具清單呈報。由湖北布政使王之春彙造清摺前來。臣覆加查核，是月分甘雨應時，間有小雪，各屬一律霑濡，土脉滋潤，二麥青葱，菜蔬暢茂，糧價較上月減多增少，地方民情悉臻安謐，堪以仰慰宸廑。謹繕糧價清單，恭摺具奏。伏祈皇上聖鑒。

知道了。

查報湖北光緒十九年中晚稻收成分數摺〔二〕光緒二十年二月十八日

竊照湖北省光緒十九年早稻收成分數，業經臣恭摺奏報在案。茲據湖北布政使王之春查明各屬中、晚二稻收成分數，開單詳報前來。臣覆加查核，除武昌府屬之咸甯、大冶，黄州府屬之黄安、蘄州、廣濟，荆府屬之石首、松滋、枝江、宜都等州縣不産晚稻，施南府屬之宣恩、來鳳二縣不産中稻外，其餘各屬中稻、晚稻均能種植。茲將各屬中、晚二稻收成合計，收成九分有餘者二縣，八分有餘者七州縣，八分者五州縣，七分有餘者七州縣，七分者十一州縣，六分有餘者十三州縣，六分者十州縣，五分有餘者五縣，五分者三縣，四分有餘者三縣，四分者二縣。合共通省收成六分有餘。謹繕清單，恭摺具奏。再，湖廣總督係臣本任，應毋庸會銜，合併陳明，伏祈皇上聖鑒。

知道了。

〔一〕録自中國第一歷史檔案館編《光緒朝硃批奏摺》第九五輯，第六〇四頁，中華書局一九九五年版。

〔二〕録自中國第一歷史檔案館編《光緒朝硃批奏摺》第九三輯，第一七頁，中華書局一九九五年版。

委署州縣片〔一〕 光緒二十年二月十八日

再，荆門直隸州知州嚴鶯昌，因病禀請回省就醫。所遺該州印務，查有江夏縣知縣諸可權，爲守兼優，辦事切實，堪以署理。所遞遺江夏縣知縣印務，查有本任黄梅縣知縣徐士彦，才猷老練，穩慎勤明，堪以署理。據布政使王之春、按察使陳寶箴會詳前來。除檄飭遵照外，理合附片具陳。再，湖廣總督係臣本任，毋庸會銜，合併陳明，伏祈聖鑒。

吏部知道。

委署州縣片 光緒二十年二月十八日

再，署蒲圻縣知縣劉春生、署沔陽州知州李翰、署隨州知州陳豪，均經調省。各該州縣印務，亟應分別委員往署，以重職守。所有蒲圻縣知縣印務，查有漢陽縣知縣薛福祁，穩練詳明，堪以署理。沔陽州知州印務，查有本任保康縣知縣葛振元，精强奮勉，堪以署理。隨州知州印務，查有本任興國州知州宋熙曾，果斷有爲，堪以署理。據湖北布政使王之春、按察使陳寶箴會詳前來。除檄飭遵照外，謹附片具陳。再，湖廣總督係臣本任，毋庸會銜，合併陳明，伏祈聖鑒。

吏部知道。

謝恩摺〔二〕 光緒二十年二月二十八日

竊准禮部咨，光緒二十年正月初一日，奉上諭：朕欽奉慈禧端佑康頤昭豫莊誠壽恭欽獻皇太后懿旨，本年予六旬慶辰，推恩懋賞湖廣總督張之洞，著交部從優議叙。等因。欽此。聞命之下，感悚難名。欽惟我皇上，昌期允協，懿訓親承。值春暉周甲之年，正離照當陽之日。璇宫上壽，遠超會慶之儀。玉輦延釐，齊獻太任之頌。恭逢孝治，徧布徽音。臣謬領兼圻，慚無寸效。竭薄能而多絀，荷温諭以從優。雨露無私，雖小草而不遺恩澤。江湖未遠，聽大韶而如列班行。願偕衢壤以成謳，彌勵冰淵而圖報。所有微臣感激下忱，理合繕摺具奏叩謝天恩，伏祈皇上聖鑒。

知道了。

火藥所失火通判革職片〔三〕 光緒二十年二月　日

再，湖北省製造火藥所，向在省城東南隅中門内黄土坡地方，蓋廠設盤，委員監造。該處四無居人，極爲空曠。至造成後，分儲各庫，以昭慎重。臣於光緒十七年十二月間，曾因新興藥庫存儲太多，操防各營藥庫密邇民居，分别添建移建新庫，分爲存儲。並因永靖藥庫尚未周密，加造外圍墻，限以水池，奏明在案。數年來，隨時督飭各營將官認真巡護，尚不疏懈。上年十二月十六日，造藥所委員湖北補用通判恩玉，督飭工匠，正在配合硝磺炭加碾之際，忽由碾盤中迸出火星，引然未成曬晾火藥，以致轟燬房屋五間，碾盤五座，工匠趨避弗及，當被轟斃八名。其因受傷至正月内陸續斃命者，十三名。該委員恩玉亦身受轟傷。惟該所

〔一〕以下二件録自《京報》第四七六一號。

〔二〕録自中國第一歷史檔案館編《光緒朝硃批奏摺》第二八輯，第六五二頁，中華書局一九九五年版。

〔三〕録自《京報》第四七六一號。

地處寥廓，附近並無居民，尚無延燒民房及傷斃民命情事。飭據江夏縣知縣諸可權查明屬實。臣查該所章程，廠内工匠人夫俱不准在内炊爨、吸烟、携帶火具，防禁尚屬周密。惟該委員恩玉承造軍火，自宜格外詳慎檢點。此次失火，雖因碾盤出火，事出不虞，人力難施，與尋常經理存儲火藥失慎稍有不同。究屬疏於防範，未便姑寬。相應請旨將湖北補用通判恩玉，即行革職，以示懲儆。其傷斃工匠，已飭善後局按名酌給撫卹銀兩。至以後製造火藥房屋、器具、法式，當飭委員加意講求，雇募洋匠，酌量仿照西法製造，以期妥慎。理合附片具陳。再，湖北巡撫係臣兼署，應毋庸會銜，合併陳明，伏乞聖鑒。

另有旨。

奏報交卸兼署撫篆日期摺〔一〕 光緒二十年三月初一日

竊臣前准吏部咨開，光緒十九年十月二十日奉上諭：譚繼洵馳往四川查辦事件，湖北巡撫著張之洞兼署。欽此。臣當即欽遵兼署。茲撫臣譚繼洵差竣旋鄂，於光緒二十年二月二十八日接篆。臣謹將欽頒咸字十八號湖北巡撫銀關防一顆，並王命旗牌、文卷等項，飭委武昌府知府李方豫、撫標中軍參將璞玉，賫送譚繼洵接收任事。臣即於是日交卸兼署巡撫事務。除照例恭疏題報外，所有微臣交卸兼署撫篆日期，理合恭摺具奏，伏祈皇上聖鑒。

知道了。

江漢關籌還第九年第四期洋款本銀並補鎊價摺〔二〕 光緒二十年三月初一日

竊照前准户部咨，神機營息借洋款，奏令各海關按期歸還一摺内稱，此次該營續收洋款一百四十四萬鎊，均自光緒十一年八月二十三日爲第一年第一期歸付利銀之始，照每鎊三兩五錢核算，共銀二百二十四萬六千四百鎊，合廣平銀七百八十六萬二千四百兩。擬令津海、東海、江漢三關各分派本息共銀一百五十七萬二千四百八十兩，江海關分派本息共銀三百十四萬四千九百六十兩。仍照光緒十一年二月奏定辦法，令各該關先期二十日解交江海關兑收，届期統由江海關道隨時照外洋鎊價漲落，作合鎊價，或盈或絀，即由該關分别應墊應存，再與原派歸還之海關按期結算清楚等因。光緒十二年正月二十八日具奏。奉旨：依議。欽此。欽遵咨行遵照辦理。所有江漢關將第一年第二期起至第九年第三期止，應付本利銀兩，並至第九年第二期止，應補鎊價銀兩，均經先後委員解交江海關歸款，分别奏報在案。茲據湖北漢黄德道監督江漢關税務惲祖翼詳稱，光緒二十年四月二十八日爲第九年第四期，江漢關應還本銀二十一萬兩，及補鎊價銀兩。因數鉅期迫，無力籌解，詳請咨部改撥。茲奉户部電飭，核准内撥江漢關減息五萬五千三百餘、藥釐四千，均限二月解江海關等因。查江漢關光緒十八年存減息銀九千五百二十一兩五錢九分五釐，又十九年

〔一〕録自《京報》第四七九〇號。

〔二〕録自中國第一歷史檔案館編《光緒朝硃批奏摺》第八二輯，第一八六至一八七頁，中華書局一九九五年版。

提減息銀四萬五千八百二十七兩一錢四分二釐，遵照儘數撥解，並在洋藥税釐項下動支銀四千兩，共庫平足色銀五萬九千三百四十八兩七錢三分七釐，作爲湊付第九年第四期應還本銀並補鎊價銀兩，飭委候補通判沈國瑛解赴江海關驗收給領等情，詳請奏咨前來。臣覆核無異，除咨總理各國事務衙門、户部外，謹會同湖北巡撫臣譚繼洵恭摺具陳，伏祈皇上聖鑒。

該衙門知道。

知州繁簡各缺互相調補摺〔一〕光緒二十年三月二十九日

竊照定例，繁簡互調人員，如才堪治繁現任偏僻，或止堪治簡現任繁劇，准該督撫酌量更調。部覆到日，將題調要缺調補部選缺分之員，送部引見。又州縣等官，必歷俸三年以上，方准揀選調補等語。查湖北隨州知州，係繁疲難兼三要缺，地廣賦繁，民情强悍，且毘連豫境，治盜爲亟。必得猛以濟寬，方足以資整頓。該本任知州濮文昶，江蘇進士，由即用知縣分發湖北，補授漢陽縣，陞補今職。該員前在任時，於地方公事、審理案件，均屬勤慎，尚無貽誤。惟人甚謹飭，宅心寬厚，於斯缺不甚相宜，未便稍存遷就，亟應酌量改調，以重地方。查有鶴峰州知州丁國楨，河南監生，由勞績保舉知州，補授今職。於光緒十五年二月初三日到任，歷俸已滿三年。該員勤求治理，明幹有爲，現經調署襄陽縣知縣，地近隨州，情形相同，措施悉當，寬嚴得宜，以之調補隨州知州要缺，洵堪勝任。所遺鶴峰州知州，係屬選缺，政務較簡，民素馴良。擬請即以濮文昶調補，可期經理裕如。該二員任内均無積案及欠解錢糧、承緝盜案已起降調革職參限。濮文昶係調簡之員，亦無承追督催有關展參之案，核與對調之例相符。據湖北布政使王之春、按察使陳寶箴會詳前來。合無仰懇天恩俯念員缺緊要，因地擇人，准以鶴峰州知州丁國楨調補隨州知州要缺，所遺鶴峰州選缺即以濮文昶對調。一轉移間，人地各得其宜，實於地方有裨。再，該員濮文昶，係以繁調簡，銜缺相當，容俟接准部覆，再行飭令赴部引見。丁國楨係以簡調繁，銜缺相當，毋庸送部引見。謹合詞恭摺具奏，伏祈皇上聖鑒。敕部核覆施行。

吏部議奏。

保奬徵收錢漕出力之員摺光緒二十年三月二十九日

竊照錢漕乃維正之供，催科爲有司專責。鄂省頻年奉提京餉及撥協各省餉項，全賴地丁等款，徵解踴躍，藉資挹注。是州縣催徵之勤惰，實關餉需之贏縮。其有先期完解之員，歷經奏准奬叙在案。兹據湖北布政使王之春、督糧道岑春蓂詳稱，查麻城縣額徵光緒十九年司庫地丁等款錢糧，除坐支外，實應解銀二萬九千四百八十三兩一錢二分六釐。又應解道庫漕南正耗米折等款共銀七千三百一十二兩八錢五分七釐。均於年内掃數全完，請奏奬前來。臣等查該縣額徵各款錢糧銀兩合計在三萬兩以上，均於年内掃數全完，洵屬催科勤奮，自應專案請奬。合無仰懇天恩俯准將麻城縣知縣張集慶，照例給予加一級，以示鼓勵而資觀感。謹

〔一〕以下二件録自《京報》第四八〇五號。

合詞恭摺具陳，伏乞皇上聖鑒。

著照所請。該部知道。

湖北鄉試請依限題派考官摺[一] 光緒二十年三月二十九日

竊照鄉試年分，例由禮部題派考官，督撫臣於四月内先期奏明，歷經遵辦在案。茲届甲午正科鄉試之年，據湖北布政使王之春照案詳請具奏前來。臣等查，湖北省光緒二十年甲午正科鄉試，應請依限題派考官，按期舉行，以宏作育而廣登進。其荊州駐防繙譯鄉試，亦應照案另場辦理。除咨明禮、兵二部並飭將科場應辦一切事宜次第趕辦外，謹會同湖北學政臣孔祥霖恭摺具奏，伏乞皇上聖鑒。

該部知道。

籌解第二批鹽釐京餉片[二] 光緒二十年三月　日

再，前准户部咨，豫撥光緒二十年京餉案内提撥湖北鹽釐銀十五萬兩，行令分批起解等因。業經籌解本年第一批銀二萬兩，附片奏報在案。茲據湖北布政使王之春、鹽法武昌道瞿廷韶籌撥本年第二批京餉鹽釐銀二萬兩，飭委候補知縣史久齡、候補通判梁承潤管解赴京交納等情，詳請奏咨前來。臣覆核無異，除分咨外，謹會同湖北巡撫臣譚繼洵附片具陳，伏祈聖鑒。

户部知道。

江漢關籌解第一批京餉及東北邊防經費片 光緒二十年三月　日

再，前准户部咨，豫撥光緒二十年分京餉，奏撥江漢關洋税銀十五萬兩。又光緒二十年分東北邊防經費，奏撥江漢關六成洋税銀十萬兩各等因。均經轉飭遵照辦理。茲據湖北漢黄德道監督江漢關税務惲祖翼詳報，在所徵洋税項下動支庫平足色銀四萬兩，作爲本年第一批京餉。又在第一百三十三結所徵六成洋税項下，動支庫平足色銀三萬兩，作爲本年第一批東北邊防經費。飭委試用知縣王祜、候補知縣楊齡分別管解赴京交納等情，詳請奏咨前來。臣覆核無異，除分咨外，謹會同湖北巡撫臣譚繼洵附片具陳，伏祈聖鑒。

該衙門知道。

知縣繁簡各缺互相調補摺[三] 光緒二十年四月二十四日

竊照定例，繁簡互調人員，如才堪治繁現任偏僻，或止堪治簡現任繁劇，准該督撫酌量更調。部覆到日，將題調要缺調補部選缺分之員，送部引見。又州縣等官，必歷俸三年以上，方准揀選調補等語。查湖北崇陽縣知縣，係繁疲難應題要缺，界連江西，民情刁悍，政務殷繁，夙稱難治。必得寬猛相兼，方足以資整頓。且當茶市盛行之時，商賈輻輳，華洋交易尤須應變之才。該本任

[一] 録自《京報》第四八二八號。
[二] 以下二件録自《京報》第四七九〇號。
[三] 録自《京報》第四八二四號。

知縣鄭敦祜，湖南監生，由曾任實缺知縣分發湖北題補今職。該員前在任時，於地方公事尚無貽誤。惟寬厚有餘，應變不足，於斯缺不甚相宜，未便稍涉遷就，亟應酌量改調，以重地方。查有恩施縣知縣黃承清，江西舉人，由捐納知縣選授今職。於光緒十六年七月初八日到任，歷俸已滿三年。該員才具明敏，奮發有爲，於茶務通商頗知講求。以之調補崇陽縣知縣要缺，實堪勝任。所遺恩施縣知縣，係屬選缺，事簡民馴，並無茶務，擬請即以鄭敦祜調補，可期經理裕如。該二員任内均無積案及欠解錢糧、承緝盜案已起降調革職叅限。鄭敦祜係調簡之員，亦無承追督催有關展叅之案。核與對調之例相符。據湖北布政使王之春、按察使陳寶箴會詳前來。合無仰懇天恩俯念員缺緊要，因地擇人，准以恩施縣知縣黃承清調補崇陽縣知縣要缺。所遺恩施縣選缺即以鄭敦祜對調。一轉移間，人地各得其宜，實於地方有裨。再，該員鄭敦祜，係以繁調簡，容俟接准部覆，再行飭令赴部引見。黃承清係以簡調繁，銜缺相當，毋庸送部引見。謹合詞恭摺具奏，伏祈皇上聖鑒，敕部核覆施行。

吏部議奏。

請建陳國瑞專祠摺光緒二十年四月三十日

竊據湖北應城縣知縣高培蘭詳，據舉人王承禧呈稱：已故記名提督、原任浙江處州鎮總兵陳國瑞，功在桑梓，愛慕弗忘，已蒙恩於立功地方，准建專祠。請在於原籍應城縣地方，援案捐建專祠等情。詳經批飭司局核覆去後。茲據湖北布政使王之春、按察使陳寶箴會同善後局司道詳稱：已故記名提督、原任浙江處州鎮總兵陳國瑞，於咸豐初年，投隸戎行，轉戰安徽、河南、江蘇、山東、山西、直隸等省及湖北本省地方，所向皆捷。生平戰績，業經各督撫、統兵大臣臚列具奏，蒙恩宣付國史館立傳，毋庸贅述。而其在湖北勦賊之功，則麻城一役尤爲卓著。同治三年，僞浮王陳得才等，糾合陝西、皖、豫悍賊數十萬，竄入楚境，屯踞麻城縣屬之白（杲）〔果〕等處，連營築壘，勢甚猖獗。迤北一帶，多樹木柵，長四十里。該賊大股久踞麻城，東南則分擾黃崗、黃陂、孝感，西北則分擾安陸、雲夢。到處蹂躪，民不聊生。該故鎮奉命，由皖豫入楚勦賊，冒暑前進，兵纔八百人，不俟大軍齊集，即於是日三股分五路進兵。拔其木柵，破其土壘，擒斬大小頭目百餘名。餘衆驚潰下竄，復追賊於蘄州、蘄水、羅田、廣濟等處。至冶溪河，與賊大戰，殺賊數千人，斃捻首賊目亦衆。賊敗奔潰至英山、霍山之界，其衆尚逾十萬。該故鎮與楚、皖官軍合勦。正酣戰時，賊望見國瑞旗幟，驚呼大敗，擒僞端王藍成春於陣，陳得才服毒死，遣散脅從難民無數。楚省賴以安堵。江北大定，其功最偉。以上諸戰功，均經大學士李鴻章咨送國史館有案。推之倡輸鉅款，以興闔邑善舉，並捐鹽本銀兩加廣永遠學額，遺愛至今，繫人思慕。茲據該紳士等籲懇於本籍建立專祠，係屬援案辦理，詳請具奏前來。

臣等查該故鎮陳國瑞，轉戰各省，迭著奇功。山東、江蘇立功地方，已蒙恩准建立專祠。茲湖北本籍，亦係該故鎮立功之地，所請捐建專祠，事同一律，合無仰懇天恩俯准援案將已故記名提督原任浙江處州鎮總兵陳國瑞，在於應城縣本籍，由紳民捐建專祠，列入祀典。由地方官春秋致祭，以彰勳績而順輿情。

（硃批）另有旨。（欽此）

請將金國琛附祀并請立傳摺光緒二十年四月三十日

竊據湖北在籍紳士前雲南巡撫賈洪詔等聯名呈稱：已故布政使銜廣東按察使金國琛，江蘇江陰縣人。自少讀書，敦尚志節，留心經世之學。咸豐年間，以諸生投効故浙江甯紹台道羅澤南軍營，一見即深加器異，委任營務。能與士卒同甘苦，而部勒嚴整，每督隊勦賊，雖倉猝犯之，屹如也。咸豐五年，隨克江西之弋陽縣、廣信府、義甯州，湖北之通城、崇陽、蒲圻、咸甯等縣。六年，隨克武昌省城，及武昌縣、黄州府、興國州、大冶縣，暨江西之瑞昌縣。七年，故浙江布政使李續賓接統湘軍，以該員謀勇兼優，委總理營務處。即分軍襲克江西湖口縣，進克彭澤縣。八年四月，隨克九江府。旋值李續賓三河敗没，該員與故安徽巡撫李續宜招集散亡，激以忠義，軍威復振。九年，逆首石達開圍攻湖南寶慶府，餉道、文報俱梗。李續宜往援，該員總理營務處，率師先馳赴敵，一戰解圍。升任湖南巡撫駱秉章奏報，叙該員之戰功最詳。是役實爲諸軍推服之始。故湖北巡撫胡林翼與糧臺書謂，該員爲湘軍最久之人，得兵心，明地勢，凡緊要軍謀，儕輩中無以過之。爰委統撫湘十四營。是年冬，逆首陳玉成以全股悍黨，勾串捻匪十餘萬，分道上犯，圖解安慶之圍困。故提督鮑超軍於小池驛，諸軍往救，皆失利。該員密陳於胡林翼，請由間道急行赴援。時，歲暮大雪，該員率所部十四營，自潛山疾趨天堂鎮，攀援險阻，閱十日乃出高横嶺仰天菴，從萬山深處，俯視賊營。賊大驚氣奪。十年正月十一日，大破賊衆，燬賊壘七十餘座，先後斃賊六千餘人，生擒悍酋藍承宣。二十六日，與諸軍夾擊，又大敗之，立克太湖、潛山兩城。是爲該員獨當一面之始。十一年二月，髮逆大股由皖北上犯楚疆，連陷黄州、孝感、雲夢、德安、隨州諸城。李續宜由桐城赴援，賊已繞竄腹地，在諸軍之前，該員以官軍若由下追勦，賊必直趨武漢，省垣將危。於是請以大軍徑駐武昌，身統七千餘人，由南岸渡至漢口、雙廟、楊店一路，疾趨上游，與統帶水師彭玉麟，爲迎頭截擊之舉。連戰皆捷，遂克孝感、雲夢等城。積功洊保道員，賞加按察使銜。其時，逆匪盤踞德安，圖窺荆、襄。該員率所部，直擣府城，築礮臺、掘地道，晝夜環攻。七月十二日，將郡城克復，乘勝追至平林市西河，暨應山所屬之吴家店等處。殲賊萬餘。奏上，奉旨加布政使銜，交軍機處記名簡放。是年九月，奉旨補授安襄鄖荆道。襄樊爲楚邊重鎮，髮捻時相窺伺。該員於樊城建築土城，督率地方文武，整頓團防，講求戰守，迄以無患。同治元年七月，髮逆馬融和由湖北鄖西縣敗竄河南南陽府，糾黨數萬，圍攻郡城。該員念南陽與襄樊脣齒相依，親率各營，越境援勦。十六日，與賊鏖戰三時之久，殲斃悍酋多名，賊始敗退。次日乘勝追擊四十餘里，前後殺賊二千有奇，城圍立解，民慶更生。故大學士湖廣總督官文奏報謂，宛郡爲南北關鍵，設有疏虞，不特秦豫有肘腋之憂，即楚邊亦將不靖，厥功甚偉。奉旨優叙。嗣經前湖北巡撫嚴樹森以赴調遲延，奏請以同知降補。二年，經故大學士兩江總督曾國藩奏調赴皖，委統義從等營，防戰皖南一帶髮逆。迭將豹佛嶺、黄備鎮等處之賊，勦除殆盡。三年十月，全皖肅清。奉旨開復原官，補授甘肅鞏秦階道。四年，皖南撤防，因母老多病，陳請開缺終養。八年十二月丁艱。十一年三月服闋。因籌勸甘餉出力，經故大學士陝甘總督左宗棠奏復布政使銜。光緒元年十二月，奉旨補授廣東督糧道。二年五月到任，督辦通省釐務。釐剔弊端，句稽精密。四年十月，奉旨補授廣東按察使。任事後，清理積案，講求吏治，昕夕不遑，嗣因勞傷舉發，於五年六月十四日在任病故。綜計該員先後在軍營十餘年，身經百戰，迭克名城，右臂、左腹等處，均受有傷。年甫五十八，未竟其用，論者惜之。湖北士民稱述戰功，感念遺澤，歷久不忘。由該紳等臚列事實，聯名呈懇奏請附祀湖北省城故巡撫胡林翼專祠。並請將戰功事蹟宣付國史館立傳。飭由湖北布政使王之春、按察使陳寶箴會同善後局司道，核明會詳請奏前來。

臣等查已故臬司金國琛，以諸生投效湘軍，知名最早，轉戰楚、江、皖、豫各省，戰功卓越。當時統兵大臣，如故大學士曾國藩、駱秉章、左宗棠，故巡撫胡林翼等，皆深相引重。前在湖北攻勦髮逆，保衛地方，所向克捷，不可殫述。而其越境解湖南寶慶之圍，安徽天堂山之捷，解河南南陽之圍，皆關繫中原大局。稽之奏案，采之輿論，其勤勞功績實有不可湮没者。近年以來，如前浙江按察使劉盛藻、兩廣鹽運使段起、安徽鳳穎[一]六泗道任蘭生，皆以有功地方，一經奏請建祠立傳，無不立沛恩施。既據該紳等公呈籲請，合無仰懇天恩俯准將已故布政使銜廣東按察使金國琛，附祀湖北省城故巡撫胡林翼專祠。並請將戰功事蹟宣付國史館立傳，以彰藎績而順輿情。

（硃批）另有旨。（欽此）

委員進京隨同辦理點景事宜摺[二] 光緒二十年四月　日

竊臣等會同將軍臣祥亨，率同湖北副都統提鎮司道各員，續請報効皇太后萬壽點景經費，於上年十一月間具奏。欽奉硃批：准其報效，聽候部撥。該衙門知道。欽此。旋准軍機處知會，各省將軍督撫應先期揀派道府大員來京，隨同辦理點景事宜等因。臣等自應遵照辦理。查有湖北補用道裕庚，堪以派委，先期赴京隨同內務府將添設地段點綴景物事宜，敬謹辦理。除咨總辦慶典王大臣暨內務府查照外，臣等謹會同荊州將軍臣祥亨合詞恭摺具奏，伏乞皇上聖鑒。

知道了。

奏在地丁京餉項下截留賑濟貧民銀兩摺 光緒二十年四月　日

竊照光緒二十年十月，恭逢慈禧端佑康頤昭豫莊誠壽恭欽獻皇太后六旬萬壽。臣等前准部咨，欽奉懿旨，每省各賞銀二萬兩，賑濟貧民。嗣於上年十月間復准户部咨，以此項銀兩，續奉懿旨，改由户部應交兩淮商捐輸項內提撥。業經奏明分別撥解劃抵，鈔録原奏清單，恭録諭旨，咨行欽遵辦理。計單內開，湖北銀二萬兩，應令該撫在於應解本年地丁京餉項下，就近截留應用。如本年京餉全數報解起程，即在明年京餉內留用等因。慶洽普天，慈

[一]「穎」，似應為「潁」。

[二] 以下二件録自《京報》第四八三四號。

恩廣被，臣等封圻忝領，欽感同深。遵即督飭藩司查明湖北省應解光緒十九年分地丁京餉業已全數起解，遵在二十年第一批地丁京餉項下，截留銀二萬兩，以資散放。惟是湖北通省，共計六十八州縣，地土有磽沃之别，貧民有多寡之殊，自宜酌分等差，俾得均沾聖澤。查公安一縣，上年被水較重，擬量予從優賑濟，其餘各州縣應即分作三等酌量撥給，以資公溥。據湖北布政使王之春查開清單具詳前來，臣等查核，所擬等差尚屬平允，當經飭令查照單開銀數，轉發各州縣，詳查貧民户口，核實散放，以仰副皇太后恤民敷惠，皇上行慶施仁之至意。遠近窮黎，渥霑慈惠，歡呼感戴，頌祝同聲。謹照繕州縣銀數清單，合詞恭摺具奏，伏乞皇上聖鑒。

户部知道。單併發。

宜昌川鹽總局抽收正加課錢文數目摺[一] 光緒二十年四月　日

竊照湖北宜昌設立川鹽總局，抽課濟餉。所有光緒十九年秋季分抽收鹽課錢文數目，業經具奏在案。茲據湖北鹽法武昌道瞿廷韶將光緒十九年冬季分抽收鹽課錢文數目開報前來，臣覆加查核，宜昌川鹽局光緒十九年十月分抽收正課錢八萬九千一百一十三串七百五十三文，内提備解京餉錢四萬九千二百串文，加課錢三萬八千七百四十五串一百一十文，内提備解京餉錢一萬串文。十一月分抽收正課錢六萬六千零七十四串八百三十七文，加課錢二萬八千七百二十八串一百九十文，内提備解京餉錢二千三百串文。十二月分抽收正課錢二萬五千三百八十四串一百五十七文，内提備解京餉錢一萬二千八百串文，加課錢一萬一千零三十六串五百九十文。除加課錢文照章截半分解淮鹽督銷局，公費留半歸外銷五成公費項下入收另派外，其正課全項内共提備解京餉錢六萬二千串文，加課一半解鄂，内共提備解京餉錢二萬二千三百串文，下餘錢文同節省五成公費，均仍照向章，或現錢或易銀，分别由局撥充荆州滿營兵餉、水師月餉。餘儘數由道移解善後局接濟軍餉。除解支細數造册咨部外，所有光緒十九年冬季分宜昌川鹽局抽收正課加課錢文數目，理合恭摺具陳，伏乞皇上聖鑒。

户部知道。

江漢關籌解第一批籌備餉需摺 光緒二十年四月　日

竊照前户部咨，甲午年籌備餉需，奏撥江漢關四成洋税銀十二萬兩、六成洋税銀十六萬兩等因。當經轉飭遵辦去後。茲據湖北漢黄德道監督江漢關税務惲祖翼詳稱，在於第一百三十四結所徵四成洋税項下，動支庫平足色銀四萬兩[二]，共銀七萬兩，作爲本年第一批籌備餉需，飭委候補通判梁承潤、候補知縣史久齡管解赴京交納等情，詳請奏咨前來。臣覆核無異，除分咨外，謹會同湖北巡撫臣譚繼洵恭摺具陳，伏乞皇上聖鑒。

户部知道。

[一] 以下五件録自《京報》第四八四〇號。

[二] 此處疑脱「六成洋税項下，動支庫平足色銀三萬兩」等字。

籌解第二批甘肅新餉摺 光緒二十年四月　日

竊照承准軍機大臣字寄，光緒十九年八月十九日奉上諭：户部奏籌撥甘肅新餉一摺，甘肅關内外各軍餉銀關繫緊要，現經該部將光緒二十年新餉指撥湖北省銀三十三萬兩，著該督撫等嚴飭司道，按照部撥數目，於本年十二月底止，赶解三成。至來年四月底止，再解三成。其餘四成，統限九月底止掃數解清。等因。欽此。業經欽遵。於上年預解第一批銀十萬兩，恭摺奏報在案。茲據湖北布政使王之春會同善後局司道詳稱，現復在於鹽釐、貨釐項下，籌撥銀十一萬兩，作爲光緒二十年第二批甘肅新餉。飭委補用知縣長焯解赴甘肅藩庫交收等情，詳請具奏前來。臣覆核無異，除分咨查照外，理合會同湖北巡撫臣譚繼洵恭摺具陳，伏乞皇上聖鑒。

户部知道。

籌解第三批鹽釐京餉片 光緒二十年四月　日

再，前准户咨，豫撥光緒二十年京餉案内，提撥湖北鹽釐銀十五萬兩。行令分批起解等因。業經籌解本年第一、二兩批共銀四萬兩，附片奏報在案，茲據湖北布政使王之春、鹽法武昌道瞿廷韶籌撥本年第三批京餉鹽釐銀二萬兩，飭委另補知縣楊鈞、補用知縣龍驥管解赴京交納等情，詳請奏咨前來。臣覆核無異，除分咨外，謹會同湖北巡撫臣譚繼洵附片具陳，伏乞聖鑒。

户部知道。

籌解固本兵餉片 光緒二十年四月　日

再，前准户部咨，原定各省應解固本兵餉，湖廣省按月應解銀五千兩，改令徑解部庫交納。又准户部咨，酌定分年帶解固本練餉欠款，擬定有閏之年解十五個月，計銀七萬五千兩。無閏之年，解十四個月，計銀七萬兩，即自光緒十一年正月起，按年照數解清各等因。所有湖北省應解十七年八月以前固本兵餉銀兩，業經按年照數先後解部，附片奏報在案。茲據湖北布政使王之春詳稱，會同鹽法道在於鹽課項下籌撥銀一萬兩，作爲光緒十七年九、十兩月分固本兵餉，飭委候補通判梁承潤、候補知縣史久齡管解赴京交納等情，詳請奏咨前來。臣覆核無異，除給咨管解外，理合會同湖北巡撫臣譚繼洵附片具陳，伏乞聖鑒。

户部知道。

江漢關籌解第二批京餉及東北邊防經費片〔一〕 光緒二十年四月　日

再，前准户部咨，豫撥光緒二十年分京餉，奏撥江漢關洋税銀十五萬兩。又光緒二十年分，東北邊防經費，奏撥江漢關六成洋税銀十萬兩各等因。均經轉飭遵照辦理。所有江漢關奉撥前項銀兩，業經委員管解第一批銀三萬兩赴京交納，均經奏咨在案。茲據湖北漢黄德道監督江漢關税務惲祖翼詳稱，在於所徵洋税項下，動支庫平足色銀四萬兩，作爲本年第二批京餉。又在於第一百三十四結所徵六成洋税項下，動支庫平足色銀二萬兩，作爲本

〔一〕以下七件録自《京報》第四八四七號。

年第二批東北邊防經費銀兩。飭委另補知縣楊鈞、補用知縣龍驥分別管解赴京交納等情，詳請奏咨前來。臣覆核無異，除分別給咨管解外，謹會同湖北巡撫臣譚繼洵附片具陳，伏乞聖鑒。

户部知道。

籌解第四批鹽釐京餉片 光緒二十年四月 日

再，前准户部咨，豫撥光緒二十年京餉案內，提撥湖北鹽釐銀十五萬兩。又准户部咨，續撥本年京餉案內，撥湖北鹽釐銀五萬兩，行令分批起解等因。業經籌撥本年第一批至三批共銀六萬兩，附片奏報在案，茲據湖北布政使王之春、鹽法武昌道瞿廷韶籌撥本年第四批京餉鹽釐銀二萬兩，飭委試用知縣周林、試用通判沈國瑛管解赴京交納等情，詳請奏咨前來。臣覆核無異，除分咨外，理合會同湖北巡撫臣譚繼洵附片具陳，伏乞聖鑒。

户部知道。

撥解海軍衙門常年經費片 光緒二十年四月 日

再，准户部咨，奏撥海軍衙門常年經費案內，指撥江漢、宜昌兩關銀六萬兩，均於第一百三十四結至一百三十七結洋藥釐金加徵項下，按季匀撥，解交海軍衙門。咨奏各省關每年應解常年經費等銀，自光緒十八年起，每兩隨解飯銀一分，准其作正開銷，併交海軍衙門兑收各等因。均經轉飭遵照辦理。茲據湖北漢黄德道監督江漢關税務惲祖翼詳稱，歷年奉撥海軍衙門經費銀六萬兩，均因宜昌關徵數甚微，無款可撥，專由江漢關徵收洋藥税釐項下撥解，以供要需。自應查照成案辦理。現於第一百三十四、五兩結徵收洋藥税釐項內，動支銀三萬兩，隨解飯銀三百兩，飭委試用知縣周林、試用通判沈國瑛管解赴京交納等情，詳請奏咨前來。臣覆核無異，除分咨外，謹會同湖北巡撫臣譚繼洵附片具陳，伏乞聖鑒。

該衙門知道。

籌解北洋海軍經費片 光緒二十年四月 日

再，前承准海軍衙門咨，光緒二十年分北洋海軍經費，應撥湖北釐金銀三十萬兩，按八成分批徑解北洋兑收等因。查湖北省釐金項下，原撥南、北洋海防經費銀三十萬兩。光緒六年三月經北洋大臣奏准，按八成分解，每年共應解銀二十四萬兩。自光緒十二年起至十九年止，應解前項銀兩，均經分別解清截留，附片奏報在案。茲據湖北善後局司道詳稱，遵撥光緒二十年第一批庫平銀六萬兩，於三月十二日解交湖北淮軍收支轉運局兑收，轉解北洋，以應要需等情，詳請奏咨前來。臣覆核無異，除分咨外，謹會同湖北巡撫臣譚繼洵附片具陳，伏乞聖鑒。

該衙門知道。

籌解協滇餉銀片 光緒二十年四月 日

再，前准户部咨，議令四川省協滇月餉，自光緒十五年起，每月協解銀二萬三千兩，下賸銀七千兩，改撥湖北按月協解。光緒十年二月二十一日奏。奉旨：依議。欽此。咨行欽遵辦理。查前項改撥協滇月餉，自光緒十五年至十九年，共籌解銀三十四萬八十兩，均經附片奏明在案。茲據湖北布政使王之春會同善後局司道詳稱，現復籌撥長沙平銀二萬兩，發交雲南催餉委員知縣吴本義，轉發百川通等商號領匯赴滇等情，詳請奏咨前來。臣覆覈無異，除分咨外，謹會同湖北巡撫臣譚繼洵附片具陳，伏乞聖鑒。

户部知道。

協解廣西邊軍餉銀片光緒二十年四月　日

再，前准户部咨，議覆護理廣西巡撫李秉衡奏，邊防各營請撥的餉案内，令湖北省自光緒十三年起，按月協解廣西邊軍餉銀一萬兩。業於光緒十三年分籌解銀二萬兩。嗣因湖北庫款支絀，力難續籌，咨准户部核議，令將調直武毅二營裁撤騰出餉糈約銀七萬餘兩，籌解廣西軍餉。並經北洋大臣李鴻章奏准，自光緒十四年起，武毅二營由直籌餉。旋於十四年分匯解劃撥，共銀十萬三千八百六十六兩零。十五年分匯解劃撥，共銀七萬一千一百五十三兩零。十六年分匯解劃撥，共銀八萬一千七百一十一兩零，又籌解廣東墊付鎮南關砲費劃抵協餉銀一萬兩，共解銀九萬一千七百一十一兩零。十七年分匯解銀七萬兩，又解鎮南關砲費劃抵協餉銀一萬兩，共解銀八萬兩。十八年分匯解銀七萬兩。十九年分匯解銀七萬兩。均經附片具奏在案。兹據湖北布政使王之春會同善後局道詳稱，現復籌撥銀一萬兩，查照廣西來文，較準法碼，發交百川通商號匯赴廣西交收等情，詳請奏咨前來。臣覆查無異，除分咨外，理合會同湖北巡撫臣譚繼洵附片具陳，伏乞聖鑒。

户部知道。

總兵到任盤查軍械片光緒二十年四月　日

竊查定例，總兵到任委員盤查軍火器械，限兩個月繕疏具題，歷經遵辦在案。兹據新補湖北宜昌鎮總兵傅廷臣詳稱，該鎮仰蒙聖恩，補授宜昌鎮總兵，於光緒十九年十二月二十一日到任，委據遊擊都司前赴所屬各協營，將軍火、器械逐一查點。除疊次出師動缺並被賊燬失外。餘皆齊全堪用。出具並無捏飾切結，由各協營加具印結呈齎。本應照例恭疏具題，惟查前次出師，動缺被賊燬失軍械，祇緣軍興以後，各營欠餉未能發給，致未補造齊全，未便草率循例題報，合將齎到印委各結加具保結，並將應造軍械册籍，遵照例限詳請援照前湖北宜昌鎮總兵羅縉紳到任盤查成案，代爲具奏前來。臣覆查無異，除册結送部外，理合繕摺具陳，伏乞皇上聖鑒。

該部知道。

各員養廉已未完扣數目無憑查追片[一]

光緒二十年四月　日

再，准户部咨，光緒十九年彙題各直省文武各員，在部借支養廉已未完扣數目一案，鈔單咨行遵照辦理。計單内開，湖北省文武各員未扣、未完共銀三千十四兩七錢九分四厘。前據該撫聲稱，事在咸豐六年以前，鄂省迭遭兵燹，案卷燬失，無憑查追，咨覆到部。查前項未完銀兩，係借支部庫之款，未便據咨辦理。應令奏明歸於下届彙題案内完結等因。當經飭遵辦去後。兹據湖北布政使王之春查明，前項未完銀兩，實在咸豐六年以前，案卷

[一] 録自《京報》第四八四八號。

兵燹燬失，無憑查追，詳請具奏前來。臣等覆覈無異，除咨户部外，謹合詞附片具陳，伏乞聖鑒。

户部知道。

江漢關第一百二十九結至一百三十二結收支款項數目摺〔一〕光緒二十年四月　日

竊照前准户部咨，抄奏内開，各海關洋税奏銷辦理未能畫一，應令遵照定章，將收支數目按結開單奏報一次，仍扣足四結開單奏銷一次，概不得以收支數目串入原摺，以致混雜不清。仍一面造具四柱清册暨支銷經費銀兩清册，分送户部暨總理各國事務衙門，以憑核銷等因。光緒十年二月二十五日具奏。本日奉旨：依議。欽此。又准咨開，第九十五結期滿清單，僅有收支款目，以致各結總數未能聯貫。嗣後應令將舊管、新收、開除、實在，分爲四柱逐款開列，以昭明晰等因。均經先後轉行遵照辦理。所有江漢關光緒十七年八月二十九日起至十八年八月初十日止，一年關期届滿，分别造具收支數目各册，前經奏咨在案。兹據湖北漢黄德道監督江漢關税務惲祖翼詳稱，自光緒十八年八月十一日第一百二十九結起至十九年八月二十一日第一百三十二結止，一年四結期滿，徵收洋商、招商局華洋各項税鈔及支解數目，分結造具四柱清册，並經費銀兩清册，詳請具奏前來。臣覆核無異，除各册送部外，謹會同南洋大臣兩江總督臣劉坤一、湖北巡撫臣譚繼洵恭摺具陳，並繕具清單，恭呈御覽。伏乞皇上聖鑒。

該衙門知道。單併發。

宜昌關第一百三十四結收支各款税銀數目摺光緒二十年四月　日

竊照前准户部咨，鈔奏内開，各海關洋税收支數目辦理未能畫一，應令遵照定章，按結開列清單奏報一次，仍扣足四結開單奏銷一次，概不得以收支數目串入原摺，以致混雜不清。仍一面造具四柱清册暨支銷經費銀兩清册，分送户部暨總理各國事務衙門，以憑核銷等因。光緒十年二月二十五日具奏。本日奉旨：依議。欽此。又准户部咨，江漢關第九十五結期滿清單，僅有收支款目，以致各結總數未能聯貫。嗣後應令將舊管、新收、開除、實在，分爲四柱，逐款開列，以昭明晰各等因。先後轉行遵辦。兹據湖北荆宜施道監督宜昌關税務周懋琦詳稱，宜昌關徵收税銀前經截至光緒十九年十一月二十四日第一百三十三結止，詳請奏咨在案。兹自光緒十九年十一月二十五日起至二十年二月二十五日止第一百三十四結期滿，所徵各項税銀，除照章開支外，連留存尾數及本結新收共實存銀二萬九千七百七十三兩一錢三分八厘，前經詳請咨明奉准部覆，歸入一年報銷案内，解存藩庫，委員解京。又上結遵照新章徵收洋藥税厘銀除支傾鎔折耗外，實存銀六十四兩五錢二分九釐，存俟隨同正餉搭解。再本結並無洋藥進口，未徵收洋商自備華式之船鈔，毋庸造册報銷等情，詳請奏咨前來。臣覆核無異，除清單、清册咨送總理各國事務衙門暨户部户科查照外，謹會同南洋大臣兩江總督臣劉坤一、湖北巡撫臣譚繼洵恭

〔一〕以下二件録自《京報》第四八五二號。

摺具陳，並繕具四柱清單恭呈御覽，伏乞皇上聖鑒。

該衙門知道。單併發。

捐置義莊謝賜御書扁額摺 光緒二十年五月十六日

竊臣恭讀邸鈔，光緒二十年四月二十四日内閣奉上諭：禮部奏遵議大員捐田贍族，可否賞給扁額，請旨遵行一摺。湖廣總督張之洞，仰承先志，捐置義莊，養贍宗族，古誼可風。著賞給御書扁額一方，交張之洞祇領，以示嘉獎。欽此。旋蒙由驛頒發御書扁額一方到臣，當即恭設香案，望闕叩頭祇領。

伏念臣世承素業，遭遇清時，以環堵之陋儒，忝方州之重任。楚游竊禄，難忘風木之懷。疏傅分金，願廣朝廷之惠。飫聞庭訓，宜篤宗支。值行葦忠厚之聖朝，獎葛藟本根之常分。日采耀天門之牓，圭篳生輝。星躔騰奎府之文，球圖共寶。敷六行教睦之治，本周禮以興仁。緬九世同居之風，較唐賢而滋愧。寵榮逾量，感悚交并。臣惟有饘粥思恭，蘗冰勵操。率食德服疇之族衆，戴高天厚地之君恩。相勸勉以義門，共鼓歌於仁宇。贈麥而追思堂構，彌念教忠。種桑而不計餘饒，惟知報國。

查明京控未結各案摺[一] 光緒二十年五月二十六日

竊查前准刑部咨，議覆光禄寺少卿延茂奏，稽核京控審限每年將已、未完數目兩次彙開清單具奏，以歸劃一，並摘録案由，註明交審月日及未結各案因何未能審結緣由，於每年兩次覆奏時詳細聲明等因。奉旨：依議。欽此。咨行遵辦在案。茲據湖北布政使王之春、按察使陳寶箴詳稱，陸續奉到部院衙門奏交咨交京控各案，隨時委提人卷解省發審。其有距省較遠州縣之案，移交該管道就近提審，或委員前往會同該管府審辦。已將光緒十九年六月以前未結各案造册詳請奏報在案。茲值半年彙奏之期，查湖北省京控案件，除已審結咨送供招及詳咨註銷各案毋庸開列外，其未結之案，因要證遠出無從質訊咨明展限者二十起，現在提到人證審辦之案十二起，核計尚無遲延等情，開呈清册請奏報前來。臣等覆核無異，除清册分送刑部、都察院、步軍統領衙門查照外，謹繕清單恭摺具陳，伏祈皇上聖鑒。

刑部知道。單併發。

遵旨呈繳硃批摺件片 光緒二十年五月二十六日

再，臣於光緒二十年五月初十日接准吏部咨，光緒二十年三月十五日奉上諭，向來各直省將軍、督撫等所奉硃批摺件，均應按年恭繳。乃近年以來，各省多有遺漏未繳之件，其繳進省分有自行奏繳者，有咨由軍機處或奏事處呈繳者，辦法亦參差不一。著通諭各該將軍、督撫、提鎮等，嗣後所奉硃批筆等件，統行咨交軍機處，於年終彙繳以歸畫一。其從前遺漏之件，均著一律補繳。欽此。遵查臣自光緒十六年四月到任起，至十九年十二月止，歷次具奏各摺片欽奉硃批，均按年彙繳在案。茲將本年正月起至四月止奉到硃批，敬謹檢齊，亦經咨送軍機處恭繳。以後自應遵旨

[一] 以下二件録自臺北故宮文獻編輯委員會編《宮中檔光緒朝奏摺》第八輯，第三九六至三九七頁，臺北故宮博物院一九七四年版。

隨時繳呈，不敢遲延。所有臣歷奉硃批遵繳緣由，謹附片覆陳，伏祈聖鑒。

知道了。

耆紳重遇鹿鳴筵宴摺[一] 光緒二十年五月二十八日

竊查定例，鄉試中式已届周甲之期准其重赴鹿鳴筵宴。其四品以下已加有三品以上升銜人員，由督撫奏明辦理等語。茲查有在籍三品頂戴、前四川補用道保甯府知府候選運同王樹漢，年七十八歲，由寄籍順天大興縣附生中式道光十五年乙未恩科順天鄉試舉人，改歸湖北沔陽州原籍，由揀選知縣選授河南伊陽縣知縣，調補淮甯縣知縣。因疊次防堵出力，保升知府，補授四川保甯府知府。於防剿回匪秦隴撤防案内，保以道員補用，加三品頂戴。光緒十六年甄别，以對品鹽運同歸部銓選，交卸回籍。計自道光十五年乙未至光緒二十一年乙未，花甲一周，例准重赴鹿鳴筵宴。惟光緒二十一年並非鄉試年分，溯查歷辦成案向准提前辦理。如湖北咸甯縣耆紳前光禄寺卿雷以諴，道光辛巳恩科舉人，曾經奏准於光緒五年己卯科豫期赴宴。今王樹漢情事相同，自應援案請於光緒二十年甲午正科重赴鹿鳴筵宴。據該州貢生李殿卿等取具供結呈由該府州查明加結造册，詳經湖北布政使王之春具詳請奏前來。臣等伏查在籍三品頂戴、前四川補用道保甯府知府候選運同王樹漢，早捷賢書，洊登仕路，歷官郡守，嗣改鹺綱。溯桂苑之蜚聲，未及弱冠。迨遽廬之息影，已過稀齡。鄉飲觀型，值午科之再舉。衢謳扶杖，適甲紀之重周。欣逢壽寓宏開，期揚聖世作人之化。竊冀賓筵得與，益見儒生稽古之榮。合無仰懇天恩俯准王樹漢於本年湖北鄉試甲午正科重赴鹿鳴筵宴。應否恩予加銜，出自鴻慈，非臣等所敢擅擬。除册結送部外，謹會同湖北學政臣孔祥霖合詞恭摺具陳，伏乞皇上聖鑒訓示。

另有旨。

揀員接署道員遺缺片 光緒二十年五月二十八日

再，湖北安襄鄖荆道朱其煊，現經調省派充文闈提調，所遺該道篆務亟應遴員接署，以重地方。查有候補道錫璋，穩練樸誠，辦公勤謹，堪以署理。除檄飭遵照外，謹合詞附片具陳，伏乞聖鑒。

吏部知道。

籌解加放俸餉銀兩片[二] 光緒二十年五月　日

再，前准户部咨，具奏各關應解抵閩京餉改爲加放俸餉銀兩，江漢關仍於四成洋税項下，每結提銀四千兩等因。當經轉飭遵照辦理。所有江漢關第一百三十三結應解抵閩京餉改爲加放俸餉銀四千兩委解赴京交納，業經奏咨在案。茲據湖北漢黄德道監督江漢關税務惲祖翼詳稱，在於第一百三十四結所徵四成洋税項下，提撥足色庫平銀四千兩，飭委試用知縣周林、試用通判沈國瑛管解赴京交納等情，詳請奏咨前來。臣覆核無異，除給咨管解外，

[一] 以下二件録自臺北故宫文獻編輯委員會編《宫中檔光緒朝奏摺》第八輯，第四〇〇至四〇二頁，臺北故宫博物院一九七四年版。

[二] 録自《京報》第四八五八號。

理合會同湖北巡撫臣譚繼洵附片具陳，伏乞聖鑒。

户部知道。

江漢關委解淮軍月餉片〔一〕 光緒二十年五月　日

再，前准户部咨，議覆直隸督臣李鴻章奏淮軍月餉請將江漢關應解額款，于四六成洋税項下通融勾撥案内，議令江漢關應解淮餉。如六成洋税無款，即在四成洋税及五成二厘招商局税内按數提解等因。奉旨：依議。欽此。咨行欽遵辦理。查江漢關奉撥應解直隸督臣李鴻章淮軍月餉，四成洋税銀三萬兩，均解至光緒二十年正月分止，隨時奏報在案。兹應解光緒二十年二、三兩月分四成淮餉，即在第一百三十五結所徵四成洋税項下，動支庫平銀四萬兩。又應解本年二、三兩月分六成淮餉，仍在是結六成洋税項下，動支庫平銀六萬兩，作爲直隸督臣李鴻章及提督劉盛休所部淮軍月餉，委解湖北淮軍收支轉運局交收轉解。據湖北漢黄德道監督江漢關税務惲祖翼詳請具奏前來。臣覆核無異，除分咨外，理合會同湖北巡撫臣譚繼洵附片具陳，伏乞聖鑒。

户部知道。

籌解節省餉乾米折銀兩片〔二〕 光緒二十年五月　日

再，湖北省抽裁緑營額兵餉乾米折等項，前准户部行令，將每年節省銀兩自光緒十二年起，陸續委員解部交納。歷經遵照辦理。兹據湖北布政使王之春、督糧道岑春蓂詳稱，湖北前議裁減緑營額兵，奏明以光緒十二年春季止，截清餉項。司庫即於夏季起，照數扣發。計各營額設馬、步、守兵内共裁兵二千九百二十一名，原奏聲明，現在湖北章程督撫標、漢陽協、武昌城守等七營，向支全餉。其餘各營，皆暫按八成開支，今應均照額支數目核計，每年共節省餉乾米折等銀五萬三千五百十一兩一錢二分。業將十二年夏季起至十九年秋季止，節存銀兩，解部交納在案。所有光緒十九年冬並二十年春二季分，照奏定之數，共應解部庫銀二萬七千三百四十五兩六錢六分。現於應支各營十成、八成餉乾米折内，共由司庫扣出銀二萬一十八兩五錢八分，糧道庫扣出銀三千五百四十兩六錢，其現按八成支放各營，照額支數目扣解，計不敷銀三千七百八十六兩四錢八分，並於本年所收地丁項下動支按數湊足，以符奏定照額節省十九年冬並二十年春二季分應解之數。所有前項銀二萬七千三百四十五兩六錢六分，飭委另補知縣楊鈞、補用知縣龍驤管解赴部交納等情，詳請具奏前來。臣覆核無異，除給咨管解外，謹會同湖北巡撫臣譚繼洵附片具陳，伏乞聖鑒。

户部知道。

江漢關第一百三十三結徵收華洋税鈔及支解數目摺〔三〕 光緒二十年五月　日

竊照前准户部咨，抄奏内開，各海關洋税收支數目辦理未能

〔一〕録自《京報》第四八六〇號。
〔二〕録自《京報》第四八六二號。
〔三〕録自《京報》第四八六四號。

畫一，應令遵照定章，按結開列清單奏報一次，仍扣足四結開單奏銷一次，概不得以收支數目串入原摺，以致混雜不清。仍一面造具四柱清册暨支銷經費銀兩清册，分送户部暨總理各國事務衙門，以憑核銷等因。光緒十年二月二十五日具奏。本日奉旨：依議。欽此。又准第九十五結期滿清單，僅有收支款目，以致各結總數未能聯貫。嗣後應令將舊管、新收、開除、實在，分爲四柱，逐款開列，以昭明晰等因。均經轉飭遵照辦理。兹據湖北漢黄德道監督江漢關税務惲祖翼詳稱，江漢關徵收各項税鈔及支解各數目前經截至光緒十九年八月二十一日第一百三十二結止，詳請奏咨在案。兹查自光緒十九年八月二十二日起至十一月二十四日止第一百三十三結期滿，徵收洋商各項税鈔，六成洋税除支解外，計不敷銀三萬二千九百六十一兩七錢七分零四毫二絲四忽，應在於下結所收六成洋税項内照數彌補。又四成洋税除撥解外，計不敷銀三萬三千七百五十四兩七錢七分六厘，應在於下結所收四成洋税項内照數彌補。又款收招商局各項税鈔，除撥解外計存四成八厘各税銀七萬一千零二十五兩四錢一分八厘，已如數歸併六成洋税内開報。又五成二厘局税，除撥解外計不敷銀五萬零五百一十五兩四錢二分一厘，應在於下結所收五成二厘局税項内照數彌補。又上結報存洋藥税厘銀及本結遵照新章徵收洋藥税厘銀，除撥解外計存銀五千二百五十八兩五錢二分二釐。又局商在漢口販運土藥出口徵收正税銀二十二兩二錢、復進口税銀四兩八錢，已歸入華税項内開報等情，詳請奏咨前來。臣覆核無異，除俟一年期滿，按結造具收支經費各册另繕總單分別報銷外，所有第一百三十三結徵收洋商華商各項税鈔及支解各數目，謹會同南洋通商大臣兩江總督臣劉坤一、湖北巡撫臣譚繼洵恭摺具陳，並繕具四柱清單恭呈御覽，伏乞皇上聖鑒。

該衙門知道。單併發。

籌解固本兵餉片[一] 光緒二十年五月　日

再，前准户部咨，原定各省應解固本兵餉，湖廣省按月應解銀五千兩，改令應解部庫交納。又准户部咨，酌定分年帶解固本練餉欠款，擬定有閏之年解十五個月，計銀七萬五千兩。無閏之年解十四個月，計銀七萬兩。即自光緒十一年正月起，按年照數解清各等因。所有湖北省應解十七年十月以前固本兵餉銀兩，業經按年照數先後籌解，附片奏報在案。兹據湖北布政使王之春詳稱，會同鹽法道在於鹽課項下，籌撥銀一萬兩，作爲光緒十七年十一、十二兩個月固本兵餉，飭委試用知縣周林、試用通判沈國瑛、管解赴京交納等情。詳請奏咨前來。臣覆核無異，除給咨管解外，理合會同湖北巡撫臣譚繼洵附片具陳，伏乞聖鑒。

户部知道。

籌解撥修兵船經費片 光緒二十年五月　日

再，前准長江水師提督臣黄翼升咨，據辦理漢陽船廠委員知府彭覺先稟稱，該廠設立湖北漢陽地方，承辦漢、岳兩標船隻，每年額領經費銀一萬五千兩，向按十二地支編列字號，輪流换造。並定六年大修一次，三年小修一次。是以每年换造及大小修數目多寡不一，報銷數目亦復懸殊。向以上年存賸之項，留爲次年滾

[一] 以下二件録自《京報》第四八七〇號。

接造報。光緒十五年，前辦委員補用知府劉瓊閣，因廠後辦公房屋本係借用民地，原主屢求退還，稟經前督臣裕禄奏明，購地蓋造房屋一所，以資辦公，在該廠歷年用存經費内動用銀三千八百七十餘兩。委員彭覺先接辦，光緒十七年報銷册内，計尚餘銀一千六百五十餘兩。十八、十九辰、巳兩年，因木料價昂，船數較多，共用銀三萬二千七百餘兩。除將舊管存款，並額領經費銀三萬兩，儘數支用外，計墊銀一千一百餘兩。現屆光緒二十年，正逢午年大修之期，進廠各船一百零三號，估需銀一萬八千餘兩，計不敷銀三千餘兩。請在鹽道庫借撥銀五千兩，俾資應用等情，轉咨到臣。伏查漢陽船廠承辦楚境長江水師漢、岳八營船隻，每年在鹽道庫兵餉項下，額領銀一萬五千兩，以爲修造經費，定章因有輪流換造大修、小修之分，是以逐年報銷銀數，亦多寡不一，歷係以盈補絀，滚接造報。從前大修年分，如辰、午等年亦有用至一萬八千餘兩者。仍有餘存一款，得資周轉。自光緒十五年，在存款内□撥蓋造廠屋經費銀三千八百七十餘兩，因而存項無多。又值連年大修，致有挪墊之款。本届修换船隻更多，額領經費計不敷銀三千餘兩，係屬實在情形。自應量爲借撥，俾清墊款而資周轉。擬請在於鹽道庫水師兵餉湘平申餘項下，暫行借動銀五千兩，發交該廳應用。以後各營船隻並非大修之年，所借銀兩即自光緒二十一年起，在於應領經費内分五年扣還歸款，以重公項。據湖北鹽法武昌道瞿廷韶詳請具奏前來，除咨部查照外，謹會同長江水師提督臣黄翼升附片具陳，伏乞聖鑒。

户部知道。

委員代防萬城大隄摺[一] 光緒二十年五月　日

竊照湖北荆州府屬萬城大隄，濱臨荆江，爲全郡及下游各屬田廬保障。每届夏、秋二汛，例應督、撫輪年赴隄督防。如有應辦要事，未克分身前往，奏委該管道府就近駐工代防，歷經辦理在案。本年輪應總督前往督防，惟省城事務重要，應隨時督同司道籌辦，且鐵廠、槍炮廠正在諸務吃緊之際，端緒極繁，款項極絀，事事均須籌畫督催，刻難遠離，未能在荆久駐。所有夏、秋二汛督防事宜，自應照案委員代防，以專責成。查有荆州府知府舒惠，老練熟習，辦事實心，堪以委令代防。現經檄委該府督同在工文武員弁，親駐工所，晝夜梭巡，預備守水器具。遇有險要工段，即行搶護，務保無虞。並札飭荆宜施道周懋琦，隨時稽察，督同辦理，以期隄防穩固。所有委員代防萬城大隄緣由，謹會同湖北巡撫臣譚繼洵恭摺具陳，伏乞皇上聖鑒。

知道了。

漢陽槍廠被災情形片[二] 光緒二十年六月　日

再，湖北創設槍礮廠，在漢陽煉鐵廠内，共分礮廠、槍廠、礮架、礮彈、槍彈爲五所。五廠皆係總監工委員候補通判馮熙光統管。槍礮廠日夜趲工裝配機器，至本年五月間一律告成，專待煉成精鋼後開機試造。其礮架、礮彈、槍彈三廠工程亦已得半。臣於六月初一日親往閲看，槍廠運動機器之皮帶，近由外洋運到，

〔一〕録自《京報》第四八八二號。
〔二〕録自《京報》第四九三七號。

甫經安設，尚未試演。廠内機器零件甚多，先經選派司事、巡丁駐廠看守。嗣洋匠以廠不宜住人，令在廠外搭蓋更棚，輪流巡護。早晚門户，均歸洋匠親自啓閉，並專派委員候選巡檢嚴用炳，督率巡查。兹據槍礮廠總監工委員馮熙光稟稱，本年六月初十日黎明，狂風大作，電光激射。忽據稽查委員嚴用炳喊報，槍廠樓上黑煙突起，火光迅發。該委員馮熙光趕即督率委員嚴用炳等，調集水龍，闢門而入。該廠當日因節省經費，係木梁、木柱，倏已四面同時焚灼，當經盡力撲滅。其後面廠屋一大排，尚未被火。惟前面廠屋七小排，灌救不及燒塌五排，幸梁柱尚未傾圮，鐵瓦下墜，被壓機器經火氣熏灼，不免受傷，逐一查驗，應修整者，約及二成。鐵廠及該廠之機器匠均可自行修整，間有需向外洋購補之件，尚不甚多。鐵瓦略加修理，仍屬可用。幸礮廠無恙，該廠汽機房亦未延及。至起火之由，該廠内並未開工製造，鍋爐均未升火。且時方將曙，廠門扃閉，絶無人跡，不知火從何起。詳切密加查訪，衆論揣測紛紜，俱毫無形跡可指。該委員暨洋匠等推求其故，實緣全廠梁棟、屋椽均係洋木油松所造，屋上一律覆以白鐵瓦，時當溽暑，本年湖北天氣尤爲酷熱，夜間亦不稍減，炎景鑠金，鐵瓦炙熱，洋松油氣素重，以致引熱。適值夜間，廠門扃閉，四面並無通氣之處，鬱蒸過甚，火自内熾，加以電火激射，遂致一時並發，實爲意料所不及，防範所難周等情前來。

臣查槍廠被火，梁柱尚未傾圮，其火自上而下，柱礎等處並未焦灼，確非遺火所致。爐鍋尚未升火，廠内無人，不知火所自起。該委員馮熙光暨洋匠等詳求物理，謂係屋料油松爲鐵瓦熾熱，廠門扃閉，風氣不通，鬱積生火。譬之曝熱油布、油紙，遽收入箱，風氣不通，往往生火，理似可信。惟委員嚴用炳，職司該廠巡查，有專管之職，究屬疏於防範。總監工委員馮熙光，未能設法預防，亦屬咎由應得。相應請旨將稽查槍礮廠委員候選巡檢嚴用炳，即行革職。槍礮廠總監工委員候選通判馮熙光，從重照倉庫被火，監守不慎例，降一級調用，以示懲儆。臣仍督飭該監工委員，將槍廠被焚處所，勒限修復。以後一律改用鐵梁、鐵柱，以期穩固。損傷機器迅速修整完好，以便早日開工製造。謹附片具陳。伏乞聖鑒。

另有旨。

遴員署理司道篆務摺〔一〕 光緒二十年七月二十二日

竊照湖北布政使王之春欽奉懿旨，赴京祝嘏，擬即起程北上。所遺篆務亟應委員接署。查有湖北按察使陳寶箴，才優識敏，條理精詳，堪以署理。所遺臬司篆務，查有鹽法武昌道瞿廷韶，歷練老成，措施悉協，堪以署理。遞遺鹽道篆務，查有安襄鄖荆道朱其煊，精明幹練，任事實心，堪以署理。除分檄飭遵外，謹合詞恭摺具陳，伏祈皇上聖鑒。謹奏。

吏部知道。

鐵廠著有成效請獎出力各員摺 光緒二十年七月二十四日

竊臣奉旨開辦煉鐵事宜，於本年正月，業將開爐煅鑛日期奏

〔一〕録自臺北故宫文獻編輯委員會編《宫中檔光緒朝奏摺》第八輯，第四六三頁，臺北故宫博物院一九七四年版。

報，並聲明俟續募洋匠到齊，即當接煉鋼鐵等情在案。

伏查煉鐵一事，事理精深，端緒繁難。工作極爲艱苦，而機勢又極爲危險。微特煉鐵、煉鋼之匠首各有專門之學，即審火候、司氣門、流灰、出鐵、烘鋼、拉軌諸人周旋於洪爐烈火之間，手足稍涉遲鈍，即有轟炸損壞之虞。近來貴州青溪設爐煉鐵，南北洋設爐煉鋼，堵塞損傷，均所不免。鄂省開煉大爐，自不得不多用洋匠，加意慎重。除原有洋教習、鑛師、工師各匠不計外，續募各廠洋匠，擇其必不可少者，招募二十八人。係託歐洲著名之郭格里大鐵廠代雇。本年四月，始一律到齊。以上年選派出洋學習之華匠二十人副之，分派各廠領首作工。先將各爐機器逐件細勘，抉其瑕疵，參以新法，酌量修改、增補，務求盡善。所增置機具、物料，工程甚多。其最費工者，爲生鐵大爐。直至五月初間，始行完備。當即將爐烘乾，裝配焦炭、鐵鑛、灰石，諏吉於五月二十五日升火開煉，二十七日出鐵。其餘各爐機亦皆演試如法，一切均極順利。臣於六月初一日到廠，逐一詳勘。生鐵大爐先開一座，日夜出鐵八次，共五十餘噸。近來間有日出六七十噸者。次閱煉熟鐵、煉貝色麻鋼、輾鐵條、製鋼軌以及錘煉烘壓各法，一時並舉。其西門士鋼爐，因爐甎破碎，購補加修，添設爐管，目前即將次完竣，接續開煉。次第考驗，大抵藉水、火、風、氣之力，以神其用。其機力之宏大，運動之靈巧，火力之猛烈，迥非向來土爐人工所能到。所出之鐵，雖係初煉，已與外洋相較無甚軒輊。蓋外洋各國，講求鍊鐵、鍊鋼之法已數百年，始能及其精美。中國甫經開辦，豈敢謂遽造精微。然就目前工力、物料揆之，從此講求不懈，將來化學日精，工匠日熟，似尚不難與之抗衡。現將煉出生熟鐵及鋼軌、鋼條等件，陸續寄至上海華洋各廠，比較貨色，考訂價值。仍隨時教習華匠，講求鍊法，精益求精。現在江夏馬鞍山煤井，其煤可作焦炭，合煉鐵之用，已開横窿煤巷。現擬進鑿三層横窿。外洋大洗煤機、及運煤之鐵挂綫路，均已陸續竣工。惟洋式焦炭爐數十座，因爐甎破碎，購補躭延，修造未齊。本年十月內，定可一律告成。儘敷生鐵一爐及各廠鍊鋼之用，參以湘省白煤、油煤，即可兩爐齊開。此開煉鋼鐵已著成效之實在情形也。

竊惟開煤煉鐵一事，泰西英、法、德、俄各大國，無不視爲自强要圖，當務之急，講求新法，角勝争長。官辦則以全力經營，商辦則爲多方保護，堅持定力，務底於成。由煉鐵而製器，由製器而練兵，用能擴充工商諸務，雄長歐洲。鄂省奉旨設廠煉鐵，實爲中國創辦之事。光緒十五年十月、十六年正月，疊經承准海軍衙門電開：大冶下手，自是正辦。今日之軌，他日之械，皆本乎此。總以將來軍旅之事無一仰給於人爲斷。雖不必即有其效，萬不可竟無其志。此舉爲强弱轉機，旁觀疑信由他，當局經營在我，各等語。開辦之初，稟承醇賢親王指示機宜，規畫閎遠，志意堅定。臣不敢不力任其難，激勵大小各員，務期以必成爲度。惟煤鐵兼營，用宏費絀，真知灼見者實罕其人。於是衆論紛紜，吹求疑沮，仰賴聖明在上，爲之不疑，俾臣得從容布置，廠工次第告成，開煉有效。所有在事各員籌思辦法，安配機器，督工建廠，采鑛尋煤，跋涉山川，縋幽鑿險。加以修造鐵山運道、煤鑛井工、水陸馬頭各工程，多係創法新奇，驚駭物聽之事。撫輯羣情，綏靖謡諑，家喻户曉，舌敝脣焦，艱險備嘗，始終罔懈。經歷四年，始竟全功，實屬異常出力。而在事各洋匠，監修營造，盡力圖維，隨時補救，亦無不殫竭心力。查福建船廠告成，在事各員，均蒙恩照異常勞績，給予優奬。而洋員日意格等，已先於同治年間，渥蒙優奬，並給予犒賞鉅款。茲查鐵廠規模、地段、機器，均較船廠爲大，而煤鐵並舉，事體之艱辛，端緒之繁重，較船政實爲過之。合無仰懇天恩俯念鐵廠爲中國創舉，奉旨飭辦要務，全廠告成，開煉著效，實資羣策羣力。准由臣將在事出力人員，援案擇尤，核其出力等差，分别照異常、尋常勞績奏請給奬，以昭激勸而勵方來。出自逾格鴻慈，理合恭摺奏陳，伏祈聖鑒。

（硃批）准其擇尤酌保數員，毋許冒濫。該衙門知道。（欽此）

請添鐵廠開煉用款片 光緒二十年七月二十四日

再，湖北鐵廠，實兼采鐵、煉鋼、開煤三大端爲一事。而開煤所費，幾與煉鐵相等，本難歸入造廠、煉廠項下計算。開平煤鑛，費至一二百萬，始克成功。茲查鐵廠，自經始至觀成以迄開煉，用款繁鉅，所有奏明撥用借用之款，早經用罄。雖經奏准，以槍礮廠經費勻撥應用，不敷仍多。非原估、續估之迭有疏漏，實緣開鍊以後，經費與造廠工程，本係另爲一事。原奏曾經聲明，必須先行籌墊一年，且事皆創舉，機局變更靡常，隨時補救，增出用款，多出洋匠原議之外，實非豫料所能及也。所有增出用款，除外洋物料、火甎等件破碎、短數，剥運起卸、棧租馬頭、零星繁費，員司、匠頭、夫役、巡勇薪工雜用不計外，約舉其重且大者數端。

一、添購機爐工料。如增十五噸大汽錘一具，增貝色麻大壓氣機一副，增造西門士爐底火泥管，及造火甎機器，增改生鐵大爐東一座，爐内甎式令與煤鑛之性相合，增生鐵廠鐵瓦廠棚，增中西兩式洗煤機，增内地火甎焦炭爐，增鋪地鐵板，增廠内鐵路，增運鑛、運煤鐵車，增爐上鐵蓋、爐外水池水溝及四圍保險門，增銅鐵管、鐵水箱，增化驗煤鐵各種器具、藥料，以及汽表、風表、水表，皆極精細貴重之件。

一、添募開鍊洋匠。原估擬募八人，其餘悉雇熟手之華匠百餘人應用。茲查開煉，首以生鐵大爐爲重。中國從未煉過，若欲選用華匠，非得聰慧而又强壯之人，在廠精煉多年，難與斯選。即煉鋼各廠，亦非得專門名家之洋匠領首作工。手法稍不中程度，即致變生意外，均屬危險之極。現在續募到洋匠二十八人，均係萬不可少。已較原估八人多出兩倍有餘。本年湖北天氣酷熱，爲時又久，鐵廠工作極爲艱苦。洋匠已中熱病故二人，抱病七人。内地工匠，體弱生疏者，更難得力。

一、添補不全機器。查各種運到機器、物料，沿途損壞既多。洋廠闕漏，亦復不少。除簡便零件由漢陽本廠自行修補二千餘件外，其重大精緻機器，必須由外洋或上海洋廠重複購補。或此一種機器不甚靈動，則洋匠必另行購一機器以救之。或此式之爐試煉焦炭不浄，舊法所采之鑛不多，則洋匠又思一法以損益之。曠日加工，致多繁費。

一、近年外洋金鎊價值日長，比初定機器時加至過半。

一、往返電報與各國出使大臣及洋廠商購物料、改换機器、訪訂洋匠，日積月累亦成鉅款。

一、多用煤斤。鐵山煤鑛開采轉運，以及鐵廠起重運料，試鑽開井，抽水壓氣，無在不需機器，即無日不需煤斤，爲數甚鉅。又生鐵大爐，購用外洋焦炭試煉兩月，費亦不貲。

以上各款皆爲原估約計所難周悉。加以王三石煤井三處，開至數十丈，已費盡人工機器之力，煤層忽然脱節中斷。外洋辦法，必仍就其處追尋，另行開井辦理。而重闢一井，非鉅款不辦。現在實無此財力。若非馬鞍山煤井有成，則全恃湘煤，所費更鉅。此則事局變遷，多費用款，均非意料所及者也。前次續估，臣督飭局員及洋匠、鑛師，悉心攷究，以爲若能銷貨周轉，則此次續估之後，不致再有增添之款。乃移步換形，層折過多。加工遂致加料，費日因以費工。不特非局員所能限定，並非洋匠所能豫知，多方補救，繁費滋多。現在撥借各款既已凑用無餘，若行銷挹注，必俟兩爐齊開，一年後始能流通轉輸。尤須鋼鐵各料，悉臻精美，華洋各廠，考驗詳審，相信有素，方可期流通無滯。至暢銷後，尤防有洋鐵減價搶售之患。此開煉行銷之初，必須寬籌經費，始不致停爐待款之實在情形也。目前鋼鐵既已煉成，正在得手，萬不能不急籌接濟。惟部庫支絀，未便再行上請。上年二月所奏，原擬就槍礮廠、布局兩局之經費添補應用。無如槍礮廠自奏明添設礮彈、槍彈、礮架三廠，計機器、運保等費，已需銀三十餘萬兩，建廠之費尚不在其内。本廠用款，必須兼顧，勢不能全行撥用。布局現須籌還山西借款，一時尚未能協助。值此廠工已竣，煉鐵已成之際，所欠者僅此目前籌墊之經費。若竟因此停工，既於大局有關，亦覺前功可惜。且鎔煉鋼鐵，若竟停歇，則製造槍礮何所取資。關繫尤非淺鮮。臣夙夜焦急，再四籌維，惟有仍就湖北本省各款，力籌匀撥應用。擬請於釐金、鹽釐兩項下，極力整頓，設法騰挪。每年匀撥十萬兩濟用，總期無礙京協各餉，以兩年爲率，其不敷之款，仍照奏案於槍礮廠常年經費項下匀撥濟用。統俟兩爐齊開，銷流漸廣，即可自行周轉。事關自强要務，臣惟當恪遵海軍衙門先軌後械之電示，竭力籌維，次第舉辦，以竟全功。

（硃批）該衙門速議具奏。（欽此）

購辦紅茶運俄試銷摺光緒二十年七月二十六日

竊照漢口茶務最爲兩湖商務大宗，關繫釐税鉅款。近年湖北、湖南兩省，茶商頗多虧累。半由茶色不佳，或遇陰雨潮濕，或有攙和粗雜，以致不能得價。半由商務壓鎊，退盤割價，多方刁難。而此項紅茶，除洋商之外别無銷路，以致甘受抑勒。此事關繫兩湖商民生計，亟應設法維持。臣等查紅茶銷路，以俄商購辦爲最多，惟有自行運赴俄國銷售，庶外洋茶市情形可以得其真際，不致多一轉折，操縱由人。然茶商力量較薄，必須官爲提倡，方能開此風氣。當經臣等往返函商臣大澂前擬籌借巨款設局收買督銷之議，既因借款未經議准，未能舉辦，擬即由南北兩省分籌官款，酌量購茶運俄試銷。經此次試運一次，則俄國茶價高低，銷路廣狹，運程行棧，一切利弊均已瞭然。以後各茶商便可仿照，自行斟酌辦理。當經飭江漢關道惲祖翼，選辦上等紅茶二百箱，南北兩省各半，與俄商設法婉商，即附其茶船運赴俄國阿疊薩海口試行銷售。經臣之洞電商出使俄國大臣許景澄，託其代爲委員照料。其茶價、箱工、雜費、出口關税等項共洋例銀五千四百七十二兩零。復經臣大澂電商俄商亲威羅福，擬再購紅茶若干箱，分運俄境，水陸兩路試銷，即託該商照料。旋接復電商允。亦經飭江漢關道惲祖翼照辦。旋據覆稱頭茶早已銷畢。復經設法選購二茶中之最上紅茶一百二十箱，亦作爲南北兩省各半，發交順豐洋行，分寄俄境，水運之謨斯科窪，陸運之恰克圖兩路試銷。計茶價、箱工、雜費、出口關税等項，共洋例銀一千八百一十六兩五錢零。所有應付運保、行棧等項，及俄國水路税項各銀，均照商人向章，俟茶到該處銷售後，即在茶價内扣除。惟前後兩起，水陸三批，各費數目多寡不一。應俟銷茶後，由外洋詳開確數始能核計。至恰克圖一路，入俄境時並無税項。兩次總共用過洋例銀七千二百八十九兩三錢二分，折合庫平銀六千八百四十二兩四錢六分五釐。湖北、湖南兩省均暫由茶釐項下借撥墊用，俟銷茶後歸款。此初次試辦，設有不敷，亦甚有限。擬由外間籌撥閒款補足。

（硃批）該衙門知道。（欽此）

知縣參後全完請扣除免議片[一] 光緒二十年八月二十六日

再，據湖南糧儲道但湘良詳稱，湖南衡州府屬之安仁，湖北荆門州屬之遠安二縣，應完光緒十九年分道庫津貼銀兩。前因奏銷前未據全完，業經查明各該縣未完分數，及應議各職名，遵照新章，先行開單，詳經撫臣吴大澂奏報，並照例由臣題達在案。兹催據湖北遠安縣知縣將未完光緒十九年分津貼銀一十兩四錢九分一釐，於光緒二十年八月初八日彈收存庫，俟歸入光緒二十一年漕項春撥册内造報。並再催安仁縣趕將應完津貼銀兩批解至日，另行詳辦外，查湖北遠安縣未完光緒十九年津貼銀兩，既於叅後續行全完，所有原叅經徵未完十分之湖北遠安縣知縣党世瓊，相應照案奏請扣除免議等情，具詳前來。臣覆覈無異，除咨部外，理合附片具陳，伏乞聖鑒。

户部議奏。

奏報分批起解漕折銀兩摺[二] 光緒二十年八月二十八日

竊准户部咨，奏催江西等省欠解漕折銀兩並新漕能否起運本色一摺，光緒二十年七月十四日奉旨：依議。欽此。鈔録原奏咨行到鄂。當經轉行署布政使陳寶箴、督糧道岑春蓂妥議詳辦。兹據該司道等會詳請奏前來。臣等伏查奉催漕折銀兩，因各屬完解此項，先於年前發交委員購買米石，以備來春起運，是以起解京餉稍遲。現查各年分應徵漕折項下，除動撥採運外，光緒十八年已解銀十一萬八千兩，十九年已解銀六萬二千兩，其尾欠之項，現仍嚴催各屬趕緊全完，解部交納，不敢稍事遲延。至鄂省漕糧自改辦折徵以來，民間相安已久，完納亦甚踴躍。若驟令規復本色，則徵米徵銀利弊懸殊，節經各前任督撫臣暨臣等瀝情陳奏在案。現在體察情形，實未能遽復舊制。所有本年冬漕，仍請照章折徵，兼籌採運，以顧京倉餉糈。雖折徵一石之銀不敷買運一石之用，第不敷之款向在漕餘内所提兑費等款湊濟，並不動用正項，於解京漕折毫無虧損，而倉儲不無裨益。查湖北歷届採買正米三萬石由海運通，係招商局經理。上届改由本省委員承辦，尚無貽誤。本年擬仍由臣等遴委明幹道員照數採買，承運承交，期臻妥速。其米價水脚等項，悉仍照舊開支，不准稍有浮冒，以昭核實而符定章。除咨部查照外，謹合詞恭摺具陳，伏祈皇上聖鑒訓示。

户部知道。

[一] 録自中國第一歷史檔案館編《光緒朝硃批奏摺》第八二輯，第二三二頁，中華書局一九九五年版。

[二] 以下三件録自臺北故宫文獻編輯委員會編《宫中檔光緒朝奏摺》第八輯，第五一四至五一六頁，臺北故宫博物院一九七四年版。

奏以劉秉彝調江陵縣知縣摺 光緒二十年八月二十八日

竊照江陵縣知縣龍兆霖在任丁父憂，當經題報開缺，聲明所遺要缺容另揀員請補在案。查截缺章程内載：丁憂之缺，有本日可計者，即以本日作爲開缺日期。又例載：知縣應調缺出，令於現任人員内揀選調補，又州縣等官必歷俸三年以上方准揀選調補各等語。今江陵縣知縣龍兆霖係於光緒十九年十二月三十日在任丁父憂，應歸十二月分截缺，係最要缺，應照例揀員請補。該縣爲荆州府附郭首邑，水陸衝衢，政繁賦重，且有經管隄工修防，尤關緊要。非精明幹練才識兼優之員，弗克勝任。臣等在於通省實缺知縣内逐加遴選。查有雲夢縣知縣劉秉彝，現年五十歲，浙江泰順縣人，由監生應同治六年丁卯科並補行甲子科本省鄉試，中式舉人，甲戌科考取宗學漢教習。光緒元年充補右翼宗學教習，期滿蒙欽派王大臣驗放。奉旨：著以知縣用。欽此。五年在福建茶捐案内捐同知陞銜，六年在部呈請分發，籤分湖北。蒙欽派王大臣驗放。奉旨：著照例發往。欽此。七年四月二十九日到省，八年委解京餉，議叙本班儘先補用。九年題署雲夢縣知縣。十年正月十五日到任，試署一年期滿，業經實授在案。十六年十二月在直隸賑捐局捐助棉衣，奬給花翎。歷經調署羅田、孝感、武昌等縣知縣，辦理均屬裕如。該員劉秉彝，才具明敏，辦事慎勤，核計試俸歷俸早已届滿。本任署任均無積案及承緝盜犯、欠解錢糧已起降調革職參限，以之調補江陵縣知縣要缺，實堪勝任，與例亦屬相符。據湖北布政使王之春、按察使陳寶箴會詳請奏前來。合無仰懇天恩俯念江陵縣知縣員缺緊要，准以雲夢縣知縣劉秉彝調補，實於地方吏治均有裨益。該員係現任知縣，請調知縣銜缺相當，毋庸送部引見。所遺雲夢縣知縣員缺，湖北省現有應補人員，容俟接准部覆，再行照例擬員請補。謹合詞恭摺具陳，伏祈皇上聖鑒，敕部覈覆施行。

吏部議奏。

循例舉辦甲午武闈鄉试摺 光緒二十年八月二十八日

竊查武闈鄉試，凡總督、巡撫同省者，例應以撫臣爲主考，督臣爲監臨，歷經遵照辦理在案。茲查湖北省光緒二十年甲午正科武闈鄉試，試期伊邇，亟應循例舉辦。所有内外場考試自應由臣譚繼洵主考，臣張之洞監臨。謹將應辦一切事宜豫爲籌備，並揀派提調監試，會同兩司，隨同校閲，以期選拔真才，仰副聖主修明武備之至意。據署湖北布政使陳寶箴具詳前來，理合將舉行武鄉試監臨、主考循例分辦緣由，會同湖北學政臣孔祥霖恭摺具奏，伏祈皇上聖鑒。

知道了。

江漢關籌解出使經費片[一] 光緒二十年八月 日

再，准總理各國事務衙門咨，光緒二十年四月二十四日附奏，各海關應解出使經費，嗣後按結解交江甯藩庫備撥等因。奉旨：

[一] 以下四件録自《京報》第四九八二至四九八三號。

依議。欽此。咨行到鄂，當經轉行欽遵辦理。茲據湖北漢黄德道監督江漢關税務惲祖翼詳稱，查江海關第一百三十四結提存出使經費銀兩，業經委解江甯藩庫驗收，詳請奏咨在案。茲查第一百三十五結所徵洋商出口正税六成銀兩，除開支税務司並關用經費及傾鎔折耗外，實存銀二十一萬六千九百十九兩零八分七厘。按十成計算，應提一成五厘出使經費銀三萬二千五百三十七兩八錢六分三厘。又收招商局輪船出口正税四成八厘銀兩，除開支傾鎔折耗外，實存銀二萬九千一百八十一兩八錢一分九釐，按十成計算，應提一成五厘出使經費銀四千三百七十七兩二錢七分三厘。遵照户部核覆，每萬兩扣給解費銀二百兩，即在所提出使經費内扣給委員解費銀七百三十八兩三錢零二厘。計實解銀三萬六千一百七十六兩八錢三分四厘，飭委候補主簿李準解赴江甯藩司驗收等情，詳請奏咨前來。臣覆核無異，除分咨外，謹會同南洋大臣兩江總督臣劉坤一、湖北巡撫臣譚繼洵附片具陳，伏乞聖鑒。

該衙門知道。

江漢關掃解第四批京餉等銀兩片光緒二十年八月　日

再，前准户部咨，豫撥光緒二十年分京餉，奏撥江漢關洋税銀十五萬兩。又光緒二十年分東北邊防經費，奏撥江漢關六成洋税銀十萬兩，又具奏各關應解抵閩京餉改爲加放俸餉銀兩，江漢關仍於四成洋税項下每結提銀四千兩各等因。均經轉飭遵照辦理。所有江漢關奉撥前項銀兩，業經委員管解。第一、二、三批京餉共銀十二萬兩，東北邊防經費第一、二、三批，共銀八萬兩。並第一百三十四結應解抵閩京餉，改爲加放俸餉銀四千兩，委解赴京交納，均經奏咨在案。茲據湖北漢黄德道監督江漢關税務惲祖翼詳稱，在於所徵洋税項下，動支庫平足色銀三萬兩，作爲本年第四批京餉，又在於第一百三十六結所徵六成洋税項下動支庫平足色銀二萬兩，作爲本年第四批東北邊防經費銀兩，又在第一百三十五結所徵四成洋税項下提撥庫平足色銀四千兩，作爲本年加放俸餉銀兩。飭委大挑知縣盧以恕、試用知縣馮振銑，分別管解赴京交納。並聲明江漢關本年奉撥京餉銀十五萬兩、東北邊防經費銀十萬兩，均已掃數解清等情，詳請奏咨前來。臣覆核無異，除分別給咨管解外，理合會同湖北巡撫臣譚繼洵附片具陳，伏乞聖鑒。

該衙門知道。

請准副將樊國泰留湖北差委片光緒二十年八月　日

再，前任湖北漢陽協副將樊國泰，係湖南清泉縣人，於光緒十八年四月十七日丁憂，當經臣恭疏題請開缺在案。茲查該副將扣至光緒二十年七月十七日，不計閏二十七個月服闋。本應照例給咨赴部引見，惟現值江防緊要，伏莽猶多，練兵緝匪在在需人，該副將樊國泰勤樸老成，營務諳練，在鄂多年，於地方情形極爲熟悉，合無仰懇天恩俯准將前任漢陽協副將樊國泰留於湖北差委，實於地方營務大有裨益。除飭取該員履歷送部外，謹附片具陳，伏乞聖鑒。

著照所請。兵部知道。

請准以石坤城補授守備摺 光緒二十年八月　日

竊准兵部咨，湖北竹山協右營分駐官渡汛守備洪安淮病故，遺缺係陸路部推之缺，應用期滿差官人員，行令照章揀員請補等因。移咨到臣。遵即在於湖北省期滿差官儘先守備內逐加遴選。查有湖北撫標左營期滿差官儘先守備石坤城，年四十九歲，河南裕州人，由武舉會試未第，揀選二等掣定正用差官，同治十三年十二月二十六日充補當差，除丙子科會試不告假，免差三個月外，連閏扣至光緒三年八月二十六日，三年期滿，續經留差一年，蒙分發湖北以營守備儘先即補，收入湖北撫標左營差遣，於光緒七年十月初八日到營。該員年力健强，差操勤奮，以之擬補斯缺，洵堪勝任。查部定章程，期滿差官請補員缺，應按到標先後爲序。今石坤城分發到標，名次在前輪值頂補，現無事故，且籍係隔省，與例相符。合無仰懇天恩俯准以石坤城補授湖北竹山協右營分駐官渡汛守備，實與營伍有裨。如蒙俞允，該員係期滿差官分發之員，邀免送部引見。除飭取履歷咨部外，謹會同湖北巡撫臣譚繼洵、署湖北提督臣傅廷臣恭摺具奏，伏乞聖鑒，敕部核覆施行。

兵部議奏。

籌備江防摺 光緒二十年九月十一日

竊臣等承准軍機大臣字寄，光緒二十年七月初一日奉上諭：倭人渝盟肇衅，無理已極，勢難再予姑容。著沿江、沿海各將軍、督撫及統兵大員，整飭戎行。遇有倭人輪船入各口，即行迎頭痛擊，悉數殲除。等因。欽此。旋又准南洋大臣劉坤一來電，七月初四日奉旨：德馨電奏，現就防營中籌備勁旅三四營，聽候南洋調遣。著劉坤一電知湖廣、江蘇、安徽等省，一律仿照辦理，俾數省聯爲一氣，以清奸宄而固江防。等因。欽此。均經恭録，咨行沿江文武水陸各營欽遵籌辦。先是五月二十二日准劉坤一來電，倭人謡稱，將用兵入長江内登岸，宜飭各將嚴防。嗣又於七月初七日據税務司穆和德致江漢關道惲祖翼函稱，頃聞日人在滬上，雇定熟悉江道之西人，以作引港之用，各等語。近日，漢口復查獲改裝薙髮之倭人，亦經電達總署在案。是倭人叵測窺伺長江，蓄謀已久，亟應預爲籌防，以期有備無患。

查江防首以營建礮臺爲先務。鄂省雖地處上游，而設險整軍本係不可一日不備之事，自須防維鞏固，始足以消敵謀而靖人心。湖北長江形勢以廣濟縣屬之田家鎮最爲扼要，光緒十年，湖北辦理江防，曾經前督撫臣奏明在田鎮南岸半壁山修建礮臺四座，北岸馮家山修建礮臺一座。惟所建礮臺，皆係腹地舊式，既嫌簡略，礮位亦不適用，難資禦敵。本年七月十三日，臣等會同出省前往田家鎮詳勘地勢。復經臣之洞再往覆勘。擬於南、北兩岸及中路當衝之吴王廟地方，分建明、暗礮臺十四座，設法湊集後膛大礮，派營駐守。南岸原有石壘一座，應培土作成斜坡。並於南、北兩岸，分别開濠引水，培築土隄，以劄護臺步隊，暨酌量安設水雷、木簰。此項臺工，必須參考西法妥爲營建。而一切工作，尤須多用勇丁，以軍法部勒，始臻妥速。鄂省營勇素單，本屬不敷調遣，前駐襄樊一帶之馬隊三營五百名，現奉旨飭派湖北提督吴鳳柱統帶，馳赴天津聽候調遣。襄樊，楚邊重地，不能一日無勇營鎮懾，必須募勇填劄。前經由電奏明在案。查馬隊三營五百名，必須步隊兩營，始能相抵。已飛調駐劄岐亭一帶緝私之提督周得升鼎字一營，並委副將錢永林募馬隊二百名，前往襄樊填劄。所遺黄陂、麻城等處緝私地段，已飭記名提督吴建瀛趕募一營，名爲武勝新營前往填劄。所有田家鎮礮臺，專派統領鐵字三營之提督熊鐵生修造扼守。添募鐵字前、後二營，前營委副將蕭光友管帶，後營委署漢陽鎮標中軍遊擊章文彬管帶。刻日募齊，由熊鐵生統帶五營，前往田鎮，分劄南、北兩岸，趕辦礮臺工程。其吴王廟礮臺，查有廣東差委來鄂遊擊吴良儒，熟悉礮臺法式，飭令募勇一營，名爲武勝前營，前往修造設防。其省防勇營，除鐵字三營移劄田鎮，及鴻字營分撥孝感、黄陂等處緝私，大冶鐵山運道、馬鞍山煤廠等處彈壓外，鴻字營存省者不足兩營及武防一營，過形空虚，兹令添募一營。因提督宋德鴻老病請假，改委記名總兵常遠藻統帶。因鴻字營向劄武勝門外，即將該軍新舊四營，改名爲武勝營，以昭核實。新募之前營，委遊擊歐陽榮章管帶。右營改委副將吴清泰管帶。其常遠藻原帶之升字兩營，改委記名總兵署漢陽協副將（俞）〔兪〕厚安統帶〔一〕。以上各營，除緝私之武勝新營及駐劄襄樊之馬隊一營此兩營係爲填補馬隊三營緝私地段外，實止增募四營。均令迅速募齊，分將田家鎮、吴王廟等處礮臺妥爲修造，即令操演後膛礮準、槍準。惟礮弁、礮目、礮手精熟者，甚爲難得，薪糧之必宜從優。現擬酌量仿照南洋各礮臺章程辦理。臣等自當督飭各將領，修造礮臺務令精堅合法，訓練士卒悉成勁旅，以副聖主慎重江防有備無患之至意。

再，各營正在分飭辦理之際，欽奉電旨，飭調鐵字五營，迅速北上，自應欽遵辦理。所有田鎮防營，應即另行委員募營填劄，以重防務。其詳晰情形，續行具奏，合併陳明。

奏請調員差委片〔二〕 光緒二十年九月　日

再，廣東記名總兵廣州協副將李先義、崖州協副將吴元愷，經臣電奏請調鄂差委。九月初七日准總署電開，奉旨：廣東記名總兵廣州協副將李先義、崖州協副將吴元愷著調往湖北，交張之洞差委。欽此。當經電知兩廣總督臣李瀚章，飭催該兩員來鄂在案。又查有准補廣東海安營遊擊吴良儒，前經李瀚章差委來鄂。該遊擊明練勤能，熟悉砲臺工程及後膛槍砲，湖北江防重要，各營中素少諳習砲臺法式之員，諸務正在需人，相應請旨一併調赴湖北差委，飭令經理建造炮台事宜，實於江防營務大有裨益。該三員均係廣東實缺武職，合無仰懇天恩免開該三員底缺，俟防務完竣，再行奏明辦理。出自逾格鴻慈，理合附片具奏，伏乞聖鑒。

著照所請。該部知道。

江漢關籌解淮軍月餉摺〔三〕 光緒二十年九月　日

竊照前准户部咨，議覆直隸督臣李鴻章奏淮軍月餉支絀，請將江漢關應解額款於四六成洋税項下，通融勻撥案内，議令江漢關應解淮餉。如六成洋税無款，即在四成洋税及五成二厘招商局税内，按數提解等因。奉旨：依議。欽此。咨行欽遵辦理。查江漢關奉撥應解直隸督臣李鴻章淮軍月餉四成洋税銀二萬兩、六成洋税銀三萬兩，均解至光緒二十年七月分止，隨時奏報在案。兹

〔一〕「俞厚安」應作「兪厚安」。見本册第四〇八頁《查明更正副將姓氏片》。
〔二〕録自《京報》第四九八七號。
〔三〕以下三件録自《京報》第四九九三號。

應解光緒二十年八月分四成淮餉，即在第一百三十六結所徵四成洋税項下，動支庫平銀二萬兩，又應解本年八月分六成淮餉，並在是結五成二厘局税項下，動支庫平銀三萬兩，作爲直隸督臣李鴻章及提督劉盛休所部淮軍月餉，委解湖北淮軍收支轉運局交收轉解。據湖北漢黄德道監督江漢關税務惲祖翼詳請奏咨前來。臣覆核無異，除分咨外，理合會同湖北巡撫臣譚繼洵恭摺具陳，伏祈皇上聖鑒。

户部知道。

委解固本兵餉片 光緒二十年九月　日

再，前准户部咨，原定各省應解固本兵餉，湖廣省按月應解銀五千兩，改令徑解部庫交納。又准户部咨，酌定分年帶解固本練餉欠款，擬定有閏之年解十五個月，計銀七萬五千兩。無閏之年解十四個月，計銀七萬兩。即自光緒十一年正月起，按年照數解清各等因。所有湖北省應解十八年二月以前固本兵餉銀兩，業經按年照數先後解部，附片奏報在案。茲據署湖北布政使陳寶箴詳稱，會同鹽法道在鹽課項下籌撥銀一萬兩，作爲光緒十八年三、四兩個月固本兵餉，飭委試用通判吴梯、補用知縣王金城管解赴京交納等情，具詳請奏前來。臣覆覈無異，除給咨管解外，理合會同湖北巡撫臣譚繼洵附片具陳，伏乞聖鑒。

户部知道。

鹽釐加價情形片 光緒二十年九月　日

再，湖北襄陽、安陸、荆州、宜昌五府，及荆門州暨湖南之澧州，前於同治十年奏定川、淮二鹽分界行銷。光緒九年經前兩江督臣左宗棠奏准，於樊城、沙市、岳口、螺山等處設立局店，試辦分銷。所收淮厘，按照川鹽章程，津貼鄂餉。就中仍照川鹽加課數目扣回分半解淮錢文，旋據湖北督銷淮鹽局會同湖北鹽道籌議，照川税正課、加課、公費三項數目併計，每斤共應收厘錢十八文。其中加課五文，淮鄂各半分解，應以十五文半歸楚，二文半歸淮。歸楚者徑解鹽道衙門查收，撥解善後局充餉。所有鄂省經收湖北督銷淮鹽局報解樊沙等局店自光緒九年十月開設起至十八年十二月止，淮厘錢數，並澧州津貼子店停銷淮鹽截清停收前項錢文日期，業經前任督臣及臣先後奏報。茲據署湖北鹽法武昌道朱其煊詳稱，湖北督銷淮鹽局移解樊城、沙市等局店，光緒十九年分所收厘錢，共售鹽八十七批九引半，計四千三百五十九引半，照川税章程，内應收正課錢三萬零八十串零五百五十文，加課錢一萬三千零七十八串五百文，由局截半，分解金陵防營支應局照收，公費錢文留半歸外銷五成公費項下入收另報外，其正課全項同加課解鄂一半及公費一半充餉錢一千九百六十一串七十五文均解交善後局充餉等情，詳請奏咨前來。臣覆核無異，除咨户部外，理合附片具陳，伏乞聖鑒。

户部知道。

拔貢分發知縣中式舉人請免扣除摺[一]

光緒二十年九月　日

竊據湖北候補知縣周以翰禀稱，該員現年三十八歲，江西興

[一] 以下三件録自《京報》第五〇一〇號。

安縣人，光緒乙酉科拔貢，考取教習，充當正紅旗官學教習。十九年二月，六年期滿，奉旨以知縣用，簽分湖北補用。五月十一日由吏部帶領引見，奉旨：著照例發往。欽此。二十一日赴部領照，當即具禀告假回籍省親。聲明省親假内，適届癸巳恩科鄉試場期，就便在江西應試，蒙部給發告假執照回籍。六月二十四日到籍省親，七月十四日由籍起文赴江西省鄉試，試畢回籍起程，九月十四日至湖北省禀到。正繳照間，江西文闈揭曉，中式五十名舉人，旋即具禀請假回籍，填寫親供。十一月初十日禀請給咨會試，始知所請鄉試之處，業經議駁。本年二月初三日又經禮部援案奏請，將所中舉人除名，前於四月初七日到省銷假。伏念假内鄉試一節，曾於禀内聲明，當時未奉批駁。迨經部駁，已在三場完畢之後。竊思一介微員，欣值恩榜宏開，幸邀中式，今年恭逢慈禧端佑康頤昭豫莊誠壽恭欽獻崇熙皇太后六旬萬壽聖節，普天同慶，薄海臚歡，内外臣工皆可上邀曠典。該員告假回籍省親，就便鄉試，均經先事呈明，並非有心朦混。可否據情奏懇天恩免其扣除舉人等情，當經行司核議去後。兹據署湖北藩司陳寶箴、署湖北臬司瞿廷韶會詳稱，查同治三年奉准部咨，禮部、吏部等部會奏，嗣後拔貢分發知縣，到省後未經委署，告假回籍者，遇鄉試時，即比照舉人大挑知縣給咨會試之例，由原籍督撫聲明，並未委署地方字樣，咨送吏部給劄録科，仍不得臨時告假徑行來京取結應試。其有告假在籍遇鄉試所願應本省鄉試者，亦准其一體考試，仍不得因鄉試届期，始行告假回籍。至由拔貢保舉捐納分發各員，均不得援以爲例，以示區别等語。今查該員周以翰係由拔貢教習知縣，甫經分發省分尚未到省之員，並非捐納保舉，似與部議援引之浙江茅松齡由監生捐納通判到省後回籍應試不同。該員在京呈請給假回籍省親，遇便在籍鄉試，亦非鄉試届期始行告假回籍者可比。查拔貢分發知縣到省後，未經委署告假回籍，遇鄉試時，例尚准其應試。該員雖經分發並未到省，似與已經到省者又屬有間。且係在京呈明未經批駁，及部咨到江西省已在三場完畢之後，是該員入場中式核其情節並無朦混取巧之弊。幸值璇闈慶節，湛澤宏敷，似應免其扣除舉人，以昭聖主錫類之仁。但覆試後，仍不准其會試，以示限制等情，詳請具奏前來。臣等覆查無異，合無仰懇天恩俯准將拔貢分發湖北補用知縣周以翰，中式舉人免其扣除，出自逾格鴻慈，仍不准其會試，以示限制。如蒙俞允，俟命下之日，再行給咨補應覆試，以符定章。謹合詞恭摺具陳，伏乞皇上聖鑒。

該部議奏。

請准以方傑補授遊擊摺光緒二十年九月　日

竊照湖北撫標右營遊擊赫成額病故，遺缺係陸路部推之缺。臣前請以儘先遊擊袁祖禮擬補，准兵部咨，查袁祖禮原籍與是缺相距五百里以内，例應迴避。所請擬補後揀調，核與定章不符，應毋庸議。其湖北撫標右營遊擊員缺，行令另揀儘先合例人員請補等因。移咨到臣。遵即在於湖北省儘先遊擊班内，逐加遴選。查有花翎補用副將儘先補用叅將奏留湖廣儘先即補遊擊方傑，年五十三歲，安徽定遠縣人，由武童投効軍營，迭次打仗出力，歷保花翎儘先補用都司，於調派運防楚軍堵剿出力案内，經前署湖廣總督臣郭柏蔭疊次保奏，以遊擊儘先即補，同治七年六月二十五日奉旨允准。又於蕩平金積中北兩路案内出力，經前陝甘督臣左宗棠彙案奏保，請加副將銜，十年十二月十八日奉旨允准。復於關隴肅清案内，經前陝甘督臣左宗棠奏保，俟補缺後以參將儘先補用，光緒二年四月初十日奉旨允准。又於鄂省歷年籌解軍餉及轉運出力案内，經前湖廣督臣李瀚章奏保，候補參將後以副將補用，四年九月二十一日奉旨允准。復經前督臣李瀚章奏請以遊擊留於湖廣儘先即補，七年十二月初四日奉旨允准各在案。該員精强穩練，營務優嫻，現在委帶襄河水師右營砲船，曾署湖北提標中軍參將，辦理營務，均能裕如。以之擬補斯缺，洵堪勝任。查部定章程，請補儘先班次，如係聲叙人地不宜，至多不得過二十員。兹按部册儘先名次在方傑之前者，尚有李枝宏、穆德明、鄧啓發、丁體元、周義慶、彭山茂、陳德安、胡迪賢、袁家瑶、鄧朝佐、鄒明、張文傑、章鴻昇、張金林等十四員。内張文傑一員，業經臣另行奏請擬補湖北襄陽城守營遊擊員缺，李枝宏、鄧啓發、陳德安、胡迪賢、袁家瑶、鄧朝佐等六員，均距籍在五百里以内，例應迴避。穆德明、周義慶、鄒明、章鴻昇等四員，營務尚等練習。丁體元一員，前經行查保案尚未接准部覆。彭山茂一員，尚未收標。張金林一員，尚未到標。均未便遷就擬補，致滋貽誤。方傑雖名次在後，而在營歷練有年，地方情形極爲熟悉，且籍隸隔省，與例亦屬相符。飭查該員前在本省及他省均無參革朦保情弊。合無仰懇天恩俯念員缺緊要，准以儘先遊擊方傑補授湖北撫標右營遊擊，實於營伍有裨。如蒙俞允，俟部覆到日給咨赴部引見，以符定制。除飭取該員履歷送部外，謹會同湖北巡撫臣譚繼洵、署湖北提督臣傅廷臣恭摺具陳，伏乞皇上聖鑒，勅部核覆施行。

兵部議奏。

請准以楊恒足借補遊擊摺光緒二十年九月　日

竊准兵部咨，湖北鄖陽鎮標左營遊擊韓應龍病故，遺缺係陸路題補第一輪第五缺，應用儘先人員，行令照章揀員請補等因。查斯缺駐劄房縣，界連川陝，山深林密，最易藏奸，緝捕巡防均關緊要，非精明幹練之員，難期勝任。臣查定章，綠營各缺有必須借補者，准其借補。借補即在儘先班次之内，嗣於光緒十九年正月内准兵部咨，議覆奏請展各省借補限期章程内開，借補展期，亦應量爲變通。嗣後參將祇准借補遊擊，以後五年限内均照此次奏定章程辦理各等因。查有花翎副將銜儘先補用參將楊恒足，年五十七歲，湖北黄岡縣人，由武童投効軍營，疊次打仗出力，歷保以花翎遊擊儘先補用，凱撤回籍歸標。嗣後奏調山東，防務出力，經前湖廣督臣李鴻章彙入克復任賴捻匪案内保奏免補遊擊加副將銜以參將儘先補用。同治七年六月二十五日奉旨允准。復經前兼署督臣翁同爵奏留湖北以參將儘先補用。光緒二年十一月初一日奉旨允准各在案。曾經委署興國營參將及現署斯缺，辦理營務均屬裕如。該員從戎奮勇，質樸勤能，以之借補斯缺，洵堪勝任。核與借補章程限制亦屬相符。飭查前來本省及他省均無參革朦保情弊。合無仰懇天恩俯念員缺緊要，准以楊恒足借補湖北鄖陽鎮標左營遊擊員缺，實與地方營伍有裨。如蒙俞允，俟部覆到日，給咨送部引見以符定制。除飭取該員履歷咨部外，謹會同湖北巡撫臣譚繼洵、署湖北提督臣傅廷臣恭摺具奏，伏乞皇上聖鑒，勅部覈覆施行。

兵部議奏。

添購槍礮片 光緒二十年十月初二日

再，湖北省籌辦江防，修築田家鎮等處礮臺。原有臺礮甚小，中等後膛洋礮止有二尊，餘俱係舊式，爲數亦嫌太少。因向兩江督臣劉坤一借撥十五生礮三尊、十二生礮二尊，復向各船設法移用，尚屬不敷分布。至鄂省局存前後膛槍，及臣由粤帶來之快槍，並江南協撥之後膛槍，疊經奉旨籌撥北上諸軍應用，搜羅一空。所有新募各營，直無槍械可用。亟須趕緊添購，以充軍實。當經疊次電飭上海瑞記洋行訂購槍礮等件，並飭該洋行派人來鄂，由善後局與之訂立合同。計十二生克虜伯臺礮一尊、彈五十顆，九生克虜伯礮六尊、彈二千顆，奥國新式四生七快礮一尊、彈一百顆，與毛瑟通用彈子之比柏地新槍四千枝、彈二百萬顆。現查各礮及礮彈均已運到，惟在滬候選同知吴熙麟自請報効九生後膛礮十二尊，尚在香港，未經運到。其槍彈約於十月内到香港，能否運滬，届時再行酌定，電飭妥辦。其應付應補價銀，統於本省籌防款内動支。

（硃批）該部知道。（欽此）

鐵廠擬開兩爐請飭廣東借撥經費摺 光緒二十年十月初二日

竊照湖北煉鐵廠告成，開煉生鐵大爐一座，煉成生鐵、熟鐵及貝色麻鋼，輾鐵條，製鋼軌，均已著有成效。其煉西門士鋼廠，煉法精細，初煉尤極危險，北洋、上海各爐迭有轟裂堵塞之患。鄂廠此項鋼爐，前因添設爐管、火甎等件，一時未能並舉，兹已修竣開煉，洋匠參考火候，據稱向來至快六點半鐘始能出鋼，現僅三點半鐘煉就精鋼，甚爲順利。初出鋼料，成色無異洋製，已足爲造礮之用。礮廠業經開試機器，即以煉出之鋼，試造六生半及七、八生克虜伯陸路車礮。若造成，依法考驗，鋼料精堅，演放有準，即接續製造十二生大礮。現因軍務緊要，已飭多煉西門土鋼及貝色麻鋼，爲製造槍礮之用。並趕將槍廠需用鐵梁柱鑄成，一面補修槍廠，及趕造架彈三廠竣工，開春即可製造新式小口徑連珠快槍及架彈各件，以應軍實要需。查今日外洋陸戰，專用連珠快槍、快礮，既速且遠。僅止後膛槍礮，尚不足以盡之。鄂廠既有礮機，自應添購快礮機器，將各種陸礮皆造成快礮，尤爲利用，所費尚不甚多。已於籌辦槍礮架彈廠摺内，另行奏陳。惟生鐵僅開煉一爐，每年匀算可出鐵一萬五千餘噸。其鐵路運道、馬頭，及洋匠人工，原備生鐵兩爐之用，若僅開一爐，成本虧折甚鉅，斷難持久。馬鞍山煤井焦炭爐，本年十一月初必可完工。擬以湘省白煤攙和焦炭冶煉，尚可供兩爐之用。必須接續開煉生鐵兩爐，始足資周轉而垂久遠。此鋼鐵煉齊兼顧槍礮廠工程，并擬開生鐵兩大爐之辦法也。

查開煉生鐵兩爐，籌墊一年經費約需百萬，一爐需五六十萬兩。業於預籌開煉成本摺内陳明在案。計開煉經費，先後奏准借撥湖北糧鹽道庫雜款三十萬兩，撥用貨釐、鹽釐項下銀二十萬兩，共五十萬兩，尚不敷一爐之用。續請在本省各項匀撥之二十萬，尚未接准部覆。而煤鐵並舉，開煤所費，幾與煉鐵相等。增出用款繁鉅，借撥各款已奏明撥用無餘。查光緒十八年冬間，鐵廠全工未成之際，曽據督辦招商局津海關道盛宣懷禀稱，擬招集商股承領鐵廠辦理。先集股一百萬兩，以四十萬繳還官本，以六十萬作爲開煉經費。不足由商自籌。所有營建廠工官本三百餘萬，除先繳四十萬外，餘款分二十年歸還。還清後，仍報効三十萬兩，分年呈繳。但須煉成鋼鐵以後，始能承領。議定條款開具清摺前來。經臣悉心籌畫，若歸商辦，將來造軌、製械，轉須向商購鐵，雖塞洋鐵之漏巵，究非自强之本計。特以鐵廠未成，商人即肯出鉅款承領，足見兩爐開煉後，鋼鐵定能暢銷，辦理必有把握，決計趲工營造。而部庫支絀，部款必不能再行撥發，臣熟加籌度，審察時勢，竊謂鐵廠爲武備根源，中華創舉，既已開辦，必宜作成。用款雖溢，尚有籌補之方。鐵廠中輟，永無再辦之望。熟權利害，不得不身任其難，惟有設法將鋼鐵煉成，則實際昭然，方可瀝陳情形，仰請朝廷裁度。於是竭力設法籌墊，不惜資本，加工加料，趕將全廠工程於冬間一律造成。自本年正月開辦煅鑛爐以來，添雇洋匠陸續到齊，增購機器，儲煤運鑛，修改爐座，添設洗煤、煉炭機爐，廠内鐵路，鋪地鋼板，新增用款甚多。以及委員、工匠薪工，皆廠成開煉以後之經費。此係開辦之初，諸事尚未完備，動需增出用款，皆爲洋匠原估所不及。即就一爐而論，已非常年五六十萬所能賅括。計每月約需籌墊銀六七萬兩。迨五月開煉生鐵大爐，初開一爐，出鐵無多。且開煉之始，較煤試爐，曲折繁難，只能略減鑛石，時多間斷，不能按日必出生鐵若干。又須試煉熟鐵，試煉各種鋼，試造鐵貨，製軌鑄械，以致生鐵所餘無多，難供銷售周轉。又值天氣酷熱，華洋工役患病者什之八九，不能多煉，經費仍無所出。前奏明以布局通籌互濟，近來招集股票，擴充紗布，原爲協濟鐵廠之用。適逢暑熱異常，至秋轉甚，致停日工僅開夜工，所出紗布勢難濟用。只可展轉騰挪，勻撥善後局雜款，並暫借布局所收股票之款，以應急需。並與上海外洋各廠婉商，應用物料運費暫令墊辦，以後從容籌款陸續付價。又兼趕辦槍礮廠工程，增出架彈三廠機器運保及廠工等銀四十餘萬兩，無從應付。然籌備軍實爲目前要務，現經另摺奏陳，仍擬就本省極力設措辦理。是本年所出之鐵，本屬無多，且尚多墊欠之款，已無以爲周轉之資。現在籌計，生鐵兩爐開煉成本約需銀百萬以外，實係鐵廠不可少、不容緩之需。若不速開兩爐，則鐵料難供銷售，經費益無所出。必不得已，仍可交商領辦，而臣愚總以爲非計。蓋方今時局，開鐵路、製鐵艦、製造礮械等事，從此必須逐漸擴充，認真籌辦，無待煩言而決。而一切船、礮、機器，非鐵不成，非煤不濟，已屢見之大學士左宗棠、李鴻章奏牘。從前閩省船廠，輪船造未及半，用數已過原估。前内閣學士宋晋以糜費太重，奏請暫停。經左宗棠議覆奏言，此舉爲沿海斷不容已之舉，此事實國家斷不可少之事。李鴻章奏言，諸費可省，惟煉槍礮、製兵輪之費萬不可省。苟或停止，則前功盡棄，後效難圖。所費之項，轉成虚糜。不獨貽笑外人，亦且浸長寇志。沈葆楨奏言，不特不能即時裁撤，五年後亦不可停，各等語。

查船廠造船，工未及半，用數已過原估。左宗棠諸臣，均以爲不可暫停，已反覆鄭重若此。今鐵廠爲製造鋼軌、船械之根本，全廠業經告成，鋼鐵煉有成效，而欲開煉兩爐，尚少此一年數十萬兩之經費，以事理、時勢論之，無論如何爲難，必應設法籌辦。惟鐵廠除部撥二百萬之外，續增用款繁鉅，均係在外竭力借撥應用，各廠墊欠物料價值、運費，尚須隨時陸續籌付。此時湖北支絀萬分，實無可再籌之款。臣夙夜焦急，再四籌思，惟有向廣東借撥之一法。查光緒十三年，臣在兩廣總督任内，籌有武營四成報效一款，每年集銀二十萬兩，奏明專供製造粤省兵輪礮火之用。嗣經兩廣督臣李瀚章到任，除閩廠協造已成兵輪四艘外，餘悉停造。而此項報效經費，仍按年照收，並未停止。粵省用費，臣雖未能周知，然近年並無創造大舉。此項經費報效已歷八年，自當歲有所餘。又臣前在粵創設錢局，籌捐鉅款，購買機器，建造廠屋，開鑄銀元，歲有贏餘。近年該局已餘存銀數十萬兩，具見李瀚章經畫之善。竊擬即就以上兩項，向廣東借撥銀五十萬兩，爲鐵廠開煉生鐵兩爐成本。俟鄂省銀元、紡紗兩局開辦後，分定年限，由鄂省紗、布、銀元三局歸款。極知廣東現有海防用項不少。惟闈姓歲增鉅款，又改辦潮橋鹽務，整頓肇慶、潮州兩關，多收稅款鉅萬，均係臣在粵時新籌增出之款，允賴李翰章善於運籌，事事皆能綜核節省，益覺從容，一切應付綽有餘裕，臣所稔知。鐵廠本係由粵移鄂，武營四成報效及銀元餘款，又係臣在粵創辦之舉，每歲增常款數十萬金。今爲鐵廠僅借用五十萬兩，開煉鋼鐵，籌備軍實，當務之急，無逾於此。李瀚章公忠體國，軫念時艱，必能設法騰挪，迅速撥解濟用，助成自强要舉。若粵省能借撥五十萬，則鄂省就槍礮廠常年經費三十餘萬，合之得八十餘萬，即將鐵廠、槍礮廠經費合爲一事，統用分銷，酌量挹注，或尚可勉强支持。相應懇恩敕部速議，請旨如數飭撥，以應急需，以維鐵廠、槍礮廠大局。臣無任翹切待命之至。

（硃批）户部速議具奏。（欽此）

湘省添募防營片 光緒二十年十月初二日

再，湖南統帶防營總兵余虎恩所統原有之振字三營奉旨飭調，並添募七營北上。該三營原防地段，處處均關緊要，誠恐匪徒乘虛竊發，亟應照數募勇填劄。中營原劄岳州，分巡巴陵、平江、臨湘、華容等處。岳州爲南北兩省關鍵，伏莽素多，尤不可空虛無備。湖南提督臣婁雲慶向駐常德，原統兩營，分防常德、澧州一帶。婁雲慶威望素優，經臣咨商，該提臣暫行移駐岳州，添募慶字一營勇丁五百名，督飭訓練巡防，俾岳、常、澧聯爲一氣，以資鎮懾。岳州北至武昌，南距長沙，均不甚遠，萬一有事，可以兼顧。旋准婁雲慶咨覆照辦，即赴岳州駐劄，募營填防。其振字前營，原劄益陽，分巡安化、甯鄉等處。左營，原劄醴陵，分巡瀏陽、攸縣等處地方。咨商護撫臣王廉，選派得力營官，速募兩營，照原防地段分劄，認真巡防緝捕，以昭周密。

（硃批）該部知道。（欽此）

密陳籌備接濟北上諸軍槍礮情形摺 光緒二十年十月初二日

竊照今日陸戰，專恃槍礮精利，尤必須有快槍、快礮，始足爲制勝之具。湖南、北兩省，奉調北上諸軍，疊經奉旨籌撥槍械，所需甚多。除將鄂省所存，及臣由粵帶來精槍、陸礮酌量分撥外，不敷甚鉅。自開戰以來，上海、香港等處，均已無可購辦。當經臣密電出使俄、德等國大臣許景澄，籌商訂購，並向上海各洋行密商，設法購運，以備北路諸軍之用。計許景澄所購德國新式小口徑五響連珠快槍三千枝，每枝配無煙藥彈一千顆，共彈三百萬顆。信義洋行所購十響連珠毛瑟槍一千二百五十枝，每槍配彈一千顆之外，又從寬多配彈二十五萬顆，共彈一百五十萬顆。又單響毛瑟槍五千枝，每枝配彈五百顆，共彈二百五十萬顆。又信義洋行訂購撥還借用甘肅格魯森快礮十二尊，共彈一千二百顆。瑞記洋行所購克虜伯七生半車礮六尊，每礮配彈二百顆，共彈一千二百顆。奧國三生七快礮十二尊，每礮配彈一千顆，共彈一萬二千顆。約計所需價值共四十二萬兩内外，經臣於本年九月初八日電奏，借動鄂省庫款，其餘請由部撥的款。奉旨允准，並電致户部聲明，約計銀四十二萬兩，係借動糧道庫兵米款、宜昌關稅銀各十萬兩。其不敷之數，准户部電由江西省籌銀二十萬兩，江漢關稅湊足銀二萬兩，均經分別咨行查照在案。復准户部電詢，臣交卸後，移交何人接辦。當復電聲明，交江漢關道惲祖翼妥爲經理，隨時禀請督撫臣奏咨。所有訂購各種槍礮價目，分别已付、未付，已開單密切咨行備案。俟運到後，由江漢關道分別照約付價，電知臣處，與洋行妥商，轉運内地。現經臣委員前赴清江，設立楚省北上諸軍轉運軍械局，並委員在上海經理，俟各械到後，臨時酌量運入長江，由揚州轉至清江，陸運至各軍。如何分撥，應俟臨時由臣體察情形，奏明辦理。其上海洋行所訂，俱以銀若干兩計。惟許景澄所訂，係以馬克計，折合銀數，誠恐臨時外洋馬克時價略有參差。且運保一層，許景澄以前來電均未言及，現始密議有運華之法，其銀數大率係二成五計算。統俟核明，再行據實奏明辦理。

（硃批）該部知道。（欽此）

添辦架彈三廠並改換快礮機器摺 光緒二十年十月初三日

竊照鄂省槍礮廠必須添置礮架、礮彈、槍彈三廠，始爲完備。前於具奏提督劉維楨捐助槍礮廠開辦經費，及籌定槍礮廠常年經費摺内，曾將應辦情形，陳明在案。嗣因鐵廠開煉鋼鐵爲鑄械之根本，工程浩大，經費無出，續經奏明，將籌定槍礮廠常年經費各款，勻撥濟用。槍礮經費既移供鐵廠之用，本廠更形支絀。而架彈三廠，係屬槍礮廠萬不可少之需，臣每念及前數年海防緊急，軍火購運艱險，運到槍式參差，彈碼互異，及舊槍攙雜，彈藥潮溼等弊，種種棘手，懔遵光緒十一年五月初七日諭旨，時時以事過輒忘爲切戒。前經奏明，改換新式小口徑快槍機器。特以當日籌款過艱，機器未備，有槍而無彈，有礮而無彈、無架，且小口徑快槍、新式快礮之子彈，亦非他省局之所能造，尚非萬全之策。且湖北地處長江上游，自沿海各省視之，則爲深處之堂奧。統南北各省視之，則爲適中之通衢。此處軍實充足，或海防有事，或西北、西南邊徼用兵，皆可隨方接濟，緩急無虞。故籌備利器，尤不可緩。因復設法騰挪，籌商墊辦。先將架、彈機器陸續訂購，於十八年春夏間，疊經電商出使俄、德等國大臣許景澄，在德國力拂廠購定製造水陸行營各種礮架機器全副，每年能成六七生至十二生礮水陸礮架礮車一百副。造克虜伯礮彈機器一副，每日能成六生至十二生礮彈一百顆，實心彈、開花彈、羣子彈、子母彈均能製造。造小口徑槍彈機器一副，每日能成槍彈二萬五千顆。造銅板、造鉛條、裝藥入彈、修理器具俱全，共價德銀八十三萬六千八百六十馬克五十分，連裝箱費在内。三馬克，約合銀一兩，共合銀二十七萬八千九百餘兩。運脚、保險費，約銀三萬餘兩。廠基仍在鐵廠之内，基址尚須稍爲擴充，應購廠屋大小鐵梁柱，地板下鐵横梁、鐵地板各件，及水泥、火甎暨運保等費，共需銀十一萬六千五百餘兩。造廠工價及甎石銀三萬二千九百三十餘兩。統計購機及建造三廠等費，約共需銀四十五萬八千餘兩。架彈機器現已陸續運到，先後墊付價值及運保銀十九萬七千餘兩，尚净欠機器價及運保銀十萬九千餘兩。槍礮廠經費已經移撥鐵廠應用，尚多不敷，此款無可籌付。當經電致許景澄與力拂廠商允給息六釐，緩至本年十一月底付清，自本年四月十五日起算。兹又電商許景澄展至明年五月清給。此係該洋廠格外敦崇義讓展緩之款。專關軍實製造，較之購買，尤爲切要。相應請旨准由湖北現在籌捐項下，如數撥給，以免失信外人。

再，近日外洋各國水陸攻戰，專以快槍、快礮爲制勝之具。不惟陸路行營用之，即兵船八十鎊、百鎊彈之大礮，亦有用機器製成快礮者。今日中國武備，非多用快槍、快礮不可。湖北槍礮廠槍機本係新式小口徑連珠快槍。惟礮機止係單響，似尚未爲全備，必應改製快礮，則此廠製造裨益於軍事者尤多。現已電致許景澄，並令本廠洋匠電詢洋廠，添改新式快礮機器及礮管零件物料式樣，價值、運保共約需銀三萬餘兩，爲數尚不甚鉅。廠屋仍舊，機器一到即可改製，較之另起爐竈，所省實多。此種快礮，六生者每一分鐘能放三十響，九生者每一分鐘能放二十餘響。實足爲制勝之具，斷須及早訂購。此係爲軍務需用新增之款，不在原奏約估常年經費之内。所需價值、運保，應請旨一併由湖北籌捐項下撥給。至趕造架彈廠屋工料及鐵梁柱價值、運保等費，尚需銀十一萬九千餘兩，亦無所出。查湖北牙釐總局有長江水師存儲銀十二萬餘兩，係釐金項下預解水師半年薪糧歷來存儲不用之款。本擬借撥六萬兩，爲布局添設紡紗廠之用，現在移緩就急，挪應架彈造廠之需。此時尚存水師預解三箇月薪糧，仍復寬然有餘。目前水師並不需此應用，且此款歲有積存，以後不過數年，即仍可補足此六萬之數。合無仰懇聖恩俯念槍礮廠關繫軍實，即准其就款開除，毋庸歸還。現已督飭局員趲工修造，本年臘月，必可竣工。開正，即製造架彈。計此項架彈三廠之廠屋工料銀，尚短銀六萬餘兩，以及墊付架彈機銀十九萬七千餘兩，均係就鄂省布局所收股票之款，以及凑借票號商款濟用。統計架彈機器廠屋兩項墊欠不敷之款，共約銀二十八萬兩。擬以九萬由布局紗布餘利分年歸還，以十萬由銀元局餘利及善後局外籌雜款分年歸還，以九萬兩即在槍礮廠常年經費項下按月陸續匀還。如到期，或不能如數還清，當由布局與各商號酌議給息展期，事必可行。以上各墊款均已籌有辦法。

總之，槍礮廠一事關繫極重，因擬添設架彈三廠，既增鉅工，自然頓增鉅款。而本廠常款原屬無多，又爲鐵廠移撥應用，因鐵廠爲槍礮之根，户部既不能撥款，不得不就此項騰挪挹注，以期鋼鐵煉成，於是益形竭蹶，無從籌撥。若必待請發鉅款始行議購、議造，必致徒成畫餅。且縱使能辦，亦須遲至數年以後。時不再來，徒貽追悔。臣目覩時艱，痛心疾首，深知武備萬不可緩，是以不量才力，不避艱險，勉力支持，强爲無米之炊。現雖廠竣工開，實已智力俱困。然時事方殷，軍火需用緊急，購運萬分艱難，其勢仍不得不設法趕造，以應要需。

（硃批）快槍、快礮爲現在行軍利器。該督於數年前籌備及此，足徵思慮深長。此摺著照所請行。户部知道。（欽此）

增設紡紗廠摺光緒二十年十月初三日

竊照湖北省織布官局辦有成效，並擬以布局與鐵政局聯爲一氣，協濟鐵廠經費，業經奏明在案。近來體察沿海各口商務情形，洋紗一項進口日多，較洋布行銷尤廣。江、皖、川、楚等省或有難銷洋布之區，更無不用洋紗之地。開源塞漏，斷以此爲大宗。湖北所産棉花，質地粗壯、堅韌，最宜紡紗。其機器工作，較之織布，尤爲簡易迅捷。既能輔佐布局之不逮，兼可協助鐵廠之要需，富國裕民，無逾於此。北洋大臣李鴻章於上年冬間，奏派津海關道盛宣懷在上海招商添設紡紗廠，訂購機器，極力擴充趕辦，各處紳富聞風踴躍。是此廠爲今日商務要著顯然易見。鄂省地處上游，於行銷西南各省尤便，自應仿照一律擴充。當經督飭局員，詳加籌畫，惟有招商助官之一法。現已招集商股，訂購紡紗機器，即在鄂省文昌門外附近織布局購地，添設南、北兩紗廠。一時難籌現款，兼令商人先行墊辦，與上海良濟、瑞記兩洋行訂立合同，配合湖北棉紗能紡十號至十六號紗，訂購新式上等精利機器全副紡紗九萬七百餘梃，以及電氣燈、通風、灑水、滅火、打包、自來水各項機器，一切應用零件，至購地、造廠工料，均招商股籌辦。大率係官商合辦，將來視官款、商款之多少以爲等差。或官二商一，或官一商二，或官商各半，均無不可。官款取給於紗布之餘利，或由局自向銀號通挪。商出之於股票，如官款猝難多籌，即全行交商承辦。但令按紗每一包從豐抽繳捐款若干，以助布局。統由該局隨時體察情形，酌量辦理。總之，於公家有益無損。南紗局即歸織布局原派委員湖北試用道趙濱彦兼管。北紗局委知府盛春頤總辦。目前機器尚未運到，所收股票之款即可暫借撥充鐵局、槍礮局之用。俟紗廠辦成，則布局之氣勢愈厚，每年盈餘大可佐助鐵局經費。且多銷本地土花，而紗布各廠需用工徒甚衆，足養貧民數千人，於地方亦不無裨益。

（硃批）著照所請。該部知道。（欽此）

開設繅絲局片光緒二十年十月初五日

再，爲政以利民爲先，然必將農、工、商三事合爲一氣，貫通講求，始能阜民興利。湖北土産，除茶葉係銷外洋，尚可歲獲巨款，此外殊少暢行之貨。土性素亦産絲，而製造不精，銷流不旺。查絲、茶爲中國出洋土貨大宗。茶則英國於印度仿照種植，然以土性不宜，香味尚遜華産。俄國近年亦欲仿種，而地氣嚴寒，難於成活。絲則義、法等國講求種桑、養蠶之法，日精一日，所出之絲既勝，而抽繅專用機器，匀净、精細，即絲質不佳，一經繅出，無不精好。近十年來，上海、廣東等處商人多有仿照西法用機器繅絲者。較之人工所繅，其價頓增至三倍，專售外洋，行銷頗旺。於光緒十二年，曾經海軍衙門咨行粤省，觀導商民廣爲興辦在案。湖北産絲甚多，惟民間素未經見機器繅絲之法，無從下手。臣將湖北蠶繭寄至上海，用機器繅出，質性甚佳，與江浙之絲相去不遠。亟應官開其端，民效其法，庶可以漸開利源。惟經費不易籌措，創辦尤須有諳習之人。查有候選同知黄晋荃，家道殷實，綜核精明，久居上海，其家開設機器繅絲廠有年，且在漢口設有絲行，情形極爲熟悉。當飭委員與之籌商，由該職員承辦，先酌借公款試辦，以後由該職員凑集商股辦理。將來或將官本附入商股，或令商人承領繳回官本，統俟開辦後察看成本經費實需若干，銷路如何，公項有無閒款可添，再由善後局與該職員籌議辦理。計購機、建廠，及買繭試辦，成本需費尚不甚鉅。查善後局尚存有揚州紳士嚴作霖善捐存款銀三萬兩，又提鹽道庫外銷款銀一萬兩，共銀四萬兩。先訂購繅絲二百盆之機器，酌買蠶繭，於湖北省城望山門外購地設廠。並派工匠赴滬學習，先行試辦。其廠地、廠屋及馬力汽機可供三百盆之用，俟將來機工熟習以後再行擴充。即委黃晋荃辦理該局監製事宜，一切司事、工匠俱令該職員選用。計十二月内廠機俱可造竣安齊，開工繅製。該廠購繭、烘繭、督課工匠、用款行銷，俱責成該職員一手經理。將來如有成效，民間習知辦法，共覩利益，自能聞風仿效。養蠶愈多，種桑愈旺，似於鄂省商民生計不無裨益。

上諭：張之洞奏鄂省織布官局招集商股增設紡紗廠並添設機器繅絲各摺片，業經批諭，照所請行矣。湖北煉鐵、織布各局均經張之洞辦有頭緒，現雖調署兩江總督，所有各局應辦事宜，仍著該督一手經理，督飭前派各員認真妥辦，冀廣利源而濟民用。將此諭令知之。欽此。

籌給北上諸軍餉械摺 光緒二十年十月初五日

竊臣等前以倭氛不靖，天津需陸營填紥，於本年七月電奏請旨，敕調湖北提督吳鳳柱統帶襄陽馬隊三營共五百名，馳赴天津，聽候北洋大臣李鴻章調遣。是月十二日欽奉電旨：著照所請行。等因。欽此。九月初九日，准該提督來電，奉旨：山海關一帶緊要，吳鳳柱帶隊抵津，著即飭往駐紥。等因。欽此。復經臣電奏請敕該提督就近在天津募步隊四營，爲所部馬隊之助。當即電匯餉需，由北洋大臣撥給槍械。十月初一日，准李鴻章電開，頃奉電旨：飭調吳鳳柱馬隊五百、步隊四營，馳往奉天遼陽州堵勦。月餉應由鄂按月提前籌匯津海關道轉運前敵等因。已飭司局遵照，極力設法籌解。又奉電旨：飭調提督熊鐵生鐵字五營北上。經臣之洞電奏，鐵字營必須添足十營，方能自立。五營先行，添募者繼進，由鄂暫墊三箇月餉，以後部撥的款，湘軍遠征，應照湘軍營制。熊鐵生到防，擬請敕歸吳大澂調遣，可與湘軍聯爲一氣。於九月初十日欽奉電旨允准。旋因各軍募齊到防尚早，復由電奏明，臣之洞在鄂，設有礮隊營，係就各防營勇内抽出操練，擬請湊足四營，委奏調湖北差委廣東崖州協副將吳元愷統帶，名爲愷字礮隊營，派赴山海關協防。已由電商允吳大澂，鄂省先墊發三箇月餉銀，以後歸該撫發給，即歸該撫調遣。九月二十一日奉電旨：著照所請。即飭該營迅速北上。等因。欽此。

查湖北省調派北上之軍，馬、步共二十一營。吳鳳柱馬步七營，其月餉應由鄂省常川供支解往，其營制餉項確數，應俟該提督咨文到日核算。熊鐵生鐵字十營，曾經奏明按湘軍營制，除鄂省籌墊三箇月餉外，以後請由部籌撥的款，奉旨允准。吳元愷礮隊四營，應請比照北洋礮隊營制，除按礮計算之馬夫及礮教習、機匠各項費用外，餘與湘軍營制相同，並派諳習地營之洋教習錫樂巴隨同該營前往。除鄂省籌墊三箇月餉外，曾與吳大澂商允，三箇月後由該撫發給，亦經奏明奉旨允准。應請敕部將鐵字十營、愷字礮隊四營月餉迅速撥發，統交吳大澂按月給領。又總兵劉樹元四營過鄂，由鄂籌借船價銀二萬兩。前新疆布政使魏光燾六營過鄂，由鄂籌墊行糧銀二萬兩。余虎恩新舊十營過鄂，所需餉銀六萬兩，因鄂省十分支絀，無款可籌，已奏奉電旨，著王廉無論何款先行撥解。特以湖南解款一時未到，該軍急須成行，由鄂墊發銀六萬兩，俟湘省解到歸款。至各軍槍械，臣之洞向外洋訂購者，一時尚未能到，俱以鄂局現存者，儘數酌發。其不敷者，以外省商允協撥者補之。惟鄂省新、舊、精、粗槍械搜羅一空，新募各營需械甚急，現已設法趕緊訪購商借，以應要需。

（硃批）該部知道。（欽此）

添募營勇片 光緒二十年十月初五日

再，湖北駐防田家鎮礮臺之提督熊鐵生鐵字五營，已奉電旨，募足十營，統帶北上。所遺田家鎮兩岸礮臺，南岸檄飭記名總兵（俞）［兪］厚安委儘先遊擊金明亮新募一營駐守，名爲鎮防南營。北岸飭副將田其述新募一營駐守，名爲鎮防北營。中路吴王廟飭遊擊蔣聲耀新募一營駐守，名爲鎮防中營。此三營均令按照原定礮臺部位法式，督工趕緊修造。其蔣聲耀原帶之武防營，仍飭歸現署督標中軍副將謝得龍兼帶。遊擊吴良儒已帶礮隊營北上，所帶之武防前營即行遣撤。

（硃批）該部知道。（欽此）

保薦蔡錫勇片 光緒二十年十月初七日

再，臣創設煉鐵、槍礮、織布三廠先後竣工。雖資羣策羣力，而總司三廠之成者，實惟湖北試用道蔡錫勇一人。查該員器端識遠，心細才長，熟習洋情，曾充美、日各國繙譯、參贊等官。臣前在兩廣總督任内辦理交涉事務，開設銀元局、槍彈廠、水陸師學堂、魚雷局，及創造兵輪等事，悉以諮之。光緒十五年，奏調該員湖北差遣委用。到鄂以來，派委總辦鐵政局，設立化學堂，定漢陽鐵廠之基，槍礮廠即附其中，督飭鑛師、洋匠建廠安機，開辦鐵山運道，鐵鑛灰石水陸馬頭，興國錳鐵，江夏、大冶煤井、煤鑛，及采運湘煤諸務，自經始以至工竣、開煉，千端萬緒，布置井井，罔有遺漏。臣以督工籌款艱鉅煩難，疊經奏明就湖北鐵、布、槍礮三廠通籌互濟，先後加委該員總辦織布、槍礮兩局，任事誠懇，殫竭心力，條分縷晰，事事力求撙節核實，不避勞怨，而端謹廉退，絲毫不苟，和平默訥，不與人争。三廠分局二十餘所，委員、學生林立，羣莫敢干以私。各洋匠、鑛師亦服其公正，無不盡心效力辦理悉臻周妥。布局先成，鐵廠、槍礮廠以次告竣，歷著成效。該員深通泰西語言文字，於格致、測算、機器、商務、條約、外洋各國情形、政事，無不詳究精研，洵屬通達時務，體用兼賅。臣所見辦理洋務之員，其才品兼優事事著實，實無有能出蔡錫勇之右者。時局艱難，需才孔亟，謹將該員才具、實蹟，分晰臚陳。可否請旨將該員送部引見，仰懇恩予破格録用之處，出自逾格鴻慈，謹附片具奏，伏祈聖鑒。

（硃批）蔡錫勇著交吏部帶領引見。（欽此）

請准以蔣銘桂補授守備片〔一〕 光緒二十年十月　日

再，准兵部咨：湖南乾州協左營守備曾毓珩病故，遺缺係陸路題補第六輪第七缺，應用儘先人員，行令照章揀員請補等因。斯缺駐劄强虎汛，地處苗疆，撫輯巡防均關緊要，非營務老練熟悉地方情形之員，難期勝任。臣當即在湖南儘先守備班内詳加遴選，查有花翎儘先守備蔣銘桂，年五十二歲，湖南瀏陽縣人，寄籍善化縣，由武童投効浙江等省軍營，防剿打仗出力，歷保今職，

〔一〕録自《京報》第五〇一三號。

同治三年八月二十一日奉旨允准在案。凱撤回籍，飭發長沙協差遣，同治十年四月十六日到營。該員明敏勤能，營務歷練，以之擬補斯缺洵堪勝任。且係隔府別管，與例相符。飭查本省及他省均無絫革朦保情弊。查部行章程，請補儘先班次，如係聲叙人地不宜，至多不得過二十員。茲按部册及續經到標儘先守備名次在蔣銘桂之前者，除黄國璋、鄒俊禄、陳高亮三員，另摺請補守備外，尚有謝殿元一員，現在年力衰頽，難膺實任。李文亮、彭在上、陳鶴鳴、黄兆麟四員，均於苗疆情形不熟，未便遷就擬補，致滋貽誤。今蔣銘桂雖儘先名次稍後，而在營歷練有年，熟悉苗疆情形，人地實在相需，合無仰懇天恩俯念苗疆員缺緊要，准以儘先守備蔣銘桂補授湖南乾州協左營守備，實與營伍有裨。如蒙俞允，俟部覆到日，給咨送部引見，以符定制。除飭取該員履歷咨部外，謹會同護理湖南巡撫臣王廉、湖南提督臣婁雲慶附片具陳，伏乞聖鑒，飭部核覆施行。

兵部議奏。

請准以田興國補授守備片[一]

光緒二十年十月　日

再，湖南綏靖鎮標中營中軍守備彭昌運病故，遺缺前經臣請以補用守備鄧得祥擬補在案。旋准兵部咨，查鄧得祥係湖南永綏廳人，實缺守備，駐劄永綏廳，應行迴避。所請補授之處，礙難議准。其湖南綏靖鎮標中營中軍守備員缺，行令另揀合例人員請補等因，移咨到臣。查斯缺駐劄永綏廳三角巖汛，係屬苗疆，撫綏緝捕，均關緊要。非精明練達熟悉情形之員，難期勝任。臣當即在湖南省保舉補用升用守備班内詳加遴選，查有鎮筸鎮標中營補用守備期滿雲騎尉世職田興國，年五十三歲，湖南鳳凰廳人，由世職奉派剿辦土匪出力案内，保以守備補用。同治二年閏五月二十一日奉旨允准在案。該員資深才練，熟習苗情，以之擬補斯缺，洵堪勝任。伏查湖南省保舉補用升用守備班内已經到標名次，該員係屬在前，而在營歷練有年，於該處風土人情最爲熟悉，且係應歸揀發班補用之員，飭查前在本省及他省均無絫革朦保情弊，又係隔廳別營，與例亦屬相符。合無仰懇天恩俯念苗疆要缺，准以田興國補授湖南綏靖鎮標中營中軍守備，實與邊防營伍有裨。如蒙俞允，俟部覆到日，給咨送部引見，以符定制。除飭取該員履歷咨部外，謹會同護理湖南巡撫臣王廉、湖南提督臣婁雲慶附片具陳，伏乞皇上聖鑒，敕部核覆施行。

兵部議奏。

請准以閃文成補授守備片

光緒二十年十月　日

再，前准兵部咨，湖北興國營中軍守備李廷魁病故，遺缺係陸路部推之缺，應用儘先人員，行令照章揀員請補等因。移咨到臣。遵即在於湖北省儘先守備班内逐加遴選，查有花翎儘先守備閃文成，年五十五歲，湖北襄陽縣人，由行伍出師，迭次打仗出力，歷保花翎守備銜儘先千總。嗣於攻克阜陽賊寨燒斃逆首秦宣案内，經前河南撫臣張之萬奏保，以守備儘先補用。同治三年十一月十八日奉旨允准在案。嗣因遣撤回籍，收入湖北提標中營差

[一] 以下四件録自《京報》第五〇二五號。

遣。該員久歷戎行，勤能幹練，以之擬補斯缺，洵堪勝任。飭查本省及他省均無參革矇保情弊。查部行章程，請補儘先班次，如聲叙人地不宜，至多不得過二十員。茲按部册確查在閃文成之前者，尚有何如龍、徐才楚、馬福、張廷偉、徐明仁、王佐賢、高永錫、孟飛熊、段福田、胡得勝等十員，内除何如龍因案劾降，馬福業經病故，其餘各員均屬人地不宜，未便遷就擬補，致滋貽悮。閃文成雖儘先名次在後，而在營有年，營務諳練，情形熟悉，合無仰懇天恩俯准以儘先守備閃文成補授湖北興國營中軍守備，實於營伍有裨。如蒙俞允，俟部覆到日，給咨送部引見，以符定制。除飭取該員履歷咨部外，謹會同湖北巡撫臣譚繼洵、署湖北提督臣傅廷臣附片具陳，伏乞聖鑒，勅部核覆施行。

兵部議奏。

請准以黄國璋補授守備片光緒二十年十月　日

再，准兵部咨，湖南臨武營中軍守備孫玉貴病故，遺缺係陸路部推之缺，應用儘先人員，迅即照章揀員請補等因。查斯缺駐劄藍山縣汛，係屬邊地，撫輯巡防均關緊要，非精明練達熟悉情形之員，難期勝任。臣當即在湖南儘先守備班内詳加遴選，查有藍翎儘先守備黄國璋，年五十二歲，湖南長沙縣人，由武童投効江西、浙江等省軍營，迭次勦匪出力，歷保今職。同治二年八月初三日奉旨允准在案，凱撤回籍，飭發長沙協差遣。光緒元年三月十九日到標，該員樸實無華，兵事諳練，以之擬補斯缺，洵堪勝任。且係別府隔營，與例相符，飭查前在本省及他省均無參革矇保情弊。查部行章程，請補儘先班次如係聲叙人地不宜，至多不得過二十員。茲按部册及續經到標儘先守備名次在黄國璋之前者，尚有謝殿元一員，現在年力衰頹，步履維艱，難膺實任。李文亮、彭在上二員均於邊防情形不熟，未便遷就擬補，致滋貽悮。今黄國璋雖儘先名次稍後，而在營歷練有年，熟悉邊防情形，人地實在相需，合無仰懇天恩俯念員缺緊要，准以儘先守備黄國璋補授湖南臨武營中軍守備，實與營伍有裨。如蒙俞允，俟部覆到日，給咨送部引見，以符定制。除飭取該員履歷咨部外。謹會同護理湖南巡撫臣王廉、湖南提督臣婁雲慶附片具陳，伏乞聖鑒，勅部核覆施行。

兵部議奏。

委令趙玉田護理永州鎮總兵篆務片光緒二十年十月　日

再，署湖南永州鎮總兵劉樹元，現經湖南撫臣吴大澂奏明派委統帶勇營北上，所遺總兵篆務，未便虚懸。查有花翎副將銜儘先補用參將湖南永州鎮標中軍遊擊趙玉田，守潔才長，軍律整肅，屢經署理副將各缺均能實力整頓，堪以委令暫行護理，以專責成。除檄飭遵照外，謹會同護理湖南巡撫臣王廉、湖南提督臣婁雲慶附片具陳，伏祈聖鑒。

兵部知道。

請准以榮年升補副將摺〔一〕光緒二十年十月　日

竊准兵部咨，湖南永綏協副將王金鼎病故，遺缺係題調之缺，

〔一〕以下九件録自《京報》第五〇三一至五〇三二號。

應令迅即照章揀員升調等因。移咨到臣。查例載，各省題調之缺，先儘現任人員題請調補。如無合例堪調者，准於現任應升人員内揀選保題升用等語。臣於湖南省現任各營副將内詳加遴選，除沅州、靖州各協副將俱係題調要缺，永順協副將現已另摺請補調補，衡州協副將續福尚未飭赴調任准補，寶慶協副將劉盛國籍隸湖南例應迴避本省，均應毋庸揀調外，其餘長沙、常德、乾州各協副將，或缺居緊要，或人地未宜，實無堪調之員，自應在於現任叅將應升人員内揀選升補。查有湖南臨武營叅將榮年，年五十二歲，廂白旗漢軍文志佐領下人，由印務筆帖式揀選驍騎校，轉升副叅領，光緒二十年十一月十日奉旨：湖北德安營叅將員缺，著榮年補授。欽此。十三年四月初三日到任。旋經揀調湖南臨武營叅將員缺，奉旨允准在案。十四年八月初四日到臨武營叅將調任，該員精明幹練，整飭戎行，以之升補斯缺，洵堪勝任。且歷俸已滿二年以上，核與升補之例亦屬相符。合無仰懇天恩俯准以湖南臨武營叅將榮年升補永綏協副將員缺，實於邊防營伍有裨。如蒙俞允，俟部覆到日，給咨送部引見，以符定制。除飭取該員履歷咨部外，謹會同護理湖南巡撫臣王廉、湖南提督臣婁雲慶恭摺具奏，伏祈皇上聖鑒，敕部覈覆施行。

兵部議奏。

請准以張文傑補授遊擊摺光緒二十年十月　日

竊准兵部咨，湖北襄陽城守營遊擊武英，開缺回旗當差，遺缺係陸路部推之缺，應用儘先人員，行令照章揀員請補等因。咨行到臣。遵即在於湖北省儘先遊擊班内，詳加遴選。查有花翎副將銜湖廣督標儘先補用遊擊張文傑。年五十三歲，湖北江夏縣人，由武童投効軍營，迭次打仗出力，歷經保奬花翎湖廣督標儘先補用都司。嗣於歷次剿辦竄擾陜回擒斬□盡西北兩路塔爾巴哈臺及積大河沿一律肅清案内，經前伊犁將軍金順奏保，光緒六年六月十一日奉上諭：湖廣督標儘先補用都司張文傑，著免補都司，以遊擊仍留原標儘先補用，並賞加副將銜。欽此。均經接奉行知在案。嗣於光緒七年十二月内收入督標差遣。該員才優力健，辦事勤能，以之請補斯缺，洵堪勝任。查部定章程，請補儘先班次，如係聲叙人地不宜，至多不過二十員。兹按部册儘先名次在張文傑之前者，尚有李枝宏、穆德明、鄧啓發、丁體元、周議慶、彭山茂、陳德安、胡迪賢、袁家瑶，鄧朝佐、袁祖禮、鄒明共十二員，内丁體元一員，前經行查保案，尚未接准部覆。彭山茂一員，尚未收標。穆德明、周議慶、鄒明等三員，均距籍在五百里以内。李枝宏、鄧啓發、陳德安、胡迪賢、袁家瑶、鄧朝佐等六員，營務尚待練習。袁祖禮一員，與此缺不宜，均未便遷就擬補，致滋貽悞。張文傑雖名次在後，而在營歷練有年，情形最爲熟悉，飭查該員前在本省及他省均無叅革矇保情弊。合無仰懇天恩俯念員缺緊要，准以湖廣督標儘先遊擊張文傑補授湖北襄陽城守營遊擊，實於營伍有裨。如蒙俞允，俟部覆到日，給咨送部引見，以符定制。除飭取該員履歷咨部外，謹會同湖北巡撫臣譚繼洵、署湖北提督臣傅廷臣恭摺具陳，伏乞皇上聖鑒，勅部核覆施行。

兵部議奏。

請准以張國柱補授守備摺光緒二十年十月　日

竊准兵部咨，湖北提標中營守備李學旺勒休，遺缺係陸路部推之缺，應用期滿武進士營用守備人員，行令照章揀員請補等因。移咨到臣。遵即在於湖北省期滿武進士候補守備班内逐加遴選。查有湖廣督標期滿武進士候補守備張國柱，年五十五歲，湖北武昌縣人，由武生中式武舉，己丑科會試未第，揀選二等，以營千總用。經兵部交發湖廣督標効力。於同治五年四月内到營，旋經直隸督臣李鴻章以剿平西捻案内保以衛守備儘先補用，並賞戴藍翎，接奉行知在案。嗣於同治十年三月内由營請假赴都應辛未科會試中式第六十七名武進士，奉旨：著以營守備用。欽此。當經兵部發回原營差操。同治十一年六月初六日到標，連閏扣至光緒三年四月初五日五年期滿，造册考驗，咨部覆准以守備候補。復於光緒五年正月内在滇捐局報捐都司升銜。該員明白歷練，材健資深，以之擬補斯缺，洵堪勝任。查部定章程，武進士請補員缺，統按到標五年期滿揀選在前並無事故者，奏請補用。張國柱分發到標，効力期滿，名次在前，輪值頂補，現無事故，與例相符。合無仰懇天恩俯准以張國柱補授湖北提標中營守備，實於營伍有裨。如蒙俞允，該員係由武進士奉旨以營守備分發録用之員，邀免送部引見。除飭取履歷咨部外，謹會同湖北巡撫臣譚繼洵、署湖北提督臣傅廷臣恭摺具陳，伏乞皇上聖鑒，敕部核覆施行。

兵部議奏。

請准以定祥升補副將摺光緒二十年十月　日

竊准兵部咨，湖南永順協副將長立病故，遺缺係題調之缺，應令迅即照例揀員升調等因。移咨到臣。查例載，各省題調之缺，先儘現任人員題請調補，如無合例堪調者，准於現任應升人員内揀選保題升用等語。臣於湖南省現任各營副將内詳加遴選，除沅州、靖州各協副將俱係題調要缺，永綏協副將現已另摺請補，衡州協副將續樞尚未飭赴調任，寶慶協副將劉盛國籍隸本省例應迴避，均毋庸揀調外，其餘長沙、常德、乾州各協副將，或缺居緊要，或人地未宜，實無堪調之員。自應在於現任叅將應升人員内揀選升補。查有湖南桂陽營叅將定祥，年五十二歲，鑲紅旗滿洲忠山佐領下人，由養育兵揀補護軍校轉升正黄旗二等侍衛。光緒十二年十一月十一日奉旨：湖北武昌城守營叅將員缺著定祥補授。欽此。十三年三月初四日到任，旋經揀調湖南桂陽營叅將員缺，奉旨允准在案。十八年五月初六日到桂陽營叅將調任。該員老成穩練，營務詳明，以之升補斯缺，洵堪勝任。且歷俸已滿三年，核與升補之例亦屬相符。合無仰懇天恩俯准以湖南桂陽營叅將定祥升補永順協副將員缺，實於邊缺營伍有裨。如蒙俞允，俟部覆到日，給咨送部引見，以符定制。除飭取該員履歷咨部外，謹會同護理湖南巡撫臣王廉、湖南提督臣婁雲慶恭摺具奏，伏乞皇上聖鑒，敕部核覆施行。

兵部議奏。

請准以郭正榮補授都司摺光緒二十年十月　日

竊准兵部咨，湖南沅州協中軍都司舒正貴病故，遺缺係陸路題補第三輪第六缺，應用揀發班内人員，行令照章揀員請補等因。查斯缺駐劄沅州府城，係屬苗疆，撫綏緝捕均關緊要。非精明練達熟悉情形之員，難期勝任。臣即當在湖南省保舉候補應升都司班内詳加遴選，查有永州鎮標中營補用都司郭正榮，年五十三歲，湖南桂東縣人，由武童投効江西等省軍營，攻剿出力，迭經保奬，旋於克復星子市東坡現禾洞等處擊賊案内，保以都司補用。咸豐十年九月二十五日奉旨允准在案。嗣因凱撤回籍，飭發永州鎮標中營差遣。前委署理新平營守備，辦理營務，均稱裕如。該員老成幹練，久歷戎行，以之擬補斯缺，洵堪勝任。伏查湖南省保舉補用升用都司班内，已經到標名次，該員係屬在前。而在營歷練有年，於該處風土人情最爲熟悉，且係應歸揀發班補用之員，飭查前在本省及他省均無參革朦保情弊，又係隔府别營，與例亦屬相符。合無仰懇天恩俯念苗疆要缺，准以郭正榮補授湖南沅州協中軍都司，實與邊防營務有裨。如蒙俞允，俟部覆到日，給咨送部引見，以符定制。除飭取該員履歷咨部外，謹會同護理湖南巡撫臣王廉、湖南提督臣婁雲慶恭摺具陳，伏乞皇上聖鑒，敕部核覆施行。

兵部議奏。

動撥司庫銀兩凑解甘肅新餉片光緒二十年十月　日

再，前准户部咨，嗣後軍需動用之款，行令先期奏報等因。歷經遵辦在案。兹查湖北奉撥本年甘肅新餉銀三十三萬兩，業經解過第一、二兩批共銀二十一萬兩，尚欠銀十二萬兩。惟奉撥京協各餉，均未解清，所收鹽厘、貨釐，不敷周轉。現經臣督同司道通盤籌畫，在于司庫留協鄰省項下，動支銀一萬四千兩，質當捐項下動支銀六千兩，共銀二萬，凑解甘肅新餉，以應要需。所有動撥司庫銀兩，應請就款開除，俾免轇轕。據署湖北布政使陳寶箴會同善後局司道具詳請奏前來。除咨户部外，理合會同湖北巡撫臣譚繼洵附片具陳，伏乞聖鑒。

户部知道。

掃解甘肅新餉摺光緒二十年十月　日

竊照承准軍機大臣字寄，光緒十九年八月十九日奉上諭：户部奏籌撥甘肅新餉一摺，甘肅關内外各軍餉銀關繫緊要，現經該部將光緒二十年新餉指撥湖北省銀三十三萬兩，著該督撫等嚴飭司道按照部撥數目，於本年十二月底止赶解三成，至來年四月底止再解三成，其餘四成統限九月底止掃數解清。等因。欽此。業經欽遵籌解第一、二兩批共銀二十一萬兩，恭摺奏報在案。兹據署湖北布政使陳寶箴會同善後局司道詳稱，現復在於鹽厘貨厘項下籌撥銀十二萬兩作爲光緒二十年尾批甘肅新餉，委候補知縣馬驥解赴甘肅藩庫交收。所有本年奉撥甘肅新餉銀三十三萬兩，現已掃數解清等情，詳請具奏前來。臣覆覈無異，除分咨外，理合會同湖北巡撫臣譚繼洵恭摺具陳，伏乞皇上聖鑒。

户部知道。

籌解第二批加放俸餉片光緒二十年十月　日

再，前准户部咨，湖北省應解加放俸餉一款，自光緒十五年起，每年應解銀二十萬兩，按年解部等因。光緒十四年十一月二十四日具奏。奉旨：依議。欽此。咨行欽遵辦理。歷經如數籌解劃撥。查本年應解加放俸餉銀二十萬兩，前准户部咨劃撥雲南銅本銀十萬兩，除另案分批匯解外，尚應解銀十萬兩，業已解過第一批銀一萬兩，附片奏報在案。兹據署湖北布政使陳寶箴，會同善後局司道詳稱，籌撥本年第二批加放俸餉銀三萬兩，飭委試用通判吴梯、補用知縣王全城管解赴部交納，其餘應解銀兩，容再續籌委解等情，詳請附奏前來。臣覆核無異，除給咨管解外，理合會同湖北巡撫臣譚繼洵附片具陳，伏祈聖鑒。

户部知道。

防護荆江萬城大隄三汛安瀾摺光緒二十年十月　日

竊查荆州萬城大堤，濱臨荆江，爲全郡及下游田廬保障，最關緊要。本年輪應總督赴堤督防。臣前以省城應辦事務重要未克分身前往，當經奏明飭委荆州府知府舒惠督同文武員弁妥爲防護在案。兹據該府禀稱：本年夏伏二汛江水來源尚屬平穩，各堤間有冲刷之處，均經隨時修補完好。惟秋汛期内，陰雨連綿，江河併漲，最大之時高過楊林洲石磯六尺有餘。兼之風狂浪湧，下游之水頂托難消，以致官民各堤節節吃重。該府親駐堤所，督同在工文武員弁隨時加意防護。遇有險工設法搶築，幸保無虞。現已節屆霜降，水漸消退，全堤悉臻鞏固等情前來。除仍飭實力巡防，俟水落歸槽再將應修各工詳細履勘，乘此冬晴水涸，循例派工興修，以禦來年汛漲外，所有本年防護荆江萬城大堤三汛安瀾緣由，理合會同湖北巡撫臣譚繼洵恭摺具陳，伏乞皇上聖鑒。

知道了。

恭報交卸湖廣督篆起程日期摺光緒二十年十月初八日

竊臣承准總理衙門電開，光緒二十年九月初十日奉旨：張之洞著來京陛見。湖廣總督著譚繼洵暫行兼護。欽此。旋於九月三十日，准吏部咨内閣鈔出，欽奉前因。臣於接奉電旨後，當將經手事件趕緊清理。惟近日奉調北行諸軍數十營，分別籌撥餉需、軍械，極爲繁難。又將奏明訂購外洋槍械各事宜，趕緊料理，甫有端緒。並將鄂省江防事宜與撫臣及司道將領等籌商布置。至歷年造鐵廠、槍礮、織布各局諸務，俱極繁重，均已另摺奏陳。本已定於十月初八日起程，兹於十月初五日承准總理衙門電開，本日奉旨：劉坤一著來京陛見，兩江總督著張之洞署理，迅赴署任，毋庸來京。欽此。聞命之下，感悚難名。伏思南洋重要，江海兼防，豈微臣迂鈍之材所能勝任。特當此時事多艱，惟有勉竭駑庸，盡心籌辦，自當欽遵迅赴兩江署任。即於十月初八日，將湖廣總督關防，並王命旗牌暨文卷等項，派員賫送譚繼洵接收任事。臣即日由湖北省起程，乘輪迅赴署任。除恭疏題報外，所有微臣交卸湖廣督篆、起程日期，謹繕摺奏報，叩謝天恩，伏祈聖鑒。

（硃批）知道了。（欽此）

到兩江署任謝恩摺光緒二十年十月二十日

竊臣在湖廣總督任内奉旨陛見，正在束裝起程間，於十月初五日准總理衙門電開，本日奉旨：兩江總督著張之洞署理，迅赴署任，毋庸來京。等因。欽此。當於本月初八日起程，奏報在案。十一日行抵江甯省城，准兩江督臣劉坤一咨，初八日奉旨：江甯將軍著張之洞兼署。欽此。茲於十月十六日，准劉坤一委署江甯府知府唐光照、署督標中軍副將劉青煦，將兩江總督、辦理通商事務欽差大臣、兩淮鹽政、并江甯將軍各關防、印信、王命旗牌暨文卷等件，齎送前來，當即恭設香案，望闕叩頭謝恩，祗領任事。伏念臣性愚不足經世，才鈍無以匡時。屬以海寇方張，戎機爲要，無陶侃勤王之略，有魏牟望闕之誠。甫奉綸音，已戒期而北發。旋移符節，遂銜命以東來。查兩江爲形勝之要區，南洋兼交涉之重任。地廣而元氣未復，當思培養之方。官多而吏治易淆，貴有澄清之術。事非旦夕之可致，今且江海之兼防。應變爲先，如臣何補。惟有征繕以固疆圉，轉輸以濟援師。轄市舶，則務聯中外之交。綰軍符，則願作旗民之氣。十年戀主，每回首於趨朝。一日在官，誓盡心於所事。當隨事與三省撫臣並江甯京口副都統和衷籌辦，不敢稍涉因循，以冀仰酬高厚鴻慈於萬一。

（硃批）知道了。（欽此）

查明松滬兩釐局所轄分卡無可裁併請循舊辦理摺〔一〕 光緒二十年十月二十日

竊准部咨，光緒二十年六月十二日奉上諭：御史鄭思賀奏請飭裁併各省釐局等語。釐捐之設，藉濟餉項，原屬不得已之舉。前因各省局卡林立，貽累商民，迭經諭令設法裁併，不啻至再、至三，各該督撫自應遵照辦理，以期上裨國用，下恤商艱。乃本日復據該御史奏，各省現設局卡，仍復不少。江西釐局多至七十餘處，需索留難，虛糜耗濫，弊端百出，亟應再加申禁。著江西巡撫及各直省督撫，將現設各局，悉心籌畫，酌留水陸衝要處所，認真稽查，嚴防繞越偷漏。其餘零星局卡，即著核實刪減，毋得以無可裁併爲詞，一奏塞責。仍將裁定數目，迅速覆奏。欽此。當經恭録分行江甯、蘇州兩藩司，欽遵移會各局查議詳辦。已將江甯所屬各局卡無可裁併緣由，會摺覆奏在案。

伏查蘇局籌辦蘇州、常州、鎮江三府屬釐捐，地面較廣，左江右湖，四通八達。滬局籌辦松江、太倉兩府州屬釐捐，地處海隅，陸路則華洋錯雜，水路則汊港紛歧，全賴布置周密，期免繞道偷漏。該兩局原設各分卡，自前撫臣衛榮光奏明裁併之後，蘇局僅留分卡一十四處，滬局二十處，非地當孔道，即專查繞越，皆係扼要之區。今若撤去一處，即多一處漏卮。伏念抽釐助餉，本屬朝廷不得已之舉，必須無苛無漏，以朝上裨國用，下恤商艱。蘇省各釐局分卡，前已節次分別裁省。體察現時情形，再四籌度，委實裁無可裁，併無可併。據蘇藩司會同督辦蘇州、松滬兩釐局司道詳請具奏前來。

臣等復查，該司道所詳洵屬實在情形，應請率由舊章，以保捐務。仍嚴飭各局卡委員認真整頓，核實稽收。倘有需索留難，擾累商民情事，即行從嚴參辦。並隨時體察地方情形，日後如有可以裁併之處，再當斟酌損益，妥籌辦理。以仰副聖主體恤商民至意。除咨部查照外，謹合詞恭摺覆陳，伏乞皇上聖鑒訓示。

知道了。

〔一〕録自中國第一歷史檔案館編《光緒朝硃批奏摺》第七七輯，第六九四至六九五頁，中華書局一九九五年版。

蘇省各屬地方來春似毋庸接濟摺〔一〕 光緒二十年十一月二十九日

竊臣等接准軍機大臣字寄，光緒二十年十月初三日奉上諭：各省有無被灾地方應行調劑撫卹之處，著該將軍、督撫查奏，候旨施恩。等因。欽此。即經恭録行司欽遵查辦去後。伏查本年江甯、蘇州等屬夏秋之間，雨澤愆期，淮安、徐州等府屬，又因潮水泛溢積水難消，秋收均形歉薄。内鎮江府屬丹徒一縣，山田居多，被旱較重，民情拮据，業經臣等附片奏明，飭令該府縣查明撫卹所需經費，即於該縣前存賑餘銀内，覈實動用造報。其餘歉收各州縣，現擬將應徵新舊錢糧、漕米查明，分案奏請量予蠲減緩徵，以甦民困。察看目前情形，民力尚可支持，來春似毋庸接濟。臣等仍隨時體察，如有應行撫卹之處，自當設法籌辦，以仰副聖主軫念民依至意。兹據署江甯藩司胡家楨、署蘇州藩司黄祖絡具詳前來。除咨部外，謹合詞恭摺，由驛復陳，伏乞皇上聖鑒。

知道了。

蘇州等屬冬漕分别本折酌定徵價收納摺〔二〕 光緒二十年十一月二十九日

竊照蘇州等屬徵收冬漕，前於同治四年分議定，完本色者，每石加收餘耗三斗。完折色者，每石連同公費收錢四千五百文，遲至年外加價錢五百文。五年以後，因米價平減，隨時酌量減收。計自同治五年分起至光緒十九年分止，歷届酌定徵價及餘耗改收公費並年外照加數目，節經分晰奏明在案。兹届各屬徵收光緒二十年冬漕之際，自應循照歷届成案，本折兼收，聽從民便，折徵米價。除太倉州屬之嘉定、寶山二縣，向例民折官辦，鎮江府屬之丹徒縣，留撥旗營兵米，並不起運，未能與他屬一例徵收，應行提出另辦外，其餘蘇州、松江、常州、鎮江、太倉五府州屬徵漕，各廳縣本年夏秋之交雨澤愆期，禾稻被旱受傷，收成殊形減色。恐各屬開倉後買米兑運，市儈居奇，不得不酌中核定，以期官民兩便。兹據署蘇州布政使黄祖絡、蘇松糧道吴承潞察酌情形，議請本年冬漕折價，每石收制錢二千四百文，隨收公費錢一千文。完本色者，以石抵石外，循舊將餘耗改交公費錢一千文，遲至年外無分本折，均每石加收錢五百文。其減賦案内奏明抵補減缺南糧之隨漕脚費，每石錢五十二文，仍照章按石隨正照收。似此分别酌定，無論徵收本折，均與市價無甚懸殊，不致藉口趨避。再，隨漕徵收公費錢一千文，係抵支各州縣辦漕一切要需，恐刁頑之户以公費爲無關緊要，任意抗延，則州縣公用無出，勢必貽誤漕運。前於同治六年分，曾經附片奏明，倘糧户交米而不交公費，即比照抗糧之例懲辦，歷届隨摺聲明，通行遵照。今届徵收冬漕，應請循案辦理等情，詳請具奏前來。臣等查核無異，除飭司出示曉諭，遵照定章，無分紳民，一律均平徵收，不得稍有浮勒軒輊外，理合會同署漕運總督臣鄧華熙恭摺由驛四百里具陳，伏乞皇上聖鑒訓示。

户部知道。

〔一〕録自中國第一歷史檔案館編《光緒朝硃批奏摺》第三一輯，第五五〇頁，中華書局一九九五年版。

〔二〕以下二件録自《京報》第五〇四四號。

嘉定寶山二縣徵收冬漕緣由片 光緒二十年十一月二十九日

再，嘉定、寶山二縣，向種木棉，地不産米，應完漕糧歷係民折官辦，所有收漕折價由官紳會議詳定徵收。前經嘉定縣職員廖壽豐等在京呈奉户部覆准，年内折收錢四千五百文，年外五千文，業經遵照辦理。嗣因同治六年起至光緒十九年止，市價較短，議定奏明酌減徵收在案。兹届光緒二十年分徵辦新漕，所有該二縣徵收折價，經臣等飭令司道體察情形核議詳辦去後。兹據署蘇州藩司黄祖絡、蘇松糧道吴承潞會詳，本年新漕訪查市價，較之上年不甚懸殊，叅酌成案，公同核議折價，擬請每石年内折收錢三千九百文，倘年内完不足數，遲至年外者，一律加增錢三百文。其糶變一款，仍照通屬定數提解，詳請附奏前來。臣等伏查嘉定、寶山二縣冬漕，向係民折官辦，與各屬情形不同，業於奏報漕價摺内聲明，另行辦理在案。現據該司道等公同議擬每石年内折收錢三千九百文，遲至年外完納者仍一律加價錢三百文，照數折收尚屬平允，除飭照章無分紳民一律徵收外，理合會同署漕運總督臣鄧華熙附片由驛具陳，伏乞聖鑒訓示。

户部知道。

謝賞銀兩濟窮黎摺〔一〕 光緒二十年十二月初二日

竊照本年恭逢慈禧端佑康頤昭豫莊誠壽恭欽獻崇熙皇太后六旬萬壽，前奉上諭：欽奉懿旨，每省各賞銀二萬兩，交督撫核實散放，用示行慶施恩有加無已至意。等因。欽此。當將前項銀兩一俟賫發到省，督同兩藩司核實散放緣由，先行恭摺覆奏在案。旋准部咨，在於兩淮應解鹽課京餉項下，就近劃留應用。飭據江甯駐防並江甯、淮安、揚州、徐州、海州、通州六府州屬查明册報，共計孤貧窮黎二萬五千四百九名口。京口駐防並蘇州、松江、常州、鎮江、太倉五府州屬查明册報，共計孤貧窮黎一萬八千五百三十一名口。由江甯、蘇州兩藩司各就奉頒銀一萬兩，均勻分派，飭發各州縣及各善堂紳董按名點驗散放，不經胥吏之手，以期實惠均沾。兹據署江甯藩司胡家楨、署蘇州藩司黄祖絡開具名數、銀數清摺詳請具奏前來。臣等覆查無異，除清摺咨部查核外，謹合詞恭摺具陳，伏乞皇上聖鑒。

户部知道。

蘇省漕米暫雇洋輪包運其餘折徵解部摺〔二〕 光緒二十年十二月十三日

竊准户部咨，議覆御史王鵬運條陳及籌辦來年江浙漕運情形一摺，内稱：漕運關繫至重，亟宜先事圖維，故於東事甫起，即分電江浙巡撫，令其設法妥籌。據江蘇巡撫電覆，擬將各屬徵完本色之米，並白糧約數二十七八萬石，作爲商米，由商局交洋輪包運。其餘折徵解部等因。洋輪包運，作爲商米，事屬從權，本難深恃。但河運既未能加，舍此更無别法。查各倉存米尚多，目下通倉白糧尤爲充足，自應先儘漕米起運。除洋輪包運三四成外，

〔一〕 録自中國第一歷史檔案館編《光緒朝硃批奏摺》第二八輯，第八三六頁，中華書局一九九五年版。

〔二〕 以下二件録自中國第一歷史檔案館編《光緒朝硃批奏摺》第七〇輯，第六九九至七〇三頁，中華書局一九九五年版。

其餘均令改徵折色，隨同水脚等銀解部充餉。至水脚運費，光緒十年暫雇洋輪代運，每石僅給銀三錢五分，此次洋輪包運，應支水脚、保險等款，擬請一併飭令江浙撫臣轉飭各該糧道查照，撙節估計，毋得稍有虚糜。一俟商定辦法，即將包運保險章程及辦理折徵情形，詳晰具奏等因。光緒二十年十一月初二日具奏。奉旨：依議。欽此。鈔奏移咨前來。即經轉行該司道欽遵妥議詳辦去後。茲據署蘇州藩司黄祖絡、糧道吴承潞會詳稱，本年海防戒嚴，漕糧海運維艱，江蘇省應徵漕白米石，如飭屬一律改辦折徵，既擬本折兼收之成例，又恐民間有米無銀，徵收更難，於倉儲民生均非至計。現在議定將各屬徵收本色米二十七八萬石，交洋輪包運，其餘概徵折色，易銀解部充餉，實爲盡善。惟各屬收米，遲早多寡不無參差，如將來截數時，照原約起運之數，或有增減，再行隨時詳辦。所有雇辦代運事宜，與督辦招商局津海關道盛宣懷往返熟籌，議由招商局在天津上海設立商米公棧各屬，將所收本色米石運交上海公棧驗收存儲，分雇洋旗輪船，裝運至津棧交卸。其水脚運費，自應遵照部議撙節估計。與招商局電商至再，據稱光緒十年分，洋商代運水脚保險等費，每石給銀三錢五分，始允中悔。此次由該局雇備洋旗輪船承裝，無論在棧在途，設有疏失，均歸該局在津賠償。米石擔荷甚重，所需運脚等項連同保兵險費，應請每石給銀三錢八分一釐零。既與歷年准銷之數毫無加增，亦與十二、十六等年蒙部准商局照支之案不相違背，至徵收折色，遵照奏定時價，每石收錢二千四百文，仍照成案照市價以錢一千五百三十文易銀一兩，與停運之白糧連同支銷舂耗，一律改折易銀，解道彙解部庫以濟餉需。其水脚等項，解由司庫轉解，以歸畫一。應辦河運漕米，仍照歷年酌提一十萬石起運，另行循案議章詳辦等情，詳請覆奏前來。臣等伏查本年江蘇省冬漕米石，因海氛不靖，議將各屬向例徵收本色約米二十七八萬石，查照十年分成案，交招商局分雇洋旗輪船作爲商米裝運，赴津交兑，經部臣奏奉諭允咨行遵辦。所有招商局分雇洋輪包運水脚及保兵險費，據該司道與招商局一再籌商，議請每石給銀三錢八分零，核與歷年准銷之數尚無加增。其餘漕白糧米，概行徵收折色，隨同水脚等銀彙解部庫充餉。該司道所請將徵收米價照市價易銀彙解，亦尚辦理核實，本届暫請變通。出於事不得已，將來海洋解嚴，仍循舊章辦理。除通飭各屬趕緊妥爲徵收，分別運解並飭酌提河運米一十萬石，循案妥議章程，詳請專案奏報，暨將商局議定合同條約咨送户部暨浙江撫臣查照外，理合會同署漕運總督臣鄧華熙，恭摺由驛具奏，伏乞皇上聖鑒訓示。

户部知道。

請蠲緩江甯淮安等屬漕糧摺 光緒二十年十二月十六日

案准户部咨，嗣後如有奏請蠲緩漕糧者，該督撫查照舊例，確核情形，於地丁摺外另行具摺，並將各州縣區圖、村莊名目分晰開單，候旨遵辦等因。歷經循照辦理在案。茲據署江甯布政使胡家楨詳稱，本年入夏後，連旬亢晴，高阜田禾缺雨滋培，迨後得雨已遲，長發不旺。秋後復久不雨，被旱受傷。其濱江臨湖低窪之區，又因伏後連朝大雨，潮水泛漲，多被淹浸。淮、徐、海三府州屬六七月間，連得大雨，兼之鄰近山東省汶、滕、郯城諸縣，山水下注，宣洩不及，禾豆雜糧被淹受傷，收成均屬歉薄，俱係勘不成灾。江甯府屬未墾荒田，同江都縣揚州衛營壘壓廢坍荒民田，除墾熟啓徵外，其餘坍荒田地，遵照部定章程，均據該管道府州親詣督飭各該州縣，分別履勘明確，並無飾混。所有江甯府屬各縣已經墾熟復被歉收田畝，奉旨減徵三成實徵七成漕米，應請同淮安、揚州等屬各州縣被歉田地，及江甯府屬未墾荒田，並江都縣揚州衛營壘壓廢坍荒民田，除墾熟啓徵外，其餘坍荒田地應徵漕糧米石及改徵折色銀兩，分別蠲免緩徵等情，詳請具奏前來。

臣等伏查該州縣起運漕糧，攸關天庾正供，原不敢輕議蠲緩。惟是賦從田出，田既失收，賦即難徵。是以歷年遇有灾歉，請將銀米一體蠲緩，均蒙恩旨准行。且江甯、淮安等屬，均係積歉之區，今歲雨暘又未能應時，以致收成減歉。臣等詳加體察，民情實形拮据。若令完納新漕，委係力有未逮。除溧水、高淳、安東、通州、海門五州縣廳並無起運漕糧，又泰興縣秋成尚稱中稔，照常徵收外，合無仰懇天恩俯准將上元、江甯、句容、江浦、六合等五縣已墾成熟復被歉收田地，並山陽、阜甯、清河、桃源、鹽城、高郵、泰州、東臺、江都、甘泉、儀徵、興化、寶應、銅山、豐縣、沛縣、蕭縣、碭山、邳州、宿遷、睢甯、海州、沭陽、贛榆、如皋等二十五州縣，勘不成灾田地，應徵光緒二十年漕糧及改徵折色銀兩，緩至二十一年秋成後，分作二年帶徵。其上元、江甯、句容、江浦、六合五縣未墾荒田，同江都縣揚州衛營壘壓廢坍荒民田，除墾熟啓徵外，其餘坍荒田地應徵漕糧米石，仍請蠲免。所有各該州縣熟田漕糧，飭令照常徵解。除將送到清摺咨部外，謹合詞專摺，附驛具奏，並將被歉應行緩徵漕糧各州縣區圖村莊頃畝開繕清單，恭呈御覽，伏乞皇上聖鑒訓示。

另有旨。

請蠲緩蘇州等屬錢漕摺[一]　光緒二十年十二月十六日

竊照蘇省各州廳縣，應徵光緒十九年以前錢漕，歷經按年確勘荒田已、未墾復熟田秋成豐歉情形，分別蠲減緩徵，奏蒙恩旨准行在案。兹查蘇州等屬，本年入夏以來，雨澤愆期。自交三伏，亢晴月餘，地土乾裂。低平各田離水較近者，尚可設法灌溉，其高阜山鄉，溝塘皆涸，無水可戽，田禾類多黄萎。迨至白露節後，雖得雨澤，爲時已遲。繼又疊遭風雨，禾棉節節受傷，以致棉鈴稀疎，穀粒癟細，秋成頗形減歉。鎮江府屬丹徒一縣，山田居多，被旱較重，民情困苦，業經臣等附片奏明，飭令該府縣動撥前存賑餘銀兩，籌辦撫恤。其餘各屬，疊據禀請勘辦，即經督飭藩司遵照部章，移行該管道府州親履督勘，以杜隱混。兹據署蘇州布政使黄祖絡、江安糧道馬恩培、蘇松糧道吴承潞轉，據該管府州履畝復勘，按照地方情形，議請分別蠲減緩徵，由司道體察屬實，詳請具奏前來。

臣等伏查，蘇省自經兵燹以後，田地尚多抛荒，疊經飭召客佃翻墾。又因連歲水旱，無利可圖，紛紛抛棄，以致荒田未能盡闢。其已經報墾成熟各田，本年復被歉收。察看民情，實形困苦，自應量予蠲減，以紓民力。至光緒二十年分，新墾同未届徵限之十八、十九兩年新墾應徵銀米，均遵奏定章程，俟免糧年滿，再

[一] 以下二件録自中國第一歷史檔案館編《光緒朝硃批奏摺》第六七輯，第三二〇至三二七頁，中華書局一九九五年版。

行啓徵。其十七年以前新墾田地，間有因災展緩之處，應即分別剔除外，其餘熟田歸於原熟項下，一律徵辦。奉賢、上海、南匯、嘉定、寶山、川沙六廳縣額田銀米，崇明縣額田條銀，吴江、震澤、崑山、太湖、華亭、武進、陽湖、無錫、金匱、江陰、靖江、金壇、溧陽十三廳縣原熟，新陽、婁縣、金山、清浦、宜興、荆溪、丹陽七縣原復熟，丹陽縣展緩十六年，同崑山、婁縣、金山、青浦、武進、陽湖、無錫、金匱、宜興、荆溪、金壇、溧陽十二縣届徵十七年新墾田銀米，元和縣原復熟並薄收，吴江、震澤、崑山、新陽四縣薄收，吴江縣展緩十二、十三年，新陽縣展緩十四年新墾田漕米，吴縣、武進、陽湖、金匱、江陰、宜興、荆溪、丹陽、溧陽九縣被旱無收田上忙條銀，崑山、新陽二縣原熟蘆價田條銀，常熟、靖江、丹陽三縣成熟蘆田課銀，均請照額全徵，毋庸再乞恩施外，其餘各屬高低田地，秋成減歉不一，應請酌定等差分別徵蠲減緩，以恤民隱。合無仰懇天恩俯准將長洲、元和、吴縣、吴江、震澤、常熟、昭文、崑山、新陽、婁縣、金山、青浦、武進、陽湖、無錫、金匱、江陰、宜興、荆溪、丹徒、丹陽、金壇、溧陽、太倉、鎮洋等二十五州縣拋荒未種，長洲、元和、吴縣、吴江、震澤、常熟、昭文、崑山、新陽、婁縣、青浦、丹陽、金壇等十三縣節年復荒，長洲、常熟、昭文、崑山、金壇等五縣被旱無收，丹徒縣被旱無收，並展緩十二、十六兩年新墾漕屯各田，常熟縣展緩各年，太倉州剔牘五年，鎮洋縣五、六兩年新墾，太湖、華亭二廳縣荒廢古墓屋基等田銀米。長洲、元和、吴縣、吴江、震澤、常熟、昭文、崑山、新陽等九縣薄收，長洲縣展緩十三、十四、十六等三年，吴江縣十二、十三兩年，新陽縣十四年新墾，崑山、新陽二縣拋荒，崑山縣節年復荒蘆價田條銀，丹陽縣拋荒蘆田課銀，吴縣、武進、陽湖、金匱、江陰、宜興、荆溪、丹陽、溧陽等九縣被旱無收田下忙條銀，暨冬漕、米石一律全行蠲免。昭文縣原熟田坐落低平區銀米，長洲縣原熟坐落平區被歉稍輕及薄收，並展緩十三、十四、十六等年新墾，丹徒縣成熟田漕米，元和縣原熟田條銀，各減免二釐。常熟縣原熟坐落被歉稍輕，昭文縣原熟坐落高平區銀米，及薄收田漕米各減免三釐。長洲縣原熟坐落平區被歉稍輕田條銀，減免四釐。吴縣原熟及届徵十七年新墾，同薄收田漕米，各減免五釐。常熟縣原熟坐落被歉較重各區銀米，及薄收田漕米，吴縣原熟及届徵十七年新墾田條銀，各減免六釐。長洲縣原熟坐落高區被歉較重田銀米，各減免七釐。丹徒縣成熟漕屯田條銀，減免四成九釐。太倉州原熟同届徵十七年新墾田坐落東一都全圖、六都全圖、中六都全圖、十三都一圖、十六都下二圖，銀米各減免一成一釐。十一都五、上下七、元、五、六圖，二十五都上下一圖，十二都全圖，十三都二、三、五、上下六、七、八圖，十六都上二圖，銀米各減免九釐。七都全圖，十五都全圖，二十四都全圖，二十五都三、四圖，二十六都上下一、二、三、上下四圖，銀米各減免七釐。十六都一、三、四圖，條銀減免六釐八毫，漕米減免六釐六毫。十一都一、二、三、四、六、八圖，二十六都五、上下六、七、八圖，二十七都全圖，二十八都全圖，二十九都全圖，銀米各減免五釐。鎮洋縣原熟田坐落三都全圖，四都全圖，五都全圖，七都全圖，九都一、二、三、四圖，二十二都全圖，二十五都二圖，銀米各減免五釐。八都全圖，九都五、六、七、八圖，十都全圖，十九都一、二、三、四、五、七、八圖，二十三都全圖，銀米各減免六釐。十二都上六、七、八圖，十三都上下四圖，十四都全圖，十九都六圖，二十都全圖，銀米各減免八釐。東一都全圖，西一都全圖，二都全圖，二十一都全圖，銀米各減免九釐。十七都全圖，十八都全圖，銀米各減免一成一釐。十二都五、下六圖，銀米各減免一成三釐。靖江縣東區東鄉、西區西鄉各圖，漕蘆各田除成熟有收剔歸銀米全徵外，實在被歉無收漕蘆各田，應徵本年銀米，同常熟縣被歉無收蘆田課銀。又，各屬上年被灾田請緩次年上忙銀兩，除成熟各縣，彙入下忙分別蠲減併徵外，其常州府屬之武進、陽湖、金匱、江陰、宜興、荆溪等六縣，鎮江府屬之丹徒、溧陽二縣，被旱無收等田，應徵乙未年上忙條銀，均請緩至二十一年秋後一併徵辦。至各該縣被歉無收之田，原因體恤貧農一概剔歸銀米全蠲，免予分等蠲緩，以期咸沾實惠，其長洲等各州廳縣減成項下應徵本年地漕、鹽課、正雜、正耗，除常熟、丹陽二縣蘆課全徵外，其餘各屬蘆課、學租、歸公官租等銀，以及漕南行贈局恤米豆，應請按分蠲減徵收。至蘇州、太倉、鎮海、金山等四衛幫屯漕錢糧，各照坐落地方民田，分別蠲減。又鎮江衛屯坐各州縣錢糧，查照民田蠲減。泰州酌徵五成，泰興酌徵二成二釐，江都酌徵二成三釐，甘泉酌徵八釐，丹陽酌徵二成八釐。此外徵賸錢糧，同上年請緩之靖江縣勘不成灾漕蘆田銀米。宜興、荆溪二縣前年被旱，及丹陽縣復熟田上忙條銀，常熟縣被歉無收蘆田課銀，再請展緩一年。至各屬舊欠項下，自光緒十四年起各年原緩民欠錢糧，及坐落本年歉薄各區，已歷奏銷民欠各款，請照分徵成案，緩至光緒二十一年秋後，由遠及近，以次帶徵各屬成熟田地項下應徵。本年銀米，各按地方情形，分別核實徵解。現經臣等嚴飭各州廳縣革除積弊，裁減浮收，無分紳民，一律輸納，趕緊分別運解以供天庾而濟餉需。至白糧米石向不蠲減，本年徵漕各州，廳、縣蠲缺白糧，仍於起運漕糧項下照案撥補。其各屬請減條銀，如上忙已經完納在官者，即將應減分數於下忙錢糧内扣除。或上、下兩忙均已全完，即將溢完銀兩，照例流抵光緒二十一年上忙新賦。由各該州廳縣照章分別刊刻免單，備載恩減分數銀數及流抵新賦字樣，查明按户付執，爲流抵確據。歉户預完緩徵銀兩，向不在流抵之列，應仍照辦。所有現在赴櫃完納之户，概於串票上鈐蓋戳記，註明實徵銀數，俾歸簡易。至各屬被歉蠲緩錢糧，將應緩區圖、銀米，飭令一體明白出示曉諭，核實稽查。並於徵册内，註定悉照灾蠲成案辦理，以杜弊混。凡蠲缺官役俸工、廩膳祭祀等款，統於司庫正項銀内撥補。恤孤米石，在於南糧項下籌撥。並將靖江縣被歉漕蘆各田，遵照部章，開繕區圖、頃畝、緩徵銀米各數清單，恭呈御覽。除飭核造細册，分別題咨外，謹會同署漕運總督臣鄧華熙恭摺，由驛四百里具奏。伏乞皇上聖鑒訓示。

另有旨。

請蠲緩江甯淮安等屬新舊錢糧摺 光緒二十年十二月十六日

竊准部咨，勘辦秋灾章程内開，各直省所屬遇有灾傷，即由該管道府州親詣履勘，會督各屬將某鄉、某村、圖、甲被灾分數、畝數及應免、應緩銀兩總數，即隨勘報申請入奏，並令詳細分晰開册，照例題咨等因。節經遵辦在案。本年江甯、揚州、通州三府州屬，入夏後，連旬亢晴，高阜田禾缺雨滋培。迨後得雨已遲，長發不旺。秋後復久不雨，被旱受傷。其濱江臨湖低窪之區，又因伏後大雨，連朝潮水泛漲，多被淹没。淮安、徐州、海州三府州屬，六、七月間連得大雨，兼之鄰近山東省汶、滕、郯城諸縣，山水下注，宣洩不及，禾豆雜糧被淹受傷，收成均屬歉薄。迭據各屬先後稟報。當經批司遵照部章，移行該管道府州親往各該州廳縣衛督同確勘，據實稟辦。

玆據署江甯布政使胡家楨詳，據該管道府州親詣督飭各州廳縣衛逐細查勘，並令勘實之日先出簡明告示停徵，示内註明某圖、某甲被歉田地各數，徧貼曉諭。所有江甯、淮安等屬本年被歉漕蘆田地，内除高淳、泰興二縣秋成尚稱中稔，照常徵解外，其上元、江甯、句容、溧水、江浦、六合等六縣已墾成熟，並淮安、揚州等屬之山陽、阜甯、清河、桃源、安東、鹽城、高郵、泰州、東臺、江都、甘泉、儀徵、興化、寶應、銅山、豐縣、沛縣、蕭縣、碭山、邳州、宿遷、睢甯、海州、沭陽、贛榆、通州、如皋、海門等二十八州縣廳，及淮安、大河、揚州、徐州四衛，被旱、被淹歉收田地，均係勘不成灾，應請照例緩徵。又江甯府屬上元等七縣未墾荒田，同江都縣及揚州衛營壘壓廢坍荒民屯田地，除墾熟啓徵外，其餘坍荒情形相同，應徵錢糧請照例一律蠲免。由司體察無異，請將勘不成灾田地應徵新、舊錢糧分别蠲緩等情，詳請具奏前來。

臣等伏查江甯、淮安等屬各州、廳、縣、衛，本年被旱、被淹，勘不成灾並拋荒壓廢等項田地，據該管道府州親往督同逐一會勘明確，内除高淳、泰興二縣秋成尚稱中稔外，其餘各州、廳、縣、衛應徵新舊錢糧，例應分别蠲緩。合無仰懇天恩俯准將上元、江甯、句容、溧水、江浦、六合等六縣已經墾熟被歉民屯田地，並山陽、阜甯、清河、桃源、安東、鹽城、高郵、泰州、東臺、江都、甘泉、儀徵、興化、寶應、銅山、豐縣、沛縣、蕭縣、碭山、邳州、宿遷、睢甯、海州、沭陽、贛榆、通州、如皋、海門等二十八州縣廳，同淮安、大河、揚州、徐州四衛勘不成灾民屯田地，應徵光緒二十年地丁等項錢糧，概請緩至光緒二十一年秋成後，分作二年帶徵。又，上元、江甯、句容、溧水、高淳、江浦、六合等七縣未墾荒田，同江都縣及揚州衛營壘壓廢民屯田地應徵光緒二十年上、下忙錢糧，仍予蠲免。其坐落各州、廳、縣併衛屯漕、蘆課、學租、湖河灘租、雜辦雜税、津貼增租並江甯府屬公費、鬮租、油麻地租、南屯恤孤米豆、新增地畝蘆葦、牧馬草場復賦、召變籌餉等款，及抄案入官地畝，並鎮江衛坐落江都、泰州、甘泉、泰興四處屯田，均錯雜民田之内，俱照坐落地方，一律查辦。鹽場、竈地應聽鹽政衙門辦理。淮安、揚州等屬減則蘆葦田地，並海州屬一水、一麥減則田地，應徵本年錢糧，請照歷届成案一體緩徵。至被歉各屬無力貧民、貧軍應否酌借籽種、口糧，統俟來春察看情形辦理。所有江甯、淮安各屬勘不成灾，並江甯府屬未墾荒田，同江都縣及揚州衛營壘壓廢田地應徵乙未年上忙新賦，均請緩至該年秋成後，察看情形，再行啓徵。其成熟田地及高淳、泰興二縣秋成中稔應徵現年錢糧，飭令照常徵解。又，江甯、淮安等屬未完光緒十九年熟田，民欠、軍欠錢糧，本年仍坐熟區，不得謂之積歉，應令照常徵解。所有光緒十四、十五、十六、十七、十八、十九等年歉田，原緩、遞緩各款銀米，及不在豁免案内之各年未完津貼增租銀兩，實因江甯藩司所屬，係頻年積歉之區，户鮮蓋藏，本年秋成又形歉薄，完納當年新賦已屬竭蹷，若將新、舊錢糧責令同時並納，民力實有未逮。飭據該管道府州親詣督同會勘屬實，由司體察無異，並懇聖恩俯准，將上元、江甯、句容、溧水、高淳、江浦、六合、山陽、阜甯、清河、桃源、安東、鹽城、高郵、泰州、東臺、江都、甘泉、儀徵、興化、寶應、銅山、豐縣、沛縣、蕭縣、碭山、邳州、宿遷、睢甯、海州、沭陽、贛榆、通州、如皋、海門等三十五州縣廳，並淮安、大河、揚州、徐州四衛，未完光緒十四、十五、十六、十七、十八、十九等年歉田，原緩、遞緩各款銀米，及不在豁免案内之各年未完津貼增租銀兩，均請緩至二十一年秋成後，再行分别帶徵，以紓民力。再，阜甯、清河、桃源、宿遷、海州、沭陽、贛榆七州縣漕糧，向係民折官辦，於咸豐二年奏准，毋庸官爲買米，改徵折色。本年該州縣被歉田地折徵銀兩，應請隨同各屬漕糧、漕項銀米，一體分别緩徵，仍將成熟田地照舊徵收報解。又，蘇州藩司所屬之鎮江衛，坐落泰州、江都、甘泉、泰興四州縣屯田，並請隨同民田一律辦理。此外如有未盡事宜，由江甯藩司另行詳辦，並將蠲緩漕糧各州縣區圖、村莊、頃畝清單，另行專摺具奏。所有江甯、淮安等屬光緒二十年秋禾被旱、被淹勘不成灾並拋荒田地情形，遵照部章開繕區圖、村莊、頃畝分數、應緩銀兩米豆各數清單，恭呈御覽，除飭核造細册，分别詳請題咨外，謹合詞恭摺由驛具陳，伏乞皇上聖鑒訓示。

再，秋災情形例於九月内詳辦，今届因各該管道府州親詣督同勘報，甫經到齊，以致藩司詳轉稍稽，合併陳明。

另有旨。

知縣免交捐復降級銀兩片〔一〕

光緒二十年十二月　日

再，查桃源縣知縣汪懋琨請調甘泉縣知縣，案准吏部咨，以該員桃源縣本任内有承緝事主吳開泰被刦一案，核計四叅業已限滿。又承緝事主張玉珠、葛廼汶、劉永成被刦，無名男子被傷失物四案，核計四叅起限，以上五案，每案例關降一級調用。今該員調補甘泉縣知縣要缺，自應按照章程查級議抵。該員任内有光緒十六年三月恩詔加一級，又四月初八日捐尋常加一級，應行銷去抵銷事主吳開泰、張玉珠等被劫二案。其事主葛廼汶、劉永成被刦，無名男子被傷失物三案，無級議抵，應照章飭令該員即行補交捐復此三案各降一級調用公罪銀兩。俟銀兩交清，再赴調任等因。光緒十九年十月二十九日具奏。奉旨：依議。欽此。當經本任督臣劉坤一轉行去後，嗣據署江甯布政使胡家楨詳，據調補甘泉縣知縣汪懋琨禀稱，遵禀事主吳開泰被刦，係於光緒十六年六月十一日失事，連閏扣至十八年九月十一日三叅限滿。張玉珠被刦係於光緒十六年九月初七日失事，連閏扣至十八年十二月初七日三叅限滿。葛廼汶被劫係於光緒十七年正月初七日見屍，連閏扣至十九年四月初七日三叅限滿。劉永成被刦係於光緒十七年正月二十八日見屍，連閏扣至十九年四月二十八日三叅限滿，又無名男子被傷失物係於光緒十七年五月初七日見屍，連閏扣至十九年八月初七日三叅限滿。該員先於十八年六月二十八日調省，卸事離任係在事主吳開泰等五案三叅期内，核計四叅尚未起限，按照調補章程，毋庸查級抵銷，亦毋庸補交捐復銀兩等情，由司轉詳請奏。劉坤一未及核辦交卸北上移交前來。臣覆核各案均屬相符，合無仰懇天恩俯准將汪懋琨任内所得恩詔加一級又捐尋常

〔一〕録自《京報》第五〇九三號。

加一級，照章免其抵銷。其事主葛廼汶、劉永成被劫，無名男子被傷失物三案，並請免其補交捐復降級銀兩。理合會同江蘇巡撫臣奎俊附片陳明，伏乞聖鑒，敕部查照施行。

吏部議奏。

甄别道府等官片[一] 光緒二十年十二月 日

再，前准部咨，捐納道府循例分發人員，試用一年期滿，應行察看才具，分别繁簡，奏明留省補用。又勞績保舉道府州縣等官，無論何項勞績，歸入候補班人員，即以到省之日起予限一年，奏明分别繁、簡補用各等因。歷經遵辦在案。兹查接管卷内，據江甯藩司將在江甯差委之道員、知府等官，隨時甄别，詳請加考具奏前來。當經本任督臣劉坤一察看，得試用道唐治堯，年力正壯，氣局安詳。試用道陳壽庚，年力正强，辦事勤慎。試用道祥集，氣局安詳，才具穩練。均堪以繁缺道員留省補用。候補知府勞元弼，年力正强，人亦明白。候補班儘先前遇缺即補知縣席伯連，年力正富，才具亦優。候補知縣閻懋曾，年力正强，公事亦熟。儘先前補用知縣李芳，年强才裕。均堪以繁缺留省分别補用。又察看試用知縣冷利南，年正富强，才堪造就。試用知縣胡保聯，年富才優，均堪歸試用班照例序補。本任督臣劉坤一未及具奏，交卸移交到臣。謹彙繕履歷清單，恭呈御覽。所有甄别勞績捐納各項道府等官緣由，謹會同江蘇巡撫臣奎俊附片陳明，伏乞聖鑒。

吏部知道。單併發。

會奏請准捐建崧駿專祠摺[二] 光緒二十年十月至十二月 日

竊據蘇省紳士前山東巡撫任道鎔等呈稱：已故前任江蘇巡撫崧駿于光緒十二年七月履任，勤求民瘼，興利除弊，殫竭血誠。十三年，鄭州决口，黄水下注，揚州屬之湖河堤壩各工關係下河數十萬生靈。故撫遺員周視地勢，相度情形。凡應堵築、挑挖、蓄洩、灌溉，有益于農田水利者，倡議興工，爲一舉兩得之計。至十四年秋，鎮江府屬之丹徒、丹陽等縣，被旱成灾，蘇、常兩屬亦多被旱，故撫提撥款項，辦理急賑，會同前督臣，專摺馳奏，懇恩截留江北河運漕糧，以資賑撫。倡捐銀二千兩，手書札飭，勸諭紳商士民，分别捐助，情辭肫摯，使人嚮善之意油然而生。故能踴躍輸助，凑集鉅款。並延公正董事核實散給，不使吏胥侵蝕，全活饑黎無算。蘇省濒湖界海，向爲販私梟匪出没之所，故撫慎選將弁，扼要駐紮，分段梭巡，而梟匪斂跡，水路肅清。浙鹽之行於蘇地者，日有起色，商賈便之。又加意教養培植人材，書院常課之外，增設學古堂，即廢園基地建造，購置經史，略仿胡文定經義詞章分齋故事，使諸生肄業其中。不數年間，士子蒸蒸日上，咸知實學。登甲乙科者率由此出。又通飭各州縣實行保甲，曰苟得其人，率由舊章，足以集事，由是奸宄遠颺，閭閻安堵，雖在蘇未滿三年，而其設施已足深入乎民心，聞其調任浙江，相率遮道攀送，或妄意請留，如嬰兒之失慈父母。去年在浙撫任

[一] 録自《京報》第五〇九六號。
[二] 録自東吴仰止廬主輯《南皮張官保政書》，上海圖書集成印書局印，一九〇一年版。

內，因病出缺，耗音甫至，闔省士民咨嗟嘆息，謂無望復來，有感泣數行下者。亦以見故撫德澤之入人深也。伏查湘省已蒙恩准建祠，蘇省思慕同殷，用敢援湘省成案〔一〕，擬請自行捐資于蘇州省城內建立專祠，列入祀典，由地方官春秋致祭，環請據情入告，以彰忠藎等情前來。

臣等覆查已故前任江蘇撫臣崧駿撫吳三載，亮節清風，于各屬地方利弊，無不實力講求。鄭工黃水下趨，則力籌堵洩。鎮江旱災告警，則廣謀賑濟。餘如嚴緝梟匪以靖閭閻，整頓書院以育人材。凡關繫國計民生，知無不爲，爲無不力。嘉謨善政，聲施爛然，故士民感戴之忱，至今未泯。今據蘇省紳士任道鎔等臚陳政績，援案請奏，臣等不敢壅于上聞，可否仰懇天恩俯准已故前任江蘇撫臣崧駿援照浙江省，奏准於蘇州省捐建專祠，由地方官春秋致祭，以彰藎績而慰輿情，出自鴻慈逾格。除咨禮部暨厢藍旗滿洲都統查照外，理合恭摺會陳，伏乞皇上聖鑒訓示。

光緒二十一年

謝賜福字摺 光緒二十一年正月二十日

光緒二十一年正月十五日差弁回甯，賫到御賜福字一方，當即恭設香案，望闕叩頭謝恩祗領。欽惟我皇上，德應三階，仁周六幕。奉娀臺而篤祜，撫禹甸以翔和。當羣萌甫達之辰，正聖藻書祥之日。攝提歲正，天門騰龍虎之輝。嵎鐵陽回，海浦息鯨鯢之浪。榛蕃受福，樗朽知春。臣淮海守官，雲霄戀闕。宣德音而綏民隱，申師律以暢皇威。欣逢小往大來，推筴通乾坤之氣。從此外悠內輯，銷兵煥日月之光。

金陵製造洋火藥局支用經費摺〔二〕 光緒二十一年正月 日

竊金陵設局製造洋火〔藥〕，截至光緒十八年十二月底止，支用經費，業經列爲第九案造册奏銷在案。茲據該局道員蔡世保詳稱，今自光緒十九年正月起截至是年十二月底止，舊管，上届實存庫平銀二百四十二兩有寄。新收，金陵防營支應局撥款湘平折合庫平銀四萬九千五百九十九兩有奇。開除，各款遵照部議報銷章程各歸各部核銷，計應歸户部核銷銀一萬二千五百四十七兩有

〔一〕此句兩次提到「湘省」，似應為「浙省」。見此件倒第三行。

〔二〕以下三件録自《京報》第五〇九七號。

奇，兵部核銷銀二千七百五十七兩有奇，工部核銷銀三萬四千二百六十八兩有奇，統共請銷庫平銀四萬九千五百七十二兩有奇。實存庫平銀二百六十九兩有奇，歸於二十年分舊管項下滚接造報。造具總散各册，詳請奏咨前來。臣覆核無異，除將送到清册分咨總理衙門暨户部、兵部、工部核銷外，謹會同江蘇巡撫臣奎俊恭摺具陳，伏祈皇上聖鑒，敕部查照施行。

該衙門知道。

江蘇省籌解旗營京餉片光緒二十一年正月　日

再，江蘇省籌解旗營京餉銀兩，經前督臣等奏明，自光緒十二年起，每年解銀三十萬兩，江甯、蘇州兩屬各半分認，按春、夏、秋三季批解，業已解至二十年夏季分止在案。所有秋季分江甯應解銀五萬兩，在江安糧道月解金陵支應局充餉款内，提銀四萬兩，金陵厘金局提銀一萬兩，共銀五萬兩，發交號商志成信領解，於九月二十八日匯解起程，限十二月二十七日到京交兑。又，蘇州應解銀五萬兩，由藩司分别籌湊足數，發交號商天順祥匯解，仍飭取起程日期，另行咨明户部查照。據江甯、江蘇兩藩司先後詳請具奏。本任督臣劉坤一未及核辦移交前來。臣覆核無異，除咨部外，理合會同江蘇巡撫臣奎俊附片陳明，伏祈聖鑒。

户部知道。

狼山鎮回任並委員護理九江鎮片光緒二十一年正月　日

再，署狼山鎮總兵記名提督朱洪章，現經統帶防軍駐金山衛一帶，所有該鎮篆務，應飭本任狼山鎮總兵曹德慶即行回任，以專責成。又署蘇松鎮總兵本任九江鎮總兵朱淮森，當海防吃緊之時，遞請給假，迹近規避。經臣電奏，奉旨以副將降補。所遺署缺，查有儘先副將該鎮中軍遊擊滕代勇，堪以暫行護理。其海澄、鎮東等營，即飭令兼帶。除分檄遵照外，理合會同江南提督臣譚碧理附片陳明，伏祈聖鑒。

兵部知道。

知縣等迴避另行指省補用片〔一〕光緒二十一年正月　日

再，查定例，現任外官如督、撫兩司有本族之人應迴避者，俱令迴避另補。其試用未經得缺人員，遇有迴避，亦一體以鄰省改發試用。如原係報捐指省之員，准其另指一省等語。兹臣署理兩江總督，查有江蘇嘉定縣知縣張樞，係臣嫡堂姪。又指分江蘇候補知縣張沐慶，係臣族姪孫，照例均應迴避，分别開缺改掣暨另行指省補用，當經於上年十一月内，飭司委員接署嘉定縣篆務，並飭該二員依限禀由藩司詳請奏咨辦理。理合附片陳明，伏祈聖鑒。

吏部知道。

考試知縣准其補署差委片光緒二十一年正月　日

再，部定新章，府廳州縣凡由俊秀監生出身各員，無論捐納、勞績、現任、候補，均應一體考試等因。兹查接管卷内，據江甯

〔一〕以下五件録自《京報》第五一〇一至五一〇二號。

藩司將江甯應考之員詳送考試等情，當經本任督臣劉坤一考試，得試用知縣鄧炬取列二等，照章准其補署差委，未及具奏移交前來。理合會同江蘇巡撫臣奎俊附片陳明，伏祈聖鑒。

吏部知道。

委程孔德等署理總兵片 光緒二十一年正月　日

再，署淮揚鎮總兵吳安康，署事日久，未能整頓，應行改委。查有記名提督現署臣標中軍副將劉青煦，老成穩慎，勘以署理。又，徐州鎮總兵陳鳳樓，欽遵諭旨帶隊赴山海關，聽候調遣。所遺該鎮篆務，查有記名堪勝提鎮兩江儘先副將程孔德，帶隊駐徐多年，穩練熟悉，堪以署理。除分飭遵照外，謹會同漕運總督臣松椿附片陳明，伏乞聖鑒。

兵部知道。

委吳奇勳統領南洋兵輪片 光緒二十一年正月　日

再，前總統南洋兵輪記名提督前安徽壽春鎮總兵郭寶昌稟請開去節制水陸各營，請假回籍省親，當經批准在案。所有南洋各兵輪，亟應另委大員統領，認真整頓。查有奏調江南差委裁缺福建海壇鎮總兵吳奇勳，老成歷練，樸勇有爲，在閩多年，熟習水師，堪以派委統領，責令督率各兵輪，認真考核，破除積習，講求駕駛炮法，以期有裨防務。其前派兩翼翼長名目，即行裁去，以一事權。薪費等款，查照前總統之案支給，以資辦公。除檄飭遵照外，理合附片陳明，伏乞聖鑒。

該部知道。

委任祖文署理總兵片 光緒二十一年正月　日

再，安徽皖南鎮總兵，前經本任督臣劉坤一奏請，將暫護是缺之該鎮中軍遊擊牛書琴，改爲署理。兹查皖南地方緊要，必資大員鎮守。查有本任壽春鎮總兵任祖文，穩練詳明，堪以署理。除檄飭遵照外，謹會同安徽巡撫臣福潤附片奏陳，伏乞聖鑒。

兵部知道。

報銷崇明縣海岸工程工料銀數摺〔一〕 光緒二十一年正月　日

竊照太倉州屬崇明縣東南一帶海岸，被風潮衝嚙，坍近城垣，勢甚危險。先經飭司委員會縣勘估，亟籌堵築，以資保衛。估需經費銀一十二萬一千餘兩，經臣奎俊會同前督臣劉坤一先後奏聞。飭由兩淮運司及江海、鎮江兩關並善後局蘇藩司分認籌解督辦工程，江蘇候補道劉麒祥兑收核實支用在案。兹據署蘇松太道劉麒祥詳稱，督同印委各員，按照原估，參用西法購料興工，自光緒二十年二月間開辦起至八月初旬，一律工竣。共用過工料等銀一十一萬三千七百六兩零，較原估節省銀七千二百九十餘兩，委係撙節動用，並無浮冒，奉委驗收如式，亦無草率偷減情事，先後取具保固年限甘結，繪圖造册，詳請奏咨前來。臣等查崇明縣海岸要工，關繫城垣民命，若不及早興築，將來愈坍愈近，其患不堪設想。上年春間，臣奎俊親往查勘，力籌堵築，奏准撥款興工。總計工長五百六十餘丈，據報共用銀一十一萬三千七百餘兩，較

〔一〕以下三件録自《京報》第五一一五至五一一七號。

原估尤爲節省，委係實用實銷，並無浮冒。除將餘剩銀七千二百九十餘兩批飭解存蘇藩司庫，以備歲修之需，並將圖册分咨户、工二部核銷，暨另行影照該岸工程全圖，咨呈軍械處備核外，謹核繕清單，合詞恭摺具陳，伏乞皇上聖鑒，敕部查照。

該部知道。單併發。

飭司道府回任片 光緒二十一年正月　日

再，江甯布政使瑞璋，前因遵旨進京祝嘏，現已回省。應即飭令回任。署藩司鹽巡道胡家楨，署鹽巡道江甯府知府李廷簫，應飭各回本任，以專責成。除分檄飭遵外，謹會同江蘇巡撫臣奎俊附片具奏，伏乞聖鑒。

知道了。

懲辦勇丁滋事片 光緒二十一年正月　日

再，臣前因江南防務緊要，電奏飭調廣東記名總兵借補廣州協副將李先義選募粵勇廣義軍六營，奉旨允准在案。該軍於上年十二月到江南後，令其扼劄鎮江。兹據該統領李先義稟稱，副中營勇丁於本年正月初二日，私至鎮江西門外吸食洋烟與糧船水手口角互毆，悮將蚊帳擠落，烟燈火燃，焚去茅棚二十餘間。適當鎮道經過，飭將滋事勇丁二名發交丹徒縣主簿收候查訊。乃同行餘勇，輒以兵勇有事應發交本營管帶官查辦，今交主簿收押，又非地方官衙門，因赴主簿寓所吵嚷，籲求釋放等情。稟請核辦前來。臣查各該勇丁，私離營伍，吸烟互毆，以致焚燒茅棚，經官彈壓，復敢因未交本營管帶官查辦吵嚷籲放，殊干紀律。該營官約束不嚴，咎有應得。除嚴飭李先義查明滋事及隨和各勇丁，訊明稟請按照軍律懲辦，併將該營官撤差，遴員接帶。被燒茅棚，飭令資恤外，相應請旨將該營官廣東陸路提標守備張武，即行革職，以示懲儆而肅戎行。至李先義有統率之責，亦難辭咎。惟勇丁滋事之日，該統領因自粵來，初到鎮江，特來江甯面商一切，適於到省次日，遽有此事，實非意料所及，情有可原，應請免其置議，理合附片具陳，伏祈聖鑒。

另有旨。

造報籌防收支各款摺〔一〕 光緒二十一年正月　日

竊江蘇省籌辦江海防務，前經設立籌防總局，派委司道各員公同經理，業將光緒十八年十二月以前收支款目，遵照部章，造册奏銷在案。兹據籌防局司道署江甯布政使胡家楨等詳稱，自光緒十九年正月起，籌防案内正雜各款，截至是年十二月底止，收支款目列爲籌防第十四案報銷，計舊管銀一百三十九萬三千一百十七兩有奇。新收江海關税項，又額撥登瀛洲保民各輪船月餉支用製造二成洋税，及浙海關税款、江蘇省厘金、江西省補解十二年分欠款、湖北萬户沱抽收四川鹽厘，又附收操江等兵輪撥用二成洋税，共銀一百六萬八千七百五十九兩有奇。總計舊管、新收二項共銀二百四十六萬一千八百七十七兩有奇。内除撥解十九年分鐵路經費，金陵機器局製造經費，及購辦料物借款，官電局同文館薪費膏火，又添購零件價銀，水師學堂十九年分額支活支用

〔一〕以下三件録自《京報》第五一二〇號。

款，又奉裁各兵輪炮船弁勇執事人等薪糧，另款存儲以備購辦拯快雷艇等用，共登除銀二十六萬八千三百八十五兩有奇。實計收用銀二百十九萬三千四百九十一兩有奇。開除各炮臺添築、改造、修理、苫蓋各項工料，及購辦篷布、繩索、藥袋、夫價銀，守臺劄營租用民田、收買築臺造房民地、支給租價，購買洋炮，教習匠勇辛工津貼，兵輪差炮等船薪糧、公費、藥費、卹費，購辦煤油、雜件、修費等項，文武員弁、司事、學生、兵夫、工匠人等各薪費口糧，運載水脚、工食，運槍、修槍、採辦水雷魚雷物料，油艙船隻，操場、煤廠等處修理，購置魚雷廠，改編魚雷營，購辦料物、機器什具等款，又附造操江威靖兵輪餉雜各項。以上計由籌防案内放給前項銀兩，均遵照部議報銷章程，各歸各案，歸核銷計。應户部核銷銀五萬五千三百十七兩有奇，兵部核銷銀二十三萬三千三百五十四兩有奇，工部核銷銀十七萬一千六百九十二兩有奇，共請銷銀四十六萬三百六十三兩有奇，又水師學堂用款奏明歸籌防案内附銷，今另立專册附案請銷。總計所支各項，均係循照成案，暨奏咨奉准數目，核實支給，並無絲毫浮冒。實存銀一百七十三萬三千一百二十七兩有奇。又水師學堂册報結存銀兩，均於下届各歸各案滚接造報，將收支款目照册開單詳請奏咨前來。臣等覆核無異，除將清册分别咨送海軍衙門、總理衙門、户部、兵部、工部查照外，所有江南籌防收支各款第十四案報銷緣由謹合詞恭摺具陳，並繕列清單，恭呈御覽，伏祈皇上聖鑒，敕部查照。

該部議奏。單併發。

奏銷上海機器局支用各款摺光緒二十一年正月　日

竊查接管卷内，上海機器局製造各項軍火，動用二成洋税，截至光緒十五年十二月底止，業經分案開具清單奏銷在案。兹據辦理局務署蘇松太道劉麒祥等，將光緒十六、十七兩年分支用各款，悉心句稽，遵照部覆，併年開報。計上届册報存湘平銀九十三萬一千七百九十九兩一錢有奇，十六、十七兩年續領江海關二成洋税庫平銀一百二十八萬三千四百六十六兩三錢有奇，合湘平銀一百三十三萬五十六兩二錢有奇，又收長江水師軍火局撥用洋火藥解還料本湘平銀一萬三千二百兩，又收神機營解還撥用局購洋槍二十桿價值湘平銀三千八百四十三兩六錢有奇，共收湘平銀一百三十四萬七千九十九兩八錢有奇。管收兩項共湘平銀二百二十七萬八千八百九十八兩九錢有奇。共用湘平銀一百二十一萬五千七十兩七錢有奇，實存湘平銀一百六萬三千八百二十八兩一錢有奇。此項存銀，或係存而未用物料之價值，或係造而未完各件之工料，今俱照案核作銀數列存，歸入下届造報，俾清眉目。其支用一切款項，均經遵照新章，先行詳請咨部立案。兹將收支銀數及委員司事中外工匠薪工，購製軍火器具各項細數，照章分造清册，詳請具奏。本任督臣劉坤一未及核辦，移交到臣。伏查該機器局製造諸事，悉仿西法，用料多係洋產，工資、物價均無定例，支用款項難以常例相繩，此次册開各款，詳細察核，委係實用實銷，毫無浮冒。謹查照成案，恭繕清單，恭呈御覽。仰懇天恩俯准核銷，以清款目。除將清册分咨總理衙門、户部、兵部、工部查照外，所有上海機器局計自光緒十六年正月起至十七年十二月底止，支用各款列爲第十二案報銷緣由，理合會同北洋大臣直隸總督臣李鴻章、江蘇巡撫臣奎俊恭摺具奏，伏祈皇上聖鑒。

該衙門議奏。單併發。

奏銷金陵電報局同文館支用各款片光緒二十一年正月　日

再，查接管卷内，金陵電報局，同文館委員、司事、教習、報生人等月支薪糧等項，業經前督臣將光緒十八年五月以前動用銀數，奏銷在案。茲據承辦電報局務道員郭道直詳稱，自十八年六月起至二十年五月止，連閏計二十五個月，所有督臣署内及江陰、吴淞等處電報局共支用薪費銀六千一百兩。又修换吴淞、金陵城内署局電線工料及購線换各官局電機，添購電瓶各項，共用銀一千六百三十三兩有奇。同文館支用銀四千四百兩。以上總共動支湘平銀一萬二千一百三十三兩有奇。照案由南洋防費項下撥給，詳請奏咨。本任督臣劉坤一未及核辦，移交前來。臣覆查無異，除將清册分咨總理衙門、户部、工部查照外，謹會同北洋大臣直隸督臣李鴻章、江蘇撫臣奎俊附片具陳，伏乞聖鑒，敕部核銷施行。

該衙門議奏。

布置江南防務摺光緒二十一年二月初四日

竊查倭寇滋擾以來，沿江戒嚴。江南本省防軍及安徽、江西協防之軍，疊經奉旨飭調北上，先後已數十營，亟應募補填紮。且從前事勢稍鬆，各路未及布置，目前尤須增兵嚴備。臣到任後，查中路江陰、獅子林等處，雖有守礮臺各營，甚爲單薄，且並無防護後路及遊擊策應之師。業經臣奏明，由署長江提督臣彭楚漢募湘勇十一營，令調署瓜洲鎮總兵高光効分統四營，已革提督沈茂勝分統四營，調署長江水師江陰營副將許雲發分統三營，扼紮江陰南、北兩岸。以寶山縣之獅子林爲由海入江南岸首衝，設有礮臺，前經奏准，奉旨飭雲南提督馮子材來江南辦理防務，現已募粤勇十營，不日來江，擬商令駐防獅子林。以上沿江擇要駐紮，以護該礮臺後路，且可備援應沿江上游之劉河、滸浦等處。又飭記名總兵李先義募粤勇六營，副將林保募粤勇三營，遊擊黄守忠募粤勇四營，共十三營，現已到江，亦令分紮江陰南岸之盤龍山等處。該處爲由常熟上行之路，如南岸滸浦一帶有警，則沿隄下行赴援，與馮子材軍相應夾擊。若北岸通州、泰州一帶有警，則乘輪渡江赴援。查賊蹤詭譎無定，防不勝防，惟有居中扼駐重兵，相機策應。現於中路江陰南北岸屯紮粤軍、湘軍兩枝，較爲活便。鎮江圌山關南北兩岸礮臺八處，相隔六七十里，原係提督陳基湘新湘營分撥駐守，共止五營，實屬不敷。已飭添募湘勇一營，專守鎮江南北岸礮臺。並派提督楊文彪所部湘勇五營，專守圌山關礮臺。其江陰南、北兩岸礮臺，本係蘇松鎮張景春所部八營駐守，張景春現經病故，因總兵李先義熟悉礮臺事宜，即委李先義接統。飭令汰弱留强，認真整頓，將各礮臺趕緊修理，上緊操練。其獅子林礮臺，本係駐防吴淞口之總兵曹德慶於所部内分派一營扼守。現查吴淞之勢較緩，已撥吴淞三營歸副將班廣盛統帶，駐守獅子林礮臺。其仍留吴淞之三營，派副將沐鴻恩統帶。曹德慶係本任狼山鎮總兵，飭赴本任。所有各臺礮手向係由各營輪流派撥，並無專責，以致技藝生疏，器件彈藥無人經理。實屬無此辦法。現飭派洋弁將各臺礮勇另行挑選，優給口糧，專派礮弁管理，責令日夜常川駐臺，飭洋弁教習操練。撥出之勇，由該營另行補足。崇明孤懸海外，爲長江咽喉，又飭提督王衍慶募湘勇五營，並督率原有土勇兩營駐防崇明。其南洋現有木質兵輪五艘、蚊船四艘，現飭奏調前海壇鎮總兵吴奇勳爲統領，另選管帶趕緊操練，全行駐泊崇寶沙尾，以與獅子林礮臺互相輔助。此中路布置之大概情形也。

南岸則上海之製造局最爲敵人所忌，雖不必由吴淞而入，可由金山衛至奉賢、南匯、川沙廳一帶襲滬局之後。沿海可登岸之處甚多，而金山水深與浙江之乍浦相接，距松江、蘇州甚近，尤關緊要。現飭記名提督前鶴麗鎮總兵朱洪章募湘勇十營，駐紮金山衛，與浙省乍浦防營聯絡。如奉賢、南匯一帶有警，則沿海塘回援，憑隄截擊。隨方策應，與現紮柘林之道員黄立鰲撫標三營互爲聲援。駐滬之張國林五營奉調北上，現飭原駐上海之提督蕭鎮江添募湘勇二營，名滬防營，防守製造局。飭原駐上海之遊擊鄒理堂一營並礮隊兩哨，填紮川沙。此南路布置之大略情形也。

北岸則海州有青口、灌河口二處口門較深，防其乘虚闌入，窺伺清江運道。現已電商湖南提督婁雲慶將所練湘勇四營，添募一營，共成五營。令總兵杜嵩齡統帶來江，即令扼守海州之灌河口一帶。又飭前贛南鎮總兵王得勝募海州勇五營，扼守海州之青口及贛榆一帶。海門廳濱海，通州爲入江北岸首衝，亦防其由北岸裏下河一帶以襲揚州，現飭總兵張騰蛟撥給張仲春湘勇三營，並添募兩營，前赴海門廳擇要駐防。又飭長江水師千總金滿募陸勇三營、水勇一營，扼紮通、海之交，相機戰守。並派候補道李鎮邦，陸元鼎、錢德培會同運司江人鏡分辦海州、泰州、通州海門三路民漁鹽竈團練，以資協助兵力，藉清内匪。至清江浦以至邳、徐一帶，爲南北運道所關，伏莽尤多，現在與山東接界地方，游勇甚多，與河南接界地方，土匪漸起，亟應駐軍防遏。現飭安徽差委總兵王心忠募江北勇五營，駐防宿遷、沭陽一帶，以扼由海州趨清江之路。又飭副將唐高斗總辦桃源、邳州、宿遷三屬團練。並選募該處團勇三營，照湘軍營制，發給半餉。如有戰事，再照勇營發給全餉，以固清江浦及淮北運道。徐州鎮總兵陳鳳樓，奉調帶馬隊三營北上。現飭署徐州鎮程孔德、徐州道沈守謙將原有之步隊鳳字二營、鎮安一營、飛騎馬隊二營，歷年裁減之額，一律照馬步營制補足。共補馬、步勇丁八百數十名，即名爲徐防馬隊營、步隊營，以省名目淆雜。此北岸布置之大概情形也。

至江甯省城下關一帶，向有提督楊文彪五營，兹楊文彪已飭赴圖山關礮臺，現飭提督張仲春所募湘勇兩營屯駐下關。又向有護軍三營、衛隊一哨，本任督臣劉坤一帶去兩營一哨，現飭記名總兵署中軍副將(俞)[兪]厚安募補原有護軍兩營、衛隊一哨，添募護軍一營，以資彈壓。並飭奏調差委提督劉鶴齡募湘勇六營來江，以備相機策應。所有各軍餉章，皆按湘軍營制。除新募者以成軍之日發給足餉外，惟防軍向止發十關餉，餘俱欠發。現值防務戒嚴，本省原有之營，自上年十二月起，一律按月發給足餉，以昭平允。外省新募各軍，自上年十一月起，陸續調募。惟遠在廣東、廣西、湖南等省，道路遥遠，目前尚未全行到防。業經分别電催、札催來江，督飭趕緊訓練，以重防務。其中，由他省奏調來江差委各員，均經電奏，奉旨允准在案。所有增募各防營布置大略情形，理合繕摺具奏，伏祈聖鑒。

（硃批）該部知道。（欽此）

整頓南洋礮臺兵輪片 光緒二十一年二月初四日

再，臣去冬親閲海口沿江各礮臺，大率皆疏謬無法，實出意料之外。當經在臺指示，各將領似皆聽之茫然，實堪詫異。長江爲南洋門户，江蘇形勢雄劇，物力殷富，每年南洋海防經費例撥數十萬，不知二十年來何以全無人講求及此。本任督臣劉坤一到江以來，屢有添礮、增臺之舉，於江防尚能留意經營。乃承辦局員全不通曉，守臺將領一味模糊，以致礮臺如此乖謬，實不可解。

各臺洋礮多係舊式前膛，或間有後膛者亦甚小甚舊。種類尤雜。其大礮皆係上海製造局自造者，在滬局能造大礮，固已甚屬難得，然中國工匠不熟，試造之礮礮身不長，機器不靈，施放過遲，一點鐘止能放七八礮，徒貪彈重、藥多之力，殊少及遠、放捷之功。若外洋克虜伯二十一生、二十四生等巨礮，並無一尊。不特無十年以内之新式長礮，即舊式後膛大礮，亦且無有。江陰礮臺，則止有前膛大礮四尊，并滬局自造之後膛大礮亦無之矣。至造臺不合法之處，大率數端：鎮江、圌山關、江陰等處，地勢皆好，江岸有高崗、長嶺，雄踞江干，山勢蟠曲起伏，正好築臺，乃造臺不於山巔、山脊，而或作於平地低處，以致失勢受敵。或作於山坳，以致旁多阻礙。江甯城内外，山勢高低得中，正臨江路，可建臺者不少。乃於内河口低窪處作之，礮安營房之内，礮口專向對面，不能轉動。敵船在一里之外，則束手以受敵礮攻擊，不能迎擊一礮，一也。各臺或在平地，或在山半，往往後靠山巖，敵礮隨意擊中山上，則山石炸裂滿臺，是自爲敵人多添礮子，二也。多礮密排一臺，不思高下參差，以免敵礮攢擊，一臺毁則多礮廢，三也。其明臺則將大礮平列一平坦大臺上，中間相去尚有餘地，乃並不作隔堆，敵礮横擊，各礮必有傷者，四也。子藥庫不知深藏，即在臺旁作一小屋，過於淺露，上蓋不厚，但中一彈，立致摧壓焚毁，全臺之礮皆成無用，五也。礮臺例有兵勇藏身暗房，搬運子藥往來暗道，此間各臺皆無之，有戰事時，斷不能接濟藥彈，六也。礮以環擊四面爲貴，故洋礮皆隨帶有銅鐵軌道以供旋轉，乃各暗臺則一礮作一小門，又不知開裏外八字，礮爲門束，每礮止能打一兩度，不能旋轉多擊，自礙礮路，尤爲荒謬，吴淞口之大礮，並於臺外前面築極厚土墻阻之，更爲可怪，七也。臺前宜作斜坡，敵彈方能滑走，乃各臺前面作平臺長數十丈，寬四五丈，適以留敵人礮子，敵礮不必取準，而礮彈紛紛皆落我臺上，足以炸傷全臺，尤不解是何取意，八也。濠溝最是礮臺營壘要著，乃除獅子林礮臺外，多無濠溝，各臺距江太近，亦並未留開濠之地，礮臺後路更無濠壘布置，九也。子藥任意拋擲，或早經霉壞結塊，或數目短少，護臺之小礮零件不免鏽澀，有事如何應用，十也。營房與礮臺不知分爲兩事，臺之左右前後多作房屋草棚，引火受礮，十一也。營房圍墻多作白色，夜視分明，徒爲敵人之的，十二也。至於礮手，並無專人，係令各營勇輪充兼當雜差，更换無恒，以致生疏雜亂，諸事廢弛，從來未聞有此辦法。總由各臺將領，心存苟安敷衍，以爲長江必無戰事，大言欺人，歲縻巨餉，置海防、江防於不問，實堪痛恨。惟外洋大礮此時無從購運，即使運到，而各處分造多臺，分安多礮，斷非數月内所能辦。但現有各臺已成之局，勢難更動，止能將其最謬之處，量加修改，力圖補救。江陰尤爲中路扼要之區，現將滬局現存自造之大礮五尊，設法運來江陰，另擇形勢，添造數臺。然笨重過甚，運礮上山，開路鑿石，築基安礮，倉卒趕辦，尤爲勞費艱難。一面選募洋弁，專挑礮弁、礮勇，優給薪糧，常川駐臺教習操練。鎮江山麓各臺之礮，酌移數尊於象山、焦山頂上。江甯城西北隅之獅子山、城外北面數里之幕府山，地勢頗好，可扼夾江兼顧陸路，現擬將下關舊臺之礮，移置兩山上，分作數臺。惟工程粗備至速亦須兩三月，惟有督飭趕緊辦理。至南洋各兵輪，除南琛派赴臺灣及船礮過劣者不計外，尚有南瑞、開濟、寰泰、鏡清四艘及蚊子礮船四艘。歷年裁省經費，礮勇、管機人等尤鮮好手，管帶各員類皆柔弱巧滑之人，萬無用處。而水師將弁尤難其選，現經多方蒐訪，擇其耐勞氣壯者，陸續更換。責令認真操練，全行駐泊崇寶沙尾，以與獅子林礮臺互相輔助。所有南洋礮臺、兵輪情形，力籌補救各緣由，理合附片奏陳，伏祈聖鑒。

（硃批）知道了。（欽此）

謝慶典賞賚摺 光緒二十一年二月初五日

竊准兵部咨，光緒二十年十月初一日奉上諭：朕欽奉慈禧端佑康頤昭豫莊誠壽恭欽獻崇熙皇太后懿旨，茲當慶典屆期，加恩賞賚各省總督，各賞大壽字一張，大緞二疋，帽緯一匣，以示行慶施惠至意。等因。欽此。又因臣呈進皇太后萬壽貢品，蒙恩賞壽字一方，蟒袍一件，活計一匣。又蒙恩賞福、壽字各一方，三鑲玉如意一柄，蟒袍一件，八絲緞二疋。均於本年正月内由湖北委員暨差弁恭賚到臣。當即恭設香案，望闕叩頭謝恩祇領。伏念臣任忝連圻，效無撮壤。際昌辰之衍慶，叨大賚之同霑。雲章比重於球圖，九疇敷錫。天寵昭文於黻冕，五采彰施。乃復曲鑒葵誠，疊頒穗篆。獻芹知陋，愧儒生寒素之圖書。采菽承恩，耀内府駢蕃之瑰寶。對揚莫罄，報稱何從。臣惟有冰操常懷，春暉永戴。九如作頌，敢忘報上之忱，三錫占爻，願祝師中之吉。進千秋之金鑑，愚忠竊附於唐臣。稱七月之兕觥，聖壽同符乎豳雅。

淮商捐輸濟餉摺 光緒二十一年二月初九日

竊照光緒二十年十月二十日准總理衙門來電，奉旨：張之洞電奏，擬援案勸令鹽商集捐百萬，照海防例給獎，專備江南海防之用等語。著照所請辦理。等因。欽此。遵經札飭兩淮鹽運使江人鏡欽遵傳集商人，妥爲勸辦去後。茲據詳稱，淮南、北商販共認捐銀一百萬兩。内淮南湖北、湖南、江西、安徽四岸各商共攤捐銀七十八萬兩，江甯、揚州等屬食岸各商共攤捐銀二萬兩，淮北票販共攤捐銀二十萬兩。自光緒二十一年三月起，儘一年之内，每三箇月爲一限，分四限繳清等情，詳報前來。

伏查近年淮銷疲滯，捐輸重疊，本年又令淮南運商豫徵鹽釐一百餘萬兩，商力迥不如前。當此積困重累之餘，復因江南本省海防緊要，公同捐集鉅款，各該商上感國恩，下衛桑梓，深知大義，實堪嘉尚。除飭查照現章隨時給獎外，所有淮商捐輸濟餉緣由，理合恭摺具陳，伏祈聖鑒。

（硃批）户部知道。（欽此）

報銷船廠動用工料銀兩摺[一] 光緒二十一年二月　日

竊江蘇改設外海、内洋、裏河經制水師標營，修造戰船經費

[一] 録自《京報》第五一三〇號。

截至光緒十七年十二月底止，所有收支各款，按照長江水師修船成案，列爲第五案報銷，分晰造册奏銷在案。兹查接管卷内，據江蘇防營報銷處署江甯布政使胡家楨等詳稱，各營修造船隻用過工料銀兩照案核支，飭船廠委員造報，自光緒十八年正月起截至十二月底止，舊管實存銀九千四百八十三兩零。新收松滬厘捐局、金陵防營支應局撥解經費，及修船拆出釘鐵變價等銀四萬九千七百九十四兩零。開除修整船隻，釘造炮架，修理廠棚油艙經費、口糧薪費等項共請銷銀三萬九千八百八十八兩零。按照准銷成案，核實支給，並無浮冒。實存銀一萬九千三百八十八兩零，以爲購備料物等用，歸於後案舊管項下滚接造報等情，詳請具奏。由本任督臣劉坤一移交前來。臣覆核無異，除將清册咨送户、工二部外，謹會同江蘇巡撫臣奎俊恭摺具陳，伏乞皇上聖鑒，勅部核銷施行。

該部議奏。

查抄衛汝貴家産摺 光緒二十一年三月三十日

竊臣承准軍機大臣字寄，光緒二十年十一月二十九日奉上諭：有人奏，已革總兵衛汝貴，起自盛軍營兵，巧善逢迎，不數年，而統淮軍十七營。兵多缺額，餉入私囊，擁資數十萬，悉由尅扣盤削而來。清江浦一處，即開設典當四座。比即事敗，電致親屬，將當業倒填月日，改易商名，是其爲利孳孳，已可概見。請飭查抄等語。衛汝貴罪狀昭著，業經逮問，著張之洞迅速派員，將該革員家産嚴密查抄，解充軍餉，不准稍有隱匿。將此由五百里諭令知之。欽此。遵旨寄信前來。臣遵即密派江蘇候補道王立清、阮祖棠分赴清江浦及其原籍安徽合肥縣，督同該地方官，認真查抄。嗣經臣訪聞，安徽之泗州五河縣、江蘇之邳州、睢甯、宿遷等州縣，衛汝貴均開有典鋪，置有房産。經臣分别電劄，將五河一處仍委道員王立清，邳州、睢甯、宿遷委徐州道沈守謙，泗州委淮揚海道謝元福，分投督同各該州縣，一體嚴密查抄去後。旋據各該員將查抄情形先後禀覆前來。

查清江浦爲江蘇清河縣所屬，該縣共有典鋪五座，曰公濟，曰藝永，曰履祥，曰同仁，曰通泰，係光緒十七年及十九年江蘇等省商人楊炳華、張玨、戴禧麟、祝壽枌、劉安愚、尹質之、李利濟等請帖分設，並非衛汝貴所開。道員王立清督同清河縣知縣葛毓清調驗典帖，詳加訪察，亦無倒填年月，改易商名之事。其五河縣之允泰，邳州之允祥，睢甯縣之允仁、允隆，泗州之允升五典，均係衛汝貴所開。據沈守謙、謝元福、王立清等分别督同地方官，嚴密調查帳簿，逐細盤查。允泰典實存架本並現錢三萬八千串零，典屋一所，市房二所。允祥典實存架本並現錢四萬八千串零，典屋一所。允仁典實存架本並現錢四萬三千串零，典屋一所。允隆典實存架本並現錢五萬二千串零，典屋一所，市房二所。允升典實存架本貨物並現存借出銀錢約值錢十萬串，典屋、市房各一所。通共約計錢二十八萬餘串，房屋十所。又宿遷縣開有同升、永升二典。衛汝貴前曾入股夥貿，嗣於光緒十四年、十九年先後拆出，將股本抽回，歸併周家謙等獨貿。由縣詳司有案可稽，尚無捏飾情弊。至衛汝貴原籍合肥縣，經阮祖棠督同該縣查明，抄獲房屋一所，及米穀、器具等件，並調核租簿，有租一千二百餘石，田七十八石，並無銀錢衣飾及田産契據。訊據其倩管家務之劉宗緒等供稱，先經隨眷帶往天津小站。業經臣密咨直隸督臣就近派員，在於衛汝貴眷屬寓所，一體嚴密抄充軍餉。又合肥縣住屋内查有御賜匾額一端、如意一柄、綢緞四幅，除俟該縣專賚至日，另行咨由軍機處恭繳。此查抄衛汝貴所開各縣典鋪及原籍房産之情形也。

現經各該道等督飭印委各員，於典業則招商承頂，於田産、房屋、器物，則估值變價，倉猝未易蒇事。而各典尚須查辦清理之事約有數端：一、睢甯允隆、邳州允祥兩典，訽據該典夥僉稱，業經衛汝貴之總管事劉雨春於上年十月將允隆典出，頂與劉慶雲接開。於十一月將允祥典出，頂與曹五堂接開。劉慶雲已將所頂允隆牌名改易慶生，换請司帖。惟計其出頂之期，一則雖在未奉查抄以前，已在奉旨拏問之後，一則距奉旨查抄之期中間僅隔一日，近來電報捷於影響，難保非預爲串通弊混。且查允隆一典，原議頂單載明係屬暫押抵欠，並非賣絶。在劉慶雲尚不得謂之已業，不應遽行改號换帖。至曹五堂等承頂允祥一典，當查抄時方議改换號帖，尤屬顯有弊竇。經臣批飭，將不能認真查辦之署邳州知州孫士麟撤任。並飭徐州道調集帳證人等，嚴切根究詳辦。一、各典存有官私各款，必須確切覈對，實有證據者方能提還，不准稍涉冒濫。一、允升典前曾分設允隆衣荘，出有錢票，凡當取及民間交易，率皆用之。該衣荘被火後，除已收回外，散在民間票錢計尚有九千六百六十串。一聞允升抄没，凡執有是票者無不疑懼，紛紛求取，不得不准其贖當取錢，悉數收回，以順輿情而免滋事。一、各典現雖招頂，目前因海防未靖，多存觀望。而鄉民所當衣履、農器，皆窮黎禦寒、力耕之具，遽予查封存儲，殊非便民之道，自應限期聽贖，酌留店夥，以司其事。並派人稽查，嚴禁出入隱匿之弊。一面趕緊招人接頂。此查辦各典之情形也。

伏思衛汝貴擁資鉅萬，各處置産設典，雖經此次嚴密查抄，惟允隆、允祥兩典接頂之期太近，難保必無弊端。劉雨春既爲衛汝貴之總管事，一切款項由其出入，兩典出頂亦係該管事經手。亟應嚴拏澈究，以免朦混欺隱。除分飭江甯、安徽兩藩司會同臬司暨徐州道等督飭嚴拏劉雨春，分别查訊辦結，暨將現所抄獲産業分别核實、勘估，招頂、變價，陸續解充本省軍餉專案報部外，所有遵旨查抄衛汝貴家産各緣由，理合恭摺覆陳，伏祈聖鑒。

（硃批）該部知道。（欽此）

總兵出缺擬定正陪請旨簡放摺[一] 光緒二十一年三月 日

竊據署長江水師湖口鎮標中軍遊擊王洪陞呈稱，湖口鎮總兵柳金源，因舊傷舉發，復感風寒，醫藥罔效，於本年二月二十七日卯刻出缺。當將總兵關防封固存儲等情，呈報前來。伏查湖口鎮爲江西湖廣門户，總兵有專閫之責，員缺極關緊要，未能虚懸。除分别委員署理並暫行兼護另片陳明外，查長江水師總兵各缺，同治七年欽奉諭旨：遇有缺出，即由該省督撫保舉堪勝總兵人員，擬定正、陪，請旨簡放。等因。欽此。欽遵在案。今柳金源所遺長江水師湖口鎮總兵員缺，臣等遵照定章，詳加遴選，查有提督銜記名總兵長江水師正任湖北田鎮營副將調署江南江陰營副將績勇巴圖魯許雲發，樸勇廉明，聲威素著，才具穩練，辦事勤能，

[一] 以下三件録自《京報》第五一四八號。

歷任水師各缺，舉凡約束弁兵，訓練技藝，無不認真整頓，實力講求，水師中最爲出色之員，堪以擬正。又查有記名提督長江水師湖北荆州營副將周芳明，老成持重，訓練嚴明，久在水師，兵民交悦，堪以擬陪。以上二員均堪勝江西湖口鎮總兵之任，相應請旨速賜簡放，以重職守。所有長江水師總兵因病出缺，遵章保舉堪勝總兵人員各缘由，謹合詞恭摺馳陳，伏乞皇上聖鑒。

另有旨。

委王洪陞兼護總兵篆務片 光緒二十一年三月　日

再，湖口鎮總兵柳金源因病出缺，所遺總兵篆務，現經臣等查有長江水師提標中營副將魯洪達，曉暢營務，紀律嚴明，堪以署理。其未到任以前，查有署湖口鎮標中軍遊擊王洪陞才具精明，營務整肅，堪以先委暫行兼護。除分别飭遵外，理合附片奏陳，伏乞聖鑒。

兵部知道。

委王衍慶署理總兵片 光緒二十一年三月　日

再，蘇松鎮總兵員缺，前經臣奏委該標中軍遊擊滕代勇暫行兼護在案。兹查該處地方緊要，必須大員鎮守方足以資表率。查有記名提督王衍慶，資望老練，夙著戰功，堪以署理，除檄飭遵照外，謹會同江南提督臣譚碧理附片具奏，伏祈聖鑒。

兵部知道。

保奬蘇省河運出力員弁摺[一] 光緒二十一年三月　日

竊照蘇州等屬，光緒十八年冬漕，提撥米一十萬石，循辦河運。飭由長洲等二十七州縣認運，分赴寶應一帶採買秈米，就近撥交民船斛兑，委員驗米兑裝，於十九年三月初八日兑竣開行，六月二十九日行抵天津。內除奉撥順直賑米五萬石並備帶餘米二千八百八十四石零，就近截留，交由直隸督臣委員驗收濟賑外，其餘河運漕糧正米五萬石，備帶餘米二千八百八十四石零，於七月二十二日行抵通壩，經倉場侍郎按起驗收，至二十八日止，一律完竣。核計自寶應水次驗米兑裝，分幫派運，尚屬順平。第漕船開行後，沿途河道節節淺阻，挑挖起剥，倒塘灌輸實屬竭盡人力。且蘇省派委員弁較之□北人少事繁，每以一人兼理數事，而各該員弁等長途跋涉百費經營，均能認真將事妥速交卸，米色亦乾圓細潔，毫無霉變，洵屬倍著辛勞。據蘇松糧道吴承潞會同署蘇州布政使黄祖絡查明在事尤爲出力員弁、書吏，遵照新章，開造詳細履歷清册，詳請奏咨請奬前來。臣等伏查，蘇省光緒十八年冬漕分撥河運開行後，沿途河道節節淺阻，幸在事員弁灌輸牽挽，不遺餘力，得以交兑無悞，不無微勞足録。除將出力□□者由臣奎俊分别給予外奬功牌外，謹將尤爲出力員弁書吏酌擬奬勵等差，開繕清單，恭呈御覽。合無仰懇天恩俯准分别給奬，以昭激勵。除將送到履歷分咨吏、兵二部查照外，理合會同漕運總督

[一] 録自《京報》第五一五二號。

臣松椿恭摺具陳，伏乞皇上聖鑒訓示。

該部議奏。單併發。

布置海贛清江一帶防務摺光緒二十一年四月初四日

竊照光緒二十一年正月二十五日承准軍機大臣字寄，正月十八日奉上諭：侍講樊恭煦奏海州要口宜防竄擾，以通運道一摺。據稱，江蘇海州所屬之青口鎮爲沿海要隘，距煙臺海面不過數百里，向未設駐重兵。賊若撲犯青口，竄擾内地，斷我運道，則南北梗阻，漕米、軍火悉以資敵，鹽場亦被肆擾。請飭派兵駐紮嚴防等語。現在賊烽縱横海上，難保不撲犯南洋。青口鎮爲濱海要隘，且爲糧餉、軍火運道所關，亟應預籌防守。着張之洞、松椿迅即揀調精兵，或酌撥漕標得力防營，前往該處駐紮，認真嚴防，務使敵難猝犯。此外要口並着該督等就近察度情形，一體密籌布置，毋得稍有疏虞。等因。欽此。仰見廟謨廣運，燭照先幾。跪誦之餘，莫名欽服。

臣查海州爲南洋入境首區，密邇清淮，關繫運道。而淮、揚兩郡，江北精華，實以清江浦爲鎖鑰，自宜亟籌防範。本年正月内，先經臣奏調湖南提督婁雲慶所部雲字湘軍五營，令記名總兵杜嵩齡統帶來江派防海州。惟他省募調，緩不濟急。查有向駐海州緝私之前南贛鎮總兵王得勝，樸直老練，熟習地形，素孚人望。海州人素强健，飭令就海、贛一帶，選募海勝軍五營，扼紮青口等處要口。並委候補道李鎮邦，辦理海州、贛榆、沭陽、安東四州縣團練。飭兩淮鹽運使江人鏡督同海州分司運判徐紹垣，辦理鹽竈團練，以輔兵力。又查宿遷、邳州、桃源乃由清江北上孔道，亦防其由贛榆陸路窺伺横截。且土匪竊發，擾亂運道，亦屬可慮。因飭原在宿遷緝捕之副將唐高斗，選募該三州縣團勇三營一千五百名，以助防勦。旋據海州文武禀報，沿海探查，有倭寇黑白、大小兵輪兩艘，帶民船三十餘隻，前以山東烏船二隻爲嚮導，於二月十三至十七等日在山東日照縣安東衛測水，並詢問海州青口路程。二月十八至二十三等日至贛榆，海州一帶，柘汪口外之嵐山頭、青口外之鷹遊門等處停輪，隨帶小民船，往來如織，測探水道深淺。又至海州安東交界之灌河口外開山等處，測量如前。並張帖僞示，以倭國銀鈔煽誘沿海漁户居民，告以將來倭兵到時，准其持此領銀爲作嚮導，可免殺擄，每票一元、五元、十元不等。經該民人呈繳四紙，封送臣處，查驗屬實。當經飛飭地方印委防營將領，重賞收買，並曉以大義，勉爲忠良，勿貪倭餌。第倭寇注意海州，狡謀顯著。該州沿海要口甚多，登岸甚易，斷非十餘營所能防禦。查記名提督楊文彪曾任海州營參將，於該處情形尚熟。該軍本係派令接防圌山關礮臺，因改派統率所部五營，前往海州。並抽調原紮江陰之副將林保、遊擊黄守忠粤軍七營亦赴海州。又飭奏調差委記名總兵王心忠募江北勇忠字五營，一併馳赴海州，合力戰守。因軍情日緊，諸軍一時難到前敵，又令總兵王得勝就地添募海勝軍三營，以期迅速熟習。王得勝駐青口及贛榆之永濟寺，杜嵩齡駐西墅平山頭，楊文彪駐黄家跳，王心忠駐大村，林保、黄守忠兩軍駐大伊山，皆係水陸衝要，均飭令豫先籌商，有事互爲援應。以上各軍均已到防。惟清江附近尚形空虚，並飭奏調差委記名提督鄧正峰招募正字五營，奏調差委記名提督王金榜招募金字五營，皆在徐、宿、鳳、詑一帶，就近選募，俾得刻期成軍，先令在清江北岸駐紮，臨時聽候調撥，相機迎剿。計四月中旬均可到防。又查沭陽縣係由海、贛赴清江北路必經之道，訪得沭陽在籍千總陳廣羣材武可用，素得衆心，飭令募練土勇一營五百名，以備邀擊，現已成軍。惟倭寇慣技，每每避實擊虛。山東日照之臺角、石家所一帶，水深沙少，輪行距岸止三四里，若偵知海州防營較多，由日照登岸，陸行至贛榆界之黑林，亦可南趨清江。擬俟正字、金字兩營各軍到齊後，酌派數營分防此路。查清江以北，地勢平衍，包抄斷後，必須馬隊。惟一時難購多馬，所有海州、江北各軍，其將領均係北人，步、騎皆能兼用，每營令酌配馬隊一百名，馬不足者五十名亦可。總之，以一馬、二步核計，每營仍合五百名之數。其團勇、土勇餉數，平日，按湘軍營制七成給發，營哨官不減。有戰事時，仍照湘章補足。又查清江浦地處衝繁，南北往來軍民稠雜，城小而卑，城外運河北岸地勢散渙，毫無屏蔽，防軍素少，清江、淮安至揚州等處，人心不免震驚。又飭淮揚道謝元福，跨河趕築土圍、牛馬墻，挑掘深濠，兼作水柵，晝夜趕工，俾資扼守而定民心。並令該道募步隊二營、馬隊一營，名曰浦勝營，即令該道統帶，以資鎮遏。現又調原紮江陰北岸之署瓜洲鎮總兵高光效四營回紮揚州，以爲清江聲援。其海州安東接界之灌河口、響水口等處，亦經漕督臣松椿派撥漕標水師礮船八號、陸勇一營一哨，前往扼紮。適奉旨辦理防務之雲南提督馮子材到江，現經商定，將所部萃軍十營，暫紮鎮江，輕騎先赴海州各口察看軍情。如有戰事，該提督即統率本部，親赴海州前敵督戰。所有督標、漕標在海州、沭陽、宿遷、清江北岸各營，商明統歸馮子材節制調遣，以一事權，業經另摺奏明，並經臣札飭各將領紳團，剴切告戒重賞嚴罰，先以阻其登岸爲要。敵若深入，各軍分番戰守，互相援應，總以斷其後路爲主。如海州有警，臣當出駐鎮江，督飭策應。目前布置粗有端緒，惟有獎率軍民，激發忠義，同心合力，誓殲狂寇，以仰副

聖主籌維南北運道大局之至意。

（硃批）知道了。（欽此）

分設軍報電綫片光緒二十一年四月初四日

再，江省幅幀遼闊，當此海防戒嚴之際，軍報必宜靈捷，方能隨機因應。查江省應防倭寇内犯之路，除海口、崇寶沙迤南、迤北兩洪爲入揚子江通行正路外，此外水陸大率共有四路。長江南岸一路，係由金山衛登岸窺松江、蘇州，緣奉賢以南海塘之外沙灘漸窄，海水漸深，至金山嘴、金山衛爲尤深，輪船可近岸停泊，與浙江之乍浦連接，相距止五十里。長江北岸三路：一係由淤黄河故道口門以北海州各口登岸，陸路窺清江浦。一係由山東日照縣之石家所登岸，陸路行至贛榆縣之黑林地方，亦可南趨贛榆以達清江浦。一係由崇明縣以北之新洪入江，取道海門，由北岸陸路窺通州，以達揚州。臣於上年十一月，即飭上海電報商局委員知府楊廷杲分設三路水陸電綫：一由上海縣越黄浦江造至川沙廳，沿川沙、南匯、奉賢、金山四廳縣境之海塘，以達金山衛，并接至乍浦，計長二百七十餘里。一由清江造至海州及贛榆之青口，此綫并横接至海州分司駐紮之板浦，計長三百餘里。一由揚州造至通州之任家港，此綫并横接至泰州，計長亦三百餘里。其鎮江南岸之綫，由象山防營接造，下至圌山關礮臺。鎮江北岸之綫，由瓜洲接造，下至都天廟礮臺。上海之綫并接至吴淞口、獅

子林各礮臺。務使各處信息靈通，以便早籌戰備。以上各路水陸電綫，經楊廷杲督飭各工員，運料加工，日夜趕辦，已於三月內先後竣工通報。至崇明縣，孤懸海外，文報艱遲，一日有警，調度殊多不便。并令由崇明設海綫一道，接至吴淞口。惟海綫較貴，且須購自外洋，俟運到後即當飭催趕造。所需工料經費，均於海防軍需項下開支。飭該局楊廷杲核明詳細里數，開報到日，再行奏咨。

（硃批）知道了。（欽此）

萃軍到江摺 光緒二十一年四月初四日

竊臣之洞前因江南防務緊要，電請總理各國事務衙門代奏飭調臣子材統率所部萃軍，募足十營，來江辦理防務。光緒二十年十月二十六日奉旨：張之洞電奏請飭馮子材募舊部粵勇十營速來江南辦防等語，即著該督電知馮子材，照數招募，迅赴江南辦理防務。欽州一帶防營，並著知照李瀚章另行派員統帶。欽此。欽遵咨會到粵，臣子材即遴選得力將弁，分赴邊境，募集舊部敢戰勇丁，於十二月十二日，由欽州陸續起程。第因海道阻截，未便徑行，遂分道由廉、高、潯、梧水陸並進，由廣東之北江會合，至南雄州度嶺由江西內河舟行至湖口出江。經臣之洞分派長江運兵輪船，分起運載拖帶，兹於三月十四日全部到江。

查臣之洞原議因海口喫重，擬將萃軍一營屯紮寶山縣之獅子林海口，與礮臺相輔，以遏前敵。兹值海州戒嚴，會晤臣之洞商定配足軍械，暫駐鎮江。臣子材即日輕騎前赴海州，察看地勢及前敵各軍駐紮處所，是否足資戰守。督同諸將領籌議布置，與臣之洞電商定議後，仍回鎮江。該處爲南北上下游適中扼要之地，如有戰事，臣子材即親率本部，馳赴海州前敵。所有海州、清江、沭陽、宿遷等處前敵各軍，已先由臣之洞檄行各營，統歸臣子材節制調遣，以一事權。其漕標在海州之水陸各營，准漕督臣松椿來電，一併飭歸臣子材節制調遣。所有臣子材統軍到江日期，及先赴海州察看前敵形勢緣由，除先行電奏外，謹合詞恭摺具陳，伏祈聖鑒。

（硃批）知道了。（欽此）

募補護軍各營並添練洋操隊片 光緒二十一年四月初四日

再，上年冬間，臣抵江南後，因督標護軍各營，半經本任督臣劉坤一調派北上，江甯城守空虛，當飭奏調差委記名總兵現署督標中副將（俞）[僉]厚安，分別添招募補護軍中、左、前三營。並經咨商兼護湖廣督臣譚繼洵，飭派湖廣補用副將吴友貴、湖廣儘先遊擊蔣聲耀、湖廣儘先都司張彪三員來江，委令各充管帶。即委（俞）[僉]厚安爲統帶，以資得力。又督轅原設衛隊一哨，亦經本任督臣飭帶北上。當經臣飭令選募足額。

再，目前戰守實際必以講求新式洋操爲亟，無如各將領狃於積習，雖剴切告戒，終難悉心體會盡捐故習。惟有在臣署左近，親加督飭訓練，以爲諸軍準式。現經募到洋弁威體、錫樂巴兩員，兹特專募洋操步隊二百名、馬隊一百名，即令署中軍副將（俞）[僉]厚安，督同都司張彪等，每日會同兩洋弁，認真操練，講求地營、散隊、槍礮取準之法。擬俟練成後，分發各營教練，藉資觀摩興起。所有吴友貴、蔣聲耀、張彪三員，相應奏明，仰懇天恩准將該三員調來江南差委，實於防務、營務有裨。

（硃批）著照所請。兵部知道。（欽此）

設立轉運各局摺 光緒二十一年四月初四日

竊照自上年倭寇犯順以來，江南調派北上各軍所有餉項、軍械，先經本任督臣劉坤一分飭江甯、上海派員轉運清江，交清江及濟甯淮軍轉運局代爲接運。並派直隸候補道員林志道在天津設局管理收發，或由各軍派員赴津請領，或由林［志］道派員運解各軍營次。嗣因北上各軍多至五十餘營，分紮關内外及調援山東，所有軍火多由江南協濟。餉項、軍械件數繁重，道途遥遠，冰雪載途，兵差絡繹，車輛缺少，節節艱滯。淮軍轉運局兼顧爲難，不免有顧此失彼之慮。必須另設專局，以期分運迅速，克赴戎機。除天津轉運局已委道員林志道辦理外，經臣電商欽差大臣劉坤一，於鎮江、揚州、清江、宿遷、徐州，山東之臨城驛、兖州、東阿、德州，直隸之滄州、天津、山海關，奉天之錦州等處，分設江南轉運局，共十三處。鎮江派委常鎮道吕海寰、江蘇候補道員何福海會同辦理。清江派委江蘇候補道員李家驊、前江蘇候補道員莫繩孫會同辦理。揚州派委揚州府知府沈錫晋督同江都、甘泉兩縣辦理。徐州派委徐州道沈守謙辦理。宿遷離浦較近，即爲清江分局，由清江派員辦理。兖州派委江蘇候補知府何維樸辦理。臨城距兖較近，即爲兖州分局，由兖州派員辦理。東阿爲德州分局，派委江蘇候補知縣但祖翼辦理。德州派委前江蘇候補道員周嘉猷辦理。以上各員，分帶文武員弁前赴各局，聽候隨時派委押運等事。至天津局務，既由道員林志道管理，其滄州、錦州、山海關各局，即由林志道兼轄，並令派員前往辦理。至江甯省城收發、撥解、籌畫、催趲以及銷算款目事務繁重，仍須設立江南轉運總局，綜攬全綱，方能呼應靈便，端緒分明。當經派委江蘇候補道桂嵩慶、奏調差委江西補用道惲祖祁、江蘇候補道阮祖棠、奏調差委湖南候補道陳允頤，會同在局江甯布政使瑞璋、江南鹽巡道胡家楨辦理。

兹據辦理江南轉運總局詳稱：查由江甯至鎮江，由鎮江至揚州，冬春之間每患風狂浪大，小輪力薄行遲。由揚州至清江，又患水淺船多，小輪不能多帶。若往返拖送，往往一批軍火十數日不能全數到浦，必須多備拖輪，方能分起陸續運送。除將江南籌防局先經租到之飛鴻、彙源及原有各小輪拖運外，另在上海購江清、江平、江泰小輪三號，租雇祥元、泳濟、乘風、凌風小輪四號，隨時往來拖帶。其飭上海招商局原租運兵之泰安、愛仁、平義、馬加利、固陵、江寬大輪船六號，遇便亦令由江甯、上海運送至鎮江、瓜州、江陰、通州等處軍火。設遇船多水溜，小輪拖帶不能得力，仍由揚州府督同江都、甘泉兩縣，多雇牽夫拉挽，以期迅速。其由清江至德州中分七局，每局雇養長車三四百輛不等，至少亦在二百輛以外，其三四套騾車不能多有，即參用轎車、牛車、二把手小車及驢馱，以期趕運。由德州至天津間，可用船代車。由天津至錦州，仍須雇養長車。各局分別募用馬勇二三十名，以資護運。統計地段綿長四千餘里，長用大小輪船十八九號，雇養大車三千餘輛，各局薪糧、運費等項，尚難核計。當此防務喫緊之際，自當將南、北各局應運餉項件數，分別多寡緩急，酌定雇用車、馬、船隻辦法，切實籌計，妥速經理。應用經費核實動支，隨時嚴加考核，俾轉運刻無停滯，以濟前敵要需。並據聲明，未設轉運局以前，所有金陵支應局及淮軍轉運局動用過車船價脚及員弁勇夫薪糧各項，將來截清數目，併現設轉運總局內，分款造册報銷，各等情，詳請奏咨立案前來。臣查江南北上各軍轉運餉械，爲當務之急。與其顧惜小費貽誤事機，不如分設運局，多備車船，以期迅速。除飭將各局先後動用運費一切款項，俟軍務大定即行分款造銷，並咨部查照外，謹會同江蘇撫臣奎俊恭摺具陳，伏祈聖鑒。

（硃批）該部知道。（欽此）

購租輪船轉運餉械片光緒二十一年四月初四日

再，前因南洋海防戒嚴，江南各兵輪船、蚊船，均經分泊要隘，以備戰守之用。所有吴淞口巡察海面，稽查入口外國兵、商各船，運送各臺礮位軍火，以及拖帶兵勇軍火過江，在在需船轉運、差遣。曾經購買普陀、平鏡、平安差輪三艘，並租用彙源、飛鴻二小輪，作爲拖帶轉運及海口偵探礮臺查船之需。並咨明海軍衙門、户、兵、工部查照在案。嗣因北洋軍務日緊，奉調北上諸軍日多，刻難容緩。軍械、餉項概須改由揚州、鎮江分運清江，登陸北行。其貴州、湖南、江西徵調各軍，及江南自湘、楚、兩粤募調各軍，及借撥製造各軍械，均須泝江而下。或赴宜昌接運，或赴江西省接運，俱非輪船載運不能剋期。兵械雲集，日夜不絶，前起壅滯，後起已來。當時軍情萬緊，不得不多備輪艘，以資載運。當即先後在滬選購運兵大輪及拖帶小輪四艘，内江清、江平、江泰三輪共價銀二萬兩，公和一輪價銀三萬五千兩。又崇明孤懸海外，水綫通電訂購不及，渡兵運餉必須輪拖，添購崇安一輪，價銀四千七百五十兩。又因購輪太費，且一時亦無從購覓多輪，而各軍齊集，急待輪船運載東下，長江風浪甚大，小輪拖帶民船不能過多，動須停泊，太形延緩。當經電飭上海招商局道員沈能虎，長租華洋較大輪船十艘。内泰安一輪每月租銀二千九百兩，愛仁一輪每月租銀六千兩，平義一輪每月租銀五千八百兩，馬加利一輪每月租銀五千五十兩，固陵一輪每月租銀四千二百兩，江寬一輪每月租銀一萬二千兩。短租江裕一輪七日，每日租銀五百兩。又長租祥元、泳濟、乘風、凌風四小輪每月共租銀八百零五兩五錢。又金山衛西接浙江乍浦，爲蘇松屏蔽，駐有重兵，時須小輪探報軍情，撥運餉械。租用金安一輪，每月租銀三百兩，均飭由江南籌防、支應兩局籌撥分給。其購買各輪丈尺喫水，配用管帶、執事、員弁薪糧公費，另行造册，咨部立案。

（硃批）該部知道。（欽此）

覆陳飭辦漁團情形摺光緒二十一年四月初四日

竊臣承准軍機大臣字寄，光緒二十一年二月十一日奉上諭：沿海舉辦漁團，藉以保衛海疆，免致爲敵所用。即著王文韶、張之洞、邊寶泉、李瀚章、奎俊、廖壽豐、李秉衡、馬丕瑶、唐景崧，各就本省情形，妥定章程，實力籌辦。毋得有名無實，致成具文。劉坤一原摺，均著抄給閲看。等因。欽此。

臣等遵查江南海面環境一千二百餘里，沿海漁户網罟爲生，雖習沙線風濤，非盡驍勇敢戰。且輕舟簸蕩，槍礮難求。若謂招集漁船，即可攻擊敵艦，固未敢信然。沿海一帶，除長江正口洋圖俱已測繪精詳。此外，新洪小口濱海平洲，沙灘之坍漲不常，潮汛之深淺無定，若能將民漁各船清查團結，廣布恩信，杜其引水接濟，敵船亦多窒礙。誠如聖諭所云，免致爲敵所用。此則漁團有益海防之實際也。特是向來漁團流弊，或嚴其出入江海之限，或苛以按期操練之煩，不惟無益，且多滋擾。近日，倭船南來，多用該國銀鈔厚餌窮漁，多方引誘。雖經臣之洞等電飭地方文武，懸賞收買，開示大義，勉以忠誠，但恐稽察難周，愚民仍爲揺惑。則全賴印委文武各員，精神貫注，不憚煩勞，擇其力强、心細、可以號召諸漁户者，厚加撫結，使之自加覺察，懲勸兼施，或可行之有效。

臣之洞抵任後，即會商臣奎俊通飭各屬，查照前督臣左宗棠漁團成案，選擇團董，分設數局，量爲變通，俾歸簡易。各就本地情形，酌量損益，一體舉辦。而以確有實際不受倭人雇募、帶水、濟糧爲第一要義，並於十二月内徧行鈔發賞格六條：一曰遇有倭人雇募充當引水，該漁團能將來雇之人綑送到官，訊明屬實，賞銀五百兩。一曰遇有倭人雇募窺探沿海、沿江軍情，該漁團能將來雇之人綑送到官，訊明屬實，賞銀五百兩。一曰遇有倭人雇募載運接濟米糧、軍火以及一切物件，該漁團能將來雇之人綑送到官，訊明屬實，賞銀五百兩。能將其的實憑據，密送到官，因而起獲接濟各物者，即將所有各物，盡數充賞。一曰如能舉發勾通倭寇、充當引水、窺探接濟之人，綑送到官，訊明屬實者，賞銀三百兩。一曰倭人來犯，該漁團如能集衆相機攻擊，獲一勝仗者，該團共賞銀三萬兩。獲一大勝仗者，共賞銀十萬兩。幫同水師各軍獲一勝仗者，賞銀一萬兩。一曰該漁團能毁一倭船，或奪一倭船，大者賞銀十萬兩，次者賞銀五萬兩。船上除軍火歸官外，財物悉以充賞。並將各該團董破格優奬。分飭徧諭，並令編牌設甲，互相結保，隨時實力稽查，去後。嗣據各府廳州縣印委各員，繪圖造册，先後申報遵辦前來。臣之洞復加委道員錢德培、陸元鼎、李鎮邦等分赴江北沿海州縣，督同辦理。臣奎俊亦分委道府，馳往蘇、松、常、鎮各屬，一體催督。兹欽奉前因，謹已再行通飭，欽遵認真舉辦。惟有時常督查，隨時密訪參驗，以免有名無實。

（硃批）知道了。（欽此）

留張謇沈雲沛辦通海等屬團練片光緒二十一年四月初四日

再，江南所屬之海門廳，濱臨大海，通州鎖鑰長江，由北岸陸路可徑趨揚州，均爲南洋門户。海州内障徐、淮運道，東北一帶濱海三百餘里，可登岸之處太多。當此海氛告警之際，雖由臣趕調營勇，扼要駐紮，而地廣兵單，不敷分布。非舉辦團練，無以固結民心而輔兵力。除已遴委幹員分赴沿海、沿江一帶，會同地方鹽務各官，勸辦漁團、民團、竈團外，兹查有通州丁憂在籍寓居海門紳士前翰林院修撰張謇，學識素優，博通經濟，實心任事，允洽鄉評。海州在籍紳士翰林院庶吉士沈雲沛，品行端謹，才具優長，盡心任勞，鄉人推重。該二員，於本處之地利、民情均極熟悉，而於保衛桑梓均能力任不辭。當經照會張謇辦理通州、海門廳兩屬團練。通、海脣齒相依，正可互相聯絡。沈雲沛辦理海州屬團練。均飭令就地籌款，募練壯丁，會同地方印委辦理。仍由臣酌給軍火、器械。於開濠、築壘各事宜，各就本地情形，酌量勸辦。令團練與防營聯絡一氣，以收衆志成城之效。張謇係丁憂人員，臣勉以移孝作忠，循古人金革無避之義，誼無可辭。沈雲沛係請假回籍，現值假期届滿，即當回京銷假，相應請旨，准令該庶吉士俟軍務平定之後，再行回京供職散館，實於防務有裨。

（硃批）著照所請。（欽此）

覆陳通海防務情形摺 光緒二十一年四月初五日

竊臣承准軍機大臣字寄，光緒二十一年三月初五日奉上諭：都察院奏户部主事李安等以江海要衝，急宜籌辦團防，呈請代奏一摺。據稱，海門廳及各鹽場，迤邐以達海州，時有倭船測量，請分別舉辦漁團、民團。並擬編查船户，添築堤岸，速購偵探，預籌的款四條。著張之洞體察情形，酌量辦理。原呈著鈔給閲看，將此諭令知之。欽此。

臣查該主事等，籍隸海門、通州、泰興，所呈各節皆爲海、通一帶而言。惟查江南全省海防形勢，除長江口門外，江南惟金山衛喫重，江北惟海州喫重。自贛榆、海州至安東之老黄河口止，水勢較深，大輪船可距岸二十里停泊，或由山東日照登岸陸行直趨贛榆，亦止百餘里。此皆防其攻襲清江，梗我南北運道，擾我淮揚精華，故海州以重兵三十餘營防之，並於清江加築土圩，增駐多營，以爲策應。若安東黄河口以南，即爲五條沙，自此沿阜甯、鹽城、東臺、泰州、如皋以至海門廳界，皆係鹽場，海中沙灘甚廣，窄者百餘里，寬者二百餘里，洲港縱横出没或深數丈，或深數尺，民船、貨船常有由沙内行駛者，輪船則萬不能行。倭寇遠來，必以兵輪大隊，斷無雇凑民船行二百里載兵登岸之理。風汛不時，軍火不繼，勢將自斃，此與前明倭寇零星焚掠者不同。故海門北至安東，海防非其所亟，所謂地有所不守，城有所不攻者也。惟崇明縣以北，江路素多暗沙，據洋圖近年沖開新洪一道，輪船可入，載有測量尺寸。臣於去冬派輪覆測，與洋圖不甚相符。大約冬春潮枯時，不能行輪，夏秋潮漲，則亦可慮。設倭寇由崇明以北駛入長江，專擾北岸，則通州爲首衝，可由靖江、泰興以窺揚州。惟購礮築臺，勢已無及。經臣派總兵張騰蛟率勇五營，駐防通州。設倭寇由通上犯，則調靖江北岸之南字各營赴援。但崇明、通州有警，則海門不免惶擾。蓋不慮其海岸之潛登，而慮崇、通之波及，自亦未便置之度外。無如海門本係新長沙灘，荒瘠異常，向無城郭，食米、柴草、木料無不艱窘。而且沙鬆、水淺，不能築壘。近海一帶直無廣平高燥可以紮營之地。初擬派張騰蛟五營往，繼擬派金滿四營往，該處民人聞將派兵往紮，深以爲憂。經該廳同知王賓具禀瀝陳。查我軍往紮如此之難，則敵人來犯，亦自不易。體察海門情形，客軍難駐，土勇較便，惟有激勵團練，厚資其力，自爲防衛，尚可相安。其民間不願外兵情形，通州亦復相等。因飭狼山鎮中營遊擊鄧業良豫爲部署，如果倭船有擾及南洋之信，即令該遊擊酌募土勇兩營，會合該鎮練軍，以資策應，餉由省發。此臣籌辦通海防務撥兵籌餉之情形也。

至通海一帶團防事宜，臣於正月間與通州、海門紳士在籍翰林院修撰張謇往返函商，廣爲諮訪，並飭該地方官委員會同該紳籌商，業經分條舉辦，大致與該主事等所呈相仿。如漁團一節，業經臣於去冬通飭舉辦。又委道員錢德培、陸元鼎、李鎮邦，會同三分司運判，分別督辦江北沿海各廳州縣民團、漁團、竈團，以輔兵力而定民心。軍火由省城發給。近經總署撥給奧國後膛舊槍，除發他處團練外，復經撥發二千支，照配子彈，爲海門、通州兩屬團練之用。其築隄一節，亦經臣於正月内札飭江北沿海、沿江各州縣印委，督飭團練，各就該處情形，酌量興辦築隄，以資扼守。堤内開溝，以藏勇丁。堤外多開濠坎，以限奔突。將工程作法，詳晰指飭。沿海則就范公堤舊址，沿江則就江堤舊址，於有關形勢守禦之處，酌量培補，藉資捍衛。嗣據各印委禀，工程太鉅，只可擇營勇、團勇扼紮之處，量加開築。其探報一節，臣於去冬，已飭將揚州電綫接至通州、泰州，現已工竣，另片奏陳。至偵役、燈桿、號礮，有戰事時自應由該地方文武酌設。其籌款一節，臣已檄飭通州、海門，將該處釐金應解金陵、揚州、清江之款截留數成，以供團費。此外該處勸捐之款，概令留用，不必解省。據紳士修撰張謇會同地方官約計，一年經費共需錢十四萬串。臣已允之，必爲籌撥足數。至積穀一項，誠屬鉅款。然關繫備荒本務，非至萬分緊急之時，臣斷不肯輕動。該主事等知兵力不能偏布海濱，而請辦團防，又知餉之難籌，而請動積穀公款。具見保衛桑梓苦心，不同鋪張浮泛之談，與臣現在辦法大意亦尚相同。而撥餉、撥械、添派多營，該主事所未議及者，亦均竭力籌措。總期官民同心，自可捍禦外侮。謹當督飭官紳切實辦理，勿稍鬆懈，以爲有備無患之計。

（硃批）知道了。（欽此）

招募浦勝軍及鶴字六營片 光緒二十一年四月初五日

再，（昨）［前］因海州防務吃緊，清江浦爲南北要衝，其時民情不無驚擾，而諸軍俱已派赴前敵。查江北地勢平衍，後路空虚可慮，當飭淮揚海道謝元福，就近招募江北勇丁步隊兩營共一千名，馬隊一營二百五十名，名曰浦勝軍，均按湘軍營制餉章，以資鎮懾而備戰守。又前經奏明檄飭奏調差委提督劉鶴齡，赴湘募勇六營來江以備策應。（昨）［已］經招齊成軍，行至沙市。詎該提督在宜昌病故，商經兼護湖廣［總］督臣譚繼洵，改委署湖北宜昌鎮記名提督謝得龍代統來江。查謝得龍係劉鶴齡多年舊部，此次營哨各官，皆其舊日同事相習之人，惟有即令該員接統，方能妥帖。現經檄委謝得龍即行統領鶴字六營駐劄江甯訓練。

（硃批）兵部知道。（欽此）[一]

查明江南勸捐息借並無另立名目及騷擾情事摺 光緒二十一年四月初五日

竊於光緒二十年十二月二十八日承准軍機大臣字寄，光緒二十年十二月十八日奉上諭：有人奏，山西辦理息借商款，有藉端擾累情事。曾諭令張煦妥爲籌辦，不得抑勒滋弊。兹又有人奏，江南地方奉行不善，另立借民債名目，民人出銀百兩，即給予藩司印票。往往今日繳銀，明日即將印票抵償關税，釐金等項。各關道至應解關税之時，亦即將印票繳銷。又有户捐、鋪捐、房捐各名目，紛紛騷擾，民多怨咨。並聞山西一省，委員四出，按户給票，勒令出銀。其不能出銀者，委員責令跪鍊等語。所奏如果屬實，殊屬不成事體。著張之洞、張煦確切查明，如有前項情弊，

[一] 以上衍、脱、舛五處，據《京報》第五一七〇號校正。

即著指名嚴參，並督飭地方官將借款一事妥籌辦理，不得擾累滋弊。原片均著鈔給閲看，將此各諭令知之。欽此。遵旨寄信前來。當經恭録咨行，一體欽遵查辦，一面發電飭查。

旋據署江甯布政使胡家楨、江蘇布政使黄祖絡先後詳稱，江蘇省息借商款，前經户部議定章程，奏奉諭旨，咨行欽遵，當即詳經奏准，在省設局，遴員勸辦，所收借款，定限兩年半，分五期歸還，按月七釐起息。蘇州之票，以一百兩爲一張，鈐用司印，皆遵照户部定章辦理。如借款較鉅，或用數百兩、千兩、萬兩爲一張，分勸紳商、富户，量力輸借。不願者，聽。並無民債名目。維時需餉緊迫，恐蘇省驟集爲難，並議由官倡借，及提借各屬存典積穀生息錢文之半，填票給息，與商款一律辦理，由司刊發部章奏案，曉諭周知。商富借款，皆遴派地方公正紳士勸借。上下情通，毫無抑勒。目下紳富甚少踴躍繳借之户，雖由民力未充，然勸辦之難，已可概見。至抵完地糧、關税，係遵續奉部章，票內刻有還銀之期，准持票到官抵地糧、關税字樣。此本户部曲體民情、商情之意，遵照奏行，並非江蘇省創議。各户願否抵完糧税，本聽其便。且須屆期方可歸抵。焉有今日繳銀明日抵完税釐情事。至用關道印票，係部文指明准用，續奉奏定，款歸關還，票由關出，税司簽字，以期商民取信。司中借款用江海關印票，隨時由司填給。其江蘇藩司已發之票，尚須換回，以歸畫一。江甯藩司則並未發票，專用江海關二百五十兩之票。又本任督臣劉坤一、撫臣奎俊覆奏就地籌款濟餉案內，原議勸辦房捐兩箇月，准照賑捐例給獎。前已奉旨轉行欽遵，尚未開辦。此外並無户捐、鋪捐名目。緣奉飭查，除飭承辦各員妥爲勸辦外，相應詳復等情。並准江蘇巡撫臣奎俊咨復前來。

臣查江蘇省自上年六月以後籌辦江防、海防，增募多營，修臺購械，並遵旨接濟北上諸軍餉需、軍火，需款浩繁，庫款匱乏。各省欽奉諭旨勸辦紳富捐輸，及部頒息借章程。數月以來，蘇州辦理雖及八十餘萬兩，然除提借積穀存本暨官爲倡借外，出自各大商者，二十六萬餘兩，出自巨紳、富户者，僅七萬餘兩。大率皆係最爲殷實之家，並無中等商民、鋪户。江甯捐借尤屬輕微。查原奏所言捐借擾累，係十二月十八日以前之事。然江甯捐局截至十二月底，僅收到紳富捐款一萬一千餘兩，借款一千兩。上海爲各省富商華洋貿易薈萃之區，據報各商認借亦衹一百萬餘兩，尚未全繳，皆係飭派各大行商董互相自勸。上海道近在同城，不過代爲承轉，款甫收繳，還未到期，何能抵兑釐税。又部定息銀必須到期乃給，若銀甫借入，焉有息銀可支。至謂一轉移間，息銀盡飽私橐。反覆思之，似難索解，此皆事理之所必無者也。至勸借萬金，酌予獎叙，本係部章。現在雖有已集之款，尚無請獎之案，似不得謂部章周密，奉行不善。至户捐、鋪捐，並無此議。房捐一節，雖經本任督臣劉坤一會同撫臣奎俊奏經户部議准，現在並未開辦。臣以民生未阜，勸捐難辦，稍有不慎，弊累甚多。地方印委一聞勸捐，無不力辭引避。即息借商款乃最於商富有益無損之事，然事屬創辦，亦未能深信不疑。是以到任之初，即力持急借洋款，以應要需，緩辦勸捐，從容歸補之議。歷經電奏有案，早在聖鑒之中。臣詳核原奏，似係傳聞之訛，於部定章程、江蘇辦法，尚未深悉。臣仍當嚴加督察，力祛弊端，苟有貪私之員如原奏所云者，定當立予嚴參，斷不敢庇縱操切，致滋擾累，以仰副朝廷寬恤民隱之至意。

（硃批）知道了。（欽此）

江蘇辦理捐借尚無擾累摺光緒二十一年四月初五日

竊臣等承准軍機大臣字寄，光緒二十一年二月二十五日奉上諭：有人奏江蘇勒借派捐，請旨嚴禁，並將辦理不善州縣懲處一摺。據稱江蘇州縣辦理捐、借兩事，於上年冬間各紳商等陸續呈繳款項後，現又奉檄籌辦，搜括無已。有款已交，官不准作數，勒使重出者。有措繳未齊，籤派多差，到門守提者。有無力完繳，編管家屬者。挨門搜查，市井騷然等語。捐借紳商款項，原係朝廷不得已之舉。各疆臣等如能辦理得宜，凡屬食毛踐土之倫，無不急公奉上。若如所奏各情，騷擾朘削，厲民病商，殊失始事本意。著張之洞、奎俊認真查明，果有前項弊端，即行從嚴申禁。並將辦理不善之州、縣分別懲處。總宜妥籌勸辦，仍以固結民心爲主。不准抑勒苛求，藉端擾累，致遭衆怨。原摺著鈔給閱看，將此由五百里各諭令知之。欽此。

臣等跪誦之下，惶悚難名。當經欽遵札行兩藩司、籌餉局，轉飭確查嚴禁，並先准部咨，以外省不准按漕糧加捐及房捐宜加體恤兩條，咨行查禁，亦經照行司局嚴切查禁在案。茲據江甯藩司瑞璋詳稱，前奉行令籌款濟餉，當就甯屬情形酌擬章程三條：一、飭官員報效。一、捐典鋪月息。一、勸紳富捐輸。詳蒙前督臣劉坤一奏准開辦。除官捐本歸自籌，典捐係按架本提繳外，其紳富捐一項，係經籌餉勸捐局派員分赴各屬會同地方官，以捐獎章程善爲勸導，悉聽量力樂輸，不准稍涉抑勒。從無於地丁、漕糧項下加收之議。即蘇屬續奏章程議提漕糧公費，每石五十文，亦係取之於官，並非取之於民。甯屬因漕糧向征折色，並無公費名目，是以官捐條内州縣亦未曾擬定捐數，但屬其量力竭誠捐助。至房捐一節，本擬仿照蘇屬章程試行，因體察目前海防多警，市廛不甚繁盛，未經舉辦。又據江蘇藩司鄧華熙會同籌餉局詳稱，去年十月，奉文開辦息借，奉派候補道員汪福安、沈玉麒、丁兆基、周蓮等督飭地方官紳，在四府一州，分投勸辦殷實之户。因事屬創始，未解如何歸還之法。其初多不願出借，經明白曉譬，遂酌量輸借，並無違言。截至年底止，紳富祇借銀三萬六千八百兩。原奏内稱蘇州集至七十餘萬，蓋併官借之九萬、典商之二十五萬，積穀公款之三十七萬合而言之。其實紳富所借並不甚多。原奏又稱款已交官，不准作數，勒使重出。查紳士爲商民表率，勸借必先向商議。顧全大局者，固自樂從。間有不明事體，匿而不面，或飾詞搪塞，動因一二人稽阻，致闔邑觀望。該縣委等往復邀請，或勸令增加，自是事理所有。實無如原奏所云到門守提，勒使重捐之事。究之有印票之給執，有重息之歸償，吝嗇於前者，現皆樂輸於後。查允借各户，多由官紳互勸，各量產業豐約，與商借數多寡。至謂無力完繳編管家屬，即使鹵莽州縣，亦不敢暴戾至此。况拖欠錢糧，猶未聞逮繫家屬。安有不得已之息借，轉忍加以編管。雖江蘇州縣勸借情形難易不同，而苛虐結怨固未嘗有也。至蘇省肅清以後開征漕糧，同治年間前督撫臣嚴禁浮收，因州縣辦公無資，奏定完漕一石，隨繳公費錢一千文，歷經循辦多年。近年因常、鎮被灾，奏明由州縣在前項公費内，每石捐出錢五十文，解濟賑需，事竣給奬。此次奉飭籌捐，因令州縣仍循賑捐成案，照捐一次，與民間無涉。今以州縣解囊急公，而謂加收漕米，太非事實。至鋪户房捐一節，前經詳請奏明普辦兩箇月，以濟餉需，准其彙奬。目下甫議舉辦，係飭各州縣諭派公正紳董，查明城鄉鋪户，先捐房租一箇月，刊發司印收票，不涉書差之手，無從索擾等情，先後詳復前來。

臣等覆加查核，該司局等所詳，均係實在情形。查詢印委各員，所禀亦俱相同。除甯、蘇兩藩司勸辦各款外，則上海捐借各項，皆上海道勸導各大行商，並由官倡捐、倡借，始得漸有成數。查上海情形，華洋錯處，官商雜居，所有富紳、巨賈大率捐有二三品職官虚銜或兼充各省局差，意氣甚盛，平日與上海道分庭抗禮，廳縣更不待言。此次議捐、議借，皆經上海道轉邀各紳，優禮延請，委婉勸商。各行久在滬上，深知海關借票税司簽字爲可信，故借數較多。若謂上海富户，地方官敢爲抑勒，胥吏敢於守提，尤爲必無之事。臣等渥荷聖恩，同膺疆寄，深知養衛民之兵，必先施恤民之政。且分駐甯、蘇，耳目尤近，如果地方官有因捐病民，斷不至毫無聞見。原奏所云江甯、蘇州省城内挨户編查，横搜大索，似乎無此情理。此非捕盗詰奸，何爲有挨查大索之舉。即開辦數月以來，臣等衙門查無上控勸捐之案。現在甯屬勸辦之數較少，蘇屬所收較旺，然款分數等，出於紳富之捐者，爲數亦不甚多。其無操切從事，實堪共信。且臣之洞先經奉到上年十二月十八日諭旨，以江南地方奉行不善，飭令查明嚴參等因，正在查禁覆奏之間，豈有復行嚴檄，轉加勸派搜括之理。惟是江省轄境甚廣，耳目或有難周，臣等當再行分飭承辦印委各員，不准稍有抑勒苛求情事。若有如言官所指各節，定即嚴參示懲，不敢稍涉庇縱，以仰副聖主安富恤民之至意。

（硃批）知道了。（欽此）

江蘇辦理捐借並無抑勒片 光緒二十一年四月初五日

再，捐借充餉一事，前於上年十二月欽奉寄諭：有人奏江南地方奉行不善。飭臣查明，如有前項情弊，即著指名嚴參。等因。欽此。當經確切詳查，正在復奏間，續奏本年二月二十五日寄諭：有人奏江蘇勸借派捐，請旨嚴禁。等因。欽此。跪誦之餘，仰見聖主軫念民艱，嚴懲苛擾，尤爲儆切。而原奏所陳病商厲民各情形，皆屬罕見罕聞之事。且謂種種騷擾弊端，皆由臣嚴檄苛求所致，尤深惶悚。除會同撫臣奎俊查明，另摺覆奏外，特是微臣籌辦捐借實在情形，有不得不縷晰陳明者，敬爲我皇上陳之。

伏念臣自去冬到江南以後，正值軍務日緊，徵調日繁，軍火轉運，勞費百端，司關正雜款項，皆有應支應解定額，無可挹注，而出款頓增數百萬之多，一時委難籌措。臣力持款宜急籌，捐宜緩辦之議，於十一月十一日、十二月十九日疊次電奏在案。每當接見司道各局，痛切言之。誠以用款爲急不可待之需，惟借自外洋，則款巨而倉猝可集。捐款乃日後補苴之事，惟徐爲籌畫則力紓而操切可除。是以臣於各屬勸捐一事，從未行一嚴批，下一催檄。而州縣禀陳抗捐之案，如元和縣道員陸同壽，家貲百萬，捐借兩事，屢勸不應。城鄉官民公論皆以爲非。又，奉賢縣附貢生陳麟並伊孫舉人陳鴻翊，身爲首富，絲毫不捐，而且不知大義，語言悖謬，沮惑捐生。各據該縣稟請訓飭儆戒。臣以重利輕義，世俗恒情。若予嚴批，必至奉行操切，至今並不批覆，案牘具在。又，通州及淮安官紳稟請仿照咸豐年間章程，按畝（書）〔輸〕捐〔一〕，經臣批駁。又，蘇屬各州縣，經江蘇藩司遵奉部文，提積穀存本作爲息借，已提銀五十餘萬兩，然因丹徒灾祲之餘，臣復批令留縣，勿庸提借。而甯屬各州縣經江甯藩司屢請仿辦，臣即未允照行，至今分文未提。蓋以備荒之款，亦固本要需，將來籌補艱難。未可輕動。其房捐一款，係本任督臣劉坤一會同撫臣奏准之案。蘇屬奉准部復後即議舉行。去冬經臣電飭前署江蘇藩司黄祖絡，暫從緩辦。今又據江蘇藩司詳明開辦，臣尚未經批答。至甯屬則臣與藩司近在同城，飭令緩辦，至今並無舉動。以上各節，省内省外各衙門，皆有案牘可查。是臣於抗捐巨户尚不苛求，何至搜括及中人之産。房捐奏准之案，積穀現存之款，尚未舉辦，何必取盈於追比之勞。至原奏所謂本任督臣劉坤一會奏籌捐案内，每漕米一石，加收錢五十文。此乃官捐之款，出之州縣應得收漕公費，與民捐無涉，實無加收分文之事。至江北州縣捐輸，因淮海、清江一帶防務方亟，除初解一批外，大率俱令留充本地團練經費，未經提省。以官發實收給奬之款而留爲民間自衛桑梓之需，是體恤民艱之苦衷，似亦可以概見臣所飭籌辦者，惟奏明勸諭兩淮鹽商公捐海防經費，及照前任奏案勸令典商捐繳一月息錢，及委員携帶實收分赴各省勸辦海防捐輸三事。鹽商之捐，由運司查照成案，令埸岸各商自行分認，無勞督責。典息之捐，本係殷商，又有架本可查，無須苛擾。各省實收之捐，設局招徠，悉聽捐生自便，無從抑勒。

再，查江蘇省向章，江甯藩司所屬各府縣由總督主政，江蘇藩司所屬者由巡撫主政，藩司更係各有專責。今甯屬捐借各事，既大率皆未舉辦，甯屬截至二月底止，計開辦半年，僅收紳富捐款六萬一千餘兩，借款一萬一千兩，收數止於如此，其有無騷擾，固已顯然。至蘇屬捐借較多，然大宗皆係典商及提用積穀之款，出於富户者亦不甚多。撫臣奎俊素性謹慎和平，臣敢保其斷無淩厲抑勒之事。以上各節，皆鑿鑿有案可稽，有數可核。非能虚飾。其是否騷擾朘削，當在聖明鑒照之中。臣雖爲外吏，本係迂儒，深知固結民心乃可捍禦外患。且到任未久，無德及人，縱無干譽之心，亦豈肯故爲斂怨之事。若謂臣過於拘泥矜慎，不能猝籌巨款，則誠有之。若謂肆意苛求，似與臣用意正爲相反。原奏所云各節，何以訛傳力詆至於如此之甚，臣實未解其故。總由臣德不足以孚士民，才不足以裕財用，叨竊非據，致召人言。惟有痛自咎責，益加循省。但甯、蘇兩屬州縣甚多，地方有司或有辦理未能得法，以致流播訛言，自當嚴行查禁以杜流弊。已由臣通行各屬，嚴切禁止。一面遴委妥慎可靠之員六人，分赴各府州縣，密行確查。如有捐借擾民之員，即當從嚴參辦，以仰副朝廷恤民剔弊之至意。

（硃批）知道了。（欽此）

江南製造機器局擴充機器請撥專款摺 光緒二十一年四月初六日

竊據總辦江南機器製造局署蘇松太道劉麒祥等稟稱：前奉淮

〔一〕「書捐」，似應作「輸捐」。

部咨，軍需善後報銷章程第十四條内開，各省機器局常年經費若干，如有添購機器經費若干，雖不能限以定數，亦當立有範圍等因。當以局中用款取給二成洋税，此外别無撥項，則常年領款衹有此數，當不出此範圍。嗣後添造船隻或承造各項軍火，如須添撥經費，再請咨部立案，以憑核銷，稟蒙咨部准覆在案。自溯光緒十七八年，沿江各省教案、會匪紛紜四起，深恐海上早晚必開兵端，臣當將應行添製快槍、快礮、新式火藥各件籌議購機試造，先後經本任督臣劉坤一批准試辦。迨至光緒二十年，倭人肇釁，海防戒嚴，各省徵兵，調撥軍火，局中所造槍礮藥彈幾至撥發一空。戰事方殷，此後軍火自更有增無減。疊奉飭添機器加工趕造，並欽奉諭旨飭令設法擴充多造，以應前敵及沿海各軍之用。自應遵照擴充，上緊趕造。查近時軍械以槍礮藥彈爲先，而槍礮尤以新出快式爲利。是以前請設廠自煉鋼料爲礮筒、槍管之用，又因新式巨礮皆用栗色餅藥，快礮、快槍皆用無煙火藥，先後稟准試辦。現當時勢孔亟，待用方殷，局中造存無多，若不將應添各項擇要先辦，實恐貽誤。業經將煉鋼、製藥及造快槍、快礮各機器數十座向洋商定購，約需銀二十五萬餘兩。又添購基地，增建煉鋼廠，造栗色藥廠、無煙藥廠，並建廠屋及添購煉造槍礮鋼料與造藥物料，約需銀一十五萬餘兩。合而計之，約共需銀四十餘萬兩。惟事機甚緊，撥款甚難，明知大局所關，實未敢稍涉拘泥，不得不權其緩急，先經商允洋行令其墊辦，先將各項機器運來，建廠開工製造。目前急須歸還洋行墊款，此項用款係專造快槍、快礮及無煙、栗色兩項火藥，在常年工作之外。所有局中原撥二成洋税銀兩，自有製造各項槍礮彈藥之用，未便顧此失彼。且此次所添各項機器料物，係爲尅期趕造解濟前敵要需，非請撥專款銀四十萬兩不能濟急。現在既經添設煉鋼、製藥各廠，其工匠物料在在增添，此後常年所用經費，仍僅恃二成洋税一項，勢不能敷，並懇添撥的款，俾常年工作不致缺乏，理合稟請補行奏咨立案等情前來。

臣查快槍、快礮自煉精鋼以及栗色餅藥、無煙火藥各件，洵爲今日軍務要需。至上年夏間海防戒嚴以來，關内外與臺灣征軍以及各處防軍需用一切軍械，皆係立待撥解，火藥、子彈尤爲大宗。外洋守局外之説，每以不肯代購爲詞，即使委婉向商設法購運，不特價值昂貴，且運費、保險種種刁難，較平時增至數倍。況敵船不時邀截，涉險運送，實極艱虞。該局購機設廠，自能仿製，不待外求，自爲當務之急。雖未據先請奏咨，但該局際此時艱，豫防早計，從權先自訂購，令洋行墊款代辦，現在正獲其接濟前敵要需之用。似此防患未然，深知中外情形、軍需急務，似未便束以文法，致誤戎機。第此項機器料物，該局已與洋商訂購墊辦在先，統需價銀四十餘萬兩，一經到限，即須全數付清，自應由部指撥專款，俾資清給。至該局常年所領二成洋税，僅數十萬兩，衹能製造各項子藥，分濟南、北兩洋操練備用之需。若加造新式槍礮接濟軍前，則機廠既增，工料自倍，尤須加撥的款，以冀擴充。謹據情補行奏咨立案，合無仰懇天恩俯念軍需緊要，飭部籌撥銀四十萬兩，以濟急用。並懇在於江海關六成洋税項下，或洋藥税釐款内，每年添撥銀二十萬兩，以爲擴充後加撥常年工作之需。

（硃批）該部議奏。（欽此）

請准以侯紹瀛調補知縣摺[一] 光緒二十一年四月　日

竊清河縣知縣趙受璋，調補江甯縣，遺缺應以光緒二十年七月十四日奉旨後第五日行文照限減半計算，扣至八月十四日，作爲開缺日期。所遺清河縣知縣，係沿河衝繁疲難四項要缺，例應在外揀調。查該處地當衝要，政務殷繁，必須精明幹練之員，方足以資治理。茲於通省現任知縣内逐加遴選。查有睢甯縣知縣侯紹瀛，年五十六歲，廣西舉人揀選知縣，因在直隸奉委辦理永定河工出力，保以知縣分發省分前先補用。光緒四年十二月二十五日奉旨：依議。欽此。遵例補足三班，指捐江蘇，五年驗放到省。於直隸轉運山西賑米案内出力，保加同知銜。十年請補睢甯縣知縣，經部覆准，三月十五日到任，試署期滿，准其實授。臣等覆查該員勤練有爲，盡心民事，以之調補清河縣要缺知縣，實屬人地相宜，洵堪勝任。該員歷俸已滿三年，與例亦屬相符。據署江甯布政使胡家楨等會詳請奏前來。臣等往返函商，意見相同，合無仰懇天恩俯念員缺緊要，准以睢甯縣侯紹瀛調補清河縣要缺知縣，於河工地方均有裨益。如蒙俞允，該員係現任知縣請補知縣，衘缺相當，毋庸送部引見。至該員任内並無承緝展叅案件及欠解錢糧等事，理合會同漕運總督臣松椿恭摺具陳。

再，所遺睢甯縣知縣員缺，江蘇省現有應補人員，應請扣留外補，合併聲明，伏祈皇上聖鑒。

吏部議奏。

金陵機器製造局加造軍火動用經費銀兩摺 光緒二十一年四月　日

竊於光緒二十年七月二十七日，准總理衙門電稱，本日奉旨：現在軍務緊要，所有前敵後路，及沿海各軍絡繹雲集，需用軍火等項，必須先爲籌備，源源接濟。著李鴻章、劉坤一，查明南北洋各局所存，如尚不敷應用，亟應設法購辦。子藥一項各局皆能自製，即飭加工趕造，務期充足敷用，勿致臨時悮事，是爲至要。欽此。當經本任督臣劉坤一欽遵諭旨，分飭各局趕緊加工製造在案。茲據金陵機器製造局江蘇候補道郭直詳稱，陸續添募工匠，購辦料物，趕緊加造，兼作晚工。計自光緒二十年七月分起至十二月底止，除常年額款製造軍火照數造解外，所有加造軍火需用經費，稟由江南籌防局撥銀五萬兩，江南海關撥銀二萬兩，先後共計加撥庫平銀七萬兩。係在常年額領經費之外，遵照定章，先行詳請奏咨立案等情前來。臣覆核無異，除分咨總理衙門、户部、兵部、工部查照外，理合會同江蘇巡撫臣奎俊恭摺具陳，伏乞皇上聖鑒，敕部查照施行。

該衙門知道。

徐州徵收土藥税情形片 光緒二十一年四月　日

再，徐州府屬設局抽收土藥厘捐，業將光緒九年十月初一日起至二十年三月底止所收捐款，按批分解。經本任督臣劉坤一照章奏報在案。茲據辦理徐州土藥統捐局署江甯布政使胡家楨、徐

[一] 以下六件録自《京報》第五一七〇號。

州道沈守謙詳稱，徐州各屬，地屬平陽，無要可扼。且界連三省，舉步即入鄰境。各省土藥捐數均較徐州爲輕，故徐局稽征倍難於他處。上年黴粟因旱歉收，出産本少，節經督飭局員設法招徠，力杜繞越以保正捐。計自光緒二十年四月初一日起至九月底止，各局共收銀十二萬二千一百二十五兩三錢四分四厘，除先後徑解海軍衙門兑收銀十萬兩，並飯銀一千兩，及開支各項經費外，餘存未解銀兩即行照數批解清款。至出省加捐一項，本係聽商自便，惟避重就輕，錙銖必較，是以仍無報捐之户等情，詳請具奏前來。臣覆核無異，除飭令實力稽征，並將以後續收捐數照章造報外，理合會同江蘇巡撫臣奎俊附片陳明，伏祈聖鑒。

户部知道。

加撥金陵火藥局製造銀兩片 光緒二十一年四月　日

再，金陵洋火藥局閏月夜作加工，前經奏明酌加經費，以資應用，歷經循辦在案。茲據該局道員蔡世保詳稱，光緒二十一年分閏五月，全年計十三個月，製造火藥加多，所需料價、工資、薪糧等項，自應比照常年加撥一月經費。查光緒十八年分請加閏月經費，湘平銀四千三百兩，本届應請循案飭由金陵防營支應局，仍加撥閏月經費湘平銀四千三百兩，如期撥解，以資製造，詳請具奏前來。臣覆核無異，除將動用加撥銀兩年終彙案據實造報並咨部外，謹會同江蘇巡撫臣奎俊附片具陳，伏乞聖鑒，敕部查照。

該衙門知道。

更換防營管帶片 光緒二十一年四月　日

再，各省防營更換員弁，應行隨時奏聞，歷經遵辦在案。茲查駐劄江陰之統領武毅春字等營蘇松鎮總兵張景春病故，當委記名總兵李先義接統。原係步隊八營，馬隊一哨，水雷勇一哨，飭令汰弱留强，併爲步隊七營。該軍原係各營湊集，以致名目淆雜。茲查該軍向係分劄江陰、靖江地岸，經管炮臺，即改名爲江靖軍，以昭核實而清名目。其親軍一營，歸李先義兼帶，其餘分爲中、前、左、右、後及新中六營。至粵勇廣義軍六營，本係李先義自粵選募統率來江，現亦駐劄江陰，仍飭李先義兼統。惟防務吃緊，整飭訓練諸事殷繁，茲委遊擊陳榮坤分統廣義軍中、左、右三營，兼帶中營。都司莫善積分統廣義軍新中、前、後三營，兼帶新中營。均仍歸李先義統領節制，以專責成而期聯絡。又，武毅春字一軍，向分二百人，駐劄江陰縣城巡緝彈壓，歷有年所。現值防務方殷，未便畸零分劄，致分兵力。當飭調回炮臺本營，合隊操練。其江陰縣城另飭江陰營遊擊仇志鵬募勇三百名，以資巡緝。除飭取各員履歷咨部查核外，謹附片陳明，伏乞聖鑒。

兵部知道。

更換防營管帶員弁片 光緒二十一年四月　日

再，各省防管更換員弁，照章應行隨時奏聞，歷經遵辦在案。茲查慶字右營記名總兵周之楨，年已衰老，不能得力，應行更換，委兩江推補副將金承護接帶。又管帶鳳字左營補用總兵徐德貴病故，所遺左營營務委儘先副將現署徐州鎮總兵程孔德接帶，仍統領徐州新兵及徐州防馬步等營。其程孔德原帶之銘字馬隊後營，奏旨飭調北上，委副將銜程曾淮接帶。又統領臣標水師五營兼帶中營記名提督黃本富，奉調北上，所遺水師中營現駐福山、滸浦等處，即委福山鎮總兵韓晋昌暫行兼帶。其前、後、左、右四營及親兵水師左、右兩哨，分駐地段遼闊，距福山太遠，不能兼顧仍由各該營官照舊管帶，由臣調度，暫時勿庸另設統帶。又管帶撫標親軍正後營補用副將韓殿爵，因病銷差，所遺營務經撫臣委補用遊擊樊汝瑜接帶。除飭取各該員履歷咨部查核外，謹會同江蘇撫臣奎俊附片奏明，伏乞聖鑒。

兵部知道。

參革守備李宏明片〔二〕 光緒二十一年四月　日

再，江陰炮臺各營軍裝局委員三品銜候選衛守備李宏明向在總兵張景春營内經營軍火槍炮已歷多年，一任潮濕、損壞，零件散失不全，並不查□清楚，妥慎存儲。遇有損壞，又不隨時稟明修理，實屬曠玩已極。據接統江陰炮臺各營記名總兵李先義查明稟請將該守備撤差懲處□□。

臣等查□□槍炮爲防營要需，該守備如此曠玩糊塗，前統領張景春如此廢弛營務，遇有戰事必致貽誤，實堪痛恨。除總兵張景春業經病故，免其置議外，相應請旨將三品銜候選衛守備李宏明即行斥革，以爲各營曠誤軍需者戒。理合附片具陳，伏祈聖鑒。

著照所請，兵部知道。

保奬堵築崇明縣海岸工程出力各員摺〔三〕 光緒二十一年五月　日

竊照太倉州屬崇明縣東南一帶海岸，被潮衝嚙，坍近城垣，岌岌可危。徑臣奎俊會同本任督臣劉坤一委員勘估堵築，全工告竣，請將出力各員擇尤保奬，附片會奏。欽奉硃批：准其酌保數員，毋許冒濫。欽此。即經恭録轉行欽遵去後。茲據督辦該岸工程署蘇松太道劉麒祥查明在事出力各員，擬請分別奬勵，開單稟請具奏前來。伏查該縣東南一帶坍塌，海岸地段袤長，施工非易，在事各員均屬不避艱險，踴躍從事，用能迅速完工，不無微勞足録。相應將尤爲出力各員酌擬奬叙，開繕清單，恭呈御覽。合無仰懇天恩俯准給奬，以示鼓勵。除將各該員履歷咨部查照外，謹合詞恭摺具陳。伏乞皇上聖鑒訓示。

吏部議奏。單併發。

調署州縣片〔三〕 光緒二十一年五月　日

再，泰州知州王瑞啓，調省另有差委。所遺該州員缺，係濱海要缺，政務殷繁，必須精明幹練之員方足以資治理。查有江甯縣知縣趙受璋堪以調署。遞遺江甯縣知縣員缺，係省會首邑，政務煩重，亦非精明幹練之員，難期勝任。查有候補知縣翁延年堪以署理。據藩、臬兩司會詳前來，除分檄飭遵外，謹會同調補陝

〔一〕録自《京報》第五一七四號。
〔二〕録自《京報》第五一九二號。
〔三〕録自《京報》第五二一九號。

西巡撫江蘇巡撫臣奎俊附片陳明，伏乞聖鑒。

吏部知道。

請准以陳謨升補知州摺〔一〕光緒二十一年五月　日

竊太倉直隸州知州程其珏，因案開缺。光緒二十年九月二十七日奉旨後第五日行文，按江蘇省照限減半計算，扣至十月二十七日作爲開缺日期。應歸十月分截缺。所遺太倉直隸州知州，係繁疲難沿海兼三要缺，例應在外揀選調補。查例載，州縣應調缺出，俱令於現任人員内揀選調補。如無合例堪調之員，知州准以候補人員請補。又無人，准其應陞人員内揀選題陞。又直隸州一項在外題補之缺，令於本省知州知縣内擇其才守素著、明敏練達者，保題升用。又州縣以上應陞缺出，應先將卓異引見回任候陞之員先儘升用，不准於摺内聲稱人地未宜各等語。該州地處海濱，所轄之鎮洋、崇明、寶山、嘉定四縣亦俱瀕海，政務殷繁兼有表率之責，必須精明練達、熟悉海疆情形之員，方足以資治理。臣等督同江甯、江蘇藩、臬兩司詳加遴選。查通省直隸州，均係要缺，實無可調。雖有截取記名分發之員，惟與該州人地不宜。其餘各項候補人員，亦難其選。查有卓異候升上元縣知縣陳謨，年伍十二歲，福建舉人，由揀選知縣辛未科大挑二等，於福建臺灣海防案内保以知縣分發省分，歸候補班前補用。光緒四年遵例捐指江蘇，六月蒙欽派王大臣驗放，八月到省。晉豫賑捐案内奬叙同知銜。七年九月准補泰興縣知縣。八年四月到任，試署一年期滿，經部議准實授。十二年二月調署上元縣事，旋請調補斯缺，經部覆准。十五年正月調署通州直隸州知州。十六年四月卸事，緣於十五年分大計保薦卓異，請咨赴都。十七年三月二十四日由吏部帶領引見，奉旨：陳謨著准其卓異加一級，仍注册回任候升。欽此。伍月回省，仍回上元縣任。蘇浙賑案奬戴花翎。十八年調署海州直隸州知州。二十年六月復回上元縣本任。該員係卓異引見回任候升人員，例得先儘升用。覆查該員老成幹練，民事盡心，且曾署理通、海二州，於海疆情形亦甚熟悉。以之陞補太倉直隸州要缺知州，洵堪勝任，與例亦屬相符。據蘇州布政使鄧華熙等會詳請奏前來。臣等往返函商，意見相同。合無仰懇天恩俯念員缺緊要，人地實在相需，准以上元縣知縣陳謨升補太倉直隸州知州，實於海疆要缺有裨。該員係由卓異人員請陞，任内承緝命盜各案業經欽奉光緒十五年三月十六日、十六年三月二十二日、二十年八月十六日三次恩詔，所有處分均准寬免，現在並無已關降革之案，亦無欠解錢糧及承審案件等事，謹合詞恭摺具陳，伏祈皇上聖鑒。

吏部議奏。

審明盜犯就地正法片光緒二十一年五月　日

再，臣前因徐州幅匪竊發兵團會勦，當將已獲首要各犯訊明懲辦情形，恭摺奏報。聲明碭山縣先獲鬮協庸家行劫案犯劉黑驢等，俟該道訊明另辦在案。茲據徐州道沈守謙提訊該犯王法、李椿、劉黑驢等，供認分執洋槍刀械，聽從大王三糾劫鬮協庸家，得贓，拒傷工人張安，目擊放火延燒房屋。經該縣會營追緝，大

〔一〕以下三件録自《京報》第五二二一至五二二二號。

王三等在毛莊與營縣拒敵，開槍轟斃馬勇一名。該犯劉黑驢畏懼先逃，王法、李椿在場助勢。並據徐州府桂中行以河南永城縣沈傳義捕獲夥犯祝四麻仔，即景鋭一名，訊明解府押解該道歸案審辦。又據署蕭縣王豫熙獲犯吴四，即吴得舟一名。解道審訊。經該管道提同王法等犯質訊，該犯祝四麻仔、吴四僉供，聽從大王三聚衆百餘人，約期行事，蓄髮結捻拒敵官兵。並沿途竄擾强索居民錢物。祝四麻仔並先曾聽糾夥劫闞協庸家各等情，録供禀請核辦前來。臣查該犯王法、李椿、劉黑驢、祝四麻仔、吴四五犯，或聽糾執持槍械，焚劫得贓，或聽從聚衆結捻，拒敵官兵，均屬情罪重大，法無可貸。除批飭照章就地正法梟示，以昭炯戒，並飭勒緝逸犯姚紅布等，務獲究辦外，謹會同調補陝西巡撫江蘇巡撫臣奎俊附片具陳，伏祈聖鑒。

知道了。

勇丁放礮失事情形片

光緒二十一年五月　日

再，吴淞南石塘炮臺，向係廣西副、後兩營駐守。光緒二十一年三月十六日操演八百鎊子前膛大炮，因向來每四刻止能放五六出，近日防務吃緊，各臺炮弁皆上緊操練，每四刻加至八九出。該臺正當前敵，各弁勇練習尤勤，力求捷速洗箒，甫出藥即納入。詎砲膛掛有藥袋之蘭絨渣滓餘燼未息，以致炮口尚未旋轉向外，輒已火發藥轟。計轟斃幫帶官一員、哨官一員、哨長一名、炮勇二十六名，又轟傷哨弁二員、教習一名、餘勇十二名，并火星飛入藥庫，致將儲藥引發轟去藥庫一座，并内儲粟黑色藥五千六百七十磅，附炮零件十件，延燒營棚十餘間，焚燬前膛槍十三桿、後膛槍三十六桿，及文卷獎劄等項。惟大炮尚無損壞。先據該統帶記名總兵借補副將沐鴻恩由電飛禀，經臣派員帶同洋弁於二十八日赴臺詳加叅勘。炮身實係無傷，其失事緣由，委因操演求速，致此失誤。茲據沐鴻恩，將死傷弁勇查明捐資，分別棺殮醫恤，開具銜名，禀請嚴議等情前來。臣查此次廣西副、後兩營操演大炮，誤被餘燼轟發，致弁勇慘斃多命，帶傷多人，實堪憫惻。雖係炮勇鹵莽麤率，自貽禍害，而在事同難者，究屬因公捐軀，自應量予撫卹。除傷故勇丁，由臣飭局照章卹給銀兩外，所有同時傷亡官弁職名，理合恭繕清單，仰懇天恩敕部照例議卹，以慰死事。除承管該臺之幫帶官方節治業經斃命外，所有兼轄官提督銜記名總兵兩江借補副將沐鴻恩，雖屬疏於防範，咎有應得，惟江南各炮臺通病皆在操練不勤，放炮遲緩，該臺最當前敵，究屬認真上緊操練所致，與尋常火藥失慎迥然不同。相應請旨交部照例議處，以儆疏忽。理合附片具陳，伏乞聖鑒。

兵部議奏。單併發。

請准以金兆棨補授分司運判摺(一)

光緒二十一年五月　日

竊兩淮通州分司運判項晋蕃於光緒二十一年二月初一日丁繼母憂，當經咨部歸二月分截缺。所遺員缺聲請由外揀員請補。查定例内開，各省鹽運司運判缺出，先儘著有勞績即用先用人員補用。如無人，將部發人員按一應補、一委用、一捐納，三班輪流

(一) 以下三件録自《京報》第五二二四至五二二五號。

補用。又條奏内開，各項著有勞績，奏旨何項官員升用、補用者，均歸於候補班酌量補用。又張元愷請補海州分司運判案内，經部奏定章程内開，嗣後各省運副，運判缺出，各按各缺，均分爲兩班，以一缺仍按定例辦理，以一缺照籌餉例補用。各等語。兩淮運判，自分班輪補新章以後，上次通州分司員缺，接用勞績候補正班項晋蕃。又海州分司員缺，用捐納試用正班楊槐績。又海州分司出缺，用不積各項班次之特旨運判徐紹垣止各在案。今通州分局運判一缺，按照分班輪補章程，應輪勞績前先人員到班。伏查通州分司一缺，管轄九場，鹽多灶廣，督産稽煎責任綦重。現值灶困商疲，亟須整理場産，推廣銷路，非曾經署缺熟悉情形之員，難期得力。臣於勞績各員中逐加遴選，均屬人地未宜。惟查有勞績候補班前先補用運判金兆棨，年五十六歲，浙江監生，同治三年遵籌餉例報捐運判，指分兩淮試用，並加提舉銜。五年七月初十日蒙欽派王大臣驗放。奉旨：著照例發往。欽此。是年十月初六日到淮。於勦辦捻逆一律肅清案内，經前湖廣督臣李鴻章保奏，八月初七日奉上諭：試用運判金兆棨，著歸候補班前先補用。欽此。試看期滿甄别，經前督臣李崇羲以該員熟習鹽務，留班補用。九年於湖南協黔捐局加捐運同銜。光緒十四年七月，聞訃丁父憂回籍。十六年服滿在部起復。十二月初二日回淮，先後委代泰州分司，並署通州分司各缺。管理泰壩監掣印務，措置均屬裕如。歷届當差亦無貽悮，照章考試取列二等在案。覆查該員才長識穩，條理精詳，勞績名次最先，且曾署理通州分司篆務，場灶情形極爲熟悉。以之請補斯缺，人地實在相宜。核與分班輪補定章亦符。據江甯布政使瑞璋、兩淮鹽運使江人鏡會詳請奏前來。合無仰懇天恩俯念員缺緊要，准以勞績候補班前先補用運判金兆棨補授通州分司運判員缺，於鹽務實有裨益。如蒙俞允，該員係勞績候補班先補用運判請補運判，銜缺相當，毋庸送部引見。除將該員履歷送部查核外，謹會同調補陜西巡撫江蘇巡撫臣奎俊恭摺具陳，伏乞皇上聖鑒。

吏部議奏。

甄别大使片光緒二十一年五月　日

再，准部咨，鹽大使補缺，有關具題，按照章程應由該督詳細甄别具奏等因在案。查接管卷内，據兩淮鹽運使江人鏡詳送勞績保舉鹽大使孫錫坤，試用期滿，造具履歷，呈請甄别。經本任督臣劉坤一察看，該大使孫錫坤年力正强，人亦明白，堪以留淮補用。並遵章考試取列二等，未及具奏，移交前來。臣覆核無異，除該員履歷册業已咨移部科查核外，謹附片具陳，伏乞聖鑒，敕部查核。

吏部知道。

奏報交卸署理軍篆日期摺光緒二十一年五月　日

竊臣承准督辦軍務處咨，江甯將軍豐紳現已奉旨回任等因，咨照前來。兹豐紳已行抵江甯省城，臣於五月十五日委印務協領文瀛，將江甯將軍印信及文卷、令箭、勘合火牌等件，齎送本任江甯將軍豐紳接收，臣即於是日交卸。所有微臣交卸兼署軍篆日期，理合恭摺具奏，伏乞皇上聖鑒。

知道了。

會奏江南河運難復鐵路利濟無多摺〔一〕

光緒二十一年閏五月〔二十二〕日

竊臣等承准軍機大臣字寄，光緒二十年十一月二十九日奉上諭：前據御史管廷獻奏請規復河運以裕餉源一摺。當經諭令户部議奏。茲據該部所稱，近年河運淺淤，以至河運米石不能議加。該御史議自陶城埠至臨清一帶，興脩鐵路，洵屬因時制宜，於運漕大有裨益。惟辦理一切事宜，應通盤籌畫，總期有利無弊，歷久可行，請飭各督撫妥議等語。著按照該御史原奏，十利四便及部所籌各節，悉心理會，妥議具奏。原摺均著抄給閲看，將此由五百里各諭令知之。欽此。欽遵咨行詳議去後。

茲據江甯布政使瑞璋、江蘇布政使鄧華熙、江安糧道馬思培、蘇松糧道吴承潞等詳稱：竊查辦理河運，以船隻爲首務。自官艘廢棄，歷係雇用民船。江南船隻擇其輕便堅固、堪裝二三百石者，本屬無多。近來行商蕭索，加以朽壞、拆賣，更覺其少。光緒三年，回空阻滯北河，新漕無船可僱，奏改海運，是其明證。邇年江北江蘇運米二十餘萬石，需船千號，設法雇募，已屬搜羅無遺。若增運全漕一百數十萬石，約需船四千餘號，實屬無從招僱。購料興造，尤覺款鉅難籌。況漕船開行先抵江，境中運河底如常、小、桃、宿、邳一帶淤淺尤多。不特處處加成起剥，且須借資雨澤，推挽前進。駱馬等湖，本爲江南巨浸，近已涸成田地。所恃惟微山一湖接濟，今亦淤墊過甚。若統運全漕，則揚莊以上，河水無源，能否有雨，殊難豫料。且船多水淺，非數旬所能過竣。若船未過半，而水已放盡，一經淺擱，斷難飛越。既入東省，河道窄小，本利運漕，乃自黄水穿運，失治已久。近雖擇要挑浚，暫濟目前，然台莊以上，挨閘套塘，灌送牽挽，倍極艱苦。又有十字河飛沙時復積壅。而濟甯十望鋪，向恃汶水濟運者，更因汶源微弱，節節淺澀，又限於經費，未能深挑，兩岸土性浮鬆，水小難行，水大易決。即如光緒十六年，東平州下汛，中心堡東岸河決，三堵三潰，水勢旁洩，船俱擱淺。夫以船隻缺乏如此，運道淺澀又如此，勉强行之，誠如部議所言，無益運漕，徒糜鉅款。實非慎重之道。除鐵路一節應由東省議覆外，會同詳請復奏前來。

臣等伏查，河運一事難以規復者，大要有三：一在官船久廢，造復無此鉅資。一在河身全淤，挑挖更須鉅款。一在借黄濟運，本出一時權宜，習爲固然，終慮横決貽患。今該御史所奏，請至山東陶城埠至臨清二百里間，興脩鐵道轉運全漕，可免借黄之險，固係爲濟運利民起見。第直隸鐵軌，現爲山海關内外轉運兵械要需，萬無移置之理。即使另行造軌，安設亦難。而南北運河，挑挖之工，造船之費，爲數過鉅。目前既不能籌，以後更增繁費。是山東境内雖有鐵路二百里，河運仍難一律復舊暢行。且查鐵路之利，必須行遠旁通，兩端起止皆係繁盛之區，方可輸轉百貨，萃集行旅，增多釐税，種種利益由此而生。若兩端阻滯，而置鐵路於其中，則商旅無從趨赴，百貨無從運行，徒有造路、養路之費，而無其益，似於此處情形不合。所有臣等會議江南河運勢難規復，山東鐵路利濟無多緣由，謹合詞覆陳，伏乞聖鑒。

（硃批）户部知道。（欽此）

〔一〕此件具奏日期據底本《張文襄公全集·奏議》目録補。

籲請修備儲才摺光緒二十一年閏五月二十七日

竊查此次和議未經换約以前，臣屢次電奏，瀝陳倭約凶狠，種種貽害，萬不可允，恐從此中國不能自立。並請購兵船、募洋將等事，電奏在案。祇以言輕術淺，不能仰動宸聽，换回萬一，惶悚痛憤，寢食難安。此次和約，其割地、駐兵之害，如猛虎在門，動思吞噬。賠款之害，如人受重傷，氣血大損。通商之害，如酖酒止渴，毒在臟腑。及今力圖補救，夜以繼日，猶恐失之。若再因循游移，以後大局何堪設想。此臣之所以痛心疾首，不能不披瀝迫切上陳於聖主之前者也。

或謂和約已成，中國若安於積弱，目前尚可息肩。不知此次日本之和，與西洋各國迥異。臺灣資敵矣，威海駐兵矣，南洋之寇在肘腋，北洋之寇在門庭，狡謀一動，朝發夕至，有意之挑釁，無理之決裂，無從豫防，無從億料。試思去年之事，曷嘗真有啓釁之端。日本必欲代朝鮮改政，則脅朝鮮以必從可矣。我爲東學黨發兵，而日本不願，則催我撤回可矣。何至不下戰書而遽然擊我兵船，又何至從此盡占朝鮮，又何至犯我遼東内地，又何至必欲攻我京師。不過兵力已强，窺我無備，欲藉端稱兵，以償其欲耳。此尚有何理之可論，何約之可言哉。以前例後，則此次之和，猶未和也。賠款二萬萬，目前必係借洋款以應之。折扣之外加以東、西洋兩層息銀，至鎊價虧累，尚難豫計。即分數十年歸還，每年本息亦須二千萬兩。勢必盡以海關洋税作抵，而又提釐金、丁賦以足之。且洋人製造之土貨，概免釐金，則進款益絀，此後國用更何從出。雖以白圭、墨翟之省嗇，亦斷不能省出此數。雖以桑、孔、王、楊之搜括，亦斷不能括此鉅款。百方掊克，以資餉敵，民窮且怨，土匪、奸民藉口倡亂，而國家以餉絀、兵弱，威力又不足以懾之。是賠款之害，必由民貧而生内亂。向來洋商不准於内地開設機器，製造土貨，設立行棧，此小民一綫生機，歷年總署及各省疆臣所力争弗予者。今通商新約一旦盡撤藩籬，喧賓奪主，西洋各國援例均霑。外洋之工作巧於華人，外洋之商本厚於華人，生計奪盡，民何以生。小民積憤斷不能保相安無事，今日毁機器，明日焚棧房，一有他變，立啓兵端。是通商之害，必由民怨而啓外釁。久聞倭人揚言，此次和約，意在使中國五十年内不能自振，斷不能再圖報復。又聞倭人以中國輿圖用五色畫界，指示西洋各國，擬與各國瓜分。宣言十年之外，必可立見此局。其封豕長蛇之謀，令人髮指。今更以我剥膚之痛，益彼富强之資，逐漸吞噬，計日可待。朝廷雖守約之信，竊料倭人斷無永好之心。且西洋各大國，從此盡窺中國虚實，更將肆意要挾。事事曲從，則無以立國。稍一枝梧，則立見決裂。是日本之和不可恃，各國之和亦不可恃矣。故今日事勢，儌幸無事者或以爲可以偷旦夕之安，而愚臣獨以爲不久即將有眉睫之患。夙夜憂懼，不知所出。謹條陳九事，願聖明決而行之。

一曰宜亟練陸軍也。中國自剿平髮捻以來，軍威頗振。何以此次軍務竟不支。查髮、捻雖甚猛悍，然究係流寇，與敵國不同。日本用兵皆效西法。簡練有素，餉厚械精，攻取皆有成算，弁兵皆有地圖，以及登山涉水之具，餱糧禦寒之物，無不周備，而又不惜重利，廣購間諜。故今日之敵，迴非髮、捻可比。我軍則倉卒召募以應之，心既不齊，械亦不足，技又不習，以致動輒潰挫。且十年以來，宿將上選所存無多。其次者暮氣已及，積習已深，將領以剋扣爲故常，以應酬爲能事。其自愛者，亦僅能約束不擾而已。至於忠義奮發，訓練精强，鋭意滅賊者，則實罕見其人。故非一變舊法，必不能盡除舊習。今外洋各國，無一國不汲汲於兵事，日夜講求淬厲，以相角相伺。我若狃於和局，從此罷兵節餉，而不復爲振作之計，是中國永無戰勝之日矣。一思及此，可爲短氣寒心。英將戈登常言，中國之民耐勞而易使，果能教練陸兵，可使爲極强之兵。竊謂中國此時必宜趁一年之内，於海疆各省急練得力陸軍三萬人，乃能支拄。目前陸軍以德國爲最强，自宜取法於德。至練兵事宜，他省督撫統兵大臣自有良謀碩畫，非臣所敢妄談。臣謹就江南情形酌量籌議。擬練萬人爲一軍，其教練之法，大率有三：一則募洋將管帶操練。練兵之道，無權不行，若仍以華官爲管帶，發餉仍歸營官，則缺額攤扣之弊如故，成見自是之習如故，事事掣洋將之肘，教練必無實際。故用洋人爲教習，而不使之管帶，無益也，其法必宜即派德國將弁爲統領、營官，令其悉照洋法操練，並其行軍、應用軍火、器具、營壘、工程、轉運、醫藥之法，亦俱仿之。中華員弁，僅令充哨官以下職事。而洋將，上則統屬於該省督撫將帥，次則所立合同約定會商該省營務處司道，下則弁勇皆係華人。一軍之中洋弁不過數十人，斷不至有尾大不掉之虞。練成數年以後，即可用該營練成華弁升補營官、統領，將洋將逐漸辭退，或令轉教他營，尤無他慮。一年之外，當可用以戰矣。且於洋弁操練之時，使中國將弁從旁觀看，令其習見習聞，自能捐棄故技。如有傑出之才，更可觸類引伸，本其精熟之法，參以運用之妙。是數年之後，華將多解洋操，即可擇其廉潔切實者，以接統此洋操之軍矣。一則遣員弁出洋學習。無論文武官階大小，遴選年力精壯、明敏有志者百餘人，令赴外洋，附入學堂營局，將武備、營壘、礮臺等事分途肄習。觀摩既便，領悟必速，較之在中國學堂所練必更切實。學成回華，視其階資才藝，分别充補營官、哨官等職。查日本武弁皆向德國學習，德國特留兵官六十缺，專備倭人充補。中國若派往學習，令出使大臣與之切商，多留數十名之額，必無不允。一則各直省各設陸軍學堂，延西人爲師，擇强壯樸實之少年子弟入學。學成亦發各營，量加委用。三途之中，以用洋將管帶教練爲最速，以出洋學習功夫爲最實，益處爲最廣，而中國自設學堂亦可相輔而行，以擴各營之耳目心思，另爲一條奏陳。數年之後，則三途所出人才又可展轉教練各防營，馴至中國練成能戰精兵十萬人，不特永無内患，必可不憂外侮矣。

一曰宜亟治海軍也。今日禦敵大端，惟以海軍爲第一要務，沿海七八千里，防不勝防，守不勝守。彼避堅而攻瑕，避實而攻虚。我勞彼逸，我鈍彼靈。彼横行海面，而我不能斷其接濟。彼空國出師，而我不能攻其巢穴。雖竭天下之力，費無窮之餉，終無完固之策，而國已困而不可振。故今日無論如何艱難，總宜復設海軍。查近日海戰，洋人皆以快船、快礮爲要著，與從前專恃船堅礮巨者稍異。大約每一軍，必有大鐵艦二三艘爲老營，而以穹甲快船爲戰兵，以魚雷礮船爲奇兵。每軍約配穹甲快船四五艘，魚雷礮船七八艘。穹甲雷船所配皆係大小快礮。中等穹甲一艘，長三十餘丈，每一點鐘行二十二海里，連雷礮在内約需銀一百五十萬兩。魚雷礮船長二十餘丈，與魚雷艇之輕小者有别，每一點鐘行二十八海里，最爲捷速，連雷礮在内，約需銀六十萬兩。中國海軍尤以斷敵船接濟爲要策，加以防内海、護長江，則魚雷礮船之輕速尤爲合用。每廠，穹甲八箇月可成一艘，一年可成五艘。魚雷礮船，五箇月可成一艘，一年可成十艘。鐵艦一年餘可成一艘。大約海軍一枝，船礮魚雷各費共需銀約一千數百萬兩至二千萬兩以内。若分向英、德各大廠訂造，則一年内外，海軍數枝之船，皆可齊備應用，庶免悠忽延誤。去冬曾與德國伏爾鏗船廠、克虜伯礮廠詢商，允爲墊辦。該價分二十年歸還，計息六釐。經臣於上年十二月十九日電奏在案，各廠情形辦法必可相同。此時和局既成，利息必可減省。論今日大勢，自以南洋、北洋、閩洋、粤洋各設海軍一枝爲正辦。若限於物力大鉅，則南、北洋兩枝斷不可少。此攻彼戰，此出彼歸，或分或合，變動不居，方不致困守一隅，坐受敵人之牽綴。至水師尤難於陸路，將領必用洋將爲之。中國未經戰陣之學生、粗疎不諳之武弁，斷不能用。且非用洋將，則積弊必不能除，操練必不能精，考核拔擢必不能公。俟洋將於各船弁勇中考有出色可信者，再以派充各船管帶。至各船應如何配用布置，應請旨敕調琅威理迅速來華，并帶精熟水師將弁數人同來，以便通籌全局，及早舉辦訂購。至於船上所用弁勇，則仍須多派精壯員弁及有志子弟赴英國學之。此舉尤宜從速。我有籌鉅款購多船之舉，先聲所播，足見中國志氣未衰，已足以隱折各國吞噬之志矣。至如福州船政局，每宜速籌整頓展拓，令其每年可成兩三船。惟既設海軍，必宜多籌船塢。而可造塢之地甚不易得，除旅順、福州原有船塢外，山東膠州澳、廣東虎門以内，宜分設大兵艦船塢。長江以内，尤宜分設中等船塢。除鐵艦外，若穹甲及雷船皆能入口修理。蓋兵船攻敵，無論勝負，必有傷損。海軍交戰，不能定在何處，船塢若不多設數處，設一塢爲敵所據，或海道爲敵所截，我船不能歸塢修理，數戰之後，多船均廢矣。此則今日固圉衛民之先務，無論如何艱難負累而必當竭蹶以成之者也。

一曰宜亟造鐵路也。方今地球各國，無一國不有鐵路千條百道交錯縱横，軍、民、農、商事事稱便。至各國專設有鐵路學堂，并設有各國鐵路公會，每兩年大會一次，互相講求。即以日本論之，該國變法才二十年，而國勢日强，幾與各大國抗衡，尋其收效之著，實莫如鐵路一端。蓋版圖既廣，其利不能興、弊不能去者，皆由地勢阻隔不能相通故也。鐵路成，則萬里之外旦夕可至。小民生業靡不流通，朝廷耳目靡不洞達，山川之産靡不盡出，風俗之陋靡不盡除。使中國各省鐵路全通，則國家氣象大變，商民貨物之蕃息當增十倍，國家歲入之數亦增十倍。至於調兵捷速，可省多營。轉漕無阻，可備海梗。民間省差徭科派之困，官吏無驛站辦差之累。種種利便，臣於光緒十五年冬間兩奏已詳言之。臣原議由漢口至蘆溝橋，先成幹路分達各省。醇賢親王極以爲然，決意修造。嗣以議造山海關鐵路，遂將此項經費改歸北洋。軍事之興，一切隔閡，兵餉軍火轉運艱辛，勞費百倍，而仍有緩不濟急之患。使鐵路早成，何至如此。中國應開鐵路之地甚多，當以盧漢一路爲先務。此路南北東西皆處適中，便於通引分布，實爲諸路綱領。較之他路之地處一偏、利止一事者，輕重緩急大有區别。若鉅款大舉，而不先造此路，以後物力愈絀，恐難再舉。伏願聖明深維時局，鋭意創造。此事需款雖鉅，可使洋商墊款包辦盧漢一路，限以三年必成，成後准其分利幾成，年限滿後，悉歸中國。如此則費不另籌，而成功可速，弊端浮費亦少。至幹路成後，枝路尤宜多造。前曾與比國柯克里大鐵廠議及此事，該廠極願承辦。此外尚有奥國、美國商人亦請承辦。若定議修造，不患無人。惟此事斷不宜英、法諸大國商人包辦，恐獲利以後收回或費唇舌。惟小國、遠國商人，則無此慮。若中國自辦，則委員視爲利藪，曠時糜費，十年亦難成矣。

一（省）［曰］宜分設槍礮廠也[一]。此次軍事不振，固由將士之不練，亦坐器械之不精。外洋新出火器，所及愈遠，施放愈速。大凡連珠數響者，謂之快槍。藥彈相連、礮彈與槍礮同式者，謂之快礮。舊日快槍係大口鉛彈，今之快槍係小口鋼彈。舊日快礮係四管、五管，今之快礮係單管小口徑。快槍可及三里，能於大半里内擊穿二分厚鋼板。陸路快礮、過山快礮能於一分鐘放十餘出至三十出。不特前膛槍礮已成土苴，即單響之毛瑟槍、大口徑之哈乞開斯、黎意等快槍，猶嫌其所擊不遠，彈力不猛。舊式藥、彈分裝之過山礮，舊式之羅登飛、哈乞開斯等快礮，猶嫌其遲緩不速。而船臺快礮，竟有至百鎊彈之大者。中國不爲遠計，臨時購買，式樣既雜，價值亦貴，而且不可必得。若與外洋開戰，相持日久，實屬可危。雖有良將精兵，亦同徒手。總之，無論水軍、陸軍，若不購求精利槍礮，而欲戰勝洋人，無論如何勇猛，皆屬欺人妄談。故槍礮子彈，均非多設局廠速行自造不可。凡要衝之地，根本之區，均宜設局，尤宜設於内地，有事時方能接濟沿海、沿邊。若設於海口，既嫌淺露，且海道梗阻，轉運亦難。其湖北槍礮廠，臣數年以來竭力經營，目前甫經就緒。衹以經費有限，力量未充，擬由江南籌款，再加開拓。經費既可較省，其地據腹省上游，尤爲穩固。即江南及上下游各省需用，一水可達，肆應不窮，此外如天津、江南、廣東、山東、四川原有製造局，或製造軍需水陸應用各件頗多而所成槍礮甚少，或僅能造槍礮彈而不能造槍礮，或能造槍而汽機局廠尚小，似應各就本省情形，量加擴充。如福建船政局，現有大鍋爐機器及打鐵各廠，并多諳悉機器員司工匠，若添槍礮機，似乎費可較省，工亦易集。其餘如奉天根本而道遠，難於接濟，宜專設一廠。陝西奥區，且可以接濟西路，亦宜專設一廠。至各廠製造，大率皆宜以小口徑快槍及行營快礮爲主。或槍礮兼造，或槍礮分造一項。總之，必宜擇定一式，各廠統歸一律，以免諸事參差。臣歷加考驗，快槍以西班牙小口徑五響毛瑟快槍爲最。以其式樣最新，乃光緒十九年所造，其機器仍與比國、奥國、德國小口徑快槍大致相同，而益加靈捷。其機器仍係德國力拂廠所造，故與德國快槍同一精工。查外洋風氣，本國兵槍口徑總與他國兵槍口徑微有參差，不肯一律，以防爲敵所用。中國新造快槍，似亦宜將口徑略加增減。所改或一密里或半密里，即中尺三四釐，便與各國槍彈有別矣。快礮以德國格魯森廠爲最，一分鐘能放三十餘出。該廠向係專造快礮，現已爲克魯伯廠歸併合辦，其工作之精巧可知。腹地之局，只須陸路過山小快礮即足供陸戰之用。若沿海、沿江數局，并宜造船臺大快礮。蓋取其身輕而及遠放速。中國兵勇手法既遲，礮準又疎，今日守臺及兵船若僅用舊式之後膛礮，尚不能久與敵人相持。大約每一廠每年須實出快槍五六千枝，陸路過山兩種小快礮百餘尊，方能濟用。一面雇用洋匠，一面商之洋廠，派工匠赴外洋該廠學習。如多設爲難，亦宜迅速添設擴充兩三處。一旦有事，乃無束手之虞，糜費之患矣。

一曰宜廣開學堂也。人皆知外洋各國之强由於兵，而不知外洋之强由於學。夫立國由於人才，人才出於立學，此古今中外不易之理。不蓄而求，豈可倖致。惟敵國愈强，則人才愈不易言。

［一］「省」，應作「曰」。

泰西諸大國之用人，皆取之專門學校，故無所用非所習之弊。今外洋各國與我交涉日深，機局日逼，若我仍持此因循之習、固陋之才、浮游之技藝，斷不足以禦之。應請各省悉設學堂，自各國語言文字以及種植、製造、商務、水師、陸軍、開鑛、修路、律例各項專門名家之學，博延外洋名師教習，三年小成，乃擇其才識較勝者，遣令出洋肄業。如陸師則肄業於德，水師則肄業於英，其他工藝各徒皆就最精之國從而取法。惟待此項學生三年以後再令出洋，收效過遲。當今時勢，斷不能待。惟有一面選募粗通洋語、洋文者，即令分赴各國學之。此時洋文不必甚深，到彼以後，衆咻漸染，自然能通，庶免曠時失機。此臣歷訪之出洋學生而深知之者。惟出洋者，須擇其理路較爲明白，志氣尚不鄙瑣者，學成方爲有益。查日本之制，出洋歸國後，分歸各部署，考列其高下，即任以實官。入仕以後，再由積勞升擢，是以各途需人取之不缺。日本赴德國學兵事之學生，回國即充本國兵官。前此船政水師製造學生亦曾辦有成案，今宜令各出使大臣重與商辦，外洋無不樂從。大抵向來各省所設學堂及出洋學習之學生，視之皆不甚重。國家糜無數經費，教育累年，迨學成返國，更未嘗予以出身，收其實用，聽其去就，實爲可惜。蓋培之於先，必思所以用之於後。如能豫定章程，則人心鼓舞，必有人才出於其中矣。

一曰宜速講商務也。自中外通商以來，論者或言通商便，或言通商不便，此皆一偏之論也。大約土貨出口者多，又能自運貨赴外洋銷售，不受外洋挾持，則通商之國愈多而愈富。土貨出口者少，又不能自運出洋，坐待外人收買操縱，則通商愈久而愈貧。考日本與西人通商，專講精造土貨、自運外洋兩端，商本虧累，則官助之不以賠折而沮。今該國商利歲入至八千餘萬元，其取於美利堅者約四千萬元，商務盛則交涉得手，國勢自振，其明效若此。中國上下之勢太隔，士大夫於商務尤不考究，但有征商之政，而少護商之法。西人常論中國商人最工貿易，惜國家不爲保護，任其羣起逐利，私作姦僞，不顧全局，以致百業皆衰。至護商之要，不外合衆商之力以厚其本，合國與民之力以濟其窮。今宜於各省設商務局，令就各項商務悉舉董事隨時會議，專取便商利民之舉，酌劑輕重，而官爲疏通之，勿使傾軋壞業，勿使作僞敗名。凡能集鉅資多股設一大公司者，奏請朝廷奬之。藉招股坑騙者，重治其罪，勿以瞻徇而寬之。並准其各派董事出洋學習，由使館代爲照料。現有之招商局尤宜選任董事，速加整頓。總以公正均平爲主。爲總董者不可稍存自私自利之心，而後商務可興矣。尤須令出使大臣，將各國商務情形隨時考究，知照總署及各省督撫，以便隨時悉心籌畫。查各國公使皆以覘國爲密謀，護商爲專責。而中國使臣，事簡心閒，此似亦使職之最要者也。

一曰宜講求工政也。世人皆言外洋以商務立國，此皮毛之論也。不知外洋富民强國之本實在於工。講格致，通化學，用機器，精製造，化粗爲精，化賤爲貴，而後商賈有懋遷之資，有倍蓰之利。周官考工記以百工列六職之一。舜命九官責以時亮天工之事，而共工之官居其一。孔子論爲天下之九經以來，百工爲足財用之本。可見唐虞三代之聖人，其開物前民未有不加意於此者。後世迂儒俗吏，視爲末務賤業，不復深求，於是外洋技巧遂駕中華而上。查西洋入中國之貨皆由機器捷速，工作精巧，較原來物料本質，價貴至三四倍、十餘倍不等。甚至氈羽、煤油、洋紅、水泥之類，則尤屬賤質棄物，一加製造，便成大利。即如日本，尤重工政。該國於各通商都會，徧設勸工場，聚民間所造器用百貨，第其最精者，亦仿西洋之例，國家予以賞牌，使專其利。是以百工競勸，製造日精，銷流日廣。今日本土貨，其實在物産不過海菜、銅、煤數端，此外凡所以圖中國西洋之大利者，大率皆資之於人力，而非僅取之於地産。中國生齒繁而遺利少，若僅恃農業一端，斷難養贍，以後日困日蹙，何所底止。故尤宜專意爲之，非此不能養九州數百萬之游民，非此不能收每年數千萬之漏卮。今宜於各省設工政局，加意講求。查各關貿易册中，每年出口易銷之土貨，則加工精造之，擴充之，以廣其出。進口多銷之洋貨，則加工仿爲之，以敵其入。如開煤、煉鐵、製器、繅絲、種棉、種茶、種蔗、造糖、磨麪、造瓷器、織呢羽、造洋綢、洋鹹、洋釘、洋酒、火柴等事。或廣土貨之銷，或敵洋貨之入，責成各省督撫招商設局，各就本地土宜銷路籌辦。總以每省必辦成數件爲主，即以此爲各省督撫藩司之殿最。并分遣多員，率領工匠，赴西洋各大廠學習，一切種植、製器、紡織、煉冶、造船、造礮、修路、開礦、化學等事，皆肄習之，回華日即以充辦理工政之官。委員以求其法通其精者，工匠以習其藝得其粗者。中國人數之多，甲於五洲，但能於工藝一端蒸蒸日上，何至有憂貧之事哉。此則養民之大經，富國之妙術，不僅爲禦侮計，而禦侮自在其中矣。

一曰宜多派游歷人員也。漢趙充國之言曰，百聞不如一見。明王守仁之言曰，真知自能力行。夫洋務之興已數十年，而中外文武臣工罕有洞悉中外形勢，刻意講求者。不知與不見之故也。不知外洋各國之所長，遂不知外洋各國之可患。拘執者狃於成見，昏庸者樂於因循，以致國事阽危，幾難補救。延誤至此，實可痛心。今欲破此沈迷，挽此積習，惟有多派文武員弁出洋游歷一策。查外洋各國開疆、拓土、行教、通商，皆以游歷爲先導。前此中國雖有派員游歷之舉，旋即停罷。而派出各員，不諳外國語言文字，僅觀粗淺，莫探精微，或限於資斧，無從遊覽。今宜多選才俊之士，分派遊歷各國，豐其經費，寬其歲月，隨帶繙譯，縱令深加考究。舉凡工作、商務、水陸兵事、礮臺、戰艦、學校、律例，隨其性之所近，用心考求。歸國之日，由總理衙門課其能否，察其優劣，將此項人員發交有洋務交涉省分別委用，或派往各省商務、工政等局差委，或令先補總理衙門章京，或再派充出使參贊、隨員等官之選。勞績期滿，即行遷擢，内外互用。必廣其出身之途，方能鼓舞，則不惟使才即出其中，而中外文武人才之出，正未有艾。或謂從前遊歷各員，出色者少，庸陋者多，徒糜經費。此乃因噎廢食之説，最爲誤事。不知拔十得五即不爲少，歲費不過十萬金，但能得十數有益大局之人，所獲不已多乎。至於親貴大臣及滿漢世家子弟，尤宜選其賢者，遣出游歷，優予褒獎。風氣自上開之，視在下者事半功倍，知己知彼，乃可謀國。轉移鼓舞之機，無捷於此者矣。抑臣尤有進者，國家取士用人，首重科目，公卿大吏皆出其中。而科目出身者，畢生困於考試，見聞狹隘，精力銷磨，以致未能盡嫻經濟。若洋務軍務更難語此。故議者多欲變通科目取士之法。然事體甚大，未易更張。竊謂游歷人員，可多取諸翰林部屬，及各項正途出身之京外官。回華後，優予升途。蓋以科目進者，平日誦法聖賢，講明義理，本源固已清明，不過見聞未廣，世事未練。若令遍遊海外，加以閱歷，自能增長才識。將來任以洋務等事，必遠勝於洋行駔儈、江湖雜流。且較之詞曹但考文字，外吏但習簿書者，切於實用多矣。

一曰宜豫備巡幸之所也。近年凡與洋有搆兵之事，各國洋人之議，多謂京城距海口太近，必宜遷都腹地，於戰事始能操縱自如。昨當東事緊急之時，建言者亦多持此說。竊惟立國形勢歷朝不同。我朝以遼瀋爲肇基之所，陵寢在焉，若都會偏西，則相距太遠，不能控引援應。至京師，乃天下根本，人心所繫，豈宜輕議遷移。況秦晉貧狹，亦不足以容萬乘而供六師。若一一締造經營，今日物力豈能辦此。且方今大勢，重在交涉，兵勢之强弱全在海防，商務財源之盈絀，多在海口。若建都關中，則距海遼遠，南北洋皆鞭長莫及，耳目難周，都下士大夫更不考求沿海防務商務等事，海防海軍必致敷衍粉飾，從此斷無籌鉅款、養重兵、造礮臺之事，各海口戰守之備皆不可恃矣。惟天津、榆關，距京大近，外人專恃此爲要挾，正以朝廷久不修巡狩之典，重於舉足。彼族窺我所難，動輒以此恫喝。以後各國紛紛要求，正不僅一日本，又將何以應之。爲今之計，似宜擇腹省遠水之地如山西、陜西等處，建設行宮。遇有外警，則暫時巡行。道路素治，行殿素備，則臨時不至勞擾。夫然後濱海及邊關諸將，可以放手攻戰，毫無牽制顧忌。彼若舍舟深入至三四百里之遠，則四面環擊，截其歸路，必可大加殲除。彼知我進退自如，控制有策，則要挾恫喝皆無所施。京城從此安於磐石，必如此而後可以不必遷都。且我既備有巡行之地，將來敵人即不注意京城且可並無巡行之事矣。此兵所謂伐敵之謀者也。

以上九條非特遠慮，實爲近憂。惟需款浩大，猝不易籌，竊恐廷議必難於舉辦。而臣區區之愚，竊謂此數事，乃中國安身立命之端，萬難緩圖。若必待籌有鉅款始議施行，則必致一切廢沮自誤而後已。今日賠款所借洋債已多，不若再多借十分之一二，及此創鉅痛深之際，一舉行之。負累雖深，而國勢仍有蒸蒸日上之象。此舉所借之款，尚可從容分年籌補。果從此有自强之機，自不患無還債之法。且鐵路可令洋商包辦，兵輪可令洋廠墊辦，此兩大宗目前尚可不需現款。如畏難惜費，隱忍圖存，將益爲各國所輕侮，動輒借端生事，侵佔索賠，一再相尋，則天下之事，有非臣子所忍言者矣。譬如病亟而求醫藥，雖赤貧告貸，猶不能已，何則，身命能保，何憂於貧。當今之勢何以異此。惟是以上所陳諸事猶其迹也。若夫自强之本，實在朝廷。聖心時時以大局爲可危，則天下之人心警動，而偷惰之習變。聖心時時以此約爲可恥，則天下之士氣奮發，而智勇之才生。伏望我皇上存堅强不屈之心，勵卧薪嘗膽之志，廣求忠直之言，博采救時之策，將向來因循廢弛、罔利營私、膜視君國之習，嚴懲切戒，先令天下現有之人才激勵奮發，洗心滌慮。庶幾所欲措施之要務可以實力奉行，所欲造就之人才可以接踵而起，夫然後有成效之可睹矣。仰懇宸衷裁斷，早賜施行，天下幸甚。

密陳結援要策片 光緒二十一年閏五月二十七日

再，今日救急要策尤莫如立密約以結强援之一端。從古各國角立之時，大率皆用遠交近攻之道，而於今日中倭情勢爲尤切。今日中國之力，斷不能兼與東、西洋各國相抗，此時事機甚緊，變故甚多，即日夜汲汲征繕經營，仍恐不及，若不急謀一紓禍之方，恐無喘息自强之暇。查外洋近年風氣，於各國泛交之中，必別有獨加親厚之一二國。平日豫訂密約，有事時，凡兵餉、軍火可以互相援助。若無密約者，有事便守局外，不肯干預。今欲立約結援，自惟有俄國最便。緣英以商朘中國之利，法以教誘中國之民，德不與我接壤，美不肯與人兵事，皆難議此。

查俄與中國乃二百餘年盟聘鄰邦，從未開釁，本與他國之屢次搆兵者不同，且其舉動闊大磊落，亦非西洋之比。即如同治庚午天津教堂之案，各國爭閧，而俄國不與其事。伊犁之約，我國家將十八條全行駮改，而俄國慨然允從。此次爲我索還遼地，雖自爲東方大局計，而中國已實受其益，倭人凶鋒藉此稍挫。較之他國袖手旁觀，隱圖商利，相去遠矣。正宜乘此力加聯絡，厚其交誼，與之訂立密約。凡關係俄國之商務界務，酌與通融。如俄國用兵於東方，水師則助其煤、糧，其兵船可入我船塢修理，陸路則許其假道，供其資糧、車馬。一切視其所資於我者，量爲協濟。面與之約定，若中國有事，則俄須助我以兵，水師尤要，并與議定若何酬報之法。蓋俄深忌英獨擅東方之利，中俄相結，則英勢稍戢，俄必願從。總之，中國惟海軍練成不易，若有俄相助，將來無論何國尋衅，數旬之内可以立發兵艦數十艘，遊行東方海面，則我得以專備陸路戰守之計，而敵人亦斷不能爲深入内犯之謀矣。此尤交鄰之微權，救急之要策也。中國於外洋各國，向皆一例齊觀，此次遂無援助。此等事須平日豫籌，及今圖之，萬不可緩。應請旨敕下王大臣密行籌議，並電出使大臣，密速籌商妥辦，惟萬不可使赫德聞知，恐其忌阻誤事。謹附片密陳，不勝激切屏營之至。

籌辦江南善後事宜摺 光緒二十一年閏五月二十七日

竊惟江蘇一省，實爲南洋要衝，長江門户，江海兼防，南北綰轂，財賦所萃，運道所關，一省之安危，實關東南之大局，必宜戰守兼備，乃可固此藩籬。當去年海防喫緊之時，臣奉命攝篆，倉卒經營。兵則新募於各省，械則趕購於外洋，礮臺補救而未遑，兵輪整飭而非易。不過以忠義激勵將士，相機戰守，惟力是視，實無萬全之策。今防務解嚴，若蹈事過輒忘之習，再不及此爲綢繆牖户之計，設或海疆有事，何以待之。查江南奏准息借瑞記洋款，現已陸續交收，適值鎊價低減，每鎊賣價僅合銀六兩六錢内外，此款一百萬鎊，九六扣，除撥臺灣三十萬兩及未付外洋槍礮價一百餘萬兩外，實銀不及五百萬兩。此款係遵照户部來電，奏明由江蘇省鹽課、釐金、籌捐等項歸還。是名爲借款，何異將本省自有之財提前應用。必須爲江省地方籌有備之謀，方不致徒爲江省庫款留無窮之累。是以五月十八日電奏請旨敕部免予提撥。奉五月二十日旨：張之洞電奏已悉，據稱瑞記借款已提用十二萬鎊，餘擬留爲裁撤勇營及練兵開廠築臺之需，請飭部勿撥他用等語。現在善後諸事皆應次第辦理，惟籌款艱難，亦須通籌全局，方能舉辦。張之洞所擬用洋將練兵萬人，開設槍礮全廠，修改各處礮臺，需款甚鉅，著將一切辦法及需用款項詳細聲叙具摺再奏，請旨辦理。其湖北製造快槍，現已造成若干，是否合用，著一併奏聞。欽此。值此時艱財匱，宵旰焦勞，且此款稱貸而得，其間幾經周折，備極艱難，臣何敢不撙節動支稍涉揮霍，茲謹就款籌維將江南善後緊要各事宜，分條臚陳，敬爲我皇上陳之。

一、各防營應裁應留，均應立發鉅款也。去年海防緊急，江省南北兩岸及中路各衝要，或並無防營，或已有之營奉調北援，必須增營填紥。計前後添募百餘營，均經奏明在案。此時防務既定，自應亟行裁撤，以節餉需。惟須次第辦理。未便驟然全裁，以致滋擾生事。現已先撤三十餘營，查照向章，分別道路遠近，酌給一月、兩月餉銀，分派官輪、租輪送回原籍。其餘除擇其將、卒尚屬精整者暫行酌留外，亦擬次第裁撤。通核此項用數，約需一百餘萬兩。

一、急練洋操，應豫行劃出全年費用也。各省勇營習氣甚重，亟須改换面目，以求實際。向來各省所習洋操不過學其口號、步伐，於一切陣法變化、應敵攻擊之方、繪圖測量之學，全無考究，是買櫝而還珠也。查陸軍以德國爲第一，德國營制每一軍必兼有步隊、礮隊、馬隊、工程隊，數種合之，始成一軍。臣擬急練陸兵萬人，營制、餉項略仿德國。即以德國將弁爲營哨官，因北洋原有訂妥之德弁十六人，當經電商署北洋大臣王文韶調來南洋教習。臣又電商出使德國大臣許景澄，添募二三十人，計七月杪可以陸續來華。臣令現到洋弁，先將護軍營、衛隊營勇丁教習操練。臣親加閱視，號令甚嚴，功課甚勤。兵勇則教以槍礮取準，并拆卸修理之法，繪圖、測量、開溝、築壘之事。操演時，每勇丁隨帶槍彈及飲食衣裝一切具備，與出戰時無異。其操亦無定式，大率皆分爲兩軍，一爲官兵，一爲敵人，教以兩軍相遇攻戰守禦之法。如此操演，當有實用。擬令洋弁先就江省現有各營中陸續挑選精壯樸實之勇，另編營制，上緊練習，並不另招添新勇。前半年，先練四五千人，半年後擴充添練至萬人。期於盡除舊習，精練能戰。惟洋操法令森嚴，奔馳勤苦，勇丁必須氣體十分强壯者爲之。臣親見各勇操練旬日後，即多告假辭退，故餉項必須優厚，令其飲食豐足，每日肉食，方能耐此勞苦。據洋弁言，洋兵皆係如此，且終日馳逐、登山、伏地，衣韡動輒穿敝，西法皆係官爲製備。此外尚有應備工作行裝等件，故一切費用較中國向章爲多。計洋弁川資安家等費約需數萬兩，每月薪水約需萬餘兩，練兵口糧約月需六七萬兩，其餘營房、軍裝、馬匹、器具各項約需十數萬兩，共計一年約需銀一百餘萬兩。惟此項餉需甚鉅，俟一年以後察其所練是否確有實用，勝於舊日營勇，再當設法籌款。奏明請旨辦理。

一、内地增設槍礮、新式洋藥各廠，宜指款籌辦也。快槍、快礮最爲行軍要需，若仰給外洋，必致糜費而誤事，斷以自造爲宜。惟上海、金陵雖各有製造局，金陵局規模頗小，機器未備，所出槍礮無多。其設局之處，四面皆限於地勢，不能展拓，僅能擇要需者酌添機器，惟所出究不能多。上海局雖較大，惟所造槍彈、礮彈、水雷、水藥及修理輪船，門類頗多而不專壹，並無專造快槍之機器，故每一月出槍不過一百餘枝。亦無造陸路過山快礮之機器，至大礮則一年或出一尊、兩尊不等。且該局軍火須運出吴淞江後再行轉入長江，若有戰事，敵人以戰艦封口，一切轉運立即束手，南北各省皆難運濟，實未盡善。此次日本以長江爲各國商務之故，約明保崇明以南之江口，不保崇明以北，故揚子江南洪得以轉運無阻。若他國戰事，則未必顧忌也。且日本若(有)［由］崇明以北之新洪闌入，徑趨狼山、通州一帶，則江路仍然梗阻。前此開局滬上，祇圖取材便利，未遑計及於此，實屬可危。臣以爲必宜於沿江内地添設槍礮廠，則與外洋開戰時，方能濟用。湖北槍礮廠因去年槍廠被火後，改造鐵料廠屋，修補傷損機器，甚費經營。快礮所添新機，洋廠因候樣礮，屢經電催出使大臣，尚未運到，現就原機設法製造。此兩項工作極爲精密，目前機器初試，工匠未熟，綫路猝難較準。現甫造成快槍式樣數十枝、快礮式樣一尊、車礮二尊，均屬合用。以後所出，自可日多。惟槍機曾經火灼，其敏速之力稍減。一年以後。人器相習，每年可造成槍七八千枝，每年可造陸路、過山兩種快礮百尊。其地據長江上游，堂奧深邃，最爲穩固。且上游可接濟川、湘、陝、豫，下游可接濟江、皖等省，旁通四達，轉運甚便。如江南另行擇地建造，所費更鉅，於接濟上游各省已不甚便。擬即先附鄂廠添購機器，廣爲充拓。鋼鐵即用鄂省鐵廠所煉，除鄂廠原造之數外，令每年能加出快槍一萬枝、無煙藥槍彈一千萬顆、陸路過山兩種快礮二百尊、礮彈二十萬顆。湖北向無新式藥廠，擬并造無煙藥、棕色藥、黑藥，令足敷槍礮之用。既與鄂廠相連，一切繪圖、儲料、督工、修機，合力相資，諸可節省便易。與出使大臣及洋廠互相考較，合計槍礮架、彈藥八項機器價值、運保并造廠工料約需銀二百萬兩。該廠可墊辦一百餘萬兩，分十年給息歸還，現銀約需一百萬兩。

一、增修各要隘礮臺，應指款備用也。長江口之吴淞、獅子林，江陰之南北岸，鎮江之南北岸，圌山之南北岸，舊有礮臺。惟礮既不精，臺尤無法，每一點鐘，一臺之上各大礮通計止能放數十出。以此禦敵，十分可危。臣業經疊次奏陳。臣於去冬今春，督飭各該將領量爲補救修改。至江陰之黄山、小角山，鎮江之焦山、汝山，另擇形勢，酌添大礮、快礮。金陵爲省會重地，豈可無守禦之具。向無得力礮臺，現於城北臨江之獅子山，城外臨江之幕府山，兼顧城内外之鍾山等處，擇要修造。此數處所費尚不甚多，另行分起奏咨立案。其江南之金山衛，爲蘇松門户。江北之海州各口，爲清淮屏藩，最關緊要。通州狼山以下濱江之龔家壚，正扼白茅沙、大沙之間，沙洲紆迴，輪船過此，動輒擱淺沈没，最稱天險。敵船夜間不能潛過，船路距江岸最近不及二里，此處扼守尤勝江陰，向來設防，均未議及此並無礮臺。清江浦南北咽喉，素稱重鎮，亦應有陸路礮臺。此數處萬不可少，臣擬令洋弁測繪，各就地勢修造，以固江海之防。至長江門户，尤以崇寶沙一處最爲扼要。該沙正當海口，可以兼顧南北兩洪，實爲長江鎖鑰。西人論長江形勢，皆謂宜於此處作大礮臺扼守，方爲完固得要。惟地勢平衍，沙性鬆浮，必須有鐵礮臺數座，布置得宜，輔以兵輪、魚雷艇，則可北護崇明，南扼吴淞。且獅子林礮臺苦於江闊船遠，礮擊難到，到亦無力、無準。若崇寶沙有臺，則以崇寶之礮護江路，而以獅林之礮護崇寶沙。崇寶之礮臺既有援，而獅林之礮臺亦有用。海口既固，則長江以内水陸防務均鬆，不致有備多力分之患。臣現向外洋訪延熟諳礮臺之將弁數人，來江履勘籌議，並擬自行赴各處，詳度形勢，與洋弁商酌定議。即令該洋弁酌擬辦法，繪圖定式，估工監造。約計以上各路購礮、築臺，極力節省，非二百萬兩不可。款已不敷，如力實不及，擬由外以及内，先儘崇寶沙礮臺建造，次則通州之龔家壚，其餘需款較少，或可俟從容籌辦。

通計以上諸大端，就現借之款，竭力籌辦，能否敷用，尚須隨時、隨事撙節爲之。設有不敷，當另行設法籌措。如再事提撥，必至貽誤要需。至海軍一事，尤爲海防要義。南洋向止有木殼兵輪，質脆行遲，礮械亦舊，難禦大敵。必應速設鐵艦、快艦、雷船，以爲戰具，庶免束手受攻之患。南洋必宜專設一軍，不能與北洋共之。海軍有兩三枝，方有奇正互用，攻戰兼行之妙。惟需款過鉅，應請朝廷通籌全局，另行籌款，大舉速辦，業已另摺奏陳。竊惟江省關繫重要，朝野皆知，而礮臺之不足恃，上海製造局之不便轉運，則人多未計及。至於必須急練精兵，方能制禦强敵，則各省所同。今借此鉅款，自應急爲懲前毖後之謀，臣若不據實陳明，力籌長策，何以上對君父，下對軍民。方今籌款如此艱苦，臣身當其難，必當省嗇籌辦，斷不敢稍有虚縻。合無仰懇天恩飭部免予提撥，俾爲地方綢繆禦侮之計。不特江南之幸，實於全局不無裨益。

（硃批）户部議奏。（欽此）

進呈湖北新鑄銀元並籌行用辦法摺光緒二十一年閏五月二十七日

竊臣於光緒十九年在湖廣總督任内，會同湖北撫臣譚繼洵奏請在鄂省設局鑄造銀元。經户部議覆奉旨允准在案。兹於光緒二十一年正月初七日，承准總理衙門初六日電開，奉旨：張之洞電奏與譚繼洵商明將湖北銀元局歸南洋經理，餘利協濟鄂省等語，著照所請辦理。欽此。當經恭録欽遵辦理。兹據湖北銀元局司道稟稱，鑄成銀元大小五種。查銀元通行之道，必須成色無稍欠缺，輕重不差銖黍，是爲緊要關鍵。若僅用市面寶銀鎔化，僅憑工匠酌劑，斷難密合無差。該局係購用外洋銀條，專募化學洋工師一人，較準成色，依法配合製造。計大銀元重庫平七錢二分，其次爲兩開重三錢六分，又次爲五開重一錢四分四釐，又次爲十開重七分二釐，又次爲二十開重三分六釐。詳加考驗，實與市行外洋銀錢輕重相同，成色亦好，應即批解江甯，飭發行銷等情前來。臣伏查沿江、沿海各省，大率皆行用洋銀，歷有年所，官吏、商民習以爲便。且各省制錢缺乏，自宜廣爲流布，以濟民用而保利權。除湖北省各局卡釐金、鹽課均准商民一律用銀元交納，支發官款一體酌量搭用，按照市價核算。前經奏明有案，應即查照辦理外，所有沿江、沿海各省通商口岸，及内地商民，應均准其將湖北官局所鑄大小銀元與廣東銀元一體行用，一切聽其自然，毫不勉强，此爲民用。其各口岸及内地完税、納釐，暨交納各項官款，俱准以官鑄大小銀元繳納，按照市價核算，經收之關、道、州、縣委員，如向解紋銀者自易紋銀解庫，如向解洋銀者即以銀元解庫。其應如何補平補水，各處自有通行市價，毫不抑勒，務令官民兩不虧累，此爲官收。至江蘇、安徽、江西三省行銷最易，所有支發官項餉需、工程物料等款，亦按市價核算發給，不稍畸輕畸重，此爲官放。總之，在今日鑄用銀元，上尊國體，下順民情，中輔圜法。只須成色準，分兩足。華洋共信，商民通行，官款准其完納，則無論支發何項官款，軍民無不樂從。該局事務，經臣遴派道員蔡錫勇爲總辦，令其選擇廉潔詳慎之員，參用洋匠，督飭辦理。至一切防弊之法，當飭該局總辦隨時考核妥籌稟辦。

再，户部咨詢鑄本一節。查此項銀元，即係實銀。現即於江南支應局借撥銀二十萬兩爲購買銀條之用。俟鑄成後，即可以此銀元支發各款，購買銀條，循環無端。有豫撥而無開支，並無須另籌鑄本。如湖北支放需用，或由司局備銀换給，或由錢店備銀領銷。行之既久，即可將湖北所收税釐各項之銀元，仍行發出行用，亦無須另備鑄本。其買機造局經費，俱由湖北籌備鑄錢專項下及外銷款凑撥，前經奏明在案。此後，局費及修補添設機器各費，俱由江南籌撥。此時機器初開，計每日可鑄銀五千兩。一月後，每日可鑄一萬四五千兩。查現在所鑄式樣，所議辦法，俱係查照廣東、湖北奏准成案辦理。除先在江、皖、西、鄂等省出示曉諭試行銷用外，俟奉旨後，當通行口岸及内地各省關，一體照辦。兹謹將鑄成銀元大小五種，分裝兩匣，恭呈御覽。

（硃批）户部妥議具奏。（欽此）

湖北鐵政槍礮兩局經費由江南撥解片

光緒二十一年閏五月二十七日

再，湖北鐵政、槍礮兩局，奉旨仍歸臣督飭經理。查鐵廠開煤井、煉焦炭、煉各種精鋼熟鐵，正在喫緊之際，工需浩繁。自今春以來，經費已經罄竭。而槍礮廠趕造五處廠屋，試造槍礮，經費不敷亦多，實屬無從籌措，部款支絀，亦難請撥。竊惟製煉鋼鐵、自造槍礮，兩事一氣貫通，實爲今日講求武備最急之務，萬不可稍有停待。查江南籌防局，歲有撥款，係專爲南洋海防修理兵輪、礮臺，購製軍械之用。湖北鐵政、槍礮兩局，正爲海防要需。鋼鐵、槍礮皆可濟南洋之用，並非專爲湖北一省而設，自應通力合作，以期早睹成功，裨益大局。現在鐵政局、槍礮局所需經費，即由籌防局款撥解濟用，分別報銷。

請准以桐澤調補知府摺[一]

光緒二十一年閏五月　日

竊臣等接准部咨，光緒二十一年五月初四日奉上諭：江蘇蘇州府知府員缺緊要，著該督撫於通省知府內揀員調補。所遺員缺著有泰補授。欽此。欽遵在案。查蘇州府係省會首郡，管轄一廳九縣，政務煩劇。兵燹之後，墾荒裕賦，興利除弊，治理尤難。且時有發審案件，必須精明練達爲守兼優之員，方足以資表率。臣等督同藩、臬兩司於通省現任正途出身知府內逐加遴選，非現居要缺，即人地未宜，一時實無堪調之員。惟查現署蘇州府正任常州府知府桐澤，年五十九歲，鑲藍旗滿洲隆康佐領下人，由官學生報捐筆帖式選補户部雲南司筆帖式。同治元年京察一等，以理事同知通判用，題升員外郎郎中。同治三年京察一等加一級，嗣因金陵克復以後，於軍需出力保奏，奉旨准其隨帶加一級。四年補內倉監督，辦理捐銅局捐輸出力，保加道銜。五年由部引見，奉旨記名以道府用。是年十一月二十六日奉旨補授直隸永平府知府。六年四月到任。十一年因病開缺回旗，病痊引見照例用。光緒六年四月初一日奉旨：直隸永平府知府著桐澤補授。欽此。是年八月到任。十一月在任丁繼母憂，回旗服滿，九年四月初六日奉旨：江蘇常州府知府著桐澤補授。欽此。領憑到省，委署蘇州府篆務。十年飭赴常州府本任，辦理海運出力保獎，奉旨：著以道員在任候補。欽此。遵例捐輸，奬戴花翎，並加三品銜。十八年大計保薦卓異。二十年調署蘇州府知府，七月十八日交卸常州府篆，八月十三日任事。查該員廉謹端方，辦事穩練，兩署斯缺，措置裕如。以之調補蘇州知府，洵堪勝任，與例亦符。據蘇州藩司會同臬司具詳前來，合無仰懇天恩俯念省會員缺緊要，准以常州府知府桐澤調補蘇州府知府，以資治理。該員係現任知府調補知府，銜缺相當，毋庸送部引見。係初調人員，一切因公處分例免核計。所遺常州府知府員缺，應請遵旨即以有泰補授。合詞恭摺具陳，伏乞皇上聖鑒訓示。

吏部議奏。

[一] 以下二件録自《京報》第五二三六號。

委譚泰來署理知府片 光緒二十一年閏五月　日

再，現署常州府准補徐州府知府詹鴻謨，現經飭赴徐州府本任。所遺常州府知府，係衝繁疲難四項要缺，政務殷繁，必須精明練達之員方足以資治理。查有候補知府譚泰來，老成持重，爲守兼優，堪以委署。據蘇州藩司會同臬司具詳前來，除批飭遵照外，謹合詞附片陳明，伏乞聖鑒。

吏部知道。

委侯紹瀛署理知縣片〔一〕 光緒二十一年閏五月　日

再，署清河縣知縣葛毓清，調省另有差委。所遺該縣員缺，地當衝要，五方雜處，巡緝撫綏在在均關緊要，非精明練幹之員不足以資治理。查有調補清河縣正任睢甯縣知縣侯紹瀛，堪以先行署理。據藩、臬兩司會詳請奏前來。除檄飭遵照外，謹會同漕運總督臣松椿、調補陝西巡撫江蘇巡撫臣奎俊附片陳明，伏祈聖鑒。

吏部知道。

請卹忠義案內故員片 光緒二十一年閏五月　日

再，據署安徽甯國府涇縣知縣周葆昌，以兩江忠義三十六案內應行議卹之六品頂戴監生李蘊輝、藍翎五品頂戴查宗説、六品銜王德貴等三員，奉部行查是否文職，抑係武職，頂戴有無保奏，奉旨日期，聲覆到部，另行核辦等因。當經飭查去後。茲據各該故員族鄰查明各緣由，造具册結，由縣加具印結，詳請分別奏咨前來。臣查上年准吏部咨，奏報清理歷年行查請卹積案一律完竣摺內聲明，其有不在此次題准之列，該督撫查明舊案，補行申請者，應令該督撫查核明確，詳叙請卹原案，奏明辦理，概不得咨請核辦，以清界限而杜流弊等因。今查該故員李蘊輝等三員，或隨同官軍臨敵捐軀，或督勇禦賊力戰陣亡，情殊可憫。此次吏部清理積案，既未彙入題准，自應照章查明請卹原案，奏明辦理，相應請旨敕部查照核議，以符定章而慰死事。除將清册及印甘各結咨部查核外，理合附片奏陳，伏乞聖鑒。

吏部議奏。

詹鴻謨調補知府片 光緒二十一年閏五月　日

再，調補蘇州府徐州府知府桂中行，欽奉諭旨簡放湖南岳常澧道員缺，已准部咨，自應飭令交卸，領憑赴任。所遺徐州府篆務，即令准補斯缺之詹鴻謨前赴本任，以專責成。據江甯布政使端璋詳請具奏前來，除檄飭遵照外，理合會同漕運總督臣松椿、調補陝西巡撫江蘇巡撫臣奎俊附片陳明，伏乞聖鑒。

吏部知道。

劉璠捐銀一萬兩援案請奬片 光緒二十一年閏五月　日

再，准部咨，捐銀至一萬兩以上者，准專摺奏請特恩奬叙等因。茲據江西試用同知劉璠捐銀一萬兩，呈由籌餉勸捐局詳請照章奏奬前來。查原任雲貴總督岑毓英之子監生岑春蓂捐銀一萬兩，

〔一〕以下四件録自《京報》第五二三九號。

經直隸督臣李鴻章奏，蒙特旨以知府用在案。該員劉璠係已故記名布政使劉連捷之胞侄，核與岑春蓂情事相同，且同知本係應升知府，相應查照部章援案奏請，可否仰懇特恩將該員以知府仍留江西原省補用，以示鼓勵之處，出自聖裁。理合附片具陳，伏乞聖鑒。

户部議奏。

薦舉人才摺并清單　光緒二十一年六月十八日

竊准部咨，光緒二十一年閏五月十三日奉上諭：當茲時事多艱，尤應遴拔真才，藉資幹濟。著各部院堂官、各直省將軍、督撫等，於平日真知灼見，器識閎通，才猷卓越，究心時務，體用兼備者，臚列事實，專摺保奏。等因。欽此。臣伏惟方今世變日亟，需才方殷，國家安攘兼籌，則用人難拘一格。竊謂朝廷獎拔所及，似尤以志節清剛不染習俗者爲先，自足以挽回風氣，激勵羣才。茲謹就平日確有所知者，臚舉上陳，以備聖明裁擇器使。其間或係引退、閒居，或係曾絓吏議，或係現爲屬吏，或係他省人員。論其才性，不盡相同，然要皆志操皎然，不隨流俗，辦事切實，不涉浮滑。如朝廷任使各盡其長，皆可以裨益時局。謹繕具清單，恭呈御覽。

謹將遵旨保薦人才，繕具清單，恭呈御覽。

前臺灣布政使于蔭霖　該員品行端重，器識閎深，不畏疆禦，而才具甚長，復能理煩應變。歷任湖北、廣東司道，所到之處，政聲卓然，吏民翕服，實堪大受。

前通政使黃體芳　該員直諒樸誠，篤於忠愛，好善惡惡，一秉至公，出於天性。其品概風操，中外皆知。近年引病家居，而關懷時事，感慨憂憤，心存君國，每飯不忘。聞其精力未衰，若置之朝列，當可砥厲僚寀。

前內閣學士陳寶琛　該員志趣遠大，條理精詳，於經濟要政、洋務海防，有關大局之事，皆能研究通達。遇事果敢有爲，不存退沮。近年人才如該員者，實不多覯。無論京職、外任，其設施必有可觀。

前陝西布政使李用清　該員廉潔儉樸，刻苦自勵，遐邇皆知。辦事誠篤勤懇，不辭勞瘁。雖其才具稍偏於拘謹一路，然以之砥厲官方，激揚流俗，可以挽回風氣。於今日時局，自有裨益。

四品卿銜前山西布政使林壽圖　該員學博才長，練習吏事，理財謹嚴，慮事周密，尚有老成風範。近日兩司中如此等人才，實不多見。聞其精力尚強，似不宜聽其閒廢。

前翰林院編修梁鼎芬　該員志節清峻，學行敦篤，平日究心經濟，伉直敢言，頗能識微見遠，衆論稱之。其治事之才，亦甚精敏。使處侍從論思之職，必能獻納竭忠，念念不忘君國。

五品卿銜前安徽合肥縣知縣孫葆田　該員讀書窮理，爲守兼優。其居官勤政愛民，不畏疆禦，風操挺然，官民敬服。現引病在山東原籍主講書院，似宜仍用爲外吏，政績必有可觀。

新授安徽按察使趙爾巽　該員志趣清超，才長氣鋭，於吏治民生殫心考求，極力整頓，迥異趨時俗吏之所爲。

江蘇候補道程儀洛　該員學術純正，風骨卓然，操履清廉，謀畫切實。前署揚州府，官聲甚好。委辦江西督銷局，剔除浮費，積弊一清。臣到江以來，屢有委辦事件，該員立論必衷正道，計事必爲公家。今世仕途中，實爲罕有之人。論其器識才品，將來可任司道以上。

新授廣東惠潮嘉道陸元鼎　該員操守端謹，政事勤明。前任上海縣，遇華洋交涉之事，獨能堅持辯争，力伸民氣。臣到兩江署任後，委辦通泰等處團練，於海口親到測繪，獨見精詳切實，復能激勵士民，鼓舞有方。不惟慈惠之吏，實是辦事之才。臣正擬優加委任，適奉簡放惠潮嘉道之旨。江蘇官場習氣頗深，儻蒙聖恩，他日將該員遷調回江，實於江蘇地方有益。

湖北漢黄德道惲祖翼　該員器幹恢閎，才猷明决，練事甚深，而任事甚勇。有關地方民生利害，極力整飭，皆中窾要，不爲難行之空談。於洋務交涉事宜，亦能操縱有法，洵爲有用長才。

四川川東道黎庶昌　該員學有本源，志量遠大，出使東洋兩次，最爲該國人敬服。該員於西洋各國政治、商務、交涉機宜，均能考求透澈。臣前在粤東時，曾接該員自東洋來文，爲川商興辦火柴廠。嗣到湖廣任後，亦接其自川東道來文，爲川商興辦紡紗廠。具見通達時務，極力保衛中國利權。臣前遵旨保薦使才，曾以該員應詔。今東洋出使雖已有人，若使充西洋各大國使臣，必能有益。

本任浙江温處道袁世凱　該員志氣英鋭，任事果敢，於兵事最爲相宜。雖其任氣稍近於伉，辦事稍偏於猛，然較之世俗因循怯懦之流固遠勝之。今日武備方亟，儲才爲先，文員知兵者尤少，若使該員專意練習兵事，他日有所成就，必能裨益時局。

奏調江南差委廣東候補道王秉恩　該員學識端雅，志趣堅凝，綜覈精實，是其所長。在粤歷辦善後、補抽各局，歲增鉅款，確有成效。其取與不苟，卓然自拔於流俗之表，洵可深信。

安徽安慶府知府聯元　該員志操端潔，吏事精詳，廉退無競，不隨流俗，僚屬皆雅重之。若爲司道，必能勝任。

江西瑞州府知府江毓昌　該員盡心民事，表率有方。屬吏敬之，墨吏畏之。於風俗波靡之時，獨能矯矯自好，成就可期遠到。

旨：留中。欽此

增募各軍酌量裁汰摺 光緒二十一年六月十八日

竊前因東洋啓釁，沿江、沿海同時戒嚴。江南本省防軍及安徽、江西協防之軍，奉調北上，先後已數十營，亟應增募分紮，水陸兼備。當經臣將增募各營、派防處所，先後奏明在案。兹查和議既成，自應酌量裁撤，以節餉需。惟營數既多，必須逐漸裁汰資遣，方免滋事。輪船運送方可周轉，到籍後始能陸續消散。查調署長江水師江陰營副將許雲發，現已奉旨簡授湖口鎮總兵，亟須赴任，所有該鎮統帶之南字右軍中、左、右湘勇三營，及已革提督沈茂勝統帶之南字左軍中、左、右、後湘勇四營，記名提督王金榜統帶之金字皖勇五營，記名總兵杜嵩齡統帶之雲字湘勇五營，均即一併裁撤。又前江西南贛鎮總兵王得勝統帶之海勝軍江北勇八營，裁去四營，仍留四營。又調署瓜洲鎮總兵高光效統帶之南字中軍湘勇四營，裁去一營，仍留三營。記名總兵張騰蛟統帶之騰字五營，裁去三營，仍留川楚勇二營。又記名總兵李先義統帶之廣義軍粤勇六營，先行裁去一營。又總兵王心忠統帶之忠字皖勇五營，裁去三營，仍留兩營，調回清江浦北岸駐紮。又記名提督蕭鎮江統帶之滬防湘勇三營，裁去新募兩營，仍留原帶撫標滬軍一營，又千總金滿統帶之滿字臺勇四營，應裁去水軍一營，仍留三營。又千總所帶沭陽勇一營，裁去四百名，仍留一百名，以節餉需。以上所裁各營，原領軍裝、器械、號衣、旗幟，責成各統領轉飭營哨各官，逐一查明，分別繳儲清江、鎮江餉械轉運局，彙解省城。應領月餉，即分別截至五月、閏五月止。仍從優給予兩箇月恩餉，由原帶營哨或添派委員押送至出境到籍日散發。籍隸湖南者，由鎮江轉運局分別配用官輪、租輪，運送至漢口、岳州。在輪船，各勇按日各給火食銀一錢。其已經離營在江候輪者，每名並酌給小口糧，以免滋擾。籍隸廣東、浙江者，分別由鎮江、上海搭坐商輪，徑赴廣東省城及台州，分別遣散。其餘各軍，仍有應行裁撤者，應俟陸續體察何軍最爲得力，何軍易於訓練見效，再行分別裁留。

（硃批）該部知道。（欽此）

請申明約章限制教堂買地摺[一] 光緒二十一年六月十八日

竊承准總理各國事務衙門咨：法國施使照稱，嗣後法國傳教士，如入內地置買田地、房屋，其契據內寫明，立文契人某某，此係賣產人姓名，賣爲本處天主教堂公產字樣，不必專列傳教士及奉教人之名。立契之後，天主堂照納中國律例所定各賣契、稅契之費，多寡無異。賣業者無庸先報明地方官請示准辦。又准咨法使照稱：教堂在內地買產一事，請通行各督撫，自行出示曉諭，自用上憲印信，廣爲張挂各等因。

臣伏查教堂在內地置產，地方官不得預聞，流弊滋多。或有礙公所形勢，或有妨商民生業，以及界址不清之地、歷年膠葛之產，地痞句串，朦混成交，訟獄繁興，釀成巨案。華民固受累無窮，洋人亦被欺枉費。且於中國地方官管轄土地之權，亦大有妨礙。查近年各國教士皆援引法國續約第六款，有並任法國傳教士在各省租買田地，建造自便等語，以爲藉口。殊不知法文續約並無此語。且法約第四款載明，自今以後，所有議定各款，或有兩國文詞辯論之處，總以法文做爲正義。是法文所無，中文雖有，仍不得援以爲例。臣嘗見光緒十二年美國議院所刊各國交涉政書，有美使田貝致外部一書，光緒十二年九月十二日即西歷一千八百八十六年十月初六日，由北京發，所論此事最爲公允。謹撮譯大意云，法約華文載各省租買田地建造自便二語，法文並無此語，亦無一字一句可强譯爲此義者，不知當日華文約內，何以增此二語，殊不可解。美國教士每欲援引此約，歷任使臣多不謂然，謂法國未立約以前，內地已有教堂，中國有不得不允其買地建造者，別國則不可一概而論。且在內地居住，亦甚有不便者。是以英國政府不欲堅執教士入內地居住之說。惟中國地方官既自願聽其在內地買地建堂居住，即應一體保護。如有被人擾害，外國自不能漠視不理。如中國官不願教士入境，儘可照約商辦，但不應擅行驅逐，庶合於理。所謂在內地居住亦甚有不便者，何也。外國人在中國內地，不歸地方官管轄，其間良莠不齊，在外國已然，在中國何獨不然。自不能無非理犯法之事。使各國能在內地遍設審司官長執法，以斷其曲直而懲其暴戾，則居住內地自可無弊。今各國既不能在內地處處設官，而中國地方官又無權以管轄之，其

[一] 此件具奏日期據底本《張文襄公全集·奏議》目録校正。

勢不能不限定外國人居止處所，使居於通商口岸，有洋官以管轄之，庶可歷久相安而無流弊。本大臣之爲此論，並非有所貶責於教士，特準情酌理，期有以補偏而救弊耳。在教士以勸善行道爲心，未必遽有不法之事，本無可議。而自國法視之，教士亦齊民耳，但當論其守法不守法，不復計其存心之臧否與執業之貴賤也等語。由此觀之，是内地置産居住一事，各國本無可争之理，亦無必争之意。前湖北利川縣教堂買地一案，法領事悻悻來見，詞氣暴横。經臣援引指出法國條約法文並無准其買地之語，明白揭破，嚴詞駁斥，該領事竟無詞以對，氣燄立沮，默然而去，是其明徵。自後遂不復引約糾纏。今法使乘東洋有事之時，復以教堂置産一事要挾，並聲明賣業者無庸先報明地方官請示准辦。總署自係因結援方急，未便重拂其意，是以允其所請，咨行各省，出示曉諭，並轉飭地方官一體照辦。外省自惟有查照辦理，礙難更改。然聽其私買、私賣，地方官概不預聞，誠恐地方從此多事。種種棘手，自不可不設法補救。既弭民教嫌釁，且可保中國地方官轄地之權。臣詳核法使文中有，照納中國律例所定各賣契、税契之費，多寡無異等語。是彼亦知不能明言侵中國轄地之權，不能廢税契蓋印之事。查光緒十一年粤省所譯英例全書載，購産來歷不清，而故爲隱飾，是騙詐也。買約作罷論，買價追回。又云，地有關於衆用者，不知而買，買約可廢。又云，立契約不法，其故有三皆可從。一傷德，二礙分，三騙詐，均有罪名等語。是各國購産條例，遇有來歷不明，串買、盗賣，經官查出，契據作廢，且須罰辦。此爲國家管轄之權，萬國公共之理，中國固不能捐棄此權，教士亦豈能違背此理。應請敕下總理各國事務衙門，與法使訂明，將上項所引法文約章、外國條例，切實告知。中國近年准教堂在内地置産，乃我顧睦誼加厚，格外通融。惟建造自便之語，法文本無此言，自不能不示以限制，以符公例。此後教堂購産，雖無須先報地方官，惟税契之時，須由地方官查明，果係此地毫無違礙葛藤，明買明賣，兩造情願，地方官自必照章税契用印，斷不致無端阻止，勿庸過慮。如遇來歷不明，侵占盗賣，纏訟未清，有妨公用種種弊端，一經查出，或别經告發，即將契暫留，速告洋人，萬勿付價。地方官當秉公持平，照例查辦。如欺詐，得價者退繳原價，將契作廢，教士亦不得恃勢袒庇。如此則侵占盗賣之弊除，而争訟之端亦少，庶地方官得以認真保護，民教得以歷久相安。囑其飭各教士一體遵辦，凡此皆情理兼盡，確有根據之言，法使似不能不允。俟與商妥，通行各省，使地方官有所遵循，或可挽回於萬一。

（硃批）該衙門議奏。（欽此）

保獎蘇省海運出力人員摺〔一〕 光緒二十一年

六月　日

竊照蘇省光緒十九年分冬漕，内除分撥河運糧米一十萬石，並遵旨截撥順天、直隸賑撫米五萬石外，實該海運交倉漕白正耗米六十八萬八千五百一十五石零，循案派撥沙輪各船隻裝運赴津，斛兑過剥轉運通州，於光緒二十年四月初七日開兑起至七月十七日止，將正漕籌辦等米，一律交兑完竣。承辦各員諸能奮勉從公，不辭勞瘁，得以早實天庾，辦理尚臻周妥。兹據蘇州藩司鄧華熙

〔一〕以下三件録自《京報》第五二五八號。

會同署臬司黄祖絡、督糧道吴承潞、署蘇松太道劉麒祥查明，天津、通州、蘇州、上海等處辦事出力員弁、書吏，暨輪船水師各營出洋巡護出力各員弁，遵照新章，開造履歷清册，詳請奏咨給奬等情前來。臣等復查，光緒十九年分蘇省冬漕海運米石，除遵旨截撥順天、直隸賑撫外，其餘米石循案由沙衛各船並招商局輪船承裝運抵天津，由糧道逕運通州交兑。其籌畫南北各局用款，分司天津等處，雇剥運交，任重事繁。所有在事各員弁，或辦理轉運、彈壓、稽查，或鈎稽銀米兼籌運費，或銀米首先全完，或出洋認真巡護，均屬踴躍趨公，辛勞倍著。謹將辦理出力員弁、書吏，擇尤酌擬奬勵等差，開繕清單，恭呈御覽。合無仰懇天恩俯准給奬，以昭激勸。除將履歷清單分咨吏、兵部查照外，理合恭摺具陳，伏乞皇上聖鑒訓示。

該部議奏。單併發。

參革都司馮士元片 光緒二十一年六月　日

再，據統領霆慶、海澄、鎮東等營署蘇松鎮總兵記名提督王衍慶稟稱，管帶鎮東營補用都司馮士元，所部勇丁，老弱缺額，飭令移防十□洋面，觀望不前，實屬貪劣畏葸，稟請懲處前來。臣查近來勇營類皆慌怯，幾成積習。若不從嚴參辦，無以整飭戎行。相應將管帶鎮東營補用都司馮士元，請旨即行革職，以示懲儆。理合附片陳請，伏乞聖鑒。

著照所請。兵部知道。

請准調錢恂等四員差委片 光緒二十一年六月　日

再，江南交涉事務最爲殷繁，營務籌防亦難懈弛，兼營分應在在需才。查有分省補用知府錢恂，學精才敏，洋務博通，尤能研究中外商務，歷經出使德國大臣許景澄、出使英國大臣龔照瑗調充參贊，既經臣電商龔照瑗咨調回華。又查有湖北候補知府朱滋澤，才長識練，久在軍營，熟習戎機。前於春間海防吃緊之際，因江南文員中罕有知兵之員，電商兼護湖廣督臣譚繼洵，咨調來江，委令管理練兵事宜。又查有浙江候補知府劉祖桂，樸質廉謹，不染習氣。臣創辦銀元、鐵政、織布、紡紗、繅絲各局，皆係西法製造，要工鉅款，尤須廉幹之員考核經理，方有實效。又查有浙江候補知府聯豫，明幹精詳，究心洋務。前隨出使英國大臣薛福成出洋，充當隨員，曾赴比國鐵廠講求煉鐵工作事務。以上各員，皆爲洋務、防務有用之才。合無仰懇天恩俯准將錢恂、朱滋澤、劉祖桂、聯豫四員准臣調來江南差委，以資臂助，實於時局大有裨益。謹附片奏陳，伏乞聖鑒。

著張之洞咨行各該省調赴江南差委。

請准以周發貴借補守備摺〔二〕 光緒二十一年六月　日

竊查江西贛標中營守備葉如松病故，業經臣恭疏題報，聲明所遺贛標中營守備員缺，係陸路部推之缺，兩江現有儘先人員請扣留在外揀補在案。查是缺守備駐紮贛州府城，界連粤東，彈壓

〔二〕以下二件録自《京報》第五二七二號。

巡防最關緊要。非精明强幹之員，難期勝任。臣謹會同江西撫臣德馨，在於儘先各員内，逐加遴選。查有儘先補用都司周發貴，年五十二歲，係江西袁州府宜春縣人，由軍功隨同出師著績，遞保藍翎守備。續於克復甘肅階州案内，保請以都司儘先補用並換花翎。同治五年九月初四日奉旨允准。嗣原營裁撤回籍，飭發江西撫標左營，於同治十三年正月十四日到標候補各在案。該員周發貴，年健才明，操防勤慎，以之借補贛標中營守備員缺，洵堪勝任，與借補新章亦屬相符，查無叅革矇保情弊。合無仰懇天恩俯准以儘先補用都司周發貴借補贛標中營守備員缺，實於營伍地方均有裨益。如蒙俞允，俟部覆至日，再行給咨該員赴部引見。除將該員履歷咨部外，謹會同江西巡撫兼提督銜臣德馨恭摺具奏，伏祈皇上聖鑒。

兵部議奏。

請准以李東武借補遊擊摺光緒二十一年六月　日

竊查宿遷營遊擊章宗瀚，補授淮陽鎮標左營叅將。所遺宿遷營遊擊員缺，接准部咨，係第四輪用儘先人員，行令迅揀儘先合例人員請補等因。准此伏查是缺遊擊，駐紮該縣新安鎮地方，民情强悍，素爲盜匪出没之區，鎮撫巡防均關緊要。非精明强幹長於緝捕之員，難期勝任。查有兩江儘先補用叅將李東武，現年五十四歲，湖南長沙縣人，由武童於咸豐十一年投效湖南湘軍，隨剿出力，洊保花翎儘先遊擊。嗣於歷次防剿滇黔各匪出力案内，經前四川督臣駱秉章奏保，同治五年正月十五日内閣奉上諭：花翎遊擊李東武以叅將儘先補用。欽此。光緒十四年經前督臣曾國荃奏留兩江補用。是年四月初二日奉硃批：著照所請。兵部知道。欽此。先後委署提標後營遊擊、泰州都司各缺，辦理均屬裕如。該員任事勇往，軍律嚴明，以之借補是缺遊擊，洵堪勝任。核與借補限制亦屬相符。合無仰懇天恩俯念員缺緊要，准以兩江儘先叅將李東武借補宿遷營遊擊員缺，實於營務地方均有裨益。如蒙俞允，俟部覆至日，即行給咨送部引見，以符定制。除飭取該員履歷册結咨部查核外，謹會同漕運總督臣松椿恭摺具奏，伏乞皇上聖鑒。

兵部議奏。

更換防營管帶片〔一〕光緒二十一年六月　日

再，防營如有更換員弁，照章應隨時奏聞，歷經照辦在案。兹查統領慶字等營江南狼山鎮總兵曹德慶，現經飭赴本任。所遺慶字六營並水雷勇一哨，即以慶字前、左、右三營改爲慶字前營儘先副將班，廣盛成統帶。又以慶字中、副、後三營改名慶西營，並分水雷勇四隊，飭委管帶慶字後營記名總兵沐鴻恩統帶。又統帶慶字中營補用叅將金承復，另派差委。所遺營務，飭委管帶慶字副中營儘先叅將朱啓泰接帶。遞遺副中營營務，飭委候選通判□德裕接帶。其慶字中營管帶朱啓泰，旋亦病故。飭委升用副將兩江儘先補用叅將戴鶴松接帶。又署淮揚鎮總兵兼帶淮揚鎮標新兵中營吳安康撤委卸事，所遺該標新兵中營事務，飭委現署淮揚鎮總兵劉青煦接帶。其劉青煦前署臣標中軍副將任内，所統臣標

〔一〕録自《京報》第五二七七號。

新兵護軍等營兼帶新兵中營營務，委現署中軍副將僉厚安接統兼帶。又管帶臣標親軍前營補用總兵戴盛寬，應行撤換。所遺營務飭委候補副將陳周梓接帶。又管帶督捕親軍哨及臣標水師右哨江蘇候補道譚信渠，另委差使。所遺哨隊飭委江蘇候補道鍾啓祥接帶。以期各專責成。除飭取各該員履歷咨部查核外，謹附片陳明，伏乞聖鑒。

該部知道。

查明教職被參各款請以佐雜降補摺〔一〕 光緒二十一年六月 日

竊臣承准軍機大臣字寄，光緒二十一年四月二十三日奉上諭：都察院編修吕珮芬等呈控教官劣蹟多端，該管上司保薦不實，據呈代奏一摺。據稱安徽旌德縣教諭張堃，劣蹟多端，行同無賴。該管上司知情容隱，該教官俸滿反將其保升知縣等語。案關教官濫膺保薦，虛實均應澈底根究。著張之洞按照原呈所指各節，確切查訪，據實具奏。原摺呈均著抄給閱看，將此諭令知之。欽此。遵旨寄信前來等因。當經遴委江蘇候補知府羅章馳往按款詳查去後。

茲據稟稱：束裝前往甯國府城及旌德縣地方，嚴密細查，訪諸輿論暨現任府縣與該學教官生員，查詢虛實。查張堃係太湖縣庚午科舉人，大挑二等，光緒十一年選旌德縣教諭，八月到任，十二年赴甯國府□考，媒娶營書林少泉之女爲繼室，租寓旌德方氏試館，與林對居。時旌德尚無學署，該教諭或在旌德或在府城。原呈所稱每逢府縣兩考，殷富子弟到府應試，該教官邀賭□□並令伊妻林氏入局一節。詢之士人均不知有是事。教諭范錫恭、訓導吴其榜僉稱，張教諭向不好賭。甯國府知府桂□到任在後，無所用其迴護，亦稱□□，張教諭在府時居多，未聞有聚賭情事。是該教官既未聚賭，何至伊妻入局。

又，原呈所稱旌德縣試，該教官入幕□文前列十名，多受賄託一節。查光緒十一年旌德縣試署知縣孫爾銓曾延請閱卷。十四年縣試，知縣汪錫麟亦延閱卷。檢查兩届學案，縣考前列十名，院試均取進十之七。據縣生汪應横、江東翰云，當日榜後並無異詞，未聞有賄託之説。原呈未指出賄託证據，無從根究。

又，府城内外旌人商鋪居多，該教官時向强賒硬借，行同無賴一節。查縣城市面本小，無論何官均不能賒借。歷詢旌德商人江泰和、吕永元、崔步雲等十餘家，咸言該教官并無向伊等强賒硬借之事。

以上各節均查無確據。至原呈所稱前經聯請安徽巡撫、學政、甯國府按款查究，該教官不知愧□，揚言已在當道拜門，時向諸生恐嚇一節。於甯國、安慶詳查徧訪，無人知拜門之事，亦無人指證。巡撫、學政、知府皆有督察教官之責，當日既得聯銜公信，何以均不查究。現均離任，無由揣悉。

至該上司知情容隱與保升一節。查該教諭在任俸滿，各該管上司遞加核考保薦，經前安徽撫臣沈秉成考驗，該教諭學問優長，才具開展，堪膺民社，保薦知縣等情。

臣查該員張堃被控各節，現經委員逐款查明，如聚賭與强賒，

〔一〕録自《京報》第五二六二號。

及招摇恫喝各節均係查無實蹟，應毋庸議。惟以現任教職與本地營書續繼，雖無良賤之殊，究非門第之匹，致招物議，職是之由，且司鐸之官，時常往來郡城，賃屋居住，雖因衙屋未經修復與擅離職守有間，但並不常在任所，亦屬曠官。且訪聞該員平日居官不勤訓迪，專講應酬，雖保薦係因俸滿並無營求實據，而人品平庸，習氣亦染，自不勝□民之任。相應請旨飭部將保升知縣前任旌德縣教諭張堃俸滿保案先行撤銷，以縣主簿降補以杜倖進而肅官箴。理合恭摺奏陳，伏乞皇上聖鑒。

另有旨。

協解順直賑款銀兩片［一］ 光緒二十一年六月　日

再，准署直隸督臣王文韶電開，順直連年被災。今春大雪，耕種失時，加以四月初狂風暴雨，海嘯河決，縱横千里，蕩爲澤國。麥苗既失，耕作並廢，呼號望賑。青黄不接，時日方長。又有遼錦接壤，游兵散勇雜處其間，不得不極意撫綏，以彌隱患，務懇設法接濟，籌撥公款，並勸紳商樂助等因。當經劄飭江甯布政使瑞璋，分别籌撥勸辦去後。兹據詳稱，江省頻年捐賑，又兼籌餉輸捐之後，一時恐難集有成數。而畿輔重地，待賑既殷，急宜設法解濟。現擬先在司庫借動銀一萬兩，俟勸捐歸還。再於金陵厘捐局所收米厘項下撥銀二萬兩，共銀三萬兩，一併交志誠信商號匯解天津籌賑局兑收，詳請奏咨前來。臣覆查無異，除咨部查照外，理合附片陳明，伏乞聖鑒。

户部知道。

江蘇捐輸請留專濟北軍餉需南餉並不分用摺［二］ 光緒二十一年七月［初六］日

竊准部咨，議覆推廣捐例一案，行令將實官、虛銜，分别造報，請將虛銜歸籌餉新捐，所收捐款，准其一半留用，一半聽候部撥。實官應歸新海防捐，所收捐款，均應全數解部，不准截留。等因。當經咨行遵照去後。

兹據總辦籌餉勸捐江甯布政使瑞璋等稱，江甯紳富捐輸，仍請准獎實官，業經詳請具奏在案。惟存留報撥一節，前因倭事初起，東北用兵，欽奉諭旨，飭令就地籌款，經本任督臣劉坤一酌議官報捐、紳富捐、典息捐章程三條，聲明一半留備部撥，一半留爲本省籌防之用。奏奉硃批：户部議奏。欽此。經部議覆，如有紳富捐銀一萬兩以上者，准專摺奏請特恩獎叙。其在一萬兩以下及典息捐錢俱准照新海防例，獎給實官虛銜封典，暨准移獎子弟，以昭激勸。並稱集有成數，趕緊報部，分别留用、備撥。等因。於光緒二十年十月十二日具奏，奉旨：依議。欽此。咨行前來。則是江南籌餉局所收紳富之捐，一半留用，一半候撥，久經户部議覆奉旨允准在案。本與他省情事不同。惟因本任督臣具奏之時，僅止陳湜、程文炳兩軍奏調北上，用項無多，此項捐輸專爲本省籌防，是以僅請留半。嗣後防軍奉旨北調，合計多至五十餘營，月餉之外，又有車駝、皮衣、柴米價，津貼踵事而增，繁費無算，月計已需銀二十餘萬兩。加以本省招補增募江海兼防水

［一］録自《京報》第五二七八號。

［二］此件具奏日期據底本《張文襄公全集·奏議》目録補。

陸一百餘營，月計又需銀數十萬兩。又以重價密購大批軍火，分濟前敵諸軍，節次議立購運等局，運送餉械費用太繁，是以又有詳請全數截留之奏。查每日所收捐數，牽算不過五六萬兩。即以全濟北軍，亦僅敷月餉十分之二三。則所請南省分半之説，止係奢望空言，並無濟用之實。乃因湖南開辦籌餉新捐，部議照順直賑捐，給予虚銜奬敘。及因議覈江西紳富捐輸請奬一案，咨令實官歸新海防捐，虚銜、封典等項歸籌餉新捐。實官捐全行解部。通行各省照辦。奉文之始，竊以爲湖南、江西在腹地，並無海防，固與南洋迥異。且續奏之案，似與先經專案奏准者不同。前項通行，江南應不在内，今奉部咨亦令一體照辦，不勝傍徨焦灼。細繹歷奏部文，海防捐實官舊例也，籌餉新捐、奬叙虚銜等項，議覆湖南通行之新章也。江省紳官等捐，准照新海防例奬給實官，分半留撥，則又奉准覆之專案也。今以江西駁案，而令江省亦分別虚銜、實官，一歸籌餉案内造報，一歸海防案内造報。歸籌餉者，一半留撥。歸海防者，全數報解。是原奉部議，尚係不問虚銜、實官，准留一半，今改爲虚銜准留一半，則可留者益少。夫以江蘇一省供支南北各軍餉需之鉅若彼，而本省准留捐款之微若此，竊恐杯水車薪，於餉路無濟矣。現在海防雖已解嚴，而目前之月餉與夫裁營資遣等費，尚屬不貲。每月湊解北軍餉項，十分爲難。屢向東征、湘軍兩糧臺挪借墊欠，爲數甚鉅，尚須設法籌還。若再欲騰出捐款報解，更屬無從措手。即如安徽北上練軍，奏動漕折。湖南奉調勇營，奏動庫款。他省正項尚准留撥，乃獨至江省捐款係由外省勸導所得，轉不得留爲供支軍餉之用。查此項捐款，既係供支軍餉，爲户部省餉，實與解部無異，乃亦不准留用，較之湘、皖成案，似未持平。且原議兩歧，外省無所適從，諸事艱於籌辦等情，詳請具奏前來。

臣覆查江南用繁餉絀，委係實在情形。所收捐款准奬實官須分半留用，原係部議覆准。且此款不過湊解奉調北餉二三成，江南並未支用。是今日並無用之事實，與全行解部無殊。合無仰懇天恩俯念奏准有案，准全留江省，專以湊撥北軍餉需。至江南本省軍餉，斷不分用其半，以贍征軍而符原案。如將來收數暢旺，每月可收十萬兩以外，必當劃出解部，斷不敢再行請留，似此另擬辦法，其迹雖係請留江省供支，其實與部臣慎重實官，注意近畿餉需之意，尚不相左。不勝急切待命之至。

（硃批）户部議奏。（欽此）

查明德馨參款摺光緒二十一年七月初六日

竊臣承准軍機大臣字寄，光緒二十一年閏五月十三奉上諭：有人奏疆臣貪婪荒縱據實糾參一摺。據稱江西巡撫德馨，利慾薰心，宴樂成癖，傳通内外消息。以門丁吴子昌爲首，幕友朱姓助之，元泰仁錢號經手過付，屬員中則何其坦、朱士林、王書臣皆託腹心，招權納賄。萬載縣知縣周鳳藻，貪滑巧詐，屢有控案，以重金請託得免。上饒縣知縣朱錫祁，籍訟婪贓，該撫反濫行保薦。去年冬間，大作生日，收受禮儀，演戲月餘。請飭查懲處等語。著張之洞按照所參各節，秉公確查，據實具奏，毋稍徇隱。原摺著鈔給閲看，將此諭令知之。欽此。遵旨寄信前來。等因。當經密委廉幹之員，分别馳赴江西省城及萬載、上饒等處，按照原參各節，分條逐一確查去後。

茲據各委員查明，先後回江稟覆稱：原參該撫索賄，視缺之肥瘠，定價之高下，至傳通内外消息，以門丁吳子昌爲首，幕友朱姓助之，元泰仁錢號經手過付，即部選或序補者，到任後，非酌量獻納若干，不能安居。其所派釐差亦然。加之性耽娛樂，尤嗜聽劇，時常傳集上海名優入署演唱，自製鮮明戲具、衣裝，見者譁然。去年該撫因辦軍務，奏請學臣監臨鄉試，乃於八旗會館演戲一月。冬間遼南州縣失陷，該撫猶大作生日，收受禮儀，演戲又經月餘各節。詢諸江西官吏商民，僉謂，該省官場有欲得優缺優差，或欲圖調優及久任者，多由營求而得。如南昌、臨川、豐城、廬陵、鄱陽、高安、清江、樂平、上饒、奉新、新昌、玉山、吉水、(太)〔泰〕和〔一〕、廣豐、贛縣、萍鄉、萬載、安福、浮梁、金谿、南城等縣各優缺，於撫署皆有應酬，尤須先送門丁吳子昌門包，託其關説。人言藉藉，第究竟何人、何時、因何事賄賂若干，獻納之錢物是否該撫所收，抑係丁幕所得，則查無實據。至元泰仁錢號，向爲各州縣經手錢糧上兑。今行賄之人，查無實據，其過付與否，更難得實。門丁吳子昌，現因事遣之進京未回。所稱助吳子昌傳通消息之朱姓幕友，係朱文藻，即朱翼卿，先在撫署辦理營務三年，前因遭物議太甚，已捐道員赴皖候補，撫署現無朱姓幕友。上年鄉試時，在會館演戲多日，有因迎送公讌者，尚非概係該撫自行演看。十一月二十七日，該撫生日作壽，頗收禮物。先於十一月望後派祥臨輪船赴九江拖帶上海名優到署内演戲。往年生日有演戲至月餘者，上年止演戲十餘日，亦無月餘之久。戲價皆由屬員折價致送。傳聞每戲一本，折銀五十兩。每逢生辰，屬員每人或送十本、二十本不等。戲具、衣裝，有人所致送者，亦有自行添製者。署内向有數人能唱、能演，凡遇演戲，即用此衣具。遇有赴會館等處聽戲，即自帶戲衣、戲具前往，以致見者駭笑。

又原參屬員中何其坦、朱士林、王書臣三人均與門丁吳子昌狼狽爲奸，攬事舞弊一節。查悉何其坦，先由佐雜充當巡捕，最爲該撫所喜。上年署新建縣題補餘干縣，本年調署南昌首縣，兼充文報、電報等局差，慣事鑽營，巧於迎合，與門丁吳子昌狼狽爲奸，攬權納賄，遂致聲勢赫然。朱士林本缺德安縣，現署新建首縣，近已調補臨川縣，亦與吳子昌朋比爲奸。誠如原參所謂，專通消息，取媚營私者也。王書臣因善於詞令，慣事逢迎，現當巡捕，與吳子昌通同一氣，勢所難免。

又原參萬載縣知縣周鳳藻，貪滑巧詐，署中火食、幕友脩金，一切索諸門丁。縱容門丁爲惡，屢有控案，以重金請託得免一節。查周鳳藻，素性貪鄙。家丁所得錢物，該員與之三七分用。以劣紳杜姓、辛姓、宋姓爲爪牙，遇有案件，先説使費，家丁與劣紳擇其案中有錢之人，多方訛詐需索，如願始得到堂。到堂之日，又有堂費。破家者，指不勝屈。萬載之民，言之無不切齒。署中火食，由税契家丁繳六成，管案門丁按事照派，至幕友脩金，亦由各行家丁派送，此門丁縱容之所由來也。該員用其族人改名高寶樹爲門丁，一切由其主持。又將高寶樹薦與首縣朱錫祁爲門丁。萬載則由高寶樹薦張姓爲幫手。高寶樹每月回萬一次，常住省中，以通各署消息。上控之案甚多，情節最重者，如北門外徐姓爭地殺死二命，小北門袁姓因積穀綑差到府，門丁因禁用小錢誣民重罰罷市三日，南鄉第一區高村地方彭姓妾謀死大婦陳氏。聞因該

〔一〕太和縣屬安徽省。泰和縣始屬江西省。見《清史稿·地理志》。

員受賄，以致上控亦未審明，屢有委員，均未見其完結。前數月税契用印少四十六張，亦有上控，委員到縣，亦未完結。衆論皆謂該員要錢，亦用錢請託，至用重金請託何人，原參未指明何案，無從查其實據。然既派高寶樹住省，與各署之劣幕及不法家丁串通，自係爲營謀請託無疑。

又原參上饒縣知縣朱錫祁貪暴異常，信用門丁高寶樹，藉訟婪贓，因賭發覺，委查有案，該撫濫行保薦一節。查朱錫祁慣事夤緣，貪暴尤甚，其在上饒縣任内，遇事任性，用刑極重，即如笞責之案，動輒一二千板，甚至有四五千者。怨毒之聲，盈於道路。衆人稱高寶樹爲高老爺，詐贓甚多。原告一進衙門，不問是非曲直，先索八十幾箇禮。每箇禮計銀一兩四錢，被告亦如之。不與者，收押。如劉正大布店等，均受其累。上年十月間，該縣城守營兵在外巡夜，因高寶樹包妓玉山縣姚妓起釁。高寶樹與營兵鬧至府署，經廣信府知府委員訊問，分別遣散。其時百姓乘機洩忿，指明該門丁平日所得贓款，勒令交還。該門丁見勢不佳，將期票一一退還，現銀有未全退者。至賭案查無其事，或即與營兵滋鬧之訛傳。此案因廣信府額勒經額據實通禀，該撫遂將額勒經額與缺分較次之臨江府王之藩，互相調署。又原參高寶樹即知縣周鳳藻之姪，更姓名充當門丁一節。查高寶樹係江蘇江都縣人，確係本姓周，與周鳳藻是一家。惟是否叔姪，及其本名爲誰，一時猝難得其底藴。該門丁由周姓捐有官職。或云知縣，或云同知通判。江西省城置有房屋，開有錢鋪兩座，甚有富名，恣奢已極。朱錫祁係於萍鄉縣會匪案内得膺保奬，於去年三月内交卸赴京引見。又原參此外因賄得缺者，不一而足一節。既未指出銜名，一時猝難查實各等情，禀覆前來。

臣覆加詳詢博訪。凡自江西來江甯者，所言與委查各節不謀而合。臣伏查江西撫臣德馨，被參委缺、委差，皆須賄賂、獻納。至以缺之肥瘠，定價之高下，雖外間議論沸騰，而查無數目過付實據。該撫久膺外任，貌似精明，若謂議價賣缺，該撫荒謬當不至此。惟該撫所賞拔任用，多係貪猾卑諂之人，既得優缺、優差，必將百方獻媚，送禮、送戲，以冀久於其任，再調優區。該撫性喜逢迎，遂不能概行拒絶。加以素習驕奢，性耽娱樂，荒於觀劇，遠近皆知。前數年經言官衆有案。上年冬間，軍務緊急，京畿戒嚴，宵旰焦勞，沿江各省亦正籌辦防務，乃於此時仍復自上海遠召優伶，兼旬演唱，一味酣嬉，殊非疆臣憂國勤職之道。至優缺屬吏以代備戲價爲名，折送多金。每年生辰餽送壽禮，平日亦間餽送珍物，皆門丁吴子昌經手，難保非該門丁藉名撞騙，從中乾没，而門丁之攬事有權，婪索無忌，則已毫無疑義。至何其坦、朱士林等，同僚鄙惡，而倚爲腹心。同任首劇周鳳藻、朱錫祁等，民怨沸騰，而優加委任，或予保薦。曾在該撫幕中之朱文藻，則以招摇滋議。是該撫之門丁、幕友、巡捕、首縣，及所賞識之州、縣，無一非貪劣之人，則該撫用人之是否公允，政事之是否勤明，自在聖鑒之中。似此荒縦廢弛，專喜逢迎，縱容門丁，信任劣員，以致吏治濁亂，官方蕩然，民冤不伸，怨謗盈路，臣實不能曲爲之諱。其應如何予以處分之處，伏候聖裁。至餘干縣知縣何其坦，德安縣知縣調補臨川縣朱士林，諂媚鑽營，招摇漁利。萬載縣知縣周鳳藻，貪婪鄙劣，荼毒地方。候補知府前上饒縣知縣朱錫祁，以暴濟貪，縱丁害民。應請旨將該四員，均予即行革職。候補知縣王書臣，卑陋迎合，不知立品。惟查無爲惡實蹟，應請旨以從九品降補。安徽候補道朱文藻，前在江西撫幕，物議甚多，斷不宜玷監司之職，應請旨以州同降補。門丁吴子昌，干預要公，攬權納賄，應飭查明真實姓名、籍貫，通行嚴拏懲辦。又門丁高寶樹，即周寶樹，爲惡多端，冒捐職官，應請飭下吏部立案，俟查明報捐姓名職銜，再行咨部斥革，並通行各省，將該門丁緝拏解歸江西，究明詐贓各案，按律懲辦。一面將其江西省城所開錢鋪，先行查封。此外江西貪劣不職各員，容臣查明，隨時奏請懲處。其上控未結各案，臣當飭江西臬司督催，秉公審結，以肅官方而恤民隱。

（硃批）另有旨。（欽此）

續裁營勇摺 光緒二十一年七月初八日

竊查防務解嚴，增募各營，自應分别次第裁汰，業經裁撤三十二營零四百人，奏明在案。兹查前江西南贛鎮總兵王得勝所統之海勝軍江北勇，裁賸四營，應即全裁。署蘇松鎮總兵王衍慶所統之霆慶軍湘勇五營，應汰弱留强，裁去兩營，仍留三營。其兼統之崇明縣，原有鎮東營、海澄營共兩營，一併裁撤。又前雲南鶴麗鎮總兵朱洪章病故，所部章字軍湘勇十營，經臣飭委記名提督譚會友代統，應將此十營内汰弱留强，裁去五營。又遊擊黄守忠所統之廣中軍粤勇四營，應即全行裁撤。又千總金滿所統之滿字營臺勇，裁賸三營，應再裁去中、左兩營，仍留一營。記名提督謝得龍所統之鶴字軍湘勇六營，應汰留精鋭，裁去四營，即令該提督統率，回至湖北遣散，仍留二營。淮揚海道謝元福所統之浦勝軍江北勇馬、步三營，應裁去步隊兩營，仍留馬隊一營，以資巡緝。其月餉分别於六月、七月截止。仍照各勇原籍省分遠近，照章賞給恩餉兩箇月，以資行糧。並分别租雇商輪、官輪，在船發給火食。即飭各該統領營哨員弁，押送回籍，妥爲遣散。仍將原領軍裝、器械、號衣、旗幟等件，繳儲各局所驗收。計此次續裁共二十五營。此外，現存各營，仍俟體察情形，如有應行裁汰者，再行妥酌接續辦理。

（硃批）該部知道。（欽此）

淮南徵收課釐數目摺（一） 光緒二十一年七月 日

竊淮南鹽務，於同治三年奏定新章徵收課銀，按半年奏報一次，鹽釐隨課並報，歷屆循照辦理。光緒八年，湖南、湖北、安徽三岸，經前督臣左宗棠奏加新商。按准部咨，自光緒九年起將兩淮新舊各商課釐數目收支各款，分款造報等因。遵經報至二十年六月止在案。兹查二十年七月底止，收舊商課釐銀一百五十二萬四千三百七十一兩有奇，收新商課釐銀十四萬八千七百九十五兩有奇，共收新舊各商課釐銀一百六十七萬三千一百六十七兩有奇。又收湖北襄陽、鄖陽等府試銷淮鹽厘税錢三萬一千二百三十三千有奇，萬户沱抽收川釐錢九萬二千四百五十二千有奇，銀錢併計，雖與十九年下半年收數較形短絀，而核與十八年下半年收數尚屬加多，據兩淮鹽運使江人鏡分造清册，詳請具奏前來。臣覆核無異，除將清册咨送部科外，謹彙開清單恭摺具陳，伏乞皇上聖鑒，敕部查核。

户部知道。單併發。

（一）録自《京報》第五二八三號。

查明上半年各屬已未結新案交代摺〔一〕

光緒二十一年八月初四日

案准户部咨，會同吏部議奏，飭令將各州縣交代限期定限半年彙奏一次。光緒元年八月初七日奉旨：依議。欽此。等因。歷經查明江蘇省各州廳縣已、未結交代，按限開單奏報至光緒二十年下半年止在案。

茲據江甯布政使瑞璋、蘇州布政使鄧華熙查明江甯、蘇州等屬二十一年正月起至六月止，已結、未結各新案交代彙開清單，詳請具奏前來。臣等復核無異，除將已結者嚴催趕造册結咨部查核，未經結報有應繳款項者，勒限完繳，如逾限不完，即行照例叅辦外，相應彙繕清單，恭摺具陳，伏乞皇上聖鑒。

户部知道。單併發。

謝子權外用摺

光緒二十一年八月二十六日

竊臣恭閲邸鈔，本年六月初八日臣子權由吏部帶領引見。奉旨：漢廕生張權著外用。等因。欽此。聞命之下，感悚難名。

伏念臣忝承恩寄，無補時艱。方憂負乘之貽譏，遑計箕裘之克紹。臣子權，乙科倖列，午舉非倫，蟻術徒勤，駑庸滋愧。傳家寡學，尚輸顔測之得文。信道未能，敢擬漆雕之入仕。仰荷推恩之典，猥叨任子之榮。渥澤逾涯，兢懷臨谷。臣惟有勤修官守，嚴勵義方。九陛瞻天，緬木正從繩之訓。一門戴德，殫葵傾向日之誠。以仰答高厚鴻慈於萬一。

查覆煤鐵槍礮各節並通盤籌畫摺

光緒二十一年八月二十八日

竊臣將鐵廠、槍礮廠造成式樣，分别進呈咨送，並陳分别籌款、撥款各事宜。正在具奏間，欽奉八月初九日電旨：有人奏，湖北鐵政局與大冶産鐵處相距甚遠，以致鐵價太昂，且近處並無佳煤，煉鐵未能應手。查湖南、北商民以鐵廠爲生業者極多，不患鐵之缺乏，而患鐵質不良，鐵價較貴。鐵政局犯此二弊，即難收效等語。鐵政局經營數年，未見明效，如快槍一項，至今尚未製成。著張之洞通盤籌畫，毋蹈前失。欽此。訓諭諄切，莫名感悚。茲謹將鐵廠、槍礮廠工程艱鉅、現已辦成情形，敬爲我皇上陳之。

一、産鐵遠近一節。查開設煉鐵爐，若論常法，自應於煤、鐵相連處設之。惟地理物産不能一律巧合，則亦難盡拘。大冶有鐵山而無上等佳煤，江夏縣屬馬鞍山有堪煉鐵之煤，大冶在下游，江夏在上游。且原慮鄂煤不敷，擬添用湘煤，湘煤自湖南來，亦在上游。故廠設漢陽，適居其中，以期兩就。漢陽近接漢口，於行銷較便，又近武昌省城，於督察工程較便。且前數年，大冶鐵山鐵路未造成，則大爐機器斷不能運至鐵山左右，洋匠亦不能深入。此等要工鉅款，若非近在省城之外，臣及總辦大員不能親往督察，則經費必難核實，竣工更恐無期，是以酌設漢陽。以上各條，前於光緒十六年開辦時詳晰奏明在案。此限於鄂省地勢，又參酌中國人情，無可如何。查德國克虜伯廠煉鋼、煉鐵爲地球第

〔一〕録自《京報》第五三〇三號。

一大廠，其礦石自西班牙國運來，遠在數千里之外，較其遠近難易，實覺此勝於彼多矣。此原奏所謂鐵政局距大冶産鐵處太遠，尚未悉鄂廠籌辦原委情形也。

一、鐵價一節。鐵廠距鐵山雖遠，然陸有鐵路，水有輪剥船。馬頭裝卸，又各有起重機，均屬利便，合計礦石運費尚不爲貴。原奏謂鐵價太昂，未悉何據。至物價之嫌其太昂者，謂其較同等之貨時價加昂，難於銷售也。查鄂廠所出之鋼、鐵，去年以生鐵一千餘頓、鋼及熟鐵二十餘頓，發至上海耶松洋廠及義昌成洋行試銷。生鐵每一頓給價規銀二十二兩，熟鐵每條每一頓給價六十七兩，貝色麻鋼、西門士鋼條每一頓均給價七十八兩，較之洋産銷價大約相同，惟生鐵較洋價減少，若全廠專製精鋼、熟鐵，則甚有盈餘。查外洋鐵貨，精鋼一頓值銀在百兩以外，作鍋爐鋼板，作船料鋼板一頓值銀一百五十兩以外，通行礮鋼值三百兩以外，製鑽刀、彈簧各件之鋼值五百兩以外，快礮鋼及克廠礮鋼值千兩以外。鄂廠現在造礮之鋼較外洋通行礮鋼已不相遠，以後器備工熟，則鋼必愈精。今洋行於鄂廠鋼鐵，必較洋産壓價，然猶肯給如此善價，足見製煉精良，可敵洋産。將來正可日闢利源，何以言者反嫌其昂乎。此臣竊所未解也。

一、佳煤一節。光緒十五、十六、十七等年，派德、比各國礦師及委員、礦學學生分投查訪煤礦，前後五六次，所到不止數十處。湖南佳煤甚多，而土人成見素深，斷不能運機器往開，更不能派洋匠往辦。湖北本省當陽、巴東、長陽、興國、廣濟、蒲圻等處煤窿，均經詳查，或煤質不佳，或煤層不厚，或距廠太遠。惟大冶之煤苗最多，江夏馬鞍山之煤質較勝，是以兩處分開。大冶於王三石、道士洑、明家灣、李士墩等處分別下鑽，開井十餘處。惟王三石煤層較厚。購置各種大機器開采，兩年已得煤不少，忽然脱節。若論西法，即應加工窮追，縱横開鑿，以必得爲度。然限於財力，只可停辦。興國富山頭之煤甚旺，亦可煉鐵，以運道水路不便，試辦數月，亦遂停止。馬鞍山則煤質甚佳，正合煉焦炭、化鐵礦之用。今煤井已深至三十餘丈，三層横窿已經開通，煤層厚二丈數尺，正在横開煤巷，每日出煤，以後自可日出日多。李士墩以經費支絀之故，僅用土法，酌參西法，作斜窿鐵道開采。此窿係煙煤，甚旺，能合鍋爐之用，亦甚有益。相連有一窿，係油煤，可煉焦炭，因經費爲難，暫用土法，未購機器大舉。原奏謂近處無佳煤，實有未確。

一、煉鐵未能應手一節。臣因鄂境佳煤難得，故原議擬將江煤、湘煤參用，久經奏明。查煉鐵須有佳煤，煉焦炭尤須有佳爐。該爐火磚皆須購自外洋，破碎補换，需費需時，製造繁難，尤費時日。先已購置洋焦炭爐一分，計三十五座，設於馬鞍山，以煉該山自采之煤。去冬造成，本年春間試火燒熱，煉出焦炭均甚合用，嗣已續購洋焦炭爐一分，亦三十五座，設於漢陽廠内，以煉購來湘煤。因經費難籌，去冬始行訂購，現甫運齊，造成約六七箇月。又於廠内令洋匠參用中西法造小磚爐百餘座，以濟其缺。此由原擬攙用白煤，故購爐較少，以節經費。繼於開煉後，驗得白煤與原有風機不相配合，而廠内自造之土爐所煉焦炭，耗多質鬆，仍不合用，故不得已暫停化煉生鐵，又續購洋爐。此由因煤配爐，且期節省之故，致焦炭爐不能早成。現在已成之焦炭爐，可供生鐵一爐之用。若七十座全成以後，半用鄂煤，半用湘煤，則全廠機爐俱開，必可供用。目前煤巷尚未開竣，出煤尚略有不敷，而今年湖南天旱水涸，爲歷年所無，煤船難到，因并添購開平焦炭湊用。核計經費總勝於停工不煉，故七月内已復開生鐵大爐。此後若經費充足，自無慮煤不應手。

一、兩湖土鐵一節。湖南産鐵處甚多，惟土法所煉生、熟鐵，質粗而材小，僅可製造民間平常器具。若製械、造軌以及船料、廠屋各種要件，斷不能用。至土鐵價尚不貴，所患在不合用，而不在價值也。原奏謂鐵政局犯此二弊，未解其指。

一、鐵政局經營數年未見明效一節。查鐵廠各事，以開煤爲最難，開煤之難，尤在鑿石、抽水兩端。土法但取淺處之煤，俯掘逆挽，至窿深水多，人力既窮，則棄去此窿，另開他處，故永不能得佳煤，得亦不多。查煤在地中皆係大片斜倚，西法開煤，皆於距煤苗來路數十百丈外下手施工。先須鑿直井深數十丈，令其直下與煤之斜度相遇，深處見煤，然後即於煤層中向（土）[上]斜開[一]，仰而取煤，煤塊順溜至井底，轉由直井引出，則煤多而取易。馬鞍山煤斜度少，直度多，故又於井中分鑿横窿數層，亦各横深十數丈。直井以聚水，横窿以取煤。外洋横窿有多至十數層者。鄂省煤廠地平，一二丈以下即係整塊大石，愈深則愈堅，與敲火之火石等。直井寬大，須並容開井之人下入，抽水之器上出。横窿亦寬，須容人身植立，煤車出入，中鋪鐵軌。凡此直井、横窿所開，皆堅石，非泥土也。每日用壓氣機炸藥開鑿，多則尺餘，少則數寸，中間又時有修機、清窿、抽水等事停歇間斷。至抽水之機，往往水來過多，機力不及，又須添换續購。横窿堅石既盡，乃與煤遇。若直井則須逐漸加深，雖百丈以下皆堅石也。横窿開通以後，又須先開一里外極長煤巷，然後取煤，則自遠而近，煤窿不致坍塌。至於洗滌煤中雜質磺氣，則須有洗煤機器。運煤至數里外水邊上船，則有挂鐵綫路。煉成焦炭，則須有洋火磚、焦炭爐，各件皆極閎大，工用又極精細，磚破則須向外洋運購，或造配，稍不如法，則須拆改補救，勢難求速。即如開平煤礦，興工至五六年，用款已二百餘萬，始有可售之煤。該廠係商人自辦，斷無不趕工節費之理，其難可知。今馬鞍山已出煤煉炭，計工料轉運各費，每焦炭一頓合銀四兩餘。若購湘煤至漢陽廠内之洋焦炭爐，煉成焦炭，每頓合銀六兩餘。若外洋焦炭，自運每頓價銀十七八兩，滬買每頓價二十餘兩。開平焦炭，上海售價每頓十一兩餘。彼此相較，所省甚多。雖從前鑿井購機勞費甚鉅，而今日已收其利矣。至鐵廠各種機爐，前託出使大臣劉瑞芬向諦塞廠訂購，該廠價雖不昂，而物多未備。經洋匠白乃富於機到後隨事查明，逐件增購。至臨開爐時，又經專管生鐵洋匠吕柏逐一考較，復增改多種。其中更有多件，係就礦性、煤質、燐、磺分數，及産礦、産煤之處所，鐵廠、馬頭之地勢，爐座煤炭之風力、火力酌量配設，本非洋廠遺漏者，亦非初估洋匠所能豫知者。逐一購造，層遞修合，乃底於成，自不能不需時日。今自開之煤，可燒焦炭。自燒之炭，可化鐵礦。自煉之鋼，可造路軌、槍礮，可得洋行善價。鐵廠之效，似不外此。若時多費鉅，委係創舉之難。外洋創設一事，固皆不惜累年工力、財力而成之者也。

一、通盤籌畫一節。鄂廠若生鐵兩爐全開，每日可出生鐵一百餘頓。其貝色麻鋼廠、西門士鋼廠、熟鐵廠三廠並煉，每日可出精鋼、熟鐵共一百餘頓，每年可出精鋼、熟鐵三萬頓。以七十八兩之價核計，共值銀二百四十萬兩。即價有漲落，或所出鋼鐵

[一]「向土」，似應為「向上」。

不足此數，亦可直銀二百萬兩。惟全廠各爐并開，每年須經費銀一百六十萬兩。洋匠白乃富原估每月一爐需銀五萬兩，兩爐需銀十萬兩，乃係專指生鐵廠而言。若生鐵開一爐，而熟鐵、貝色鋼、西門鋼、鋼軌廠、鐵貨廠各機爐照生鐵之數酌開，每月約需銀七萬兩。若生熟鋼鐵各機爐闔廠全開，需十三萬餘兩，亦係白乃富所估。且須添煉罐子鋼機爐、軋鍋爐船料鋼板機、壓工字鐵料機、拉釘子料鐵條機、打風機、大蓄水池、東生鐵爐、起重機、搬運機、吹風高白爐二座、馬鞍山煤井開深抽水機、李士墩煤礦鐵山鋪錳礦兩處之挂鐵綫路、抽水壓氣等機、運礦車，約需銀四十餘萬兩。若不添以上各項機器，則廠中鋼鐵不能全行造成。鋼板、鋼條等鐵貨，勢難廣爲行銷，銷亦難得善價，每年即不能銷至二百萬兩之數。蓋機器愈備則出貨愈速，製造愈精，所值愈多，成本愈輕。若慮此項精鋼、熟鐵各省一時不能全銷，目前可兼託洋行代銷外洋。除去運保行用棧租外，亦可值銀一百八十餘萬兩，核計總有盈餘。數年以後，各省風氣日開，製造日盛，即可專資中國官民之用。總之，鐵廠如果大舉不懈，實爲利國利民之舉，此正今日講求西法之大端，振興工藝商務之始基也。

一、快槍尚未製成一節。槍礮廠自光緒十七年機器到後始陸續開工，因在粵原訂槍機係大口徑，後又添改小口徑機器，後又添購槍彈、礮彈、礮架三廠機器，後又添購快礮機器。查外洋造槍礮廠與造槍礮鋼料廠本係兩事。出使大臣洪鈞原議係用外洋槍管、礮管，來華成造，故無造槍礮鋼料之機器。而鐵廠機器係造鋼貨、鐵貨，與造槍、礮之鋼相去尚遠。臣謂此終非長策，因又添購壓礮鋼大汽錘，試槍礮鋼拉力、試槍礮速率各機器，並督飭局員會商洋匠研求配合。將及一年之久，乃得一法，將熟鐵煉作西門鋼，始可供槍礮料之用。此各項機廠隨到隨作，工程並無躭延。無如槍礮廠内即分五大廠，需磚過多，又值鐵廠、煤井、鐵山、布局、銀元局、紡紗局、繅絲局同時並造。漢陽廠内自設一磚廠，武昌金沙洲又設一磚廠，大冶之下陸村又設一磚廠，仍不能供用。而武漢沿江上下可設磚窯之地甚少，因將百里内民間磚窯包定其十之八，並給本令其多開，百方督促，仍然不敷。此一端似甚細而實甚難，惟身經興造機廠工程者乃知之。去年夏間，槍廠已成，機器已設，即日開工，臣率同各官親到廠内閲看，一律齊全。不意數日後猝遭火灾，以致重修。又將廠屋改爲鐵料，皆由鐵廠自行鑄造。計此廠鐵梁、鐵柱、鐵牽條等件共重六百餘頓，今年三月内造成，陸續安設機器，六月始行全完。而槍機曾經火灼，雖已修理完整，洋匠謂細微處必有漲縮參差。所有機器三百六十餘副，同式者止十餘副，餘皆一機一用，其用處與式樣各各不同。凡造成一槍，須經過機器三百餘次工夫。故各機須於安好運動造出各件以後，一一較準，有無疵病出入，酌量修補配合，尚須三箇月方能較畢。然自六月起已隨較隨造，參用人工，已造成新槍咨送督辦軍務處。其餘礮廠及架、彈各廠，亦均先後竣工開造。車礮、快礮現已造成驗過，快礮彈已造過二千顆，去冬撥解關外愷字營及今年解濟甘肅應用。總之，槍礮五廠出械之遲，由於待機、待磚，又由槍廠被灾重修，自造鐵料之故，以致遲一年有餘始能出械。天時人事，出於意外，無可如何。大率製造槍礮一事，工作理法雖極精密，而廠事究係專門，無甚變换曲折，與鐵廠難易大小迥乎不同，以後自可源源濟用。

以上各節，所有工程機爐，煉成鋼鐵，開出佳煤，煉出焦炭，製成槍礮，皆係萬目共睹之事，不能稍有含糊隱飾。至於工作之繁重，外洋購料之周折，分設各廠之遼闊，華匠學製之艱難，亦皆鑿鑿有據之事。從來身居局外者，既非身習其事，又未目擊其難，往往以道路傳聞之語懸揣苛求。凡有關西法時務之舉，或則墨守舊法，以爲不必辦。或則言之甚易，視爲不煩鉅款而辦，不需多日而成。此乃風氣未開之故，固亦無足深辯。

至兩廠用款，部臣屢以糜費虛擲爲戒。夫以籌款如此艱苦，臣身當其難，豈有不力求撙節速成之理。數年以來，督飭各局員事事考核，款款審慎，可省則省，可緩則緩，斷不敢稍有虛糜。查光緒十五年海軍衙門原奏估計造鐵廠之費，需銀二百八十萬兩，係專指煉鐵之廠而言。今鄂省兼辦造鐵廠、開鐵礦、開煤廠三大端，事增則用廣，勢所必然。臣惟有竭此愚誠，實事求是，以期稍有萬一之補於國家。其是非得失，聖明在上，微臣更何容妄置一詞。

以後利弊事宜，既奉旨飭令通籌。竊查煉鐵廠一事，外洋各國視爲極重極要之舉，尚在製造槍礮以上。是以上年五月鄂廠出鐵之日，上海洋報館即日刊發傳單，發電通知各國。蓋地球東半面亞洲之印度，南洋、東洋諸國，均無鐵廠，止中國新創鐵廠一處。今鐵煤具備，以後自當日起有功。即隨時酌添機器，亦有畔岸可尋，價值亦可約計，與從前開辦時之茫無涯涘者，實不相同。如招商無人，自以籌款接續經營爲正辦，似宜盡機器之力，增工匠之能，以擴中華之物産，濟武備之要需。如以鉅款難籌，則請自明年起，即專借一款以供鐵廠之用，即以鐵廠作押，由鐵廠認還，借款必然甚易，還款似亦不難。大抵西法作事，必須成本厚，機器全，工程經久。其初費用鉅，則其後之獲利愈豐，其先成功遲，則其後之出貨愈速。西人工作、商務，無不如此。至槍礮廠爲今日急務，無待贅言，以後計日程功，尚非難事。近日購買製快礮之樣礮，據出使大臣許景澄電稱，該廠明言，恐有樣則中國能自造，是以多方推延要求，始允售礮造機。足見中國設廠自造乃必不可緩之圖，萬不可恃購買爲長策。亦惟有教練工匠，鼓勵學習，令其精益求精。惟常年經費多則出械多，經費少則出械少，均可隨宜酌辦。至兩廠用款，截至今年年底止，將以前劃清，明年另籌辦法各節，臣已於此次鐵廠、槍礮廠請款各摺片内上陳。所有奉旨覆陳各緣由，理合恭摺具奏，伏祈聖鑒。

（硃批）知道了。（欽此）

進呈煉成鋼鐵並將造成槍礮分別咨送試驗摺 光緒二十一年八月二十八日

竊查湖北鐵廠自上年五月造成開爐，分煉各種鋼鐵，前經奏明在案。當發上海洋行試驗行銷，均稱製煉精好如法，其鋼鐵甚合行銷之用。該行代銷者，價與洋産大約相等。鋼軌堅實光潔，可供鐵路之用。嗣據鐵政局將所煉生鐵、熟鐵、貝色麻鋼、西門士鋼及鋼軌、魚尾片、角鐵各件裁取式樣，裝成一匣共十一種。去冬寄至江甯。因軍務倥偬，未敢瀆陳，兹特恭呈御覽。

至槍、礮、架、彈等廠，於本年六、七等月先後竣工，安設機器。一面陸續較準槍機，一面試造，現已將小口徑快槍並新式小口鋭形藥彈造成。當經臣親看試放，其敏捷及遠，綫路有準，實與外洋所購新式快槍無異。礮廠内早經製成八生七車礮兩尊，運來江甯驗過。現將製成新式六生快礮一尊運來江甯，亦經臣親自試驗，每一點鐘可放三十出，洵屬靈捷利用。惟礮係新式四十倍口徑，長中尺六尺七寸，礮架係水師架，重二千餘斤。全件既重，未便齎送至京。現發交江甯軍械所收存。兹謹將快槍一枝、新式藥彈一百顆，咨送督辦軍務處查驗。

（硃批）著交督辦軍務王大臣閲看。（欽此）

湊撥鐵廠開煉經費摺 光緒二十一年八月二十八日

竊臣前因湖北鐵廠各種鋼鐵業已煉成，經費不敷，奏請借撥廣東省武營四成報效及銀元餘款銀五十萬兩。經户部議奏，請旨飭下兩廣總督李瀚章，查照原奏，在於前兩項内挪借銀五十萬兩撥解湖北，作爲鐵廠成本之用。於光緒二十年十月二十八日奉旨：依議。欽此。咨行欽遵。嗣准兩廣督臣李瀚章咨，以前項存款先經協濟北洋及提撥海防用款，無可借撥。奏明咨覆前來。

臣查自强要策，實在練兵製器。現雖防務粗定，而痛深創鉅，前鑒難忘。是精煉鋼鐵，正所以備廣修鐵路，自造槍礮，此事最爲當務之急。前項借撥之款既成無著，自當別籌的款，以便接續趕辦。當粵省覆到之時，正值防務緊迫之際，而鐵廠經費早罄，工作難停，萬分焦灼。

臣反覆籌維，惟查江南鹽務局面較寬，尚可設法，當飭兩淮鹽運使江人鏡詳細妥籌。旋據詳稱，運庫現有之款俱有指撥用項，無可騰挪。惟查前督臣左宗棠曾以楚、皖引額尚未足數，酌加新引，所收票費，均爲採辦軍火、製造鋼板船及水利、書院、桑秧、隄埝等善舉各項之用，歸於外銷，其原請皖岸增復四萬二千八百五十八引，旋因是年皖省蛟水爲灾，銷路較滯，僅就已繳票費銀兩核計，給發一百四十八票，計鹽一萬七千七百六十引。現在皖岸行銷，轉輸尚速。若就前次請復未復之引酌量加增，收繳票銀，在商情極爲踴躍，在要款得資補苴。此外惟湘岸之平江銷數尚暢，亦可酌增。兹據皖岸商人廣大等七十二户呈繳銀二十七萬兩，請認皖鹽一百票，計一萬二千引。湘岸平江商人洽豫等七户呈繳銀八萬兩，請認平江鹽八票，計四千引，共繳銀三十五萬兩，已據如數繳齊，解交江南籌防局兑收，其新引請歸現運綱分，一併循環轉運，三綱之内，設有新增捐款，免予攤繳。此款於要需有益，而於課餉無礙，銷數絶不致短絀。又另據湘岸商人請報效銀二萬兩，不請獎叙，係屬閒款，亦請提用。又據該運司詳稱，續經勸諭淮南場商，淮北池商。因兩淮運販共捐江南海防經費銀一百萬兩，儘一年限内繳清，准照海防例給獎。該商等仰體時艱，情殷報效，亦共捐銀十三萬兩，請照運販呈繳期限一律繳完，附案照海防例給獎實官。現在防務解嚴，此項捐銀擬請改爲鐵廠經費，江南製造各局需用鋼鐵甚多，將來製造各項逐漸擴充，取求便捷，自於江南防務亦有裨益。計票費、湘款、場池商捐三項，共銀五十萬兩，適符原案之數各等情，先後詳請具奏前來。

臣查增引必以岸銷、商情、票價三者爲衡。該運司請加皖岸新引一百票，平江新引八票。因皖岸前請未復舊額，尚有二萬五千九十八引。兹因轉輸較速，請復懸額一萬二千引，尚未足左宗棠原請之數。平江按綱開辦周轉尤速，於岸銷均無窒礙。至新引之鹽歸入綱分，仍與舊引一律挨售，三綱之内，如遇奉飭捐項，新引暫免攤派。在舊引無佔壓之虞，在新引獲轉輸之利，商情均屬樂從。所繳票費銀兩，核與左宗棠前加皖鹽一百四十八票，每票繳票費銀二千四百兩，此次計加一百票，共繳銀二十七萬兩，係屬有增無減。又前加平岸票費，每票繳銀一萬兩，核與此次所加平岸八票，共繳銀八萬兩，數目亦屬相符。現查各商繳銀如此踴躍，毫無疑沮，且其中多係舊商認辦，其爲商情翕然，已可概見，而於課餉毫無妨礙。復查左宗棠前收各岸票費，悉歸外銷，係充採辦軍火、製造鋼板船及水利局、書院、桑秧、隄埝等事之用，均經開具清摺報部有案。現在各商共繳銀三十五萬兩，以之撥充鐵廠經費之用，核與前案票費、支銷、採辦、善舉等項，事同一律，而裨益尤多。至淮南場商、淮北池商因海防需款，共認捐銀十三萬兩，現在防務解嚴，擬請撥充鐵廠經費，俾應要需而備軍實，此於防務有益之事，似於情理尚無不協。已飭依限繳銀，解交籌防局兑收。合無仰懇天恩俯念鐵廠爲鐵路造軌要用，製造武備根源，開煉經費無著，准將前項票費銀三十五萬兩、場商、池商捐銀十三萬兩、湘岸商人報效銀二萬兩，撥充鐵廠經費之用。並懇恩准將此項商捐銀十三萬兩，歸入兩淮運販捐輸海防成案，一律照章給奬，以示鼓勵。統計此三項新籌之款，適符奏准原撥五十萬兩之數，而於鹽務正課及該運司京協各餉毫無妨礙，不勝翹切待命之至。

再，鐵廠款項去冬早已罄竭，積欠纍纍，采礦、開煤、化鐵、煉鋼等事，需費繁急，不能一日停工。而本年春間，京畿防務緊急，又未敢奏請撥款，致煩宸慮。是以臣前奏於江省籌防局款撥用，計撥用之數，約計已及五十餘萬。茲收有新籌票費、報效及場池等商捐款，自應將籌防局借動之款如數撥還，以清款目，合併陳明。其現在需用及積欠之款已另籌辦法，附片奏陳。

（硃批）户部議奏。（欽此）

鐵廠煤礦擬招商承辦並截止用款片 光緒二十一年八月二十八日

再，鐵廠去冬及今年經費，現已於兩淮鹽務籌集銀五十萬兩，如數撥還江南籌防局借動之款，謹已專摺奏陳。惟查鐵廠開煉經費，前奏開煉一爐，每年約需銀六十萬兩，計月需銀五萬餘兩。查洋匠白乃富所估原單，係專指生鐵一廠，若兼開煉鋼各廠，月需銀約七萬兩。內中洋匠四十一名，月薪一項已需一萬二千餘兩。去冬以來，用款無出而墊欠日多，自上年十月至今年八月，連閏計已及一年，皆係無米之炊，課虛責有，勉强騰挪支拄。此項鹽務款五十萬兩，僅敷前數月開支之用，至積欠尚難清還。因焦炭爐工未成，且因經費不能應手，既未能多購湘煤，又未便多買洋炭。故於上年十月暫將生鐵爐暫行停煉，專就廠中已煉成之生鐵，學煉各種精鋼、熟鐵，并造槍廠之鐵梁、鐵柱，分製各種鋼板、鋼條，學煉槍礮鋼料等件。是以鋼鐵所存無多，無從銷售周轉。僅將生鐵千餘頓，貝色麻鋼條、西門士鋼條及熟鐵條二十餘頓，發交上海洋廠試驗，以覘製煉之良楛、價值之高下。至本年七月内焦炭所出漸多，且試驗開平焦炭亦可凑用，始將生鐵大爐重復開煉。現在馬鞍山三層煤窿已經開通，焦炭爐、挂綫路均已告成。大批佳煤已可陸續取用，各種鋼鐵久已煉成，鋼軌亦久已造成。亟應截清界限，另籌經久辦法，以清眉目而便籌計。

恭閲邸鈔，六月二十一日欽奉上諭，飭將鐵廠招商承辦。仰見朝廷通籌深計，既期鐵政之振興，復濟度支之匱絀。查鐵廠招商一節，臣數年來久已籌計及此，於上年十月初二日摺内業已奏陳梗概。因俟煤井深通，焦炭煉就，鋼鐵可常煉不停，以後始可相度情形酌定官辦商辦之局。現在諸事完竣，鋼鐵精好，洋行行銷，肯給善價。似已具有成效。自應遵旨招商承辦，擬即一面迅速招商。惟各商必須親到鐵廠、煤廠、鐵山、運道等處一一詳看方能定議，即有人願承，總須數月方能接辦。目前經費，即各處挪湊，只能支持至八、九月之交。擬請劃清界限，若商人早能承接，則用款及各項欠款截至承接之日止。若無商承辦，亦請截至今年年底爲止。此數月内籌墊之用款及應還之急款，大約總在四五十萬之數。蓋目前必須將煤巷多開，各種鋼鐵加工精煉，令其粲然具備，然後商人易於招集。故既無停輟之理，倉卒亦無挹注之方。惟有仰懇天恩仍准江南在籌防局隨時暫行借撥，以應急需。將來有商則歸該商認還。無商承辦，則臣必當設法籌款，奏請撥還清結。俟年底截清用數，將歷年造廠、采礦、開煤用款及廠成以後開煉經費分案造報。至明年起，應請敕部議定辦法，籌撥的款應用。如部中不能撥款，惟有暫爲停工，以待有商接辦。儻須停工，應由部中早爲知照，以便預爲核計，散遣洋匠，清理物料。方免臨時束手，反多糜費。統俟有無商人承辦，届時請旨遵行。但方今時勢日急，外患憑陵，日增月甚，富强之計，首以鐵路爲第一要圖。各國領事及來華効力之洋人，萬國之公報，及中國曾經出洋考求時務之員，苦口危言，無不以速辦鐵路爲請。今鐵廠已成，鋼軌能造，正爲目前救時切用之需。若反停輟不辦，似爲非計，不特爲志士所惜，且將爲萬國所詫。臣於此舉，不揣駑鈍，身爲其難，現在諸事粗成，智力俱困。此事關繫富强大局，究應如何辦理，聖明自必權衡至當，無待微臣之瀆陳也。

（硃批）户部議奏。（欽此）

懇撥湖北槍礮廠經費摺 光緒二十一年八月二十八日

竊臣前以湖北鐵政、槍礮兩局正爲海防要需，鋼鐵、槍礮可濟南洋之用，請由江南籌防局撥款濟用，分別報銷，附片奏陳。現准部咨，以兩局經費不敷若干，由江南局款撥濟若干，原奏均未聲明，尤恐漫無限制。行令由該省撫臣自行籌款備用，毋庸挪移等因覆奏。奉旨：依議。欽此。咨行到臣。在部臣自係爲嚴綜核示限制起見。除鐵政局經費由臣籌措款項，另摺奏陳外，伏查槍礮一項，外洋製作日新。遲速利鈍之分，即戰守勝負所繫。此時中國自煉精鋼、精鐵，自造快槍、快礮，僅此一區，自應合各省之人力財力共注此區，以立國家武備之本。其肇端固不僅爲一省之謀，其成物亦不僅供一省之用。

查槍礮廠用項，應分造廠工費及常年製造經費爲兩事。槍廠去年五月已經造成，不意失火焚燬廠屋多排，並損傷機器，不得已，又需另行修理。即以鐵廠自煉鋼鐵製造梁柱間架，一律更換，以冀永免火患。工程較大，需時較久，至本年五月内復行造成。礮廠於上年五月内造成。槍彈、礮彈、礮架三廠，於本年六、七等月先後造成。陸續較定機器，選募工匠開機試造。至廠成以後，其安設較定機器，購備各項物料，隨時添購應用機器零件，以及製造華洋工匠、員司、人夫薪工，應歸入常年經費核計。目前須將購機、造廠用款撥付截清，則以後常年製造經費、造械數目，始可核計。查該廠機器原係臣在粤外籌之款，嗣後節次奏明添改小口徑機器，又添設槍彈、礮彈、礮架三廠，又添購新式快礮機器，用費逐漸加多。計陸續購造架、彈三廠機器廠屋，以及添購快礮機、快礮刀鑽等家具，造礮鋼大汽錘、樣礮，及快礮彈所用之碰火機、軋銅板機、舂銅餅機、壓銅殼機，以及外洋零件物料。因事機緊急而無款可撥，不得不與洋廠婉商墊欠之法。除已付價外，尚共欠銀六十餘萬兩。均係購自外洋墊辦積欠應付之款，而目前廠中開造工料經費尚不在内。其槍礮廠常年奏撥經費，早經陸續湊撥鐵廠急款之用，均經臣歷次奏陳有案。是槍礮廠已無款可用，而洋廠欠款尚多，均須清還。湖北餉力支絀。實屬無可籌措。且事非湖北本省民事、軍餉所用，似不能專責湖北獨籌。一省之財力，斷不能供大局之急需，此固早邀聖明鑒察。

伏查南、北洋各製造局自購機建廠以來，動支部款何止千餘萬。即如上海製造局，歷年所製雜項軍火，僅係尋常舊式，每年尚撥有的款五六十萬。上年因添製快槍、煉鋼、造藥數種，惟造藥自爲一廠外。其餘即就原有之廠屋、鍋爐、大件機器，略增機器，房屋，稍添工料。該局煉鋼不多，造槍亦少，因積欠洋廠墊辦工料，於本年五月内尚蒙户部撥給部借匯豐洋款四十萬兩。今鄂局所造槍礮、子彈，合計較滬局多逾數倍，機廠多少大小較滬局相去懸絶，購機建廠之費歷年俱係外籌，未奉部撥。兩局互較，相形未免向隅。現在外債急欲歸償，事機不可中輟，惟有援案籲懇聖恩，敕部就户部存滬借款撥銀六十萬兩以濟急需。如部臣以部中借款未可輕動，擬請即在江南所借瑞記洋款撥用。此款係奏明由臣於江南陸續設法籌還，並非司局原有正款，於京協各餉絶無妨礙。擬由鄂廠分爲四年將所造槍礮作價均還，照外洋買價讓減一成，每年還銀十五萬兩。目前鄂廠有款以應急需，日後江南有械以資防務，似乎兩益而無損，與憑空撥江南之款以協鄂省之用者迥然不同。此款除先還各洋廠欠款外。尚可作爲本年製造之需，擬即截至今年年底止，將鐵廠、槍礮廠用款分別劃清。再將槍礮廠購機、造廠之用款，及廠成後陸續開機試造至今年年底止之用款，分別劃清，分案造報。自明年爲始，以後每年即儘此常款三十餘萬兩支用。自光緒二十二年正月起至十二月止，此一年内若僅就此三十餘萬之經費核計，約計工料只能造槍三千枝，每槍配彈五百顆。造快礮六十尊，每礮配彈五百顆。計與外洋買價約略相等，在中國開廠試造，尚不爲貴。本年閏五月覆奏江省善後摺内曾經聲明，鄂廠工匠未熟，所出不多，一年以後始能出槍七八千枝，礮一百尊。蓋第一年工匠未熟，第二年論工匠之藝，機器之力，可造成此數，然亦必須經費足敷工料之需，乃能造足。緣工料乃按件核計之事，若經費太少，則亦不能多造也。大約一年以後，若每年能多撥銀三十萬，則必可盡機器、工匠之力，出快槍七千、快礮一百，並配足藥彈。蓋所造之數既增，則物料自必多購，工匠自必多添，械增則費增，乃一定不易之理。若不加撥，則此槍三千枝、礮六十尊之數總可如額，惟機多製少，殊爲非計。要之，自廠成機熟以後，款多則多造，款少則少造，伸縮均可量力，尚不爲難。應俟隨時籌度，奏明請旨辦理。所最爲難者，目前已欠之款不能不還，現作之工不能暫停，實不能不急撥一款，以資目前挹注。合無仰懇天恩俯念軍械爲今日急務，鄂廠非一省所需，新式精則學製難，機件多則用款鉅。而臣所擬借撥瑞記洋款辦法，既於京協餉無礙，且將來仍可收回軍械抵價，實非虚用江省之款，准如所請辦理，不勝翹切惶悚待命之至。

（硃批）户部議奏。（欽此）

北上諸軍請飭部撥餉摺 光緒二十一年九月初三日

竊照江南募調北上各軍，江蘇按察使陳湜統領湘軍福壽十營，福建陸路提督程文炳統領威靖十營，江蘇候補道李光久統領老湘五營二哨，山西大同鎮總兵劉光才統領兩江督標親軍五營二哨，安徽皖南鎮總兵李占椿等統領果勝、長勝、忠信十五營一哨，記名提督楊金龍統帶護軍兩營二哨，徐州鎮總兵陳鳳樓統帶銘字馬隊三營，清淮馬隊一營。共計五十一營七哨，月需正雜餉銀十九萬三千餘兩，停支車駝喂養後，仍月需銀十八萬一千餘兩。自光緒二十年七月起，截至二十一年六月止，連同轉運餉械經費，已由金陵支應局放解銀二百五萬餘兩，仍欠解各軍及由湘軍東征兩糧臺墊發約銀三十四五萬兩。

茲據金陵防營支應局、江甯布政使瑞璋等詳稱，北上各軍餉項，曾經臣坤一奏明，在於兩淮運司、江蘇藩司、江海、鎮江、蕪湖等關共提銀三十二萬五千兩，以後月餉在預徵兩淮鹽釐内撥給。此項預釐共應收銀一百十六萬兩，除由臣之洞遵照部電，提撥購買洋槍價銀二十三萬兩外，實可充餉者止九十三萬兩。綜核以上各收款，抵放北軍餉項，實不敷銀八十餘萬兩，概係由紳富獎捐湊解。其欠解各軍及湘軍東征兩糧臺之三十四五萬兩尚不在内，現今息借商款奉文停止，淮鹽加價自閏五月以後遵部另儲候撥，勸辦紳富獎捐又限一月截止，則籌餉來源概已杜塞，而借到洋款，經臣之洞奏准，專備裁遣防營、添築礮臺、增設槍礮廠及募用德國洋員、練習洋操等項之需，尚恐不敷，本省防營月餉已無指項。然騰挪裁節，自當勉力支撑。惟北軍五十一營七哨月餉十八萬一千餘兩，實屬無可續解。若不預先聲明，深恐臨時貽誤。竊以各省餉需不敷，均准由部撥款，今江南用繁餉絀，萬難支持，應請將前項餉銀，自本年七月起改由部庫就近給領，抑或指撥的款抵放。俾遠戍之軍無虞匱乏，而江南稍紓餉力，亦可勉濟本省防營要需等情，詳請具奏前來。

臣等覆查該局所詳江南餉項萬分支絀，均係實在情形。即如福建、浙江兩省均係僅辦本省海防，尚蒙撥給部款。江南不特未請部撥，且於辦防而外，尚須兼濟徵軍，今供支已一年有餘，積款至二百餘萬，實已力盡筋疲。然使捐、借等事准其從容自籌，則共濟艱難，在疆臣誼當力任。今自籌之法概已遵照部章停止，則無米之炊，勢難緘默貽誤。部臣統籌兼顧，必不歧視於江南，而軍餉爲今要需，當有預籌之成算。臣等咨商往復，無可如何，惟有仰懇天恩，俯念北軍餉項要需刻不容緩，江南餉源已塞，無款可支。自本年七月起飭部就近給發，抑或另指的款抵放，以濟要需。不勝迫切待命之至。

（硃批）户部速議具奏。（欽此）

特參水師統領摺 光緒二十一年九月初九日

竊臣欽奉七月十九日寄諭：因蘇、浙交界，盜風日熾，飭令與江蘇撫臣暨浙江撫臣會籌協緝嚴懲之法。當經欽遵，咨電熟商籌辦，並嚴飭各州、縣防營嚴行查拏在案。

查緝捕固係州、縣之責，而大夥梟匪、積年劇盜，洋槍饒多，快艇剽忽，非藉兵勇之力攻擊圍捕不能爲功。太湖水師七營，係記名提督李新燕統帶，兼帶撫標飛划緝捕營暨浙西鹽捕水陸五營，共計水、陸十三營。是兩省交界之緝梟捕盜，自係該提督專責。原以厚其兵力，專其事權，期其綏靖地方，掃除羣匪。乃該提督統軍將及三年，捕務毫無實際。近遵旨嚴飭後仍復不知振作，一味敷衍。

竊思蘇、浙界上盜夥梟匪肆行無忌，臣受任地方，惶悚愧疚，夙夜難安，乃該提督坐擁多營，一味養尊處優，並不認真督捕，歲糜巨餉，將安用之。且臣訪聞其所帶水師鹽捕各營，俱多缺額。夫統領既係虛伍營私，賞罰安能嚴明，士卒安能用命。以致養癰貽患，擾害閭閻。若不嚴行懲儆，何以肅軍律而安民生。相應請旨將記名提督前浙江海門鎮總兵李新燕即行革職，以示懲儆。臣當另行遴選廉能果敢之將領，接統太湖水師。其撫標飛划、浙西鹽捕各營，自應另選統帶。已咨明江蘇、浙江兩撫臣辦理。一面嚴飭水師各營官認真奮勇緝捕，如再無效，即當概行參撤。

（硃批）另有旨。（欽此）

查訊張士珩參款擬議懲辦摺 光緒二十一年九月初九日

光緒二十年十月二十七日承准軍機大臣字寄，光緒二十年十月十七日奉上諭：前因天津軍械所委員張士珩迭次被人奏參盜賣軍火，得銀數十萬兩，先後諭令王文錦確查具奏。茲據奏稱，張士珩管理軍械約六七年。伊由何時盜賣，平日尚無聞知，軍興以來，始行敗露。聞所賣軍械多被倭人買去，衆口一詞，盜賣屬實。聞張士珩携眷而去，前往江南省城隱匿等語。此案情節甚重，既經王文錦訪查屬實，亟應查拏根究。該員或隱匿江南，或潛回安省，皆未可定。著張之洞、福潤將張士珩設法密速查拏，無任遠颺。一經拏獲到案，即行奏明請旨。原摺均著鈔給閱看，將此各諭令知之。欽此。遵即分別咨行密拏。旋據該員張士珩自行投案呈遞親供。經臣將該員飭交上元、江甯兩縣看管，一面奏明請旨。復於十二月二十三日欽奉寄諭：張士珩管理軍械所，盜賣軍械，衆口一詞，情節甚重。即著張之洞提訊該員，窮究根源，詳徵證據，務得確情，按律懲辦，無任飾詞狡展。欽此。臣當經欽遵，咨提此案人證、卷宗、簿據來甯，札委江甯藩司、糧鹽兩道督同江甯府及讞局委員，逐一查訊，務得確情定擬。一面咨會辦理天津團練侍郎王文錦，將所聞衆口一詞指稱盜賣確據，並將於此案指陳詳確之人酌傳數人，咨送來甯，以備質證。一面札行津海關道照會稅務司，查詢張士珩在差之四年內，有無洋槍運出海口之事。旋准侍郎王文錦咨覆稱，查去年八、九月間，都中已喧傳天津總管軍械局候補道張士珩盜賣軍械，該侍郎於九月下旬由京至津，人言尤甚，幾至街談巷議。嗣經交查，而所問之人皆出自傳聞，無由得其詳細。因思查究此事，必須核對册檔，方能得其虛實確據，當日係屬密查，並無查辦之責，安能調取案卷。而人言嘖嘖，又不敢隱其所聞，以查無實據敷衍塞責，特僅據此言，援以入奏。是以摺内聲明，辦理此事必須將張士珩拏獲，方能澈底根究。此當日查復之實在情形也。若有確據，前摺中必已詳細言之。至欲咨遣數人以備對質，而言者皆非案内之人，本未得其確據，豈肯承認所言，礙難遵辦。等因。復據代理津海關道黃建筦稟轉據稅務司孟國美復稱，遵將本關自光緒十六年冬起至二十年八月初十日止所有報關出口軍械詳晰查明，切實開摺簽字蓋印，送請轉呈前來。查稅務司所開清摺，此四年內，止有光緒十七年七月東海關運往煙臺馬槍十桿，光緒十八年九月軍械所運上海退還瑞生洋行馬槍二百桿，光緒二十年三月瑞記洋行運上海馬槍三百三十桿，數目零星，年月久遠，與此案均無關涉。是原查大臣侍郎王文錦不能指出盜賣之實據，又無咨送對質之人，津海關又臣又加委署鹽巡道桂嵩慶會訊在案。

茲據布政使瑞璋、署鹽巡道桂嵩慶詳稱，奉委遵照先後發下卷據，疊次逐層究詰，據前總辦天津軍械所分省候補道張士珩稱，該員於光緒十六年十一月奉北洋大臣李鴻章委辦所差。廿年八月初三日聞訃丁親父紹堂憂，交卸回籍守制，風聞查拏，自赴江甯投案。竊查軍械所簿鑰掌之庫官，收發委員專司出入。各營局請領軍械，必須奉有督院飭發文件及領單爲憑，始用雙聯印單由收發處核章填寫，局員加章。非有撥單，庫官不能照發。庫官按季造四柱清册報局，局員年終彙册報院，分咨支應、報銷兩局，造報達部。層層鈐束，何能盜賣。北洋購辦軍火，向皆督院與洋商妥議，飭所議立合同。該員到差適在停辦軍火限内，承購小口徑毛瑟及云者士得馬槍，不過零星數批，其購價皆係詳院行海防支應局逕發洋商收領，該所各員並不經手，有卷可查。又如各營槍枝損壞，或禀院，或咨局，奉批照换。繳回舊槍及海關緝拏私械，不能供戰，各營、縣緝捕、鹽捕需用，核繳修費請領，皆奉有院飭文牘並領單爲據，隨時呈報，年終仍有彙報，每年所繳價約二三千兩不等。海防舊械價解支應局，淮軍舊械價解銀錢所，子彈藥帽價解機器局，歷年亦均報院咨局，並取有各局回文存案。各國公使及游歷人員到津，向歸水師營務處接伴，該員未經奉派此差，實無與倭人熟識之事。上年六月初，禮和洋商連納告知，有日本奸細十餘人，在大沽、山海關一帶繪圖偵伺，當即回明北洋大臣飭各營查訪。六月下旬洋務隨員陳季同函知，有華服粤音之日本人石川五一，在各營局署窺探。當禀北洋大臣飭緝，隨商營密派把總任裕昇跟訪，於七月初四日晚間拏獲。當查知局書劉棻於本日請假，有與石川往來容留在家情事，並交天津縣訊辦。經縣嚴訊十數次，絶未聞石川、劉棻有牽涉該員盜賣軍械之供，供詞可查，讞員可詢。又去年軍務喫緊時，奸細太多，因接濟前敵軍械，恐被敵人知覺，皆係東征轉運局津海關道盛宣懷分批領裝内河民船，不用旗號，運至大沽北塘過載輪船，外人不免因疑生謗。總之，軍械出入，均有案牘可稽。無論賣械與敵爲有人心者所不爲，且賣於何時何地，應有確據。槍械非輕微之物，運動必須舟車，營汛豈無稽核，海關豈能放行，同局各員豈無覺察。該員不獨去年未曾經辦洋槍四萬桿，即歷年該員在局差期内亦未購有此數，實無盜賣軍火之事。並據會辦候選知府張廣生、提調候補同知張錫藩、文案候選知縣姚慶恩僉稱，該所收發歷有定章，張士珩到差，悉照向章辦理。不但收發不能自由。即總分局委員、司事、庫官等，亦層層互相鈐制，張士珩並未經購大批軍火。張士珩聞局書劉棻與倭人石川往來並容留在家，立提交縣，劉棻委無盜賣軍火之供。八月，張士珩丁憂，候補道顧元爵接辦所差，會同親盤各庫存械，委無短少，出有接收文件，並禀報北洋大臣有案。至張士珩被謗之由，或因去歲軍務緊急，奉發前敵軍火，恐紫竹林租界漏洩，由内河民船不用旗號，運至大沽北塘口以下荒僻地所過載輪船，外人不免生疑。惟軍械所只開撥單，送交東征轉運局總辦盛宣懷，由盛宣懷委員請領，押同送上兵輪交收接運。張士珩差内實無經購洋槍四萬桿及盜賣情事，各等語，並各無大批軍火出口情節可疑之事。自惟有就本員及調來同局各員，局中案據研訊考核。惟卷宗過繁，該軍械所會辦知府張廣生、提調同知張錫藩、文案知縣姚慶恩等，又各有要公，一時未能齊集。適委訊展轉添調，先後准北洋大臣王文韶咨送各員並卷據來甯。適委訊之江安督糧道馬恩培運漕北上，江南鹽巡道胡家楨赴臬司署任。

呈遞親供甘結。該司道等查張士珩被參各節，應以有無盜賣濟敵，及上年有無購槍四萬桿爲緊要關鍵。現就已到人證、案據逐細查訊。張士珩到差在停購軍械限内，所購雜項槍械爲數無多，所中收發層層鈐束，其卸差時又取有道員顧元爵接收庫械數目相符文件，委（員）［實］並無短少，切結報明有案，似屬無從盜賣接濟敵人。細核奉發卷宗帳簿，亦無購槍四萬桿之事，詳請覆核等情前來。臣又添派江蘇候補道程儀洛、奏調差委分省補用道黄遵憲及瀛局各員，在臣衙門將調到簿據覆行查核訊究，計前後委員十餘人，指摘研訊十餘次。臣親提張士珩及天津送到備質各員，接照原參情節面加研訊，反覆究詰，張士珩等供詞同前。

臣查此案情節重大，如果屬實，自應按律嚴辦，以懲不法。是以遠調案牘，添傳人證，督飭司、道等詳加研究。今原查大臣王文錦既無證據咨送來甯，税務司又查無私運軍械出口之案。數月以來，就該局簿據文領反覆句稽，收放數目皆相符合，該員在局差四年之中，並無購買洋槍四萬桿之事。陸續承購槍械僅止後膛馬槍一千三百餘枝，小口徑快槍七百枝，其餘則前膛馬槍二千二百餘枝，又雜項馬步槍一百五十餘枝，内分四種，價值合計無多，收發皆有案據。至密運海口一節，經臣電飭津海關道盛宣懷查覆。旋據電覆稱，去年軍務緊急，軍火出海欲求密速，均由軍械局發單交轉運局持向各庫領取，或雇剥船，或搭火車運至新城、塘沽等處，送上輪船，交押運員弁會同船中執事收裝後，即便隨時出口。何日何船裝何軍火赴何處，轉運局呈報督署有案等語。既歸東征轉運局領運，事與軍械所無涉。且發至何處皆有案據，其無盜賣濟敵之事，尚屬可信。又臣訪聞上年九月内有米船私運火藥，經海關查出之謡，亦飭據盛宣懷查明電覆稱，並無其事。且八月間該員已經回籍，尤不相涉。竊思張士珩舉人出身，官至道員，家計殷實，無論如何昏迷，當不至自居於亂民叛黨之列。且日本軍械素精，全仿西法，臨陣必用快槍，用槍必須一律，若僅恃向中國陸續私買，則新舊雜凑之槍，安能與我軍争勝。此案訛言之起，當因該局平日本有州縣營汛繳修費領軍械之事，外人遂指爲該局私賣軍火。又因戒嚴時適有民船密運軍械至海口之事，外人因疑爲該局接濟東洋。即經詳查，屢訊毫無端倪，自無從科以重罪。惟查該員係大學士李鴻章之至戚，在津數年，兄弟歷筦重要局務，時常出入督署，文武同僚委員無不結納趨附，於是氣燄頗張，人多側目。且局書劉棻窩藏奸細一案，經縣訊有探聽旅順黑藥之供，是石川五一之句結軍械所書吏劉棻爲窩主，專爲刺探軍情虛實而來。所探聽漏洩者，自不止旅順一處、黑藥一端，已可概見。石川住劉棻之家已非一日，而該員冥然罔覺，任其漏洩重情，直至禮和洋商連納及洋務隨員陳季同兩人來函，始於七月初四日將劉棻訪拏，已在高陞輪船被敵人掩擊之後。至劉棻、石川兩名久經審實正法。查奸民潛謀不軌，營兵附和叛逆，捕役窩盜爲盜，失察之該管文武官吏議綦嚴，應分別革職降調。今以本局書吏通敵窩奸，情同叛逆，而該員不能自行及早查出，實非尋常失察可比。論其不知遠嫌，多招物議，昏憒養奸，玩視防務，自亦當有應得之咎。惟有參酌比擬，相應請旨將分省候補道張士珩即行革職，以示懲儆。庶幾官方可期整肅，經管武備事宜者咸知慎重，而情法亦得其平矣。

（硃批）張士珩著即革職。吏部知道。（欽此）

請撤銷營員頂戴片〔一〕 光緒二十一年九月　日

再，已革提督沈茂勝，上年冬間經署長江提督彭楚漢咨商奏調，分統南字左軍四營駐紮江陰對岸靖江地方，並經臣電奏請賞給頂戴，以資統率。聲明如軍務完竣並無勞績，仍請撤銷。二月初五日奉旨賞給五品頂戴，欽遵飭知在案。乃沈茂勝自到防以後紀律不嚴，勇丁往往生事，民間嘖有煩言。且查知該營勇丁缺額甚多，當已於閏五月内裁撤飭令回籍。查該員渥荷天恩，棄瑕録用，賞給頂戴，乃復不知感奮，餉需既多浮領，軍律又不嚴明，似此才守俱無可取，實屬不堪造就。相應請旨將沈茂勝五品頂戴撤銷，並立案以後不准投效各路軍營，以儆昧良而清營弊。謹附片奏陳，伏祈聖鑒。

另有旨。

請暫緩裁撤新募練丁片 光緒二十一年九月　日

再，臣前因清江浦以至邳、徐一帶爲南北運道所關，山東游勇甚多，河南土匪漸起，札飭副將唐高斗總辦桃源、邳州、宿遷三屬團練，並選募該處團勇三營，照湘軍營制發給半餉。如有戰事，再照勇營發給全餉，以固運道，曾於具奏江南防務緊要增募勇營摺内聲明在案。嗣查湘軍每勇一名，月支銀四兩二錢。該副將唐高斗所募團勇三營，若減半折算僅銀二兩一錢，爲數太少，不敷口食，自應量從寬給。改照湘軍餉數七成發給，每勇一名月給銀三兩。其營哨官薪費、辦公所資，未便過令竭蹶，仍照湘軍營制如數支領不必照減，以示體恤。據金陵防營支應報銷處司道詳請具奏前來。臣覆核無異。查防務現已解嚴，各屬練丁口糧已飭一律裁止。惟該營現駐邳、宿一帶，爲南來入境首途，各路遣裁勇丁紛紛南下，必須防營彈壓，方保無虞。且值高粱茂密之時，宵小潛蹤，尤宜嚴密防緝。現擬暫緩遣散，俟秋成後再行察看情形，酌量裁遣。所有前募練丁不敷口食，量增月餉，現在從緩裁遣緣由，理合附片陳明，伏祈聖鑒，敕部查照。

該衙門知道。

特參提督王金榜請以副將降補片 光緒二十一年九月　日

再，記名提督王金榜，經臣於本年二月内由潁州原籍奏調來江，飭募金字馬步五營駐劄清江口北，以防海州後路。該營初到防時，勇丁即不甚安静，與街市鋪户時有强賒强借情事。嗣因防務漸鬆，即於閏五月内將該五營裁撤，乃所繳官馬皆係餓病疲瘦不堪，收繳以後即紛紛倒斃。又短少數十匹，據稱被裁勇騎去無從追回，足見漫無紀律。復經該營哨長軍功湯鳳鳴控告，該提督招費未經發足，飭交淮揚海道謝元福查核，訊明該提督並不照章發錢，係用柴米折算亦多牽混。並於全軍遣散之時，委員點驗，發餉亦不足數，據稱各勇有聞撤先散者，雖其中間亦有之，殊難盡爲憑信。查該提督餉項不清，紀律亦疏，實屬沾染惡習。本應嚴行懲究，惟查該提督當年頗有戰功，且成軍未久，旋即遣散尚可稍從末減。相應請旨將記名提督王金榜以副將降補，以示薄懲。理合附片具奏，伏乞聖鑒。

另有旨。

〔一〕以下三件録自《京報》第五三三八號。

金陵釐捐局收解數目摺[一] 光緒二十一年九月　日

竊查金陵釐捐局抽收釐金，歷係遵章按半年奏報一次，已開報至光緒二十年上半年止。其局用經部核准，從光緒十三年下半年起，即照九分開支各在案。茲據金陵釐捐局、江甯布政使瑞璋等詳稱，金陵釐捐收數本極細微，所收之捐，向以米穀爲大宗。全賴年成豐稔，商販流通，捐數方有把握。自上年六月以後，因內地米糧禁止出口，各卡釐金爲之鋭減，奉撥京協各餉幾無所出。迨後奉飭開禁，准在鎮江、上海、揚州一帶購運，於出口時加給護照，以重稽核。蕪湖一處，暫緩弛禁，以顧兩省餉源。於是蕪湖上游之米，改裝民船，紛紛下駛，甯屬釐金因而轉有起色，核計收數較之往歲幾近十萬之多，實蕪湖禁止輪船運米之效。此後如果年歲豐登，緩弛蕪湖之禁，則兩省釐金可期暢旺，大有裨於餉源。茲將光緒二十年下半年釐金收解各數，及茶土兩項捐釐數目開單詳請具奏前來。臣覆覈無異，謹循照舊章開具簡明清單，恭呈御覽。其局用遵照九分開支，仍照案邀免造報細數，以歸簡易。除飭各局嚴飭各卡員認真整頓，實力稽察，務當涓滴歸公，以裕餉項，並將所造清册咨送户部查核外，謹會同江蘇巡撫臣趙舒翹恭摺具陳，伏乞皇上聖鑒，敕部查照。

户部知道。單併奏。

徐州土藥歉收情形片 光緒二十一年九月　日

再，據辦理徐州土藥統捐局江甯布政使瑞璋、徐州道沈守謙詳稱，本州各屬所種鶯粟，據各州縣及各局員先後禀報，因去冬嚴寒，雨雪稀少，有缺滋培，春間又復寒冷異常，亢晴日久，以致早種者既凍且旱，未能出土。（既）［繼］種者[二]不獨枝榦稀疏，葉多黄萎，且皆零落披離，不成片段。其中有漸就枯槁者，有苗而不秀，秀而不實者，得雨過遲，已難補救。及至結實之際，通日南風，漿汁銷鑠。五月初八日雨雹大如胡桃，歷兩時之久，傷損極多。割包晾漿，屢遭大雨沖刷，故成熟收漿甚微。情形爲十年中所僅見，迥非往時收成歉薄所可比。其未能萌蘖坼甲及未熟而摧折者，大半被灾。該道因巡閲會哨，周歷銅、蕭、碭、豐、沛各縣，履畝復勘，並據各州縣及各局員等禀報相同。查土藥統捐徵自買客，收數之盈絀首視出産之多寡，次係銷路之暢滯。歷年徐州所收厘金，全賴銅、蕭、碭、豐、沛五縣。今則無不被灾，而豐、沛尤甚。其邳、宿、睢等處地土不宜，土漿稀薄，種植本少，富商向不駐足。雖收成稍好，往年收捐統計不過銀萬餘兩及數千兩不等，不足以資挹注。察此情形，將來收捐勢必不堪設想。且徐土大都運至上海、鎮江始行轉運分銷，該兩處土藥價值視各省運貨多寡而定。近來徐土銷路甚滯，客商本無利可沾，兼之銀根倍緊，周轉甚難，以故來徐購土客商甚屬寥寥。雖經嚴飭各局員設法招徠，能否接踵而來，尚難預必。竊思徐州界連三省，地屬平陽，平時巡緝本較難於他處，買户既不廣收，賣户難免他適。客商繞越偷漏，亦恐在所不免。雖於新土入市之先，酌添巡丁，而周圍千有餘里，經費支絀異常，未能多添分卡，其勢難期周密。惟有嚴飭各局員慎選巡丁，殫竭心力，不辭勞瘁，督飭認真巡緝。遇有怠玩，立時撤換，庶幾少一分之偷漏，即可多一分之厘金等情，詳請具奏前來。

[一] 以下三件録自《京報》第五五四三號。

[二] 「既種者」，似應作「繼種者」。

臣詳加體察，委屬實情。除飭嚴督各局員認真巡緝，實力稽徵，以保捐務而裕餉源外，謹會同江蘇巡撫臣趙舒翹附片陳明，伏乞聖鑒。

户部知道。

徐州土藥統捐局徵收土税銀數片光緒二十一年九月　日

再，徐州府屬設局抽收土藥釐捐，業將光緒二十年四月初一日起至九月底止所收捐款按批分解，照章奏報在案。兹據辦理徐州土藥統捐局江甯布政使瑞璋、徐州道沈守謙詳稱，徐州各屬地屬平陽，無要可扼，且界連三省，舉步即入鄰境。各省土藥捐數均較徐州爲輕，故徐局稽徵倍難於他處。上年鶯粟因旱歉收，出産本少，秋後銀根日緊，又值上海、鎮江徐土滯銷，客商相率收莊，購買較稀。節經督飭局員設法招徠，力杜繞越，以保正捐，計自光緒二十年十月初一日起至二十一年三月底止，各局共收銀九萬六百七十二兩七錢九分，連同前半年所收銀兩，自二十年四月初一日起至二十一年三月底一年截數之日，統共收銀二十一萬二千七百九十八兩一錢三分四厘。内除解赴海軍衙門兑收銀五萬兩並飯銀五百兩，又徑解户部兑收銀五萬兩並飯銀五百兩及開支各項經費外，餘存未解銀兩，即行照數批解清款。至出省加捐一項，本係聽商自便，商情避重就輕，錙銖必較，是以仍無報捐之户等情，詳請具奏前來。臣復核無異，除飭令實力稽徵並將以後續收捐數照章造報外，理合會同江蘇巡撫臣趙舒翹附片陳明，伏祈聖鑒。

户部知道。

請准以王用龢補授同知摺[一]光緒二十一年十月初五日

竊照蘇州府海防同知鈕承筵，於光緒二十年七月初四日病故開缺，當因江蘇省有應補人員，即經聲請扣留外補，以在任候補同知長洲縣知縣王樹棻請補。旋奉部議，查該員任内有承緝事主楊榮慶被竊行强一案，已起四參，例關降調。據請將海運案内加級抵銷。查奏定章程以簡調繁人員任内承緝盗案已起四參，准其隨案查抵。並無升補人員准其抵銷明文，礙難核准。行令依限照例更補等因。臣等查定例，道府、同知、直隸州知州、通判、知州，遇病、故、休選缺，先儘候補班前酌補一人，次將候補正班酌補一人。又鄭工新章，無論何項到班，先用鄭工遇缺先二人，海防新班先一人。無人，用鄭工遇缺先人員抵補。至第四缺海防即、海防先，分班輪用一人。第一輪用海防即，第二輪用海防先。海防先無人，仍用海防即人員。海防即無人，用舊例銀捐遇缺先人員。如無人，用舊例銀捐遇缺。再無人過班即接用各項輪用班次一人，以五缺爲一週。又，新章新海防例跟接鄭工捐挨次銓補等因。江蘇省選缺病故休同知一項，計上次江甯府督糧同知用至候補班前同知敖式金請補止，今蘇州府海防同知輪用候補正班人員，應先用鄭工遇缺先、海防新班先、新班即、舊例銀捐遇缺先，銀捐遇缺均無人，輪應候補正班到班。查有候補同知王用龢，原名致龢，年五十五歲，順天大興縣人，由附生挑取謄録，遵例報

[一] 録自中國第一歷史檔案館編《光緒朝硃批奏摺》第一一輯，第九至一〇頁，中華書局一九九五年版。

捐貢生並鹽大使職銜，國史館議叙，以鹽大使用，遵例報捐同知，指省分發江蘇。同治十一年八月初十日經欽派王大臣驗放，覆奏堪以發往。奉旨：依議。欽此。是年十月到省。先在奉天查丈東邊荒地出力，保舉儘先即補，於十二年十月三十日奉旨：依議。欽此。以奉旨後第五日行文，按照限減半計算，以十一月三十日作爲候補班到省日期。十三年海運在事出力，保俟補缺後以知府用，並加三品銜。光緒元、二兩年海運出力，保獎三品封典，隨帶加二級。三年丁母憂回籍，接丁父憂，五年服滿起復回省，在部呈請更名用龢。試看一年期滿，甄别留省，照例補用。八、九、十、十一、十四、十六等年，海運出力，保獎隨帶加二級，從優議叙五次。十九年徒陽捐賑案内，獎給花翎。覆查該員年强才穩，辦事勤奮，以之請補蘇州府海防同知，洵堪勝任，與例亦屬相符。據蘇州布政使鄧華熙會同署江蘇按察使胡家楨詳請具奏前來。合無仰懇天恩俯准將候補同知王用龢補授蘇州府海防同知。該員係候補同知，請補同知，銜缺相當，毋庸送部引見，亦毋須查造条罰。謹合詞恭摺具奏，伏乞皇上聖鑒訓示。

再，此案前奉部駁，行令遵照定限，另行序補，於光緒二十一年七月初五日行文，按江蘇省照限減半計算，以七月三十日作爲接到部文之日起，定限七十日内遴員請補，應扣至十月初十日止。又督撫並非同城，加展會銜定限三十日，統應扣至十一月初十日限滿。現於限内揀補，並未遲逾，合併陳明。

吏部議奏。

飭糧道陸元鼎赴任片〔一〕 光緒二十一年十月　日

再，前准吏部咨，光緒二十一年七月十四日，奉上諭：陸元鼎著調補江蘇蘇松糧儲道。等因。欽此。即經恭録轉行欽遵在案。查該道現已抵蘇，應即飭赴新任，以重職守。除檄飭遵照外，謹合詞附片陳奏，伏乞聖鑒。

知道了。

蘇省光緒十七年冬漕海運出力駁回更正請獎各員摺〔二〕 光緒二十一年十一月初五日

竊案准吏部咨，蘇省光緒十七年分海運出力請獎各員内，核與例章不符四員，應行撤銷二員，照章將全案駁回，俟更正到部，再行辦理。光緒二十一年七月十七日具奏。奉旨：依議。欽此。黏單知照，即經臣等轉行遵辦去後。兹據蘇州藩司鄧華熙詳稱，内除候補知縣陳金錫、試用縣丞葛鏞二員所請獎叙，已奉部奏明撤銷外，所有核與例章不符之試用府照磨丁壽康等四員，分别更正，改擬獎叙，詳請覆奏前來。臣等復核無異，相應開繕清單恭呈御覽，合無仰懇天恩俯准敕部將光緒十七年分海運出力全案核准給獎，以昭激勸。除咨明吏部查照外，謹合詞恭摺具陳，伏乞皇上聖鑒訓示。

吏部議奏。單併發。

〔一〕録自《京報》第五三六八號。
〔二〕録自《京報》第五四一二號。

選募新軍創練洋操摺光緒二十一年十一月十二日

竊臣前因海氛粗定，憤兵事之不振，由錮習之太深。非認真仿照西法，急練勁旅，不足以爲禦侮之資。擬在江南練陸軍萬人，而以洋將管帶操練，其經費在江南自借洋款項下撥用。於本年閏五月二十七日具奏，經部議復准咨行在案。查自津調來之北洋原訂德國將弁，並由臣商託出使大臣許景澄代訂之德國將弁，共三十五員，自夏秋至今，均已先後到齊。臣於夏間令先就衛隊、護軍等營内選擇操練，以試其材。數月以來，頗有成效可觀。亟宜選募新軍，刻期訓練。

查今日練兵必須改用洋操者，其故有七：承平之時，緑營有積習，軍興以後，勇營亦有積習。人皆烏合，來去無恒，不練固無用。練成亦不能禁其四散，徒勞無功，一也。里居不確，良莠難分，二也。無論征軍、防軍，從無不缺額之事。即其實有之勇，亦多係安置閒人，令當雜差，則雖不缺額，亦與缺額同，三也。層層剋扣，種種攤派，長夫視爲津貼，營官皆有例獻。將擁厚貲，士不宿飽，四也。外洋新式快槍、快礮，精巧非常，舊日將領，大率不解，亦不愛惜。粗疏者任意拋擲，動致損壞。謹慎者收藏不用，聽其鏽澀。其於擦拭、拆卸、裝配、修理、測準諸事，全不講求。將弁不知，何論兵勇。操練不能，何論臨陣，五也。營壘器用，但守舊法，繪圖、測量、行軍、水陸工程諸事，尤所不習。討内匪則可，禦外侮則不能，六也。營官統領專講應酬，奢華佚惰，用費繁多。營謀請託無所不有。既視爲營私謀利之路，豈尚有練兵報國之心，七也。惟有改以洋將帶之，則諸弊悉除。無論將來臨敵之效若何，總之額必足，人必壯，餉必裕，軍火必多，技藝必嫻熟，勇丁必不當雜差，將領必不能濫充。此七者，軍之體也。至於臨陣調度運用之妙，賞罰激勸之方，軍之用也。凡事必其體先立，然後其用可得而言，夫中國豈無智勇之將、敢戰之兵，臨戰運用，又豈能拘守繩墨。特以各營積習錮弊深入膏肓，若不捐棄舊法，别開局面，雖事前日加申儆，終無大益，事後加以誅戮，已難補救。此一軍練成，則此項洋將弁移以教第二軍，而此軍漸令華官將弁帶之。規矩既定，數年以後，相沿成例，將弁兵勇皆視爲固然，則短扣廢弛之弊無自而萌。即他營將弁，或亦可觀感愧厲，舍舊圖新。此微臣必改用洋將練洋操之微意也。

臣詳加籌畫，現擬先練二千數百人爲一軍，照洋法分爲三十營，即名爲自强軍。俟成軍半年以後，操練已有規模，即行推廣加練，酌增人數一倍，統以增至萬人爲止。如届時餉鉅難籌，則至少亦必須增至五千人。兹就江蘇之淮、徐、通、海四府州，安徽之鳳、泗、滁、和、太平五府州，及江甯府屬之六合、江浦兩縣，常州府屬之宜興、荆溪、江陰、靖江四縣，鎮江府屬之丹徒、丹陽兩縣，民氣較爲强壯者，每府、州各募一營。取其距金陵皆不甚遠，年籍身家易於清查，以杜遠省招募淆雜勞費，遣散流落之弊。而各處分練，冀以廣開風氣。此即略寓西洋、東洋舉國之民人人皆可爲兵之意。各營皆選擇土著鄉民，年在十六歲以上、二十歲以下，體氣精壯向不爲非者，取具族鄰團董甘結，聲明情願效力十年。只准開革，不准辭退。凡城市油滑向充營勇者一概不收。更用西醫驗其身軀壯健並無隱疾，目光及遠者，厚給餉糈，編爲新軍。至一切飯食肉食，冬夏衣履，居住房屋，西法均由官爲籌備，蓋洋操勤苦嚴肅，毫無通融，若非飽暖强健，斷不能勝此勞苦。夏間初派營勇練洋操時，不過旬日，即以畏勞紛紛辭退，後允以加給餉費乃止。若照舊日餉章，必無肯應募者，自不能一律仿照辦理。委派洋員德國遊擊來春石泰爲全軍統帶，其營官、哨官均以洋將弁爲之。別設副營官、副哨官名目，選武職中壯健有志、不染習氣者爲副營官，選天津、廣東兩處武備學堂出身之學生爲副哨官。其帶兵操練之權，悉以委之洋將弁。而約束懲責之權，則專歸華官。一以通新募勇丁之情，二以事權互相維繫，三以逐漸觀摩，俾華弁儲營官統領之材。若洋弁不敷派充哨官，則選學生中之出色者補之。并派候補知府沈敦和、奏調差委知府錢恂爲自强軍洋操提調，爲之經理各事，一切仍歸營務處考核約束。其部伍人數，俱照德國營制。計現設步隊八營，營二百五十人，分爲五哨。馬隊二營，營一百八十騎，分爲三哨。礮隊二營，營二百人，分爲四哨。工程隊一營，營一百人。西例隨營有醫官、槍匠、獸醫等項，俟次第添設。現除雜役人等不計外，共馬隊、步隊、礮隊十二營，工程隊一營。江北人較强健，練爲馬、步各隊，江南人較聰穎，練爲礮法、工程各隊。實數勇丁二千八百六十名，大約此係德國軍制每一軍人數四分之一。正勇餉銀每名每月給官鑄銀元五元，合庫平銀三兩六錢，勇目遞加，其官給飯食、衣履等費在外。洋員薪水，外洋訂有合同。華官副營、副哨既無絲毫霑潤，亦無公費名目，酌量優給薪水，俾足自贍效力。計長年額支華洋兵將餉薪、衣食等項，約須四十四萬兩有奇。餉數雖多，洋將弁薪水雖鉅，然數足而藝精，一人必可抵舊日營勇兩人之用。其發餉以洋將會同另派之委員當場給發，不歸該營華將。華弁專用銀元，永無平色參差、分兩短少之弊。其詳細餉費章程，另行咨部立案。若建造營房、馬棚、操場等項動用一次者，尚不在内。方今財用支絀。諸事自必力求撙節。惟既仿外洋營制，自必處處得其精意之所在，又不敢稍事刻嗇，徒貽削趾適屨之譏，以致辦理棘手，有名無實，至於應敵攻守之方，圖繪測量之學，悉令詳教熟練，不准徒襲口號、步伐之皮毛，致蹈向來洋操陋習。臣當督率華洋官弁認真訓練，隨時親往考察校閲，俾成有用勁旅，以仰副聖主奮武自强之至意。

籌辦江浙鐵路摺光緒二十一年十一月十二日

竊惟外洋鐵路要義，利兵、利商兩端並重。盧漢幹路南北貫通，兵商兼利，此中國鐵路之大綱，現已奉旨定計興造，招商承辦。此外尚有上海分走江、浙直達金陵一路，關繫重而利益多，自亦以亟籌興造爲宜。

查此路由吴淞口起以達上海縣，由上海縣以達蘇州，由蘇州以達鎮江，由鎮江以達江甯，另於蘇州横接一枝以達杭州。所歷皆富庶之區，貨物本蕃，行旅本多，加以内地新准通商，凡機器生料之運載以入，與夫製成貨物之運載以出者，皆將絡繹不絶，悉心核計，獲利必豐。或謂内河既准行輪船，則傍河建路，恐無大利。不知貿易日盛，則行人之往來亦日多，重大貨物宜水，輕貨與行客宜陸，固有並行不悖者。即如德國來因河大川千里，輪船暢行，然河之東西兩岸，火車來往如織，晝夜不絶，可爲明證。況滬、蘇、杭一路河輪之利，各國共之。鐵路之利，中國專之，尤可隱杜外國小輪之害，此利於商者也。自去年東洋有事以來，蘇、杭、松、滬處處皆距海不遠，處處皆係精華，不能不力籌保衛，兩省增營增械，繁費實多。設一旦有警，將欲調兵運械，亟謀援應，而海道梗阻，不能出口，内河民船行走紆遲，必致貽誤事機。若各處皆宿重兵，斷斷無此兵力、財力。儻鐵路既通，則金陵、蘇、杭、上海聯爲一氣，外遠内近，可以隨方策應，互爲聲援。省兵省餉，赴機迅速，此利於兵者也。不惟此也，金陵平定已經三十餘年，元氣至今未復，民生蕭索，城市空曠，毫無振興之機。此地乃東南都會，長江門庭，豈可任其頽廢貧耗，不加振作。鐵路一通，則商賈走集，民物繁滋，三年必然改觀，十年可臻富庶。且江甯爲南洋大臣所駐，交涉之事日多，加以蘇、杭通商，事皆創始，而距滬、蘇頗遠，距杭尤遠，消息不靈，遥度豈能中肯，因應尤難應機。況南洋大臣以商務爲職，而金陵城内但有仕宦之家，絶無大宗貿易，以致商情隔閡，振興無由。鐵路成則耳目既廣，盈虚易知，控引既便。因應尤速。可以開無數之利源，弭無窮之嫌釁。此尤有利於民生洋務者也。此路道途平坦，並無高山大河，既無鑿山踰嶺之艱，亦少橋梁衝激之患，成功較易，見效較速。數月來，洋商勸開此路，情願借款營謀代造者甚多，其有利益可知。現擬分五段籌辦，以吴淞至上海三十餘里爲一段，上海至蘇州將近二百里爲一段，蘇州至鎮江約三百里爲一段，鎮江至金陵一百八十里爲一段，而由蘇至杭約三百里另爲一段，鐵路必取直綫，較水路紆折爲近，統計江浙此路，不及千里，地平河通，施工運料皆不甚難，約略估計，每里當在萬金以内。此路既分段辦理，籌款尚不爲難。東南商富熟悉洋情，習知鐵路利益，一聞江、浙定議造路，明知工省利鉅，聞風踴躍，其擬請集貲承辦者頗多。現擬吴淞至上海三十餘里歸官創辦，以開其端。查吴淞口沙綫膠舟，必須乘潮出入，海輪剥載進口甚爲不便。故近年來洋人屢有疏濬吴淞之請，此次日本議約時，日本人亦曾議及此。市情瞬息變易，商賈意在從速。若自馬頭上鐵路，即可徑達内地各要區，其旺可知。其自上海以内之路，現擬通盤籌議，將由滬至蘇一段及由蘇至鎮一段，一歸官辦，一歸商辦，或官商合辦，統俟籌款確實後妥酌辦理。其自鎮至甯，自蘇至杭兩路，或官辦，或商辦，續行籌議。此時籌一段之款，先造一段之路，成一段之路，先收一段之利，不比他路，必須全局修成始見利益也。臣自疊次電奏後，即經派委江蘇候補知府沈桓、知縣沈翊清會同洋工師錫樂巴、克勤博等測勘蘇滬一路，候補直隸州汪喬年會同洋工師馬悦、戴維禮等測勘甯鎮一路，分頭並舉。刻下蘇滬一路業已勘畢，甯鎮一路初勘已畢，仍令覆勘，現正繪畫蘇滬細圖，細圖一成，便可估價動工。

總之，鐵路一開，百廢俱興，人貨運載爲有形之利。風氣開通，才智增長，工商奮興，窮民有業，上下情通，百事迅速，爲無形之利。其收運費有形之利者猶小，而收振作無形之利者乃大。故無論官辦商辦，均屬有裨大局。其官路、商路互相銜接，將來如何計里分利之法，當俟定議後妥爲籌計。

請辦郵政片光緒二十一年十一月十二日

再，泰西各國視郵政一端重同鐵路。特設郵政大臣，比於各部尚書，以綜厥事。遞送官民往來文函，取貲甚微，獲利甚鉅，日盛一日。即以英國而論，一歲所收之貲，當中國銀三四千萬兩。各國通行，莫不視爲巨帑。且權操於上，有所統一，利商利民，而即以利國。中外通商以來，英、法、美、德、日本五國先後在上海設立彼國郵局，其餘各口岸，亦於領事署内兼設郵局。侵我大權，攘我大利，實有背於萬國通例。光緒十一年間，前升任浙江甯紹台道薛福成據委員李圭條陳，譯有章程，稟請中國自行設局，以挽利權。並經稅務司葛顯禮前往香港、日本，向彼中商議收回上海所設英、日兩國郵局，已有端倪，事屬可行。原任南洋大臣曾國荃曾據咨總理衙門，飭令總稅務司赫德議復辦法。赫德亦謂此舉裕國便民，並係辦得到之事，陳有要端七層，均甚詳晰。並稱須有奏准飭辦之明文，使各國知係中國國家所設之郵政。即可商令各國，將在中國所設之郵局撤回，並可商入萬國信會之舉各等語。

查各關試辦郵遞有年，未見大有起色，推行亦未及遠。外國在各口所設信局，並未裁撤，良由稅關所設之郵遞與國家所設之郵政，體制不同，外人有所藉口而不撤局，故推廣辦法每多窒礙。現經臣飭調葛顯禮來江甯與之面加籌議，該稅務司力申前請。查此事該總稅務司考究有年，情形熟悉，且各關稅務司熟諳郵政辦法如葛顯禮者當不乏人。相應請旨飭下總理衙門，轉飭赫德妥議章程，大舉開辦，推行沿江、沿海各省，兼及內地水陸各路。務令各國將所設信局全行撤去，並與各國入會，彼此傳遞文函，互相聯絡。如果中國郵政認真舉行，各國在華所設信局必肯裁撤。此本各國通行之辦法，實屬有利無弊之勝算，誠理財之大端，便民之要政也。

上諭：張之洞奏南洋創辦新軍，責成洋將操練，並金陵、上海興辦鐵路各摺，照所請行。惟洋將是否上等之材，薪水尚宜斟酌，張之洞既經創辦，條理秩然，即交劉坤一賡續成之，以爲補牢之計。至郵政一節，業經總署籌議，粗有頭緒矣。欽此。

查覆譚碧理參款摺光緒二十一年十一月十二日

竊臣於光緒二十一年九月十六日承准總理衙門來電，奉旨：有人奏江南提督譚碧理，本少戰功，善於逢迎，濫居高位。部議裁兵節餉，該提督多方阻撓，以致營伍騰怨等語。著張之洞確切查明，據實具奏。欽此。當即欽遵。遴委幹員飭令按照所參各節，前往密查去後，並於僚屬詳加諮訪。茲據江蘇候補道錢德培稟稱，奉委以後，改裝易服，潛往松江一帶徧訪輿論，探詢各弁兵，旁參互證。如原奏善於逢迎一節。查譚提督年逾六旬，官居極品，松江同城均係僚屬。祇聞養親在署，坐鎮雍容，似無可以用其逢迎之處。惟未任提督以前，係由督標中軍副將升擢太驟，人或有議其後者，然事隔多年，殊無確證可據。至原奏阻撓裁兵，以致營伍騰怨一節。詢諸各弁兵，有謂曾聞有裁兵之事，至今未見舉行者。有謂如果裁撤，則現餉無著，惟有另謀生計者。大抵譚提督自到任以來，無怨無德，尚未聞有多方阻撓，以致營伍騰怨之說各等語，稟覆前來，臣參考衆論，大率相同。

查江南提督譚碧理，自咸豐六年投效湘軍，從征髮、捻，由外委洊保提督，雖各有案可查，究無赫赫之功。嗣由借補督標中軍副將驟擢提督，江南文武員弁皆爲驚異，雖無逢迎實據，實屬不愜衆望。且近年中外多故，提督職居專閫，地控吳淞，尤應講求戰守，以固江海之防，乃該提督在任十年，於營務毫無振作。節次來甯，臣接見之餘，惟以憂貧爲言。求兼統太湖水師，絕未及整軍經武之大計。本年部議裁兵節餉，凡屬大員，當如何共體時艱，力籌裁節之法，即有爲難情形，亦應密函商辦。乃該提督徒思見好衆兵，首先咨臣請免裁減，徑請具奏。致各營紛紛續稟，俱以兵額難減爲詞。是該提督即不逢迎，已難免於素餐，雖未阻撓，究屬不知大體。至松江係海疆要區，江蘇門户，關繫重大，現當力求自强，整飭海防之際，該提督才識庸陋，斷難勝任。惟現在尚無别項劣跡，可否仰懇天恩量調事務較簡一缺之處，出自聖裁。

請將蘇屬冬漕分别本折酌定徵價收納摺〔一〕光緒二十一年十一月十二日

竊照蘇州等屬徵收冬漕，前於同治四年分議定，完本色者，每石加收餘耗三斗，完折色者，每石連同公費收錢四千五百文。遲至年外加價錢五百文。五年以後，因米價平減，時酌量減收。計自同治五年分起至光緒二十年分止，歷届酌定徵價及餘耗改收公費並年外照加數目，節經分晰奏明在案。玆届各屬徵收光緒二十一年冬漕之際，自應循照歷届成案，本折兼收，聽從民便。折徵米價，除太倉州屬之嘉定、寶山二縣向例民折官辦，鎮江府屬之丹徒縣留撥旗營兵米，並不起運，未能與他屬一例徵收，應行提出另辦外，其餘蘇州、松江、常州、太倉五府州屬徵漕各廳縣，本年自夏徂秋，暘雨愆期，禾棉受傷，收成不免減色，恐各屬開倉後買米兑運，市儈居奇，不得不酌中核定，以期官民兩便。玆據蘇州布政使鄧華熙、蘇松糧道陸元鼎督飭海運省局各員察酌情形，議請本年冬漕折價，每石收制錢二千四百文，隨收公費錢一千文。完本色者，以石抵石外，循舊將餘耗改交公費錢一千文，遲至年外無分本折均每石加收錢五百文。其減賦案内奏明抵補減缺南糧之隨漕脚費，每石錢五十二文。仍照章按石隨正照收。似此分别酌定，無論徵收本折，均與市價無甚懸殊，不致藉口趨避。

再，隨漕徵收公費錢一千文，係抵支各州縣辦漕一切要需。恐刁頑之户，以公費爲無關緊要，任意抗延，則州縣公用無出，勢必貽誤漕運。前於同治六年分，曾經附片奏明，儻糧户交米而不交公費，即比照抗糧之例懲辦。歷届隨摺聲明通行遵照。今届徵收冬漕，應請循案辦理等情，詳請具奏前來。臣等查核無異，除飭司出示曉諭，遵照定章，無分紳民一律均平徵收，不得稍有浮勒軒輊外，理合會同漕運總督臣松椿恭摺由驛四百里馳陳，伏乞皇上聖鑒訓示。

户部知道。

嘉定寶山二縣酌減收漕數目片光緒二十一年十一月十二日

再，嘉定、寶山二縣，向種木棉，地不産米。應完漕糧，歷係民折官辦。所有收漕折價，由官紳會議詳定徵收。前經嘉定縣職員廖壽豐等在京呈奉户部復准，年内折收錢四千五百文，年外五千文。業經遵照辦理。嗣因同治六年起至光緒二十年止，市價較短，議定奏明酌減徵收在案。玆届光緒二十一年分徵辦新漕，所有該二縣徵收折價，經臣等飭令司道體察情形核議詳辦去後。

玆據蘇州布政使鄧華熙、蘇松糧道陸元鼎會詳，本年新漕訪查市價，較之上年不甚懸殊。衆酌成案，公同核議折價擬請每石年内折收錢三千九百文。儻年内完不足數，遲至年外者一律加增

〔一〕以下二件録自《京報》第五四〇〇號。

錢三百文。其糶變一款，仍照通屬定數提解，詳請附奏前來。臣等伏查，嘉定、寶山二縣冬漕，向係民折官辦，與各屬情形不同，業於奏報漕價摺内聲明另行辦理在案。現據該司道等公同議擬，每石年内折收錢三千九百文，遲至年外完納者，仍一律加價錢三百文照數折收，尚屬平允。除飭照章無分紳民一律徵收外，謹會同漕運總督臣松椿附片由驛具陳，伏乞聖鑒訓示。

户部知道。

礮臺編設專勇摺 光緒二十一年十一月十七日

竊惟長江戰守之道，著重首在礮臺，而陸路勇營次之。礮臺禦之於水，能毁敵船，是守而兼攻。陸軍禦之於登岸以後，但有自救之方，絶無攻人之術。礮臺扼之於門户，守約而費省，陸軍禦之於散地，營廣而費多。故一臺之功，可敵十營，一礮手之功，可勝千人。然礮臺之勇，必須專精訓練，有礮而不得其用，與無礮同。新式洋礮日新月異，非諳悉礮機運用、鋼性漲縮、藥力等差、炸彈裝配、綫路測量，朝夕演練，斷難純熟命中，甚至動輒毁礮誤事。其稍知講求機括者，率應礮廠及輪船之招，身價十倍，非礮臺所得而用之也。故臺勇口糧，宜比照輪船水勇，而不能比照陸營散勇，其勢然也。以精微機巧之新礮，付之鹵莽滅裂之營勇，其害立見。本年南石塘礮臺毁臺傷人，其明證也。營官既非素習，恐干考成，率以不操演冀幸無事，臨事茫無把握，焉得不委而去之。本年威海、旅順之以利器資敵，又其明證也。外洋各國礮臺，典守者各有專責，弁兵日日操練，彈藥色色齊備，如臨大敵。其最衝要之臺，聞令四刻即可開仗。次衝之臺，聞令半日亦可開仗。良由器練人習，故能揚威固圉。向來積習，各礮臺之勇，即由駐防該臺之統領於各營中撥出，即歸陸軍之營官兼管。將無真知，弁無專責，勇則更换不常，礮法不曉。險要鎖鑰，付之此輩，豈不可危。故江南江陰、鎮江、獅子林各礮臺，前經臣改設大礮專勇，加給正餉。其次等各礮，仍由各營派撥，酌給津貼。添派華洋員弁、學生、機匠人員，優給薪糧。酌議章程，咨明户部在案。當時因防務緊急，草創急就。數月以來，試驗操演頗有起色，礮手漸多，彈藥及應用各件漸不致殘缺謬亂。現擬推廣沿江各臺，大小各礮一律改設專勇，大率分爲四路：以吴淞南石塘、獅子林各臺爲一路，江陰南北岸各臺爲一路，鎮江象山、焦山、都天廟、圌山南北岸各臺爲一路，金陵幕府山、獅子山、鍾山、下關各臺爲一路。每臺設一專臺官，體制與哨官等，礮勇均由該專臺官督率，由洋弁會同由學堂出身之礮務委員教練，官弁勇丁一體隨同教練，均須親自下手演放。數臺相近者，量其礮位大小，每三四臺設一總臺官，略如陸軍營官體制。但論技藝，不論官階，須就各專臺官中考校，礮準多者派充。均仍歸各該統領節制考核，但不准自行撤换。其勇數俱由該統領營内撥出，惟均由洋弁另行挑選，不得徇用不習礮法之人。其薪糧由洋弁委員公同當場給發，籌防局隨時稽核，以除積習。此項礮臺專弁專勇，不當雜差，不准無故更换，不隨將領移調，以期人習礮性，礮對船路，一旦有事，演放測準，均可不勞，庶爲穩妥。

近年泰西各國皆以快礮爲出色當行之用，而中國由土礮而改洋礮，由前膛而改後膛，已屬筋疲力盡，而快礮尚未及購置也。然有勝於無，故第仍就其舊有各礮，嚴飭演習，俟稍有餘力，當隨時奏明更换快礮。蓋江防礮路，較外海不同，極大鐵甲，未必能入，故攻堅致遠，猶在其次，而靈捷輕便，最操勝算。快礮每一點鐘可數百出，而彈則僅至重一百鎊而止，過重則不靈也，其機簧則較前、後膛大礮更爲細密，非常時拆散闔合，臨時必不能施放盡利。又查威、旅各臺之失，皆緣臺上祇安放大礮，前後左右無護臺之小礮，故敵人由後路抄入，礮臺遂束手無策。乃知護礮與正礮並重，小礮較大礮更精，非一律更設礮勇專門演習不可也。且陸營積習甚深，刻扣缺額，視爲故常，雖三令五申，終難悉數革除。營餉與臺餉既相懸殊，難保無妒忌妄詆，以圖淆惑衆聽。更變新章，非區以別之，則陸營空居護臺之名，礮臺實大受陸營之累。此所以決意畫清界限，不能不爲礮臺別立規模也。玆就長江目前現有八百鎊子之大礮，每礮設礮勇二十八名。二百五十鎊子者，每礮設礮勇二十名。一百八十鎊子者，每礮設礮勇十五名。一百四十鎊子者，每礮設礮勇十三名，其餘遞減。口糧則礮目月給十兩，一等礮勇月給八兩，二等七兩，三等六兩，其餘遞減。礮務委員十人，每員月支五十兩，哨官並傳譯學生每員月支二十兩，機器匠、書識、親兵、火夫，按事之繁簡酌量派用，另開清單咨部立案。如再有增減，隨時奏咨辦理。惟此項薪糧所增頗鉅，所有各員勇丁、教習月支薪糧，擬即酌汰防營，以抵增出餉項。此項仍由防營支應局給發。其礮費各項，仍照舊案，由海防經費項下由江南籌防局給發，以符原案，於防務實大有裨益。據籌防局、營務處、支應局司道詳請具奏前來。

臣查臺勇本與營勇有別，關繫尤重，技藝尤精。今礮臺編設專勇，專派臺官，不准移調，選派洋弁、學生督飭教練，優給薪糧，此乃必不可緩之圖，必不可省之費。除批飭遵照核實辦理，並將專設臺勇、華洋官弁、勇目、教習、機器匠薪糧、雜費各數目章程，分咨立案外，理合恭摺具陳，伏祈聖鑒。

（硃批）著照所請。該部知道。（欽此）

江陰黃山金陵獅子山等處修造礮臺片

光緒二十一年十一月十七日

再，臣去冬親閱海口沿江各礮臺，多未合法。時因海警方殷，急須量力擇要改修添築，以固長江省會之防。當經札飭籌防局委員勘估，會同各將領籌議。經臣核定興辦，於上年十二月、本年二月先後開工。二月初四日附片具奏，奉硃批：知道了。欽此。欽遵轉飭在案。

查江陰爲長江門户，舊臺僅有前膛大礮四尊，開放遲緩，敵船一闖即過。其餘皆係陳年老礮，且亦不大，擁擠一處，尤不合法。此地若無後膛大礮，萬不能守。惟事機緊迫，勢難將各臺多爲修改。當即將滬局所存後膛大礮三尊、快礮二尊設法運來，趕工安設，相度地勢，必須據高方能擊遠，所有江陰新添各臺，均係在大嶺之脊。新設數礮，其大者每一尊重至八萬斤，尤爲艱難勞費。計江陰西黃山造洋式明臺一座，安設八百鎊子大礮一尊，藥彈倉二間。東黃山造洋式明臺一座，安設二百五十鎊子大礮一尊，藥彈倉二間。黃山第二峰、第三峰造洋式明臺二座，安設一百鎊子快礮二尊，藥彈倉一間。小角山造洋式明臺一座，安設八百鎊子大礮一尊，藥彈倉二間。暨各暗路、臺墻、圍溝共計需工料經費銀四萬四千八百兩零，其上海雇洋輪、造剥船、運大礮之費在外。至於金陵形勢，城外東北沿江一帶，惟幕府山前接燕子磯，下臨草鞋夾之夾江，遠對大江之來路，最爲得勢。城內西北隅獅子山，俯瞰下關。是爲近城屏蔽。城南雨花臺，地處山岡，總攝東南、西南入省陸路之衝，向有營壘。城内東北隅鍾山之尾，地勢極高，俯見全城，必須築臺安礮扼守，方免爲城外敵人所乘。其幕府山、鍾山等處均係石質，山頂地勢高峻，鑿石運料，拉礮上山，甚費工力。計幕府山造洋式明臺七座，安設一百八十鎊子長式後膛鋼礮兩尊，一百八十鎊子短式後膛鋼礮四尊，八十鎊子後膛鋼礮一尊，藥房八間，彈子房四間，總藥庫六間，暗路四道，並土壘、濠溝、瞭望房、兵房、軍裝房暨開石種樹工程，計需工料經費銀三萬九千二百五十四兩零。獅子山造洋式明臺六座，安設一百八十鎊子後膛鋼礮兩尊，八十鎊子局造後膛鋼礮四尊，藥房八間，彈子房七間，總藥庫四間，鐵更房四座，住兵兼人行暗路兩道，運子藥暗路八道，並土壘、濠溝、瞭望房、種樹，計需工料經費銀二萬一千六百二十六兩零。鍾山造洋式明臺二座，安設八十鎊子後膛鋼礮二尊，藥房四間，彈子房二間，暗路一道，並土壘、濠溝、瞭望房、兵房、種樹，計需工料經費銀七千一百九十兩零。雨花臺安設四十鎊快礮六尊，計需工料經費銀九千兩。所有金陵各臺，共計需銀七萬七千七十兩零。現在江陰之黄山、小角山各礮臺，經監修委員候補知縣黄庭熏報，於七月内完工，委員驗收已訖。幕府山、獅子山、鍾山各臺現亦竣工，雨花臺正在接續修造。經臣親臨金陵各臺詳加閱看，並委員前赴江陰查閱，建造尚屬合法。所有動用經費，據籌防局司道詳請奏咨立案前來。

臣查江陰之黄山、江甯之幕府山等處，或關長江門户，或據省會形勝，防守之具，惟恃礮臺。江陰本無後膛好礮，江甯亦無合法礮臺，冬春之間，防務緊急，不能不亟圖補救。曾於本年二月及閏五月籌辦江省善後摺内疊經陳奏在案。各臺皆係將他處未安之礮移置，不待新購，僅止運礮造臺，所費尚不甚鉅。至金陵所安各礮，皆係從前早經運來省城外者。或因臺址未定，尚未興修，或原設下關舊臺失勢無用。是以不能不擇地築臺，將礮安好，令可施放，免致廢置可惜，節經多方督催趕辦。嗣於七月内准户部議復，以獅子山等處均在長江門户以内，似可無須添築等語。其時各礮臺或已經竣工，或僅虧一簣，自未便遽然中止，合併陳明。查核前項修造經費，尚屬核實。

（硃批）該部知道。（欽此）

興辦上海南市各工程摺光緒二十一年十一月十七日

竊據江海關道黄祖絡稟稱，查上海小東門外十六鋪迤南至龍華一帶浦灘，前因保衛江岸，釘立界樁，樁外不准居民填用。迨後陸續接漲新灘，居民逐漸侵佔，以致浦岸日廣。上年議築馬路，嗣因軍事日亟，遂致中輟。

現觀時局，興築此項馬路，其利有四，其不可緩者有二。該灘自十六鋪起至南馬路止，長六里有餘，出灘空地闊十餘丈及五六丈不等。而臨大江，背倚城郭。其間鋪户居民繁盛。貿易以土貨爲大宗，閩、廣、甯波三幫根本在此，殷實尤多，爲上海華界精華薈萃之區。於此建造馬路一條，接連租界，使馬車、手車均可通行，自來水、火逐漸興設，參以租界章程，從寬酌定，商民稱便，生意招徠，華界市面爲之一興，挽回利權不少，其利一。該處爲江浙漕艘停泊之所，兩省漕務攸關，而江面窄狹，江岸愈漲愈廣，若任其侵占，必致停船擁擠，窒礙多端。既建馬路，路外固築堤岸，排釘壩樁，使其無從再佔，保全水利甚大，其利二。

南洋防務自創辦以來，迄今滬上並無兵輪、官輪馬頭，向來借泊法租界招商局馬頭，每次給銀五十兩，非特多費，且於體統攸關。若於此地建立兵輪、官輪馬頭，便益甚多，其利三。該地內達製造局及龍華、閩行等處。迤至松江一帶。馬路告成，小車既可往來，土貨出入尤便，其利四。法租界與該路毘連，無可擴充，垂涎已久。日本通商欲闢租界，亦恐注意於此。若不先事舉辦，將來恐多棘手，此不可緩者一。日本新約准其設機製造，今欲籌護華工，斷以廣添機器局廠爲目前要務。該廠既臨浦江，又通馬路，土貨出水，事事皆便。於此擇地造廠，所省經費甚鉅，此不可緩者二。

該路自十六鋪橋起，迤東至先農壇止，共計工程長九百八十三丈。一律仿照西法，用碎石片鋪厚八寸，蓋沙一寸，路階用石磨砌，路下圈砌陰溝，路中仿照西式造橋三座，挑土培填。連一切雜用，統共估計約需銀八萬兩。其路之兩頭，尚須購買民地備用，須俟臨時察酌。路中建造兵輪、官輪馬頭，亦須隨後再行估計。該路由十六鋪界樁起至董家渡止，留出一帶餘地，計長五百零一丈。該地逼近路旁，一經馬路開工，市面既興，地價必昂。彼時察酌情形，定價出租。所收租價，先行歸還馬路經費，不敷再行另籌。此事地方受益，實爲既大且久。飭據上海縣知縣黃承暄履勘估計，繪具圖說。惟興工必先籌款，道庫現無閒款可籌，懇請奏明，暫行借撥出使經費銀八萬兩湊撥應用，仍俟收還地價陸續歸墊等情，並將圖說呈核前來。

臣查泰西各國富民通商之要領，首以開治道路爲第一端。上海城北各處，爲各國租界所佔，幾無餘地，彼通我塞，彼衆我散，洋商日富，華商日貧，喧賓奪主，以後岌岌可慮。惟南市一帶，係華商精華薈萃之區，頗稱繁盛，漲出浦灘亦甚廣闊。以之開築馬路，設立官輪、兵輪馬頭，廣造機器工廠，綽有餘地。今日本欲闢租界以設機廠，難保不於該處蓄意垂涎。該道所議開馬路、立馬頭、造工廠，杜彼侵佔之謀，興我工商之業。洵爲有關大局之要圖，自應及早興辦。該道前於七月內來省籌及此事，當經臣與之面商定議，且以日本及法商正在汲汲窺伺，若再爲所侵佔，則華商處處爲所束縛，永無開拓生發之機，是此舉尤不可遲。當飭一面迅速委員勘路繪圖，鳩工立址，示以必修，以絶覬覦。乃於七月二十九日，果有日本人在十六鋪擬修馬路處所，持繩勘丈，是其狡謀已成，勢難再緩。當即電飭其酌派滬軍營勇先行動工開辦，以杜其口。現據估費約需銀八萬兩，擬請借動出使經費，俟收還地價陸續歸墊。查出使經費所存尚多，此項借款歸還尚易，決不致歸於無著。使馬路、馬頭、工廠等事早成，實於地方商民，大有裨益。

（硃批）著照所請。該部知道。（欽此）

江蘇盜刦等犯請就地正法摺 光緒二十一年十一月十七日

竊臣等前欽奉寄諭，因蘇、浙交界，盜風日熾，飭令臣等會籌協緝嚴懲之法。當經欽遵，咨電熟商籌辦，嚴飭各州、縣、防營嚴行查拏。並因統帶太湖水師等營提督李新燕坐擁多營，於緝梟捕盜毫無整頓，經臣之洞奏參革職，飭令各營官認真巡緝在案。

查江蘇盜刦之案，向以徐州等屬爲最多，大江以南各府劇盜重案尚少。近年以來，蘇、浙接壤之區，鹽梟、盜匪、散勇、客民亦復句結横行，糾集大夥，執持洋槍，殺傷事主，拒殺營兵，出没無忌，爲害地方。距省數十里之外，即時有搶刦之案。今欲戢遏凶燄，肅清盜藪，固非實力緝捕不爲功，而尤以嚴懲速辦，始足令其警畏而不敢逞。溯查光緒十三年前撫臣崧駿會奏，准將淮、徐、海三屬凡强盜殺人放火有干例載六項，並竊盜火器，拒殺事主及執持火器傷人，例應斬梟之犯，均即先行處决。十七年本任督臣劉坤一復經奏准，江甯、江蘇各府、州、縣盜案，均照淮、徐、海章程一律辦理。惟原奏僅指斬、梟盜犯而言，其餘例干斬决情節較重之犯，仍係照例勘題。竊思此等盜犯，罪雖未至斬、梟，特既屬凶暴衆著，贜證足憑，本爲法無可貸。若曠日稽誅，事過境遷，殊無以聳當時之觀聽，靖地方之人心。且此輩夥黨衆多，解省審轉長途既有疏脱之虞，而匪徒日久思逞，監内擁擠，反獄刦囚，在在可慮。如近日安東等縣盜犯反獄脱逃，足爲顯證。查各省懲辦盜犯，大率皆照近年奏定新章，獨江蘇一省尚多拘於舊例，周折迂緩，拖累繁多，以致州縣諱飾因循，匪徒不知儆畏，商民受害日深。

查前湖廣督臣涂宗瀛於光緒九年奏定湖北辦理盜案章程，於部章指明，土匪、馬賊、會匪、遊勇情罪重大等項之外，如有執持刀械、火槍强刦者，聚衆至五人以上者，夥衆搶刦至二三次者，糾刦拒捕傷人或致傷事主者，入城行刦及連刦數家者，刀痞强刦財物者，以上數案内首從各犯及强盜窩户、造意分贜者，並平空搶奪良家婦女已成者，均行就地正法，曾經咨明江蘇有案。江蘇近日盜風甚於湖北，而平空搶奪良家婦女之案亦復不少，應即援引照辦。擬請嗣後江蘇省盜案，除例應斬梟之犯，前督已有奏定章程，仍應查照辦理外，其斬决情重盜犯，並平空搶奪良家婦女已成之犯，均照湖北奏定章程辦理。飭令各該州縣於獲犯訊明後，據實録供稟報臣等批飭，解歸該管道府督同覆訊，或派員前往會審。果係凶暴衆著，贜證確鑿，罪無可疑，即行録供稟候督、撫批飭，就地正法，三箇月彙案奏報一次。庶匪徒咸知儆戒，地方可冀敉平，以期仰副朝廷除暴安良之至意。

（硃批）刑部議奏。（欽此）

湖北銀元局請仍歸南洋經理摺光緒二十一年十一月十七日

竊臣等准户部咨，議覆臣之洞奏湖北新鑄銀元行用辦法一案，光緒二十一年七月二十一日具奏。奉旨：依議。欽此。分别咨行前來。原咨内大略謂：鑄造銀元，費歸鄂籌，事歸鄂辦。江南所借鑄本，由鄂自籌閒款歸還。扣成按月報部，餘利應歸鄂省。不必用外洋銀條。大指不外此數端。臣等咨電往復詳切籌商，其間實有必須審時度地，酌劑盈虚，辦理方無窒礙者。敬逐條臚舉，爲我皇上陳之。

查部議謂湖北試鑄銀元，原因鄂省制錢缺少，是以議准開鑄。現在湖北銀元局雖歸南洋經理，但買機、造局經費俱係湖北籌備，局設鄂省，現鑄銀元亦係湖北省造字樣，所有配成餘利與局中一切繳納支發等款，並此後局費及修補添設機器各費，自應統歸湖北專司其事，以符奏案。所請將銀元批解江甯及此後該局各費俱由江南籌撥之處，應毋庸議。至鑄本銀二十萬兩係江南支應局借撥，即由湖北按照銀元易銀市價如數抵還江南。嗣後或仍由江南循環借撥，或逕由湖北自籌閒款，或陸續由餘利項下歸還，由臣等妥商辦理等語。

伏查前以湖北制錢缺少，奏請購機設局試鑄銀元，以濟錢法之不足。果能隨鑄隨銷，無少壅滯，則鄂鑄鄂用，足資周轉，以銀代錢，不至缺乏。統歸湖北專司，自屬簡易辦法。無如湖北一省，惟漢口、宜昌兩處通商市場行用洋銀，其餘各屬皆用紋銀，間有兼用洋銀者，爲數甚少。且以洋銀折制錢，壓平扣色，任意高下，無市價之可言，現鑄銀元成色輕重皆仿照洋銀，原欲奪洋銀之利，自不能不以洋銀之市價爲準則。而洋銀之成色低於紋銀，所值亦少於紋銀。在通商口岸，華洋貿易權衡切當，市價雖有漲落，要不至少於洋銀中實有之成色，且恒比實有之成色略高。蓋洋銀輕重有準，取携便易，商民樂於行用，故所值雖稍浮於實有之成色，而人不以爲過。且行銷日廣，來者日多。洋銀之利不過如此，非謂九成之洋銀即可抵十足之紋銀以爲用也。自鑄銀元之利亦復如此，能與洋銀同價則有利。至内地素無行市，必至任意扣折，若强其行用，恐實有之成色且不敷，工火更何由出。是以行用必聽其自然，不得絲毫勉强。湖北一省，惟漢口銷用較暢，究屬一隅之地，爲數不能甚多。若待由漸擴充以達内地，則收效甚遲。且鑄多銷滯，積壓鉅款，既難周轉，勢必停工待銷，糜費無益。臣等籌之已熟，是以於正月初四日會銜電奏，湖北銀元局開辦尚須籌款，銀元銷路以江南、安徽等處爲多。查鄂省創設各廠，前奉旨仍令臣之洞督飭經理。且江南去年曾經議設銀元局尚未舉辦，若鄂局歸南洋經理，可免江省另設一局，以致相妨，將來如有盈餘，可酌量津貼鄂省。奉旨允准在案。此次臣之洞所奏將湖北鑄成銀元批解江甯，飭發江蘇、安徽、江西三省行銷之議，係查照奏案辦理。蓋三省通商口岸較多，貿易較大，行用銀元亦較暢，故奏請將鄂局歸南洋經理。上年春間，本任兩江督臣劉坤一本擬在金陵設銀元局，購機度地已有成議，今鄂局行銷既須仰給江南，則此後江南不另設局，以免相妨。籌款行銷，南洋任之，如有盈餘，酌量津貼鄂省。本擬江、鄂各半均分，蓋必多鑄多銷方有盈餘。原欲通力合作，兼爲江、鄂計也。今部議鑄本由江南借撥，行銷由湖北專司，其餘利及籌款統歸湖北，似未深悉外間籌辦籌銷之用意。臣之洞當經電商臣繼洵，旋接電覆稱，以武、漢等處向來行用銀元不多，此後能否暢行尚無把握，遠不如江、皖等省銷路之廣。此局月鑄三四十萬兩，鄂省司局款絀，挪借亦難，儻滯銷壓本，勢難周轉，若少鑄則又利微，不免虚糜局用。不如仍照原議，籌款、行銷南洋任之，餘利江、鄂各半，最爲妥協等語。是此時臣等意見仍係相同。合無仰懇天恩俯准仍照臣之洞原議辦法，以暢行銷而收利權。其鄂省墊用購機造局之款，及每月局用修補添機各費，自應在盈餘項下陸續提還扣除，此江、鄂兩省俱無盈絀者也。

又部議謂，若如所奏，一月所鑄之銀不下四十萬，其配合成色按照大小銀元由九成遞減至八成牽算，每月約可扣銀五六十萬兩等語。詳繹部臣所議，係就紋銀加色仍作十足紋銀計算，故有此多。不知鑄成九成銀元，成色既減，則所值亦減，照市價兑换，漢口用洋例，上海用規元，展轉折算，僅比九成實色略多，萬不能抵十足紋銀。大約鑄銀一千兩，除銅珠、白鉛、火耗、運費外，盈餘不及二十兩，員司、華洋工匠薪工局費每月約需一千數百兩尚未扣除。若鑄八成二小銀元，成色較低，餘利較厚，大約鑄銀一千兩，盈餘約可百兩。是以粤省錢局以鼓鑄九成大元，並無餘利。數年來皆鑄小銀元，多至千餘萬兩，盈餘頗豐。然有小元而無大元互相調換行用，必不能持久。上海行用粵東小元，市價近甚減色，作九二折扣算。鄂省初辦，志在持平經久，以期流通廣遠，以多鑄九成大銀元爲主，而兼鑄八成二之小銀元，以大易小，以小易大，各聽民間自願，庶可歷久不渝，然盈餘亦必不能如粵局之厚矣。

又部議謂，粵東製造銀元，前據李瀚章奏明，由善後局撥給紋銀，僉稱適用。現在湖北開鑄，係用外洋銀條，以我之紋銀購彼之洋條，勢必諸多虧折。究竟洋條是否純净，不但該督未能深悉，即局員、工匠亦恐未必周知。以銀鑄幣，本易銷耗，第以紋銀鑄銀元，與以紋銀易銀條，同一銷耗紋銀，而徒多此虧折，應令詳細酌核等語。查通商以來，貿易日盛，市面需用銀幣亦日多，内地紋銀久已不敷周轉，是以通商各口，皆用洋銀爲大宗。各處銀號往往購買外洋銀條，略攙銅、鉛鎔成元寶，與内地紋銀成色約略相等。年中銷用外洋銀條爲一大宗，商人以此謀利。藉非洋條成色高於紋銀，商人何以取利。即此可爲明證。大抵中國分金提銅之法，粗而不精，僅能知其大略之數。外國分化五金有專門之學，絲微必察，考驗極精。歷考内地元寶，高者每百兩中不過十足净銀九十八兩八錢五分，餘爲銅鉛雜質，其低者，多寡參差更無論矣。至於外洋銀條，則每百兩中有十足净銀九十九兩八九錢，成色相去不甚懸殊。而且每條重約一千兩，一經較準，即可配銅鎔鑄，自成一爐，事較易舉。内地紋銀元寶，重者每錠不過五十兩，而且一錠有一錠之成色，高低不一，驗不勝驗，必湊成千兩爲一爐，鎔化和勻，重新凝塊，始能驗其實在之成色，然後配銅重鎔，方克有準。多一傾鎔即多一火耗，此鄂省銀元局所以購用外洋銀條之故也。大約用寶紋與用洋條比較，每千兩約多折耗四兩左右。臣之洞在粵創設銀元局，開鑄之初，本擬向匯豐購用銀條供鑄，已議有眉目。嗣因臣之洞調任湖廣，粵省局員樂於省便，且見粵省銀元易銷，希冀民間不加深求挑剔，遂稟准接任督臣李瀚章，但取寶銀供用。此粵省核算之疏，非寶紋可抵銀條也。本年夏間接廣東銀元局委員來稟，現亦購銀條數十萬兩應用，然遇洋條上海無可購買，則又不能不用寶紋鎔鑄矣。查鑄造銀元，有關圜法，成色不齊，即難取信於人，臣之洞於開辦之初，即派精於化學之西人駱丙生及化學學生蔡亨、鄺展訓二名在局專司考驗銀色。並飭局員認真督率，始終一律，無少參差，以期誠信相維，流傳日廣。至以後如有應行隨時調劑之處，臣等自當會商妥辦，總期於有利無弊，經久暢銷，國家收回利權，商民樂其便利。所有會商湖北銀元，擬請仍遵前旨，歸臣之洞經理，盈餘江、鄂各半均分，俾得行銷周轉緣由，臣等謹合詞恭摺具陳，伏祈聖鑒訓示。

（硃批）著照所請。户部知道。（欽此）

截回臺餉並收回軍火輪船摺 光緒二十一年十一月十八日

竊臣於本年四月十七日承准總理各國事務衙門電開，奉旨：本日唐景崧請飭部撥餉銀，現在户部無可指撥，著張之洞先行籌撥銀五十萬兩，陸續解往應用。欽此。當經欽遵飭撥。惟瑞記借款，一時尚未收齊，江南支應南北征防各軍需餉尤急，祇能陸續勻濟。當經電飭署江海關道劉麒祥先撥銀三十萬兩，交臺灣駐滬轉運局分省補用道賴鶴年收領，設法運匯赴臺。旋聞臺事不支，署撫臣唐景崧内渡。臣查前項臺餉三十萬兩交匯不及一月，在臺未必交清，飛飭迅速截回，以杜中飽。隨據道員賴鶴年禀稱，已匯臺十萬兩，尚餘二十萬兩，已向厦門、香港等處原匯洋行查明，陸續收回，交存上海道庫。嗣據唐景崧派員開送清單，並將該署撫由臺帶回之臺灣另款銀四萬九千八百兩，係德記利士洋行銀票一紙，一併繳還到臣。並稱有已付定銀及數成價值尚未運到軍火，共計泰來洋行哈乞開士三十三鎊快礮四尊，帶彈二千顆，又哈乞開士五管礮六尊，帶彈五千顆。又公泰畢第蘭洋行礮彈模子二十四箇，新式快槍二千枝，帶彈一百萬顆。頭批格拉司槍四千枝，二批格拉司槍五千枝。又泰來、元豐順兩洋行毛瑟槍彈四百萬顆，格林礮彈二十萬顆。又泰來洋行水旱雷綫、濕電樹膠、膠管、膠瓶、測遠鏡、銅皮、銅絲、化銅鍋、印度片等件十八箱。計購價、運、保共銀四十五萬餘兩。又駕時斯美輪船兩艘，係前臺灣撫臣劉銘傳所購，原價三十六萬兩。新福建輪船一艘，係前臺灣撫臣邵友濂所購，原價九萬兩。所有軍火均已酌付購價或付定銀。至輪船本係官物，因辦防以來，作爲售與德國洋行换旗行駛，應請由南洋將軍火尾價找給，各件即歸南洋驗收。並將洋行换旗及墊欠薪費各款補還，即仍將三輪收回，以免虚擲等情。

臣查此項槍礮輪船所值不下八九十萬兩，即輪船折舊估值，三輪亦約值二十萬兩，今找付還欠爲數無多，自以江南找欠留用爲正辦。當經飭由署江海關道劉麒祥分別查明合同，驗明槍礮子彈均係精利適用。共應找給槍礮等價銀十一萬三千五百六十九兩一錢，找給輪船洋行换旗雜費、欠發薪糧等項銀四萬四千三百四十餘兩，即在截回臺餉銀二十萬兩及唐景崧繳回銀單四萬九千八百兩兩款内開支，以清轇轕。並分飭江海關道及上海製造局，將所收軍火雷綫妥爲點收，陸續運解金陵應用。所收輪船，酌給薪工、煤油、雜費，暫在南洋供差，仍俟隨宜酌量租售變價，另案奏明辦理。餘款仍收入江南借款項下充餉。

（硃批）户部知道。（欽此）

叩閽未成案内咨請議處人員遵照部駁奏明請旨摺[一]

光緒二十一年十一月二十日

竊查接管卷内江蘇江甯縣客民陶紹明，以江蘇候補同知桂林串娶伊姑母孀婦（林）［桂］陶氏爲妾，强姦桂陶氏之女王玉貞，並將其給陳天和爲妾，經伊控告，陳天和等商通將王玉貞賣娼，不從，威逼斃命等情，赴京欲行叩閽一案，經步軍統領衙門拿送刑部，咨遞回甯，交本任督臣劉坤一查辦。劉坤一當以查核原案，前經江甯府知府李廷簫訊結，既據京控咨回，未便再交原審衙門審訊。札委江蘇按察使陳湜，親提人卷，秉公澈訊，議擬詳辦去後。嗣據該司提集人證審明議擬，詳請咨部議復。劉坤一詳加察核。

緣桂陶氏原籍浙江義烏縣，幼遭髮逆之亂，流落清河，被人賣至江甯省城爲娼。陶紹明係桂陶氏内姪，流寓湖南湘陰縣。桂林係吉林拉林正紅旗滿洲富恒佐領下人，報捐試用同知。陳廷傑即陳香山，又名陳三，號舜卿。陳泳沂即陳廷玉，俱安徽石埭縣人。陳廷傑報捐按司獄，與桂林均分發江蘇候補，素相認識。陳天和茶號，係陳廷傑、陳廷玉祖遺公産。桂陶氏後嫁王石夫爲妻，

[一] 録自《京報》第五四二四號。

祇生王玉貞一女。王石夫病故，桂陶氏仍出爲娼，旋帶同王玉貞改嫁王道生爲妾。陶紹明尋見桂陶氏，詢悉情由，王玉貞時年尚幼，亦曾見面。迨後陶紹明回歸湖南，彼此阻隔。桂陶氏因與王道生正妻不睦，王道生給桂陶氏養贍洋八百元，令其自行過度。桂陶氏遂將洋銀存放泰隆當生息，又復在省爲娼。王玉貞時漸長大，桂陶氏亦令當娼。光緒十二年間桂林與陳廷傑時至桂陶氏處遊逛，桂林因正妻患病，家中乏人料理，經陳廷傑爲媒，向桂陶氏説合，並令倩黄自卿及桂林之家人朱要爲媒，嫁與桂林爲妾，並無身價。桂陶氏有無積存洋錢，曾否隨帶箱奩過門交桂林收存，陳廷傑並未預聞。嗣桂林得邵伯司釐捐差使，將桂陶氏接去，陳廷傑同至捐局充當司事。王玉貞亦從娼家出來另居，不復爲娼，曾至邵伯司探望一次，並未隨桂陶氏過門。是年六月，桂陶氏因桂林正妻不能相容，回省居住，常至鄰婦馮謝氏家閑談，告知前情。後因染患痰疾，並用度不敷，情願仍歸桂林爲妾，囑託馮謝氏與其姑母陳陶氏向桂林勸允收留，當與馮謝氏寫立筆據，交桂林收執。桂林遂派家丁將桂陶氏接至邵伯司附近居住，馮謝氏隨同伴送，旋即回歸。詎桂林扣住桂陶氏箱奩，欲將其賞給親兵馮智爲妻，桂陶氏不從，逃回省城，桂林即以桂陶氏席捲潛逃等詞，遣丁投稟，江甯縣訊明桂陶氏係自願離異，所帶衣服係桂陶氏己物，並無捲逃銀錢，取結省釋。桂陶氏亦以桂林將其女王玉貞姦污，送給陳天和爲妾等詞控，經江甯藩司將桂林撤差，批飭江甯府提訊。陳廷玉因陳廷傑外出，陳天和又係公共茶號，即頂陳廷傑之名，遣抱投案，經江甯府知府李廷簫提同桂林抱告朱要及原告桂陶氏等訊明，桂林並無逼姦玉貞，陳香山即陳廷傑亦未收玉貞爲妾，桂陶氏係因嫡庶不睦，自願離異，斷令桂林出洋四百元，給桂陶氏領回自度，不准再向桂林滋擾，取結録供詳銷。

桂陶氏心仍不甘。後赴督撫臣衙門攔輿喊控，未蒙准理。又以吞財棄婦、勒女姦污等情，起意京控。遂揑造桂林、陳香山等將王玉貞逼斃等情，添砌入詞，意圖允准。並令王玉貞至鄉避匿，托人寫就呈詞，函邀陶紹明來甯，告知前情，令其進京控告。陶紹明因不見王玉貞，當向查問，桂陶氏亦以係陳香山等逼斃之言向告，陶紹明信真，攜帶呈詞赴京，欲行叩閽。經步軍統領衙門拿送刑部訊供，咨遞回甯查辦。本任督臣劉坤一飭發蘇臬司陳湜行提人卷，赴蘇審辦。桂林先已聞訃丁憂，回旗守制，經劉坤一咨准吉林將軍副都統飭據桂林以患病未能赴質，出具親供，送甯發司核辦。桂陶氏亦即赴司投審，因人證未據解到，委員守提，桂陶氏旋即在保病故，經陶紹明稟准免驗。嗣據上元、江甯等縣會委將人卷申解到司，提訊供詞各執，而王玉貞因聞桂陶氏病故即欲來蘇領棺，陳廷傑亦欲前來探聽訟事，即邀上元縣書吏曹梓生與王玉貞搭船至蘇，同住客棧，僅王玉貞一人赴司投審。提同陶紹明質訊，供有曹梓生唆訟情事，飭差查拿。曹梓生因被陳廷傑連累，口出怨言，陳廷傑遂於晚間隨同赴司具保，經陳湜究明陳廷傑即係被控之陳香山，前到之陳香山，乃係泳沂，即陳廷傑之頂替，將陳廷傑所捐按司獄詳咨斥革，一面提集人證訊據各供不諱，當以被告桂林在旗籍患病，到案無期，應即擬結此案。桂陶氏遣抱陶紹明京控桂林等將王玉貞姦逼斃命之處，訊屬子虛，本應按律反坐，業已在保病故，應毋庸議。陶紹明僅止代爲作抱，其呈内所列各節訊係桂陶氏託人所寫，伊不知情，似不得以誣告爲從科斷。惟其聽從叩閽，雖屬未成，究有不合，應請酌照違制律，杖一百。陳廷玉，因陳廷傑係候補人員，不便到案，聽囑頂名投質，亦屬不合，應請酌照不應重律，杖八十，與陶紹明分別折責發落。桂林雖無姦逼玉貞情事，惟身居職官，輒娶娼婦陶氏爲妾，已據衆供確鑿，實屬行止有虧。試用同知桂林，應請交部照例議處。已革候補按司獄陳廷傑，爲娼婦陶氏媒説與桂林爲妾。嗣因陶氏涉訟被控，囑令陳廷玉頂名投案，後又與王玉貞等至蘇同船同寓，迨將曹梓生拿獲，輒赴臬司衙門具保。雖未供認王玉貞爲妾，並訊無勒娼逼斃情事，究屬行止卑污詭譎荒謬，業經詳咨斥革，應請永不叙用，以儆官邪。曹梓生即曹蔚良，雖無唆訟實據，惟身充書吏，只應在署辦公，乃輒與王玉貞、陳廷傑至蘇同寓，不知避嫌，咎亦難辭，應請酌照不應輕律，擬笞責四十，折責革役。王玉貞聽從陶氏藏匿不出，本有不合，姑念聽從母命，且一聞桂陶氏病故，即行投案供明，情同自首，即其當娼賣姦亦在光緒十六年恩詔以前，應請免其置議。馮謝氏向桂林説合將陶氏接回，並非原媒，亦請免議。桂陶氏所存泰隆當典洋銀，除陸續取用外，餘存洋銀，應飭陶紹明具領，以資營葬。至桂陶氏所控有洋四千五百元並箱奩等物均被桂林勒掯，是否屬實，應俟桂林來蘇另行傳同質訊究追核辦。其餘所控各節，因原告已故，無從質究，概毋庸議等情，詳經劉坤一分咨吏、刑二部核覆，嗣准吏部咨駁，查州縣以上各官交部議處，暨已革人員續請永不叙用，應仍由該督撫題奏請旨，未便據咨核議等因。咨覆到臣，覆核無異，相應請旨將江蘇試用同知桂林交部照例議處，已革江蘇候補按司獄陳廷傑永不叙用，以示懲儆而肅官常。除供招業經咨部外，所有叩閽案内咨請議處人員，遵照部駁，奏請皇上聖鑒，敕部議覆施行。

刑部議奏。

江安江蘇新漕河運撥款籌備運道事宜摺[一]

光緒二十一年十一月二十九日

竊照每歲舉行河運，均於年前籌備江北運道，擇要修濬，以利漕行，歷經循辦在案。茲查江安、江蘇光緒二十一年新漕，仍舊分撥米石，於明春辦理河運，已由臣之洞、臣舒翹督飭該糧道等遵照分投趕辦，由臣松椿飭廳詳勘運道及料理應行籌備各事宜。查徐屬邳、運、宿三汛長河二百數十里，既寬且淺，每届重漕經臨，僅恃微山湖鋪水接濟。但以至寬之運河，受有限之湖水，任其散漫，實濟毫無。是以歷届籌辦河運，必先將各閘越河酌量堵閉，閘下淤墊一律挑撈，使長河無淺滯之虞，庶漕船得以暢行無阻。本年伏秋汛内，河水異常漲大，上游沂、泗山泉挾沙而至，水過沙停，長河彎曲之處，積淤因之加厚。現在東省尚未築壩，而測量淤淺段落甚於往年。如河成、匯澤、濴流三閘河中泓湮没，河清、河定兩閘，河道土埂畢露，利運、亨濟兩閘，河多有淤成平陸之處。當此經費奇絀，勢難普律興挑，惟有查照歷届辦法，將各閘河分别疏浚，並將河清等七閘越壩，或辦收束，或即堵閉。每壩均做裹頭，臨時酌量堵拆，俾水歸一河，不致分洩消耗。其餘各工次第擇要挑濬，則重艘過境，自足以資浮送。惟南河工需短缺，平日已屬竭蹶，今辦濟漕要工，事繁時迫，實屬無款可籌。臣等擬照歷届成案，在江安糧道庫撥銀二萬兩，於江興口糧項下

[一] 以下二件録自中國第一歷史檔案館編《光緒朝硃批奏摺》第七〇輯，第七七四至七七七頁，中華書局一九九五年版。

動支。江蘇糧道庫撥銀八千兩，於沙輪修艙項下動支。此外倘有不敷，當由臣松椿隨時酌量辦理。除嚴飭承辦之員覈實動用，趕緊興工，不准稍涉浮糜外，所有江安、江蘇光緒二十一年新漕仍辦河運，照案撥款籌備運道緣由，謹合詞恭摺具陳，伏乞皇上聖鑒。

該部知道。

查明江甯淮安等屬秋禾被旱被淹應徵漕糧折色請蠲緩摺光緒二十一年十一月二十九日

案准户部咨，嗣後如有奏請蠲緩漕糧者，該督撫查照舊例，確核情形，於地丁摺外，另行具摺。並將各州縣區圖、村莊名目，分晰開單，候旨遵辦等因。歷經循照辦理在案。兹據江甯布政使瑞璋詳稱，本年入夏後，雨澤稀少，高阜田禾無水灌溉，失於滋培。迨至六七月間，連遭大雨狂風。其濱江臨湖低窪之區，又因潮水泛漲，宣洩不及，禾豆雜糧被淹受傷，收成均形歉薄，俱係勘不成灾。江甯府屬未墾荒田，同江都縣揚州衛營壘壓廢坍荒民田，除墾熟啓徵外，其餘坍荒田地，遵照部定章程，均據該管道府州，親詣督飭各該州縣，分别履勘明確，並無飾混。所有江甯府屬各縣，已經墾熟復被歉收田畝，奉旨減徵三成，實徵七成漕米，應請同淮安、揚州等屬各州縣被歉田地，及江甯府屬未墾荒田，並江都縣揚州衛營壘壓廢坍荒民田，除墾熟啓徵外，其餘坍荒田地應徵漕糧米石，及改徵折色銀兩，分别蠲免緩徵等情，詳請具奏前來。

臣等伏查該州縣起運漕糧，攸關天庾正供，原不敢輕議蠲緩。惟田既歉收，賦即難徵。是以歷年遇有灾歉，請將銀米一體蠲緩，均蒙恩旨准行。且江甯、淮安等屬，均係積歉之區，今歲暘雨愆期，以致收成減歉，臣等詳加體察，民情實形拮据。若令完納新漕，委係力有未逮。除溧水、高淳、安東、通州、海門五州縣廳並無起運漕糧，又泰興縣秋成尚稱中稔照常徵收外，合無仰懇天恩俯准將上元、江甯、句容、江浦、六合等五縣已墾成熟復被歉收田地，並山陽、阜甯、清河、桃源、鹽城、高郵、泰州、東臺、江都、甘泉、儀徵、興化、寶應、銅山、豐縣、沛縣、蕭縣、碭山、邳州、宿遷、睢甯、海州、沭陽、贛榆、如皋等二十五州縣勘不成灾田地應徵光緒二十一年漕糧，及改徵折色銀兩，緩至二十二年秋成後，分作二年帶徵。其上元、江甯、句容、江浦、六合五縣未墾荒田，同江都縣揚州衛營壘壓廢坍荒民田，除墾熟啓徵外，其餘坍荒田地應徵漕糧米石，仍請蠲免。所有各該州縣熟田漕糧，飭令照常徵解。除將送到清摺咨部外，謹合詞專摺附驛具奏。並將被歉應行緩徵漕糧各州縣區圖、村莊頃畝開繕清單，恭呈御覽，伏乞皇上聖鑒訓示。

另有旨。

查明江蘇各屬來春似可毋庸接濟摺[一]

光緒二十一年十一月二十九日

竊臣等接准軍機大臣字寄，光緒二十一年十月初三日奉上

[一] 録自中國第一歷史檔案館編《光緒朝硃批奏摺》第三一輯，第五九九至六〇〇頁，中華書局一九九五年版。

諭：本年順天、直隸所屬被水、被潮地方，田禾受傷，業經將山東應行運倉粟米截留十萬石，並飭户部墊發銀十萬兩，復撥給倉米五千石，先後諭令王文韶、孫家鼐等妥爲賑撫。惟念來春青黄不接之時，民力未免拮据，著傳諭該將軍、督撫等體察情形，如有應行接濟之處，即查明據實覆奏，務於封印以前奏到，候朕於新正降旨加恩。此外各省有無被灾地方應行調劑撫恤之處，著該將軍、督撫等一併查奏，候旨施恩。等因。欽此。即經恭録行司欽遵查辦。伏查本年江甯、蘇州等屬自夏徂秋，雨澤愆期，田禾間有受傷收成歉薄之處。現擬將應徵新舊錢糧、漕米查明，分案奏請量予蠲減緩徵，以紓民困。察看目前情形，民力尚可支持，來春似可毋庸接濟。臣等仍隨時體察，如有應行撫恤之處，自當由外設法籌辦，以仰副聖主軫念民依之至意。兹據江甯藩司瑞璋、蘇州藩司鄧華熙具詳前來，除咨部外，謹合詞恭摺由驛復奏，伏乞皇上聖鑒。

知道了。

沈佺調署知縣片〔二〕 光緒二十一年十一月　日

再，寶山縣知縣馬海曙，在任病故。所遺寶山縣係繁疲難沿海應調要缺，政務綦繁，非精明幹練之員不足以資治理。查有桃源縣知縣沈佺堪以調署。據藩臬兩司會詳請奏前來。除檄飭遵照外，謹會同江蘇巡撫臣趙舒翹附片陳明，伏乞聖鑒。

吏部知道。

王之蘭調署知縣片 光緒二十一年十一月　日

再，上元縣知縣陳謨，前請升補太倉直隸州知州，飭令先行署理。所遺上元縣員缺，係省會首邑，政務殷繁，必須精明幹練之員方足以資治理。查有丹徒縣知縣王之蘭堪以調署，據藩臬兩司會詳請奏前來。除檄飭遵照外，理合會同江蘇巡撫臣趙舒翹附片陳明，伏乞聖鑒。

吏部知道。

總兵王得勝因病未能赴任請開缺摺 光緒二十一年十一月　日

竊准部咨，光緒二十一年七月十七日奉上諭：陝西河州鎮總兵員缺，著王得勝補授。欽此。當經恭録轉行欽遵在案。兹據該總兵禀稱，得勝前於江西南贛鎮總兵任内，因目疾請假開缺。今正海防戒嚴，恰值目疾就痊，自維受恩深重力圖報效，懇請銷假，招募海勝軍防禦江蘇海州之青口等處。旋以江海解嚴，遣撤防軍，數月以來晝夜辛勞，兼受海風，患瘧轉痢，月餘甫愈。蒙恩簡授河州鎮總兵，該處正值回匪竄擾擬請帶隊前往□剿赴任，不意復感風寒，觸發舊疾頭暈目痛，腿足俱腫。兼因從前打仗受傷過重，四肢骨節酸痛異常。現當甘省有事之秋，誠恐貽誤戎機，呈請奏明開缺等情前來。臣查該總兵王得勝從軍三十餘年，轉戰江蘇、山東、河南各省，卓著戰功。此次辦理海州防務，諸臻妥協。蒙恩簡放河州總兵員缺，本應迅速赴任。詎該總兵患病增劇，目痛

〔二〕以下四件録自《京報》第五四一五至五四一六號。

足腫，兼以舊傷復發，未能前赴新任，查係實在情形。相應據情奏懇天恩准開河州鎮總兵員缺另行簡放，以重職守。理合恭摺具陳，伏祈皇上聖鑒。

另有旨。

請將已故提督黄翼升專祠列入祀典片 光緒二十一年十一月 日

再，長江提督黄翼升於光緒二十年八月在海防軍次積勞傷發病故。經本任督臣劉坤一臚陳事蹟，奏蒙恩旨賜卹予謚，准於原籍及立功省分建立專祠等因，轉行欽遵在案。兹據長江中營副將魯洪達會同提瓜湖岳漢五標營官，以沿江各省均爲黄翼升立功之地，捐資在安徽安慶府城内懷甯縣地方，建立專祠。現已落成，稟請奏明列入祀典，由地方官春秋致祭等情前來。臣覆核無異，合無仰懇天恩俯准將已故長江提督黄翼升專祠敕部列入祀典，由地方官春秋致祭，以彰忠藎。除咨部查照外，謹會同安徽巡撫臣福潤附片具陳，伏祈聖鑒。

著照所請。該部知道。

蘇州等屬秋收減歉應徵錢漕懇恩蠲緩摺[一] 光緒二十一年十二月初四日

竊照蘇省各州廳縣應徵光緒二十年以前錢漕，歷經按年確勘荒田已未墾復熟田秋成豐歉情形，分别蠲減緩徵，奏蒙恩旨准行在案。兹查蘇州等屬，本年入夏後，暘雨應時。自交三伏，亢晴帀月，缺雨滋培。迨至秋後正值早稻吐秀、晚禾木棉揚花結鈴之際，連遭狂風摇撼。九月間，猝被雨雪，寒暖失調，以至多被傷損，秋收頗形減歉。迭據各屬稟請勘辦。即經督飭藩司遵照部章，移行該管道府州親履督勘，以杜隱混。兹據蘇州布政使鄧華熙、江安糧道馬恩培、蘇松糧道陸元鼎轉據該管府州履畝復勘，按照地方情形，議請分别蠲減緩徵，由司道體察屬實，詳請具奏前來。

臣等伏查，蘇省自經兵燹以後，田地尚多抛荒。疊經飭召客佃翻墾。又因連歲水旱無利可圖，紛紛抛棄，以故節年墾復無多。本年欽奉諭旨，考核錢糧，當經行司通飭各屬設法整頓，實力稽查。現據各屬開報，新墾者不少，惟自夏徂秋，始因乾旱，繼遭狂風、雨雪，農民手胼足胝，專顧原熟，已屬倍費辛勞，荒田未能盡闢。其已經報墾成熟各田，本年復被歉收。察看民情，實形困苦，自應量予蠲減，以紓民力。所有光緒二十一年新墾同未屆徵限之十九、二十兩年新墾應徵銀米，遵照奏定清糧章程，俟免糧期滿，再行啓徵。其十八年以前新墾田地，間有因歉展緩之處，並應剔除外，其餘熟田歸入原熟項下，一律徵辦。奉賢、上海、南匯、嘉定、寶山、川沙六廳縣額田銀米，崇明縣額田條銀，吴江、震澤、太湖、華亭、金山、無錫、宜興、靖江八廳縣原熟，崑山、新陽、婁縣、青浦、武進、陽湖、金匱、江陰、荆溪、丹陽、金壇、溧陽十二縣原復熟，新陽縣展緩十四年，丹陽縣展緩十七年，崑山、婁縣、金山、青浦、武進、陽湖、無錫、金匱、宜興、荆溪、金壇、溧陽十二縣届徵十八年新墾田銀米，宜興、荆溪二縣上年被旱田下忙條銀漕米，長洲、元和、吴縣三縣原復

[一] 録自中國第一歷史檔案館編《光緒朝硃批奏摺》第六七輯，第五〇八至五一一頁，中華書局一九九五年版。

熟並薄收，吴江、震澤、崑山、新陽四縣薄收，吴江縣十二、十三年，長洲縣十三、十四、十六年新墾，丹陽復熟歉收田漕米，崑山、新陽二縣原熟蘆價田條銀，常熟、靖江、丹陽三縣成熟蘆田課銀，均請照額全徵，毋庸再乞恩施外，其餘各屬高低田地，秋成減歉不一，應請酌定等差，分別徵蠲減緩，以恤民隱。合無仰懇天恩俯准將長洲、元和、吴縣、吴江、震澤、常熟、昭文、崑山、新陽、婁縣、金山、青浦、武進、陽湖、無錫、金匱、江陰、宜興、荆溪、丹徒、丹陽、金壇、溧陽、太倉、鎮洋等二十五州縣拋荒未種，長洲、元和、吴縣、吴江、震澤、常熟、崑山、新陽、婁縣、青浦等一十縣節年復荒，昭文、丹陽二縣本年被歉無收，丹徒縣展緩十二、十六年新墾漕屯各田，常熟縣剔展各年，太倉州剔賸五年新墾，太湖、華亭二廳縣荒廢古墓、屋基等田銀米，長洲、元和、吴縣、吴江、震澤、常熟、昭文、崑山、新陽等九縣薄收，長洲縣展緩十三、十四、十六年，吴江縣十二、十三年新墾，崑山、新陽二縣拋荒，崑山縣節年復荒蘆價田條銀，丹陽縣拋荒蘆田課銀，一律全行蠲免。長洲、元和、吴縣三縣原復熟田條銀，昭文縣坐落高平低各區原熟暨薄收田漕米，常熟縣原熟田坐落被歉較輕各區銀米及薄收田漕米，各減免二釐。昭文縣原熟田坐落高平低各區條銀，減免三釐。常熟縣原熟田坐落被歉較重各區銀米及薄收田漕米，減免四釐。丹徒縣原復熟漕屯田漕米，減免五釐。丹陽縣復熟歉收田條銀，減免一成。丹徒縣原復熟漕屯田條銀，減免四成七釐。太倉州原復熟及屆徵十八年新墾田坐落十三都一圖、十六都下二圖，條銀減免一成四毫，漕米減免一成二毫。東一都全圖、六都全圖、中六都全圖、十三都二三五上下六七八圖、十六都上二圖，銀米各減免一成。十一都五上下七元五六圖，二十六都上下一二三上下四圖、十二都全圖，銀米各減免八釐。七都全圖、十一都一二三四六八圖、二十四都全圖、二十五都全圖、二十六都五上下六七八圖、二十七都全圖，銀米各減免六釐。十六都一三四圖、十五都全圖、二十八都全圖、二十九都全圖，銀米各減免三釐。鎮洋縣原熟田坐落四都全圖、五都全圖、七都全圖、二十二都全圖、二十五都二圖，條銀減免三釐，漕米減免三釐一毫。三都全圖、八都全圖、九都全圖、十都全圖、二十三都全圖，條銀減免五釐，漕米減免五釐一毫。東一都上下三圖、西一都全圖、二都全圖、十二都全圖、十三都上下四圖、十四都全圖、十九都一二三四五八圖，條銀減免七釐四毫，漕米減免七釐一毫。十七都全圖，十八都全圖、十九都六七圖、二十都全圖、二十一都全圖，條銀減免一分，漕米減免一分二毫，光緒五、六年新墾今屆啓徵田銀米各減免三分五釐。靖江縣東區東鄉、西區西鄉各圖，漕蘆各田除成熟有收剔歸銀米全徵外，實在被歉無收漕蘆各田，應徵本年銀米，同常熟縣被歉蘆田課銀。又各屬上年被灾田請緩次年上忙銀兩，除成熟各縣彙入下忙分別蠲減併徵外，其宜興、荆溪二縣上年被旱田應徵本年上忙條銀，均請緩至二十二年秋後一併徵辦。至各該縣被歉無收之田，原因體恤貧農，一概剔歸，銀米全蠲免予分等蠲緩，以期咸沾實惠。其長洲等各州廳縣減成項下應徵本年地漕、鹽課、正雜、正耗，除常熟、靖江、丹陽三縣蘆課全徵外，其餘各屬蘆課、學租、歸公官租等銀，以及漕南行贈局恤米豆，應請按分蠲減徵收。至蘇州、太倉、鎮海、金山等四衛幫屯漕錢糧，各照坐落地方民田，分別蠲減。又鎮江衛屯坐各州縣錢糧，查照民田蠲減。泰州酌徵六成，泰興酌徵三成二釐，江都酌徵三成三釐，甘泉酌徵二成四釐，丹陽酌徵四成。此外徵賸錢糧，同上年請緩之靖江縣勘不成災漕蘆田銀米。常熟縣被歉無收蘆田課銀，再請展緩一年。至各屬舊欠項下，自光緒十四年起各年原緩民欠錢糧，及坐落本年歉薄各區，已歷奏銷民欠各款，請照分徵成案，緩至光緒二十二年秋後，由遠及近，以次帶徵。各屬成熟田地項下應徵本年銀米，各按地方情形，分別核實徵解。現經臣等嚴飭各州廳縣革除積弊，裁減浮收，無分紳民，一律輸納，趕緊分別運解，以供天庾而濟餉需。至白糧米石，向不蠲減。本年徵漕各州廳縣蠲缺白糧，仍於起運漕糧項下，照額揀選辦運。其各屬請減條銀，如上忙已經完納在官者，即將應減分數於下忙錢糧内核明扣除。或上、下兩忙均已全完，即將溢完銀兩照例流抵光緒二十二年上忙新賦，由各該州廳縣照章分别刊刻免單，備載恩減分數銀數，及流抵新賦字樣，查明按户付執，爲流抵確據。歉户預完緩徵銀兩，向不在流抵之列，應仍照辦。所有現在赴櫃完納之户，概於串票上鈐蓋戳記，註明實徵銀數，俾歸簡易。至各屬被歉蠲緩錢糧，將應緩區圖、銀米飭令一體明白出示曉諭，核實稽查，並於徵册内註定悉照災蠲成案辦理，以杜弊混。凡蠲缺官役、俸工、廪膳、祭祀等款，統於司庫正項銀内撥補。恤孤米石，在於南糧項下籌撥。並將靖江縣被歉漕蘆各田，遵照部章，開繕區圖、頃畝、緩徵銀米各數清單，恭呈御覽。除飭核造細册分别題咨外，謹會同漕運總督臣松椿恭摺，由驛四百里具奏，伏乞皇上聖鑒訓示。

另有旨。

江甯淮安等屬應徵錢糧懇恩蠲緩摺[一]

光緒二十一年十二月初四日

竊准部咨，勘辦秋災章程内開，各直省所屬，遇有災傷，即由該管道府州親詣履勘，會督各屬將某鄉、某村、圖、甲被災分數、畝數及應免、應緩銀兩總數，即隨勘報申詳入奏，並令詳細分晰開册，照例題咨等因，節經遵辦在案。本年江甯等屬，入夏後，雨澤稀少，高阜田禾無水灌溉，失於滋培。迨至六七月間，連遭大雨狂風，其濱江臨河低窪之區，又因潮水泛漲，宣洩不及，禾豆、雜糧被淹受傷，收成均形歉薄。迭據各屬先後禀報，當經批司遵照部章，移行該管道府州親往各該州廳縣衛，督同確勘，據實禀辦。兹據江甯布政使瑞璋詳，據該管道府州親詣督飭各州廳縣衛，逐細查勘，並令勘實之日先出簡明告示停徵，示内註明某圖、某甲被歉田地各數，徧貼曉諭。所有江甯、淮安等屬，本年被歉漕蘆田地内，除溧水、高淳、泰興三縣，秋成尚稱中稔，照常徵解外，其上元、江甯、句容、江浦、六合等五縣，已墾成熟復被歉收田地，並淮安、揚州等屬之山陽、阜甯、清河、桃源、安東、鹽城、高郵、泰州、東臺、江都、甘泉、儀徵、興化、寶應、銅山、豐縣、沛縣、蕭縣、碭山、邳州、宿遷、睢甯、海州、沭陽、贛榆、通州、如臯、海門等二十八州縣廳，及淮安、大河、揚州、徐州四衛，被旱被淹歉收田地，均係勘不成災，應請照例緩徵。又江甯府屬上元等七縣未墾荒田，同江都縣及揚州衛營壘

[一] 録自中國第一歷史檔案館編《光緒朝硃批奏摺》第六七輯，第五〇三至五〇五頁，中華書局一九九五年版。

壓廢坍荒民屯田地，除墾熟啓徵外，其餘坍荒情形相同，應徵錢糧請照例一律蠲免。由司體察無異，請將勘不成灾田地應徵新舊錢糧，分别蠲緩等情，詳請具奏前來。

臣等伏查，江甯、淮安等屬各州、廳、縣、衛本年被旱、被淹勘不成灾，並拋荒壓廢等項田地，據該管道府州親往督同，逐一會勘明確，内除溧水、高淳、泰興三縣秋成尚稱中稔外，其餘各州廳縣衛應徵新舊錢糧，例應分别蠲緩，合無仰懇天恩俯准將上元、江甯、句容、江浦、六合等五縣，已經墾熟被歉民屯田地，並山陽、阜甯、清河、桃源、安東、鹽城、高郵、泰州、東臺、江都、甘泉、儀徵、興化、寶應、銅山、豐縣、沛縣、蕭縣、碭山、邳州、宿遷、睢甯、海州、沭陽、贛榆、通州、如皋、海門等二十八州縣廳，同淮安、大河、揚州、徐州四衛，勘不成灾民屯田地，應徵光緒二十一年地丁等項錢糧，概請緩至光緒二十二年秋成後，分作二年帶徵。又上元、江甯、句容、溧水、高淳、江浦、六合等七縣未墾荒田，同江都縣及揚州衛營壘壓廢民屯田地，應徵光緒二十一年上下忙錢糧，仍予蠲免。其坐落各州廳縣併衛屯漕蘆課、學租、湖河灘租、雜辦、雜税、津貼、增租並江甯府屬公費斵租、油麻地租、南屯恤孤米豆，新增地畝蘆葦、牧馬草場、復賦召變籌餉等款，及抄案入官地畝，並鎮江衛坐落江都、泰州、甘泉、泰興四處屯田，均錯雜民田之内，俱照坐落地方一律查辦。鹽場、竈地應由鹽政衙門辦理。淮安、揚州等屬減則蘆葦田地，並海州屬一水一麥減則田地，應徵本年錢糧，請照歷届成案一體緩徵。至被歉各屬無力貧民、貧軍，應否酌借籽種、口糧，統俟來春察看情形辦理。所有江甯、淮安各屬勘不成灾，並江甯府屬未墾荒田，同江都縣及揚州衛營壘壓廢田地，應徵丙申年上忙新賦，均請緩至該年秋成後，察看情形再行啓徵。其成熟田地及溧水、高淳、泰興三縣秋成中稔，應徵現年錢糧，飭令照常徵解。又江甯、淮安等屬未完光緒二十年熟田民欠、軍欠錢糧，本年仍坐熟區，不得謂之積歉，應令照常徵解。所有光緒十四、十五、十六、十七、十八、十九、二十等年歉田，原緩、遞緩各款銀米，及不在豁免案内之各年未完津貼、增租銀兩，除高淳縣光緒十四年灾緩地漕銀米本年請照數帶徵外，其餘各屬，實因頻年積歉之區，户鮮蓋藏，本年秋成又形歉薄，完納當年新賦已屬竭蹶，若將新舊錢糧責令同時並納，民力實有未逮。飭據該管道府州親詣督同會勘屬實，由司體察無異，並懇聖恩俯准將上元、江甯、句容、溧水、江浦、六合、山陽、阜甯、清河、桃源、安東、鹽城、高郵、泰州、東臺、江都、甘泉、儀徵、興化、寶應、銅山、豐縣、沛縣、蕭縣、碭山、邳州、宿遷、睢甯、海州、沭陽、贛榆、通州、如皋、海門等三十四州縣廳，並淮安、大河、揚州、徐州四衛，未完光緒十四、十五、十六、十七、十八、十九、二十等年，並高淳縣未完十五、十六、十七、十八、十九、二十等年，歉田原緩、遞緩各款銀米，及不在豁免案内之各年未完津貼增租銀兩，均請緩至二十二年秋成後，再行分别帶徵，以紓民力。

再，阜甯、清河、桃源、宿遷、海州、沭陽、贛榆七州縣漕糧，向係民折官辦，於咸豐二年奏准毋庸官爲買米，改徵折色。本年該州縣被歉田地折徵銀兩，應請隨同各屬漕糧、漕項銀米，一體分别緩徵。仍將成熟田地，照舊徵收報解。又蘇州藩司所屬之鎮江衛坐落泰州、江都、甘泉、泰興四州縣屯田，並請隨同民田一律辦理。此外如有未盡事宜，由江甯藩司另行詳辦，並將蠲緩漕糧各州縣區圖、村莊、頃畝清單，另行專摺具奏。所有江甯、淮安等屬光緒二十一年秋禾被旱被淹勘不成災並拋荒田地情形，遵照部章開繕區圖、村莊、頃畝、分數、應緩銀兩米豆各數清單，恭呈御覽，除飭核造細册分別詳請題咨外，謹合詞恭摺由驛具陳，伏乞皇上聖鑒訓示。

再，秋災情形，例於九月內詳辦。今届因各該管道府州親詣督同勘報，甫經到齊，以致藩司詳稱稍稽，合併陳明。

另有旨。

蘇省光緒二十年冬漕辦運用款開單具奏摺〔一〕光緒二十一年十二月初四日

竊照蘇省同治二年起至光緒十九年分止，歷届起運漕白糧米，徵收動支各款，業經先後開單奏准核銷各在案。茲據蘇州布政使鄧華熙，蘇松督糧道陸元鼎會詳，稱蘇省海運經費自同治四年奏准每石支銷庫平銀七錢，以後各年迭經奏准加給沙船修費、天津官剥耗米等款，均於漕項內動支，經費已形支絀。迨同治十二年冬漕起改辦徑運赴通州交納，用款益多。奏經户部復准，每石加增銀五分，將蘇屬應解江安糧道庫一半節省銀兩，飭屬全行徵解蘇松糧道庫，撥抵此項加增運費。設有不敷，於漕項未提款内撥足等因。歷經遵照辦理。茲查光緒二十一年應運二十年分交倉漕白正耗，並經耗剥食等款，共米六十七萬二千六百一十石零。內漕白正耗米三十四萬二千五百四十二石零。又折價解部起運交倉，並撥賑漕糧正耗米三十三萬六十八石零。共該支發輪船水脚、神犒、津通用款，並折漕項下隨解部庫水脚各款，統計庫平銀五十萬三千五百四十二兩零。內除增給每石五分運費，應銀三萬三千六百三十兩零，遵於江安糧道歸蘇一半倉項銀內動支外，尚該銀四十六萬九千九百一十二兩零。內水脚、神福等款，照案以行月等米糶價並隨漕費錢及原撥江安糧道一半倉項銀米儘數抵支。其天津、通州用款，則以道庫漕項銀兩抵支。通融核算，尚不逾每石七錢五分之數。此外增給各款，儘於道庫漕項内動用，分別列入漕項奏銷及季撥各册造報達部，均核與以漕辦漕定章相符。所有支銷細數，現遵部行造具分款細册，送部查核等情，詳請具奏前來。臣等復查光緒二十年分冬漕辦運支給各項用款，均係撙節開支，實用實銷，尚無逾每石七錢五分之數。此外增給各款，照奏准之數分別解給，亦無浮濫。除細册咨送户部查照外，理合會同漕運總督臣松椿恭摺具奏，並將用過經費款目總數開列清單，恭呈御覽。伏乞皇上聖鑒，敕部核銷施行。

户部議奏。單併發。

江南息借洋款分飭司局認還摺光緒二十一年十二月初六日

竊惟上年海氛不靖，江南辦理防務需款甚亟，經臣於上年十二月十九日及本年正月十二等日電奏息借洋款，欽奉諭旨允准。嗣因熾大、克薩兩洋行展轉推阻，議而未成。續經奏明由上海道劉麒祥改訂瑞記洋行英金一百萬鎊，六釐息，九六扣，中外無行用。仍在江蘇鹽課、釐金、籌捐三款歸還。復於四月十七日准總

〔一〕録自中國第一歷史檔案館編《光緒朝硃批奏摺》第七〇輯，第七七八至七七九頁，中華書局一九九五年版。

理衙門來電，奉旨：張之洞電奏退還克薩借款，改訂瑞記借款，經總理衙門、户部議定，借用英金一百萬鎊，即著照所請辦理，並已由該衙門知照德使矣。欽此。電飭欽遵在案。兹據劉麒祥稟稱，前款已交齊九十六萬鎊，查明歷次交銀日期市價兑收，共合規銀六百二十八萬六千八百三十七兩九錢七分，聽候隨時撥用。議定合同十二條，呈送前來。

伏查息借洋款，歷由各海關認還，惟前准户部電，令由江蘇鹽課、釐金歸還。自係因各關指撥太多，恐難應付。是以遵照部電，擬由江蘇鹽課、釐金、籌捐等款勉力承認歸還。經臣核定，飭江甯、蘇州、松滬三釐局、兩淮鹽運司各認二十五萬鎊。按照合同分期本息數目，依限籌撥，先期解交上海道彙齊轉付。設遇不敷，務於兩箇月以前預先稟明，以便斟酌籌備撥足，俾免貽誤。恭録諭旨並照歷次電奏暨總理衙門、户部來往電函，分別咨行立案。

（硃批）該衙門知道。（欽此）

創設儲才學堂摺 光緒二十一年十二月十八日

竊維國勢之强由於人，人材之成出於學，方今時局孔亟。事事需材，若不廣爲培養，材自何來。光緒二十一年閏五月二十八日奉上諭：自來求治之道，必當因時制宜，况當國事艱難，尤宜上下一心，圖自强而弭隱患。朕宵旰憂勤，懲前毖後，惟以蠲除痼習，力行實政爲先。疊據中外臣工條陳時務，詳加披覽，采擇施行。如修鐵路，鑄鈔幣，造機器，開礦産，折南漕，減兵額，創郵政，練陸軍，整海軍，立學堂。大抵以籌餉練兵爲急務，以恤商惠工爲本源，皆應及時舉辦。等因。欽此。是設立學堂，即今日亟應舉辦之一端。

古者四民並重，各有相傳學業。晚近來，惟士有學，若農、若工、若商，無專門之學，遂無專門之材，轉不如西洋各國之事事設學，處處設學。臣今擬就江甯省城創設儲才學堂一區，分立交涉、農政、工藝、商務四大綱。交涉之學分子目四：曰律例，曰賦税，曰輿圖，曰繙書，此一門專爲考求應繙外洋新出要書，藉以考核列國政要。其各國軍制已歸陸軍學堂，故不列入。農政之學分子目四：曰種植，曰水利，曰畜牧，曰農器。工藝之學分子目四：曰化學，曰汽機，曰礦務，曰工程。商務之學分子目四：曰各國好尚，曰中國土貨，曰錢幣輕重，曰各國貨物衰旺。此四門十六目，皆有益國計民生之大端，此乃修我内政，不得以喜新好異、學步外人爲比。大約法律、農政之教習，宜求諸法、德兩國，工藝、商務之教習，宜求諸英國。先招文義清通、能讀華書兼通西文者四十名，充高等學生。分學以上所指各門，以後逐漸增加。第其學業之淺深，分爲四班，至一百二十名爲止。但西師以西書相教授，學生不通西文，即無從受西師之教，無從讀西國之書。若必等已繙之書始能披覽，必得中國之師始能轉授，則知聞少而見效遲，且不免有差誤隔膜，而不能盡得其精意，故不得不以語言文字爲初基。現擬別設初學學生一百二十名，就江甯省城向設之同文館變通開拓。

查金陵同文館局面較狹，經費無多，祇有英、法文學生共三十名。今改爲英、法、德三國文字，學生各四十名，共一百二十名，均延西人爲教習。亦第其學業之淺深，分爲四班。初學學生列入頭班，後即升爲高等學生末班，似此層遞而上，庶幾學有始基。嚴其課程，優其廩膳，實力訓迪，數年之後，儻果有高材成效，則量予科名仕進之途。俾知學有專長，在朝廷斷不歧視，自然互相勸勉，愈造愈精，可以挽救空虛積習。此舉似爲造就人材之實際規畫，富强之本源。

所有學堂經費，自以洋教習薪水爲大宗，計須延教習七人，每年需銀一萬七千兩。加以學生膏火獎賞，員役薪水夫馬，學堂購置圖書器具雜用等項，統計需銀約六萬兩。擬將儀徵淮鹽總棧每年節省商捐局用銀三萬兩，皖岸督銷局每年節省商捐局用銀三萬餘兩，儘數撥給充用。如有盈餘，積存作建堂經費。此兩項均係臣新籌節省之款，應請歸入外銷。又同文館原定之款，每年約銀四千兩有奇，應亦歸併應用，足敷該堂經費。至建堂經費，尚須設法積存籌措，且堂工一時亦難造成，擬先租賃屋宇應用，以便及早入堂肄習，俟籌足款項時，即行建造。查本年北洋新設西學學堂，奏請立案，款由捐集，不動公項。此次江南設立學堂，亦係款由外集，事屬相同。此事臣於夏間即擬舉辦，因鉅款難籌，是以未能速辦。茲已籌有的款，始能奏明定議，及時舉行。所需德、法各教習，現已電託出使大臣許景澄、慶常分別延訪。其英文教習較易物色，擬即就來華者招致。現值交替在即，其擇地建堂委員經理及詳細章程，應由本任督臣劉坤一到江後續行核定開辦。

（硃批）知道了。著張之洞移交劉坤一妥爲經理。（欽此）

查明督銷局礙難裁撤並籌撙節整頓辦法摺 光緒二十一年十二月十八日

竊臣承准軍機大臣字寄，光緒二十一年八月初九日欽奉上諭：有人奏兩淮鹽務督銷局一差，江蘇候補道員百計鑽營，歲可得一二十萬金。兩湖、江西淮鹽引地各設督銷局，事權倒置，運司鹽道轉無從過問。請規復舊制，以專責成等語。淮鹽督銷局應即酌量裁併，著張之洞體察情形，奏明辦理。原片著抄給閱看，將此諭令知之。欽此。遵經轉飭兩淮鹽運司江人鏡，確切查明妥議規復去後。

茲據該司江人鏡詳覆，原奏内稱督銷局差使歲可得一二十萬金等語。查鄂、湘、西、皖四岸督銷局經收加課鹽釐銀兩，照章分解司局撥充京協各餉，向係隨收隨解，分上、下半年造册奏報，均屬有案可稽，此外加局薪、緝費等項，亦皆稟奉核定支銷。原奏所謂歲得一二十萬金，委實查無其事。又原奏内稱鹽法道本有稽察鹽務、督理行銷之責，儘可由鹽法道督銷等語。查淮鹽運銷鄂、湘、西、皖四岸，從前本無督銷局名目，然其時各岸無收解課釐之繁，又無保價緝私之責。自同治二年前督臣曾國藩奏定新章，分設鄂、湘、西、皖四岸督銷局，專司收解課釐及售鹽、定價、緝私等事，派委道員常川駐局。鄂、湘兩岸雖有鹽法道會辦，仍責成委員經理，以期無擾於商，有俾於用。各岸事務設有貽誤，督銷局即可隨時撤換，行之三十餘年，尚無流弊。今若改歸鹽法道督銷，非但各省鹽道均有管轄事宜，勢難分顧。儻於兩淮商情、商務未能熟諳，課釐爲餉源所繫，似未便率爾更章，致貽因噎廢食之誚。又原奏内稱督銷局宜裁則裁，宜併則併一節。查鄂、湘、西、皖四督銷局各隸一省，相去千里上下。即就一局而論，行銷口岸有數十州縣之廣，總辦一員耳目難周。是以各岸於扼要之處設立分局，運鹽售銷，以便民食而遏私梟，似亦難於歸併。至各岸局開支用款，凡有可以酌減之處，自應力求撙節，應請飭令各督銷局，各就各處情形，酌量删減，以副原奏嚴杜侵漏之意。並據酌擬整頓四岸督銷辦法四條：一、四岸督銷局向有分銷、提調、文案等要差，應委兩淮鹽務人員、江蘇候補人員及督銷局所設之該省地方候補人員經理。此外隔省候選人員不准派委此等要差，以昭慎重，而免混雜。一、督銷局收解課釐正項，向係造册咨司彙報，此外局薪、緝費等項雜用，亦應造册咨司，以備查核。一、課釐隨銷數爲盈絀，督銷局應將分銷各員每月所銷鹽數，比較上屆有無盈虧，注明委員銜名，咨司查核，詳定功過。一、各岸鹽行經手賣鹽，如有積壓鹽價生息漁利情事，應由該岸局隨時查辦，務令隨售隨報，核收價銀，不准拖欠。此外正陽鹽釐卡兼辦淮北督銷及五河鹽釐卡兩處，情形有與四岸局相同者，應一律飭辦，以資整頓，各等情前來。復經臣設法各路密訪，與該運司所稟情形大略相同。

臣查江南鹽務四岸督銷局及正陽、五河兩卡等差，素有膏腴之名。實由東南初定之時，淮鹽暢銷，商賈饒足，局用寬舒。委充是差者，不免從容揮霍，傳聞稱羨，然亦斷不至盈餘一二十萬金之多。近年銷滯私多，緝私費用日繁，各局卡情形已漸不如前。本任督臣劉坤一均經概加裁減，臣到兩江署任後，又復一律嚴查，力求節減。除西岸已經前總辦道員程儀洛切實裁減，無可再裁外，復飭將儀徵總棧一差責成運司江人鏡兼管，不設總辦，力節浮費。於商捐局用項下每年省出銀三萬兩，皖岸督銷局於商捐局用項下每年省出銀三萬餘兩，均經奏明撥作儲才學堂之用。鄂岸督銷局向來頗有挪欠商本緝費之事，經本任督臣劉坤一飭令設法節省，彌補不少。現經臣督飭該局總辦道員志鈞核定用款，嚴立章程，每年節省銀一萬三千餘兩，永杜以後虧挪商本緝費之弊。此外湘岸亦飭裁減經費銀二千餘兩，截併沅江、渌口分卡兩處。正陽、五河兩卡迭經札飭力裁浮費，正陽卡先後裁省銀四千餘兩，五河卡先後裁省銀四千餘兩。各局卡統行確加察核，現在實無每年盈餘數萬金之事，至督銷局之設，乃係前督臣曾國藩因時制宜之舉。輪銷收釐，運鹽定價，緝私分銷，均須有專員經理，與道光以前鹽法舊章截然不同，非有江南委員不可，斷非各省鹽道所能兼顧。督銷道員不力，江南可隨時撤换，若專歸各省鹽道經理，則隔省之實缺道員，豈能由兩淮鹽政動輒參撤，必致呼應不靈。至設卡分銷，多開子店，乃擴充銷路、力杜私梟之要策。其無益之分卡，固當隨時酌量裁併，扼要之分卡，斷難自撤藩籬。該運司所陳，均屬實在情形。督銷局之弊，固不能無，然未便因噎廢食，誠有如該運司所云者。

至於整飭鹽務之道，臣詳加體察，不在於省費併局，而在於認真緝私與慎選分銷兩端。若掣驗含糊，巡緝不力，船勇虚冒，私梟横行，此爲一弊。分銷各員多係冗雜之流，安坐素餐，得規賣放，不能聯絡營縣，不知體察商情，運鹽多而解餉少，任意虧欠，套搭不清，其籍貫何處，官職虚實，皆不可知，一有虧欠，則公帑受其累，此又爲一弊。欲除兩弊，惟在督銷得人。若督銷各局總辦秉公核實，以整頓公事爲重，不專以優差佚樂爲心，則未銷者銷路日拓，已銷者課價無虧，諸務自可日有起色。至該運司所擬四條尚屬切實，已由臣覆加核定，通飭四岸督銷局及正陽、五河兩卡切實遵辦。並責成運司考核，自無原奏所謂事權倒置之虞。果能實力奉行，鹽務必有實濟。

（硃批）知道了。（欽此）

蘇省應徵漕白二糧核計起運交倉約數摺〔一〕光緒二十一年十二月十八日

竊照蘇州等五府州屬本年應徵冬漕米石，除照案提撥米一十萬石循行河運外，其餘米石仍由海運。前經户部奏請力籌足額，移咨前來。即經轉飭遵辦在案。伏查蘇省漕額，久蒙恩旨永減。現值京倉需米孔殷，極應力籌足額，加徵起運，以裕支放。無如蘇州等屬自遭兵燹，荒田尚多，節經飭屬設法招墾，雖報增新墾不少，祇以頻年歉收，農佃工本不繼，一時驟難復額。而本年應徵原復熟及屆徵新墾各田，又因自夏徂秋暘雨愆期，禾棉受傷，秋成殊形減歉，不得不確切查明剔荒徵熟，業經飭屬逐一查勘被歉輕重情形，分别蠲減緩徵，另行奏懇恩施，并將鎮江府屬之丹徒縣應徵漕糧，循舊坐撥旗營兵米，請免起運外，今將蘇州等屬之長洲、元和、吴縣、吴江、震澤、常熟、昭文、崑山、新陽、華亭、奉賢、婁縣、金山、上海、南匯、青浦、川沙、武進、陽湖、無錫、金匱、江陰、宜興、荆溪、丹陽、金壇、溧陽、太倉、鎮洋、嘉定、寶山等三十一州廳縣應徵漕、白二糧，經臣等督同司道飭屬將原復熟及新墾届徵各田，核實釐剔，約計交倉漕白正耗米八十萬三千一百五十餘石。内除河運漕米一十萬石，同隨運各耗提出另辦外，實應海運漕白正耗米七十萬三千一百五十餘石。又海運項下備帶津通經剥耗食等三款米一萬八千九百七十餘石，籌備二升餘米一萬四千六十餘石，統計河海並運共起運米八十三萬六千一百八十餘石外，有支給沙船耗米五萬七千六百九十餘石。今届以起運交倉米數核與上届增出米四萬八千二百餘石，實已悉心搜剔，不遺餘力，應請就數起運。茲據蘇州布政使鄧華熙、蘇松糧道陸元鼎會詳請奏前來。臣等復核無異，除飭司道督飭各屬慎選乾潔粳米剥解驗兑起運，並將河運米石循案在實應等處采辦秈米，雇船受兑開行，分議河海運章程確核漕白各細數，另行詳請奏咨暨咨户部查照外，謹會同漕運總督臣松椿恭摺由驛馳陳，伏乞皇上聖鑒訓示。

户部知道。

籌議整頓釐金辦法摺光緒二十一年十二月十九日

竊照前准户部咨，以籌餉孔亟，由部臣籌擬七條具奏，内有整頓釐金一條，奉旨允准，飭令各省籌議。並准户部咨催覆奏在案。臣惟修明政事，貴在得人，而理財爲尤甚。即如釐金一端，疊經札飭司局籌議，而所議者，不過整飭空言，並無切實辦法。查各省釐金利弊，大率相同，而江蘇地大物博，官吏習爲華膴，風氣習爲瞻徇，故其弊較甚。河港紛歧，征榷繁複，商賈則苦局卡苛擾之害，公家則受員司侵蝕之虧。嚴比較則商旅病，務寬容則軍餉病。臣體察經年，欲救時弊，惟有變通任人一法。

向來釐金之弊，誠如部臣所云，委員視爲真除，上司以此調劑，司事、巡丁交相引薦，或礙於親知，或屈於勢力，等語。於是總辦不能無所瞻顧，中飽積弊不能深問，賢者不奬，劣者不懲，釐務頹敝，職此之由。總計江蘇全省，共分金陵、蘇州、淞滬三總局。除蘇、滬兩局向歸撫臣奏報外，即就江甯藩司所屬江、淮、

〔一〕録自中國第一歷史檔案館編《光緒朝硃批奏摺》第七〇輯，第七八五至七八六頁，中華書局一九九五年版。

揚、徐、海五府州論之，局卡林立，積弊繁多，商民素來以爲口實。良由藩司政事殷繁，查核自難周到。近年總辦道員尚屬穩練，然責以盡掃積弊，其權力亦有所難至。徐州府所屬釐金，向歸徐州道委員抽收，就近撥充軍餉，亦不歸省城總局考核，其間員司弊端，自皆一轍。竊思此弊查不勝查，防不勝防，若得其人而專任之，復能假以事權，則事事核實，餉不絀而民不累。

查有江蘇候補道程儀洛，學識端嚴，清介絶俗，才長心細，堅定有爲，臣前已於六月内奏陳在案。該員在江年久，熟習情形，曾署揚州府，官聲甚好。從前曾委充釐捐局提調，現經臣委會辦金陵釐捐局。兹籌一變通切實辦法，擬請將江甯所屬各府、州、縣釐金及徐州釐金，即派該員爲總辦，一切用人、立法，統由該員主持，藩司、徐州道暫且勿庸兼管，亦不另委道員會辦，以一事權。所有該局抽收章程，或應量减，或應酌增，用人章程，或應留差，或應撤换，不拘向來一年、兩年之限，事事不掣其肘。如有舞弊中飽及擾累商民之員，即由該道單銜詳請督、撫臣參黜示懲，其得力者亦即由該員詳請獎勵。照此辦法，臣決其必有成效可觀。應請試辦兩年，如行之無效，再仍照舊案，司、道各員會同辦理。再，此外尚有金陵木釐局、皖南茶釐局、蕪湖新設米釐局，收數皆係鉅款大宗，皆原係道員總辦，今應將此三局均統歸該員督飭總辦。原派之道員作爲會辦，去留功過統歸該員考核酌定。如須另委知府以下之員方能應手，亦即由該員酌定改派。該員係曾經本任督臣劉坤一保薦之員，劉坤一到任後，亦必能推誠委任。似此擇人而任，勝於枝節考求者多矣。

歷考從前軍務方殷，需餉孔亟之時，湖南釐金專任道員黄冕，湖北釐金專任京員胡大任，上海釐金專任内閣中書何慎修，皆係破格專任，著有成效，得以濟餉成功。前事之師，可爲取法。當此民困餉急之時，若再不破除常格，令其耳目一新，心志一肅，誠恐釐務斷無振作收效之期。臣反覆籌思，無以易此。合無仰懇天恩允臣所請。其於釐務裕餉、恤商兩端，必能兼有俾益。惟此舉係格外任勞任怨之事，必爲同列側目，並懇敕下督撫臣，不准該員遜謝推辭，方能一掃積習。

（硃批）著照所請。户部知道。（欽此）

創設陸軍學堂及鐵路學堂摺光緒二十一年十二月十九日

竊臣創設自强新軍，延募德國將弁，分派統帶營哨各官，業經將開辦情形於本年十一月陳奏在案。竊惟整軍禦武，將材爲先。德國陸軍之所以甲於泰西者，固由其全國上下無一不兵之人，而其要尤在將領、營哨各官，無一不由學堂出身，故得人稱盛。今欲倣照德制訓練勁旅，非廣設學堂、實力教練，不足以造就將材。光緒十二年間，天津地方曾設立武備學堂，惟時臣在兩廣總督任内，亦曾設立陸師學堂。雖學生額數均屬有限，所造不多，而此次創練新軍，營哨各官取之兩處學堂出身之人，究視未學者領會較易，長進甚速，是學堂有益，確有明徵。現當急練陸軍，亟宜設法推廣，儲異日干城之選。查江南省城原設有水師學堂，今於儀鳳門内之和會街地方創建陸軍學堂，取其寬曠清淨，遠隔市廛，講舍、住屋、操場一律備具。現已電託出使大臣許景澄，延請德國精通武事者五人爲教習，慎選年十三歲以上、二十歲以下聰穎子弟，文理通順、能知大義者百五十人爲學生。分馬隊、步隊、礮隊、工程隊、臺礮各門，研習兵法、行陣、地利、測量、繪圖、算術、營壘、橋路各種學問，操練馬、步、礮各種陣法。礮在武學中又別爲專門，尤非淺嘗所能見效。所有應習各門，約以二年爲期，二年後再令專習礮法一年。又須略習德國語言文字，以便探討圖籍。大約通以三年爲期滿，期滿合考，分別甲、乙，是爲畢業。倣照總署同文館章程，三年期滿，請准擇尤保奬。並選其學業貫通、秉性忠正者，分派各營任用，不使已成之材，坐歎閒散。庶肄業者以好學爲勸，聞風者以來學爲榮，而國家亦遂收得人之效。此整飭武備之至要關鍵也。所有造建房屋、置備器具等費，約需銀四萬數千兩，擬在籌防局款撥用。其常年經費約需銀四萬餘兩。

又鐵路一項，學有專門，與陸軍尤相關係。外國鐵路衙門，略如中國六部，設有極品大臣，專司其事，大小學堂林立。聞德國通鐵路學術者至數萬人之多，方敷全國鐵路十萬餘里之用。蓋研求利弊，考驗物料，圖繪器具，推算工程，監督行駛，稽察修理，隨在與本利相關，亦隨在與軍國相關。中國方經營鐵路，而人材缺乏，勢必多用洋人，費且不貲，是非亟備人材不可。從前北洋亦經設有鐵路學堂，其學業有成者，業經臣調用數人，惜爲數不多，殊不敷用。今擬另延洋教習三人，招習學生九十人，別爲鐵路專門，附入陸軍學堂，以資通貫，約計常年經費亦須二萬數千兩。事關軍國要圖，該兩項常年經費共需六萬餘兩，合無仰懇天恩即在江海關新認加解每年四萬兩，鎮江關新認加解每年七千兩，共四萬七千兩一項動支。計陸軍、鐵路兩學堂經費，尚不敷銀二萬兩。查本年春間，經臣委員會同江海關道、常鎮道勸諭膏店酌量認捐。嗣據江海關道黃祖絡等稟稱，商捐業已辦妥，計每年可收錢一萬二千餘串。據常鎮道呂海寰稟，鎮江亦可勸辦，惟爲數較少各等語。近准户部咨，催令舉辦土藥店捐輸，現經札飭江甯、江蘇兩藩司，常鎮、淮揚兩道，於江甯、蘇州、鎮江、揚州等處最爲繁盛之區，先行勸辦，其餘府、州、縣由該司、道體察情形，酌量辦理。大約此項商捐，每年總可籌銀二萬兩以外，其兩堂不敷經費，擬即於此項膏捐項下湊足。如蒙俯允，則兩堂經費有著，必可經久推行，將才蔚起。出自逾格鴻慈，不勝屏營待命之至。

（硃批）著照所請。該衙門知道。（欽此）

金陵設立躉船修造馬路片光緒二十一年十二月十九日

再，金陵非通商口岸，下關地方，來往輪船均於江中停泊，用小划渡客到岸。其時必值四五更之交，江流奔湧，風浪昏黑，往往失事，上岸後又須渡一河始能入城。其水即秦淮入江之處，古名淮口，水勢湍急，每遇漲發溜下之時，小艇黑夜橫渡，亦甚危險。由岸登輪者，情形亦復如此，商旅苦之。歷經地方籌款設救生船，不敷肆應。光緒三年，經前督臣左宗棠飭令招商局，設有躉船，來往稱便。然惟搭商局輪船者受其益，若搭怡和、太古兩洋行輪船及野雞輪船者，不得與焉。且雖官輪往來，亦不得靠招商局之躉船。商局輪少，他行輪多，於是往來行旅，其苦如故。本年三月間，鎮江英領事賈禮士來甯。據稱，江甯下關爲長江輪船往來暫泊之所，洋船向無躉船，該國公使令其來商，擬請擇地添設，以便行旅等情。又上海英領事來函稱，怡和、太古兩行輪船行抵下關無停泊之所，洋行生理既覺受虧，中國客商亦屬不便，應請一律設立躉船，以昭公允，而利行人等語。臣以未經通商口岸，斷不許洋行設立躉船。而該領事等堅執招商局爲辭，臣當即告以中國正欲在下關設立躉船馬頭，以泊官輪而利商旅。凡搭趁輪船者仍係華民，馬頭成後，儘可并許洋行輪船停泊，酌量收租，即以所收租價作爲歷年修理各費。該領事亦遂無辭。當即派委候補道桂嵩慶，倣照洋式增置躉船一座、由江登岸浮橋一道暨磡岸等項。並於傍岸建造舍宇，爲往來候船、下船行旅暫時棲息之所。使輪船上下可靠躉船，免江心盤載之險。又於淮口造洋式活橋一道，使由江登岸後過淮口者免小艇夜渡之險。計工料銀二萬餘兩。

又查城内遼闊過甚，兵燹以來，市廛蕭索，城内有居民者三之一，空曠者三之二。查利民之方，修路即爲要義。必須運載迅速，信息靈便，人貨流通，則街市日增，民生日富。且北城一帶，蒿萊彌望，匪類潛踪，命案搶奪，間見疊出。商旅來往，官吏趨走，備極顛躓。公私曠廢，職此之由。惟有令省城内外南北一氣貫通，則既阜商民，兼清姦宄。昔孟子以土地闢、田野治爲先王要政。孔子美治蒲之善，單子譏陳國之危，皆於道路修治與否覘之。西人每得新地，即開馬路，化甌脱爲都會，此其善於師古者也。臣於本年夏間，并飭道員桂嵩慶自儀鳳門外下關淮口以西新設馬頭起，修造馬路至城内碑亭巷止，計長十五里，計工料銀三萬餘兩，官民便之。三月以來，貧民食力者，競造手車，以爲生計，往來如織。馬路兩旁小民購地造屋者日多，不過三年，可成街市。現令往南接修至貢院，以達於通濟門，以利應試士子而便南城商民。令營勇幫同工作，所費無多，而受益甚大。以上兩款，均係酌提地方及鹽務捐款湊用，並不動支庫款。

（硃批）該部知道。（欽此）

選派洋弁稽察軍械片光緒二十一年十二月十九日

再，江南籌辦海防以來，經臣飭購外洋新式快槍、快礮甚多，先後發交金陵軍械所存儲。此項槍礮製造工巧，機簧精細，實爲行軍利器，在今日尤爲自强要圖。且價值甚貴，動需鉅款，尤應珍惜愛護。軍械所屋宇無多，近雖添造二十餘間，僅可暫資存放，以後必須酌采西法，精加營造，務令高明爽塏，不受潮濕鏽澀。鞏固嚴密，不致奸匪疏虞。而藏儲擺列，均須有法，方免堆壓之損壞，且免查點取用之費手。平日收放查驗、擦拭上油，事事均不可忽。大率軍械事體極重大而極繁瑣，尤須有專司之人，方免悠忽誤事。惟文武員弁中精諳軍火者固不多，且積習相沿，求其精細耐煩、有恒不懈者，尤不易覯。現除循章選派熟悉軍械之道員總辦所務外，專派洋弁二人，一人常川駐所，一人按期稽察。由該道督率該洋弁並飭該局員弁時時隨同考究、察看、檢點，以重軍儲。所派洋弁即在洋操新軍所用德弁中選擇，無庸別募。合併聲明。

（硃批）該部知道。（欽此）

沈瑜慶請送部引見片光緒二十一年十二月十九日

再，江蘇試用道沈瑜慶，先於光緒十六年五月經前督臣曾國荃委辦水師學堂。其時南洋創設水師之始，一切章程均取則於福建船政學堂。該員係已故兩江督臣沈葆楨之子，潛心考究，家學淵源，故於删定章程、研求藝學，獨能得其要領，探討西法能究精微。在事二年，成效即昭然可睹。沈葆楨之治江南，流風善政，時繫人思。該員不墜家風，允協時望。上年冬間，臣奉命來江，適值海防事亟，飭委該員辦理江南籌防局務，均能實力籌辦，有裨戎機。兹當整頓水師之時，該員創始經畫，勞不可泯。

臣查選用道吴仲翔，前充船政局提調，復經調赴粤省總辦水師學堂。經前船政大臣吴贊誠、黎兆棠、兩廣督臣李瀚章先後保薦，送部引見，奉旨允准，蒙恩録用在案。查該員沈瑜慶，才識穩練，器局恢閎，且由恩賞主事中式舉人，既爲正途出身，復係藎臣後裔，其顧念名義，感激報稱，必有遠過流俗者。當此時局需材，合無仰懇天恩可否將該員送部引見，恭候擢用之處，出自逾格鴻施。

（硃批）沈瑜慶著交吏部帶領引見。（欽此）

請奬水師學堂出力各員摺〔一〕光緒二十一年十二月十九日

竊查南洋水師學堂經前督臣曾國荃創設，嗣於光緒十六年間前督臣沈秉成奏明援照北洋成案二年保奬一次，欽奉硃批允准，並將在事各員咨部立案各在案。經本任督臣劉坤一督飭總辦各員，詳核課程，認真練習。查該堂開辦以來已届四年，教習人等督率學生課習華、洋文字語言，繙譯幾何、三角、代數、八綫諸算學，格致，化學，天文，地輿，一切駕駛、測繪、管輪、製造各法，兼課布陣、打靶、升桅、體操，嫻其技藝，俾以練其筋力，增其膽識。一日之内，中學、文事、武事，量晷分時，兼營並進。每季派員分考四次，每年由督臣親考一次，各學生於課習諸務，日見進益，蒸蒸日上。上年夏間及本年秋間，駕駛管輪頭班學生畢業，特延英國水師兵官到堂會考。該兵官考校之餘曾謂，南方風氣初開，不圖課程密實，造詣純熟，已能如此，實爲著有成效之學堂。甚加贊美。本年十月間，臣到堂考試。察其功課極爲勤苦，所習各種技藝實有可觀。竊思水師爲海防要務，人才爲水師根本，而學堂又人才所自出。該教習及提調監督在事各員，課導約束認真不懈，現值駕駛、管輪兩班學生先後畢業，兹當加意開設學堂之際，似未便没其微勞，庶可奬勸以後學堂員生，俾其争思奮起。據總辦江南水師學堂候補道桂嵩慶詳請保奬前來。除該堂學生應照定章俟送練船考試中式後再請給奬外，所有在事出力之教習各員，已歷四年，應行兩案併保。臣此次僅照尋常勞績擬保，所請未敢過優，相應繕具清單，仰懇天恩俯准查照成案給予奬叙，以示鼓勵。

再，此次保案自十六年九月開堂起扣至二十年八月止，期滿四年，係屬兩案併保。嗣後仍擬照章每届二年請保一次，合併陳明。除將履歷清册分咨吏部、兵部查照外，理合恭摺具奏，伏祈皇上聖鑒訓示。

該衙門議奏。單併發。

移建松江火藥庫摺光緒二十一年十二月二十一日

竊光緒二十一年六月初四日，承准軍機大臣字寄，閏五月二

〔一〕録自《京報》第五四五六號。

十四日奉上諭：有人奏松江城内火藥局庫請擇地移建一摺。據稱：江蘇松江府城内建設火藥局庫，火藥炸彈無不充牣庫房，逐漸增加，爲各路防營軍火總庫，距衙署民居均在百步以内，居民無不慄慄危懼。且萬一稍有疏虞，則全省軍火立形支絀。請飭擇地妥爲移徙等語。火藥局操防要需，儲藏最宜慎密，據奏各情，所關非淺。著張之洞、奎俊派員相度地勢，會同紳董，將城内火藥局庫如何移置之處，妥籌辦理。等因。欽此。當經欽遵，分别咨行籌辦。

嗣據松江府詳，督同華亭等縣將該處紳士查勘堪以移建之青浦縣屬鳳凰山、神山、泖塔三處逐加覆勘，均係空曠平衍。復經臣飭委江蘇候補道錢德培會督地方官紳詳細履勘稟辦。兹據該道稟稱，會同府縣查看松江府城火藥庫，當時造法本有未盡善者。查火藥局庫固宜在空曠寥廓之所，而庫房尤不宜多間櫛比，應以二三間爲一所，用一二丈厚之土墻爲隔垛圍之。蓋藥之精者，直力大而上轟，横炸之力較小。設有不測，一所有事，他所仍可無恙。外面之總圍墻亦宜以泥土堅築，厚而且高。該庫建造在前，考究未精，是以多間櫛比且無隔垛，而圍墻亦不甚厚。此後移置，亦采用西國善法方爲穩妥。又該藥庫爲江甯、蘇州、鎮江、吴淞各防營礮臺總庫，似亦未甚相宜。自江甯至松江，由長江計相去幾及千里，除江甯、蘇州外，自應於鎮江、江陰分置數庫，庶幾有事時，即可就近取用，即免轉輸之煩。且或一處不測，他處尚可接濟。現查該處紳士所擇之地，該道勘得泖塔、神山二處不甚合宜。惟鳳凰山北面一處計九十餘畝，地甚闊大，重載運船由七寶或四江口均可行走。該山爲同治間駐營之所，洋員教練屯紮十餘年之久，其爲形勝可知。且地未懇種，購買價廉，不致擾民，建築亦易。即調營防守，亦别有隙地，可期穩固等情，並繪具圖説，稟請核辦前來。

臣查松江府城火藥庫，所儲皆係洋式槍礮各藥，爲數甚多。此庫既設在城内，其距民居斷不能遠。縱關扃堅固，防守慎密，設有不測，闔城民命所繫，貽害匪輕。且該局爲各路防營火藥總儲之所，誠如原奏，萬一疏虞，關係大局，尤非淺鮮。是以該府紳士屢經呈請移建。兹經欽奉諭旨籌辦，自應分别移置分建，期以仰副朝廷固軍實、保民生之至意。現經臣委道員錢德培督同府、縣勘明。該道議於鳳凰山並鎮江、江陰三處分置數庫，便於轉輸。且擬采取西法建造，每所止二三間，並以極厚土墻爲隔垛圍之，辦法皆屬切當。鳳凰山現已勘定，其鎮江、江陰應飭委員并地方迅擇采地，次第興造。至存儲火藥庫既設在空闊處所，必須防禦謹嚴，方免匪徒窺伺。此三處均宜專派營勇數哨駐守，以昭嚴密。除飭蘇州藩、臬兩司暨上海、常鎮二道分别委員前往會同各該地方官勘定地址，估計經費，籌款舉辦，另行奏陳外，所有松江府城火藥庫，擬請分别移置分建緣由，謹會同江蘇巡撫臣趙舒翹恭摺具奏，伏祈聖鑒。

（硃批）該部知道。（欽此）

長江礮臺添設臺官摺光緒二十一年十二月二十一日

竊臣前因江南之江陰、鎮江、獅子林改安大礮，專派礮勇加給專餉，添派華洋員弁操演漸有起色。因將沿江次等大小礮位一律改設專勇，分爲四路。以吴淞、南石塘、獅子林各臺爲一路，江陰南北岸各臺爲一路，象山、焦山、都天廟、圌山關南北岸各臺爲一路，金陵獅子山、幕府山、鍾山、下關各臺爲一路。每路設一總臺官，礮勇均由專臺官督率，由洋弁會同學堂出身之礮務委員教練。其大小礮位，視礮彈之輕重配勇數之多寡，分別等差，優給口糧，月支薪餉。擬即酌汰防營，以抵增出餉項，當經具奏在案。惟吴淞至金陵江行六百餘里，雖分四路而每一路中，大小各臺相隔數里至數十里，或在南岸，或在北岸，或在江心，消息阻絶。非每路各設總臺官，不足以資控制，非分段各設專臺官，不足以專責成。其實一大礮即係一臺，非將礮位分别大小，大礮、快礮各設副臺官，中等礮分設一、二等礮弁，不足以精操練。臣督同籌防局營務處各員詳加籌議，綜計應設總管礮臺官四員，每員月支薪水銀一百兩、公費銀一百兩。專管礮臺官十六員，每員月支薪水銀五十兩、公費銀五十兩。副臺官三十一員，每員月支薪水銀三十二兩。一等礮弁二十四員，每員月支薪水銀二十四兩。二等礮弁六十七員，每員月支薪水銀十八兩。其礮勇月餉及各項雜費，前已咨部在案。此項薪糧公費雖較陸營稍優，臣原奏稱一臺之功可抵十營，一礮手之功可抵千人，實非虚語。既欲收其實效，不得不重其薪糧。然較之多養油滑湊數之防營，技藝不必精通，功過無憑實驗者，其得失當相懸萬萬矣。現又將外洋新購之四十鎊子快礮十尊，以二尊分設金陵獅子山，四尊設幕府山，四尊設雨花臺。另有六寸口徑地藏架快礮二尊，設幕府山南首，以重省防。尚有四十五鎊子快礮二十尊，擬以十尊安江陰，十尊安鎮江，應俟德國募來礮臺洋員等分别勘定地勢再行安設外，茲既裁勇抵餉，注重礮臺，必須擇礮學專長之臺官，略崇體制，方足以資鎮懾。總臺官略如陸營之營官兼分統者，專臺官略如陸營之領哨官兼幫帶者，副臺官略如陸營之哨官，俾上下鈐束，號令專一，呼應較靈。不論官階，專考取洋操諳習、技藝精熟者當之，概不准濫竽充數。口糧另行委員會同洋弁給發，以除積習。所有華洋員弁、勇目、洋號令掌通語旗、機器匠辛工、擦洗礮費各款，現已酌汰十營，以抵臺勇餉糈，毋庸另籌。此十營係就江南歷年原有防營内多方籌維裁去此數，以便騰出餉項，仍歸防營支應局按月給發。飭由籌防局營務處各員不時稽察，按月校閲一次，以核功過。

（硃批）該部知道。（欽此）

撥款購銅附鑄制錢摺 光緒二十一年十二月二十二日

竊查各省停鑄制錢以來，市用銅錢日見其少。加以私銷不絶，兼多由海船販運出口，錢價因之日昂。近日大江南北各府、縣，旬月之間，銀價驟跌，每兩僅易制錢一千二百數十文。上游皖、楚等省情形，亦復相同。鄰省皆禁運錢出境，以致市面愈不流通，小民生計艱難，商賈即多折閲，民間完納丁漕釐課，尤爲苦累。百事窒礙，民情惶擾，時近歲暮，生事可虞。

竊思錢貴由於錢少，此乃自然消息之理，若出示禁止擡價，更滋事端。即使向别省購運，爲數有限，稍事補苴，亦無大益。此非開其來源，終無善策，惟有迅速增鑄錢文，方足以示平準而靖民心。因思臣在兩廣任内時，奏明創設錢局，以機器鼓鑄制錢，製作精好，輕重適均。現經會商撫臣，札飭江甯藩司、兩淮運司、江安糧道、蘇滬釐局各借撥銀四萬兩，共十六萬兩，分别匯解上海道庫存儲。由江甯藩司委員赴滬支取，采買上等東洋紫銅及外洋白鉛，運赴廣東。交由兩廣督臣飭交廣東錢局，附鑄制錢二十萬串，補給工火，仍照定章銅六鉛四，每文計重八分，加工趕造。鑄成後分批陸續解滬，分撥甯、蘇、淮、揚四屬行用，展轉流通，以便商民。惟鑄錢平價亦如買米平糶，必有折耗，方能便民。此項銅鉛、工火、運費、折耗若干，將來應請准其據實開報，由司道釐局四處分認，爲數亦不甚多，合併陳明。

（硃批）户部知道。（欽此）

錢幣宜由官鑄毋庸招商片光緒二十一年十二月二十二日

再，竊惟錢幣爲國家大政，一國有一國之權，即一國有一國之錢，從不准彼國之錢行於此國。而外洋墨西哥小國銀元乃充斥於中國，初行沿海省分，近且流及内地，殊與國體内政大有關繫。自非亟行自造，不足以便民用而挽利權。恭繹光緒二十年六月十二日諭旨：現在廣東、湖北等省，均已次第開鑄銀錢，南北洋沿海繁庶地方，如能招商集股，官督試辦，實可以濟圜法之窮。著李鴻章、劉坤一體察情形，妥籌具奏。等因。欽此。首慮錢法之日敝而亟杜漏卮，繼慮官本之難籌而計招商股，終且慮權利之下移而責令體察情形，妥籌具奏，仰見朝廷慎重圜法之至意。

伏思歷代以來，鑄錢有政，行錢有令，防私有罰，良以事關國計，必須官爲鑄造，方昭慎重，無准令民間鑄造之舉。雖爲銅爲銀體質有殊，而其爲錢法則一。即近今泰西各國，遇事招商，獨至錢幣則無論銅錢、尼格爾錢、銀錢、金錢，莫不由其國家自造，亦無准民間鑄造之舉。古今中外無二理也。在朝廷之意，自係慮購機設局款項繁鉅，故擬招商集股。惟查鑄造銀元機器、廠屋所費，並不甚鉅，官力有餘，無藉於商。況商人惟利是趨，往往不能遵守定章，顢若畫一。將來分兩成色，必致參差不齊，有妨民用。不但不能杜外洋之漏卮，並與現有之官局有礙。是以本任督臣劉坤一專主官辦，不主商辦。遇各紳商紛紛陳請，或稱招集商股，或稱自備資本，更有稟奉北洋大臣札委，擬在上海設立商局招股試辦之人，均經劉坤一以事關國家鑄幣大政，斷難假手民間，致滋流弊，未允所請。臣抵任後，蘇省紳商又復迭請設立商局，亦經臣以錢幣大政，統宜官辦等情，明白批示各在案。第恐他省未及周知，一時允准商請，實與國家權利有礙。相應請旨飭部通行各直省，無論何處，無論金、銀、銅何項錢幣，如須鑄造，統由官辦，概不准商人附搭股本，更不准商人自行鑄造，以重圜法而收利權。

（硃批）户部議奏。（欽此）

調募各營次第裁竣摺光緒二十一年十二月二十二日

竊查防務解嚴，增募各營業經分别裁撤五十七營零四百人，先後奏明在案。其餘各營，隨即酌量情形，核計輪船往返程途，次第裁遣。當將記名提督謝得龍所統之汰留鶴字二營，千總金滿管帶裁剩浙軍滿字右營，記名提督海州營參將楊文彪所統之健勝五營，記名提督譚會友代統之汰留章字正五營，記名總兵張騰蛟所統之汰留騰字二營，又記名總兵李先義所統之廣義軍五營，儘先副將林保所統之廣保軍五營，又辦理江南防務雲南提督臣馮子材所部常勝萃字十營，又記名提督張仲春統帶之仲字二營，記名提督王衍慶統帶之汰留霆慶三營，又候補副將唐高斗所統之高字三營，又記名提督鄧正峰所統之正字五營，又記名提督萬本華所統長勝三營，又淮揚道謝元福所帶浦勝馬隊一營，又臣標衛隊步勇三百名、馬勇一百名，自本年八月以後至十二月，先後檄飭悉數裁撤。又江靖一軍七營，除撥歸礮臺充當專勇外，其挑賸馬、步各營及水雷哨亦即一律裁遣。該軍係武毅春字等軍，乃多年老營，歷年均有存餉，應照案加發三關半恩餉，以示體恤。其江靖軍原管江陰南北岸礮臺，即以統領老湘合字等營記名提督舒永勝填紮接管。並調回現駐揚州之補用參將章其俊所統合字前營及分駐常陰沙之合字右營，同駐江陰，以厚兵力。所遺之常陰沙及五臺山舊壘，即飭瓜州鎮總兵高光効於所統南字三營内撥出左、右二營分往填紮。又江南督標護軍原係三營，經本任督臣劉坤一帶北二營，原剩一營，臣因軍事正亟，補募兩營，增募一營，共成中、前、左、右四營。經臣挑練德操千人，頗有成效。現擬將此千人，江、鄂各分其半，以便展轉教操。現與兼護湖廣督臣譚繼洵商妥，將前營調赴湖北，另將湖北防營裁減作抵，現已另片陳奏。尚餘三營，除將挑取練成之五百名併爲護軍右營，飭委游擊朱公遠管帶轉相教練別營外，尚（除）［餘］挑賸千人〔一〕，計二營，均即裁汰。又甘肅鞏秦階道李光久帶回老湘五營本應全撤，惟該軍前在關外苦戰，其中尚有精鋭千人，因飭裁去三營，挑留中、前二營，飭委總兵劉光才兼統。又貴州古州鎮丁槐所部衡字五營，飭令裁去兩營半，仍留兩營半改爲五底營。凡所改之底營，係以二百五十人爲一營，五十人爲一哨，營哨各官照常留用，惟勇丁及伙勇、長夫概裁其半。又記名提督陳基湘所統之新湘六營，又補用副將班廣盛所統之凇防六營，飭令於所部内各裁去一營，以補臺勇之餉。

以上所裁各營大餉，均截至各勇登輪之日止。輪船周轉不及，約須明年正月底方能竣事，仍按籍隸本省者給恩餉一月，籍隸外省者給恩餉兩月。一面由營務處會同籌防局雇備商輪，匀作數撥分赴各該營近水口岸，分別載送各該勇原籍妥爲遣散。應繳軍械、旂幟，責成各統領及營哨等官如數收回，就近解送各局所收儲。經此次裁汰之後，江南尚存水陸防勇四十餘營。總計臣到江南後增募、補募之營俱已裁除。此外尚將江南原有之營多裁十數營，計減去江陰春字等馬步合計八營，吴淞慶字一營，忠信智三營，老湘三營，護軍二營。新添者止高光効三營，丁槐五底營，實係兩營半，丁大文馬隊一營。新舊相抵，計尚省出十營半之餉，可以抵支新增各礮臺弁勇新餉各費，較之常年留防營數、餉數有減無增。其本任督臣劉坤一甫經遣回之山西大同鎮劉光才所部督標親軍五營，記名提督楊金龍所部護軍二營，係由劉坤一咨送留防。應否裁留，仍俟劉坤一回任後酌度辦理。又徐州鎮陳鳳樓所部馬隊三營，自奉調北上後，已飭徐州道署徐州鎮照原餉之數，分募馬步各隊填紮。現聞陳鳳樓一軍仍回徐州，此軍係屬重出，應如何裁留，併俟本任督臣劉坤一酌量辦理。

（硃批）該部知道。（欽此）

護軍前營調鄂教練片 光緒二十一年十二月二十二日

再，江南省城本有護軍防勇三營，經本任督臣劉坤一揀帶兩營隨征。時值防務日亟，由臣補募兩營，增募一營，共成中、前、

〔一〕「除」，應作「餘」。

左、右四營，均經奏明在案。嗣欲開練德操，先於此四營内挑選千人，先令洋弁試行教練，現已半年。其步伐整齊，槍礮嫺熟，頗有可觀。茲臣蒙恩飭回湖廣總督本任。湖北居長江上游，會匪出没，武備尤關緊要。第鄂省財用支絀，無力招延洋弁，而江南現已選募新軍十二營，皆用洋弁管帶操練，諸事自覺裕如。茲擬將練成千人分半留江，併爲護軍右營接續訓練，即以前營五百人調赴湖北，令其轉相教習，以開風氣。其到鄂之後應給餉項，由鄂裁省原有之營抵支，已與兼護湖廣督臣譚繼洵商妥。其未練之護軍兩營，即行裁汰，已於另摺詳陳。

（硃批）著照所請。該部知道。（欽此）

爲朱洪章請卹摺 光緒二十一年十二月二十二日

竊據接統章字營記名提督譚會友率同合營將士、章字後營營官記名總兵劉本桂、右營營官儘先副將龍福森、左營營官儘先副將黄青雲、前營營官世襲雲騎尉朱仁昌、記名總兵劉良壽、儘先參將姜世珍等呈稱：已故章字營統領記名提督開缺雲南鶴麗鎮總兵朱洪章，貴州黎平府開泰縣人，年十九以勇丁隨前湖北撫臣胡林翼勦匪黎平，咸豐三年以外委補用。胡林翼奉旨赴湖南北軍營會勦，即令該故鎮募勇千人，由鎮遠會京口。時侍郎曾國藩方規岳州，議以提督塔齊布攻湘潭，胡林翼趨常德，該故鎮從征，賊燒營遁，遂收常德府城，攻澧州克之。七月，胡林翼趨岳州，該故鎮合湘軍力戰，遂復其城。四年七月，又從塔齊布克武、漢二府及興國、大冶等州縣，復半壁山，追賊至田家鎮，又復黄州、蘄州、蘄水、黄梅各郡縣。五年曾國藩檄該故鎮副畢金科統二千人，名長勝營。畢金科陣亡，洪章統其軍駐饒州。九年六月，隨曾國荃復景德鎮、浮梁縣。曾國藩復檄擇所部精壯千人，隨曾國荃攻太湖，克之。奉旨免補守備擢都司，賞戴花翎。檄赴安慶助勦，力戰克安慶省城，奏奉諭旨，朱洪章克復安慶尤爲出力，著免補遊擊，以參將仍留湖南補用，賞加勤勇巴圖魯名號。九月拔無爲州。同治元年二月復巢縣，又復和州，隨克東西梁山。乘勝克金陵各關隘，進逼城南雨花臺，賊抵死出拒，以地道攻塌營濠，該故鎮督衆堵塞，烈燄横飛，兵弁數百，一時俱燼，該鎮僅以身免。計賊圍營四十六晝夜，微該故鎮血戰死守，大局幾敗垂成。奉旨免補副將以總兵記名簡放，賞加提督銜。又連復孝陵衛、天保城、地保城，遂成合圍擣穴之計，奉旨賞給一品封典。金陵爲賊窟穴已十餘年，内既死拒，外又百道來援。我兵環而攻之，連營數百，並頓城下，鑿地三十餘處，均爲賊覺，精鋭傷亡，疾疫繼作，詔書促迫，督師焦勞。該故鎮與前河南歸德鎮總兵李臣典奮厲不衰，該故鎮屢出奇謀，應變破敵，始克支持全軍圍攻大局。同治三年六月十五之夜，地道成，曾國荃集羣帥問作軍鋒者，諸將默然。該故鎮乃獨請先分千四百人爲二隊，至龍脖子，令人負生草一束填壕發火，轟塌城垣二十餘丈。該故鎮首躍以登，各隊肉薄繼進，登陴回顧，頭隊敢死士四百悉焚灼焉。後當時平，重過其地，該故鎮必愴然涕下，哀感同袍。春秋伏臘必親祭之，如喪所親。曾國荃督兩江，爲樹豐碑，紀其事，其得人死力蓋有由矣。金陵叙收復功，該故鎮固應第一，乃以李臣典積勞先殁，蕭孚泗名位居前，該故鎮抑而爲次。或諷其向幕府自陳，該故鎮夷然不屑也。有功不伐，時論尤多之。三年七月十八日奉上諭：提督銜記名總兵朱洪章，克復江南，首先登城，生擒僞王洪仁達、僞忠王李秀成二逆首，異常出力。遇有提鎮缺出，請旨先前簡放，賞穿黃馬褂，世襲騎都尉罔替。欽此。是該故鎮爲首功，已在先朝鑒照之中矣。嗣奉旨補授湖南永州鎮總兵，調補雲南鶴麗鎮總兵。彈壓地方，和輯兵民，所至俱勤其職。越南之役，隨前雲貴督臣岑毓英出關助勦，光緒十四年十月因病開缺。十五年正月，病痊銷假，經前督臣曾國荃奏留兩江委辦海防營務處。十六年三月，署福山鎮總兵。十七年六月統領江蘇留防水師全軍。十九年二月，委署狼山鎮總兵。二十年十一月，東洋搆兵，經臣委辦兩江營務處，令其招募章字軍十營防守吴淞。本年正月以浙江之乍浦屢有警信，乍浦與蘇境毗連，遂調駐金山衛，兼顧浙防。閏五月十五日病殁防次。理合呈詳奏䘏等情。

臣查朱洪章從征江南，身經百戰，功績最多。其曲折經營，不能悉紀，該提督譚會友等第舉其攻克城邑之尤著者。臣念該故鎮天性忠勇，智略無倫，起家邊徼，無里閈援引之力，資性木彊，落落難合。獨以謀勇兼備，首克名城，策名中興，始終軍旅。跡其生平，成功不居，抑然自下，有古名將之風。承平三十餘年，宿將凋謝，當日偏裨之選，類多洊膺專閫，或且擢任封圻，惟該故鎮以總兵起病之後，迄未真除。當夫海警乍聞，聞鼙思帥，臣百方搜采，殊罕其人。惟該將威望允孚，紀律嚴肅，垂聲江表，羣望所推，是以委以江浙之交，畀以折衝之任。方冀其立功報國，爲後起諸將之楷模，詎意志決身殲，賫恨入地。臣固痛失指臂之助，益爲國家惜此人材。伏查原任歸德鎮總兵李臣典、前福建陸路提督蕭孚泗，皆與該故鎮同功一體之人，並以積勞病殁，仰荷加恩予謚，生榮死哀。今該故鎮以死勤事，其前後功績，正與相埒。應如何優予飾終，用勵勞藎，固非臣下所敢妄請。至其功蹟卓然，不可泯没，合無仰懇天恩仍照提督軍營立功後病故例，從優賜䘏，並宣付史館立傳，並附祀原任大學士曾國藩、兩江總督曾國荃、湖北巡撫胡林翼專祠，以慰忠魂，而昭激勸。

（硃批）另有旨。（欽此）

爲劉鶴齡請䘏摺 光緒二十一年十二月二十二日

竊臣前於上年十二月間因江南海防吃緊，奏飭署湖北宜昌鎮總兵記名提督劉鶴齡前赴黔蜀之交，招募鶴字軍六營來江。嗣該提督募集成軍，其時北路軍情正急，晝夜趕辦，回抵宜昌。遽於本年三月初一日積勞受寒，舊傷舉發，在途次病故。隨電飭該提督舊部署宜昌鎮總兵記名提督謝得龍代統來江。均經奏明在案。惟查該故提督劉鶴齡，久歷戎行，忠勇廉樸，生前戰績行誼有足多者，敬爲我皇上陳之。

臣查劉鶴齡由武童投効原任貴州提督田興恕軍營，咸豐八九年間隨征江西、貴州，始擢把總。十年，逆賊石達開圍寶慶急，軍中募突圍乞援者，鶴齡從間道十日達省，卒隨援軍解圍，由是知名。旋從原任湖南巡撫臣駱秉章軍，拔貴州猫猫山賊巢，洊擢都司，并賞花翎。滇匪竄蜀，髮逆繼之，駱秉章督師入川，鶴齡初隸蜀軍道員張由庚部，克新甯縣，解綏定城圍。因與張由庚不相能，改隸楚軍道員曾傳理部，遂領果毅副前營。同治元年，解綦江城圍，擢遊擊。賊首周紹湧西竄，蜀軍迎戰母間橋，軍覆，張由庚被圍，鶴齡請於曾傳理，率所部援之，奮戈突前，揮隊衝擊。賊死拒，鶴齡三蹶三奮，終奪橋隘，胸足皆傷。復分隊抄賊後，大軍乘之，賊始分竄。陣斬僞元帥方天雄、僞將軍藍朝柱等，於是蜀軍圍解，兩軍大和，張由庚亦釋嫌修好，同解眉州、青神、嘉定之圍，收復高珙、丹稜、長甯各城，擢參將。勦平周紹湧巨股，生擒石達開，加副將銜。是時蜀境略平，生番猓夷越界出擾，鶴齡駐防大渡河，身入夷巢，宣示恩信，申明約束，察究互市，平其爭端，諸夷帖然歸順。粵逆自河南竄陝、漢，南軍無統將，紛潰入川，鶴齡以千人死守青石關。原任陝西撫臣劉蓉督師，奏派充新軍左翼長，隨復漢南郡縣，賞烈勇巴圖魯名號。關陝既平，移師援甘肅軍。及階州，以地雷轟其城，城垂克，賊巷戰死鬭，地道復塞，鶴齡裹創登堞，軍始畢登，斬賊將蔡昌齡，擒僞啓王梁成福，擢副將，再賞勷勇巴圖魯名號。回防蜀邊。五年，黔中苗教匪擾川境，鏵尖山民團王正伸貳於賊，鶴齡統軍殲其巨憝，川境肅清，以總兵升用。時天下皆就平，獨黔、滇糜爛，廷議川楚合勦，四川督臣駱秉章以道員唐炯統黔滇軍務，鶴齡副之。連克水源溝、檔木園老巢。適楚軍易統將，部勇索餉大譁。時北岸教匪與内苗句結，分道出援，我師新集，勢頗危岌。鶴齡出三千金濟之，約合力擊援賊，收復偏埸，擒斬僞信王田應武、軍師王禮庭。七年，擢總兵，交軍機處記名。廟壩巖阿黄白號教匪起，鶴齡派兵往勦，又分兵下觀雲山，平數十寨。自督全部冒暑渡烏江，復甕安縣城。收降衆數千留養軍中，責以攻賊，烏江北岸數百寨皆平。疫厲大作，將、卒病十七八，鶴齡拊循激勵，夜抵玉華山，襲擊平之。詰朝大霧，伏兵山谷，率死士直擣賊壘，四山響應，賊大驚潰，斬賊首王起凡。哨官楊正洪掠降賊衣物，斬以徇，降衆感服，爭願效死，鶴齡益善撫之。於是上下數百里，賊悉送款降。是年擢記名提督，賞換法什尚阿巴圖魯名號。乘勝攻尚大坪，破之，擒教首劉義順，檻送成都，教匪平。賞穿黄馬褂，再交軍機處存記。八年，進勦苗疆，殄斃要逆，攻拔數百寨，克復青黄、餘甕、重安等城，賞白玉翎管、搬指、大小荷包。鶴齡愈益感奮，冒冰雪渡重安江，攻勦香爐山、甕谷隴、冷黜、鐵城、九龍山、雷公山、牛皮箐，盡克苗中天險。兵勢方順，會黔師潰於都匀，楚軍敗於黄飄，蜀軍四面受敵，古州黎平生苗復截後路，鶴齡斂師固壘，力保糧道。是時三省震驚，鶴齡以遊隊調勦，陣斬僞牛王及逆首張老熊、金杠杠、包大肚、楊矮子等，牽綴苗寨，俾黔、楚兩軍從容整理。會駱秉章殁，鶴齡全軍遣撤。十年，黔苗大股復出，署四川督臣崇實飛章奏統下游防軍，甫抵軍，總兵姚美倫戰殁。鶴齡躍馬渡河，奪其屍，爲賊所困，右頰中槍落水，浮沉四十里，始得撈救，僵六日而蘇。用是假歸奉母，不復再出。臣任湖廣總督時，訪知其人，委調來鄂，委統襄河水師，以獲會匪頭目功，經臣保送引見，仰蒙召對，發湖北差遣。仍記名簡放。

查該員素性廉儉而慷慨好施，在川所領公費，於原籍溆浦建陣亡將士昭忠祠，並置祭田五頃。在黔軍時，因火器不利，捐萬金以購洋槍。此皆見諸疆臣奏報，均有可考。故該員從前戰績猶爲尋常將領所可幾，而其不營私財，一以廉勤，感孚將士，固非時俗他將所能比擬也。方今習俗波靡，廉將爲難，此次奏調該提督統軍來江，原以深悉其樸勇清操，欲藉以激厲諸軍，挽回風氣，豈意其未及臨敵，遽爾病故行次，洵堪嗟惜。茲據該部將弁聯銜稟籲奏卹前來，合無仰懇天恩俯准將劉鶴齡照提督軍營立功後病故例，勅部從優議卹，並請將該提督生前戰績宣付史館立傳，以慰忠勤。

（硃批）另有旨。（欽此）

裁減制兵酌擬辦法摺光緒二十一年十二月二十六日

竊臣等承准軍機大臣字寄，光緒二十一年六月初六日奉上諭：户部奏需餉孔殷，謹陳辦理情形一摺，覽奏均悉。裁減制兵一條，擬令各省挑留精壯三成，其餘老弱一概裁撤。著該督、撫各就地方情形，悉心妥籌，核實裁汰，奏明請旨辦理，不得瞻徇遷就，畏難苟安，僅以一奏塞責。等因。欽此。近准户部咨，以減營兵、核錢糧、整頓釐金三事爲最要，奏准咨催覆奏等因。

臣等查江蘇六十八營，現存制兵二萬五千七十名。内抽練新兵六千九百三十名，裏河、内洋、外海水師三千二百四十五名，陸路存營差操兵五千三百名，分設塘汛八百五十六處，支食馬餉之汛弁五百八十名，汛兵九千一百二十四名。每年需餉銀四十四萬八千三百餘兩，米折銀一十一萬二千八百餘兩。安徽省額兵一萬二百四十二名。内挑練兵四千三百二十名，存營兵二千八百七十五名。分設塘汛二百八十七處，外委額外二百二十三名，汛兵二千八百二十四名。每年需餉銀十五萬八千一百餘兩，米折銀二萬八千一百餘兩。江西省現存制兵一萬一千九百八十四名。内挑練選鋒兵二千一百名，存營兵六千三百十名。分設塘汛六百八十處，汛兵五千六百七十四名。每年需餉銀十七萬零六十六兩，米四萬三千一百四十二石零。耗費如此之鉅，然而歷年蕩平内寇，捍禦强敵，未聞大得绿營之用。蓋由餉項既薄，積習尤深，差操則祇爲具文，遇事則但索規費。即绿營中亦未嘗無忠勇之將，敢戰之兵，然而牽率混合於疲軍驕卒之中，則雖有奇材，無由振拔自見。現當亟圖自强之際，自應遵旨減額節餉，以爲練新軍、購利械之資。惟绿營沿襲二百數十年，久已安常習故，若裁汰過驟，不惟失伍者窮困可憫，且於軍情治理窒礙亦多。自應體察地方情形，熟權利害，分别妥爲籌畫，以期於簡要而易行。謹就臣等管見所及，竊擬辦法五條，敬爲我皇上陳之：

一曰官弁不可裁。绿營大小將弁，乃兵勇進身之階。現當講武練兵之際，戰陣有功及緝捕出力者，惟恃保舉官階以爲奬賞。若官缺裁減太多，無以爲鼓勵之具，勇夫氣沮，宿將驚疑，於武備要圖實多妨礙，故由鎮將以至外委額外，一員皆不可裁。若兵數裁去七成，則官弁太多，不能全留，似有未便，一也。

一曰練軍不宜裁。既已挑集成軍，餉既較優，人亦較壯，若訓練有方，亦尚可用。且提鎮所駐，皆有練軍，正宜壯其軍容，以資鎮攝，二也。

一曰存營之兵不能裁。實缺將官以至都、守，若無存營之兵，則將備無所事事，於政體有礙。且餉本不多，留之亦可充緝捕彈壓之用，三也。

一曰零星汛兵可裁。每汛或十餘名，或三五名，既不能操練備戰，亦不能捕盜緝匪，然合計餉亦不少。擬查明分防各汛，凡千總、把總所駐之地，或關津，或鎮市，必是略關緊要需人彈壓者，將千、把本汛隨身之兵不裁。其分駐外汛並無千、把駐所之兵全裁。其裁者，發給一年恩餉、恩米，令其自謀生理。查向來绿營兵丁，充補者皆有頂脚一項名目，或名頂箍，係幫補前手革故兵丁之費，或銀十餘兩，或銀數十兩。各省大略相同，惟數目多寡不等。得此恩餉、恩米，兼可彌補向來墊出頂脚之費。其協防之外委額外，一概撤歸本營當差，仍留其額缺及廉俸，以爲升轉之階。馬兵亦全不裁，以爲兵丁拔補之階，四也。

一曰江省水師可酌裁。江蘇水師分外海、内洋、裏河三項。

關涉海洋者，其船係領江、廣艇兩種，船身較大，來往海濱捕盜緝梟，雖不能如輪船迅利，尚覺有勝於無。惟同治七年，前督臣曾國藩奏定江南水師營制之日，曾於蘇松、狼山、福山三鎮留有備撥輪船兵，每鎮各六千名。至今三鎮既無輪可帶，此兵虚留無用，自應汰除。太湖之濱，港汊紛歧，現正當蘇、浙兩界盜匪日肆之際，太湖水師尚可協助勇營，此項自不宜裁。惟太湖水師有勇營七營，又有緑營太湖水師左、右兩營，事涉歧出，責任不專。應如何歸併整頓，或著重水兵，或著重水勇，應再妥籌，專案奏辦，以免重複虚糜。除太湖外，裹河水師若淞北營副將、淞南營遊擊，各止舢板十數號，轄境十餘州、縣，延袤數百里，毫無實用，亦可裁除。查江蘇藩司所屬州縣辦公率皆寬裕，擬令各該州縣就地籌款，酌量募勇配給巡緝。一縣僅養兩三船，費甚有限，而可調度應手。粤省廣州所屬之副、參、遊以至防汛千總，大率皆有自行捐備之艇船、緝勇，況州縣之力，當易辦此。至該兩營將官雖無船可帶，然太湖水師勇營船隻尚多，亦需員管帶，似可派赴太湖水師勇營酌配數船，令其幫同巡緝，五也。

如此辦法，兵數約可裁汰三成，餉米合計，江蘇每年約省銀十萬兩，安徽每年約省三萬數千兩，江西每年約省六萬數千兩。三省合計，可省銀二十萬兩，尚不致紛擾生事，而辦法亦甚簡易。至於營兵，向來解餉、解犯及看城門、倉庫等雜差，本來有名無實，向係州縣派差派勇經理，其有無疏虞，全視州縣所派之人能否得力，責成仍在文職。以後兵數既少，應將營兵雜差蠲除，專心操練。外汛疏防武職免議。至彈壓四鄉地方及一切雜差，責成州縣自派捕役、民壯、練丁、勇丁爲之，轉可免汛兵生事掣肘。緑營公文本少，以後准附驛站鋪司人等遞送，無庸塘兵，於公文亦毫無窒礙。

以上五條大指所在，不外乎裁散不裁整，裁兵不裁官之兩端。臣等往返籌商，意見相同。其未盡事宜，應俟奉旨後再由各省詳晰核計，分别奏明辦理。

（硃批）該部議奏。（欽此）

蘇省冬漕米石分撥河運籌議辦理章程摺[一]

光緒二十一年十二月二十六日

竊照蘇州等屬本届冬漕照案提撥米一十萬石，循行河運，業經臣等於核計起運交倉約數摺内聲明奏報在案。兹據蘇州藩司鄧華熙、蘇松督糧道陸元鼎會詳稱，蘇省二十一年分冬漕提撥河運米石，現經秉公核派有漕之長洲、元和、吴縣、吴江、震澤、崑山、新陽、華亭、奉賢、婁縣、金山、上海、南匯、青浦、武進、陽湖、無錫、江陰、宜興、荆溪、丹陽、金壇、溧陽、太倉、鎮洋二十五州縣，匀攤米一十萬石，飭令前赴實應等處采買秈米，就近撥交民船受兑。惟派員驗米、雇船受攬承裝事亦繁重，應仍絫仿成案，釐訂章程，俾有遵循。所有驗兑押運事宜，遴委請補蘇海防同知王用龢會同各員，督押開行催趲，駛抵山東黄水穿運之處，候汛北上。但運道綿長，節節淤墊，築壩擡蓄，挑挖灌送各事宜，最關緊要。現經臣等札行淮揚、徐州二道，預爲籌款挑辦。惟山東省河道淺處，應由東河督臣、山東撫臣嚴飭管河州縣，認真挑浚，務期一律深通。並預雇剥船，以備遇淺起剥，仍由蘇

[一] 録自《京報》第五四四二號。

糧道於赴滬查驗海運米石開運後，即馳往清江，督催放閘，嚴飭在事各員沿途梭巡催趲。該道即徑赴天津通州辦理海運糧米交兑事宜，俟河運米石行抵通州，接續交倉，以期兩無貽誤。酌議章程十條，會詳請奏前來。臣等覆核無異，相應開繕清單，恭呈御覽。此外如有未盡事宜，容再隨時奏明辦理。除咨明户部查照暨分别咨行驗收防護外，謹合詞恭摺由驛具陳，伏乞皇上聖鑒訓示。

户部知道。單併發。

衍聖公府祀田查明撥補摺 光緒二十一年十二月二十八日

竊臣准户部咨，光緒二十年十一月初四日内閣奉上諭：翰林院侍讀王懿榮奏請飭整理衍聖公府地産一摺，據稱衍聖公府各項地産，載在會典事例及闕里文獻考，頃畝甚詳。前次巡撫張曜查出江蘇銅山、沛縣一帶涸田，未及具奏，請飭查明撥補等語。衍聖公府田産既有官私載籍可憑，自無難確切履勘。著户部行知兩江總督，江蘇、山東各巡撫，按照原奏各節，調齊卷册分悉查清，如數撥補，據實具奏。欽此。相應鈔粘原奏，恭録上諭，行文遵照等因，咨行前來。疊經札行江甯藩司會同徐州道查明辦理，並加委江蘇候補道于寶之帶同本任沛縣知縣馬光勳前往，會同徐州道沈守謙督飭銅、沛兩縣，傳集原稟人等引勘查訊。飭令認真查辦去後。

兹據該道等會禀並藩司瑞璋詳稱，檢卷細核銅、沛兩縣及山東魚臺縣交界地方，向有微山、昭陽兩湖。咸豐元年，黄河豐工決口，濱湖田地被水淹没，四五年間，黄水退涸，變爲荒田。適山東曹、濟等屬客民來此墾荒，立團自衛，除魚臺外，共有唐團、北王團、北趙團、南王團、南趙團、于團、睢團、侯團即刁團等八團。復因刁團及南王團通捻，經前督臣曾國藩奏明驅逐，將退出之地，概充兩縣學田，俱招土民領種。所留唐、趙等六團及續分之南趙分團，由道設局委員收租，與同治年間沛民領種新團，並以後續墾地租，均充徐防軍餉，歷年均奏銷有案。此外尚有各團外丈增之地及新涸、續涸各地畝，距湖較近，常被淹浸，豐歉無恒，有收則租價較多，被水則分文無獲。均係撥充地方善舉、書院等項，分歸道、府、縣營員承管。至衍聖公府祀田，係於元至元三十一年，撥有沛縣秦家莊六十頃，刁陽里三千大畝，載明元碑。我朝順治初年即被湖水浸溢，僅存秦家莊三十頃，餘未歸復。嗣因全田被淹，於嘉慶十七年經前督臣百齡飭撥八大頃零，有復沛縣祭田碑搨可考。同治初年又因撥地被黄水冲没，經衍聖公府咨查補還。曾由前徐州道高梯傳詢公府屯户黄振綱等，據稱，刁陽里秦家莊祀田，本有石界，現在兩處地畝均淹成湖等語，由縣會委復勘無異。同治八年，禀奉前督臣曾國藩在沛縣百頃公田内撥補八頃，仍令沛民耕種，由縣每年代征租錢一百四十四千文。光緒十六年，前督臣曾國荃准山東巡撫咨，江省僅沛縣秦家莊祀田六十頃，刁陽里即昭陽湖三千大畝，載在元碑，久經淹没無存，咨請撥還等語。則淹没無存皆有案據。第既奉發圖册，自應傳證勘訊，以昭核實，當經該道等飭傳公府遞禀之劉方仁、朱宗廉及銅、沛各董質訊。據劉方仁供，向未領種湖田，伊因患疥成廢，不知何人捏名填册，赴公府遞禀，其同禀列名之孔獻東等，伊均不識。據朱宗廉、史基元、王慶芝供，祀田多寡，坐落何處，伊等均不知悉，亦不能指出確據，帶引履勘。質之銅、沛各董，李玉崙、唐驥鑾等僉稱，伊等自咸豐年間來團墾荒後，不知何處有公府祀田，伊等亦未造册具禀。至册造地畝數目，核與伊等底册不符等語。其未到之獨山屯官唐錫犨等，或已先病故，或無處查傳，應無庸議。蓋若輩遞禀，乃係私圖領地，任意譸張，并非真爲祀田起見，是此項圖册已不足信。矧沛縣秦家莊、刁陽里兩處祀田，經該道等查訊明確，均已淹没湖心，並無寸土。惟既欽奉特旨飭令撥還，謹擬循照元碑所載，秦家莊六十頃、刁陽里三千大畝，如數補還。計一大畝，即江省之三畝。除同治八年已撥八頃外，其餘一百四十二頃，以各團上則之地撥補湊足一百五十頃。查該處團内團外上則之地，歲租有每畝征錢八十文者，有征錢百餘文者，今令每畝均作錢一百文核計，以昭優厚。每年共計租錢一千四百二十串，統由徐州道就他項充公湖田租價之内，酌量撥補湊足此數，團户不得加租。惟各團租户承種已久，舍此别無謀生。所有現撥各租，應仍由官局征解，按年由衍聖公派人赴徐州道領取，不必指撥何處田地，以免更佃换租，另啓争端。至此項團租撥出後，徐防餉需如有不敷，應由該道另行籌措，禀明辦理等情，詳覆前來。

臣查徐州境内孔子祀田，久已浸入湖中，現經查明，實係無址可考。伏思我朝尊崇先聖，邁越前朝。在元代撥給祀田，尚且如此豐厚，若竟聽其淪於湖水，不爲之設法補還，不惟有關闕里之馨香，亦不足仰稱皇朝之恩禮。今飭據該司、道等設法通籌，如數撥補，並爲釐定租額，按年赴徐州道支領。則款既有著，與民無争，庶可垂諸久遠，永無短欠，以上副聖主尊重師儒，聿修祀典之盛意。

（硃批）户部知道。（欽此）

撥款疏濬江皖豫三省河道摺 光緒二十一年十二月二十八日

竊照河南黄河支流之减水河、洪河，自虞城、夏邑、永城經江蘇之碭山、蕭縣以達於安徽宿州、靈璧、泗州之睢河，而注於洪湖。其間支河湖港紛歧四出，而皆下匯於睢河。乾隆年間，以睢河不能容衆水，導睢河爲三股，有北股、中股、南股，中股爲睢河正流。咸豐之初，黄河日益淤墊，漸將改徙，豫、江、皖各河亦逐段淤阻。春夏水潦大至，無從宣洩，泛溢爲害。各屬災民蕩析離居，不堪擊目，而尤以永、碭、蕭爲尤甚。民不堪其患，則決築埂，以鄰爲壑，械鬭戕生，積年相尋，命案至不可枚舉。同治年間建議疏河，委員迭勘下游，持論恒以河流注於洪湖，洪湖匯淮入海之故道既塞，洪湖亦淤。必先疏其入海故道，而後由泗州以上溯永、碭之河，節節疏濬，始無泛濫倒漾之虞。第綿亘千里，工程過大，籌款彌難。至今垂三四十年，屢議屢輟，迄無成功，而小民罹於水患，亦至今三四十年而未有已也。本年徐州道沈守謙禀復，以碭、蕭災民迭年困苦情形爲言，請力籌修河之舉。經臣派委江蘇候補道李振邦，前赴徐州暨皖省下游，會同該道沈守謙並鳳（穎）［潁］道[一]王定安、鳳陽府王詠霓妥議勘辦。茲據該道府往復籌商，勘估工程，先後禀復。

據稱，永、碭、蕭工程較短，亦不必别籌改修之法，第就原河加濬深廣，需費二三萬金，就地籌捐，可以集事。其皖省工程，

[一]「鳳穎道」，應爲「鳳潁道」。以下兩處同。

如仍持昔日疏治洪湖之議，斷難收功。且查洪湖湖面寬廣，足以容納衆流，無虞潰溢，原可無庸疏濬。而從前屢以濬河爲言，實由下游靈泗北境故道壅塞，高等平地。居民業多耕植，兼有墳墓，泗州不願上游挑濬故道，遂以洪湖未濬相諉。現議改道辦法，導北股河之水以達於靈璧縣之岳河，導中股與南股河之水合流入宿州之運糧溝，以達於澮河。而運糧一溝，恐不能容南、中兩股之水，則治陀阿梁溝以復其舊。使各河之水，皆得順軌下注於洪湖，有所歸宿，不致横溢，則各屬水患，從兹永息。惟工款艱鉅，估計經費不下十萬金。皖北貧瘠異常，就地斷難籌捐，庫儲復無閒款可撥。擬請將查抄已革總兵衛汝貴典産變價，撥作工費等情。

臣查事關三省水利，既經該道、府勘定，亟應及時興辦，未便以皖省之款難籌，工復中輟，致仍受昏墊之灾。至衛汝貴各産，本係抄完軍餉，第此項河工於民生利害所關甚鉅，以之移作工費，尚係以公濟公，事屬可行。惟前經迭飭各州縣將所抄衛汝貴典産招商承頂變價，現惟睢甯允隆、邳州允祥兩典出頂，餘仍接替無人。臣現嚴飭各地方官廣爲設法，趕緊招頂變價，擬於中湊銀十萬兩以爲皖北此項河工之需。此款即發交鳳（穎）［潁］道，督同鳳陽府撙節動用，一切收支，認真經理，事竣核對造册報銷。除飭徐州道暨鳳（穎）［潁］道、鳳陽府趕緊會商，定期開工。其皖省河工未盡事宜，並由該道府隨時妥籌禀辦，務期盡善而底於成。並咨河南巡撫臣，飭令永城縣一體舉辦外，所有撥款疏濬江、皖、豫三省河道，以興水利而除民患緣由，謹會同江蘇巡撫臣趙舒翹、安徽巡撫臣福潤恭摺具奏，伏祈聖鑒。

（硃批）著照所請，該部知道。（欽此）

通海設立紗絲廠請免税釐片 光緒二十一年十二月二十八日

再，臣欽奉諭旨，飭令招商多設織布、織綢等局，籌款購置小輪船十餘隻，專在内河運貨，以收利權。遵即由臣派委江蘇糧道陸元鼎等，會同在籍紳士降調山東巡撫任道鎔、前國子監祭酒陸潤庠，在江甯、蘇州、上海三處設立商務總局，酌量地方情形，增設紗、絲各廠。兹查通州海門爲産棉最盛之區，西人考究植物，推爲中國之冠，各處紗廠無不資之，涎視已非一日。近日洋紗内灌，通海鄉人利其匀細，轉相購買，參織土布，每年銷耗四十餘萬金，若不亟就該處興辦紗廠，則民間此項漏卮，無從而塞。而日本新約，有准其工商至各口岸城鄉市鎮任便製造之條，難保非意存侵越。且查通海近年所産蠶繭，亦漸向旺，非紡紗、繅絲兼舉，尤恐有顧此失彼之虞。查通州在籍紳士前翰林院修撰張謇，向來講求時務，情形較熟，當經函商，力籌護持小民生計、杜塞外洋漏卮之策。屬其邀集紳商，剴切勸導，厚集股本，就地設立紗、絲廠，以副朝廷自保利權之至計。兹據通州知州汪樹堂、海門廳同知王賓會詳，據商董潘華茂等呈稱，就地購花舉辦，成本較輕，集事較易。願在上海、通州、海門等處集股六十萬兩，就通州近江地方設立紗絲廠，議章請辦。

臣查通州處江海交匯之區，近上海通商之埠，邇來風氣大開，鄉民耳目尚不虞其不習。而設立機廠，事屬創舉，一切章程，必應詳細核定。臣督飭司道將該商等所禀章程逐一考核，均屬可行。應照上海機器紡紗、織布各廠奏定章程，只在洋關報完正税一道，其餘釐税，概行寬免。除由臣批飭招股興辦外，理合附片陳明，一面將該商等稟請核定章程咨送總理衙門備案。

（硃批）該衙門知道。（欽此）

保薦人才摺 并清單 光緒二十一年十二月二十九日

竊照上年閏五月十三日欽奉上諭，令内外大臣保薦人才。當經臣敬舉所知，於六月内奏陳在案。竊惟人才必由訪求，而才守必經實驗。半年以來，臣於兩江所屬各官詳加考求，復就平日所知，與夫衆論交推者，詳加考證。謹就確知深信者臚舉數員，以備朝廷裁擇。其間才器雖不盡相同，而要必以人品端謹，切實有用者爲歸，以期無拂於以人事君之義。至於應如何甄録擢用之處，聖明自有權衡。謹繕具清單，恭呈御覽。

謹將遵旨保薦人才各員開具清單，恭呈御覽。

湖南按察使俞廉三　器局端誠，才識諳練，治軍精密，遇事確有定見，不肯依違。臣前在山西與該員共事有年，頗知其深，洵爲兩司中不可多得之員。

安徽徽甯池太廣道袁昶　學優才長，志趣清遠，地方公事極勤劬而極敏速。向在總署當差多年，博通洋務。任蕪湖關道後，於洋關税務司及領事等俱能駕馭有法，操縱合宜。而在任裁汰陋規、浮費萬餘金，儉約刻勵，其廉潔可風，尤爲人之所難。

奉調江南差委分省補用道黄遵憲　學識賅通，心思沉細，洋務素能精心考求。近日委辦五省教案，先辦江省各案，皆係積年膠葛之件，與法領事精思力辯，批却導窾，該領事頗就範圍，挽回甚多，已咨明總署有案。是其長於洋務，確有明徵，堪勝海關道之任。

奉調江南差委江西候補道惲祖祁　才具幹練，任事勇往。其性情伉爽，不避嫌怨，絶無官場積習，洵爲有用之才。

在任候補道江甯府知府李廷簫　品格端重，操守清廉，察吏嚴明，政事勤練，江南官場公論推爲正人。該員歷任河南、江南兩省首府將及十年，資望最深。在今日知府中實爲卓然拔俗之選，任以監司，設施必有可觀。

江蘇候補道朱之榛　才猷明練，綜覈精詳。在蘇三十年，本省吏事民事最爲熟習透徹。屢署司道，管理釐局甚久，遇事實心整飭，專爲裨益公家起見。江蘇官場習氣，安逸敷衍、瞻顧情面者居多，如該員之勤職認真，實不易得。

江蘇候補道志鈞　心細才長。能知政體。委辦湖北督銷局，於鹽務利弊，分肌擘理，委曲透達，實力整頓。鄂邊兵單梟熾，該員自行節省籌款，添募勇營，訓練督緝，嚴核分銷各員，不徇情面，分銷遂無虧欠課價之弊。歷年該局總辦，多有虧挪商捐緝費之事，該員裁節浮費，歲省一萬三千餘兩，以後永杜新虧。察其志趣才識，在江蘇候補道員中誠爲出色之選。

甘肅慶陽府知府徐慶璋　才長力果，膽識俱優。在遼陽州任内，平日深得民心。上年以來，糾集團勇，力禦東洋，屢挫凶鋒，功績卓著，海内皆知。較之當年在津力抗洋人之石贊清，戰功尤偉。今已蒙特達之知，簡擢知府。近來士氣頹靡，武臣怯懦，當此力圖自强，蒐羅人才之時，如該員之守邊有功者，儻再蒙朝廷破格早予擢用，則人心咸知奮厲，似爲鼓舞羣才之要道。

奏調湖北差委分省補用知府錢恂　學識淹雅，才思精詳，平日講求洋務，於商務考究甚深。嗣兩次經出使大臣奏帶出洋，經歷俄、法、德、英諸國，並此外各國，亦經該員自往遊歷。於外洋政事、學術，確能考索要領，貫澈源流，期於有裨實用，不僅傳説皮毛，以炫異聞。臣所見近日通曉洋務之員，其密實知要，未有能過之者。凡委辦一事，必能澄心渺慮，審度時勢，裁斷敏速，能言能行，實爲切於時用之長才。

江蘇候補知縣薛培榕　操守廉潔，才具精練。該員於光緒十一年臣在粵時，奏調赴粵差委，委辦槍彈廠，旋委辦銀元局、錢局，每年款項出入以數百萬計，局員雖多，緊要責成全在該員一人。綜理微密，稽核勤苦，近年盈餘銀數十萬兩，可謂卓著成效。臣先經奏調赴湖北差委，已奉旨允准，前兩廣督臣李瀚章奏留不令赴鄂，嗣後屢經電商不允，昨與兩廣督臣譚鍾麟電商，仍復堅留不遣，其爲倚賴可知。如該員之長於機器製造，精於理財，而操守如此清廉者，近日實爲罕覯。

旨：留中。欽此。

馮子材撤防回粵片 光緒二十一年十二月二十九日

再，督辦欽、廉防務雲南提督馮子材，前年冬間，臣因江南海防緊要，奏請飭令募軍來江，防扼前敵海口、獅子林一帶地方。奉旨：張之洞電奏，請飭馮子材募舊部粵勇十營速來江南辦防等語。即著該督電知馮子材照數招募，迅赴江南，辦理防務。欽州一帶防營，並著知照李瀚章，另行派員統帶。欽此。該提督於上年三月十四日統軍到江，晤談時矍鑠猶昔，慨念時艱，忠勇奮發，毫無畏阻，與他軍統將迥然不同。其時因海州戒嚴，商令暫紮鎮江，以備聞警馳赴，並先行輕騎馳往海州察看諸軍情形，均經會銜奏明在案。

鎮江係該提督咸豐、同治年間立功之地，士民聞其再到，歡慰非常。他將領所部粵勇十數營及別省勇營聞該提督到江，士氣皆形振奮。駐鎮將及一年，紀律嚴明，操練認真，官民悦服。該提督素性廉介淡泊，待其部下將士，一秉至公，故法令雖嚴而軍心極爲帖服固結。且於防務大定後，派所部將弁勇丁，幫同修理鎮江府城工，極爲勤勞。該提督係奉旨辦理防務之員，與尋常統領不同，茲當全軍遣撤回粵，自應專案奏明。

竊思該提督原係督辦廣東欽廉防務，因其籍隸欽州，威望久著，深得民心軍心，邊境賴以安謐。聞近年來，法人於邊界屢萌窺伺，動生枝節，似尤須宿將坐鎮，以懾敵謀而定民心，實於邊防有益。今該提督回粵以後，是否仍令督辦欽廉防務之處，相應聲明請旨飭下兩廣督臣暨該提督欽遵辦理。

（硃批）馮子材仍著督辦欽廉防務。（欽此）

酌撥槍礮解歸湖北片 光緒二十一年十二月二十九日

再，臣於上年九月間，在湖北奏撥湖北糧道庫銀十萬兩、宜昌關税銀十萬兩，並電商户部准撥江西協解銀二十萬兩、江漢關湊撥銀二萬兩，共銀四十二萬兩，向外洋訂購快槍、快礮各件，接濟北路前敵各軍。臣奉命來江，各槍礮始陸續運齊，俱已由江南點收，分別撥解北路及江省防營應用，並飭發金陵軍械所儲存候撥。所有槍礮價款，除在湖北已撥付外，尚餘各處找解餘款十四萬八百餘兩，均係解交江南籌防局列收，以備貨到找價之用，各在案。

查鄂省籌措鉅款購械供軍，因其訂購在先，運到較早，不惟接濟前敵，即江南各防營，當軍械未到之時，即係將鄂購各械分撥應急。此時防務竣事，自應分撥若干歸於鄂省，方昭平允。查江省精械甚多，軍械所房屋亦有堆存不下之勢，且恐委員人等兼顧不遑。臣前奏以爲鄂省四達之區，南北適中，援濟各路甚爲活便。近日各路散勇回楚，會匪潛滋，又值湘省旱荒，西陲未靖。荆、襄、武、漢據形便之地，不宜無所儲存，以備緩急。似應酌量分撥軍火，解歸湖北善後局收存備用，不惟情理允協，且於大局亦有裨益。

查江南現存快槍八萬餘枝，大、中、小快礮四百四十餘尊，其由北路遣撤各營收回者尚不在内，後膛單響者亦不在内。兹酌量分撥，於江南現存德國小口快槍八千枝内分撥槍三千枝、彈一百五十萬顆，比國馬快槍二千枝内分撥馬槍一千枝、彈五十萬顆，中小快礮四十五尊、彈六萬八千三百顆。合計價值銀四十一萬餘兩，較之鄂省撥款，尚屬有絀無盈。

（硃批）著照所請。該部知道。（欽此）

限制租界嚴禁侵占摺光緒二十一年十二月二十九日

竊惟上海爲中國第一口岸，其地處南北兩洋之交衝，握中外各商之樞紐，欲振中國商務，必自上海始。上海爲各國僑處，應行整飭防閑之事甚多，而今日急務，則莫如限制洋人於租界外占地一事爲最要。若不亟籌堵截之法，則日闢日多，上海縣城外及寶山縣濱海地方，悉成洋界，流弊無窮，不堪設想。前據江海關道黄祖絡禀稱，聞英國擬自滬北泥城橋界外跑馬場直達静安寺，沿蘇州河而下至新閘，法人由八仙橋界外起，到徐家匯止，均欲劃歸租界，較原訂之界，大致數倍。聞該領事已詳公使。當經電達總理各國事務衙門，向該公使駁阻在案。

查上海有英、法、美三租界，法界居中，其地略小，英、美居外，其地俱大。租界之中，洋商自用有限，轉租華民以實之，户口已不下二三十萬。現在法界之地無可擴充，惟南市一帶與之毗連。幸有十六鋪橋爲限，該處華民不肯賣與洋商，堅持甚力。現經奏明，由官自築馬路，正爲力杜侵越。英、美兩界，地既散漫，四處可通，繁盛之區，市廛已滿，而界綫之外，仍復擴充無禁起造洋房。按圖，英界以泥城橋爲限，今則由泥城橋外直達徐家匯等處十數里，皆有馬路通行，此英界之所占也。美界定綫最後，尤無限制，同治初年所租止九百餘畝，嗣後美領事西華不商關道，自畫界限，將未租民地圈入萬餘畝。光緒十九年十月，經本任督臣劉坤一飭江海關道與美領事商議，將界綫内東北一帶未租餘地收回二千六百畝，咨明總署在案。而於西北一帶界外所占之地，未及清釐。查美國領事自立界石，雖在蘇州河邊，而該河裏面之地，今亦起造洋房，此美界之所占也。又該河西岸大王廟一帶至萬航渡等處十餘里，與其中路由虹口達江灣至吴淞三十餘里，亦皆有馬路通行，浦東雖無馬路可通，近年洋房亦已不少。推其占地之由，必先築馬路，繼則設捕房，挂路燈，編門牌，闤市漸開，未幾而已成爲租界。按煙臺條約第三端之二内載，各口岸已定租界，應勿庸議。界綫之外，但爲洋人僑寓之所，不能以租界論。法約第十款，雖有各口地方，法人房屋間數、地段、寬廣，不必議立限制。然係指法人租地造屋，并非即言租界。今上海則不然，地方官或加詰問，則以索還馬路經費爲詞，多端要挾。

租界既成，緝匪提人之事，非照會領事協同洋巡捕不可。阻我抽華商之釐，而洋人工部局留爲按月收捐之地。奸商避我抽釐，復挂洋牌，自甘化外，利權盡失，欲挽無由。推本厲階，皆由於此。歷年上海地方官但知素餐漁利，形同聾聵。以自轄境土，中國精華，一任外人侵據開拓，占盡地利商利，付之不聞不問，此誠可爲歎息痛恨者也。又聞洋人談論，以上海爲各國商務最重之區，遇有兵爭，作爲局外，以便保護。故不但洋人樂居其地，華人亦莫不然。地價之昂，勢尚未已，則洋人之占地其勢亦恐未已。尤可慮者，近西南一帶，爲由滬入淞江之要道，近北一帶，爲由滬入蘇州之要道。西南有製造局自築馬路，堵截尚易，其近北一帶萬航渡以上，儻再聽其接修馬路，擴充租界，勢必及於嘉定、崑山境内，將成不可收拾之勢。

竊思上海要區，華洋雜處，諸事洋人爲政，事權旁落，隱憂已深。現經臣奏明籌開鐵路於洋場東北，築馬路、馬頭於洋場西南，正所以防其侵越。詎意竟欲將此繁盛之區全作租界，占盡上海利權，喧賓奪主，實出情理之外。查租界之設，原爲洋商建造行棧起見，果係洋商不敷居住，索地推廣，尤有可說。豈知各國本有之界極寬，洋商無幾，近二十年任意侵占，已逾原有租界甚遠。乃又欲假租界之名，盡收滬上華民之利，漏釐捐，擾政權，實屬關繫大局。今日在我惟有堅持定見，斷不許其再行擴充租界，并須力籌防微杜漸之法。凡界綫之外洋人已築馬路，約明不得再接，其未築者，約明不得添設。民間亦不得以界外之地私賣與洋人，如有私賣者，上海縣不准給單，上海道不准轉契，即將該民人嚴治其罪，并將該地充公，地價追繳入官，以示嚴罰。必須認真辦理，則私賣暗占之風方可漸息。一面責成蘇松太道隨時防察，凡租界外洋人馬路已到之所，即於其地接造馬路一段，迎頭攔截，彼自不能軼出範圍。所需經費准稟請籌給，所費并不甚多，而越界侵占之弊，不言而自絶，不令而自行，尤爲善策。此事不惟有關中國管轄土地之權，實爲要政。并請敕部嚴定處分，如以後洋人於上海、吴淞等處租界以外任意侵占，華民私行賣給，地方官不行稟明禁阻，一經查出，即將蘇松太道及該管之上海縣或寶山縣俱照溺職例嚴行懲處，庶足以儆昏吏而重海疆。除嚴札蘇松太道轉飭上海縣，并會丈局嚴密查禁外，相應請旨敕下總理衙門與各國公使議明，轉行上海各領事知照。此舉於中國約章、各國公法，均屬不准踰越之端，如洋使必不肯明允，則由外間迅速力籌自造馬路、攔截洋路之策，彼謀自沮。惟有中外合力堅持，嚴予限制，大局幸甚。不勝屏營激切之至。

（硃批）該衙門議奏。（欽此）

謝賜雙福字摺 光緒二十一年十二月二十九日

光緒二十一年十二月二十四日差弁賫到御賜福字二方，一賞臣兩江總督署任，一賞臣湖廣總督本任。當即恭設香案，望闕叩首謝恩祇領。欽惟我皇上乾坤合撰，奎璧同文。右徵左宫，鳴玉承歡於蘭殿。東鶼西鰈，貢珍集慶於蘿圖。以微臣兩鎮之蟬聯，荷聖藻雙毫之齊下。春偕鳳至，風雲律吕以諧笙。福必駢臻，日月光華而合璧。類胥臣之再邀賞命，等世忠之奬及兼官。申命便蕃，對揚惶悚。臣攝官淮海，宣德荆衡。際重熙累洽之昌期，祝再熟屢豐之靈貺。吴頭楚尾，恩波通一帶之江。河圖洛書，瑞氣護雙南之寶。

撥解陝甘新疆軍火片[一] 光緒二十一年十一月至十二月　日

再，本年六月間甘肅河川回變，軍情緊急，陝甘督臣楊昌濬、護理陝西撫臣張汝梅，先後電商借撥前後膛洋槍、大銅火及兩磅礮。所需價值即由江省應解甘肅協餉內劃扣。並據甘省支應局電請撥濟格林礮及槍藥、礮藥，甘肅新疆撫臣陶模電撥銅火各等因。當經臣酌撥甘肅省前膛槍一千枝、大銅火二百萬顆、毛瑟槍一千枝、藥彈五十萬顆、兩磅後膛過山礮十尊、開花彈五萬顆、實心彈一千顆、銅管拉火四千枝、十門格林礮五尊、藥彈五萬顆、細槍藥一萬五千磅。酌撥陝西省前膛槍一千枝、大銅火二百萬顆、毛瑟槍一千枝、藥彈五十萬顆、兩磅後膛過山礮十尊、開花彈二千顆、實心彈一千顆、銅管拉火四千枝、十門格林礮五尊、藥彈五萬顆。酌發新疆銅火五百萬顆。一併委員運解至湖北襄陽老河口，轉交陝西迎提之員，分別運回應用在案。嗣又准陝甘督臣楊昌濬電商代購毛瑟槍及來福前膛槍、馬槍並洋火、洋藥等項前來。當查毛瑟槍及前膛來福槍兩項，除此次撥解陝甘外，江省均已發給各營，猝難收回。且新舊湊集，亦不適用。馬槍一項，江省向無存儲，如向外洋購買，約必須四五個月方能運到。查有江南去冬新購之格拉司槍，即法國之毛瑟槍，其藥彈與毛瑟槍向係通用，膛口相合，復經酌撥此項槍二千枝，配毛瑟彈二百萬顆，並撥洋火六百萬顆、洋藥三十萬磅一併委員徑解甘肅省城交收濟用。除飭局查明以上所撥槍礮彈藥等項價值銀兩，由江蘇藩、運兩司分別劃扣協餉外，所有先後撥解陝西省、甘肅、新疆，槍礮、子彈、銅火、洋藥等項緣由，理合附片奏陳，伏乞聖鑒。

知道了。

參革營官片 光緒二十一年十一月至十二月　日

再，近來外省防營勇數每多缺額，疊經嚴札申誡，不啻至再至三。乃統帶滬防三營記名提督蕭鎮江，於所統中、左、右三營勇多不足。經該營文案委員候選巡檢徐昭本具禀，該提督每營缺勇一百三十餘名，長夫則全數入己。臣以案關重大，一面札提該提督及營官來省發交營務處質訊，一面委員前赴該營密查。隨由營務處司道調驗該營發餉名册，詳加究詰。查得前管帶滬防右營儘先遊擊劉祖賢呈出散餉原册，自本年正月以至五月，每月均短勇額二三十名不等，未據呈報截曠。且該提督前於兼轄之左、右兩營，每月又各提公費銀五十兩各等情。又據委員候補知府唐光照禀稱，該提督蕭鎮江所統之左、右兩營已經奉文裁撤，無憑查考。現僅存該提督所兼帶之中營，駐紮上海縣南門外，當即改裝易服，親至該營逐細查訪。查得勇丁亦未足額，該營並無長夫，其領回長夫餉銀，不知該提督作何支用等語。先後詳覆禀覆前來。臣查蕭鎮江所部之營缺額甚多，毫無覺察，且自帶之一營勇丁，亦非足額，長夫有名無實，且有向各營提取公費情事。劉祖賢委充營官缺額尤多，似此統帶、營官扶同虚冒，均屬未便姑容。相應請旨將統帶滬防三營記名提督蕭鎮江，以都司降補。管帶滬防右營儘先遊擊劉祖賢，即行革職，以儆效尤。理合附片具陳，伏乞聖鑒。

另有旨。

[一] 以下二件録自《京報》第五四二八號。

照章仍裁防營長夫片〔一〕 光緒二十一年十一月至十二月　日

再，江蘇湘淮各軍按楚軍營制，每營五百人用長夫一百八十名，一哨用長夫二十二名。嗣於減裁長夫案内聲明，步隊每營暫裁六十名，遇有戰事仍照章添足。前因江海防務戒嚴，當將扼守礮臺各營前裁長夫添勇足額，業經奏明在案。又查駐紮清江之老湘合字四營，於上年秋間調守江陰礮臺。駐紮上海之奇兵右營、駐紮常熟縣境之撫標親軍正後營，均屬扼要之區。又駐紮上海之忠字、信字二營，續經調赴北上。所有該老湘合字中營並中哨前裁長夫六十八名，合字左、右、後三營，忠字、信字二營，每營前裁長夫六十名。又撫標親軍正後營，原設長夫一百二十名，本較營制減少。前因辦理防務，淞滬、江鎮等處各營均已照加。所有上項各該營，或調赴北上，或扼要調紮防守礮臺，事同一律，前據各將領稟請前來。當飭照章募足長夫一百八十名，以恤兵力而免偏枯。現在撤防，已飭一律減汰，仍照平日防營章程。據江蘇防營支應報銷處司道詳請奏咨前來。除咨部查照外，理合附片陳明，伏乞聖鑒。

該部知道。

參劾管帶營官王先勝片〔二〕 光緒二十一年十二月　日

再，管帶章字副前營頭品頂戴記名提督博卿額巴圖魯王先勝因約束不嚴經臣訪聞飭委候補知府吳增瑾前往查辦。

緣七月内該軍遣散之時，該管帶由輪船督押遣勇各回原籍，乃聞該營勇丁有籍隸楚皖先已流寓江南者輒於中途求去，不願登輪。該管帶並不稟候示遵輒准各勇紛紛自散，以致各散勇無所管束。安分者固仍小資營生，無聊者不免販鹽行竊，滋生事端。當經臣飛飭代統該軍提督譚會友及地方文武分別查□懲辦，並追押上船，地面漸即安靖。惟該營管帶於督押散勇回籍並不押令登舟，輒准中途自去，致無管束，實屬庸懦無能，未便以營已遣撤稍從寬假。相應請旨將管帶章字副前營頭品頂戴記名提督博卿額巴圖魯王先勝撤銷頭品頂戴清字勇號記名提督，以遊擊降補，以肅戎政。除分咨兵部暨江蘇撫臣查照外，理合附片具陳，伏乞聖鑒。

著照所請。兵部知道。

請准守備林夢熊改省効用片〔三〕 光緒二十一年十二月　日

再，准江南提督譚碧理咨，據提標期滿武進士林夢熊稟稱：[係]浙江黄巖縣人，由武生中式武舉人，辛未科會試中式武進士，奉旨以營守備用，經部分發江蘇省効力，於光緒元年到標。試用期滿，咨部註册在案。現因候補多年，資斧不繼，稟懇奏請改歸浙江本省提標効用，俾便籌措等情前來。合無仰懇天恩俯准該守備林夢熊改歸浙江本省提標効用，以示體恤。謹會同江南提督臣譚碧理附片陳明，伏乞聖鑒。

著照所請。兵部知道。

〔一〕録自《京報》第五四四一號。

〔二〕録自《京報》第五四四五號。

〔三〕以下二件録自《京報》第五四五六號。

遊擊劉吉榮留省補用片光緒二十一年十二月　日

再，部撥兩江儘先遊擊劉吉榮，年五十一歲，係安徽望江縣人，由軍功隨剿出力，洊保儘先補用遊擊。光緒十二年因公赴都，十三年禀奉兵部發歸兩江督標候補，是年六月到標，旋於鄭州大工合龍，經前河南撫臣倪文蔚奏保，請以遊擊本班前先即補，並加副將銜，光緒十五年八月初五日奉旨：依議。欽此。光緒二十年經督臣劉坤一以該員劉吉榮年力富强，營務諳練，奏請序補江西贛州城守營都司員缺。旋准部咨，查劉吉榮安徽人，歷保各案均未奏明留於兩江補用，應歸本省候補。今補隔省之缺，核與定章不符，應毋庸議。咨行前來。臣查該員劉吉榮出力最著，投標最久，在兩江地方情形極爲熟悉，因未奏留兩江不能補兩江之缺，殊爲可惜。合無仰懇天恩俯准儘先遊擊劉吉榮，以原官仍留兩江前先即補。除飭取履歷咨部查核外，理合附片陳明，伏乞聖鑒訓示。

著照所請。兵部知道。

查明河運出力各員請給奬摺〔一〕光緒二十一年十二月　日

竊江北歷届辦理河運出力人員，均經各前督臣奏准給奬。光緒十九年分江北河運漕糧於二十年三月初八日開行，八月初二日行抵天津，適值海上用兵，經直隸督臣李鴻章奏明截留接濟軍食。於九月初一日，全數兑交天津海防支應局騐收完竣。所有在事出力各員，據江甯布政使瑞璋、江安糧道馬恩培開單詳請具奏前來。臣查上年漕船自開行後，駛抵楊莊中運河，因桃、宿、邳一帶，涸淺極多，多雇剥船，逐起提剥，設法趲進，經過瀠流匯澤各閘，及頭二、三灣，溜勢湍急，添設關纜，雇夫分段拉溜，迨抵曹家渡等處，仍多淺阻，八閘以内，河底悉係砂礓，挽行不易。本届湖水較旺，各閘溜尤湍悍，挽放益加艱險。頂溜分起灌塘，層遞套送帶剥加縴拉行，過濟甯之天井閘。查濟甯迤北運道，遞年受淤過甚，河底高仰不平，復飭將北折林閘以下閘閘扨扳抬托，催令各船多節長剥，飛速趲行，推挽拽磨，始抵壽張縣境之十里鋪。測量清高於黄四尺有奇，守候汛漲，始近一月，而黄水旋長旋落，不得已啓壩冒險入黄，已出三起至四起，十七號尚稱順利。詎意事有變更，自三里莊以至閘口間段淤澀，黄水又落，水勢日消，愈出愈難。五六兩起甚有全行起空，猶須多雇人夫，水中推磨出纜拉拽，甫能一律挽入黄河。察看陶城埠運口以上，又添碎石挑溜壩二道口門，逼成背溜，致起漫灘，當飭雇夫挑撈，以利漕行。而本年汛水較弱，漕船久泊黄河，甚屬危險，遂飭各幫趕剥啓壩進船，僅進一百餘號，水已大落，欲進無從，當將龍灣缺口内阻滯已剥空船得以放過閘下，騰出空塘，以便撈淤。嗣幸黄水復長，飭令各船加成提剥，星速趲進，竭盡人力，始克全入運河，趕抵臨清，挽送入衛。嚴催晝夜上駛，俾得趨抵天津交收無誤。在事文武員弁，相機籌辦百計經營，不避艱險，悉皆始終勤奮。擇其尤爲出力者，擬請援照成案，分別給奬。並遵章飭取文職履歷，咨送吏部外，理合繕具清單，恭呈御覽。合無仰懇天恩俯准一體給奬，以示鼓勵。謹會同漕運總督臣松椿、江蘇巡撫臣趙舒翹恭摺具陳，伏祈皇上聖鑒。

該部議奏。單併發。

〔一〕以下三件録自《京報》第五四五四至五四五五號。

參革遊擊陸朝英片 光緒二十一年十二月 日

再，准辦理江南防務雲南提督臣馮子材咨，以前因訪聞萃軍營勇有在鎮江城外聚衆賭博情事，當派差弁前往查拿。詎有隨營差遣之花翎升用叅將儘先補用遊擊陸朝英聞知，僭行通信受賄包庇。迨經差弁拿獲賄勇二名，又復被其釋放。似此藐法妄爲，實屬有壞營規。咨請奏叅懲儆前來。臣查陸朝英以隨營武職，膽敢受賄庇賭，實屬行同無賴。相應請旨將花翎升用叅將補用遊擊陸朝英即行革職，以示警戒而肅軍律。除將該員歷保花翎叅將遊擊都守獎札咨部核銷外，理合附片具陳，伏祈聖鑒。

著照所請。兵部知道。

更換防營管帶片 光緒二十一年十二月 日

再，查江海防營更換管帶員弁歷經遵旨隨時奏聞在案。茲查統領太湖水師兼帶親兵正前營記名提督李新燕已經奏參，所有親兵正前營事務飭委儘先都司劉祥吉暫行代理。又管帶松防後署記名總兵沐鴻恩另行差委，飭委儘先守備曹瀛西接帶。又管帶江竣後營補用參將程孔堯因病銷差，所遺營務飭委儘先守備程孔武接帶。又管帶督捕親軍哨並督標水師右哨保甲局江蘇候補道鍾啓祥病故，所遺該哨事務飭委保甲局江蘇候補道袁秉□接帶。又管帶赤松鎮□補兵營蘇松鎮標中營遊擊滕代勇撤任卸事，所遺營務飭委兼署中營遊擊曹廣榮接帶。又管帶撫標□□水師新中營補用都司黄春時撤退，所遺營務經撫臣飭委補用遊擊太湖右營都司許國祥接帶。又管帶撫標正前營江蘇候補道韓□□□經撫臣飭委儘先都司准補蘇州城守營中軍守備吳廣升接帶。又管帶撫標親兵中營中軍參將常福銷差，經撫臣飭委留浙□用縣丞簡□泉管帶仍充營務處。又管帶廣東常勝營萃字中軍前營江蘇試用府經歷楊桂□在營病故，所遺營務飭委兩廣督□儘先守備李□□接帶。又管帶撫標親軍副前營前福建汀州鎮總兵朱德明應行撤換，經撫臣飭委候補知縣竇鎮山接帶。又統領淮北緝私得勝水陸等營新授陝西河州鎮總兵王得勝因病辭差，所遺淮北緝私得勝等營飭委副將銜兩江儘先即補遊擊桂文斗接帶。以專責成。除飭取各該員履歷咨部查核外，謹會同江蘇巡撫臣趙舒翹附片具陳，伏祈聖鑒。

兵部知道。

請准以鄭仲和補授知縣摺[一] 光緒二十一年十二月 日

竊寶山縣知縣馬海曙，於光緒二十一年六月初五日病故開缺，應歸六月分截缺。所遺寶山縣知縣，係繁疲難沿海兼三要缺，例應在外揀選調補。該縣地處海濱，界連上海通商口岸，所轄吴淞江爲商船出入要道，華洋雜處，稽查彈壓在在均關緊要，必須精明廉幹之員方足以資治理。臣等於通省現任知縣内逐加遴選，非現居要缺，即人地未宜。惟查有即用知縣鄭仲和，年四十三歲，福建人，由廪生中式，光緒元年乙亥恩科本省鄉試舉人。十二年丙戌科會試貢士，殿試三甲引見，奉旨：以知縣即用。欽此。籤掣直隸，親老告近，改發江西。十三年五月二十四日到省，十六年六月丁母憂，十八年服滿起復。十九年在本省遵新海防例捐離

〔一〕以下六件録自《京報》第五四五六至五四五七號。

遠省，改指江蘇。仍歸原班補用。二十年二月經部核准，四月初一日到省，接准改省過班部文，坐二十年三月二十日行文照限扣至四月十五日，作爲到省日期。覆查該員才識穩練，治事精勤，以之請補寶山縣要缺知縣，洵堪勝任，與例亦符。據蘇州布政使鄧華熙等會詳請奏前來。臣等往返函商，意見相同。合無仰懇天恩，俯念員缺緊要，准以即用知縣鄭仲和補授寶山縣要缺知縣，實於沿海地方有裨。如蒙俞允，該員係即用知縣請補知縣，銜缺相當，毋庸送部引見，亦毋庸查造叅罰。僅合詞恭摺具陳，伏乞

皇上聖鑒。

吏部議奏。

請調道員王秉恩赴鄂差委片光緒二十一年十二月　日

再，廣東候補道王秉恩於上年冬間，因南洋海防事，亟經臣奏調來甯差委。嗣軍務解嚴，該員以保升道員捐過升班，稟請給咨赴部，經臣咨送吏部帶領引見，奉旨：照例發往。欽此。欽遵在案。臣蒙恩飭回湖廣總督本任，所有湖北省奏設鐵政、鎗砲、銀元三局，織布、紡紗、繅絲三廠，皆係振興戎備，自保利權，均屬關涉洋務要端。現當遵旨加意籌辦之際，綜核振興，需才孔亟，該員才長心細，於外洋工商情形素稱熟習，足資指臂之助。合無仰懇天恩俯准將廣東候補道員王秉恩調赴湖北差委，實於創辦諸要務有裨。理合附片陳請，伏乞聖鑒。

著照所請。吏部知道。

請將江南鹽道與他省調缺補用片光緒二十一年十二月　日

再，江南鹽道胡家楨到任數年，於本任公事尚無貽誤。查該員年力强壯，才具精明，於地方情形均能熟悉。自去冬以來，江南籌辦海防頗資得力。惟該員籍隸浙江，前在蘇省頗久，與江蘇本地人親支極多，其未過道班以前曾辦兩淮鹽務，現官巡道，究多未便。相應請旨將該員胡家楨與他省相當道員對調一缺，庶可收人地相宜之效。理合附片密陳，伏乞聖鑒。

吏部議奏。

調員回鄂當差片光緒二十一年十二月　日

再，湖北記名總兵僉厚安、湖北候補知府朱滋澤、湖廣補用副將吴友貴、湖北儘先都司張彪，均於上年冬間本年春間經臣奏明調來江南差委。兹查江南防務事竣，該員等並無經手未完事件，自應飭回湖北本標、本省當差。除咨明兵部吏部外，理合附片奏陳，伏乞聖鑒。

該部知道。

保奬緝私出力知縣片光緒二十一年十二月　日

再，淮鹽行銷鄂省，全在該處地方印委各員認真踊緝，方能固藩籬而裕鹺課，歷經本任督臣劉坤一將踊緝出力之湖北麻城縣知縣張集慶，奏請以應升之缺升用，黄安縣知縣陶大夏，奏請以同知直隸州在任候補。均經欽奉硃批：著照所請。吏部知道。欽此。咨行欽遵在案。兹查江西候補知縣朱綬生前委辦湖北黄安縣

分銷差務，光緒十八年分連閏共銷鹽三千零八引，十九年正月起至五月止五個月共銷鹽九百五十五引。該縣與河南光州、羅山等處接壤，向爲北私侵灌，行銷最爲疲滯。定章無閏之年額銷六百二十引，有閏之年額銷六百八十引。朱綬生到差後，會同黄安縣陶大夏實力經理，均照額銷引數加增數倍之多，實屬異常出力。查該縣知縣陶大夏已蒙恩旨奬予升階，所有該縣分銷委員朱綬生事同一律，且自調辦應山縣分銷緝私差務後，聯絡營縣，講求緝務，頗收私浄官銷之效。據署湖北武昌鹽法道趙濱彦、湖北督銷局江蘇候補道志鈞詳請奏奬前來。合無仰懇天恩俯准將提舉銜指分江西儘先候補知縣朱綬生，俟補缺後，以同知仍留原省儘先補用，俾資觀感而策將來。謹會同兼護湖廣總督湖北巡撫臣譚繼洵附片具陳，伏祈聖鑒訓示。

著照所請。吏部知道。

請奬叙捐繳鉅款之員片光緒二十一年十二月　日

再，據兩淮鹽運司江人鏡詳，在揚寄居之廣東候補知府魏業釗、江蘇儘先補用直隸州知州魏秉銓呈稱，因聞湖北槍砲廠正在開辦製造，關繫重要，情願竭力報效。魏業釗捐銀二萬兩、魏秉銓捐銀一萬兩，均捐充槍砲廠經費，以濟武備要需。該兩員仰體時艱，情殷報效，自應優給奬叙，以示鼓勵。惟魏業釗、魏秉銓兩員均據稱不敢仰邀奬叙，詳請具奏等情前來。臣查該兩員捐繳鉅款以濟軍實要需，雖據稱不敢仰邀奬叙，而所捐銀數既與請奬定章相符，似未便没其急公報效之忱。合無仰懇天恩，可否將魏業釗、魏秉銓兩員，均准俟補缺後，以應升之缺升用，抑或另與恩施之處，恭候聖裁。除將該兩員履歷造册咨部外，理合附片具陳，伏乞聖鑒。

魏業釗、魏秉銓均著俟補缺後以應升之缺升用。

甄别道員州縣各員片[一]光緒二十一年十二月　日

再，前准部咨，道府州縣無論何項勞績保奏歸入候補班以及捐納循例分發人員，以到省之日起，予限一年，詳加察看出具切實考語，分别繁簡，奏明留省補用等因。歷經遵辦在案。兹據江甯藩司將到省一年期滿在甯差委之道員州縣等官，照章甄别，詳請加考具奏前來。經臣察看，得儘先補用道王灃，年力精强，才具明敏。補用道兼襲雲騎尉錢德培，才識穩細，歷練時務。在任前先補用道揚州府知府沈錫晋，年强才裕，吏治精明。均堪以繁缺道員留省補用。候補班補用知州章邦直，才具幹練，辦事認真。補用知縣李第愷，講求吏治。補用知縣邱樹勳，年强才練。均堪以繁缺留省補用。又試用道陶森甲，年强才穩，公事諳練。試用道范德培年力精壯，才具開展。均堪勝繁缺道員之任。試用直隸州知州方臻喜、試用知縣秦炳禮，明慎安詳。試用知縣鄧炬，趨公勤奮。試用知縣王元常，年壯才明。試用知縣常桂馥，明白勤謹。均堪歸試用班照例序補。理合會同江蘇巡撫臣趙舒翹附片陳明，伏乞聖鑒。

吏部知道。

[一] 以下三件録自《京報》第五四六〇至五四六一號。

請准以原請之員升補知州摺 光緒二十一年十二月　日

竊太倉直隸州知州程其珏因案開缺，所遺太倉直隸州知州，係繁疲難沿海兼三要缺，例應在外揀選。前經請以卓異候升上元縣知縣陳謨升補。接准部咨，以該員本任內有承緝事主賈啓祥等被劫及經徵地丁未完不及一分一案展參，均例關降調，不在恩詔寬免之例，核與升補例章不符，應毋庸議。其太倉直隸州知州要缺，應令另行揀選等因，自應遵照辦理。惟查例載，州縣應調缺出，俱令於現任人員內揀選調補，如無合例堪調之員，准以候補人員請補。又無人，准於應升人員內揀選題升。又保題升用人員，任內如有承審案件，承緝盜案，徵解錢糧，已起降調革職參限者，概不准其請升。如因缺係繁要，人地實在相需，爲地擇人者，令該督撫據實陳明，吏部查明其餘並無別項不合例事故，亦即議准。此外一切因公處分，仍毋庸核計。又州縣以上應升缺出，應先將卓異引見回任候升之員，先儘升用。不准於摺內聲稱人地未宜，以別項人員請升。又各項著有勞績並保薦卓異人員，任內如有盜案、正項錢糧等案處分，遇缺即升卓異輪升到班，仍准升用。將降、革、參、罰之案帶於新任各等因。該州地處海濱，所轄鎮洋、崇明、寶山、嘉定四縣，皆處江海要衝。吏治防務之難，百倍常時。州縣有表率之責，必須精明幹練通達時務之員，方足以資治理。臣等復加遴選，蘇省直隸州一項均係要缺，無員可調。其餘截取記名分發以及各項候補人員，均與是缺不甚相宜，未便稍涉遷就。惟查有該員陳謨，由泰興縣知縣調補上元縣知縣，歷署通、海二州，所在有聲，於海疆情形最爲熟悉，且曾薦舉卓異引見，奉旨回任候升。是其才能政績，早在聖鑒之中。現在署理斯缺，措置裕如，輿情愛戴，實蘇省最爲出色之員。今仍請以升補該州要缺，人地實在相需。雖任內有承緝事主賈啓祥等被劫及經徵地丁未完各案，然該員係因卓異請升，查照定例，仍准升用。且細繹新章，是指大概升缺而言，若缺係繁要，人地相需，卓異輪升到班，自不在定例扣補之列，新章亦非不准爲地擇人，據實陳請。該州既屬海疆要缺，所有該員任內一切因公處分，應請邀免核計。據蘇州布政使鄧華熙等會詳請奏前來。覆查該員守潔才長，政聲卓著，以之升補太倉直隸州知州要缺，實於海疆地方大有裨益。且查同治十年，該州員缺，以籌餉試用直隸州知州吴承潞請補，經部議駁，復經前督臣曾國藩以人地相宜奏請補授，荷蒙俞允在案。今陳謨正同一律，臣等爲地擇人，何敢過爲拘泥。合無仰懇天恩俯念員缺緊要，仍准以原請之卓異候升上元縣知縣陳謨升補太倉直隸州知州，以收得人之效。是否有當，恭候欽定。至該員履歷，已於初次摺內詳陳，此次邀免復叙。而所遺上元縣知縣，係省會要缺，容俟截缺後另行揀員請補。合併陳明。謹合詞具奏，伏乞皇上聖鑒。

吏部議奏。

請緩總兵陛見片 光緒二十一年十二月　日

再，湖北漢陽鎮總兵高光効奉旨調補江南瓜洲鎮總兵。茲據該鎮具摺謝恩，並籲懇陛見，自應遴員接署，俾該鎮交卸北上，得遂瞻就之忱。惟江南正當裁遣南北勇營之際，來往紛紜，且金陵現經查出關外散勇中有會匪甚多，來至江南，散飄□煽，已將副龍頭唐鈞拿獲懲辦在案，嚴行查拿。揚郡、瓜洲當南北之衝，良莠龐雜，尤須得力大員鎮撫。查該鎮駐軍瓜洲、揚州等處，軍律嚴明，辦事認真，正資得力，似未便稍形鬆勁。合無仰懇天恩俯准令該鎮暫緩北上，實於地方有裨，仍俟沿江諸事安謐，再行奏請陛見，以符定制。理合附片陳請，是否有當，伏乞聖鑒。

著照所請。

光緒二十二年

蘇滬鐵路籌議官商合辦摺 光緒二十二年正月初二日

竊查金陵上海鐵路有益大局，並測勘議辦各情形，業經臣上年十一月具奏在案。十二月初三日承准總理衙門來電，奉旨：張之洞奏南洋創辦新軍，責成洋將操練並金陵上海興辦鐵路各摺，照所請行。惟洋將是否上等之材，薪水尚宜斟酌。張之洞既經創辦，條理秩然，即交劉坤一賡續成之，以爲補牢之計。等因。欽此。自應欽遵籌定規模，俾本任督臣劉坤一到江後有所憑藉。

查此路以吴淞至上海、上海至蘇州兩段尤爲繁盛，商情甚爲欣羡。查外洋凡商辦鐵路，國家必與議定期限給價收回，亦有年久收回不復給價者，更有未及期滿即行收回者。蓋鐵路爲全國利權所關，不甘讓利於商，更不肯讓權於商。非他項公司可比，中外固無二理。現在開辦鐵路，臣詳加籌議，若統歸商辦，則利權固嫌下移，且鐵路學問深邃，商人更未易周知，承辦即未必得手。況一切購買地基，商遷廬墓，彈壓地方，以後常年巡護，事關十數州縣，仍非官爲出力不可。如竟使官獨爲其難，而商全享其利，恐亦非商情所敢出。若統歸官辦，則經費較鉅，籌款不易，且無以慰商人欣羡之情，更無以開幹路招股之局。莫若官商合辦，通力合作，計本分息，庶大局有益而商情亦順。

查自吴淞至金陵，據洋員禀報，實測路綫六百六十里。今擬築址造橋，豫備雙軌寬闊，而先安單軌試行。將來人貨果旺，添設雙軌不致多費。其車輛之多寡，車站之遠近，開行之疏密，均按外洋上等鐵路籌備。此路與津蘆一路繁簡不同，事關創舉，估價不易。中國人工、地價均視外國爲廉，而購料遠運，則視外洋多費。又如遷墳一事，給貲不少，而爲外洋所無有，非洋員所能確估者。今姑約計以萬餘兩一里爲率，統以七百萬兩爲度。現在所借瑞記洋款，極爲撙節，尚餘二百五十萬兩。臣體察鹽務情形，隔兩年後，兩淮鹽務尚可再籌一百萬兩，共計可得三百五十萬兩，足敷成本之半。其餘一半，概招商股，妥立章程，務使官不欺商，商不疑官，附股必可踴躍。仍畫分段落，先招股合造吴淞至蘇州一路。路成開駛，利益周知，再行招股合造蘇州至鎮江一路，以達於金陵。至鐵路所需鐵件，名式繁多，而以軌條、枕鐵、魚尾片及橋梁所需鐵料爲大宗。此數項均湖北鐵政局所能自造，但須略添機器，應先奏明定案。嗣後無論何處造路，凡鋼鐵軌料各件，凡湖北鐵政局能造者，必用鄂局所造，不向外洋購買，以期利不外溢。惟車輛等項，不得不取諸外洋，然亦當竭力籌議，凡可以自造而機價不昂者，總以自造爲合算。能輕減一分成本，即多獲一分利息，此不可不詳悉籌畫者也。

查此事所以必須官商合辦者，因全歸商辦，窒礙頗多。外洋鐵路通例，商路必須限利，至多不得過一分五釐，過此者概歸國家，且須議定若干年後收回。此兩層皆非華商所願。再聞商辦之意，擬請減火車運載各土貨之釐金與洋税等，此層猶多窒礙，萬難允許。若官商合辦，則事事與官相附，可免種種爲難，既不必立限利之章，亦不必設收回之約。至釐税如何完納，官局自必妥籌，期於鐵路有益，商人可坐享其成，不煩計較辯論。惟商人既出鉅資，必求穩慎，自應令商董入局，於購買物料，估計工程，考核價值各事，皆會同經理，纖悉皆得與聞。所有官本、商本，皆存外國銀行，遇有支用，必須官商皆有簽字文據，始能動用，以昭至公。至辦事之人，非有地方大員不足以號令州縣，非有熟悉鐵路之員，不足以綜理庶務，尤非有公正鄉紳不足以督率紳商，聯絡官場，以通官紳商之情。此次造路，均在蘇屬地方，必應有實缺大員督率，自應就近派員管理。查江蘇按察使平時公務較簡，該司吴承潞服官蘇省，歷年既久，於地方情形極爲熟悉，堪以兼總辦鐵路事宜。惟臬司有本任應辦公事，自應另委候補道員專辦，會同該臬司吴承潞籌辦一切，應俟本任督臣劉坤一到任後，再行遴委。又在籍紳士前國子監祭酒陸潤庠，鄉望素孚，慷慨任事，屢次來函言蘇滬一段路工商情極爲踴躍。近來江甯，與臣熟商詳議，已定官商合辦之局，到滬來電，復極稱衆商欣然願辦。現已照會該祭酒，商請其督率紳商，聯絡一氣。至鐵路總局内，除官派總辦外，應令股商選擇公正諳練、衆情信服者，公舉數人入局，會同總辦，凡事皆由官派總辦與商舉總辦公同商酌。又原派勘路洋員錫樂巴於鐵路爲專門學問，在德國爲鐵路官員，歷辦大工。現據繪圖一百數十幅，詳細立説，估價，不日可成，應即派爲總工師。其餘在事人員，務期幹練廉潔，一人可兼數人之用，不致虚糜薪水，方與成本無損，應由官、商各選數人，以期共信。惟數旬以來，商股尚無眉目，儻商情游移，一時猝難定議，則可即就官款先辦蘇滬一路，以開風氣。俟開辦以後，如商情願來合股，仍可招致，即將所繳之款，接辦下段由蘇至鎮一路，似亦未始非策。蓋蘇滬一路，利益最速，商來則合股，商不來則獨辦，路成後商願附股則收之，進退裕如，毫無窒礙。此時臣受代在即，詳細章程未能遽定。總之，有圖説，有現款，有可用之洋工師，則此事不難早日開工，應俟劉坤一到後詳議妥辦。

（硃批）該衙門知道。（欽此）

統籌洋操新軍的餉摺 光緒二十二年正月初二日

竊臣前以招募新軍，教練洋操開辦情形專案具奏。光緒二十一年十二月初三日，承准總理各國事務衙門來電，奉旨：張之洞奏南洋創辦新軍，責成洋員操練，並金陵上海興辦鐵路各摺，照所請行。惟洋將是否上等之材，薪水尚宜斟酌。張之洞既經創辦，條理秩然，即交劉坤一賡續成之，以爲補牢之計。等因。欽此。除洋員薪水係由德國訂立合同招致前來，當俟本任督臣劉坤一到任詳晰告知斟酌妥辦外，惟是此項新軍，臣原議擬練一萬人，氣勢較厚，惟餉項過鉅，猝難籌措。但至少亦須練成五千人，方能成一枝勁旅，足備緩急。查現僅募練步隊八營、礮隊二營、馬隊二營、工程隊一營，半年以後，應再添練步隊六營、礮隊二營，合成步隊十四營、礮隊四營、馬隊二營。除工程隊一百人不併計外，新舊合計共練成步隊、礮隊、馬隊二十營，計將及五千名。以洋將弁撥教新營，而已練之營，即可以現充副營哨之華將弁改充正營哨官，薪水但照現給之數加倍發給。是勇餉雖增，而洋將洋弁之薪水不必再增。約計再添步隊六營、礮隊二營，不過增銀二十七萬餘兩。前奏十三營餉數，細加核省，約四十三萬兩即可敷用。合之將來再添八營，共需銀七十萬兩。現以兩江財力計之，臣前奏江蘇、安徽、江西三省裁兵一案，可節出銀二十萬。臣查七月内户部咨，江南既演練洋操，舊有制兵固應遵照奏章大加裁汰，防練各軍亦應次第議裁，恐兵增餉絀，後難爲繼等語。除防營已經力裁抵充礮臺專餉外，其裁兵所節之餉，以供洋操新軍，正與部議符合。至西、皖兩省，本與江南唇齒相依，以此裁節之款，撥歸江省洋操，情理甚順。又新增蕪湖米釐一項，除備還洋款六萬兩外，尚可餘銀十二萬兩。又蘇、滬兩局米釐一項，臣前於上年七月内覆奏米捐不能停免案内，請以此項留備歸償洋款，奉旨允准。今洋款已議有專款清償，則現徵米釐即可撥作洋操練軍之用。查蘇、滬兩局米釐收數，除局用外，每年總可收銀四十餘萬兩，擬即於蘇、滬兩局米釐内撥銀三十八萬兩，合計已有七十萬兩，此皆係確實有著之款。至臣前奏雖有擬於洋款内撥銀百萬爲洋操經費之説，祇係支持目前，尚非長策，誠如部臣所云，後難爲繼。若照此次所擬辦法，則可經久供支，洋操一軍不致停廢。至洋款餘存之款，可儘數留爲開辦蘇杭鐵路之需，另摺奏陳。臣因開練新軍，必須擬就規模，籌定餉項，不敢以受代在即，稍萌膜視之心。合無仰懇天恩俯念洋操新軍關係重要，准將三省裁兵節省之銀二十萬兩，撥充新軍餉需，實於江南武備大有裨益。

抑臣籌計洋操餉項之愚衷，有不得不瀆陳於聖主之前者。竊惟練兵爲今日第一要務，海軍體大用宏，非外省所能獨任，若陸軍則疆臣尚可量力籌辦。江南外爲海疆要衝，内爲長江五省門户，必宜宿有重兵，庶有藜藿不采之威。本擬練萬人，今因餉鉅難籌，又有洋款之累，不得已而練五千餘人，已屬節縮經營，無可再少。若再減於此數，即不能自成一軍。餉數雖多，若使此軍足備緩急，則此費自不當惜。至訓練之有無實效，則視疆臣之考核激勵以爲衡，果使精神所注，自然淬勵可觀。在部臣及後任督撫臣，忠於謀國，必能深明事機，熟權輕重，而不致以歲撥巨款爲口實。至於此次陳奏鐵路、洋款、洋操三事，先將餘存洋款現銀留備目前大舉之鐵路，再將分省湊集各項應分年從容歸還之洋款，而專留出大宗有著之餉，以練常年必需之新軍。種種兼營，層層騰展，在微臣拙於理財，不得已而爲此委曲騰挪之策。特細思所籌各項辦法，似亦實能應付，不致令別省爲難。而江南現在諸急務大端可以同時並舉，不致偏廢。否則將洋款現銀改撥掣動，米釐常款零星支銷，恐數項大舉，必致束手中輟，實爲可惜。伏惟我皇上鋭意自强，慨然有卧薪嘗膽之志，必蒙俯念外省餉需艱難，通籌南洋全局，如以上諸事俱能仰邀俞允，江南幸甚，大局幸甚。

（硃批）該衙門知道。（欽此）

請加鄂湘引票以課釐湊解洋款摺 光緒二十二年正月初二日

竊臣前借瑞記洋款一百萬鎊，查照户部來電，請由江蘇鹽課釐金項下分二十年本利歸還，於上年十月奏明在案，當經轉飭江甯、蘇州、松滬三釐局，兩淮鹽運司分認二十五萬鎊，按照原訂合同期限及本息銀數，各解四分之一，不得短少遲延。又經札飭運司籌議的款，詳覆在案。

茲據兩淮鹽運司江人鏡詳：司庫及鄂、湘、西、皖四岸督銷局所征鹽課、鹽釐，向爲撥解京協各餉之用。茲奉籌還洋款，自應以鹽務所分認二十五萬鎊本息，歸鄂、湘、西、皖四岸及五河、正陽兩卡司庫共七處分數攤還。查上年八月間，曾奉奏明添運皖鹽一百票，每引應完課釐，係屬新增之數，擬請飭令全解運庫，專爲歸還洋款之用。此外鄂、湘兩岸轉輸較速，擬增鄂岸新引二十票，湘岸新引十票，共三十票，招商稟認，准其循環轉運。現據慶新祥等認辦湘岸，恒吉祥等認辦鄂岸，每票先繳票費銀一萬兩，共三十萬兩，聽候撥用。此項前加皖岸新票正課、加課、鹽釐，及鄂、湘新票正課、加課、鹽釐，計共新增一百三十票，作爲歲銷六成計算，應征課釐銀十餘萬兩，應併請全數解交運庫備還洋款。其有不敷，由運司設法籌足，如有贏餘，留存爲五年後本息并還爲數較多之年添補應用。前五年爲數較少，西岸及正陽、五河兩卡應暫免攤。五年以後，爲數較多，鹽務應攤之一股，約庫平銀二十萬兩，應再令西岸及正陽、五河兩卡一同攤認，由運司酌擬稟請分派。如再不敷，届時再行體察情形，或將各岸卡應解協餉一律奏請酌減湊足。似此兼顧并籌，在洋款不致短少愆期等情前來。

臣查鹽務課釐皆有撥定之款，本無餘存，今既認還洋款，自惟有加票一法。鄂、湘引額缺尚多，光緒八年，經前督臣左宗棠請增楚岸新引十五萬引。接准部咨，以引地尚未全復，遽加三百票，恐不能按輪銷竣。不若由漸而來，先就新商已繳銀六十萬兩准加票六十張，合三萬引等語。是楚岸應復懸額，本應逐漸加增。現據該運司察看銷市情形，請加鄂岸二十票，湘岸十票，每票五百引，共加鹽一萬五千引。固未足左宗棠前請未復之數，較之上次加票，亦僅加其半，自不致有礙銷路。每票擬繳銀一萬兩，核與前加六十票收銀六十萬兩票價相符。新加之引，歸入綱分，仍與舊引一律挨售，三綱之内，如遇奉飭捐項，暫免攤派。在舊商無佔壓之虞，在新商獲轉輸之利，商情亦屬翕然。所收票價三十萬兩，現因遵旨振興商務，即將此項票費撥交蘇州商務局，爲湊付紡紗廠機價之用，已於另摺詳陳。歷考光緒八年成案及上年奏案，新引票費均歸外銷，此次請作蘇州商務局機價，以後可按年繳息，於商務可期擴充，於公款亦有裨益。現已由該運司招商認足，票價均經收齊，匯解上海道轉發應用。合無仰懇天恩俯念歸還洋款關繫要需，准將鄂、湘兩岸鹽票照數加添，并前加皖票課釐專款，解存備用，以濟急需。

（硃批）户部議奏。（欽此）

統籌歸還洋款辦法摺 光緒二十二年正月初二日

竊查江南奏借瑞記洋款一百萬鎊，臣已將收銀實數及兩淮運司，江甯、蘇州、淞滬三釐局，各認還二十五萬鎊，按照本息數目依限籌撥，奏明在案。茲查鹽課項下分認四分之一，已由臣督同運司，詳籌分年分撥之法，另摺奏陳。惟甯、蘇、滬三局，共認四成之三，前五年之内，每年應還息六萬鎊，四分之三應還四萬五千鎊。暫以較漲之鎊價七兩計算，約合規銀三十一萬五千兩，折合庫平二十八萬餘兩。查江蘇全省釐金，皆有指撥之款，今遽增此出款，誠恐日後力有不支，必致失信遠人，實不能不另行籌畫。溯查洋款議借之初，因户部來電，只准由鹽釐認還，不允動關税。臣於上年十二月豔電與户部電商，所議認還五條內，有請將協撥之款酌減一條。又有沿江六省，江、安、西、鄂、湘、川攤還一條。於光緒二十一年正月初三日，准户部江電覆稱，其餘三條可以照辦等語。除利息不允七釐，及海關出票須由總署商定二條，已經部電駁除外，所謂照辦三條，即係指減撥協餉一事，沿江各省攤還一事，購船應另籌一事，共爲三條而言。是一省之力，實難獨任鉅款，早爲部臣籌計所及。現當籌還之期，自應查照部准原案辦理，擬請於蘇、滬釐局歲撥外省協餉項下，由部酌量減撥銀一十六萬兩，以資挹注。

查蘇、滬兩釐局指撥之款，除京餉照舊遵解外，甘餉亦屬難緩。惟淮軍協餉，歲撥九十萬兩，爲數甚鉅，近年實解尚至五十餘萬兩。現在淮軍或裁或遣，勇額已減於前，擬請以後每年准予於實解數内少解十六萬兩。至畿輔防營固屬不少，然以舊餉抵支直隸新練洋操之軍，與湘豫留防之勇，爲數仍屬不敷，尚需由部另撥。此係國家整軍經武之創舉，自必添籌鉅款，固非必專恃此十六萬兩也。江蘇節此十六萬兩，庶有的款可資。至原議沿江各省協撥一節，他省尚可不議，擬即請由江西之九江關、安徽之蕪湖關，各協撥銀二萬兩，共四萬兩，以符原案，按期解交上海道備用。抑或淮餉減解十二萬兩，則西、皖兩省各協四萬兩。總之減解、協撥共足成二十萬兩之數，統候部臣酌核。再由江南新增之蕪湖米釐項下，及新增茶釐二成項下，湊足成之。查蕪湖米釐，除另摺奏撥開練洋操新軍薪餉外，約可歲餘銀六萬兩。皖南茶釐，自上年遵照部章加抽二成，約可歲增銀四萬兩。以上四項併計則釐金每年應認還庫平銀二十八萬餘兩，已屬有款可指，略有所餘，以備鎊價增長。計江南釐金及鹽務所認已二十萬餘兩，較之所請減解協撥之數，適得其半。至本省甯、蘇、滬三釐局分攤之數，甯局於洋款多認，則蘇、滬兩局於洋操餉項多認。總之將洋款、洋操兩事合計，三局收數酌核分攤。至五年以後，本息至多之年，計一十二萬六千六百六十六鎊零。姑以鎊價較多之七兩計之，約規銀八十八萬六千六百六十二兩，折合庫平銀八十萬餘兩，除運司認還四分之一，約庫平銀二十萬餘兩不計外，該三釐局約應認還庫平銀六十萬餘兩。除三釐局款及減解淮餉，西、皖協撥共三十萬兩照常湊解外，計每年不敷庫平銀三十萬餘兩。彼時蘇滬鐵路已成，約可歲提餘利銀二十萬兩，尚短銀約十萬兩，似可再請將他款酌量挹注。且事隔五年，情勢不同，爲期尚寬，後任督撫臣屆時尚可設法籌借，奏明辦理。況六年以後，息銀漸減，則加籌之款亦漸減。中間僅光緒二十六年至二十九年此四年中爲數較鉅。光緒三十年以後。除鹽務外，所攤之數每年已減至庫平銀五十餘萬兩，如前項所籌略可敷用。此臣在兩江奏請議借之洋款，自應貫澈始終，通盤籌畫，庶將來辦理不至窒礙。

（硃批）户部知道。（欽此）

彙陳開鐵路練新軍還洋款三事片光緒二十二年正月初二日

再，臣此次分摺奏陳開鐵路、練新軍、還洋款三事，皆需鉅款。而臣所擬辦法，則係設法攢湊，展轉騰挪，以期同時並舉。然臣非不知就現款以辦現事之爲簡易，而必欲故爲其難也。蓋臣之愚以爲在局外者，必將議其現有之財甚少，而興辦之事轉多。瑞記洋債一款，艱難以得之，羅掘以還之，若掣動此款，或練新軍，或作他用，散之甚易，再聚甚難。今以開辦蘇滬鐵路，或能竟全功，直抵金陵，或至鎮江而止，或至蘇州而止，得尺則尺，皆有成功。是現用之銀不同虚擲，將來之利可冀無窮，則款雖用而猶存也。至改練洋操，雖係鉅款，然時至今日，内無一軍之可恃，外有四裔之憑陵，儻非急修武備，壁壘一新，斷不能振起軍心，一洗勇營短扣疲惰之積習。況裁兵節餉，部議原以改練新軍，今酌提各局米釐，均出新籌之款，固與京餉部款毫無所妨。其歸還洋款，一由釐局鹽務分認，一由淮餉減撥，一由江、安兩省協濟，皆係遵照部准原案籌撥。只須通力合作，自然衆擎易舉。既能同時並舉，則亦何惜委曲籌集之繁難，而不爲江南謀籌富强之基哉。方今國勢亟矣，苟非事事以中庸困知勉行之道行之，恐斷無從容寬舒以致自强之事。惟望聖明俯鑒，部臣主持，微臣不勝大願。因此三事端緒紛繁，款目牽涉，是以再爲彙合縷陳。

（硃批）該部知道。（欽此）

彙陳歷次購買軍火數目摺光緒二十二年正月初四日

竊自上年海防戒嚴，畿輔軍務緊急，新舊各防營及關内外前敵諸軍均乏精械。而東洋所用，盡是新式利器。若不趕購外洋新式快槍、快礮，斷難制勝。臣到任後，即竭力籌款，分飭訂購。適奉有購械等事務須妥籌俾戰守有資之旨，即奏請向外洋婉商墊款多購。二月初三日奉旨：一切辦法均著照所請，即行訂定爲要。等因。欽此。遵。又先後電商出使英、法、義、比國大臣龔照瑗，並分飭江海關道江南籌防局，向外洋及上海洋商分别訂定，俾免缺乏之虞。綜計訂購洋槍二萬二千六百十八枝，各種洋槍藥彈二千五百二十萬六千三百顆，鋼礮、快礮五百九十八尊，各種礮彈二百六十三萬六千一百餘顆，共英金四十六萬八千六百五十六鎊零，德銀八十九萬二千四百七十八馬克零，規銀八十七萬七百三十四兩有奇，又銀七萬一千一百兩。或先付現銀，或給息約期付價，或由江海關道發給印票，分期歸還。嗣各械陸續由外洋運到，當即隨時撥解北路前敵各營及江省沿海、沿江各防營濟用。所有歷次購買各項軍火價值銀數並撥過槍礮子彈等項，及現存各項軍火各數目，自應分晰奏明，俾有稽考。

再，本任督臣劉坤一奏明購辦暨臣在湖北先後奏明或由江南撥款或由湖北撥款購辦槍礮、藥彈等項，分別撥存數目，應即一併分晰附奏。

（硃批）該部知道。單併發。（欽此）

裁撤轉運各局清理報銷摺光緒二十二年正月初四日

竊照上年江南奉調北上各軍，餉項、軍械轉運紛繁，先經本任督臣劉坤一分飭江甯、上海派員運至清江，交清江及濟甯淮軍轉運局代爲轉運，並派直隸候補道林志道設局天津，綜司收發。尋以北軍多至五十餘營，分紮關内外及調援山東，餉械多由江南協濟，件數繁重，道途遥遠，冰雪載塗，兵差絡繹，車輛缺少，節節阻滯，淮軍轉運局兼顧爲難。非設專局分段接運，難期迅速。經臣電商欽差大臣劉坤一於鎮江、揚州清江、宿遷、徐州及山東之臨城驛、兖州東阿、德州，分設七局，由江南派員辦理。直隸除天津本已設局外，又設滄州、山海關、奉天三分局，即歸天津兼轄。其德州先亦由天津分設，至是歸併江南專派之員接辦。江甯省城爲收發撥解總匯之地，設立江南轉運總局，派委道員桂嵩慶、惲祖祁、阮祖棠、陳允頤會同江甯布政使瑞璋、江南鹽巡道胡家楨總理其事。由江甯至清江係屬水路，租購輪船往來拖送。清江以上，係屬陸路，每局雇養長車三四百輛及二百輛不等。德州至天津，亦通水路，間可用船代車，並准各募馬勇二三十名，以資護運。前已將添設各局雇養車輛及租買輪船各緣由奏明，並咨部查照在案。

方各局添設之時，正值軍情萬緊，前敵統兵將帥催索軍火，羽電交馳，一日數至，誠慮應接不及，致誤戎機。臣督率總局司道，隨事籌畫催趲，不遺餘力。又派幹員承領大批軍火，兼程前進，不惜小費，務在速達。惟運道綿長四千餘里，各處運局林立，需車愈多。清江爲遵陸首途，天津乃轉輸衝要，招雇之難，餵養之費，尤爲特甚。然臣原奏雖有每局養長車三四百輛之語，而惟清江等處運械擁擠之際，用車不免稍多，餘均不過二百輛而止。是承辦之員，尚知撙節。四月底和議一定，即電飭停養長車，待在途之軍火運清，遂將各局陸續裁撤，以節經費。現在清理報銷天津及滄州、山海關、錦州等局，已據道員林志道造册，詳經欽差大臣劉坤一奏咨立案，並咨由臣彙核造報，計共用銀十四萬餘兩。其自德州以南各局，亦經截清。並輪船租價，及未設局以前附於淮軍轉運暨委員運解車、船、薪、糧等費，計共用銀三十七萬餘兩，應統歸報銷處彙造銷册詳咨，省城總局亦即裁撤。

（硃批）該部知道。（欽此）

淮海等處團防經費開單請銷摺光緒二十二年正月初四日

竊照上年東洋搆衅，擾及山東。南洋襟帶毘連，如海州、贛榆即係南來始境，阜甯、鹽城亦濱海要區，沭陽、安東爲海、贛後路，皆清淮屏蔽南北運道攸關。由鹽城、阜甯而南，則東臺、如皋以及通州、海門，均屬沿海，而海門、通州尤爲由海入江門户。内而揚州裏下河，鹽米利源所在，關繫更重，必須擇要扼守，節節嚴防。勇營分布難周，全賴團練彌縫其闕。方軍事初起時，即已飭令各該地方官籌辦。迨後海氛日逼，人心驚惶，屢次奉旨飭令籌防，經臣派委江蘇候補道李鎮邦、陸元鼎、錢德培，分督往辦。因練丁應給口糧、旗幟、槍械，與夫築隄、開濠工費，一切需款甚鉅。時值餉需極絀，公中兼顧爲難，不得不藉資民力。經臣奏請仿照江甯餉捐章程，勸令紳民捐助，給獎實官、花樣等項。旋經部議，准照籌餉新捐例給獎虛銜、封典、貢監、翎枝，通行遵辦。顧當軍情緊急之際，供支日見浩繁，捐户不無畏阻。復經臣札飭總辦籌餉捐局、熟悉沿海鹽場情形之江南鹽巡道胡家楨，遴派妥員，分赴沿海各州、廳、縣、場，勸令紳富量力輸助。並會同原派印委，相度地勢，激勵士民，於近海港岸多挖長壕，廣築隄墻及土礮臺，並暗埋水旱雷。其緊要處所，簡練團丁，分段設守。海口之可通出入者，則令漁船輪流出洋偵探。布置漸密，操防益嚴，具有衆志成城之象。各處紳富知保衛地方即以自顧身家也，於是慷慨捐輸各竭其力。綜計北自海、贛，南迄海、通，延袤千有餘里，練丁一萬八千餘人，前後支持，或三四月，或五六月，除帳棚、槍礮、藥彈等項並臣酌發賞犒，係由支應局等處撥給外，凡團丁口糧、土造槍械、旗幟、平時操賞雜支，無不取給於捐款。又淮安之清江浦，扼南北運道之衝，經淮揚海道謝元福稟明修築土壩礮臺，憑河屯守，亦係就地籌捐撥濟。四月底和議就緒，海防解嚴，彙核用過經費共銀三十三萬三千一百八十二兩一錢六分。據各該印委開報，由籌餉勸捐局司道覆加查核，均屬實用實銷，毫無浮冒。詳請援照近年賑捐辦法，開單具奏前來。

臣惟團練所以補兵力之不及，溯自威海失陷，江南沿海各邑風鶴頻驚。勇營扼要駐防，每慮顧此失彼。幸有民漁鹽場各團練，同仇偕作，踴躍從公。款則官勸民捐，事則官督民辦。雖未交綏接仗，而沿海數百萬之居民得以安堵，不至驚竄流離，實賴團練維持保障之力。合無仰懇天恩俯准將用過經費，援照賑捐成案，敕部照銷，免其造册，以示體恤而省案牘。除捐助團費各户照章開造履歷，另行咨部給獎外，所有淮、海、揚、通、海門等屬團防經費，動用民捐各款，謹援案開繕清單，恭摺具陳，伏祈聖鑒，飭部核議施行。

（硃批）該部議奏。單併發。（欽此）

選派學生出洋肄業摺 光緒二十二年正月初五日

竊維學校之盛，近推泰西。合計英、法、德三國，幅員不及中國之半，而所設初學、中學、大學三等學堂，凡二十餘萬區。所收學生，在堂有額可稽者，共一千七百八十餘萬人之多。所習則史册、地志、富國、交涉、格致、農事、商務、武備、工作各學。其專門小學堂尚不在此數。魄力雄厚，何患無材。中國力圖自强，舍培植人材，更無下手之處。臣現擬就江南省城創設陸軍學堂、鐵路學堂、儲才學堂，並開拓同文館。業於上年十二月間，先後奏陳在案。

第念僅在中國學堂肄業，觀摩既鮮，收效過遲。查前督臣曾國藩派學生赴美國肄業，及福建船政屢派學生赴英、法肄業，均有成案。兹擬酌量仿照，選派已通西文之學生出洋肄業，每人於上項所指九門中，視其才性高下，按照西學程式，酌量兼習數門。並須就其所通何國文字，即派入何國學堂。查德國學堂，教法精捷，更駕英法而上，惜華人通德文者尤少，當在江南所拓同文館內，加意推廣，以資分學。所以必選已通西文者，一取根基已立，則指授不難，成功較速。一取初學粗通，則徑入中學，經費可省。西師教必循序，不躐等，不欲速。大約中學三年，大學三年，共六年爲期滿。上質，可兼通數事。中材，亦精習專門。學成歸國，除拔擢任用之外，悉令充學堂教習，轉相授受。果能實力奉行，不薄西學爲末技，二十年後人材必大有可觀。是非廣設學額，不足濟用。無如人材固爲十分急需，而經費又十分難籌，不得已，擬選四十人先往肄業，三年以後陸續添往。儻能籌有長款，則源源而往。以常川在洋六十人爲度。今姑以四十人計算，初三年學業尚淺，學資亦省，後三年，學業漸深，學資亦增。勻計每年每學生學資、飯食、書籍、圖具、衣服、房屋、贍家等項，以及勻攤監督薪水等項，約須銀一千五百兩。四十人，一年共銀六萬四千兩，往來川資不在內。外洋通用金錢，目下銀價日賤，易金日少，此數較之昔年船政學生肄業經費，實屬大減。今先在所借瑞記洋款項下，撥銀二十萬兩，專款存儲，爲學生四十人前三年經費及出洋川資之用。三年以後，在臣前購紡紗機今歸蘇州商務公司利息項下撥用。此項機價成本六十餘萬兩，至少以一分行息計利，歲可得銀六萬兩，專爲出洋肄業經費之用。果能利息加厚，即學生額數加增。似係常年有著之款，不必逐年籌畫，且可不動正款，實屬大有裨益。允宜刻日舉辦，以與中國現設儲才學堂相輔。

至學生課程之勤惰，功業之淺深，隨在須加考核。與夫平日勖以聖賢大義，授以華書，課以華文，以及調護撫循之處，本應遴選諳練華洋學問情形之員派充監督，率帶前往。惟勝此者，實難其人。查出使法國大臣慶常，久在外洋，熟習各國情形，且兼通英、法、德三國語言文字，現係法國專使，事務較簡，擬請即將南洋出洋學生肄業各事宜，即託該大臣代爲經理，必能措置妥協，學習有效。且法國居英、德之間，居中分派，亦甚便利。如此則監督經費亦可節省。該大臣總持大綱，與彼國學校大臣及學堂教長商酌緊要應辦事宜，必有實濟。其餘如支放款項、收發函牘以及一切稽核事宜，由該大臣酌派參隨一員，專司其事。中國但派委曾經出洋之同通州縣等官一兩員，率領各生前往，就令在彼隨時隨事禀承該大臣照料，即已無誤。其照料委員，查有江蘇候補知縣沈翊清，敏練安詳，究心洋務，昔年曾充出洋委員，與慶常頗稱接洽。擬即派委沈翊清率帶學生出洋，必能妥協。應俟本任督臣劉坤一到江後，詳酌辦理。至一切詳細章程，一併由本任督臣陸續籌議。

湖北原訂紗機移撥蘇州商務局摺光緒二十二年正月初五日

竊照湖北省織布局前議招集商股，添設南紡紗廠，定購紡紗機器。機價先由洋行墊付，擬在鄂省織布局左近購地建廠。奏明在案。旋因臣奉命來江，疊次欽奉諭旨籌議招商多設織綢、織布等局，以收利權。是紡、織兩事，實爲今日商務要著，亟應欽遵辦理。

查蘇州紳商現經籌商定議，擬領息借商款，添集商股，開辦紡紗、繅絲等局。並先行酌借官款開辦。惟息借之款，此第二期內，爲數不多。且借户多有自願領回，不願附股者，款項既少，不能興辦大廠，殊無大益。查湖北此項紗機已經運到，自以移付商務局爲宜。既省鉅款，又可早成，當與奏明經理蘇州商務局在籍前國子監祭酒陸潤庠，往復籌商。該祭酒深願領受。查原定紡紗機器四萬七百餘錠，原議係該洋行墊辦，故索價較寬，連各項機價及裝箱運保共計十萬六千六百八十鎊，約合銀七十餘萬兩。臣屢次委員與瑞記等洋行詳議，若付給現銀，全機及運保等費可統減爲九萬餘鎊。照現在鎊價核算，共合銀六十萬餘兩，核計約減銀十萬兩，棧租在外。此機係著名之赫直林壹廠所造，製作甚精，備用零件尤多，比照各省紡織機器，價值尚不爲貴。除將湘、鄂兩岸票價三十萬兩撥付此項機價外，查上海吴淞一帶沿海、沿江歷年漲出沙灘地甚多，皆係繁盛衝要地方，久爲市儈、地保等隱匿私租、私賣，往往售與洋人，必應認真清釐，以杜流弊。現經檄飭蘇松太道黄祖絡，督飭署上海同知葉大莊，會同上海縣清出新閘、虹口、楊樹浦、保墓局、浦東洋商餘地、浦東新灘地等處新漲隱占地五百六十餘畝。會同寶山縣清出衣周塘、蘊藻河、鐵路餘地等處新漲隱地三百餘畝。皆經飭令陸續變價，以充公用。將來全數變價，約可值銀三十餘萬兩。上海地價日漲，有盈無絀，兹先將已繳地價銀十萬兩，合之票價共四十萬兩，飭發應用。其不敷機價銀二十萬餘兩，暫在瑞記洋款内借撥。將來由灘地變價項下歸還。此外，購地造廠以及買花局費活本約需銀四五十萬兩，另由蘇州商務公司自行籌集，作爲官商合辦。每年官本應得息銀，應於該廠餘利項下按照全廠官商各本成數核計，由商務公司繳蘇州商務局，轉解江甯籌防局應用。每年以一分息計，亦在銀六萬兩以外。如行銷暢旺，尚可增多。應即專款存儲，作爲江南選派學生出洋肄業經費專款，已於另摺詳晰奏陳。前兩年應繳官息，准其從緩核繳，俾資周轉。應俟第三年起，再行分年帶繳，以紓商力。如此辦法，似於培養人材及振興商務，均有裨益。

（硃批）該衙門知道。（欽此）

籌設商務局片 光緒二十二年正月初五日

再，蘇州開埠通商，疊奉諭旨籌議招商多設織布、織綢等局，及内河小輪船，就産貨地方先抽釐金三節，遵即會同江蘇撫臣趙舒翹，於七月間電奏，奉旨允准在案。

臣查江蘇所産之土貨，自以棉花、絲繭爲大宗。外洋各國所垂涎欲設機器製造者，大率皆以紡紗織布、烘繭繅絲爲兩大端。蘇、常蠶桑之利，近十年來，日漸加多，漸可與浙相埒。松江、太倉及江北通海之棉花，除行銷本省外，盛行南北洋各路，且與上海通商口岸最近。仰蒙聖恩准移息借商款爲開辦商務局之用。蘇州紳富現經議定，願將原借六十餘萬兩改爲商局股本，借户即作股東，添集股分，合爲一大公司，設繅絲、紡紗廠各一。他處願自行集股興辦，不必領息借之款。其内河小火輪船，上海爲蘇杭之歸宿，鎮江爲蘇、甯、清江之樞紐，各路均經勸諭商民集股購船興辦，此係最有利益之事，無須發給官款。並須飭令酌繳捐款。其行輪章程即統歸商務局查核經理。無論何種商務，凡商人於創造營運各節遇有爲難之時，必須官爲保護。官商之氣久隔，又須紳爲貫通。除江甯、蘇州、上海各設商務總局，派委道員，總司觀導督飭辦理外，查有蘇州在籍紳士前國子監祭酒陸潤庠、鎮江在籍紳士前禮科給事中丁立瀛、通州在籍紳士前翰林院修撰張謇，鄉望素孚，商民信服。當經臣各與照會，陸潤庠經理蘇州商務局，丁立瀛經理鎮江一帶商務局，張謇經理通海一帶商務局。此外各紳由各局給與照會，均會商地方官，相機鼓舞，設法振興，以期華民生計日有起色。

（硃批）知道了。（欽此）

籌議南漕改折辦法摺 光緒二十二年正月初九日

竊臣前奉寄諭，飭將折南漕一事各就本省情形，悉心籌畫，酌度辦法，分晰覆奏。當經咨行欽遵籌辦去後。隨據各司道分別籌議詳覆。正核辦間，疊准户部電稱：本年將次開徵，應仍辦本色。又稱：近畿連年荒歉，糧缺價昂，採辦不易，本年冬漕祇可仍運本色。明歲，或運或折，由江浙督撫會籌具奏各等因。臣即經照録部電，分飭將本年冬漕，一律遵照起運。惟查轉漕爲國家大政，已歷二百餘年，固未可輕言更改。但從前未通海運，商賈絶少貿遷。京倉正供以及官俸、兵米，無不仰給東南。是以總漕特設專官，運河時加修浚。淮、黄蓄洩，閘壩啓閉，尤極紛紜。曾不惜歲糜千餘萬兩之帑，以轉南省數百萬石之糧。誠以藉一綫之漕渠，供無窮之飛輓，非官之力不能爲。此外固别無轉運之術。且百年以前，倉弊較少，故不得不沿襲舊例，雖極種種勞費而不辭。迨海運開，而河運已成駢枝。商運通，而官運轉形勞費。折漕行，而本色並非定章。是則情事之遞遷，即利病之殊致。至若海警狡聞，轉輸非便，則官運所窒礙者，商運或尚可通行。建議諸臣先已陳及。

今以江蘇徵漕言之。其隸江安糧道所轄者，甯屬，例徵大米，每石向折解銀一兩八錢。淮、揚、通三屬，亦徵大米，向折解銀二兩一錢。徐屬，例徵粟米，每石向折解銀一兩四錢。均由州縣解道，由道購米起運。米價、運費共支銷銀三十四萬餘兩，其實運米祇十二萬餘石耳。今若一律提解現銀，每石已合銀二兩八錢有餘。若折發俸米、餉米，即照江蘇原買米價發給，江蘇石大，京城石小。或京城一石，作銀一兩四五錢，或一石作銀二兩，在官兵所領之銀，已較從前米票折變之價增至一倍、兩倍，而國計尚有盈餘。況隨漕輕賫席木等銀萬餘兩，並可提解户部。其隸江蘇糧道所轄者，固有全收本色，全收折色，本折兼收之異。然臣查全完本色者，祇蘇屬數縣耳，餘則收本色者，爲時不過旬餘，爲數不及一半，餘皆統收折色。至松、常、鎮、太等府州，雖有本折兼完之説，而完本者更不及一二成。且有向來全完折色者矣。如恐不便於民或慮民間米便錢稀，則臣本係持本折聽民自便之議，但使完本色者由州縣照市價以米易銀，完折色者由州縣以錢易銀。統由糧道彙收解部，則民間絲毫無所增改，自無紛擾之虞。州縣原定公費一千文，並不議裁，自無辦公掣肘之虞。況折徵之價，仍循舊章，以市價之低昂爲準，由藩司糧道核定，詳明督撫批准通行，原無抑勒之事，而國家已省蘇屬六十餘萬之運費矣。況都下軍民南方朝士，或食粟麥雜糧，或食畿輔北稻，從無必需南米之事，徒令船户攙水，倉胥耗蠧，歸之黴朽塵沙，是不惟虚糜大宗之帑金，抑且暴殄有用之食米。自咸豐以來，湖北折漕，而官民稱便。湖南、江西、安徽、河南等省折漕，而官民亦無不便。江蘇情事當不致大相懸殊。統而計之，甯、蘇兩屬，歲可省銀八十萬兩。所不利者，僅兩糧道衙門吏胥之規費及採買辦運之染指者耳。今擬仿照湖北折漕成案，每年另增糧道公費。江蘇漕多事繁，應較湖北從優。或銀一萬二千兩，或再酌增數千兩，即於應解銀内，准其坐支。如此則官民兩不相妨，國家歲省虚糜之費八十萬。若浙江及他省採買者，亦併改解折色，所省又數十萬。而漕標之支銷，衛所之虚耗，挑河剥船之經費，運船帶貨優免之税釐，各種鉅款尚不與焉。若慮京倉不可空虚，則由户部每年酌提折價，就近在京通購米十萬石，存倉積之，十年亦自不少。轆轤收放，總以倉存好米百萬石爲度。就地坐收，既可免由津運通，耗費攙變之弊，數少易察，更可無倉胥陳朽盜竊之憂。萬一間有荒歉之年，則米價既然翔貴，南北商販自必聞風争趨，電信一傳，海輪經旬可達，關東糧數日可到，臨時採買，亦尚不難。且灾年雜糧儘可救飢，豈尚拘拘於南米哉。惟另有白糧一項，本係上供玉食，自應敬謹解京。然白糧兼供王公及三品以上大員俸米，應否酌定若干萬石，著爲永額，由糧道專員賫解以奉天庾。餘俱一律改折，自應恭候欽定。所有微臣遵旨籌議南漕改折有利無弊緣由，謹就管見覆陳，伏候聖明裁擇，敕下户部暨本任兩江督臣、江蘇撫臣核議施行。

（硃批）户部議奏。（欽此）

查明蘇省上年分徵收實數並定海運章程摺〔一〕

光緒二十二年正月初十日

竊照蘇州等五府州屬光緒二十二年起運二十一年分徵收漕、白二糧，業經臣等查明河海並運交倉約數，專摺奏報在案。兹臣等督同藩司、糧道暨海運局員逐細鉤稽核實釐剔，實該起運漕、白正耗米八十萬三千一百八十四石零。除提撥河運米一十萬石外，實計海運交倉漕、白正耗米七十萬三千一百八十四石零，隨運天津、通州，經剥食耗及支給船耗等款米七萬六千六百六十九石零，核之奏報交倉約數，計增米三十餘石。查前項米石運抵天津轉運通州，事務繁重，應仍派委蘇松督糧道陸元鼎酌帶委員，先期趕赴天津地方，預行設局，俟米船運至天津，即行驗卸過剥，押運前赴通州交兑。並請敕下倉場侍郎，早涖通州驗收，以昭慎重。此外稽核起運兑給銀米等事，力爲整頓核實，選派委員、紳董仍在蘇州、上海分設省、滬二局，各專責成。應需沙衛各船，並飭趕緊招雇，立攬修艙，排泊浦江，聽候兑裝。並分撥米石，交招商局輪船協同裝運。一面嚴催各屬將應運漕糧及隨給水脚等銀，趕速運解，提前放洋，不准稍有延誤。至今届循辦徑運通州過剥斛兑，及嚴禁官剥積弊各事宜，照案仍由南省自行經理。惟南兑北交，頭緒紛繁，自應參酌時宜，詳加釐定，剔除弊端，節減浮濫。總期盡善可行，以重漕政。兹據蘇州布政使鄧華熙會同蘇松督糧道陸元鼎督飭局員酌議海運章程十條，具詳請奏前來。臣等復核無異，理合開繕清單，恭呈御覽，擬請敕部照准施行。此外如有未盡事宜，或續有變通之處，容隨時核明，另行奏報。謹會同漕運總督臣松椿恭摺由驛具奏，伏乞皇上聖鑒訓示。

户部知道。單併發。

江西紳商請辦小輪瓷器及蠶桑學堂摺

光緒二十二年正月十五日

竊臣前奉諭旨：飭即招商多設織布、織綢等局，廣爲製造，

〔一〕録自中國第一歷史檔案館編《光緒朝硃批奏摺》第七〇輯，第七九四至七九五頁，中華書局一九九五年版。

又籌款購備小輪船十餘隻，專在内河運貨，以收利權。等因。欽此。遵經咨會江、浙撫臣，次第商辦，分别奏明在案。兹據江西在籍紳士翰林院編修蔡金臺、熊方燧，翰林院庶吉士藍鈺、陶福履，候選郎中鄒凌瀚、鄒兆元等分詞呈稱，江西地處上游，上有灘河沙淤之阻，下有鄱湖波濤之虞。每遇阻滯停待，動經旬月。或逢暴風急湍，船貨俱損。而土貨所出，若茶葉、瓷器、煤、鐵，皆行銷外洋之大宗，口岸雖遠在九江，仿造可深入腹地，若使洋輪先行，則我商務立絀。擬請援照江南内河成案，自吉安至吴城設小火輪六，自吴城至九江設淺水輪二，自九江至饒州設深水輪二。停泊處所各立中國碼頭，並設公司稽查鈐束。而論者必謂小輪行，則民船失業也，釐金減色也，關税無著也，外人效尤也。不知小輪衹能拖帶，裝貨仍須民船，往來既頻，利息自倍。至釐卡雖極繁密，但於起卸之處，一卡併收數卡之釐，課額無虧，經費更節，此又裕餉利民之大者。若關税，則皆在九江，該處既爲停泊之所，必驗抽而後放行，更何虞其偷漏。至外人效尤一節，改造既有成約，行輪自在意中。必待事已至而始議補苴，何如事未來而先爲籌備。若以我有先幾，彼因無利中輟，豈不更善。又洋瓷質色，遠遜中華。特中國所造之瓷，皆備華人所用，而於西人器皿從未仿製。彼取一時觀美，尚不惜争購寶藏，倘仿其規制造其適用之物，爲彼日用所必需，自必争相販運，銷路日繁。嘗考五洲諸國，美利堅全境不能造瓷，購自法人，每年進口值銀三千萬兩。准此以推，歐、阿兩洲，每年所用瓷器當值萬萬兩以外。若中國價廉工美，與之競逐，但能略分一二，爲數已千萬計。大利之興，無逾於此。現擬集股興辦，惟成本鉅而運費多，必須官爲扶持，乃能作興鼓舞。擬請除中式瓷器經行關卡仍照例完税抽釐外，其有創造洋式瓷器，統歸九江關出口，援照煙臺製造外洋果酒之例，暫免税釐數年，以輕成本。數年以後如銷廣利倍，再按海關進出口税則及内地釐金辦法酌量徵收。並援製造果酒之例，准於江西一省，定限十五年，祇准華人附股，不准另行設局。又江西素不産蠶，現擬於高安縣地方，創設蠶桑學堂，收教學生。於種類之異，土地之宜，培養之方，飼養之法，無不考究精詳。於種桑，則求樹易長而葉加大。於育蠶，則期蠶無病而絲加多。惟桑秧、蠶子必須購自鄰省，釐税甚重，小民購辦艱難。擬請暫免釐税三年，以資鼓舞。將來出有繭絲、綢匹，亦請統由九江關出口，援照光緒十六年前廣西巡撫馬丕瑶奏准成案，免收税釐數年，各等情前來。

臣查内河以小輪拖帶民船，既免守候風汛，又可併徵税釐，並不失船户生計，自爲便商利運，兼豫杜外人乘隙争先行輪攘利，似應准其仿行。至於如何徵收關税、釐金，應由江西撫臣督同藩司、九江關道，詳加籌度，詳定稽查罰究章程，咨商本任督臣劉坤一，酌核奏明辦理。至創造西式瓷器，意在行銷外洋，實能開拓商務。况江西及各省本無西式瓷器一項出口，兹因創造，暫免抽釐，本屬無傷釐務。其請專利一十五年，係援引户部暨總理各國事務衙門於煙臺果酒案内議覆内地創造洋貨准行章程，應請准其援照辦理。至開設蠶桑學堂，係因江西本無蠶桑，意欲特開風氣。所陳辦法，雖未必一時即能度越前人，然既能博采西法，專設學堂，加意講求，必能日習日精，開從前未有之利，自應准其試辦。至請購桑秧、蠶子暫免税釐三年，自屬可准。若出有繭絲、綢疋並免税釐數年，亦係援照廣西奏准成案。惟各省絲綢皆無免徵税釐明文，而廣東惠州府繭絲、江南通州繭絲，因係教導民間創辦，經廣東、江南督撫臣批准，免收釐金十年，以期鼓舞。今江西藺絲亦係創辦，從前關卡所徵，並無此貨，可否亦照廣西成案，酌免釐金數年之處，出自逾格鴻慈。臣查內河小輪及西式瓷器、蠶桑學堂三事，皆係利濟民生，振興農工之要端。當此民業困絀之時，舉辦實不可緩。相應請旨飭下總理衙門、户部，分別核覆，及早施行，實於江西地方民生大有裨益。

（硃批）該衙門議奏。（欽此）

遵旨嚴核關税認定每年加解數目摺 光緒二十二年正月十五日

竊臣欽奉寄諭：嚴核關税，各就本省情形悉心籌畫，酌度辦法，分晰覆奏。等因，欽此。當經分別嚴飭欽遵去後。

茲據江海關道黄祖絡詳稱：查江海關經徵華、洋商船進口貨税，向分常、洋兩關辦理。常關額税，原祇正銀二萬一千四百八十兩三錢三分，銅斤水脚銀二千五百兩，嘉慶四年始定盈餘銀四萬三千兩。三共額設盈餘正銀六萬五千九百八十兩三錢三分。其時互市未開，沙船每歲排泊浦江，攬載貨物者有三四千號之多。税款歸公之外不少贏餘，優饒之名，實由此著。惟自通商開關之後，輪船盛行，兩商販運，相率改載洋輪，逕赴洋關報税。因此沙船生計以及常關税收，概不如前。嗣又奉派招商廣造洋輪，挽海運之漕糧，分沙船之貨脚，以致沙船連年虧耗歇業，不能復振。比年沙船在浦候載，統計不過二三百號，不及從前十分之一。船少税絀，規復爲難，迭將歷屆關期，實在短絀情形，詳悉奏咨有案。洋關税項係責成税務司經理，由關道隨時督察，儘收儘放，涓滴歸公。歲給税務司經費三十餘萬兩，均歸税務司自行支消，關道向不過問。所有徵收解支各數，每三箇月造册，核請奏銷一次，均有册簿可稽。惟洋關銀號經收税課向有補水一項，每百兩約合庫平銀一兩六錢。定章之初，係因洋商納税統用洋錢，成色不足，應加補水。於道光二十三年議定五口通商條款案內，奉部會議覆准，應由海關與英官議定加納有案。此項洋錢核與上海市規銀成色較次，議准以洋錢完納關税，按規銀一百零九兩六錢作庫銀一百兩上兑外，另加補水規銀一兩八錢，以爲銀號辦公之用。一切經費每年由銀號支銷之外，核計有餘，提歸關道，作爲添設税卡並地方洋務，一切因公捐廉放款之需。歷任關道，因滬關洋税收數較各關稍多，奉准補水一項，尚可勉强挹注。是以並未另請加給關道兼權洋關辦公經費，以昭核實。近年租界户口增密，交涉益形繁雜，因之用款較前更巨。除銀號、南北卡應領經費外，如與各國洋官、主教往來酬酢、饋送，及中西書院花紅獎賞，並西人醫院經費，律師津貼，華太報效息銀暨地方一應善舉，公款無可開支，必須捐廉佽助，在在取給於此。此江海關支用補水銀兩，係屬奏准有案，並非隱匿之實在情形也。當此時事艱難，苟能節流裁濫於公有益，敢不力圖報稱。惟是補水一項，係洋商繳充海關徵税經費，並爲關道辦公必不可缺之款，每年統計不過銀八九萬兩，當不及税司經費四分之一。論款既難驟減，且亦未便改章，惟有就常關税項收法整頓，督率委員、書吏、舍人等，認真稽徵，寬恤商艱，嚴節浮費，期廣招徠而裕公款。查常關，除大劉正口係派委員監收外，尚有外口一十七處。向以散處沿海，收數無多，責成各口舍人，按照各口税額，徵收包解。擬嗣後，酌派廉幹委員駐口經收，嚴杜吏胥中飽，與鈔關正口一律改爲儘徵儘解，不准絲毫隱匿。委員薪水，由關道另行從優籌給，以免故轍相循。通盤籌畫，正口、分口整頓改章之後，每年約可增收銀一萬六千兩。第缺額尚多，惟有於補水項下，常年例支各款勉力删減，約可節省銀二萬數千兩，以爲賠補足額之需。似此改章核辦，較上届關期報徵之數，業已核實歸公銀約四萬兩。

又據鎮江關道吕海寰詳稱：查鎮江關税、船鈔、洋藥、税釐等款，每年約徵七十萬兩。所有收支各款，按三箇月一核造册詳請奏咨。每月關道應發各項僅准支銀二百八十兩，不敷甚巨，並無盈餘。揚由關常税從前應徵正額銀九萬二千七百九十一兩六錢一分，盈餘銀七萬一千兩，共銀十六萬三千七百九十兩三錢一分，彼時海洋封禁，長江貨船不准駛赴（圖）［圌］山〔一〕，下游一切成宗土貨物，概由内河行走，每年徵税尚難足額。自經兵燹，禁口令開，奏准在中閘、白塔、道楊、邵伯四小口暫行收税，儘徵儘解。肅清以後，因地制宜，設巡堵漏。原期漸復舊制，無如各國通商以來，大宗貨物悉歸輪船裝運，由江出海。其洋貨入内地，土貨出内地，均准在洋關完子口税，請領單照。經過常關，一律免税。即以鎮江一關子口税而論，每年已收銀十數萬兩，以致揚由關常税，每年祇徵解銀四萬四千餘兩。洋税盈而常税絀，勢所必然。現蘇、杭又有通商之舉，並有日本改造土貨，亦須洋關税單運入内地之議。如蘇、杭通商後，竟照日本新約，概請洋關單照分運土貨、洋貨，經過常關一律免税，則揚由首當其衝，必致常税大減。每年可收若干，更難預計。值此時事多艱，惟有不避嫌怨，竭力整頓，將辦公各項人等大加裁減，以期開源節流。照現在情形而論，據此次整頓之後，自明年起每年約可多銀七千兩，連同往年之四萬四千餘兩，約共五萬一千餘兩。倘能再減，亦必儘數解報各等情，請核奏前來。

臣查江海關一缺，係屬著名優裕，惟用費亦屬繁多。其外銷之項，如中西書院花紅獎賞，及西人醫院經費津貼，以及華太報效息銀，地方一應善舉，皆出其中，未必盡歸私用。今合洋、常兩關騰挪節省，每年認定加解銀四萬兩，尚屬竭力奉公。至鎮江關一缺，開支經費每屬無多，且輪船既行，常税日絀。今於揚由關曾設辦公經費之中，大加裁減，每年認定加解銀七千兩，自係黽勉急公，應分飭自光緒二十二年起作正收入造報至善。惟關道請於每年既存節省項下撥銀二千兩，外銷款内減支銀三千兩，共歸上銀五千兩。九江關請於解餉水脚項下，各提歸足銀三千兩。已由安徽、江西兩撫臣奏報。所有江海、鎮江兩關道，各認加解數目緣由，理合恭摺具陳，伏乞聖鑒。

（硃批）户部知道。（欽此）

選募洋員履勘礮臺片 光緒二十二年正月十五日

再，江南海口沿江各礮臺，必須向外洋延訪熟諳礮臺之將弁，來江察勘，籌議修建。業經臣於上年閏五月内詳晰陳奏在案。嗣由出使大臣許景澄代延德國工程都司駱百克來華，又適有德國礮將雷諾游歷過華，冬間先後到江。均經臣派令候選知縣姚錫光兩次會同洋員及教練陸操之洋將來春石泰察看各臺。臣覆加考核，長江口門崇寶沙，橫亘中流，江勢分爲南、北二洪。南洪有獅子林等臺，堪資守禦，而力不能兼顧北洪。北洪空虚無臺，殊失險

〔一〕「圖山」，似應作「圌山」。

要。若崇寶沙上能築大臺，則可以北護崇明，南扼吴淞。但地平土鬆，築臺不易。鐵礮臺工費過鉅，惟有於崇明縣之六滧地方築一大臺，旋擊上下游，亦足以護北洪。若僅恃南岸現有之臺，斷難守長江門户。自此溯流而上以至江陰，中間有白茅沙爲天生暗險。如北岸之龔家壚，南岸之白茅口，均夾沙成險。龔家壚地方向經税務司設有燈表，以便輪船夜行，其險可知。白茅口正當白茅沙東尾，輪船至此，非緩輪探水不能上駛。尤宜於該二處築臺扼守爲第二層門户。查長江形勢，江陰下游宜守沙險，江陰上游宜守山險。山險易知，沙險難測。守山險不如守沙險，守上游不如守下游。若僅守江陰，則江南之太倉、蘇州，江北之裏下河，精華地方皆隔在門庭以外，似爲非計。此臣所以注意於海口、崇明、龔家壚、白茅口等處之微意也。各洋員閲看，詳略不一，而大致尚屬相同。至以上之江陰、圌山關、鎮江等處，原設礮臺，皆係形勝之區，或應添低臺，或應添高臺，或應添兼顧後路及攔擊上游之臺，洋員所言亦係中國官弁所能見到。惟據洋將言，向有之臺，或臺式太舊，不能旋擊取準，且易受敵礮，或礮式過老，不能速放及遠。且每一臺中，各種之礮參差不一，臨事時彈藥恐致錯亂。且每臺礮力遠近必須一律，則測定一準，於見敵船時，視第一礮之中否，臨時急發一令，增減礮尺，全臺之上瞬息可以周知，第二、三礮可期必中。今礮位甚雜，敵船甚活，臨事無從取準，設有兵事，萬不足恃等語。所論誠屬確當，特需款太鉅，程工亦遲，惟有次第購換新礮，量加修改。臣卸任在即，將來應如何量力增修之處，統俟本任督臣劉坤一從容酌度辦理。

訊明營勇殺人掠財請旨嚴懲摺〔一〕　光緒二十二年正月十五日

竊據署上元縣知縣王芝蘭禀報：城外寶山庵庵門掩閉，僧人覺亮查被殺死庵内，當經詣驗，獲犯徐得勝，起出隨帶兇刀，比對傷痕相符，訊認謀殺掠財一案。經臣飭據江甯府知府李廷簫，督同上元、江甯兩縣復訊，據該犯徐得勝供，湖南巴陵縣人，在江南章字營充當營勇，因病告假出營，到僧覺亮庵内借住。僧覺亮曾欠該犯洋二元，光緒二十一年十月二十五日，該犯向索未還，彼此争吵，該犯氣忿起意謀殺。即於是夜三更，見該僧伏牀睡熟，該犯用木棍毆傷該僧腦後。該僧翻身欲起，該犯又連毆，傷其頂心偏左，偏右額角，腮頰，頷頦。該僧聲喊，該犯恐其不死，復拔出身帶小刀，連砍傷咽喉、肚腹、鼻梁等處，登時斃命。該犯將屍移至庵内土倉，用草遮蓋。次早帶刀走避，關上庵門，搬挑該僧包穀，賣洋花用不諱。又經臣批飭營務處候補道桂嵩慶，督同江甯府上元、江甯兩縣復加研訊，供情無異，禀請照例解勘前來。

臣查刑部奏定章程，各省盜刦案内，游勇均准就地正法。今營務處道員及江甯府縣均請將該犯徐得勝照例解勘，係因該犯由索欠起釁謀殺，查照尋常之案解勘辦理。惟該犯所供僧覺亮借欠洋錢，並不能指出證佐，一面空言殊不足憑。至其殺人掠財，起出隨帶兇刀，則驗訊確鑿，毫無疑議，下手情形兇狠已極，該犯到堂並未用刑，即行直認不諱，毫無推賴游移。查殺人後掠取家

〔一〕録自《京報》第五四二二號。

財，例照强盜論罪，自應將該犯照游勇盜刦章程懲辦。且大江南北散勇雲集、會匪繁多之際，刦案纍纍，盜風甚熾，近在省城之外，該勇丁即敢如此逞兇横行，若不嚴加懲警，仍復輾轉解至蘇州，照例勘轉，久稽時日，實不足聳觀聽而安民生。即如上年吴江縣盜案，辦理迅速，未經解經撫臣據實奏明，當時吴江一帶民情欣悦，盜匪立即斂戢，是其明效。況游勇行刦，本有專條，加以殺人，尤應從重懲辦。該道府縣請照尋常命案辦理，未免涉於拘泥。所有此案散勇徐得勝訊明殺人掠財，相應請旨即行就地正法，以昭炯戒。並請嗣後凡係游勇滋事，照章嚴行懲辦，庶足以戢匪徒而靖地方。謹會同江蘇巡撫臣趙舒翹恭摺具奏，伏乞皇上聖鑒訓示。

刑部速議具奏。

徐州營縣疊獲要匪請獎員弁摺[一]

光緒二十二年正月十五日

竊照徐州府知府所屬地方，界連三省，素爲匪徒出没之所。前有著名巨匪鞏立得與鞏立鳳、鞏連黿等兄弟，勾結夥黨多人，時在山東曹州、濟甯及江蘇徐州各府屬，肆行剽掠。鞏立得兇悍異常，尤爲羣匪領袖，往年東省魚臺縣谷亭集匪徒滋事，即係該犯爲首。歷年以來，刦案纍纍，大爲民患。光緒十九年八月間，經本任督臣劉坤一訪聞，飭據徐州鎮道督飭前署豐縣知縣姚鴻杰，會同徐防飛騎中營營官陳萬金等，訪明蹤跡，帶綫督隊，在於該縣王家寨地方，將鞏連黿一匪設法捕獲。因該匪開槍拒捕，並刃傷什長，致被格傷。取供後，因傷斃命。嗣又據姚鴻杰派出眼綫，聞鞏立鳳帶同羽黨，潛回鞏家莊地方。姚鴻杰隨會同陳萬金及飛騎正營哨官李輔勳、銘軍哨官耿如喜等，各帶勇役，馳往兜拿。該匪先已聞風，持械向山東魚臺縣境奔逃。姚鴻杰等跟蹤追至豐、魚交界之草廟莊外圍捕。該匪率衆開槍拒敵，轟傷勇役二人。適豐汛千總滕承惠等趕至幫捕，姚鴻杰等並復親督勇役開槍抵格，始將鞏立鳳轟傷，該匪勢窮拔刀自戕，當即由勇擒獲。餘匪劉修即劉爾修、楊汝梅、于大洸、魏二亦被格受傷，先後就獲。鞏立鳳、劉修於取供後，旋各因傷斃命。禀經劉坤一批飭，分别戮屍梟示歸案審辦。並將出力員弁，准予存記，俟鞏立得等拿獲，再行彙案請獎在案。

臣到任後，復經嚴飭徐州鎮道督率防營及地方文武，約會東省，不分畛域，懸立重賞，嚴密購緝。無如壤地相接，路徑分歧，該匪鞏立得性復狡譎，往往此拿彼竄，致難剋期就獲。兹據署徐州鎮總兵程孔德、徐州道沈守謙、調署豐縣知縣陳守晸、銅山縣知縣陶在銘先後禀稱，上年八月初七日夜間，豐縣派出線勇探聞鞏立得等竄入該境東北鄉鞏家莊，盤踞伺刦。該縣陳守晸即會同巡勇、汛兵於是夜馳往撲捕。初八日辰刻，偕抵該處。鞏立得膽敢率黨三十餘人，列隊衝出，開槍轟拒。陳守晸等督隊奮勇迎擊，該處練董李道沅亦集練丁四面兜拿，鞏立得等且戰且逃，追至二里許之黄家莊外，復又合圍。鞏立得拚命當先，開槍死鬥，致轟傷練丁兩名、捕勇汛兵四名，馬步勇三名。馬勇王殿沅、步勇劉玉亭均先後因傷身死。陳守晸等恐被免脱，當令線勇指明鞏立得，商同文武員弁督率

[一] 録自《京報》第五四六八號。

捕勇，點放擡槍對準猛擊，始將鞏立得當場轟斃。並格殺夥匪劉秃仔、陳雙兩名，奪獲匪械洋槍六桿、腰刀四把。擊敗受傷各匪，力不能支，分投竄逸。維時駐巒口馬隊九營哨官錢道友聞信趕至，協同跟追，又格傷擒獲楊琴一名。羽黨師賈等隨竄入銅邑西北鄉石城一帶盤踞。經該縣陶在銘派出線役，於十三日夜探訪明確，隨即會同徐防步隊中營哨官劉文選，督帶隊伍及捕役小隊，於是夜馳往撲捕。十四日午刻偕抵該處，匪已聞風向西北逃竄。陶在銘等督隊跟追至豐境大營莊外，匪黨約有二十餘人，恃衆負隅開槍轟拒。陶在銘等嚴督各勇合圍猛擊，該處團練亦齊起兜拿，格鬬逾時，始將該匪師賈格傷擒獲，並追獲夥匪宋二秃、張周二名，奪獲洋槍三桿、刀矛五件，步勇、捕役、團練亦各被拒傷一名。匪力不支，潰圍分竄。維時陳守晸與徐防馬隊右營哨官錢道友，先後聞報，督隊馳至，協同跟追，又格殺夥匪韓光化一名，奪獲洋槍一桿。其餘擊敗受傷各匪四散奔逃，追拿無獲。獲匪師賈等當由陳守晸帶回豐縣，歸案質審稟辦各等情，並由程孔德、沈守謙會同聲稱將在事出力人員，照章奏獎前來。

臣伏查江省前因盜風甚熾，剽刦頻仍，曾經劉坤一於光緒十七年六月間奏明，倘能拿獲著名首要匪犯，准予優獎，奉諭旨允准。今鞏立得、鞏立鳳、鞏連黿等弟兄均爲江、東兩省著名首要匪犯，結黨肆刦，稔惡多年。鞏立得俗名大竽子頭，兇狡尤甚。祇以聚散靡定，一經往捕，即先逃竄，兼之無業貧民多被要結，私給財物，藉通風聲，是以就獲綦難。該犯等當臨拿時，並敢結隊開放洋槍，任意抗拒，致斃勇丁二名，受傷多人，形同叛逆。該文武員弁努力同心，經營數載，先後格殺及生擒首夥匪犯一十四名，爲民間除一大害，實屬異常出力，核與十七年奏准優保之案相符。所有此案尤爲出力之同知銜前署豐縣知縣請調甘泉縣正任碭山縣知縣陳守晸，補用同知直隸州前署豐縣知縣姚鴻杰，五品銜分省試用縣丞范公溥，知府用候補直隸州銅山縣知縣陶在銘，附生李道源，遊擊銜儘先補用都司陳萬金，都司銜徐州鎮標儘先補用守備王淑崑，都司用徐州鎮標儘先補用守備劉士義。其次出力之縣丞職銜許澄慶、署徐州鎮標中營豐汛千總儘先補用守備滕承惠、五品軍功錢道友、五品軍功耿如喜。合無仰懇天恩俯予分別給獎，以資鼓勵。如蒙俞允，再行開具清單，照章擬保具奏。其陣亡之馬勇王殿沅、步勇劉鈺亭，應請勑部照例議卹。現在徐屬地方尚稱安謐，堪以仰慰宸廑。其餘出力員弁、練丁，臣酌給外獎。受傷勇丁，飭縣給賞養贍。並飭將所獲各匪，趕緊訊明稟辦，仍勒緝各逸匪，務獲併究，以絶根株。將各該員弁履歷咨部外，合將徐州營縣疊次督率勇隊團練殲獲要匪情形，並請將出力員弁准其分別給獎緣由，謹會同江蘇巡撫臣趙舒翹恭摺具陳，伏乞皇上聖鑒訓示。

著照所請。該部知道。

恭報卸署兩江督篆起程日期摺 光緒二十二年

正月十七日

竊臣接准部咨，光緒二十一年十一月十八日内閣奉上諭：劉坤一著回兩江總督本任。張之洞著回湖廣總督本任，欽此。茲本任督臣劉坤一行抵江甯，臣於正月十七日委員將兩江總督關防、兩淮鹽政印信、暨通商欽差大臣關防並王命旗牌、文卷等件，齎送劉坤一接收。臣於是日交卸，二十日起程回鄂。仍於入湖北境後，沿途察看田家鎮礮臺，及大冶鐵山等處情形。除俟到鄂回任另行奏報外，所有微臣卸署兩江督篆及起程回鄂日期，理合恭摺具陳，伏乞聖鑒。

（硃批）知道了。（欽此）

江南息借商款並洋行墊辦軍火給發關票第一期由江省付清、第二期由部撥湊支查明收支細數摺 光緒二十二年正月十九日

竊上年東洋告警，需餉浩繁，欽奉上諭，飭令各省息借商款，並准户部議定章程，咨行前來。當經本任督臣劉坤一轉行遵辦，先後據蘇州藩司詳報，經借銀一百萬二千六百兩，江海關道經借銀一百二十六萬二千五百兩，江甯官銀號經借銀四萬六千二百五十兩。時因上海爲通商總匯之區，關票皆由該道印發，故甯、蘇借款皆由該道彙核具詳。開辦以來，商情尚爲踴躍，惟市面銀根較緊，各借户利於速還，均係請領兩年半期關票，而無請領六年期票者。計自上年九月開局起至本年五月奉文停收，扣至光緒二十一年五月初十日爲付利頭期，按日計息，遞至二十三年五月初十日止，兩年來，本利還清，填給滬字二百五十兩關票四千五百張，萬字關票二十五張，俾得到期持票請領本息。所有本年五月初十日爲第一期付息之期，計蘇州、上海、江甯共付還銀七萬四千二百九十兩。又十一月初十日爲第二期還本付息之期，共付過本利銀六十九萬七千零七十兩八錢五分。此外又有瑞士、地亞士等洋行軍火鎊價抵借之款，共計英金三十四萬八千六百九鎊十八先令九本士，按照定購時市價核算，約合庫平銀二百十八萬兩，共給萬字關票二百十八張。又信義洋行軍火借銀抵借之款，共計德金八十六萬二千二百八十二馬克九十分，按照給關票之日市價合算，約合規平銀三十一萬七千一百一十九兩零，先後共給關票兩張。此項軍火鎊價查照原訂合同，利息常年六釐，金鎊價值到期查明市價合銀歸還本利，與華商借款辦法微有不同。第既同給關票，同一還期，又同一兩年半還清，自應均歸一案，俾得預期彙核本息還數，籌款應付，以期簡便。仍俟届期與該行另行核算，如息借來所領之銀多於合同應還之銀，該行等應將多餘之銀，繳還歸官。倘或不敷，由官抵補，仍按期歸還奏報。乃瑞士、地亞士兩行届第二期應還鎊價之時，上海道已購備金鎊交還，該兩行堅執票係抵借銀兩，不肯收鎊，仍係付給現銀。總計瑞士、地亞士、信義三洋行軍火抵借關票，准户部電，内克薩借款内先後提撥銀八十二萬六千兩，先付清款，不敷尾找六百兩有餘，由江省撥付訖。又另有瑞記行移吴照麟槍礮價庫平銀二萬兩，填給萬字關票二張，因係抵借實銀，並不論鎊，是以許入現銀列款，便於計息。所用局用經費、刊印關票及委員任事薪水、局差人等工食、一切雜用，撙節核給，共計庫平銀三千七百十兩九錢三分，業在本款收數動支。惟印票由滬還給，届期飭由鎮、滬兩關認還，合計爲數較鉅。該關道等擬請嗣後仿照前還怡和洋行辦法，先期籌畫，如解不敷，即行詳請咨部另行指撥的款，以便彙付而免失信。據前署江海關道劉祺祥、現任江海關道黄祖絡，先後詳請奏咨前來。臣覆核無異，除將送到收銀給票起息日期及各期應還本利銀數暨一切局用開支各清摺，分咨總理衙門、户部查照外，理合會同江蘇巡撫臣趙舒翹恭摺具陳，伏祈聖鑒。

（硃批）該衙門知道。（欽此）

飭遊擊蔣聲耀回鄂當差片〔一〕 光緒二十二年正月　日

再，湖北儘先遊擊蔣聲耀前於光緒二十年冬間經臣奏調來江差委，充護軍中營營官。該員訓練籌防深資得力，兹該軍中營已經撤遣，該員並無經手未完事件，自應飭回湖北本省聽候差委。除咨明兵部外，理合附片奏明，伏乞聖鑒。

兵部知道。

請留武員補用片〔二〕 光緒二十二年正月　日

再，據統帶浦勝營淮揚海道謝元福，以分帶官張鳳嶺、郭秀文、吴德麟三員訓練認真，緝捕得力，禀請奏留兩江補用等情。臣復核無異，合無仰懇天恩俯准將總兵銜補用副將儘先遊擊張鳳嶺，改留兩江候補。升用遊擊候補都司郭秀文、升用守備候補千總吴德麟，各以原官留於兩江候補。以示鼓勵。除飭取該員等履歷送部查核外，謹附片陳請。伏乞聖鑒。

著照所請。兵部知道。

請准以吴光華借補都司片〔三〕 光緒二十二年正月　日

再，皖南鎮標右營都司鄒玉祥病故，遺缺接准部咨，係陸路題補第一輪第五缺，應用儘先人員，行令照章揀補等因。伏查該營都司駐紮甯國府，管轄甯國、旌德、太平三縣，地方界連浙省，山叢林密，土客雜處，彈壓巡防均關緊要。必須精明强幹熟悉地方情形之員，方能勝任。臣與撫臣往返咨商，逐加遴選，查有副將銜遇缺儘先補用遊擊吴光華，年五十二歲，安徽懷甯縣人，由武童於咸豐十年投効軍營，隨剿賊匪迭著戰功，歷保花翎補用遊擊。光緒元年回籍，禀經飭歸安慶營候補。嗣因皖省續獲首要會匪及滋事游勇案内在事出力，經本任督臣劉坤一等會保，仍以遊擊遇缺儘先補用，並請賞加副將銜，經部議覆，於光緒十八年四月二十一日奉旨允准，轉行欽遵各在案。旋經委署撫標右營中軍守備，於查閱營伍案内，經前撫臣沈秉成考驗，得弓馬純熟給獎，二十一年經撫臣福潤檄委代理撫標右營遊擊。該員精明幹練，營務講求，於皖南營務地方情形極爲熟悉，以之借補是缺都司，洵堪勝任。核與借補定章亦屬相符。合無仰懇天恩俯准以吴光華借補安徽皖南鎮標右營都司員缺，於營伍地方實有裨益。如蒙俞允，俟部覆至日，再行給咨送部引見。除飭取該員履歷及前在他省並無叅革朦保印結送部查核外，理合會同安徽巡撫附片具陳，伏祈聖鑒。

兵部議奏。

請准以宋學亮補授守備片〔四〕 光緒二十二年正月　日

再，江南内河水師廟灣營中營守備趙恩榮病故，遺缺接准部

〔一〕録自《京報》第五四六三號。
〔二〕録自《京報》第五四六五號。
〔三〕録自《京報》第五四六八號。
〔四〕以下九件録自《京報》第五四七一號。

咨，係第二輪第二缺，應用儘先人員請補等因。臣查江南內河水師儘先守備一項共有六員，內苗恩瀚、柏殿魁二員檢查各標營均無其人。徐攀龍一員，與是缺人地不宜。前於趙恩榮請補是缺守備摺內，業經聲明在案。沈聯鏞、涂運鴻、張兆魁等三員，均屬籍隸本府，例應迴避。謹查有儘先守備宋學亮，年四十四歲，江南上元縣人，由京口水師行伍管駕船隨剿出力，薦保千總。嗣於歷在山東曹縣並安邱、濰縣，湖北黃安縣擊賊，及江蘇贛榆縣戰斃逆首四案併保案內，准湖廣督臣李瀚章奏保，同治七年五月初四日內閣奉上諭：宋學亮著免補千總，以守備儘先拔補，並賞戴藍翎。欽此。光緒十二年到標，咨准部復，註册歸入內河水師儘先守備班內照章請補。該員人材勤幹，船務熟諳，以之請補是缺守備，洵堪勝任。所保儘先名次雖後，尚在二十名以內，核與定章相符。合無仰懇天恩俯准以儘先守備宋學亮補授內河水師廟灣營中營守備員缺，實于營伍地方有裨。如蒙俞允，俟部復至日，即行給咨送部引見，以符定制。除將該員履歷及前在他省實無參革朦保切結送部查核外，謹會同漕運總督臣松椿附片具陳，伏乞聖鑒。

兵部議奏。

揀員調補都司片 光緒二十二年正月　日

再，准兵部咨，議覆江西永鎮營都司准以儘先遊擊郭國揚借補。惟該員係吉安府龍泉縣人，所補之缺距籍在五百里以內，應照章在於現任合例都司人員內調補等因。當經本任督臣劉坤一咨請揀調去後。嗣准前江西撫臣德馨咨，查有廣昌營都司劉冠軍，堪以與准補永鎮營都司郭國揚互相調補，咨請酌核會辦前來。臣查廣昌營都司劉冠軍，年五十六歲，係直隸望都縣人，由武進士藍翎侍衛行走期滿，光緒三年選補廣昌營都司，十月到任。該員年力健強，操守勤慎，且任內並無違礙事故，與郭國揚互相調補，人地均屬相宜。合無仰懇天恩俯准將准補永鎮營都司郭國揚與廣昌營都司劉冠軍互相調補，如蒙俞允，俟准部覆至日，即行給咨郭國揚赴部引見。劉冠軍係對品調補，毋庸赴部，應請勅部發給札付，以符定制。除另取各該員調補履歷咨部查核外，臣謹會同江西巡撫兼提督銜臣德壽附片具奏，伏乞聖鑒。

兵部議奏。

請准以劉慶泰借補守備片 光緒二十二年正月　日

再，准揚鎮標右營守備劉翠成降補，遺缺接准部咨，係第五輪第一缺，輪用儘先人員請補。揀選得儘先都司劉慶泰，該都司劉慶泰，年四十八歲，江南儀徵縣人，由督標中營雲騎尉世職學習期滿，請咨引見。奉旨：發回本省照例用。欽此。嗣經委派隨漕差使，異常出力，保加都司銜。復於歷次委解陝甘軍裝出力，經前伊犁將軍臣金順於收還伊犁案內奏保免補守備以都司儘先即補，併戴花翎。光緒十一年二月初一日奉旨：著照所請獎勵。欽此。查該員年壯力強，操守奮勉，該員係由儘先都司借補守備，核與借補限制相符。合無仰懇天恩俯准以儘先都司劉慶泰借補准揚鎮標右營守備員缺，實於營伍地方均有裨益。如蒙俞允，俟奉到部復，即行給咨送部引見，以符定制。除飭取該員履歷及前在他省實無參革朦保印結送部查核外，謹會同漕運總督臣松椿附片具陳，伏乞聖鑒。

兵部知道。

揀員調補都司片光緒二十二年正月　日

再，准兵部咨，江西永豐營都司員缺，准以儘先遊擊萬尚益借補，此缺駐劄吉安府永豐縣。該員係南昌縣人，所補之缺距籍在五百里以内，應令于現任都司對調等因。當經轉行遵照在案。茲謹會同江西撫臣德壽，於現任都司人員内逐加遴選，或與萬尚益原籍南昌縣在五百里以内，或有别項事故例不准調。惟查有江西贛標後營都司國興阿，年五十三歲，係正白旗漢軍吉和佐領下人，由領推薦升步軍校，光緒十六年十一月經兵部帶領引見，奉硃批圈出：江西贛州鎮標後營都司員缺，著國興阿補授。欽此。十七年六月到任。該員國興阿，老成諳練，營務講求，堪以與准補永豐營都司萬尚益互相對調。且並無違礙事故。合無仰懇天恩俯准以永豐營都司萬尚益與贛標後營都司國興阿互相調補。如蒙俞允，俟部覆至日，即行給咨萬尚益赴部引見。至國興阿係對品調補，毋庸送部，應請敕部給札，以專責成。除飭取各該員履歷咨部查核外，理合會同江西巡撫兼提督銜臣德壽附片奏陳，伏乞聖鑒。

兵部議奏。

請更正官名片光緒二十二年正月　日

再，長江水師儘先游擊荚澤峻，前於克復常州案内保獎都司，誤書澤蔡，當經本任督臣劉坤一查明咨部更正在案。茲准兵部咨復，該員保獎都司，係屬奏案，應令奏明辦理等因前來。相應請旨俯准將長江水師儘先遊擊荚澤峻之名，前保都司誤書澤蔡，敕部查照更正，以昭核實。謹附片陳請，伏乞聖鑒。

兵部知道。

請准以吴景文補授都司片光緒二十二年正月　日

再，江蘇内洋水師海門營右哨都司張玉標病故，遺缺接准部咨，係第二輪第二缺，應用儘先人員請補。謹揀選得奏留江蘇内洋外海儘先都司吴景文，年四十四歲，浙江海甯縣人，由武童投効錢塘水師，隨剿陝西等省出力，洊保藍翎守備銜千總。於攻克吐魯番等城案内，經陝甘督臣左宗棠奏保，光緒四年三月二十五日欽奉上諭：藍翎守備銜千總吴景文著免補千總守備，以都司儘先補用，並賞戴花翎。欽此。嗣經在任督臣劉坤一奏留江蘇内洋外海水師候補。光緒十九年正月初七日奉硃批：著照所請。兵部知道。欽此。惟查該員留省名次稍後，外海内洋儘先都司名次在該員之前者，尚有經紀範，業已請假離標。盛光新、李公智、周名亮均係外海内洋實缺守備，各在本任得力，與趙桂堂一員均未便遷就請補。查該員材力精强，營務諳練，今請借補是缺都司，核計名次尚在二十名以内，例得聲明奏請。合無仰懇天恩俯准將外海内洋儘先都司吴景文補授内洋水師海門營右哨都司員缺，實於營伍地方均有裨益。如蒙俞允，俟部覆至日，即行給咨赴部引見，以符定制。除將該員履歷及前在他省實無參革矇保印結送部查核外，謹會同江南提督臣譚碧理附片具陳，伏乞聖鑒。

兵部議奏。

請准曹廣榮補授水師遊擊摺光緒二十二年正月　日

竊江蘇外海水師南匯營遊擊袁聯魁病故，遺缺接准部咨，係第三輪第一缺，輪用儘先人員請補。謹查得內洋水師儘先遊擊蘇松鎮標右營中哨都司、現署右營遊擊曹廣榮，年五十歲，湖南長沙縣人，由武童投營，隨軍征勦，疊保叅將銜兩江儘先補用遊擊。光緒十一年借補蘇松鎮標右營中哨都司，經部覆准。十三年請咨引見，奉旨：准其借補。欽此。經部發給劄付回省到任。查該員材力强健，操防勤能，今請補授是缺遊擊，雖係內洋人員，向准與外海人員統補，與例相符。合無仰懇天恩俯准以儘先遊擊內洋水師蘇松鎮標右營中哨都司曹慶榮補授外海水師南匯營遊擊員缺，實於營務地方均有裨益。如蒙俞允，俟部覆至日，即行給咨送部引見，恭候欽定。除將該員履歷送部查核外，謹會同江南提督臣譚碧理恭摺具陳，伏乞皇上聖鑒。再，曹廣榮所遺蘇松右營都司員缺，江蘇水師現有合例應補之員，應請扣留外補，合併聲明。

兵部議奏。

咨副將李先義赴部引見片光緒二十二年正月　日

再，提督銜記名總兵借補廣東廣州協副將李先義，前經臣奏調江南派充廣義、江靖等軍統領。該員督率操防，經管砲臺，深資得力。茲因所統兩軍均已遣撤，據呈借補廣東廣州協副將尚未赴部引見，例應造具履歷清册，懇請給咨赴部等情前來。臣查該員久歷戎行，才略幹練，於外洋槍砲及製造砲臺工程等事最爲嫻熟，茲以借補副將實缺，尚未引見，呈請給咨送部，現在並無經手未完事件，自應給咨令其北上。除將履歷咨送軍機處部科查照外，理合附片具陳，伏乞聖鑒。

兵部知道。

飭道員馮相榮回桂當差片光緒二十二年正月　日

再，二品頂戴廣西候補道馮相榮前因海防事，亟經臣奏調江南差委，派充萃軍左軍統領，操練巡防，深資得力。茲全軍撤防并無經手未完事件，應即飭回原省常差。除咨吏部暨廣西撫臣查照外，理合附片陳明，伏乞聖鑒。

吏部知道。

總兵郭寶昌丁憂開缺請旨簡放摺〔一〕光緒二十二年正月　日

竊據壽春鎮總兵郭寶昌呈稱：光緒二十一年十二月二十九日接到家信，生母曹氏前得□□病症日漸沈重，於本年十二月二十八日在籍病故，例應丁憂開缺，回籍守制。除將關防封固，星夜回籍奔喪外，呈請具奏前來。

臣查壽春爲皖北重鎮，該處民風素稱强悍，兼之此時各路裁勇絡繹於道，伏莽堪虞。除先行飭委署該鎮中軍遊擊何師程暫行護理並將該總兵郭寶昌聞訃丁憂日期循例恭摺題報外，所遺壽春鎮總兵一缺相應請旨迅賜簡放以重職守。至郭寶昌所統卓勝軍本係該旗多年舊部，該員開缺後似可仍令在籍就近節制卓勝全軍，

〔一〕録自《京報》第五四六二號。

督飭各營認真防緝，於地方不無補益。是否可行，伏候聖裁。謹會同安徽撫臣福潤恭摺具奏，伏祈皇上聖鑒。

另有旨。

回湖廣任謝恩摺 光緒二十二年正月二十八日

竊臣奉旨飭回湖廣總督本任，嗣經欽奉光緒二十一年十一月十八日寄諭：湖廣地方緊要，鐵廠、槍礮廠甫經告成，現當開辦鐵路，整頓陸軍之際，需用甚繁，煉鋼軌、製快槍，實爲當務之急。銀元鑄成能否流通各省，該督回任後，均當加意舉辦，以立富强之本。等因。欽此。業將交卸兩江總督署篆及起程赴鄂日期，奏報在案。茲已行抵鄂省。本年正月二十八日，准兼護督臣譚繼洵將湖廣總督關防並王命旗牌、文卷等件，委員齎送前來。臣當即恭設香案，望闕叩頭謝恩，祇領任事。

伏念臣以下駟之庸材，處上游之重鎮，自慚需緩，莫補時艱。假節江東，曾無遷地爲良之效。回車漢上，豈有駕輕就熟之功。訓勉欽承，悚惶莫喻。查湖廣自去秋以來，北潦南旱，匪伏民窮。況值商埠之新開，益覺軍容之難弛。臣惟有因時撫定，竭力經營。廣仁以利疲氓，明恥以求戰士。凡現辦之鐵政、銀元、礮廠、學堂諸事，皆有關乎通商、惠工、任能、勸學之端。在議者或譏其並騖之勞，而微臣常覺有後時之懼。爲山覆簣，何辭積累於寸銖。未雨徹桑，敢懈綢繆於閒暇。其一應地方事宜，當隨時與湖北、湖南兩撫臣悉心商辦，以期仰答高厚鴻慈於萬一。

（硃批）知道了。（欽此）

奏請獎叙錢漕全完之員摺[一] 光緒二十二年三月初八日

竊照錢漕乃維正之供，催科爲有司專責。鄂省頻年奉提京餉及撥協各省餉項，全賴地丁等款徵解踴躍，藉資挹注。是州縣催徵之勤惰，實關餉需之贏縮。其有先期完解之員，歷經奏准獎叙在案。茲據湖北布政使王之春、督糧道岑春蓂會詳稱：查麻城縣額徵光緒二十一年司庫地丁等款錢糧，除坐支外實應解銀二萬九千四百七十六兩五分，又應解道庫漕南正耗米折等款共銀七千三百一十二兩八錢五分七釐，均於年内掃數全完，請奏獎前來。臣等查該縣額徵各款錢糧銀兩合計在三萬兩以上，均於年内掃數全完，洵屬催科勤奮，自應專案請獎。合無仰懇天恩俯准將署麻城縣事海防分缺先補用知縣陳瑞瀾，照例給予加一級，以示鼓勵而資觀感。謹合詞恭摺具陳，伏祈皇上聖鑒。

著照所請。該部知道。

奏爲拏獲匪犯就地正法摺[二] 光緒二十二年三月初九日

竊照湖北省盜案，前因難以一律規復舊制，經前督臣涂宗瀛會同前撫臣彭祖賢奏明，請將土匪、馬賊、會匪、游勇之外，持械聚衆搶劫、拒捕傷人、搶奪婦女勒賣等案，暫行查照定章。該

[一] 録自臺北故宫文獻編輯委員會編《宫中檔光緒朝奏摺》第九輯，第七四四頁，臺北故宫博物院一九七四年版。

[二] 録自臺北故宫文獻編輯委員會編《宫中檔光緒朝奏摺》第九輯，第七四九頁，臺北故宫博物院一九七四年版。

州縣獲犯訊明禀報後，批歸道府督審，或委員會審，果係罪無可疑，即行就地正法，彙案奏報。光緒九年四月十九日奉旨：刑部知道。欽此。歷經遵照辦理在案。茲查光緒二十一年分，各屬禀報拏獲各案匪犯，除已叅疏防獲犯後應行查銷或案内有餘犯罪應流徒之案，均經專案審辦奏咨外，其有報案即行獲犯各案，經臣繼洵檄行臬司分別飭府督審委員會審，或係强盗殺人，或係行劫拒傷事主，俱屬贜證確鑿，罪干斬決斬梟，審明後，均即照章批飭就地正法。計案五起，人犯十八名。據湖北按察使惲祖翼查明各案犯名事由，具詳前來。臣等覆核無異，理合將各案事由彙繕清單，恭摺具陳，伏祈皇上聖鑒。

刑部知道。單併發。

湖北煉鐵廠告成保獎出力文員摺〔一〕光緒二十二年三月　日

竊前准吏、兵兩部咨，議覆臣奏湖北創造煉鐵廠告成在事出力各員請獎一案，著保各員銜名，未據先期奏咨立案，應將全案駁回，俟奏咨立案，另行覆奏請獎到部，再行核辦等因，知照前來。業經臣於署兩江總督任内，將著保文職各員聲叙情由，開具銜名，奏咨立案。旋准吏部議覆，此次單開在事各員銜名先行存案，應俟另行具奏請獎到部，再行核辦等因。光緒二十一年十二月二十一日具奏，奉旨：依議。欽此。恭録咨行欽遵。惟查湖北煉鐵廠爲製造軌械、兵船之根本，關係軍實要需，當日創造伊始，一切經營廠工、煤井工、鐵路、運道、馬頭二十餘處，全賴在事各員奔走往來，盡心籌畫，艱險備嘗，閱時四年之久，始克告厥成功。計至目前，已逾五年，委係始終奮勉，異常出力。但以所保限於額數，經臣酌加删减，僅請保文職十員。現既遵照部議文職十員銜名先行奏咨立案，旋准部議另行具奏請獎。並據前保知府黄國瓆、朱滋澤二員禀稱，該員等欠繳捐免保舉銀兩，遵已赴部交納清楚等情，理合查照前保名數，先將文職各員繕列清單，仰懇天恩俯准，仍遵前奉諭旨給獎，以昭激勸而勵將來。除武職各員俟行取履歷至日，另行核辦外，所有湖北煉鐵廠告成尤爲出力文職各員，仍遵前奉諭旨保獎緣由，理合恭摺具陳，伏乞皇上聖鑒。

吏部議奏。單併發。

續裁防營加給恩餉片〔二〕光緒二十二年三月　日

再，湖北新舊防營自上年江防解嚴後，業經節次裁减，由臣繼洵於兼護督篆時奏明在案。現查鄂省各營中尚有可裁遣者。臣等察覈情形，現將駐防省城武防旗、武剛右旗，駐防田家鎮鎮南前旗，每旗勇丁三百六十名，共計勇丁一千零八十名，一律裁撤。應領月餉，截至上船之日止。該勇等籍隸湖南，僉稱，該省荒歉之餘，米價、錢價俱異常昂貴，食用實屬艱難，懇求發給兩個月恩餉等語。據各營官轉禀前來。臣等查上年秋冬所裁各營，雖僅給一個月恩餉，而各勇或以分防在外奉文較遲，或以歲暮懇求緩期裁撤，以致多需正餉一個月及月餘不等，始能遣撤完竣。各給恩餉一個月，合之正餉展期已有兩個月之費，現值米貴錢荒，各

〔一〕録自《京報》第五五二四號。
〔二〕録自《京報》第五五二七號。

勇尤有所藉口，若不從寬給予恩餉，勢必多生枝節，藉端躭延時日，仍須多費正餉。轉不如優給恩餉兩個月，既廣皇仁，又得早日遣歸，較爲直捷爽速。當經查照湖北省光緒八年遣撤忠義軍及光緒十一年遣撤各防營成案，發給兩個月恩餉，以示體恤。仍飭派輪船拖送至岳州，責成營哨官弁押送回籍，分别遣散，免致沿途逗留生事。除咨部查照外，謹合詞附片具陳，伏乞聖鑒。

知道了。

奏報委解地丁京餉數目摺〔一〕 光緒二十二年五月初八日

竊照光緒二十二年京餉，湖北省奉撥地丁銀四十五萬兩，業經委解第一、第二兩批，共銀九萬兩，赴京交收在案。茲據湖北布政使王之春詳稱，復於地丁項下動撥第三批銀四萬兩。查有候補通判王作霖、候補知縣鄧壽椿堪以委解等情，請奏咨前來。除繕咨轉給該委員妥速起解，並飭將應解銀兩續籌委解外，謹合詞恭摺具陳，伏祈皇上聖鑒。

户部知道。

鐵廠招商承辦議定章程摺并清單 光緒二十二年五月十六日

竊惟湖北鐵廠兼采礦、煉鐵、開煤三大端。創地球東半面未有之局，爲中國造軌、製械，永杜漏卮之根。開辦以來，鉅細萬端，而皆非經見。事機屢變，而意計難周。經營積年，心力交困。今廠工早已次第告成，各種鐵爐、鋼爐，冶煉鋼鐵，製造軌械，均能精美合用。以至鐵山、煤井，一切機器、運道，皆已燦然大備。惟是經費難籌，銷場未廣，支持愈久，用款愈多。當此度支竭蹶，不敢爲再請於司農之舉，亦更無羅掘於外省之方。再四熟籌，惟有欽遵上年六月十二日諭旨招商承辦之一策。方今滇、藏、粤、桂、新疆、東三省之外，英、法、俄鐵路相逼而來，中國幹路已成欲罷不能之勢。洋商早見及此，知中國開辦鐵路，需用鋼鐵必多，就地取材，獲利必厚。自上年秋冬以來，則有英之陶秘深、柯第仁、賀士當，法之戴馬陀等，皆外洋鋼鐵大廠之經理人，前後來商，自願以銀五百萬兩附股合辦。先繳一百萬，另附股四百萬，加增爐座機器，添開煤井，大舉采煉。得利官商均分。蓋深知東部洲風氣漸開，需用鋼鐵必多，不僅中國一處而已。而漢陽一廠經營最先，收效必早。非有真知灼見，孰肯以巨款合辦。臣惟今日五洲風會，路、械、船、機，無往非鐵。西人於煉鐵一廠，視爲至重至大之事。鐵之興廢，國之强弱貧富繫焉。大冶鐵礦之旺，甲於天下，實足取用不窮。惟冶鐵煉鋼，非煤不濟。欲添爐座，必添煤井。湖北境内産煤之區，歷經試驗，灰多磺重，堪作焦炭者甚鮮。即江夏馬鞍山自開之煤井，雖可煉焦炭，亦以磺氣稍重，必須攙合湘煤，或搭用開平焦炭，方能煉成佳鐵。開平之炭，道遠價昂，不可久恃。將來必於湘省及沿江各省，擇地另開煤井數處，方能添爐多煉。洋商力厚氣壯，慨然擔任，力言此事甚不爲難。且外國公使、領事，皆屢來婉切詢商，堅欲承攬。惟礦務爲中國自有之利源，斷不能與外人共之。洋商合辦之議，

〔一〕録自臺北故宫文獻編輯委員會編《宫中檔光緒朝奏摺》第九輯，第九〇〇頁，臺北故宫博物院一九七四年版。

不得不作罷論。而華商力微、識近，大都望而却步。從前曾招粵商，迄無成議。蓋煤鐵並舉，局勢艱難，事理精深，工作險苦，煤礦未可必得，利鈍即難逆睹，無怪其視爲畏途也。

伏查大冶鐵礦，從前本係直隸津海關道盛宣懷督率英國礦師所勘得。就鄂設廠煉鐵造軌之議，又自該道發之。且曾續有承辦原議。該道才猷宏達，綜核精詳，於中國商務、工程、製造各事宜均極熟習，經理招商局多年，著有成效，久爲華商所信服。適因奉差在滬，經臣電調來鄂，勸令力任其難，檄飭將湖北鐵廠歸該道招集商股，一手經理，督商妥辦。並即督飭司道與盛宣懷酌議章程，截清用款。其大指以嗣後需用廠本，無論多少，悉歸商籌。從前用去官本數百萬，概由商局承認，陸續分年抽還，惟限期須從寬緩。大率以紓民力、扶官廠爲主腦，以中國興造鐵路，必須路廠一氣，軌由廠造爲要義。俟鐵路公司向漢陽廠訂購鋼軌之日起，即按廠中每出生鐵一噸，抽銀一兩，即將官本數百萬抽足還清。以後仍行永遠按噸照抽，以爲該商局報効之款。該道力顧大局，已於四月十一日將漢陽廠內、廠外各種爐座、機器、房屋、地基、存儲煤鐵料物各件，以及凡關涉鐵廠之鐵山、煤礦、運道、馬頭、輪剥各船，一律接收。自四月初十日以前，鐵廠歷年各項用款共約計銀五百數十萬兩。除歷次奏撥外，不敷之款均係查照奏案，在槍礮局經費及布局息借之款項下移撥應用，並有積欠洋廠、華廠及各商號之款。此時因所欠華洋各廠物料價值及湘煤廠價運費，與夫洋匠薪費，鐵山運道煤井各處工匠、員司薪費，以及存廠鋼鐵、煤炭、物料價值，茲正在官商交接之際，一時數目未能截清。兼其中多有與槍礮局牽搭分認之款，俟將各件點清，核明截數後，即當將確數，行知商局立案。業經與商局議明，無論將來尾數若干，商局均允認還，并續行咨部立案。一面督飭鐵政局司道分款詳細造報。溯查福建船政及津、滬製造局開辦經費各數百萬兩，皆無收回之日。鐵廠改歸商辦，用過官款，但期鐵路開辦，即可按日計噸，常川提繳。現已議定，俟尋獲佳煤礦後，除漢陽廠兩爐齊開外，必須在大冶之石灰窯一帶，添設新式生鐵大爐四座。計每一爐日出生鐵六七十噸，六爐共日出四百餘噸，每年可出生鐵約十餘萬噸，即每年可繳官款約十餘萬兩。歲月雖寬，涓滴有著，從前所費數百萬不致虛糜，而從此風氣日開，造船、造械、造一切機器，次第推廣，相率效法，中華開富强之宏規，國家收永遠之報効。此則誼正道明之後而功利始見，庶幾微臣可藉寬疚責者已。

抑臣更有請者，鐵廠一事，固在資本之足，鎔鍊之精，而利益轉輸，尤在銷路之廣。目前中國製造之藝，尚未能各闢畦逕，日出新機。農工器具，土鐵足用製造，官局歲購不多。綜計用鐵大宗，無如路軌。鄂廠采煉，本專爲杜中國鐵路極大漏卮而設。比將廠造貝色麻鋼軌寄交督辦津蘆鐵路胡燏棻，督飭洋人施德林分驗。據稱炭錳停匀，燐硫分數最少，出産本佳，提煉加淨，鋼質益純，施之抵壓、牽扭諸器，無往不宜。是路軌、船械種種合用，驗有明徵。中國苦心孤詣，煉成鋼鐵，不異洋産。萬一各省辦事人員以意見爲好惡，仍舍其自有而求諸外人，則自强之本意既大相剌謬，廠商之力量亦必不能支。此次華商承辦鐵廠，臣與盛宣懷堅明要約以蘆漢路軌必歸鄂廠定造爲斷，并懇天恩飭下南北洋大臣、直省各督撫，嗣後凡有官辦鋼鐵料件，一律向鄂廠定購，不得再購外洋之物。蓋鐵務爲將來之大利，而目前數年内承辦商人必先墊不貲之鉅本，必使商局有可恃之銷路，方能招集衆股，籌墊鉅款，以待鐵利之興。至中國創開鐵廠，專爲保守自有利權起見，然非輕其成本，不能與外洋鋼鐵爭衡。故外洋於自産鋼鐵運銷，無不免税，以杜他國鋼鐵進口，分奪本國之利。查中國仿照西法，煉成各種鋼鐵料件，運售各口，爲從前關税之所無。至商廠需用煤斤，係爲多煉鋼鐵出售，逐漸收回官本。所有湖北鐵廠自造鋼軌，及所出各種鋼鐵料，並在本省、外省自開煤礦，爲本廠煉鐵、煉鋼之用。該廠中有官本鉅款，與他項商業不同，應請酌照廣西絲綢、煙臺果酒、江西洋式瓷器免抽税釐數年成案，量爲從優。仰懇天恩敕部免税十年。届時察看本廠如有優利，足可抵制洋鐵，再行徵税。總之，西法於利國利民之商務，國家必力爲保護，使本國商人得自主其權利。臣深惟斯義，不敢不豫陳於聖主之前，仍當督飭該廠，考求采煉，精益求精，以給天下之用，而挽外溢之利。斯區區謀國之微忱所不敢不勉者也。

（硃批）户部速議具奏。單併發。（欽此）

謹將商局承辦湖北鐵廠酌議章程恭呈御覽。

計開

一、湖北鐵廠遵奉諭旨招商承辦。現蒙飭委招集商股，官督商辦，自應遵照原奏，官局用款及各項欠款，截至商局承接之日爲止，以前用款及各項欠款，均歸官局清理報銷，以後收支各款，均歸商局籌辦，以清界限。

一、漢陽鐵廠，大冶鐵礦、錳礦，興國錳礦，李士墩、馬鞍山煤礦，以及廠内、廠外凡關涉鐵廠之鐵山、煤礦，煉鋼、煉鐵、製造、修理、燒焦各爐座，各機器，輪車路、掛綫路、運道馬路，輪剥各船，房屋地基，以及存積在廠之鋼鐵、煤炭、材料、什物各項，皆係官局成本，均於（成）［承］接之日〔一〕由官局交付商局，逐項接收，造册呈報，即以交付實在各項爲接收官局成本根據，俾各商咸知官局成本數目，有所考核。

一、鐵廠既歸商辦，自應招集商股，以固根本。惟目前承接之始，諸事尚無把握。華商欲速見小，未免觀望。現擬先招商股銀一百萬兩，仍以一百兩爲一股，自入本之日起，第一年至第四年，按年提息八釐。第五年起，提息一分。此爲本廠老商，必須永遠格外優待。辦無成效，額息必不短欠。辦有成效，餘利加倍多派。嗣後氣局豐盛，股票增價，其時推廣加股，必先儘老商承認。有舊票呈驗，方准其納入新股，以示鼓勵舊商而杜新商趨巧之習。

一、官局截至商局接辦日止所有用款欠款，據官局摺開，約計總數五百數十萬兩。其尾數確數若干，俟截清後，再行知照商局。另由官局撥付商局，備還官局已定機器及耶松購物各欠款銀十五萬兩。非常之局，創辦之費本難逆料，内有試開各處煙煤礦，中止停廢，以及試辦鐵廠七年，常年經費積少成多，皆如船政及津、滬各製造廠所用之款，無可交代者也。今蒙湖廣總督體念華商氣餒力薄，鐵廠事艱任鉅，商辦之後籌措支撑，已屬萬分竭蹶，深恐難於接濟。至以前官局用款欠款，商力急切難籌，惟有寬其歲時，免權子母，收得一分，補償一分，參酌商情局勢，總以籌銷鋼軌爲補救要計。擬自路局購辦鋼軌之日爲始，所出生鐵售出每噸提銀一兩，按年核計，共出生鐵若干，共應提銀若干，彙數呈繳，以還官局用本。其煤與熟鐵鋼件，應免再提。俟官用還清之後，每噸仍提捐銀一兩，以伸報効。地税均納在内，並無另外

〔一〕「成接」，似應作「承接」。

捐款。

一、官局用款，已定煉出生鐵每噸提銀一兩，陸續歸繳。如果鐵廠、鐵路一氣呵成，所用鋼軌各料，悉歸鄂廠購辦，毫無隔閡，則出鐵每噸提銀一兩，自有把握。届時擬請札飭路局，鐵廠在於預付軌價之内，分作兩次，先行提銀一百萬兩，儘先歸還急需之官本。此一百萬兩，即在造軌之後應提每噸銀一兩内扣抵，俟預付銀一百萬兩扣清之後，每噸一兩再行按年彙繳。如路、軌不能一氣，則鐵廠危殆可立而待，每噸一兩既不能提，自無所謂預付矣。

一、鐵廠必須寬籌銷路。中國現尚不能成鐵艦，不慣用鐵屋，不知造機器。民間農具、爨器，土鐵足敷所用，銷鐵之處無多。從前立廠，本意專爲造軌、製械而設。本省槍礮廠、各省製造廠所需鋼鐵，自應悉向鄂廠定購，然亦每年所用無多。現今議造各省鐵路，所需鋼軌及應用鋼鐵料件，係屬大宗。擬請奏明，無論官辦、商辦，必要專向湖北鐵廠隨時定購。約計兩爐出鐵，每日夜可煉成鋼軌三四華里，每年約可成軌千里。所製之軌與外洋頂好之軌相同，可派鐵路洋員試驗壓力，自有定評。此爲塞漏卮、興鐵廠第一要端。司鐵路者，當無不公忠體國，悉用鄂廠鋼鐵，雖造路數萬里，除雇用洋匠、辛工外，所費皆在國中，藉使鄂廠立定脚，不歇手，創辦之用款數百萬，可期逐漸有著，何樂不爲。惟目前遠運焦炭，多用洋匠，恐鋼價比較外洋每噸略貴數兩，當爲存記。將來長江續開煤礦，大冶添設化鐵爐，華匠習練可用，鋼價必能比較外洋更賤，自當如數補還路局。挈長補短，通籌合算，總不使中國軌價昂於外國。萬一路局秦越視鐵廠，則必大開漏卮。華鐵銷路阻塞，斷難支持，與設鐵廠之本意相背，關係國計甚大。商人無力挽回，應請准其停工，發還商本。或仍歸官辦，或即奏請停止，官款亦即停繳，以免賠累。

一、大冶鐵礦，各種鋼鐵可煉，取之不竭。所借馬鞍山煤礦，直層不能多取，礦重不合化煉，必須派礦師在長江一帶另尋上等煤礦，俾與鐵廠相爲配合。鄂廠利鈍之源在此一著，應請奏明，如湖北本省無相宜之煤礦，准在湖南、江西、安徽、江蘇四省沿江、沿河之處，隨時禀明，派員勘尋開采，以成利國利民之大政。

一、中國費鉅款開鐵廠，專爲保守自有利權起見。然欲與外洋鋼鐵争衡，非輕成本不能抵制。故歐洲於自産鋼鐵運銷無不免税，以杜他國鋼鐵進口，分奪本國之利。所有湖北鐵廠自造鋼軌，及所出各種鋼鐵料，並在本省或外省自開煤礦，爲本廠煉鐵、煉鋼之用，應請奏明免税十年。届時察看本廠如有優利，足可抵制洋鐵，再行徵税。

一、鐵廠目前支持局面，必須將化鐵爐兩座齊開，添購各項機器。將來推廣，必須另開大煤礦一處，並就大冶添造生鐵爐數座，方能大舉保本獲利，否則萬無轉圜之法。現在公款難籌，自應續招商股二三百萬兩。如一時商股不及，應請准由商局不拘華商、洋商，隨時息借，以應急需。即以鐵廠作保，商借商還，庶可及早推廣，商本不致斷缺，而以前官本亦不致毫無著落。

一、鐵廠奉委商辦之後，用人理財，籌畫布置，機爐應否添設，款項如何籌措，委員、司事、華洋工匠人等如何撤留，及應辦一切事宜，悉照輪船、電報各公司章程，遵照湖廣總督札飭，均由督辦一手經理，酌量妥辦，但隨時擇要禀報湖廣總督查考。

一、漢陽總廠擬派總辦一員，聯絡上下官商之情，稽查華洋員匠之弊。並派總董三員，一司銀錢，一司製造，一司收發。其餘各執事均擇要選派。大冶鐵礦、馬鞍山煤礦各派一員、一董，互相鈐制，悉除官場習氣，皆須切實保人。其緊要之缺派定後，仍隨時詳報。三年後如有成效，應請准照漠河金礦之例，分別異常、尋常勞績，擇尤酌保數員，以示鼓勵。如有查出重咎，有職者，詳參降革，無職者，送官懲治。庶幾賞罰惟明。

一、鐵廠收支銀錢，采煉鋼鐵，出售貨物，查照輪船商局章程，按月由駐局總辦將清帳送與督辦查核。按年由督辦復核轉送湖廣總督查核，並刊刻詳細帳略，布告衆商。准有股各商，隨時到局稽查察看。

一、督辦應由有股衆商公舉，湖廣總督奏派。總辦及委員，應由督辦稟派。辦事商董、查帳商董，應由衆商公舉。司事應由總辦及駐局商董公舉。庶幾相聯指臂，互爲句稽。所有情薦恐致亂羣，應如西例，概不收用。並無乾脩挂名，以昭核實。

一、漢陽鐵廠濱臨襄河，隄工實爲全局保障，且有槍礮廠在內，關係官民休戚甚重。所有大修經費，請歸善後局開支。礮廠、鐵廠近在咫尺，如果目睹險工，當隨時稟報，即由善後局派員修理。所有隄外地基租税，仍應歸公，備作襄隄歲修款。其不敷之費，由鐵廠七成、礮廠三成開支，總期大局無虞。

一、漢陽、大冶及馬鞍山三處廠局，向派營勇駐劄彈壓。嗣後應仍請照章辦理，由鐵（路）〔廠〕酌給賞犒[一]。並請通飭有礦各州縣營汛照常保護。洋礦師所到之處，必須地方官盡力保護，以免滋生事端。商局接辦以後，遇有關涉地方事件，遵札咨會鐵政局司道知照，以便量爲協助。

一、鐵廠歸商承辦，萬一遇有兵革、水火、灾異之事，機爐一切無法搬移，應照西例，各聽天命，無從保險。

設立護軍營工程隊練習洋操並裁營抵餉摺 光緒二十二年五月十六日

竊臣之洞前在兩江總督任內，奏明將護軍前營調來湖北教習洋操，以開風氣。應給餉項，由鄂省裁營抵支，奉旨允准欽遵在案。本年正月回任後，與臣繼洵熟商，即將該護軍營練熟勇丁，分爲前後兩營，募勇添足兩營額數，以便轉相傳習。遴委游擊銜儘先補用都司張彪充前營管帶官，世襲一等輕車都尉、四川補用參將岳嗣儀充後營管帶官，督率操練。並派德國駐京公使薦來之德將貝倫司多爾夫充當該兩營總教習。選募津、粤武備學生充當分教習。專肄西法馬、步、礮各隊陣式技藝，槍礮藥彈裝卸、運用，機器理法，營壘、橋道測量繪圖事宜。該兩營月餉即裁湖北原有之武防旂、武剛右旂、鎮南前旂三旂餉項抵支。至所裁三旂，前已奏明在案。臣等竊維鄂省地據上游，值此時事孔亟，從前緑營、勇營積習已深，驟難振作。計惟改練洋操，方足以開風氣而漸成勁旅。惟餉項難籌，一時未便遽練多營，只得就現在餉力所及，先練兩營並工程隊一哨，徐圖擴充。

查洋操餉項，以江南自强新軍爲最優，鄂省未易倣行。惟直隸提督聶士成新練之武毅軍三十營，采用淮軍舊制，改練洋操，餉章視江南爲省，尚可斟酌倣照，變通辦理。查武毅軍共三十營。步軍營制每營哨官五員、勇丁五百名、長夫一百八十名，月支薪餉銀二千八百九十二兩二錢，外加柴草銀一百六十兩，車駝運

〔一〕「鐵路」，應為「鐵廠」。

載等項銀一百兩。而三十營隨軍辦理文件、巡查等項共月需銀一千八百兩，每營應攤銀六十兩，總計薪餉各項，步隊每營每月共攤支銀三千二百一十二兩二錢。又直隸督臣原奏聲明，用西法操練，如有變通，增添款項，隨時奏咨，則斷非三千二百餘兩之數所能包括淨盡。

鄂省現倣德國軍制開練洋操，每哨須加多副哨官一員，又須設排長以總司口令，設槍匠以修理槍械，兵丁衣履須歸一律以肅軍容，朝夕操練，又須遠出登山涉水，所需衣袴操韡自較尋常多費。而勇數不准一名缺額，勇丁又不准經日不操，自不能不曲加體恤。向章營哨官薪費不多，每借長夫餉項通融津貼，衣履須兵丁自備，每致參差藍縷，殊於軍容有礙。現在整頓軍制，事事均須核實，款項又未便多 支，再四思維，惟有將長夫一項暫行節省。夫餉即移添官弁薪費，及添設副哨、排長、槍匠、鼓號手並官弁、兵丁衣袴之用。至工程隊一項，查外洋軍制，凡造橋、修路、築壘等事，概由工程隊任役，又須槍法、陣法無不通曉。此項工程隊兵，兼有步隊之長，宜與正兵同重。今酌設工程隊百人爲一哨，即由前營營官兼管，毋庸另設營官。其木、鐵、磚石、編籬、結繩各匠首，比照礮隊之礮目，馬步隊之副排長，餘與他哨相同。官弁衣袴，亦由官製。另加刀、斧、鍬、鋤各器具。計前營步隊三哨，礮隊二哨，月支薪餉、衣袴等項銀二千九百四十八兩。後營步隊三哨，馬隊二哨，月支薪餉、衣袴、喂養銀二千八百九十四兩八錢。又工程隊一哨，月支銀五百八十一兩六錢。統計兩營一哨，每月共支銀六千四百二十四兩四錢。較之武毅步軍兩營餉數適相符合，毫無出入。以上餉項，均自本年二月初一日起支。至華洋教習薪資，不在前項餉內，亦與武毅軍同。此後如有應行變通舊制，必須增添款項之處，仍倣照武毅軍奏案，隨時奏咨。飭據善後局司道籌議具詳前來。臣等覆加查核，所裁武防三旂，共計一千八十人。而護軍、馬步礮兩營，工程隊一哨，計弁勇一千人、馬一百餘匹，人數大略相等。惟因改練洋操，朝夕操練，無間寒暑，較尋常防營爲最勞。而官弁人等督率教練，暨工匠修整槍礮，各有專責，其人數不得不酌量加增。且弁勇操練跋涉，衣袴、操韡較費，均須分季由官製給，非僅如防營於成軍時給予號衣一次而已，故必加給薪餉，方足勵其廉勤。茲仿照直隸武毅軍新練洋操餉章，參用德國軍制，詳加酌核，不惟勇額無一名短缺，此次章程所擬各項涓滴均歸實用，不蹈防營陋習。所有加派副營官、副哨官、排長、槍匠，每月約需薪餉銀四百餘兩。又由官製給兩營一哨弁勇衣袴、操韡，每月攤銀四百兩，皆係必不可少之需。即係就武毅軍奏定長夫口糧、委員薪水、柴草運載各項内撙節變通，改爲以上各款並不另行開支，以期餉不加增，而可多收實效。總之，此兩營一哨餉章，其間開支名目雖與武毅軍微有異同，而支餉之數正與武毅軍步隊兩營相符，不使稍有出入。至鄂省所裁三旂餉項，抵支微有不敷，當於別項撙節湊足。

（硃批）著督辦軍務王大臣議奏。（欽此）

查明京控未結各案摺[一]　光緒二十二年五月二十七日

竊查前准刑部咨：議覆光禄寺少卿延茂奏稽核京控審限，每

[一] 録自臺北故宫文獻編輯委員會編《宫中檔光緒朝奏摺》第九輯，第九八〇頁，臺北故宫博物院一九七四年版。

年將已、未完數目兩次彙開清單具奏，以歸劃一，並摘録案由，註明交審月日及未結各案因何未能審結緣由，於每年兩次覆奏時詳細聲明等因。奉旨：依議。欽此。歷經遵辦在案。茲據湖北布政使王之春、按察使惲祖翼詳稱：陸續奉到部院衙門奏交、咨交各案，隨時委提人卷解省發審，其有距省較遠州縣之案，移交該管道就近提審，或委員前往會同該管府審辦，前已截至光緒二十一年六月止，將未結各案造册詳請奏報。茲值半年彙奏之期，除已審結咨送供招及詳咨註銷各案不計外，尚未審結者九起。或因原被供情狡執，補提要證未到，或甫經行提人證尚未解齊，以致未能訊結。核計尚無遲延等情，開呈清册，請奏報前來。

臣等覆核無異，除仍飭趕緊催提人證到案審辦，並將清册分送刑部、都察院、步軍統領衙門查照外，謹繕清單，恭摺具陳，伏祈皇上聖鑒。

刑部知道。單併發。

撥解第二批京餉交納片[一] 光緒二十二年五月二十七日

再，湖北省釐金項下奉撥光緒二十二年京餉銀十二萬兩，業經委解第一批銀三萬兩赴京交收在案。茲據湖北布政使王之春會同善後局司道詳稱：復於釐金項下動撥第二批銀三萬兩，飭委候補通判王作霖、候補知縣鄧壽椿管解赴京交納等情前來。除繕咨轉給該委員等小心管解，並飭將應解銀兩續籌委解外，理合會同湖廣總督臣張之洞附片具陳，伏祈聖鑒。

户部知道。

委員往署知府要缺片 光緒二十二年五月二十七日

再，宜昌府知府存厚，現因俸滿請咨赴部引見。所遺該府篆務，應即委員往署，以重職守。查有試用知府丁柔克，才具明練，辦公慎勤，堪以署理。據湖北布政使王之春、按察使惲祖翼會詳前來，除檄飭遵照外，謹會同督臣張之洞附片具陳，伏祈聖鑒。

吏部知道。

揀員升補水師員缺摺[二] 光緒二十二年五月　日

竊查接管卷内長江水師員弁出缺，向係開單會奏請補。茲查近日所出各缺，經臣楚漢遴選，歷練營伍熟諳水師之鄧正揚、王長發、章益勝、劉震坤、萬之遴、高道賢、曹友山、徐勝松、向光甲、張榮暉、廖河清十一員，均係由已經借補官階遞請升轉，相應照章聲明可否准其升補之處，恭候欽定，理合彙繕清單，恭呈御覽。如蒙俞允。俟接准部覆，即將鄧正揚、王長發、章益勝、劉震坤、萬之遴、高道賢、曹友山七員，給咨送部引見。其徐勝松、向光甲、張榮暉、廖河清四弁，懇敕部一併頒給劄付，以昭信守。除飭取該員弁等履歷咨部外，謹會同兩江總督臣劉坤一恭摺具陳，伏乞皇上聖鑒。

兵部議奏。單併發。

〔一〕以下二件録自臺北故宫文獻編輯委員會編《宫中檔光緒朝奏摺》第九輯，第九八一頁，臺北故宫博物院一九七四年版。此兩件係上件的夾片，《宫中檔光緒朝奏摺》將其列在張之洞名下，現照録。

〔二〕以下二件録自《京報》第五五八一號。

委余肇康代防萬城大隄摺光緒二十二年五月　日

竊照湖北荆州府萬城大隄，濱臨荆江，爲全郡及下游各屬田廬保障。每届夏、秋二汛，例應督撫輪年赴堤督防。如有應辦要事，未克分身前往，奏委該管道府就近駐工代防，歷經辦理在案。本年輪應總督前往督防，惟省城事務重要，應隨時督同司道籌辦，未能在荆久駐。所有夏、秋二汛督防事宜，自應照案委員代防，以專責成。查有署荆州府知府余肇康，精明勤練，辦事認真，堪以委令代防。現經檄委該府督同在工文武員弁，親駐工所，晝夜梭巡，預備守水器具，遇有險要工段，即行搶護，務保無虞。並札飭署荆宜施道曹南英，隨時稽察督同辦理，以期隄防穩固。所有委員代防萬城大隄緣由，理合會同湖北巡撫臣譚繼洵恭摺具陳，伏乞皇上聖鑒。

知道了。

揀員請補繁缺知縣摺〔一〕光緒二十二年六月二十七日

竊臣等接准吏部咨，湖北天門縣知縣邵世恩選授四川保甯府知府，於光緒二十二年四月二十九日奉旨，坐第五日後行文，按照限減半計算，應扣至二十二年五月二十九日爲開缺日期，歸五月分截缺，係要缺，應照例揀員請補。查例載，知縣應調缺出，於現任人員内揀選調補。如果實無合例堪調之員，准以奉旨命往及曾任實缺候補並進士即用人員，酌量補用等語。今天門縣知縣係衝繁難兼三要缺，地廣賦繁，並有隄工要務，催科撫字，籌辦修防，在在均關緊要。非精明練達之員難期勝任。臣等在於通省實缺知縣内逐加遴選，非現居要地，即人地不宜，實無合例堪調之員。惟查有即用知縣梁葆仁，年五十三歲，浙江新昌縣人，由增生應光緒二年丙子科本省鄉試中式舉人，十二年丙戌科會試中式貢士，補應十六年庚寅恩科殿試三甲進士，朝考二等，是年五月初八日引見，初十日奉旨以知縣即用，簽分湖北，十月初五日到省。查該員梁葆仁，品行端方，才識練達，以之請補天門縣知縣要缺，洵堪勝任。惟調缺請補與例稍有未符，但人地實在相需，例得專摺奏請。合無仰懇天恩俯念天門縣知縣員缺緊要，准以即用知縣梁葆仁補授，實於地方吏治大有裨益。

再，該員係即用知縣，請補知縣，銜缺相當，毋庸送部引見。據湖北布政使王之春、按察使惲祖翼會詳前來。謹合詞恭摺具陳，伏祈皇上聖鑒，勅部核覆施行。

吏部議奏。

辦理被水各縣平糶片光緒二十二年六月二十七日

再，臣等前因湖北應山縣地方猝遭水患，委員撥款撫卹，業經恭摺奏報，並聲明羅田、孝感二縣被水情形，容俟查明災情輕重，照例辦理。旋據羅田縣知縣陳樹屏禀稱：五月二十日大雨如注，該縣與安徽英山等縣連界之天堂寨地方，山水陡漲數丈，建瓴直下。又與河南商城縣接壤之銅鑼關、松子關等處，亦於是日同發蛟水，勢更洶湧。致將該縣西鄉之尤河區等處，東鄉之九資河等處，南鄉之匡家河等處，田廬多被衝淹，溺斃人口二百餘名。

〔一〕以下二件録自臺北故宫文獻編輯委員會編《宫中檔光緒朝奏摺》第十輯，第六一至六五頁，臺北故宫博物院一九七四年版。

該縣周歷查勘灾情甚重，現與教職各捐廉俸，並於地方殷富籌借銀糧，督同正紳分別散發，暫資急撫，請寬撥銀米賑卹。又據署麻城縣知縣黄承清稟報，該縣於五月二十日，風雷交作，雹雨同降。界連河南商城縣之松子關、長嶺關等處，山水、蛟水同時並發，由高而下，如頂灌足。致將東義洲等八區，房屋衝壞二千餘家，淹斃人民三百餘口，田地多被沙壓，禾苗悉行漂没。該縣本係山鄉，巨浸素所罕見，民情極爲困苦，待賑人數衆多。現已動撥社穀先行急撫，請寬爲撥款賑恤。又據黄岡縣知縣楊壽昌稟報，五月二十一日，該縣七道河、三里畈等區，因連界之羅田、蘄水二縣河水同時陡發，二流匯歸，高至數丈，奔騰而下，致將沿河房屋衝倒五百餘家，田地多被沙壓。幸時值白晝，居民豫知遷避，損傷人口無多。惟廬舍蕩然，忍饑霜宿，待賑孔殷。該縣業經捐廉散賑，搭棚棲止，並酌撥倉穀暫資接濟，請即撥款撫卹。又據署蘄水縣知縣程恩培稟報，該縣於五月二十日因安徽英山與湖北羅田交界之區起蛟，河水陡漲數丈，浸灌入城，致將城内及沿河之蔡家河、新洋河一帶地方，田廬隄閘漫潰衝淹，幸停潴一日即漸消退。查勘房屋多有倒塌，人口尚無損傷，被水貧民，該縣業經捐廉賑卹。惟隄閘工程較大，民力驟難集費修復，稟乞撥款以工代賑。又據署荆宜施道曹南英、署荆州府知府余肇康稟稱，五月下旬至六月初間，風雨大作，漢水疊漲，由荆門、潛江二州縣漫堤而過，灌入該府城河，浸及城根，致將該府所屬之江陵、監利二縣低洼各垸及沿河廠畈田地，概行漫淹。現據各該縣勘報，居民先已遷避高阜，尚無損傷人口情事。惟春收歉薄，現已被淹，秋成失望，民情竭蹶，請量予撫恤，撥米平糶，以蘇民困各等情。

臣等伏查各縣被水情形以羅田、麻城、黄岡三縣爲最重，蘄水、江陵、監利三縣次之。而小民同遭水患，蕩析離居，均屬深堪憫惻。惟地方廣狹不一，灾黎多寡各殊，自應分別撥款，工賑兼施，俾資拯救。臣等業飭藩司籌撥羅田縣銀二千兩、米五千石，麻城縣銀五千兩，黄岡縣銀二千兩，委員星馳解往，會同各該縣查明被灾户口核實妥爲散放。蘄水縣撥銀一千兩，即由該縣督率紳首，招集貧民，趕將漫潰堤閘修復，以工代賑。江陵、監利二縣共撥銀二千兩，即解交該管道府就近查明灾區，分別酌撥撫恤，督縣妥辦。並因各屬糧價昂貴，民食匱乏，另撥麻城、江陵二縣米各三千石，黄岡縣米二千石，蘄水縣米一千石，各就地方情形，減價平糶以濟民食。總期實惠均霑，毋任稍有失所。至孝感縣前報蛟水被淹，現經飭據勘明稟覆，僅冲倒房屋數間。該縣當已捐廉撫恤，並無損傷人口情事。被淹田地早已涸復翻犂補種，毋庸賑撫。此外濱臨江漢地勢素低之區，現據各屬稟報被淹，臣等均以節候尚早，批飭趕緊設法疏消，乘時補種，以冀有收。統俟秋後復勘輕重情形，再行分別辦理。

所有羅田等縣被水，現經分別撥款撫恤、發米平糶緣由，謹合詞附片具奏，伏乞聖鑒。

知道了。著即設法疏消積水，查明灾情輕重，分別辦理。

上年秋季分宜昌川鹽總局抽收正加課及籌餉加價錢文數目摺〔一〕

光緒二十二年六月　日

查前准部咨，議覆編修張百熙奏籌餉各條案内，令安襄鄖荆

〔一〕以下二件録自《京報》第五六〇四號。

宜等府州，運銷川鹽，每斤加收錢二文，隨同正加課，按季奏報，以資查考等因。當經轉行遵照。茲據署湖北鹽法武昌道朱其煊，將光緒二十一年秋季分抽收鹽課錢文數目，開報前來。臣覆加查核，宜昌川鹽總局光緒二十一年七月抽收正課錢八萬一千四百八十二串一百九十二文，内提備解京餉錢二萬八千七百串文，加課錢三萬五千四百二十七串四十文，籌餉加價錢一萬四千一百七十串八百一十六文。八月分抽收正課錢十萬九千九百九十四串四文，内提備解京餉錢二萬九千文，加課錢四萬七千八百二十三串四百八十文，籌餉加價錢一萬九千一百二十九串三百九十二文。九月分抽收正課錢六萬七千七百三十一串五百十五文五毫，内提備解京餉錢二萬三千串文，加課錢二萬九千四百四十八串四百八十五文，籌餉加價錢一萬一千七百七十九串三百九十四文。除籌餉加價錢文收存道庫聽候提用外，其正課全項内共提備解京餉錢八萬七百串文，下餘錢文同解鄂一半加課及節省五成公費，均仍照向章，或現錢或易銀，分別由局撥充荆州滿營兵餉、水師月餉，餘則儘數由道移解善後局接濟軍餉。除解支細數造册咨部外，所有光緒二十一年秋季分宜昌川鹽總局抽收正加課及籌餉加價錢文數目，謹恭摺具陳，伏乞皇上聖鑒。

户部知道。

奏解宜昌關税銀數片 光緒二十二年六月　日

再，前准户部咨，議覆宜昌關徵存税銀八十六結以前實存銀兩，准其照數解交藩庫委員解部交納。其自八十七結以後，各結所存税銀，務於期滿報解時，先行詳咨備查。一俟關税暢旺，仍即查照奏案辦理等因。行即遵照辦理在案。所有宜昌關一百三十七結起至一百四十結止，四結一年期滿應解户部京餉，業經先行委解銀十四萬六千一百二十七兩一錢八分赴京交納，附片奏報在案。茲據湖北布政使王之春詳，准署荆宜施道監督宜昌關税務曹南英咨稱，掃解宜昌關一百三十七結起至一百四十結止四結一年期滿，應解户部京餉銀十萬七千四百七十八兩六錢八厘三毫六絲。又總理衙門三成罰款，并三分之一船牌費，二共庫平足銀二百二十二兩八錢二分。咨請由司詳請給咨搭解等因。又經飭委候補知縣胡俊采、史久齡搭解銀四萬兩，詳奉奏咨亦在案。茲查有管解第三批京餉委員候補通判王作霖、候補知縣鄧壽椿等堪以搭解銀三萬兩赴京交納，其餘銀兩容俟飭委便員掃解等情詳請奏咨前來。臣覆核無異，除給咨搭解外，理合會同湖北巡撫臣譚繼洵附片具陳，伏乞聖鑒。

該衙門知道。

查明已革守備被控案按律議結摺〔一〕 光緒二十二年六月　日

竊將前准湖南提督婁雲慶咨，據乾州協副將袁虞慶呈稱，據河溪營都司黄星勝禀，防營中軍守備諸騰燮，扣存民户已讓弁兵息銀三百七十餘兩，侵吞肥己，請提帳清算，退還原扣弁兵等情。旋據守備諸騰燮開列該都司借欠銀兩等款禀訐，袁虞慶查得黄星勝等有通同賣放糧缺情事，據實呈請覈辦等情。當經前兼護督臣

〔一〕録自《京報》第五六〇六號。

譚繼洵將都司黃星勝、守備諸騰燮，一併撤任查辦。黃星勝旋即病故，奏請將守備諸騰燮革職，劄飭湖南藩、臬兩司提案審辦。欽奉硃批：著照所請。該部知道。欽此。欽遵轉行去後。茲據湖南布政使何樞、按察使俞廉三，提到諸騰燮暨營官隊目人等並卷宗來省，逐一查訊明確，議擬會詳請奏前來。臣覆加查核，緣諸騰燮係河溪營中軍守備，於光緒十四年十二月初四日到任。該營錢糧係守備經管，自咸豐初年，湖南省因辦理軍務庫款日絀，餉銀未能按季領放。每值年底，各兵丁需用孔急，由守備代向民户酌認利息，借貸銀兩，散給各兵應用。次年領餉到營，按名照數提扣歸還，由來已久。其間有未能按時歸清之項，溯自同治年間起至光緒十八年止，陸續積欠民户萬崇富、段興亭本銀一千兩、息銀三百六十二兩。十九年五月内，萬崇富等報經辰永沅靖道批飭乾州廳訊追，斷令萬崇富等讓去利息，由營將本銀分作八季籌還。諸騰燮於未經結案之前，業經將各兵丁應出息銀如數扣存。迨經斷結，萬崇富等按季追索本銀，諸騰燮無從設措，即將扣存息銀分季湊還萬崇富等具領。嗣河溪營都司黃星勝，因息銀由廳斷批，提算查追，諸騰燮不服，即以黃星勝光緒十八年到任之時，曾經央伊先後轉向段興亭等借銀三百一十餘兩，除還本銀外，尚有息銀一百四十餘兩拖騙未償等情訐禀。黃星勝隨時將息銀如數歸清，諸騰燮亦將所扣息銀退交各兵丁收回。此諸騰燮扣收兵丁息銀湊還借項及黃星勝借貸銀兩拖欠利息以致互相禀訐之情形也。

先是黃星勝因營中借欠款項甚鉅，無可籌還，諭令諸騰燮於拔補兵丁糧缺按名派繳銀兩，以作歸還借欠萬崇富等本息之用。十九年九月黃星勝查閲營汛，汰除老弱，另揀年壯技優之守兵李正發等十六名拔補戰兵，劉運高一名拔補馬兵。諸騰燮遂派令李正發等每名繳銀六兩，劉運高繳銀二十兩，共銀一百十六兩。黃星勝提銀四十兩，作爲閲操犒賞，餘銀六十六兩，由諸騰燮發給營書孫元熙，湊還營中公借之項，給萬崇富等收訖。經乾州協副將袁虞慶查知，以都司、守備通同作弊賣放糧缺等情，一併禀揭。經前兼護督臣譚繼洵將都司黃星勝、守備諸騰燮一併撤任查辦，黃星勝旋即病故，復經前護督臣將諸騰燮奏參革職，行司提省審辦。此又諸騰燮聽從黃星勝派令拔補糧缺兵丁呈繳銀兩暨查辦參革之情形也。

現經該司提到諸騰燮及證佐人等，悉心研究，詰無侵吞入己情事。所有揀拔兵丁，均係年壯技優，亦非賣放。營中所欠萬崇富等本銀一千兩，自光緒十九年夏季起至二十一春季止，業經掃數還清。諸騰燮扣收民户已讓息銀三百二十兩，亦已照數追給各兵收回，並由司查明取具各兵丁領結，核與諸騰燮所供相符，應即議結。查律載，因公科斂軍人錢糧者，坐贓論。又坐贓致罪，爲主者通算折半科罪五十兩、杖七十。又例載，坐贓致罪，果能於限内全完，准其減免各等語。此案已革河溪營守備諸騰燮，因該營積欠借貸民户銀兩無償，將扣存已讓息銀挪用，復聽從都司黃星勝派令拔補糧缺兵丁呈繳銀兩，歸還借款。雖訊非侵吞入己，究屬因公科斂，照例應以坐贓論。除所扣息銀業已退給各兵收回應准照例免罪外，其派令拔補糧缺兵丁呈繳共銀一百一十六兩，折半計銀五十八兩，諸騰燮合依因公科斂軍人錢糧坐贓論，爲主者，通算折半科罪五十兩、杖七十律，爲從減一等，擬杖六十。恭逢光緒二十年八月十六日恩詔，事犯在正月初一日以前，所得杖罪，應予援免。派出銀兩，係充公用，並免著追。所革守備仍不准其開復，以肅營伍。黃星勝央令諸騰燮借銀應用，及諭令諸騰變按糧派銀歸還借款，於其半提取充賞，均有不合。本應參革，惟現已病故，且所借之銀業經歸還，毋庸置議。兵丁李正發等所出之銀，係遵派呈繳，並非賄賣名糧，免其置議。該營兵餉，嗣後按季給領，不許再向民户借貸。至拔補糧缺，永不准再行派銀，以杜弊端。除咨部查照外，所有此案議結緣由，理合會同湖南巡撫臣陳寶箴、湖南提督婁雲慶恭摺具奏，伏祈皇上聖鑒，勅部覈覆施行。

該部議奏。

繪刻承華事略補圖告成恭進摺光緒二十二年

七月初三日

竊臣於光緒二十一年十月二十六日在署兩江總督任内，接准南書房公函，欽奉發下御筆題籤内府鈔本承華事略一本。又南書房奏蒙欽定提要一篇、凡例一篇、圖説一分、原進表一道，并傳面奉諭旨：著即由南書房詳具公函，發交兩江總督張之洞，付蘇州書局，照説畫刻，并提要刻入，俟刻成時，仍解交南書房。欽此。

臣謹案：元王惲承華事略凡二十篇、三十九圖。始於廣孝，終於審官。其著書緣起，雖爲豫教而設，然所舉諸大端，胥關至德要道，千古帝王治平之要，實不外乎此。其標目，較焦竑養正圖解爲典要。其立説，視張居正帝鑑圖説爲雅馴。特是寫本雖存，原圖久佚，今蒙敕發補圖刊印，釐爲六卷，以還舊觀，增入一圖，以協成數。仰見我皇上稟承懿訓，尊養承歡，以孝治爲本原，以典學爲急務，於稽古右文之盛舉，見問安視膳之肫誠。至其餘十九篇，備陳主德治道之要，無一不仰契宸衷。故但求其迹，則類乎保傅之篇。而善取其義，則無異帝範之作。昔唐太宗謂，考古事之得失，如以銅而爲鑑。宋蘇軾謂，覽前賢之奏議，如和藥以成方。即茲法戒之昭垂，仰見緝熙之日懋，祇承之下，欽頌莫名。臣當即欽遵發下式樣次序，派委湖北試用知縣竇豐恭領原書，就近在江甯書局敬謹督工繪刊，以便臣隨時督察審定。一面選訂蘇州、上海等處善畫之士，照説繪圖，每一圖爲之疏解大意，考究歷代衣冠、器物、制度，審度事情，配合景物，酌定章法。惟圖式皆甚古雅精細，時工殊難措手，必須十餘日方能成一圖。每定一圖，又必須數易其稿，詳慎將事，不敢稍涉疏率。臣本年春初，奉旨回湖廣本任，各畫士皆蘇、滬之人，不願赴鄂，而繪刻諸事又需人照料。因查在籍翰林院編修費念慈，學問淹雅，考古功深，并能精通畫理。該編修現居蘇州，當令委員帶同畫士，赴蘇州書局接續辦理，函託費念慈就近督催、考訂，所有圖樣隨時函商酌定，期於盡善。至刻圖之工，較刻字爲難，疊在廣東、蘇州、揚州、上海、湖北選募數十人，擇其目力、手法尤佳者，僅得數人。一人之工須二十餘日方能刻成一圖。經費念慈悉心校勘，隨時指授訂正，稍有出入即令改畫、改刊。種種周折，以致多需時日，未能迅速蕆事，惶悚實深。茲幸各工一律告竣，恭校刷印裝訂成册，計木刻二百部，又以石印精細另印二百部，以備一格。合共四百部，并内府鈔本原書，一併恭繳。其南書房發出提要、凡例、圖説、進表原件，暨此次刊刻版片，亦即隨同繳還備查。飭委原派督工委員湖北試用知縣竇豐賫送南書房，恭呈御覽。在王惲原書，以叢殘遺帙得蒙聖上表章補繪，刊布昭垂，實爲榮幸。而此編常供乙覽，其古雅莊嚴，有裨治道，較之禮壁武梁之畫象，豳風無逸之成圖，洵足媲美於千古矣。

奏陳徵完錢漕各員請獎摺〔一〕 光緒二十二年七月初三日

竊照錢漕乃維正之供，催科爲有司專責，鄂省頻年奉提京餉及撥協各省餉項，全賴地丁等款徵解踴躍，藉資挹注。是州縣催徵之勤惰，實爲餉項所攸關。其有催科勤奮先期完解之員，歷經奏請獎敘，均奉俞允在案。茲據湖北布政使王之春、督糧道岑春蓂會詳稱：查隨州額徵光緒二十一年地丁等款錢糧，除坐支外實應解銀一萬九千八百二十五兩二錢七分二釐，又應解道庫漕南正耗米折、水脚兑費、隨驢閑丁等款共銀一萬三百三十七兩一錢八分一釐，均於年内掃數全完等情，請奏獎前來。臣等查該州額徵各款錢糧銀兩合計在三萬兩以上，均於年内掃數全完，洵屬催科勤奮，自應專案請獎。合無仰懇天恩俯准將署隨州知州調補沔陽州知州丁國楨照例給予加一級，以示鼓勵而昭激勸。謹合詞恭摺具陳，伏祈皇上聖鑒。

著照所請。該部知道。

籌撥備荒經費銀兩片〔二〕 光緒二十二年七月初三日

再，准順天府電開：順屬地方水災甚重，奏蒙恩准催提本年備荒經費，以濟賑需等因。當經轉飭速籌匯解去後。茲據湖北布政使王之春會同總辦善後局司道詳稱：本年湖北應解備荒經費銀一萬二千兩，現已在於釐金項下如數籌撥，於七月十三日發交有成商號電匯順天府衙門交納等情，請奏咨前來。除咨户部、順天府查照外，謹合詞附片具陳，伏祈聖鑒。

户部知道。

蘆漢鐵路商辦難成另籌辦法摺 光緒二十二年七月二十五日

竊臣等承准軍機大臣字寄，光緒二十二年三月十二日奉上諭：督辦軍務王大臣奏遵議司業瑞洵奏蘆漢鐵路商辦難成請撥款官辦一摺。蘆漢鐵路，前經明降諭旨，各省富商如有集股在千萬兩以上者，准其設立公司，自行興辦。茲據該王大臣奏稱，官辦不如商辦。上年十月間奉旨後，即有廣東在籍道員許應鏘來京，具呈集資承辦，當經劄飭回粵勸募。現據該員電稱，股已集至七百萬兩，五月初間即可到京。又有廣東商人方培垚等，並候補知府劉鶚、監生吕慶麟，均稱集有股分千萬，先後具呈，各願承辦，請派大員督理等語。蘆漢鐵路關係重要，提款官辦萬不能行，惟有商人承辦，官爲督率，以冀速成。王文韶、張之洞，均係本轄之境，即著責成該督等會同辦理。道員許應鏘等分辦地段，准其自行承認，毋稍掣肘。並著該督等詳加體察，不得有洋商入股爲要。原摺均著鈔給閲看，將此由四百里各諭令知之。欽此。仰見聖人聯薄海之商情，宏大同之車軌。臣等轄治之境，皆居幹路之

〔一〕録自臺北故宫文獻編輯委員會編《宫中檔光緒朝奏摺》第十輯，第八七頁，臺北故宫博物院一九七四年版。

〔二〕録自臺北故宫文獻編輯委員會編《宫中檔光緒朝奏摺》第十輯，第八八頁，臺北故宫博物院一九七四年版。此件係上件夾片。其内容有七月十三日字樣。具奏日期是否七月初三日，存疑。

端，敢不欽奉宸謨，急成先務。

伏惟鐵路之設，有形之利在商，無形之利在國，有限之利在路商，無限之利在四民。運費、棧租，此有形、有限之利也。徵兵、轉餉、通商、惠工、暢土貨、出礦産、增課税、省差徭、廣學識、開風氣、速政令、去壅蔽，此無形無限之利也。故西人之覘國勢、編政表者，每比較鐵路之長短，以衡論國計民生之盛衰。日本東瀛島國，明治維新之後，甫閲五年，即作自東京至横濱鐵道。中國與泰西立約通商，先於日本十年，而鐵路利弊聚訟紛紜。蘆漢之議，雖自臣之洞創之，實由朝廷主之。嗣以事局變遷，未能興舉。比年東方用兵，徵調徧於天下，水陸兼程，赴機常緩，齎運費繁，智盡能索，中外士大夫於是始憾興造鐵路之遲矣。此項鐵路，諭旨以官督商辦爲指歸，以不入洋股爲要義，我皇上察於庶物，實已洞矚幾先。歷觀各國商辦鐵路，有盡屬本國商股者，有兼收各國股分者，要皆本國人自爲主持。中國口岸洋股公司，如匯豐等行，雖有華股在内，權利皆洋人主持，華人不能不俯首聽命。鐵路利便，首重徵饋，若專恃洋股，一旦有事，儻於轉運兵械等事，藉口刁難，是自强者不轉以自困乎。所有先後在京具呈集資承辦之四人，遵旨會同詳加體察。吕慶麟、劉鶚及方培垚之商夥方霈咸、侯承裕，俱已到津、鄂見過。吕慶麟自言係洋股，方霈咸呈驗天津麥加利銀行憑單，並無洋人簽名，當飭津海關道李岷琛親往確查。據麥加利行主森順面稱，方霈咸等並無存款。查方、吕兩商，均倚英商韋立森爲財東。韋立森又轉託麥加利代承。該行主見事難含糊，故吐其實。劉鶚呈驗履祥洋行憑單，亦無洋人簽名，當經電飭上海道黄祖絡查詢，該洋行並不殷實，即洋股亦不可靠。惟道員許應鏘呈請最先，四月間，接兩廣督臣譚鍾麟覆電，稱催據許應鏘稟稱，已在南洋商埠集股七百餘萬，俟招足千萬，即赴津、鄂等語。屢次電催，稱病未至。臣等會同電詢外洋，六月初三日接新嘉坡總領事張振勳電稱，舊金山未悉，南洋並無招股事等語。又接出使美國大臣楊儒電稱，據金山領事電覆，二月間美人來埠，由華到金，自稱許應鏘辦蘆漢鐵路，代招洋股，每股百兩。查在金華商並未入股等語。本月中旬又經電粤催詢，仍復推展，杳無一準行期。是四人者，其行徑不必盡同，而全恃洋股爲承辦張本，則無不同。分地承辦各節，均可毋庸置議。總之，華商不出於商學，其趨利也，近則明，遠則闇。其謀事也，私則明，公則闇。如招商電報等局，倡辦招股之時，應者甚少，迨獲利有效，則争購股票，趨之若鶩。今鐵路未經開辦，欲集數千萬之鉅股，華人故見自封，識力均不足以及此。明詔之頒久矣，僅將此影射洋股者三四人，亦可見華商之情狀，而茲事之觀成蓋未有日也。

夫鐵路爲富强第一要義，盡人而知矣。强鄰環伺，事變日亟，就使自今日始，急起圖成，尚虞不及，若復因循推宕，必將貽噬臍之悔。然則幹路必不可緩，洋股必不可恃，華股必不能足，其事愈急，其術愈窮。臣等奉命數月，正在爲難。六月十六日，接准總理衙門銑電稱，蘆漢鐵路以集華股歸商辦爲主。前此具呈集股之人均不可靠，直、鄂會商必另有辦法，及早具奏等語。臣等惟西國商政，凡商務之有利於國家者，國家必出全力以助之，商利愈厚而國勢亦以愈强。稽覽洋籍，各國商民創建鐵路，政府常給以官地，助以官金。或借給經費，而免收其利息，或經營利微，而籌補其缺少。惟其工於謀國，故能宏此遠猷。臣等博采周諮，或謂鐵路未成之先，華商斷無數千萬之鉅股，惟有暫借洋債造路，陸續招股分還洋債之一策，集事較易，流弊較少。蓋洋債與洋股迥不相同，路歸洋股，則路權倒持於彼，款歸借債，則路權仍屬於我。咄嗟立辦，可以刻期成功，故曰集事易。路款劃分，可以事權不移，故曰流弊少。且中國所借洋債，向指關税作抵，若華商自向西商移借，必指鐵路應入之款作抵，所訂合同條款，亦須國家核准，故論者謂，商借不如官借之直捷。款由官借，路由官造，使鐵路之利全歸於官，策之上也。仰惟朝廷之意，自以中國官商未能合轍，鐵路事係商務，而欲責成於華商，顧華商見小欲速，勢散力微，且商情百變不齊，商務計及纖悉，若僅臨之以疆吏，就使虛心延接，相與講求，斷無此專精工夫，勢必動形隔膜。臣等折衷羣議，綜其大要，當以專設大員，官督商辦，並准由公司一面招股，一面借款，爲入手第一義。竊思此事重要、宏大，尤賴得人而理，方能與臣等同心協力，堅忍圖成。

查直隸津海關道盛宣懷來鄂籌商承辦鐵路之時，正值奉到寄諭，令臣等考核鐵路商人之際。臣等因該四商，情詞虛浮，知其斷難成議，當經臣文韶與臣之洞往復電商，就近詢問該員，蘆漢鐵路有何辦法即能刻日興工。該員指陳利弊，窮原竟委，反覆籌計，井井有條。查該員才力恢張，謀慮精密，博通洋務，深悉商情，甚有合於劉晏用人所謂通敏之才。中國向來風氣，官不習商業，商不曉官法。即或有勤於官通於商者，又多不諳洋務。惟該員能兼三長，且招商、電報各局，著有成效。今欲招商承辦鐵路，似惟有該員堪以勝任。然總理此事之員，非稍假事權，得所藉手，不足以號召羣情。應請特旨准設蘆漢鐵路招商公司，先派盛宣懷爲總理，使天下皆知事在必成，以一視聽而便設施。據該員稱，蘆漢一路貫通鄂、豫、直三省，專重拱衛，而略於東南財賦之區，於商務利益較薄。若專指此路，剔開繁富近便之地不入公司，恐東南各省紳商必以本鉅利微，不願入股，則招股更難。惟有合南北鐵路爲一局，庶可萃四方之商力而注之一隅。蘆漢爲正幹，自應盡力先造，分路開工，不容稍緩。至現已奏定擬造之蘇甯鐵路，似毋庸另立公司，致礙蘆漢招股，應請准其歸併一公司，由蘆漢公司兼辦，先由吳淞造至上海，由上海造至蘇州，其蘇州至江甯一路，並准由該公司接續，兼行承造，庶可挹彼注茲，集股較易。此以推廣爲招徠之法也。商人眼界，其事之不能速成，則必徘徊不進。蘆漢需款三四千萬，閱四年而後完工，再逾三五年而後獲利，華商獨善其身，莫肯舍近圖遠，儻必待招徠股本而後開辦，直無開辦之期矣。惟有先籌借墊，使人人知路工必可剋期造成，收利確有把握，其股分或可自至，得一萬股本即還一萬墊款，如招商局昔年曾以産業抵借怡和、匯豐各洋行之款，商借商還，毫無流弊，此以借墊爲招徠之法也。既歸公司承辦，必須遴派公正殷實商總，按鐵路所需總數，將商股招足。但只先收現銀二成，如股票以百兩爲一股，先收二十兩。有商人有商股始成公司，迨公司既成，商股不足，自可由公司設法借款，商借商還。如借款八成，分作三十年拔還，每年按股僅須出銀數兩，輕而易舉，此收商股還本之法也。鐵路所收之費，除支常年經費，以其餘抵還債息，除還本息經費以外，如餘利豐厚，再行酌議報效，此收路費繳利之法也。又查有新嘉坡總領事候選知府張振勳，素與南洋各商相習。現經該員禀請，由臣等電商出使大臣龔照瑗，札調回華，應由盛宣懷與之商酌招股事宜。

臣等詳核該員所擬辦法，揣情量力，周折騰展，而終歸於有成。合南北之路，以資歆動，藉國家之力以爲主持，官商相維而終歸於可行。工費年限數目以及商股如何招，借款如何還，悉皆明白洞達，切實有著。惟該員以二十年任事，憂讒畏譏，前經奏派接辦鐵廠，已堅辭再四，强而後可，現在臣等與之考核鐵路辦法，該員尤以力小斷難勝重任，籲請另派，情詞極爲懇切。臣等亦知該員向來勇於任事，局外不免間有吹求，特以此事關係全局，得人甚難，反覆焦思，既別無招鉅商集鉅款之方，而該員所擬辦法，又實係於國家有益無損之計，確知非該員不能勝任，自不敢不據實上陳。聖明在上，自當具有權衡。至總理之員，雖經派定，但此事本以招商爲主，所有許應鏘、劉鶚等，果能招集確實華股，無論或數萬或數十萬，均准附入該公司，並准令集款較鉅者，得照商務通章，隨同管事，以收廣益而示公溥。其餘應籌之事、應定之章，經緯萬端。派定之後，應由該員督率各路紳商，逐一詳議妥協，再由臣等會同奏明辦理。惟籌款辦工緊要關鍵以及一切未盡事宜，自應飭令該員迅速入都，以備總理衙門垂詢。一切總期竭力趲築，早睹成效，以免萬國之譏議而慰中外之瞻矚，大局幸甚，臣等幸甚。

上諭：前據王文韶、張之洞會奏蘆漢鐵路另籌辦法，請設鐵路招商公司，並保盛宣懷督辦一摺，當交總理各國事務衙門王大臣查閲。旋據奏稱，遵旨諮詢盛宣懷，據陳一切辦法均確有見地，請准設鐵路總公司，令盛宣懷督辦。從蘆漢辦起，蘇滬、粤漢亦次第擴充，即由公司招商股七百萬兩，借洋款二千萬兩，商借商還，並提撥借款一千萬兩，南北洋存款三百萬兩，以期官商維繫，速成鉅工。並稱蘆漢既爲幹路，非雙軌不足爲各路之倡等語，並將盛宣懷所遞説帖抄録呈覽。昨召見盛宣懷，奏對具有條理，已責成該員，實力舉辦，以一事權。仍著王文韶、張之洞，督率與作。如勘路購地，及設棧造橋等事，條緒極繁，該督等不得因薦舉有人，遂爾稍寬責任，作事謀始，務策萬全。著再逐細考校，電商妥協。盛宣懷開缺以四品京堂候補。此後摺件著一體列銜具奏。總理衙門原奏及盛宣懷説帖，均著抄給閲看，將此各諭令知之。欽此。

請撥已借洋債作鐵路股本片 光緒二十二年七月二十五日

再，訪查泰西各國初造幹路，多由官辦。日本於明治五年，先造東京至横濱鐵路，亦係由官籌款。蓋鐵路之興輟，關繫國家之强弱者大，而商民惟利是視，可與圖成，難於謀始。故各國鐵路無不官創之，而商因之。即中國創辦招商局之初，南北洋先後籌借各省官款二百餘萬兩，方能立定根基，陸續歸繳。即胡燏棻現辦之津蘆鐵路，僅招商股四十萬兩，仍由户部、北洋籌給銀二百萬兩。華商氣散力薄，若欲以數千萬之鉅工，悉以責之華商，臣恐徒曠歲月，不易有觀成之日。此次督辦軍務處議復司業瑞洵所奏原摺内稱，該司業以商辦難成，請提借款二千萬，示以標準，爲先路之導，未始非率作興事之法。但以官辦則浮費倍多，度材庀工，較輕衡重，不如商辦。在王大臣鑒於官事之不能精核節省，力主商辦，誠爲顛撲不破之至論。無如商力斷不能足，與其多借洋債，仍須國家核准，似不如參酌瑞洵所議而變通之。准在英德已借洋債之内，撥銀一二千萬兩，發交公司，或暫作官股，與商股一律掣存股票，收取股息。將來風氣大開，再以股票並售與商，或竟作爲借款，寬其年限，俟商股招定，陸續歸還，皆爲有著之款，與他項用去而不能收回者絶不相同。夫以官款附入，公司仍歸商辦，掃除官習，一善也。使商民皆知國家肯出資本，官必出力護持，商股可期踴躍，二善也。如得官助千萬，即可少借洋債千萬，華本愈重愈好，以免洋商多方要挾，三善也。官商合股，即可官商互相鉤稽，公分利益，四善也。如蒙俞允，便可刻日開工，不致遲回觀望，貽外人因循坐誤之譏。臣等更無不慎重公款，決不浪擲絲毫，並當與公司衆商堅明約束，力求核實。臣等實爲自强大局，不容泄沓起見，謹附擬一説，以備采擇。

揀員請補繁缺知縣摺〔一〕 光緒二十二年七月二十八日

竊照黄陂縣知縣唐步雲在任病故，當經題報開缺，聲明所遺要缺容另揀員請補在案。查截缺章程内載：丁憂、病故之缺，有本日可計者，即以各本日作爲開缺日期。今黄陂縣知縣唐步雲係於光緒二十二年六月十九日病故，歸六月分截缺，係要缺應照例揀員調補。查例載，知縣應調缺出，於現任人員内揀選調補。如果實無合例堪調之員，准以奉旨命往及曾任實缺候補並進士即用人員，酌量補用等語。黄陂縣知縣係衝繁難要缺，界連豫省，地闊賦繁，撫字催科均關緊要，非精明練達之員難期勝任。臣等在於通省實缺知縣内逐加遴選，非現居要地，即人地不宜，實無合例堪調之員。惟查有即用知縣張延鴻，年五十歲，河南商城縣人，由廪貢生遵籌餉例報捐主事，籤分户部山東司兼山西司行走，同治十二年十月到部，應光緒元年乙亥恩科順天鄉試，挑取謄録。五年己卯科應本省鄉試，中式第六十一名舉人。七年十月於剿平廣西鬱林州大竹根匪巢案内保奏，以直隸州知州分發省分補用。經吏部議改俟得缺後以直隸州知州分省歸試用班補用。八年五月覆奏。奉旨：依議。欽此。十六年庚寅恩科會試中試第五十名貢士，殿試三甲第四十八名進士，朝考二等第一百十五名，引見，奉旨：以知縣即用。欽此。遵新海防例捐指湖北，歸即用班補用。十一月初七日到省，是月十二日聞訃丁繼祖母承重憂回籍，服滿起復。十九年六月初二日回省，十月接到部文准其起復。查該員張延鴻，才明識敏，辦事奮勤，以之請補黄陂縣知縣要缺，洵堪勝任。惟調缺請補與例稍有未符，但人地實在相需，例得專摺奏請，合無仰懇天恩俯念黄陂縣知縣員缺緊要，准以即用知縣張延鴻補授，實於地方吏治大有裨益。再，該員係即用知縣，請補知縣，衡缺相當，毋庸送部引見。據湖北布政使王之春、按察使惲祖翼會詳前來。謹合詞恭摺具陳，伏祈皇上聖鑒，敕部核覆施行。

吏部議奏。

沙市通商設關擬派道員兼充監督請給關防摺〔二〕 光緒二十二年八月　日

竊查日本新約，准以湖北荆州府之沙市地方，作爲通商口岸。現准總理衙門咨，定於光緒二十二年八月二十五日各關一百四十五結之第一日，一律開關。當經札飭荆宜施道遵照辦理。查荆宜

〔一〕録自臺北故宫文獻編輯委員會編《宫中檔光緒朝奏摺》第十輯，第一三八至一三九頁，臺北故宫博物院一九七四年版。

〔二〕録自《京報》第五六九〇號。

施道駐紮荊州府城，離沙市僅十五里，若責成經理稅務一切事宜，呼應較靈。該道雖已充宜昌關監督，然沙市宜昌相去不遠，輪船可達，彈壓稽查不難兼顧。應請即派荊宜施道監督沙市關務，並請飭下禮部照章鑄給關防一顆，文曰沙市關監督之關防，頒發來鄂，交該監督祇領，以專責成而昭信守。所有沙市設關派員監督請給關防緣由，謹會同南洋大臣兩江總督臣劉坤一、湖北巡撫臣譚繼洵恭摺具陳，伏乞皇上聖鑒。

禮部知道。

奏陳委員署理道員篆務摺〔一〕光緒二十二年九月十二日

竊照署湖北安襄鄖荊道事本任鹽法武昌道郭承舉，現丁母憂，業經另行恭疏題報開缺。所遺安襄鄖荊道篆務，即應委員接署，以重職守。查有候補道黎嘉蘭，品行端方，才識練達，堪以署理。除檄飭遵照外，謹合詞恭摺具陳，伏祈皇上聖鑒。再，所遺鹽法武昌道員缺，係第三咨選之缺，應請歸部銓選，合併陳明。

吏部知道。

秋汛江漢被淹情形片 光緒二十二年九月十二日

再，湖北本年夏汛疊漲，江河皆盈，水勢本大，乃至七月下旬，秋汛驟臨，川水、漢水同時並發，未及一旬，各陡長至二丈有餘，奔騰直下，勢若建瓴。低窪之區漫隄而過，人力難施，以致濱漢之荊門、京山、潛江，暨濱江之江陵、公安、監利、松滋等州縣，隄垸均有漫潰，田廬多被淹沒，人口間有損傷。潛江縣地勢最低，並漫入城。宜昌府爲川水入楚門户，先被漫淹，亦浸及城内。宜都、天門、漢川等縣均被帶淹。據各該府州縣稟報前來。臣等查湖北江漢水勢，歷以秋汛爲最猛。此次同時盛漲，勢更洶湧，遂致泛溢爲災，小民蕩析離居，秋成失望，情深可憫。臣等已飭藩司擇其灾重之區，分撥銀米，辦理賑撫平糶，以濟民食而免失所。其各隄潰口，惟荊門州沙洋官隄歷係撥款興修，亦經飭司委員勘估。其餘民工均飭各該縣督率圩業人等，趕緊設法搶築斷流，疏消積水，期早涸復補種。統俟秋後水落歸槽，一併籌議修復，並覆勘被淹輕重情形，應否蠲緩錢漕，再行照例辦理。所有湖北秋汛江漢同時盛漲被淹情形，謹合詞附片具陳，伏祈聖鑒。

知道了。著即覆勘被灾輕重，酌量辦理。

奏請冬漕折徵兼籌採運摺 光緒二十二年九月十二日

竊准户部咨：奏催江西等省欠解漕折銀兩並新漕能否起運本色一摺，光緒二十二年八月二十五日奉旨：依議。欽此。鈔録原奏咨行到鄂。當經轉行布政使王之春、督糧道岑春蓂妥議詳辦。茲據該司道等會詳請奏前來。臣等覆查奉催漕折銀兩，因各屬完解此項，先於年前發交招商局購買米石以備來春起運，是以起解京餉稍遲。現查各年分應徵漕折項下，除動撥採運外，光緒二十

〔一〕以下三件録自臺北故宮文獻編輯委員會編《宮中檔光緒朝奏摺》第十輯，第二三五至二三七頁，臺北故宮博物院一九七四年版。

年已解銀十一萬八千兩，二十一年已解銀三萬五千兩。現又起解銀一萬五千兩，其尾欠之項仍嚴催各屬趕緊全完，解部交納，不敢稍事遲延。至鄂省漕糧自改辦折徵以來，民間相安已久，完納亦甚踴躍。若驟令規復本色，則徵米、徵銀利弊懸殊。節經各前任督撫臣暨臣等瀝情陳奏在案。現在體察情形，實未能遽復舊制。所有本年冬漕仍請照章折徵兼籌採運，以顧京倉餉糈。雖折徵一石之銀，不敷買運一石之用，第不敷之款向在漕餘内所提兑費等款湊濟，並不動用正項，於解京漕折毫無虧損，而倉儲不無裨益。惟查湖北歷届採買正米三萬石，由海運通係招商局經理。光緒十九年曾由本省委員承辦，較爲便捷。本年擬即由臣等遴委明幹道員照數採買、承運、承交，期臻妥速。其米價、水脚等項，悉仍照舊開支，不准稍有浮冒，以昭核實而符定章。除咨户部查照外，謹合詞恭摺具陳。伏祈皇上聖鑒訓示。

户部知道。

鐵廠徵税商情未便摺光緒二十二年九月二十三日

竊照本年六月二十二日接准户部咨，議覆湖北鐵廠招商承辦議定章程一摺。奏奉諭旨，刷印原奏，咨行遵照等因。當經轉行督辦鐵廠正任直隸津海關道盛宣懷遵照辦理在案。茲據該道稟稱：此案原請煉成各種鋼鐵料件運售當援案免税十年一節，部議以本年五月據總理衙門奏准通行摺内聲稱，凡機器製造貨物，不論華商、洋商，統計每值百兩，徵銀十兩，此後無論運往何處，概免税釐。該廠現在招商承辦鐵務，即爲商局，自應遵照總理衙門奏案辦理。將來各省果能購運暢銷，再由該督詳細奏明核辦等因。竊維總署奏定值百徵十之案，專爲預防洋人在華設廠用機器改造土貨而設。夫曰製造，曰改造，皆變其本體，別成一物之謂也。如由蠶繭而繅爲絲，由絲而織爲綢，由棉花而紡爲紗，由紗而織爲布是矣。若鐵之爲物，必以機器造爲輪船槍礮，以機器製爲各種機器，始可謂機器製造貨物。今采礦鐵，煉生鐵，以生鐵煉鋼、煉熟鐵，本體未改，與繅絲、紡織等廠名義攸殊。鐵廠用過官款數百萬，華商承辦後方期陸續收回，官本商辦關係尤重。中國煉鐵事屬創始，一切廠用繁費較多，佳煤未得，購價尤貴，再加十一之税，成本愈重，銷滯商乏，官本虛懸，獲咎無辭，何益於事。仰懇仍照原請優免税釐十年，或俟官本收清，再行照收税釐，以清成本而暢銷路等情，稟請具奏前來。

臣惟部臣以凡用機器，事同一律，不便於鐵廠獨示優異，以杜洋人來華改造土貨，引爲藉口之端，用意至爲深遠。但西法於事物品類辨析名實，絶無混同，煉鐵則猶是土貨，製造則別成一物，本判兩門，未宜牽合。中國采煉鋼鐵，爲保守自有利權第一大政。内地鐵礦，決無與外人公共之理。非如蠶繭、棉花隨地可買，更無慮其藉口。鐵廠雖由華商承辦，而官款甚鉅，將欲次第提收，實官本商辦之局，盈虛利害，公家與商人休戚相同，較絲、紗各廠之全屬商本者，關係尤重。部臣謂商務之興，必以能自樹立爲主，商政機括，要言不煩，然非暢銷不能自立，非輕本不能暢銷。中國始創煉鐵，購器雇匠，悉資外洋，比之外洋廠鐵，費多本重。所恃保華商以抵洋鐵者，全在國家自有減免税釐之權，可以輕成本而廣銷路。他日辦理就熟，工藝之學日興，能自用華匠自製機器，則商廠之成本益輕，洋鐵之來源自杜，國家收自强之利益，乃永永無窮。部臣以暢銷督責盛宣懷，並責成於臣，詞嚴義正，既已身任其難，豈敢復有諉謝。惟當艱難剏辦之時，首行徵抽什一之政，是重其成本，以塞其銷路。臣與盛宣懷雖欲展其手足而束縛馳驟，力無所施，誠外洋鐵廠所聞而稱快，華商顛躓可立而待，官本無著，承其敝者豈獨衆商。合無仰懇天恩飭下户部，通籌熟計。俯念鐵廠與絲、紗各廠不同，煉鐵與製造貨物有别，仍准查照原請，優免税釐十年，或俟官本全數收回後再行照章徵税，以維鐵政而保權利。大局幸甚，微臣幸甚。

（硃批）該衙門議奏。（欽此）

請將武員留標差遣片[一] 光緒二十二年九月 日

再，准湖北提督臣吴鳳柱咨稱，遊擊銜儘先補用都司李修已，係江蘇沛縣人，同治元年投入江蘇義勇馬隊營充當什長，迭次隨隊攻剿捻逆出力，蒙保今職，曾經札委幫帶鳳字馬隊前營營官。又花翎都司銜儘先守備黄金玉，係安徽太平縣人，同治三年投入霆軍老營充當勇丁，迭次隨隊打仗出力，蒙保今職，曾經委充武毅軍馬隊哨官。以上三員均在襄有年，隨營差委深資得力，於湖北地方情形極爲熟悉，咨請奏留湖北提標差遣，俾收得人之效等因前來。臣覆核無異，合無仰懇天恩俯准將遊擊銜儘先補用都司李修已、姚得勝、花翎都司銜儘先守備黄金玉留於湖北提標差遣，出自鴻慈，除飭取各該員履歷咨部外，謹附片具陳，伏乞聖鑒。

著照所請。兵部知道。

請准以楊龍章升補參將摺[二] 光緒二十二年九月 日

竊准兵部咨：湖北提標中軍叅將丁貞創病故，遺缺係陸路題調之缺，應令於湖北省應調人員揀員請調，以符定制等因。咨行到臣。遵即在於湖北省實任叅將内，逐加遴選。或缺居緊要，或人地未宜，實無合例堪調之員。自應照例於應升之遊擊内揀員升補。查有湖廣督標右營遊擊楊龍章，年五十四歲，湖南善化縣人，由武童投効軍營，歷保以遊擊仍留湖北原省儘先補用。光緒十五年補授督標右營遊擊，十六年八月十三日到任。該員營務曉暢，操練勤明，以之擬補斯缺，洵堪勝任。其歷俸已滿二年，核與升補之例相符。合無仰懇天恩俯准以督標右營遊擊楊龍章升補湖北提標中軍叅將員缺，實於營伍地方有裨。如蒙俞允，俟部覆到日，給咨送部引見。除飭取該員履歷咨部外，理合會同湖北巡撫臣譚繼洵、湖北提督臣吴鳳柱恭摺具奏。

再，所遺督標右營遊擊員缺，係部推之缺，湖北省現有應補人員，俟接准部覆由臣另行揀員請補，合併陳明。伏乞皇上聖鑒。

兵部議奏。

請准以高長洪升補遊擊摺 光緒二十二年九月 日

竊准兵部咨，湖北鄖陽鎮標中軍遊擊胡永發病故，遺缺係陸路題調之缺，行令揀選合例人員請補，以符定制等因，咨行到臣，

[一] 此件録自《京報》第五六九〇號。其内容僅二員，少姚得勝一員。
[二] 以下二件録自《京報》第五六九〇號。

遵即在於湖北省實任遊擊内逐加遴選。或缺居緊要，或人地未宜，實無合例堪調之員，自應照例在於應升之都司内揀員升補。查有請補遊擊後以糸將儘先補用湖北漢陽協漢鎮陸路專汛都司高長洪，年五十二歲，湖南善化縣人，由行伍出師著績，歷保以補用遊擊儘先補用都司。同治八年補授湖北襄陽城守營守備，光緒八年調補湖廣督標左營守備，十五年升補漢陽協漢鎮陸路專汛都司。復於十七年拿獲會匪出力案内，續經保以請補遊擊後以糸將儘先補用。該員材力明幹，緝捕勤能，以之擬補斯缺，洵堪勝任。其歷俸已滿三年，與升補之例相符。合無仰懇天恩俯准補遊擊後以糸將儘先補用湖北漢陽協漢鎮陸路專汛都司高長洪，升補鄖陽鎮標中軍遊擊，實於營伍有裨。如蒙俞允，俟部覆到日，給咨送部引見，以符定制。除飭取該員履歷咨部外，理合會同湖北巡撫臣譚繼洵、湖北提督臣吴鳳柱恭摺具奏。

再，所遺湖北漢陽協漢鎮陸路專汛都司員缺係題調之缺，湖北省現有應補人員容臣另行揀員請補，合併陳明。伏乞皇上聖鑒。

兵部議奏。

奏請獎叙奏銷錢糧各員摺〔一〕光緒二十二年十月二十二日

竊照錢漕乃維正之供，催科爲有司專責，鄂省頻年奉提京餉及撥協各省餉項，全賴地丁等款徵解踴躍，藉資挹注。是州縣催徵之勤惰實關餉需之贏縮，其有先期完解之員，歷經奏准獎叙在案。兹據湖北布政使王之春、督糧道岑春蓂詳稱：查蘄州額徵光緒二十一年司庫地丁等款錢糧，除坐支外，實應解銀二萬六千二百七十八兩三錢五分，又應解道庫漕南正耗米折等款共銀三萬六千五百兩七錢一分三釐，均於奏銷前掃數全完，請奏獎前來。臣等查該州額徵各款錢糧銀兩合計在五萬兩以上，均於奏銷前掃數全完，洵屬催科勤奮，自應專案請奬。合無仰懇天恩俯准將現任蘄州知州凌兆熊照例給予加二級，以示鼓勵而資觀感。謹合詞恭摺具陳，伏祈皇上聖鑒。

著照所請。該部知道。

奏陳揀員調補首府要缺摺光緒二十二年十月二十二日

竊准吏部咨，光緒二十二年八月十八日奉上諭：湖北武昌府知府員缺緊要，著該督撫於通省知府内揀員調補。所遺員缺，著余肇康補授。欽此。遵查武昌府知府係衝繁難省會要缺，政務殷煩，且時有京控發審要案以及中外交涉事件，非精明練達、才識兼優之員，弗克勝任。臣等於通省知府正途各員内逐加遴選，查有漢陽府知府逢潤古，年六十一歲，山東膠州人，由廪生中式咸豐乙卯科本省鄉試舉人，充咸安宫漢教習。同治九年六月期滿引見，奉旨以教職用。十月選授濮州學正，四年乙丑科會試中式進士，殿試二甲，改翰林院庶吉士。七年四月散館，奉旨授職編修。十一月因在籍辦理團練出力，奉旨賞加翰林院侍讀銜。光緒元年乙亥恩科充浙江副考官。二年京察一等，奉旨記名以道府用。四

〔一〕以下二件録自臺北故宫文獻編輯委員會編《宫中檔光緒朝奏摺》第十輯，第三四六至三四八頁，臺北故宫博物院一九七四年版。

月奉旨補授廣東高州府知府。因丁母憂開缺，接丁父憂，服滿起復。十年十二月初八日奉旨：湖北漢陽府知府著逢潤古補授。欽此。十一年三月二十二日到任，十四年蘇皖賑捐案内議叙花翎。十五年山東賑捐案内，捐加三品銜，是年大計保薦卓異。十八年勸辦山東義賑出力，保以道員在任候補。該員穩練老成，究心吏治，實係知府中最爲出色之員，且係正途出身，以之調補武昌府知府，洵堪勝任。據湖北布政使王之春、按察使惲祖翼會詳請奏前來。合無仰懇天恩俯念武昌府知府員缺緊要，准以漢陽府知府逢潤古調補，實於地方吏治均有裨益。所遺漢陽府知府，遵旨即以余肇康補授。謹合詞恭摺具奏，伏祈皇上聖鑒訓示。

吏部議奏。

湖南安設電綫摺 光緒二十二年十月二十九日

竊惟電綫之設，將數千萬里聯爲一氣。若一省之内，則更無異户庭。於地方戢匪備荒，商務盈絀，民生利病，諸事信息靈通，得以早爲籌備。至於吏治考核，軍務指揮，可免壅蔽稽延之弊，洵爲有益無損之要政。各省奉旨設立通行已久。前因湖南、湖北兩省，中隔重湖，文報往來，遇有風阻，動淹旬日。設遇地方緊要事件，尤虞遲誤。於光緒十六年，經臣之洞奏明將荆州商局電綫由沙市過江接造至湖南澧州，經長沙省城，直抵湘潭。維時地方風氣未開，澧州愚民輕信地痞摇惑，以致羣疑電綫爲洋人所設，遂有毁折電桿情事。且時值夏令雨多水漲，電桿經過地方，多被水淹，本難工作。當即飭令停工，暫緩安設，俟以後從容開導，一律曉悟，再爲妥酌辦理，奏明在案。

兹查湘省上年長、衡等屬旱災，開辦賑撫，專人由湖北漢口轉電各省請款協助。旬日内外皆即回電，協濟款項僅能匯銀至漢，而中間湘漢專人往返半月，比及銀到，已遲月餘。現在湘省紳民，咸知電綫之便爲事勢所必需。臣寶箴與臣之洞往返函商，意見相同。隨飭善後總局司道，集紳籌議，擬改由自湘通鄂之驛路安設，不占民地，尤爲簡便易行。兹定議由長沙省城起，歷湘陰、臨湘、岳州一帶驛路安設，至湖北蒲圻縣境，計程四百五十餘里。飭由各縣選擇正紳，於本年秋冬間先將驛路勘明修補完好，斷不礙民田、廬基。沿途士民均知爲公私便利之事，無不樂從。此路工竣，再由長沙省城接設湘潭，省城紳民既經樂從，省外州縣自無扞格。據總局暨在事諸紳稟報，當經臣寶箴咨請總理電報事宜候補四品京堂盛宣懷，派委妥員，率領熟諳工匠，隨帶應用綫碗，剋日至湘，會同員紳，從省城外迤邐前往安設，以達鄂境。其由蒲圻縣接續安設至湖北武昌省城，再由臣之洞會同湖北撫臣譚繼洵派員勘辦，俟勘定後，續行具奏。

（硃批）該衙門知道。（欽此）

奏陳被水各屬請展賑捐摺〔一〕 光緒二十二年

十一月初八日

竊照湖北地方上年被水受旱成災，奏蒙恩准開捐濟賑，原定一年爲限，計自光緒二十一年十一月二十六接准部文之日起，除

〔一〕以下三件録自臺北故宫文獻編輯委員會編《宫中檔光緒朝奏摺》第十輯，第三八二至三八六頁，臺北故宫博物院一九七四年版。

去封印日期，瞬届限滿，本應依限停止。惟是本年江漢水勢之大，較之上年未嘗稍減，而秋汛勢更洶湧，泛濫爲災。各屬隄多漫潰，被淹既廣且多。上年受災之區，民困未紓，復遭水患，情形深堪憫惻。前據各州縣禀報，臣等即飭藩司擇其災重者先予急撫，業經附片奏報在案。現交冬令，水勢漸落，臣等復飭該司委員分赴各屬，會同地方官逐一查勘。其高處雖已涸復，爲時已遲，未能補種。而低窪以及潰隄處所積水未消，尚難播種二麥，尤恐有誤春耕。至於應修各隄，本係民工，但小民疊被災祲，情益困苦，時值隆冬，啼飢號寒，待賑孔急，遑顧於工。若聽其懸而不修，來春汛漲仍成澤國，災黎無業可歸，勢必流離且慮别滋事端。必得工賑並籌，庶可補救。但需款甚鉅，庫儲空虛，既乏挹注之方，更無可撥之項。惟恃賑捐集腋，藉濟工撫要需。且查直隸、山東等省，均因水災奏請展辦賑捐，業蒙俞允。湖北事同一律，自可援案陳請。合無仰懇聖恩准將湖北賑捐展限一年勸辦，俾得多集捐款，以濟工賑而蘇民困。出自高厚鴻施，所有章程條款悉照前案辦理，展限届滿即行停止。據湖北籌賑局司道具詳請奏前來。除咨部查照外，謹合詞恭摺具陳，伏祈皇上聖鑒，飭部速議施行。

該部速議具奏。

揀員接署臬司篆務片 光緒二十二年十一月初八日

再，湖北臬司惲祖翼欽奉諭旨補授浙江布政使，業經具摺陳請陛見，應即交卸北上。新授湖北臬司馬恩培到任尚需時日，所遺臬司篆務，自應委員接署，以重職守。查有漢黄德道瞿廷韶，精明幹練，奮勉有爲，堪以署理。遞遺漢黄德道監督江漢關税務，查有湖北補用道蔡錫勇，守潔才優，深通洋務，堪以署理。除分檄飭遵外，謹合詞附片具陳，伏祈聖鑒。

吏部知道。

奏爲京控未結案件照例彙奏摺 光緒二十二年十一月初八日

竊查前准刑部咨：議覆光禄寺少卿延茂奏，稽核京控審限每年將已、未完數目兩次彙開清單具奏，以歸劃一。並摘録案由，註明交審月日及未結各案因何未能審結緣由，於每年兩次覆奏時，詳細聲明等因。奉旨：依議。欽此。歷經遵辦在案。兹據湖北布政使王之春、按察使惲祖翼詳稱，陸續奉到部院衙門奏交、咨交各案。隨時委提人卷解省發審。其有距省較遠州縣之案，移交該管道就近提審，或委員前往會同該管府審辦。前已截至光緒二十一年十二月止，將未結各案造册，詳請奏報。兹值半年彙奏之期，除已審結咨送供招及詳咨註銷各案不計外，尚未審結者十一起。或因原、被供情狡執，補提要證未到。或甫經行提人證尚未解齊，以致未能訊結。核計尚無遲延等情。開呈清册請奏報前來。臣等覆核無異，除仍飭趕緊催提人證到案審辦，並將清册分送刑部、都察院、步軍統領衙門查照外，謹繕清單，恭摺具陳，伏祈皇上聖鑒。

刑部知道。單併發。

田家鎮礮臺設立臺官礮勇酌定餉章摺 光緒二十二年十一月初十日

竊查田家鎮爲湖北省下游門户，光緒二十年秋間籌辦江防之際，經臣等會同往勘，相度南北岸形勢，督飭於北岸馮家山、南岸半壁山、中路吴王廟三路，趕修礮臺，安設前後膛各礮，派營駐守。其時因事出倉猝，尚未及詳定章程，礮臺工程亦僅略具規模。查礮臺爲江防第一要務，關繫最爲切實。大礮理法尤爲精深，較之陸路步隊僅練行營槍礮者，難易迥乎不侔。其測量、演練斷非數月所能純熟。不惟勇丁嫻此者無多，即將弁中通曉礮法臺式者，亦實罕覯。必須各臺專設臺官，各礮專設礮勇，各有專司，勤加練習，測確長江船路，審定礮力礮準，彈藥隨時檢點，配合如法，儲備齊全，平日演放純熟，既能命中，又能迅速，臨事方能有用。至此項礮弁、礮勇，責令專管礮務，不准派當雜差。既經練成，以後永不移動更换，即或統帶營官間有事故撤調，斷不准將礮勇帶往，任意更補，此爲礮臺一定不移之辦法。現經詳加酌度，三路應分作三臺，每一路無論幾臺、幾礮，統歸此專臺官管理。應設總臺官一員，居中調遣。專臺官三員，督率操練。總臺官體制責任即如統領，專臺官體制責任即如營官。查有奏調差委記名提督鄧正峰，久在江南吴淞、廣東之長洲各礮臺帶營防守，於礮法素所講求，部下嫻於槍礮之弁勇亦多，兹特派委該提督爲三臺總臺官。其專臺官及礮弁由鄧正峰遴選熟諳礮法之員，稟請考驗委充，必須能親自下手施教者，方准委以此任。三臺共募礮勇、護臺槍勇及水雷勇共五百名，督飭認真操練，以後著爲定章，不得移調他處。臺官不准無故將礮弁、礮勇更换募補，礮弁、礮勇不准隨臺官爲去留。其各臺尚須依法妥爲修造，務須一律完備堅固如式。應隨時酌籌款項，量力陸續興修，以鞏江防而收實效。統計三臺分設大礮十尊，每尊設礮弁一員，頭等礮勇四名，二等礮勇八名，共計礮弁十員，礮勇一百二十名。中礮十尊，每尊設二等礮勇二名，三等礮勇四名，共計礮勇六十名，共設礮弁三名。護臺次礮三十尊，每尊設三等礮勇二名，共計礮勇六十名，共設礮弁三名。三臺各設護臺槍勇八十名，共二百四十名，内計槍勇什長二十四名、槍勇二百十六名，各設槍勇哨官一員。三臺各設礮教習一員、機器匠一名。水雷與礮臺相輔而行，另設操練水雷、測量水勢專勇二十名，内計水雷什長二名。總計三臺官弁、教習、機匠，並槍、礮、水雷三項丁勇五百名，照章共應設長夫五十名。惟礮弁、礮勇技藝較精，遴選較難，其餉應較陸營步隊酌加，方有實濟。每月應支餉銀二千九百七十九兩六錢，即以此次新裁各營餉項抵支。謹合詞具陳，伏祈聖鑒。

（硃批）該部知道。（欽此）

動撥庫存幫津等銀片[一]　光緒二十二年十二月初一日

再，據總辦湖北善後局布政使王之春等詳稱：湖北省糧道庫存幫津、水脚、兑費等款銀兩，前於咸豐年間改辦折徵，奏准留充軍餉。嗣於光緒九年，經户部奏令儘數徵解，如有緊要餉需由督撫專案奏明動撥等因，遵辦在案。查鄂省年内有應預解光緒二十三年分甘肅新餉銀十萬兩，現以認還俄、法、英、德各款，司局各庫悉索一空，而鹽課、釐金收數短絀，實屬不敷周轉，甘餉關係關外要需，勢難延緩。擬於糧道庫動撥幫津、水脚、兑費等

[一] 以下二件録自臺北故宫文獻編輯委員會編《宫中檔光緒朝奏摺》第十輯，第四六三至四六四頁，臺北故宫博物院一九七四年版。

銀五萬兩，俾資湊解，請專案奏明等情，請奏咨前來。臣等查甘餉係應速解要款，從前曾因不敷湊解，動撥幫津等銀，歷經奏明有案。今該司道所請，係屬援案辦理，核與部議專案奏明動撥章程相符。除咨户部外，謹合詞附片具陳，伏祈聖鑒。

户部知道。

奏請獎叙徵糧全完各員摺 光緒二十二年十二月初一日

竊照錢漕乃維正之供，催科爲有司專責。鄂省頻年奉提京餉及撥協各省餉項，全賴地丁等款徵解踴躍，藉資挹注。是州縣催徵之勤惰，實爲餉項所攸關。其有催科勤奮，先期完解之員，歷經奏請獎叙，均奉俞允在案。茲據湖北布政使王之春、督糧道岑春蓂會詳稱：查黄安縣額徵光緒二十一年司庫地丁等款錢糧，除坐支外，實應解銀一萬六千八百三十一兩九錢四分五釐，又應解道庫漕南正耗米折等款銀四千二百九十一兩二錢二分一釐，均於年内掃數全完等情，請奏獎前來。臣等查該縣額徵各款錢糧銀兩合計在二萬兩以上，均於年内掃數全完，洵屬催科勤奮，自應專案請獎。合無仰懇天恩俯准將黄安縣知縣陶大夏，照例給予紀録三次，以示鼓勵而昭激勸。謹合詞恭摺具陳。伏祈皇上聖鑒。

著照所請。該部知道。

奏請分別蠲緩新舊銀米摺〔一〕 光緒二十二年十二月初三日

竊照湖北省應徵錢漕，遇有災傷，歷經責成該管道府親勘稟辦。嗣准户部頒發釐剔錢糧積弊章程，内載災區初報，即令聲明免緩銀糧數目，以除積弊等因，遵辦在案。湖北省本年夏間，先因蛟水、山水同時陡發，經過各屬田廬多被衝淹。嗣以夏、秋二汛江、漢水勢疊漲，洶湧異常，濱江沿河各屬隄多漫潰，被淹尤寬。其高阜之區，又因雨澤愆期，間受乾旱。惟被水地方災情最重，業經臣等籌撥銀米，分别辦理賑撫平糶，先後奏報。復因工賑需款甚鉅，具摺籲懇聖恩展辦賑捐，以資濟用在案。隨飭司道委員會同地方官勘明輕重情形，酌議蠲緩錢漕。茲據該管道府覆勘加結，稟由湖北布政使王之春、督糧道岑春蓂會核，酌擬分别蠲緩錢糧南米等項具詳前來。臣等覆加查核，實勘得監利縣團湖等九十四垸外江内河，地勢最低，汛水疊漲，田地概被淹没，成災九分。江陵縣築支等六十六垸、老新口等一百三十九垸，地處窪下，形同釜底，夏秋汛水泛漲，隣隄漫潰，倒灌而入，田廬禾稼悉被淹没，成災七分。又勘不成災之咸甯縣一都等六都内之艾家墩等二十三處，嘉魚縣宣化等四里内之二十二甲、並九洲内之越塘等處、及九屯内之斗塘等處，漢陽縣菱角湖等八區、白釜池等十七區，漢川縣喝城等五十六垸畈，黄陂縣牛湖等四十一社，孝感縣務本等四十社内各社甲，沔陽州梅公等一百六官垸，黄岡縣七道河等十二區、道觀河等七區、下塝等十七區、羅霍洲等十區，蘄水縣古河等六區、關口等六區、油河嘴等三區、新洋河等九區，湖田畈等十三區、西壅洲一區，麻城縣東義洲等八區内之二十四號，黄梅縣堠塘等五鎮内之七里湖等二十一村莊、考田鎮

〔一〕録自臺北故宫文獻編輯委員會編《宫中檔光緒朝奏摺》第十輯，第四七九至四八八頁，臺北故宫博物院一九七四年版。

內之白馬寺等二村莊、謝灘鎮内之梅家口等處，鍾祥縣河鄉内之藍家灘等三十村莊，湖鄉内之劉公菴等一十五村莊，京山縣高集等五十六團，潛江縣羅揚等三十六垸、馬昌等三十八垸、顏家等十六垸，天門縣諸通下等一百九垸内之四百二十六甲、上古下等四垸内之一十六甲、蒲湖等十八垸内之五十三甲、淖潑等三十六垸内之一百七甲，應城縣葉嘴等五團區，江陵縣范小朱家等三十六垸，公安縣毛一等十四里、並西一等十八里内之五十四甲、及六甲，監利縣永固等一百六垸並蔡家洲，松滋縣下八上八二都、並下五等十都及一所等八所，枝江縣洌浮等二十五洲垸並羊角壩枝六一所，石首縣頭二總等二十三坊垸、並徐家等十坊垸内二十洲二洲，荆門州馬下二等二十七圖内之毛家灘等一百一十九區。本年夏、秋二汛江漢同時盛漲，隄垸漫潰，田禾淹没，收成失望，情形均屬較重。

又勘得羅田縣尤河等三十區，先因蛟水爲患，田禾被淹，秋後補種雜糧復受乾旱，仍屬無收，情形亦重。

又勘得京山縣田家等三團地處高阜，雨澤愆期，無從灌溉，禾苗枯槁，受旱情形亦屬較重。

又勘得江夏縣河街等四十一里、金沙等四十二屯、茂和等十五里、青山等十屯、頂團等二十八洲，嘉魚縣浄居等四里内之二十甲，漢陽縣平坊等三十二區，黄陂縣丁家嘴等一十四社，孝感縣廣訓等十五社内各社甲，黄岡縣臨江鋪等六區，蘄水縣朱家湖等十八區、蘆花壋等三區，或被淹涸復較遲，僅能補種菜蔬，或亢旱爲日稍久，禾苗多有損傷，情形均屬次重。

又勘得江夏縣三城等七里、桃林等二十屯、犂頭等十九洲，武昌縣洪一等二十六里、市一等十一里，咸甯縣一都等七都内之下好橋等一十三處、三都等五都内之鹿過橋等五處，嘉魚縣宣化等十二里内之七十五甲及九洲九屯内歉收各處，蒲圻縣安豐等三十四團之各甲内它嶺等一百八十四處，漢陽縣陳家河等二十六區，漢川縣南湖上等十九垸畈，孝感縣明倫等九社、澴純等十社，黄岡縣佘家灣等三十七區、八甲等七區，蘄水縣白洋河等三十八區，黄梅縣什村等三十一鎮，廣濟縣安樂鄉内之徐家衢等八十四村莊、泰西鄉内之千仕户等四十二村莊、泰東等五鄉内之童司牌等二百六十七村莊，鍾祥縣河鄉内之歐家廟等二十四村莊、湖鄉内之龍山觀等九十二村莊、山鄉内之蕭家店等四十三村莊並鮑佘湖一村莊，京山縣青畈等七團，潛江縣太平等十九垸、趙林等十三垸，應城縣陳河下等四團，江陵縣靴頭等三十八垸，公安縣刀一等十二里内之十三甲，石首縣徐家一坊内二甲，監利縣佘家等五十三垸，荆門州平四等一十九圖内之團林鋪等三十三區，或被淹旋即涸復，尚可補種雜糧，或受旱得雨較早，薄有收成。情形均屬較輕。

又江夏縣崇通等屯，漢陽縣崇信坊各房屋，自遭兵燹，居民迄未復業，仍多荒蕪。以上各州縣内有屯坐各衛軍田，情形亦同。

臣等伏查地方遇有水旱灾傷，例應勘明分數，分别賑撫蠲緩錢漕，其勘不成灾者，亦應緩徵遞展。本年湖北被淹受旱各屬窮黎，業經酌撥銀米妥爲賑撫，不致流離失所。惟應徵銀米若責令照常完納，民力實有未逮，除擬緩漕糧另摺請旨外，合無仰懇天恩俯准將成灾之九分之監利縣團湖等九十四垸，應徵光緒二十二年新賦錢糧南糧正耗銀米，照例蠲免六分。成灾七分之江陵縣築支等六十六垸、老新口等一百三十九垸，應徵光緒二十二年新賦錢糧南糧正耗銀米，照例蠲免二分。以上共應蠲免新賦錢糧正耗銀九千八百九十一兩二分一釐、南糧正耗米一千二百五十五石一斗三升，其蠲剩銀兩同例不併免，隨漕等款正耗共銀二萬四千八十七兩一錢三分二釐、南糧正耗米三千二百九石一斗四升六合九勺，一併緩至光緒二十三年秋後。成灾九分者，分限三年帶徵。七分者，分限二年帶徵。原緩節年銀米等項，並請遞年展緩，分限帶徵。

又勘不成灾被淹較重之咸甯縣一都等六都内之艾家墩等二十三處，嘉魚縣宣化等四里内之二十二甲、並九洲内之越塘等處、及九屯内之斗塘等處，漢陽縣菱角湖等八區、白釜池等十七區，漢川縣喝城等五十六垸畈，黄陂縣牛湖等四十一社，孝感縣務本等四十社内各社甲，沔陽州梅公等一百六官垸，黄岡縣七道河等十二區、道觀河等七區、下塝等十七區、羅霍洲等十區，蘄水縣古河等六區、闞口等六區、油河嘴等三區、新洋河等九區、湖田畈等十三區、西壅洲一區，麻城縣東義洲等八區内之二十四號，黄梅縣塅塘等五鎮内之七里湖等二十一村莊、考田鎮内之白馬寺等二村莊、謝灘鎮内之梅家口等處，鍾祥縣河鄉内之藍家灘等三十村莊、湖鄉内之劉公菴等一十五村莊，京山縣高集等五十六團，潛江縣羅揚等三十六垸、馬昌等三十八垸、顔家等十六垸，天門縣諸通下等一百九垸内之四百二十六甲、上古下等四垸内之一十六甲、蒲湖等十八垸内之五十三甲、漳潑等三十六垸内之一百七甲，應城縣葉嘴等五團區，江陵縣范小朱家等三十六垸，公安縣毛一等十四里並西一等十八里内之五十四甲、及枝六一所，石首縣頭二總等二十三坊垸、並徐家等十坊垸内二十六甲，監利縣永固等一百六垸、並蔡家洲，松滋縣下八上八二都、並下五等十都、及一所等八所，枝江縣洌浮等二十五洲垸、並羊角壩洲二洲，荆門州馬下二等二十七圖内之毛家灘等一百一十九區，又被淹後復行受旱較重之羅田縣尤河等三十區，又受旱較重之京山縣田家等三團，共應徵光緒二十二年新賦錢糧、屯餉、閑丁、隄費、租餉、蘆課等項正耗銀一十八萬三千九百一十二兩八分二釐、南糧正耗米二萬五千四百五十五石一斗七升一合九勺，一併緩至光緒二十三年秋後，限一年帶徵。其各原緩節年各項銀米，一併緩至光緒二十四年秋後遞展一年帶徵。

又被淹受旱次重之江夏縣河街等四十一里、金沙等四十二屯、茂和等十五里、青山等十屯、項團等二十八洲，嘉魚縣浄居等四里内之二十甲，漢陽縣平坊等三十二區，黄陂縣丁家嘴等一十四社，孝感縣廣訓等十五社内各社甲，黄岡縣臨江鋪等六區，蘄水縣朱家湖等十八區、蘆花壋等三區，各應徵光緒二十二年南米照常徵收外，其應徵光緒二十二年新賦錢糧、蘆課、籽粒等項正耗銀三萬一千五百三十七兩二錢六分，請緩至光緒二十三年秋後，限一年帶徵。其原緩節年各項銀米，一併展至光緒二十四年秋後遞年帶徵。

又被淹受旱較輕之江夏縣三城等七里、桃林等二十屯、犂頭等十九洲，武昌縣洪一等二十六里、市一等十一里，咸甯縣一都等七都内之下好橋等一十三處、三都等五都内之鹿過橋等五處，嘉魚縣宣化等十二里内之七十五甲及九洲九屯内歉收各處，蒲圻縣安豐等三十四團之各甲内它嶺等一百八十四處，漢陽縣陳家河等二十六區，漢川縣南湖上等十九垸畈，孝感縣明倫等九社、澴純等十社，黄岡縣佘家灣等三十七區、八甲等七區，蘄水縣白洋河等三十八區，黄梅縣什村等三十一鎮，廣濟縣安樂鄉内之徐家衝等八十四村莊、泰西鄉内之千仕户等四十二村莊、泰東等五鄉内之童司牌等二百六十七村莊，鍾祥縣河鄉内之歐家廟等二十四村莊、湖鄉内之龍山觀等九十二村莊、山鄉内之蕭家店等四十三村莊並鮑余湖一村莊，京山縣青畈等七團，潛江縣太平等十九垸、趙林等十三垸，應城縣陳河下等四團，江陵縣靴頭等三十八垸，公安縣刀一等十二里内之十三甲，石首縣徐家一坊内二甲，監利縣余家等五十三垸，荆門州平四等一十九圖内之團林舖等三十三區，各應徵光緒二十二年新賦錢糧、蘆課、屯餉、閑丁、隄費、南米等項，照常徵收。其原緩節年銀米、蘆課、屯餉、閑丁、隄費等項，一併緩至光緒二十三年秋後遞展一年帶徵。

又江夏縣崇通等屯應徵光緒二十二年楚課錢糧正耗銀三百九十七兩八錢二分五釐，緩至光緒二十三年秋後，限一年帶徵。其原緩節年銀兩遞展一年帶徵。

又漢陽縣崇信坊應徵光緒二十二年門攤銀兩請徵七分，其應緩三分正耗銀六十八兩二錢六分一釐，緩至光緒二十三年秋後，限一年帶徵。原緩節年銀兩遞展一年帶徵。

又沔陽州尚有光緒二十一年奏銷案内民欠未完地丁正耗銀一千九百九十二兩八錢八分三釐，又黄岡縣尚有光緒二十一年奏銷案内民欠未完地丁等款正耗銀三千九百一十六兩二錢一釐，又蘄水縣尚有光緒二十、二十一等年奏銷案内民欠未完地丁等款正耗銀一萬八千三十兩八釐，又監利縣尚有光緒二十一年奏銷案内民欠未完地丁等款正耗銀二千四百六十九兩四錢五釐，均因被淹較重，無力完納，請一併緩至光緒二十三年秋後，限一年帶徵。至武昌等衛軍田被淹受旱，各請蠲緩垸區，均與屯坐各州縣民田相同，共應徵光緒二十二年屯餉、蘆課、軍三安家、閑丁、幫津等款正耗銀三萬六千二百八十五兩四錢二分六釐，内蠲免銀五百六十二兩九錢三分六釐，其蠲剩銀兩同例不併免之軍安等款正耗銀一千九百一十七兩三錢一分一釐，並勘不成災情形較重銀三萬三千八百五兩一錢七分九釐，請緩至光緒二十三年秋後分限帶徵。其各原緩節年銀兩，併請遞展一年帶徵，以廣皇仁而紓民力。除飭令監利等縣衛趕造頃畝册結另行題報外，所有勘明各州縣衛被淹成災分數暨勘不成災輕重情形，分别蠲緩新舊銀米緣由，遵章開具各屬蠲緩銀米細數清單，謹合詞恭摺由驛具陳，伏祈皇上聖鑒。

再，此案因恐情形不確，往返駁查，以致未能依限辦理，合併陳明。

另有旨。

奏請分别緩徵漕糧摺 光緒二十二年十二月初三日

竊准户部咨：緩徵漕糧於地丁摺外另摺候旨遵辦。又准户部頒發釐剔錢糧積弊章程，内載災區初報，即令聲明免緩銀糧數目，以除積弊等因，遵辦在案。湖北省本年被水受旱各區已飭該管道府確勘輕重情形，現經臣等另摺奏請蠲緩錢糧南米等項。惟監利、江陵、武昌、咸甯、嘉魚、漢陽、黄陂、孝感、沔陽、黄岡、蘄水、羅田、廣濟、黄梅、潛江、天門、應城、公安、石首、松滋、荆門等二十一州縣，尚有應徵本年及節年漕糧。若責令照常完納，民力實有未逮。據湖北布政使王之春、督糧道岑春蓂轉據該管道府結報會詳請緩前來。合無仰懇天恩俯准將成災九分之監利縣團湖等九十四垸，成災七分之江陵縣築支等六十六垸，老新口等一百三十九垸，共應徵光緒二十二年漕糧正耗米三千三百一十七石七斗九升九勺，緩至二十三年秋後。成灾九分者，分限三年帶徵。七分者，分限二年帶徵。原緩節年漕糧並請遞年展緩分限帶徵。

又勘不成灾被淹較重之咸甯縣一都等六都内之艾家墩等二十三處，嘉魚縣宣化等四里内二十二甲，漢陽縣白釜池等十七區，黄陂縣牛湖等四十一社，孝感縣務本等四十社内各社甲，沔陽州梅公等一百六官垸，黄岡縣七道河等十二區、道觀河等七區、下璘等十七區，蘄水縣古河等六區、闌口等六區、油河嘴等三區、新洋河等九區、湖田畈等十三區，黄梅縣考田鎮内之白馬寺等二村莊、謝灘鎮内之梅家口等處，潜江縣羅揚等三十六垸、馬昌等三十八垸、顔家等十六垸，天門縣諸通下等一百九垸内之四百二十六甲、上古下等四垸内之一十六甲、蒲湖等十八垸内之五十三甲、淖潑等三十六垸内之一百七甲，應城縣葉嘴等五團區，江陵縣范小朱家等三十六垸，公安縣毛一等十四里、並西一等十八里内之五十四甲，石首縣頭二總等二十三坊垸、並徐家等十坊垸内二十六甲，監利縣永固等一百六垸，松滋縣下八上八二都並下五等十都，荆門州馬下二等二十七圖内之毛家灘等一百一十九區，又被淹受旱較重之羅田縣尤河等三十區，共應徵光緒二十二年漕糧正耗米二萬四千六百三十石二斗二升四合二勺，一併緩至二十三年秋後，限一年帶徵。原緩節年漕糧緩至二十四年秋後，遞展一年帶徵。

又武昌縣洪一等二十六里，廣濟縣安樂鄉内之徐家衝等八十四村莊、太西鄉内之干仕户等四十二村莊，原緩二十一年漕糧展至二十三年秋後帶徵。

又沔陽州尚有民欠未完光緒二十一年漕糧正耗米八百七十一石八斗六升，又黄岡縣民欠未完光緒二十一年漕糧正耗米一千二百一十九石三斗七合一勺，又蘄水縣民欠未完光緒二十年漕糧正耗米三千五百三石六斗八升八合五勺，又民欠未完光緒二十一年漕糧正耗米五千六十八石八斗一升五合三勺，又監利縣民欠未完光緒二十一年漕糧正耗米五百六十二石三斗七升一合五勺，均因節年被水無力完納，請一併緩至二十三年秋後，限一年帶徵，以廣皇仁而紓民力。

所有勘明各州縣被淹成灾及勘不成灾較重情形，分别緩徵漕糧緣由，遵章開具各屬請緩漕米細數清單。謹合詞恭摺，由驛具陳，伏祈皇上聖鑒。

另有旨。

奏陳查明被水各屬請款接濟摺 光緒二十二年十二月初三日

竊臣等承准軍機大臣字寄，光緒二十二年十月初三日奉上諭：湖北各屬被水，先後准令籌撥銀米，分别賑恤平糶，小民諒可不至失所。惟念來春青黄不接之時，民力未免拮据，著傳諭該督撫等體察情形，如有應行接濟之處，即查明於封印前奏到，候旨施恩。等因。欽此。仰見聖主軫念灾區有加無已之至意，凡屬臣民莫名欽感。當即恭録行司分飭確查去後。兹據各該州縣禀覆，由布政使王之春、督糧道岑春蓂會詳前來。臣等覆加詳核，湖北省本年夏間，先因蛟水、山水同時陡發，經過各屬田廬多被衝淹。嗣以夏、秋二汛江、漢水勢迭漲，泛濫爲灾。濱江沿河各屬，隄多漫潰，被淹尤寬。小民蕩析離居，收成失望，情形均屬困苦。業經臣等奏蒙恩准籌撥銀米，分别賑卹，減價平糶。並請展辦賑捐，以濟工賑。其應徵錢漕，亦經另摺奏懇恩施，分别蠲緩。現值隆冬，潰隄處所業已飭司委員勘估，籌撥款項，招集災黎，趕緊興修，以工代賑。其老弱婦孺不能工作者，亦一律撫卹，自無慮其失所。惟是本年被淹各處，皆上年受灾之區，今歲汛臨較早，消退更遲，迄未全行涸復，二麥多難播種，來歲青黄不接之時，仍須籌辦春賑，俾免流離。惟今冬工賑所需甚鉅，賑捐驟難集腋，尚虞不繼。必得另籌接濟，以甦彫瘵而廣皇仁。合無仰懇天恩俯准在於地丁、鹽課、釐金項下，共撥銀八萬兩，以備來春青黄不接之需。臣等謹當察看情形，届時妥爲辦理，務期實惠及民，斷不敢稍涉冒濫，以仰副高厚鴻慈。所有查明請款接濟緣由，謹合詞恭摺，由驛具奏，伏祈皇上聖鑒訓示。

著照所請。户部知道。

請展閲營伍期限摺 光緒二十二年十二月初九日

竊照前准部咨，欽奉上諭：本年輪應查閲湖北、湖南、雲南、貴州四省營伍之期。湖北即派張之洞，湖南即派陳寶箴，雲南即派崧蕃，貴州即派嵩崑，認真查閲。各省營伍，關繫緊要。國家養兵，歲糜鉅帑不知凡幾，原以備禦侮折衝之用。近來各督撫往往視爲具文，並不認真校閲，以致武備日形廢弛，殊屬有負委任。兹特再行申諭，各該督撫務當逐一簡校。如有技藝生疏，老弱充數，及軍實不齊等弊，即將該管將弁據實嚴參，毋得稍涉瞻徇。欽此。

伏思簡閲營伍，乃自强之要圖，本應加意整頓，且現奉嚴旨，切戒視爲具文之弊，尤應懔遵，認真講求，務求實際，斷不敢以循例出省一行覆奏塞責。查今日整飭武備之道，重在勇營，次則練軍。此項練軍，湖北向謂之操防營。緣勇營習氣較淺，練軍餉銀較厚，若力加整頓，尚可冀其有用。至緑營未曾加餉挑練之兵，既因饑疲困苦，多兼工賈營生，又以分汛零星，不能團紮訓練，故整飭殊爲不易，將來尚須另籌長策，奏明辦理。本年臣回鄂後，奏明於湖北設立洋操隊、護軍兩營，並於秋冬之間將榆關甘省遣撤回鄂各征軍挑選留用。原有各防營，分别裁併，汰弱存强。田家鎮礮臺專設臺官、礮勇，創擬章程奏明在案。當經切飭各統帶營官，講求操練，屏棄飾觀之故套，另立簡易之新章。惟除洋操、護軍兩營操練已熟外，其餘均係裁併移調到防未久，移營築壘多未竣工，操練之日尚淺。至今日軍械專以槍礮爲切用，臨陣優絀祇在争此一端。其刀、矛、弓、箭均非制勝之具。查湖北各緑營，向來祇有土槍，在今日幾同棄物。操防練軍，亦只係前膛洋槍。因鄂省精械素少，各營大率不過發給後膛槍數十枝，以資弁目操練。臣前由粤帶來後膛快槍二千枝，又在鄂采購後膛槍數百枝，軍裝局原存亦有後膛槍數百枝，曾經酌發防練各營操練打靶。嗣以東洋有事，鄂省奉調北征諸軍甚多，過境者亦復不少，需用孔亟，當將各槍儘數解供北上各軍，尚苦不足，並將已發各營者收回湊用。從此鄂省軍械蒐羅一空，並前膛洋槍亦罕有存者。此時若循例校閲，無論緑營、勇營，皆不過以舊槍刀矛、老年陣式敷衍了事，於戰守之實用毫無裨益。上年兼護督臣譚繼洵訂購前膛洋槍數千枝，今年八月始到。臣奏明在江南所撥小口徑快槍數千枝，查點槍彈，因來華以後尚未開用，不免間有鏽澀。現正派員督匠，逐件檢閲，細加擦拭。且其槍機簧極精，藥彈甚貴，各營初學快槍，未能諳曉理法，易致損壞，只可酌發爲打靶之用。漢陽槍礮廠因洋匠未到，工作未熟，現止造成一千餘枝，分發各營，不敷尚多。當經函商南洋大臣劉坤一借撥購存最多之毛瑟十響快槍二千枝，不日即可運到。到日，當分發省内、省外各勇營及練軍營，責成官弁兵勇，一體上緊學習、操練。查閲時，專以此爲將弁考成。俟漢陽廠自製快槍漸多，即當陸續發領，换回異式各槍。令湖北通省勇營、練軍均歸一律，並將快槍理法功用繪圖譯説，刊發各軍，令其考求解悟。惟初學演練快槍，必須數月後始能大致嫻習。届時再加考校，庶有實際。

再，本年秋間，湖北江、漢並漲，加以霪潦爲災，沿江之宜昌、荆州、漢陽，沿漢之安陸、荆門各府州所屬隄垸，漫潰甚多，災區甚廣，小民蕩析流離，極形困苦，災象較去年爲尤重。辦理賑撫，籌修隄防，諸事均形緊迫。工鉅民窮，費多款絀，艱難萬狀。地方官吏，奔命不遑，而出省閲伍適在此數府州之境。調操弁兵既多勞費，文武官吏不免紛紜，亦有未便。擬請待至明年夏間，災象稍紓，彼時各營操練新槍漸有規模，臣當再行出省，將武、漢及省外各處勇營、緑營次第簡閲，認真考校，分别賞罰，以昭激勸。

查練兵是臣專責，現爲此事日夕籌思，與各將領娓娓講求，設法激勵，變其油滑虚糜之心思，破其拘執懶惰不肯變通之妄論，省其有妨操練之雜差。總期力除舊習，有裨實用，以仰副聖主振軍經武實事求是之至意。

（硃批）著照所請，兵部知道。（欽此）

奏參已故衛守備段必魁摺[一] 光緒二十二年

十二月二十一日

竊照湖北省交代經臣等督飭司道按限清理，不准稍有蒂欠。茲查前任襄陽衛守備段必魁，於光緒二十二年五月初一日病故，任内欠解司道兩庫各款除完繳外，尚欠解司庫銀二千一百九十七兩、道庫銀四千一百三十二兩六錢二分三釐一毫，屢經嚴催，迄今已逾二參例限，該家屬尚未完解，由兼理襄陽衛守備襄陽府同知唐華國並該管道府查明揭報到司。據湖北布政使王之春、督糧道岑春蓂詳請參追前來。臣等查州縣衛經徵錢糧，攸關國帑，不容絲毫蒂欠。今該故備段必魁任内欠解各款銀兩，已逾二參例限。該家屬並未清繳，實屬玩延，相應請旨將已故前任襄陽衛守備段必魁先行革職，勒令該家屬於兩箇月限内如數完繳。倘逾限不完，或完不足數，再行從嚴參辦。並照章將應行分賠各職名，隨案開送，除咨户部查照外，謹合詞恭摺具奏，伏乞皇上聖鑒。

著照所請。該部知道。

參革已故黄陂縣知縣唐步雲片 光緒二十二年

十二月二十一日

再，黄陂縣知縣唐步雲，於光緒二十二年六月十九日在任病故。接署縣傅光弼於七月二十四日到任，查其交代項下，欠解司庫地丁等款銀一千一百五十四兩八錢二分九釐，屢經嚴催，迄今

[一] 以下二件録自臺北故宫文獻編輯委員會編《宫中檔光緒朝奏摺》第十輯，第五九一至五九二頁，臺北故宫博物院一九七四年版。

已逾二參例限，該家屬尚未完繳，殊屬延玩。據該署縣傅光弼禀，經該管道府揭報到司，由湖北布政使王之春、署按察使瞿廷韶、督糧道岑春蓂會詳前來，相應請旨將已故黄陂縣知縣唐步雲，先行革職，勒限該家屬於兩箇月完繳。倘逾限不完，或完不足數，再行從嚴參辦，並將分賠職名開送，除咨部查照外，謹合詞附片具陳，伏祈聖鑒。

著照所請。該部知道。

謝賜福字摺 光緒二十二年十二月二十七日

光緒二十二年十二月二十四日摺弁齎到御賜福字一方，當即恭設香案，望闕叩頭祗領。欽惟我皇上道端五始，德覃八紘。同天考靈曜之樞，澤物被慈雲之廕。文治内而武治外，統握乾符。陽卦長而陰卦消，世開泰運。編楚國歲時之記，仰周京雲漢之章。敷錫同欽，拜颸滋悚。臣抱冰有志，撮壤無功。勤修有翼之師干，冀睹大同之文軌。今多雨露，應蒼龍鑾輅以行春。身在江湖，望金爵觚棱而結想。

鄂省候補人員擁擠請暫停分發一年摺〔一〕 光緒二十二年十二月 日

竊照湖北省前因候補大小各員人數衆多，委補無期，曾於光緒十七年奏准停止分發一年，原期漸次疏通，以清仕路，無如捐章遞減，鄂省人員不特未能減少，且較前尤多。因近年各省停止分發，改指鄂省者益衆，約計候補道府已有四十餘員，同通州縣共三百數十員，佐雜多至八百員，其免驗看之員，更難數計。所有丁憂請假尚未起復回省者，均不在内。而湖北省道府、同通州縣以至佐貳雜職，僅額設三百餘缺。今以大小各班千餘員之衆，萃集省城，道府候補十年，難得一缺，同通州縣佐雜一年之中補署得缺者不及十之一。即各項差使，亦難分布。是徒有候補之名，而無從政之實。流品固多淆雜，需次亦形苦累。若再聽其源源而來，勢必壅滯愈甚。在素勵廉隅之士，尚能固窮自守。其中材以下之輩，負累日深，營求日亟，撓亂法紀，敗壞風氣，流弊不可勝言。於澄清吏治之道，大有妨礙。臣等督同藩、臬兩司籌商，擬請援照停止分發成案，除各項正途例應由部簽掣人員仍應辦理外，相應請旨敕部將捐納指省、勞績保舉兩項，自道府以至未入流，凡未經赴部人員，一律停止分發湖北一年。一俟限滿，再行察看情形，酌核辦理。據湖北布政使王之春、署按察使漢黄德道瞿廷韶會詳請奏前來。臣等謹合詞恭摺具陳，伏乞皇上聖鑒。

吏部議奏。

預解甘肅新餉片〔二〕 光緒二十二年十二月 日

再，承准軍機大臣字寄，光緒二十二年八月初九日奉上諭：户部奏籌撥甘肅新餉開單呈覽一摺，甘肅關内外各軍餉銀關繫緊要。經該部將光緒二十三年新餉，查照上届所撥銀數，於各省關指撥。著按單開數目，于本年十二月底，趕解三成。至來年四月底止，再解三成。其餘四成，統限九月底止埽數解清等因。欽此。

〔一〕録自《京報》第五七七六號。

〔二〕録自《京報》第五七七九號。

清單内開，指撥湖北省銀三十三萬兩，當經恭録轉飭欽遵辦理。兹據湖北布政使王之春，會同善後局司道詳稱，鄂省本年鹽釐貨釐收數極形減絀，第甘餉爲關内外各軍餉糈所關，何敢稍事延誤。兹於無可設法之中，勉力籌撥，湊成銀十萬兩，於十二月十六日發交漢鎮天成恒、協同慶兩商號，分别匯解赴甘肅藩庫交收，作爲預解光緒二十三年第三批甘肅新餉等情，詳請奏咨前來。臣覆核無異，除分咨外，理合會同湖北巡撫臣譚繼洵附片具陳，伏乞聖鑒。

户部知道。

沙市關收支各項税銀數目摺〔一〕光緒二十二年十二月　日

湖北荆宜施道監督沙市關税務俞鎮穎詳稱：沙市關自光緒二十二年八月二十五日開關起至十一月二十七日止爲各關第一百四十五結期滿，徵收各項税銀一千七百七十六兩四錢八分五釐，除支傾鎔折耗銀一千一兩三錢一分八釐、關用經費銀六千五百一兩六錢，將收數開支尚不敷銀四千七百四十六兩四錢三分三釐，已在借撥宜昌關洋税銀一萬兩内動支。下餘銀五千二百五十三兩五錢六分七釐，存俟下結開報。再，本結並無洋藥進口亦無罰款銀兩，毋庸造册報銷等情，詳請奏咨前來。臣覆覈無異，除清單、清册咨送總理各國事務衙門暨户部户科查照外，理合會同南洋大臣兩江總督臣劉坤一、湖北巡撫臣譚繼洵恭摺具陳，並繕具四柱清單，恭呈御覽，伏乞皇上聖鑒。

該衙門知道。單併發。

查明更正副將姓氏片光緒二十二年十二月　日

再，奏留湖北差委提督銜記名總兵現署督標中軍副將劎厚安，前曾造送履歷，經兵部駁，查該員保奬遊擊、叅將二案，均無其名。又保副將之案，原案内係俞厚安，官階相符，姓氏不符，應令一併查明，聲覆報部查核等因。當經轉飭。該總兵遵照查明呈覆，咨部在案。兹復據該總兵禀稱，遵查總兵於同治七年隨隊在陝西古城、十里長灘等處，擊退回匪，經前甯夏副都統金順，於截剿通河大股踞匪迭勝請將出力文武員弁奬勵摺内保奏。同治八年正月初四日内閣奉上諭：花翎遊擊銜儘先都司俞厚安，著以遊擊儘先補用，並賞加副將銜，賞給利勇巴圖魯名號。該部知道。等因。欽此。嗣於是年攻克甯夏蘇家燒房回巢出力，經署甯夏將軍副都統金順於官軍攻拔南路賊巢殄除首逆請將出力陣亡員弁人等分别奬卹摺内保奏。同治八年九月二十日，内閣奉上諭：遊擊俞厚安，著免補遊擊，以叅將遇缺儘先補用，並賞换博慶額巴圖魯名號。等因。欽此。又於同治年攻克王疃賊巢殲擒首逆出力案内，復蒙保奏。同治十年正月初二日内閣奉上諭：叅將俞厚安，著以副將歸兩江督標儘先補用，並賞加總兵銜。等因。欽此。均經接奉行知欽遵在案。總兵檢查遊擊、叅將二案，原領奬劄均經聲叙保奬案由，奉旨年月日期，前造履歷，未及詳細開列，所干部詰。至於保奬副將奬劄内姓名，均屬無訛。兹奉飭查姓氏不符，俞劎字形相近，俞字多見，劎字罕用，想係當年繕摺筆誤。惟有據實懇請將保案聲明，並將姓氏更正等情前來。臣覆核無異，相

〔一〕以下二件録自《京報》第五七八五號。

應請旨敕部將該總兵俞厚安保案姓氏，一併查明更正註册，以免歧誤。理合附片具陳，伏乞聖鑒。

兵部知道。

留員差委片〔一〕光緒二十二年　月　日

再，臣前在署兩江總督任内，欽奉上諭：湖北煉鐵、織布各局仍著該督一手經理。等因。欽此。當因各局需員，於上年夏間奏請將浙江候補知府劉祖桂、聯豫兩員調赴江南差委，聲明係湖北鐵政、銀元、織布、紡紗、繅絲各局需員經理，仰蒙俞允，咨行欽遵在案。嗣據該員等於上年秋冬間陸續遵調到江，派委考核鄂省各局務，均屬認真。適臣於上年冬遵旨回湖廣本任，并於鋼軌、快槍、銀元等事欽奉加意舉辦之諭。查該員等前雖係調赴江南，而原奏係爲籌辦湖北各局之事，奉旨允准，當經隨帶來鄂，派委經理各局務，相因查照原案奏明。合無仰懇天恩俯准將浙江候補知府劉祖桂、聯豫二員，留於湖北差委，俾資臂助，實於局務有裨。謹附片具陳，伏乞聖鑒。

請免扣武員養廉摺光緒二十二年　月　日

竊前准户部咨，以籌餉緊要，奏請將光緒二十一年分外省文武大小官員養廉，按實支之數，核扣三成，歸軍需動用等因。當經轉行遵照辦理。嗣以鄂省文職首領佐雜並緑營武職都司以下官弁，官況拮据，所支養廉銀數無多，經前兼護督臣譚繼洵奏准免扣在案。茲據長江水師岳州鎮總兵張捷書、漢陽鎮總兵周芳明稟稱，該二鎮所轄之岳州、沅江、陸［溪］、［荆州］、漢陽、田鎮、(簰洲)［蘄州］、巴河八營〔二〕都司以下各員，艱苦異常，與緑營情形相同，所支養廉請照緑營一律免扣等情。飭據署湖北鹽法道朱其煊核議，詳請具奏前來。臣查水師官弁應支養廉銀兩，與緑營無異。都司以下各弁廉銀爲數本屬無多，平時辦公已形竭蹶。上年湘、鄂兩省濱江臨湖各州縣均受旱災，食用一切極爲昂貴，支絀情形較前更甚。鄂省緑營末弁免扣廉銀，既奏蒙恩准，楚境水師官弁自可援照辦理。合無仰懇天恩俯准將岳州、漢陽兩鎮各營都司以下官弁三成養廉，一律免扣，以示體恤。除咨户部查照外，理合會同署長江水師提督彭楚漢恭摺具陳，伏乞聖鑒訓示。

〔一〕以下二件録自東吴仰止廬主輯《南皮張宫保政書》，上海圖書集成印書局印，一九〇一年版。

〔二〕據《清史稿·兵志·緑營》，長江水師岳州鎮總兵統轄鎮標中營、荆州營、沅江營、陸溪營，漢陽鎮總兵統轄鎮標中營、田鎮營、蘄州營、巴河營，共八營。

光緒二十三年

籌設鑄錢局摺光緒二十三年正月十二日

竊照近年以來，制錢缺乏，市價日增。湖北寶武局自光緒十三年奏明鼓鑄，一年以後，旋即停止，錢無來源。又兼鄰近各省，錢價俱貴，紛紛禁錢出境，彼此不能流通，以致商民益形艱困。查湖北爲長江中樞，南北綰轂之地，商賈走集，利在流通，斷不能如他省之閉關嚴禁，自顧一隅。且丁漕釐課等項，官民需錢爲最多，非廣鑄制錢不能濟用。亟應開局鼓鑄，用資補救，並可輔助銀元。疊經多方考驗，查核舊案，並用土法試鑄錢式，既屬粗劣，虧折又復甚鉅。合計舊案動支内銷、外銷各款虧折約係二成。且彼時銅、鉛之價尚平，洋銅每百斤僅銀十二兩零，洋白鉛每百斤僅銀五兩數錢。前年冬間，可鑄錢之洋銅長至二十兩數錢，目前長至二十一兩以外。白鉛價長至七兩内外。若用土法，虧賠必過三成，萬難舉辦。大率土法銅色可較低，銅劑可較少，而人工太費，斷不能如機器所鑄之工精用省。且土鑄積弊，樣錢式尚可觀，實在流行民間者，不免粗惡。是以先行籌款，購運銅、鉛，咨解廣東錢局附鑄，援照上年六月户部議覆兩江督臣劉坤一奏請，每錢一文，重七分，奉旨允准成案。鄂省附鑄之錢，亦以每文七分爲率，鑄成分批解鄂。惟粤局附鑄者不止一省，每日所出之錢勻攤分解，鄂省所得無多，仍不足以濟民用。且由滬局購運銅、鉛赴粤，復由粤鑄錢裝運回鄂，往返運費不免折耗。自不若湖北購機自鑄，較爲相宜。雖目前機廠所費較多，第此後一勞永逸，源源鼓鑄銀元、銅錢，子母相權，輕重相劑，其益無窮。

臣等督同司道，詳加籌畫撙節變通之法。因查臣繼洵前於兼護督臣任内，曾奏明由外籌款，購備製造後膛擡槍、劈山礟機器。現因機器尚未全備，添購所需尚鉅，此項槍礟擬暫緩造，可移作鑄錢之用。其應添配各件，擬令槍礟廠、鐵廠先行墊款代造。精大者，始向外洋購買。零星者，向上海洋廠就近添補。庶幾費不鉅而事可集。飭據熟諳機器之員估計應用各項機器，應配爐座料件，並即在武昌省城鐵政局西偏餘地，舊日寶武局基址，建造鑄銅錢局。所有需用機器各項，飭委湖北候補知縣張清、千總黄福華，前赴上海，詳細訪查考究。兹據張清、黄福華稟稱，在滬逐件講求，英、德造錢機器均不及美國新機之速，現在茂生洋行向美國漢立克納浦廠定購舂餅機、壓字機、剪牀、摇光箭，及供此各項之馬力汽機、刻字鋼模，以上各件價值連運保費共銀三萬二千三百六十餘兩，限六箇月到鄂。又需用大小車牀、抽水機、鎔銅罐，由上海洋廠製造，價銀一千七百兩。此外尚需鍋爐及供輾片等項之馬力汽機及各廠車軸、架輪、皮帶等件，即在前次購存製造後膛擡槍、劈山礟機器内移用。至壓鋼模機，銀元局尚有存者，其輾銅片之熱輾、冷輾、烘牀、鐵水櫃，鑄銅生鐵槽並架等項，由槍礟廠墊款製造。其儲水池並水管，各爐鐵料由鐵廠代造，暫時尚可不需現款，應俟錢局造成以後，從容算明籌還。此項配造機器，每日可出錢四百串，覆核價值與江南、四川等省所購者比較，尚屬相宜。當經飭付定銀，向外洋趕造。又估計修造廠屋、爐座、機墼、煙囱一切等項工料，約需銀一萬六千餘兩。合計購機、造廠價值工費等項，除其中機器有就存件移用，及由槍礟廠、鐵廠墊款代造暫可不計外，約共需現銀五萬餘兩。查從前寶武局停鑄成本鹽道庫尚存有銀一萬五千九百六十餘兩，錢五千四百八十四串零，銀錢併計，約合銀二萬餘兩。又查光緒十二年，鑄錢成案，其鑄錢工本係奏明借撥海防餉項及土藥稅銀。茲酌照成案，於釐金項下借撥銀三萬兩，以爲添補購機建廠之需，由官錢局傾鎔項下分爲五年籌還。現在一面購機，一面造廠，其鑄錢式樣即查照户部議定每文七分奏案辦理。至粵局鑄錢銅鉛成本，係銀元局所籌，粵錢現已陸續運到，即發銀元局行銷，以之專收本局所造之銀元。民間見銀元可取現錢，自然樂於行用。銷出銀兩，即以購運銅鉛，接續鑄造，轆轤周轉，足可接濟不窮，無須另籌鑄本。

查購辦鑄錢全分機器，多則八九萬金，少亦五六萬金。茲經多方湊集，分向外洋及滬廠、鄂廠購造，所省已多。至機器製造較之土法鼓鑄，可少攤人工之費，銅鉛成本折耗無多，與夫局用一切均查照舊案，仍由外籌補，不動正款，而其輕重精粗，始終一律，市肆不致淆惑，工役無從偷減，官用、民用一歸大同，開鑄以後可與銀元相輔而行，於商務民生均有裨益。

（硃批）著照所請，户部知道。（欽此）

設立官錢局片光緒二十三年正月十二日

再，湖北省錢少價昂，商民交困。雖議設爐購機鼓鑄，一時驟難即有現錢供用。至行用銀元本以輔制錢之不足，而民間持向錢店易錢，每爲奸商所抑勒，以致錢價仍不能平。查從前各州縣解繳丁漕錢文，皆在各錢店易銀上兑，於是制錢專歸錢店，該商遂得以壟價居奇。臣等與司道熟商，惟有設立官錢局，製爲錢票、銀元票，精加刊印，蓋用藩司印信及善後局關防，編立密號，層層檢察，如有私造者，照私鑄制錢、銀元例嚴行懲辦，通行湖北省内外，此票與現錢一律通用，准其完納丁漕釐稅。凡州縣丁漕向來以錢赴省易銀者，概令由官錢局易銀上兑。即以此錢供民間持現銀及官票來局換錢之需。民間來局換錢者，概照市價。錢票以制錢一千文爲一張，銀元票以大銀圓一元爲一張。蓋以數少票多，工精罰重，則作僞者自絶。當於上年夏秋間在武昌省城設局試辦，派委廉謹誠實之員經理。現又於漢口設一分局，以資推廣。行之半年，尚無弊端。有此官錢局之錢票、銀元票流播民間，庶可補現錢之缺乏。臣等仍當督飭司道，隨時嚴加稽核，體察民情與時消息。行之既久，民信既堅，官票大暢，則市價自平，而民困可漸紓矣。

（硃批）户部知道。（欽此）

購茶運俄試銷有效擬仍相機酌辦摺光緒二十三年正月十二日

竊照前因湖北、湖南兩省茶商，爲洋商多方抑勒，以致虧累頗多。事關商民生計，必須設法維持。當查紅茶銷路，以俄商購辦爲最多。惟有自行運赴俄國銷售，庶外洋茶市情形可以得其真際，不致多一轉折，操縱由人。然商力較薄，須官爲提倡，以開風氣。經臣於光緒二十年七月間，會同湖北撫臣譚繼洵、前湖南撫臣吳大澂奏明，由南、北兩省分借官款，飭令江漢關道選辦上等紅茶二百箱，運俄境之阿疊薩海口試銷。電商出使俄國大臣許景澄，託俄境茶行代銷，並委員照料。計茶價、箱工、雜費、出口關税等項共洋例銀五千四百七十二兩零。復選購二茶中之最上紅茶一百二十箱，分運俄境之阿疊薩及恰克圖，水、陸兩路試銷。由前湖南撫臣吴大澂電託素識之俄商佘威羅福照料，計茶價、箱工、雜費、出口關税等項，原奏共洋例銀一千八百十六兩零，嗣復據俄商開報，加增水脚銀百餘兩，共一千九百二十七兩零在案。兹查出使俄國大臣許景澄先後代銷茶價，洋例銀五千八百九十七兩零。俄商佘威羅福先後代銷茶價洋例銀二千八百二十一兩零，均經匯鄂撥還歸款，以利合本，均有盈餘。而佘威羅福代銷茶價計本僅一千九百餘兩，現赢出八百餘兩，利息尤爲獨優。

查中外通商以絲、茶爲大宗，湖南、北爲産茶之地，故漢口茶務又爲兩湖商務大宗，關繫釐税巨款。近來茶市年遜一年，遠不及前，若不極力整頓，一聽江河之日下，則茶務之盈絀，實爲國計民生利病所攸繫。前年運俄紅茶，既查明確有厚息，以後自當擴充仿辦。官爲之倡，商爲之繼，馴至招商局可以自造茶船，自立公司，於俄境自設行棧銷售，收回利權，庶於商務、釐税不無裨益。惟上次運茶赴俄，係託俄國茶船帶往，該船甚爲不願，再三婉商，勉强依允，言以後不能再帶。緣俄商專造茶船，兼程趨利，行駛最速，工費最多，故不欲中茶附裝，以分其利。且以後俄商佘威羅福能否再允代售，亦不可知。臣當設法相機與俄商、俄船婉商。如肯代寄、代銷，再當會商湖北、湖南兩撫臣，酌量籌款，續行購運銷售，以究商情。

（硃批）該衙門知道。（欽此）

設立武備學堂摺 光緒二十三年正月二十八日

竊照光緒二十一年閏五月二十八日奉上諭：練陸軍，整海軍，立學堂，皆應及時舉辦。等因。欽此。又光緒二十二年十一月初二日奉上諭：武備學堂能否於各省會一律添設，著妥籌具奏。等因。欽此。亟應欽遵辦理。

臣查自强之策，以教育人材爲先。教戰之方，以設立學堂爲本。湖北地據長江上游，南北樞紐，又將來鐵路所發端，尤爲用武之邦。當此時勢多艱，自當開設武備學堂，以儲將材而作士氣。臣於上年回鄂後，即經欽遵前旨，力籌舉辦。一面電致外洋，選募洋員教習。一面規畫籌款，建堂招考學生等事。查近年外洋各國講求兵事，益爲精密。向來中國學堂所教，多係俊秀幼童，及各營兵勇。文理既昧，氣質亦粗，斷難領會精要。且資地寒微，出身尚遠，數年之中，斷不能遽膺文武官職，安望其展轉倡率，廣開風氣。况所教學生，若僅可充末弁、兵勇之選，則一堂之經費，數年之功力，止能成就弁勇百餘名。多設，則爲數不貲。少設，則無裨實濟。大率外洋武備學堂分爲三等。小學堂，教弁目。中學堂，教武官。大學堂，教統領。學術深淺難易以此爲差。今中華爲救時之計，雖不能遽設大學堂，而教武官之學堂，則不可緩。取材精，而經費省。用功約，而收效多。今擬專儲將領之材，專選文武舉貢生員及文監生、文武候補候選員弁以及官紳世家子弟，文理明通，身體强健者，考取收入學堂肄業。緣上項諸人，皆科名仕宦中人，將來効用國家，引伸會通，展轉傳授，上則可任帶兵征戰之事，次亦可充營務、幕府、軍械局所之官。蓋此輩即或未能有衝鋒決勝之才，然於考核弁兵、籌備餉械、整飭製造各局、察閲礮臺營壘諸事，則固優爲之矣。裨益多而收效速，似乎無逾於此。嘗惟兵事爲國之大政，古者學校中人，無不先習射御，與我朝八旗文員兼習騎射之意相同。而司馬法一書列入禮家，故卿士大夫皆爲軍官，伍兩卒旅悉入鄉校。春秋傳云：雖有文事，必有武備。此先聖身體力行之效，經義昭然，以至孔門諸賢多能戮力行間，執戈衛國。唐宋以後，文武分趨，殊失古人教士良法美意。泰西諸國，民皆爲兵，將皆入學，頗於古義有合。今擬合文武爲一途，雖云因時制宜，實則反經復古也。

查武備學堂功課分講堂、操場兩事。講堂以明其理，操場以盡其用。講堂功課，如軍械學、算學、測繪地圖學、各國戰史、營壘橋道製造之法、營陣攻守轉運之要。操場功課，如槍隊、礮隊、馬隊、營壘工程隊、行軍隊、行軍礮臺、行軍鐵路、行軍電綫、行軍旱雷、演試測量、演習體操等事。皆須次第講習通曉，始有實用。經臣於上年電致出使德國大臣許景澄，向德國兵部商派都司法勒根漢、千總根次二洋員來鄂教習。曾與德兵部議定，到華後法勒根漢加給副將銜，根次加給遊擊銜，令其體制較優，以資表率管束，並議定歸總辦道員節制。惟學生百餘人，教習僅止兩人，不敷講授。疊據該洋員堅請添募數人，以資協助。現經電商兩江督臣劉坤一，於江南自强軍諸洋員中，調撥洋員三人來鄂。乃法勒根漢挑選甚嚴，僅留德守備斯忒老一員，令入武備學堂，隨同教習。尚短一員，允俟隨後再行訪募。其餘何福滿、賽德爾兩員，派入護軍營洋操隊教練弁勇。其功課章程，令洋教習酌擬，總辦道員核議轉禀，由臣核定飭辦。洋教習課程餘暇，即令其誦讀四書，披覽讀史兵略，以固中學之根柢，端畢生之趨向。另派華教習經理考選學生百二十名，並選派粤、津學堂出身久充教習者十二員爲領班學生，按照洋教習講説課程，譯成華文、華語，轉述指授。諸生入堂以後，無論何項功名，統爲學生，均須恪遵規矩，虚心受教，違章者即行屏除。除火食、操衣均由學堂供給外，每名月給贍銀四兩，分定月課、季課、年終大課，以考其優劣。如果將來學有成效，擬請援照直隸、江南奏定學堂年限章程請奬。並擇委差缺，以示破格鼓勵。

兹於湖北省城内東偏黄土坡地方，購地建造武備學堂。該堂未造成之先，暫借鐵政局及該局附近暫賃房屋爲棲止之所，派委署江漢關道湖北候補道蔡錫勇總辦該學堂事宜。令該道督同洋教習妥定課程，認真激勸。並委奏調分省知府錢恂、浙江候補知府聯豫，充學堂提調。令其考核經費，約束學生，整飭一切。責令各該員等與洋教習商酌協助，隨時維持，以期有實效而無流弊。

查武備學堂歲費甚鉅，鄂省之力本難辦此。然當此時艱事急，閒暇不易得，人材不易成，若再一因循，蓄艾已晚，反覆焦思，不能不勉力爲之。現擬暫在鹽務雜款及銀元局贏餘項下設法湊撥。惟此係國家經武儲材之要政，儻若零星凑補，勉强支持，亦爲非體。將來尚須籌定常款，奏明辦理，以期經久。

（硃批）該衙門知道。（欽此）

華商用機器製貨請從緩加税並請改存儲關棧章程摺光緒二十三年正月二十八日

竊照光緒二十二年五月總理各國事務衙門具奏，機器製造貨物酌定税則，奉旨允准，續據總税務司酌擬章程九條，經總署核定，由南北洋大臣通行各關在案。伏查光緒八年北洋大臣奏准上海織布局只完正税一道，概免沿途税釐，此後各省機器紡織皆援此例。此聖主愛養民生之深仁，而即古來興國者通商惠工以致富强之至計。天施覆庇，感頌同聲，從此中華商務駸駸漸有生機矣。此次加税之舉，在總署原意謂洋商得在中國設廠造貨，人工、運費種種省便，利益甚優，故議酌加税則。洋商既加，則凡華商用機器造貨亦應一律照加，以免洋商藉口。此總署謀國裕課統籌中外之深心，臣雖至愚，亦能領解。特是詳察商情，知機造各貨加税一層，不免有損多益少之病，有不敢不爲我皇上陳之者。

溯自馬關定約以後，臣在署南洋通商大臣任内欽奉閏五月十三日電旨，飭令招商，多設織布、織綢等局，廣爲製造。臣當即宣布德意，廣爲勸諭招徠。中國商民知外人將來内地設廠造貨，莫不感慨奮發，思有以防内蠹外漏之患，而又深悉朝廷恤商輕税之章。其議集股分圖占先著者，頗不乏人。凡各處稟請購機造貨者，臣多從允准，且爲之籌備廠地，歸併釐税，計畫銷路，曲意維持。江南、湖北紗絲各廠更屢有奏明助給官本鉅款之舉。總冀厚集商力，以挽此外溢之利源。數年以來，江、浙、湖北等省，陸續添設紡紗、繅絲、烘繭各廠約三十餘家。此外機造之貨，滬、蘇、江甯等處，有購機製造洋酒、洋蠟、火柴、碾米、自來水者。江西亦有用西法養蠶繅絲之請。陝西現已集股開設機器紡織局，已遣人來鄂考求工作之法。四川已購機創設煤油，並議立洋蠟公司。山西亦集股興辦煤鐵，開設商務公司。至於廣東海邦，十年以前即有土絲、洋紙等機器製造之貨，近年新增必更不少。天津、煙臺更可類推。湖北、湖南兩省已均有購機造火柴及榨棉油者。湖北現已考得機器製茶，機器造塞門德土之法，正在督飭税務司勸諭華商興辦。湖南諸紳現已設立寶善公司，集有多股，籌議各種機器製造土貨之法，規模頗盛。似此各省氣象日新，必且愈推愈廣。彼洋商雖亦聲稱集鉅資設大廠，而迄今造成者，只上海二三家，他處未之有也。無如華商智慮初開，行銷未廣，已成之廠獲利無多，未成之廠集資匪易。洋商見我工商競用新法，深中其忌，百計阻抑，勒價停市。上年江、浙、湖北等省繅絲、紡紗各廠，無不虧折。有歇業者，有推押與洋商者。以後華商有束手之危，洋商成獨攬之勢，商民延頸舉踵，正以寬恤保護之法望之朝廷。兩湖風氣初開，商力甚薄，尤爲惴惴。此近年商務之實在情形也。

臣愚以爲洋商在内地改造土貨，本於華商生計有妨，是以舊約懸爲厲禁。今迫於事勢不得已而允之，則又當就已成之局而熟權利弊，庶免吾華商民有累上加累之虞。竊謂今日如洋廠之設否聽之，而華商機器製造之税如故，洋商開一廠，則華工習一法。洋商創一貨，則華民曉一用。大抵華商性情憚於精思創物，而樂於摹仿争利。華商用度較儉，土産較熟，足可與之相勝。果使華商本輕利穩，愈開愈多，洋商見華廠已經充牣，利息愈分愈薄，則續開者自少。即如湖北織布局一開，而江漢關進口之洋布已歲少十餘萬匹，可爲明徵。目前華廠已將十倍於洋廠，是機器製造之利，洋商得其二，華商得其八。且就華洋各廠合計，出貨自多，税額雖輕，税數必溢，此有益於民生而仍有益於國計者也。即使洋廠因税輕而争開不已，然洋廠所獲之優利亦華廠之所同沾，其出貨之數，分利之勢，總足相敵。且洋廠所在，其一切物料必取之中國，工匠必取之中國，轉移閒民必資之中國。彼洋商所得者商本盈餘之利，而其本中之利留存於中國者仍復不少。是華商之利雖去其半，而中國農工畋漁之利仍得其全。華民既沾其利，又曉其工，則華商購機製造之廠必不能絶。從古未有農工盛而商獨衰者，此目前不求有益於國計，而必無損於國計，且尚不盡有損於民生者也。若於華商鼓舞方見萌芽之時，遽行加徵，則華商困阻於內，洋商抑勒於外，數年之間，已成者歇業，未開者絶響，是九州之地產物力，萬國之巧法厚利，盡爲洋商壟斷之資。如謂明文則一體加税，暗中則曲予維持，目前中華局勢、外洋情形，竊恐未能辦到。且洋商之究竟肯遵加税與否，亦尚不知何時，而華商則已先敝矣。即使洋商於華造者遵加，而其來自外洋者仍不能加，明知華商不能再開機廠，則不造於中華，而專運之於本國，銷流日廣，貨價日增，徒存內地製造加税之虛名，而受華商阻塞利源之實害，此有損於民生而仍無益於國計者也。從來華民最樸，不曉物宜。華工最絀，不諳機器。華商最散，不籌鉅本。是以拘守舊法，坐棄萬物之菁華，不究阜財之大用。今幸而鑒於鉅創，怵於强鄰，一旦幡然捐棄故智，爭講用機器、暢土貨、集公司之法，正是中華自振之機。若再從而尼之，以後更復何望。私憂過計，不勝悚懼。近日與江蘇巡撫臣趙舒翹、浙江巡撫臣廖壽豐，往返電商，均以暫緩加税爲保護華商之至計。合無仰懇天恩飭下總理衙門，將機器造貨值百抽十之新章，暫行緩辦。一俟商務大盛，而各國又一體允加進口税之時，再行舉辦。彼時洋貨價漲，華貨即使加税尚足相抵。而目前無不能自立之患，大局幸甚。

又總税務司所擬章程第二條，有凡有製造之貨，均須一律存儲關棧俟撥等語。在總税務司之意，只爲杜絶透漏。然商民成貨待價而沽，市情瞬息變易，有失之須臾而盈虧迥判者。又如機器造磚，機器碾米，機器造水泥、火泥，此等笨重之物，如何搬運，如何封存。又如機器造煤油、機器造火柴，此等危險之物，同棧之貨，孰不畏其延累。設有損失，恐洋關賠不勝賠矣。大抵商情樂簡而惡繁，喜活便而畏膠滯。若一概存儲關棧，交貨、看貨動須報關。即使不至留難，而貨主既嫌經官之周折，又不如本廠自存之放心。種種窒礙，必致紛紛歇業。至洋商則仍出納自如，此明明力窒華商之生機，而暗暢洋商之銷路矣。竊謂宜在運貨出口時切實查驗，不在貨成後概予封藏。應請一併飭税務司重改章程，方爲妥善。此乃農、工、商、民公共之利害，中華貧富强弱之樞機。臣爲自强大局力固根本起見，反覆焦思，不敢不言，謹恭摺具陳，伏祈聖鑒。

（硃批）該衙門議奏。（欽此）

安設蒲圻至江夏電綫片 光緒二十三年正月二十八日

再，查電綫爲方今要政，最爲有益於地方民生、商務之舉。湖北沿江二千餘里，久已興辦多年。於隄工、賑務、商業及察吏、整軍、緝匪、捕盜諸事，皆臻便利，確有裨益。惟湖南一省未能接通，不免尚有阻礙。近日湘省紳民咸知電綫之便，經湖南司局與諸紳籌議妥協，請由長沙省城起，歷湘陰、臨湘、岳州一帶驛路，安設至湖北蒲圻縣境。當經臣會同湖南撫臣陳寶箴具奏，並聲明蒲圻縣接造至武昌省城，再由湖北派員勘辦在案。茲據湖南安設電綫委員候補同知直隸州曾慶溥等禀稱，長沙電綫正月初四日開工，將至鄂境，應即由蒲圻、咸甯、江夏等縣地方驛路接造，以通武漢正綫，聯爲一氣，俾竟全功。南北兩省此起電綫，均飭由電報商局承造。現已由太常寺卿盛宣懷派委員司起運桿料，沿途查勘安設。並經臣會札湖北藩、臬兩司，善後總局，轉飭蒲圻等縣，出示曉諭紳民並委員幫同彈壓照料，以期周妥。

（硃批）該衙門知道。（欽此）

請准以張壽廷升補副將摺〔一〕 光緒二十三年正月　日

竊准兵部咨，湖北漢陽協副將文漢章調補施南協副將，遺缺係題調之缺，應令照例揀員請調，以符定制等因。臣查斯缺駐紮漢陽府城，所轄漢口鎮僅隔襄河一水，商賈輻輳，華洋雜處，極爲衝繁吃重。非精明幹練，熟悉地方情形之員，難期勝任。遵即在於湖北省實任副將内逐加遴選。或缺居緊要，或人地未宜，實無合例堪調之員。自應照例在於應升之叅將内，揀員升補。查有花翎副將銜湖北德安營叅將張壽廷，年五十六歲，湖南懷化縣人。由武童投效軍營保以叅將，留於湖南儘先即補。於光緒十三年補授湖南臨武營叅將。旋因迴避本省，調補湖北德安營叅將，於十四年五月内到任，復於十七年副將列等案内保列二等。該員才具穩練，營務詳明，以之升補斯缺洵堪勝任。其歷俸已滿二年，核與升補之例相符。合無仰懇天恩俯准以德安營叅將張壽廷升補湖北漢陽協副將，實於營伍地方有裨。如蒙俞允，俟部覆到日給咨送部引見。除飭取該員履歷咨部外，理合會同湖北巡撫臣譚繼洵、湖北提督臣吴鳳柱恭摺具奏。再，所遺湖北德安營叅將員缺，係部推之缺，湖北省現有應補人員，俟接准部覆，由臣另行揀員請補，合併陳明。伏乞皇上聖鑒。

兵部議奏。

陳明宜施鄖三府被灾情形暨趕辦工賑緣由摺〔二〕 光緒二十三年二月十五日

竊臣等前因湖北地方被灾甚廣，擬請截留漕米及運費以充工賑。電達總理衙門代奏。欽奉諭旨，飭由户部議覆奏，蒙恩准截留。當經户部電覆，並咨行到鄂，立即欽遵，行司轉飭各屬，曉諭小民，渥荷皇仁莫不同深感戴。惟户部原奏内稱：查該督等上年奏報各屬成灾輕重情形摺内，僅有安陸、荆州、荆門、漢陽等處。其宜昌、施南、鄖陽三府灾情未據先行勘報，請飭該督撫勘明補行陳奏，並將因何漏未勘報之處查明聲叙等因。臣等伏查湖北上年夏間，山水、蛟水同時陡發，接值秋汛江、漢又復疊次盛漲，勢極洶湧，泛濫甚寬，致將黄州、德安、安陸、荆州、漢陽、荆門等府州所屬地方先後被淹，隄垸多有漫潰，臣等曾將籌辦工賑情形，隨時奏報。其宜昌府濱江地方被淹，亦於陳報秋灾摺内聲明在案。至施南、鄖陽二府屬，境皆係山陬，宜昌府屬亦多傍山之地，歷來産稻較少，民食以包穀、芋薯爲大宗。上年秋霖爲患，雜糧雨漬，當經飭查，僅止歉收尚未成灾。詎意交冬以後，仍未暢晴，陰霾日久，所收之糧未能曬晾，又復霉爛，所餘無多。山鄉僻遠，運販難到，以致各處民食同時頓缺。時届嚴冬，飢寒交迫，灾象始顯。該三府山僻寫遠，所屬距省皆係一千數百里，最遠有至二千里者，稟報到時，已在歷次奏報以後。臣等因其灾

〔一〕録自《京報》第五七八五號。

〔二〕以下二件録自中國第一歷史檔案館編《光緒朝硃批奏摺》第十輯，第六六二至六六四頁，中華書局一九九五年版。

傷驟值，爲初料所不及，誠恐拯救稍遲貽誤非淺，故一面撥銀委員馳往查賑，一面由電先行奏聞，請截漕糧賑撫。至其災情接據委員暨地方官勘報，以宜昌府屬各州縣，暨施南府屬之建始、恩施、咸豐、來鳳，鄖陽府屬之保康、房縣、竹谿等縣爲最重。餘雖稍次，情形亦不甚輕。所幸先因該處歉收，於秋冬間曾經籌款購米以備平糶，迨據報災，即行飛檄嚴催，均已陸續趕到分撥散賑，災黎可資補救。茲蒙聖恩俯准截漕，並經臣等馳電懇商，各省督撫臣亦皆不分畛域誼切救災，各先籌墊銀兩匯寄來鄂，以待勸捐歸款。已於宜昌府設立賑務總局，飭派現辦宜昌土稅局湖北候補道趙濱彦、現辦宜昌川鹽加抽局江西候補道惲祖祁督辦宜昌、施南二府暨與宜昌毗連之鄖陽府屬保康、房縣迤南等處賑務。惟施南山深地廣，拊循不易，且界連川省，尤虞游民痞匪乘閒句結，混雜生事，稽察彈壓亦關緊要。查宜昌鎮總兵傅廷臣，樸實耐勞，辦事勤懇，施南本係宜昌鎮所轄，並照會該鎮馳赴施南境内會商地方官設局督辦。其距宜昌較遠之鄖陽府屬各縣，另派湖北候補道張煜林馳往督辦。並委漢陽府知府余肇康在於漢鎮設立該三府賑務分局，專司購糧分運接濟，勿使匱乏。其濱臨江漢各潰隄，亦早經勘估委員興修，招集災民，以工代賑。刻下各屬災黎，因各州縣應修隄垸甚多，均分赴各工就食。其距工較遠及老弱不能赴工者，亦酌量給賑。地方尚屬安謐，堪以仰慰宸廑。惟是災區甚廣，工賑兼籌，上游山鄉之賑道遠運艱，下游水鄉之工隄多期迫，皆係刻不可緩，用款實屬浩繁。百計籌挪，不敷尚鉅。司局各款久已罄竭，京協各餉及洋款目前籌解正在爲難，工賑更難措手。焦灼萬分，惟有派委妥員，分赴各省設法勸募捐款，多方湊集，務使源源接濟，免誤急需。臣等當督同司道，切飭印委各員激發天良，認真經理。總期賑有實惠，工無虛糜，以仰副聖主軫念災區子惠元元之至意。所有湖北宜、施、鄖三府被災情形暨竭力籌款分別趕辦上下游工賑緣由，謹合詞恭摺具陳，伏祈皇上聖鑒。

該部知道。

革職知縣唐步雲清解請開復摺 光緒二十三年二月十五日

竊查前任黄陂縣已故知縣唐步雲交代案内欠解司庫地丁等款銀一千一百五十四兩八錢二分九釐，前因已逾二參例限，未據清解，經臣等附片奏參革職，勒限完繳，欽奉硃批：著照所請。該部知道。欽此。欽遵轉飭司道，按限勒追。茲查該故員欠解各款銀兩，該家屬均已如數完解清楚。據湖北清查交代局布政使王之春等會詳請奏前來。相應請旨將前任黄陂縣已故知縣唐步雲革職處分，照例開復，除將完解銀兩入撥造報緣由咨部查照外，謹合詞恭摺具陳，伏祈皇上聖鑒。

著照所請。該部知道。

請監禁匪首待質摺〔一〕 光緒二十三年二月　日

竊臣前於光緒二十一年在前署兩江總督任内，拿獲會匪唐子鈞即冕、田運炳兩犯。據唐子鈞供：在盛京投唐奇所帶信勝左營内當幫帶，與唐奇在關外結會拜盟，開堂放飄，會名唐遇龍，爲

〔一〕以下二件録自《京報》第五八三七至五八三八號。

正龍頭老大。該犯會名唐冕，爲副龍頭老二等情。當將唐子鈞奏明正法。田運炳雖認入會，惟供詞尚多避就，俟續獲逸犯質明辦理，酌擬監禁十年，並咨行通緝唐奇即唐遇龍務獲，均經奏明在案。嗣臣回湖廣總督本任，節次據湖臬司開呈，鄂省拿獲已經正法之會匪劉長勝、發交讞局審訊之馬玉亭、劉玉湖等各供，或稱唐奇即唐遇龍，或單稱爲唐遇龍，或稱唐四少爺，均指係太極萬化山正龍頭。又據副將方友升鈔呈，前在關外禀報北洋大臣王文韶拿獲會匪原禀内，有該副將之營弁勇被誘入於太極萬化山，該山爲唐遇龍所立等語。上年十月間，據緝捕局委員知府傅屺孫、保甲局委員知府黄國瓌禀，訪查唐奇改名唐濟濬，朦捐知縣，選授陝西青澗縣，逗留武陽地方，衣裝蹤跡詭異等情。當經飭令密拿唐奇，臨拿拒捕，格傷就獲，當即發交臬司惲祖翼察訊。該司以該匪黨羽衆多，轉發撫標中軍參將璞玉看管，並搜出唐奇獎札、印文、函帖、名片各件，核其前在信勝左營係以都司充當營官，今查止把總獎札屬實，其都司、守備俱係冒充。經臣於其獲案後電請總理衙門代奏，請旨將部選青澗縣知縣唐濟濬革職，飭司審究。光緒二十二年十一月初二日承准總署電，奉旨：張之洞電奏知縣唐濟濬，查係在逃匪首改名朦捐，著即革職嚴訊確供，從重定擬，由電具奏。欽此。當經欽遵轉飭遵照，並咨調兩江審辦唐子鈞案内卷宗等件，及監禁之田運炳來鄂，同投首之把總王炎彪，一併飭發臬司質審。並經電詢福州將軍臣裕禄接准電覆，前在盛京將軍任内，訪聞信勝各營有哥老會匪在内創立萬化山英傑堂，及正、副龍頭盟主名目，意圖放飄滋事。匪首係爲唐子鈞，又匪首人稱唐四少爺，當飭查拿，即聞風解散等語。又據升字營幫帶前在奉天之遊擊蔣梓卿面禀，並自書親供稱，現獲之唐濟濬，實係前在關外管帶信勝左營之唐奇即唐遇龍。前在奉天曾聞唐子鈞開堂放飄，經盛京將軍查拿。又聞飭查唐四少爺等語。經司委武昌府知府逄潤古、漢陽府知府余肇康，會督讞局各委員，迭次研訊，並經署按察使瞿廷韶覆訊，查驗唐奇傷已平復，據供，前在伊胞伯提督唐仁廉任内充當信勝左營管帶，官名唐奇，别號濟初，並無唐遇龍之名。至唐子鈞先在伊營内當幫帶，後因訪聞唐子鈞在營招摇開堂放飄，即禀明胞伯驅逐出營。唐子鈞在江南挾仇誣扳，伊實無結會拜盟、充當正龍頭老大、開立萬化山堂放飄之事。據王炎彪供，伊前在關外由彭升安交結飄布入會，現在悔罪投首。唐奇係唐仁廉之姪唐四少爺，會名唐遇龍，係開太極萬化山堂正龍頭。伊曾親見唐奇在北塔地方團香，到者二百餘人。據田運炳供，伊前在信勝左營充當什長，由幫帶唐子鈞散給飄布，稱由唐奇所散。並聞唐子鈞告知，唐奇即正龍頭老大唐遇龍。蔣梓卿與之面質，謂該匪唐奇即唐遇龍，當面曾稱爲遇翁各等語。復向唐奇再三究詰，一味狡展不肯認爲匪首之唐遇龍。據該匪稱，江南搜獲盟單，即出山柬内，只有列唐遇龍，並無唐奇字樣。查身爲會匪，其會内自用會名，斷不肯以己之真名入柬。即如唐冕本名唐子鈞，未見柬内有唐子鈞之名。既而知柬内無唐奇之名，事正相同。該匪又稱唐遇龍名片註明號景山，該匪係號濟初。查該匪原名世浚，號吉士，在營則改名唐奇，捐官則改唐濟濬，號哲生。此等詭祕之徒，隨意更改變換有何限制。至唐奇既爲信勝左營管帶，唐冕係其所轄之幫帶，稽查約束乃其責成，唐冕既開堂放飄，聲勢甚大，關内關外遠近皆知，非同僅止一人領飄入會之比。唐奇同在一營，何至毫無覺察。雖據唐奇供稱，有誘唐子鈞開堂放飄，即經驅逐之語。然本營屬弁爲此結黨悖逆之事，已經發覺，何以並不稟請拿辦，僅以驅逐了事，情節太屬支離，實不可信。且果非匪首，斷無歷年獲犯，不一其地，不一其人，不一其時，南北各省，死生各犯，同聲共指之理。若謂仇報，何至江、鄂所獲各犯，人人皆與之有仇。且妄報之語，豈能先後不謀而合。查緝捕局搜獲唐奇即唐濟濬函帖，各件帖稱唐濟濬號哲生，名世浚，字吉士。其父唐仁東致兄函稱，世浚此子，性如野馬，不可羈勒，難由正路。其母與該匪即唐世浚信，亦稱其性素狷狂，不遵約束。又其以把總冒充都司，以武職朦捐文職，是其平日種種不安本分，藐法妄爲，已可概見。竊查臣前在江南拿辦唐子鈞一案，核其太極萬化山英傑堂之簿據飄板，語極悖逆，實堪髮指。既據唐子鈞、田運炳均供出唐奇即唐遇龍爲正龍頭，其出山東內唐遇龍之名居首，此外有名頭目多至百餘人，搜獲黃綾、白布飄布多至數百張，若蔓延各省，爲患何堪設想。是以奏請咨行各省緝拿懲辦，不意其竟敢朦捐得缺，逗遛武、漢。夫以江南既有奏准通緝之案，湖北又有先後各犯之供，而該匪適至境內，近在省城咫尺，臣身膺疆寄，豈有明知故縱，任聽漏網，令其結黨滋蔓貽害國家之理。是以密飭拿獲，電奏革審。今該匪於會匪頭目一層堅不承招，彼明知罪情重大，其從前供指之犯多已正法，無可質證，且經臣切戒讞局各員勿用刑求，自必任意狡賴。現在質訊之王炎彪、田運炳兩人供詞，細情雖稍有參差，惟或稱親見其爲會匪正龍頭，或稱聽聞其爲會匪正龍頭，一聞一見，俱已適相符合。且田運炳在江南原供甚屬切實，並未言係傳聞。今到鄂質訊，既見唐奇氣燄甚大，又未經用刑，豈肯當面指證其匪首，是向來會匪惡習。並據署臬司瞿廷韶面稟稱，業經該司提案覆訊，所有證佐人等供均無異。田運炳一犯，並經再三詰問，江南供詞是否該犯所供，該犯稱實係該犯自供等語。總之此案參款新舊各案據，核以前後各犯供，證以其父母之家信，唐奇之不法顯然。惟唐奇自恃夥黨衆多，聲氣極廣，爲之各處布散謡言，淆惑衆聽，希圖翻案。臣早已周知，因不欲株連，故未加深究。且自到案以來，從未令輕加刑求，自不肯遽行承認。現即再行提勘，亦必狡展如故。應請將其監禁待質，俟續獲要犯質明辦理。飭據臬司核議，酌擬監禁十年，其假冒都司、朦捐知縣各節，統俟年限屆滿，逸犯有無續獲，再行核明分別議擬辦結。據署臬司瞿廷韶詳請奏咨前來，臣覆覈無異，除將此案審訊擬辦大概情形先於上年十二月二十八日遵旨由電具奏，並現飭嚴拿在逃要犯務獲，質審究辦，暨咨部查照外，理合恭摺具陳，伏乞皇上聖鑒。

刑部知道。

請更正息借商款數目片 光緒二十三年二月　日

再，查前於光緒二十年八月初九日奉上諭，飭各直省息借商款。當即欽遵飭辦。嗣據前湖北荊宜施道周懋琦詳稱，督同各府州縣勸諭荊、宜兩府各紳商等先後共認捐銀十萬兩，陸續解交藩庫。所有本利銀兩請仿廣東章程量爲變通，每月給息七釐，於三年內分六期還清，如遇閏月照加一月息銀，按期於宜昌關洋税項下籌還等情。當經臣繼洵具奏在案。茲據湖北布政使王之春、荊宜施道俞鍾穎詳稱，前借江陵縣鄧三省堂銀一萬兩，現據江西試用知府鄧承謂稟請，改借爲捐，已據入新海防捐輸案內請奬等情，自應提出息借銀一萬兩，撥入捐輸案內造報。現在荊、宜兩府，實借銀九萬兩，因與原案銀數不符，詳請奏咨更正前來。臣等覆核無異，除咨部外，理合附片具陳，伏乞聖鑒，敕部立案施行。

戶部知道。

奏報兼署撫篆日期摺〔一〕光緒二十三年二月　日

竊臣於正月十四日承准總理衙門來電，奉旨：譚繼洵已准其來京陛見。湖北巡撫著張之洞兼署。欽此。嗣准吏部咨同前由。茲於二月十六日，准本任撫臣譚繼洵委員賫送湖北巡撫關防並王命旗牌、文卷前來。臣當即恭設香案，望闕叩頭謝恩祗領任事。伏念臣謬領兼圻，曾無寸效，茲復恩綸渥荷，鄂撫兼權，政劇責專，益深兢悚。當此災重民艱，賑繁工鉅。撫綏要，則吏治尤爲先務。餉需急，則理財更在得人。臣惟有加意拊循，集思經畫，於本任、署任應辦諸事，統籌兼綜，竭力圖維，一體認真整飭，不敢稍有曠誤，以仰答高厚鴻慈於萬一。除恭疏題報外，所有微臣兼署撫篆日期並感激下忱，理合繕摺奏報，叩謝天恩，伏乞皇上聖鑒。

知道了。

密陳籌辦幹路次序並請准借官款摺光緒二十三年三月二十六日

竊臣等奉命辦理北幹鐵路，業將開辦蘆溝橋保定府一段，並臣宣懷在上海設立鐵路總工局緣由，於上年冬間，先後奏報在案。伏查蘆漢鐵道路近三千里，費逾四千萬，綜其綱領，以借款、招股、工程爲三大端。此三端者雖各爲一事，而關鍵鈎連，因應得其宜，施行有其序，則指顧可以集事。否則，外商挾持，中商觀望，曠日持久，弊亦無窮。美國向無覬覦於中國，路工之精，甲於五洲。故原擬借美債，用美匠。去冬，臣宣懷到滬，旋有彼國上議院紳華士賓偕其商人來滬就商借款。始請包辦全工，事權獨攬。繼請折扣之外，另給辦工酬勞及餘利紅股。歲息雖減至四釐，而取盈既奢，亦有轇轕。且必須俟美國工師勘路估價後方能定議。英、德、法商繼有來者。如有已造之路抵保辦法可無葛藤，歲息五釐，而欲折扣。其本欲承購其料，欲舉用其人。熟察洋情，皆因揣知幹路必行，華股決難速集，其意以爲必借洋款始能動工，種種要挾，由此而起。總之，外洋借款無論如何借法，必有實抵而無空欠。中國歷借國債皆以海關指抵，今總公司以鐵路指抵，要必有已成之路，始可爲抵保之資。路尚未成，保不足信，若因此遷延工作，則華商益逡巡不前矣。臣宣懷説帖第二條聲明，商股必在路成之日，有利可收，方能招集。洋債亦須俟工將及半，有路可指，始能抵借。所以有先借官款千萬，分道開工，造成一段，抵借一款之故也。

臣等深思先後之序，以爲操縱之宜，惟當謹守原議，以趕緊造軌爲先著。計官債、官股及先收商股三項，已可造路千餘里。現在蘆保業經興築，淞滬亦在開工，此兩段來年均可造成。漢口迤北，已派美國工程司前往勘估，大概兩月後即皆勘畢。亟須迅赴事機，分段測量，購地趲造。彼時南、北兩路均指日有必成之望。將來之利，操券可期。已成之路，實本可計。俾中外周知，原議章程皆能顛撲不破。洋商既深知不疑，華股亦自陸續而至。

〔一〕録自《京報》第五八四〇號。

若無論議借何國路債，必須先用華款，後用洋債，庶可權自我操，不致貽後來無窮之患。且如官款一經撥定，洋商要挾之念自可稍輕。所議洋款即不難先與商訂。此際關鍵（知）〔自〕在聖明洞燭之中[一]，仰懇飭下户部，將議准撥借官款銀一千萬兩，即日發給承領，以成分道開工之策，以操借款招商之權。路工之遲速，實以發款之遲速爲斷也。鐵路長至數千里，實爲莫大之工，雖以俄人之雄圖大力，而西畢爾亞鐵路費刻期屢有加展。臣等當茲重任，慎始圖終，凡所措施總以説帖四議爲範圍。苟非事出意料之外，决不敢踰越初議，更端以請。至於維繫保護，一心成功，使商情有所依恃，使臣等得展其手足之力，此在廟堂之主持，毋俟臣等鰓鰓顧慮也。

（硃批）户部議奏。（欽此）

請飭各直省將軍督撫通行地方官幫同勸諭招徠片 光緒二十三年三月二十六日

再，臣文韶、之洞去年奏明：蘆漢一路專重拱衛而略於東南財賦之區，若專指此路剔開富庶近便之地不入公司，恐各省紳商不願入股。惟有合南北鐵路爲一局，庶可萃四方之商力。蘆漢爲鐵路正幹，自應盡力先造。至擬造之蘇甯鐵路，毋庸另立公司，致礙蘆漢招股。應請准其歸併一公司。先由吴淞造至上海，再由上海造至蘇州，自蘇州至甯亦由該公司接續兼造，庶可挹彼注茲，集股較易。嗣臣宣懷呈遞説帖第一條，請設總公司，先造蘆漢幹路，其餘蘇滬粤漢等處亦准該公司次第展造，不再另設公司。似此，西北造路，東南股方能號召，且可泯各國窺伺之心各等語。九月十四日欽奉諭旨，准設鐵路總公司。從蘆漢辦起，蘇滬、粤漢亦次第擴充。仰見聖明洞燭商情，於緩急先後之序權衡至當。臣宣懷到滬傳詢華商，頗慮籌借洋債爲難。蘆漢道遠，利益尚無把握，未免遊移觀望。夫華商本無遠識，求利極奢，可與圖成，難與謀始。臣等早已言之。故必令重要之路歸併一公司，其無關重要者稍置緩圖，方能合官商全力，注重南北幹路。若復准其紛紛各自爲謀，莫不存近便之見，以遂其私利之心。蘆漢僅屬直、豫、鄂三省，地瘠民貧，風氣未開，商股更難措集。臣宣懷正擬分派商董赴各省招股，乃有京外各官紳前來總公司遞函具禀。或請分辦蘇州至上海，或請分辦鎮江至江甯，或請分辦杭州，併有赴南洋請辦清江浦口鐵路者。其禀詞輒謂蘆漢幹路應全請官款官辦，商人專辦蘇滬、粤漢等處。各挾一不顧大局之私見，意在摇動蘆漢。並稱總公司如不批准，即向督撫衙門遞禀，督撫如不批准，即進京請託代奏。訪查遞禀之人，並非殷實紳商，半係受洋人囑託希圖影射，半係識認一二官紳招摇撞騙。甚至有私刻章程，冒充委員到京招股之事。雖由臣等分别批駁、查禁，而覬覦之私，究恐未泯。殊不知洋商不得入股，華商先從蘆漢辦起，明訓昭彰，豈容踰越。大抵呈請分辦之人，原未必確有華商鉅股，無非洋股影射。然商民無知，實足以摇惑人心，於蘆漢大有窒礙。因是總公司招股章程未便輕於嘗試，恐目前觀望遷延，併使後來不能踴躍。

竊思蘆漢雖借洋債，必有華股以立根基，方能責成衆商分年

[一]「知在」，似應作「自在」。

歸本。所有領官款、借洋債、積商股，鈎連層次，臣等籌之已熟，必須俟勘路、估工、圖説齊備，部款、洋債領借既定，曉然於工竣之有期，收利之有效，章程一出，羣疑盡釋。自開工以迄工竣之日，股分由數十萬以至數百萬，似有把握。工竣得利之後，由數百萬以至千萬，亦不甚難。至由粤漢以通兩廣，由蘇甯以通上海，此兩道爲關係商務，東南、西南兩大幹路，固宜展造。其自山海關外以達吉林，自黄河南岸以達關中，此兩道爲關係邊防，東北、西北兩大路，亦難從緩。但必照原議，先將蘆漢籌定的款布置就緒，立定根基，逐段推廣，並俟前項各幹路應用之款，陸續籌定，再聽各省商民自行分造枝路。緣枝路之工費，省於幹路，成效速於幹路，利息厚於幹路，故以總公司倡爲其難，而令衆商民踵爲其易，庶幾不礙幹路招股，而枝路自有推行之日。總公司現在請領官款、議借洋債，大局一定，即當遴派公正員董，分赴各省，宣布章程招集商股。應請飭下各直省將軍、督撫，通行地方官吏，遇有總公司所派員董前往各省招股，持有關防章程，應由地方官隨時幫同，設法勸諭招徠，以免混淆而昭慎重。

（硃批）覽。（欽此）

購地運料章程開單恭呈御覽片 光緒二十三年三月二十六日

再，造路之費以購地購料爲大宗，將來路利之有無多寡，視此時造費之減輕增重爲權衡。泰西各國創造鐵路，其爲商家公司興辦者，國家必力助其成。有給予官地之法，有除免料税之法，有津貼造費之法，有官保利息之法。中國鐵路雖仿西法，而造費、保利二端未能輕議，惟地價、料價有可使減輕而又無損於公家者，一曰官地概由官給，二曰民地定給官價，三曰材料免征税銀。至官地給用，仍由公司照完地税。民地本有平時常價，惟人情每以地爲鐵路所必需，遂爲居奇抬價之計，故宜由官定價，以無逾平時常價爲度。此項鐵路需用外購之器料，及華廠自造車軌應用之各器料，皆專爲造路而來，不造鐵路而關卡本無此項税釐，今雖免征，實非虧蝕向有之入税，皆謂可使減輕而無損於公家也。復查京榆、京津鐵路所用官民地段、華洋材料，悉用官給、官定、免税之法。上年廣東籍道員許應鏘集股承辦幹路，亦將此數端開具章程，呈經督辦軍務王大臣核准。現在（檢）［總］公司〔一〕有官股官本，路之盈虧利害國家與商人共之，與全屬商本者不同。現值路款竭蹶，商情觀望，若不援照京榆、京津鐵路辦法，不足以維繫要工，不足以激揚衆志。相應將購地、運料各節原擬章程繕具清單，恭呈御覽。祇候敕下遵辦，以資循守。

（硃批）覽。（欽此）

分別舉劾州縣各員摺〔二〕 光緒二十三年三月　日

竊惟湖北地方比年以來，灾歉頻仍，民生艱苦，必宜慎選司牧，加意拊循。賢者有所勸，不肖者有所懲，然後吏職舉而民生遂。臣於湖北通省州縣中詳加考查，有沔陽州知州丁國楨，操守清廉，盡心民事，而才具甚長，足以濟愛民之道。嚴於治盜，明

〔一〕「檢公司」，「檢」疑應為「總」。
〔二〕以下二件録自《京報》第五八七五號。

於聽斷，所到之處百廢具舉，頌聲翕然。棗陽縣知縣李九江，廉樸耿直，不染時趨，政事精勤，周悉民隱，所至皆有循聲。署江陵縣知縣本任麻城縣知縣張集慶，樸實勤明，才具穩練。江陵自去秋大水，民情困苦，沙市爲各路流民輻輳之區，尤易生事。該員捐廉集款，籌辦平糶散賑，殫心擘畫，勞瘁不辭，地方賴以安輯，民懷其惠。宜都縣知縣陳長樞，守潔才優，政事勤慎。宜都濱江去年被灾，該員勸集紳商，分別籌借錢穀，賑糶兼施，小民饑而不害。宜都本任係小縣，籌濟獨能裕如，具見恩結信孚，才具亦長。以上四員皆足稱循良之選，應懇天恩俯賜嘉獎，俾其益加奮勉，令僚屬知所觀感。

又查有前任興山縣知縣王翼，上年興山被灾甚重，該員從未通稟，亦無籌劃賑撫之事，實屬心地昏謬，玩視民瘼。前署沔陽州知州候補知州何葆修，恃才任性，於署沔陽州時，縱容差吏，擾害鄉閭，用刑甚酷，士民怨恨。以上二員，應請旨均即行革職。潛江縣知縣楊宗超，識解鄙俗，上年襄水盛漲時，該縣護城隄本有積存修隄專款，係紳士經理，該員並不催提此款興修，衆紳屢求不允，及至水漲隄危，該縣署中存有現錢甚多，亦不肯暫撥爲修隄搶險之用，僅撥錢數十串，以致城隄漫决，全城被浸，實屬拘泥無識，貽誤地方，惟此項公款係劣紳收存，其咎不僅在該員一人，應請旨以府經歷縣丞降補。其霸款誤工之劣紳，另行查明咨部斥革懲辦。候補知縣朱有寬，久充釐局委員，喜怒任情，用刑過濫，前經委署地方委查案件，亦多不知政體，實屬難勝民牧，應請旨以巡檢降補。前署竹谿縣知縣大挑知縣徐躍鯉，於該縣被灾後稟報遲緩，籌備忽略，實屬穨惰無能，難膺民社。前署東湖縣知縣本任公安縣知縣余彬，心地庸陋，公事疏忽，遇有交涉事件尤爲粗率。徐躍鯉係舉人出身，余彬係進士出身，該二員文理尚優，應請旨均以教職歸部銓選。此外如有應行勸懲之員，容臣隨時查察奏明辦理。似此勸懲兼施，庶羣吏知所趨向，皆以民事爲重，則根本固而地方安矣。所有分別舉、劾州縣各員緣由，理合恭摺具奏，如蒙俞允，興山、潛江、公安三縣均係部選之缺，湖北省現有應補人員應請扣留外補。再，湖北巡撫係臣兼署，勿庸會銜，合併陳明，伏乞皇上聖鑒。

另有旨。

江漢關籌解第一批餉銀摺光緒二十三年三月　日

竊照前准户部咨，丁酉年籌備餉需奏撥江漢關四成洋税銀十二萬兩、六成洋税銀十六萬兩等因。當經轉飭遵辦去後。兹據署湖北漢黄德道監督江漢關税務蔡錫勇詳稱，在於第一百四十六結所徵四成洋税項下動支庫平足色銀三萬兩，六成洋税項下動支庫平足色銀四萬兩，共銀七萬兩，作爲本年第一批籌備餉需，飭委即用知縣郭南溪、補用知縣孫揚祖管解赴京交納等情，詳請奏咨前來。臣覆核無異，除分咨外，謹恭摺具陳。再，湖北巡撫係臣兼署，毋庸會銜，合併陳明，伏乞皇上聖鑒。

户部知道。

整頓釐金摺光緒二十三年四月初十日

竊查湖北餉源，惟百貨釐金爲大宗，鹽課次之。歷年奉撥京協、本省各餉，本屬浩繁。現兼派還洋款，每年須添籌數十萬兩，款鉅期促，萬分爲難。查地丁、漕糧皆有定額，歷年灾荒蠲緩，有減無增。關税責成税務司照章徵收，亦别無整頓之法。鹽課須看銷路暢否，至徵收之數有江南加抽川鹽局互相維繫，尚無弊端。惟貨釐一事，其稽徵之寬嚴，用人之當否，報解之虚實，其關鍵全視乎局員。得人則盈，不得人則絀。整頓之道尚有可施。於此若能日有起色，或可稍資補苴。惟比年以來，水旱交乘，民生既形困苦，商業亦見蕭條，釐金收數頗爲短絀。據各局卡委員來禀，多以歲歉商稀爲詞。體察情形，尚非盡屬虚飾。惟值此時艱餉急，豈可再令入款日減。然而，嚴比較則恐病民，寬責成則慮虧餉。查各局卡委員實力稽徵者未嘗無人，而司巡蒙蔽、委員侵蝕者亦所不免。省城遥遠，耳目難周。州縣雖多，尚有本管道府考察。釐卡分布省外，遠者數百里以至千餘里，並無考察之人。若謂一一皆廉介奉公，實難深信。

竊思釐卡所在，若非附近城關，即係繁要市鎮。其商貨之衰旺，員司之賢否，弊端之名目，各該地方官紳必有見聞。委員但能欺省城上司之耳目，不能掩附近官民之公論。縱該局卡之事，旁人不能纖悉周知，然抽收之數與報解之數是否相懸，總能知其大較。特以向來地方官不預此事，以故但有竊議，不肯公言。反覆籌思，惟有責成所在地方官稽察一法，尚可維繫檢制。雖地方印官亦未必皆賢，特既有民社之責，其自待總較局卡委員爲較重。相應請旨，著爲定章，將湖北通省釐金，責令局卡所在地方官認真稽察。其在何州縣之境内者，即責成該州縣，其有局卡與道府治所相距甚近者，並責成該道府一體稽察。如該局卡有賄賣司事、巡丁，侵蝕虚報，苛勒留難等弊，即行據實禀報督撫、藩司及牙釐總局，以憑參辦。每届夏、冬兩季，即將此半年内，境内釐卡有無弊端，商貨是否暢旺，密行通禀一次。儻有較大弊端，地方官扶同徇隱，查出亦即撤任參處。竊思近年屢奉諭旨振興商務，且令各府州縣講求水陸商務，則道府州縣所轄境内百貨之盈虚，舟車之衰旺，徵榷之利弊，固爲地方官所必應周知而考究者。責以稽察，實非分外。如此明定章程，庶弊端可以稍清，釐收可期核實，其於籌濟餉需必有裨益。

（硃批）著照所請。該部知道。（欽此）

爲籌辦蘆漢鐵路情形並議借比國洋款摺 光緒二十三年四月二十四日

光緒二十三年三月二十九日奉到艷電諭旨：蘆漢鐵路既設公司派大員督辦，則借款自應歸公司擔保。何以洋人復索國家作保。倘此路未成，及甫成而未獲利時，此項洋息從何取給。豈亦由國家代還耶。著再分晰電奏。等因。欽此。又於四月初七日奉到陽電諭旨：借款作保，流弊滋多，著力與磋磨，務行删去。如比國銀行決意不删，即另籌辦法，毋得依違遷就，貽誤將來。等因。欽此。又於初八日奉到庚電諭旨：借款代保，改爲國家批准，原可允行。惟批准二字，亦非輕下。即使批准，亦專指借款而言，不得牽涉公司權利及推廣辦法，以免含混。草合同底稿，著即電來，且勿畫押。等因。欽此。經臣等次第欽遵辦理，並將草合同底稿，電請總理各國事務衙門代奏在案。

竊惟蘆漢幹路，臣等原奏鐵路未成之先，華商斷無數千萬之鉅款，惟有暫借洋債造路，陸續招股分還洋債之策。若華商自向西商移借，必指鐵路應入之款作抵，所訂合同條款，亦須國家核准等語。總理衙門覆奏後，欽奉諭旨，亦准借洋款，以期速成鉅工。逮與美商議借，要挾多端，以致借款難成。嗣有英、德洋商來議，因欲牽涉粵路，頗慮該國或有深心。正在遲疑，比國商人緣其駐京公使薦引來鄂。比係小國，以鋼鐵起家，重在工作，故僅於購料、顧工斤斤較量，別無他志，並慮及他國干預，條約内載明中國鐵路總公司，祇認比國公司，不認別人。其餘各條亦無牽涉權利。至其利息，較英、德關稅抵借債項有減無增。磋磨已至極處，並告以總公司係奉旨設立，先行承辦蘆漢二千八百里之全工，將來一面招集商股，一面收取路利，自有歸還借款之把握。既以鐵路作保，便無庸再寫國家作保字樣。開導再三，比公司於初六日允先議立合同，俟臣等奏奉諭旨批准，彼亦俟稟准該國，再訂正合同蓋印方爲定約。此與比國所議借款之情形也。日來駐漢口比領事屢來催詢，以草合同議定已逾十日，外間謡言紛至，意究如何。當以請旨未定覆之。英、德、美三國亦俱至公司詰問，其猜忌之心，形於言表。

臣等以爲鐵路爲自强第一要端。鐵路不成，他端更無論矣。蘆漢不成，他路亦可知矣。自光緒十五年初議鐵路之日起，忽忽八年。自光緒二十一年下詔自强之日起，忽忽又三年。今則吉黑北路已經許俄代造，桂滇南路法亦來争代造，邊患已岌岌不可終日，祇有此中權幹路，猶可及時自主。而英、德（耽耽）[眈眈]虎視，幾有不得此不快之意，種種謡言皆從此出。若再當機不斷，坐使外人藉端争攘，恐他日將無事可以自主矣。况西畢爾亞之路，方日夜經營。我之幹路，則部款既請而未撥，洋債又議而未定，華股更觀望而不前，或且枝節横生，利其中止。似此傳播，歐亞外人將以爲中國决無自强之日，從此覬覦環生，禍且至於不可思議，此臣等不能不鰓鰓過慮者也。夫蘆漢既不能緩辦，則洋債必不能不借。初則謡傳造路之洋款必借不成，及至借成，而又謂鐵路不可抵保。凡持此論者殆以此路成亦無利，不成亦無害，以故局外旁撓之論紛紛百出，而莫知所止。臣等肩斯重任，總期及早觀成，爲自强根本。除將議借路款情形迭次電陳大概外，謹將所擬比國借款草合同底本繕具清摺，恭呈御覽，仰祈聖明鑒核，迅賜批准，即由臣等電請總理各國事務衙門照會比國駐京使臣，彼此按照合同辦理。

（硃批）依議。（欽此）

欽奉懿旨特頒内帑分撥鄖宜施賑撫摺[一]

光緒二十三年四月　日

竊准軍機大臣字寄，光緒二十三年三月十九日奉上諭：湖北各屬被灾較重，本日朕欽奉皇太后特頒内帑銀五萬兩爲賑撫之需。深宫軫恤灾區無微不至，該地方官尤當核實散放，務使實惠及民。前據張之洞等奏請截留漕米運費並推廣賑捐，業經户部分别議准。即著張之洞督飭所屬，認真辦理，毋稍遲延。欽此。跪誦之下，欽頌莫名。並先准户部寄電稱，懿旨發内帑爲施、宜等處賑撫之用，即於京餉内扣抵等因。

查湖北鄖陽、宜昌、施南三府被灾甚重，前經臣會同本任撫臣譚繼洵奏准截留漕項，推廣賑捐，並專委文武大員督辦賑務，分電各省籌墊鉅款，購米雇輪，分投賑撫。所有籌辦情形迭經具奏，並於此次另摺詳晰奏明在案。兹欽奉前因，仰見宫廷□□軫

[一] 録自《京報》第五八八五號。

念，澤及遐陬。凡在臣黎，同聲感戴。當經督飭湖北布政使王之春於司庫應解京餉項下動支銀五萬兩，分撥鄖陽、施南二府各銀一萬七千兩，宜昌府銀一萬六千兩，分別委員兼程解往，切飭地方印委各員認真辦理賑撫，務期迅速核實，不得稍滋弊端，俾災黎徧沾實惠，以仰副皇太后、皇上深仁厚澤有加無已之至意。所有奉發内帑銀兩分撥賑撫緣由，理合恭摺具陳。再，湖北巡撫係臣兼署，毋庸會銜，合併陳明，伏乞聖鑒。

知道了。

添購槍礮廠機器請照章免稅片〔一〕

光緒二十三年四月　日

再，查海關定章，各省官物應照章奏明免稅，以示限制。昨接四川督臣來咨，川省購運開礦、鑄造銀元、制錢等機，奏明免稅，已蒙俞允。現鄂省槍礮廠添購製造新式快礮各機及槍礮機所需鋼板模樣等件，實爲自强至計，有關軍實，較之川省開礦、鑄銀錢等機，尤爲緊要，自應援照川案奏明免稅，以符定章。除咨南洋大臣轉飭經過各關卡，俟前項槍礮各機運到照章驗明免稅放行外，理合附片陳明，伏乞聖鑒。

查明鄖宜施三府賑務情形據實覆陳摺〔二〕

光緒二十三年四月　日

竊臣承准軍機大臣字寄，光緒二十三年三月初七日奉上諭：御史張仲炘奏湖北災區甚廣請寬撥銀米飭地方官切實辦理一摺。據稱，湖北鄖陽、宜昌、施南各屬，上年因旱潦迭乘，顆粒無收，被災情形極爲慘苦，地方官相率諱匿。截漕之旨已下，而辦賑尚無明文。附近荆門所屬之當陽縣，饑民已藉故滋事。宜昌川東一帶，亦均蠢動。現在三府被災，丁口約在百萬以外，僅恃官籌、紳助，既難周徧，亦患遲延等語。湖北上年災情極重，迭經降旨截漕散放，並據該督撫奏稱業已分別籌款賑恤，若如所奏情形，是該地方於災賑一事並未切實辦理。著張之洞查明各屬災區，究竟應否寬撥銀米賑濟之處，酌量情形，嚴飭地方認真以拯災黎。等因。欽此。當即欽遵恭録轉行分別確查，嚴飭認真辦理去後。兹據籌賑局司道具詳請奏前來。臣查湖北宜昌府濱江地方被淹，已於陳報秋災摺内聲明在案。至宜昌、施南、鄖陽三府，皆屬貧瘠險遠，既無富户，亦鮮蓋藏。上年秋霖爲患，雜糧均被雨漬，當時飭查僅止歉收，尚未成災。臣與本任撫臣譚繼洵因民食維艱，即經督飭司道及地方官籌款購米，動撥倉穀，趕辦平糶。迨交冬以後，仍未暢晴，所收之糧未能曬晾，多致霉爛。深山僻壤，販運難通，時届嚴冬，饑寒交迫，災象始顯。該三府所屬山谿深阻，僻遠異常，距省自千餘里至二千餘里，遞省文報動須月餘，稟報到時，已在歷次奏報以後。二月内業已陳明並將三府災情慘苦情形，疊次奏明在案。當各屬稟報尚未到齊之時，省城已有所聞，即經臣會同撫臣檄電查詢，並飭司委員分途馳查。或撥款，或發倉，或由省借墊，或就地籌勸，會同地方官趕辦賑糶。旋據查報，三府除較輕三四縣外，其情形大略相同，災深地廣，需款既多，

〔一〕録自東吴仲止廬主輯《南皮張宫保政書》，上海圖書集成印書局印，一九〇一年版。
〔二〕録自《京報》第五八八六號。

溯流入山，運費尤鉅。庫款固如磬懸，捐款亦只涓滴。前經奏准撥充接濟之地丁鹽釐八萬兩，並無存款可撥，均係於别款挪湊，不得已惟有告糴鄰省，求濟眉急。疊經馳電商准四川、廣東、江蘇、安徽、江西、浙江、山西、陝西、湖南各督撫臣暨太常寺少卿臣盛宣懷，代爲廣勸賑捐。又恐緩不濟急，商請先行墊銀匯鄂，以後報捐歸還。復委員分赴本省、外省勸賑，復經臣電致廣東各紳商及上海善紳勸募賑款，兩江、新疆、廣西各省督撫臣亦皆聞風恤災，墊款助賑。大率外省代籌之款皆係先墊後捐，本省籌撥之款皆係挪移借貸，似此寅支卯糧，以後尚不知如何歸款。祇以災民慘迫，故不得不冒險爲之。特於宜昌府設立賑務總局，奏委道員趙濱彦、凌卿雲、惲祖祁等會同督辦。所有宜、施兩府暨鄖陽屬保康、房縣南境均歸其辦理。加以川省饑民蔽江而下，麇集宜、荆一帶，亦須妥爲賑恤。並因施南界連川省，尤虞游民痞匪勾結生事，又經奏委宜昌鎮總兵傅臣廷馳往施南督辦賑務，藉資彈壓。凡修路、伐木、開礦等事，俱令相機酌辦，以工代賑。其鄖陽府屬另行奏委候補道張煜林馳往督辦，並奏委漢陽府知府余肇康在漢口設立該三府賑務分局，專司購糧雇輪，分運接濟。特是賑務實以運米爲最難，民船上溯宜昌，非月餘不能到。荆江口以上沙多水淺，大輪難行，即用本省小官輪拖帶，亦須兼旬。且所拖亦屬無多，而商輪以客貨爲重，不肯多裝米石。疊經分託税務司暨滬、漢各領事，華洋輪船各公司設法租雇商輪，優給運費，百計商勸鼓舞，始各允從。並向江南、湖南借撥官輪，多方趕運。至宜昌以上，即係三峽險灘，民船尤爲遲滯，因派水師礮船及救生紅船，沿江督催護送，以期迅速。且川災亦重，脣齒相關，若夔、綏災民下流，則楚境實受其累。是以川省賑米雖係川省籌款自買，而其由漢口裝輪運至宜昌，則皆鄂省代爲設法籌辦，平分裝運。宜昌以上，民船入峽，亦由鄂省代爲督催。專派宜昌鎮中軍遊擊蒯德浦經理此事。川米尚未運到之時，則由宜昌賑務局暫將鄂米通融勻撥，因此益形疲累。若施、鄖兩府路尤僻遠，施南賑米則由宜昌換用民船裝運，溯峽江而上，抵巴東已三百餘里。自巴東登岸後，運至郡城尚有數百里。崎嶇荒僻，夫騾寥寥，節節設局遞運，並委員由湖南境内購米，自施南後路來鳳一帶運入賑濟鄖陽，則由省至郡，上水已一千七百餘里，由府城分運至竹山、竹谿、房縣、保康又皆數百里路程，均須十日内外。惟有在樊城、老河口等處購米運往，而購米亦甚艱難。幸襄陽府尚有倉穀，當即暫借二萬餘石運往，一面陸續購米趕運，並令各局分向商號挪借。甚至樊城江南淮鹽局之款，亦復撥借無餘。又查三府山中不惟缺米，兼亦缺錢，於小民生計諸多窒礙。因飭銀元局多鑄小銀元，分發各處，交辦賑委員行用，以濟民艱。以上各事檄電交馳，頂禿脣焦，晝夜無暇，凡此辦理情形自臘正之交即已如此趕辦，竭蹶經營至於目前四月中旬仍未可鬆。加以京山、天門、潛江、荆門、江陵、監利、公安、石首、沔陽、漢川、漢陽、江夏等處十餘州縣隄工皆屬緊急，且以藉資代賑，需款浩繁，百端交集，羅掘已窮，是以奏請截漕賑撫，又奏請推廣賑捐。幸兩事均蒙俞允。上邀天恩，下合羣力，各省疆臣共矢公忠，湖北京外官紳誼篤桑梓，粵、滬紳商慷慨好義，均以救災恤民爲急，各籌巨款相助。現在綜計該三府賑務共用銀已數十萬兩、米已十數萬石，而他府縣之工賑尚不在内。在災民之衆多，斷不敢言信乎惠徧。在鄂省之艱窘，則實已智力俱窮。此皆共見共聞，遠近周知。本省及助賑各省有案可稽，非敢託諸空言。近復欽奉懿旨賞銀五萬兩，當經飭司籌撥，迅速分賑，另摺奏陳。

茲極力籌捐，陸續接濟，惟三四月雨水過多，一雨動輒數日，天氣陰寒，通省大略相同，禾苗、蠶、茶皆已受傷，麥收亦大減色，川江暴漲數丈，水勢猛悍，宜昌以上之米船節節逆挽，險灘林立，漂失頗多。本係被灾之建始縣，復被雹灾、雨灾，窮民尤爲困苦。撫此灾區窮黎，且疚且悚，夙夜憂煎，難安枕席。惟望以後雨暘應時，麥豆、雜糧、菜蔬等漸次成熟，藉資接濟，灾象庶可稍紓，微臣及地方官吏或可稍寬咎責。飭查灾區各州縣其中疲玩廢弛者亦間有之，均經分别奏咨懲處。其次撤任示儆者，已有四員。大率皆因貧瘠險遠，艱於籌措，尚不至有心玩視民瘼。此外印委均屬胼胝奔馳，勞瘁不辭，惟力是視，辦理尚屬切實。各處雖屬極苦，感戴我皇上如天之仁，情形均屬静謐。至當陽縣匪徒藉口饑民滋事，已據營縣獲犯訊供，稟請懲辦。川東邊境饑民蠢動，亦據報經川省分别拿辦就撫。川楚邊界現俱安靖，堪以上紓宸廑。至奉旨垂詢應否寬撥銀米之處，查現撥銀米爲數似已不少，惟灾民待哺尚殷，目前賑務實難停止。以後仍當多方設籌，隨時奏明。惟有殫竭微臣之心力，殫竭鄂省之人力、財力，相機拯救。臣與司道以下及地方官，固不敢蹈自溺職守之咎，更何忍存膜視民命之心。若查有不能認真賑撫之員，當即隨時從嚴參辦。所有鄖宜施三府賑務實已竭力切實辦理，并現在地方静謐情形，理合恭摺覆奏。再，湖北巡撫係臣兼署，應毋庸會銜，合併陳明。伏乞皇上聖鑒。

知道了。

循例請派考官摺[一]

光緒二十三年四月　日

竊照鄉試年分例由禮部題派考官，督撫臣於四月内先期奏明，歷經遵辦在案。茲届丁酉正科鄉試之年，據湖北布政使王之春照案詳請具奏前來。臣查湖北省光緒二十三年丁酉正科鄉試，應請依限題派考官，按期舉行，以宏作育而廣登進。其荆州駐防繙譯鄉試，亦應照案另場辦理。除咨明禮、兵二部並飭科場應辦一切事宜次第趕辦，謹會同湖北學政臣龐鴻文恭摺具奏。再，湖廣總督係臣本任，毋庸會銜，合併陳明。伏乞皇上聖鑒。

該部知道。

東湖竹谿二縣繁簡各缺擬請互改摺[二]

光緒二十三年四月　日

竊查定例：應歸月選之缺改爲題調要缺，必須於本省題調要缺内酌改簡缺互換。此外大小各缺均不得妄請更改，如有實因繁簡不符，必須隨時酌改之處，令各督撫分别缺之大小，如丞、倅、牧、令缺内改簡互換各等語。茲據湖北布政使王之春、署按察使瞿廷韶詳稱：查有宜昌府屬之東湖縣知縣員缺，爲附郭首邑，川楚咽喉，上接夔巫，下達江漢。陸路則山徑崎嶇，水路則帆檣絡繹，惟民情質直，訟獄無多，原定爲衝字簡缺。乃自光緒三年開設通商口岸，華洋互市以來，地方日漸繁盛，中外交涉，民教雜處，彈壓撫綏在在均關緊要，政務殷繁，較前十倍，實爲衝、繁、難三項要缺。復

[一] 録自《京報》第五八八二號。

[二] 録自《京報》第五八九〇號。

查有鄖陽府屬之竹谿縣知縣員缺，前因秦蜀孔道，川楚教匪出没其間。該處爲饋運要津，是以定爲繁疲難題補要缺。近百年來，民情士俗儉樸安静，且偏于楚省西北一隅之地，非昔繁要可比，擬請將東湖縣知縣改爲衝繁難三項題補要缺，由外揀補。竹谿縣知縣改爲疲字簡缺，照例歸部銓選。名實既屬相符，而繁要難治之缺由外酌量揀補，于地方實有裨益等情，會詳請奏前來。

臣覆加體察，該司等所陳東湖、竹谿二縣地方缺分，今昔繁簡不同，係屬實在情形。所議彼此酌量互改，于員缺並無增減，核與定例亦復相符。請旨俯准互相更改，以收爲地擇人之效。如蒙俞允，所有本任竹谿縣知縣夏時泰及因病請假回省就醫之本任東湖縣知縣周瑞鑾，應否彼此調補，容臣督同兩司另行酌核辦理。除咨吏部外，所有東湖、竹谿二縣地方今昔情形不同，原定繁簡各缺分，擬請互相更改，以符名實緣由，理合恭摺具陳。再，湖廣總督係臣本任，毋庸會銜，合併陳明。伏乞皇上聖鑒，勅部核覆施行。

吏部議奏。

奏報交卸兼署撫篆日期摺〔一〕 光緒二十三年四月　日

竊照臣前奉旨兼署湖北撫篆，兹本任撫臣譚繼洵現已陛見回鄂，當于光緒二十三年四月二十六日，將湖北巡撫關防並王命旗牌暨文卷等項，委員齎送撫臣譚繼洵接收，臣即於是日卸事。除循例恭疏題報外，所有微臣交卸兼署撫篆日期，理合恭摺具陳，伏乞皇上聖鑒。

奏解第五批地丁京餉銀兩摺〔二〕 光緒二十三年五月二十九日

竊照光緒二十三年京餉湖北省奉撥地丁銀四十五萬兩，嗣欽奉懿旨，特頒内帑銀五萬兩爲施、宜等處賑撫之用，即於京餉内扣抵，實應解銀四十萬兩，業經委解四批共銀十七萬兩赴京交收在案。兹據湖北布政使王之春詳稱，復於地丁項下動撥第五批銀四萬兩，查有候補知縣陳福謙、試用通判何烜堪以委解等情，詳請奏咨前來。除繕咨轉給該委員等妥速起解，並飭將應解銀兩續籌委解外，謹合詞恭摺具奏，伏祈皇上聖鑒。

户部知道。

撥款撫卹被水各縣片 光緒二十三年五月二十九日

再，湖北地方本年春夏之交，霪雨過多，連綿累月，江漢水勢汛漲均早，而漢水大汛疊臨，勢更洶湧，旬日之内，陡長三丈有餘。所有官民各隄，均經撥款以工代賑，飭修完固。惟濱漢之京山縣屬唐心口民隄，上年被水漫潰，口門甚寬，口内積水已成深洪，施工不易，本年甫將積水設法車洩，趕築合龍，而大汛即至，水高於隄，人力難施，遂致漫隄而過。該縣被淹尚止一隅之地，灾不甚重，惟天門、漢川二縣地居下游，首當其衝，田廬多被漫淹，麥收失望，現仍一片汪洋，驟難涸復。又崇陽縣地方於

〔一〕録自東吴仰止廬主輯《南皮張宫保政書》，上海圖書集成印書局印，一九〇一年版。

〔二〕以下四件録自臺北故宫文獻編輯委員會編《宫中檔光緒朝奏摺》第十輯，第九六一至九六三頁，臺北故宫博物院一九七四年版。

五月初六日震雷狂風，大雨如瀉，衆山之水同時涌漲，頃刻高至丈餘，建瓴直下，如頂灌足。該縣地處山陬，河港淺狹，未能容納，一時泛濫横流，致城内及東南各鄉一帶地方，悉被沖淹。房屋沖毁二千數百間，人口淹斃七十餘名，禾苗概行漂没，田地多被沙壓，遽難墾復。蒲圻縣地處崇陽下游，同時暴雨盛漲，城鄉亦被漫淹。又孝感縣地方於五月初旬連朝暴雨，勢若傾盆，山水河水同時漲發，無可宣洩，東西南各鄉濱臨湖河田畝，概被漫淹，二麥無收，禾苗未能栽插。又興山縣地方四月中旬迅雷疾雨，時閱兩日，山水暴發，漫入城署，東南各鄉豆麥正值黄熟，概被淹没。巴東縣屬後鄉、建始縣屬東北各鄉，各因雨雹，春收亦皆失望。據各該縣禀報前來。

臣等查天門、漢川二縣上年均係被水之區，受灾甚重，今則又遭巨浸，收成無望，益形困苦。崇陽本屬山區，歷無水患，兹復罹此奇灾，小民惶駭慘苦，尤堪憫惻。均應急予賑撫。臣等業飭藩司分撥銀錢鉅款，崇陽並發米三千石，委員星馳解往，會同各該縣，各就地方情形賑糶兼施，或以工代賑，俾得民困早紓，毋任流離失所。蒲圻、孝感被水之處，亦即飭令分別酌量撫卹。至興山、巴東、建始各縣，均因上年被灾，現在賑務尚未完竣，並飭一律加賑，以資接濟。此外濱臨江漢各屬低窪之區，雖亦據報被淹，情形較輕，現在節候尚早，仍飭趕緊設法疏消，以期涸復補種。統俟秋收覆勘分別輕重，再行辦理。所有天門等縣被水撥款撫卹緣由，謹合詞附片具陳，伏祈聖鑒。

崇陽猝被山水，情形最重。其餘被淹處所，均著一面疏消，一面上緊賑撫。

奏陳查明京控未結各案摺光緒二十三年五月二十九日

竊查前准刑部咨，議覆光禄寺少卿延茂奏，稽核京控審限，每年將已、未完數目兩次彙開清單具奏，以歸劃一。並摘録案由，註明交審月日及未結各案因何未能審結緣由，於每年兩次覆奏時，詳細聲明等因。奉旨：依議。欽此。歷經遵辦在案。兹據湖北布政使王之春、署按察使瞿廷韶詳稱，陸續奉到部院衙門奏交咨交各案，隨時委提人卷解省發審。其有距省較遠州縣之案，移交該管道就近提審，或委員前往會同該管府審辦，前已截至光緒二十二年六月止。將未結各案，造册詳請奏報。兹值半年彙奏之期，除已審結咨送供招及詳咨註銷各案不計外，尚未審結者十五起。或因原、被供情狡執，補提要證未到，或甫經行提，人證尚未解齊，以致未能訊結。核計尚無遲延等情，開呈清册請奏報前來。臣等覆核無異，除仍飭趕緊催提人證到案審辦，並將清册分送刑部、都察院、步軍統領衙門查照外，謹繕清單，恭摺具陳，伏祈皇上聖鑒。

刑部知道。單併發。

陳順天府呈報核獎由片光緒二十三年五月二十九日

再，湖北因被水患工賑，需款甚鉅，奏蒙聖恩開辦賑捐，業經臣等咨明各省督撫臣，並函商京都義賑局，廣爲勸募，以資濟用。惟是湖北距京窵遠，若待將各捐生履歷造册送鄂再行達部，往返周折，殊多遲滯，誠恐觀望，難期踴躍。擬即令義賑局一面將勸集捐款解鄂濟賑，一面即將各捐生履歷分起造册，呈由順天府尹就近報部，按照湖北捐章核奬，以歸簡便而期迅速，則捐項必可多集，於賑務實大有裨益。除咨户部暨順天府尹臣查照外，謹合詞附片具陳，伏祈聖鑒。

户部知道。

遵旨會同覈議銀行利弊擬請仍歸商辦並由南北洋稽查以保利權摺 光緒二十三年六月十七日

竊臣等欽奉光緒二十三年三月二十八日上諭：前據盛宣懷條陳自强大計，請開設銀行，業經諭令招商集股合力興辦。兹據御史管廷獻奏銀行官設流弊宜防一摺，縷陳原定章程窒礙多端，有不可解者六條。大致設銀行不必冠以中國字樣，官款撥存直須指定抵還的保及殷商擔保，匯兑官款須交實銀，設立商會公所止議商務不得干預金礦等務，銀行設有拖欠與國家無涉。自係爲慎始圖終，預防流弊起見。平心而論，銀行之設固屬富强要圖，然兹事體大，中國情形與泰西各國亦有不同，現當創辦伊始，自應通盤籌畫，計出萬全。該御史所指官設銀行各流弊，固宜防範，然中國不自行舉辦，一任外人在内地開設，攘我利權，亦非長策。著王文韶、張之洞、盛宣懷悉心核議，究竟官設銀行利弊若何，徹始徹終，詳細議奏。並將該御史所奏，逐條聲覆，以憑核辦。另片奏蘆漢鐵路息借洋款，國家不宜代商作保等語。昨據王文韶等會奏籌辦幹路，請飭發准借官款，現尚未據户部議覆。該御史所奏息借洋款不宜國家擔保，並鐵路萬不可作爲抵押之處，並著王文韶等就現在籌辦情形，權衡輕重，酌量緩急，悉心妥議具奏，原摺、片均著抄給閲看，將此諭令知之。欽此。

臣等伏查銀行之設，利國、利商、利民，中外臣工陳奏至詳，而諭旨富强要圖，中國不自舉辦，一任外人攘我利權，亦非長策之訓，實已究極終始。西人理財之法，上自國家下至商民，其財皆可由散而聚，由私而公。故一國之中有無相通，緩急相濟，子母相權，實以銀行爲商務樞紐。而銀行又有國辦、商辦之别。國家銀行，即户部之府庫也，通國財賦轉輸於闤闠之中。官款盈，則輸於商。官款絀，則貸於商。其利與害皆官任之也。商家銀行即衆商之公司也，所集商本皆用股票，所舉商董皆出鉅資。遵本國之商律，訂本行之專章。與官府通往來，而盈餘折蝕皆按商股均派，官不過問。其利與害，皆商任之也。光緒二十二年十月初八日欽奉諭旨，銀行一事，前交部議尚未定局。昨盛宣懷有請歸商辦之議，如果辦理合宜，洵於商務有益，着即責成盛宣懷選擇殷商，設立總董，招集股本，合力興辦，以收利權。欽此。臣盛宣懷到滬遵照選擇商董會議，大概章程二十二條，並公擬牌名，電呈總理衙門王大臣核定。旋奉駁詰數條，復飭各商董逐條考訂，遵照登覆，已准總理衙門咨會，及早開辦，庶要舉勿墮半塗。即據商董呈報，上海總行於四月二十六日開辦。除由臣宣懷將總、分各行章程改定妥帖，再行專案奏咨外，御史管廷獻所奏各條，計慮良周，自應徹始徹終，詳細聲覆。

銀行不必冠以中國字樣一節。查俄行名爲中俄銀行，德行名爲德華銀行，英行家數較多，匯豐、有利、麥加利，均仍冠以大英字樣。現設華行須與各國通往來，冠以中國，示無外之規，庶與他銀行有别。

再，官款撥存亦須指定抵還的款及股商担保一節。查華商本不願存官款，祇因中俄銀行發有官本五百萬，若華行而反不稍存官款，未免貽譏中外。各總董皆海内殷商，且以數百萬之商本，止領百萬，似應仿照外國銀行，勿庸另覓殷商担保，致碍體面。原定章程内開生息年限，俟咨商户部再由總董議請奏咨，正指還款的實辦法。現據總董議擬，一俟分行開齊，續收二批商股，即行繳還，毋庸久存。至章程所議公司借貸銀兩應照西例有抵還的款等語。此非商行不信官府，因商本只有此數，官借動需鉅款，如國家所借匯豐等款，自數百萬以至數千萬，皆係該銀行出售股票向衆人代借，將來華行亦非代借無此大力也。

匯兑官款須交實銀一節。查章程僅言撥借之款可以匯兑，若不交實銀，部庫何肯兑收。

設立商會公所止議商務，不可干預金礦一節。查章程載明鐵路、輪船、電報、金礦各處款項，凡與本銀行往來者，一切悉照章程，毫無偏倚等語。因總董内有兼管各公司之人，恐股商疑其或有偏倚，故列專條以聲明之。至金礦係指漠河三姓寄金到滬向歸他行兑换者，亦可歸華行兑换，並非干預金礦。至商會公所，本不過籌議公司之事，西商在滬無多，尚有商會，而華商涣散，處處吃虧。故銀行各商董請設公所，以聯商情，别無他意。

銀行設有拖欠與國家無涉一節。查銀行放款，層層鈐束，本無拖欠。況中西律例，皆無商人欠款而致國家歸還之理。英之麗如銀行、美之旗昌洋行，曾經停閉，並不涉及國家。且洋人畛域之見甚深，中國自設銀行，方傾軋之不暇，斷不肯以鉅款存於華行，非比華人甘心附和洋行也。尤幸銀行半年一結，如有一虧折，即可隨時議停，儘其股分償還，自與國家無涉。

以上各節，臣宣懷自遵旨選商集股以來，皆與商董堅明約束，不容絲毫假借者也。

臣文韶、臣之洞，會同臣宣懷，悉心覆議。中國風氣初開，士夫不諳商學，驟語以銀行，鮮不謂利無把握，弊難窮究。創始之初，忌者、疑者不一而足。故臣文韶、臣之洞深知銀行可保中國之利權，現在各國銀行接踵而來，俄行則更阻與華合辦，心頗難測。若竟使華行摇惑中止，此後華官、華商、華民之利，必爲彼族一網打盡，而人且莫知其窮困之所由致。臣等往復電商，(旴)〔盱〕衡大局〔一〕，既無中止之理，即宜力籌護持之方。該行本屬奉旨商辦，自與國家銀行不同。應令仍照輪船招商局章程，俱歸商辦，而官爲扶持保護。至其公司之盈虧利鈍，皆歸商股承認，自與國家無涉。

抑臣等更有請者。銀行仿照西例之法，至爲慎密，且屬商本商辦，數千百股商人身家所關繫，凡有防弊之法，宜無不竭力爲之。惟有出票一層，尤宜慎益加慎。前經總理衙門詰問，即查明匯豐於西歷一千八百六十七年英國國家批准初定章程第十三條，出票之數不得逾實在資本之數。至香港總公司常年存款，亦須照所出票數存儲現銀三分之一，以備兑付。其餘三分之二，亦必有存放實在銀款抵付。當飭各商董，悉照匯豐章程辦理，防微慮患本已周詳。但查外國商開銀行章程，亦有實本一千萬，出票不得過九百萬之例。比較匯豐出票與實本相等辦法，尤爲謹嚴。今以中國創舉，自宜格外謹慎。擬即飭令該商董照此辦理，並請著爲

〔一〕「旴衡」，應作「盱衡」。

定章，由南北洋通商大臣於每年六個月結賬時，派員赴該行查驗出票、儲銀數目，務期事事核實，以仰副朝廷慎重商務之至意。此臣等會同酌議力圖萬全之辦法也。臣文韶、臣之洞覆查，銀行之利，前已縷陳。銀行之害，惟在虧累一端。所以致虧累之由，惟在兼作他商，及多出銀票兩端。今查前次咨呈總署文内，已將不作他項之業一切買賣一節聲明，列入詳細章程在案。至出票一節，若虛票多而實本少，方有虧累之事。今既仿照西例，格外謹慎，明定章程，出票之數不得逾實本九成之數，必須存現銀三分之一，可備持票兑取。每半年報由南北洋大臣稽查一次，似已周密穩妥，銀行自不致有虧累之虞。銀行既穩，自無從累及商民，更無從累及國家。且章程内聲明盈虧皆係商本，而商本又有定數，亦不致掣動大局。所謂利弊始終之大要，已具於此。所有遵飭會議銀行利弊緣由，謹合詞恭摺密陳，伏乞聖鑒訓示。

（硃批）該衙門知道。（欽此）

遵旨察看知府據實覆陳摺〔一〕 光緒二十三年六月二十一日

竊臣等承准軍機大臣字寄，光緒二十三年四月十二日奉上諭：湖南永順府知府吴澍霖，著張之洞、陳寶箴悉心察看。如竟不能勝任，即行據實參奏，毋稍遷就。將此各諭令知之。欽此。遵旨寄信前來，承准此，臣等敬謹捧讀，仰見聖主澄叙官方，不遺偏遠至意，私衷莫名欽感。

竊查現任湖南永順府知府吴澍霖，係由甲科部曹於光緒十四年京察簡放廣東肇慶府知府，十五年正月到任。其時臣之洞在兩廣總督任内，察知其操守廉潔，心地樸誠。及調補湖南永順府，在任數年，臣等留心訪查，其自守實無可議。惟該府地屬苗疆，民情獷悍，勇於私鬬，所屬永順、保靖、桑植、龍山等縣，界連鄂、蜀，時有匪徒出没，肆行剽掠。地方官防範稍疏，居民即難安生業。知府爲各該縣所秉承，非有明幹之材，不足以資整飭。又地居僻遠，近來風俗日媮，獄訟滋起，常多上控之案，不得不飭府就近提訊，以省拖累。該守吴澍霖，心術無他，而囿於才識、精力，遇事不免拘滯。本省批發案件，每多不能審結。臣等悉心考察，吴澍霖在湘供職，操守不苟是其所長。應變治劇是其所短。永順府一缺，實與該守人地不宜。臣等往復函商，意見相同。合無仰懇天恩將湖南永順府知府吴澍霖開缺，送部引見，以備聖明裁擇，伏候諭旨遵行。所有奉旨悉心察看，會同據實陳覆緣由，謹合辭恭摺具陳，伏乞皇上聖鑒訓示。

著照所請。吏部知道。

革員捐助賑銀請開復摺〔二〕 光緒二十三年六月　日

竊湖北賑捐前經臣等奏明有捐實銀一萬二千兩以上者，專案奏請優奬，奉旨允准在案。兹據湖北籌賑局司道詳稱：據丁憂已革花翎二品銜福建補用道開缺臺灣臺南府知府唐贊衮呈，繳捐助賑銀一萬二千五百兩，聲稱不敢仰邀奬叙。查該革員現年四十五歲，湖南善化縣舉人，歷經捐保以知府在福建候補，加鹽運使銜，

〔一〕録自《京報》第五九四二號。
〔二〕録自《京報》第五九二一號。

奬叙花翎。歷署邵武、延平等府知府，護理臺灣兵備道。經前閩浙總督臣卞寶第會奏，該員唐贊衮講求海防，諳習吏治，在閩年久，于海疆風土民情甚爲熟悉。現護臺灣道，表率有方，措施不苟，實爲知府中不可多得之員。奏准補授臺灣臺南府知府，是年於勸辦順直賑案内保奬補缺後，以道員用。十九年于臺灣海防五年限滿案内保奬，俟離知府任，歸道員班後加二品銜。光緒二十一年二月在臺南府任内，因電聞父病，禀請開缺回籍修墓，經前署臺灣撫臣唐景崧電參革職。該員旋即在籍報丁父憂。今據捐助銀一萬二千五百兩，以助鄂賑。查由已革道員捐復原官計需實銀不及萬兩，現核其所捐銀數，較在部庫報捐有盈無絀，與專案奏請優奬新章相符。雖據聲稱不敢仰邀奬叙，究未便没其急公好義之忱等情，詳請奏奬前來。臣等查湖北灾情極重，籌賑維艱，該員報捐鉅款，詢屬有裨賑務。合無仰懇天恩可否准將該革員唐贊衮開復原官，以道員仍留原省補用，並賞還翎銜，以示優奬之處，伏候聖裁。除該革員詳細履歷咨部查核外，臣等謹合詞恭摺奏陳，伏乞皇上聖鑒。

該部議奏。

提督巡閲緣由片[一] 光緒二十三年六月　日

再，長江水師定章，提督以半年駐下江，半年駐上江，周歷巡閲，察看弁兵勤惰，歷經奏報在案。茲長江提臣黄少春，本年三月二十五日到鄂，巡閲漢陽、荆州水師，並駛赴湖南，駐紮岳州，察看岳州鎮標營伍。先將上游各營校閲完竣，與臣面商一切，即于五月二十二日沿江東下，依次校閲。所有提督巡閲上江及下赴江皖各縁由，理合會同長江水師提督臣黄少春附片具陳，伏乞聖鑒。

知道了。

奏陳飭令臬司即赴新任摺[二] 光緒二十三年七月初五日

竊臣等前准吏部咨，欽奉上諭：馬恩培著補授湖北按察使。等因。欽此。當因馬恩培到任需時，奏明飭委漢黄德道瞿廷韶署理臬司篆務。茲馬恩培業已到省，應即飭赴新任。署臬司瞿廷韶應即飭回漢黄德道本任，監督江漢關税務，以重職守。除分檄飭遵外，謹合詞恭摺具陳，伏祈皇上聖鑒。

知道了。

奏請奬叙徵收錢漕全完之員摺[三] 光緒二十三年七月二十六日

竊照錢漕乃維正之供，催科爲有司專責，鄂省頻年奉提京餉及撥協各省餉項，全賴地丁等款徵解踴躍，藉資挹注。是州縣催徵之勤惰，實關餉需之赢絀。其有先期完解之員，歷經奏准奬叙在案。茲據湖北布政使王之春、督糧道岑春蓂詳稱，查黄安縣額

[一] 録自《京報》第五九二六號。

[二] 録自臺北故宫文獻編輯委員會編《宫中檔光緒朝奏摺》第十一輯，第六五頁，臺北故宫博物院一九七四年版。

[三] 以下二件録自臺北故宫文獻編輯委員會編《宫中檔光緒朝奏摺》第十一輯，第一一八至一二〇頁，臺北故宫博物院一九七四年版。

徵光緒二十二年司庫地丁等款錢糧，除坐支外實解銀一萬六千八百三十一兩九錢四分五釐，又應解道庫漕南正耗米折等款共銀四千二百九十一兩二錢二分一釐，均於年内全完。又光緒十八、十九、二十一等年錢漕各款銀兩亦於奏銷前掃數完解，均係該縣陶大夏一手經徵，三年全完，例應於照常議叙之外量加優叙等情，詳請奏獎前來。臣等查該縣每年額徵各款銀數均在二萬兩以上，俱於奏銷前掃數全完，洵屬催科勤奮，自應專案請獎。合無仰懇天恩俯准將黄安縣知縣陶大夏，照例給予加一級紀録三次，以示鼓勵而資觀感。謹合詞恭摺具奏，伏祈皇上聖鑒。

著照所請。該部知道。

恩施等縣被水賑䘏片光緒二十三年七月二十六日

再，據施南府知府額勒恒額、署恩施縣知縣董治勛禀報，該府近城一帶地方，於六月二十七日大雨傾盆，徹夜不休，河水猛漲，驟被漫淹，禾苗漂没，房屋茅棚沖毁一百二十餘間，尚無損傷人口情事。幸水退迅速，猶可補種。惟灾祲之餘復遭水患，民情更苦，禀乞加賑。又據署鄖縣知縣楊湘雲禀報，該縣南化等保地方，於六月十七日夜暴雨如注，通宵達旦，山水陡發，奔騰直下勢甚汹湧。致將南化鎮市面房屋沖塌二百九十間，淹斃民人十餘口。該處河身淺窄，一經暴雨，水勢猛湧横溢爲害，雖幸消退尚速，而田地多被沙壓，尚待墾復方能補種。此等巨浸山陬素所罕見，況值荒歉之後，民困未舒，復罹奇灾，情尤堪憫，禀乞再予賑䘏。並據督辦鄖陽賑務試用道張煜林禀報，情形相同。又據督辦宜昌、施南賑務候補道趙濱彦等禀報，七月初旬，東湖縣屬龍泉鋪一帶地方蛟水陡發，田禾廬舍多被沖淹，人口亦有損傷。現督地方官查勘，妥爲撫䘏各等情前來。臣等查恩施、鄖縣、東湖等縣地方上年秋霖害稼，本年春夏又復歉收，均屬灾區。現在辦理賑撫尚未完竣，乃復山水爲灾，傷人毁屋，民生愈困，實堪慘惻。臣等業經電飭各該道府督同印委各員，確查被灾户口，一律加賑，妥爲安撫，勿任流離失所。並飭各該縣勘明被淹沙壓田地是否均已翻墾補種，應否緩徵錢糧，據實禀覆，另行核辦外，所有恩施等縣地方現復被水加賑撫䘏緣由，謹合詞附片具陳，伏祈聖鑒。

知道了。恩施等縣連年被水，灾情甚重，著該督等飭屬認真撫䘏，毋任失所。

薦舉人才摺并清單光緒二十三年七月二十九日

竊照光緒二十一年閏五月十三日欽奉上諭，飭令各省將軍督撫保薦人才。微臣疊經舉其所知具疏上陳。臣自回湖廣任以來，於兩省官員詳加物色，觀其設施，察其志操，凡有才品出衆者，必獎勉而敬禮之。竊惟時事多艱，全賴人才衆多，各效其用，始足以裨益時局。兹查現在兩湖各官中，其器識才猷確足備人才之選者，已有數員，不敢不達諸朝廷，以備器使。其曾任湖北官員及在他省曾爲僚屬者，亦附列其中。所舉各員皆係確有幹才，毫無習氣，臣所實驗而深知者。若蒙聖恩甄拔，使盡其才，皆可期其成就遠大。

謹將遵旨薦舉人才開具清單，恭呈御覽。

新授奉天府尹、前湖南辰永沅靖道廷杰　該員廉公有威，吏事精練，膽識尤爲過人。前在岳常澧道諸事整飭，嗣調任辰永沅靖道，地處苗疆，復多伏莽，素稱難治。該員察吏撫苗，治盜安民，政績昭著。臣歷年密考，俱已詳陳。今蒙恩特簡府尹，是其才品久在聖鑒之中。熟察該員器幹，實爲今日任事濟變之才。既確有所知，不敢不仍行上陳。

署安徽布政使于蔭霖　該員學有本原，體用兼備，品望素優。前任湖北荊宜施道，節省隄工土費。任廣東按察使，察吏戢匪，兩處官聲均好。今官皖省，與湖北鄰境，吏民稱頌，敬其方嚴而感其誠恕，實爲兩司中不可多得之員。論其公正廉明不避嫌怨，素與山東撫臣李秉衡齊名。而思能綜核，才能應變，似尚勝之。

湖北漢黄德道瞿廷韶　該員器識閎達，才守兼優，在湖北二十餘年，通省吏治民情極爲熟悉。辦理交涉事件，操縱咸宜，舉重若輕。屢署湖北藩、臬兩司，遇事能持大體，籌畫精詳，實爲幹濟長才。

漢陽府知府余肇康　該員才猷明達，器局開張。於所屬吏治民生，切實講求，聽斷精詳，折獄明決。本年奏委辦理宜、施、鄖三府賑務後路，購糧、雇輪，擘畫精密，有條不紊。應機赴時，救濟甚多。如該員之爲守兼優，循聲卓著，洵屬湖北知府中最爲出色之員。

江蘇候補同知鄭孝胥　該員學識清超，志趣堅定，曾充出洋隨員，講求洋務，賅通透澈，能見本源。於商務尤爲考求詳實。臣前在江南備知其才，委充商務局委員。其時初擬籌辦商務，尚無端緒，尚未能盡展其才。今日時艱方亟，講求富强要政，如該員之才，實不易覯。可否懇恩敕令送部引見，以備録用。

候選内閣中書黄忠浩　該員籍隸湖南黔陽，才識傑出，學純志遠，向來講求兵事。早年在籍辦理團練，聲望久著。近數年在湖北委帶勇營，軍律謹嚴，操練勤勞，又肯講求新式軍火槍礮。臣愚以爲欲開湘軍風氣，必自湘將開之。而湘軍宿將多已衰老，每多自負舊勞，固執成見，不肯改用西法操練。且武臣不學，亦難驟語精深。惟於文員中能得講求兵事之人才，庶可望提倡振奮。適湖南統領總兵劉福興病故，撫臣陳寶箴函商臣，將該員調回湖南，接統此營。臣本意實不欲遣，因屢函懇切，辰沅一帶甚關緊要，只可勉令回湘。竊察湘中後起堪備軍旅之才，實無逾於該員者。可否懇恩敕令送部引見，以備録用。

六十生辰恭謝皇太后恩賞摺 光緒二十三年八月十二日

光緒二十三年八月初十日差弁回鄂，賫到由内務府發出皇太后恩賞臣六十生辰御書綏疆錫祜匾額一面，懋歷宣勤嘉茂績，靖共介福錫蕃釐對聯一副，福、壽字各一方，御筆長壽字一軸，御筆蟠桃圖一軸，御筆雲蝠團扇一柄，御筆蓮花摺扇一柄，無量壽佛一尊，嵌玉如意一柄，蟒袍面一件，大卷江綢十二匹。臣當即跪迎至署，恭設香案，望闕叩頭謝恩祗領。

伏念臣早官侍從，洊歷方州，屢賜對揚，久蒙煦育。董生强勉，未聞日起之功。燭武無能，何補時艱之會。數絳縣庸愚之歲甲，荷珠宫寵命之天申。勉以綏疆，榮以錫祜。懋歷愧優賢之選，靖共勵正直之箴。凡材總納於福林，聖藻輝煌於壽寓。分媧皇五色之石，炳爲大聖丹青。頒王母千歲之桃，即是長生膏醴。團紈出篋，忘秋氣以銜恩。摺箑裁筠，揚仁風而阜物。藝能天縱，仰海涵春育之心。擁護雲祥，萃河圖洛書之寶。拯衆生於迷途苦海，佛現金身。望三楚以時和年豐，天如人意。繡華蟲而勗汝翼，焕雲藹以戒周身。仰揆榮施，實逾愚分。青瑣縈滄江之夢，微物亦荷天慈。黄州詠玉宇之詞，受知不在人後。觀者咸詫爲殊常之遇，此生何以酬高厚之恩。臣惟有履冰以勵官方，炳燭而勤老學。撫漢上重來之柳，生意頓增。傾園中終向之葵，愚誠無改。晚節香而秋容淡，願方圃菊之詩。壽觴舉而慈顔和，敬奏陔蘭之雅。

六十生辰恭謝皇上恩賞摺光緒二十三年八月十二日

光緒二十三年八月初十日差弁回鄂，賫到内務府發出恩賞臣六十生辰御書宣猷篤慶匾額一面，福、壽字各一方，無量壽佛一尊，嵌玉如意一柄，蟒袍面一件，小卷吉綢八匹，湯綢八匹。臣當即跪迎至署，恭設香案，望闕叩頭謝恩祗領。

伏念臣庸侔社櫟，任玷疆符，溯當五十之加年，仰荷九重之錫羡。陰符分寸，未忘陶侃之習勞。報鮮涓埃，已慨杜陵之遲暮。歷一旬而加馬齒，叨重巽而霑鴻釐。朵雲捧寶墨之花，朝日射黄金之牓。宣德而共職守，老愧壯猷。篤恭以致昇平，榮霑餘慶。福開箕範，樂旱麓之烝民。壽祝華封，歌康衢之庶老。旃檀法相，俾其灾沴消除。玉柄光華，期其設施如意。虞廷黼黻，榮逾鄭伯之緇衣。南國絲綸，化盡楚邦之藍縷。雲霞萬色，生南樓夜月之光輝。江漢雙流，瞻北極星辰於咫尺。隆天厚地，臨谷增兢，薄植孤根，戴山知重。臣惟有晚而學道，進思盡忠，聊以拙而自修，雖知難而不避。四方多故，敢忘櫪伏之壯心。九軌經涂，冀睹車攻之盛治。懔程子老而衰之訓，一敬不渝。讀毛詩下報上之章，九如願頌。再，臣同日仰蒙皇太后恩賞，應敬謹專摺叩謝，理合陳明。

謝頒賞平定回匪方略摺光緒二十三年八月十三日

光緒二十三年八月初十日差弁回鄂，賫到御賞平定陝甘新疆回匪方略一部，平定雲南回匪方略暨貴州苗匪紀略一部。臣謹恭設香案，望闕叩頭謝恩祗領。欽惟我皇上，化敷舜軫，武闡軒經，征不譓以迪前光，恢全功而臻大定。溯自中原之偃伯，猶餘邊徼之跳梁，於是纘聖緒以殪（戍）[戎][一]，稟徽音而柔遠。斷匈奴之右臂，直抵三危。攻南人之反心，旁通六詔。考元祖親征之記，惟以平回部爲奇功。緬有虞舞羽之朝，必以格苗民爲至德。今者，花門效順，貢天馬以來庭。竹國銷烽，祀碧雞而遣使。四百十卷之方略，撻伐有光。三萬餘里之皇圖，蕩平無滓。仰欽簫勺，莫罄軒饕。臣昔忝史官，曾窺柱下，今叨疆寄，深愧籌邊。歸鄆讙龜陰而春秋書，平氐羌鬼方而商頌作。事爲後法，如讀營平論屯穀之章。安不忘危，謹誦宣聖贊苞桑之語。

裁減湖北制兵並整頓練軍摺光緒二十三年八月二十八日

竊臣承准軍機大臣字寄，光緒二十三年三月初四日奉上諭：

[一]「殪戍」，似應為「殪戎」。

户部奏冗兵耗財過鉅，亟宜大加裁汰一摺。近因庫款支絀，各省亦籌解維艱，經户部先後奏請裁減緑營七成、勇營三成，疊經降旨飭令遵行。上年十一月初二日，復通諭各直省將軍、督撫，不論緑營、勇營均應大加裁汰。是裁減兵勇一事，事機所迫，勢在必行。兹據户部奏稱，自行知各省以來，惟山東一省經該撫李秉衡奏明，將制兵分限五年裁減五成，並將防營、練勇分別裁減。此外各省或請將兵額酌裁，尚無成數，或僅裁緑營二三成，所裁勇營，更屬寥寥無幾。似此敷衍塞責，有名無實，何濟於事。現在綜計各省兵勇尚有八十餘萬人，歲需餉銀約共三千餘萬兩。緑營積惰，久同虚設，當此償款期迫，中外諸臣自應合力通籌，先其所急。若猶復飾詞搪塞，坐擁多營，值此需款緊急之時，棄有用之餉養無用之兵，以致借無可借，抵無可抵，民生日蹙，國計亦因之愈窮。在公忠體國之大臣，當不出此。各直省將軍督撫奉到此旨，統限一月内，將裁減兵勇若干，節省餉銀若干，條分縷晰，切實覆奏。所留兵勇，務當精選、訓練，鎮撫地方。至所裁兵勇，應酌給遣餉銀米之處，並著該將軍、督撫等體察情形，奏明辦理。原摺著抄給閲看，除直隸、南洋、河南、浙江現有各軍另行諭令切實裁汰外，將此由四百里通諭各直省將軍、督撫知之。等因。欽此。當經恭録轉行，欽遵辦理。

查湖北勇營，前經奏明，分別裁併。此後能否再裁，應再隨時體察情形，奏明辦理。湖北緑營前經奉旨裁汰，撫臣譚繼洵在兼護督臣任内奏明，飭令各營革除老弱病故者，缺額不補在案。竊維緑營制兵，久形積弱，零星分駐，無從訓練。且以餉項微薄，多兼工匠、貿易，更難專意操防。若以之緝捕彈壓，則未嘗無益。若以之征巨寇，禦外侮，則罕見奏功。當此時艱孔亟，宵旰憂勞，豈敢因仍故習，聽其坐耗餉需而不思變計。查湖北兵額，道光二十一年以前係二萬二千六百三十四名。嗣後迭次裁減，軍務大定以來，減爲一萬八千三百四十八名，外委額外二百四十九名。至光緒十一年，裁減馬戰守兵二千九百二十一名以後，現在實存馬戰守兵一萬五千四百二十七名，内抽練兵三千八百名，存營存汛兵一萬一千六百二十七名。臣欽遵諭旨，會商撫臣、提臣，督同司道各鎮、各營將領等，詳加籌酌。擬請援照山東奏案，就湖北現有兵額實數，馬、步一律裁減五成。其光緒十一年前督臣裕禄已經奏裁之通省馬步兵額不在此數之内。連光緒十一年前案合計，實已裁減將及七成。總計此次應裁馬戰守兵共七千七百一十五名，均分爲五年遞裁，庶乎輕而易舉。至其裁減之法，其大指仍即臣前在江南奏裁兵額摺内所陳，裁散不裁整，裁兵不裁官二義。此則裁者既無扞格，存者亦可有用。現據提臣及各鎮協營先後咨覆、稟覆，一律遵辦。計裁竣後，每年約可節省兵餉、馬乾、米折共銀十一萬餘兩。謹將詳晰辦法敬爲我皇上臚陳之。

一、督撫提鎮各標、武昌城守營、漢陽、施南、竹山三協，已挑入操防營之練軍，糧餉既較原營爲優，屯聚復在一處，操練之法尚有可施，若責成將弁大加整頓，將來尚可期其有用，擬請勿庸議減。此外應就原營未練之兵，分別地方輕重，酌量裁減。總之，就練軍及原營實數合計，馬戰守兵統共裁減五成，不得剔除練軍之數計算，以冀少裁。擬將應裁之數，匀分五年裁竣。本年應裁兵丁，應發餉乾米折銀兩，即令各營截至八月底爲止，以昭畫一。以後每年遞裁截餉之期，即均以八月底爲斷。

一、所裁之兵，擬發給一年餉銀、餉米，遣令歸農，俾得藉以資生，徐圖改業。即自各營開額停餉之日起，由藩司、糧道，按數核明，發足一年銀米。此項恩餉既厚，可免其窮困觖望，以致爲非。

一、副、參、遊、都、守等官，以及千、把、外委、額外等弁，應請留爲弁兵升轉之階，及將來分帶兵勇之用，擬請勿庸議裁。

一、所裁原營未練之兵，係體察地方輕重情形緩急。繁要者，裁減較少。簡僻者，裁減較多。如其地設有練軍者，其原營即不多留。

一、酌裁次第，先儘千、把以下外汛及各塘零星無益之兵裁汰。如塘汛所裁，不足五成之數，再將副、參、遊、都、守專營隨身在城、在營之兵裁減。察其繁簡，分别酌留。如副、參、遊、都、守之營裁不足額，再將提、鎮各標同城之營及督、撫標各營未練之兵酌裁，以足五成之數。

一、凡有守備、千總分防外汛者，其地或係州、縣城内，或係關津鎮市，較有關繫，需兵彈壓，如遇有匪徒竊發，尚可作巡查、哨探之用。應將此守備、千總之汛，仍行存留。分汛守備，擬一律留兵四十名。分汛千總，擬一律留兵二十名。其該守備、千總所屬分撥外塘、外汛兵丁，零星無益，均即裁汰。

一、把總以下之防汛兵數，尤屬崎零無用，均即裁除。惟襄陽一帶，把總所管汛地，間有關繫緊要，不能無兵者，應於練軍及原營酌撥。

一、分駐協防外汛之把總、外委、額外等弁所管之兵，雖經裁除，其額缺廉俸應請仍循其舊，仍將此項無兵汛弁留於原駐該州縣本城或本汛，由州縣酌量委令管帶團勇民壯，協助緝捕等事，亦屬有益。該弁即歸該州縣節制調遣。如不得力，准州縣稟請撤換。緣此項汛弁，若一概撤歸本營，未免困苦可憫。且千、把等弁，爲兵勇升階，若有缺之千、把等弁不能自給，兵勇安有上進之望。以後兵勇征戰，緝捕出力者，將何以爲鼓勵之具。茲擬令千總留防，把總以下仍留原駐州縣差委，固所以體恤有缺末弁，實所以鼓勵兵勇。若該汛弁所管兵丁既裁，自願回本標差委，不願留州縣差委者，亦聽其便。

一、向來捕盜得力與否，全視州縣分防協防之千、把、外、額，疏防開參不過循例受過，以後裁去外汛之處，其捕盜等事即專責成州縣。若外汛之兵裁去者有疏防之案，原轄之武職免議。

一、以後州縣解餉、解犯、看守城門、局庫等事，有練軍及原營者，兼派練軍及原營。或並無練軍及原營，人數過少不敷差派者，即責成州縣派役護解看守。

一、塘汛既裁，以後武營遞送公文，有驛站地方，即由驛遞。無驛站者，交州縣向用遞文之鋪司等項人役投遞，不令營員出費。

一、練軍既概不裁減，即須認真操練，惟通省難得上等教習多名分布。且省外本營營官操練，不過沿襲故套，施放前膛槍，刀矛排演老陣，仍係有名無實。即發給精槍利礮，亦不知收檢操練之法。現經臣先將各營練軍及馬步防勇，於每營中擇其强壯樸實，年在二十五歲以下者，就本營人數挑選十分之一，派一哨弁率帶來省，蓋造營房，令其同駐。分派上等教習，教以新式快槍、快礮，及練習體操各法。臣隨時親臨督查，嚴核課程，分别賞罰。練至半年，遣回各營教練同營兵勇。仍另調一成來省學習。總之，半年一换，務使各營兵勇，輾轉相授，一律練成勁旅。惟調省教練者，僅止一成，其本營全隊亦應一體講求。若上等教習無多，即派次等教習前赴練軍、防勇各營，查照省標操法，認真教練，以爲循序漸進之基。務令裁存者漸臻有用，不致徒糜餉需。

一、各標練軍，皆係就本標各營挑入。此次裁減以後，原營之兵愈少，所有管帶練軍，應即委本標同城實缺、署缺將官管帶，不得另委候補人員，以免實缺將領無兵可管。如查有才不勝任者，由提鎮咨請、稟請，另於他營調署，以符名實而專責成。

以上各條裁減雖遲，而羣情一無窒礙。恩餉雖優，而經久所省實多。留兵雖少，而於地方武備實際毫無所妨。其有未盡事宜，容臣隨時妥籌辦理。總期力除緑營積習，不因節餉需而弛武備，以仰副皇上兵食兼籌之至意。至何營應裁馬戰守兵各若干，每年均裁兵若干，每年層遞節省餉銀餉米若干，以後實需餉銀餉米若干，現在應給一年恩餉銀米若干，各項細數已飭各營造具詳細清册，由藩司、糧道核算明確，再行開具清單，奏咨備案。至湖南情形與湖北略有不同，其應裁兵數，由臣會商湖南撫臣陳寶箴妥籌辦理。現已議有眉目，容即另案具奏。

（硃批）該部知道。（欽此）

會奏鄂賑緊急委員在直辦捐摺〔一〕

光緒二十三年八月　日

竊查湖北因連年被災，工賑需款甚鉅，奏蒙聖恩開辦賑捐，業經臣等咨明各省督撫臣，並委直隸候補道洪恩慶在直設局勸辦，湊集濟用。惟查湖北距京遥遠，若待將各捐生履歷造册送鄂，再行報部，往返周折，殊多遲滯，誠恐觀望，難期踴躍。鄂省災深賑急，羅掘早窮，賑糶尚未完竣而堵築各隄各口秋杪又須開工，實覺焦急無策，專盼各路捐款以資補苴。伏查京師義賑局勸辦湖北賑捐，曾經臣等奏請由順天府尹就近報部核奬，奉旨允准在案。今該局事同一律，擬請援案一面由該局將勸集捐款解鄂濟賑，一面即將各捐生履歷分起造册，呈由直隸督臣就近報部，按照湖北捐章核奬，以歸簡便而期迅速，則捐項庶可多集，于賑務實大有裨益。據湖北籌賑局司道詳請奏咨前來。臣等覆查無異，除咨户部、直隸督臣查照外。謹合詞恭摺具陳，伏乞皇上聖鑒。

户部知道。

勸集鉅款懇恩優奬摺〔二〕

光緒二十三年八月　日

竊查湖北各屬連年饑饉頻仍，地廣災重，援案開辦賑捐。在滇賑之後，湘賑、川賑又復先後同時興辦。無論在本省、外省，勸捐事機皆成弩末。所賴分派委員携帶實收，前赴各省就近勸募，尚可以廣招徠而資接濟。年餘以來，接據派出各員報解捐款，解足四萬兩、三萬兩以及萬餘兩者，頗不乏人，均係竭力籌辦，容俟賑務完竣，再行查明另行奏請奬叙。

茲查有分省試用同知李準，前經飭委該員赴廣東及南洋一帶勸辦湖北賑捐，該員不避艱險，遠涉重洋，親赴暹邏、新嘉坡及外埠，設法勸導華商，歷時一年之久，已據陸續勸獲捐款二十一萬餘兩。本年春夏間，鄖、宜、施三府屬災荒奇緊，款項奇絀之時，深賴此項鉅款源源接濟，全活災民不下百餘萬，其於賑撫全局大有裨益。伏查部章，凡勸賑捐人員准保補缺後，指定應升官

〔一〕録自《京報》第六〇〇六號。

〔二〕録自《京報》第六〇二二號。

階補用。按每分勸銀二萬兩上下，擇尤保獎一員。今該員勸獲銀兩已逾十倍，尤屬有異尋常。且查往年順、直、蘇、皖等省賑捐有勸募至十餘萬兩者，均照異常勞績專案請獎奉准有案。該員所勸銀至二十一萬兩之多，自應請優獎以示鼓勵，庶勸捐各員聞風奮勉，賑款源源接濟，實于災區大有裨益。據湖北籌賑局司道具詳請奏前來。臣等覆查無異，合無仰懇天恩俯念籌賑多艱，鉅資難集，准將分省試用同知李準，以知府分省補用，出自逾格鴻慈，謹合詞恭摺具陳，伏乞皇上聖鑒。

該部議奏。

江漢關掃解籌備餉銀摺〔一〕 光緒二十三年八月　日

竊照前准户部咨，丁酉年籌備餉需銀兩，奏撥江漢關四成洋税銀十二萬兩、六成洋税銀十六萬兩等因。業經籌撥本年第一批至四批籌備餉需四、六成洋税銀各十二萬兩，委解赴京交納奏報在案。茲據湖北漢黄德道江漢關監督瞿廷韶詳稱，在於第一百四十七結所徵六成洋税項下，動支庫平足色銀四萬兩，作爲本年第五批籌備餉需。飭委候補知縣朱宗翽、試用知縣朱承均管解赴京交納。所有本年奉撥籌借餉需銀兩，現已掃數解清等情，詳請奏咨前來。臣覆核無異，除分咨外，理合會同湖北巡撫臣譚繼洵恭摺具陳，伏乞皇上聖鑒。

户部知道。

江漢關掃解東北邊防經費片〔二〕 光緒二十三年八月　日

再，前准户部咨，豫撥光緒二十三年分東北邊防經費，奏撥江漢關六成洋税銀十萬兩，行令遵照辦理等因。所有江漢關奉撥前項銀兩，業經委員管解第一、二、三三批銀八萬兩，赴京交納，均經奏咨在案。茲據湖北漢黄德道江漢關監督瞿廷韶詳稱，在於所徵六成洋税項下動支庫平足色銀二萬兩，作爲本年第四批東北邊防經費，飭委候補知縣朱宗翽、試用知縣朱承均管解赴京交納。所有本年奉撥東北邊防經費銀兩現已掃數解清等情，詳請奏咨前來。臣覆核無異，除分咨外，理合會同湖北巡撫臣譚繼洵附片具陳，伏乞皇上聖鑒。

硃批：户部知道。

江漢關籌解淮軍月餉片〔三〕 光緒二十三年八月　日

再，前准户部咨，議覆直隸督臣李鴻章奏淮軍月餉支絀，請將江漢關應解額款四六成洋税項下通融匀撥案内，議令江漢關應解淮餉，如六成洋税無款，即在四成洋税及五成二厘招商局税内按數提解等因。奉旨：依議。欽此。咨行欽遵辦理。查江漢關奉撥淮軍月餉四成洋税銀二萬兩、六成洋税銀三萬兩，均解至光緒二十三年正月分止，隨時奏報在案。茲應解本年二月分六成淮餉，現因款項支絀，設法騰挪在第一百四十七結所徵六成洋税項下動支庫銀三萬兩，作爲直隸淮軍月餉，委解湖北淮軍收支轉運局轉解。至欠解淮軍月餉，容俟徵收有項，即行補解。據湖北漢黄德道江漢關監督瞿廷韶詳請奏咨前來。除分咨外，理合會同湖北巡

〔一〕録自《京報》第六〇一七號。

〔二〕録自《京報》第六〇二〇號。

〔三〕以下二件録自《京報》第六〇二一號。

撫臣譚繼洵附片具陳，伏乞聖鑒。

户部知道。

委解第二批加放俸餉片 光緒二十三年八月　日

再，前准户部咨，湖北省應解西征洋款改爲加放俸餉，自光緒十五年起，按年解銀二十萬兩，按年解部等因。光緒十四年十一月二十四日具奏，奉旨：依議。欽此。咨行欽遵辦理。業經按年照數劃撥解清。本年應解加放俸餉銀二十萬兩，遵照部咨劃撥應還俄德英法借款本息銀十萬兩，其餘銀十萬兩，業經籌撥第一批銀一萬兩委解赴京交納，附片奏報在案。兹據湖北布政使王之春會同善後局司道詳稱，籌撥本年第二批加放俸餉銀三萬兩，飭委候補知縣朱宗翽、試用知縣朱承均管解赴京交納，餘俟續籌有款，再行委解，詳請奏咨前來。臣覆核無異，除分咨外，理合會同湖北巡撫臣譚繼洵附片具陳，伏乞聖鑒。

户部知道。

縣缺繁簡互相調補摺[一] 光緒二十三年九月初二日

竊臣之洞前以東湖、竹谿二縣地方情形今昔不同，擬請互改繁簡，奏奉硃批：吏部議奏。欽此。旋經部臣奏請將東湖縣改爲衝繁難題補要缺，竹谿縣改爲疲字簡缺，歸部銓選。至現任東湖縣知縣周瑞鑾是否能勝繁缺之處，由該督查明再行辦理等因。光緒二十三年六月十六日具奏，奉旨：依議。欽此。欽遵咨行到鄂。臣等伏查東湖縣爲宜昌府附郭首邑，川楚咽喉，水陸衝要。自開設通商口岸以來，華洋互市，民教雜處，中外交涉政務殷繁。現經改爲題補要缺，自應遴選精幹之員以資治理。該本任知縣周瑞鑾，安徽合肥縣監生，由勞績保舉加捐知縣，選授今職。該員前在任時，於地方公事尚無貽誤，惟謹飭有餘，應變不足，於斯缺不甚相宜。應即酌量改調，以重地方。查竹谿縣知縣夏時泰，湖南衡陽縣進士，由即用知縣補授今職。該員明練果斷，勤奮有爲，前在本任暨兩署崇陽縣篆務，政聲卓著，措置咸宜。以之調補東湖縣知縣要缺，實堪勝任。所遺竹谿縣知縣現經改爲選缺，事簡民馴，非昔繁要可比，擬請即以周瑞鑾調補，可期經理裕如。該員等任内均無積案及欠解錢糧、承緝盜案已起降調革職叅限。周瑞鑾亦無承追督催有關展叅之案。且本係部選簡缺人員，現仍調補簡缺，非由繁改簡可比，並毋庸送部引見。據湖北布政使王之春、按察使馬恩培會詳請奏前來。臣等覆查與例相符，合無仰懇天恩俯念員缺緊要，因地擇人，准以竹谿縣知縣夏時泰調補東湖縣知縣要缺，所遺竹谿縣知縣選缺，即以東湖縣知縣周瑞鑾調補。庶人地各得其宜，實於吏治有裨。除咨吏部查照外，謹合詞恭摺具陳，伏祈皇上聖鑒，勅部核覆施行。

吏部議奏。

舉辦丁酉正科武闈鄉試摺[二] 光緒二十三年九月初二日

竊查武闈鄉試，凡總督、巡撫同省者，例應以撫臣爲主考，

[一] 録自臺北故宫文獻編輯委員會編《宫中檔光緒朝奏摺》第十一輯，第二〇二至二〇三頁，臺北故宫博物院一九七四年版。

[二] 録自臺北故宫文獻編輯委員會編《宫中檔光緒朝奏摺》第十一輯，第二〇七頁，臺北故宫博物院一九七四年版。

督臣爲監臨，歷經遵照辦理在案。茲查湖北省光緒二十三年丁酉正科武闈鄉試試期伊邇，亟應循例舉辦。所有内外場考試自應由臣譚繼洵主考，臣張之洞監臨。謹將應辦一切事宜，預爲籌備，並揀派提調監試會同兩司，隨同校閲，以期選拔真才，仰副聖主修明武備之至意。據湖北布政使王之春具詳前來，理合將舉行武鄉試監臨、主考循例分辦緣由，會同湖北學政臣龐鴻文恭摺具奏，伏祈皇上聖鑒。

知道了。

會奏爲幹路由楚入豫詳勘襄樊信陽兩道比較便利請旨遵行並陳報南北兩端情形摺

光緒二十三年九月二十日

竊蘆漢鐵路，貫幅幀之中，通南北之脉，關道取徑，必求至當。西人造路，以勘路爲全局綱領，測量、圖繪爲入手要義。稍有不審，稽時誤工，勞民糜費，其害不可勝數。臣等先派德國公司測勘一次，續派美國公司覆勘一次。頃比款借定，應用比人造路，復令比公司覆勘，遴派熟悉情形通曉測繪之華員相輔。至再至三，惟恐其不詳也。臣等前年奉命籌辦幹路，嘗以襄陽西通秦中形勝之地。樊城一鎮，西北商旅出於其途。茲將幹路取道西偏繞德安、南陽以達鄭州。似於經緯區宇之中，兼寓陰雨綢繆之旨。現在就節次洋工所勘，按圖證説，參以見聞。

臣宣懷奉旨入都南下之後，和衷商搉，大抵修築幹路之事，本意首裨國事，次興商務，次計工程。國事以徵調、餽運爲重，海内有故，調發罕至〔一〕楚豫迤西，路跨襄樊，較逕指信陽，計程多三百二十三里。程多則時刻、運費與之俱。羽書星火，所貴捷速，則往來之便利不如信陽矣。襄樊一路，地多汙萊，道鮮車馬，軌路俱沿襄河，舟楫、車輪均分其利，即均受其損。以言興商，不如信陽一路，其直如矢，輪蹄輻輳，沿途河流東西横達，軌路舟車之利互相益無相奪也。由漢口至德安二百餘里，多低窪之地，歲患水災。樊城四面二十餘里，大略相同。信陽一路，惟漢口至灄口三十餘里，低地患水。其山路，則信陽之武勝關與襄樊路之棗陽嶺難易無甚區別，而襄樊較信陽路長三百二十（二）〔三〕里〔二〕，以造路每里二萬計，襄陽須多費六百四十六萬兩。以養路每里二千計，襄樊須每年多費六十四萬六千兩。兩路工程利便之别又如此。緣是三端，似幹路由楚入豫，當以逕行信陽爲得策。俟幹路既成，察看西路情形，再由鄭州向西，經河南府直入潼關，籌添支路，庶不紊緩急先後之序。王大臣原稟此項幹路須造雙軌，臣以查中貫萬方所歸，攘往熙來，宜圖永逸。查東西鐵路，非實在繁盛地段，不設雙軌。今之蘆漢鐵路所經，多非殷闐繁富之區，孤幹初立，重枝未興，若遽舉直、豫、鄂三省之路，全建雙軌，恐加倍之工料，實屬虚費。養路之利益，無所取資。且照原估四千餘萬兩之數，不敷甚鉅。不如預備雙軌之地，除平站暨轉灣之處應設雙軌外，其餘先設單軌。俟枝路四達，車輛日增之時，再議加添，仰祈聖明折衷一是。

現在北端自蘆溝橋至保定一段土工已竣，各項物件亦陸續到工，年外當可支搭。先鋪軌道，開車運料，一面派員續籌保定至

〔一〕「罕至」，似應為「早至」。

〔二〕據前後文計算，應為三百二十三里。

正定一段買地事宜。一俟比國總公司到日，即行廣續趲集。南端由漢口至孝感一段，已儲備木石各料，指日水落，當即墊道造橋，計日程工。大約鐵道不難在築路鋪軌，而難在造橋，尤難在運料。南北橋工如環河、襄河、淮河、沙河、潁河、淇河、衛河、漳河、洛河、滹沱河、渚路河、塘河、琉璃河、永定河，寬闊自數十丈至四五百丈，已費經營。中間渡黃之處，約在滎澤左近，寬闊約十餘里，工艱費巨。向來各國興造大路，重在測繪，茲先勘尋運道，如衛輝至黃河一段軌道必應先造。所有黃河橋軌各重料，應以天津衛河運至衛輝，其他皆可類推。現經比公司商酌，選派頭等工程師，多帶測繪洋匠前來，逐段勘測繪圖。一俟圖成，全局在握，謀定後動，不難多分段落，同時兼舉，期於五年限內，告厥成功。苟非有意外之阻，當不致過形重滯也。

（硃批）該衙門議奏，單並發。（欽此）

派員前往開平礦局商訂焦炭合同片 光緒二十三年九月二十日

再，今天下大興作，莫甚於鐵路。路料，莫巨於鋼軌。湖（南）［北］大冶縣鐵礦[一]，臣宣懷謀之於先。漢陽鐵廠，臣之洞成之於後。皆所以爲今日造路計也。顧非軌不能成路，非鐵不能製軌，非佳炭不能鍊鐵。故臣之洞經營漢廠，先經營馬鞍山煤礦。竊計兩礦日出之鐵，足敷鍊鐵之用。馬鞍山所出之煤，亦足敷兩鑪之用。其不足者，輔以萍鄉之煤。不料馬鞍山煤質中變，出煤之數雖屬不少，無如礦質甚多。或供鍋爐，或鍊焦炭，供他項之用，若鍊生鐵，只能配搭。而萍鄉之煤，不用機器不能盡純粹，以致先開一爐，亦須求煤於外。臣宣懷去夏接辦後，一面廣求煤礦，一面與開平礦務局按照時價訂購焦炭，以應目前。伏查一爐歲需焦炭三萬六千噸，兩鑪同開即倍之。化鍊鋼軌之焦炭尚不在內。今年與開平但訂三千噸，不及一鑪數月之用，然猶不能挑選整潔。牘函商懇至再至三，常岌岌有不克接濟之意。現在蘆漢兩端並舉，非開兩爐無以應期成軌。近來雖在江、皖、湖北等省沿江近水地方察得煤礦數處，正在分遣礦師鑽試。即使煤旺質佳，亦須二三年始能辦成。此二三年內，幹路鐵軌須用十分之七。中國礦煤鍊焦合化鐵用，而用機器開挖，日可出煤一二千噸者，僅有開平一處。則漢廠改鍊此七分之軌，非賴開平公司之力不可。方今鎊價昂貴，購外洋鋼鐵逾半，價三四成。如開平公司一年之內能應漢廠焦炭六七萬噸，則軌不外購，實吾華興工藝、塞漏卮、利權不外溢之機會。否則軌料、橋料莫不取資洋廠。蘆漢幹路多擲二千萬，以貽外人，而漢廠將一蹶不振，工藝均廢，漏卮日出，利權坐失，自強利鈍之機無有大於此者。開平公司經李鴻章竭力維持，幸有今日，顧全大局，應有同心。除由臣文韶督飭該局，儘力設法開煤運洛，務令足用，並由臣之洞、宣懷，派員前往開平。商訂合同外，謹將一切機宜奏聞，伏祈聖鑒。

再，蘆漢鐵路議借比國洋款，業經臣等議定草合同，奏准簽字在案。嗣由該公司續派德福尼愛蘭，依期來滬，查照原約期，於六月二十八日將草合同彼此再行簽字，作爲正合同。另訂附約五款，補正約所未備，除咨行總理衙門外，理合附片奏聞。

[一] 大冶鐵礦在湖北，故改。

籌解第七批鹽釐京餉片[一] 光緒二十三年九月　日

再，前准户部咨，豫撥光緒二十三年京餉案内提撥湖北鹽厘銀十五萬兩。又准户部咨，續撥本年京餉案内，撥湖北鹽厘銀五萬兩。行令分批起解等因。業經籌解第一批至六批共銀十二萬兩，附片奏明在案。兹據湖北布政使王之春、署鹽法武昌道朱其煊籌撥本年第七批京餉鹽厘銀二萬兩，飭委試用知縣孫星焜、試用知縣胡金鐙，會同管解赴京交納等情，詳請奏咨前來。臣覆核無異，除分咨外，理合會同湖北巡撫臣譚繼洵附片具陳，伏乞聖鑒。

户部知道。

會奏土藥税請照舊辦理摺[二] 光緒二十三年九月　日

竊照准户部咨，鈔奏内開，内地土藥另籌徵收之法，因總税務司摺開，各省出産土藥擔數甚多，而各省税收不旺，擬令各省派員在出産土藥盛處，各設立總局，略仿洋藥税釐併徵之法，每擔徵銀六十兩，納足之後，任其銷售，無論何處概不重徵。聲明湖北應照此章一律辦理等因。當經轉行各司道關局，遵照籌辦。伏查湖北向不産土，近年施南、鄖陽所屬偏僻之區，地瘠山深，間有貧苦之家零星種植，極爲稀少，僅供土人吸食，無税可收。湖北所收土藥税釐，概係來自四川、雲、貴等省，川土爲大宗。滇、黔土較少，亦取道川境入楚。故湖北於川省毗連之宜昌府，既立有洋關以收川土過境行銷各口岸之税，復於該處另由地方官委員設立總局，以收川土入境行銷内地之税。此外復酌設分局、分卡多處，雇募巡丁、營勇多方查緝。宜昌洋關税上年約收銀四十萬兩，大率皆係土藥，他貨只一萬餘金，該關應解京餉及續還洋款、息借商款等項約三十餘萬兩，宜昌、沙市兩處關用約五萬餘兩，均在此出。宜昌暨本省各局卡每年約收土税二三十萬兩，此項每年奏定撥充槍礮局經費二十萬兩、局用緝私勇費五萬餘兩，餘款解部。又每年約收落地釐錢數萬串，向係併入百貨釐内奏報，凑備餉需。以上關局所收税釐，爲款甚鉅，均關緊要餉需。若由四川、雲、貴等省就地統徵，則湖北絶無土税可收，一切要需皆無所出，惟有奏請由川省於該省所收土税内，照數撥補。且四川、雲、貴之土運入楚境，山路歧紛，若改照新章，湖北雖無税可收而水陸各路驗票緝私、補抽關卡仍不能撤，以防無票繞漏。種種經費勇糧自亦須出之川省。查宜昌關京餉、洋款、鄂省槍礮局專款，每年數十萬。水陸關卡用、局用經費、勇糧每年共十餘萬，均須索之川省，即使奏蒙恩准飭撥，然川省之肯如數撥補與否，實不敢必，縱或應允於目前，必致延欠於日後。是既失徵收土藥萬不可緩之鉅款，而徒成稽查土藥關卡之繁費，窒礙實多。正在躊躇爲難之際，適准四川督臣鹿傳霖咨，川省土藥税礙難重徵，擬請但於舊有之局卡再加整頓，於舊無之局卡量爲添設，業經覆奏。並聞貴州亦擬請仍照舊章。鄂省自惟有照前抽收，俟將來如果川省改章時，再行體察籌議，奏明請旨辦理。據湖北布政使王之春、宜昌關道俞鍾穎暨善後牙釐局各司道會詳請奏前來。臣等覆核無異，所有湖北本省土藥稀少無從徵收，其抽外省土税仍請

[一] 録自《京報》第六〇二九號。

[二] 録自《京報》第六〇三五號。

照舊辦理緣由，謹合詞恭摺具陳，伏乞聖鑒。

戶部知道。

武弁情形苦累懇緩引見摺〔一〕光緒二十三年九月　日

竊查定例：各省千總歷俸六年後，該督撫、提督詳加考驗，如人材、弓馬可觀，年力精壯，熟諳營伍，堪膺保送者，給咨送部。其年力未衰，弓馬尚可以造就者，該督撫等出具考語，准其留任，咨部換給劄付。庸劣衰邁者，勒令休致。又例載：雲騎尉留營學習，三年期滿，恩騎尉五年期滿，果能弓馬嫻熟，諳練營伍，該管大臣出具考語，給咨送部引見，分別録用各等語。歷經遵辦在案。臣查湖北、湖南兩省緑營困苦情形，日甚一日。軍興以後，保舉者過多，武弁升轉補缺亦日難一日。所有俸滿千總、期滿世職兩項，經兵部飭遵後，均係遵照考送請咨。惟千總微弁，廉俸無多。學習雲騎尉、恩騎尉世職，俸銀微薄，家計貧寒，襤褸飢窘者，十居八九。即在標當差，尚苦不能餬口，若令赴京引見，往返萬餘里，資斧艱難，每苦無從籌措。且引見回省以後，其升遷補缺，仍復渺茫無期，體察情形實可憫念。查早年定例時，今昔情形實有不同，擬請嗣後俸滿千總、期滿世職，如遇軍政巡閲之年，應由督撫考察其人材弓馬可觀，年力精壯，熟諳營伍，堪膺保送之員，即行照例保題，分別升用、補用，造册咨部。兵部核其與例相符，即由部覆准具奏奉旨後，以本省千總俟升補守備時，雲騎尉俟請補守備時，再行併案給咨送部引見。其恩騎尉品秩尤卑，將來止補千總，情形尤苦。可否於補千總時，暫免赴部。俟將來升擢守備時，再行併案給咨引見。其俸滿千總，年力未衰，弓馬尚可以造就，應行咨部留任換劄者，及庸劣衰邁，應行勒休者，及輕車都尉應行引見，俱仍照舊分別辦理。似此量爲變通，既所以體恤末弁，軫念忠裔，而於慎重武職實缺之意，仍不相妨。如蒙俞允，實出逾格鴻慈，所有俸滿千總、期滿世職情形苦累，懇請暫緩赴部引見緣由，理合恭摺具陳，伏乞皇上聖鑒。

揀員請補要缺同知摺〔二〕光緒二十三年十月初六日

竊照漢陽府同知厲祥官在任病故，當經題報開缺，聲明所遺要缺，容另揀員請補在案。查截缺章程内開，病故之缺，有本日可計者，即以本日作爲開缺日期。今漢陽府同知厲祥官係於光緒二十三年七月十二日病故，歸七月分截缺，應由外揀員調補。查定例，州縣以上應調缺出，俱令於現任人員内揀選調補。如無合例堪調之員，准以候補人員題補。又道府同知、直隸州知州、通判知州如係奉旨命往或督撫題明留於該省候補者，無論應題、應調、應選之缺，令該督撫擇其人地相宜者，悉准補用。至題調要缺道府同知、直隸州知州、通判，酌量以候補人員請補時，該省如有截取記名分發人員，應先儘酌量請補各等語。今漢陽府同知係衝繁難要缺，駐劄漢口，水陸通衢，商賈輻輳，本屬重鎮。且

〔一〕録自東吴仰止廬主輯《南皮張宫保政書》，上海圖書集成印書局印，一九〇一年版。

〔二〕以下二件録自臺北故宫文獻編輯委員會編《宫中檔光緒朝奏摺》第十一輯，第三〇五至三〇七頁，臺北故宫博物院一九七四年版。

係通商口岸，華洋雜處，稽查彈壓最關緊要，非精明練達之員，難期勝任。臣等在於通省現任簡缺同知内逐加遴選，實無合例堪調之員，應以候補人員酌補。查有截取分發補用同知金鴻翎，年三十六歲，安徽英山縣人，由廩貢生候選訓導，應光緒十四年戊子科江南鄉試中式舉人，十五年己丑科會試中式貢士，奉旨以内閣中書用，是年五月到閣，十七年三月補缺，七月聞訃丁父憂開缺回籍，二十年正月起復，三月補缺，八月遵新海防例捐免試俸歷俸截取，由内閣保送外用。九月二十五日由吏部帶領引見，奉旨：著照例用。欽此。由部註册截取記名外用同知，二十一年三月遵例呈請分發，捐指湖北，四月十五日引見，奉旨：著照例發往。欽此。六月初九日到省。查該員金鴻翎才具明練，辦事慎勤，且係截取記名分發人員，以之請補漢陽府同知要缺，實堪勝任。惟調缺請補與例稍有未符，但人地實在相需，例得專摺奏請。合無仰懇天恩俯念漢陽府同知員缺緊要，准以截取分發補用同知金鴻翎補授，實於地方有裨。該員係截取同知，請補同知銜缺相當，毋庸送部引見。據湖北布政使王之春、按察使馬恩培會詳前來。謹合詞恭摺具奏，伏祈皇上聖鑒，勅部核覆施行。

吏部議奏。

請獎叙催徵全完之員摺 光緒二十三年十月初六日

竊照錢漕乃維正之供，催科爲有司專責，鄂省頻年奉提京餉及撥協各省餉項，全賴地丁等款徵解踴躍，藉資挹注。是州縣催徵之勤惰，實關餉需之贏縮。其有先期完解之員，歷經奏准獎叙在案。茲據湖北布政使王之春、督糧道岑春蓂詳稱，查蘄州額徵光緒二十二年司庫地丁等款錢糧，除坐支外實應解銀二萬六千二百五十四兩七分三釐，又應解道庫漕南正耗米折等款銀三萬六千五百兩七錢一分三釐，共銀六萬二千七百五十四兩零，均於奏銷前掃數全完，例應加二級。又經徵光緒二十、二十一兩年錢漕各款銀兩均在五萬兩以上，亦於奏銷前全完，曾經按年奏獎例得於照常議叙之外，量加優叙，准其不論俸滿即升等情，請一併奏獎前來。臣等查該州額徵各款錢糧銀兩合共在五萬兩以上，現計三年全完，均係一手經徵，洵屬催科勤奮，自應專案請獎。合無仰懇天恩俯准將現任蘄州知州凌兆熊照例給予加二級，准其不論俸滿即升，以示鼓勵而資觀感。謹合詞恭摺具奏，伏祈皇上聖鑒。

該部議奏。

揀員升補要缺知州摺[一] 光緒二十三年十月二十一日

竊照沔陽州知州丁國楨，在任丁母憂，當經題報開缺，聲明所遺要缺容另揀員請補在案。查截缺章程内開，丁憂之缺，有本日可計者，即以本日作爲開缺日期。今沔陽州知州丁國楨係於光緒二十三年七月十五日丁母憂，歸七月分截缺，應由外揀員請補。查定例，州縣應調缺出，俱令於現任人員揀選調補。如無合例堪調之員，始准以候補人員題補。如候補無人，准於應升人員内歷俸三年以上揀選題升。又題升知縣以上官員，俱令送部引見。又州縣以上應升缺

〔一〕録自臺北故宫文獻編輯委員會編《宫中檔光緒朝奏摺》第十一輯，第三二五至三二七頁，臺北故宫博物院一九七四年版。

出，應令將卓異引見回任候升人員先儘升補，不准於摺内聲叙人地未宜。又章程内開，凡保題升調人員，於疏内將該員任内有無積案及欠解錢糧、承緝未獲盜案詳細聲叙，如承審案件並承緝盜案、徵解錢糧已起降調革職參限者，概不准其升調各等語。今沔陽州知州係繁疲難兼三要缺，濱臨江漢，地廣賦繁，撫字催科、隄防水利在在均關緊要，非精明練達才能出衆之員，難期勝任。臣等在於通省現任候補各員内，逐加遴選，非與例未符，即人地不宜，實無堪調請補之員。惟查有卓異應升班内之漢陽縣知縣薛福祁，年五十一歲，江蘇無錫縣人，由貢生就職直隸州州判，報捐内閣中書，於協助黔餉案内改捐知縣，調赴山東，派委機器局差，保以知縣歸本班後，不論雙單月選用。光緒二年十二月十五日奉旨：依議。欽此。五年投供候選，七年四月籤掣漢川縣知縣，在京報捐尋常加一級，領憑到省。八年三月初一日到任，十一年調補漢陽縣知縣，七月初三日到任，在海防捐局加捐同知銜，十二年大計保薦卓異，十五年三月初四日吏部帶領引見。奉旨：准其卓異加一級，回任候升。欽此。十一月初一日回省，十六年在順直賑捐案内報捐花翎。又於浙江甯紹台道捐輸海防經費項下移奬案内，經部議准給予雙月知府在任候選。十九年三月十五日回漢陽縣本任，二十年七月復在湖北新海防捐局遵例加捐道員，不論雙單月在任候選，並免離任。查該員薛福祁老成穩慎，辦事認真，歷在漢川、漢陽縣各本任及署理興國、蘄水、蒲圻等州縣辦理一切，悉臻妥善，歷俸已滿三年，且係大計保薦卓異應升之員。以之升補沔陽州知州要缺，實堪勝任。該員漢陽任内僅有承緝客民傅吉泰被劫盜案一起，現已四參限滿咨部議結。此外並無承審案件暨承緝盜案、徵解錢糧已起降調革職參限。惟調缺請升與例稍有未符，但人地實在相需，例得專摺奏請，合無仰懇天恩俯念沔陽州知州員缺緊要，准以卓異應升之漢陽縣知縣薛福祁升補，實於地方吏治均有裨益。容俟接准部覆，照例給咨赴部引見。再，初升人員，毋庸核計罰俸。據湖北布政使王之春、按察使馬恩培會詳前來。除咨部查照外，謹合詞恭摺具陳，伏祈皇上聖鑒，敕部核覆施行。

再，所遺漢陽縣知縣，係衝繁疲難四項最要缺，俟接准部覆，揀員請補，合併陳明。

吏部議奏。

唐心口隄工緊要親往察看摺光緒二十三年十一月十二日

竊臣等承准軍機大臣字寄，光緒二十三年十月二十七日奉上諭：給事中高燮曾奏，湖北潛江縣唐心口隄工關繫數州縣田廬，本年漢水漫溢，其故由於興工太遲，請飭迅速堵築等語。此項隄工據奏關繫緊要，即著張之洞、譚繼洵酌度情形，趕緊堵築。原片著鈔給閱看，將此諭令知之。欽此。

伏查唐心口係京山縣所屬，去冬因水退過遲，口門水深數丈，無從施工，且直無從估計，故至臘正之交，中洪稍淺，始能勘估，晝夜趕修。乃今年春間，雨水過多，二、三月内，兼旬霖雨，晝夜滂沱。春漲又復早至，以致口已堵合，復被漫決，並非謀之不豫，實緣洪深、雨旱，工艱、款鉅，人力難施，前經疊次奏明在案。兹當霜清水落，業經臣等於十月下旬，檄委奏辦賑務江西候補道惲祖祁、署安陸府知府候補知府彭覺先等，趁此水涸之時，前往勘估，百計挪湊款項，迅速興修，兼可以工代賑，於十一月初九日，奏明在案。兹據惲祖祁等禀稱，唐心口隄，今春潰口僅五百餘丈，夏秋沖刷多出三百餘丈，是以此次月隄搭腦，又須退後填築，相度形勢，插立引桿，已至二千丈外，至填築三處水洪，共八百餘丈，所費已鉅。而築隄二千餘丈，水陸各廣，取土甚難，加以填洪、抛沙、堆掃及木石物料各項用費，通盤估計，約需數十萬金。原擬籌備之款，所差甚鉅。且此隄患深工險，所有塞決築隄自當一氣趕成，不可作輟。若停工待款，則費用轉加，且恐前功盡棄。惴惴過慮，不易措手，稟請核示等情。

查鄂省庫儲如洗，百端交集，羅掘久窮，專恃賑捐一款應用。而此時捐事甚不踴躍，從何籌此鉅款，實覺束手無策。特是該隄關繫京山、天門、漢川、潛江等縣民命、田廬，萬不能置而不修。各該縣罹此水災已經兩年，溝壑流亡，慘苦萬狀，不惟無耕種之地，並且無棲止之區。若再不修築，是明年一年生計又已無望。百餘萬災黎，固屬可憫，且流離窮迫，爲患亦不堪設想。臣等反覆籌思，萬分焦灼。茲由臣之洞即日馳赴唐心口親往察看，督飭該印委等力求撙節，核實確估。一面就現發之款，飭催趕緊興工。俟臣之洞回省，當會同臣繼洵督飭司道等熟商籌款之法，再行具奏請旨辦理。臣等總期竭力設法成此要工，以仰副聖主軫念民艱，拯救饑溺之至意。所有唐心口隄工，先經臣等委員勘修，茲復遵旨酌度情形趕緊堵築，並由臣之洞親往察看確估督催，再行設法竭力籌款。

（硃批）知道了。（欽此）

出省勘估唐心口隄工日期片〔一〕

光緒二十三年十一月　日

再，唐心口隄工萬分緊要，款鉅工艱，現已遵旨赶緊堵築，由臣親往確估督催，已於此次另摺會奏。茲臣擬於本月十七日出省馳赴唐心口察看確實情形，督飭印委各員迅速籌辦，往返約計不過旬餘。所有臣衙門例行文件即委藩司代拆、代行。其緊要事件，仍轉送臣行次核辦。理合附片陳明，伏乞聖鑒。

知道了。

委員兼護副將片

光緒二十三年十一月　日

再，原署湖南綏靖鎮總兵靖州協副將張士芳，前因病故篆務經臣檄委提督銜總兵現任湖北竹山協副將調補施南協副將文漢章前往署理。惟竹山往赴綏靖有需時日，當即飭令綏靖鎮標中軍遊擊胡百華就近兼護。遊擊胡百華旋即病故，又經檄飭現署綏靖鎮標中軍遊擊該鎮右營都司易煥章暫行兼護。均經先後奏明在案。查文漢章至今尚未由竹山交卸行旋省，誠恐行至綏靖尚需時日，綏靖地屬苗疆，現當整飭營伍之際，邊營要鎮未可久懸，現署中軍遊擊易煥章兼護篆務，爲日過久不吕便，亟應改委接署，以資控制。查有沅州協副將崧煜，營務明練，辦事認真，且綏靖鎮稍近，堪以委令署理綏靖鎮篆務。令其將沅州協篆由副將中軍都司暫行兼護，即起程迅赴署任，俾資鎮撫。其文漢章即改委署理沅州協副將，除檄飭遵照外，理合會同湖南巡撫臣陳寶箴、湖南提督臣婁雲慶附片具陳，伏乞聖鑒。

兵部知道。

〔一〕以下二件録自《京報》第六〇八九號。

收解淮鹽釐錢數目摺[一] 光緒二十三年十一月　日

竊照湖北襄陽、鄖陽、安陸、荆州、宜昌五府及荆門州暨湖南澧州，前於同治十年奏定川、淮二鹽分界行銷。光緒九年經前兩江督臣左宗棠奏准於樊城、沙市、岳口、螺山等處設立局店，試辦分銷，所收淮釐，按照川鹽章程津貼鄂餉，就中仍照川鹽加價數目扣回分半解淮錢文。旋據湖北督銷淮鹽局會同湖北鹽道籌議，照川税正課、加課、公費三項數目併計，每斤共應收錢十八文。其中加課五文，淮、鄂各半分解，應以十五文半歸楚，二文半歸淮。歸楚者徑解鹽道衙門查收，撥解善後局充餉。所有鄂省經收湖北督銷淮鹽局移解樊城、沙市等局店光緒二十二年分所收釐錢，共售鹽五十三批二十二引，計二千六百七十二引，照川税章程内應收正課錢一萬八千四百三十六串八百文、加課錢八千零一十六串文、公費錢二千四百四串八百文。除加課錢文由局截半，分解金陵防營支應局照收，公費錢文留歸外銷五成公費項下入收另報外，其正課全項同引課解鄂一半及公費一半充餉錢一千二百二串四百文，均解交善後局充餉等情，具詳請奏前來。臣覆核無異，除咨部查照外，理合恭摺具陳，伏祈皇上聖鑒。

都司携款潛行請革究摺 光緒二十三年十一月　日

竊據湖南鎮筸鎮總兵周瑞龍呈稱：准補靖州協中軍都司李友勝，係應行請咨北上之員，前經委員接代，飭令造册請咨，詎該都司不遵功令，赶緊請咨交卸後，又不將經手錢糧交代清楚，輒自携帶公款潛行匿避，呈請核參追繳。並據該協署副將徐先發禀揭前來。查該都司李友勝，曾於光緒二十一年十月因經前兼護督臣譚繼洵飭令造具履歷册，請咨來鄂聽候考驗，給咨赴部在案。迄今年餘，該都司並未請咨考驗，竟敢携帶公款，輒自潛行，於本年十月内來鄂禀到，未候傳見，旋即不知去向，實堪詫異。自應先行奏參革審，相應請旨將湖南靖州協中軍都司李友勝，先行革職。一面通飭湖南、湖北兩省查明該員蹤跡，勒傳歸案。飭辰永沅靖道訊究追繳，以重餉項而儆官邪。謹會同湖南巡撫臣陳寳箴、湖南提督臣婁雲慶恭摺具奏，伏乞皇上聖鑒。

再，所遺靖州中軍都司員缺，係陸路題補之缺，湖南省現有應補人員，容臣另行揀員請補，合併陳明。

奏報湖北京控未結各案摺[二] 光緒二十三年十二月初二日

竊查前准刑部咨議覆光禄寺少卿延茂奏，稽核京控審限，每年將已、未完數目兩次彙開清單具奏，以歸劃一。並摘録案由，註明交審月日及未結各案因何未能審結緣由，於每年兩次覆奏時詳細聲明等因。奉旨：依議。欽此。歷經遵辦在案。兹據湖北布政使王之春、按察使馬恩培詳稱，陸續奉到部院衙門奏交咨交各案，隨時委提人卷解省發審。其有距省較遠州縣之案，移交該管道就近提審，或委員前往會同該管府審辦。前已截至光緒二十二年十二月止。將未結各案造册詳請奏報，兹值半年彙奏之期，除

[一] 以下二件録自東吴仰止廬主輯《南皮張宫保政書》，上海圖書集成印書局印，一九〇一年版。

[二] 以下六件録自臺北故宫文獻編輯委員會編《宫中檔光緒朝奏摺》第十一輯，第四三〇至四四五頁，臺北故宫博物院一九七四年版。

已審結咨送供招及詳咨註銷各案不計外，尚未審結者十四起。或因原被供情狡執，補提要證未到，或甫經行提人證尚未解齊，以致未能訊結。核計尚無遲延等情。開呈清册請奏報前來。臣等覆核無異，除仍飭趕緊催提人證到案審辦，並將清册分送刑部、都察院、步軍統領衙門查照外，謹繕清單恭摺具陳，伏祈皇上聖鑒。

刑部知道。單併發。

籌解備荒經費銀兩摺 光緒二十三年十二月初二日

竊查前准户部咨：湖北省每月提銀一千兩，按年如數解部，專作備荒經費，爲順天（振）［賑］撫之用等因。歷經遵辦在案。兹據湖北布政使王之春會同總辦善後局司道詳稱：光緒二十三年應解備荒經費銀一萬二千兩，現已在於釐金項下如數籌撥。查有管解第九批京餉委員大挑知縣陳瑜瑛、補用知縣劉侗壽堪以搭解赴部交納等情，請奏前來。除繕咨飭發該委員等小心管解，並咨户部、順天府查照外，謹合詞恭摺具陳，伏祈皇上聖鑒。

户部知道。

查明湖北被灾賑捐籌濟摺 光緒二十三年十二月初二日

竊臣等承准軍機大臣字寄，光緒二十三年九月三十日奉上諭：湖北鄖陽、宜昌、施南等府屬，因上年灾區過廣，准截留漕米辦理春撫。嗣蒙懿旨賞給内帑銀兩，並准推廣捐輸，俾作賑撫之需。天門、崇陽、恩施等縣被水經該督撫等查勘撫卹，小民諒可不致失所。惟念來春青黄不接之時，民力未免拮据，著傳諭該督撫等體察情形，如有應行接濟之處，即於封印前奏到，候旨施恩。等因。欽此。仰見聖主軫念灾區，有加無已。凡屬臣民，莫名欽感。當即恭録行司分飭確查去後。兹據各州縣稟覆，由布政使王之春、督糧道岑春蓂會詳前來。臣等覆加詳核，湖北鄖陽、宜昌、施南等府屬地方，上年秋霖害稼，地廣灾深，仰蒙懿旨頒發内帑，並蒙恩准截漕、推廣捐輸，以資賑撫。臣等特派鎮道大員馳往設局，會督印委各員，分投確查核實散放，灾黎全活甚衆，實惠均霑，莫不感戴皇仁，淪肌浹髓。惟本年春夏復值霪雨連綿，江、漢盛漲，早於往昔，兼之山水同時暴發，勢更汹湧。京山縣唐心口潰隄，甫築合龍，大汛即至，又遭漫溢，以致濱江沿漢各屬田廬多被淹没。臣等曾將受灾較重之天門等縣查勘撫卹緣由，先後奏報在案。其應徵錢漕亦已飭令該管道府確勘輕重情形稟由該司道覆核彙案議請，分別蠲緩，詳經臣等另摺籲懇恩施。現在鄖、宜、施三府所屬賑務業已將次告竣，京山縣唐心口隄工亦經臣之洞親往查勘，會委大員督辦，刻已開工興修，招集附近各屬灾民，以工代賑。其不能赴工之老弱婦孺，以及無隄處所，亦當擇其灾重者量予賑撫，或舉辦平糶，以濟民食。冬賑有資尚可無慮失所，惟是湖北疊遭水患，迄已三年，民情極爲困苦。現查被淹之地尚未全行涸復，二麥未能一律播種，來春青黄不接之時，民力拮据自可逆料。亟應預籌接濟，以甦彫瘵。竊思開辦賑捐，原爲撫卹之需，自應就此撥濟，毋庸另行請款。臣等即當體察情形，早爲籌備，届時督屬妥爲辦理。總期民食有賴，毋任匱乏，以仰副聖主子惠元元之至意。所有查明擬辦緣由，謹合詞恭摺由驛具陳，伏祈皇上聖鑒訓示。

知道了。

勘明被灾請緩徵漕糧摺光緒二十三年十二月初二日

竊准户部咨：緩徵漕糧，於地丁摺外另摺候旨遵辦。又准户部頒發釐剔錢糧積弊章程内載：灾區初報，即令聲明免緩銀糧數目，以除積弊等因。遵辦在案。湖北省本年被水受旱各區，已飭該管道府確勘輕重情形。現經臣等另摺奏請蠲緩錢糧南米等項。惟孝感、武昌、咸甯、嘉魚、蒲圻、崇陽、漢陽、黄陂、沔陽、黄岡、蘄水、羅田、黄梅、廣濟、潛江、天門、應城、江陵、公安、石首、監利、松滋、荆門等二十三州縣尚有應徵本年及節年漕糧。若責令照常完納，民力實有未逮。據湖北布政使王之春、督糧道岑春蓂轉據該管道府結報，會詳請緩前來。合無仰懇天恩俯准將成灾七分之孝感縣務本等二十八社内之各社甲應徵光緒二十三年漕糧正耗米五百一十四石五斗三合，緩至二十四年秋後分限二年帶徵。原緩節年漕糧，並請遞年展緩分限帶徵。又勘不成灾被淹較重之武昌縣神一等十九里，咸甯縣一都等七都内之艾家墩等二十五處，嘉魚縣宣化等四里内之二十四甲，蒲圻縣石坑等二十八團内之洪下市等一百九處，崇陽縣大源等十五堡内之五十三牌，漢陽縣白釜池等二十區，黄陂縣牛湖等四十三社，孝感縣咸林等二十三社，沔陽州梅公等一百一十官垸，黄岡縣七道河等十四區、下璩等二十二區，蘄水縣袁家墩等三十四區，黄梅縣白湖等四鎮及堠塘等六鎮内之七里湖等五十七村莊，廣濟縣太東鄉内之童司牌等八十二村莊、永東鄉内之李家園等六十三村莊、靈東鄉内之鳳嘴港等六十七村莊、永西鄉内之武山湖等五十五村莊、靈西鄉内之花園宕等六十村莊，潛江縣顔家等十九垸、張家等四垸、楊林等十垸、馬昌等二十三垸，天門縣諸通等一百九垸内之五百八十八甲半、上古下等四垸内之八甲、蒲湖等十八垸内之五十三甲、淖撥等五十垸内之一百二十三甲半，應城縣葉嘴等十一團區，江陵縣築支等六十六垸、老新口等一百一十三垸，公安縣毛一等七里並西一等二十五里内之七十五甲，石首縣民旺等十六垸並一都等十四坊垸内之三十六甲，監利縣大蘇湖等一百一十七垸，松滋縣下八上八二都並下五等十都，荆門州馬上三等二十四圖内之小江湖等八十一區，又受旱較重之蘄水縣大林山等二十三區，羅田縣尤河等三十區，共應徵光緒二十三年漕糧正耗米二萬七千五百六十石九斗七升六合四勺，一併緩至二十四年秋後，限一年帶徵。原緩節年漕糧緩至二十五年秋後，遞展一年帶徵。又漢陽縣尚有民欠未完光緒二十二年漕糧正耗米三百二十四石一斗九升七合八勺，又沔陽洲民欠未完光緒二十二年漕糧正耗米一千六百一十九石五斗四升七合，又黄岡縣民欠未完光緒二十二年漕糧正耗米一千二百九石二斗四升五合三勺，江陵縣民欠未完光緒二十一年漕糧正耗米二百一十四石六斗五升四合，監利縣民欠未完光緒二十二年漕糧正耗米三百三十石一斗一升二合七勺，均因節年被水無力完納，請一併緩至光緒二十四年秋後限一年帶徵，以廣皇仁而紓民力。所有勘明各州縣被淹成灾及勘不成灾較重情形，分別緩徵漕糧緣由，遵章開具各屬請緩漕米細數清單，謹合詞恭摺由驛具陳，伏祈皇上聖鑒。

另有旨。

勘明被災請蠲緩銀米摺光緒二十三年十二月初二日

竊照湖北省應徵錢漕，遇有災傷，歷經責成該管道府親勘稟辦。嗣准户部頒發釐剔錢糧積弊章程，内載：災區初報即令聲明免緩銀糧數目，以除積弊等因。遵辦在案。湖北省本年春夏之交，霪雨連綿，江、漢同時盛漲，兼之山水暴發，以致濱江沿河各屬田廬多被淹没。嗣以雨澤愆期，高阜之區又受乾旱，其有被災最重之區，業經臣等籌撥銀米分别辦理賑糶，妥爲安撫，先後奏報在案。隨飭司道委員會同地方官勘明輕重情形，酌議蠲緩錢漕。兹據該管道府覆勘加結稟由湖北布政使王之春、督糧道岑春蓂會核酌擬分别蠲緩錢糧南米等項，具詳前來。臣等覆加查核，實勘得漢川縣喝城等五十七垸畈，地極窪下，形同釜底，因上游唐心口隄潰，水勢下注，如頂灌足，田廬概被淹没，成災七分。孝感縣務本等二十八社内之各社甲，地勢卑下，本年春雨過多，山水襄水同時泛漲，田地悉沈，波底二麥無收，秧苗未種，亦成災七分。又勘不成災之武昌縣神一等十九里、咸甯縣一都等七都内之艾家墩等二十五處並盤泗洲，嘉魚縣宣化等四里内之二十四甲並九洲之越塘等處及九屯之斗塘等處，蒲圻縣石坑等二十八團内之洪下市等一百九處，崇陽縣大源等十五堡内之五十三牌，漢陽縣菱角湖等八區、白釜池等二十區，黄陂縣牛湖等四十三社，孝感縣咸林等二十三社，沔陽州梅公等一百一十官垸，黄岡縣七道河等十四區、下獠等二十二區，羅霍洲等十七區，蘄水縣袁家墩等三十四區並西壅洲，黄梅縣白湖等四鎮及塅塘等五鎮内之七里湖等五十五村莊，又考田鎮内白馬寺、姜家山二村莊，廣濟縣太東鄉内之童司牌等八十二村莊、永東鄉内之李家園等六十三村莊、靈東鄉内之鳳嘴港等六十七村莊、永西鄉内之武山湖等五十五村莊、靈西鄉内之花園宕等六十村莊，鍾祥縣河鄉内之四和觀等三十村莊、湖鄉内之笪家湖等二十一村莊，京山縣唐心口等四十三團，潛江縣顔家等十九垸、張家等四垸、楊林等十垸、馬昌等二十三垸，天門縣諸通等一百九垸内之五百八十八甲半、上古下等四垸内之八甲、蒲湖等十八垸内之五十三甲、淖潑等五十垸内之一百二十三甲半，應城縣葉嘴等十一團區，江陵縣築支等六十六垸、老新口等一百一十三垸，公安縣毛一等七里並西一等二十五里内之七十五甲、及枝六一所，石首縣民旺等十六垸並一都等十四坊垸内之三十六甲暨劉發頂江團合等洲十四號，監利縣大蘇湖等一百一十七垸並蔡家洲及鐵牛等十洲，松滋縣下八上八二都並下五等十都及一所等八所，枝江縣洌浮等十四洲垸並羊角壩洲二洲，荆門州馬上三等二十四圖内之小江湖等八十一區，本年春夏二汛，江河盛漲禾稼被淹，收成失望，情形均屬較重。又勘得蘄水縣大林山等二十三區，羅田縣尤河等三十區，京山縣羅店等十團，均因久旱無從灌溉，禾苗枯槁，受旱情形亦屬較重。

又勘得江夏縣河街等三十五里、金沙等三十四屯、興仁等二十里、靈泉等十屯、頂團等三十四洲，武昌縣神四等八里，嘉魚縣浄居等四里内之二十甲，大冶縣猫磯等三十五堡，漢陽縣平坊等三十一區，黄陂縣韓家廟等一十八社，黄岡縣錢家堡内萬福圍等六區，孝感縣廣訓等十二社，黄梅縣太白等十一鎮内之頂獻等一百三村莊，或被淹，涸復較遲，僅能補種菜蔬，或雨澤愆期，禾苗多有傷損，情形均屬次重。

又勘得江夏縣依仁等八里、桃林等二十八屯、犂頭等十三洲，咸甯縣一都等七都内之下好橋等十三處、三都等五都内之鹿過橋等五處，嘉魚縣宣化等十二里内之七十三甲及九洲九屯，蒲圻縣安豐等三十四團之各甲内它嶺等一百八十四處，漢陽縣陳家河等二十四區，漢川縣北河口、蓮子屯二廠畈，黄岡縣孔家埠等三十二區，蘄水縣福主廟等二十八區並雞鳴河等十一區，麻城縣東義洲等八區内之二十四號，黄梅縣什村等十六鎮，鍾祥縣河鄉内之歐家廟等二十五村莊、湖鄉内之龍山觀等八十六村莊、山鄉内之蕭家店等四十八村莊，京山縣高家湖等四團並太陽晏王等四團，潛江縣古埠等六十一垸，應城縣葉嘴等五團區，江陵縣唐家等七十垸、亢家等三十垸，公安縣刀一等二十里内之三十三甲，石首縣二都等五坊垸内之八甲並頭二總等三坊垸，監利縣團湖等一百三十六垸，枝江縣浙洋等十一洲垸，荆門州平林等十九圖内之團林鋪等三十三區，或被淹旋即涸復，尚可補種雜糧，或受旱得雨較早，薄有收成，情形均屬較輕。又江夏縣崇通等屯，漢陽縣崇信坊各房屋，自遭兵燹以後，居民迄未復業，仍多荒蕪。以上各州縣内有屯坐各衛軍田情形亦同。

臣等伏查地方遇有水旱災傷，例應勘明分數，分别賑撫，蠲緩錢漕，其勘不成災者，亦應緩徵遞展。本年湖北被災各屬窮黎，業經酌撥銀米妥爲賑撫，不致流離失所，惟應徵銀米若責令照常完納，民力實有未逮，除擬緩漕糧另摺請旨外，合無仰懇天恩俯准將成災七分之漢川縣喝城等五十七垸畈，又孝感縣務本等二十八社内之各社甲，應徵光緒二十三年新賦錢糧、南糧正耗銀米照例蠲免二分，共應蠲免新賦錢糧正耗銀四千七十六兩一錢七分四釐，南糧正耗米三百七十三石三斗九合六勺，其蠲賸銀兩同例不併免。隨漕等款正耗共銀一萬六千三百四兩六錢九分七釐，南糧正耗米一千四百九十三石二斗一升九合一勺，一併緩至光緒二十四年秋後分限二年帶徵。原緩節年銀米等項並請遞年展緩分限帶徵。

又勘不成災被淹較重之武昌縣神一等十九里，咸甯縣一都等七都内之艾家墩等二十五處並盤泗洲，嘉魚縣宣化等四里内之二十四甲並九洲之越塘等處及九屯之斗塘等處，蒲圻縣石坑等二十八團内之洪下市等一百九處，崇陽縣大源等十五堡内之五十三牌，漢陽縣菱角湖等八區、白釜池等二十區，黄陂縣牛湖等四十三社，孝感縣咸林等二十三社，沔陽洲梅公等一百一十官垸，黄岡縣七道河等十四區、下獠等二十二區、羅霍洲等十七區，蘄水縣袁家墩等三十四區並西壅洲，黄梅縣白湖等四鎮及塅塘等五鎮内之七里湖等五十五村莊又考田鎮内白馬寺姜家山二村莊，廣濟縣太東鄉内之童司牌等八十二村莊、永東鄉内之李家圍等六十三村莊、靈東鄉内之鳳嘴港等六十七村莊、永西鄉内之武山湖等五十五村莊、靈西鄉内之花園宕等六十村莊，鍾祥縣河鄉内之四和觀等三十村莊、湖鄉内之笪家湖等二十一村莊，京山縣唐心口等四十三團，潛江縣顔家等十九垸、張家等四垸、楊林等十垸、馬昌等二十三垸，天門縣諸通等一百九垸内之五百八十八甲半、上古下等四垸内之八甲、蒲湖等十八垸内之五十三甲、淖潑等五十垸内之一百二十三甲半，應城縣葉嘴等十一團區，江陵縣築支等六十六垸、老新口等一百一十三垸，公安縣毛一等七里並西一等二十五里内之七十五甲及枝六一所，石首縣民旺等十六垸並一都等十四坊垸内之三十六甲暨劉發頂江團合等洲十四號，監利縣大蘇湖等一百一十七垸並蔡家洲及鐵牛等十洲，松滋縣下八、上八二都並下五等十都及一所等八所，枝江縣洌浮等十四洲垸並羊角壩洲二洲，荆門州馬上三等二十四圖内之小江湖等八十一區，又受旱較重之蘄水縣大林山等二十三區，羅田縣尤河等三十區，京山縣羅店等十團，共應徵光緒二十三年新賦錢糧、屯餉、閑丁、隄費、租餉、蘆課等項正耗銀二十一萬一千六百九兩七錢六分，南糧正耗米二萬七千九百一十五石二斗六升二合一勺，一併緩至光緒二十四年秋後限一年帶徵。其原緩節年銀米一併緩至光緒二十五年秋後遞展一年帶徵。

又被淹受旱次重之江夏縣河街等三十五里、金沙等三十四屯、興仁等二十里、靈泉等十屯、頂團等三十四洲，武昌縣神四等八里，嘉魚縣淨居等四里內之二十甲，大冶縣猫磯等三十五堡，漢陽縣平坊等三十一區，黄陂縣韓家廟等一十八社，黄岡縣錢家堡内萬福圍等六區，孝感縣廣訓等十二社，黄梅縣太白等十一鎮内之頂獻等一百三村莊，各應徵光緒二十三年南米照常徵收外，其應徵光緒二十三年新賦錢糧、蘆課、籽粒等項正耗銀三萬七千三百七十八兩一錢八分四釐，請緩至光緒二十四年秋後限一年帶徵。原緩節年銀米一併展至光緒二十五年秋後遞年帶徵。

又被淹受旱較輕之江夏縣依仁等八里、桃林等二十八屯、犂頭等十三洲，咸甯縣一都等七都内之下好橋等十三處、三都等五都内之鹿過橋等五處，嘉魚縣宣化等十二里内之七十三甲及九洲九屯，蒲圻縣安豐等三十四團之各甲内它嶺等一百八十四處，漢陽縣陳家河等二十四區，漢川縣北河口、蓮子屯二廠畈，黄岡縣孔家埠等三十二區，蘄水縣福主廟等二十八區並雞鳴河等十一區，麻城縣東義洲等八區内之二十四號，黄梅縣什村等十六鎮，鍾祥縣河鄉内之歐家廟等二十五村、莊湖鄉内之龍山觀等八十六村莊、山鄉内之蕭家店等四十八村莊，京山縣高家湖等四團並太陽晏王等四團，潛江縣古埠等六十一垸，應城縣葉嘴等五團區，江陵縣唐家等七十垸、亢家等三十垸，公安縣刀一等二十里内之三十三甲，石首縣二都等五坊垸内之八甲並頭二總等三坊垸，監利縣團湖等一百三十六垸，枝江縣澌洋等十一洲垸，荆門州平林等十九圖内之團林鋪等三十三區，各應徵光緒二十三年新賦錢糧、蘆課、屯餉、閑丁、隄費、南米等項照常徵收。其各原緩節年銀米蘆課、屯餉、閑丁、隄費等項一併緩至光緒二十四年秋後遞展一年帶徵。又江夏縣崇通等屯應徵光緒二十三年楚課錢糧正耗銀三百九十七兩八錢二分五釐緩至光緒二十四年秋後限一年帶徵。其原緩節年銀兩遞展一年帶徵。又漢陽縣崇信坊應徵光緒二十三年門攤銀兩請徵七分，其應緩三分正耗銀六十八兩二錢六分一釐緩至光緒二十四年秋後限一年帶徵。原緩節年銀兩遞展一年帶徵。又漢陽縣光緒二十一、二十二兩年奏銷案内民欠未完地丁等款正耗銀一千一百一十九兩七錢六分八釐，又沔陽州光緒二十二年奏銷案内民欠未完地丁正耗銀三千八百八十七兩一錢七分九釐，又黄岡縣光緒二十二年奏銷案内民欠未完地丁等款正耗銀三千八百二十五兩三錢五分八釐，又江陵縣光緒二十一年奏銷案内民欠未完地丁正耗銀八百九十四兩六分一釐，南糧正耗米三百三十五石五斗五升六勺，又監利縣光緒二十二年奏銷案内民欠未完地丁正耗銀一千四百八十四兩八錢六分九釐，均因初淹較重，無力完納，請一併緩至光緒二十四年秋後限一年帶徵。至武昌等衛軍田被淹受旱，各請蠲緩垸區，均與屯坐各州縣民田相同，共應蠲緩光緒二十三年屯餉、蘆課、軍三安家、閑丁幫津等款正耗銀三萬七千八百五十四兩三錢七分六釐，内蠲免銀一百八十兩九錢五分七釐。其蠲賸銀兩同例不併免之軍安等款正耗銀七百二十三兩八錢二分六釐，並勘不成灾情形較重銀三萬六千九百四十九兩五錢九分三釐，請緩至光緒二十四年秋後分限帶徵。其各原緩節年銀兩併請遞展一年帶徵。又黄州衛光緒二十一、二十二兩年奏銷案内軍欠未完幫津銀五百四十五兩一錢九分，蘄州衛光緒十四年起至二十二年止奏銷案内軍欠未完幫津銀八千八百二十三兩四錢八分四釐，均因屯坐各州縣連年被淹，軍情困苦，請一併展至二十四年秋後限一年帶徵，以廣皇仁而紓民力。

除飭令漢川等縣衛趕造頃畝册結另行題報外，所有勘明各州縣衛被淹成災分數，暨勘不成災輕重情形，分别蠲緩新舊銀米緣由，遵章開具各屬蠲緩銀米細數清單，謹合詞恭摺由驛具陳，伏祈皇上聖鑒。再，此案因恐情形不確，往返駁查，以致未能依限辦理，合併陳明。

另有旨。

陳鄂省上忙已未完數片[一]

光緒二十三年十二月初二日

再，據湖北督糧道岑春蓂詳稱：湖北省各州、縣、衛光緒二十三年額徵驢脚南折正耗共銀四萬一千四百七十五兩零，内除挖壓、漬淹、沙壓、被水豁減緩徵共銀三百九十六兩零並下忙應徵銀兩外，實應徵上忙銀二萬五百三十九兩零，已完銀一萬一千五百六十二兩零，未完銀八千九百七十六兩零。又額徵隨漕淺船、軍三安家正耗並閑丁、幫津、資役等款共銀九萬二千六百八兩零，内除漬淹、挖壓、沙壓、逃亡、故絶、被水豁減緩徵共銀三千七百四十二兩零並下忙應徵銀兩外，實應徵上忙銀四萬四千四百三十三兩零，已完銀一萬六千二百七十八兩零，未完銀二萬八千一百五十四兩零等情前來。除飭該道嚴催各州、縣、衛迅將未完銀兩趕緊徵解外，理合會同湖廣督臣張之洞附片具陳，伏祈聖鑒。

户部知道。

察看隄工情形並回省日期片

光緒二十三年十二月初七日

再，湖北京山縣唐心口隄工奉旨籌辦，經臣奏明親往查勘，因上水遲滯，於十一月二十四日行抵工次，親身周歷該口上下游暨口門内外，察看水勢、土性，以及現擬退築月隄處所，應填水洪處所，一一詳閱。查該口實因對岸蔡家洲一帶連年新淤沙洲綿亘數里，日漲日寬，突入河心，以致將河水横逼，衝潰舊隄，盪刷經年，致成巨浸。現在此洲業將襄河正道全行占滿，口門内已成一湖，口門上下現存舊隄各四百餘丈，日受緊溜内外衝刷，岌岌可危，俱不可用。以致月隄退築逾遠，工段逾長。現計應修新隄至十餘里之長，應填水洪至三道之多，擬定隄形地方，淤塘甚多，墊築維艱，不惟取土甚遠，即取沙亦復不易。而對岸新淤沙洲，必須設法挑溝衝刷。一面出示曉諭，不准刁民挾私壑隣，藉口抗阻。其上口兼須添築碎石坦坡及石裏頭，以護廢隄，藉作屏蔽。下口對岸之謝家埠，地屬潛江，將來新隄成後，即成頂衝，亦甚可危。潛江亦係災區，並須代籌經費，培築完固。此項工程實爲艱鉅，然數縣民命、田廬所關，勢不能置而不修。現在趕辦

[一] 此件係前件夾片，《宫中檔光緒朝奏摺》將其置於張之洞名下，現照録。

抛沙填洪，灾民男、婦、老、弱藉工就食者以數萬計。幸天氣尚屬晴和，已在決口内下游築壩截溜。俟壩成後，口門之溜當可漸就平緩。當經督飭道員惲祖祁、署安陸府知府彭覺先及在工各委員等，核實籌辦，趕緊興修，限於明年正月底，將大致規模作就，以防春漲。惟經費萬分艱難，當會同撫臣譚繼洵督飭司局設法籌辦。因省城事務殷繁，現在交涉事件尤爲緊要，當於上月二十八日回省。

（硃批）知道了。（欽此）

揀員升補要缺知州摺〔一〕 光緒二十三年十二月二十一日

竊照隨州知州張茂時，在任病故，當經題報開缺，聲明所遺要缺，容另揀員請補。查截缺章程内開，病故之缺，有本日可計者，以本日作爲開缺日期。今隨州知州張茂時係於光緒二十三年八月二十六日病故，歸八月分截缺，應由外揀員請補。查定例，知州應題缺出先儘候補人員題補，如候補無人，准於應陞人員内歷俸三年以上揀選題陞。又州縣以上應陞缺出，應將卓異引見回任候陞之員先儘陞用，不准於摺内聲稱人地未宜。又陞用人員其任内如有承審案件、承緝盜案、徵解錢糧，已起降調革職參限者，概不准請陞各等語。今隨州知州係繁疲難兼三題缺，地廣賦繁，界連豫省，撫字催科，稽查巡防，在在均關緊要。非精明幹練、通達事理之員，難期勝任。臣等於候補人員内逐加遴選，非人地不宜即與例未合，未便稍涉遷就，自應揀員請陞。惟查有卓異應陞班内之江夏縣知縣諸可權，年五十八歲，浙江錢塘縣人，由附監生遵例報捐府經歷，指分湖北試用。同治二年三月到省，因辦牙釐出力，保俟補缺後以知縣用。九年於西捻蕩平案内，保奏免補本班，以知縣仍留原省歸候補班前先補用。十二年十月吏部帶領引見，奉旨：著照例用。欽此。光緒二年調往煙台辦理英員馬嘉理在滇被戕一案，保俟補缺後，以知州歸候補班前補用。是年十二月十二日奉旨：允准事竣回鄂。補授通城縣知縣。三年七月二十八日到任。四年捐加鹽運同銜，五年調補監利縣知縣，六年八月初三日到任。十二年大計保薦卓異，十六年調補江夏縣知縣。先於閏二月初一日到任署理，四月初二日實授。二十年調署荆門直隸州知州，三月十三日到任，二十一年九月卸事，以卓異俸滿請咨赴部。是年十二月初三日由吏部帶領引見，奉旨：著回任，准其卓異加一級，仍註册候陞。欽此。二十二年二月二十九日回省，復委署荆門直隸州知州。九月初一日到任。二十三年十月二十九日回江夏縣本任。查該員才識練達，明幹有爲，歷任繁劇，辦理一切悉臻妥善，實爲州縣中出色之員。其江夏任内，並無承審案件、承緝盜案、徵解錢糧已起降調革職參限。歷俸早已屆滿，且係大計保薦卓異應陞之員，曾因勞績保以知州補用，以之陞補隨州知州要缺，洵堪勝任。惟題缺請陞，與例稍有未符，但人地實在相需，例得專摺奏請。據湖北布政使王之春、按察使馬恩培會詳前來。合無仰懇天恩俯念員缺緊要，准以卓異應陞之江夏縣知縣諸可權陞補隨州知州要缺，實於地方吏治均有裨益。再，該員曾經卓異引見未滿一年請陞知州，照例毋庸送部引見。又初陞

〔一〕以下三件録自臺北故宮文獻編輯委員會編《宮中檔光緒朝奏摺》第十一輯，第五四四至五四八頁，臺北故宮博物院一九七四年版。

人員亦毋庸核計罰俸。所遺江夏縣知縣要缺，容俟接准部覆再行揀員請補，合併陳明。謹合詞恭摺具陳，伏祈皇上聖鑒，勅部核覆施行。

吏部議奏。

奏陳再展賑捐以濟工賑摺光緒二十三年十二月二十一日

竊照湖北地方，節年疊遭水患，工賑需款浩繁，奏蒙恩准開辦賑捐，先以一年爲限，繼復展限一年，並於定章之外推廣優奬鉅款，報捐翎枝，以期踴躍而資濟用。計自光緒二十一年十一月二十六接准部文之日起，除去封印日期，瞬屆兩年限滿。體察情形，勢難依限停止，不得不再請展辦，俾濟要需。緣湖北地方濱臨江漢，河伯之患本歲以爲常。然在往昔，受害僅屬窪區，高阜尚無傷損。以盈補絀，故歲多中稔。詎自光緒二十一年起，迄今三載，江漢汛漲既較盛於曩歲，而霪雨連綿，山水蛟水又不時暴發，泛濫橫流，高低同罹淪胥，即有未被浸淹之處，或值亢旱，或遭雨漬，收成亦多失望。荒祲疊見，水旱頻仍，灾情之重，灾區之廣，實爲數十年來所未有。臣等隨時具陳，仰蒙懿旨特頒内帑，並疊蒙聖恩撥款截漕，工賑兼施，小民莫不感頌鴻慈。惟是灾深地廣，工鉅費繁，雖賴賑捐接濟，究屬緩難應急。現計工、賑兩項已撥之款，借墊尚多，亟須彌補。而京山縣唐心口潰隄工程浩大，刻已興辦，待費尤殷。此外如各灾區，本年冬賑、來春接濟，以及應辦善後事宜，在在所需甚鉅。現雖設法騰挪以應眉急，而庫藏支絀，羅掘已空，再四籌維，非藉賑捐，難乎爲繼。惟有籲懇天恩俯念湖北疊被巨祲，民情困苦，准將賑捐再展一年接續勸辦。臣等即當咨會各省，並督飭所屬印委各員，廣爲敦勸，以期集腋成裘而濟工賑要需。所有章程，仍照原定及推廣各條辦理。據湖北籌賑局司道具詳請奏前來，除咨部查照外，謹合詞恭摺具陳，伏祈皇上聖鑒，勅部速議施行。

户部議奏。

知縣互改繁簡對調摺光緒二十三年十二月二十一日

竊照東湖、竹谿等縣知縣各缺，前經臣等奏准，互改繁簡，並按部議查明本任東湖縣知縣周瑞鑾不勝繁缺之任，請與竹谿縣知縣夏時泰互相調補，奏奉硃批：吏部議奏。欽此。經部臣議覆，以查周瑞鑾任内有承緝事主范德泰被劫一案，將來四叅到部，有關降調，核與調簡之例不符，所請對調之處應毋庸議等因，具奏。奉旨：依議。欽此。欽遵咨行到鄂。臣等伏查定例調簡之員任内有展叅案件，不准調補，乃指原補繁缺之員調簡者而言。至本係補簡人員，因缺改繁，例有另補簡缺之條，似與由繁調簡者當有區别。今東湖縣知縣原定本係選缺，該員周瑞鑾由部選授，即係補簡人員，現因缺改繁劇，經部行查該員是否能勝繁缺之任，臣等因其才具謹飭，於斯缺不甚相宜，未便稍涉遷就，是以請與竹谿縣知縣夏時泰互相調補，蓋即遵定例員缺有改繁簡者，仍各按原補缺項分别補還之法。今部臣以該員周瑞鑾任内有承緝盜案未經議准，固爲整飭捕務嚴核處分起見，但既不准離任，應飭回任供職，該員曾經聲明不勝繁劇之任，設有貽誤，殊於地方大有關繫。若另行委署别缺，則承緝之案未能接扣，限滿議結，員缺久懸，似亦非慎重之道。臣等竊思由繁改簡，由簡改繁各缺，其原補之員，既有各按繁簡補還之例，則與任繁人員調簡不同。其因公處分，似可邀免核計，仍以原擬之員對調，以免另補多費周折。如謂該員周瑞鑾另補他缺，處分寬免，不足以儆疏防。查盜案四叅限滿，例應降一級調用，係屬公罪。該員任内捐有尋常加二級，將來限滿，例准抵銷，不致實降實調。或即比照以簡調繁之例，先行議結，查級抵銷，則該員應得之處分既未倖免，而員缺各得其宜。地方亦免遺誤。據湖北布政使王之春、按察使馬恩培會詳前來，合無仰懇天恩俯念東湖縣知縣員缺緊要，爲地擇人，准照原擬，仍以本任竹谿縣知縣夏時泰調補。所遺竹谿縣員缺，即以東湖縣知縣周瑞鑾補授。俾人地各得其宜，實於治理有裨。除咨吏部查照外，謹合詞恭摺具奏，伏乞皇上聖鑒，敕部核覆施行。

吏部議奏。

請添練精兵摺 光緒二十三年十二月二十四日

再，方今時勢自以武備爲第一急務，若各省各有精兵一大枝，則外侮稍有顧忌，消患無形。近日欽奉寄諭，飭令練兵。惟今日練兵一事，實非倉卒可辦。烏合招募，雖有數十百營，臨時毫無所用。是非竭累年心力，精加訓練不可。必須掃除故套，參用西法，參用各國洋弁教習，講求槍礮理法，兼習營壘測繪，始可謂之爲兵。而各營將官習氣難化，罕肯用心。即使操演，仍屬皮毛。

查湖北防營本不甚多，除分布荆、襄、漢口、大冶等處，或彈壓地方，巡緝私鹽。此各營分段劄卡，直如外國巡捕緑衣兵，難於合隊精練外，省城内外所劄，止有二千九百人。尚須備省外有事派出彈壓。臣現擬酌添一千人，訪求志氣忠壯，耐勞勤操之將弁帶之，合同在省原有各營，分配華洋教習，講求各種操法，不派雜差。臣當親自督率，日加訓練，務期悉成勁旅。俟練有成效後，再發往省外，將各營舊勇，以次更换。其餉需，即於善後局本省餉需項下支撥，設法騰挪湊集，總期於京協各餉無所妨礙。方今外患日亟，武、漢沿江重鎮僅有防軍三四千人，豈能濟用。但籌餉既難，即使有餉，而練兵亦不易，選將尤不易，只有循序擴充。若各省武備俱能漸臻强實，庶可戢外人狎侮吞噬之心。

（硃批）該部議奏。（欽此）

俸滿道員懇恩暫緩引見片[一] 光緒二十三年十二月　日

再，據湖北漢黄德道瞿廷韶禀稱，該道於光緒二十一年大計保薦卓異，經部議覆准。又該道先於光緒十六年十一月補授鹽法武昌道，旋即調補漢黄德道，迄今七年，業已俸滿，請併案給咨赴部引見等情。臣等查漢黄德道監督江漢關税務，政事殷繁，自上年奉文開辦租界，且奉旨開辦鐵路，漢口爲南端發軔之始，凡湖北鐵路所經皆該道所轄，購地采料，集夫興工，一切既與地方商民關涉，而漢口地基尤監司大員協助兼籌相機調護，方足以昭慎重。該道瞿廷韶，器識閎達，守潔才長，於地方情形極爲熟習，籌畫精詳，辦理交涉案件尤得窾要，士民愛戴，資望允孚。當開

[一] 録自《京報》第六一二七號。

辦鐵路事屬創始，漢口民情浮動，該道駕馭拊循，方資鎮撫，似未便遽易生手。合無仰懇天恩俯准瞿廷韶暫緩送部引見。一俟鐵路發端，辦有規模，即行給咨北上，不任稽延。除咨部外，謹合詞附片具陳，伏乞聖鑒。

著照所請。吏部知道。

户部擬提經費請劃出一半照舊支銷摺〔一〕光緒二十三年十二月　日

竊照前准户部咨，議奏應城、竹山鹽課公費浮多於正課，應將浮支公費錢文如數提出報部候撥一摺。查原奏内稱：歷年湖北鹽道詳，竹山川鹽、應城井鹽公費文内，首叙武漢等處票、潞起止，中川淮分界，末叙是年所收正課。因武漢等處票鹽、潞鹽、川鹽已停，僅竹山、應城井鹽兩項，正課收數大減，而公費因之。是此項公費不與淮鹽緝私經費相涉，原文聲叙甚明。軍興後，淮鹽行鄂，緝私事宜皆由漢口督銷局扼要分布，豈得劃出竹山、應城兩處。湖北鹽道漢口督銷局經徵淮鹽，每引經費銀二錢，見于兩淮銷册，此蓋該局應支之經費，斷無解交湖北鹽道之理。即解交湖北鹽道，亦無收少解多之理。若湖北竹山川鹽向無公費，前報光緒十七年應城等鹽三萬七千餘串，實有淮鹽緝私經費三萬四千八百餘串在内，何以歷年報部交册不稱爲緝私經費，而稱爲川、應各鹽公費。從前湖北歲收票、潞正課多或四十餘萬串，少亦二十餘萬串，而歲支公費尚不過六七萬串。今僅歲收竹山川鹽、應城井鹽兩項正課一萬二三千串，而獨歲支公費三四萬串，有是理乎。方今時用匱絀，不能不循名責實。此項公費，即果爲淮鹽緝私經費在内，亦應在别出之列，行令自本年爲始，除竹山川鹽向無公費及應城井鹽向收水課開支一成半公費，陸課開支三成公費，仍各照章辦理外，其餘浮支公費三萬餘串，無論其出自何項，均令按年如數提出歸公，專案報撥等因。光緒二十三年六月二十三日具奏，奉旨：依議。欽此。咨行鄂省。當經專飭遵辦去後。

茲據署湖北鹽法武昌道朱其煊詳稱，遵查部議所駁各節，就湖北歷年詳册而論，誠不爲過。第應城井鹽公費，實係按照光緒十年釐定新章，陸課開支二成，水課開支成半辦理，部中有案可稽。如果應鹽公費歷來浮於正課，當時欽差工部侍郎孫毓汶、烏拉布於查辦案内，必經剔除。所有前次詳銷光緒十七年公費，確有漢口督銷局移解淮鹽緝私經費銀二萬四千八百七十七兩八錢六分，折錢三萬四千八百二十九串零四文在内。其所以屢經部中駁飭者，皆由光緒二年前，鹽道蒯德標造銷同治十一年分公費時，以淮鹽公費已在票、潞各鹽之下聲明淮鹽正釐詳請奏報，另有公費一項。計自咸豐七年起至同治十年止，收過數目曾經十次詳報，故於川淮分界後，聲叙渾淪，册内亦未將川字改爲淮字。嗣後因係歷奉准銷之案，是以各前任仍照舊案造報，但叙明銷至二十九次爲止在案。前年户部以應城、竹山鹽務公費多於正課，駁令查明，業經據實聲覆，因有淮鹽緝私經費在内，是以爲數稍多，應請户部按察原文，銷案次數上有淮鹽正釐公費字樣爲考核，不復執從前渾淪之語以相繩，則此案自明。至武、漢、黄、德四府淮鹽，雖由漢口督銷局派員分銷，惟查緝私鹽係地方官之責，湖北

〔一〕以下二件録自《京報》第六一三〇號。

歲收鄂釐二十萬兩左右，故每銷鹽引給緝私經費銀二錢四分，由督銷局按月移解，每年約共收銀二萬三四千兩不等。是此項緝費係爲督緝淮岸邊界票、潞各私而設，並非因竹山、應城兩處撥給。推原昔年前兩江督臣曾國藩於規復引地時，定以按銷售引數給緝費者，蓋欲策令湖北認真疏緝，以爲多緝一引即有一引之費，立法具有深意。自來鹽務省分，皆有緝私辦公經費，不獨湖北爲然。就鄂省歲銷淮引計之，每年約共銷鹽十萬餘引，給緝費銀二萬四千餘兩，似不爲多。惟值此時局艱難，苟可裁省，自應力求撙節。但若全數提充餉項，則堵緝無資，私鹽必致充斥，於鹾務殊有關係。現經將各局卡用餉項竭力裁節，擬請自本年十月起，漢口督銷局所解緝私經費，每引劃出銀一錢二分以充餉需。約計每年可省銀一萬一千兩，另款存儲，聽候撥用。其餘每引一錢二分，仍請准予照舊開支，以重緝務而資辦公等情。詳請奏咨前來。

臣等覆查，竹山川鹽向無經費，應城井鹽每年僅徵正課錢一萬二三千，公費祇二千串餘，實無公費兩倍正課，致令本末倒置之理。前報光緒十七年應城等鹽公費三萬七千餘串，實有淮鹽緝私經費三萬四千八百餘串在内。該道歷任報銷册内，未將各款分別指明，渾淪聲叙，以致部臣無憑驟悉，謂此項公費不與緝私公費相涉，遂以應城等鹽公費倍于正課，疑有浮支情弊。茲經詳細考察，該道所陳均係實在情形，其中並無弊端。現在督銷淮鹽局疊年解道此項經費移文，歷歷可據。若非費自淮出，何以款由淮解。至該局解到此費，並非僅劃充應引兩處緝私，實爲湖北通省淮岸堵緝而設。藉此津貼得以鼓舞員弁、兵役，悉力護持，疏銷方暢。支發各款歷有年所，若一旦全裁，於經費之節省無多，而有關於淮鹽之銷滯實大。惟值此時事日急，籌餉艱難，但使可以裨益公家，雖係向來外銷之款，並無弊端，亦必力求核減。現經飭據該道將此項經費提出一半，存儲候撥，實屬於無可裁減之中設法節省。其餘一半，不得不循舊支發，庶緝務不致廢弛，淮綱方有裨益。除將該道賫呈光緒十七年分督銷局按月扣解緝私經費移文咨部查核外，謹合詞恭摺覆陳，伏乞皇上聖鑒。

户部知道。

撥解海軍經費改歸部庫摺光緒二十三年十二月　日

竊前准户部咨，具奏海軍經費改歸部庫分別劃撥提解一摺。原奏内稱，各省關由釐金、洋稅、洋藥加釐等項奉撥海軍經費，統令自本年爲始，按照單開數目改解部庫，另撥存儲，專爲購備船械之用。清單内開，指撥湖北釐金銀三十萬兩，按八成解足等因。光緒二十一年三月二十六日具奏。本日奉旨：依議。欽此。咨行欽遵辦理。當經前兼護督臣繼洵轉飭遵辦去後。維時餉需浩繁，嗣又奉撥認還俄法英德本息，款鉅期迫，尤須預爲籌備。遵照部咨，除解京、甘各餉外，無論何款准其酌量劃提。前經奏請將海軍經費截留湊解，未經部議核准。查鄂省度支全賴鹽釐、貨釐爲大宗。近年水旱頻仍，釐收已形減色。上年江南因撥補豫釐籌還洋款，於應解湘鄂南岸鹽釐内每歲提撥銀十萬兩。是撥款日增，收款日絀，炊同無米，兼顧爲難。惟此款海防要需，自應勉力騰挪。茲在釐金項下籌撥庫平銀五萬兩，飭委試用知縣朱賡禄、侯昉管解赴京交納等情，據湖北布政使王之春會同善後局司道詳請奏咨前來。臣覆核無異，除分咨外，謹會同湖北巡撫臣譚繼洵恭摺具陳，伏乞皇上聖鑒。

户部知道。

請援案推廣賑捐摺〔一〕光緒二十三年　月　日

竊照湖北地方，自光緒二十一年夏間，襄河兩岸隄塍漫潰多口，鍾祥、京山、潛江、天門、漢川等縣多遭淹浸，下游江夏、武昌、咸甯、蒲圻、黄陂、孝感等縣又苦旱荒，小民困苦，曾經奏請開辦賑捐，並續請展辦，奉旨允准在案。乃上年夏間，江北各縣蛟水陡發，山水横流，衝壓田廬。應山、羅田、麻城、黄岡、蘄水五縣，同時受害。嗣此夏、秋二汛，江、漢同時盛漲，漢水内注，江水外灌，泛濫爲灾。濱江之歸州、東湖、松滋、公安、江陵、監利、石首，濱漢之京山、天門、潛江、荆門、漢川各州縣堤垸，潰決更多。下游腹地各湖河不能容受，漫溢四出，附近各州縣亦皆蔓延受害，灾民日衆，大率多在巨浸之中。江夏、漢陽、沔陽等處江堤潰壞均有多處，岌岌可危。而宜昌、施南、鄖陽三府所屬州縣，夏間已形乾旱，又因秋霖爲患，所種雜糧大半皆遭腐爛。該三府地處山鄉，運販難到，時届嚴冬，飢寒交迫，存糧已盡，以致民食維艱，餓殍枕藉，情形尤慘。雖經臣等督飭司道及地方官，于秋冬以來，即已多方籌畫平糶賑撫，並先後奏蒙聖恩，准撥地丁、鹽課、釐金銀兩，以資接濟，截留漕糧運費，以充工賑，小民無不感頌皇仁。無如灾深地廣，所需錢米既多，溯流入山，運費尤鉅，應修十數州縣各隄工程，又復浩大。且本年入春以來，雨水過多，麥收已恐失望，糧價日昂。加以川省夔州、海定一帶，亦係鉅灾，皆與湖北接界，雖經川省撥銀運穀辦

理賑撫，然沿邊饑民順流而下，其勢甚便，羣集於宜、荆一帶，已有數屬，散布各處亦復不少，勢不得不一體妥爲賑撫，免滋事端。爲日方長，需款甚鉅。鄂省連年灾祲，綢繆頻仍，奉撥地丁一項，司庫並無存款可撥，鹽釐兩項，關繫京、甘，本省各餉必應盡顧，不能多撥。至賑捐一項僅獎銜封、貢監，久成弩末，勸辦甚難，陸續收獲之款，俱已隨時分撥罄盡。收捐未到，先已借墊，以後零星凑集，實不足以救急難。臣等與籌賑局司道等晝夜焦思，再三計議，實無籌款之策。惟有於賑捐一項暫請量爲推廣，准其優獎，庶可以集鉅貲而蘇民命。伏查順直賑捐萬兩奏請優獎一條，前經户部議奏，奉旨停止，曷敢再行陳請。惟是鄂省連年荒祲，此次灾情之重，灾區之廣，實爲數十年所未有。現在灾民嗷嗷亟待拯救，本省賑務已屬自顧不遑，鄰境饑黎又須兼籌綏輯，至各隄口險工均係以工代賑，以後固關繫十數州縣之保障，目前實以安插數十萬之灾民，因工程過大，興修尚不及半，春汛在即，亦應趕修完固，俾灾區旦夕涸復，小民得以復業安居，無誤耕作。值此籌款萬難，事機緊迫，不得不爲民請命。且部臣之所以議停，原爲杜絶取巧起見。茲擬請嗣後湖北賑撫如有捐實銀一萬二千兩以上者，即由籌賑局司道詳由臣等專案奏請優獎，核其捐款相當，較在部庫報捐現行章程銀數有盈無絀，方准請獎。此外如有願捐翎枝及舉人者，亦暫准查照部章加一成收捐，仍俟展限期滿，即行停止，似與部臣停止原議尚屬不相背謬。銀數雖較部捐稍多，然朝廷既有優獎之典，臣等當再多方勸導，動其濟物好善之忱，

〔一〕以下二件録自東吴仰止廬主輯《南皮張宫保政書》，上海圖書集成印書局，一九〇一年版。

名義兼美，必有聞風鼓舞，踴躍輸助者。且照此辦法，捐款多而人數少，似與户部捐款尚無妨礙。據籌賑局司道具詳前來，合無仰懇天恩俯念湖北省接連兩年疊被鉅災，與他省之偶遭荒歉者不同。上下九府，饑民過衆，工賑並舉，需款尤繁，較之前數年順直被災情形尤重，准照從前順直賑捐優獎成案，暫行推廣收捐，並報捐翎枝及舉人，俾得賑撫有所措手，得以上廣皇仁，下拯民命，地方幸甚，臣等不勝惶悚激切待命之至。謹合詞恭摺具陳，伏乞皇上聖鑒，勑部迅速核議施行。

核銷應城鹽課公費摺 光緒二十三年　月　日

竊照前准户部咨，具奏湖北應城、竹山鹽課公費應行整頓一片。原奏内開：查湖北安陸、荆門等府州徵收川鹽陸課項下公費，向與應城井鹽税課項下公費彙報。自同治十一年，安陸等處川鹽陸課停收，僅留竹山縣川鹽陸課，自是所報公費遂只竹山、應城兩處。光緒三年正月，據湖廣總督咨，據湖北鹽法道詳稱，武、漢、黄、德、安、襄、鄖、荆等府州屬抽收票、潞各鹽，於咸豐七年試辦，嗣又因江路已通，招商試行淮鹽，於咸豐十一年七月試辦，繼於同治三年二月在漢鎮設立督銷淮鹽總局，除所收票、潞各鹽正課及淮鹽正釐均經詳請奏銷外，另有公費一項，計自咸豐七年三月起至同治十年十二月止，收過數目曾經十次造册詳報。嗣因票私於七年六月停課禁銷，潞私亦於七年九月停課禁銷，武、漢、黄、德四府屬，因分界專銷淮鹽，原徵川課截至同治十一年正月止，一律裁撤。其安陸、荆門等府州縣應徵川鹽陸課，亦於是年七月停收。應城井鹽課税及竹山縣川鹽陸課收數大減，前自同治十一年正月起至十二月底止，共收過公費錢四萬二千六百八十三串一十七文，均係隨時支發外銷水陸緝私等項無存等語。是此項公費錢文，出自竹山川鹽及應城井鹽，其事甚明。今稱固有淮鹽緝私經費三萬數千串在内，故爲數多於竹山、應城二縣正課，前此漏未聲叙等語。不知軍興後，淮鹽行楚始於咸豐十一年七月，而湖北徵收此項公費始於咸豐七年三月。其時長江中梗，淮鹽不到楚岸，該省何從而有淮鹽緝私經費之錢，所覆殊屬含混，行令查明應城、竹山鹽課開支公費錢文因何而倍於正課，是否挪移正課作爲公費，據實聲覆。嗣後徵收應城井鹽課税、竹山川鹽陸課，及該兩處公費，即行明定科則奏明辦理等因。光緒二十二年九月二十七日具奏。奉旨：依議。欽此。咨行到鄂。當經轉遵照去後。

茲據署湖北鹽法武昌道朱其煊詳稱，查湖北應城縣井鹽，自咸豐年間弛禁後，行銷於安陸、應山、雲夢、黄陂、孝感、漢川、隨州、天門、京山等九州縣地方，徵收鹽課向有水課、陸課之分。水課抽之熬户，每觔錢四文。陸課徵之行商，每觔錢二文。熬户蓄水封筒，每筒日徵錢四百文，亦歸水課統計，每年徵收課錢自二萬三四千餘串至一萬七八千餘串不等。光緒十二年，前兩江總督臣曾國荃咨請封禁，經前督臣裕禄奏明，應鹽只准行銷應城本邑及向銷川鹽之天門、京山二縣，其餘不准，界内概行禁銷，自此收數較減，每年徵收課錢不過一萬二三千串不等。歷來提撥公費二成，以作爲局用。光緒十年，欽差工部侍郎孫毓汶、烏拉布查辦德安同知蔡懋賡被參各款案内釐定新章，陸課公費照應開支二成，水課減爲一成半，歷年均係照章程辦理。光緒十七年徵收陸課錢二千六百八十二串七百五十文，以八成歸正課錢二千一百四十六串二百文，以二成歸公費錢五百三十六串五百五十文。水課共徵錢一萬一千三百零四串五百三十一文，以八成半歸正課錢九千六百串八百五十二文，以一成半歸公費錢一千六百九十五串六百七十九文。此應城井鹽公費係按照奏定章程開支之實在情形也。竹山縣山路崎嶇，川鹽均係肩挑背負前往，每觔收課錢二文，每年僅收陸課錢二百四十串文，遇閏多收錢二十串文，向無公費。前報光緒十七年應城等鹽公費三萬七千零六十一串二百三十三文，實有淮鹽緝私經費三萬四千八百二十九串零四文在內。兵燹後，從咸豐十一年試辦起，歷係併入票、潞、川、應各鹽公費内彙案造銷，均奉准銷在案。光緒三年詳銷公費文内聲叙，自咸豐七年三月起者，原係從票、潞各鹽叙起，並非指淮鹽。而淮鹽至咸豐十一年，江路已通，招行試辦，彼時各鹽併入，銷售不暢，所收公費無多。迨同治三年在漢鎮設立督銷局，經前兩江總督臣曾國藩酌定章程，湖北每銷淮鹽一引，緝私經費銀二錢四分，每年按銷售多寡約收銀二萬三四千兩不等，由督銷局按引扣算，備文解道，歷按市價折錢彙案造報。同治四年初次彙銷淮鹽公費詳，文内票潞各鹽之下有復淮鹽正釐詳請奏報外，另有公費一項之語，即係指淮鹽緝私經費而言。嗣同治七年，將票、潞各私停課專銷，十一年准分界武、漢、黄、德四府專銷淮鹽，原徵川課及安陸、荆門川鹽陸課，先後停止。光緒二年造銷同治十一年公費時，承辦經書以淮鹽公費已在前節正釐之下聲叙，於川淮分界後謂僅收應城井鹽及竹山川鹽税課，以下即按叙所收公費錢數似係專屬應、竹而言，不復聲明此項公費實係應、淮彙計。嗣後歷年因仍開報，此實由昔年聲叙渾淪，致奉駁查。不然票、潞各鹽未停以前有收公費，豈有規復淮鹽引坻，置緝私捕務於不問轉無公費之理。且淮鹽督銷局歷年撥解此款，該局及湖北鹽道並江、鄂兩省各衙門皆有案據，歷歷可稽，此彙報應鹽公費案内實有淮鹽緝私經費在内，並非將應鹽正課作爲公費之實在情形也。

伏查湖北各府州縣，爲淮引舉坻廣私，多兵燹以前，淮綱歲歲提舉費爲數甚鉅，近年所解緝私經費減少已多，每次督銷局解道均有案可查，一切支發各款均係核實動用。所有十七年公費應請案准予核銷，至竹山縣川鹽陸課皆係脚户零星背負前往，徵數無多，應城井鹽至光緒十年奏定新章六條，十餘年來商民稱便，均請循舊辦理。此後自應督飭局員將水陸各課隨時認真整頓，務較近年徵數日有起色，藉濟餉需等情，詳請奏咨前來。臣覆核無異，除咨户部外謹恭摺具陳，伏祈皇上聖鑒。

光緒二十四年

粵漢鐵路緊要三省紳商籲請通力合作以保利權摺 光緒二十四年正月初五日

竊光緒二十二年九月臣宣懷赴召議辦蘆漢鐵路之時，經總理衙門王大臣代奏設立總公司，先造蘆漢幹路，其餘蘇滬、粵漢等處商股方能號召，且可泯各國窺伺之心，斷却無數葛籐等語。當蒙王大臣奏准，各司自必合南北統籌，始能展拓，蘇滬、粵漢亦當次第舉辦等因。仰見朝廷俯採芻蕘，無遠弗届之至意。現今幹路蘆漢兩端均已開辦，雖因部帑未能全撥，洋債復多波折，比國總工程司開春到滬，即應催令付款，分頭趕辦。臣宣懷並當親自督同工程司，由鄂、豫履勘以達畿輔，多分段落，期於五年竣工。

所召粵漢南幹路，原擬稍緩籌辦，無如時局日亟，刻不及待，羣雄環伺，輒以交涉細故，兵輪互相馳騁，海洋通塞，靡有定時。今海道既無力能興，設有外變，隔若異域。必内地造有鐵路，方可聯絡貫通。廣東財賦之區，南戒山河，豈可遐棄。此粵漢南路所當與北路同時並舉者，一也。

原議由粵至鄂，擬繞道江西，道里較湖南爲迂遠，而形勢利益亦迴殊。臣等與湖南撫臣陳寶箴函電互商。該撫臣電稱，國家創興大政，以立自强之基。蘆漢已行，鄂粵繼舉，江湘莫非王土，豈能有所阻撓。況湘人素懷忠義，近來紳士尤多通曉時務，不泥故見。並據湖南在籍紳士翰林院庶吉士熊希齡、江蘇候補道蔣德鈞來鄂與臣之洞、宣懷面商。如取道郴、永、衡、長，由武昌以達漢口，則路較直捷，湘中風氣剛健，他日練兵可供徵調，礦産尤豐厚，地利亦可蔚興，此粵漢鐵路之宜折而入湘者又一也。

兹據湘、粵、鄂三省紳商聯名呈請會奏前來，除抄録公呈分咨軍機處、總理衙門查核外，臣等深維時變莫測，鐵路早成一日，可保一日之利權。多拓百里，可收百里之功效。粵漢南幹自應仍照原議與北路一氣呵成，議由湖南以達武昌，尤得致富强之要。該三省紳商立意既同，輿情已洽，自必衆志成城，無所摇惑。如蒙俞允，應請飭下兩廣總督、廣東、湖南、湖北撫臣，與臣等隨時會商妥議，招集華股，酌借洋債，並選舉各省紳商，設立分局，購地鳩工，認真辦理。總之，各省紳商分任路利，自須公溥均霑，而造路之本資，借款抵押之辦法，通行之章程，必須蘆漢、粵漢二大幹路合爲一氣，遞招遞墊，遞修遞押，遞借遞招，展轉相生。竭五六年之苦功，若無意外之虞，當可使南北幹路相爲銜接，以符原議。

（硃批）另有旨。（欽此）

時局危迫預杜外謀片 光緒二十四年正月初五日

再，總理衙門原奏，蘇滬、粵漢鐵路次第舉辦，是南路在必辦之列，氣脉方能貫通，獲利方能還債。處今之勢，借款、招股均屬繁難，原非一蹴可幾。惟目前德國無理肇衅，占踞膠、墨要害，並獲山東承辦鐵路利益，局勢頓變。俄國已造路於黑龍江、吉林，以爲通奉天、旅順之計。法國已造路於廣西，以爲割滇之計。獨英國窺伺既久，尚無所得。目前必有效尤要挾，占我路權之舉。查今年春間英商屢來攬辦粵路，堅持未允。近日香港馬喇西字報言，英國所當急行者，建造鐵路之利。理應幹營中國中部或廣東軌道，方不致落他人之後等語。近有日本（贊）［參］謀[一]部員宇都宫太郎密言，英國所欲者，大約一借款，一修路，一擬索香港對岸之深水埠等語。英、日現在聯交甚密，英之陰謀，日必知之。證以洋報，其爲覬覦粵漢鐵路，確鑿無疑。現德已踞膠，俄已留旅，法已窺瓊，英或有圖扼長江吴淞之舉，是中國各海口，幾盡爲外國所跕。江海之咽喉已塞，南北海道之氣脉已梗，已成坐困之勢，僅有内地尚可南北往來。查漢口爲十八省南北東西水陸之樞紐，若粵漢一路再令英人造一鐵路直貫其中，將來俄路南引，英路北趨，雖有蘆漢一路間隔於中，無能展布。且將來甚至爲英俄之路所併。則是咽喉外塞，腹心内潰，雖欲講求練兵製械之法，理財足國之方，亦將無從著手。豈惟不能自强，恐從此中華不能自立矣。時局危迫至此，思之寒心。惟有趕將粵漢一路占定自辦，尚是補救萬一之法。然則由粵入湖通漢一路，緩辦則必爲彼族强占之資，急辦則恐集資有限，難於展布。臣宣懷前擬蘆漢鐵路借用英債，嗣以英商華士賓來華多方要挾，議遂中輟。不得已而謀之比利時國。雖權利不失，可無後患，然係小邦，勢力甚微，屢以未成之鐵路不足爲保，滋其疑懼，委曲遷就，事甚勉强。則粵漢借款，斷宜另謀。至英及法、德，無論何國承辦，皆有大害。擬函商駐美使臣伍廷芳，就近仍與美國紳商籌議借款。伍廷芳係粵人，度無不竭力而謀。俟有規模，自當隨時與王大臣電商，請旨核定。現在已據湘、粵、鄂三省紳商議定，合立公司，呈請奏明先行立案，以備抵制外人，杜絶腹心之禍。應請諭旨宣布，准令總公司同三省紳商迅速籌款辦理，並請飭下總理各國事務衙門立案，如他國有以承辦粵漢鐵路爲請者，即明告以預准各該省紳民公司自行籌辦，俾免枝節。臣等實因時局危迫，預杜外謀起見，除已於昨日會同電奏外，謹據實密陳，伏祈聖鑒。

字寄王文韶、張之洞、盛宣懷：據奏粵漢鐵路緊要，三省紳商籲請通力合作，以保權利。現在時局日亟，所有中國緊要枝幹各路，除蘆漢業經開辦外，粵漢一路，自應預争先著。若由湘、鄂、粵三省紳商自行承辦，派歸總公司總其綱領，實於大局有裨。惟是造路之資本，借款之辦法，通行之章程，必須與蘆漢公司一氣貫注，始可收通力合作之效。著王文韶、張之洞、譚繼洵、陳寶箴、許振禕，隨時會商盛宣懷，妥議招股、借款各節，並選舉各省紳商，設立分局，購地鳩工，認真辦理。各國如有以承辦此路爲請者，即由總理衙門王大臣告明以三省紳商自行承辦，杜其要求。此路貫湖南腹地，銜接武昌，不特取徑直捷，即練兵、開鑛諸凡有益。該大臣當妥速開辦，力任其難，以收實效。將此各諭令知之。欽此。

謝賜福字摺 光緒二十四年正月十二日

光緒二十四年正月初八日摺弁回鄂，賫到御賜福字一方，當即恭設香案，望闕叩頭祗領。欽惟我皇上，玉衡齊政，丹扆懸箴。端春元以正朝廷百官，光孝治以通神明四海。體乾行自强之義，獨得正中。秉震恐致福之心，不忘咨儆。日新德焕，露湛恩多。

[一]「贊謀」，似應爲「參謀」。

臣自矢靖共，同瞻翔洽。深愧竹頭（本）［木］屑〔一〕，乏上游鎮物之才。所期穀穎麻菜，蒙大有自天之祐。

奏報審明京控案件議擬完結摺〔二〕 光緒二十四年二月初十日

竊臣繼洵承准軍機大臣字寄，光緒二十一年七月二十一日奉上諭：都察院奏，湖北麻城縣生員袁潔三等遣抱以該縣徵收錢糧，知縣張集慶等任聽里書種種舞弊等詞，赴該衙門呈訴。案關里書包攬浮收，縣官徇私縱容，亟應澈底根究，著譚繼洵確切查明，如果屬實，即行從嚴禁革，以蘇民困。原摺著鈔給閱看，將此諭令知之。欽此。臣等查此案先據該縣生員吳朗等以里書包攬浮收等詞在省呈訴，當經臣繼洵批司出示禁革，並委員查覆。因其詞無確據，無從根究，飭縣隨時嚴查，有犯即懲。嗣據該生袁潔三等呈請分設鄉櫃，出示勒石，又經批司飭據該縣稟覆，以集四鄉紳士會議，擬仍照舊在於縣署設櫃徵收，俾易稽查，毋庸改設分櫃。惟請勒石，永禁里書包攬浮收等情，即經飭司核議行縣查照出示勒石永禁，倘有前項情弊，即提嚴辦在案。欽奉前因，遵復派員前往密查稟覆。一面行提案卷暨被告吳祖鴻，縣書徐瑞亭，原告袁潔三、汪玉山及前會議紳耆吳亮寅、胡耀祖來省。並據該縣申覆，原告董采蘭已故，傳同其子董秀亭赴省備質等情，一併行司發委武昌府審辦。茲據該府逢潤古審明議擬由湖北布政使王之春、按察使馬恩培覆審詳解前來。

臣等隨親提研訊，緣徐瑞亭、吳祖鴻與生員袁潔三等俱係麻城縣人。徐瑞亭充當該縣糧書，承催各里錢糧，縣俗呼爲里書。吳祖鴻係捐納中書，並未承充書吏。該縣錢糧向章每徵正銀一兩，折收十足錢二千八百文。嗣因粵匪竄擾楚疆，徵兵經過縣境，民間支應糧草踴躍急公，於咸豐九年經前撫臣胡林翼飭令當年每兩減收錢二百文，以示體恤。後遂援以爲例，每兩僅收錢二千六百文，耗羨、傾鎔、火耗、解費等項一併在內。歷在縣署設櫃徵收，聽民自行投納，由官易銀批解。惟近年以來，距縣窵遠各鄉花户，有因赴城完糧諸多耗費，將錢託交里書代完，或因一時措錢不及，央令里書墊納，事後算息歸償。兼之各鄉、市用錢數不一，有僅數十文作一百者，完糧必須補足，合之市用爲數較多，因而傳言里書有包攬浮收等弊。光緒十八年三月間，生員吳朗等聞知，赴省呈訴。經臣繼洵批司出示禁革並委員查覆，因其詞無確據，無從根究。飭縣隨時嚴查，有犯即懲。迨至二十年四月袁潔三等各由遠館回歸，聞及前事，以爲分設鄉櫃出示勒石可以垂久杜弊，赴省呈請。又經批司飭據該縣傳集四鄉紳耆吳亮寅、胡耀祖、吳祖鴻與現未到案之程恩晋等多人會議。以改設分櫃，轉恐散而難稽，不如照舊，仍就縣署設櫃徵收，易於稽查。惟里書包攬浮收，仍請示禁，稟經飭司核議行縣查照出示，勒石永禁，倘有前項情弊，即提嚴辦。袁潔三等旋各就館外出。因聞傳言：該縣錢糧，近係每值開徵，里書以花户完銀底册交官買券，赴鄉苛索。藩司雖曾示禁，縣示仍復含糊，里書遂得朦蔽鄉愚，照常浮收。伊等呈請示禁，復被抗匿等語，信以爲真。並聞不設分櫃之議，吳祖

〔一〕「本」，應為「木」字。「竹頭木屑」，見《世説新語·政事》。

〔二〕以下四件録自臺北故宮文獻編輯委員會編《宮中檔光緒朝奏摺》第十一輯，第六一五至六二二頁，臺北故宮博物院一九七四年版。

鴻曾經在場，因憶及吴祖鴻有姪吴永興曾充里書，業已身故，疑係吴祖鴻更名承充，與各里書内外斡旋，以致該縣朦混通稟，彼此信知，起意聯名京控，遂即鋪叙作詞，並將遠年銀錢並徵之案一併叙入，遣抱進京，赴都察院衙門呈遞，奏奉諭旨，飭查嚴禁。遵即派委大挑試用知縣劉震嶽前往密查。該縣距城窵遠，糧户或因憚於入城多費，託交里書代完，或因一時乏錢，央令墊納，事後認息歸償，均所不免。其所控包攬浮收，委實查無證據，亦無受害指告之人。前由藩司出示禁革。該縣知縣張集慶係按司示照繕多張，分貼曉諭，並不含糊。接署知縣陳瑞瀾稟覆，毋庸改設分櫃，亦出四鄉紳耆公議，並非朦混通稟。各里書亦無抗違匿示、買券苛索情弊等情稟覆，並提到人卷，一併行司飭發武昌府審辦。該府逄潤古逐加研訊，供悉前情，詰據該書徐瑞亭，堅稱該書赴鄉催糧，僅止曾有遠鄉花户將錢託交代完，從無墊納之事。至他書墊完取息，事恐不免，究係何書，如何取息，該書不能實指，委無包攬浮收、買券苛索及奉禁革抗違匿示各情事。質之該生袁潔三等，亦謂所控包攬浮收、買券苛索，本係得自傳聞，究竟何書舞弊，何人受害，事無憑證，不敢妄指。惟既訊明各里書有代遠鄉花户完糧及墊完取息之事，請予嚴禁，以防其漸而杜弊端。其餘控情，悉由懷疑誤聽所致，並乞寬宥等語。反覆質訊，各供如一，核與委員訪查各節，亦屬相符。據該府議擬由藩、臬兩司覆審詳解前來。

臣等親提覆訊，各供無異，應即擬結。查律載，不應爲而爲，事理重者，杖八十等語。此案徐瑞亭充當麻城縣糧書，僅有承催錢糧之責，其花户應完之項，應令自行赴櫃交納，乃因遠鄉糧户憚於入城，將錢託交輒爲代完，雖訊無包攬浮收、買券苛索情事，究屬不合。徐瑞亭應革去糧書，酌照不應重律，杖八十，折責發落。生員袁潔三等控情雖屬失實，訊由懷疑誤聽所致，且爲錢糧杜弊起見，尚屬因公，應請從寬免議。該縣知縣張集慶等，查無任聽里書舞弊、徇私縱容情事，亦勿庸議。該縣錢糧應仍查照舊章，每徵正銀一兩，折收十足制錢二千六百文，耗羡、傾鎔、火耗、解費等項一併在内，不准另有絲毫浮收。每值開徵之先，由縣示諭花户自行赴櫃完納，不准再交胥役代完。其距城窵遠各鄉，或於適中之地，酌設分櫃就近徵收，或令小户附於糧多之户搭完，飭縣體察情形，妥酌辦理，以期便民而免滋弊。所有里書以及從前代完、墊完各名色，一概革除，勒石永禁。倘有不肖書役敢再輕聽花户囑託代完，並於定章之外舞弊浮收，一經查出，按律從重治罪。該管官如不隨時稽查，縱令苛徵，亦即從嚴參處。案經審明，無干省釋，未到人證免提省累。除供招咨部外，所有審明議擬緣由，謹合詞恭摺具奏，伏祈皇上聖鑒，敕部核覆施行。

再，此案抱告袁光林解至河南確山縣地方病故，已由該省訊明解役並無凌虐，咨部議結。被告吴祖鴻於提到訊供後，亦已病故，合併陳明。

該部知道。

奏參已故知縣短交請革追摺 光緒二十四年二月初十日

竊照湖北省交代，經臣等督飭司道按限清理，不准稍有蒂欠。茲查前任雲夢縣已故知縣汪齊輝任内尚有徵存未解司庫地丁正耗銀四百四十二兩三錢四釐，屢經嚴催，迄今已逾二參限期，該家屬尚未完解。由接署雲夢縣知縣王奎照查明禀揭到司。據湖北布政使王之春、督糧道岑春蓂詳請參追前來。臣等查州縣經徵錢糧，攸關國帑，不容絲毫蒂欠。今該故員汪齊輝欠解銀兩已逾二參例限，該家屬並未清繳，實屬玩延，相應請旨將已故前任雲夢縣知縣汪齊輝先行革職，勒令該家屬於兩箇月限內如數完繳。倘逾限不完，或完不足數，再行從嚴參辦，並照章將應行分賠各職名隨案開送，除咨户部查照外，謹合詞恭摺具奏，伏乞皇上聖鑒。

著照所請。該部知道。

耆臣重遇鹿鳴筵宴摺 光緒二十四年二月初十日

竊據湖北布政使王之春詳，據署均州知州李華傑轉據候選訓導蕭光熙等呈稱：同邑三品卿銜已革前雲南巡撫賈洪詔，現年九十三歲，均州人，由廪生中式道光十九年己亥恩科湖北鄉試舉人，二十年庚子恩科進士，以即用知縣歷官雲南定遠、昆明等縣，洊擢景東直隸廳同知、順甯府知府、迤南道、貴州按察使、雲南布政使，嗣復奉命補授雲南巡撫。告病罷職回籍，先後主講鄖陽府均州各書院，前值鄉試已届周甲之期，業經呈蒙援例奏請於光緒二十三年丁酉正科重宴鹿鳴，欽奉上諭：著加恩賞給三品卿銜，准其重赴鹿鳴筵宴。等因。欽此。茲計道光庚子恩科進士至光緒二十六年庚子花甲一周，例准重赴恩榮筵宴。惟光緒二十六年並非會試年分，溯查成案，向准提前辦理。如河南在籍知州銜前四川高縣知縣郭鑑庚，嘉慶己卯恩科進士，於光緒三年丁丑正科奏奉諭旨，准其豫期重赴恩榮筵宴在案，核與賈洪詔情事相同。惟係三品以上大員，例應專摺陳奏，公請援案，歸於光緒二十四年戊戌正科豫宴，奏懇恩施等情，詳請具奏前來。

臣等伏查三品卿銜已革前雲南巡撫賈洪詔，早登科第，出宰滇池，典郡監司，兼治軍書。勞勩開藩陳臬，勉支時局艱危。特邀知遇之榮，專圻晉擢。未竭涓埃之報，攖疾歸休。忠愛微忱，退補彌勤於晚歲。奬成後進，鄉居無愧爲老成。往年載詠食苹，卿銜寵錫。今日重逢簪杏，人瑞同稱。允推黄耇儒臣，春榜瞬周夫甲紀。竊冀紫宸優眷，禮闈豫沛乎申綸。合無仰懇天恩俯准賈洪詔於本年戊戌正科會試，重赴恩榮筵宴，應否賞給加銜以示優異，出自鴻施，非臣等所敢擅擬。除將册結送部外，謹會同湖北學政臣王同愈合詞恭摺具奏，伏祈皇上聖鑒。

另有旨。

奏陳開捐辦賑收支清單摺 光緒二十四年二月初十日

竊照光緒十五年，湖北各屬被水成灾，經前督撫臣暨臣之洞奏蒙天恩先後撥銀十五萬兩，並准開捐以濟工賑之需。當即率同司道查明灾區，有隄者，撥給修隄之費，寓賑於工。無隄者，或分設粥廠，或散給錢米，一律賑撫灾黎，均免失所。嗣因賑務完竣，賑捐限滿，即飭停止在案。茲據總辦湖北籌賑局布政使王之春、按察使馬恩培、糧儲道岑春蓂、署鹽法武昌道朱其煊會詳稱：查光緒十五年湖北奏開賑捐，於次年正月接准部覆，除去封印日期，截至光緒十七年三月底一年限滿，計收捐款銀十四萬九千九百六兩七錢九分九釐。內除京外各官及鄰省協助銀二萬三千一百二十九兩二錢九分九釐不請奬叙，又四川同知銜游鑑洋等捐銀二千兩已請建坊外，其本省官紳商庶捐銀十二萬四千七百七十七兩五錢，業經分次請獎。又光緒十三年賑捐項下奏報餘存銀三萬一千六十五兩二錢三分九釐，連奏撥銀十五萬兩，統共收銀三十三萬九百七十二兩三分八釐，除被灾各州縣工、賑兩項共支用銀三十二萬九百四十四兩七錢八分一釐，又協助順直賑需銀一萬兩，實存銀二十七兩二錢五分七釐，擬請留備各屬工賑之需等情，開單詳請具奏前來。臣等覆覈無異，除咨户、工部查照外，所有湖北光緒十五年被水成灾開捐辦賑收支各銀數，謹繕清單合詞恭摺具陳，伏祈皇上聖鑒。

該部知道。單併發。

裁減湖南制兵摺 光緒二十四年三月二十二日

竊臣承准軍機大臣字寄，光緒二十三年三月初四日奉上諭：户部奏冗兵耗財過鉅亟宜大加裁汰一摺。近因庫款支絀，各省亦籌解維艱，經户部先後奏請，裁汰緑營七成，勇營三成，疊經降旨飭令遵行。上年十一月初二日復通諭各直省將軍督撫，不論緑營、勇營，均應大加裁汰。是裁減兵勇一事，事機所迫，勢在必行。兹據户部奏稱，自行知各省以來，惟山東一省經該撫李秉衡奏明，將制兵分限五年，裁減五成，並將防營練勇分别裁減，此外各省或請將兵額酌裁，尚無成數，或僅裁緑營二三成，所裁勇營，更屬寥寥無幾。似此敷衍塞責，有名無實，何濟於事。現在綜計，各省兵勇尚有八十餘萬人，歲需餉銀約共三千餘萬兩。緑營積惰，久同虚設。當兹償款期迫，中外諸臣自應合力通籌，先其所急。若猶復飾詞搪塞，坐擁多營，值此需款緊急之時，棄有用之餉，養無用之兵，以致借無可借，抵無可抵，民生日蹙，國計亦因之愈窮。在公忠體國之大臣，當不出此。各直省將軍、督撫奉到此旨，統限一月内，將裁減兵勇若干，節省餉銀若干，條分縷析，切實覆奏。所留兵勇務當精選訓練，鎮撫地方。至所裁兵勇，應酌給遣餉銀米之處，並著該將軍、督撫等體察情形，奏明辦理。原摺著抄給閲看，除直隸、南洋、河南、浙江現有各軍另行諭令切實裁汰外，將此由四百里通諭各直省將軍、督撫知之。等因。欽此。當經恭録轉行，欽遵辦理。

查湖南兵額從前節次核減，同治三年復裁馬戰守兵三千七百餘名，現在實存馬戰守兵二萬二千八百二十三名。内抽練兵一千名，存營存汛兵二萬一千八百二十三名。臣等欽遵諭旨，當經會商提臣督同司道各鎮等詳加籌酌，就湖南現有兵額，體察地方衝僻繁簡情形，分别免裁酌減，庶於節省餉項之中，仍寓慎重邊防之意。其大指仍即臣之洞前奏所陳，裁散不裁整，裁兵不裁官二義。則裁者既無扞格，存者亦可有用。現議撫提鎮各標已挑入操防營之練軍，糧餉既較原營爲優，屯聚復在一處，責成將弁大加整頓，將來可期有用。至苗疆邊要之鎮筸鎮兵向稱勇敢善戰，海内知名，擬請毋庸議減。又如綏靖鎮、永綏協、乾州協、鎮溪營、河溪營、保靖營、古丈坪營等處，均係駐紮苗猺要隘，若留兵過少，難資鎮懾。擬將最要之綏靖一鎮裁減一成，永綏、乾州、鎮溪、河溪、保靖、古丈坪各協、營，各裁減二成。此外腹地各營，無論何標、何營，凡未練之兵一律裁減五成。係就練軍及現在原營實數，馬、戰守兵合計，統共裁減五成，不得剔除練軍計算，以冀少裁。應裁之數，匀分五年裁竣。所裁兵丁應發餉乾米折銀兩，飭令各營截至光緒二十三年十月底爲止，以後每年遞裁，截餉之期均以十月底爲斷，以歸畫一。所裁之兵，擬發給一年餉銀、餉米，遣令歸農。即自各營開缺停餉之日起，由藩司糧道按數核明，發足一年銀米，俾得藉以資生，徐圖改業。副、參、游、都、守等官，及千、把、外委、額外等弁，應請留爲弁兵升階及分帶兵勇之用，鼓勵征戰緝捕出力者之資，毋庸議裁。凡分防、分汛之千總，其地或係州縣城内，或係關津鎮市，需兵彈壓者，將此項千總存留，給隨身兵二十名，餘概裁汰。把總、額外防汛，尤屬畸零無用，一律裁除。向來地方呈報盜案，犯未弋獲，分防協防之千、把、額外開參疏防，不過循例受過。以後裁去外汛，地方遇有疏防之案，原轄武職，應免置議。捕盜等事，即專責成州縣辦理。州縣解餉、解犯、看守城門局庫等事，亦責成州縣派役看守。其裁汰無兵之把總、外委、額外等弁額缺廉俸，應請仍循其舊。

以上皆體察地方輕重情形緩急，分别辦理。總計此次共裁馬戰守兵七千四百三十八名，匀分五年遞裁。計裁竣後，每年節省兵餉馬乾米折共銀十三萬餘兩。裁存兵，飭令各鎮協挑選强壯樸實者，認真訓練，擇要屯紮，俾免徒糜餉需。其有未盡事宜，臣等隨時妥籌辦理，除將分年裁減各營馬戰守兵數目，暨層遞節省餉銀、餉米，並給一年恩餉銀米各細數，造具詳細清册咨部備案外，所有湖南裁減緑營兵額分别辦理情形，臣等謹合詞恭摺具奏。

再，此事於上年九月間已經定議札飭截餉，因該司等核計兵餉細數，日内始行具詳，是以此時甫行陳奏。其截餉日期，仍係以光緒二十三年十月底截止，合併陳明。

（硃批）户部知道。（欽此）

湖北試辦工藝附蠶桑局摺光緒二十四年（閏三月十三日）［三月二十二日］

竊惟周禮六職飭其材，月令五庫審其（益）［量］。［是］萬物有曲成不遺之妙，百工爲自古政令所關。光緒十六年，臣繼洵到任後，即經會同（督）臣之洞，（督）［諭］飭司道籌款，興辦（農）［蠶］桑。曾於十九年（籌款興辦蠶桑會奏）［三月將辦理情形會銜具奏。旋因辦有成效，臣繼洵又於二十二年兼護總督任内奏明各］在案。近年廣招學徒添設織機六十張，仿織（浙江）［江浙］細緞各料，精益求精，銷路（寬）［愈］廣，經費足資周轉。（既）［現］擬擴充規模，（飭令）［就局中委員司事兼管，新募］工匠、學徒，講求工藝，以（備）［補］農桑蠶織之不足，藉抵外洋朘削之利權。

伏查内地所産麥草，（或）［本］非貴重之物，織成帽辮，粗細式樣［約］二百餘種，行銷外洋，甚有利益。就山東煙台一處而論，每年銷價計銀已有一二百萬兩之多。所造之貨，女工居多。近年，日本設廠織造，質良工細，銷數甚多，更奪中國之利。又樟樹易於種植，採葉製鍊，可成樟腦。台灣向有成法，廣東近已仿造，亦可暢銷外洋。他如日用所需，有洋蠟燭、洋紙、壓油等物，多以中國［委棄之］布縷、毛骨鎔鍊而成。我材彼（有）［用］，償我（祗此）［僅止］纖微。彼貨我銷，益彼每逾（舊物）［蓰倍］，更互交易，（盈）［贏］絀懸殊。慨自關市交通外洋，以機器代人工，［而華人之輟業者多。又能化朽腐爲菁華，而］中土［之］財力（遂爾）交困。［計］惟有因利推行，以濬其來源。多方效法，以敵其銷路。湖北民貧地瘠，水旱頻仍，尤當設法補苴，用蘇民困。茲由山東萊州，招僱織辮上等工匠來鄂，收買麥草，即於（農）［蠶］桑局添募本省學徒，令其［盡心］指授，由麤及精。一面飭令民間廣栽樟樹，（其）［現］有長成之木，先行收買，試熬樟腦。並購運機器，逐漸仿製洋［蠟］燭、壓油等物，俟［辦］有效驗，即擇學徒之精其法者，派赴各屬，轉相傳授。總期失業者，得所工作。成物者，各盡土宜。以［仰］副朝廷利用厚生之至意。

（硃批）該衙門知道。（欽此）〔一〕

展緩查閱營伍片〔二〕光緒二十四年三月二十二日

再，臣前奉諭旨，查閱湖北營伍，當因江漢並漲，災賑、隄工百事緊迫，奏請展緩，俟光緒二十三年夏間，災象稍舒，改練洋槍亦有規模，再行舉辦。奉旨允准在案。惟查湖北省上年鄖、宜、施三府因雨潦過多，災象未減，京山縣唐山口隄工已成復潰，此外各州縣災歉亦多，籌工、籌賑，諸務紛紜。又兼正值裁減綠營兵額，將弁竭蹶不遑，兵丁各懷觀望，以致操練未能專精。直至上年底，始將上年應裁兵數陸續分別發餉遣散完竣。本年春間，工賑仍未竣事，日日籌款，事事艱難。現又有鄂省鹽釐抵還洋款之舉，鄂省驟失巨餉，諸事無措。現值籌議交接之際，司道各官俱屬焦急束手。以上各節，均須隨時會商撫臣督飭司道，妥爲籌辦，一時尚難出省。茲仍嚴飭各營上緊練習洋槍，擬請展至秋間，諸事略爲就緒，再行馳往認真校閱，俾得從容簡校，以考實效。理合附片具奏，伏乞聖鑒。

著照所請。

請開復已故知縣處分摺〔三〕光緒二十四年三月二十二日

竊查前任雲夢縣已故知縣汪齊輝交代案内，欠解司庫地丁正耗銀四百四十二兩三錢四釐，前因已逾二參例限，未據清解，當經臣等會摺奏參革職，勒限完繳在案。茲查該故員欠解各款銀兩，該家屬業已如數完解清楚，據湖北清查交代局、布政使王之春等會詳請奏前來。相應請旨將前任雲夢縣已故知縣汪齊輝革職處分，照例開復。除將完解銀兩入撥造報緣由咨部查照外，謹合詞恭摺具陳，伏祈皇上聖鑒。

著照所請。該部知道。

請准建坊旌表宋廷鋆片光緒二十四年三月二十二日

再，查士民因地方善舉捐銀一千兩以上者，例得請旨建坊，給予樂善好施字様。茲有湖北漢陽縣學附生宋康復，因上年本省各屬被災，遵其故父母遺命，捐助庫平銀一千兩，以濟賑需。據湖北籌賑總局司道詳請具奏前來。覈與建坊之例相符，合無仰懇天恩俯准該生宋康復爲其故父原任四川郫縣知縣宋廷鋆、故母五

〔一〕以上衍、脱、舛三十一處及具奏日期，據一九七四年版臺北故宮文獻編輯委員會編《宮中檔光緒朝奏摺》第十一輯，第七〇〇至七〇一頁刪、補、校正。其中「莛倍」二字，疑應作「倍莛」。

〔二〕録自《京報》第六二〇〇號。

〔三〕以下八件録自臺北故宮文獻編輯委員會編《宮中檔光緒朝奏摺》第十一輯，第七〇三至七一九頁，臺北故宮博物院一九七四年版。

品令婦宋黄氏，在於原籍照例建坊，給予樂善好施字樣，以示旌獎。謹合詞附片具陳，伏祈聖鑒。

著照所請。禮部知道。

奏報節年工賑收支各數摺光緒二十四年三月二十三日

竊照湖北地方，自光緒二十一年至二十三年水旱頻仍，荒祲疊見，災深地廣，幾及全省，實爲數十年來所未有，均經臣等隨時奏報，仰蒙恩綸疊沛撥款截漕，並准推廣捐輸，一再展限，以濟工賑。各省督撫臣暨湖北京外官紳、本省委員亦皆誼切救災，竭力協助，廣爲勸募，幸集鉅資，俾臣等得以措手。於有隄各屬，撥款興修，藉工代賑。其老弱婦孺不能工作以及無隄處所，或散給錢米，或分設粥廠，一律賑卹。並以糧缺價昂，多購米石，分撥各災區，減價平糶，以濟民食。災黎悉資拯救，潰隄亦得修復，鴻慈廣被，實惠均沾，凡在臣民莫不感頌。惟是時閲三載，水旱交乘，地方之受害彌深，待哺之饑民日衆，加以上游山鄉之賑，道遠運艱。下游水鄉之工，隄多費鉅。支用之繁蓋由於此。臣等仰體皇仁以民命爲重，即處艱窘之時，而目擊災情之重，不敢稍存膜視，亦必百計籌挪，工賑兼顧。雖幸得免貽誤，而需款浩繁，辦理竭蹷情形，亦經歷次縷晰具陳在案。現在各屬工賑雖未一律告竣，而藩司王之春奉命調補四川布政使，行將交卸，其經手收支各款，應飭先行截數開報，以清界限而免轇轕。茲據該司王之春會同總辦湖北籌賑局司道詳稱：湖北此次工賑，除京山縣唐心口隄工並各災區本年春賑以及應辦善後事宜，現在尚需撥款未能截數，應俟事竣另行開報外，所有光緒二十一年起截至二十三年十二月底止，共收奏撥截留漕糧等款銀三十一萬一千九百八十四兩二錢四分一釐、捐輸銀二百四十六萬六千一百三十七兩二錢一分四釐，總共收銀二百七十七萬八千一百二十一兩四錢五分五釐。工賑項下共支銀三百十一萬五千三百八十六兩一錢二分七釐六毫。以收抵支，尚不敷銀三十三萬七千二百六十四兩六錢七分二釐六毫，均係隨時挪墊，以應急需。賑捐現已再請展限，應俟收有成數，陸續歸還等情，開單詳請具奏前來。臣等覆核無異。除咨户、工二部外，理合查照該司道開報收支各數，敬繕清單，合詞恭摺具陳，伏祈皇上聖鑒。

該部知道。單併發。

揀員請補直隸州知州摺光緒二十四年三月二十四日

竊照湖北荆門直隸州知州嚴鶱昌，請假修墓，准吏部截缺開單，咨照光緒二十三年十二月初四日奉旨，應坐十二月初九日行文，按照限減半計算，應扣至光緒二十四年正月初四日，作爲開缺日期，係要缺，應照例由外揀員請補。查定例：道府同知、直隸州知州、通判知州如係奉旨命往或督撫題明留於該省候補者，毋論應題、應調、應選之缺，令該督撫擇其人地相宜者，悉准補用。又題調要缺道府同知、直隸州知州，酌量以候補人員請補時，該省如有截取記名分發人員，應先儘酌量請補。如果實係人地不宜，始准聲叙以各項候補人員請補各等語。今荆門直隸州知州係衝繁疲難四項最要題缺，兼轄當陽、遠安二縣，幅員遼闊，政務殷繁，素稱難治，且爲滇黔往來要道，荆襄門户，撫字催科，稽察巡防，在在均關緊要，非精明練達、才望出衆之員不足勝此繁劇。臣等在於應補直隸州知州班内逐加遴選，均與此缺人地不宜，其截取班内雖有慶春一員，到省不久，情形尚未熟諳，而員缺緊要，未便遷就請補。

惟查有候補班遇缺儘先前補用直隸州知州歐陽定果，年六十二歲，湖南衡陽縣人，由文童於同治元年投效軍營，歷保主簿藍翎五品銜，三年六月克復金陵案内保奏，八月奉旨：著免選本班，以知縣不論雙單月遇缺即選。欽此。五年勦滅任賴捻股案内保奏，七年八月奉旨：著免選本班，以直隸州知州留於湖北，遇缺儘先前補用，並賞換花翎。欽此。九年三月勦平西捻案内保奏。四月奉旨：著賞加知府銜，並賞給四品封典。欽此。十年七月由吏部帶領引見。奉旨：以直隸州知州留於湖北，遇缺儘先前補用。欽此。二十日領照起程，在途聞訃丁父憂，回籍守制。十二年十二月服滿，領咨到省。嗣因辦理應城膏税出力，保奏隨帶加二級。光緒四年九月丁祖母承重憂回籍，繼丁母憂在籍守制。九年十一月服滿來鄂，十一年四月接到部文准其起復，試看期滿，奏請以繁缺留省補用。查該員歐陽定果老成穩練，辦事細心，且曾署該州印務措施，一切均屬裕如。以之請補荆門直隸州知州要缺，實堪勝任，與例亦屬相符。合無仰懇天恩俯念荆門直隸州知州員缺緊要，准以候補班遇缺儘先前補用直隸州知州歐陽定果補授，實於地方吏治大有裨益。該員係候補直隸州知州請補直隸州知州，銜缺相當，毋庸送部引見。據湖北布政使王之春、按察使馬恩培會詳前來。謹合詞恭摺具陳，伏祈皇上聖鑒，敕部核覆施行。

吏部議奏。

揀員請補要缺知州摺 光緒二十四年三月二十四日

竊照准補沔陽州知州薛福祁，據報病故，當經具題開缺，聲明所遺要缺，容另揀員請補在案。查截缺章程内開病故之缺，有本日可計者，即以本日作爲開缺日期。今准補沔陽州知州薛福祁，係於光緒二十四年二月初八日病故，歸二月分截缺，應由外揀員請補。查定例，州縣應調缺出，俱令於現任人員揀選調補，如無合例堪調之員始准以候補人員請補。又各省道府同知、直隸州知州、通判知州如係奉旨命往，或督撫題明留於該省候補，並試用人員因軍營出力保奏歸候補班補用，無論應題、應調之缺令該督撫擇其人地相宜者，悉准補用。又勞績保舉候補，遇題調缺出，無論曾任、初任均准該督撫酌量補用各等語。今沔陽州知州係繁疲難兼三要缺，濱臨江漢，地廣賦繁，兼有隄工要務，修防、催科在在均關緊要，非精明練達、才能出衆之員，不足以資治理。臣等在於現任知州應調人員内逐加遴選，非與例不合，即人地未宜，實無堪以調補之員。惟查有候補班遇缺儘先前補用知州李士英，年六十四歲，順天大興縣人，祖籍江蘇。由優廪生揀充鴻臚寺序班，同治八年補授實缺轉補鳴贊，十一年恭辦大婚典禮事宜，十月二十日奉上諭：以州判在任候選。欽此。嗣經調赴烏里雅蘇台軍營差遣，勦賊出力保獎。十三年五月十三日奉上諭：著免選本班，以知州分發省分，歸軍功候補班遇缺儘先前補用，並賞戴藍翎。欽此。光緒元年赴部呈請分發，籤掣湖北。二月十五日經欽派大員驗放，八月初十日到省，試看一年期滿，奏請以繁缺留省補用，於辦理牙帖釐金出力案内保加四品銜，經部核准。查該員李士英，才具明晰，辦事老成，係候補班前酌量補用之員，以之請補沔陽州知州要缺，實堪勝任。惟調缺請補與例稍有未符，但人地實在相需，例得專摺奏請，合無仰懇天恩俯念沔陽州知州員缺緊要，准以候補班遇缺儘先前補用知州李士英補授，實於地方吏治均有裨益。該員係候補知州請補知州，銜缺相當，毋庸送部引見。據湖北布政使王之春、按察使馬恩培會詳前來。謹合詞恭摺具奏，伏祈皇上聖鑒，敕部核覆施行。

吏部議奏。

委員署理臬司印務片光緒二十四年三月二十四日

再，湖北按察使馬恩培，現因患病稟請開缺調理，業經臣恭摺具奏。所有臬司篆務應即委員接署，以重職守。查有督糧道岑春蓂，才猷練達，局度寬宏，堪以署理。所遺督糧道篆務，查有候補道殷李堯，心地樸誠，器識深穩，堪以遞署。除分別檄飭遵照外，理合附片具陳，伏祈聖鑒。再，湖廣總督係臣兼署，毋庸會銜，合併陳明。

吏部知道。

委員調署知縣片光緒二十四年三月二十四日

再，署東湖縣知縣何厚康撤省，所遺該縣印務，應即委員往署，以重職守。查有枝江縣知縣陳富文，明練安詳，留心吏治，堪以調署。據湖北布政使王之春、按察使馬恩培會詳前來，除檄飭遵照外，理合附片具陳，伏祈聖鑒。再，湖廣總督係臣兼署，毋庸列銜合併陳明。

吏部知道。

奏陳照章懲辦正法各犯摺光緒二十四年三月二十四日

竊照湖北省盜案，前因難以一律規復舊制，經前督臣涂宗瀛會同前撫臣彭祖賢奏明請將土匪、馬賊、會匪、游勇之外，持械聚衆搶劫、拒捕傷人、搶奪婦女勒賣等案，暫行查照定章，該州縣獲犯訊明稟報後，批歸道府督審，或委員會審。果係罪無可疑，即行就地正法，彙案奏報。光緒九年四月十九日奉旨：刑部知道。欽此。歷經遵照辦理在案。茲查光緒二十三年分各屬稟報拏獲各案匪犯，除已參疏防獲犯後應行查銷，或案内有餘犯罪應流徒之案，均經專案審辦奏咨外，其有報案即行獲犯各案，業經臣等檄行臬司分別飭府督審委員會審，或係圖財謀殺本管官，或係糾衆强劫殺死事主，俱屬贓證確鑿，罪干斬決、斬梟，審明後均即照章批飭就地正法。計案四起，人犯九名。據湖北按察使馬恩培查明各案犯名事由具詳前來。臣等覆核無異，理合彙繕清單，合詞恭摺具陳，伏祈皇上聖鑒。

刑部知道。單併發。

設立農務工藝學堂暨勸工勸商公所摺光緒二十四年三月二十六日

竊惟富國之道不外農、工、商三事，而農務尤爲中國之根本。前經總理各國事務衙門、户、工等部，疊次議奏廣種植，興製造，講商務各事，飭令設局開學，各就本省情形切實籌辦，勿得徒託空言等因，均經奉旨允准通行各省在案，亟應欽遵籌辦。且湖北連年水、旱，歲收歉薄，穀價踊貴，洋貨充溢，商賈蕭條，民生艱苦異常，尤須於訓農、通商、惠工各政，急速講求，以冀稍資補救。惟中國農民向多樸拙，其於地學、化學、製器、利用素未通曉。士大夫又多不措意於此，工商各業不過就其所已知、已能，各謀生理，罕能同心考求，以規遠大。是非官爲提倡，斷不能開發民智，日起有功。

查農政修明，以美國爲最，上年即經電致外洋，選募美國農學教習二人來鄂，派員伴同前往近省各州縣考察農情，辨別土宜，並購致美國新式農具暨穀、果佳種爲試種之用。茲於湖北省城設立農務學堂，即酌借會館公所應用，擇取官山、官地，並酌租民間田地，爲種植五穀、林木暨畜牧之所。招集紳商、士人有志講求農學者，入堂學習，研求種植、畜牧之學。又於洋務局内設立工藝學堂，選募東洋工學教習二人，一教理化學，一教機器學，招集紳商士人有志講求商學者，入堂學習。並派中國通曉化學、製造之士人幫同教導藝徒，講求製造各事宜。先擇湖北物産所有銷路易通者，以漸試行，俾遠近商民皆來取法，以期漸開風氣。兩堂所需經費，若照西國通例，凡堂内之火食、薪脩、書籍、雜用，一切經費，均應由學生公同捐備。惟創辦之始，恐捐貲者不多，除學生火食、雜用自備外，其延募洋教習薪水，及各項經費，暫由地方善堂義舉捐款内湊撥濟用。兩堂即委洋務局員督率管理。

至漢口爲水陸交衝，華洋薈萃之區，又將來鐵路所發端，與各省氣勢易通，與外洋聲息亦甚易達。現飭江漢關道於漢口設立勸工、勸商公所，采取湖北地産所有各物，暨人力所成各貨，凡有益民用可以販運遠方者，在公所分別陳列，標明出産地方、價值、運本，令華洋商民均得縱觀。令各幫大商公舉董事數人經理其事，隨時邀集素有閲歷之行商、坐賈常來公所，評論商推，較物産之精粗，衡工藝之優劣，考求采製配用之新法。至以後各商應如何推廣集股，購製運銷，統由各商自行籌辦，官不預聞。其彈壓、保護、詢訪外省、外洋情形等事，則稟官爲之主持照料，不令窒礙。此係仿照外洋勸工場辦法，既可以興商業，亦可以勉工藝，俾省外僻遠之區，所有地産各物、人工各貨，得以傳播流通，自然製造日精，貿易日盛。所需經費無多，即飭該關道籌措應用。總期利源漸闢，民困漸蘇，庶仰副朝廷本教養以致富强之至意。

（硃批）該衙門知道。（欽此）

委員代防萬城大隄摺〔一〕 光緒二十四年三月　日

竊照湖北荆州府萬城大隄，濱臨荆江，爲全郡及下游各屬田廬保障。每届夏、秋二汛，例應督、撫輪年赴隄督防。如有應辦要事未克分身前往，奏委該管道府就近駐工代防，歷經辦理在案。本年輪應總督前往督防，惟省城事務重要，應隨時督同司道籌辦，未能在荆久駐。所有夏秋二汛督防事宜，自應照案委員代防，以專責成。查有荆州府知府舒惠，老成穩練，隄工盡心，堪以委令代防。現經檄委該府同在工文武員弁，親駐工所，晝夜梭巡，預備守水器具。遇有險要工段，即行搶護，務保無虞。並劄飭荆宜施道俞鍾穎，隨時察看督辦，務臻穩固。所有委員代防萬城緣由，理合會同湖北巡撫臣譚繼洵恭摺具陳，伏乞皇上聖鑒。

知道了。

〔一〕録自《京報》第六二〇九號。

槍礮局添廠製造請加撥經費摺 光緒二十四年

閏三月十一日

竊光緒二十四年正月十一日承准軍機大臣字寄，光緒二十三年十二月二十五日奉上諭：據榮祿奏稱，各省煤鐵礦産，以山西、河南、四川、湖南爲最精，請飭籌款設立製造局，漸次擴充，從速開辦，以重軍需等語。自係爲因地制宜起見，原片均著抄給閲看。等因。欽此。查原奏内稱已經設有局、廠省分，規模未備，尤宜擴充。自煉鋼以迄造無煙藥彈各項機器，均須實力講求，從速開辦，以重軍需等語。所言皆切中機宜，亟應從速籌辦。

查鄂廠所造快槍、快礮，爲新式最精之械。若有械無彈，有彈無藥，仍屬虚器。故既添設銅殼廠，又須添設無煙藥廠，緣外洋裝配快槍、快礮，悉用無煙藥，他項洋藥，皆不合用，此物斷難仰給外人。又，槍管、礮身，必須精煉之罐子鋼方足以受無煙藥之漲力。鐵廠所煉之西門馬丁鋼，製他器則已稱精良，製槍礮則尚非極致。外洋罐鋼價值十數倍於常鋼，非徒道遠價昂，兼恐有事之秋，諸多窒礙。故精藥、精鋼兩端，均必須購機自造。雖物力困絀，終不敢畏難自沮，致槍礮一廠有不全不備之機。臣於上年即經飭局員，在漢口禮和洋行議訂向德國格魯森廠添購無煙藥機，每十點鐘能出藥三十三磅，每年約出藥五十噸，其價德銀十三萬六千八百馬克，允減五釐，另加運保等費，每百馬克加十七馬五十分，先付定銀三分之一，餘分兩次，俟貨到給清。現在機器已到上海。上年復與禮和洋行訂購德國名廠煉罐子鋼機器全副，每日能煉罐鋼二三噸。鑄鋼機能鑄塊鋼，每塊重二噸，價值運保各費實價德銀十三萬三千馬克，久已起運，約計四月内亦可到滬。至廠中僅製行營快礮，以備陸戰之用，因經費太絀，故於礮臺之大礮未經議及。目下外侮日深，長江設防斷不可緩。查十二生新式長快礮，施於沿江礮臺，已足禦敵。上年經臣電致出使德國大臣許景澄，在力拂廠定購十二生快礮並架彈等機，實價德銀三十二萬五千馬克。機器四月内可到。以上機器皆屬無款可籌，不得不與洋商婉商墊欠，分期認息歸款，以期及早舉辦。計各種機價，以近日馬克折算，共欠約銀二十四五萬兩。加以添購大小新式樣礮、輾銅板機、拉鋼機、壓鋼機、大汽錘以及添配最精之鋼模、樣板、刀具等件，亦約須銀數十萬兩。再加增建廠屋，又約須銀十餘萬兩。其添雇華洋工匠常年製造，工料之費爲數甚鉅，約需銀二三十萬兩。夙夜焦思，各款實無所出。查南北洋各製造局，自建廠以來，動撥巨款，數難枚舉。即如上海製造局，每年既撥有二成洋税七八十萬兩，嗣因添製快槍，復蒙户部撥給部借匯豐洋款四十萬兩，俾還洋廠積欠，並加撥常年工作之需二十萬兩，上年二成洋税多至八十四萬兩，合以加撥之數，已逾百萬以外。今鄂省購機建廠等費，皆係外籌，未請部撥。溯查光緒十七年，臣曾奏明槍礮廠經費每年本須七十五六萬兩，若每年先造一半，約需銀四十萬兩。現在鄂省所造槍礮、子彈，較津局既逾數倍，較滬局亦復加多。近又添造無煙藥，添煉罐子鋼，添造礮臺所用十二生大快礮，功用益廣，而常年經費僅止土藥税銀二十萬兩，川淮鹽江防加價十六七萬兩，僅及滬局三分之一，且尚不及原估之半，似乎偏枯過甚。近日土藥商人多挂洋旗，收數異常短絀。川淮加價能否照常抽收，尚須與税司商辦。目前情形，岌岌難支。儻援滬局之案，每年請款百餘萬。今日時勢亦知爲難，再四思維，惟有速請加撥常年專款銀四十萬兩，撥足原估七十五六萬兩之數，俾臣得以應急濟用，分年將購造機廠之費劃撥還清。以後即統作爲槍礮廠新增常年經費，庶可增料添工。舊有各廠，得盡機器之力。新增各廠，早收美備之功，而較之滬局百餘萬之數，仍不過三分之二。查華洋商輪近准行駛内河，由關收税，以後各海關洋税收數必有起色。如撥此項的款四十萬兩，尚不爲難。合無仰懇天恩俯念時勢艱危，武備最急，湖北槍礮廠擴充製造，需款孔殷。近日奉撥槍礮爲數甚多，實難支持。造成槍礮，並非湖北一省所用，事關全局。且滬局、鄂局理無二致，必蒙朝廷一視同仁。可否准於江漢關洋税項下，每年撥銀十萬兩，另在洋税暢旺之海關，分撥銀三十萬兩，共銀四十萬兩，以爲添廠製造常年經費，適符原估七十五六萬兩之數，俾軍實要需得以多爲籌備。

（硃批）該部知道。（欽此）

查明煉鐵廠用款咨部立案摺 光緒二十四年閏三月十三日

竊照湖北煉鐵廠原估、續估及開煉以後續增各項用款，均經隨時奏咨。迨至光緒二十二年改歸商辦，復將歷年各項用款，前後綜計約共五百數十萬兩截數奏明各在案。迭准户、兵、工三部咨催開列細數清單，咨部立案。户部並行令將鐵廠情形，詳細查勘，繪圖貼説，奏咨存案等因前來。均經轉行遵辦。兹據湖北鐵政局司道詳稱：查湖北創設煉鐵廠，廠大工精，事繁費鉅，工程之艱苦，機器之笨重，名目之繁多，起運之煩難，築基之勞費，鑿礦、修路、開煤、煉鋼之紛歧，隨地異宜，隨時增補，中國官吏、工匠見所未見，實非可以常例相繩。而且機器、鑪磚陸續增添、補購，一物不備，停工以待，耗費殊多。鎊價低昂前後不一，機件均係電致出使大臣訂購，使署於付價時，不特將織布、槍礮各局機器籠統牽入，即鐵廠每批機器亦復參差扯算。良以款本不敷，挪墊在所不免，而運保各費亦因之時有混淆。加以建造工程迭有遷改，煤礦試辦時有廢興，拖運輪剥則視緩急以爲增損，堤工險要則因盛漲而有停待。及至歸商以後，點交既費時日，外局尤多淹滯。條分縷析，清查非易，此疆彼界，區别尤難。此皆歷年未能驟爲清釐之實在情形也。

現經督飭局員，次第句稽，截清用數，計奉准部撥銀二百萬兩，奏撥鹽釐銀三十萬兩，借撥鹽糧道庫銀四十萬兩，咨准截作勘礦費本省新海防捐尾數庫平銀二萬八千五百五十一兩零，奏明撥用槍礮廠經費銀一百五十六萬四千六百二十二兩，又前經奏明撥用織布局股本銀三十四萬兩，現結算清楚，除鐵廠歷年代布局墊付運保及代付外洋機價墊款扣除外，實用銀二十七萬八千七百六十二兩零。收鐵廠自煉出樣鋼鐵價銀二萬四千八百二十五兩零，借撥江南籌防局五十萬兩，兩淮商捐銀五十萬兩。統共實收庫平銀五百五十八萬六千四百十五兩零，實用庫平銀五百六十八萬七千六百十四兩零，除收付兩抵外，實不敷銀十萬一千一百九十九兩零，皆係分欠華廠洋廠各商號之款。其與原估續估前案未能符合者，以前係約略之詞，原奏業經聲明不免疏漏，及工程浩大，隨時增添補救，非意料所及等情在案。此係統計造廠以至廠成並廠成開煉以後各項實用之全數，歷年咨報案牘可稽，並非前後參差。總計該廠開辦以來，所有經費除部撥二百萬兩，奏請撥用數十萬兩外，其餘三百餘萬兩皆是外間多方湊借，焦思羅掘而來，備歷艱苦，始得成此規模。無一時不慮停工，無一事不求節省，時時察訪，處處稽核，不容稍有含混。且現已歸商承辦，用款至五百數十萬之多，議定皆可陸續收回。若使稍有浮糜，商人豈能承接，商局豈肯歸還。查各省創造船政、製造各局，所用經費從未收回涓滴。至故大學士左宗棠前在甘肅開設織呢局，費銀百餘萬兩，旋經後任廢棄，鉅款盡付東流。今商人接辦煉鐵廠已有蒸蒸日上之勢，是此鉅款將來皆可收回，實係支而未銷，與他項局廠支用已過即歸無著者，實有不同。且未歸商辦以前，重建槍礮廠鐵梁柱六百餘噸，皆是鐵廠所出所造之件。現在蘆保鐵路，即用鄂廠鐵軌。似已有利民塞漏之明效。茲開具收支分款數目清單咨部立案，並分請部示何項應歸何衙門核銷之處，再造具清册送部核銷。

（硃批）該部知道。（欽此）

查明槍礮廠用款咨部立案摺 光緒二十四年閏三月十三日

竊照湖北漢陽槍礮局廠，前經臣在廣東購定機器移置湖北安設，改換添購機器，增建廠屋，及開機製造各情形，均經隨時奏報各在案。所有該局收支款目，前請截至光緒二十一年底止，將用款劃清咨報。因外洋購辦機器物料各件多有墊欠牽搭，且多與鐵廠所購之件、所計之工，諸多交涉，猝難劃分。現經督飭委員，悉心句稽，將購機、建廠、開工、試造一切用款，截至二十三年底止，開單報部，分清界限。以後得以按年造報，有條不紊。溯自光緒十六年開辦以來，歷年收過奏定該廠常年經費之宜昌土藥税、川淮鹽江防加價兩項專款，及陸續籌捐、籌借、墊撥等項，共實收庫平銀三百六十七萬三千六百七十八兩四錢零，均經隨時奏報在案。除遵照奏案撥濟鐵政局庫平銀一百五十六萬四千六百二十二兩六錢零，應俟商局歸還官本收回時再行核計外，槍礮局實收庫平銀二百一十萬九千五十五兩有奇。所有建造廠屋，購買機器各件價值暨運保費，購買物料價值暨運保費，委員司事、華洋工匠、藝徒薪工等費，雜項經費，造磚廠經費及造磚物料價各項，除廣東付還機價共浄價德金一百五十六萬八千四百五十八馬克零二分，俟咨查廣東當日折合馬克時價銀數再行補報外，共實用庫平銀二百一十萬九百三十四兩七錢零，餘存庫平銀八千一百二十一兩三分八釐，已湊匯使署，代購碾銅板機及十二生快礮全機，價不敷尚鉅。其訂購之無煙藥、罐子鋼等項機器用款，均係商明洋商墊借應付，分年給息還清，應歸於二十四年以後分案辦理。

（硃批）該部知道。（欽此）

自强學堂改課五國方言摺 光緒二十四年閏三月十五日

竊臣於光緒十六年在湖北省城創設自强學堂，分課方言、格致、算學、商務四門，曾經附片奏明在案。歷課兩年，風氣稍開，漸有研求時務者。嗣思命題考試，所課者僅已成之材，所讀者僅已擇之書，於今日新理、新學日出不窮之西書，尚無從探討其菁華，考究其利病，以爲救時之要策。是以上年春間，擴充規模，專以方言及算術爲功課，漸讀地志、格致、理化等書，不復命題考試。分設日本及英、法、俄、德五堂，選已通中文者爲學生，每堂三十人，共百五十人。其東文、俄文、德文兼延洋教習課授。其英、法兩文，中國習此較多，即選華人爲教習。學生中，不乏聰穎可造之士。惟查總署同文館以外各省學堂，無課東文、俄文者。臣前署兩江任內，設立儲材學堂，亦僅及東文而未及俄文。去冬以來，時局緊迫，該兩文尤爲切時之用。總之，新理、新學，非貫通洋文者，無從得其底藴。必士大夫多半諳曉洋文，而後各種政學有所措手。儲譯材於此，儲通材亦於此，是方言一門，洵爲救時要策。一俟學生學有成效，即當仿照同文館之例，量予奬叙，並送入同文館，一併備用。

（硃批）該衙門知道。片併發。（欽此）

兩湖經心兩書院改照學堂辦法片 光緒二十四年閏三月十五日

再，臣疊准總理衙門暨禮部咨，增設學堂，整頓書院，變通章程，均經奏奉諭旨，允准咨行，欽遵辦理在案。查湖北經心書院，係臣爲湖北學政時創設。兩湖書院，係臣於光緒十五年調任楚督以後所設。茲將兩書院，均酌照學堂辦法，嚴立學規，改定課程，一洗帖括詞章之習，惟以造真才濟時用爲要歸。兩湖書院，分習經學、史學、地輿學、算學四門，圖學附於地輿。每門各設分教，諸生於四門皆須兼通，四門輪日分習。另設院長總司整飭學規，考核品行，講明經濟。用宋太學積分之法，每月終核其所業分數之多寡，以爲進退之等差。經心書院，分習外政、天文、格致、製造四門，每門亦各設分教，諸生於四門皆須兼通，四門分年輪習。無論所習何門，均兼算學。分教中即有通曉西文者，諸生若自願兼習西文，亦聽其便。另設院長總司整飭學規，專講四書義理、中國政治。其考分數而不僅取空文，亦與兩湖書院同。兩書院所習八門，皆係學人必應講求通曉之事。因專門分教，一時難得多人，故於兩書院分習之。大指皆以中國爲體，西學爲用。既免迂陋無用之譏，亦杜離經畔道之弊。其入院之生，皆選擇年在二十五歲以下者，以五年爲滿。學成者，擇尤酌量咨送請奬。學不成者，遣歸，另招新生。總期體用兼備，令守道之儒兼爲識時之俊，庶可有裨時艱，以仰副朝廷興學儲材之至意。

爲蔡錫勇請卹摺 光緒二十四年閏三月十五日

竊二品頂戴已故湖北補用道蔡錫勇，由同文館學生洊保道員，歷充美、日、秘各國繙繹、參贊等官，繼在廣東、湖北辦理洋務交涉事宜，先後二十餘年。臣前於廣東省創辦銀元局、水陸師學堂、魚雷局，及到湖北後創辦煉鐵廠、槍礮廠、銀元、織布、紡紗、繅絲等局，自强學堂、武備學堂，雖資羣策羣力，而該故道實總其成。前經臣奏保，由吏部帶領引見，光緒二十二年十月二十四日奉旨：著以道員發往湖北補用，並交軍機處存記。欽此。旋經奏署漢黄德道。以歷年積勞，心血虧耗，時患怔忡之疾。是年十一月，因武備學堂開堂，生徒入學之日，該故道渡江經理，中流大風陡起，摧折船桅，已將覆溺，賴救生紅船搶救，始得轉危爲安。因受驚恐，猝得類中風之症，調治雖愈，元氣未復。交卸道篆後，仍力疾總理各局廠事務，夙夜在公。風疾時復引動，言語總帶謇澀，督催槍礮廠工作，較定武備學堂章程，不遺餘力。卒以百務叢集，勞瘁過甚，舊疾復發，猝不及治，頃刻身故。其疾作之前數刻，猶復手書致武備學堂洋教習，詳論學生課程，事理周密。即於是日夜間病故，身後蕭然，債負纍纍，僚屬諸人，同聲悼歎。

查該故道，志操廉正，器識閎深，博通泰西語言文字，精究天文、格致、測算等學。於各國外政暢悉利病源流，而天懷淡泊，任事肫誠，凡各國領事、江海税司以及礦師、洋匠、中西商賈，莫不欽其耿介，服其明達。遇交涉重要繁難之事，他人棘手莫辦者，該故道靡不迎刃而解。所辦鐵、布、槍礮各局、廠，經手款項多至數百萬兩，力杜虚糜，絲毫不苟。迨其歿也，囊無餘蓄，旅殯難歸。各國洋報流傳，咸加惋惜傷悼，異口同聲。微臣失此臂助，極目時艱，人才罕覯，尤不能不爲國家惜此人矣。查奉天已故候補知府李金鏞，前在漠河開辦金礦，積勞病故，經前直隸總督臣大學士李鴻章奏奉上諭：交部從優議卹。等因。欽此。欽遵在案。今該故道蔡錫勇，辦理洋務創設製造各局、廠，銀元、鐵政各局，關富國之本計，槍礮廠及武備、方言各學堂，爲自强之要圖，成效昭著，尤非李金鏞功在一隅者可比。而積勞病故，以死勤事，與李金鏞實同一律。且疾由因公渡江受驚而起，尤堪憫惻。合無仰懇天恩俯准交部從優議卹，以資觀感而勵將來。

（硃批）著照所請。該部知道。（欽此）

奏陳減徵丁漕提解平餘摺〔一〕

光緒二十四年閏三月十六日

竊准户部咨：據江西巡撫德壽奏，銀價減賤，令徵錢各州縣，每地丁一兩減徵錢一百文，漕米一石減徵錢一百四十文。於減徵之外，令各屬每地丁一兩，隨正加解錢價平餘銀七分，每漕米一石，加解錢價平餘銀一錢。查現在各省地丁糧石大半以錢折收，其折錢之數參差不等，比較市價總有浮多。行令查照江西成案，各就本地情形，一體仿辦。俟辦法議定，即將該省減徵民間者若干，提解歸公者若干，分晰奏報，以備撥還洋款等因。於光緒二十三年八月初九日具奏。奉旨：依議。欽此。欽遵咨行到鄂。當經轉飭司道妥議詳辦在案。伏查湖北各州縣衛徵收地丁、屯餉錢糧，有專徵銀者，有專收錢者，有銀錢並徵者，折錢數目各處多寡不一，大抵皆係按照舊章辦理。至漕南米石，咸豐年間經前撫臣胡林翼奏定章程，一律折徵錢文，至今遵守無異。現值銀價減賤，自應仿照江西省辦法，分别減徵提解，以恤民艱而裕度支。已通飭各州縣，將徵收章程據實稟覆。地丁、屯餉錢糧除向來以銀完納者仍照舊辦理外，凡以錢折徵州縣，自光緒二十四年上忙起，無論定價多寡，每徵銀一兩減收錢一百文，並隨正提解錢價平餘銀七分。漕南米石自本届爲始，每徵米一石，減收錢一百四十文，提解錢價平餘銀一錢。將來如遇銀價昂貴，以錢易銀實有不敷，彼時體察情形，奏明辦理。惟目下減徵民間者若干，提解歸公者若干，各府州縣距省遠近不一，尚未一律覆齊。且鄖陽、施南、宜昌三府所屬州縣，素稱瘠苦，徵收丁糧爲數無幾。除坐支存留養廉役食外，往往不敷劃抵，平餘銀兩亦應酌量免提，俾資辦公。所以各屬應減、應提數目，統俟逐一查明，另行報部聽候撥用。據湖北布政使王之春、督糧道岑春蓂具詳請奏前來。除

〔一〕以下三件録自臺北故宫文獻編輯委員會編《宫中檔光緒朝奏摺》第十一輯，第七七七至七七九頁，臺北故宫博物院一九七四年版。

咨部查照外，謹合詞恭摺具陳，伏乞皇上聖鑒訓示。

户部知道。

候補道惲祖祁請送部片光緒二十四年閏三月十六日

再，江西候補道惲祖祁，辦事認真，切實耐勞，奏委督辦宜昌、施南賑務最爲得力。旋因京山縣屬唐心口潰隄，口門寬深，挽月填洪，關繫緊要，必得明幹大員駐隄督率，其時賑務較鬆，責成同時奏派之湖北道員趙濱彦、凌卿雲切實經理，於上年十一月奏委惲道馳往唐心口妥籌修築。時届隆冬，饑民、流庸工次乞賑者數萬人，辦理稍不如法，即易滋生事端，糜費必多。該道統籌全局，遇事先勞，於工程刻意經營，悉心稽核，較原估經費倍減，羣情感奮，靡不踴躍趨工。故全隄綿長至二千丈，自上年冬月開工，其間雖雨雪阻滯，於三月春汛前竟能趕速蕆事。下游數邑田廬賦命賴資保障。先後疊著勤勞，其廉幹精明克稱監司之職，擬請送部引見。可否懇恩録用之處，出自逾格鴻慈，謹合詞附片具陳，伏祈聖鑒訓示。

惲祖祁著交部帶領引見。

飭孟繼壎即赴新任片光緒二十四年閏三月十六日

再，新授湖北鹽法武昌道孟繼壎，現已領憑到省，應即飭赴新任。署鹽法武昌道事安襄鄖荆道朱其煊應令仍回本任，以重職守。除分飭遵照外，謹合詞附片具陳。伏祈聖鑒。

知道了。

恭報交卸起程日期摺光緒二十四年閏三月十七日

竊臣承准總理衙門電開，奉旨：張之洞著即來京陛見，有面詢事件。湖廣總督著譚繼洵暫行兼署。欽此。臣遠離闕廷已逾十載，依戀之誠常縈夢寐。恭聞恩命，獲申瞻覲之忱，曷勝欣幸。臣當將鄂省重要事件，趕速略爲部署，與撫臣及司道等籌計大概，於閏三月十七日將湖廣總督關防並王命旗牌、文卷等項委員賫送撫臣譚繼洵接收任事。臣即於是日交卸，由鄂乘輪起程。趨詣闕廷，跪聆聖訓。

（硃批）知道了。（欽此）

湖北勇營無空糧可撥據實覆陳摺〔一〕光緒二十四年閏三月　日

竊臣等承准軍機大臣字寄，光緒二十四年三月初四日奉上諭：剛毅奏，糜費莫如練餉，每營額數勇丁五百名，實數不過三百，請飭各營，每營即照三百之數發餉，所餘空糧，聽候部撥等語。著按照所奏認真辦理。等因。欽此。

查鄂省防營向沿楚軍營制，每營勇丁五百名，自臣之洞前年回任以來，先後裁減，一律改爲底營。計武防、武愷、武功、武勝、升字、沙防、襄防十三底營，勇丁實數二百五十人，尚不滿三百之數，疊經整飭餉項不准絲毫尅扣，並無空糧。二十二年奏設護軍洋操隊前、後兩營，上年冬間奏明添設護軍中營一營，分練馬隊、步隊、砲隊、工隊共一千二百名，與尋常營制不同。田

〔一〕以下二件録自《京報》第六二二四號。

家鎮三路砲臺，分設三營，共五百名，駐臺練操。襄陽緝私馬隊兩營，每營止一百三十五名。查護軍洋操隊操練最好，以後尚須漸次擴充，其勇數向來足額，發餉時，皆係委員會同洋教習點名發餉。此外皆係每營二百五十名。田家鎮三路砲臺，地跨大江，南北相距十數里，名爲三營，人數止共五百名，每營尚不及二百名之數，馬隊亦然。是省勇營只有洋操隊三營人數較多，然兼有馬、步、礮、工四隊，且每項亦不及五百人，其規制與舊式迥然不同，碍難删減，致失洋操本意。其餘亦不及三百名，無從省出空糧，以供部撥。至荆江水師所轄一千餘里，襄河水師所轄亦一千餘里，船數本不甚多，已屬勉强分布，每船止十二人，若再裁人，則緝捕不能迅駛。再裁餉，則勇丁更難果腹。查湖北陸勇、水師，自光緒十一年將餉章核減後，其正餉、公費、長夫一切雜項，爲數俱極節縮，較之他省水陸各營已爲艱苦。今若專爲節省起見，必須將水陸防營多加裁汰，始可騰出餉需。湖北居長江之上游，爲南北之樞紐，會匪株蔓糾結，隱患甚深，加以近年水旱交加，灾黎遍野，時有匪徒蠢動之虞。臣等責在地方，實未敢過加裁減。此時惟有嚴責足額，勤加訓練，其餉需則設法騰挪湊集，俟臣等察度情形，如有可裁減節省之時，再行奏明辦理。除咨户、兵部外，謹合詞恭摺具陳，伏乞皇上聖鑒。

著照所請。該部知道。

籌辦昭信股票情形摺 光緒二十四年閏三月　日

竊光緒二十四年二月初三日，准户部咨：議覆右春坊右中允黄思永奏籌借華款請造股票一摺，欽奉上諭：在京自王公以下，在外自將軍督撫以下，無論大小文武現任、候補、候選官員，均領票繳銀，以爲商民之倡。地方商民願借者，即責成各直省將軍、督撫將部定章程先行出示，並派員剴切勸諭，不准稍有勒索。等因。欽此。並抄録原奏暨議章程到鄂，當經欽遵分别咨行辦理。值此時艱孔亟，宵旰憂勞，凡在臣民食毛踐土，具有天良，亟應竭力輸將，集成鉅款。臣等督同司道悉心籌議，先由督撫、藩臬兩司、各道率同府、廳、州、縣暨提督、總兵，共繳銀十萬餘兩，以爲商民之倡。已飭各屬上緊措解，一俟收有成數，隨時聽部撥用。一面查照部章，恭録諭旨，刊刷告示，剴切曉諭。並揀委廉幹之員，分赴各府州，會同地方官認真籌辦，曉以大義，勸諭商民，量力出借。並經臣等嚴飭委員，不准稍有苛派勒索。查此項股票，行息有定數，還款有定期，於商民本無虧損。但湖北數年以來，水旱交乘，灾區甚廣，元氣未復，商民生計遠不如前。惟有體察輿情，設法勸導。俟辦有端緒，再行詳細續陳。除咨部查照外，謹合詞恭摺具奏，伏乞皇上聖鑒。

户部知道。

遵旨廣設學堂籌備經費摺[一] 光緒二十四年閏三月　日

竊據湖北在籍紳士翰林院檢討陳曾佑，前掌廣西道御史吴兆泰，記名御史翰林院編修周樹模、周錫恩、楊承禧、張鴻翊，庶吉士雷以動，内閣中書吴慶燾，中書科中書陳恩溥，吏部主事王

[一] 以下三件録自《京報》第六二二四至六二二六號。

榮光，户部主事余晉芳，兵部郎中余正裔，刑部主事余應雲、姚晉圻、李毓長，工部主事王世驅，陝西候補道黄嗣東，候選道鄧兆南，候選同知周世鼎，前四川知縣周瀚，前河南偃師縣知縣聞捷，前廣西灌陽縣知縣劉德馨，通城教諭吕承源，荆門州學正余聯澐，黄岡縣教諭楊守敬，鍾祥縣教諭周宗濂，黄安縣訓導吕用賓，蘄水縣訓導陳慶慈，竹山縣訓導左樹樟，教職劉洪、劉德詩、姚汝説、范孟津等暨舉貢胡輔之等三十三名，聯名呈稱：伏查光緒二十一年十二月，總理衙門議覆御史陳其璋推廣學堂一摺，内稱請飭下沿江、沿海督撫，於已設學堂量爲展拓，未設學堂擇要倣行，聽令官紳集資，奏明辦理等因。奉旨通行遵辦在案。近年以來，各直省莫不仰體朝廷儲才備用之意，以增設學堂、整頓書院爲先。湖北省創設兩湖書院，近又擴充經心書院，期於研究實學兼綜道藝，融貫中西。惟是鄂省十府一州，縱横千里，若不一律設法推廣，雖省會已得風氣之先，而鄉僻終虞山林未啓。紳等通盤籌畫，既不能以民力艱難，置學校於不顧。又不欲以籌捐紛擾，蹈人情所不安。竊查上年户部議准給事中龐鴻書奏，就各省丁漕折價收錢應減徵錢數等因，奉旨允行。仰見聖明勤恤民隱，凡有知識，欽感同深。顧念推廣學堂，疊經奉旨准令籌資創建，若欲就地籌捐，無非取之於民。查湖北全省丁漕減徵平餘一項，查照部議，每銀一兩減徵錢一百文，每米一石減徵錢一百四十文，約計不下七八萬串，多係奇零散數湊集而成，取之不過毫釐，合之斯成鉅款。若以創建學堂，自省會以至各府州縣，於已設者展拓，未設者推行，其減徵錢文，應請即由徵收州縣隨正供解交藩庫，另款報解，正其名曰學堂捐。並議請於省城及外府州各設興學局，輪舉公正紳士，按年領款，分發各學堂。省城書院、學堂較多，爲通省人才所萃，應分其半。以外十府一直隸州，在府城、州城各設一學堂，分用其半。十一屬攤匀承領，一歸簡易。大郡、劇縣捐款較多，而平日已入省城學堂者亦多，且紳富集資協助亦屬較易，邊瘠郡縣捐款雖少，而該處寒士難到省城，尤宜就地培養。故擬十一屬一體攤領，以昭公溥。並即立案，將此款永作學堂經費，不得挪借他項公用。管局紳士概不支領薪水，亦不開支局費。以本地之款，育本地之才，於理爲大公，於情爲至順。伏讀詔書感激德意，豈朝廷所欲議減而紳等轉自議征，第念國事多艱，非才莫備，非學不成，爲紳民者莫不有田以輸賦，有子弟者皆欲讀書以成材。似此辦法，有興學之功，無勸捐之擾，詢謀僉同，士民兩便，公懇據情奏邀恩准，於學校人才實有裨益等情前來。

臣等查推廣學堂，造就人才，自係今日當務之急。兹該紳等請將湖北丁漕減收之項，照常徵收，另款解局，捐充學堂永遠經費。查從前漕折每米一石收錢或八九串或十串，或竟有折至二十餘串者，經前撫臣胡林翼大加核減，力除中飽，每米一石遞減至四千五百文及四千不等。地丁係銀錢聽從民便，其收錢者，胡林翼亦經量加核減，著有定章，弊已去其太甚，民間遵照樂輸，相安已久。今該紳等以現所減者，捐充學堂永遠經費，較之另行設法籌捐，難易迥殊。查丁漕一項，除巨富素封外，每一户完糧大率由數錢、一兩以至七八兩，罕有至十兩以外者。今每兩減徵百文，每石減徵一百四十文，在每户所省不過數十文、數百文之微，巨富所省亦不過數千文、十餘千文而已。今該紳等公共捐出此款，俾通省學堂不勞而集，是此事固出于衆擎之盛舉，而正所以彰特霈之天恩。至州縣將此款解省，即發交公正紳士設局經理，官不經手收發，但司稽核，並議定不准挪作他項公用，亦不開支薪水、局費，自可不致虛糜，似亦可不虞流弊。其以後各府州縣開設學堂事宜支用經費詳細章程，應俟奉旨允准後，由該紳等自行妥議稟定辦理。合無仰懇天恩俯如該紳等所請，實於造就人才大有裨益。謹合詞據情恭摺具陳，伏乞皇上聖鑒訓示。

該衙門議奏。

委員管解軍火進京片 光緒二十四年閏三月 日

再，前承准練兵王大臣咨開，擬由湖廣調取槍砲及子彈什物等件，於光緒二十三年十一月二十五日附片具奏，奉旨：依議。欽此。咨行欽遵辦理。計原奏內開，令將鄂省善後局所存克虜砲十二尊、麥尼夏槍二千枝並車架、車輪、子彈、零件及滿帶八十八箱，麥尼夏子彈二百萬顆，調取應用等因。當經轉飭湖北善後局迅將前項槍砲、子彈等件，查明照數點裝完好，詳請派員給咨管解。俟開河時由輪船運解赴京交收去後。茲據該局詳稱，局中收存前湖南巡撫臣吳大澂購買外洋槍砲、子彈，因鄂省現在改練洋操，動用麥尼夏槍二百枝、子彈二十萬顆、滿帶二百副，分撥各營以資練習。並酌留克虜伯砲二尊、子彈二千顆，隨砲器具俱全，以爲漢陽槍砲廠仿造考驗之用。茲將軍裝所所存克虜伯砲十尊、麥尼夏槍一千八百枝及車架、子彈、零件一律檢齊，請委員點驗管解赴京交納。所需輪船運費，由鄂照數支給等情，詳請奏咨前來。臣查有前湖北候補知府汪洪霆，堪以飭令管解，附搭輪船赴京交納。除咨呈練兵處暨咨户部外，謹附片具陳，伏乞聖鑒。

該衙門知道。

神機營等撥解槍礮緣由片 光緒二十四年閏三月 日

再，臣先後承准神機營練兵處王大臣咨電，各飭鄂廠精選快槍一千枝解京。復承准督辦軍務處飭撥解提督董福祥甘軍快槍一千枝、快礮十二尊，均令配帶子藥各等因。查湖北槍礮廠前因槍彈款無多，不能多配槍枝，先行精選快槍一千枝、彈十萬顆，快礮十二尊、彈一千二百顆，解赴督辦軍務處，徑撥歸神機營收用。現將數月來所造成者，再挑選快槍一千枝、彈十萬顆，快礮十二尊、彈一千二百顆，專解練兵處應用，以符原案調取各一千枝之數。並撥解董福祥甘軍快槍一千枝、彈二十萬顆，快礮十二尊、彈一千二百顆。查漢陽槍礮廠經費支絀，以致物料不能儲備，工匠不敢多加，擬請以後惟督辦軍務處、神機營練兵處隨時飭取外，其各省及各路軍營如有取用鄂廠槍礮者，應照外洋現時價值酌減二成給價，均由各省隨時撥付。庶款多則多造，既可盡機器之力，尤足備緩急之需，裨益實非淺鮮。是否有當，謹附片具陳，伏乞聖鑒。

該衙門知道。

參辦參將揹印不交摺[一] 光緒二十四年閏三月 日

竊據署湖南綏靖鎮總兵崧熉稟稱：現署保靖營參將唐斌，前與署該營中軍守備程榮光互相攻訐，稟經檄飭辰永沅靖道查覆，均有未合，將署參將等撤任聽候查辦。所遺參將事務，飭令准補

[一] 以下十件録自《京報》第六二二八至六二三三號。

保靖營參將黃高志仍回本任。乃該署參將唐斌揩印不交，出不遜之言，砌詞圖賴。當委署永綏協副將何泰赟前往該營，面爲開導。旋據稟稱，該署副將再三明白開導，唐斌執迷不悟，妄語訛索，仍揩印不交。查該署參將唐斌，既經委查，揩印不交，反圖訛索，實屬目無法紀，理合稟請參辦前來。臣查署保靖營參將唐斌，前與該營中軍守備程榮光互相稟訐，檄飭辰永沅靖道查覆，均有不合，當將唐斌、程榮光一併撤任，札委湖南臬司提省審辦，並飭准補該營參將黃高志回任接事。乃該署參將唐斌竟敢揩印不交，反圖訛索，經該署總兵委員明白開導，仍復執迷不悟，砌詞圖賴，實屬膽大離奇，罔知法紀。既據署（德）［綏］靖鎮總兵崧煜查實稟揭，未便稍事姑容。相應請旨將湖南撫標藍翎儘先補用參將署保靖營參將唐斌暫行革職，以憑審訊確情，奏明懲辦。除委員勒令唐斌迅即交卸解赴湖南臬司衙門審明議擬詳辦外，謹會同湖南巡撫臣陳寶箴、湖南提督臣婁雲慶，恭摺具奏，伏乞皇上聖鑒。

著照所請。該部知道。

槍礮廠著有成效援案奏獎摺 光緒二十四年閏三月 日

竊照整飭武備，爲今日當務之急。而善事必由利器，尤非精槍、利礮不爲功。光緒十六年，臣奏明創設槍礮廠于漢陽大別山下鐵廠之西，擇定地基，分廠創造。先在粵省所訂機器本係徑口連珠槍、舊式後膛車礮，嗣後因各國礮械日新，當添籌款項改購小口徑槍機，又改購快礮機。原訂機器並無製槍彈、礮彈、礮架等機，繼思此三事萬不可少，又設法籌款添購架、彈三機。一切經營廠工，訂購各種機器，選募工匠，設機試造，購備應用物料，端緒紛繁，事體重大，全賴在廠各員盡心籌畫，實力講求，勞瘁不辭。自十六年開辦之日起至二十二年，始將槍廠、礮廠、槍彈、礮架廠一律造齊，合五廠爲一大廠。開造年餘，工藝漸熟，所出槍礮頗能精利適用。計先後解交督辦軍務處小口徑毛瑟快槍二千枝、三生七快礮二十四尊，分撥甘軍快槍一千枝、快礮十二尊，均配齊子彈，解赴應用。伏查槍礮廠事繁責重，一槍之中，其零件名目多至七八十種。一礮之中，其零件亦十八種。餘槍彈、礮彈、礮架各工，均各細微精密，無件不關緊要，無處稍可含糊，偶有參楛爲區，非如他種機件或可省力偷工者比。所用工匠數倍於煉鐵廠，非委派多員，不足以資分布。現在所造快槍、快礮、槍子、礮彈，均能施放靈便，密合洋製，成效昭然。事關軍實創舉，任事各員實屬始終奮勉，異常出力，前已將在事出力文武各員銜名並委何項差事開單分咨吏、兵兩部立案。茲據總辦湖北槍礮局漢黃德道江漢關監督瞿廷韶，查照前開各員，如數詳請奏獎前來。

臣查湖北槍礮廠事體重大，工作精微，爲中國製造槍礮之專廠。造成精械，分濟各省應用，關繫軍實要圖，非僅湖北一省之事。創辦以來，任事各員經營廠工機器，選募華洋工匠，購備物料，教練工徒，講求製造，歷時八年之久，始克告厥成功，實屬始終奮勉，異常出力。現復建廠設機，添造臺上十二生快礮、罐子鋼、無烟藥及礮彈銅殼，各廠尤賴在事各員精心推廣，迅底于成。查各省製造局廠均蒙恩准保獎，槍礮廠事關武備要需，尤非他項廠務可比，合無仰懇天恩俯准將在事各員，由臣核其出力等差，准照異常勞績奏請給獎，以昭激勸而重軍實，出自逾格鴻慈。

謹繕摺陳明，伏乞皇上聖鑒。

准其酌保數員。勿許冒濫。

請准以張慶元補授遊擊摺光緒二十四年閏三月　日

竊准兵部咨，湖南鎮筸鎮標中軍遊擊李廣信病故，遺缺係陸路題補第三輪第四缺，應用儘先人員，迅即照章揀員請補等因。查斯缺駐紮鳳凰廳城，地處苗疆，爲鎮筸各營領袖。控馭巡防，均關緊要，非精明幹練熟悉情形之員，難期勝任。臣當即在於湖南儘先遊擊班内詳加遴選，查有藍翎儘先補用遊擊張慶元，年五十一歲，湖南麻陽縣人，由武童投効陝西軍營克復倉頭等處回匪出力，歷蒙保以遊擊儘先補用。同治四年三月初七日奉旨允准在案。嗣因凱撤回湘，飭發鎮筸鎮標中軍差遣，光緒十四年二月十九日到標。該員才具勤能，緝匪得力，以之擬補斯缺，洵堪勝任。飭查前在本省及他省均無叅革朦保情弊。查部行章程，請補儘先班次，如係聲叙人地不宜，至多不得過二十員。玆按部册儘先名次在張慶元之前者，除賓太山一員另摺請補遊擊外，尚有柳煥增、盧榮陞、蘇文揚、彭福星、黄顯榮、張清厚、解星德、龐國駿、張輔臣、何光瑞、張定保十一員，或人地未宜，或邊情不熟，未便遷就擬補，致滋貽誤。今張慶元雖儘先名次稍後，而在營歷練有年，熟悉苗疆情形，例得專摺請補。合無仰懇天恩俯念苗疆員缺緊要，准以張慶元補授湖南鎮筸鎮標中軍遊擊員缺，實於邊防營伍均有裨益。如蒙俞允，俟部覆到日，給咨送部引見。再，該員係麻陽縣人，距籍在五百里以内，應俟補准後再行揀員對調，以符定制。除飭取履歷咨部外，謹會同湖南巡撫臣陳寶箴、湖南提督臣婁雲慶恭摺具奏，伏乞皇上聖鑒，敕部核覆施行。

兵部議奏。

請准以景元升補副將摺光緒二十四年閏三月　日

竊准兵部咨，湖南靖州協副將張士芳病故，遺缺係陸路題調之缺，迅令揀員升調等因，移咨到臣。查定例，各省題調之缺，先儘現任人員揀選題請調補。如無合例堪調者，准於現任合例應升人員内保題升補等語。臣查湖南省副將九員、叅將八員，或缺居緊要，或不諳苗疆市形，均未便遷就擬補，致遂貽誤。惟查有湖南撫標中軍叅將景元，年四十一歲，厢黄旗滿洲端倫佐領下人，由武進士授爲二等侍衛行走，期滿奉旨，著照例以叅將用。光緒十一年七月二十日，揀選渭州營叅將，是年十月二十五日領劄到任，十七年副叅列等案内保列二等。十八年軍政案内，經臣保薦卓異，均經兵部議覆，准其卓異註册。十九年調補湖南撫標中軍叅將，領劄前赴調任，現署長沙協副將，辦理營務，悉臻妥善。該員才具詳明，講求兵事，以之升補湖南靖州協副將，洵堪勝任。核計歷俸已滿二年，與調缺請升之例相符。合無仰懇天恩俯念苗疆邊缺緊要，准以景元升補湖南靖州協副將員缺，實與邊防營伍均有裨益。如蒙俞允，俟部覆到日給咨送部引見，以符定制。除飭取該員履歷咨部外，謹會同湖南巡撫臣陳寶箴、湖南提督臣婁雲慶恭摺具陳，伏乞皇上聖鑒，勅部核覆施行。再，所遺湖南撫標中軍叅將員缺，係題調之缺，湖南省現有應補人員，容臣另行揀員請補，合併陳明。

兵部議奏。

請准以賓太山補授遊擊摺 光緒二十四年閏三月 日

竊准兵部咨，湖南綏靖鎮標中軍遊擊胡百英病故，遺缺係陸路題補第三輪第五缺，應用儘先人員，行令照章揀員請補等因。查斯缺駐紮永綏廳屬花園司，地處苗疆，爲一鎮領袖，缺要事繁，非才幹優長熟悉苗情之員，難期得力。臣當即在湖南省儘先遊擊班内，逐加遴選。查有花翎儘先遊擊賓太山，年五十六歲，湖南湘潭縣人，由武童投効援江等營，迭次剿匪出力，歷保今職。同治二年十二月二十一日奉旨允准在案，凱撤回籍，飭發湖南撫標左營差遣。旋調湖北輿圖局派充測繪事宜，差竣回標。該員營務幹練，通曉測繪，且熟悉苗疆情形，以之擬補斯缺，洵堪勝任，且距籍在五百里以外，核與例章相符。飭查前在本省及他省均無叅革朦保情弊。查部行章程，請補儘先班次，如係聲叙人地不宜，至多不得過二十員。玆按部册及續經到標儘先名次在賓太山之前者，除柳焕增一員到任出缺之後外，尚有盧榮陞、蘇文揚、彭福星、黄顯榮、張清厚、解星德等六員，儘先名次雖在賓太山之前，而到標尚在該員之後，且於苗屬情形不熟，未便遷就擬補，致滋貽誤。賓太山雖名稍後，到標在柳焕增等之前，而在營歷練有年，熟悉苗疆情形，人地實屬相宜，合無仰懇天恩俯念苗疆員缺緊要，准以儘先遊擊賓太山補授湖南綏靖鎮中軍遊擊，實與營伍有裨。如蒙俞允，俟部覆到日，給咨送部引見，以符定制。除飭取該員履歷咨部外，謹會同湖南巡撫臣陳寶箴、湖南提督臣婁雲慶恭摺具奏。

兵部議奏。

請准以劉良儒補授都司片 光緒二十四年閏三月 日

再，准兵部咨，湖南辰州城守營都司李登樓病故，遺缺係陸路題補第四輪第二缺，應用儘先人員，迅即照章揀員請補等因，移送到臣。查斯缺駐紮辰州府城，係屬苗疆，非材技優長，熟悉情形之員，難期勝任。臣當即在於湖南省儘先都司班内詳加遴選，查有藍翎儘先補用都司劉良儒，年五十六歲，湖南宜章縣人，由武童投効軍營，隨隊剿匪出力歷保以都司儘先補用。同治三年十月初六日奉旨允准在案。凱撤回籍，飭發永州鎮標中營差委，光緒四年十月初四日到營。該員營伍老練，任事勤明，曾署桂陽、嶺東各營守備事務，辦理裕如。以之擬補斯缺，洵堪勝任。且距籍五百里以外，與例相符。飭查在本省均無叅革朦保情弊。查部行章程，請補儘先班次，如係聲叙人地不宜，不得過二十員。玆按部册及續經到標儘先都司名次在劉良儒之前者，除胡開元、鄒南賓二員另摺請補都司外，尚有徐樹芳、鄒明魁、周燮、李心維、宋維周、張崇本、鄭連山、周鼎元、周芝田九員，或人地未宜，或邊防不熟，未便選就擬補，致滋貽誤。今劉良儒雖儘先名次稍後，而在營歷練有年，熟悉邊防地形，人地實在相需，合無仰懇天恩俯念苗疆員缺緊要，准以劉良儒補授湖南辰州城守營都司，實於邊防營伍有裨。如蒙俞允，俟部覆到日給咨送部引見，以符定制。除飭取該員履歷咨部外，謹會同湖南巡撫臣陳寶箴、湖南提督臣斐雲慶附片具陳，伏乞聖鑒。勅部核覆施行。

兵部議奏。

請准以向聰順補授守備片光緒二十四年閏三月　日

再，兵部咨，湖南永綏協左營守備汪炳麟病故，遺缺係陸路題補第八輪第□缺，應用儘先人員。行令照章揀員請補等因。查斯缺駐紮永綏廳吉洞坪，地處苗疆，撫馭巡防，清理糧餉，均關緊要，非精明諳練營伍熟悉苗疆情形之員，難期得力。臣當即在湖南省儘先守備班内詳加遴選，查有鎮筸鎮標前營儘先補用守備期滿雲騎尉世職向聰順，年五十二歲，湖南鳳凰廳人，由世職奉派剿辦土匪出力案内保以守備儘先補用。同治三年閏五月十八日奉旨允准在案。該員年强才穩，營伍究心，以之擬補斯缺，洵堪勝任。且係隔府别營，與例相符。飭查前在本省及他省均無參革朦保情弊。查部行章程，請補儘先班次，如係聲叙人地不宜，至多不得過二十員。茲按部册及續經到標儘先名次在向聰順之前者，除傅禮安、安定益二員另摺請補守備外，尚有唐廷揚、陳鳳儀二員，到標未久，營務一切尚待練習。黄兆麟、梁清華、黄先瑩、汪定貞、陳金太、汪友勝、楊玉龍、徐春台、文得春、劉有德等十員，雖名次在向聰順之前，或因人地未宜，或於苗疆情形不熟，未便遷就擬補，致滋貽誤。向聰順雖儘先名次稍後，而在營歷練有年，於苗疆地方情形熟悉，人地實屬相宜，合無仰懇天恩俯念苗疆員缺緊要，准以儘先守備向聰順補授湖南永綏協左營守備，於營伍有裨。如蒙俞允，俟部覆到日，給咨送部引見，以符定制。除飭取該員履歷咨部外，謹會同湖南巡撫臣陳寶箴、湖南提督臣斐雲慶附片具陳，伏乞聖鑒，勅部核覆施行。

兵部議奏。

更换營名片光緒二十四年閏三月　日

再，遊擊劉水金管帶鎮南後營，駐紮襄樊，巡防緝捕，應即將該營改名爲襄防營。又，總兵江得意管帶武剛右營，駐紮沙市，巡防彈壓，應即將該營改名爲沙防營，以符名實而免混淆。除咨户部、兵部外，所有防營更换營名緣由，謹會同湖北巡撫臣譚繼洵附片具陳，伏乞聖鑒。

該部知道。

揀員請補守備片光緒二十四年閏三月　日

再，前准兵部咨，湖北荆門營中軍守備張保成病故，遺缺係陸路部推之缺，應用儘先人員，行令揀員請補等因，移咨到臣。遵即在於湖北省儘先守備班内逐加遴選。查有德安營儘先即補守備鄭長齡，年五十七歲，湖北安陸縣人，由雲騎尉世職收入德安營，學習期滿引見，發回本省照例用。嗣因辦理鄂省團防出力案内，經前署督臣郭栢蔭奏保，以守備儘先即補，奉旨允准在案，現在德安營候補。該員才具明幹，緝匪得力，以之擬補斯缺，洵堪勝任。飭查前在本省及他省，均無參革朦保情弊。查部行章程，請補儘先班次，如係聲叙人地不宜，至多不得過二十員。茲按部册確查，在鄭長齡之前者，尚有餘才營、張廷偉、徐明仁、高永錫、孟飛熊、段福田、胡得勝、陳遠才、張文貴、汪金榜、李尚友、劉藻芬、周臣德、黄有選、解楚田、邱孔勝、蔣農祈、龔連升、等十八員，或與此缺人地不宜，或營務不甚諳悉，均未便遷就擬補，致滋貽悮。鄭長齡雖儘先名次在後，而在營歷練有年，於營務情形最爲熟悉，且係隔府别營與例亦屬相符，合無仰懇天恩俯准以儘先守備鄭長齡補授湖北荆門營中軍守備員缺，實於營伍有裨。如蒙俞允，俟部覆到日，給咨送部引見，以符定制。除飭取該員履歷咨部外，謹會同湖北巡撫臣譚繼洵、湖北提督臣吴鳳柱附片具陳，伏乞聖鑒，敕部核覆施行。

兵部議奏。

留員差委片 光緒二十四年閏三月　日

再，花翎儘先叅將楊光明，現年五十歲，係湖北光化縣人，由武童投効陝西軍營，迭次隨隊攻剿回逆出力，歷保今職。現在湖北管帶緝私營勇，於稽查彈壓各事，深資得力。合無仰懇天恩俯准將花翎儘先叅將楊光明，留於湖北差委補用，實於營伍大有裨益。除飭取該員履歷咨部外，謹附片具奏，伏乞聖鑒。

著照所請。兵部知道。

恭報折回本任日期摺 光緒二十四年四月十六日

竊臣前准總理各國事務衙門來電，奉旨：張之洞著即來京陛見，有面詢事件。湖廣總督著譚繼洵暫行兼署。欽此。臣當即欽遵交卸督篆，由鄂起程，恭摺奏明在案。嗣於閏三月二十五日在上海行次，欽奉閏三月二十四日電旨：現在湖北有沙市焚燒洋房之案，恐湘、鄂匪徒勾結滋事，長江一帶呼吸相連，上游情形最爲喫重。著張之洞即日折回本任，俟辦理此案完竣，地方一律安静，再行來京。等因。欽此。臣因上海各國領事約期陸續接晤，並與日本領事及督辦鐵路大臣盛宣懷有籌商事件，於四月初一日自滬開行，旋於初八日抵鄂。四月十二日准兼署督臣譚繼洵將湖廣總督關防並王命旗牌、文卷等件，委員賫送前來。臣當即恭設香案，望闕叩頭謝恩，祗領任事。

伏查沙市一案，兼署督臣譚繼洵已飭獲犯嚴辦，疊經電奏。現正籌議賠款、租界等事。惟武、漢謡言甚多，人心不靖，洋人不免驚惶，正在力籌鎮撫。其地方一切事宜，當隨時與湖北、湖南兩撫臣照常悉心商辦，俟地方一律安静，再行請旨。

（硃批）知道了。（欽此）

妥議科舉新章摺 光緒二十四年五月十六日

竊臣前准部咨，光緒二十四年正月初六日欽奉上諭，開經濟特科，令中外大臣薦舉考試。近日恭讀邸鈔，四月二十三日欽奉上諭，殷殷以變法自强，京外設立學堂爲急。又讀邸鈔，五月初五日欽奉上諭：於下科爲始，鄉、會歲科各試向用四書文字者，一律改試策論。一切詳細章程，該部即妥議具奏。等因。欽此。際此時局艱危，人才匱乏，屢頒明詔，破除成格，力懲譾陋空疏之習，思得體用兼備、通達時務之士而任之。海内士民見我皇上處事之明決如此，求才之急切如此，孰不欽仰感奮。

竊惟救時必自求人才始，求才必自變科舉始。四書五經，道大義精，炳如日月，講明五倫，範圍萬世。聖教之所以爲聖，中華之所以爲中，實在於此。歷代帝王經天緯地之大政，宅中馭外之遠略，莫不由之。國家之以四書文、五經文取士，大中至正，無可議者也。乃流失相沿，主司不善奉行，士林習爲庸陋，不能佐國家經時濟變之用，於是八股文字遂爲人所詬病。今聖主斷然罷去八股不用，固已足振動天下之耳目，激發天下之才智。特是科舉一事，天下學術所繫，即爲國家治本所關，若一切考試節目未能詳酌妥善，則恐未必能遽收實效，而流弊亦不可不防。嘗考北宋初創爲經義取士之法，體裁只如講義，文筆亦尚近雅。明成化時，始定爲八股之式，行之已五百年。文徇俗而愈卑，流積久而愈敝。雖設有二場經文、三場策問，而主司簡率自便，惟重頭場時文，二、三場字句無疵，即已中式。遂有三場實止一場之弊。今改用策論，誠足以破拘攣陳腐之習矣。然文章之體不正，命題之例不嚴，則國家垂教之旨不顯，取士之格不一，多士之趣向不定。今廢時文者，惡八股之纖巧、苛瑣、浮濫，不能闡發聖賢之義理也，非廢四書、五經也。若不爲定式，恐策論發題，或雜采羣經字句，或兼采經史他書。界限過寬，則爲文者必至漫無遵守，徒騁詞華。行之日久，必至不讀四書、五經原文，背道忘本，此則聖教興廢、中華安危之關，非細故也。

竊以爲今日當詳議者，約有數端。一曰正名。正其名曰四書義、五經義，以示復古。文格大略如講義、經論、經說。二曰定題。四書義，出四書原文。五經義，出五經原文。或全章，或數章，或全節，或數節，或一句，或數句均可。不得刪改增減一字，亦不得用其意而改其詞。三曰正體。以樸實、說理、明白、曉暢爲貴，不得塗澤浮豔作駢儷體，亦不得鉤章棘句作怪澀體。四曰徵實。准其引徵史事，博考羣書，但非違悖經旨之言皆可引用。凡時文，向來無謂禁忌，悉予蠲除。五曰閑邪。若周秦諸子之謬論，釋、老二氏之妄談，異域之方言，報館之瑣語，凡一切離經叛道之言，嚴加屏黜，不准闌入。則八股之格式雖變，而衡文之宗旨仍與清真雅正之聖訓相符。

顧猶有慮者，文士之能講實學、治古文者不多。改章之始，恐僅能稍變八股面目，不免以時文陳言濫調敷衍成篇。若主司仍以頭場爲重，則二、三場雖有博通之士，仍然見遺，與變法之本意尚未相符。若主司厭其空疏陳腐，越重二、三場，則首場又同虛設。其詭誕浮薄務趨風氣者，或又將邪詖之說解釋四書、五經，附會聖道，必致離經畔道。心術不端之士雜然並進，四書、五經本義全失，聖道既微，世運愈否，其始則爲惑世誣民之談，其終必有犯上作亂之事，其流弊尤多，爲禍尤烈。且明旨開特科、立學堂，而學堂肄業有成之士，未嘗示以進身之階，經濟雖併入鄉會場，而未議及六科如何分考之法。若非合科舉、經濟、學堂爲一事，則以科目升者，偏重於詞章，仍無以救迂陋無用之弊。以他途進者，自外於聖道，適足以爲邪說暴行之階。今宜籌一體用一貫之法，求才不厭其多門，而學術仍歸於一是，方爲中正而無弊。昔朱子當南宋國勢微弱之際，憤神州之多難，傷救世之無才，屢欲改變科舉。嘗考語類中力詆時文之弊者，不一而足。而究其救科舉積弊之法，則曰更須兼他科目取人。歐陽修知諫院時，惡當時舉人鄙惡剽盜全不曉事之弊，嘗疏請改爲三場分試，隨場而去之法。每場皆有去留，頭場策，合格者試二場。二場論，合格者試三場。其大要曰，鄙惡乖誕以漸先去，少而易考，不至勞昏，全不曉事之人無由而進。其說頗切於今日之情事。朱子之擬兼他科目，猶今之特科經濟六門也。歐陽修之欲以策論救詩賦，猶今之欲以中西經濟救時文也。

又查今日定例，武科鄉、會小試，騎射、步射、硬弓刀石分爲三場，皆有去取。人數遞删而遞少，技藝遞考而遞精，而磨勘之例，尤以末場弓力爲重。竊謂宜遠師朱、歐之論，近仿武科之制，擬爲先博後約，隨場去取之法。將三場先後之序互易之，而又層遞取之。大率如府縣考覆試之法。第一場試以中國史事、國朝政治論五道，此爲中學經濟。假如一省中額八十名者，頭場取八百名。額四十名者，頭場取四百名。大率十倍中額，即先發榜一次。不取者罷歸，取者始准試第二場。二場試以時務策五道，專問五洲各國之政，專門之藝。政，如各國地理、學校、財賦、兵制、商務、刑律等類。藝，如格致、製造、聲、光、化、電等類，分門發題考試，此爲西學經濟。其雖解西法，而支離狂悖，顯背聖教者，斥不取。中額八十名者，二場取二百四十名。額四十名者，取一百二十名。大率三倍中額，再發榜一次。不取者罷歸，取者始准試第三場。三場試四書義兩篇、五經義一篇，取其學通而不雜，理純而不腐者。合校三場均優者始中式。發榜如額，磨勘之日於三場尤須從嚴。如有四書義、五經義理解謬妄，離經畔道者，士子、考官均行黜革。如是則取入二場者，必其博涉古今、明習内政者也。然恐其明於治内而闇於治外，於是更以西政、西藝考之。其取入三場者，必其通達時務、研求新學者也。然又恐其學雖博、才雖通，而理解未純，趨向未正，於是更以四書義、五經義考之。其三場可觀而中式者，必其宗法聖賢，見理純正者也。大抵首場先取博學，二場於博學中求通才，三場於通才中求純正。先博後約，先粗後精，既無迂闇庸陋之才，亦無偏駁狂妄之弊。三場各有取義，以前兩場中西經濟補益之，而以終場四書義、五經義範圍之，較之或偏重首場，或偏重二、三場，所得多矣。且分場發榜，則下第者先歸，二、三場卷數愈少，校閱亦易。寒士無候榜久羈之苦，謄録無卷多謬誤之弊，主司無竭蹶草率之虞。一舉三善，人才必多。而著重尤在末場，猶之府縣試皆憑末覆以定去取，不愈見四書、五經之尊哉。其學政歲、科兩考生、童，均可以例推之。歲科考例先試經古一場，即專以史論、時務策兩門發題。生員歲考正場原係一四書文、一經文，即改爲四書義、經義各一。生員科考、童生考試一切均同，其童試孝經論、性理論應仍其舊。難者或曰主司罕通新學，將如之何。不知應試則難，試官則易。近年上海譯編中外政學、藝學之書，不下數十種。切實者亦尚不少。闈中例准調書，據書考校，似不足以窘考官。且房官中通曉時務者尚多，總裁主考惟司覆閱，尤非難事。至外省主考學政，年力多强，諭旨既下，以三年之功講求時務，豈不足以爲衡文量才之資乎。惟是變法之初，兼習未久，其研求時務者豈能遽造深通，是宜於甄録之時，稍寬其格，以示駿骨招賢之意。兩科以後，通才碩學自必蔚然可觀。且登科入仕者漸多，則京外考官、房官，自不可勝用矣。

抑臣等之愚更有請者。百年以來，試場兼重詩賦、小楷，京官之用小楷者尤多。士人多逾中年始成進士，甫脱八股之厄，又受小楷之困，以至通籍廿年之侍從，年逾六旬之京堂，各種考試，仍然不免。其所謂小楷者，亦不合古人書法。姿媚俗書，貽譏算子，挑剔破體，察及秋毫。且同一紅格大卷，而殿試、散館、優、拔、貢朝考，字體之大小不同。同一白摺，而朝考、大考、考差御史各項字格之疏密不同。紛歧煩擾各有短長。詔令並無明文，而朝野沿爲痼習。故大學士曾國藩奏疏嘗剴切言之。夫八股猶或可以覘理解之淺深，詩賦則多文而少理。詩賦猶或可以見文詞之雅俗，小楷則有藝而無文，其損志氣、耗目力、廢學問，較之八股，詩賦，殆有甚焉。由是士氣銷磨，光陰虛擲，舉天下登科入仕之人才，歸於疏陋軟熟，以至今日遂無以紓國家之急。今既罷去時文，則京官考試詩賦、小楷之舉，亦望聖明奮然釐定，一併掃除。查鄉、會試之外，惟殿試一場，典禮至重，自不可廢。然臨軒發策，登進賢良，自宜求得正誼明道如董仲舒，直言極諫如劉蕡者而用之，斷不宜以小楷爲去取。一經殿試，即可據爲授職之等差，以昭鄭重。朝考似可從省，及通籍以後無論翰苑部堂一應職官，皆以講求實學、實政爲主。凡考試文藝、小楷之事，斷斷必宜停免。惟當考其職業以爲進退，則已仕之人才，不致以雕蟲小技困之於老死，俾得汲汲講求强國禦侮之方。此則尤切於任官修政之急務者也。至於詞章、書法潤色鴻業，乃館閣撰述應奉文字所必需，自亦不可盡廢。如朝廷需用此項人員之時，特頒諭旨，偶一行之，不爲常例。略如考試南書房、考試中書故事，嚴則止及翰詹，寬則無論翰詹、部屬小京官皆可與考。視其原有階品，分別授官，應候請旨裁定，與三年會試、殿試取士之通例各不相涉，庶幾文學、政事兩不相妨矣。難者又曰：本朝名臣，出於科舉翰林者多矣。安見時文、詩賦、小楷之無益。不知登進貴顯限於一途，固不能使賢才必出其中，抑豈能使賢才必不出其中。此乃偶然相值，非時文、詩賦、小楷之果足以得人也。且諸名臣之學識、閱歷，率皆自通籍任事以後始能大進。然則中年以前，神智精力銷磨於考試者不少矣。假使主文者不專以時文、詩賦、小楷爲去取，所得名臣不更多乎。

竊謂如此辦法，博之以經濟，約之以道德，學堂有登進之路，科目無無用之人，時務無悖道之患，似此切實易行，流弊亦少，此舉爲造就人才之樞紐，而即爲維持人心世道之本原。臣等憂慮所及，不敢不効其一得之愚。事體重大，伏望敕下廷臣會議施行，不勝惶悚激切之至。

上諭：張之洞、陳寶箴奏請飭妥議科舉章程，並酌改考試詩賦、小楷之法一摺。鄉、會試改試策論，前據禮部詳擬分場命題各章程，已依議行。兹據該督等奏稱，宜合科舉、經濟、學堂爲一事，求才不厭多門，而學術仍歸一是，擬爲先博後約，隨場去取之法，將三場先後之序互易等語。朕詳加披閱，所奏各節，剴切周詳，頗中肯綮，著照所擬。鄉會試仍定爲三場。第一場試中國史事、國朝政治論五道。第二場試時務策五道，專問五洲各國之政，專門之藝。第三場試四書義兩篇，五經義兩篇。首場按中額十倍録取，二場三倍録取，取者始准試次場。每場發榜一次，三場完畢，如額取中。其學政歲、科兩考生童亦以此例推之。先試經古一場，專以史論時務策命題。正場試以四書義、經義各一篇。禮部即通行各省，一體遵照。朝廷於科舉一事，斟酌至再，不厭求詳。典試諸臣務當仰體此意，精心衡校，以期遴選真才。至詞章、楷法雖館閣撰擬應奉文字，未可盡廢。如需用此項人員，自當先期特降諭旨考試。偶一舉行，不爲常例。嗣後一切考試，均以講求實學、實政爲主。不得憑楷法之優劣爲高下，以勵碩學而黜浮華。其未盡事宜，仍著該部隨時妥酌具奏。欽此。

酌擬變通武科新章摺 光緒二十四年五月十六日

竊准兵部咨開會奏變通武科一摺，並擬定大概章程十條。光緒二十四年二月二十六日欽奉上諭：著照該大臣等所議。鄉試自光緒二十六年庚子科爲始，會試自光緒二十七年辛丑科爲始，童試自下届爲始，一律改試槍礮。等因。欽此。又准兵部咨議覆廣西巡撫黄槐森奏武場改試洋槍，並考取中式分别選用一摺，令各督撫各就見聞所及，詳細奏明，並開列各項章程，報部酌辦等因。光緒二十四年三月二十八日具奏。奉旨：依議。欽此。咨行到鄂。仰見皇上因時制宜，詰戎奮武之至意，欽佩莫名。部咨並稱令各省體察情形，指陳利弊，各抒所見，陸續奏咨等因。

竊惟今日用兵，專恃火器。外洋各國，槍礮之製日出而益精，武學教練之法日推而益密。然則武科取士，斷宜專習火器，别定良規，然後無所習非所用之弊。惟是變法伊始，防弊宜慎，取材宜精。臣查初次部咨會奏各條，恐器械之不能畫一也，則定指名代購之例。恐藏用之漫無限制也，則定報明存案之例。二次部咨，照廣西撫臣黄槐森原奏，洋槍由士子購買，槍桿刻考生姓名，防微杜漸，頗極周詳。顧臣猶有鰓鰓過慮者。軍火一項，例禁綦嚴，固立法之精意，亦有國之恒規。考之東西各國，保安之槍、遊獵之銃，皆須繳納税捐，頒發執照。違者，或科罰，或没入，或監禁，則視其多少而爲之差，蓋與我國舊例大略相同。自髮、捻削平以來，各省遂無大亂。其實陬澨邊隅亂萌時有。即如近年熱河教匪、甘肅回匪，亦甚披猖。或兵甫集而衆降，或鋒一交而敵潰，實由同治初年，洋槍、洋礮流入中華，漸推漸廣。官軍所用，無論精粗，總係洋械。火器精利，聲威震讋，亂民無抗拒之資，宵小弭蘖芽之漸。今若概准演習，一縣火器累百盈千，收藏之家良莠不齊。武生、武舉本多强梁生事之徒，若又假以利器，一有意外，會匪游勇糾結横行，頃刻亂作，其禍豈可勝言。雖云稽察責諸地方官，然州縣事繁習惰，不過視爲查私鑄、查燒鍋、禁宰牛、禁賭博之類，但以具文了之。若時常挨户搜查，則不免騷擾。若但憑差役一報，鄉保一結，則必然有名無實。即如民間私藏鳥槍，州縣例有處分。而閩、粤鄉鎮，槍礮如林，然則稽察之説豈可恃乎。光緒十七年江南有查獲洋人美生私買軍火，接濟會匪，謀奪鎮江以攻金陵之案。二十二年廣東有查獲匪徒孫文私運軍火入城爲亂，圖據廣州省城之案。本年廣東又有查出匪徒私買軍火三船之案。前鑒不遠，豈可更揚其波乎。且近日，各國槍礮式樣日新，名目繁雜，同一槍礮而藥彈門類區别甚多，改造原裝等差不一。若應考者，每人各執一式之槍，如何考校高下。如須同係一式，私家零購，則先後參差，由官代購，則不勝紛擾。此層似多窒礙。臣詳稽舊制，參考新章，審酌通籌，謹擬一營伍、學堂、武科三事合一之法。

查原奏章程第四條云：如欲廣爲招徠，則緑營制兵、防營練勇不妨准其報名鄉試。又二次部咨云：此次改章，意在合考試與操防通融定制。凡武生投營，營兵應試，以及武舉、武進士如何教練管束，各大吏當參酌營制，妥籌良法，各等語。竊謂莫如就此條之意而推之。查武場條例，八旗驍騎校前鋒、領催等官，以及馬甲、步甲，分别准應武鄉試、武童試。緑營兵丁有願應武童試者，各歸本縣與武童一體考試。其取進武生，准應鄉試。取中武舉，准應會試。即千、把等官，或係武生，或係武舉，均准分應鄉、會試。故各省向有兵童、兵生名目。是武科人才，取諸旗、緑各營弁兵，本係國家舊制，既以用其素習，兼以勵其勤操，立法之意至爲精切閎遠。至今日於旗、緑弁兵而外，又有防營弁勇一項，比之緑營，年力人才較爲强壯，操練火器較爲熟嫻。今武科改試槍礮，莫若即專令營弁兵勇應試，最爲無患於地方，而有益於軍旅。若令應武試者，皆入武備學堂肄業一節，勢有所難。目前風氣初開，有武備學堂者，共止有四五省，一省亦只一堂。且武學教習甚難，不能不取材異地。故學堂之經費既鉅，學生之額數無多，大率一堂不過數十人，又必須文理清通，氣習良謹者。若各府各縣均設學堂，一時斷無許多之經費，亦斷無許多之教習。若謂令武職教練，則中華將弁向來惟尚勇敢，其精細者不過約束紀律較爲詳明，其於火器理法、測算繪圖、工程製造、邊海形勢，罕能通曉。至文理通暢，能讀洋書者，尤不易覯。故各省大小武職能教兵勇者，或間有之。能教將弁者，決無其人。其稍能通曉一二，能教兵勇者，即已矜貴非常，則必留在防營，使充營官教習，豈肯令其散往各屬，教授武生、武童乎。是學堂之廣設，尤爲不易。至各營兵勇，究係曾經本營華洋教習教練，雖不能遽語精深，尚可得其粗淺。且外洋定章，凡入武備學堂三年者，必須隨營操練一二年，以增閱歷，斷無學生而在營伍之外者。若即令兵勇應試，名籍易考，鈐束易施，所用槍礮發之本營，自然一律。擬請惟兵勇准應武童試。兵勇取進武生後，仍在營充伍者，准應武鄉試。兵勇取中武舉後，仍在營充伍者，准應武會試。其已拔實缺外委、實缺把總、候補千總者，准作爲武生，應武鄉試。已補實缺千總、守備者，准作爲武舉，應武會試。綠營弁兵，令該管專營之將官都司保結册送。勇營弁勇，令該管之本營管帶官保結册送。童試由各營送交原籍知府録送學政考試，免其縣考，以省紛繁而免曠誤。旗營仍照舊章。鄉試仍由綠營、勇營各營官册送學政録科。會試仍照舊章，但武弁兵勇均應照例歸原籍考試，不得混考。凡非在營現充武弁兵勇者，均不得應武童試。此後既無營外之武童，自無營外之武生。既無營外之武生，自無營外之武舉、武進士矣。其從前取進取中之武生、武舉，現未在營者，准其呈請附入本省防營或學堂，自備資斧，隨同學習。其槍礮即用本營本堂者，藥彈價值由該生呈繳，並仿照外洋學堂章程，令其酌繳該生火食、束修、雜用、器具各費。由該管營官及管堂之員，察其年力精壯、性情謹樸者，方准收録。若不守規條，不能勤學，頑鈍難教者，均隨時斥退。其學堂畢業者，分發本省各營酌量委用。將來風氣漸開，華弁可充教習者漸多，各府州縣能自行籌資設立武備學堂者，准其稟官辦理。既設學堂，則必有由官約束稽察章程，雖有槍礮，可無伏戎藉寇之虞。迨學成以後，統發各營，分别効用，則營伍學生合爲一貫，是整飭科舉即所以整飭營伍矣。

總之，非現在營伍之兵勇，不准應武童試。非現在營伍之武生、武舉，不准應武鄉試、武會試。即例准應試之武弁，若現不在營者，亦不得録送、咨送鄉會試。正與部臣前奏寓營制於科舉之意相合。其利有三。外洋火器價值甚昂，平日練習需用藥彈爲數尤鉅。若生童惜費不購，則操練無具。臨場考録，勉湊中額，仍無裨益。若各省紛紛購買，則合計所費不貲。似乎空增一絶大漏卮，亦爲非計。今應試取之兵勇，則操練械藥本是各營應有之需，間有願附入防營學堂練習者，規矩嚴肅，人數必不甚多，且所習槍礮，即由官借用，藥彈由該生繳價。是曰塞漏，其利一也。我朝將才輩出，大率不外乎旗營官校、綠營弁兵、招募練勇三項。總之，皆係行伍。自咸豐軍興以來，其由武舉、武進士立功著稱者，實屬寥寥。此輩恃符武斷，如虎而冠，魚肉鄉民，窩庇匪盜。每遇歲試、鄉試，武童、武生聚集省城、府城，必滋生無數事端。街市、店鋪日有戒心，訛詐逞兇，防範隱忍，待至場畢人散，則彼此相慶。各省官商士民，無不以爲巨患，萬口一辭。徒以舊例相沿，幾爲附骨之疽，去之無術。究其所長者，不過粗豪膂力，倖中箭枝，不識字者十人而九。臨敵之火器，既未嘗習，制勝之韜鈐，更未嘗解。即使安分守法，豈能與於干城腹心之選乎。且各省武生、武童舊習，其騎射、硬弓、刀石，亦只臨場肄習數月，無論中否，過考輒已廢棄，於國家儲材禦侮之意，毫不相涉。今若專令營弁兵勇就試，即入武學、登武科以後，仍有本營長官鈐束，無從爲非，其技藝亦不至荒廢。如慮專准兵勇應試，恐武童、武生必少，則又不然。一省綠營、勇營合計，多者二萬以外，少者一萬五千以外。三年之内，止取武生千餘名，取武舉數十名，或十人而取一，或二十人而取一，何慮不敷。且應試者，果能人人皆有材藝，何在於多。如本無材藝，混場僥倖，聚衆横行，多愈爲害。從此可爲地方暗減此一項違法擾害之游民，此尤潛移默化之微權矣。是曰戢暴，其利二也。疇昔征討髮、捻之時，各路軍營有以步卒、水手不數年而保至提鎮者。海内忠勇之士，翕然向風。近年，軍務敉平。保案少，則防軍之拔擢難。文法繁，則綠營之升遷滯。雖有偉材壯志，無所得官，糧餉聊以餬口，操練視爲具文。雖經按期簡閲，空言奬勸，收效終微。蓋兵勇自視不過如擔夫、匠役，食力營生，其謹愿者僅不爲會匪、地痞而已。人既卑視兵勇，兵勇因而自卑。若望其深明敵愾同仇之大義，講求破敵致勝之方略，蓋亦難矣。今若懸此一途，以爲營弁兵勇進身之階，功名所在，則肄習自精，不待朝廷督責，將帥勸勉，而各省、各營皆爲勁旅矣。是曰勵軍，其利三也。

抑臣尤有進者，親上死長者，强國之本原。明恥教戰者，强兵之要術，當此羣强憑陵，正所謂天下危注意將之會。近年東西洋各國，精研兵事，最重武職。其國君即服提督之服。鄰國之君，互相贈送以將官之銜。故人人以當兵爲榮，以從軍爲樂，以敗奔爲恥。王子之尊，下儕戍卒一隊之長，榮若登仙。凡挂名軍籍者，居鄉則族黨貴之，過市則路人敬之。以故弁兵之自愛聲名，修飭行檢，過於儒士。中國乃有好鐵不打釘，好人不當兵之諺。稍有身家，咸所鄙棄。貴賤之分，强弱之源也。夫中國所貴者士，士之徒步而致公卿者多矣。人之貴之，蓋有由也。中國所賤者兵，兵之荷戈而流爲傭丐者衆矣。人之賤之，固其所也。即使不終於困餓，而三四十歲以外，猶爲厮養之賤卒，五六十歲以外，始爲循資之裨將。既已純乎暮氣，豈能建立奇功。今欲重武厲兵而積習已深，不能驟改。空言訓勉，亦恐無裨。惟有勵行伍以科舉之一法，使其非由行伍，不得科舉，非由科舉，不得將官。爵禄所在，則豪傑争趨，流品既殊，則廉恥自立。將領不肯侮辱，旁人不敢輕量，從此凡爲兵勇者，儼然可列士流，欣然望得大將。夫然後世族文儒，皆肯入伍。感慨激發，人人有執干戈衛社稷之心。然則今日欲求中國士氣之奮，軍實之修，轉移微權必在於是，此又臣區區之微意也。

綜考各國軍政，有武學而無武科，其各等學堂以次考拔發營録用，即是中國武科、武試，從無不由學堂出身之官校，亦無不充軍營官校之學生。其法實將武營、武學、武科三事合而爲一。立法最善。故今日而欲采擇西法，莫如先自練兵始。欲學西人之練兵，莫如自開兵勇之升階，合學堂於營伍始矣。若其學習考試之法，非僅改用槍礮遂能收效。歷考外洋諸國，無不讀書、不明算、不能繪圖之將弁，亦無不識字之兵丁。誠以今日戰事日精，戰具日巧，即一哨弁之微，亦斷非粗材下走所能勝任。若只考槍礮準頭，從容施放，中靶者多，殊難去取。且憑此即授以侍衛、參、遊、都、守之官，似亦太易。擬請仿馬步、箭弓、刀石，武經三場之制。頭場試槍礮準頭，兼合演試裝拆運動之法。二場試各式體操，及馬上放槍、步下擊刺之技。三場試測繪、工程、臺壘、鐵路、地雷、水雷、輿地、戰法等學。鄉、會試格式宜較嚴，童試格式宜較寬。三場合校，智勇兼優，將來洊膺將領，庶可勝任。又考外洋兵制及武學章程，初入營及末弁學堂者，年不得過二十歲。蓋以年力少壯，則體操及測算各事始能按程學習，穎悟易通。以後凡應武童、武科，亦宜酌定年限。即武科從寬，亦不得過二十五歲。至所試之槍礮，槍則以單響毛瑟爲主。蓋此項槍彈，各局多能自製。礮則以單響七生半及六生車礮爲主，蓋此項礮用處最多。而金陵局製熟鐵六生車礮，一名兩磅礮，成本頗輕，雖不如外洋之精，操練亦頗可用。他局仿造，尚不甚難。即向江南購造，亦不甚貴。若本省自有七生半車礮者，亦可通融學習。考試通行，似惟此兩種槍礮最爲適用而易得。若快槍、快礮過於精巧珍貴，各路軍營尚且難得，各省生童豈能皆習。此種他日製造既廣，改習亦不難也。方今時際艱危，宜防隱患，事關變法，不厭求詳。臣管見所及，不敢緘默。是否有當，恭候聖裁。其有未盡事宜，自當遵照部咨，陸續開單奏咨。

（硃批）著兵部會同總理各國事務衙門議奏。（欽此）

揀員調補江夏縣要缺摺[一] 光緒二十四年五月二十八日

竊准吏部咨：湖北江夏縣知縣諸可權升補隨州知州，光緒二十四年二月初六日奉旨，坐是月十一日行文，按照限減半計算，應扣至三月初六日爲開缺日期，歸三月分截缺，係要缺，應照例揀員請補。查例載，首縣缺出，應令於通省現任正途人員內揀選調補。又，凡保題升調人員，應將該員任內有無積案及欠解錢糧、承緝盜案詳細聲叙各等語。今江夏縣知縣係衝繁難兼三要缺，爲附省首邑，政務殷繁，且有華洋交涉事件，非才長識練之員，弗克勝任。臣等在於現任正途人員内逐加遴選，查有蘄水縣知縣陳夔麟，年四十八歲，貴州開州人，原籍江西崇仁縣，由拔貢生應同治十二年癸酉科並補行甲子科貴州鄉試中式舉人。光緒六年庚辰科會試中式進士。殿試二甲第十一名，朝考一等第十名。奉旨：以翰林院庶吉士用。欽此。九年散館二等，奉旨：以知縣用。欽此。六月選授穀城縣知縣，十二月初七日到任，嗣在黔捐局報捐同知銜，十二年大計保薦卓異，十四年在蘇皖捐局報捐花翎，調補蘄水縣知縣，十二月十三日到任。十六年赴部引見，九月十六日奉旨：著准其卓異加一級，註册候升。欽此。領照回省，調署漢陽縣事。因拏獲會匪首要各犯彙案保奏，以直隸州知州在任候補。十七年十二月二十四日奉硃批：著照所請奬勵。欽此。十九年二月十二日回蘄水縣本任，二十年六月在湖北新海防捐局報捐道員，不論雙單月在任候選。並捐免離知縣本任。該員陳夔麟，才長識卓，勤敏有爲，歷任繁劇，措施裕如，並無積案及欠解錢糧、承緝盜案已起降調革職參限。以之調補江夏縣知縣要缺，實堪勝任。與例亦屬相符。據湖北布政使王之春、署按察使岑春蓂

[一] 以下二件録自臺北故宮文獻編輯委員會編《宮中檔光緒朝奏摺》第十一輯，第九六四至九六六頁，臺北故宮博物院一九七四年版。

會詳前來。合無仰懇天恩俯念員缺緊要，准以蘄水縣知縣陳夔麟調補江夏縣知縣，實於地方吏治有裨。該員係現任知縣請調知縣，銜缺相當，毋庸送部引見。所遺蘄水縣知縣要缺，俟接准部覆，再行照例遴員請補。謹合詞恭摺具陳，伏祈皇上聖鑒，勅部核覆施行。

吏部議奏。

奏查京控未結各案具陳摺 光緒二十四年五月二十八日

竊查前准刑部咨，議覆光禄寺少卿延茂奏，稽核京控審限，每年將已、未完數目，兩次彙開清單具奏，以歸劃一。並摘録案由，註明交審月日及未結各案因何未能審結緣由，於每年兩次覆奏時，詳細聲明等因。奉旨：依議。欽此。歷經遵辦在案。茲據湖北布政使王之春、署按察使岑春蓂詳稱：陸續奉到部院衙門奏交、咨交各案，隨時委提人卷解省發審。其有距省較遠州縣之案，移交該管道就近提審，或委員前往會同該管府審辦。前已截至光緒二十三年六月止，將未結各案造册詳請奏報。茲值半年彙奏之期，除已審結咨送供招及詳咨註銷各案不計外，尚未審結者十四起，或因原被供情狡執，補提要證未到，或甫經行提人證尚未解齊，以致未能訊結。核計尚無遲延等情，開呈清册請奏報前來。臣等覆核無異，除仍飭趕緊催提人證到案審辦，並將清册分送刑部、都察院、步軍統領衙門查照外，謹繕清單，恭摺具陳，伏乞皇上聖鑒。

刑部知道。單併發。

湘省撥解洋槍片〔一〕 光緒二十四年五月　日

再，准湖南撫臣陳寶箴來電，湘中鎮協各營均來省請領來福槍，以資練習。近年給發已盡，擬請由鄂協撥二千枝，藉壯聲威等語。查今日洋戰洋操皆用後膛快槍，然當軍械未備之時，緑營練習初基前膛槍亦不可廢。當飭湖北軍裝局查明局存前膛來福槍多係損壞不全，兹特挑選可用者一千枝，撥解湖南，以練習之用。理合會同湖北巡撫臣譚繼洵附片具陳，伏乞聖鑒。

該部知道。

商撥江南購存槍械緣由摺〔二〕 光緒二十四年五月　日

竊照去年以來，疊次欽奉諭旨，殷殷以練兵爲急，以改練洋操、精造槍礮爲要。當經欽遵轉飭各將領，切實認真操練在案。惟欲練强兵，必須利械。查湖北省從前購存外洋槍礮，自甲午東方有事，均經分給兩湖出關征軍，搜羅一空。及罷兵以後，各軍大率皆在北洋裁撤，繳回槍礮甚屬寥寥。前經奏明撥還湖北之小口徑曼里夏快槍二千枝、彈二百萬顆，現准練兵處咨取解京。至鄂省槍礮局自造之小口徑毛瑟快槍，上年已奏解神機營練兵處共一千枝并彈十萬顆，現又備解一千枝、彈十萬顆。又撥解提督董福祥軍營一千枝、彈二十萬顆。祇以禁旅所需，畿疆所繫，不能不先其所急。于是鄂省軍儲悉索無餘。鄂廠以經費支絀，不能多

〔一〕録自《京報》第六二九七號。

〔二〕録自《京報》第六三〇〇號。

造。其無烟藥廠尚未造成，所有藥彈皮袋，均須買配。是鄂省自製之槍，亦復趕辦不及。上年因各營需槍，因查有臣前署兩江總督任內購存大口徑十響毛瑟槍五萬枝、彈五百六十萬顆，原奏聲明此項槍礮備撥各處，亦甚有益等語在案。查此項快槍雖係大口徑，然製造甚佳，以之發與各營平日操練，已屬利器。且口徑即係尋常單響毛瑟一律，各省局能造此彈者尚多，操練尤便。當與兩江督臣劉坤一商允分撥此項槍二千枝，配彈四十萬顆，由劉坤一附片奏明在案。現在本省原有之快槍及自造之快槍均經提撥分解，又當通省上緊練兵之際，是各營需槍尤急，不敷愈多，因又電商兩江督臣劉坤一分撥前項大口徑毛瑟快槍。接覆電云，尚可勉力再撥三千枝，但廣西、浙江均係奏明後委員領解等語。相應奏明立案，以便前赴江南領解此項分撥快槍三千枝，應否作價，應由劉坤一酌核辦理。至所需槍彈，已經商明由滬局代造，將來撥用由鄂照數給價。一俟前項槍彈領解來鄂，即當分給各營應用。所有商撥江南購存槍械緣由，理合恭摺具陳，伏乞皇上聖鑒。

該部知道。

保薦使才摺并清單　光緒二十四年六月初一日

竊准吏部咨稱，光緒二十四年四月二十三日奉上諭：方今各國交通，使才爲當務之急。著各直省督撫於平日所知，品學端正，通達時務，不染習氣者，無論官職大小，酌保數員，交總理各國事務衙門考驗，帶領引見，以備朝廷任使。欽此。

竊惟專對之選，異等之才，自古重之。況方今强鄰環伺，則使才尤亟。兹者仰蒙聖主慎重邦交，豫儲才俊，破格蒐采，不限階資。臣謹就平日體訪考察確有所知者，敬舉數員，以備朝廷采擇。該員等銜名才具，另繕清單，恭呈御覽。該員等才性雖各有所長，要皆能考求鄰政，慎固邦交，不僅以賓介酬酢，壇坫周旋，遂謂克盡厥職者。所有微臣遵旨保薦使才各緣由，理合恭摺具奏，伏祈聖鑒。

謹將保薦使才各員繕具清單，恭呈御覽。

降調内閣學士陳寶琛　該員才品兼長，學端志遠，辦事沈毅有爲。向來講求洋務，於兵輪、商務、工作等事，並皆熟習。中外大局，均屬瞭然，能見其大，不同侈談西學皮毛者。

湖南鹽法長寶道黄遵憲　該員學富才長，思慮精細，任事勇往。曾充日本及出使英法大臣參贊及新加坡總領事等官，深悉外洋各國情形，著有成書。於中外約法、西國政事，均能透澈。

直隸候補道傅雲龍　該員學問優長，治事精核，考求洋務，曾經遊歷各國，著有成書。

奏調湖北差委三品銜分省補用知府錢恂　該員中學淹通，西學切實，識力既臻堅卓，才智尤爲開敏。歷充歐洲各國出使大臣隨員、參贊，於俄、德、英、法、奥、荷、義、瑞、埃及、土耳其各國，俱經遊歷，博訪深思。凡政治、律例、學校、兵制、工商、鐵路，靡不研究精詳，曉其利弊。不同口耳游談，洵爲今日講求洋務最爲出色有用之才。

江蘇候補同知鄭孝胥　該員才識堅定，學問湛深，辦事沈摯有力。前充出使日本大臣隨員，於東西洋形勢、政術，均能得其要領，確有見地。

審結沙市客民滋事一案摺 光緒二十四年六月二十四日

竊照本年閏三月十九日，沙市地方因湖南幫客民與招商局更夫滋事，焚毁關局囤船，延燒華洋房屋一案，經臣繼洵在兼署總督任内，檄調各營前往防護，並委員會同地方官查辦，拏獲首要各犯余以仁等四名，審明先行正法梟示，餘犯飭再確審擬辦。此案起釁詳細情形，暨獲犯審辦各節，業經奏報在案。其時英、日兩國均以沙市案情重大，誤信謡傳，均擬派兵輪赴沙。臣之洞奉命入覲，行至上海，欽奉電旨，折回本任辦理此案。當經一面飭荆州道、府、營、縣安撫居民，拏辦餘犯，一面與英、日兩國領事等籌議完結此案辦法。兹據荆宜施道俞鍾穎、湖北候補道扎勒哈哩率同荆州府知府舒惠、江陵縣知縣劉秉彝暨各委員等稟稱：沙市湖南幫客民余以仁，因同鄉楊與全被招商局更夫周順興毆傷，肇釁糾衆焚燒關局，延燒華洋房屋一案，先後拏獲首要各犯，均籍隸湖南巴陵、湘陰、臨湘等縣，會提逐一研訊，均各認供不諱。除情節最重之余以仁、李得勝、張太貞、袁輝煌四犯，先已奏明正法外，其餘各犯内有易跛子，即易成應一名，訊係曾經聽從放火滋鬧。該犯素不安静，擾害地方，應擬以永遠監禁。周玉清、黄善堂、余忠恩、許興明、譚左卿五名，訊係隨聲附和，燒毁華洋房屋，雖未搶奪財物，未便稍事寬縱。該五犯均應擬以監禁十五年。招商局更夫周順興，即王姓，訊係倚仗主勢，於楊與全前赴招商局門首溲溺，輒即持擔行兇傷人，以致釀成巨案，情節較重，應擬監禁十年。曹品堂、楊高明二犯，究無隨同放火搶奪情事，惟因楊與全被傷，抬回醫治，中途攔轉，並投鳴同幫之楊悦來開會館門，請客議事，釀成事端，均應擬監禁五年。以上監禁各犯，均俟限滿，由地方官察看是否安分守法，酌量辦理。劉蔭堂、彭德太、陳春堂、湯成家、劉洪臣、彭方心、李福元、孫保廷、劉懷保九犯，訊係僅止隨同滋鬧，拆毁栅欄，並未放火搶奪，均應酌予滿杖，繫帶鐵桿石墩三年。徐正焕、陳茂清即陳教師二犯，訊係僅止隨同滋鬧，並未拆毁栅欄，亦無放火搶奪情事，均應酌予杖一百，枷號一箇月。沙市招商局董捐納同知銜候選知縣張鴻澤，平日恃勢凌人，此案如將更夫當時交出審辦，自可無事。乃袒護更夫不交，以致南幫之人不服滋事，釀成巨案。其咎甚重，應與南幫約束不嚴之會首從九品職銜楊明階一併斥革，另行追照繳銷，永不准投效軍營，更名捐復。並飭各府縣驅逐回籍，不准在湖北地方逗留。逸犯獲日另結，等語。臣等督同臬司覆加查核，所擬尚屬允協，應即照此完結。

至沙防營勇，日本公使所稱滋事時該勇爲匪黨聲援，查明尚無其事。惟近駐該鎮，不能彈壓解散，趕督水龍，前往撲救，實屬觀望不力，已飭將該營勇丁撤遣回籍，遴派得力將官另行募足。所有管帶該營總兵江得意，督率不力，應請旨以都司降補。該營右哨哨官花翎遊擊李心鑑、後哨哨官把總池士祥二員，應請均即革職。江陵縣知縣劉秉彝，係於閏三月十七日到任，沙市滋事係本月十九日，中間僅隔一日，沙市又距江陵縣城十餘里之遥，該令一聞事出，即行馳往，實屬竭力保護，勢有弗及。查光緒二十二年，總理各國事務衙門奏定教案處分章程内載，如係事起倉猝，迫不及防，應將地方官照防範不嚴降一級留任公罪例議以降一級留任等語。此案江陵縣知縣劉秉彝到任僅止二日，實係事起倉猝迫不及防，隨即趕赴沙市，竭力彈壓，撫慰居民，幸未激成巨釁，並將首要及附從各犯拏獲多名懲辦，應照章議以降一級留任。管帶荆江後營水師副將張國棟，所帶皆係礮船，曾經派勇協同彈壓。據該道等查明，各船一時難於調集，人少力難鎮懾，尚非保護不力，照章議處，應請俟補缺之日，降一級留任。

至延燒英、日兩國公寓、洋行，損失貨物各節，前准總署電開日本公使矢野照會沙市一案。該國政府電令要求五事。一、明降諭旨，將各外國人身家財産一體優待保護，勿再有如此之事，諭旨須極周詳。二、速將此案匪徒從重治罪，並彈壓不力之地方文武，從嚴議處。三、賠補關平銀十萬五千兩。四、沙市專管租界章程以杭章爲本。五、岳州、福州、三都澳均設日本專管租界。嗣後又接該公使照會，將賠款減爲一萬八千兩，餘款又減其半，改爲修隄費，各等語。查沙市滋事一案，釁起招商局細故，並非與各國洋人爲難。當經臣之洞隨時酌議，電達總署，與日本公使矢野詳商一切。其所請明降諭旨一節，恭讀五月二十四日邸抄，此事已經欽奉上諭。又諭拏辦匪犯、懲儆地方文武官，均爲我内政應辦之事，茲已分別擬辦。至所索租界照杭章一節，查杭章乃未定專管租界以前所議，既定專界，則斷難援照。浙、鄂情形迥異，只能就地定章。至租界細目，地價可予酌減，道路溝渠常租可免。惟其價未便全免，許其隨意酌給。華民雜居一條，漢口德界已經總督署允行。日界自可照辦。又請開三埠各節，事與沙案無涉，已經辯論明晰，可置不議。又索賠一萬八千兩一節，查日領事住屋乃係我租與，並非彼屋。原訂合同，有遇火延燒，日本不賠屋，中國不賠物之語，本可不賠。即日本領事屋後貨物陳列所，屋宇窄狹，所失當亦不多。惟釁起匪徒，在地主願敦睦誼，現已飭沙市關監督在原處重造新屋，仍照原式量加擴充整潔，租與日本領事，租價多少不計，以便安居。擬共給賠款銀一萬兩，一切各項賠補均包在内。又所請以八萬六千餘兩作沿江隄費，兩國各半一節，事屬可行，當已照允。並與議明，修隄工費，恐尚不止此數。惟此乃兩益之事，將來無論所費若干，總是兩國分認。興修時公同估計，公同監工。以上與日本所議各節，經總署屢與辯論，日本政府暨公使，頗能顧全鄰誼，不肯始終堅執，業由總署與矢野議定完結。

又英領事所索各節，除明降諭旨，懲辦各犯，懲處官員三條，與日本相同，已經自辦外，所索賠補怡和洋行存貨、器具，招商局囤船存貨，及領事、幕友、人役失物，共銀二萬二千九百餘兩，疊加辯駁，共許給一萬兩完案。惟催開岳州口岸一節，屢次照會，目前即須開辦，詞意堅悍。查岳州地方，係奉旨開作通商口岸，久經知照各國。此乃我自開之口，不應牽入沙案。且湖南風氣未開，若舉辦太驟，布置未周，於商務必然無益。昨准總署來電，擬於明年二月開辦，當即另文照知英領事，聲明此與沙案無涉。又，英領事請開長沙、常德、湘潭三處口岸，尤屬節外生枝，當已正言拒之，謂此事未便議及。惟此次沙市肇衅，係由招商局董張鴻澤一人釀成，厥咎甚重，據司道府縣紳民公議，此案賠款，本應由招商局全數繳出，姑予從寬，官商各半分認。除日本賠款一萬兩，由沙市關籌給外，查沙市英國商貨存放南局囤船者三千三百餘兩，本應該局賠償外，此外英國賠款約六千數百兩，所有英國賠款共一萬兩，應飭令招商局將款繳到江漢關轉給，以示儆戒而昭平允。其沙市關税務司毀失衣物，應由該關監督另行斟酌補給。現在沙市地方静謐，關局各項房屋飭令籌款，次第修復。

（硃批）另有旨。（欽此）

請將荆州道江陵縣移駐沙市片 光緒二十四年六月二十四日

再，湖北荆州沙市鎮，五方雜處，民情浮囂。前三年，武、漢客幫聚衆械鬭，戕殺多命。本年復有焚燬關局，延燒洋房之案，皆以細故釀成巨患。該地方正印各官，均在荆州城内，遠隔十餘里，事出倉猝，馳往防護，已屬不及。自上年沙市開關通商以後，交涉事體愈形繁難，地方尤爲緊要。今昔情形迥然不同，自應有關道及地方正印官坐鎮其間，庶可隨時、隨事就近經理，銷患未萌。且查各省關道無不即駐該關者，應請將沙市關監督荆宜施道並江陵縣知縣衙門，移駐沙市地方，以資鎮懾而專責成。至荆州城有將軍暨知府、理事、同知以次各官，足資撫馭。該道及該縣仍可不時回至府城，察看料理。似此權度緩急，量爲移駐，實於地方有裨。

（硃批）該衙門議奏。（欽此）

蘆漢鐵路借款摺 光緒二十四年六月二十四日

竊蘆漢幹路前因總公司籌借比國商款，上年四月先在武昌簽立草約，六月比公司續派德福呢愛蘭來滬續定正約，均經會同奏准在案。嗣以德人膠州之役，中國之情勢、各國之意向，皆有變更，比人緣此翻議。頭批銀兩遂逾期不付，續送條款多與前議相背。臣宣懷堅持痛駁，亦將決裂，時有法國駐京公使照會總理衙門，稱比款有法國銀行、工廠所出資本，顯欲干預。當以中國公司議借比國公司之款，理不應牽涉國勢，受其挾持。法使所稱爲合同所不載，公司不應答覆。臣宣懷即于本年閏三月初八日函致比公司代理人俞貝德罷議，並呈明總理衙門，照録來往各電，送請查核。旋承准總署電云，已與法使議定，不再扛幫。比使電令領事妥商，正可相機因應，此次議妥，當不至再有反覆等語。比使電請續議，至再至三。

臣等伏思，借款造路，各國所索權利莫不因國勢以爲輕重。比續請各款，照去年原約加增甚多，照英美草約不相上下。臣宣懷與該公司逐條争論數十次，絲毫不肯減讓，拖延半載，無可再議。若與他國另商，權利仍與此無異。且恐俄、法必乘其後，更難收束。不得已體會相機因應之指，准令俞貝德代比公司再送條款。其尤要者，在以鐵路所生之利歸還借款本利。若有不敷，中國必須設法彌補，斷斷堅執，牢不可破。平心而論，中國借外國之債，無論官商，斷不能諉卸不還。要在總公司通籌幹枝，互相挹注，并就鐵路推廣生利，務使足敷還債而已。但所定條款窒碍太多者，亦萬萬不能曲徇，均已逐細駁改，内惟過期未還借款抵完關税一條，在我爲必不可行，在彼則索之尤切，力拒不允，磋商至極，然後删去。當與定續約二十九條，内惟兩公司設有争執，請公司人詳斷一條，比公司必欲註明，請賣票最多國之公使詳斷，臣宣懷執定武昌合同第十四款，總公司專認比公司，不認别國一條，力予删駁，並將比使來電鈔呈總署。五月初七日承准電覆，費使面稱公斷一條可改寫，如有争執由總署、比使商請公正人詳斷。另函聲明，宜請股票最多國之公使云。我曾專認比公司，聞款由法國轉借，若本利有欠，法國不能無詞，事已無可再議，應先與畫押，再行會同奏咨等因。遵于五月初八日，在上海總公司，由臣宣懷先與畫押，並另給一函，除鈔録咨呈總理衙門查核外，謹將蘆漢鐵路比國借款續定合同暨另函底稿，繕具清單，恭呈御覽。

（硃批）依議。（欽此）

請飭户部將未發部款即行續撥片 光緒二十四年六月二十四日

再，蘆漢鐵路議准撥借部款一千萬兩，上年夏間，經户部先撥銀四百萬兩，保資應用。自蘆溝橋至保定，吴淞至上海，漢口至灄口三段，先後開工，陸續撥付購料、購地、勘給築路各款。所有部款四百萬，連南洋款三百萬，現已支用垂罄。臣宣懷説帖第三條，以先借官款，後借洋債，最後集商股爲次序。臣等上年三月，密陳籌辦鐵路機宜，聲明無論議借何國路債，必須先用華款，後用洋債，庶可權自我操。均蒙聖明洞察。故比款合同，雖更變其議，而必須總公司已有股本一千三百萬一節爲準的。現在比款已定，總工程司俞貝德已赴漢口布置接辦。按照議定條款，今年祇能起辦漢口至信陽一路。其北，若由保定南抵黄河，亟須先由總公司分段購地、采石、鑽築土木，俟其堅實。明年南路軌道就緒，接辦北路始無間曠。相應請旨飭下户部，將未發部款即行續撥，以符原議而速程功，免啓比人藉口。不勝激切之至。

（硃批）該衙門知道。（欽此）

謝子權分部學習摺 光緒二十四年六月　日

竊照本年戊戌科會試，臣子權中式一百八十六名貢士。恭閲五月十三日邸鈔，新進士引見，奉上諭：張權著分部學習。等因。欽此。恭讀之下，感悚難名。伏念臣儒素傳家，使符叨忝。素薄桓黨之陋，敢疏趙簡之規。臣子權冀北羣愚，城南困學。濟時無具，習宋人經義之文。入彀知榮，綴唐代科名之記。政觀六典，遂釋屩而離蔬。恩被一門，如履冰而集木。臣惟有以教忠爲家訓，以守道作官箴。策其十駕之勤，效此數飛之習。聞韓琦之戒僚佐，勿廢讀書。緬大夏之就部曹，願通吏事。俾紹家風之清白，仰酬帝澤之涵濡。

請獎勵勸辦賑捐已解鉅款之道員摺（一） 光緒二十四年六月　日

竊查丁憂在籍二品頂戴陝西候補道黄嗣東，湖北漢陽縣人，於光緒二十二年飭委勸辦本省賑捐，先即約集同志，於鄂人之現官各直省者，馳函告急，墊款三萬餘金。復親赴湖南長沙一帶，廣爲勸募，並以關中爲昔年宦游之區，徧致舊交，衆力合作，不遺餘力。計先後勸獲實銀一十四萬兩，解濟工賑之用。此外勸獲義賑亦復不少。又，二品頂戴江蘇儘先補用道王灃，於光緒二十一年湖北開辦賑捐，該道不分畛域，不惜資斧，在於江南、北等處，竭力勸募。並派員馳往外洋新、舊金山各埠，分投勸捐。三年之中，已報解銀一十五萬餘兩。現當接續辦理，源源接濟，並稱不敢仰邀獎叙。其急公好義，有足多者。查部章，各省勸辦賑捐出力之案，准保請補缺後捐定應升官階補用。又，順直賑捐勸辦至一萬兩以上者，准照尋常勞績保獎有案。茲陝西候補道黄嗣東、江蘇補用道王灃，勸辦賑捐出力與請保章程相符，而銀數復

（一）録自《京報》第六三二八號。

與順直成案溢至十倍之多，似更應量予褒獎以示區別。惟其官秩較崇，並無升階可指。黄嗣東情殷桑梓，見義勇爲。王澧公誼恤鄰，歷久不懈。雖據聲稱不敢仰邀奬叙，而與黄嗣東事同一律，且勸捐銀數亦不相上下，似未便没其勞勤。該二員均擬請送部引見。其應如何擢用之處，恭候聖裁。據湖北籌賑局司道具詳請奏前來。臣等覆查無異，除飭取該道等履歷咨部外，謹合詞恭摺覆陳，伏乞聖鑒。

黄嗣東、王澧均著送部引見。

知府因病出缺委員署理摺〔一〕 光緒二十四年六月　日

竊臣等兹據安襄鄖荆道朱其煊呈報，襄陽府知府王貽清於本年六月初十日因病出缺，除另行恭疏題報外，查該府地方爲湖北重鎮，幅幀寬廣，界連河南，民情强悍，政務殷繁，撫綏表率，最關緊要。所遺篆務，亟應揀員署理，俾免曠誤。查有補用知府黄國禎，老成穩慎，辦事實心，堪以署理。據湖北布政使王之春、按察使岑春蓂會詳前來，除檄飭遵照外，所有襄陽府知府員缺緊要，相應請旨簡放，以重職守。謹合詞恭摺具奏，伏乞聖鑒。

另有旨。

委員調署關道各缺片〔二〕 光緒二十四年七月　日

再，准吏部咨，光緒二十四年四月十五日奉上諭：湖北按察使著瞿廷韶補授。欽此。兹據該升道瞿廷韶稟稱，前繕具摺謝恩，籲懇陛見，奉硃批：著來見。欽此。應請交卸北上等情。所有漢黄德道江漢關監督篆務，亟應委員接署，以便瞿廷韶交卸北上。惟該關道兼管商務，事繁任重，必須熟悉情形之員，方資得力。查有湖北荆宜施道俞鍾穎，穩慎精詳，熟諳交涉，堪以調署。所遺荆宜施道宜昌、沙市兩關監督篆務，查有湖北候補道恭釗，廉潔明練，資格老成，堪以接署。除分别檄飭遵照外，謹合詞附片具陳。再，查漢黄德道係繁疲難要缺，例應由外調補，容俟揀員另請補授，合併陳明，伏乞聖鑒。

吏部知道。

揀員調補關道摺 光緒二十四年七月　日

竊照湖北漢黄德道瞿廷韶升任臬司，遺缺係繁疲難三項要缺，例應由外調補。查漢黄德道一缺，兼管江漢關監督及各國通商事務，駐劄漢口，責重事繁，非精明幹練曉達權宜之員，難期勝任。臣等於現任實缺道員中逐加遴選。查有現署湖北按察使在任督糧道岑春蓂，年三十九歲，廣西西林縣人，由監生光緒十五年五月丁親父前雲貴總督臣岑毓英憂，回籍守制。六月二十日奉旨：岑春蓂著俟服闋後由吏部帶領引見。等因。欽此。十七年因順直水災報効賑銀，經前直隸督臣李鴻章具奏，奉旨：著以知府儘先即選。欽此。八月服闋赴都，十二月十四日吏部帶領引見，奉旨：著以道員即選。欽此。十八年因在直隸賑捐案内奬叙花翎。十九年正月選授湖北督糧道，於四月十三日到任。二十四年閏三月奏

〔一〕録自《京報》第六三三三號。

〔二〕以下二件録自《京報》第六三五八號。

委署湖北按察使，該道志趣端正，才具勤明，仕鄂多年，情形熟悉。平日於中外交涉事務，留心講求。以之調補斯缺，洵堪勝任，與例亦屬相符。相應仰懇天恩俯念員缺緊要，准以湖北督糧道岑春蓂調補漢黃德道兼管江漢關監督員缺，實於地方交涉均有裨益。該員係現任道員請調道員，銜缺相當，毋庸送部引見。所有揀員調補道員要缺緣由，臣等謹合詞恭摺具陳，伏乞皇上聖鑒。

吏部議奏。

恭報兼管巡撫事日期摺光緒二十四年八月初八日

竊臣恭讀電傳邸鈔，本年七月十四日奉上諭：督撫同城之湖北、廣東、雲南三省巡撫並東河總督，著一併裁撤。其湖北、廣西、雲南三省，均著以總督兼管巡撫事。裁缺之巡撫、河督、京卿等員，聽候另行録用。等因。欽此。當經撫臣譚繼洵電奏。奉旨：譚繼洵電悉。湖北巡撫關防著交張之洞收繳，譚繼洵來京聽候簡用。欽此。譚繼洵現於八月初二日交卸，委員將湖北巡撫關防並坐名專敕暨王命旗牌、文卷等項賫送移交前來。臣當即恭設香案，望闕叩頭謝恩，即於是日兼管巡撫事。伏念臣謬領兩湖，茲復兼任鄂撫，政劇責專，益深兢惕。臣惟有將應辦各事，統籌兼綜，竭力圖維，不敢稍涉曠誤，以仰答聖恩於萬一。所有湖北巡撫關防並敕諭一道，謹即封存。現交解餉委員賫至禮部、內閣，分別呈繳。其餘王命旗牌等件，即留存督署。

再，湖廣總督關防篆文，係總督湖廣等處軍務兼理糧餉關防十四字，應請敕部另鑄關防，查照原文，加管湖北巡撫事六字。俟鑄就咨照，容臣派員祇領回鄂，再將原用總督關防繳銷。

漢口試辦商務局酌擬辦法摺光緒二十四年八月初八日

竊照承准軍機大臣字寄，光緒二十四年六月初七日奉上諭：振興商務爲目前切要之圖，疊經諭令各省認真整頓而辦理尚無頭緒。泰西各國首重商學，是以商務勃興，稱雄海外。中國地大物博，百貨浩穰，果能就地取材，講求製造，自可以暗塞漏卮，不致利歸外溢。著劉坤一、張之洞揀派通達商務、明白公正之員紳，試辦商務局事宜。先就沿海、沿江，如上海、漢口一帶，查明各該省所出物産，設廠興工。果使製造精良，自能銷路暢旺，日起有功。應如何設立商學、商報、商會各端，暨某省所出之物産，某貨所宜之製造，並著飭令切實講求，務使利源日闢，不令貨棄於地，以期逐漸推廣，馴致富强。事屬創辦，總以得人爲先。該督等慎選有人，即著將擬定辦法迅速奏聞，毋稍延緩。將此各諭令知之。欽此。仰見朝廷通商惠工、阜財利民之至意，欽佩莫名。

查商務乃今日要政，上海爲沿海總匯，漢口爲上游要衝、鐵路樞紐，自應分設兩局。除上海一局由兩江督臣劉坤一委員開辦外，茲於漢口設立商務局，以鼓舞聯絡上游川、陝、河南、雲、貴、湘、粵等處工商爲要義。其商學、商報、商會及講求工廠製作、商貨銷路等事，江、楚兩局各自籌辦，遇有應行聯絡通貫，或應互相協助之處，隨時知照會商辦理。雖分爲兩局，仍聯爲一氣，應由臣、兩江督臣劉坤一商酌籌辦。所有應辦之事，其要有八，謹條列於後。

一曰啓發。商報、商會、商學皆係啓發之事。商報，係采訪沿江、沿海各口岸，暨鄰省、本省土地所産，及人工所造各貨市價銷路，並譯各洋報所載商務，兼譯西書之有關商務者，分期出報。商會，係由本局商董邀集各省各幫大商入局，定立商會。或面商，或通函，或登報，互相討論、考校，以期聯絡協助，力厚氣旺。商學，係考求製貨理法、銷貨道路，綜核新式護商律例，以及中外盈絀，銀幣漲落，各國嗜好，各業衰旺各情形。自應設立學堂，延師教習，方能增長智術。惟中國設立商學，華人能任教習者斷無其人。若延請洋教習，經費太鉅，且設堂經費亦屬不貲，斷難舉辦，惟有赴外洋學習。但西洋過遠，東洋較便，商會中人有願往者，自備貲斧，或由商會籌集公款，湊齊人數若干，由該局稟臣發給護照前往，並咨明總理衙門暨出使大臣查照。至設局之始，不能不酌籌經費，以資刊報、設會等事之需。擬於整頓牙帖項下籌撥。以後商務漸興，果有成效，方可與衆商酌議籌集經費之法。

二曰倡導。製造土貨需用機器，華商不知成本若干，有無利息，未敢試辦。現擬除已設之紗、布、絲、麻各局外，其餘土貨之需用機器者，若牛皮、骨角、紙張、竹器、漆器、洋蠟之類，均可次第籌辦。官籌本若干，並借商款若干，先設數廠，令其觀感，見有成效，自知仿行。或代爲訪求製造之法，及需用何項機器，以爲之倡。

三曰合力。商務必集公司方能大舉。一省商力不足，合他省以益之。查上游四川、雲、貴等省出產土貨甚多，而地勢較偏，購機選匠，種種不便。且機器運至川江以上，實屬不易，銷路亦窄。若造成後再運至下游行銷，徒多往返耗費。至於陝甘、河南、兩廣、湖南，亦不如漢口地勢適中、四達。現擬於武、漢一帶衝要地方，購買地段，以備入商會者在此地段内購地造屋，或設行棧，或設機廠。

四曰塞漏。現在洋商已准在内地設廠製造土貨，無從禁阻，愈開愈多，華商更難覓生計。即使日後續開，固已著著落後。莫若議與洋商合辦，既免占我全利，并可學其工藝，此亦補救漏卮之一法。

五曰祛習。中國商賈積習，識陋見小，亦思依仿新式辦運新貨，而偷減工料，貨質全非，以假亂真，以劣攙優，種種欺僞，以致外人割價退盤，甚至無人過問。其貨真價實之商，反爲所累。甚有招集股分，意存誆騙，事未辦成，資已用罄，遂至人人畏避，公司難集，商務莫興，實緣於此。必須明定賞罰，以示勸懲。

六曰保護。近日各省倒帳之案，層見疊出，漢口、沙市已屬不少。商局既設，未倒之先，官爲訪察防護，既倒之後，官爲嚴追懲辦。凡曾經倒塌之商，照西例飭令報窮，列諸商報，使遠近咸知，以後永遠不准更名充商貿易。

七曰體恤。嚴禁稅關釐卡留難需索。新製土貨可以抵制洋貨者，奏明減輕，或暫免稅釐，定明專利年限，不准他商仿造。

八曰獎勵。新創機廠暨捐資興辦商報、商會、商學，及在外洋學成工藝回華可資實用者，奏明請獎。

以上八端，總之，不外於抵制洋貨，依仿洋式，借助洋師之義。從此著手，方爲有關内地商務，大端由粗入精，由近及遠，即將前經奏設之勸工勸商局歸併此局之内。其中事體繁博，現在先立大概章程，此後隨時籌畫變通，務期以漸推廣。查有奏調湖北差委廣東候補道王秉恩，端廉切實，才力精强，商務綜核尤所擅長。此次另片奏調之江蘇候補道程儀洛，廉正核實，不辭勞怨。擬委令該兩員會同總理其事。並擬遴選殷實、誠信、通曉時勢之商董數人爲總董。惟漢口之商，外省人多，本省人少，但取其熟悉商情，勢難拘於本處紳士。所有選員、設局大概情形，已經於七月十八日電奏，奉旨允准在案。現在督飭該道等，將商務應辦各事宜，妥擬詳細章程，認真次第籌辦，務期聯絡上游各省，漸次擴充。

上諭：朕欽奉慈禧端佑康頤昭豫莊誠壽恭欽獻崇熙皇太后懿旨：國家振興庶務，凡有益於國，有利於民者，均應及時興辦，以立富强之基。前因商務爲當今要圖，特諭劉坤一、張之洞就沿江、沿海一帶，先行試辦。茲據張之洞奏稱，應於上海、漢口設商務局，以聯絡川、陝、河南、雲、貴、湘、粤等處工商，講求工廠製作，商貨銷路等事，並酌擬辦法等語。商務爲利源所繫，創辦之始，不在恢拓規模，而在考求實際。現在財力未裕，所需經費，無論官籌、商借，皆當以核實爲主，毋稍虚糜。該督所擬辦法八條，均尚扼要。江漢上游爲商務大宗，張之洞責無旁貸，即著督率在事各員，加意講求，認真經理，隨時會商劉坤一，與上海局聯絡一氣。務期中外流通確有成效，不得徒飾空言，致負朝廷力圖振作至意。欽此。

會奏湖北釐金擬請外銷賞款提解充餉摺[一]

光緒二十四年八月［初八日］

竊臣等欽奉上諭：現在事機日迫，出入兩款不敷甚鉅。前曾諄諭各省嚴杜釐金中飽，著即嚴飭在事各員，釐剔弊端，力除中飽，確實覆奏。等因。欽此。嗣准户部咨，令各省將外銷各款向來取給釐税者，據實奏明，分別裁減。一面將所收釐税數目，據實報部，毋事欺飾等因。具奏。奉旨：依議。欽此。欽遵咨行到鄂。臣等當即轉飭司道遵辦，並派員分赴各局密查。茲據各委員查明稟覆，由湖北布政使王之春會同總辦通省牙釐局司道覆核具詳前來。

臣等伏查湖北釐金自前撫臣胡林翼開辦以來，迄今四十餘年。原定稽徵之法，本屬周密，迨經各督撫臣暨臣等，隨時增定，尤爲加嚴。凡有商人赴局完釐，向用兩聯大票，由總局印發，各局收存，隨時填給。不特應完正釐於票内逐一填註，即有偷漏罰款，亦於票内註明，隨正同解。其票四聯，一由本局支查，一賫總局覆核，其餘二聯，均給商人持赴經過之局覆查無訛，裁一聯，仍繳總局核對。總局於繳到之票，派員專司稽核，稍有不符，立即查究，不稍寬假。其各局收數各有定額，並查照上三年收數，按月按年逐一比較。盈則記功留辦，絀則記過撤差，甚且停委罰賠。倘查有弊端，並即參追。上年，臣之洞於兼署撫臣任内，又經奏定（草）［章］程，由地方官稽查，按季密稟。臣繼洵亦不時密委親信之員，分投訪查。遇有商人控告之案，輕則委查，重則提究，從不稍事瞻徇。層層考核，立法綦嚴。以故各局委員無敢欺朦，未能中飽。惟湖北地方，年來水旱頻仍，市面蕭條，商賈懋遷未能如前。兼之洋關增設，子口税盛行，釐收較遜，蓋由於此。至於通省收數，歷按定章，半年奏報一次。銀錢各數，均係據實造報，局用經費亦照向章八分開支。即有不敷之處，亦惟設法裁減騰挪，未嘗多支分釐。至釐金向收十足錢文，湖北市用歷以九百八十文爲一千，每千申出底錢二十文，名爲申串，向爲運解盤費、

〔一〕此件具奏日期據底本《張文襄公全集·奏議》目録補。

員弁兵勇犒賞，並小輪船薪工、煤炭、洋水龍、夫役工食等項之用。近年收數不旺，底錢亦減，尚不敷支。亦經前督撫臣奏明有案，此款礙難提解。惟查向章，各局收數如能溢額，歷係於溢收數内酌量提款充賞，以示鼓勵，相沿已久。此本額外盈餘，既以激勵司巡，正所以裨益正款，前人立法具有深意。但此項賞需之數牽算約計，每年多寡無定。就近兩年提賞，每年約錢六千串内外，本難裁減提解。惟現當庫款支絀之際，擬即飭將此項賞款，自本年爲始，一併提解，另款造報，於餉需不無補苴。其應賞司巡者，即飭各局於局用項下，別求撙節騰出酌賞。不准另立名目，苛取商人。總之，欲除中飽，惟在得人。臣等當督飭司道，嚴飭局卡各員，督率司巡，實力稽徵。並由總局隨時派員密查，嚴核比較，予以功過。倘有弊端，立即撤參懲辦，斷不稍事姑容，以仰副聖主剔弊裕餉之至意。

至湖北鹽道所收漢口督銷局移解淮鹽緝私經費，每年約銀二萬四千餘兩，歷年彙入應照公費内報銷，現已奏明劃出一半充餉。又，四川每年包解萬户沱鹽卡經費銀一萬二千兩，亦經奏明提出五成銀六千兩充餉。以上二項，共劃提充餉銀一萬八千兩。綜計貨釐提賞、鹽釐緝費兩項併計，其由外銷提解充餉者，約合銀二萬三千餘兩，實已竭力羅掘。此外省城各善堂、書院、學堂並歲修城垣、壇廟及口岸、街道工程各項經費，或由地方籌捐，或提罰款充用，或由關局經費節省，多寡有無，難以預定，均係隨時籌畫，設法支持，其數難以確指。以上各項經費，均未動用庫款，既與正釐税無涉，自應邀免開報。除咨户部外，謹會同奏陳，伏乞聖鑒。

（硃批）户部知道。（欽此）

漢鎮民房失火撥款撫卹片[一] 光緒二十四年

八月　日

再，本年八月十六日丑刻，漢口鎮東嶽廟地方，民婦□□氏家，因洋燈炸裂，失慎延燒民房。是夜北風怒號，狂猛異常，爲數月來所未有。風助火威，其勢甚熾。當經該處道、府、縣、同知、通判、漢陽協副將、漢鎮都司，督飭各營兵勇彈壓撲救。其時漢口各善堂水龍聞警齊集，分投施救。祇以街巷過窄，闤闠依比，棟宇相連，既少屏蔽風火高墻，兼有席棚房屋，狂飈怒捲，火勢猛烈，水龍奮力向前激救，被墻倒打壞、飛火燒損者數架。徹夜風浪洶湧，輪船亦不能來往。臣派員帶領水龍，令其過江幫同撲救，竟不能渡。至次日巳刻，始行撲滅。事後詳查延燒五千一百七十三户，其間房屋有濱臨漢口後湖者，火燄圍逼無可逃避，以致燒斃溺斃人口現經查出有三百餘名。實係風狂火烈，人力難施，並非撲救不力。查無匪徒放火搶奪情事。據署漢陽縣知縣李觀濤稟報前來。查此次被灾均係□貿貧民，實有四千三百餘户，困苦情形，實堪憫惻。經臣飭藩司在於本省賑捐款内酌撥銀一萬兩撫恤，派委妥員會同漢陽縣逐户核查散放，並飭漢陽縣勸諭該鎮紳商量力捐助散放。現在體察被灾民户情形，尚屬安謐。所有漢鎮失火延燒民房，撥款撫恤緣由，謹附片具陳。伏祈聖鑒。

漢口鎮猝被火灾，情形甚重，實堪憫惻。該督當即飭印委各員認真撫恤，毋任失所。

[一] 以下二件録自《京報》第六四〇六至六四〇七號。

裁撤撫標左右兩營改爲練勇營片 光緒二十四年八月　日

再，湖北省城緑營標兵積習最深，浮囂易動，由來已久。康熙二十七年夏逢龍因裁兵謀變，連陷三府，合數省兵力始行勦平。光緒八年，江夏縣知縣蔡炳榮因擅責把總，營兵譁噪，毆官毁署，幾釀巨患。自此省標習氣益形驕悍。光緒二十一年，因部文有裁兵之議，前護督臣譚繼洵甫經札行，即已洶洶鼓譟，公然偏布揭帖，語多狂悍，當經諭以緩裁，其事乃定。此外桀鶩挾制之舉不一而足。但以近年城内紮有勇營，稍知斂戢。若遽將全標裁汰，勢必滋生事端。良由標兵皆係土著，楚人生性慓悍，且兵籍大率親族相承，視名糧爲産業性命，外人充伍者，必須幫補錢若干。此次該兵丁等聞有撫標兩營全裁之信，即密發傳單，約會左右兩營，聯名乞恩，並知會督標城守各緑營，跡近抗阻。□思若就現有之勇營，懾以軍威，即或可暫時就緒。閭閻□擾已多，而該兵丁等失此事業，勢必流而爲盜，貽害無窮。若隱忍不裁，則益長刁風，且留毫無實用，惟僅發恩餉，則彼謂僅支一年，若逕改爲勇營，則彼又恐隨時革换。臣悉心籌畫，惟有就兩營裁撤之兵丁，一律發給恩餉，仍許以挑選精壯，改爲勇營，練習洋槍。其年力不合格者，即就兵丁之子弟親戚挑選精壯者。既有後圖，其弱者自各聽命，於是始終帖服，更無異言。如此始可令裁，舍此别無辦法。且從此緑營浮囂油滑之兵，悉變而爲訓練精强之勇，將來或留或汰，操縱自如，似屬一舉兩得。現在撫標左右兩營兵丁，業已收繳軍械，一律裁竣，市廛不驚極爲安静。所有裁撤撫標左右兩營必須改爲練勇營緣由，理合附片密奏，伏乞聖鑒。

覽。

裁營騰餉精練洋操片 光緒二十四年九月初十日

再，查今日以練兵爲第一要務，而練兵非仿照洋操不可。我軍操練舊法，理雖具而法較疏，且於礮械、工程、測算、繪圖等事，未能講求。施之今日禦侮斷不可恃。惟西法弁兵操練之制，先練體操，再練槍礮，最爲勤苦。其測繪、工程等事，學堂之功課，野操之奔馳，尤爲繁細勤勞，非年力强壯，志氣堅卓，能耐艱苦者，不能充當。而欲得此項志堅力强之人，非厚給餉需不可。且非衣履堅韌，飲食充足，居處爽潔，則終年督課，終日跋涉，其人亦斷不能支。故洋操經費，亦必較多。非此，則仍然無益。

查湖北在省各防營，操法必須一律，方有實用。餉章亦必須一律，方能鼓舞。若餉章、操法參差不一，終非治軍之法。西人每每竊議面勸，屢以爲言。但各營俱練洋操，均須加餉。當此餉需支絀之際，籌措爲難，惟有減營加餉，庶款不增而兵可練，人數雖少，較有實際。現擬將緝私武勝新營五百名裁撤，另派武功左營、升字左營兩底營勇丁五百名，前往填紮，餉銀仍在督銷局所解緝私營勇專餉撥給。騰出升字等兩底營餉銀，每年共二萬四千七百餘兩。又沙防營因沙案彈壓不力裁撤，另將蔣聲耀所帶之武防左營調往填紮，改爲沙防營，每年騰出武防左營餉銀一萬二千餘兩。又裁撤漢口緝捕營勇一百名，每年騰出該營員弁、勇丁薪糧銀七千餘兩。又裁撤大冶鐵山、馬鞍山煤井所紮之武勝右營一底營二百五十名，每年騰出餉銀一萬二千餘兩。其鐵山、煤井，另派練軍彈壓。以上計裁四營，及緝捕營勇一百名，每年共騰出餉銀五萬六千餘兩。

查原有工程隊一哨，分爲橋梁、營壘、電雷、修械、測繪、路電六所。經臣親加考驗，勇丁皆精强、趫捷，各門功課均能通曉，已著成效。擬添募四百名，足成五百名，爲工程隊一營。專選年二十歲以下，兼能識字者，方准收入。遴委千總姚廣順爲管帶。此外並將副將吴元愷所統武愷二底營五百名，副將（俞）〔劒〕厚安統帶之武防中營一底營二百五十名，均令改練洋操，弁勇精加選汰。其精力不能習練洋操者，即行開除，應支餉需，照護軍洋操各營一律加給，以勖勤練而一心志。此時除分防漢口，分防沙市，分防襄樊及麻、羅緝私，田家鎮礮臺各營，未練洋操，其餉費仍舊開支外，其在省城各營，餉章操法均歸一律。現經臣采取外洋陸軍章程，並鄂省洋操隊現行操法，酌定操練課程，刊發省防各營，一律按期、按時操練。除派員常川稽察外，臣仍當自行隨時親赴各營督察考校，不特以爲將士之課程，即自定爲臣之課程。統計添募工程隊四百名，並加給武愷、武防等營餉項，每年共需銀六萬六千餘兩。以所裁四營及緝捕營餉銀五萬六千餘兩，及裁去武愷右營，撥抵新軍兩營不足之餉一萬餘兩外，餘銀二千兩，一併撥抵，尚不敷銀八千餘兩。容臣將省外水、陸防營及他項雜支，通盤籌畫，撙節補足。總期餉不另增，兵有實用，教練一律，悉成勁旅，以期仰副朝廷整軍經武之至意。

（硃批）該部議奏。（欽此）

委署藩篆片〔一〕 光緒二十四年十月 日

再，新授湖北布政使善聯到省尚需時日，現在湖北按察使瞿廷韶業已陛見回省。查該臬司器識閎通，才猷穩練，於通省用人理財情形極爲詳明熟習，遇事皆能通籌全局，應即飭委署理湖北布政使篆務。署湖北按察使岑春蓂即勿庸兼署藩務，以期各專責成。除分飭遵照外，理合附片具陳，伏乞聖鑒。

知道了。

請奬勵創設槍礮廠出力各員摺〔二〕 光緒二十四年十月 日

竊臣前因湖北漢陽槍礮廠製造快槍、快礮、槍彈、礮架著有成效，援案懇恩准將在事各員，由臣核其出力等差，照異常勞績保奬。本年四月二十二日，欽奉硃批：准其酌保數員，毋許冒濫。欽此。當經恭録轉行欽遵辦理。茲據總辦湖北槍礮局署湖北布政使瞿廷韶查明在事人員擇其尤爲出力者，分別核擬奬叙，詳請具奏前來。查湖北槍礮廠，事體重大，工作精微，造成精械，分寄各省應用，關繫軍實要需，非僅湖北一省之事。創辦之始，一切經營廠工機器，選募華洋工匠，購備物料，教練工徒，講求製造，全賴在事各員盡心籌畫，勞瘁不辭，歷時八年之久，始克告厥成功。實屬始終奮勉異常出力。現復建廠設機，添造十二生快礮、罐子鋼、無烟藥各廠，規模更大，端緒愈繁，尤賴各員群策群力，經費推廣，早著成效。查槍礮廠辦事之員甚多，但以所保限於額數，經臣查核删減，遵照酌保章程，謹擇其尤爲出力者文職十員、武職十員，照異常勞績，奏請優奬，不敢稍涉冒濫，繕具清單，恭呈御覽。合無仰懇天恩俯准照奬，以昭激勸而勵將來。出自逾

〔一〕録自《京報》第六四四九號。
〔二〕録自《京報》第六四四五號。

格鴻慈。此外在事出力人員尚多，容臣分别給予外奬藉資鼓勵。除飭取各員履歷咨部外，所有槍礮廠在事尤爲出力人員遵旨保奬緣由，理合恭摺具陳，伏乞皇太后、皇上聖鑒。

該部議奏。單併發。

漢口請設專官摺光緒二十四年十二月初八日

竊照湖北漢陽縣屬之漢口鎮，古名夏口，爲九省通衢，夙稱繁劇。自咸豐年間，創開通商口岸以來，華洋雜處，事益紛煩。近年俄、法、英、德、日本各國展拓租界，交涉之件愈形棘手。且奉旨開辦蘆漢、粤漢南北兩鐵路，現在北路早已興工，南路亦正勘路，紛雜萬端。將來告成，漢口尤爲南北各省來往要衝，市面愈盛，即交涉愈多。乃漢陽縣與漢口，中隔漢水，遇有要事，奔馳不遑，若至通濟門外，往返之間，已廢一日。且以後鐵路由該鎮通濟門外至黄陂縣界之灄口，數十里間，悉成繁盛之區。即皆有華洋交涉事件，必須隨時應付，刻期履勘，斷不能稍延時日，致誤事機。加以商賈輻輳，訟案繁滋，會匪游勇，溷迹窺伺，緝捕彈壓，在在均關緊要。該縣本係繁要地方，政務不少，又豈能日事奔馳於數（千）〔十〕里之中[一]，於民事洋務均多窒礙。自非有正印專官駐紮漢口，不足以重交涉而資治理。經臣督同藩、臬兩司、江漢關道，迭次籌議，如將漢陽縣移駐漢口，則該縣爲漢陽府首邑，轄境遼闊，政本殷繁，以之移駐，仍不免顧此失彼之虞。蓋漢口之不能兼顧漢陽，亦猶漢陽之不能兼顧漢口。如添設一縣，則事屬創始，一切煩費，尤不易言。現在通籌熟計，不如將漢口同知，改爲夏口撫民同知，較爲協宜。且品秩視知縣爲崇，於彈壓亦較得力。該同知向無管理土地、人民之責，事權不屬。今擬將漢陽縣轄襄河以北之地，北至灄口，西至涓口，横約一百二十餘里，縱約三四十里地方，撥歸該同知管轄，作爲正印地方官，以專責成。應援照河南淅川廳、陝西孝義、佛坪等廳成案，所有刑名案件，仍歸漢陽府審轉，倉庫錢糧仍歸該府考核，一切治理統屬各事宜，均與所屬州縣無異。遇有洋務交涉，地方緊要事件，隨時禀承該管之江漢關道，就近督率辦理，以期迅速而免貽誤。似此就漢口原設之官，分漢陽一縣之地，可免增設凑撥之煩。而事權既專，治理自易，其養廉役食等項，添籌無多。衙門、監獄即就原有房基，量加擴充添置。應設載在祀典各壇廟，暫照各直省兩縣同城之例，與漢陽縣共之，容俟將漢鎮舊有廟宇分别酌改，亦尚簡易。該鎮禮智巡檢，即在同知衙門附近，擬令兼司獄事。其漢陽訓導，擬移設廳治，改爲教諭。所有該廳應撥學額，及管轄地段田糧細數，並其餘應行建置事宜，應俟奏准部議覆到後，再行續籌辦理。至漢鎮既駐有同知專治，其漢口原設漢陽府通判，雖名有緝捕之責，實鮮可辦之事，似毋庸仍駐該鎮。查溯漢而上六十里，漢陽縣屬之蔡甸地方，市面較盛，水陸交通亦屬要地，不可無職分較大之員駐紮其間。擬將該通判移駐蔡甸。至漢黄德道，兼綜地方洋務，安民戢匪，責任甚重。查各省要缺道員，其銜内多加兵備字様，營汛自都、守以下，可歸節制。此後可否請將漢黄德道加兵備字様，以資控馭，實於彈壓地方確有裨益。如蒙聖恩俞允，分别改設移置，應請由部另頒夏口撫民同

〔一〕「數千里」，應為「數十里」。

知、夏口廳教諭、禮智巡檢兼司獄各印記，並另頒分巡漢黄德兵備道關防，俾資信守。

再，漢口同知本係要缺，今因洋務事繁，改爲撫民同知，管理庶務，缺更緊要，擬定爲衝繁疲難四字最要缺，由外揀補。漢陽縣本係衝繁疲難要缺，現雖將境地分撥，約計尚存原轄境地三分之二，且係該府附郭地方，政務仍屬繁要，應删去衝字改爲繁疲難三字要缺，仍由外題調，以昭詳慎。

（硃批）該部議奏。（欽此）

剿辦宜施會匪摺光緒二十四年十二月二十六日

竊照湖北宜昌、施南兩府與川省毗連，自川匪余蠻子鬧教以來，訛言四起。該兩府哥老會匪素多，一名江湖會，羣思效其所爲，與各處教堂爲難，廣播余蠻僞示，煽惑民心。臣當分飭宜、施文武，嚴拏造謡匪徒，認真防範。本年九月二十四、二十九等日，施南府屬利川縣川楚交界地方，有匪衆數百名，假託余蠻旗號，擾至該縣，將野茶壩、李子壋等處教堂、育嬰堂燒燬，並焚掠教民房屋，闔縣大擾。經臣電飭署施南協副將楊通純派兵，會同署知縣蔡國楨迅赴掩捕，立將匪徒擊散，拏獲匪黨七名。其教士、女嬰人等九十餘名，均經救出，由該縣分别厚撫，該縣稍定。

詎十月十五日，宜昌府屬長樂縣教民劉義敦，因聽教民畢開榜唆使休妻起釁，與民爭毆。匪徒從中煽動，遂聚衆將畢開榜殺斃，焚燬教堂，擾及長陽、巴東等縣，殺斃比國洋教士董若望一名。到處焚掠教堂，慘殺教民。該匪等以僞主帥向策安爲首，李策卿、李少白次之，立有僞軍師、統領、先鋒、大將等名目。李策卿本係霆軍散勇，改裝道士，兼以邪術惑人，張貼僞示，招聚匪黨，山中會匪聞風響應。長樂縣屬漁陽關另起李清臣會匪一股，與爲聲援。旬日之間，衆至二三千人。旗上大書滅洋字樣，率衆四出，分擾三縣，並突至湖南石門縣子良坪地方，焚掠教堂、教民。洋教士方類思逃至澧州，經地方官保護，尚未被害。各該縣會黨滋蔓日廣，匪燄大熾，聲言係余蠻子分股，欲渡江直撲宜昌府城。一面由巴東、建始東趨川境，與余匪合。宜昌係通商口岸，華洋震恐。漢口法領事、宜昌英領事，屢次函照，切請保護、除匪。沿江上下大爲驚擾，當經宜昌鎮總兵傅廷臣稟請，急速募勇五百人，以鎮郡城。署利川縣知縣蔡國楨，募勇一百名，以防川匪。荆州、沙市人心亦頗惶惶，伏莽皆思蠢動。臣以山深地廣，若不大舉及早撲滅，擾及宜昌，必致成燎原之勢。當派候補知府朱滋澤，總辦宜、施兩府會匪事宜。派副將吴元愷帶勇兩營，副將劉恩榮帶勇一營，乘輪馳往。並飭宜昌鎮總兵傅廷臣，派委遊擊鮑佑卿、守備王佐賢帶練軍一百名，馳往該處，分路入山攻勦。先令吴元愷繞至上游巴東野三關一帶，截其入川之路。並飭宜昌鎮、施南協各派練兵分投截擊，署巴東縣知縣恩潤、長陽縣知縣竇以莊均各督團，扼要勦捕。復因荆州喫重，添派提督鄧正峰帶勇三營扼紮東路漁陽關，派沙防營遊擊蔣聲耀帶勇兩哨扼紮下游宜都縣聶家河一帶，遏其下竄荆州之路。並電商湖南撫臣俞廉三，飛飭總兵陳海鵬，提督賀長發、譚會友，參將徐建盛等，酌帶營哨，自石門縣越境會勦。該匪竄至長陽車綫棚地方，適與鮑佑卿之軍相遇，夜間潛來襲營，被官軍擊退，斃匪五人，斃匪馬四匹，奪旗六桿。兵丁陣亡一名，受傷十二名，團丁陣亡一名。知府朱滋澤及副將吴元愷一軍入山後，出示解散脅從，曉以此乃會匪藉名，並非義舉，匪黨漸散。該匪見官軍已扼上游，不能入川，折而東趨，節節内避，意欲引我軍深入險阻，負嵎相拒，以困官軍。愷軍由小塘、沙河等處奮力窮追。該數縣跬步皆山，嶺高崖險，並無徑路可尋。又值山中大雪，冰凍嚴寒，山中米穀素缺，官軍裹糧奔馳，備極艱苦。該匪沿途糾集，賊衆復盛，回竄長樂。署知縣蘇貽英到任甫經數日，布置未周，遽聞匪至，率役督團出擊。詎書役、團丁多係入會通匪，遂將該縣劫逼，擁入山寨，禁制不放。典史亦被關禁。該縣向係殘破土寨，間有零落短垣數尺，與無城同。該匪闖入縣城，大肆劫掠。因聞兵勇將至，旋即退出，回至該縣西北之紅溢、白溢兩寨内，搜集城汛鄉團槍礮，堆集巨石，憑險拒守。該兩寨陡峻異常，白溢尤爲高峻寬廣，周圍三十餘里。其上有寨，可容千人，素稱天險。嘉慶初年教匪爲亂，占踞累年，始經官軍攻克。該匪分設多卡，抵死抗拒。副將吴元愷帶隊趕到該處，親督弁勇，緣崖攀木，奮勇仰攻。先後將兩寨擊破，殺賊一百三十餘名。我軍陣亡二名，受傷六名，奪獲大小旗幟數十面，鐵礮四尊，擡槍、鳥槍數十桿。餘匪潰散奔逃，墜崖跌斃者甚多，遂將各官救出。附從各匪，分别懲辦，繳飄免罪。被擾居民，妥爲安撫。朱滋澤到長樂後，將該縣會黨切實清查，其吏役團衆附賊劫官者，訊明正法。會督各營，及本省、鄰省附近州縣，分派兵團，截緝餘匪。先後據各路文武禀報，拏獲要匪多名。内有長陽一股匪首覃培章一名，已經格殺。宜都一股匪首袁敦五一名，漁陽關一股匪首李清臣、張么兒二名，均已訊明，就地懲辦。其殺斃洋教習之首犯楊大經，及焚燬教堂首犯吕守蛟二名，先經長陽縣督團拏獲，解至宜昌，由該府陳其璋覆訊，供認屬實，均已正法。其倡亂劫官之首匪僞主帥向策安，現經施南府知府額勒恒額、署施南協副將楊通純，分派兵團兜圍，擒獲審辦。惟其次匪首李策卿、李少白等，均尚在逃。嚴飭分路懸賞截拏，斷不容其漏網。此宜、施會匪鬧教爲亂，派兵勦辦之實在情形也。

查宜昌、施南兩府，爲鄂省邊隅，界連川、湘，地勢極爲險邃，官軍罕能深入。游匪、會黨伏莽甚多。兼之各處教民以教堂爲護符，平日欺害良民，怨毒甚深。匪徒遂藉此以行其煽惑之計，以致糾集嚮應，勢極鴟張。現雖攻破巢穴，渠魁就擒，而匪黨尚須查緝。且民、教相仇，已非一日。若不設法解釋，仍恐貽患將來。現已飭令朱滋澤，會同宜、施兩府，迅提已獲之首夥各犯，悉心研審，從嚴懲辦。一面會督各屬，將教案及會匪兩事，大加清查，妥籌善後辦法。務使地方一律平靖，民教照常相安，以紓宸廑。除由臣查明疏防文武員弁彙案另摺奏參，暨陣亡兵勇查明請卹外，查此次會匪起事，蔓延甚廣，焚掠三縣，擾及鄰省，專以滅洋攻教爲名，愚民紛紛附和，若一經出山，必致不可收拾。加以山深地苦，雪大糧艱，各軍深入攻勦，備歷艱苦。幸得一舉撲滅，免致燎原，於交涉事體不致别生衅端，不無微勞足録。合無仰懇天恩准臣擇其深入勦匪尤爲出力者，據實保獎，以勵戎行。

（硃批）准其擇尤酌保數員，毋許冒濫。該部知道。（欽此）

裁撤南學會並裁併保衛局摺 光緒二十四年十二月二十六日

竊臣承准總理各國事務衙門電，本年八月二十一日奉旨：湖南省城新設南學會、保衛局等名目，迹近植黨，應即一併裁撤。會中所有學約、界説、札記、問答等書，一律銷毁，以絶根株。著張之洞迅即遵照辦理。欽此。遵即飭據湖南藩、臬兩司，將南學會、保衛局即日裁撤，當經電奏在案。臣仍一面飭將學約、界説、札記、答問等書板片，全數調查來鄂，一律銷毀。至保衛局之設，飭兩司切實查覆。經升任湖南撫臣俞廉三，前在布政使任内，會同署按察使夏獻銘詳稱，前署臬司黄遵憲以原設保甲局員紳懈弛，因參酌各通商馬頭捕房條規，添設大小各分局，派委員紳，設立巡捕，更名保衛，擬定章程，均以緝捕盗賊、清查户口爲主。其附於保衛局之遷善所，凡失業流氓，犯有賭竊等事，即收入所内看管，延致工匠，教習手藝，令其改過自新，藝成限滿察看保釋，與他省之自新所章程相同。惟湘省民情與洋教素不相能，開辦之初，人以仿照洋場辦法，不免驚異，浮議頗多。殆試辦數月，城廂内外，晝夜有人梭巡，凡宵小之徒，皆爲斂迹，廛市一清，商民翕然安之。惟與保甲名異實同，實屬多立名目。且設局太多，經費過鉅，勸令民捐，力有未逮。現擬裁歸保甲局，撙節用款，核實辦理等情，詳請核辦前來。臣復於湘省來鄂官紳，詳加詢考。據稱，保衛局係變保甲之名，而行保甲之實，頗有成效，尚無植黨情事等語。

臣查保衛局既係辦理保甲局務，其兼辦遷善習藝，教養難民，亦地方應辦之事，原不必另立保衛之名。且辦事期在核實，亦不必仿照洋場文飾之觀，以示奇異。自應仍用舊日保甲局名，而力掃濫支敷衍之積習。現在迭次欽奉諭旨，整頓保甲，臣已嚴飭該司將所有局章，參考民情，斟酌妥善，酌減捐數，督飭員紳認真巡緝，務期事有實效，款不虚糜，仰副朝廷綏靖閭閻之至意。

（硃批）知道了。即著嚴飭湖南保甲局認真辦理，毋得有名無實。（欽此）

光緒二十五年

謝賜福字摺光緒二十五年正月十五日

光緒二十五年正月十二日，摺弁回鄂，賫到御賜福字一方，臣當即恭設香案，望闕叩頭謝恩祗領。欽惟我皇上，璣鏡凝釐，璇宫秉訓。黄圖無外，揚姒幄之徽音。紫氣來東，錫禹疇之嘉瑞。履端於始，見黜邪崇正之天心。厚生惟和，以尚德緩刑爲政要。塞宣房而來萬福，共戴慈仁。開閶闔而瞻九天，高懸聖藻。臣職司宣德，地協朝宗。蹔枯朽而同被陽春，欲綢繆而亟乘閒暇。鳳麟皆遊於郊藪，喜睹星雲。梟雁飛集於江湖，敢忘魏闕。（已）[己]〔一〕文作繡，舞舜羽而格遠方。亥算書祥，望堯門而祝慈壽。

裁汰冗員摺光緒二十五年正月十六日

竊照前於六月内欽奉上諭：將候補、分發、捐納、勞績等項人員，嚴加甄别裁汰。等因。欽此。嗣於八月内，欽奉慈禧端佑康頤昭豫莊誠壽恭欽獻崇熙皇太后懿旨：仕途冗雜，奔競成風，非激濁揚清，不足以昭懲勸。等因。欽此。

伏查候補人員過多，最爲吏治之累。鑽營者妄爲而生事，樸拙者被擠而困窮。有才者乏見長之方，年深者無循資之望。以致營營擾擾，求缺求差，絶不知安分之可貴，干求之違法，殊於政體有礙。自非認真沙汰，不足以澄清吏道，分别賢愚。且疊次欽

〔一〕「已」應為「己」。光緒二十五年己亥年也。

奉懿旨、諭旨，飭令嚴加甄別、裁汰，尤應欽遵，切實查辦。除貪劣不職者，臣當隨時考察，據實奏參外，現經督飭兩司，將通省候補人員，切實清查。兹據查明，歷年奉差不銷，久假不歸，潛行離省，私自回籍者，應即咨明吏部，不准再來鄂省候補。其病故未報者，咨部除名。以上正佐共計一百二十員。此外，又查有在本省候補得缺，與例不甚相合，多有違礙，而該員不免意存推宕掩飾，猝難查得確據者，已飭司暫停其補署差委。於是，此項人員，紛紛自行離省回籍。此項共計五十餘員。以後仍當督飭兩司，隨時清查裁汰，以期漸次疏通。

上諭：張之洞奏遵旨裁汰冗員一摺，候補人員過多，奔競鑽營，最爲吏治之累。該督所奏甚得綜核名實之要。著各督撫一體查照辦理，以杜冗濫而清仕途。該部知道。欽此。

酌議團練保甲相輔取益防弊辦法摺（一）

光緒二十五年正月　日

竊准户部咨，光緒二十四年九月二十六日，欽奉慈禧端佑康頤昭豫莊誠壽恭欽獻崇熙皇太后懿旨：積穀、保甲、團練各事，似屬故常，若能實力奉行，有利無弊。積穀則歉歲足以救荒，保甲則常年足以弭盗。鄉團則更番訓練，久之民盡知兵，自足爲緩急之恃。著各省將軍、督撫務當曉諭紳民，認真興辦。其舊有章程者，重加厘訂。未有章程者，妥議舉行。總之朝廷以天下爲一家，以萬民爲一體，休戚相關。爾大小臣工，切毋畏難苟安，虚應故事。紳耆、百姓亦當知國計皆繫民生，深宫痌瘝爲懷，所願爾井里晏然，永無盗賊火水之虞，共享父子家人之樂。屬在蒼生自必能仰體予心，不惜財力，亟圖保衛鄉閭之計。各該將軍、督撫接到此旨後，將若何遵辦情形，先行奏聞，以慰厪系等因。又於十一月十九日奉上諭：九月間，欽奉慈禧端佑康頤昭豫莊誠壽恭欽獻崇熙皇太后懿旨，諭令各省舉辦積穀、保甲、團練各事宜。並諭令沿江沿海各將軍、督撫籌辦漁團。現在各該省籌議情形究竟若何，著該將軍、督撫於奉到此次諭旨後查明。如已辦有端倪，即行據實覆奏。若尚未一律舉辦，應尅日籌定章程，勒限辦理，毋再遲延。等因。欽此。仰見皇太后、皇上保衛民生，有備無患之至意。臣當經欽遵，督同藩、臬兩司熟商籌辦。

竊惟團練一事，以寓兵於農之道，收衆志成城之功。果能辦理妥善，最爲有益。然就湖北情形言之，則有二難、一弊。蘇、粤等省，鄉鎮繁富。山、陝等省，村堡團結。湖北水陸錯雜，大村巨鎮一縣之内不能甚多。水鄉則湖濱港汊，逐便散處，隨水遷移。山鄉，則高嶺荒谷，零星數家，不成村落，相距遥遠。不特團練非易，即保甲亦難於責成。此一難也。練丁製械，需費繁多。湖北近年每一議及團練，紳士即以請官籌款爲辭。夫團練之舉，乃是令民間自衛身家，自應民籌民辦。恭讀懿旨，紳耆、百姓自必能不惜財力，亟圖保衛鄉閭之計等因，實已剴切詳明。若由官發款，何不多養兵勇，而以之辦團練耶。但湖北省民力彫敝，屢年灾歉，集費亦實不易。此又一難也。團首必用紳衿，而地棍土豪不免憑藉團衆，滋生事端。小則魚肉鄉里，大則抗官違法。近邊地方，往往充當團户，包庇私販，讐視官鹽，糾集村民，傷兵捆勇。近水地方，往往各顧私産，妄作隄堰。此則聯村硬築，彼

（一）録自《京報》第六五二一號。

則糾衆刨毁。械鬭釀命，互争不休。數十年來此兩類之案，不可勝數。雖疊經拿辦，終難息止。團練若成，更將無從彈壓。此一弊也。湖北民風向不甚静，近十年來，每藉攻擊異教爲名，煽惑糾邀。前年，湖南即有團丁擠毁教堂之案。上年，長樂等縣匪徒鬧教，禍延數縣，入城劫官。其匪首向策安及他匪目，多係團總。前車可鑒。若各縣皆有團練，則教案更將紛起。此又一弊也。至保甲之與團練，本係相爲表裏。現擬團保並行，酌籌有益無弊辦法，大要約有八條。一曰保甲爲本。查保甲之法乃安民詰奸之善政，行之自古。十年以前，前任督撫臣屢經遵旨通飭遵辦定有詳細章程。惟各州縣應辦之事如錢糧、詞訟、緝捕、隄工等類，非止一端。其於保甲事宜未能專心貫注，且必須經費，必須隨時按户清查，又防衙胥地保藉此擾民。以故據禀報則舉行，考實效則殊少。大率省會較易，州縣較難。武昌省城及漢陽府、漢口鎮三處，籌有專項，設有專局，派有多員稽核，尚屬認真。沙市、宜昌保甲，已未見有實效。至此外各府州縣，則疏密勤惰，常無一定，惟視州縣何如。此時欲加整頓，似無須另定章程，惟有嚴飭查照舊章，實力舉行，考其成效。其盗案易破，竊案稀少，會匪不能萌芽者，即是保甲認真之功。若盗賊滋多，會匪竊發者，即是保甲廢弛之咎。以此考課，較爲有實濟而無紛擾。二曰官督組團。城内有官弁、兵役，只辦保甲，毋庸團練。且城鄉人多油滑，團亦無用。每縣四鄉，酌分數團，每團設正、副團首各一人，以端正殷實讀書有功名者充之。每五十人設一練長，以通習武事安静樸實者充之。由該鄉公舉，地方官選定札委，統歸地方官管束，不准以劣紳豪霸濫充，亦毋庸以大紳充當，以杜一縣數官，恃符撓法之弊。專管查奸禦匪等事，不准干預地方詞訟事件。練丁有犯，只可送官究治，不准私設公堂，擅自刑責，即盗匪亦不准私刑拷訊。至湖北各縣多有隄工，向有本地公舉紳董經理。此項團首，不准强攬隄垸工程，亦不准率團尋仇械鬥，違者黜革嚴辦。三曰量力練丁。擬令大縣練團丁三百名，中縣二百名，小縣一百名，最狹小瘠苦之州縣免練。以全省六十八州縣計之，除最苦十餘縣外，可共練團丁一萬餘人。四鄉分練，數十村合爲一團。其團丁擇實係本籍，年在二十四歲以下，身材健壯，性情樸實，向無過犯者充之。其城内油滑游民，家居脚夫、水手、無業乞丐，概不准充。造册詳載年貌、親屬、執業，送官點驗。不合格者另選。其什伍部勒仿營制，一縣團丁或分爲四五隊，或分爲兩三隊，由該官、紳體查情形酌辦。每三日在本鄉操練一次，每一月團首校閲一次，每三個月通縣各團訂地合操一次，由地方官考閲。正、臘、三伏、農忙免操。四曰自籌經費。團丁平日不給口糧，操練日酌給飯銀，其願自備口糧在團練公所領用器械操練者，聽。團首校閲日、地方官合操日，酌給獎賞。所需器械，惟刀矛自備，其槍砲彈藥，禀官備價赴省領給。操畢即存儲團首公所，不准私帶回家。所有操練飯食、獎賞、槍砲、器械、旗幟、號衣、聘募教習，一切雜用之費，俱由紳民自籌，禀官批定辦理。官閲操日，於該團自備飯食盤費外，由官自行酌給獎賞。五曰清查會匪。近來各州縣會匪甚多，到處開立山堂，散放飄布，勾人入會，謀爲不軌。責成團首等認真稽查，查獲送官究辦。惟須確有證據，不得妄拿無辜。其形跡可疑者，即行驅逐出境。並隨時曉諭本團、本保居民不可入會，如有誤買飄布者，責令繳飄彙送地方官。其窩藏盗賊之户，一體確查舉報。六曰清弭教案。近日湖北風氣動輒造謡聚衆，攻毁教堂。擬查照總理衙門議准左都御史裕德條奏通行章程，責成團保紳董，每日於團丁牌長中，擇派妥慎者三五人，輪流在於教堂附近巡查。遇有争端，立即解散。教士出外游歷，亦由該團丁牌長妥爲防護。並責令團首保董，將諭旨中外和睦之大義及傳教、説書、送診、育嬰等事，均係朝廷准行之條約，謡傳教堂荒誕殘忍之謬説，隨時詳細講説，務使窮鄉僻壤家喻户曉，民教相安，不生枝節，免致擾良善，上累國家。如該紳等保護得力，即查照奏案分别尋常勞績請奬。如防護不力，甚至煽衆鬧教，核其案内情節，查照奏案懲處。七曰團保相輔。一縣團丁有限，團首無多，所有大小鄉村一律查清保甲，每村設立保董一人，擇其端謹有身家有體面者充之，刁健地痞不准濫充。專管編核户口，稽察匪黨，查禁窩户，勸導愚民等事。地方官亦以禮相待。其尋常催徵勾攝公事，仍用向設之保正辦理。其一村不滿三十家者，附入鄰近之保董經管。於本村要隘高處，設一瞭望更栅。若一村盗匪竊發，立即放鎗鳴鑼，或就寺廟鳴鑼，遠近遞傳，各村保甲合力四面截拿。團首、練長等即率團丁追擊，以期必獲。八曰酌定勸懲。此次紳富如有能欽遵懿旨捐助團練經費者，地方官禀明奏請奬叙，銀數較少不敷請奬者，由該地方官酌給花紅、匾額。如辦團獲匪確有成效者，擬請將團首奏請奬給虚銜封典。其次者，由督撫酌給功牌頂戴。該州縣辦團得力者，酌給外奬。如團首、保董斂費滋弊，生事擾民，縱容匪徒，亦即分别懲儆。地方官辦團不力、保甲廢弛者，隨時懲處。

總之，團練一事，其力只能戢内匪，若責以械猛藝精，折衝禦侮，則臣實不敢爲此鋪張飾欺之辭。若團保相輔，責以清會匪弭教案，則尚是力所能爲，當飭令各就本地情形，分别迅速舉辦。總未能周密盡善，亦必須辦有規模。保甲勒限兩個月禀報，團練勒限四個月禀報，果能内匪不作，外釁不生，其益處已非淺鮮。惟有切飭該道府督率舉辦，隨時考核，日久勿懈，庶可期民安匪戢，仰慰慈廑。至漁團一節，湖北外江内湖雖有漁划，散漁畸零，擇便覓食，來往無定。每一划，或一兩人，或四五人，老弱婦女即在其中，與沿海之大帮巨艇者不同，礙難練成漁團，致滋紛擾。惟有責成水師及團保，隨時酌量妥爲稽查，以杜盗匪潛匿之弊。據署湖北按察使岑春蓂會同湖北布政使瞿廷韶詳請具奏前來。所有酌擬團練保甲相輔取益防弊辦法，理合恭摺具陳，伏乞皇太后、皇上聖鑒。

知道了。所擬章程尚屬妥協，即著認真辦理，毋得日久又成具文。

甄别知縣留省補用片〔一〕 光緒二十五年正月　日

再，准部咨：道、府、州、縣無論何項勞績保奏，歸於候補班人員，到省一年，應出具切實考語，奏明分别繁簡補用等因。兹查補用知縣馮嘉錫以光緒二十三年八月十二日到省之日起，連閏扣至二十四年七月十二日，試看一年期滿，據兼署湖北布政使岑春蓂取具該員履歷清册，詳請甄别具奏前來。臣查該員馮嘉錫，守謹才優，辦事精細，堪以繁缺留省補用，除清册咨送吏部外，理合附片具陳，伏乞聖鑒。

吏部知道。

〔一〕録自《京報》第六五二六號。

遴員委署知縣片〔一〕光緒二十五年正月　日

再，江陵縣知縣劉秉彝，現因案撤任，所遺該縣印務，應即另行揀員往署，以重職守。查有本任棗陽縣知縣李九江，精明廉幹，政事勤能，前經署理江陵縣，旗民悦服，堪以委令署理。據署湖北布政使瞿廷韶、署按察使岑春蓂會詳前來，除檄飭遵照外，理合附片具奏，伏乞聖鑒。

吏部知道。

拏獲匪犯就地正法繕單具陳摺〔二〕光緒二十五年二月二十五日

竊照湖北省盗案，前因難以一律規復舊制，經前督臣涂宗瀛會同前撫臣彭祖賢奏明，請將土匪、馬賊、會匪、游勇之外，持械聚衆搶劫、拒捕傷人、搶奪婦女勒賣等案，暫行查照定章，該州縣獲犯訊明稟報後，批歸道府督審，或委員會審，果係罪無可疑，即行就地正法，彙案奏報。光緒九年四月十九日奉旨：刑部知道。欽此。歷經遵照辦理在案。嗣於二十四年九月二十四日，欽奉懿旨：嗣後除現有軍務省分及實係土匪、馬賊、會匪、游勇情節較重者仍暫准就地正法外，其餘尋常盗案，著一律規復舊制辦理等因。欽此。兹查光緒二十四年分，各屬稟報拏獲各案匪犯，除已叅疏防獲犯後應行查銷，或案内有餘犯罪應流徒之案，均經專案審辦奏咨，並自欽奉懿旨以後，各屬辦理尋常盗案，均飭照例解勘外，所有八月以前報案即行獲犯各案，業經臣之洞與前撫臣譚繼洵檄行臬司，分别飭府督審，委員會審。或係糾衆持械行劫拒殺事主身死，或係用藥迷竊得贜致事主中毒身死，或係結會嘯聚搶劫滋事，或係行劫搜贜、遺火燒斃事主一家八命，俱屬贜證確鑿，罪干斬決、斬梟，審明後均即照章批飭就地正法。計案七起，人犯十八名。據署湖北按察使岑春蓂查明各案犯名事由具詳前來。臣等覆核無異，理合彙繕清單，合詞恭摺具陳，伏祈皇太后、皇上聖鑒。

刑部知道。單併發。

調署武營各缺片〔三〕光緒二十五年二月　日

再，准湖南巡撫臣俞廉三咨，具奏挑練新軍二千人，在省訓練，以署綏靖鎮總兵沅州協副將崧煜派充幫帶等因。臣查綏靖離省遥遠，自應將該副將調署省城之缺，俾可就近練兵。應將署綏靖鎮總兵沅州協副將崧煜署長沙協副將，以便躬親督率操練。所遺綏靖鎮總兵篆務，查有調署寶慶協副將本任乾州協副將袁虞廣，營務穩練，熟習情形，堪以署理。所遺寶慶協副將篆務，查有長沙協副將歐陽貴堪以調署。除分别檄飭遵照外，理合會同湖南巡撫臣俞廉三、湖南提督臣婁雲慶附片具陳，伏乞聖鑒。

兵部知道。

復設巡撫到鄂送交關防片光緒二十五年三月初七日

再，前因湖北巡撫裁缺，所有巡撫關防，經臣奏明交解京餉

〔一〕録自《京報》第六五二八號。

〔二〕録自中國第一歷史檔案館編《光緒朝硃批奏摺》第一一〇輯，第一〇〇四至一〇〇五頁，中華書局一九九五年版。

〔三〕録自《京報》第六五五三號。

委員赴部賫繳。嗣因欽奉懿旨，復設湖北巡撫，仍將關防收回，封存臣署。茲新授湖北巡撫臣于蔭霖到鄂，臣當將封存之巡撫關防并王命旗牌暨文卷等項，委員賫送撫臣，接收任事。

（硃批）知道了。（欽此）

藩司到省飭赴新任摺〔一〕 光緒二十五年三月十五日

竊照新授湖北布政使善聯，現已到省，應即飭赴新任。署布政使升授湖北按察使瞿廷韶、署按察使准補漢黄德道監督江漢關岑春蓂、署漢黄德道本任荆宜施道監督宜昌沙市兩關俞鍾穎，應飭各赴本任，以重職守。除分飭遵照外，謹合詞恭摺具陳，伏祈

皇太后、皇上聖鑒。

已有旨諭令善聯署理福州將軍矣。

遵旨辦理清訟章程並請示懲積案各員摺 光緒二十五年三月十五日

竊臣之洞於光緒二十四年十二月初二日承准軍機大臣字寄，光緒二十四年十一月十九日奉上諭：詞訟爲吏治最要之端，迭經諭令各督撫飭屬認真整頓。現在各省多有未經覆奏者，著即將現辦章程迅速具奏。等因。欽此。遵即行司迅速議詳，並經迭次嚴飭澈底查核以前積案功過。及臣蔭霖到任，復經飭司妥議簡明清册，並核定以後功過章程去後。查湖北省本有五項訟册暨課治表，舊章非不周詳，無如奉行日久，漸成故事。或開報不實，諸多隱匿。或飾詞填注，徒事空文。茲據署按察使岑春蓂會同署布政使瞿廷韶重加釐訂，删繁就簡，並呈簡明册式，及功過章程，會詳請奏前來。竊維訟獄爲牧民之一事，亦即累民之大端，迭奉諭旨，殷殷訓誡，自非酌定切實章程、認真整頓，不足以挽積習而清訟源。此次所定章程，大指有四：

一、在禁欺飾。不清而捏爲清，不結而飾爲結。其咎尤在疲玩遲延之上，應行嚴加懲儆。此次擬定簡明册式，飭令隨時逐案登注呈查，不煩另造册報，事簡易行，俾無遁飾。

一、在重命盜。積案懸閣皆爲民累，而命盜案遲延，民間受害尤鉅。查命盜獲犯審結，例限本嚴，應即核實督催考察，不容藉端規避。

一、在省擾累。傳集人證，其可用保董傳喚者，即不許票差。如必須票差者，亦不准多派。此次簡明册内，另行刊發諭單，責成保董傳喚，以免需索騷擾。

一、在懲刁誣。積案之多，半由訟棍扛幫，痞徒架捏，纏訟不休。本可息而不息，不應翻而復翻。或圖拖累害人，或冀延訟取利。州縣官不能不奪其日力，分其神思，以致聽斷愈形冗迫。總由向來習爲寬弛，於誣告罕有辦反坐者。茲擬於審明誣告者，及查出訟棍主唆者，認真按律治罪，杜無情之譸張，然後可伸真正之冤抑。總之以求實爲主，以治要爲先。

臣等現經札飭藩、臬兩司嚴飭各府州縣，遵照現定章程，認真辦理。惟是積習已深，若於從前疲緩者不予量加懲儆，則章程雖立亦未必實力奉行。茲查有積案記過較多之前署大冶縣知縣林佐、署棗陽縣知縣本任襄陽縣知縣梅冠林、本任京山縣知縣武延

〔一〕以下二件録自《京報》第六五七一號。

緒、隨州知州前署荆門直隸州知州諸可權、鍾祥縣知縣前署荆門直隸州知州徐嘉禾、宣恩縣知縣洪錫爵。屢控不結之署漢陽縣知縣准補興山縣知縣李觀濤、安陸縣知縣王立勳、前署隨州知州常豐。均應請旨摘去頂戴，儻以後不知愧奮，再行據實叅劾。此外業經卸任各員，並飭司分別停委，以示薄懲。現值整飭伊始，臣等亦未便操之過蹙，自當隨時考察。嗣後如有陽奉陰違，不知振作者，定即從嚴叅處。惟有始終不懈，不令州縣視爲具文，總期吏勤其職，民安其生，以仰副朝廷清訟愛民之至意。除將簡明册式咨送軍機處查核外，謹將現定章程十三條，繕具清單，恭呈御覽。所有臣等遵旨覆陳現辦清訟章程，並請將積案各員分別示懲以圖整頓緣由，謹合詞恭摺具奏，伏祈皇太后、皇上聖鑒訓示。

林佐等均著摘去頂戴，如再不知振作，即行嚴叅。餘著照所議辦理。單併發。

鄂省徵收漕米礙難改徵本色摺〔一〕 光緒二十五年四月二十四日

竊照光緒二十五年三月十九日准兵部火牌，遞到軍機大臣字寄，光緒二十五年三月初八日奉上諭：户部奏，遵議八旗兵丁加放甲米通盤籌畫一摺，近年糧缺價昂，旗兵困苦日甚，必宜設法變通。惟現在京倉所儲僅供常年支放，所有折漕各省，自應規復本色，以備加放。著各督撫通飭有漕各廳州縣，自本年冬漕爲始，全數改徵本色，妥籌運京。並先將按年起運數目及如何籌運辦法，迅速覆奏。欽此。遵旨寄信前來等因。承准此遵即恭録行知司道欽遵妥籌去後。茲據布政使善聯、督糧道譚啓宇會同詳稱，鄂省自改折以來，迄今四十餘載，民間相安已久，完納亦甚踴躍。若驟令規復本色，則徵米徵銀，利弊懸殊，節經各前司道屢詳奏咨在案。現在通盤籌畫，實未能遽復舊制。惟查歷經採買米石運通交納，自光緒二十三年奉准部文，飭將此項米價運費銀兩，撥補鹽釐，採買因之停止。茲奉諭旨，力圖儲備，擬請本年循案採買以資接濟等情，會詳前來。臣等伏查，鄂省漕米改折，自咸豐三年部文定價，每石一兩三錢變價解部。其時軍務倥偬，實未舉辦。延至七年，始經前撫臣胡林翼奏定章程，通飭辦理。計北漕一項，徵正耗米僅十五萬石有奇，而改徵折色，減裁各費歸公，約得銀四十萬兩。當時接濟軍需，至現今之京餉、邊防洋款，皆恃此以挹注。是以文宗顯皇帝有能不顧情面袪百年之積弊，甚爲可嘉之諭。法良意美，利賴至今。竊查原奏有云，將來軍務完竣，即以此項解部。若北倉需米，即以此項採買，海運亦不至有缺誤等語。當時運河淤滯，度未至如近年之甚，而已豫定折銀解部並舉。今日北倉需米，採買海運，均在深思早計之中。查湖北近年北漕正耗額徵，照中稔之年，除緩約徵銀十七萬餘兩，以每石一兩三錢計之，應徵米十三萬餘石耳。而一切隨漕軍三安家、幫津資役、水脚兑費，向因折色而悉歸公款者，改徵本色，則仍還之雜費矣。現計每年動支各款銀三十四萬餘兩，以收抵支，尚有不敷。今若復徵本色，無論於民多所不便，即指撥各款，先已一無所出。此鄂省漕米礙難規復本色之實在情形也。查湖北糧庫，同治十三年以來，均在漕餘項下提銀七萬兩採買正米三萬石運通，歷届循辦

〔一〕録自《京報》第六六〇三號。

在案。自二十三年奉部，將此項撥補鹽釐，現在即無的款可指。惟京倉關繫至重，旗民困苦日甚，欽承諭旨飭令中外兼籌。臣等具有天良，何敢稍存諉宕。遵與司道切實籌商，無論何項正款，均當先其所急。飭令於本年冬循案買米三萬石，委員運交通倉，稍資接濟，以冀仰慰宸廑。至此後能否如數照常運通，實亦未敢豫料。蓋緣折徵正餘各項，皆已支撥無存，全恃節節騰挪，委實毫無把握。此又臣等竭力紓籌而不敢不先事陳明者也。除飭司道趕速籌辦採買運濟外，所有鄂省漕米礙難規復本色，仍請採買米石運解各緣由，臣等謹合詞恭摺具陳，伏祈皇太后、皇上聖鑒訓示。

著照所請。該部知道。

岳州開設通商口岸請飭部撥款營建摺[一]

光緒二十五年四月二十六日

竊查光緒二十四年三月，總理各國事務衙門奏請於湖南岳州府添設通商口岸一摺，奉硃批：依議。欽此。咨行遵辦。竊維添設商埠，事屬創始，諮詢審度，不厭精詳。臣廉三自上年九月到任後，即與臣之洞往復籌商。先行咨明江南、浙江等省，查取通商章程成案，一面劄委湖南候補道張鴻順、大挑知縣胡揚祖等，分赴上海、甯波等處，詳細訪詢。並飭岳州府知府英文，率同巴陵縣知縣周至德，查勘基地。嗣據該府縣等於岳州城迤北附近洞庭湖水入江之處，選擇寬平地面，似尚可用，繪圖貼説禀覆前來。業將圖説咨送總理衙門查核。旋准電覆，文圖已到，囑將應辦事宜奏明辦理等因。承准此，臣等現擬督飭該印委各員，會同稅務司，詳細查勘，斟酌妥善即行開辦。所有開埠之區，佔用民間田廬，均令按照時值，參稽原契，酌定價值，公平收買。其沿江一帶修建石岸以禦風濤，並鋪築馬路，俾便來往，均須次第舉行。至西式樓棧，非剋期可成，多少亦難預定，須俟察看商務衰旺，再議修造，以待西人租賃。其餘應設立關署、添募巡捕一切事宜，容即逐次料理。此現在籌辦商埠之大概情形也。

惟是此次自開口岸，與增闢租界迥不相同。總以不失自主之權爲第一要義。欲收自主之權，惟有事事自行籌備，方免外人藉口。舉凡購買民地，修築剗岸、馬路、樓房、貨棧，及營造關署，添募巡捕，在在皆須鉅款。撙節估計非得銀三十餘萬兩不能集事。湖南本瘠苦之區，丁漕釐稅僅敷年額支解，近今以來協濟鄰餉、籌還洋款、募練新軍，以及部中指撥之項，日益加增。司道各庫羅掘皆空，商農財力悉已困憊，實屬無款可籌。上年吳淞開埠，奏蒙恩准撥銀三十萬兩。江南素稱財富，尚難自籌，在湘省貧乏既甚，庫儲正絀，並且無可挪移。再四思維，惟有籲懇天恩俯准飭部先行籌撥的款二十五萬兩，迅速解湘，以濟急需而免貽誤。臣等疊次函電商榷，意見相同。除咨總理各國事務衙門並户、工二部外，謹合詞恭摺具奏，伏乞皇太后、皇上聖鑒訓示。

該部議奏。片併發。

〔一〕録自中國第一歷史檔案館編《光緒朝硃批奏摺》第一〇二輯，第五八二至五八三頁，中華書局一九九五年版。

岳州開埠經費實難自籌片〔一〕 光緒二十五年四月二十六日

再，岳州開埠通商所需經費，理應就地設措不容上凟宸聰。無如湖南本瘠苦之區，庫藏素無儲積，常年入款惟有地丁、漕折、釐税三端，丁漕解支各有定額，不能絲毫展緩挪移。所賴以稍資周轉者，惟恃釐金爲大宗。而釐金之中，又以穀米、紅茶爲巨款。連歲水旱偏灾，屢乞聖恩蠲緩賑給，其出産之短闕，即此可知。而鄰省來湘採買，又皆給照免釐，是以徵收未能暢旺，紅茶頻遭虧折，茶商裹足不前，山户獲利甚微，無力培壅滋溉，茶釐逐漸減色，竟難剋期挽回。入口貨物，多被子口税單分佔，雖經臣督飭在局員紳嚴汰浮費，力杜中飽，僅能勉强支持。鹽價則已屢加，萬難再行增益。節省亦經疊辦，更覺無可復删。而出款則自光緒二十二年以來，經户部指撥俄法、英德兩款本息應還匯豐銀款，續借英德商款，撥補宜昌及鄂岸鹽釐，福建船廠經費，加撥邊防經費，驟增銀五六十萬兩。其借撥江蘇、安徽等省賑銀，鐵路經費，及本省募練新軍餉項，尚不在此數。鄂省情形大略相同，而撥款較鉅，支用尤繁。自宜昌鹽釐抵還洋債經部指款撥補，其中無著之項甚多，正在艱窘之際，斷難再爲湘省協籌。臣等商酌再三，勢非仰給司農無以濟急需而興商務。此次請撥的款，實出於萬不得已。所有湖南、湖北兩省均屬艱窘，實難自籌緣由，謹再合詞附片瀝陳，伏祈聖鑒。

覽。

援案推廣川淮鹽斤加價以供練兵餉費摺〔二〕 光緒二十五年四月　日

竊照本年正月，承准軍機大臣字寄，光緒二十五年正月十二日奉上諭：練兵爲當今要務，遞經諭令各直省將軍督撫，各就本省餉力妥定章程，認真辦理。該將軍督撫等受恩深重，自當共體時艱，力圖振作，迅速舉行。現在某省實能籌餉若干，練兵幾營，何人統率，未據切實奏到。著各督撫懔遵歷次諭旨，通籌妥議，限一月内迅即復奏。至各省駐防生齒日繁，閒散中不乏精壯之士，並著各將軍等各就本處情形，挑選若干，教練成營，以資捍衛。所需餉銀，應與各該省督撫、藩司妥籌協撥，奏明辦理，用副朝廷講求武備諄諄誥誡之意。將此由四百里各諭令知之。等因。欽此。竊思自强以練兵爲最要，練兵以籌餉爲最先。湖北水陸四衝，今日又爲南北鐵路之樞紐，華洋雜處，會匪滋多。外國通例，凡鐵路扼要之所，必以重兵護之，自非有大枝勁旅，不足振軍威而弭隱患。荆州爲駐防重鎮，旗營挑練勁兵亦爲當務之急。茲奉旨飭令迅速舉行，自應欽遵辦理。

查鄂省於光緒十年籌辦江防，署督臣卞寶第奏請將湘鄂行銷之川鹽、淮鹽每斤加價二文，前經奏定爲槍砲廠專款。二十年户部議覆編修張百熙籌餉各條一摺，復奏准每斤加價二文。旋經户部指撥爲湊還四國洋債專款，雖經一加再加，然鹺商之所輸將，

〔一〕 録自中國第一歷史檔案館編《光緒朝硃批奏摺》第八八輯，第八二〇至八二一頁，中華書局一九九五年版。

〔二〕 以下二件録自《京報》第六六〇三至六六〇四號。

實食户之所攤派，散之全省，於民間尚無大累。擬仍援案辦理，將行銷鄂省川鹽、淮鹽每斤均加二文。統計此項所入，每年約可得銀十六萬兩。湖北擬即添練新軍勇營一千人，即於此款撥銀十二萬兩作爲此項軍餉及洋教習薪費、軍火、營房、器具之需，並補足從前改練洋操餉項不敷之處。以四萬兩撥作荆州挑練駐防閒散旗兵新餉，並軍火雜項在内。其詳細籌畫辦法，另由臣等會同將軍臣祥亨專摺奏陳。又查鄂省各營改練洋操，所費甚鉅，臣之洞前奏每年不敷銀八千兩，係指洋操營餉而言。惟既習洋操，則洋教習之薪水以及軍械、藥彈、營内學堂圖書、測繪儀器、工程雷電、體操擊刺一切各種器具，需費浩繁。若各項不備，則仍是有名無實。故此項爲數頗鉅而待用最急，關繫甚重，萬萬不能從省，必須於此項鹽斤加價内籌出此款。查湖南近於上年十二月奏請於淮鹽每斤加價二文，共銀十餘萬兩，作爲挑練勁字營新軍專餉，奉旨允准在案。湖北事同一律，自可援照辦理。而加湖北民間食鹽之價，即以練湖北本省之兵，此乃爲地方衛民捍患計，情理既屬允協，辦法自無窒碍。方今時局日艱，所最急者莫如練兵一事，明諭遞降至再至三，實爲國家綢繆禦侮之至計。此次籌餉，在湖北本省行銷川、淮鹽内加價，仍係本省之捐爲本省之餉，與現奉諭旨就本省餉力辦理，尚屬相符。舍此以外，别無良策。如蒙俞允，應即由臣等咨明兩江、四川督臣查明辦理。據湖北布政使善聯、鹽法道孟繼壎會同善後局司道具詳前來。所有擬請援照湖南奏案推廣川淮鹽斤加價以供練兵餉費緣由，臣等謹合詞恭摺具陳，伏乞皇太后、皇上聖鑒訓示。

著照所請。該部知道。

遴員接署臬篆片 光緒二十五年四月　日

再，准部咨，光緒二十五年三月二十七日内閣鈔出二十六日奉上諭：福州將軍著湖北布政使善聯署理，迅即來京陛見。欽此。應即飭令善聯交卸北上。所遺藩司篆務，亟應委員接署，以重職守。查有湖北按察使瞿廷韶，察吏公明，通達治體，曾經兩次署理藩篆，於通省用人、理財情形，極爲熟習，堪以署理。所遺臬司篆務，查有鹽法武昌道孟繼壎，老成端謹，穩練不浮，堪以署理。遞遺鹽法武昌道篆務，查有現辦通省牙厘局補用道陳重慶，年强才敏，綜核精詳，堪以署理，仍令兼辦局務。除分檄飭遵外，謹合詞附片具陳，伏乞聖鑒。

吏部知道。

籌解洋款片〔一〕 光緒二十五年四月　日

再，鄂省每年應還俄法、英德兩款本息，前經户部議覆，准將糧庫幫津兑費劃提湊備等因。當經轉行遵照在案。兹當本年三月籌解俄法洋款之期，據湖北督糧道譚啓宇詳稱，在於節年幫津款内，儘數動撥銀八千兩，又節年兑費款内動撥銀一萬二千兩，共計庫平足色銀二萬兩，委員解赴善後局交收，湊還洋款等情，詳請奏咨前來。臣等覆查無異，除咨部外，謹合詞附片陳明，伏乞聖鑒。

户部知道。

〔一〕録自《京報》第六六〇六號。

請將岳常澧道移駐岳州摺光緒二十五年五月初四日

竊照湖南岳州府現在欽奉諭旨開設通商口岸，事屬創辦，舉凡稅務、商務及華洋交涉事件，在在均關緊要，自應查照各洋關成案，設立關道督辦，以專責成。查分巡岳州等府之岳常澧道，原駐澧州，與岳郡地隔重湖，既恐鞭長莫及，然若另行增置，又復糜費滋多。臣等往復相商，擬請將分巡岳常澧道移駐岳州，兼管岳州關監督事務。所有一切通商開埠事宜，得以就近經理，可免增設之煩。雖與原駐之澧州相距稍遠，然岳、澧二府州，均係該道轄境，今茲遥領澧州，與前此遥領岳郡，情事正復相同。而權衡輕重，今日之岳郡爲新開通商口岸，華洋交涉事務殷繁，較之澧州尤爲重要。如蒙俞允移設，其興造道署、稅關，添設委員、巡捕各事，自當督飭該道妥爲籌議，漸次舉辦，隨時奏陳。應請敕下禮部，鑄造岳州關監督之關防一顆，祇領開用，以昭信守。

（硃批）著照所請。該部知道。（欽此）

遵旨察吏據實參劾摺（一）光緒二十五年五月二十日

竊惟方今時事艱危，禦侮首在於固民心，而安民莫先於清吏治。屢奉懿旨，飭督撫於不肖官吏，破除情面，嚴行參劾。又飭力祛積習，認真考核。又奉上諭，於所屬各員，隨時留心考察。仰見朝廷澄叙官方，孜孜求治之至意，感悚莫名。臣等若不實心整頓，何以仰答鴻慈。數月以來，臣等公同留心考察，採之輿論，訪之僚屬，其庸劣著聞之員，復參之於案牘，以考其實，似此者斷不敢不據實特參，稍存姑息。其有聲名不好而尚未查實者，與夫雖有一端之失、一事之誤尚可望其改悔者，又全體不無可議而核其才藝尚足供器使者，均當恪遵慈訓，如父兄、師長之訓教子弟，以觀其後。臣等亦斷不敢過事苛求，以塞其自新之望。

茲查有鹽運使銜候選道前署施南府候補班前補用知府魯欲仁，膜視民艱，需索屬員，考試滋弊。前代理襄陽府候補知府韓鑑，藉公營私，操守難信。三品銜補用知府龍兆霖，素行不檢，比暱匪人，不顧大局。四品銜安陸府同知盛勛，擅受縱役，屢控不悛。前署鄖西縣本任竹谿縣知縣周瑞鑾，粗劣謬妄，不識官方。四品銜在任候補直隸州知州石首縣知縣劉邦道，苛罰虐民，猥鄙近利。咸豐縣知縣余良才，好利縱役，民怨繁滋。同知銜候補知縣巫國玉，素行不謹，夤緣躁競。同知銜候補知縣龍驥，辦釐貪鄙，聲名最劣。補用知縣蔣謙受，舞弊病釐，擅離差所。通山縣教諭陳廷瓚，聲名平常，難資訓迪。襄陽縣典史周思濂，違例擅受，被控有案。通山縣典史范大瀛，任性妄爲，不知檢束。試用府經歷龐輝光，壟斷罔利，多招物議。試用府經歷歐陽芩，倚勢橫行，勒薦司事。署棗陽縣典史王允中，行止卑陋，屢被指控。前署公安縣孱陵司巡檢曠楨一，膽大妄爲，逼斃多命。試用從九品文龍燿，苛虐商民，絕無忌憚。試用典史張之鎏，鑽營取巧，聲名惡劣。以上各員，均應請旨即行革職。三品銜補用知府唐樹滋，人甚平庸，辦釐生事。花翎道員用候補知府黃仁黼，貌似有才，辦釐不實。以上二員，均請以通判降補。運同銜升用同知調署棗陽縣本任襄陽縣知縣梅冠林，辦事疲弱，難期振勵。五品銜前署恩

（一）録自《京報》第六六三一號。

施縣候補知縣董治勛，任用劣紳，辦事寡實。以上二員，均請以府經歷降補。監利縣知縣羅迪楚，性情浮躁，不洽輿情，惟文理尚優，請以教職歸部銓選。

經此次參劾之後，臣等惟當督率僚屬，勉以洗心、滌慮，寬其既往，策其將來。果能共自濯磨，臣等不勝冀望。儻復狃於積習，不知愧奮，嗣後如有貪黷敗檢，縱役虐民，需索屬員，營私欺蔽，奔競鑽營，政事昏疲，行止污邪者，有一於此，定予隨時請旨示懲，斷不敢稍事姑容。所有遵旨察吏據實參劾緣由，臣等謹合詞恭摺具陳，伏祈皇太后、皇上聖鑒訓示。

再，所有石首、咸豐、竹谿等縣各缺，湖北現有應補人員，應請扣留外補，合併聲明。

另有旨。

武昌廠關口岸收數短絀請儘徵儘解摺〔一〕

光緒二十五年五月　日

竊照前准户部咨：湖北武昌廠並由湖關附解口岸節省銀兩一項，自光緒十二年核實裁減共可解銀六千餘兩，歷年如數報解。迨十九、二十、二十一等年，均僅報解銀三千餘兩，驟短及半。行令將短解銀兩如數補解。至應徵口岸銀兩，向來如何徵收，是否隨徵，核計有無考核比較之處，亦即查明聲覆等因。當經轉飭查明詳覆去後。

茲據署湖北布政使瞿廷韶詳據委辦武昌廠關稅務武昌府知府逢潤古稟稱，遵查武昌廠及由湖關口岸一項，俱係附近小船陸續完納，向由不隨同正税一併核計。且畸零散涣，隨到隨徵，亦屬難以比較考核。乾隆六年，曾經前湖廣督那圖蘇奏明，連同廠税耗銀，概充關用例銷各款及地方公務之需。歷來由外支銷，准未提解部庫。光緒十二年，該前升府李有棻因正税短絀，將外銷各項費用力爲裁減，於口岸項下每年節省銀六千餘兩，隨徵報解，以資補濟。該前府李方豫、前署府施紀雲及該府接辦以來，實力稽徵，其支銷等款亦係照常撙節。無如長江輪船以及夾板、甯波等船上下行駛，日盛一日。近復沙市開埠，湖南行輪，所有客商貨物貪圖裝多行速，或搭載輪船，或附輪拖帶，無不占奪民船生意。其向來業駕小船者，咸各視爲畏途，相率改業，以致近年口岸收數日形短絀。時勢所迫，人力難施，因思此項口岸銀兩，雖於光緒十二年奏有定數，惟究係外銷項下節省之款，似與例有定額者微有不同。查該關正税，前因收數短絀，曾經奏准儘徵儘解在案。口岸一項，情事相同，應請附入正税項下儘徵儘解。遇有暢旺之年，仍即照額解足。至十九年以後，短少銀兩，並懇豁免補解。該府仍當認真整頓，設法招徠，務使收數漸旺以裕度支等情，由司覆核無異，詳請奏咨前來。

臣查湖北武昌廠關附解口岸銀兩，本係外銷項下節省之款。近因沙市、湖南省等處輪船盛行，民船生意蕭條，以致收數短絀，並非經收之員稽徵不力，尚係實在情形。應請如該司所擬，暫將口岸節省銀兩附於正税項下，儘徵儘解。所有光緒十九年以後短少銀兩，並准免其補解。此後嚴飭該府認真辦理，總期收數日增，漸復奏定原數，仍由臣隨時嚴密查察，如該關有徵多報少情弊，

〔一〕以下三件録自《京報》第六六二〇至六六二一號。

即行據實奏參，斷不敢稍事徇隱。除咨部外，所有湖北武昌廠關口岸節省銀兩，現因輪船盛行收數短絀，擬請援案儘徵儘解並懇將歷年短少銀兩免其補解緣由，理合會同湖北巡撫臣于蔭霖恭摺具陳，伏乞皇太后、皇上聖鑒。

著照所請。仍嚴飭該管府實力稽徵，期復原額。

宜昌川鹽總局抽取鹽課及籌餉加價錢文數目摺 光緒二十五年五月 日

竊照湖北宜昌川鹽局抽課濟餉，所有光緒二十四年春季分抽收鹽課錢文數目，業經恭摺具奏在案。查前准部咨，議覆編修張百熙奏籌餉各條案内，令安、襄、鄖、荆、宜等府州運銷川鹽，每斤加收錢二文，隨同正加課按季奏報，以資考查等因。歷經遵照辦理。茲據湖北鹽法武昌道孟繼壎將光緒二十四年夏季分抽收鹽課錢文數目開報前來。臣覆加查核，宜昌川鹽局光緒二十四年四月分抽收正課錢四萬四千六百四串七百八十五文五毫、加課錢一萬九千三百九十三串三百八十五文、籌餉加價錢七千七百五十七串三百五十四文。五月分抽收正課錢四萬五千六百十三串一百二十八文五毫、加課錢一萬九千八百五十一串七百九十五文、籌餉加價錢七千九百三十二串七百一十八文。六月分抽收正課錢六萬三千七串一百五十三文、加課錢二萬六千一百三串一百一十文、籌餉加價錢一萬四千四百一串二百四十四文。除籌餉加價錢文遵照部撥留備解還俄法、英德兩款本息外，其正課全項同歸鄂一半加課，亦照部咨解交稅務司抵還洋款，由道在撥補鹽釐款内撥還，連同節省五成公費分别撥解荆州滿營兵餉、水師月餉，餘則儘數由道移解善後局接濟軍餉。除解支細數截清造册咨部外，所有光緒二十四年夏季分宜昌川鹽總局抽收川鹽正課加課及籌餉加價錢文數目，理合恭摺具陳，伏乞皇太后、皇上聖鑒。

户部知道。

請獎勵督勸賑捐有方之道員摺 光緒二十五年五月 日

竊查湖北開辦賑捐，前經檄委花翎頭品頂戴記名簡放道李徵庸、二品銜直隸候補道洪恩廣，在直隸天津設局督勸。該道等選派妥員，四出勸募，並聯絡南洋各埠商董勸導華商解囊輸助。兩年以來，共勸獲實銀八十餘萬兩，先後解歸鄂省，藉湊工賑之用。現尚接展辦理，陸續籌解，實於灾區大有裨益。除分勸之印委商董應俟按照銀數飭取職名彙案請獎外，臣等查該道李徵庸，才識閎通，能任艱鉅，數年來於南、北各省賑務，屢籌鉅款，不分畛域，全活灾黎無算。其好義急公，久已上邀聖明褒獎。該道洪恩廣，志趣端凝，才具幹練，向來辦事認真，力矯庸俗。此次勸辦湖北賑捐，督率有方，共解款至八十餘萬兩之多，實屬勞績卓著，自應奏請優獎以昭激勸。惟其品秩較崇，既無應升官階可指，亦無升銜頂戴可加，合無仰懇天恩准予送部引見。其應如何破格録用之處，恭候聖裁。據湖北籌賑局司道具詳請奏前來，除飭取該道等履歷咨部外，臣等謹合詞恭摺具陳，伏祈皇太后、皇上聖鑒。

著照所請。該部知道。

查明招商局保借洋款擴充萍礦有益無礙摺光緒二十五年六月十七日

竊照承准軍機大臣字寄，光緒二十五年四月初二日奉上諭：有人奏，大理寺少卿盛宣懷辦理江西萍鄉煤礦、鐵路，以招商局洋涇濱各産抵保洋行借款，請飭查禁等語。萍鄉煤礦前據張之洞等奏陳開辦情形，並無抵保借款之説，若如所奏，因萍鄉一隅之礦，輒以招商局各産抵保，殊屬有礙大局。著張之洞詳細查明，即行知照盛宣懷，毋得輕許，致滋流弊，是爲至要。原片著鈔給閲看，將此諭令知之。欽此。

臣查各國自强之道，不外鐵路、輪船、槍礮數大端，皆以鐵廠爲根基。而煉鐵、煉鋼尤以得佳煤煉焦炭爲先務。湖北前經奏開鐵廠，徧覓煤礦不得佳質，後經臣訪獲江西萍鄉煤礦，最合煉焦之用。歷年臣飭鐵廠購用不少，實爲鐵廠化鐵、煉鋼、造軌之根本。因路僻運艱，故未能盡量采購多開爐座。上年三月間，經督辦鐵路大理寺少卿臣盛宣懷會同臣奏明購用機器，築路設綫，派員總辦力籌大舉。並援照開平禁止商人别立公司，及多開小窿，抬價收買，以濟廠用而杜流弊。仰蒙俞旨欽遵在案。蓋開礦不用機器，不能深入得佳煤。煉焦不用洋爐，不能去燐成佳鋼。運道不用鐵路、輪剥，不能濟急用而輕成本。目前造軌，將來行車，需用煤、焦皆屬極鉅。路、廠與萍礦互相聯屬，皆爲杜塞中國漏巵要舉。至輪船招商局，每年用煤爲出款大宗，上年因開平煤不及接濟，多購洋煤，虚糜二十萬金，以故竭力籌辦萍煤，至今已用銀五十萬兩左右，係由湖北鐵廠認股二十萬，鐵路總公司、輪船招商局各認股十五萬，均以其相需甚殷也。現在每日出煤二三百噸，運道節節艱阻，所運不敷所用。必須先由礦山造鐵路一條至萍鄉河口，由湘潭至漢口置造輪剥各船，使每日可運數千噸，足供鐵廠、輪船、車路之用。然後路、廠可相持不敝，招商局亦受其益，而萍礦得可恃之銷路，即操獲利之券。但購辦機器，營造鐵路、輪剥，需款至繁。事當未成，利尚有待，華商之股未易立時招集。盛宣懷當因機器各件多由德商禮和洋行墊購，爲數已鉅，故與該行議借四百萬馬克，分十二年攤還，統由萍鄉煤礦公司商借商還。惟向來借用洋款，必須給以辦礦事權，並須分得礦中餘利。此次盛宣懷議明，萍礦仍歸自辦，僅給借息七釐。彼既無辦礦之權，又無餘利可得，不得不照商例，切實保借，因將招商局産業以爲作保之據。當經議訂借款合同，分别咨呈總理衙門、路礦總局核准存案。此盛宣懷以招商局保借禮和洋款，擴充萍鄉煤礦辦法之情形也。

臣此次欽奉寄諭，當將此項借款，每年還款本利共須若干，是否以招商全局各項産業抵押，抑止上海洋涇濱一處棧房産業作保，現在全局各項産業共值銀若干，洋涇濱一處産業值銀若干，至抵押與作保有何區别，設將來借款本利萬一無著，洋商能否將全局占踞管理，有礙大局各節，向盛宣懷詳細咨查。旋准咨覆，並詳考案據。查借款合同載明，招商局允保禮和墊款四百萬馬克息本，其息本未還以前，不將上海洋涇濱南北地皮、棧房、産業出售，或抵押於人等語，實係招商局僅止作保，並未將産業抵押。且止上海洋涇濱一處棧房産業作保，並未將全局各馬頭及輪船作保。查光緒十一年向旗昌洋行贖回招商局之時，因無款可籌，曾將全局各馬頭、輪船按照商例抵押與匯豐銀行。其時經律師將各項地契、船照均繕押契，赴英領事衙門過立匯豐行名。至光緒二十一年還本清楚，始收回各契據，仍易招商局户名。係屬洋商抵押之一定辦法。現借禮和之款，止有合同載明作保字樣，並未將地契交給，亦未赴領事處過户，是招商局産不作抵押之明證。又光緒二十四年商局結帳載明，全局馬頭、輪船、棧房各項資本六百八十六萬兩，其中上海洋涇濱南北中棧房産業值本一百六十八萬八千兩，以保禮和借款，係專指此項洋涇濱棧房産業，是並未將全局資本作保之明證。至於抵押與作保區別之處，查抵押，則産業已屬於人。作保，則産業現仍在我。現在不過由招商局作保，設將來借款本利無著，應先將所借禮和四百萬馬克購辦之煤礦機器、鐵路等物，以及該煤礦公司自已股本五十萬所辦之礦産各物盡其所有以歸借款，必不致將招商局保産作抵。如煤礦公司各物不敷還款，再由保人如數補足賠還了事。如保人不能將欠款賠補，始將合同内所指作保之産業變價補足。此作保不能遽抵之明證。茲查禮和借款，前三年不還本，後十年每年攤還四十萬馬克，約合銀十三萬兩左右。預計此礦三年後，每日至少出煤一千噸，一年出煤三十萬噸，每噸提銀五錢，已足敷歸還本利。就使意外之變，出煤無多，該煤礦尚有股分及借款所置鐵路、機器各項産業，不難作第二次借款，爲借債還債之計。就使該煤礦及鐵路、機器各項産業不足抵償，而所短之數，已屬有限，鐵廠、鐵路公司、輪船公司應照商例按股攤賠，至多不過數十萬兩，斷不致將作保之洋涇濱産業爲彼所占，更不能將全局占踞管理。此又臣查明盛宣懷保借洋款，不難籌還，與招商局無礙之情形也。

查該少卿盛宣懷，此次以招商局保借禮和洋款，實因商股一時難集，而萍鄉煤礦所關於鐵政甚鉅，不得不力圖其成。核計借款本息，每年止攤還十餘萬兩，爲數不鉅，必能清還。盛宣懷綜核素精，斷無將成本數倍借款之商局，送與外人之理。恭繹此次諭旨，原只戒其勿得輕許作抵致礙大局。然則此事之有無流弊，應否阻止，自以於招商局是否有礙爲斷。體察合同辦法情形，實與招商局並無妨礙。且此事既經咨明總署及路礦總局，均經核准有案，而洋行久經訂立合同，既與招商全局無妨，似不必另起波瀾，致外人別滋口舌。合無仰懇天恩仍准以此款擴充萍礦，不獨於鐵廠有益，而地産工作日盛一日，於萍鄉小民之生計裨益尤宏。現仍一面招集商股辦理，擬有章程，並當多留礦股，專待江西商富附入，以示公享美利之意。計股票擬定一百萬兩，鐵廠及鐵路公司並輪船招商局入股五十萬兩，其餘五十萬兩由盛宣懷將章程股票咨送江西巡撫、藩司，就地招股。如有不敷，再向他省招集。其所認股分，限六箇月繳足。以免觀望、貽誤。如此辦法，盛宣懷肩借款之難，任開鑿、洗煉、修路、轉運之勞，而江西商富享入股獲利之逸。有盈則江西商富分一半之利，無效則盛宣懷一人還全數之款，似亦極爲平允。所有遵旨查明招商局保借洋款辦理萍鄉煤礦，並未輕許抵押，不致有礙大局，且實有益萍民生計各情形，理合恭摺據實覆陳，伏祈聖鑒。

（硃批）知道了。（欽此）

查明京控未結各案開單具陳摺[一]　光緒二十五年六月二十二日

竊查前准刑部咨，議覆光禄寺少卿延茂奏，稽核京控審限，

[一] 録自中國第一歷史檔案館編《光緒朝硃批奏摺》第一〇六輯，第一八八頁，中華書局一九九五年版。

每年將已、未完數目，兩次彙開清單具奏，以歸畫一。並摘録案由，註明交審月日及未結各案因何未能審結緣由，於每年兩次覆奏時，詳細聲明等因。奉旨：依議。欽此。歷經遵辦在案。兹據署湖北布政使瞿廷韶、署按察使孟繼壎詳稱，陸續奉到部院衙門奏交、咨交各案，隨時委提人卷解省發審。其有距省較遠州縣之案，移交該管道就近提審，或委員前往會同該管府審辦。前已截至光緒二十四年六月止，將未結各案造册詳請奏報。兹值半年彙奏之期，計尚未審結者十九起。或因原被供情狡執，捕提要證未到，或甫經行提人證尚未解齊，以致未能訊結。核計尚無遲延等情，開呈清册請奏報前來。臣等覆核無異，除仍飭趕緊催提人證到案審辦，並將清册分送刑部、都察院、步軍統領衙門查照外，謹繕清單，恭摺具陳，伏祈皇太后、皇上聖鑒。

刑部知道。單併發。

揀員調署改設夏口廳撫民同知摺[一] 光緒二十五年六月二十四日

竊照湖北漢鎮地方，改設夏口廳撫民同知，業經部覆議准。現當開設伊始，事務紛繁，且多華洋交涉，亟應揀委幹練之員署理，以重地方。查有江夏縣知縣陳夔麟，才具開展，爲守兼優，堪以升署。遞遺江夏縣知縣印務，查有現署隨州事本任羅田縣知縣陳樹屏，勤敏任事，不蹈浮飾，堪以調署。遞遺隨州知州印務，查有現任漢陽府同知金鴻翎，穩練静細，辦事實心，堪以調署。據署湖北布政使瞿廷韶、署按察使孟繼壎會詳前來。除檄飭遵照外，謹合詞恭摺具奏，伏祈皇太后、皇上聖鑒。

吏部知道。

道員請開缺歸養摺 光緒二十五年六月　日

竊據湖北荆宜施道俞鍾穎稟稱，該道之母年已七十有八，在籍抱病，未能迎養至署。該道家無次丁，無人侍奉，稟請開缺歸養，並請迅即委員接署，俾星馳回里等情前來。臣等查該道老成謹練，辦事精細，在荆宜施道本任暨調署江漢關道任内，於所屬政事均能留心考核，洋務亦甚明習，深資臂助。今春曾據該道以母老稟請回籍奉養，臣等當經勉以力圖報稱，未允所請。兹復據陳母病在籍，倚閭情殷，該道亟圖歸養，未能稍緩，力懇奏請開缺，情詞切摯，出於至誠，查係實在情形，只得據請代陳，並委員迅往接署，以便該道交卸遄歸。查有安襄鄖荆道朱其煊，老成明爽，治理精詳，堪以調署荆宜施道篆務。所遺安襄鄖荆道篆，查有湖北候補道札勒哈哩，才具穩練，辦事切實，堪以署理。除分別檄飭遵照外，所有荆宜施道兼宜昌、沙市兩關監督一缺關繫緊要，且係屬通商口岸，交涉事件近年益形繁多，相應請旨迅賜簡放，以重職守。臣等謹合詞恭摺具奏，伏乞皇太后、皇上聖鑒。

另有旨。

裁營騰餉改練洋操片[二] 光緒二十五年六月　日

再，練兵一事最爲當務之急。湖北籌餉不易，營數無多，亟

[一] 以下二件録自《京報》第六六六〇號。

[二] 以下二件録自《京報》第六六六二號。

須精求操法，實力巡防，務期有一營即收一營之效，斷難敷衍遷就，致糜餉糈。臣於湖北通省各軍隨時悉心考核，兹查得副將錢永林所帶之馬隊中營，巡緝不甚得力。副將劉恩榮所帶之護軍中營弁勇，未能相習操練未見起色。均經飭令全行裁撤，改練得力之營。該兩營月餉截至遣散之日爲止，照章加發一個月恩餉。該馬、步兩營遺出餉項，合計適符洋操步隊一營之數，應即改爲步隊一營，勇丁五百名，名爲護軍前營，令其練習洋操。查有現充工程營營官守備用儘先千總姚廣順，辦事勇往，操練實心，曾經遊歷外洋，於武備一切均能細心考究，堪以委充新募護軍前營管帶。飭令前往直隸保定、正定一帶招募樸實精壯勇丁五百名，帶領回鄂。責令該管帶仿照護軍各營洋操功課操法，認真講習訓練。所有餉項，仍照向有之護軍前營定章給發。即以裁出之馬、步兩營原餉抵充。計該兩營原餉每月二千八百六十餘兩，僅不敷銀八十餘兩，爲數有限，應即如數補足。其姚廣順所遺工程營管帶，飭委該營幫帶官儘先把總劉温玉接充。查湖北各營將領，惟管帶原有之護軍前營遊擊張彪，訓練精勤，任事勇敢，最爲認真得力。此項新募護軍前營，暨原有之護軍後營工程營，均即飭令歸該遊擊張彪督帶，令其兼轄督操。其該遊擊兼帶之原有護軍前營，即改名爲護軍中營，以符營制。臣仍當隨時督察，躬親較閱，務使各營悉成勁旅，以仰副朝廷講求武備實事求是之至意。所有裁營騰餉改爲洋操步隊緣由，理合附片具陳，伏乞聖鑒。

知道了。即著督飭該將弁隨時認真訓練，毋得日久懈弛。

請獎勵剿辦會匪出力各員摺光緒二十五年六月　日

竊照湖北宜昌、施南兩府屬會匪鬧教倡亂，擾害數縣。派兵剿辦，官軍攻破賊巢，撲滅股匪，拿獲匪首情形，經臣之洞於上年十二月間恭摺具奏，並聲明請將剿匪尤爲出力員弁，據實保獎，以勵戎行。旋於本年正月二十一日奉硃批：准其擇尤酌保數員，毋許冒濫。欽此。欽遵。伏查此次會匪起事，因藉川匪余蠻子鬧教釀釁，乘機煽亂。先自利川縣蠢動，長樂縣匪徒繼起，焚掠長樂、長陽、巴東三縣教堂、教民房屋，殺斃教士、教民，復竄入長樂縣城，逼劫官長，憑據山寨抗拒官軍，並擾及湖南之石門縣地方，到處蹂躪，游勇、土匪紛紛附和，蔓延甚廣，賊勢日熾。宜昌府城下至荆州沿江城鎮，皆爲震驚，幾有不可收拾之勢。該數縣跬步皆山，嶺高崖險，官軍前往勦捕，並無往路可尋。又值山中大雪，冰凍嚴寒，山中米穀素缺，官軍裹糧奔馳備極艱苦。幸得迅速撲滅，不致燎原。綜計在事出力者，有省城派往之防營，有宜昌、施南之練軍，有各地方官招集之練勇、團丁。或深入攻剿，踰險力戰，或督團截擊，設法擒渠。據各鎮將統領及總辦宜施會匪委員並地方文武官，開具出力各員弁兵勇銜名前來。業經先行據報咨部立案。現經臣等詳加酌核，再三删減，謹擇其入山剿匪尤爲出力者，文職九員、武職十員，請照異常勞績從優獎叙，繕具清單，恭呈御覽。合無仰懇天恩俯准照獎，以昭激勸，出自逾格鴻慈。此外在事出力把總以下弁兵、勇丁，仍分别擇尤咨部核獎，暨由臣之洞酌給外獎，並將陣亡兵勇團丁一併查明，咨部議恤，用示鼓勵而資觀感。

再，此次宜施會匪滋事所有疏防情節較重之前署長樂縣知縣劉綬青、接署縣蘇貽英、典史閔壽曾、千總鄧覲元，業經臣之洞先後奏參革職。其餘宜、施兩府及利川、巴東、長陽等縣在任文武各員，當該匪竄擾時，均能力籌防剿，拿獲多匪懲辦，俾教案得以從速議結，不無微勞足録。功過尚足相抵，應請邀免議處，合併陳明。除將保奬各員履歷咨部外，所有剿匪尤爲出力人員遵旨保奬緣由，臣等謹合詞恭摺具陳，伏乞皇太后、皇上聖鑒。

著照所請。該部知道。單並發。

抽收二十三年分應城竹山鹽課數目摺[一]

光緒二十五年六月　日

竊照湖北竹山縣抽收川鹽課錢及應城縣井課錢文，前經奏明每年彙報一次。所有光緒二十二年分抽收前項鹽課錢文數目，業經恭摺具奏在案。嗣准部咨，每年所收正課，所支公費，即行併案造報，毋得參差等因。當經轉行遵照。茲查光緒二十三年應城井鹽陸課共徵收錢五百二十七串四百九十九文，以八成歸正課錢四百二十一串九百九十九文，以二成歸公費錢一百五串四百九十九文。又應城井鹽水課共徵收錢七千一百三十串二百七十一文，以八成半歸正課錢六千六十串七百三十一文，以一成半歸公費錢一千六十九串五百四十文。又是年竹山縣川鹽陸課計共徵收錢二百四十串文。總共通年徵收應城井鹽水正課並竹山縣川鹽陸課錢六千七百二十二串七百三十文。均經隨時解交善後局，湊充軍餉。其應鹽課內所撥一成半二成公費，亦經遵照光緒十年奏定章程，分別作爲局用。再查應城鹽課每年徵收約有一萬二千餘串之數，本屆徵錢七千六百餘串，短收四千餘串，經臣飭令司道委員確查，實因應城開峒熬鹽，完紅課者，不過六七峒。蓄水封峒，完黑課者則六十餘峒。近年鹽峒愈陶愈淡，出鹽既少，加以屢年歲收不豐，峒中費用百物昂貴，本多利微，更兼從前富商尚多，近則散商分資集股，多由稱貸認完黑課，情形甚屬拮据，遂將鹽課遲延拖欠。然經委員力催，尚能勉强完繳。迨至光緒二十三年大水，湖鄉産蘆之區多被淹没，熬户購蘆煮鹽，其價數倍於前。而應鹽行銷，又僅止應城本境及天門、京山兩縣。統兩縣自被大水潰決唐心口各隄漫淹兩年之久，各鄉均成澤國，居民蕩析流離，謀生無術，遑計淡食。以是應鹽銷售疲滯，愈形不堪，各商折本産絶，將峒廢棄者甚多，以致鹽課懸欠，縱極力追繳，仍屬無從徵收。此實係商人因灾欠繳鹽課，並非委員經徵不力，亦無徵多報少情弊。臣及司道詳加考核，確係實在情形。現經督飭接辦該鹽局委員將商欠之數，儘力催收。如以後年豐物平，鹽銷亦旺，商力繼復，自應嚴飭力徵足額。惟是應鹽情形迥非昔比，本重鹽薄，商稀銷滯，已屬年逐一年。自經此次大水，振興愈覺爲難。以後商情如實在苦累，黑徵不足數，惟當嚴加稽察，儘收儘解。總不准稍涉弊混，以重課厘。據署湖北布政使瞿廷韶、鹽法武昌道孟繼壎詳請奏咨前來。除飭將收支各細數彙案造報外，所有光緒二十三年抽收應城、竹山二縣鹽課錢文數目並鹽商欠課收數短絀緣由，理合恭摺具陳，伏乞皇太后、皇上聖鑒。

户部知道。

[一] 録自《京報》第六六六四號。

叅劾庸劣妄爲官紳摺[一] 光緒二十五年七月初八日

竊照鄂省積穀保甲團練，前經議擬章程，先後奏奉諭旨刊發，分飭各州縣欽遵在案。旋據通山縣知縣高震鑅，於未奉文之先，據紳士擬定章程按田糧完米一石捐錢二千文，以作運米平糶及保甲團練等費，由縣具詳請示。嗣據該縣生員葉棨等，仍以前情赴臣蔭霖衙門遞稟。當批司以按米一石捐錢二串，究屬科派，飭速禁止。臣之洞亦批司駁飭。旋據該縣在籍江西候補知府王明璠等公請俯允，照前抽收米捐，並控高震鑅信任家丁不理民事。高震鑅亦即稟稱王明璠種種把持，目無官長。臣等會飭兩司，先將高震鑅撤任，一面委員查覆去後。

茲據署布政使瞿廷韶、署按察使孟繼壎詳稱，飭派委員候補知府郭發源會同武昌府知府逢潤古查明會稟到司。該司等查高震鑅沾染嗜好，聽斷不勤，家丁蘇福被人指控，不能鈐束，致令逃逸。其於王明璠按米派費一節，明知苛勒病民，不敢阻止。似此庸劣，實不勝民社之任。至王明璠以在籍紳士，妄自尊大，遇事把持。查該縣田糧每石正供不及二兩，該紳所派等於國課，且無年限，民何以堪。該紳探知省城各衙門議駁消息，即藉豫籌平糶爲詞，並不候批即行舉辦，已屬悖謬。迨奉批禁止，尚敢置之不理。每日由家至該縣公局，出入升礮，肆行無忌，至於此極，理合一併詳請奏叅等情前來。臣等覆查積穀保甲團練，奉旨飭辦，實爲目前要務。原以保衛閭閻，就地籌款，亦屬勢所必至。然必得正紳與地方官協力舉辦，將章程斟酌妥善，令其可行，庶衛民而不至擾民。若不肖紳士假公營私，則地方受害尤鉅。地方官明知事不可行，不爲立時駁斥。迨奉禁止之批，又不力爲阻止。實屬庸劣無能，不體民艱，咎無可辭。況被人指控家丁，於委員到縣後，臨時致令逃匿，更難保無徇庇贓私情事。王明璠以在籍紳士，不思董率鄉閭，共襄要舉。竟敢任性妄爲，不遵示禁，藉事苛派，貽害地方，亦難稍事姑容。除飭司勒限高震鑅將已逃家丁蘇福交案審辦，如審出徇庇詐贓確據，再行嚴叅懲辦。並查明王明璠已收捐項，有無侵蝕入己，再行核辦外，相應請旨將撤任通山縣知縣高震鑅，即行革職。通山縣在籍江西候補知府王明璠，一併革職。以儆官邪而除民害。所有叅劾庸劣妄爲官紳各緣由，謹合詞恭摺具陳。再，通山縣知縣員缺，湖北現有應補人員，應請扣留外補，合併聲明。伏祈皇太后、皇上聖鑒訓示。

另有旨。

驗收蘆漢幹路蘆保首段工程並趕辦全路情形摺 光緒二十五年八月三十日

竊蘆保一段工竣開車，臣等於光緒二十四年十二月初二日馳電奏報在案。半年以來，所有尚未全復之橋梁、車站各工，亦已次第蕆事。臣宣懷於八月初十日由上海坿輪前赴天津，與裕祿籌商一切。即於二十五日馳至蘆溝橋，順軌西行，以達保定，察見土工、橋工密實堅固。鋪設軌枕安帖不浮。裝配車輛，位置車站，亦皆合法。京津迤東，地瀕海洋，機輪殊形，工作新製，士夫耽

[一] 録自中國第一歷史檔案館編《光緒朝硃批奏摺》第一四輯，第二八二至二八三頁，中華書局一九九五年版。

庶久稔見聞，近道多年，羣焉相習。京西直入腹地，耳目隔絶，塞而未通。此次創興大工，華洋員匠絡繹載道，制防調護，視風氣已開之區，艱難倍蓰，勞費均增。猶幸朝廷爲百姓經營樂利之意，隨時宣諭，深入民心。輪轂風馳，便利日著，都人士女，舉有欣欣之色。誠中土由塞而通之氣象，即地方由貧而富之樞機也。至幹路全工，照比約所載，應自光緒二十四年五月借款簽定合同之日起，計日程功。惟上年因息借英、法兩國款十六兆鎊合同，有禁止一年之内，不得另有中國他項債票在歐洲、印度印賣之條，故比國公司候至本年四月，始印賣蘆漢鐵路借票，陸續匯交應用。遲滯一年，初非原議時意料所及。至蘆保工程得以首先告竣，漢口至灄口石隄亦克完工，皆資部款開辦，幸不虚曠歲月。查幹路難工，以南端首段爲最。漢灄一帶，外江内湖，武勝關一節，鑿山開洞，施工遲速不可以平地相提並論。本年春夏間，即商令比國工程司沙多，將灄口至信陽一大段，畫分四小段，每一段一百二十里，各分設工程處，測勘綫路，算繪各圖。現在第一段土工及橋座底柱工皆完備。其餘三段，同時並舉。購地，年底全完。土工、橋梁底柱，年内外全完。約計明年九十月間，信陽全段工程可以告竣。此南段路工趕辦情形也。保定至正定二百六十里，路綫勘定，各圖亦已完備，購地約得其一半，明春全段土工告竣。現就定州已成土方段内鋪軌運料，以次開辦橋梁各工，約計來年夏月，保正全段完工，蘆保之西，可達正定。此北段路工趕辦情形也。

大抵營造鐵路，以勘路之工爲基址。每勘一路，必分三次。勘至三次，全圖均出，水綫已平，築土造橋，思已過半。比款未定之先，臣已飭次派員索勘全路。比公司承辦後，即接辦漢信保正第二、三次勘路工程。目下又選派華洋員司，接勘黄河南、北岸兩段第二次。一俟辦畢，再接勘第三次。計明年漢信、保正兩段完勘已成一千里，其時中段路工亦可得三分之一。工頭、夫匠、教練諳習，地勢平坦，駕輕就熟。信陽、正定兩路通車，南北材料運送便捷，因易見速。據沙多稟稱，由黄河南至信陽，北至正定兩段，二年告成可操左券。除黄河或先造船過渡，或暫建木橋通車，大橋工程不計外，算至全路告成，閲時三年有半。但期無意外阻礙，當不致有曠日持久之虞。堪以仰慰宸廑，下紓蝨負。

懇請飭撥各省欠款片 光緒二十五年八月三十日

再，蘆漢鐵路議准撥借部款一千萬兩，又南北洋官款撥銀三百萬兩，爲建造鐵路，立備行車各事，已於上年夏間，由户部先撥之四百萬兩，連同南北洋官款，支用垂盡。於六月奏請續撥，仰蒙飭下户部，劃撥各省昭信股票銀三百萬兩，陸續解收外，計江蘇、廣東欠解最巨，江西、福建、黑龍江、湖南亦有蒂欠，共計短銀八十九萬餘兩。伏查此時需款甚殷，既與比公司訂明自備資本若干，未便爽約。合無仰懇天恩飭下户部，將蘇、粤等省已撥未解之款，另行籌撥，俾供要需，不勝迫切之至。

（硃批）著户部另行籌撥。（欽此）

黄河南北兩路擬派總辦兩員片 光緒二十五年九月十五日

再，蘆漢幹路延長二千四百華里，即遍較歐洲各國大軌路，亦稱巨擘。中間以黄河天然分界，道里略均，營造之任，似非一人所能收效。擬就黃河南、北分作兩路趕造，派總辦兩員，以專責成。北段擬派直隸候補道孫鍾祥，南路擬派江蘇候補道鄭孝胥經理，俾收指臂之助，伏乞恩准。

審定荊州旗民互鬥毆官一案摺[一] 光緒二十五年九月　日

竊照荊州旗民互鬥，因驗傷爭執毆官一案，先經臣之洞接准臣祥亨電，因仵作報驗旗傷不實，兵心不服。並據署荊宜施道恭釗、荊州府舒惠電，以旗人因驗傷爭鬥毆官。暨據江陵縣劉秉彝電，請委員揀派仵作覆驗。當經臣之洞派委候補道府，隨帶仵作前往，會同荊州道府理事同知，秉公覆驗訊辦。並將劉秉彝撤省，另委知縣李九江接署江陵縣篆務，一面據情電奏，並經臣祥亨等具奏。旋欽奉光緒二十四年十二月二十八日上諭：祥亨等奏十二月初九日，荊州駐防旗丁與民人在小北門外口角相爭，聚衆鬥毆，旗丁受傷甚重。因地方官驗訊不實，不服彈壓，至將江陵縣知縣劉秉彝等袍褂拉破。現經該將軍等會同該督訊辦，並據張之洞電奏，前因有旗民不服查驗，入署毆官各等語。國家分設駐防，兵民一體，並無歧視。祥亨、張之洞所奏情節不符，未免各存意見。總之，駐防旗丁與民人聚衆鬥毆，該將軍等約束不嚴，實難辭咎。至該縣劉秉彝驗傷，指爲槍子碰回，顯有偏袒。此案業經張之洞派員查訊，即著祥亨等會同該督秉公核辦，迅速斷結。嗣後該將軍等務當督協佐各員，將所屬旗丁認真管束，毋任動輒滋事。並著該督嚴飭地方官，遇有旗民交涉案件，務須持平辦理，勿稍偏徇。其滿漢文武各員，皆當仰體朝廷一視同仁之意，各彌嫌釁，以期兵民永遠相安。所有祥亨等自請議處之處，著俟定案時再降諭旨。將此各諭令知之。欽此。欽遵。復經臣之洞札飭原委候補道札勒哈哩、候補知府吉爾哈春、候補知府連捷，並經臣祥亨添派協領良續、聯捷、寶壽，會同署荊宜施道恭釗、荊州府舒惠，督同理事同知鍾福、署江陵縣知縣李九江，查驗訊明議擬稟辦。復經飭藩、臬兩司覆核議詳。前據署湖北按察使孟繼壎會同署湖北布政使瞿廷韶核議具詳前來。

臣等覆加查核。緣三癩子即金玉，係荊州旗營駐防甲兵，平素販賣牛隻。因光緒十八年草市旗民互鬪案内擬絞遇赦之已革武舉德壽即炳宣，素與小北門外吊橋附近開設飯鋪並牛行之民人孫友，彼此均不安分。先曾交好，嗣因口角，挾有嫌隙。光緒二十四年十二月初間，三癩子在施家窪買牛，未報孫友牛行，孫友阻不許買，三癩子心懷不甘，即於是月初九日，糾約德壽即炳宣與已死之額圖哩及現獲之甲兵烏什杭阿、甘全同往小北門外找尋孫友毆打洩忿。適孫友外出未歸，三癩子等在孫友所開飯店飲啜，故意短欠飯錢。孫友之母不允，三癩子將碗盞打壞。正吵鬧間，適孫友由外歸，撃見不依，邀約素好已死之馮志隴及現獲之張祖德、李光朝、劉必富，在逃之賀洪友、謝大喜、吴大才、劉道成、陳洪友、劉月壽，互相鬥毆。孫友首先用拳毆傷額圖哩心坎，三癩子用防身小刀戳傷李光朝頂心偏右，烏什杭阿順取店中鐵尖扁擔戳傷李光朝左臁肕。甘全亦取店中木扁擔毆傷李光朝左肋及劉必富腦後。保正周洪元從中解勸，兩造各不相下，孫友遂執持禾

[一] 録自《京報》第六七二八號。

扒，馮志隴、張祖德、李光朝、劉必富各執竹竿、扁擔，孫友並令在逃之賀洪友鳴鑼，集現獲之傅中仁執持木棍，周必富、劉美金、陸光華俱徒手，在逃之賀天禄、游月壽、陳光亮、王德順、陳明富、唐明禄、謝大友並不識姓名多人，拾取木棍，齊聲喊毆。三癩子、德壽等以人少不敵，退回城内，糾人復出。三癩子執持寶劍，德壽執持鳥槍，額圖哩、烏什杭阿、甘全仍各徒手，又續邀福寶執持鳥槍，東柏執持錨子，元海執持馬刀，東慶執持方天戟，寶昆執持兩節棍，成善、富連俱徒手，並不知姓名旗兵多人，各持械、徒手不等，前往幫毆民人。馮志隴在吊橋邊民房上拾瓦亂擲，三癩子等未能前進。德壽即施放一空槍，民人聞聲回跑，德壽復放一槍，致槍子中傷馮志隴右髀，滚跌下屋。衆旗兵擁至橋頭，德壽復放一槍，並喝令福寶亦放一槍，槍子飛開中傷民人劉美金左髀、左臁肕，陸光華左髀，並悮傷路過之民人齊光全左臀。維時額圖哩於人叢中向橋頭喊罵轉回，德壽復放一槍，致被羣子悮傷其下唇吻右，並從口内打入，穿透右腮，因相距較近，又被火星傷及其右頷頦、右血盆等處。經滿漢員弁馳往彈壓解散，當由本任江陵縣知縣劉秉彝將民人馮志隴等各傷驗明。維時額圖哩之父喜發聞信赶往，擊見伊子坐在橋頭，以手指口不能言語，喜發疑係民人放槍中傷，報經該旗轉報臣祥亨，檄委劉秉彝會同理事同知鍾福，於是月初十日詣驗，仵作黎直湘喝報額圖哩下唇吻右並右頷頦之傷係火藥燒傷，額圖哩之父喜發及叔甘禄不服，與仵作彼此辯論争鬧，理事同知鍾福正會同劉秉彝親驗之際，適有與額圖哩素好、驗傷後在逃之甲兵楝樑，及現獲甲兵烏勒［興］阿、恩普、額勒登圖、富昆，並不知姓名旗丁多人，羣相吵嚷擁擠，致將劉秉彝坐轎毁壞。隨從縣役何子溪等二十三人上前攔阻，不知姓名旗丁各用手足刀棍又誤傷過路旗丁賡音什、墨克、文瀚三人。楝樑、富昆等亦各被誤劃傷。理事同知鍾福與劉秉彝當即步行至臣德禄署中禀知情形。喜發、甘禄與楝樑等衆多兵隨至臣德禄署前呼冤喧鬧，鍾福與劉秉彝正在出署曉諭之際，楝樑起意喊同烏勒興阿等與不知姓名多人喊稱入署扯官出驗，喜發、甘禄畏懼未敢入署，楝樑等及不知姓名之旗丁直入署中，將鍾福及劉秉彝扯出求驗。鍾福與劉秉彝諭稱另請委驗，楝樑等及衆旗兵不依。比時人多聲雜，羣起攢毆，不知被何人先後下手，將鍾福頭髮扯落一仔，上下唇吻被拳毆傷，劉秉彝額顱被鐵尖劃傷，又被拳傷左右眼角，接連左右腮脥均被拳毆傷，右眼胞被指甲抓傷，右手二指被齒咬傷，右肋左右臂膊均被拳毆傷。並將劉秉彝、鍾福衣帽扯碎失落。當經臣祥亨與臣瑞興聞信前往，會同臣德禄彈壓各散。劉秉彝等電請委員覆驗，臣祥亨等、署荆宜施道恭釗、荆州府舒惠亦各分別電省。臣之洞以各電情叅差，檄委候補道札勒哈哩等往荆會同覆驗查辦。並將劉秉彝撤省，另委李九江接署江陵縣篆務，一面據情電奏。並經臣祥亨等具奏，札勒哈哩等馳往荆州會驗額圖哩實係被槍子中傷。所有各民人、旗人之傷亦經覆驗明確，嗣民人馮志隴於是年十二月十九日，旗兵額圖哩亦於二十五年正月二十四日，各因傷身死，并經荆州道府等先後驗報，拿獲該犯三癩子、孫友等到案。正審問間，旋即欽奉寄諭，飭由臣祥亨等同臣之洞秉公核辦，迅速斷結。等因。欽此。欽遵。由臣祥亨等添派協領良續等會同審辦。兹查兩造所受各傷均已平復，比緝逸犯德壽等無獲。該印委等會同協領提集犯證，悉心研審。據各供前情不諱，究無彼此約期械鬥，及另有起釁別故。詰以額圖哩既受槍傷何以又被火星燒傷，以致原驗仵作黎直湘誤令喝報舛錯。隨據供稱，額圖哩於人叢中向橋上喊駡，轉回碰遇德壽，相距不遠，適德壽復放一槍，致槍子誤傷其下脣吻等處，並被火星傷及右頷頰等處，揆核情形，尚屬符合。由該印委等審明議擬，稟經批司覆覈無異，詳請具奏前來。

查律載：同謀共毆人致死，原謀杖一百、流三千里，餘人各杖一百。又例載：因爭鬥擅將鳥槍施放傷人者，旗人發甯古塔等處充軍。又沿江、濱海有持槍執棍肆行鬥毆，將爲首聚衆之犯杖一百、流三千里。其附和未傷人者，各枷號一個月、責四十板。又部民人等不遵審斷，挺身鬧堂，毆傷本官，爲從下手者絞候。又律載：仵作檢驗不實，杖八十，斷罪無正條，援引他律比附加減定擬。又例載：不當差旗人犯流徒不准折枷各等語。此案旗兵三癩子即金玉，因與民人孫友買牛肇釁，起意糾毆，以致在逃之已革武舉德壽即炳宣，施放鳥槍，中傷民人馮志隴，並誤傷旗兵額圖哩先後身死，並喝令福寶施放鳥槍，致傷民人劉美金等平復，供證確鑿，自應將三癩子科以原謀之罪。三癩子即金玉，合依同謀共毆人致死原謀杖一百、流三千里律，擬杖一百、流三千里。該犯糾衆互鬥，致釀二命，暨毆官重案，應請從重遣擬實發黑龍江充當苦差。福寶聽從德壽施放鳥槍傷人，亦應於因爭鬥擅將鳥槍施放傷人。在旗人發甯古塔等處充軍例上減一等，擬杖一百、徒三年，照例折枷鞭責。烏什杭阿、甘全、東柏、元海、東慶、寶昆、成善、富連在場幫毆助勢，均合依餘人各杖一百律，各擬杖一百，係旗人照例鞭責發落。孫友主令在逃之賀洪友鳴鑼糾衆，持械喊毆，亦應按例問擬。孫友合依沿江、濱海持槍執棍行毆，將爲首聚衆之犯杖一百、流三千里例，擬杖一百、流三千里，定地發配折責安置。張祖德、李光朝、劉必富、傅中仁、周必富、劉美金、陸光華亦合依附和未傷人者，各枷號一個月，折責四十板例，各擬枷號一個月，折責發落。旗兵棟樑，因額圖哩之父喜發與仵作爭辨傷痕，並不候官親驗，即喝同該犯烏勒興阿等在廠滋鬧，毆傷人役。迨經劉秉彝等步行至右翼副都統署中稟知情形，棟樑等又復任意吵嚷，並直入署中將理事同知鍾福及本任江陵縣劉秉彝毆傷。核其情節，與部民軍士不遵審斷，挺身鬧堂逞兇傷官者相同。惟烏勒興阿等先後到官，屢次研審，僉供僅止隨同滋鬧，並未毆官。例無治罪專條，請比例量減問擬。烏勒興阿、恩普、額勒登圖、富昆均照部民軍士不遵審斷，挺身鬧堂毆傷本官爲從下手者絞候例上量減一等，各擬杖一百、流三千里。烏勒興阿、恩普、富昆均係當差旗人，照例折枷鞭責。額勒登圖係閑散不當差旗人，照例不准折枷，定地實發解犯折責安置。仵作黎直湘驗報額圖哩生傷不實，亦應按律問擬。黎直湘依仵作檢驗不實杖八十律，擬杖八十折責革役。案内滋事之旗兵，一併革伍。甘禄因其姪額圖哩傷痕未明，懇求覆驗，尚無不合，應與懷疑悞報額圖哩之父喜發及勸解不及之保正周洪元均免置議。兇器鳥槍查起存庫，案結彙報，無干省釋。屍棺分別飭屬領埋，在逃首先放槍之旗丁德（發）[壽]即炳宣，起意毆官之棟樑，鳴鑼聚衆之民人賀洪友，暨附和之謝大喜等十二名，分飭嚴緝，獲日另結。本任江陵縣知縣劉秉彝、理事同知鍾福，於仵作喝報額圖哩生傷時，正擬親驗間，旗兵輒即逞兇滋鬧，以致不能親驗，並未立有傷單，隨即分別面稟臣祥亨暨電稟臣之洞另行委員選派仵作相驗，是該縣，該同知事前尚未填寫傷單，事後復稟請委驗，並非相驗生傷不實。惟旗兵鬨鬧執械，其時事起倉卒，該縣暨該同知未能善爲開導，究有不合，未便因例無處分遽予免議，應仍於相驗不實本例上量減議處。所有本任江陵縣知縣劉秉彝、理事同知鍾福應即一併開列職名，均請交部察議。旗營失察，旗兵醸命毆官應議各員，另由臣祥亨查取職名，咨部議處。除將供招送部並飭拿逸犯務獲究辦外，所有旗民互鬥毆官審明定擬情形，謹合詞恭摺具陳，伏乞皇太后、皇上聖鑒，勅部核議施行。

刑部議奏。

鄂省本年京倉採運請照案停辦摺[一] 光緒二十五年十月二十六日

竊查前因京倉需米，當經臣等奏明於本年冬循案採買正米三萬石運通交納。一面飭遵在案。茲據署湖北布政使瞿廷韶、督糧道譚啓宇會詳稱，此項採運、價脚兩款，約需銀七萬兩零。自光緒二十三年奉文停辦，每年騰挪銀七萬兩，抵補宜昌鹽釐。光緒二十五年奉文，於七萬兩外，又撥漕項銀四萬六千兩抵足鹽釐之數。現又奉文認造續增滿料剥船九十六隻，照直省代造價值，共需銀三萬九千九百餘兩。綜計糧庫漕、雜各款，支撥鹽釐、剥船兩項，尚不敷銀一萬餘兩。本年若再購米三萬石運通，需銀七萬餘兩，實屬無從籌措。因思撥補鹽釐關繫洋款，剥船經費待用又急，均萬不可緩，又無別款可挪。惟有請將光緒二十五年採運京倉米石，仍照往届成案停辦，即以此項價脚銀兩，分别撥補鹽釐及剥船等項之用。似此一轉移間，庶鹽釐、剥船要款不致貽誤等情，請奏咨前來。伏查京倉採運，本因鹽釐抵還洋款，接准部咨飭令停辦，以此款撥補鹽釐在案。臣等前因京倉籌議加放甲米，亟欲仰紓宸廑，不得已與該司道籌商設法購運，而折徵正餘各項已支撥無存，全恃節節騰挪，委實毫無把握，均經先事陳明。乃撥補既多無著，又復飭造剥船，實非豫籌所及，當此支絀萬分，不得不移緩就急。該司道所請委係實在情形，合無仰懇天恩俯准將湖北省本年採運京倉米石，照案停辦。俾得騰挪挹注，庶免貽誤要需。除咨部外，所有京倉米石仍請停辦採運，俾將此款撥補鹽釐兼供剥船等用緣由，謹合詞恭摺具陳，伏祈皇太后、皇上聖鑒。

湖北漕糧著仍采買三萬石運通。其應行撥補鹽釐，著户部另行改撥。

請開復知縣徐嘉禾武延緒頂戴片[二] 光緒二十五年十月　日

再，前因鄂省辦理清訟，經臣等奏請將積案較多各州縣，摘去頂戴，以觀後效，奉旨允行，欽遵，行司轉飭遵照。嗣因署漢陽縣事准補興山縣知縣李觀濤，奉飭後審結詞訟甚多，又經臣等奏准開復頂戴各在案。茲又查得前署荆門直隸州事現任鍾祥縣知縣徐嘉禾、京山縣知縣武延緒，自奉文摘頂後，均能竭力清理詞訟，審結上控及自理各案一百餘起，尚屬深知愧奮，力圖振作。合無仰懇天恩俯准將徐嘉禾、武延緒頂戴開復，以昭激勸而咨觀感。據安陸府知府史書青稟請具奏前來。謹合詞附陳，伏祈聖鑒。

著照所請。該部知道。

[一] 録自《京報》第六七八四號。

[二] 録自《京報》第六七八二號。

請准以劉延坦補授要缺知縣摺[一] 光緒二十五年十一月初八日

竊准吏部咨，湖北監利縣知縣羅迪楚以教職銓選，於光緒二十五年六月初六日奉上諭，照章以第五日後行文按照限減半計算，應扣至七月初五日爲開缺日期，歸七月分截缺。係要缺，應照例揀員請補。查例載，知縣應調缺出，俱令於現任人員內揀選調補。如無合例堪調之員，准以候補人員題補。又准部咨，題調缺出，仍令照例於現任人員內揀選調補。如果實無合例堪調之員，准以奉旨命往及曾任實缺候補並進士即用人員酌量補用各等語。今監利縣知縣，係繁疲難要缺，地廣賦繁，民情刁悍，撫字催科均關緊要，且有隄工重務，於兼三要缺中最爲難治之區。非精明練達才識兼優之員，不足以資治理。臣等督同藩、臬兩司在於通省現任知縣及候補班內逐加遴選，非現居要地，即人地不宜，實無堪以調補之員。惟查有即用知縣劉延坦，年五十歲，山東濟甯直隸州人，由廪生應光緒二年丙子科本省鄉試中式舉人，十五年己丑科大挑二等，以教職用，十六年庚寅恩科會試中式第一百八十六名貢士，殿試三甲第一百五十五名進士，五月初八日引見，奉旨：以知縣即用。欽此。簽分湖北。六月初一日領照起程，十一月十八日到省。覆查該員劉延坦老成歷練，辦事精詳，以之請補監利縣知縣要缺，實堪勝任。惟調缺請補，與例稍有未符，但人地實在相需，例得聲明奏請。合無仰懇天恩俯念監利縣知縣員缺緊要，准以即用知縣劉延坦補授，實於地方吏治大有裨益。該員係即用知縣，請補知縣，銜缺相當，毋庸送部引見。據署湖北布政使瞿廷韶、署按察使孟繼壎會詳呈請具奏前來。謹合詞恭摺具奏，伏祈皇太后、皇上聖鑒，敕部核覆施行。

吏部議奏。

請准以李祖蔭補授知縣摺 光緒二十五年十一月初八日

竊准吏部咨，湖北襄陽縣知縣梅冠林降，於光緒二十五年六月初六日奉上諭，照章以第五日後行文按照限減半計算，應扣至七月初五日爲開缺日期，歸七月分截缺。係要缺，應照例揀員請補。查例載，知縣應調缺出，俱令於現任人員內揀選調補。如無合例堪調之員，始准以候補人員題補。又准部咨，題調缺出，仍令照例於現任人員內揀選調補。如果實無合例堪調之員，准以奉旨命往及曾任實缺候補並進士即用人員酌量補用各等語。今襄陽縣缺係襄陽府附郭首邑，地廣政繁，且爲豫省入楚門户，實衝繁難至要之區。非精明練達才能出衆之員，難期勝任。臣等督同藩、臬兩司在於通省實缺知縣並候補人員內逐加遴選，非現居要地，即人地不宜，實無堪以調補之員。惟查有即用知縣李祖蔭，年三十二歲，安徽巢縣人，由附生恭應光緒十九年癸巳恩科江南鄉試中式舉人，二十年甲午恩科會試中式第二十八名貢士，殿試二甲第一百二十二名進士，朝考二等引見，奉旨：以知縣分省即用。欽此。遵例捐指湖北。六月初二日領照起程，七月初八日到省。覆查該員李祖蔭，志趣拔俗，力果心精，以之請補襄陽縣知縣要缺，實堪勝任。惟調缺請補，與例稍有未符，但人地實在相需，

[一] 以下二件録自《京報》第六八〇〇至六八〇一號。

例得聲明奏請。合無仰懇天恩俯念襄陽縣知縣員缺緊要，准以即用知縣李祖蔭補授，實於地方吏治大有裨益。該員係即用知縣請補知縣，銜缺相當，毋庸送部引見。據署湖北布政使瞿廷韶、署按察使孟繼壎會詳呈請具奏前來。謹合詞恭摺具奏，伏祈皇太后、皇上聖鑒，敕部核覆施行。

吏部議奏。

已革知縣交代未清參追摺〔一〕 光緒二十五年十一月二十八日

竊照交代例有定限，不准稍有延欠。茲查前任通山縣已革知縣高震鑠，任内尚有應交丁漕錢價平餘銀九百一兩五分二釐、海防當捐銀一百五十兩，屢經嚴催，迄今已逾二參例限，未據交清。飭傳扣留勒追，業已潛回原籍。據接署知縣譚爲霖查明，稟經該管道揭由署湖北布政使瞿廷韶、署按察使孟繼壎、督糧道譚啓宇詳請參追前來。查該員係浙江山陰縣人，已因另案革職。相應請旨，敕下浙江撫臣轉飭山陰縣，查傳高震鑠到案，按數著追解鄂歸款。如再延不清繳，即行查抄家産備抵。除咨明户部查照外，謹合詞恭摺具陳，伏祈皇太后、皇上聖鑒。

另有旨。

查明京控未結各案開單具陳摺〔二〕 光緒二十五年十一月二十八日

竊查前准刑部咨：議覆光禄寺少卿稽核京控審限，每年將已、未完數目，兩次彙開清單具奏，以歸劃一。並摘録案由，註明交審月日及未結各案，因何未能審結緣由，於每年兩次覆奏時，詳細聲明等因。奉旨：依議。欽此。歷經遵辦在案。茲據署湖北布政使瞿廷韶、署按察使孟繼壎詳稱，陸續奉到部院衙門奏交、咨交各案，隨時委提人卷解省［發審。其］有距省較遠州縣之案，移交該管道就［近提審，］或委員前往會同該管府審辦。前［已截至光緒］二十四年十二月止，將未結各案［造册詳請奏］報。茲值半年彙奏之期，計尚未審結者□□［起］。或因原被供情狡執，補提要證未到，或［行提人］證尚未解齊，以致未能訊結。核計尚無遲延等情，開呈清册請奏報前來。臣等覆核無異，除仍飭赶緊催提人證到案審辦，並將清册分送刑部、都察院、步軍統領衙門查照外，謹繕清單，恭摺具陳，伏祈皇太后、皇上聖鑒。

刑部知道。單併發。

查明湖北本年被水受旱各屬來春毋庸接濟摺〔三〕 光緒二十五年十二月初十日

竊臣等承准軍機大臣字寄，光緒二十五年十月初三日奉上諭：上年江西、安徽、河南、山東各省被灾，均經該督撫等查勘撫恤，小民諒不至失所。惟念來春青黄不接之時，民力未免拮据，

〔一〕録自中國第一歷史檔案館編《光緒朝硃批奏摺》第八三輯，第一六四頁，中華書局一九九五年版。

〔二〕此件録自《光緒朝硃批奏摺》第一〇六輯，第一九四頁，原件殘缺，現據同類奏摺行文補正。

〔三〕録自中國第一歷史檔案館編《光緒朝硃批奏摺》第三二輯，第九四至九五頁，中華書局一九九五年版。

著傳諭該督撫等體察情形，如有應行接濟之處，即查明據實覆奏，務於封印以前奏到。此外，各省有無被灾地方，應行調劑撫恤之處，著該將軍、督撫等一併查明覆奏，候旨施恩，將此各諭令知之。等因。欽此。仰見聖主軫念灾區，加惠窮黎之至意。當即恭録行司分飭確查去後。茲據各州縣稟覆，由署湖北布政使瞿廷韶、督糧道譚啓宇會詳請奏前來。臣等覆加查核，湖北本年伏、秋二汛，川、襄之水泛漲，低窪田地多被淹没，高阜之區又因雨澤愆期，禾苗間多枯槁。前據各屬稟報，即飭該管道府親詣確勘，均尚不致成灾，無須賑撫。惟收成歉薄，民情拮据，應完銀米力難輸納。現由臣等另摺奏懇恩施，緩徵新舊銀米，足紓民力。其被水受旱各處居民，或藉捕魚爲業，或已補種雜糧，現俱餬口有資，來春似可毋庸接濟。所有查明覆奏緣由，謹合詞恭摺由驛具陳，伏祈皇太后、皇上聖鑒。

知道了。

勘明湖北各州縣衛被淹受旱情形請展緩錢糧摺〔一〕

光緒二十五年十二月初十日

竊照湖北省應徵錢漕，遇有灾傷，歷經責成該管道府親勘稟辦。嗣准户部頒發釐剔錢糧積弊章程，内載，灾區初報，即令聲明免緩銀糧數目，以除積弊等因。遵辦在案。湖北省本年伏、秋二汛，川、襄之水先後泛漲，依江傍湖之處地勢低窪，均被淹没。高阜之區，又因雨澤愆期，亢旱日久，塘堰乾涸。雖夏秋之間偶得甘霖，而禾苗已多枯槁，不可復蘇，歲收失望，民情困苦。據各州縣衛陸續稟報，均經臣等批行司道移行各該管道府親勘稟辦在案。茲據各該管道府覆勘加結，稟由署湖北布政使瞿廷韶、督糧道譚啓宇會核酌擬分別展、緩新舊錢糧南米等項具詳前來。

臣等覆加查核，實勘得漢陽縣菱角湖等八區、白釜池等十一區，漢川縣喝城等二十七垸畈，黄陂縣牛湖等十二社，沔陽州周老湖等八十八官垸，黄岡縣道觀河等四區、劉家集等五區，黄梅縣考田、謝灘二鎮内之白馬寺等三村莊，鍾祥縣湖鄉内之尹興廟等二十三村莊、河鄉内之北門湖等十七村莊，京山縣唐心口等十四團，潛江縣長湖等十四垸、直西等十四垸、張家等十垸，天門縣淖潑等二十七垸内之六十甲半、石泉等十七垸内之四十甲、趙家上等十八垸内之四十七甲、上古下等四垸内之九甲，應城縣葉嘴等五團區，江陵縣築支等六十六垸、荷湖等二十五垸，公安縣毛一等七里並谷一等二十一里内之六十三甲及枝六一所，石首縣宋穴等二十六坊垸並一都等四坊垸内之八甲及劉發等三洲内之十四號，監利縣大蘇湖等八十垸，松滋縣下八、上八二都並下五等十都及一所等八所，枝江縣洌浮等十一洲垸並壩洲一洲，荆門州馬上三等十六圖内之小江湖等七十區，均係濱江臨河，地勢低窪，本年夏、秋二汛，川，襄並漲，一時難於消洩，各處田地概被淹没，收成失望，情形均屬較重。又勘得武昌縣符一等十里，咸甯縣一都等十一都内之金塘橋等五十一處，嘉魚縣邵陵等十二里内之七十五甲，蒲圻縣安豐等三十四圖之各甲内郎下橋等二百五處，大冶縣喬店等三堡，黄陂縣雙廟等十社，孝感縣崇隆等八社内各社甲，黄岡縣五里墩等十六區，蘄水縣可家店等三十五區，羅田

〔一〕録自中國第一歷史檔案館編《光緒朝硃批奏摺》第六八輯，第四四一至四四七頁，中華書局一九九五年版。

縣尤河等三十區，黃梅縣獨山等五鎮内之村塘塝等八十九村莊，京山縣東十等十八團，天門縣方嶺等四十六垸内之一百八十五甲，監利縣呙家等八垸，均因地處高阜，塘堰不多，自夏徂秋亢陽日久，瀦蓄之水旋亦乾涸，無可設法灌溉，禾苗悉就枯槁，情形亦俱較重。

又勘得江夏縣三城等八里、上恩等二十三里、桃林等九屯、夾山等二十四里、上揚等十二屯、頂團等三十三洲，武昌縣符三等七里，嘉魚縣九洲内之垸子洲等三十四處、九屯内之神塘等三十三處，興國州尊賢等六坊里内之六十甲，漢陽縣坪坊等二十七區，黃陂縣雨台等六社，孝感縣迎送等八社内各社甲、務本等二社，蘄水縣四望山等四十七區並西壅洲一區，黃梅縣考田等十二鎮内之破山口等一百一十八村莊，江陵縣廟垸子等三垸，均因地勢稍高，禾苗雖被淹没，而涸復尚早，猶能補種雜糧，高阜之區雨澤愆期，雖設法灌救，禾苗已受乾旱，情形均屬次重。

又勘得江夏縣招賢等八里、青山等五十一屯、上泥等十五洲，武昌縣靈二等各里及市洪神永外四鄉，咸甯縣一都等十三都内之方唐嘴等三十七處並一都等六都内之艾家墩等十一處，嘉魚縣邵陵等十二里内之四十二甲，漢陽縣袁家河等三十區，漢川縣七里廟等五垸畈，黃陂縣黃花澇等二社，孝感縣修善等七社，黃岡縣但店等六十區、四甲等十二區，蘄水縣白洋河等二十七區，麻城縣東義洲等八區内二十四號，黃梅縣白湖等二十二鎮及獨山、考田等鎮内未經受旱之區，廣濟縣太東鄉内之童司牌等八十二村莊、永東鄉内之李家圍等六十三村莊，靈東鄉内之鳳嘴港等六十七村莊、永西鄉内之武山湖等五十五村莊、靈西鄉内之花園宕等六十村莊，鍾祥縣湖鄉内之龍山觀等八十四村莊、河鄉内之歐家廟等三十八村莊、山鄉内之游家集等四村莊，京山縣七里等八團並子陵一團，潛江縣紅莊等八十四垸、茭芭等五垸，天門縣石河上等二垸内之四甲半，江陵縣老新口等二百一十垸，公安縣谷一等十八里内之三十五甲、市一等四里内之十甲，石首縣三都等十一坊垸並一都等四坊垸内之七甲及沙湖北啞古井三坊垸内之六甲，監利縣班陽等一百六十六垸，枝江縣長林等十五洲垸，荆門州平四等十四圖内之團林舖等二十二區，或被水淹旋經涸復，或受乾旱隨時灌溉，縱得陸續補種，收成究屬歉薄，情形均屬較輕。又天門縣車湘等四十三垸内之八十四甲、並諸通等七十垸内之一百一十二甲，本年收成豐稔。又江夏縣崇通等屯、漢陽縣崇信坊各房屋，自遭兵燹以後，居民迄未復業，仍多荒蕪。以上各州縣内有屯坐各衛軍田情形相同。

臣等伏查地方遇有水旱災傷，例應勘明分數，分別撫賑蠲緩錢漕。如不致成災，亦應緩徵遞展。本年湖北被淹、受旱各屬，雖俱勘不成災，惟收成失望，情形困苦，若將應徵銀米責令照常完納，民力實有未逮。除擬緩漕糧另摺請旨外，合無仰懇天恩俯准將被淹較重之漢陽縣菱角湖等八區、白釜池等十一區，漢川縣喝城等二十七垸畈，黃陂縣牛湖等十二社，沔陽州周老湖等八十八官垸，黃岡縣道觀河等四區、劉家集等五區，黃梅縣考田、謝灘二鎮内之白馬寺等三村莊，鍾祥縣湖鄉内之尹興廟等二十三村莊、河鄉内之北門湖等十七村莊，京山縣唐心口等十四團，潛江縣長湖等十四垸、直西等十四垸、張家等十垸，天門縣淖潑等二十七垸内之六十甲半、石泉等十七垸内之四十甲、趙家上等十八垸内之四十七甲、上古下等四垸内之九甲，應城縣葉嘴等五團區，江陵縣築支等六十六垸、荷湖等二十五垸，公安縣毛一等七里並谷一等二十一里內之六十三甲及枝六一所，石首縣宋穴等二十六坊垸並一都等四坊垸內之八甲及劉發等三洲內之十四號，監利縣大蘇湖等八十垸，松滋縣下八、上八二都並下五等十都及一所等八所，枝江縣浰浮等十一洲垸並壩洲一洲，荊門州馬上三等十六圖內之小江湖等七十區，又受旱較重之武昌縣符一等十里，咸甯縣一都等十一都內之金塘橋等五十一處，嘉魚縣邵陵等十二里內之七十五甲，蒲圻縣安豐等三十四圖之各甲內郎下橋等二百五處，大冶縣喬店等三堡，黃陂縣雙廟等十社，孝感縣崇隆等八社內各社甲，黃岡縣五里墩等十六區，蘄水縣可家店等三十五區，羅田縣尤河等三十區，黃梅縣獨山等五鎮內之村塘塝等八十九村莊，京山縣東十等十八團，天門縣方嶺等四十六垸內之一百八十五甲，監利縣烏家等八垸，共應徵光緒二十五年新賦錢糧、屯餉、閑丁、隄費、租餉、蘆課等項正耗銀一十五萬八百三兩一分，南糧正耗米二萬七百三十九石六斗二升二合三勺，一併緩至光緒二十六年秋後限一年帶徵。其原緩節年各項銀米，一併緩至光緒二十七年秋後遞展一年帶徵。

又被淹受旱次重之江夏縣三城等八里、上恩等二十三里、桃林等九屯、夾山等二十四里、上揚等十二屯、頂團等三十三洲，武昌縣符三等七里，嘉魚縣九洲內之垸子洲等三十四處、九屯內之神塘等三十三處，興國州尊賢等六坊里內之六十甲，漢陽縣坪坊等二十七區，黃陂縣雨台等六社，孝感縣迎送等八社內各社甲、務本等二社，蘄水縣四望山等四十七區並西壅洲一區，黃梅縣考田等十二鎮內之破山口等一百一十八村莊，江陵縣廟垸子等三垸，各應徵光緒二十五年南米照常徵收外，其應徵光緒二十五年新賦錢糧、蘆課、籽粒等項正耗銀三萬四千六百九十五兩四分二釐，請緩至光緒二十六年秋後，限一年帶徵。其原緩節年各項銀米，一併展至光緒二十七年秋後遞年帶徵。

又被淹受旱較輕之江夏縣招賢等八里、青山等五十一屯、上泥等十五洲，武昌縣靈二等各里及市洪神永外四鄉，咸甯縣一都等十三都內之方唐嘴等三十七處並一都等六都內之艾家墩等十一處，嘉魚縣邵陵等十二里內之四十二甲，漢陽縣袁家河等三十區，漢川縣七里廟等五垸畈，黃陂縣黃花澇等二社，孝感縣修善等七社，黃岡縣但店等六十區四甲等十二區，蘄水縣白洋河等二十七區，麻城縣東義洲等八區內二十四號，黃梅縣白湖等二十二鎮及獨山考田等鎮內未經受旱之區，廣濟縣太東鄉內之童司牌等八十二村莊、永東鄉內之李家圍等六十三村莊、靈東鄉內之鳳嘴港等六十七村莊、永西鄉內之武山湖等五十五村莊、靈西鄉內之花園宕等六十村莊，鍾祥縣湖鄉內之龍山觀等八十四村莊、河鄉內之歐家廟等三十八村莊、山鄉內之游家集等四村莊，京山縣七里等八團並子陵一團，潛江縣紅莊等八十四垸、茭芭等五垸，天門縣石河上等二垸內之四甲半，江陵縣老新口等二百一十垸，公安縣谷一等十八里內之三十五甲、市一等四里內之十甲，石首縣三都等十一坊垸並一都等四坊垸內之七甲及沙湖北啞古井三坊垸內之六甲，監利縣班陽等一百六十六垸，枝江縣長林等十五洲垸，荊門州平四等十四圖內之團林舖等二十二區，各應徵光緒二十五年新賦錢糧、蘆課、屯餉、閑丁、隄費、南米等項，照常徵收。其各原緩節年銀米、蘆課、屯餉、閑丁、隄費等項，一併緩至光緒二十六年秋後遞展一年帶徵。又，天門縣車湘等四十三垸內之八十四甲，原緩光緒二十四年錢糧銀米，並諸通等七十垸內之一百一十二甲，原緩光緒二十三年錢糧銀米，暨本年新賦銀米，應請一律徵收。其原緩節年銀米等項，一併緩至光緒二十六年秋後遞展一年帶徵。又江夏縣崇通等屯，應徵光緒二十五年楚課錢糧正耗銀三百九十七兩八錢二分五釐，緩至光緒二十六年秋後限一年帶徵。其原緩節年銀兩，遞展一年帶徵。又漢陽縣崇信坊應徵光緒二十五年門攤銀兩，請徵七分，其應緩三分正耗銀六十八兩二錢六分一釐，緩至光緒二十六年秋後限一年帶徵，原緩節年銀兩遞展一年帶徵。至武昌等衛軍田被淹、受旱各請緩垸區，均與屯坐各州縣民田相同，共應徵光緒二十五年屯餉、蘆課、軍三安家、閑丁幫津等款正耗銀三萬三千二百九十五兩七分四釐，請緩至光緒二十六年秋後限一年帶徵。其各原緩節年銀兩，併請遞展一年帶徵，以廣皇仁而紓民力。

所有勘明光緒二十五年分各州縣衛被淹受旱輕重情形，擬請展緩新舊銀米緣由，遵章開具各屬請緩銀米細數清單，恭摺由驛具奏，伏祈皇太后、皇上聖鑒。再，此案因恐情形不確，往返駁查，以致未能依限辦理，合併陳明。

另有旨。

勘明各州縣被淹受旱情形請緩徵漕糧摺[一]

光緒二十五年十二月初十日

竊准户部咨，緩徵漕糧，於地丁摺外另摺候旨遵辦。又准户部頒發釐剔錢糧積弊章程，內載，灾區初報即令聲明免緩銀糧數目，以除積弊等因，遵辦在案。湖北省本年被水、受旱各區，已飭該管道府確勘輕重情形，現經臣等另摺奏請緩徵錢糧、南米等項。惟武昌、咸甯、嘉魚、蒲圻、漢陽、黄陂、孝感、沔陽、黄岡、蘄水、羅田、黄梅、潛江、天門、應城、江陵、公安、石首、監利、松滋、荆門等二十一州縣，尚有應徵本年及節年漕糧。若責令照常完納，民力實有未逮。據署湖北布政使瞿廷韶、督糧道譚啓宇轉據該管道府會詳請緩前來。合無仰懇天恩俯准將被淹較重之漢陽縣白釜池等十一區，黄陂縣牛湖等十二杜，沔陽州周老湖等八十八官垸，黄岡縣道觀河等四區，黄梅縣考田、謝灘二鎮內之白馬寺等三村莊，潛江縣長湖等十四垸、直西等十四垸、張家等十垸，天門縣淖潑等二十七垸內之六十甲半、石泉等十七垸內之四十甲、趙家上等十八垸內之四十七甲、上古下等四垸內之九甲，應城縣葉嘴等五團區，江陵縣築支等六十六垸、荷湖等二十五垸，公安縣毛一等七里並谷一等二十一里內之六十三甲，石首縣宋穴等二十六坊垸並一都等四坊垸內八甲，監利縣大蘇湖等八十垸，松滋縣下八、上八二都並下五等十都，荆門州馬上三等十六圖內之小江湖等七十區，又受旱較重之武昌縣符一等十里，咸甯縣一都等十一都內之金塘橋等五十一處，嘉魚縣邵陵等十二里內七十五甲，蒲圻縣安豐等三十四團內之郎下橋等二百五處，黄陂縣雙廟等十社，孝感縣崇隆等八社內各社甲，黄岡縣五里墩等十六區，蘄水縣可家店等三十五區，羅田縣尤河等三十區，天門縣方嶺等四十六垸內之一百八十五甲，監利縣呙家等八垸，共應徵光緒二十五年漕糧正耗米二萬四百八十石五斗八合五勺，緩至二十六年秋後限一年帶徵。原緩節年漕糧，緩至二十七年秋後遞展一年帶徵。又廣濟縣泰東鄉內之童司牌等八十二村莊、永東

[一] 録自中國第一歷史檔案館編《光緒朝硃批奏摺》第七一輯，第一四六至一四七頁，中華書局一九九五年版。

鄉内之李家園等六十三村莊、靈東鄉内之鳳嘴港等六十七村莊、永西鄉内之武山湖等五十五村莊、靈西鄉内之花園巖等六十村莊，原緩二十三年漕糧，展至二十六年秋後帶徵，以廣皇仁而紓民力。所有勘明各州縣被淹、受旱較重情形，請緩漕糧緣由，遵章開具各屬請緩漕米細數清單，謹合詞恭摺由驛具陳，伏祈皇太后、皇上聖鑒。

另有旨。

京倉採運米價昂貴酌加銀兩摺[一] 光緒二十五年十二月十八日

竊臣等於光緒二十五年十月二十六日具奏，本年京倉採運，仍請照案停辦，俾將價、脚兩款撥濟鹽釐剥船要需一摺，今於十一月二十七日奉到硃批：湖北漕糧著仍採買三萬石運通。其應行撥補鹽釐，著户部另行改撥。欽此。欽遵轉飭司道移行遵辦去後。旋准招商局總辦大理寺少卿盛宣懷電稱，本年上游等省歲僅中稔，各路商户咸赴下游一帶購運糧石甚多，以致米價昂貴。現在每米一石，非較往年價銀酌加三錢不敷採買等語。查近年鄂省辦理採運，每石核銷價、脚兩款共僅銀二兩一錢八分零，較之江浙成案實爲節省。刻下米價既貴，每石合計正耗價脚一切約需銀二兩四錢八分零，雖較往年採買加銀三錢，然比江浙採運成案二兩五錢零之數，實不相上下。京倉待米孔殷，限期迫促，若俟奏准後始行辦理，誠恐轉致貽誤。現已籌款撥解商局赶速購運，由署湖北布政使瞿廷韶、督糧道譚啓宇會詳請奏前來。臣等覆查米價之貴賤，本視歲收豐歉爲轉移。該司道等以本年各處歲僅中稔，米價較貴，採運京倉米石每石須比往届加銀三錢，自係實在情形。除飭催作速採運並咨明户部外，謹合詞恭摺具奏，伏祈皇太后、皇上聖鑒。

户部知道。

擬員請補簡缺知府摺[二] 光緒二十五年十二月二十日

竊照德安府知府汪元慶，於光緒二十五年六月初九日在任病故，當經題報開缺，聲明所遺員缺扣留外補在案。查截缺章程内開，丁憂、病故之缺，有本日可計者，即以各本日作爲開缺日期。今德安府知府汪元慶於光緒二十五年六月初九日病故，應歸六月分截缺，是月分祇此一缺，毋庸掣籤，應照例擬員請補。查定例，道府同知、直隸州知州、通判知州如係奉旨命往，或督撫題明留於該省候補，凡應歸候補班補用者，無論應題、應調、應選之缺，令該督撫酌量才具擇其人地相宜者，悉准補用。如遇告病、病故、休致、選缺，先儘候補班前酌補一人，次將候補正班酌補一人。又，道府、直隸州知州、府屬知州，遇應用候補時，先儘科甲出身人員。如科甲出身人員不合例或人地不宜，應令詳細聲明，方准以别項出身候補人員請補各等語。湖北省知府病、故、休一項，前出德安府知府振麟告病，遺缺請以候補班前儘先即補知府陳建

〔一〕録自中國第一歷史檔案館編《光緒朝硃批奏摺》第九一輯，第三二三頁，中華書局一九九五年版。

〔二〕以下二件録自中國第一歷史檔案館編《光緒朝硃批奏摺》第一四輯，第七三八至七四一頁，中華書局一九九五年版。

侯奏補。又，施南府知府許賡藻休致，遺缺請以特旨儘先升用知府王庭楨奏補，不積候補正班之缺。又宜昌府知府賈萬青休致，遺缺請以截取候補知府黄培昌奏補各在案。今德安府知府汪元慶病故，遺缺照例輪值候補班前人員酌補。惟德安府知府雖係選缺，而今昔情形不同，該府與豫省毘連，民情習於强悍，現在開辦鐵路最易滋生事端，非精明幹練之員弗克勝任。候補班前應補各員，均與此缺不甚相宜，未便稍涉遷就，致滋貽誤。臣等督同藩、臬兩司在於通省候補知府班内逐加遴選，查有保送候補知府施紀雲，年四十三歲，四川涪州人，由拔貢中式光緒元年乙亥恩科順天鄉試舉人。九年癸未科會試中式進士，殿試二甲朝考二等，欽點翰林院庶吉士，於十二年散館授職編修，十三年充國史館協修官，十四年充順天鄉試同考官，十五年充國史館總覆輯事，十七年充國史館纂修，並總纂官，九月充直省鄉試磨勘官，十八年壬辰科會試同考官，十九年奉派國史館兼辦臣工畫一傳，二十年京察一等引見，奉旨：准其一等加一級。欽此。八月經翰林院掌院，以才具敏練，明幹有爲，照章保奏，堪以知府分發省分補用。九月初三日由吏部帶領引見，奉旨：著以知府分發省分補用。欽此。遵例指指湖北，歸候補班補用。九月二十一日領照起程，十月十八日到省。二十二年委署武昌府知府。二十五年復委署德安府知府，於七月十三日到任。覆查該員施紀雲，事理明達，爲守兼優，且前署武昌府及現署德安府任内，措施一切悉臻裕如。又係科甲出身人員，以之請補德安府知府，洵堪勝任，並不積各項班次之缺。合無仰懇天恩俯念德安府地方緊要，准以候補班補用知府施紀雲補授德安府知府，實於地方吏治大有裨益。

再，該員係補用知府，請補知府，銜缺相當，毋庸送部引見。據署湖北布政使瞿廷韶、署按察使孟繼壎會詳呈請具奏前來。謹合詞恭摺具陳，伏祈皇太后、皇上聖鑒，敕部核覆施行。

吏部議奏。

請准以陳閬補授要缺知縣摺 光緒二十五年十二月二十日

竊照署江陵縣事本任棗陽縣知縣李九江，在署任病故，當經題報開缺，聲明所遺要缺，扣留外補在案。查截缺章程内開，丁憂、病故之缺，有本日可計者，即以各本日作爲開缺日期。今棗陽縣知縣李九江於光緒二十五年九月十五日在署任病故，應歸九月分截缺，係要缺應照例揀員請補。查定例，知縣應調缺出，俱令於現任人員内揀選調補。如無合例堪調之員，始准以候補人員題補。又准部咨，題調缺出，仍令照例於現任人員内揀選調補。如果實無合例堪調之員，准以奉旨命往及曾任實缺候補並進士即用人員，酌量補用各等語。今棗陽縣知縣，係繁疲難題調要缺，地廣賦繁，素稱難治。非精明練達才識兼優之員，難期勝任。臣等督同藩、臬兩司在於通省實缺知縣並候補人員内逐加遴選，非現居要地，即人地不宜，實無堪以調補之員。惟查有即用知縣陳閬，年四十五歲，河南光山縣人，由增生應光緒十一年乙酉科本省鄉試中式舉人，十二年丙戌科會試中式貢士，殿試三甲第一百二名，朝考三等，五月初九日引見，奉上諭：著以知縣即用。欽此。籤掣湖北。六月初一日領照起程，十月十九日到省。嗣以管解京餉無誤，經部議叙給予加一級紀録二次，十四年十二月十四日奉旨：依議。欽此。旋遵賑捐例報捐同知銜。十六年三月十四日丁母憂回籍守制，服滿起復，領照來鄂，十九年九月初一日回省，是月接到部文，准其起復。覆查該員陳閬，心地篤實，才具諳練，且先後代理沔陽州、委署竹山、建始等縣印務，措施一切，均無貽誤，以之請補棗陽縣知縣要缺，實堪勝任。惟調缺請補，與例稍有未符。但人地實在相需，例得聲明奏請，合無仰懇天恩俯念棗陽縣知縣員缺緊要，准以即用知縣陳閬補授，實於地方吏治大有裨益。

再，該員係即用知縣，請補知縣，銜缺相當，毋庸送部引見。據署湖北布政使瞿廷韶、署按察使孟繼壎會詳呈請具奏前來。謹合詞恭摺具陳，伏祈皇太后、皇上聖鑒，敕部核覆施行。

吏部議奏。

校閲近省各營並操演防營行軍隊摺光緒二十五年十二月二十四日

竊臣前奉諭旨，查閲湖北營伍，當因上年湖北正值奏裁緑營兵額之時，籌辦工賑尚未竣事。又以有鄂省鹽釐抵還洋款之舉，一切籌措未能就緒。奏請展緩出省校閲，奉旨允准在案。茲臣仍因諸務繁重緊要，一時尚難出省，當將督、撫兩標，武昌城守，漢陽協等七營官兵調齊，並調近省之黄州、蘄州兩營，及向係調操之德安、興國兩營，自副將以下及都司、守備、千、把、外額之汛地可暫離者，並挑選能放洋槍兵丁，隨帶至省。臣於本年十二月十七日起，連日校閲各官弁騎射打靶，及各兵丁洋槍技藝。省營中靶在八成以上，外營中靶在三成以上。又於二十一日調集督、撫兩標，及漢陽協練軍，並護軍營、武愷營、武防營、武功營、升字營各防勇，至距省三十里青山一帶地方，操演行軍隊。查方今練兵，以洋操爲最精細。而洋操，尤以行軍隊爲最有實際。既可驗軍士之强弱，又可考將領之心思，兼可練習測量地勢，趕作溝壘等事。迭飭各將領認真講求。茲經臣親加校閲，並令洋教習布置一切，隨隊察看。兵勇俱屬强壯，部伍亦甚整齊。並由洋教習將各營分作兩隊，一爲攻軍，一爲守軍，互相比校。各軍於攻守進退之間，尚能悉聽調度。其施放槍礮，以護軍營，最爲純熟不亂。以及工程營之趕造橋壘、安放地雷，輜重隊之運致軍資等事，皆能合法。其餘各營，其中亦有可觀。惟此係初次合操行軍隊，内中各營生熟自難一律。緣各營兵勇，今年有彈壓鐵路者，有填築本營操場者，有修造本營營壘者，不能日練洋操。此時若不一氣練成，則閲伍既過，又復鬆懈，終難入格。現經臣嚴飭各營將領，予限一箇月，上緊操練行軍隊。俟明年二月，臣當復行親加校閲，再將操練出色，及生疏、疲緩各官弁兵勇，比較等次，分別賞罰。果能從此切實訓練，勤密不懈，當可漸收實用。臣仍當隨時督飭考校，以期仰副聖主整軍經武之至意。

（硃批）知道了。著即勒限上緊操練行軍隊，復加校閲，據實奏聞。（欽此）

謝賜福字摺光緒二十五年十二月二十四日

光緒二十五年十二月二十五日，摺弁齎到御賜福字一方，當即恭設香案，望闕叩頭謝恩祗領。欽惟我皇上，道探乾始，運協皇春。侔天地日月而奉無私，應元亨利貞而占有喜。對時育物，仰媧皇立極之功。奮武綏邊，成大禹攸同之治。金倉足國，農工商分自周官。銀幣惠民，圜方揣酌乎漢制。大雅之詩備五福，下及蜎蠉。馬遷之史談九瀛，遠通文軌。穗書錫祉，葵向知春。臣雕木庸材，抱冰愚悃。堅庚孳子，兆倉廩充衣食足之祥。襟江帶湖，守勤民生討軍實之教。鐘聞長樂，祝釐合薄海之歡，笙叶上林，獻歲結瞻雲之念。

湖北認定抵款實數請敕部詳核通籌摺 光緒二十五年十二月二十九日

竊照湖北宜昌鹽釐，前經户部奏准咨行，自光緒二十四年起抵還洋款一百萬兩，由部另行指款撥補鹽釐一百萬兩。核計光緒二十四年分，撥補百萬款內，有指撥本省之裁兵節餉一款，實只扣存五萬餘兩。丁漕平餘一款，除灾緩及完銀者無收外，實止收銀二萬五千餘兩。尚短八萬五千餘兩。將本年奏准部撥湖北昭信股票銀十萬餘兩，撥出八萬五千餘兩，湊足上年撥補百萬之數。至本年撥補之數無著太鉅。經年以來，一面與税司辯論，一面支持餉需，一面與户部電商騰挪牽補，於緊要各餉，勉强解出。然照此情形，實難持久。要餉有誤，鄂省固難當其咎。洋款懸宕，税司亦必纏繞不休。且往復劃扣，膠葛太多。官吏核算數目，每致昏眩淆訛。籌款之難，更可知矣。臣等督同司道，詳核熟籌，謹將鹽釐實收款、抵還款、撥補款、鄂款、江款，分晰各項年分、數目，籌擬以後辦法，敬爲聖主臚陳之。

一、本年撥補無著之款太多也。查光緒二十五年分撥補百萬款內，計指撥外省各款四十萬兩、本省各款六十萬兩。前次查明，本省、外省無著者，共七十餘萬兩。經臣等奏請，由部另行改撥。旋准部覆，止准撥本省昭信票十萬餘兩，然以湊抵上年撥補百萬之數，止餘存銀一萬五千兩，爲數甚微，難資補苴。復經督飭司道詳加核計，有著者仍止三十七萬兩。兹計本省無著之款，如裁兵節餉十一萬兩一項，現照五年遞裁之案，本年新舊兩案併計，祇節存銀九萬餘兩，不敷一萬數千兩。丁漕錢價平餘五萬兩一項，現計因灾蠲緩及以銀完納，致令錢價平餘短少，亦止銀二萬五千兩，不敷銀二萬五千兩。漕項四萬六千兩一項，業經提解輕賫等項，及撥還四國洋款，並無餘存。川鹽加價五萬兩一項，此項加價，全數撥還四國洋款，尚屬不敷，現實無款可撥。宜昌關十萬兩一項，核計該關徵税最旺之年約銀四十萬兩，除解四國洋款、內務府經費、槍礮廠經費、沙市關借撥經費、出使經費，並支本關經費，傾鎔折耗、存票抵税等項，共銀四十一萬數千兩，已屬徵不敷解。上年復加撥税務司經費二萬兩，尚難騰挪。近復派還鎊價銀五萬兩，更屬無款籌解。此項撥補鹽釐十萬兩，實無可撥。又指撥湖北暫停采買米價運費銀七萬兩，原係有著之款，現奉諭旨仍飭采運，是此項銀兩今復不能撥補。以上皆本省無著之款，即以所存昭信票銀尾數一萬五千兩補之，無著者仍約三十萬兩。至外省之款，惟湖南解漕項四萬兩，又平餘銀三萬兩，據稱現尚無款，須俟明年秋後籌解。其餘指撥湖南、四川、山西、雲南各款，疊經電咨催詢，接准咨復，均不能解。計外省無著之款三十三萬兩。本省、外省共無著銀約六十三萬兩。此本年撥補百萬有著無著之實數也。

一、湖北宜昌所收抵債鹽釐止有此數，他省之款不能代認也。竊惟欲免抵債膠繞之虚懸，尤必先清湖北鹽釐所收之實數。查宜昌鹽釐，向來每年收錢合銀約一百餘萬兩，惟內有應行扣除三款：一爲鹽釐加課，須分一半解歸兩淮，旺年一半約收銀十三萬兩，乃係兩江之款，湖北不能扣留解交税司。一爲籌餉加價，旺年宜昌約收十萬兩，由四川代收一萬四五千兩，川省每未解足，合計鄂、川實收不過十萬數千兩，以供户部指撥四國洋款十二萬兩，計不敷銀一萬數千兩，是舊案四國洋款尚難解足，斷不能移還新債。一爲江防加價，旺年約收十萬兩，係奏定專供槍礮廠常年經費之用，疊經欽奉諭旨，擴充製造。現值各省練兵，京營調械，正苦事急款絀，尚須添籌，更不能解與税司還債。此係江防，由鹽商額外抽捐，不在鹽課之内。且江省所抽加價，仍係留充江省之用，户部亦未提出抵債，湖北自應事同一律。核計除以上三款之外，湖北自收鹽釐所可解税司者，旺年約可共收七十萬兩。乃自上年川匪余蠻滋事，沿江商販梗阻，所收鹽釐頓減一成有零。計上年閏三月十一日起至本年三月二十一日止，西歷一年届滿，共衹解税司規元銀六十九萬三千零，合庫平銀六十三萬七千餘兩。自本年三月下旬起至年底止，收數仍屬不旺，與上年相等，來春三月約略可知。兩年以來，川鹽滯銷，至此已極。日後有無起色，尚難預必。此戊戌、己亥兩年湖北鹽釐所收可解税司之實數也。

一、本年無著愈多，已遵照部電將上年多收之款留抵，尚多不敷也。查以上年抵還洋款百萬計之，上年尚短交税司銀三十六萬餘兩。以上年各省撥補湖北鹽釐百萬計之，鄂省實多收銀三十六萬餘兩。惟鄂省上年雖有多收之銀，而本年撥補之款無著者多至六十餘萬兩。且即有著款内如湖南丁漕平餘，明秋方解，本省丁漕平餘、裁兵節餉，須俟明年夏間奏銷時方能有款。三項約共十五萬兩，目前並無實銀。而京餉、荆州滿餉、東北邊防、甘餉及舊案洋款，待解甚急，萬難延誤。當經電請部示辦理，旋准户部十月冬電覆稱，本年撥補各款解不足數，准將上年多收銀數留抵等語。當即遵辦。故不獨將上年多收銀數早已歸入本年用罄，即本年撥補之款，亦經凑解，仍屬不敷。況復撥款日增。如自上年起，每年加撥江漢、宜昌兩關税務司經費共十萬兩。自本年起，每年加撥東北邊防經費五萬二千兩。自明年起，每年加撥鎊價不敷銀二十四萬五千兩。又舊案指還四國洋款之加價短收，鄂、川共不敷一萬數千兩。統計增款數十萬金，尤屬無從籌措。此本年無著太多，遵照部電，將上年多收留抵之情形也。

一、以前兩年不敷洋債百萬之數，事與湖北無涉，湖北實不能認補也。查前准户部電：據總税務司聲稱，宜昌鹽釐每月約短交銀四萬兩，行令設法籌解。查宜昌鹽釐已解税司銀六十三萬七千餘兩，乃總税司聲稱每月短解四萬，數太不符，殊爲難解。且無論短解多寡。均與湖北無涉。查宜昌所徵鹽釐，業已全數交與税司，可謂悉索無餘矣。且原約、原案皆指鹽釐，今總税司乃欲於鹽釐之外更令補解鉅款，似非情理所有。且派還洋款之數，似應按各省原有之款按成分攤，方昭平允。今以淮鹽皖、鄂兩岸計之，每年收數約二百餘萬兩。止派還八十萬兩。湖北宜昌川鹽每年所收不及百萬，而派還洋款百萬之多。是鄂省本無之款，無從解足。業經臣等詳細電復户部，聲明總税司所索每月添籌四萬兩，萬難遵辦。誠以鄂省羅掘俱窮，更無由於鹽務外，別謀籌補之方。惟查户部訂立合同，係以宜昌鹽釐並萬户沱加價，作抵洋款一百萬。在當日户部之意，或以加課全數及萬户沱加價，均爲鄂省所收，故以百萬全數責之鄂省。今查萬户沱加價，每斤三文，乃光緒十一年兩江督臣委員設局所收，奏明咨行各省有案，並加課一半解淮銀兩，均與湖北無涉，亦經臣等電達户部。至此款應否令兩省認還，應請部臣籌度，湖北未敢越俎置議。嗣准户部勘電稱，已電令兩江解交税司。惟江省所收萬户沱加價及一半加課兩款，上年亦屬短絀，約共收銀二十五萬兩上下。合鄂省所解税司之數，亦止有八十八萬兩。以之統抵洋款百萬，尚不敷銀十二萬兩。此項不敷之數，應請由户部酌核辦理。總之，鄂省久已枯竭，實屬無法再認。户部通籌全局，至公至平，想不至再以此責之鄂省。此戊戌、己亥兩年不敷洋款，並非鄂欠，應請敕部另籌之情形也。

一、湖北鹽釐抵債願認定一確數，户部撥補亦祇請實撥此數，以免虚懸推延也。查以後宜昌鹽釐，或鄂款，或江款，必須各定一抵還確數，方免推諉膠繞，以致部臣核計爲難，無從豫籌。擬自明年四月起，無論收數盈絀，鄂省自願認定凑足七十萬兩解交税司。如收數不足，則由鄂省奏明，另行動支他款籌補，斷不能掣動舊案四國洋款之籌餉加價、槍礮廠經費之江防加價。如收數有餘，則報部候撥。其不敷三十萬兩，鄂省論力則久已枯竭，論理則非所當認，惟有籲懇天恩，免令鄂省認還。其由部撥補之款，鄂省亦祇願收銀七十萬兩，明年請由户部指撥湖北、湖南兩省有著之款，毋庸另撥他省，徒多虚懸，致誤要餉。如湘、鄂有著之款不敷，擬即由鄂省在於江漢、宜昌兩關税内撥足，以免貽誤而資周轉。查鹽務日疲，以後收數能否復舊，實所難料。歲認七十萬之數，並無把握。然值時勢艱難，部臣派撥，固亦甚費籌維，臣等仰體宵旰憂勞，不敢不勉任其難，認一定數，以備部臣豫籌。此以後湖北宜昌鹽釐認抵洋債實數之辦法也。

以上所陳，俱係實在情形。合無仰懇天恩俯念鄂省物力困竭，敕部詳核通籌，庶幾應還洋款及本省應解要餉，各不虚懸，兩無貽誤，鄂省幸甚。

（硃批）户部妥議具奏。（欽此）

整頓田房契税摺 光緒二十五年十二月二十九日

竊照湖北自鹽釐抵還洋債以後，户部撥補之款不敷至銀數十萬兩。又益以加撥東北邊防五萬二千兩，加撥鎊價二十四萬五千兩，添撥兩關税務司十萬兩，舊案四國洋款加價不敷一萬數千兩，數月以來，臣等督飭司道，迭次籌議，即使明年户部撥補皆係有著，短絀實款亦在四十萬兩以外。況有著者，目前未必據有實銀，斷非騰挪推緩所能支持。且庫中各款俱竭，即騰挪亦無從措手。近又屢奉諭旨，練兵固圉，籌辦江防，尤應欽遵，於武備實力經營，以備不虞，軍實所需，亦必須酌增新餉，是非實有開源之法不可。惟今日物力困敝，籌餉尤難。體察鄂省情形，諮訪衆論，擬有籌辦之法三條：一、整頓田房契税，一、抽收煙、酒、糖税，一、加徵土藥税釐。三事並舉，或可得有大宗的款，以資補苴。

查湖北田房税項，每年所解正税，盈餘不足萬兩。以通省六十八州縣計之，何止此數。而税收如此之微者，一由於民間多以白契成交，不肯投税。一由於民間雖經投税，多乘地方官交卸之時，減收契税，僅蓋縣印，並未照例請粘司印契尾。一由於書吏包繳，乾没亦多。官吏相沿，視爲陋規。輒視此項印税，爲固有之利，層層中飽。以民間隱匿串減而税去其一，書事攬契包繳而税又去其一，州縣不盡報解而税又去其一，致税收甚屬寥寥。三弊迭乘，而契税盡矣。今欲一清積弊，莫若由司頒發契紙。查湖北各府縣向多由官刊發契紙者，兹擬變通辦法，毋庸再粘契尾，改由藩司善後局刊刷三聯契紙，蓋用藩司印信，編立號數，令善後局會同經理，以杜司吏需索之弊。先行發交各州縣若干張存儲備用，將用盡時，即先赴省續領。庶隨時皆有司契，可便民用。由各州縣選派公正紳士設局經理，不假吏胥之手，以免擾民。局紳不管他項公事，不責令攻訐舉發，致斂衆怨，祇專助官清理契據，取其與民交接，其情易通。嗣後民間賣買田房，一經成交，業户即自行赴局投税，請領司印三聯契紙，照式填寫。於契内騎縫、價值數目上加蓋縣印。將中一聯截發業户收執。上一聯賫司稽核。下一聯留縣存查。各處皆可參觀、覆對，税收視契價而定，不致有報多報少之事。如此，則以後民間無不用司契之産，州縣自無私税匿報之弊，而税款可期核實矣。

惟是税契一事，有積習相沿須量爲從寬之處，亦有鄉民不便須設法體恤之處。總期於籌餉之中，仍寓恤民之意。兹定有簡明章程十條：

第一條，遵旨酌定年限，查辦契税。光緒元年以前白契未税者，令領新契，免其照例罰半充公，並免其補税。元年以後未税者，亦免其罰充，但令照章補税。

第二條，舊契但有縣印而未粘司尾者，令换新契，並不再税。其地價在錢五十串以上者，繳契紙費銀二錢。價在百串以上者，繳契費三錢二分。地價再多，亦不加費。其價在五十串以下者，領契免費。查税契定例應粘司尾，此等無尾之契，乃州縣交卸減價，田主已占便宜，今令换司契，法所當然。契尾之費，鄂省向係制錢一串内外，新章極力減少。此費係爲契紙工本及局用之需，大約僅止敷用。如有盈餘，解省充餉。

第三條，舊契已粘司尾者，免其换領新契，以省煩擾。

第四條，祖産相傳田地、房屋，管業已久，或契據遺失，或兄弟分産，或山改爲田，或屋拆爲地，此類甚多。但有糧串及他項簿據，里鄰周知者，並不追究。其願補領新契與否，聽其自便。如願補領，須有鄉鄰具保，只繳契費，不令納税。

第五條，自己之地造屋者，無論城市、鄉鎮，其地如已有契，房屋斷不另行查契。

第六條，不派書差勒傳，亦不派紳士挨户清查，但出示曉諭，並令地保沿街鳴鑼傳知，不准入業户之門，自無騷擾。

第七條，舊契無司尾者，但將新發司契，粘貼舊契之前。其舊契仍在，將來業户買賣，自可查對，不至有謄寫錯誤、訛詐滋訟諸弊。

第八條，凡舊日未粘司尾之契，領换新契者，限於六個月内，一律領换。以後田産詞訟，如新契未用司契者，或舊契未粘司尾者，官司斷案，不以爲據。至六個月之限，爲期甚寬，或於完錢糧之便入城换契，或自來城，或託親友，均聽其便。或有貧富孤寡無人，距縣過遠，以致换契逾限者，該處紳耆查明屬實，禀縣從寬。

第九條，四鄉向有徵糧分櫃者，准其託鄉櫃代换。意在便民，免其入城跋涉。其向無鄉櫃者，如鄉民嫌入城較遠，紳耆公議，願在四鄉設分局者，州縣體察民情酌辦，由鄉局將原契送城查驗，印發新契。自願入城領契者，聽。城局限次日發還，鄉局限十日内發還。

第十條，應完正税、應繳契費之外，如有官紳吏胥藉端需索者，告發嚴參罰辦。

以上十條，皆係參酌民情，事事從寬，期於通行無礙者也。至徵收税契銀兩，歷有舊章，仍飭各州縣照章徵收，不得因設局清查，藉此加徵分釐。

查此項契税，久歸中飽。現經設法整頓，地方官已將從前所得陋規和盤託出。惟各州縣公務繁重，即此項契税查辦、收解及設局一切之用，在在需費，必須酌予寬恤，令其足敷辦公，始足以養其廉，不致别滋流弊。且州縣向來所沾潤，究係取之盈餘，與侵蝕正賦者，尚屬有間。擬將所收税銀，除額徵正税仍飭各州縣照案批解司庫外，所徵盈餘銀兩，准於三分之中酌提一分，留爲州縣辦公之需。似此寬其既往，嚴其將來，並爲之留餘地，使不致辦公竭蹶，儻復敢隱匿侵蝕，嚴加懲儆，斷不寬（貨）[貸]。庶幾往年積弊爲之一清，歲收盈餘當可增多數倍。此整頓契税辦法也。

其酌抽煙、酒、糖税，及加徵土藥税兩事，章程各有不同，所有詳細辦法，於此次另片奏陳，以清眉目。正據司道查詢各屬，詳議章程會詳請奏間，適准户部咨，以洋債、軍餉兩項，需款不敷甚鉅，奏准籌款六條，以資周轉。其中即有整頓田房契税及加徵煙、酒、土藥釐税三條。臣等伏查湖北情形實與他省不同，撥補無著已鉅，加撥之款尤多。要餉固難貽誤，練兵亦不可緩。不得已，督同司道，悉心籌維，計惟有整頓契税及酌抽煙酒糖税、加徵土藥税三款，或可爲鄂省外應洋款，內顧軍餉各項之用。現在甫籌開辦，究竟各項收數能否集成鉅款，尚難預必。第既有此項來源，要可藉資周轉。惟念湖北半年以來，苦思經營，原爲湊補不敷之用，隨准部咨籌款六條，亦以此三項爲言，湖北籌之於先，部咨繼之於後，如部臣以爲係由部飭籌之項，飭仍提解部庫，則鄂省撥補不敷各款，又將束手無策，勢不得不仍請由部改撥，恐部臣仰屋爲難，亦必無實款可撥。往返推延，徒致貽誤。自惟有請將此三款俱留湖北本省，湊供不敷各款。且所供者，最要之款即係京餉、荆州滿餉、武衛中軍餉、東北邊防餉、甘餉及洋款各項，實與提解部庫無異，亦與部文籌備洋款、軍餉之原意相符。況部文加徵者，乃煙、酒釐金，現已照新章加徵。此次所抽者，乃煙酒糖落地、産地税，與部文所加釐金不同。至宜昌關税，止有土藥一項，其百貨皆係轉口，屢次部撥各餉，皆係取給於藥税一款，自不在提解之列，合併聲明。合無仰懇天恩俯念湖北各款短絀過鉅，地處長江上游，江防重要，練兵尤亟，更當欽遵趕辦，准將新籌契税，並另片所陳抽收煙、酒、糖税及加徵土藥税，一併留供本省各項不敷及練兵新餉之用。地方幸甚。

（硃批）户部議具奏。片二件併發。（欽此）

加徵煙酒糖税片 光緒二十五年十二月二十九日

再，湖北現因各款短絀，整頓田房契税及抽收煙酒糖税，以資補苴。除籌辦契税另摺奏陳外，查煙、酒、糖三項，湖北本省各屬，多有出産、製造之區。其外省販運來鄂落地行銷者亦廣。因思煙、酒、糖，不過供人嗜好之物，並非貧民日用所必需，較之糧米、百貨，迥不相同。自可酌量加抽税項。查光緒二十年曾准部咨行令煙、酒加收三成，茶、糖加抽二成。當經遵照加抽，奏報在案。惟前次及此次部章加抽，係指各釐局所收過境之釐，並未於出産之處就地徵税，亦未於行銷落地之處抽捐。兹擬除過境釐金照章加抽，現於販運過境者，概不過問外，飭令各州縣并委員於出産地方，商販繁盛、行銷市鎮，設立專局，專就煙、酒、糖三項，分别出産、落地，酌抽税項。此與部章加徵過境釐金辦法，兩不相涉。就市價之低昂，定抽税之多寡，總以不及其價十分之一爲度。所有本省出産煙、酒、糖，一經報完税項，粘貼印花，准其運往各處行銷。但於起坡處所，赴局報驗，不令重完。其外省煙、酒、糖運來本省行銷，應完落地税者，令其赴坡，報由局中查驗，照章完税，方准銷售。此項抽收税款，雖取之於商販之人，而仍係食户之所攤派，散之全省，於民間本無大累。況煙、酒、糖三項，皆非日用所必需，即使此次抽税價值稍昂，亦於窮民生計，斷不至於有礙。惟創辦伊始，現在所定抽税章程，將來應否增減，應俟試辦數月以後，酌度情形，再行妥定畫一章程奏咨定案。至此項産地税、落地税，係在部章加抽釐金之外，湖北撥款日增，需餉尤急，種種支絀情形，業經臣於整頓契税摺内詳細瀝陳。相應仰懇天恩准將此項煙酒糖税留供本省不敷各項要需，以資接濟。

加徵土藥税片 光緒二十五年十二月二十九日

再，查宜昌關税專恃土藥一宗，與他關以貨税爲主土藥只屬一端者，迥然不同。近年以來，該關每歲僅收税銀四十萬兩内外，乃指撥之款屢次加增，以入抵出，不敷甚鉅。而鄂省本年撥補鹽釐無著之款甚多，近又加派鎊價不敷銀二十四萬五千兩、東北邊防五萬二千兩，收少撥多，更無挹注之方。該關非加徵土税，斷斷無從湊解。正在議詳具奏間，准户部咨奏准籌款六條内有加徵土藥税釐三成一條，復經轉飭核議詳辦。

查湖北土藥來自川、滇，其行銷有水、陸兩路。陸路土藥商販經行之處，毗連湖南、陝西各省，山路紛歧。如驟議有加徵，必致多方繞越，查不勝查，税收反更有減無增。且各省情形不同，亦恐不能畫一。應俟詳加籌議，另行酌辦。至水路行銷土藥，均由川省乘用長江輪船運銷。經過宜昌洋關報完税釐，沿江直下。若上下游一律照加，自然無可繞避，擬即遵照部章，將土藥税加徵三成。查宜昌關上游有四川重慶關。川省爲産土之地，土商定必籲懇輕税。其如何辦法，應聽川省自行斟酌。如川省一時尚未議定，宜昌關即先行遵章加徵，尚可無礙，未便停待。惟下游上海、天津、甯波、汕頭四關，最關緊要，必須同時舉辦。如下游别省不加，僅止鄂省宜昌關獨加税銀，土販繞道趨避，必至全無收數。相應請旨飭下總理衙門、户部催令下游各關照加，並令總税務司分飭滬、津、甯、汕各税司遵辦，一律加徵，以裨餉需。至宜昌關税，專指土藥一項，與他關情形不同，且指撥各款太多，不敷撥解。此項加徵税銀，自應仍留該關湊解部撥各項，并撥補鹽釐不敷之用，邀免另提解部，俾免貽誤。

密陳學政考試品學聲名片（一） 光緒二十四年八月至二十五年十二月　日

再，各省學政考試品學聲名，例應於年終密奏。查湖北學政翰林院編修王同愈，本年考試武昌、漢陽、黄州、德安、襄陽、鄖陽、施南、荆門等府州，湖南學政户部左侍郎吴樹梅，本年考試常德、辰州、永順、澧州、靖州、鳳凰、乾州、晃州等府廳州各屬生童，臣隨時密加察訪。王同愈關防嚴密，校閲精勤。吴樹

（一）録自中國第一歷史檔案館編《光緒朝硃批奏摺》第一四輯，第七五九頁，中華書局一九九五年版。

梅考校公明，士論翕服。茲届年底應行具奏之期，謹循例據實密陳，伏祈聖鑒。

密陳兩湖司道府考語單[一] 光緒二十五年十二月　日

謹將湖北、湖南藩、臬兩司，道、府現任各官，密注考語開具清單，恭呈御覽。

湖北省

現署布政使、本任按察使瞿廷韶　廉明厚重，於通省吏事、民情極爲熟習，用人能盡其長，爲政能持大體。湖北籌餉最爲艱苦，該司能任其難。

現署按察使、本任監法武昌道孟繼壎　端謹詳明，宅心平恕，論事清澈，毫無障翳。

督糧道譚啓宇　年强才裕，職任克舉。

漢黄德道岑春蓂　志端才敏，治理勤能。該關道甚能講求洋務，交涉事件因應得宜，實爲監司中出色之員。

安襄鄖荆道朱其煊　器局開展，練達有爲，考核屬吏，亦能明允。

武昌府知府逄潤古　老成諳練，表率堪資。

漢陽府知府余肇康　理繁治劇，明決過人，鄂省出色之員。

黄州府知府魁麟　守慎才明，究心吏事。

安陸府知府史書青　老練有爲，地方熟悉。

襄陽府知府錫綸　年壯才敏，求治甚殷，可造之器。

鄖陽府知府許有麟　端重精詳，老練而無習氣。

荆州府知府舒惠　和平謹厚，隄工盡心。

宜昌府知府陳其璋　年力正强，有志辦事，惟情形尚生，當勉以穩慎不偏，可期屬吏翕服。

施南府知府額勒恒額　悃愊無華，吏民相安。

湖南省

布政使錫良　清廉剛直，政事勤明，器識不凡，亦能講求武備，洵堪大受。

現署按察使、本任鹽法長寶道湍多布　才通守慎，率屬有方。

糧儲道但湘良　强幹有爲，綜理周密，通省情形極爲熟習。

現署鹽法長寶道、本任岳常澧道陳璚　資望最深，吏事精練。

衡永郴桂道隆文　穩慎率屬，循分供職。

辰永沅靖道莊賡良　勤敏開展，肆應之才。

長沙府知府顔鍾驥　端謹不佻，講求吏治。

現署寶慶府知府、本任岳州府知府英文　任事極爲奮勉，若能化其意見，自是長才。

常德府知府湯似瑄　穩練和平，吏事不廢。

衡州府知府裕慶　才具優長，情形亦熟，湘省出色之員。

永州府知府德泰　公事勤慎，按部就班。

永順府知府連培基　年强才優，志趣甚好。

[一] 録自中國第一歷史檔案館編《光緒朝硃批奏摺》第一四輯，第七七五至七七六頁，中華書局一九九五年版。

密陳兩湖提督總兵考語單〔一〕光緒（十九年十二月至）二十五年十二月　日

謹將湖北、湖南提督、總兵現任各官密注考語，開具清單，恭呈御覽。

湖北省

提督吳鳳柱　該提督乃馬隊宿將，質樸壯健，心地坦白，情形洽熟，軍民相安。惟近來性情稍偏於和平，當勉以嚴肅奮厲，振作士氣。

宜昌鎮總兵傅廷臣　材力强幹，營務整飭雖無偉略，亦無惡習。

長江水師漢陽鎮總兵周芳明　巡防詳密，勤樸耐勞，尚不失水師舊日規範。

湖南省

提督婁雲慶　威望素優，精力甚健，雖志氣不如從前之强果而鎮撫有餘。

鎮筸鎮總兵周瑞龍　營務老練，奮勉有爲，頗能稱職。

永州鎮總兵熊鐵生　現經湖南撫臣奏派練兵，治軍有方，任事果敢。近來足力稍弱，而志氣不衰。湘中宿將似此者已不多覯。

長江水師岳州鎮總兵魯洪達　水師嫻熟，巡防認真，於事理亦甚通達。岳州新開商埠，爲湘省初有洋商洋輪之始，該鎮撫綏彈壓，頗資得力。

請開復知縣李觀濤頂戴片〔二〕光緒二十五年月　日

再，前因鄂省辦理清訟，經臣等奏請將積案較多各州縣摘去頂戴，以觀後效。奉旨允行，欽遵行司轉飭遵照在案。茲查有署漢陽縣事准補興山縣知縣李觀濤，奉飭後於兩月之中審結上控及自理詞訟一百三十餘起，尚屬深知愧奮，力圖振作。合無仰懇天恩准將李觀濤頂戴開復，以昭激勸而資觀感。據藩、臬兩司詳請具奏前來。謹合詞附陳，伏祈聖鑒。

李觀濤著開復頂戴。該部知道。

〔一〕録自中國第一歷史檔案館編《光緒朝硃批奏摺》第四七輯，第五〇頁，中華書局一九九五年版。此件日期，從對魯洪達的考語中可知係在光緒二十五年四月岳州開商埠之後的年終考語。故應斷為光緒二十五年十二月。

〔二〕録自中國第一歷史檔案館編《光緒朝硃批奏摺》第一四輯，第八一一頁，中華書局一九九五年版。李觀濤在本年三月十五日被奏參後在兩個月中清理積案。張之洞在十月開復徐嘉禾等人時提及李已奏准開復（見本書五三七頁）。故此件日期似可定為光緒二十五年五月至十月　日。存疑。

光緒二十六年

整飭荆江襄河水師摺[一] 光緒二十六年正月　日

竊查湖北荆江設有水師兩營，襄河設有水師五營，專爲巡緝盗匪，保護商旅，肅清江面、河面。疊經臣檄飭告戒，飭令認真整頓，不准短缺，不啻三令五申。兹經臣密派各員，分段確查，復經臣詳細考核。查有管帶襄河水師左營記名總兵童福興，積弊最深，勇丁缺額最多，發餉復有扣減，砲船亦未核實修理。當將該營官撤换。正在彙案奏參間，適據報該營官病故，亦置之不議，仍應請旨將總兵童福興，即行革職。又管帶荆襄水師前營記名提督張添習，衰頹廢弛，既不足額領去火藥，亦不操練，惟多被哨官朦混，其弊不盡在該營官一人。相應請旨將提督張添習以副將降補。又管帶襄河水師中營記名提督王得勝、管帶荆江水師後營儘先副將張國棟，巡緝均屬用心，尚不敢公然弊混。惟船勇多係登岸住宿，哨官亦不住船，此等惡習乃歷年水師積弊，如不禁改，則船砲生疏，水師仍無實際，短缺之弊亦難稽察。所有提督謝得龍、王得勝、副將張國棟三員，均請旨摘去頂戴，責令力除積習以觀後效。如能將所部各船哨弁、勇丁多不住船之弊，一律革除整飭，并能勤加操練，再行奏請開復。其各營哨弁積弊亦多，已飭新舊各營官認真嚴查，據實禀請革换。除將荆江前營、襄河左營另行派員管帶，暨所有各營仍由臣隨時考察，責令一律認真操練外，理合會同湖北巡撫臣于蔭霖恭摺奏陳，伏乞皇太后、皇上聖鑒。

另有旨。

審明夥搶官船之犯按例定擬摺[二] 光緒二十六年二月　日

竊照前因安陸縣知縣張源深，遏糶病民，激成衆怒，致將坐船赴堤之德安府知府汪元慶在安陸、雲夢、漢川交界之道人橋地方，被米商船户等誤認，上船滋鬧，並被痞匪乘機搶去什物，即經臣之洞與前撫臣譚繼洵訪聞，並據汪元慶具禀，當即委員馳往密查拿辦，並將辦理不善之知縣張源深撤任，奏參革職。旋據委員會同安陸、雲夢二縣拿獲搶犯郭春林、陳才元及滋事船户李新傳、李再喜、張貴元、李茂元、趙宗德、夏松柏到案，並在陳才元名下起獲原贜錦套白玉墜等件，交由汪元慶家丁趙貴等認領。訊據搶犯郭春林等供認起意聽糾夥搶官船得贜，並因縣官遏糶，致被地痞藉端訛詐受累，尋毆縣官洩忿，誤上府官坐船，掀棄什物各情不諱。郭春林即因病于雲夢縣監身故。該縣王松驗訊禁卒並無凌虐。一面録陳才元等供詞，禀經臣之洞與前撫臣譚繼洵以案情關重，核恐供多未確，批司委員提到人卷。並據安陸、雲夢二縣續獲向米商等詐擾之曾光三、曾梓亭、僧根法、姚冒三、姚澤、姚智周解司，一併發委武昌府審辦。該犯僧根法旋因帶病解省，在管身故，由署江夏縣知縣徐嘉禾驗訊，並無凌虐，詳經批

[一] 録自《京報》第六八五〇號。
[二] 録自《京報》第六八九一號。

飭歸案議辦去後。茲據武昌府知府逄潤古提集各犯審明議擬，由署湖北按察使孟繼塤覆勘前來。

臣等隨提犯親訊無異。緣陳才元、姚冒三、姚澤、姚智周、曾光三、曾梓亭分隸漢川、安陸、雲夢等縣，均先未爲匪。李新傳、李再喜、張貴元、李茂元、趙宗德、夏松柏亦各籍隸漢川、雲夢等縣，均駕船營生。光緒二十一年，德安府屬隨州、應山等處收成豐稔，下游各路商販多往購米運漢售賣，米船往來必由安陸縣境之府河經過。是年十一月間，安陸縣知縣張源深因據縣紳張家鑑等以經過米販日廣，誠恐本地米少價昂等詞具禀，即經示禁，以致米船停泊河干不能開駛。至十二月，愈集愈多，米多霉爛。經德安府知府汪元慶訪聞，飭令弛禁，照常放行，各米商紛紛出境。內有李新傳、李再喜、李茂元、張貴元、趙宗德、夏松柏與未到案之彭華階、盧得保各米船，先行至安陸縣屬之胡姚家灣及與雲夢交界之曾家河地方，被不識姓名地痞多人，藉官禁米出境爲由，攔河留難。或訛詐錢物，或搶挑米石。其現獲之姚冒三、姚澤、姚智周、曾光三、曾梓亭與已故之僧根法，見該地痞等攔詐得利，冀圖分肥，各於事後隨同滋鬧，陸續訛得錢米，未記確數。該米商船户，因其人衆勢兇，畏不敢較，羣赴安陸縣衙門求爲保護。時值往觀人多，不知何人將縣署柵欄擠壞，張源深漫不加察，以事由米商船户肇釁，喝令拿究。當將彭華階、盧得保二人獲案責斥。李新傳等各自負氣轉歸。迨二十二年正月初九日，德安府知府汪元慶坐船赴雲夢、應城兩縣勘堤，是日傍晚行抵應城、雲夢、漢川三縣交界之道人橋北岸灣泊，各米商船户見該處有官船一隻，因先聞有縣官張源深由水路坐船進省之説，憶及上年被張源深禁米出境，喫虧不少，往求保護，反遭拿責，心不甘願，以爲該官船即係張源深船隻，李新傳起意糾毆報復，李再喜、李茂元、張貴元、趙宗德、夏松柏與彭華階、盧德保以及米客人等俱各應允。李新傳等即上船齊聲喝毆，打毀艙板門扇，並將船內被褥、枕頭皮、飯菜盒等物掀棄水面。維時，昔在今故之郭春林與現獲之陳才元及未獲之李得元、趙長生同在該處岸上會遇，共道貧難，郭春林聞有米商船户尋毆官船之事，起意邀約，乘機同上官船，搶奪財物分用。陳才元等允從，郭春林即携木棍，陳才元、李得元、趙長生徒手，一共四人，上船扭斷箱鎖，汪元慶之僕從趙貴、王升上前攔捕，郭春林用棍拒毆，致傷王升右手腕，趙貴左臂膊。汪元慶隨帶人少，彈壓不住，經附近居民陳元煜救護登岸。該米商、船户人等，見非安陸縣官，當各追悔走散。郭春林等亦即搶得衣物、錢文，分背上岸而逸。郭春林先於臟內分給陳才元錦套白玉墜、墨眼鏡一付，餘俱交李得元、趙長生收藏，約俟緩日會齊，帶往他處賣錢俵分各散。該前署雲夢縣知縣王如松聞信馳往，於陳元煜家謁見汪元慶，隨將水面浮棄各物，飭差悉數撈起，交給趙貴等收領。一面會營驗估造册，通詳差緝。並據汪元慶查明被搶情由具禀通詳。臣之洞與前撫臣譚繼洵，已先訪聞，委員馳往密查拿辦。當將辦理不善之安陸縣知縣張源深撤任，奏參革職。茲據委員會同安陸、雲夢二縣，將搶犯郭春林、陳才元，及滋事船户李新傳、李再喜、張貴元、李茂元、趙宗德、夏松柏一併拿獲，並在陳才元名下起獲贓錦套白玉墜等物，交由趙貴等認領。提審郭春林面帶病容與陳才元等均無拷刺痕跡。雲夢縣王如松審明犯供，正擬禀辦，該犯郭春林即在監病故。驗訊禁卒並無凌虐。隨録陳才元等供詞，禀經臣之洞與前撫臣譚繼洵，以案情重大，核恐供多未確，批司委員提到人卷，并據安陸、雲夢二縣續獲詐擾案犯姚冒三等解司，一併飭委武昌府審辦。該前府李方預未及提訊，因病出缺。曾根法亦因帶病解省，在管身故。由江夏縣驗訊看役並無凌虐，詳經批府歸案議辦。接署府施紀雲亦未及審詰卸事，該府到任提犯審明録供，議擬由司嚴訊轉解前來。臣等提犯研訊，仍據各供前情不諱。再三究詰，矢口不移，案無遁飾，應亟議結。

查例載：搶奪之案，數至三人以上，但經持械威嚇並傷事主者，爲首及在場動手之犯，照强盗律擬斬立決，爲從在場並未動手者，發遣新疆，給官兵爲奴。又兇惡棍徒，屢次生事行兇，無故擾害良人，人所共知，確有實據者，發極邊足四千里安置。凡係一時一事，但在情兇勢惡者，亦照例擬發。又律載：本應罪重而犯時不知者，依凡論。又民毆非本管九品以上至六品官者，加凡鬥傷二等，又手足鬥人不成傷者，笞二十。又故意棄毁人器物，計所棄毁之物即爲贜，准竊盗論，免刺，官物加二等。又竊盗贜一兩以上至一十兩，杖七十。又爲從減一等各等語。此案郭春林起意，持械糾邀陳才元等三人，同上官船，搶奪得贜，拒傷汪元慶跟丁趙貴等平復，實屬倚强肆掠，兇暴昭著，查搶奪官船並無作何治罪明文，惟行竊現任官船隻，係照尋常竊盗加等問擬。今該犯搶奪爲首，已應斬决，罪無可加，應仍按搶奪本例問擬。郭春林合依搶奪之案，數至三人以上，但經持械威嚇並傷事主者爲首及在場動手之犯，照强盗律擬斬立決例，擬斬立決。已於取供後在監病故，應毋庸議。陳才元聽從夥搶官船得贜，並未在場動手拒捕，應比例加等定例，加不至死。該犯搶奪爲從罪，已應遣，亦應仍按搶奪本例問擬。陳才元合依三人以上搶奪，爲從在場並未動手者，發遣新疆給官兵爲奴例，擬發新疆給官兵爲奴。仍遵名例，改發極邊烟瘴充軍，以足四千里爲限。到配後，鎖帶鐵杆石墩二年，照例刺字。姚冒三、姚澤、姚智周、曾光三、曾梓亭、曾根法，因見不識姓名地痞藉禁米出境，迭向各米船詐搶獲利，隨同滋鬧，訛得錢米，不記確數，致各米商、船户見各地痞與該犯等情勢兇惡，畏不敢較，實與棍徒無異。且米禁已開，更屬無故生事。惟究因先有地痞倡首滋事，該犯等不過事後隨聲附和，冀圖分財，情稍可原，應酌照兇惡棍徒極邊足四千里安置例，於軍罪上量減一等，各杖一百，徒三年。曾根法業已在管病故，應毋庸議。姚智周、曾光三、曾梓亭各供親老丁單，是否屬實，飭縣分别查明，照例辦理。姚冒三、姚澤二犯解配折責充徒，限滿詳釋。李新傳因先被安陸縣知縣張源深禁米受累，後聞張源深有由水路坐船進省之説，邀約李再喜等上船尋毆報復，致將德安府知府汪元慶座船誤認，打毁艙板器物並掀棄被褥等物，迨知錯誤，當各追悔走散，實屬犯時不知。查李新傳等分隸漢川、雲夢縣，安陸縣知縣亦非該犯等本管官，按例本應罪重而犯時不知者依凡論，民毆非本管九品以上至六品者，加凡鬭傷二等於手足毆人不成傷者笞二十律，上加二等，罪止笞四十。惟計打毁艙板、器物並掀棄被褥等件，共估贜九兩八錢，李新傳除擬笞輕罪不議外，應按故意棄毁人器物，計所毁棄之物即爲贜准竊盗論，官物加二等，竊盗贜一兩以上至一十兩，杖七十，加二等，杖九十律，擬杖九十。郭春林等乘機夥搶，亦因該犯等肇釁所致，情殊可惡，應再酌加枷號一個月，以示懲儆。李再喜、李茂元、張貴元、趙宗德、夏松柏均照爲從減一等，各擬杖八十，酌加枷號二十五日，均俟枷號滿日，折責發落。陳才元訊無父兄，在外爲匪，原籍牌保無從覺察，應與郭春林、曾根法各在監在管身故，訊無凌虐之禁卒看役人等，均免置議。起獲贓物已由趙貴等認明具領，未獲各贓同逸盜李得元等緝追另結。其詐搶米船之地痞人等，亦飭由安陸、雲夢二縣查拿究辦。郭春林係帶病進監身故，管獄官例無處分。此案搶犯首夥四人已於疏防限内拿獲二名，獲犯及半，兼獲首犯，邀免開參。安陸縣知縣張源深，因遏糶激衆釀成重案，實有應得之咎，業經革職，應毋庸議。是否允協，除全案供招送部外，謹合詞恭摺具奏，伏乞皇太后、皇上聖鑒，敕部覈覆施行。

刑部議奏。

請准將湖北賑捐展緩半年造册請獎摺[一] 光緒二十六年三月二十七日

竊查湖北省蒙恩俯准展辦賑捐一年，計自光緒二十五年二月二十六日展限接辦起，除封印日期應扣至光緒二十六年三月二十六日滿限，業經通飭各屬並移行各省督勸、行勸各員一體遵照停收，截數造報。惟此項賑捐，先後籌辦四年之久，報捐者不獨内地各省，即外洋各商埠亦多聞風輸助。招徠既廣，各捐生請獎履歷清册，勢難依限造送齊全。若不預先陳明，恐於限外請獎或干部詰，致令捐生向隅，殊非鼓勵急公之道。合無仰懇天恩俯准將湖北賑捐展緩半年造册請獎。至直隸籌辦湖北賑捐，前委直隸候補道洪恩廣駐津設局勸辦，業於光緒一十三年八月奏明，由該局分起造册呈送直隸督臣就近報部核獎。該局近距海口，勸募外洋商埠最多，獎册更難驟齊，應請一律展緩半年。仍飭該局赶緊催集，分起造册，呈由直隸督臣辦理，以歸劃一。據湖北籌賑總局司道具詳請奏前來。除咨户部暨直隸督臣外，謹合詞恭摺具陳，伏乞皇太后、皇上聖鑒訓示。

户部知道。

庚子恩科鄉試請依限題派考官摺 光緒二十六年三月二十七日

竊准禮部咨，光緒二十五年十二月□日内閣奉上諭：明年朕三旬壽辰，允宜特開慶榜，嘉惠士林。著以明年庚子科爲恩科鄉試，次年辛丑科爲恩科會試，其正科鄉、會試，著遞推於辛丑、壬寅年舉行，用示行慶。作人有加無已至意。欽此。欽遵到部，咨行遵照辦理等因。當經行司查辦去後。兹據署湖北布政使瞿廷韶查明，詳請具奏前來。臣等查湖北省光緒二十六年庚子恩科鄉試，應請依限題派考官，按期舉行，以宏作育而廣登進。其荆州駐防繙繹鄉試，併請照案另場辦理。除咨明禮、兵二部並飭將科場應辦事宜次第趕辦外，謹會同湖北學政臣王同愈恭摺具奏，伏祈皇太后、皇上聖鑒訓示。

該部知道。

拏獲悖逆惑衆匪犯審明懲辦摺 光緒二十六年三月二十八日

竊照上年十月，據長江水師漢陽鎮總兵周芳明呈轉，據田鎮營前哨守備王文明禀稱：漳源口地方有土客船隻經過，船上數人登岸游，行至已經封禁之土娼家，内有少年楊姓大言恫喝勒令揭

[一] 以下二件録自《京報》第六九一九至六九二〇號。

封，當經彈壓，不服，旋持楊國麟名片傳該守備上船謁見，痛加呵詈。自稱係江西按察司，携有官銜燈籠。忽又稱係宗人府官，語言狂妄，形跡可疑。當將一行人等，解交蘄州。經該州凌兆熊提訊。其楊姓一人，情形狂傲，言語支離。先供稱名楊國麟，即楊海樓，係廣東大埔縣人，郎中楊姓之子。由四川遊峨眉山、重慶、涪州一帶回來，將往江西龍虎山張天師處。正擬將其遞解，忽自稱係康有爲之弟，又稱係五王爺，語言多無倫次。

臣等接據該州稟報後，當即提省查訊。該犯到讞局後，供詞益復變幻。初供係康有爲之第三胞弟，康有章，年二十八歲。訪之各處粤人，僉云未聞康有爲有此胞弟。因詰以康有爲之祖父、子女、住址及鄉試科分、歷年蹤跡，一概茫然不知。則又供係康有爲之族弟。查訊同行土販等，據稱該犯自四川重慶、涪州至湖北利川、宜昌、漢口，其僕從及衆人皆呼爲楊少爺，帶有楊國麟名片。又聞人呼爲楊海樓，所携摺扇上寫有海樓字樣。一路忽稱甲午科翰林，忽稱吏部尚書楊暉廷之子，忽稱和碩親王，忽稱五王爺，忽稱宗人府查事人員，並稱有九頭獅子印、六花玉牌等物被竊失去。其僕從皆係在川、楚沿路雇覓。該犯自涪州始搭坐該土販船隻，嗣後該犯在讞局忽自稱宛平縣人，又稱係宗人府正藍旗人，真姓真名斷斷不能説出等語。父母名氏、住居地方隨口改變。每逢問供，踞坐傲慢，並據供帶有黄馬褂、貂褂、珍珠朝珠多件，當在漢口、漢陽當鋪，查提均無其事。其在江夏縣外監内，向同押各犯言語狂悖益甚，自稱爲天下一人，又自稱爲寡人，又自稱爲本朕。並云此間督、撫兩司，皆所素識。同時有在禁之犯張鴻澤、朱華山等被其煽惑，代爲書寫信件，傳至外間，借銀使用，令人救伊出監。語多荒誕悖謬。當有漢口行醫之楊端臣潜至外監窺探，信爲大貴人，一見即行跪拜。楊國麟因口授言語，令楊端臣書寫封固，交管獄官署江夏縣典史趙慶頤交付臣等閲看。函内大意，自稱僞旨，索取庫銀二百兩，令送伊往江西龍虎山等語，實爲狂悖可駭。但（詩）〔詞〕意鄙俚，有類戲劇。因署江夏縣知縣陳樹屏，將該犯刑責，故函内痛詆該縣。當飭該典史將楊端臣拏獲，發交讞局歸案嚴訊。其時正值海外逆報紛騰之際，武、漢地方訛言繁興，廣播匿名揭帖，自稱兵馬大元帥，糾衆爲亂，語多影射此案。以致衆情惶惑，顯係會匪互相句串造謡生事。

臣等因案情重大，督同藩、臬兩司，親提會鞫。該犯楊國麟供詞一味狂誕閃爍。訊其籍貫，忽南忽北，語音亦南北夾雜，絶非京城口音。詰以宗人府衙門在何處，宗人府所修玉牒係何事，以及清文、清語，一概不知。大約係外省人，曾到過京城而爲時不久者。最後供係山西平遥縣人，歷舉山西太原、直隷獲鹿、天津、奉天一路城關、鎮市甚爲熟悉。據供，真名係李成能，山西、天津、山海關、奉天、吉林鋪店甚多，因游蕩破家，出游各省。該犯有在上海素識之廣東連州人洪春圃，即洪金能，係髮逆洪秀全之後。武漢揭帖内所稱兵馬大元帥即是此人。手下人馬甚多，其人能觀星象，占文王課。上年八月間，曾在漢口與洪春圃見面。該犯一切舉動，悖逆言詞，皆洪春圃教唆等語。臣等查該犯楊國麟，即李成能，自稱僞旨，種種狂悖，句串會匪，造言惑衆，實屬罪不容誅。且該犯自川至楚，沿路所帶銀兩、金葉甚多，用度甚爲揮霍。如此舉動，其爲會匪無疑。因該犯行徑狂悖過甚，以致傳播外間，匪徒藉端造謡，展轉附會，鄂省人心浮動。以該犯如此悖逆狡詐，若不速爲懲辦，不足以安靖人心。當經飭將該犯楊國麟，即李成能，正法梟示，以息訛言而靖地方。

其楊端臣一名，訊據供稱係江南上元縣人，曾在甘肅軍營充當書識，現在漢口行醫，與楊國麟素不相識。因外間訛言，赴監探視，信爲貴人。經楊國麟口授，令伊代繕悖逆函件。朱華山一名，係潛江縣從前拏辦會匪案内留禁省監待質之犯。又已革同知銜候選知縣張鴻澤，係四川人，向在沙市充當商董，於前兩年沙市焚毁華洋房屋案内，奏明革職驅逐回籍，因復潛回沙市生事，經臣之洞訪拏發府審辦之犯，乃竟不知畏罪守法，甘受楊國麟之愚，傳遞信件。雖該三犯所寫各件，俱係言詞鄙俚，文義不通，跡近瘋迷，形同戲劇。然當謡言紛騰之時，附和生事，均屬大干法紀。若擬以軍流，必致潛逃，復行生事。該三犯楊端臣、朱華山、張鴻澤應均予永遠監禁。其餘同行人等，皆係無知鄉愚小販，尚未隨同生事，分别責懲開釋。至撤任前署江夏縣典史、本任崇陽縣桂口巡檢趙慶頤，以管獄之官，於楊端臣赴外監窺探，未加禁察，並將其封固悖逆函件，不行拆看，輒爲代投，雖據將楊端臣拏獲審辦，究屬咎無可辭，相應請旨將趙慶頤即行革職，驅逐回籍，以示懲儆。在逃會匪洪春圃，即洪金能，咨行廣東及沿江各省，一體嚴緝懲辦。

（硃批）知道了。趙慶頤著即行革職，餘依議。該部知道。

（欽此）

請開復知縣洪錫爵林佐常豐頂戴片〔一〕

光緒二十六年三月　日

再，前因鄂省辦理清訟，經臣奏請積案較多各州縣摘去頂戴，以觀後效，奉旨允行欽遵。行司轉飭遵照。嗣因署理漢陽縣事准補興山縣知縣李觀濤等，各於奉飭後，審結詞訟甚多，又經臣等先後奏准開復頂戴各在案。兹又查得宣恩縣知縣洪錫爵，奉飭後即能將任内上控自理各案訊結詳銷，案無留牘。前署大冶縣事補用知縣林佐、前署隨州事候補知縣常豐，均能幫同夏口、江夏兩廳縣各審結上控自理案數十起之多，尚屬深知愧奮，力圖振作，合無仰懇天恩俯准洪錫爵、林佐、常豐頂戴開復，以昭激勸而資觀感。據署湖北布政使瞿廷韶、署按察使孟繼壎會詳請奏前來。謹合詞附片具陳，伏乞聖鑒。

著照所請。該部知道。

察吏案内外誤官銜自行檢舉片 光緒二十六年

三月　日

再，臣等於光緒二十五年五月二十日具奏遵旨察吏參劾各員，原奏内有試用從九品文龍燿，以苛虐商民，絶無忌憚，請旨革職。兹查文龍燿係以縣丞分發到省補用，並非試用從九品。前次臣等具奏，悮將該革員官銜舛錯，一時疏忽，委屬咎無可辭。相應據實檢舉，請旨更正。所有臣等錯悮之咎，並懇聖恩交部察議。除咨部外，謹合詞附片具陳，伏乞聖鑒。

吏部知道。張之洞、于蔭霖著交部察議。

恭報兼署提篆日期摺〔二〕 光緒二十六年三月　日

竊准吏、兵二部先後咨開，光緒二十六年二月初八日奉上

〔一〕以下二件録自《京報》第六九一九至六九二〇號。

〔二〕録自《京報》第六九三一號。

諭：張春發著調補湖北提督，未到任以前，著張之洞兼署。欽此。旋據襄陽城守營遊擊張文傑將湖北提督印信呈送前來，臣當於三月十五日望闕叩頭謝恩，接印任事。伏念臣素厠章縫，未提桴鼓。闒符且攝，恩命重申。雖無駕輕就熟之才，敢廢有勇知方之教。嘗考前明王守仁以名儒而兼提督，國朝劉清以循吏而任總兵。此時文武合一之前師，仰見内外修攘之勝算。臣惟有申嚴師律，汰選軍鋒。厲峴山緩帶之雍容，鼓楚國前茅之勇氣。赤心報國，惟常矢戰栗之忱。霜鬢論兵，願無忘堅忍之志。所有微臣兼署提纂日期暨感激下忱，除恭疏題報外，理合繕摺具奏，叩謝天恩，伏乞皇太后、皇上聖鑒。

知道了。

奏准仍以原請之員擬補知府摺[一]

光緒二十六年四月二十八日

竊照德安府知府汪元慶於光緒二十五年六月初九日在任病故，當經題報開缺，聲明所遺員缺，扣留外補，應歸二十五年六月分截缺，奏請以保送候補知府施紀雲補授。旋准部覆，查該省勞績候補班前知府班内，尚有科甲出身合例人員，照例不得以人地不宜，將班次在後人員請補。如序補之員到任後，實係人地未宜，准其分別撤回對調。所請以候補知府施紀雲補授德安府知府之處，應毋庸議。其德安府知府一缺，應令另行更補，依限專摺具奏等因。於光緒二十六年二月十五日具奏。奉旨：依議。欽此。等因。轉飭遵照，自應另選合例人員請補。惟查德安府所屬五州縣，地廣賦繁，民情强悍，近年教堂林立，動輒以仇教爲名，尋釁滋事。又復界連豫省，會教各匪出没其間，此拏彼竄，難於弋獲。現值開辦鐵路，工程緊要，洋工司既絡繹不絶，土著之民復往往藉口於墳墓、田廬有所關礙，肆意阻撓，辦理稍不得法，即易釀成巨案。今昔情形不同，實非精明幹練、寬嚴相濟之員，難資治理。查勞績候補班前知府班内，科甲出身，僅有洪超一員，業經調赴廣東差遣。雖不在扣補之列，而人地生疏，若竟以該員請補，究恐未能悉臻妥善。彼時人地未宜，縱可分别撤調，但所誤已多，自未便拘守定章，稍涉遷就，致滋貽誤。臣等督同藩、臬兩司，再四商酌，仍以候補知府施紀雲擬補，以重地方。復查該員施紀雲精明練達，才幹優裕，又係科甲出身，且前署武昌府任内，於發審案件，虚衷研鞫，聽斷公平，及在德安府署任，措施一切，亦均裕如，政聲卓著，爲鄂省知府中不可多得之員。以之請補德安府知府，洵堪勝任。雖班次與例章稍有未符，但人地實在相需，合無仰懇天恩俯念德安府地方緊要，准仍以候補班補用知府施紀雲補授德安府知府，實於地方吏治大有裨益。

再，該員係候補知府，請補知府，銜缺相當，毋庸送部引見。據署湖北布政使瞿廷韶、署按察使孟繼壎會詳呈請具奏前來。謹合詞恭摺具陳，伏祈皇太后、皇上聖鑒，敕部核覆施行。

吏部議奏。

[一] 録自中國第一歷史檔案館編《光緒朝硃批奏摺》第一五輯，第一九〇至一九一頁，中華書局一九九五年版。

查明京控未結各案開單具陳摺〔一〕光緒二十六年五月二十七日

竊查前准刑部咨，議覆光禄寺少卿延茂奏，稽核京控審限，每年將已、未完數目，兩次彙開清單具奏，以歸劃一。並摘録案由，註明交審月日及未結各案因何未能審結緣由，於每年兩次覆奏時，詳細聲明等因。奉旨：依議。欽此。歷經遵辦在案。兹據署湖北布政使瞿廷韶、署按察使孟繼壎詳稱，陸續奉到部院衙門奏交、咨交各案，隨時委提人卷，解省發審。其有距省較遠州縣之案，移交該管道就近提審，或委員前往會同該管府審辦。前已截至光緒二十五年六月止，將未結各案造册詳請奏報。兹值半年彙奏之期，計尚未審結者十七起。或因原被供情狡執補提要證未到，或行提人證尚未解齊，以致未能訊結。核計尚無遲延等情，開呈清册請奏報前來。臣等覆核無異，除仍飭趕緊催提人證到案審辦，並將清册分送刑部、都察院、步軍統領衙門查照外，謹繕清單恭摺具陳，伏祈皇太后、皇上聖鑒。

刑部知道。單併發。

辦結宜施教案摺 光緒二十六年五月二十八日

竊照湖北宜昌、施南兩府屬會匪，前年因川匪余蠻子之亂，羣相煽動，擾及利川、長樂、長陽、巴東等縣地方，燒燬教堂，殺斃教士董若望等及各教民一案。匪勢日熾，蔓延甚廣，幾至不可收拾。當經飭派官軍，攻破賊巢，撲滅股匪，拏獲匪首懲辦，地方悉就平定。業將各情形詳細奏明在案。所有善後事宜，迭飭地方文武妥爲辦理。並據法領事德託美開列各條款要求甚多，並索賠恤銀四十二萬五千兩之多，萬難照准。當派委候補道朱滋澤、候選直隸州梁敦彦，會同法領事德託美等，迭次妥議各條。擬給教士董若望家屬恤銀一萬兩，其各縣地方天主堂、育嬰堂、學房、教堂公産並失去什物等項，共給銀四萬四千五百兩完結。並議拏辦在逃各犯及嚴飭地方官保護，以後百姓不得與教堂爲難。教堂、教士亦不收留匪類，干預詞訟，以期相安。至被匪擾害之教民，由地方官酌量撫恤，並於利川縣城内，由官出款，建造天主堂一所，交天主堂管業等情。臣等查所議賠、恤二項，共銀五萬四千五百兩，較前索之數已屬大減，自可照准。其餘各條亦屬可行，當將議定條款照繕二紙，札發江漢關道與法領事簽押、蓋印，各執一紙。當由江漢關撥銀二萬兩、宜昌關撥銀三萬四千五百兩，共五萬四千五百兩，均交法領事轉給。旋因教士以賠款太少，處處刁難，欲藉酌量撫恤被害教民一語，以各縣家數太多，添索數萬鉅款，案懸不結。復飭江漢關道暨委員與法領事商議，統給各處被害教民恤款共一萬兩，交教士分散，不得再生枝節。經法領事稟明法公使照允，照會江漢關道在案。此項續議恤款一萬兩，仍由江漢、宜昌兩關支給法領事查收轉給完案。

伏查此次滋事匪徒，係屬會匪，乘四川余蠻子滋事之時，藉端倡亂，糾衆響應，立有僞主帥、軍師、先鋒等名號，蔓延數縣，勢甚猖獗。重煩兵力，始克勦平。地方官猝不及防，力亦有所不及，與尋常鬧教毁堂者情形迥殊。其賠恤之款，未便攤派。且署長樂縣知縣劉綬青、蘇貽英等業經奏參革職，更屬無從追繳。合

〔一〕録自中國第一歷史檔案館編《光緒朝硃批奏摺》第一〇六輯，第一九五至一九六頁，中華書局一九九五年版。

無仰懇天恩俯准查照光緒十七年武穴、宜昌，十九年麻城各教案，賠款、恤款均由江漢、宜昌兩關支給成案，准仍由江漢、宜昌兩關動支。出自逾格鴻慈，謹合詞恭摺具奏，伏祈聖鑒。

（硃批）著照所請。該衙門知道。（欽此）

派員代理湖北提督摺 光緒二十六年五月二十八日

竊照現值北方有事，近畿紛擾，湖北人心浮動，匪徒藉端造謡。襄陽以北與河南等省接壤，伏莽素多，尤慮蠢動。襄陽實爲楚北邊要重鎮，係提督所駐之地，本任提督臣張春發現統武衛先鋒左軍駐防江北。臣奉旨兼署提篆，自應兼權統籌，以副恩命。惟是臣以總督駐紮鄂省，現當多事之秋，籌兵、籌餉事事不遑。襄陽懸隔千里，一旦有事，所有臨機籌防，一切殊難遥度。必須有提督坐鎮其間，督率提標各營將弁兵丁，平日認真操練，防患未然，遇有土匪竊發，臨時應機勦捕，庶可早遏亂萌，免致貽誤。惟臣係奉命兼署，惟有奏明派委大員代理，期於邊境有裨。查有現署鄖陽鎮總兵之提督鄧正峰，老練深穩，紀律嚴明，久歷戎行，嫻於兵事，堪以代理湖北提督篆務。其鄖陽鎮總兵，臣當另行委員署理。如鄧正峰訓練切實，措置有方，再行奏請署理。再，時艱事亟，可否仰懇天恩即令鄧正峰署理湖北提督之處，伏候聖裁。

（硃批）著照所請，該部知道。（欽此）

會派藩司統軍北上摺 光緒二十六年六月二十五日

竊臣等承准軍機大臣字寄，光緒二十六年五月二十一日奉上諭：著各直省督撫迅速挑選馬、步隊伍，各就地方兵力餉力，酌派得力將弁統帶數營，星夜馳赴京師，聽候調用。等因。欽此。跪聆之下，焦灼萬分，亟欲立起全師，星馳就道。惟湖南地方伏莽素多，鄰近黔、粤各省，亦有匪徒頻思蠢動。湖北沿江一帶，民氣浮囂。目下江防倍形喫緊，皆須兵威鎮攝，保守疆土，即以護固餉源，不得不加詳慎。當經往復電商，數少不能自成一軍，多則餉力不及。查湖南新軍勁字五營步隊二千五百名，訓練已嫻，堪備戰守。適原派統帶之永州鎮總兵熊鐵生，自渝關撤防時即患風疾。近年調治漸痊，而足疾仍未大愈，行步維艱。於臣等未議派兵北上之先，即以傷病舉發，禀請開缺。由臣之洞另摺具奏，請准其開缺。並將永州鎮缺請旨簡放。經臣廉三改委藩司錫良統帶勁字五營。該司前經奏明派辦營務處事宜，隨時赴營課操，將士均皆服習，較之更易生手，似覺穩妥。添派湖南候補道張成基爲分統，兼湘軍營務處。仍以調署長沙協副將崧煜爲幫統。湖北亦將武功、武愷、武防等營湘省勇丁挑選添募，共爲五營，計步隊二千五百名，委前南韶連鎮總兵方友升爲統帶。兩省合軍，庶足獨當一面。錫良於六月初八日交卸湖南藩司篆務，旋配足軍械，領軍啓程。抵鄂後，即由臣之洞、臣蔭霖將武功營弁勇均交錫良總統。惟湖北境内止有小車，軍火器械甚爲繁重，轉運不易，當經趕備車輛、人夫。已於本月二十一日，各營陸續開拔前進，取道河南信陽州等處北上，以達直隸。並電知河南撫臣裕長，迅飭南汝光道，設立轉運局，以免阻滯。所有湖北武功營、湖南勁字營弁勇糧餉，均照湘軍行營章程發給，各歸各省開支。錫良本任半廉，由湖南藩庫照例支給。其行營半廉公費及隨營辦事文、武員弁薪水並所帶親兵小隊一百名口糧，均由湘、鄂兩省各半分認，撙節支發，實用實銷。至該藩司錫良統兵北上，道遠事繁，刊給木質關防，文曰總統湖北武功全軍湖南勁字全軍湖南布政使行營之關防，領收開用。合無仰懇天恩俯准專摺奏事，俾免遲誤。

（硃批）知道了。（欽此）

請飭各省修護電綫摺〔一〕 光緒二十六年七月初六日

竊維電綫之設，速於置郵，而當軍務孔熾之時，尤關重要。近自津郡失陷，洋人馬隊四出游弋，難保不擾我驛道，阻我消息。而土匪亂民無知妄作，亦往往掘桿竊綫，藉圖漁利。現值北方用兵之際，軍情瞬息千變，惟賴電信無阻，消息靈通，方可協籌因應迅赴機宜。相應請旨通飭各直省將軍、督撫，轉飭地方營汛文武員弁，一體認真稽查，實力巡護。倘再有掘斷毀壞情事，除勒限緝犯嚴辦外，並將防範不力之文武員弁，分別懲處，以專責成。

再，查直隸保定地方，及山西、陝西一路電綫，關繫尤重，而被毀尤多，應請一併嚴飭各該省督撫，飭屬查明地段，將已毀者立即設法修復，未毀者酌派兵弁嚴密保護。務期節節通達，音信靈捷，庶於軍務時局均有裨益。所有請飭各省修護電綫緣由，是否有當，謹合詞恭摺，由驛六百里馳陳，伏乞皇太后、皇上聖鑒訓示。

另有旨。

請准以趙振聲調補繁缺知州摺〔二〕 光緒二十六年七月十六日

竊准吏部彙咨，截缺單開題三項要缺湖北隨州知州諸可權修墓，於光緒二十五年十二月初四日奉旨，照章第五日後行文。按湖北省照限五十日減半計算，應以二十六年正月初三日爲開缺日期，歸正月分截缺。係繁、疲、難題三項要缺，應照例揀員請補。查定例，州縣應題缺出，俱先儘候補正途人員題補。如候補正途無人，方准以應陞人員題陞。實無合例堪以題陞之員，始准於現任人員內揀選調補。又州縣等官，必歷俸三年以上，方准揀選調補。又准部咨，嗣後凡保題陞調人員，應令於保題疏內，將該員任內有無積案及欠解錢糧、承緝未獲盜案，詳細聲叙。如承審案件並承緝盜案、徵解錢糧已起降調、革職叅限者，概不准其陞調各等語。今隨州知州係繁、疲、難兼三要缺，例應揀員題補。惟該州毘連豫省，民俗强悍，且賦繁地廣，撫字催科在在均關緊要，非精明幹練、通達事理之員，不足以膺斯繁劇。臣等督同藩、臬兩司，在於通省候補知州並卓異應陞人員內逐加遴選，非現居要缺，即人地不宜，實無堪陞堪補之員。惟查有歸州知州趙振聲，年五十二歲，安徽涇縣人，由優廪生應光緒十一年乙酉科本省鄉試中式舉人，呈請兼襲雲騎尉世職。十六年庚寅恩科會試後，揀選知縣，赴部注册。旋在直隸永定河漫口合龍案內出力保奏，請以知州遇缺即選，經吏部議准覆奏，於十七年二月二十八日奉旨：依議。欽此。十八年四月赴部投供候選，二十一年二月選授湖北歸州知州，二十八日蒙欽派大臣驗看，三月初四日由吏部帶

〔一〕録自臺北故宮文獻編輯委員會編《宮中檔光緒朝奏摺》第一三輯，第六二九頁，臺北故宮博物院一九七四年版。

〔二〕以下二件録自中國第一歷史檔案館編《光緒朝硃批奏摺》第一五輯，第二七〇至二七二頁，中華書局一九九五年版。

領引見，初五日奉旨：湖北歸州知州，著趙振聲補授。欽此。領憑起程，六月二十四日到省，於十月十七日到任。二十三年八月赴部捐加尋常一級，前在順天辦理賑務平糶隄工案内出力，保奏請加四品銜，先於二十二年六月十九日奉旨：依議。欽此。嗣在湖北省賑捐案内獎戴花翎，二十四年大計案内保薦卓異，二十五年調署興國州知州，十一月十二日交卸歸州事，於十二月二十日到興國州署任。

覆查該員趙振聲，才具穩練，辦事明慎。前在歸州本任及現署興國州任内，辦理一切，悉臻妥善，並無積案及欠解錢糧承緝未獲盜案已起降調、革職叅限，歷俸已滿，又係大計保薦卓異之員，以之調補隨州知州要缺，洵堪勝任。惟題缺請調，與例稍有未符，但人地實在相需，例得聲明奏請。合無仰懇天恩俯念隨州知州員缺緊要，准以歸州知州趙振聲調補，實於地方吏治大有裨益。該員係現任知州請調知州，銜缺相當，毋庸送部引見。又係初次調繁，亦毋庸核計罰俸案件。據署湖北布政使瞿廷韶、署按察使孟繼壎會詳請奏前來。謹合詞恭摺具陳，伏祈皇太后、皇上聖鑒，敕部核覆施行。再，所遺歸州知州員缺，係接到新章後第二輪第二留缺，湖北省現有應補人員，請扣留。容俟接准部覆，再行照例擬員請補，合併陳明。

吏部議奏。

委凌卿雲接署督糧道篆務片 光緒二十六年七月十六日

再，湖北督糧道譚啓宇，現經飭委馳赴行在，恭請聖安並賫呈貢品。所遺該道篆務，亟應委員接署，以重職守。查有儘先補用道凌卿雲，穩妥坦易，識練資深，堪以署理。除分別檄飭遵照外，謹合詞附片具奏，伏祈聖鑒。

吏部知道。

湖北無款籌解漕標軍餉懇改撥摺[一] 光緒二十六年七月十六日

竊准户部咨，議覆漕運總督松椿奏，徐州清江一帶兵力單薄，擬先募四營填防，並請撥餉項以濟要需一摺。應如該督所奏，由湖北、湖南、江西、江南、江蘇各糧道，並由淮安關監督，自本年六月起，每月各撥銀二千兩，解交漕運總督兑收，專供新軍餉項之用等因。奉旨：依議。欽此。欽遵轉行到鄂。當經臣等轉飭遵照去後。茲據湖北督糧道譚啓宇詳稱，遵查光緒二十年間，籌辦海防，前署漕運總督鄧華熙奏請於水脚幫津等款，每月撥銀二千兩，解淮濟用。維時漕項集有成數，可以騰挪。現在湖北漕項每年額徵隨淺軍安、閑丁、幫津資役、水脚兑費等項銀共一十八萬餘兩，以中稔之年計之，除緩徵外，約實徵銀一十三萬餘兩。每年應起解輕齎銀一萬三千餘兩，支給漕廉等款銀一千餘兩，提撥採運價脚款内動支隨漕水脚兑費銀三萬八千一百兩。近年又加撥邊防經費銀四萬八千兩，提還以前洋款銀五萬兩。以收抵支，尚屬不敷。奉撥漕標軍餉銀兩，委實無款籌解等情，詳請奏咨前

[一] 録自中國第一歷史檔案館編《光緒朝硃批奏摺》第六二輯，第一二四至一二五頁，中華書局一九九五年版。

來。臣等覆查，前項軍餉關繫緊要，如能設法籌措，斷不敢稍存委卸。無如近來糧庫支絀，竟有入不敷出之勢。該道譚啓宇所詳各節，均係實在情形，合無仰懇天恩俯准敕部另行改撥，以免貽誤。除咨户部查照外，謹合詞恭摺具陳。伏祈皇太后、皇上聖鑒訓示。

户部議奏。

東三省宜籌造鐵路摺（一） 光緒二十六年七月　日

竊臣於上年七月間，聞俄國將假道東三省建造鐵路，以達於海參崴。十月間准總理衙門來電，俄將沃嘎克前來江寧，屬臣接見，業將允准假道後患無窮，并俄將沃嘎克晤談兩國造接鐵路問答，先後電奏在案。查俄國欲興西伯利鐵路，蓄志已久，繪圖估價，謀劃十餘年，始於光緒十七年間，定議建造，期以九年告成，意在網羅亞洲東方一帶貿易。此路一成，凡歐亞相通之英、法、德三國之公司輪船，無不大受其損。蓋行旅及細貨之取速達，與避南洋炎熱者，莫不捨舟就陸，而每歲俄需華茶一萬三千五百萬斤，盡出陸路，尤爲俄國大利。惟剩重大貨物，而又不求速達者，尚由船運耳。上年秋間，傳聞允俄國假黑龍江南岸造鐵路，以接於彼國海參崴已成之路，可較彼原定路綫省縮千里。英文新聞紙又言，中國允其沿鴨緑江而南造鐵路，以江口爲水陸銜接之所。查俄國久謀在東方覓一冬凍不久之海口，爲商埠及水師重鎮，若果以鴨緑江界之，則水師固擅形便，并可獨擅亞洲東方貿易轉運之利。今中國方欲借鐵路以謀富强，查鐵路之利，一收本國往來之利，一收外國貨物經過之利。德國鐵路，東接俄、奥，西接法，南接義，其他比利時、荷蘭、丹麥、瑞士等國路無不通，長合中國十萬餘里，每歲所入運載之利，約合中國銀三十三萬萬兩而盈，非收外國貨物經過之利，不克臻此。中國目下力雖未逮，而日後必逐漸擴充，以收外國之利，而後路愈富，國愈强。中國居亞洲東隅，凡東南洋群島，以及日本國貨物之運往歐洲者，其貿易之利，中國應收之，俄國不應奪也。且遼東爲根本重地，若任他國在其地建路，則卧榻之側，豈特他人鼾睡而已，患甚大，不可不防。爲今之計，惟有與俄速議，中俄鐵路在所必通，而分歸兩國自造，在中國境者，無論爲鴨緑江南岸，爲黑龍江南岸，達於海口之路，皆由中國獨力修造，俄國運貨運兵皆可行用，惟運兵但准其海參崴一帶駐守換防之兵行駛此路，議定章程，以示限制。顧俄之所以商請假道者，以助我歸遼有功索報耳。若路歸我造，俄有何利，則莫若托俄代借造路款項，即以本路作押，不須海關代保，彼經手借款，有可沾潤，似已足示酬報。我有此路，可收各國貨物經過之利，爲益頗大，既可以振中國富强大局，且防無窮後患，不可不悉心籌劃。其兩國接路處所，可仿俄、德接路之例各爲起迄，雖接不銜，緣俄軌獨寬，異於他國，車輛不能通駛。今中國仿英、德通例，與俄國寬軌不同，可免俄車直駛華境，於邊防尤有益無損。此事於東方水陸、商務、防務均關緊要，不敢不臚縷上陳。又俄參將沃嘎克來晤談時，曾詢及蘆漢鐵路願與俄國接通否，俄國甚願與中國相接，而不願與他國相接，中國如亦願接當在何處。經臣答以中國鐵路大興以後，勢必與俄路相接，

（一）録自苑書義等主編《張之洞全集》第二册，第一三七〇至一三七三頁，河北人民出版社，一九九八年版。

凡有二路，一由天津、張家口、恰克圖出境，與俄國伊爾古慈克地方相接。一由山海關外奉天、吉林、黑龍江出境，與俄國斯德列塵斯克或海蘭泡地方相接。恰克圖一路較爲平坦，可以兼顧西路。彼意不願我修恰克圖路，恐中國一修此路，則彼國西伯利鐵路其迤東數千里之長冷落太甚，其利在我不在彼，而以恰克圖路少水少煤少柴，修造不便爲詞。臣窺知其意，告以俄國不願華路近西，以分俄國之利，我國固早知之，但修東路於我國東三省亦有裨益，未爲不可。惟出海須在何處。彼稱大連灣爲終歲不凍之海口，勝於琿春、天津，若華路以大連灣爲水陸銜接之地，於東方商務有益匪細，意極欣然。臣維中國若由關外鐵路，横接至大連灣，據此不凍之海口，坐分各國輪船、俄國鐵路運載之利，其每年所收關税斷不能減於上海之江海關。海疆有警，則外援可以速來，内援可以速應，從此旅順門户可以永遠無患，計無有便於此者。明知中國力量未易辦此，即俄路亦未必遽造，惟萌芽已見，籌劃宜先。西國與他國立約，往往有事無端倪先行立約，以收利防患於無形，我國正可仿此辦法與俄立約，叙明俄國西伯利鐵路，若造至伊爾古慈克以東，則中國不論何處，可造路與俄路相接，而要以大連灣爲出海之口，俄窺我之未必果行，又服我之具有先見，當可照允，似與邊防、商務均有關係，洵屬未雨綢繆之計。是否有當，伏候聖明採擇，不勝迫切屏營之至。所有東三省宜造鐵路，以與俄路相接，并擇定海口緣由，謹恭摺縷陳，伏祈皇上聖鑒訓示。

擒誅自立會匪頭目分别查拏解散摺 光緒二十六年八月三十日

竊查自北方開戰以來，各省匪徒咸思蠢動。臣等欽遵諭旨，保守疆土，欲防外侮，必須先清内匪。當即增募營勇，分路籌防。七月初間，湖北巴東、長樂等縣果有會匪糾衆竪旗起事，正在派兵剿辦，旋聞安徽大通已有大股會匪突起焚劫，其勢甚熾。湖北沔陽州之新隄、蒲圻縣之羊樓峒、湖南臨湘縣之灘頭，均有會匪接踵而起，民間大爲驚擾。荆州之沙市以及嘉魚、麻城等縣，均有會匪謀亂情事。各匪聚衆點名，打造刀械，製造號衣，儲備米糧，一似錢財甚爲充裕者，並聞有私運外洋軍火之説。當經遴派員弁營勇，分路密查剿捕。以武穴向爲下游門户會匪之藪，并派營勇兵輪，前赴該處查拏防遏。同時各省拏獲各匪，皆係領有富有票。此票乃仿照哥老會散放票布之辦法，其票係上海洋紙石印，寫刻篆印皆極精工。上横書富有二字，直書憑票發足典錢一串文。前有編號，後有年月，背有暗口號。圖章二顆，用在湖北者又鈐楚字圖章。其命名蓋暗寓富有四海之意，實屬悖妄已極。凡領票者均係句串一氣，互爲聲援。據匪首散票者告人云：持有此票即可向該匪首處領錢一千文，以後乘坐怡和、太古輪船不索船價。并云：中國即將大亂，以後持票即可保家。以故各省會匪趨之若鶩。

旋經查出，此乃大逆康有爲一人主使調度，其夥黨分布各省，展轉煽惑。其巢穴即在上海，於租界内設有國會總會。入會者亦不盡康黨，沿江、沿海各省皆有國會分會。而分會中，以漢口之分會爲最大。因武漢當南北適中之地，居長江之上游，而兩湖會匪又最多，故先於武漢舉事。其會名曰自立會，其軍名曰自立軍，句煽三江、兩湖等處哥老會匪，糾衆謀逆。定期於七月二十九日，武昌、漢口、漢陽三處同時起事。約定新隄、蒲圻之匪速起大股前來接應，岳州、沙市之匪遥爲聲援。先於二十七日訪有端倪，密飭員弁在漢口地方李慎德堂及寶順里内，拏獲兩湖分會總匪首唐才常，匪首林圭、李虎生等三十餘名。唐才常係督辦南部各省總會又督辦南部各省軍務處，林圭係統帶國會中軍，李虎生係總窩户。當時在唐才常寓所起獲軍械、火藥、僞印、僞札、僞示及富有票多張。又入會各匪姓名簿，又購買洋槍刀械用款，雇募奸細分往各城、各營、各局充當内應，月支薪水，用款招募會匪，自稱發餉用款各項帳簿，又各省匪黨往來逆信，又洋文自立會辦事規條，皆在唐才常屋内搜獲。並同時在漢口、漢陽拏獲同夥謀逆之哥老會匪首瞿河清、向聯陞等，發交營務處、司道、武昌府、江夏縣公同審訊。該匪等供認開設自立會，句結哥老會，散放富有票，同夥謀逆不諱。當即將該匪首唐才常等二十名正法示儆。旋在嘉魚縣拏獲匪黨蔣國才，搜獲富有票、黄旗及各匪口號、名單及正副會長康、梁僞諭，暨供出各匪姓名。續據湖南拏獲會匪頭目李英、譚翥等供稱，康有爲在上海開富有山。正龍頭係康有爲、唐才常、梁啓超、李金彪、楊鴻鈞、師馬炳等。唐才常派爲上海總糧臺。聽説康有爲、孫文派人會合大刀會，孫文已到山東。此事是康有爲爲總，康有爲以唐才常爲總，唐才常以辜仁傑即辜洪恩，師馬炳即師襄爲總，湘省閩拏自盡之汪鎔派爲長沙總糧臺。各糧臺之錢均是康有爲接濟等語。查蔣國才匪單内，係康有爲爲正龍頭，梁啓超爲副龍頭。並據唐才常供，上海國會總會頭目係廣東人容閎。此外各處所獲哥老會匪供詞，供出康有爲、唐才常爲首者，不計其數。查獲逆信、僞札及各匪供，尚有沈克誠、陳讜、林杰即林邦威、容閎、李松芝、蔡鍾浩、汪楚珍、張堯卿、戴保廷均爲謀據兩湖之大頭目。秦俊傑即秦立三，又名秦鄖，即大通滋事首匪。復經密札密咨鄂省各省查拏，並照會各國領事在案。並准大學士直隸總督臣李鴻章電咨、湖南巡撫臣俞廉三咨，查出、訊出康有爲、唐才常、容閎等句匪作亂，私運外洋軍火情形，大略相同。暨准兩江總督臣劉坤一、安徽巡撫臣王之春咨，富有票匪擾亂長江，派兵勦捕，起獲匪票僞示，私運軍火各情形，與鄂省所查皆相符合。

查此項自立會匪唐才常等，以康逆死黨窟穴上海，設立總會，自爲總糧臺，往來沿江、沿海各處，廣散銀錢，購誘會匪，計謀凶狡，黨夥紛繁。其匪黨往來書信，大指因北方有警，乘此煽動沿江、沿海各省各種會匪，同時作亂。其同謀句結之人，各省皆有。其購械募匪之款，查簿内存款計洋銀一萬五千餘元，用去已將及萬元。聞康有爲詐騙斂集之款共有銀六十萬元，安排以二十萬元用之長江。所散放之富有票，就兩湖地方查出、供出者，已有兩萬餘張。事發後兩三日，尚有人向李慎德堂投遞匪黨逆信。經税務司、郵政局拏獲數起。其僞札有曰指定東南各行省爲新造自立之國。其華、洋文規條内有曰不認滿洲爲國家。其僞印文曰中國國會分會駐漢之印。又曰中國國會督辦南部各總會之關防。又曰中國國會督辦南部各路軍務處之關防。又曰統帶中國國會自立軍中左右前後等營各關防。其逆信内有曰以湖北爲中軍，以安徽爲前軍，以湖南爲後軍。其唐才常身邊小篋内搜出僞號令告示稿，有曰焚燬各衙署，佔奪槍礮廠，劫掠局庫，佔踞城池，焚戮三日，封刀安民，派將固守，再籌征進。其逆信内有曰沿途亦可劫掠。其開用僞關防札稿内有曰業經報明滬會，篆刻關防一顆，内刊中國國會督辦南部各省總會字樣，於庚子年七月初八日開用等語。唐才常等到案，一一供認不諱。至其平空造言，捏誣狂吠，詆毁兩宫，悖逆凶悍，筆不忍書，令人髮指。該會匪等以自立爲名號，以焚戮劫掠爲條規，以富有票爲引誘，以哥老會、紅教會及各省各種會匪爲羽翼，意欲使天下人心同時摇動，天下民生同時糜爛，實爲凶毒已極。

又查僞札有云本國會深懔危亡等語，實屬狡詐膽妄。該匪首僞爲國會造此詭辭，冀以誑誘躁妄之文士，鼓動無知之愚民，尤爲可惡。竊惟目前時事雖棘，上下同心，力圖振作，尚可勉籌補救之方。若該會匪各省蠭起，外人乘之，則中國真將有危亡之勢矣。今該會匪既已自稱爲新造之國，公然自立，不認國家，是明言不爲我皇上之臣子矣。乃尚敢託保國之名，以逞其亂國之謀，不獨中國忠義臣民不受其欺，凡各國明理曉事之人，恐亦不受其欺也。近日鄂、湘、江、皖各省滋事之匪，查其逆信、票據、供詞，皆係自立會匪之黨，皆係領富有票之人。其合夥約期，濟械助費，分據地方，安排接應，均經查有實據。查李慎德堂前門在英租界之内，當日查拏各匪之時，係由英領事簽字派巡捕協同往拏，當場眼同起獲各種謀逆作亂器械、憑據，華、洋人等衆目共睹。因此各國領事皆深知此輩實係與哥老會合夥，必應查拏，以免擾害地方。除湖北、湖南兩省隨時密查嚴拏外，此外沿江、沿海各省皆有分會。其往來於上海者尤多，應由各省自行查拏。已將先後迭次查出、供出緊要各匪首姓名、籍貫陸續開單，分咨各省一體嚴密懸賞查拏，務獲懲辦，以懲亂逆而安大局。

至唐才常供出同會、同謀之人甚多，凡係查無實據者，概不株連。其軍民人等，誤領富有票者，准其向官司營局團紳首士繳票銷毁，即免追究，予以自新。若觀望藏匿不繳者，查獲匪票，定行重辦。自漢口匪首伏誅後，各路匪徒聞之，震懾奪氣。惟富有票放出太多，其悍黨匪首尚多漏網，現已訪知，仍復潜踪往來上海長江一帶，别設狡謀，力圖糾衆報復。沙市、岳州、常德、澧州一帶匪徒，尚在煽惑窺伺。新隄之匪，竄擾湖南之臨湘、巴陵及監利之朱河等處。其監利、沙洋、麻城、嘉魚、崇陽、巴東、長樂之匪，仍飭各營分投搜剿、解散。其襄陽、棗陽、隨州、應山等處，界連豫邊，素多刀匪。豫省年來旱荒，飢民頗衆，亦遂有會匪開堂放飄之事。自七月以來，藉鬧教爲名，嘯聚焚劫，自立會匪滋事後，查有匪目潜往孝感、應山、河南信陽州一帶，謀劫北上諸軍軍火。並煽誘河南饑民，來漢滋事。現又訊出有匪首潜往襄樊一帶，煽動刀匪。已添募馬、步各營沿邊防遏，入境即擊。八月内，四川巫山縣有匪千餘人滋事，亦經派營，會合川軍相機剿捕。

臣等伏查康逆近年遁逃海外，散布邪説，久思煽動奸人擾亂中國，以逞其報復之志。茲因各國搆衅，中國兵威不振，以爲有機可乘，遂敢遣其黨羽，分布沿江、沿海各省，句匪作亂。而湖北尤爲該匪注意所在。值此時局危急，一經煽動，立即四路響應。兩月來武漢商民惶擾遷徙，一夕數驚。幸仰賴朝廷威福，先期破獲，擒誅渠魁巨黨多名，各處聚集援應之匪，先後擊散，陸續擒斬匪目數十人。目前人心粗定，惟有仍一面督飭各軍、各州縣，嚴防密拏，解散脅從。一面照會各國領事，布其逆亂罪狀，囑其轉告外部，勿爲所惑。目前據各領事言，從前謂康、梁爲志士，今已知康、梁爲匪徒，各國斷不幫助、庇護。此實由該逆等稔惡窮凶，天奪其魄，爲悖亂盜賊之事，布悖亂盜賊之言，奸謀逆跡，盡行敗露，從此爲各國所屏棄，誅殛之期當不遠矣。惟是湖北數月以來，自北方有警，長江人心惶惑，各匪四起。陸續增募勇營數十營。上游則界川之宜昌，下游則界江西之武穴，南則界湘之荆州，北則界豫之襄陽、隨州、棗陽、應山、麻城，中路則沔陽、新隄、沙洋、嘉魚、蒲圻、崇陽、監利，皆爲會匪出没之所，皆須派營駐守，隨時相機勦捕。並派營前赴湖南之岳州，河南之信陽州，越境勦捕、巡防，以固藩籬。各屬請兵、請械，應接不暇，羅掘多方。增兵既多，增餉尤鉅，種種艱難急迫，晝夜不遑。惟有竭力鎮撫，相機籌辦，隨事與湖南撫臣，兩江、江西、安徽督撫臣，互相知會，合力辦理，以維上游大局。至此次查訪擒獲自立會匪渠魁，暨分路防勦捕獲領放富有票逆匪首要各員弁，發奸弭亂，俾沿江、沿海各省得以周知爲備，似尚有裨大局。合無仰懇天恩俯准臣等查明奏請優奬，以示鼓勵。

（硃批）覽奏殊堪痛恨。著即會商沿江、沿海各督撫將此項會匪飭屬一體查拏，盡法懲治，務絶根株。所有此次擒獲首要及發奸弭亂各項出力員弁，准其從優請奬，以示鼓勵。（欽此）

參將查匪不力請旨革職摺 光緒二十六年八月三十日

竊臣訪聞湖南岳州文武衙署、水陸兵勇各營，多有富有票匪混迹其間。署岳州營參將秦三元營内，即所不免。適准湖南撫臣俞廉三函述情節相符。伏查長江一帶，會匪素多。近自富有票匪散票句煽，各種會匪往往領票入會，混入各營兵勇及長江水師者甚多。疊經臣嚴飭水陸各營將弁嚴查密拏在案。岳州爲南、北兩省咽喉，票匪最注意於此。訊出匪首，多係籍隸岳州，盤踞煽誘，蓄謀甚深。目前匪勢仍復耽耽思逞。現查知該參將所請練兵百名，其中即多係領有富有票者，實堪駭異。似此昏謬粗率，一旦有警，必然貽誤事機。當此防務喫緊之際，未便稍事姑容。聞巴陵縣知縣周至德所募營勇，票匪亦多。除該縣已由湖南撫臣俞廉三撤任另行奏參外，相應請旨將署湖南岳州營參將本任湖北撫標中軍參將秦三元，即行革職，以爲營務含糊查匪不力者戒。

（硃批）著照所請。兵部知道。（欽此）

請調武功營赴行在片 光緒二十六年八月三十日

再，前奉諭旨，飭調武功兩營、愷字四營北上，當以此六底營，原止一千五百人，兵力過單，因專派前南韶連鎮總兵方友升，添募精鋭，足成五整營，與湖南撫臣商酌，兩省各派五營，共合成湘勇十營，以期力厚心齊。以湖南藩司錫良，忠勇直爽，故奏派錫良總統率之遄行。又因快礮爲行軍利器，加配快礮十二尊，添募礮隊兩哨二百五十人，計鄂軍共二千七百五十名。以致兵數益增，軍火益繁。查近日兵事，專恃槍礮、藥彈，臨戰則患其缺乏，軍行則苦其笨重。故湘、鄂兩軍，每軍軍火輜重各數十萬斤，鄂軍尤多，沿途車輛短少，各軍只能分起開行。嗣聞北事日急，疊奉諭旨嚴催，臣等札飭、電飭方友升，懸賞銀五千五百兩，如各軍能早渡黄河者，即行分賞。並飭該前鎮，入豫境後，可先挑精鋭千餘人，輕裝疾馳，照前敵行軍辦法，每人身帶槍彈一百二十顆，先行進發。其餘大批軍火輜重，隨後繼進。該軍開行後，臣等疊經札催、電催，無如河南年歲荒旱，車輛極艱，入直境後尤甚。又以天氣酷熱，各軍冒暑趲行，病疫甚多。接閱禀報，焦急萬狀。嗣聞聖駕西巡，尤爲惶悚迫切。該軍自應馳赴行在，稍盡拱衛之忱。乃疊接錫良函電，先經大學士榮禄札飭駐防正定，旋復飭駐固關，又兩奉廷寄飭赴行在，旋又經山西撫臣奏准暫紮懷慶。近又接錫良電，湘軍不日到晋，鄂軍暫駐直境等語。

竊維直境固亦需兵，惟巡幸外省，扈蹕之軍尤關緊要。況方今時事紛紜，沿途潰勇、游民恐必不少，必須軍威較盛，且以忠純篤實之大員統之，方能除道清塵，彈壓一切。相應請旨敕令錫良將方友升武功營調赴行在，他省不得扣留，仍與勁字五營合爲一軍，歸錫良部下調度，以資扈衛而供驅策。且可與宋慶、馬玉崑、岑春煊諸軍互相協助，似亦不無裨益。

（硃批）錫良已授山西巡撫，湘、鄂兩軍仍歸統帶，布置後路防務。（欽此）

夏口廳與漢陽縣酌分學額並廪增貢額摺〔一〕　光緒二十六年閏八月初二日

竊照漢口同知改爲夏口撫民同知，與漢陽縣分疆而治，業經臣之洞奏奉諭旨，交部議准，應撥學額亟應酌定，以資遵守。當經轉飭遵照去後。茲據署夏口廳撫民同知陳夔麟、署漢陽縣知縣何蔚紳會禀稱，漢陽縣文學連加廣定額共二十八名，擬作三股攤派。夏口廳劃撥九名，漢陽縣應分十八名。其餘一名歲考歸夏口，科考歸漢陽，作爲公額。武學定額二十五名，夏口劃分八名，漢陽應分十六名。尚餘一名，亦照文學輪流取進。所有漢陽縣歷屆撥入府學，向係五名，當如何分撥，應俟届時酌定。又，漢陽縣廪生、增生原額各二十名，亦照三股派分。夏口廳劃分廪生七名、增生七名，五年一貢。漢陽縣應得廪生十三名、增生十三名，三年一貢。所分廪、增之數，若有不足，俟辛丑歲試後補足。倘有餘額，作爲候廪、候增，亦俟辛丑歲試後歸一新、一舊收補。遇有考拔之年，夏口廳亦擬考取拔貢一名等情，禀由署湖北布政使瞿廷韶，署按察使孟繼壎核明會詳呈請奏咨立案前來。臣等覆查，所擬各節，均屬公允，自應准如所請辦理。除咨部外，謹會同湖北學政臣王同愈合詞恭摺具陳，伏祈皇太后、皇上聖鑒，敕部查照，立案施行。

該部知道。

委員署理知府並請旨簡放摺〔二〕　光緒二十六年閏八月初二日

竊臣等接據安襄鄖荆道朱其煊呈報，襄陽府知府錫綸於本年七月二十三日在任丁父憂，除另行恭疏題報外，查該府地方爲湖北重鎮，接壤河南，幅員寬廣，民俗强悍，政務殷繁，撫綏表率最關緊要。所遺篆務，亟應揀員署理，俾免曠誤。查有補用知府高寶瀛，資格最深，情形熟悉，堪以署理。據署湖北布政使瞿廷韶、署按察使孟繼壎會詳前來。除檄飭遵照外，所有襄陽府知府

〔一〕録自中國第一歷史檔案館編《光緒朝硃批奏摺》第一〇五輯，第一〇二至一〇三頁，中華書局一九九五年版。

〔二〕録自中國第一歷史檔案館編《光緒朝硃批奏摺》第一一五輯，第三一一頁，中華書局一九九五年版。

員缺緊要，相應請旨簡放，以重職守。謹合詞恭摺具陳，伏祈皇太后、皇上聖鑒。

另有旨。

擬員更補簡缺知府摺〔一〕 光緒二十六年閏八月十八日

竊照德安府知府汪元慶，於光緒二十五年六月初九日在任病故。所遺員缺，前經臣等奏請，以保送候補知府施紀雲補授，旋准吏部議駁。復經臣等以查得德安府一缺，所屬五州縣，地廣賦繁，民情强悍，非精明幹練寬嚴相濟之員，難資治理。勞績候補班前知府科甲出身之洪超一員，業經調赴廣東差遣，雖不在扣補之列，而人地生疏，未便拘守定章，稍涉遷就。又經奏請，仍以候補知府施紀雲補授。接准部覆：查德安府知府一缺，係按輪請補之缺，此次輪應勞績候補班前班次到班，是班内科甲出身之洪超一員，雖經聲叙人地生疏，若查照定例，以該員暫行請補後，分别撤調，既免班次攙越，於地方吏治亦無關礙。且查勞績候補前班内各項出身，尚有合例人員，亦應先儘請補。今若以候補正班人員請補，是例定輪次幾同虛設，所請仍以候補知府施紀雲補授德安府知府之處，核與定例不符，應毋庸議。其德安府知府一缺，應令另行更補，依限專摺具奏等因。於光緒二十六年六月十七日具奏，奉旨：依議。欽此。等因轉飭遵照，擬員更補。

查定例，道府同知、直隸州知州、通判知州，如遇告病、病故、休致，所遺選缺，先儘候補班前酌補一人，次將候補正班酌補一人。又道府、直隸州知州、府屬知州，應用候補時，先儘科甲出身人員。如科甲出身人員不合例，或人地不宜，應令詳細聲明，方准以别項候補人員請補各等語。湖北省知府一項，前出宜昌府知府賈萬青休致，遺缺請以截取候補知府黄培昌奏補，即積候補正班之缺在案。今德安府知府汪元慶病故，遺缺例應先儘候補班前科甲出身人員酌補。惟是班内科甲出身之洪超，人地不宜，按例應用各項出身候補班前人員。兹查有候補班前遇缺即補知府王曜鑾，年四十八歲，湖南湘鄉縣人，由監生於同治十三年在陝西甘捐局報捐同知，雙月選用，並補交監生四成銀兩，於關隴肅清案内出力保奏，光緒二年二月初四日奉上諭：著以本班留於陝西歸候補班前補用。欽此。三年於克復烏魯木齊、瑪納斯各城案内出力保奏，是年九月初五日奉上諭：著賞戴花翎。欽此。因克復達坂城、吐魯番滿漢各城案内出力保奏，四年正月二十五日奉上諭：著賞加知府銜。欽此。又於新疆南北兩路一舉蕩平案内出力保奏，六年正月三十日奉上諭：著免補同知，以知府仍留原省歸候補班前遇缺即補。欽此。復於新疆南路諸軍五次剿平邊寇案内出力保奏，七年五月二十日奉上諭：著加鹽運使銜。欽此。均奉行知在案。旋即請咨離營赴部，十一年捐免保舉，三月初十日經欽派大臣驗放，奏請照例發往，十一日奉旨：依議。欽此。三月二十日領照起程，六月初七日到陝西省，先後委辦西甯軍裝兼新疆轉運糧務、幫帶湘軍總統衛隊及行營發審，並哈什保甲局事務，試看一年期滿，奏請留省照例補用。十六年委署陝西延安府知府，十七年十二月卸事。二十年四月在閩省捐局遵新海防例，

〔一〕録自中國第一歷史檔案館編《光緒朝硃批奏摺》第一五輯，第三二三至三二五頁，中華書局一九九五年版。

捐離原省，改指湖北，仍歸知府原班補用，十月十二日領咨到鄂。二十一年五月丁母憂回籍守制，服滿起復。二十三年十二月初七日領咨回省。覆查該員王曜鑾，年力富强，輪補到班，以之請補德安府知府員缺，洵與部章相符。自應遵照例限專摺奏請，合無仰懇天恩俯准以勞績候補班前遇缺即補知府王曜鑾補授德安府知府，以符定章。

再，該員係候補班前知府，請補知府，銜缺相當，毋庸送部引見。據署湖北布政使瞿廷韶、署按察使扎勒哈哩會詳呈請具奏前來。謹合詞恭摺具陳，伏祈皇太后、皇上聖鑒，敕部核覆施行。

吏部議奏。

湖北賑捐懇准再展緩半年造册請獎摺[一] 光緒二十六年閏八月十八日

竊查湖北賑捐截至光緒二十六年三月二十六日，三次展限，一年期滿，停收截數造報。前因此項捐輸，徧及內地各省，並推至外洋各商埠，招徠既廣，各捐生請獎履歷清册，勢難依限造送齊全，當經臣等於本年三月間，恭摺奏請展緩半年造册請獎，並請將直隸籌辦湖北賑捐分局一律展緩辦理。欽奉恩旨允准在案。茲查內地各捐生請獎履歷清册，猶有鶩遠各省，催取未齊。至外洋商埠，復因津沽戒嚴，海舶不通，造送尤多濡滯。瞬届展緩半年期滿，體察情形，仍難依限辦理。直隸籌辦分局亦復相同。擬請再行展緩半年造册請獎，俾急公好義已繳賑款各捐生，同邀獎敘，不致向隅。據湖北籌賑總局司道具詳前來，合無仰懇天恩俯准將湖北賑捐以及直隸籌辦湖北賑捐分局一併再行展緩半年造册請獎，除咨户部暨直隸督臣查照外，謹合詞恭摺具陳，伏乞皇太后、皇上聖鑒訓示。

著照所請。户部知道。

派員齎摺恭請聖安並進方物摺 光緒二十六年閏八月十九日

竊以此次釁端猝啓，變出非常，臣等才智庸駑，兵力單薄，不能爲國家執戈禦侮。自聞鑾輿出狩，艱險備嘗，拱衛未親，奔問未及，憂惶愧憤，負咎若山。循省愆尤，百身奚贖。所有疚悚瞻系下忱，業於八月十二日電，由護陝西撫臣端方代繕奏摺，馳遞在案。猶幸六飛所莅，安電頻傳，下忱稍爲定慰。伏讀疊次行在詔書，宏禹湯罪己之思，開漢唐直言之路，遐邇傳宣，愚頑感泣。凡爲臣子，更屬無地自容。惟冀天心悔禍，眷佑彌隆，我皇太后、皇上至誠動物，孚化遠邦，早日開議，上安宗社，下慰兆民。臣等亟應馳詣行在，稍伸瞻戀微忱。祇以長江防務加嚴，會匪逆氛未靖，遵旨保守疆土，職任未敢暫離。謹率同提鎮藩臬諸臣，具摺恭請聖安，專派湖北督糧道譚啓宇齎呈，並呈進方物十三種，仰懇俯鑒微悃，准予賞收，臣等無任瞻仰屏營之至。

[一] 録自中國第一歷史檔案館編《光緒朝硃批奏摺》第八〇輯，第六四〇頁，中華書局一九九五年版。

委扎勒哈哩接署臬司篆務片〔一〕光緒二十六年閏八月　日

再，署湖北按察使事本任鹽法武昌道孟繼壎在任病故，所遺臬司篆務，亟應委員接署，以重職守。查有補用道扎勒哈哩，才識穩練，辦事詳明，堪以署理。除檄飭遵照並將孟繼壎病故日期另行恭疏題報開缺外，謹合詞附片具奏，伏祈聖鑒。

知道了。

借款充餉摺光緒二十六年九月初六日

竊照湖北一省，財力向非充裕，近年經户部指撥、加撥及攤還新、舊洋款、鎊價等項，竭力勉籌，久已入不敷出。曾於上年十二月具奏撥補宜昌鹽釐案内詳陳，艱窘情形，早在聖明垂鑒之中。本年入夏以來，中外搆釁，遵派援軍北上，及籌備江防，添購軍火，用度浩繁。加以富有票逆黨潛入長江，句結各路會匪，乘機起事。武、漢、宜、荆、黄沿江各屬伏莽，同時蠢動。襄陽、德安兩府毗連河南之各州縣，屢有豫匪闌入，與教尋仇。其宜昌之巴東、長樂等縣，施南之建始、利川等縣，又有川匪頻思竄擾。節經添募重兵，租雇輪船，分投防勦。於是各項餉需，頓增倍蓰。而常年京協各餉，暨遵旨購運米糧，在在均關緊要，亟應統顧兼籌。滿擬錢糧正賦、關税、釐金逐加整頓，收數漸增，稍資挹注。無如交六月後，天氣亢旱，各屬高田，半遭枯損，頓致轉豐爲歉。逆料本屆漕糧徵收，斷難起色。而寇氛疊警，華洋商賈亦皆觀望不前，以致關税、釐金，同形短絀。臣等焦憂無術，仰屋徒勞。當此軍務喫緊之秋，萬一餉源不繼，饋運有稽，貽誤事機，爲患何堪設想。不得已，擬向殷實票號，息借數十萬金，暫資供億。乃各票號，咸以商情疲滯，財源枯竭，展轉詢商，百無一應。各國駐漢領事及洋行，稔知鄂省需款甚急，争來探問，願借巨貲。臣等念此時戰釁方開，各國尚肯以重金見貸，略可覘其並無佔據中國之心，而藉此以隱事羈縻，亦未始不一舉兩得。因英國領事法磊斯申説最先，議息亦最輕減，當飭江漢關道岑春蓂與之訂議。由該領事電稟英國政府，允爲擔保，向英商滙豐銀行籌借英金七萬五千鎊，按照時價，折合漢口洋例銀五十萬七千四十二兩二錢五分。言明以鄂省川鹽江防加價錢文作抵。常年四釐半起息，分十年歸還。由江漢關道繕給票據，加蓋總督關防，以昭憑信。查鄂省所有鹽釐已於光緒二十四年分起，儘數抵還部借洋款。此項川鹽江防加價，係奏明專供湖北槍礮廠經費，本屬無可騰挪，此次指項作抵，不過聊資取信。核計前項借款，每年應還本銀五萬餘兩，初年利銀一萬餘兩，以後逐年遞減，爲數尚不甚多。容臣等另行籌款，設法彌補，奏明辦理，於各項常年解款，不致有妨。

（硃批）該衙門知道。（欽此）

購米運陝摺光緒二十六年九月初九日

竊前欽奉寄諭：現在近畿軍糧孔急，海道梗阻，亟宜設法接濟。飭令漢黄德道岑春蓂速購米五十萬石，趕緊分起北運，聽候撥濟。購價若干，由該省籌墊，隨後撥還。等因。欽此。當即督

〔一〕録自中國第一歷史檔案館編《光緒朝硃批奏摺》第一五輯，第三五六頁，中華書局一九九五年版。

同藩司、糧道，會同江漢關道籌辦。即日墊款購買，委員在於漢口及蕪湖、鎮江並江北寶應縣之氾水鎮等處，分投采買米十萬石，運交清江轉運局道員惲祖祁接收，轉解北上。業經會同前湖北撫臣于蔭霖電奏，聲明由鄂認購十萬石，餘請各省合力采辦，奉旨允准在案。

查前項采購軍米，已陸續分儲鎮江等處。始因傳聞鑾輿西幸，運道不定，致有耽閣。嗣正在兑交清江轉運間，欽奉電旨：現定閏八月初八日啓鑾西幸長安，清江所設轉運總局著即移至漢口。等因。欽此。所有此項米石，自應運回漢口，統由惲祖祁經理，從襄河運赴陝西，以歸一律。惟是買米墊款，爲數甚鉅。鄂省近年庫款奇絀，歲入、歲出之項，皆可按籍而稽，實無絲毫可以騰展。欽奉諭旨，隨後撥還，茲臣督飭司道公同商酌，擬在藩庫應解地丁京餉內，劃撥銀十萬兩。糧道庫應解光緒二十六年采買米石米價、水脚、運費項下，劃撥銀七萬兩。江漢關應解籌備餉需款內，劃撥銀十三萬兩。俾還前墊之款，其或盈或絀，統俟事竣後，核實造報。

（硃批）户部知道。（欽此）

宣布康黨逆迹並查拏自立會匪首片 光緒二十六年九月初九日

再，康黨謀逆，創設自立會，句結兩湖三江會匪，同時作亂。當經拏獲匪首唐才常等多名正法，派營四路勦捕，飭令繳票解散。其在逃各匪首，咨行各省嚴拏。業經於八月內，奏陳在案。其時准大學士李鴻章電稱，致駐英使臣羅豐禄電云，康、梁布散黨徒，暗結廣東著匪區新、三合會首潘新桂、劉福等，聯各省會匪，約在兩湖、三江、兩廣起事，名爲保國，陰圖擾亂。前月大通、漢口唐才常等作亂事發，經江、鄂兩督嚴辦，起獲軍械等。據直認康黨不諱，中外共知。粵省亂黨尤多，均在香港余育之花園、澳門知新報館，密謀拜會。最著者有何連旺、何梂齡、徐勤、劉楨麟、麥孟華、陳宗儼、容閎。往來港澳，句結盜匪，訂期起事，槍礮由南洋用棺裝運入粤。若不查辦，有礙東南商務大局。屬羅豐禄，迅速密商英政府，電飭新嘉坡、香港總督，嚴密查拏拘禁。旋據羅豐禄電復稱，已達外部，允轉藩部，電飭新嘉坡、香港總督查辦。至康逆潛往漢口等處，亦經電飭各該領事，勿得收留各等語。

臣查康、梁逆黨奸謀逆蹟，現已爲各國共見、共聞。惟查富有票係用千字文編號，就查獲親見者，最前有地字號，最後者有職字號。職字已有七百九十四號之票。查職字係第三百一十字，是每字一千張，合計已有三十一萬張。近據湖南拏獲唐才常之弟唐才中供稱，上海刊印富有票三十多萬，分散夥黨，招匪起事等語。正與湖北查獲逆票號數符合。現在查獲呈繳者不及一萬張，其自行銷燬及未經散出者，或亦有數萬張。要之散在民間者，尚在二十萬張以外。醜類實繁，深爲可慮。近由湖南省郵政局搜獲逆信多件，該匪黨深恨湖北發其奸謀，誅其渠魁，志在報復。現又另遣悍匪，携帶重貲，前來兩湖句煽，再圖大舉。又聞廣東惠州府會匪作亂，亦供係康黨所爲。是此項匪徒，逆謀未息，後患方滋，不可不嚴爲防遏。惟有整頓各路防營，嚴爲戒備，不敢稍涉鬆懈。現經臣查開最要匪首名單，並摘叙自立會匪緊要情節、曉諭地方告示稿、暨另撰勸戒國會文，分咨各出使大臣，照會各國外部，請其查照英國政府辦法。電飭其本國駐華各口領事，於所在租界，遇有此等謀亂匪類，勿得容留。一面將告示稿、勸戒國會文，就外洋各埠旅寓華商及外國文士之能通漢文者，廣爲散布。俾曉然於該匪黨所爲，實係悖逆凶殘，專欲擾亂中外大局。所言中國之事，皆係捏造謠言。所句結同夥作亂之人，皆係無賴會匪。所有對各國人議論，假託保國之詞，皆係狡詐欺人。自不致爲其所愚。仍飭駐洋各埠領事官，傳諭各華商，切勿誤聽康、梁邪説，枉助貲財，用以伐狡謀而杜亂源。並飭江漢關道照會漢、滬各領事查照辦理。務期多殲渠魁，解散黨羽，以安大局。

（硃批）知道了。即著電咨三江、兩廣等省，一體密訪嚴拏，殲厥渠魁，解散黨羽，務期淨絶根株，以遏亂萌。（欽此）

選撥槍礮解赴西安摺光緒二十六年十月十八日

竊臣承准軍機大臣字寄，奉上諭：現在駐蹕西安護衛分防各軍，需械甚多。江南、湖北兩廠快槍子彈尚能合用。著劉坤一、張之洞督飭局員，加工趕造。一面將現存槍械酌提若干，迅派妥員解赴行在，以應急需。等因。欽此。旋又奉寄諭：岑春煊奏，陝省募勇請飭撥槍械等語。現在陝省添募勇營，需械甚急，著劉坤一、張之洞於上海、湖北各製造廠，酌撥小口徑槍四千桿、快礮十尊，配齊子彈，解赴西安，俾資應用。等因。欽此。

查岑春煊所部，舊有、新招共二十餘營，需械自必甚多。此外在陝護衛各軍，亦必需械。遵即在於湖北槍礮廠選撥小口徑毛瑟快槍三千枝，無煙藥槍彈五十萬顆，洋製黑藥槍彈五十萬顆，皮彈盒、皮挂帶、皮腰帶各三千副，槍上備用撞鍼、蟠簧、退彈鉤各三百件，三生七口徑快礮十六尊，礮架十六副，三生七快礮有銅殼之礮彈碰火各一千六百枚，無銅殼之礮彈碰火各三千二百枚。向係礮彈三枚，共配銅殼一枚，礮彈小銅火三千四百顆，無煙礮藥三百二十五磅，裝礮彈機器二副，收口機器二副，壓入礮彈小銅火機器二副。又鄂廠創造前膛西門鋼車礮二十尊，羣子彈二千枚，獨子彈二千枚，前膛槍銅帽二百萬顆。飭委分省補用道沈錫周、湖北候補知縣楊鼎福、騎都尉盧雲湘，解赴陝西。並查照兩江督臣劉坤一咨，兩次奉旨遵解軍械，統交陝西撫臣辦法，令統交陝西撫臣岑春煊衙門驗收應用。如護衛各軍需械，應請旨飭下岑春煊，酌撥應用。

（硃批）著岑春煊統收，隨時酌撥。（欽此）

密陳槍礮廠情形片光緒二十六年十月十八日

再，查湖北槍礮廠常年經費不及滬局之半，極形支絀。歷年添設鑵鋼、無煙藥等廠，均係輾轉借墊，積欠甚鉅。其製造快槍彈、快礮彈、各銅殼碰火機器，裝藥機器，均以無款，未能增添。雖晝夜併工，所出子彈不能敷所製槍礮之用。此項小口快槍及快礮，本應均用無煙藥。因經費久竭，物料不能豫儲，近日廠甫造成，向外洋訂購藥料，尚難運到，是以一時未能開造。兩種無煙藥，五月後，外洋禁售。設法勉向滬局商購萬餘磅，密運來鄂加工趕造槍彈。旋經滬局以留備自用，不能再售。入夏以來，撥解神機營、虎神營、武衛先鋒左軍提督張春發軍及山西撫臣錫良軍，鄂省所派北上方友升軍，爲數已及一百六十餘萬之多。且即製有彈殼，而一一裝藥料，安底火，機器既少，徒恃人工，亦苦趕辦不及。以致湖北本省各防營所發快槍，均乏藥彈。萬一有事，各營均同徒手，萬分焦急。加以山西撫臣錫良電催續撥錫軍、方軍槍彈，河南撫臣于蔭霖又撥解豫軍槍礮彈，數均甚鉅。臣乃督飭員弁匠目，多方思索考究，將槍彈改裝洋製黑藥。而黑藥初試放時，動輒挂膛阻塞。兩月有餘，乃思得其法，去其彈頭鋼皮，於銅殼内加墊蠟餅，並將鉛箭改小一絲，藥力加增，放時始無滯塞。屢經臣親加考校，其擊力遠近所差，尚不甚遠。故此次所解槍彈以無煙藥及洋製黑藥分半搭配，勉應目前之急。此係外洋購來黑藥，及鄂省新仿西式精造黑藥，方能合用。若尋常土造黑藥，仍不能用。惟長江時有外國兵船游弋，屢次聲言斷我接濟，加以湘、鄂兩省富有票匪蔓延甚廣，防不勝防。所有各營槍礮，必須趕緊配足藥彈，方足以資操練而備不虞。近日情形日緊，本月初七日，上海領事并禁各洋行將製造軍火之物料出售。此後製槍礮彈殼之上等洋銅，製槍礮機簧零件之上等洋鋼，槍彈頭之洋鋼皮，製槍彈夾之洋鋼片，均屬無從購覓。惟有儘現有物料製造應用。

再，解赴北路之軍械，最爲洋人所忌，各國水師提督、領事嘖有煩言。現係作爲解赴襄陽防營軍火，先行密運至襄存儲，再委員由襄解陜。所有彈藥艱難及物料缺乏，並密儲轉運情形，謹附片密陳，伏祈聖鑒。

（硃批）知道了。（欽此）

請自開武昌口岸摺光緒二十六年十月十八日

竊臣近見各國預議條款有内地任便通商一條，勢在必行。查武昌省城濱江距北門外六七里之江岸，即與漢口鐵路馬頭相對。前年美國人勘粵漢鐵路時，即擬定此處爲粵漢鐵路馬頭，將來商務必然繁盛。近年洋行託名華人私買地段甚多，各國洋人垂涎已久，此處必首先通商無疑。此處若設租界，距省太近，營壘不能設，法令不能行，有礙防守。查岳州係自開口岸，名通商場，不名租界。自設巡捕，地方歸我管轄，租價甚優，年年繳租，各口所無，一切章程甚好。前三年，奉旨令各省查明可開口岸地方奏辦。竊擬趁此條款尚未宣布之時，即請旨，准將武昌城北十里外沿江地方，作爲自開口岸，庶不失管理地方之權。此時先定爲十里外，若臨時洋人嫌遠，再酌改爲七八里。統俟體察情形辦理，合併聲明。奉旨在先，彼自不能侵越。事關地方權利，省城防衛，當因時勢急迫，於光緒二十六年十月初一日先行電奏，旋於十月初八日由西安電傳奉旨：張之洞語電悉，著即照議辦理。欽此。除遵轉飭酌量辦理外，合繕摺奏陳備案。

（硃批）該衙門知道。（欽此）

請准將漢陽縣丞移設漢口劉家廟片（一）

光緒二十六年十一月　日

再，湖北漢口鎮地方，□爲漢陽縣所轄。近年各國展拓租界，奉旨開辦蘆漢鐵路，交涉之件愈加煩劇，經臣奏准將漢口同知改爲夏口廳撫民同知，分漢陽縣所轄漢口等處地方，撥爲廳治。自設有專員以來，事權既屬，呼應較靈。惟漢口鎮通濟門外劉家廟，前係曠野，方今距各國展拓租界甚爲切近，又爲蘆漢鐵路南端發

（一）以下二件録自《申報》第一〇〇二〇至一〇〇二一號。

軔之區，工匠雲集，商民日增，廳署相距較遠，所有地方更正自應歸夏口廳辦理。其地方煩雜事件亦未便無員彈壓稽查，體察情形，必須移設文武汛員專駐其地，方足以資巡緝而免枝節。查漢陽縣縣丞，向係要缺，自將縣境分撥廳治以來，事務較簡，且該縣丞本與漢陽府縣同城，即以該縣丞之事由府縣就近督令漢陽典史經理，足資兼顧。擬即原照河南淅川廳縣丞、廣東陽江廳縣丞之案辦理，相應請旨准將漢陽縣丞移設劉家廟，改爲夏口廳分防縣丞，由部另頒夏口廳縣丞條記。所有通濟門外地方，統歸該縣丞汛地，飭令編查保甲，實力彈壓巡緝，仍作爲要缺，由外揀選調補。現在縣丞楊景薇，才具開展，堪以勝任，應請仍以該員補授。衙署未建以前先租民房辦事，一切文移，暫用漢陽縣丞條記，俟新印頒發到日，送部繳銷。該縣丞廉俸役食等項銀兩，均照舊額銀數分別坐支給領，毋庸另請開支。其原設漢口鎮右司把總、界牌外委，及所管汛兵，應請一併移駐劉家廟地方，俾得聯絡巡查。現當冬令，巡緝緊要，擬即飭令該縣丞、把總、外委先行到汛管事。據署湖北布政使瞿廷韶、署按察使扎勒哈哩、江漢關道岑春蓂會詳前來，理合附片奏陳。再，湖北巡撫係臣兼署，毋庸會銜，合併陳明，伏乞聖鑒，敕部核覆施行。

著照所請。該部知道。

遴員署理同知片 光緒二十六年十一月　日

再，湖北荆宜施道奭良，經前湖北撫臣于蔭霖奏叅，奉旨：著以同知降補。欽此。所遺荆宜施道及宜昌、沙市等關監督各事務，應即遴員接署。查有湖北試用道陳兆葵，才具開展，辦事認真，堪以署理。除檄飭遵外，謹附片具陳。再，湖北巡撫係臣兼署，毋庸會銜，合併陳明，伏乞聖鑒。

吏部知道。

委員采運雜糧以濟陜荒片[一] 光緒二十六年十二月　日

再，前奉諭旨飭令湖北采買雜糧運陜濟賑，當經奏明籌款於襄陽附近豫邊及南陽府一帶地方，購運雜糧，派委安襄鄖荆道朱其煊總辦襄陽糧運局經理采買發運事宜，湖北糧道譚啓宇總辦駐陜糧運局經理接運事宜，並派降選同知連捷前往南陽府，試用知縣馮錫綬前往陜州，設立分局接遞轉運在案。查本年六月，准吏部咨，降調人員應令赴部候選，不得留省差委，嗣於十月内准行在吏部咨，日選各缺實無辦法，應暫毋庸議等因。現既在銓選停辦期内，此項降選人員自無赴部候選之事，而運糧濟賑事屬急需，暫局又與地方差委不同。連捷曾委辦襄陽釐局，於楚豫邊界情形甚爲熟悉，是以前經委令該員辦理南陽糧運分局，以收因材節取之效。惟是降選人員差委，既與前數月部章不符，應即更正，將同知連捷撤回，另委他員接辦。查有河南候補知府桑寶，熟悉雨雪情形，且該員現在南陽府屬之賒旗店辦理釐金，賒旗店係南陽府屬商賈輻凑之區，正當運道，兹即改委桑寶在賒旗店設立湖北糧運分局，妥速轉運，俾可就近招集車騾，兼司體察情形酌量采購糧石，以資添補，運費亦可較省。其南陽府城，即無庸設立分

[一] 録自《申報》第一〇〇三四號。

局，並在豫境適中之汝州添設糧運分局，派委湖北試用通判胡子斌馳往辦理，以期轉運捷速。除分咨外，謹合詞附片具陳，伏乞聖鑒。

該部知道。

恭報交卸撫篆日期摺〔一〕 光緒二十六年十一月　日

竊照臣前奉旨兼署湖北撫篆，茲新任撫臣景星現已到鄂，當於光緒二十六年十一月二十七日將湖北巡撫關防並王命旗牌暨文卷等項，委員賫送撫臣景星接收。臣即於是日卸任。所有微臣交卸兼署撫篆日期，理合恭摺具陳，伏乞皇太后、皇上聖鑒。

知道了。

奏報鄂省標鎮協營原額增添裁汰缺額兵丁馬匹戰船各數摺〔二〕 光緒二十六年十二月　日

竊查前准部咨，各省經制原額調撥裁汰安塘駐防缺額，實在兵丁、馬匹數目，應每年造册送部查核彙題，並酌定簡明册式，頒發照造等因。湖北省自兵燹後，各營馬匹年額倒斃，例由朋銀買補者，因餉乾積欠未發，尚未添補如額。其額設戰船，亦均被燬無存，歷經具奏將前項數目，請改題爲奏在案。茲據署湖北布政使瞿廷韶詳稱，湖北督標、撫標、提標，鄖陽鎮、宜昌鎮，漢陽、黄州、竹山、施南各協，武昌、荆州、襄陽、鄖陽各城守，興國、德安、均光、荆門、遠安、衛昌、蘄州、安陸、宜都、荆州隄防，二十三標鎮協營，自道光二十二年酌辦崇陽善後事宜，及咸豐八年酌議裁馬改步之後，舊設經制原額調撥裁汰，安塘駐防缺額兵丁二萬五百五名，營馬二千二百二十三匹，船九十七隻，内咸豐九年抽撤緑營兵丁備撥長江水師，暨同治八、九年先後裁撤漢陽、荆州水師，武昌城守，黄州協道士洑等營兵二千一百五十七名，馬二百一十八匹。又於光緒十一年奉文裁兵節餉案内裁兵二千九百二十一名，馬二百八十一匹。又於光緒二十四年奉文裁汰撫標左右兩營兵六百八十二名，馬一百三十二匹，旋將督標撥兵三百名作爲撫標營兵，俾資差操。現在實存營兵一萬四千七百四十五名，内戰兵一千四百二十六名，步兵四千一百一十五名，守兵九千一百九十四名，又馬步額外外委二百三十五員，共計一萬四千九百八十員名，騎操馬一千五百九十二匹，内經制外委馬一百二十四匹，額外外委馬九十九匹，兵丁馬一千三百六十九匹。據各營遵照部頒册式，分晰造具光緒二十六年分清册，由司彙造總册，聲明年額倒斃馬匹仍因餉乾積欠未發，尚未添補足額，以及被燬戰船應俟庫款充裕，分别籌補齊全，方可循例題報，請仍照案改題爲奏。

再，此項額兵清册，除撫標二營遵照暫撥兵數造報外，其餘二十二標鎮協營，均係照光緒十一年裁減以後所存兵數造報。所有二十三年奏准裁減五成，分作五年匀裁之案，極經按年遞裁，將餉、米兩項分别截清扣發，就實存兵數分手遞減，據實奏銷。現尚未届裁竣，未便分年叅差造報，致案牘滋多膠葛，應俟届滿五年裁竣之後，再行彙案造報，以免繁碎而歸畫一等情前來。臣

〔一〕録自《申報》第一〇〇五二號。

〔二〕録自《申報》第一〇〇五〇號。

覆核無異，除將各册送部外，理合會同湖北巡撫臣景星、署湖北提督臣鄧正峰恭摺奏陳，伏乞皇太后、皇上聖鑒。

該部知道。

宜昌川鹽局二十六年夏抽收川鹽正課加課及籌餉加價錢文數目摺〔一〕

光緒二十六年十二月　日

竊照湖北宜昌川鹽局抽課濟餉，所有光緒二十六年春季分抽收鹽課錢文數目，業經恭摺具奏在案。查前准部咨，議覆編修張百熙奏籌餉各條案內，令安襄鄖荆等府州運銷川鹽每斤加收錢二文，隨同正加課按季奏報，以資查考等因，歷經遵照辦理。兹據署湖北鹽法武昌道逄潤古將光緒二十六年夏季分抽收鹽課錢文數目，開報前來。臣覆加查核，宜昌川鹽局光緒二十六年四月分抽收正課錢七萬一千一百四串四百七十七文，内提京餉銀二萬兩、錢六千九百串文，加課錢三萬九百一十四串九百九十文，籌餉加價錢一萬二千三百六十五串九百九十六文。五月分抽收正課錢七萬一千五百六十五串六百九十六文，内提京餉銀二萬兩、錢九千串文，加課錢三萬一千一百一十五串五百二十文，籌餉加價錢一萬二千四百四十六串二百八文。六月抽收正課錢三萬九千九百一十六串三百九十六文五毫，内提京餉錢四千三百串文，加課錢一萬七千三百五十四串九百五十五文，籌餉加價錢六千九百四十一串九百八十二文。除籌餉加價錢文，遵照部撥留備解還俄法、英德兩款本息外，其正課全項同歸鄂一半加課，亦照部咨，解交税務司抵還洋款，由道在撥補鹽釐款内撥還，連同五成公費分別撥解京餉、荆州滿營兵餉、水師月餉，餘則儘數由道移解善後局接濟軍餉，除解支細數截清造册咨部外，理合恭摺具陳，伏乞皇太后、皇上聖鑒。

户部知道。

加備冬貢品物呈進摺〔二〕

光緒二十六年十二月　日

竊查鄂省每年冬間，督撫向有貢品，此次自應循舊備辦。惟例貢品物只係相沿舊式，竊念關中地氣高寒，兩宫宵旰憂勞，服御所需或有未備，兹謹於例貢之外，賫呈天生野朮兩種，以備宫廷頤養葆和益壽之需。歷代史鑑名臣奏議文集及有關治道之書十四種，以供萬幾餘暇考覽古今之用。並服用所需陝省罕有各物二十三種，藉申芹曝之忱。派湖北試用知州英勳、督標儘先守備張彦堃賫赴行在呈進，仰懇俯賜賞收。臣等無任瞻仰依戀之至。除例貢另行具摺恭進外，臣等謹合詞奏陳，伏祈皇太后、皇上聖鑒。

著賞收。

〔一〕録自《申報》第一〇〇五二號。

〔二〕録自《申報》第一〇〇八八號。